WESTEND

AF643120

Viten

Mathias Bröckers ist Autor und freier Journalist. Seine Werke »Die Wiederentdeckung der Nutzpflanze Hanf« (1993), »Verschwörungen, Verschwörungstheorien und die Geheimnisse des 11.9.« (2002) und »Wir sind die Guten – Ansichten eines Putinverstehers« (2014) wurden internationale Bestseller. Er lebt in Berlin und Zürich und bloggt auf broeckers.com

Christian C. Walther ist freier Journalist, Autor und schreibt Medienkonzepte für Print, TV und Web. Derzeit lebt er in Hamburg. Seit 2001 erschienen einige Publikationen über den 11. September und seine Folgen.

Andreas Hauß ist Germanist und Historiker. Er gründete das Institut für Medienanalyse und Friedensforschung. Seine Webseite www.medienanalyse-international.de gehört wegen der unerschöpflichen Fülle an Links und Analysen zu den unverzichtbaren Quellen für friedenspolitisch Engagierte.

MATHIAS BRÖCKERS
CHRISITIAN C. WALTHER
ANDREAS HAUSS

11.9.

20 Jahre danach –
Einsturz einer Legende

WESTEND

Mehr über unsere Autoren und Bücher:
www.westendverlag.de

Die Deutsche Nationalbibliothek verzeichnet diese Publikation in der Deutschen Nationalbibliografie; detaillierte bibliografische Daten sind im Internet über http://dnb.d-nb.de abrufbar.

Das Werk einschließlich aller seiner Teile ist urheberrechtlich geschützt. Jede Verwertung ist ohne Zustimmung des Verlags unzulässig. Das gilt insbesondere für Vervielfältigungen, Übersetzungen, Mikroverfilmungen und die Einspeicherung und Verarbeitung in elektronischen Systemen.

MIX
Papier aus verantwortungsvollen Quellen
FSC® C083411
FSC www.fsc.org

ISBN 978-3-86489-908-9
© Westend Verlag GmbH, Frankfurt/Main 2021
Satz: Publikations Atelier, Dreieich
Druck und Bindung: CPI – Clausen & Bosse, Leck
Printed in Germany

Inhalt

Vorwort zur Neuausgabe 7

Verschwörungen, Verschwörungstheorien
und die Geheimnisse des 11.9. 19

Fakten, Fälschungen und
die unterdrückten Beweise des 9/11 413

11.9. 10 Jahre danach –
Der Einsturz eines Lügengebäudes 781

Register 1167

Vorwort zur Neuausgabe

Das Verbrechen des Jahrhunderts – die Terroranschläge des 11.9.2001 in New York und Washington – ist bis heute nicht wirklich ermittelt und aufgeklärt. Dass und warum das so ist, zeigen die drei »Akte« der vorliegenden Trilogie, die in den Jahren 2002, 2003 und 2011 entstanden sind und den Prozess der (Nicht-)Ermittlung und der (Nicht-) Aufklärung dieses Massenmords dokumentiert haben. Sie erscheinen hier ungekürzt, unverändert und unkommentiert noch einmal. Mit allen Fehleinschätzungen, aber auch mit all den Fakten und Informationen, die in der offiziellen Darstellung vom ersten Tag an unterdrückt und ausgeblendet wurden. Die aber gleichwohl jedem ordentlichen Kriminalisten oder auch Journalisten, der den Tätern und Hintermännern dieses Massenmords wirklich auf die Spur kommen will, hätten auffallen und zu denken geben müssen. Was sie aber merkwürdigerweise fast nie taten. Wenn sie doch auffielen, kamen sie nicht an den Torwächtern in den Chefredaktionen vorbei. Angesichts des weltweit live übertragenen Horrors der Anschläge, der umgehenden Schuldzuweisung und der Ausrufung des »War on Terror« waren die Medien in Schockstarre verfallen und zu Stenografen der US-Regierung mutiert. Sie verbreiteten als unbestreitbare Tatsache, das unbewiesene Verschwörungsmärchen von 19 »Hijackern« mit Teppichmessern, die angeleitet von Osama Bin Laden aus einer afghanischen Höhle, allein für diese Tat verantwortlich gewesen sein sollen.

Dass diese Legende Lücken, Löcher und Ungereimtheiten ohne Ende aufwies, war von Beginn an offensichtlich, und ich ging nicht davon aus, dass sich die investigativen, kritischen Kollegen in den Redaktionen derart blind und taub stellen könnten, wie sie es dann taten und bis heute weitgehend tun. Sonst wären diese Bücher niemals entstanden, sonst wären sie nicht bis im fernen Indonesien und in vielen weiteren Ländern übersetzt worden und sonst gäbe es keinen Grund, sie zum 20. Jahrestag noch einmal aufzulegen. Nicht weil sie, wie mir permanent vorgeworfen wurde und wird, »Verschwörungstheorien« verbreiten, sondern weil sie belegen, dass der »9/11-Report«, die offizielle Version der Ereignisse, nichts anderes als eine unbewiesene Verschwörungstheorie ist, die mit der Wahrheit des 11. September 2001 wenig zu tun hat.

Diese Wahrheit kenne auch ich nicht und kann sie auch nicht ermitteln, weil Journalisten und Buchautoren keine Zeugen vorladen, keine beeidigten Aussagen und keine Freigabe von Dokumenten erzwingen können, das kann nur ein Staatsanwalt oder ein Gericht. Mir und meinen Kollegen, Andreas Hauß (Teil 2) und Christian C. Walther (Teil 3), stand nur öffentlich zugängliches Material zur Verfügung, aber schon das reicht für den Nachweis, dass es sich bei der offiziellen Version nicht »vielleicht«, nicht »wahrscheinlich«, sondern definitiv um eine große Lüge handelt, vollkommen aus. Nicht mehr, aber auch nicht weniger, dokumentieren die folgenden 1 000 Seiten und sie zeigen auch, dass Skepsis und Zweifel an der Darstellung und Deutung der Ereignisse nicht erst im Nachhinein, sondern schon vom ersten Tag an angebracht waren.

Ich war an diesem Tag, dem 11. September 2001, wie schon in den Monaten zuvor dabei, ein Buch zu schreiben, das ein Nachfolger des *Lexikons der Verschwörungstheorien* von Robert Anton Wilson werden sollte, dessen deutsche Ausgabe ich ein Jahr zuvor herausgegeben hatte.[1] Darin wollte ich Struktur, Funktionsweise und Verwendung dieser Theorien untersuchen. Am Vormittag hatte ich mir die These notiert, dass Verschwörungstheorien komplexe Ereignisse auf einen einfachen Sündenbock reduzieren und deshalb gern zu Propagandazwecken eingesetzt werden. Ich hatte gerade angefangen, über diese Zusammenhänge zu schreiben, als ein Freund anrief und sagte: »Mach mal den Fernseher an, da ist was in New York passiert.« Wie der Rest der Welt sah ich, welches Drama sich da vor aller Augen abspielte: DAS Verbrechen des 21. Jahrhunderts live im TV. Nach etwa einer Stunde vor dem Fernseher – die beiden großen Türme standen noch – hörte ich zum ersten Mal, dass ein gewisser Osama Bin Laden der Tat verdächtigt wird. Da diesem auch schon Anschläge auf US-Botschaften in Afrika zur Last gelegt wurden, galt er als islamistischer Terrorist und schien als Verdächtiger insofern infrage zu kommen. Was mich aber beim Verfolgen verschiedener Nachrichtenkanäle im TV und im Internet im Laufe des Nachmittags und der Nacht zunehmend wunderte, war, dass dieser Verdächtige immer öfter und als Einziger genannt wurde. Irgendwann schlug meine am Vormittag auf diese These eingestellte Optik Alarm: Einerseits ein völlig überraschender, nie dagewesener, gigantischer Terroranschlag – andererseits steht der einzige Täter schon nach wenigen Stunden mehr oder weniger fest.

1 Robert Anton Wilson, Mathias Bröckers (Hrsg.): Lexikon der Verschwörungstheorien, 2000/2016, Westend Verlag.

Wird hier gerade ein hoch komplexes Ereignis auf einen simplen Sündenbock reduziert? Haben wir es nicht nur mit einem live übertragenen Verbrechen, sondern auch mit dem medialen »Making-of« einer Verschwörungstheorie zu tun?

Am nächsten Morgen schrieb ich einige »Verschwörungstheoretische Anmerkungen«, die am 13.9.2001 in der *taz* und auf dem Online-Magazin »Telepolis« erschienen. Dass daraus eine 60-teilige Serie werden sollte,[2] und im Sommer 2002 ein Buch sowie in der Folge zwei weitere Bücher war nie geplant. Doch die Schockstarre der Medien hielt an, sie schauten einfach nicht hin und waren was 9/11 betrifft von einer Einheitlichkeit geprägt, die an finsterste Zeiten der Gleichschaltung erinnerte. Ende der 1970er-Jahre, im »Deutschen Herbst«, hatte ich mich nach dem Studium wegen eines ähnlichen Gefühls der Gruppe angeschlossen, die gerade eine neue, unabhängige Tageszeitung zur Verbreitung unterbliebener Nachrichten – die *taz* – gründete und dort dann zwölf Jahre als Redakteur gearbeitet. Später war ich in verschiedenen Funktionen auch für andere Zeitungen, Radiosender und Verlage tätig, sodass ich mir eine gewisse Kenntnis darüber zutraute, was Journalismus ist und welche Rolle ihm in demokratischen Gesellschaften zukommt. Doch das, was sich nach 9/11 in den Medien abspielte, hatte mit Journalismus, wie ich in verstand und gelernt hatte, absolut nichts mehr zu tun. Die Wahrheit wurde nicht ermittelt, sondern verkündet, der Sündenbock war nach einem Tag gefunden und die Antwort darauf lautete Krieg. »Mit uns oder mit den Terroristen!« hatte George W. Bush

2 »The WTC Conspiracy« www.heise.de/tp/thema/the-wtc-conspiracy.

deklariert und die Medien reihten sich ein: Die »freie Presse«, die Wachhunde der Demokratie, mutierten über Nacht zu Lautsprechern der US-Regierung. Sie reagierten auf Gegenstimmen genauso, wie es die CIA ihren Pressekontakten 1967 für Kritiker der offiziellen Einzeltäter-Version des Kennedy-Mords geraten und George W. Bush noch einmal bekräftigt hatte: Sie wurden als »frevelhafte Verschwörungstheoretiker« und boshafte Lügner durchs mediale Dorf getrieben.

Darüber, wie diese Jagd lief und seit 20 Jahren läuft, habe ich in *Mythos 9/11* (Westend Verlag, 2021) berichtet; im Folgenden können Sie alle die verbotenen Zaubersprüche, geheimen Beschwörungen und magischen Botschaften lesen, die diese Inquisition auslösten. Dass diese unbotmäßigen Mitteilungen mit hunderten seriöser Quellen belegt sind,[3] dass die Leserschaft alle unerhörten Behauptungen sofort selbst überprüfen und feststellen konnte, dass es sich hier keineswegs um illusionäre Zauberei und spektakuläre Spekulationen, sondern um ernstzunehmende Hintergründe und harte Fakten handelte, die von den Großmedien einfach ausgeblendet worden waren – eben dies brachte die Großdeuter der Wirklichkeit besonders in Rage. Und bringt es immer noch, denn 9/11 ist das große Tabu des 21. Jahrhunderts, ein Dogma, an dem nicht gerüttelt werden darf. Weil sonst ein ganzes Lügengebäude einstürzt. Und damit die Begründung und Rechtfertigung für einen nicht endenden Krieg, der schon über 800 000 Menschenleben gekostet hat, und ohne die der »War on Terror« als das erkennbar wird, was er in

3 Weil die wenigsten Links nach zwei Jahrzehnten noch direkt erreichbar sind, hier das große Ehrenwort, dass sie es am Tag der Drucklegung der Originalausgaben allesamt waren.

Wahrheit ist: ein mörderisches imperialistisches Verbrechen von monströsem Ausmaß.

Da auch nur im Entferntesten Mittäter zu sein, ist eine Zumutung. Und weil die Medien, die mit der 9/11-Lüge diesen Krieg als »Verteidigung der Freiheit am Hindukusch« verkauften, Mittäter dieses Verbrechens waren und sind, werden sie sich auch zum 20. Jahrestag nicht dieser Zumutung stellen. Sonst müssten sie endlich anfangen, in Sachen 9/11 ihren Job zu machen. Sie müssten etwa thematisieren, warum dem gerade pensionierten Vier-Sterne-General Wesley Clark, der bis 2000 die Nato-Streitkräfte in Europa befehligt hatte, die Spucke wegblieb, als er kurz nach den Anschlägen das Pentagon besuchte und ein alter Kollege aus dem »Joint Chiefs of Staff« ihn in sein Zimmer zog: »Ich habe gerade diesen Merkzettel aus dem Büro des Verteidigungsministers bekommen und hier steht, wir werden sieben Länder angreifen und deren Regierungen innerhalb von fünf Jahren stürzen. Wir werden mit dem Irak beginnen und dann nehmen wir uns Syrien, Libanon, Libyen, Somalia, den Sudan und den Iran, sieben Länder in fünf Jahren.« Als er sechs Jahre später eine Rede dazu hielt, sagte General Clark: »Ich habe diese Information für lange Zeit für mich behalten. Ich habe darüber etwa sechs oder acht Monate mit niemandem gesprochen. Ich war wie gelähmt darüber, ich konnte darüber mit niemandem sprechen. Und ich konnte nicht glauben, dass das die Wahrheit sein kann, aber es ist Wirklichkeit. (…) Dieses Land wurde von einer Gruppe von Leuten durch einen politischen Staatsstreich übernommen! Das waren Wolfowitz und Cheney und Rumsfeld und man kann ein halbes Dutzend anderer Kollaborateure nennen von dem ›Projekt für das neue amerikanische Jahrhundert‹ (*PNAC-US-Denkfabrik in Washington*). Sie wollten den Nahen Osten destabilisieren, ihn auf den Kopf stellen, ihn unter unsere Kontrolle bringen.«[4]

Dass sich diese Erkenntnis schon in den ersten Tagen nach den Anschlägen gewinnen ließ und die verschleppten und verhinderten Ermittlungen in den Monaten und Jahren darauf die Hinweise auf einen »Staatsstreich« noch erhärteten, zeigen die ersten beiden Teile dieser Trilogie. Wenn Demokratie, Rechtsstaatlichkeit und Menschenrechte noch mehr sein sollen als bloße Worthülsen, darf es nicht sein, dass die Hintermänner des Verbrechens des Jahrhunderts mit ihrer billigen Sündenbockgeschichte vor Gericht davonkommen. Auch wenn es ein solches Gericht nicht gibt – der eigentlich zuständige Internationale Strafgerichtshof in Den Haag wird vom US-Imperium nicht anerkannt, weil es dort von der Strafbank gar nicht herunterkommen würden –, ist der dritte Teil als Handreichung für den (nicht vorhandenen) Staatsanwalt zu verstehen. Er listet alle zu ermittelnden Vorgänge auf, stellt die vorliegenden Hinweise und Indizien dar und benennt, welche Zeugen zur Beweisaufnahme vorzuladen und welche Dokumente freizugeben sind, um den jeweiligen Tatbestand zu klären. Unser Job war und ist es nicht, alternative Tathergänge aufzuzeigen oder etwa nach dem Fund von Nano-Thermit im WTC-Staub auch noch zu beweisen, wer den Sprengstoff wie in den Türmen angebracht hat. Wenn wir belegen, dass der »Cheflogistiker« (*Der Spiegel*) der Anschläge, Khalid Al-Midhar, mit Schecks aus der saudischen Botschaft finanziert wurde, müssen wir nicht die genaue Rolle des saudischen Geheimdienstes aufklären, oder die

4 Rede von Wesley Clark, 3. Oktober 2007, Commonwealth Club of California, San Francisco.

des Mossad, weil wir von den fünf vor den brennenden Türmen mit Victory Zeichen posierenden Agenten berichten, die am 11.9. in New York festgenommen und stillschweigend nach Israel abgeschoben wurden. Und wenn wir anhand von unwiderlegbaren Fakten zeigen, dass Hani Hanjour kaum fliegen konnte, müssen wir nicht herausfinden, welcher Kunstflieger denn stattdessen am Steuerknüppel der Pentagon-Maschine saß oder wer sie möglicherweise per Fernbedienung gesteuert hat. Unsere Aufgabe konnte allein in einem überzeugenden Nachweis bestehen, dass die offizielle Version falsch ist und eine (erstmalige!) Untersuchung und Beweisaufnahme auf strenger rechtstaatlicher Basis das Gebot der Stunde ist. Auch dann, wenn das US-Imperium *to big to fail* (und auch *to jail*) sein mag und unklar ist, welches Tribunal, welche »Wahrheitskommission«, welches Gericht eine solche Ermittlung durchführen kann. Aber sie muss und sie wird kommen. Und wenn es kein Gericht ist, dann eine Historikerkommission der Zukunft, die aus den Trümmern des US-Imperiums, das sich als die »einzige Weltmacht« missverstand, dereinst das Jahrhundertverbrechen rekonstruieren wird, mit dem die letzte Phase seines Niedergangs begann.

»Wenn das Aufdecken von Verbrechen wie ein Verbrechen behandelt wird, werden wir von Verbrechern regiert«, hatte der Whistleblower Edward Snowden die Anklage des Wikileaks-Gründers Julian Assange kommentiert, der nach dem Willen der USA für 175 Jahre ins Gefängnis soll, weil er Kriegsverbrechen im »War on Terror« aufgedeckt hat.[5] Es ist die archaische Methode, den Überbringer zu eliminieren, um die unerwünschte Nachricht aus der Welt

5 Siehe dazu: Mathias Bröckers: Don't Kill The Messenger – Freiheit für Julian Assange 2019, Westend Verlag.

zu schaffen. Mit den Nachrichten und Nachweisen, dass es sich bei der offiziellen 9/11-Version um eine Verschwörungserzählung, um einen Mythos, um ein Märchen handelt, wurde Ähnliches versucht, doch mit der Anprangerung der Überbringer als üble Verschwörungstheoretiker ließen und lassen sich die unerwünschten Nachrichten nicht aus der Welt schaffen. Als ich im Frühjahr 2001 mit dem Schreiben begann, war noch nicht absehbar, dass sich Begriffe wie Verschwörungstheorie, -legende, -mythos oder -ideologie zu einem denunziatorischen Kampfbegriff entwickeln würden, die sich im Kampf um die Deutungshoheit mittlerweile einer geradezu inflationären Beliebtheit erfreuen. Vor 20 Jahren gab es im wissenschaftlichen Bereich so gut wie keine Literatur dazu. Dies hat sich seit 9/11 einhergehend mit George W. Bushs Warnung vor »frevelhaften Verschwörungstheorien« deutlich geändert. Heute gibt es zahlreiche politische, soziologische, psychologische, medien- und kulturtheoretische Studien. Doch der Großteil dieser Forschungsliteratur ist unbrauchbar, weil er die Existenz realer Verschwörungen schlichtweg ignoriert, ebenso wie die Existenz von Verschwörungstheorien, die sich als wahr erwiesen haben, und die Literatur das gesamte Thema in den Bereich der Mythen, Fiktionen und Irrationalität verschiebt.

Dass ein solches Ausblenden von Verschwörungs*realität* nicht zu brauchbaren Erkenntnissen über Verschwörungs*theorie* führen kann, sollte eigentlich auf der Hand liegen, hindert aber nicht daran, dass diese »Experten« stets zitiert und in den Medien herumgereicht werden, wenn wieder irgendeine »Verschwörungstheorie« als Ausgeburt hirntoter Idioten, Esoteriker oder Nazis darzustellen ist, die an geheime Mächte und ein übermächtiges Böses hinter den Kulissen der Welt glauben. Also kranke Geister und durchgeknallte Spinner, die behaupteten: »Die NSA hört alles ab – auch Angela Merkels Handy!«, oder notorische Antiamerikaner, die mit der kruden Verschwörungserzählung hausieren gingen, dass sich die USA die Massenvernichtungswaffen des Irak komplett zusammenlügen, um dort einzumarschieren. Nur paranoide Irre können sich so etwas ausdenken und natürlich müssen Öffentlichkeit und soziale Medien vor solchen Desinformationen geschützt werden. Auf dass der öffentliche Debattenraum jederzeit desinfiziert werden kann, indem die Gegenrede zu einem regierungsamtlichen Narrativ mit akademischer Expertise als »Verschwörungstheorie« disqualifiziert wird.

Wenn Sie dieses Buch gelesen haben, werden Sie auf diesen billigen Trick nicht mehr so leicht hereinfallen. Der wichtigste Dank, den ich von Leserinnen und Lesern für diese Arbeit bekommen habe, war der für die Einübung in Medienkompetenz, in einen kritischen Blick auf die Herstellung von Konsens durch Auswahl und Manipulation von Nachrichten, in die Maschinerie und Methoden von Propaganda. Und für die Anregung, selbst zu denken und kritisch zu hinterfragen, was die Autorität der Großmedien ihnen als Realität präsentiert. Eine solche Kompetenz scheint heute notwendiger denn je, denn der mit 9/11 vorexerzierte manichäische Dualismus von Gut und Böse feiert mit der 2020 verkündeten Pandemie fröhliche Urstände. Ganz so wie wir 2002 als Überbringer unerwünschter 9/11-Nachrichten vom ehemaligen Nachrichtenmagazin *Spiegel* der »Septemberlüge« bezichtigt und konnotativ in die Nähe von Holocaustleugnern gerückt wurden, werden derzeit Kritiker der Pandemie-Maßnahmen als »Coronaleugner« bezeichnet. Damit werden einmal mehr notwendige und unverzichtbare Sachfragen in den Bereich unbezweifelbarer Glaubensfragen verschoben und jeder Widerspruch als gefährliche Ketzerei gebrandmarkt. Dass wie im September 2001 nicht einmal die Identität der Täter feststeht, aber sofort ein »Krieg gegen Viren« ausgerufen wird, ist nur eine von vielen Parallelen – im Mai 2021 jedenfalls ist noch vollkommen unklar, ob »Sars-Cov-2« natürlichen Ursprungs ist und sich aus einer südchinesischen Höhle über andere Tiere auf Menschen übertragen hat, oder ob es einem Labor entschlüpft ist, an dem man an Fledermausviren genetisch herumgeschraubt hat, sodass sie auch für Menschen »scharf« wurden. Erste Hinweise auf künstlich eingefügte Abschnitte in der Genstruktur des Virus aber wurden, selbst wenn sie von einem Nobelpreisträger wie dem Entdecker des Aids-Virus Luc Montagnier kamen,[6] sogleich als »gefährlicher Unsinn« niedergemacht, sowie, Sie ahnen es, mit der Diskurskeule Nr. 1, als »Verschwörungstheorie«. Die Lektüre der folgenden Seiten wird Sie gegen diesen viral verbreiteten Kampfbegriff mit großer Sicherheit immunisieren, denn Sie werden die gefährlichste und folgenreichste Verschwörungstheorie des 21. Jahrhunderts kennenlernen. Und danach hoffentlich zustimmen, dass es zum 20 Jahrestag des Verbrechens nur eine Forderung geben kann: *Re-Investigate 9/11!*

Mathias Bröckers
19. Mai 2021

6 pLai3ΔenvLuc2 – Wurde mit HIV-Pseudovirus das Coronavirus für den Menschen gefährlich? www.heise.de/tp/features/pLai3-envLuc2-Wurde-mit-HIV-Pseudovirus-das-Coronavirus-fuer-den-Menschen-gefaehrlich-4705632.html.

Teil 1

MATHIAS BRÖCKERS

VERSCHWÖRUNGEN, VERSCHWÖRUNGSTHEORIEN UND DIE GEHEIMNISSE DES 11.9.

Lektorat und Register: Klaus Gabbert, Büro W, Wiesbaden

Korrektorat: Ursula Maria Ort, Frankfurt am Main und Ekkehard Kunze (Büro W, Wiesbaden).

Das abgedruckte Interview von Jürgen Elsässer und Andreas von Bülow erschien ursprünglich in Konkret 12/2001

»Wir müssen die Wahrheit über den Terror aussprechen. Lasst uns niemals frevelhafte Verschwörungstheorien im Zusammenhang mit den Anschlägen des 11. September tolerieren, boshafte Lügen, die bezwecken, die Schuld von den Terroristen selbst abzulenken, weg von den Schuldigen.«

George W. Bush vor der UN-Vollversammlung, 10.11.2001

Inhalt

Vorwort 29

Zweimal täglich googeln 40

Dank 45

Alles unter Kontrolle 47

Die Bio-Konspiration 47
Mulders Dilemma 55
Der äußere Schein trügt 60
Die »Weisen von Zion«, Hitler und die Illuminaten 65
Die Geldverschwörung 72
Im Namen des Staates 83
Neun Thesen über Verschwörungen und Verschwörungstheorien 88
Ein konspirologisches Tagebuch 91
13.9.01 Verschwörungstheoretische Anmerkungen zu einem Terroranschlag 94
14.9.01 Osama Bin Laden 99
15.9.01 Überraschung durch hausgemachte Schurken 102
16.9.01 Question authority! Think for yourself! 104

17.9.01	Die netten Hurensöhne der USA	108
19.9.01	Primatenpolitik und Denkverbote	112
22.9.01	Sündenböcke, Menschenopfer und die neue »Pax Americana«	115
24.9.01	Zero Evidence an Ground Zero	119
26.9.01	Skulls, Bones & Bush	124
29.9.01	»Wem es gelingt, dir falsche Fragen einzureden …«	132
1.10.01	Banken, Börsen, Berlusconi	136
3.10.01	Die Assassinen sind wieder da!	141
6.10.01	Jihad Inc. – Made in USA	146
10.10.01	Uncle Sams Junk: Heroin, Taliban, Pakistan	151
15.10.01	Controlled Demolition	157
20.10.01	Die Spur des Geldes	162
26.10.01	Manus Manum Lavat – Money Money Lavamat	167
31.10.01	Jenseits von Bush und Böse	172
2.11.01	Ein lange geplanter Krieg	179
4.11.01	Osama meets CIA!	187
13.11.01	Wenn die CIA nicht involviert war, was hat sie stattdessen getan?	192
20.11.01	Pack schlägt sich, Pack verträgt sich: die Bush-Bin-Laden-Connection	200
24.11.01	In Memoriam John O'Neill – der kaltgestellte Jäger Bin Ladens starb im WTC	207
30.11.01	Die al-qaidisch-ladinistische Weltverschwörung	212
7.12.01	Turmopfer im geopolitischen Schach?	218
11.12.01	Der Bush-Putsch	224
15.12.01	Fakten, Fiktionen, Fakes …	230

29.12.01 Bürorechner überleben WTC-Crash, Flugschreiber nicht! 235
4.1.02 Wo blieb die Feuerwehr? 239
10.1.02 The American Way of War 243
2.2.02 Vom Al Capone-Kiez nach Pipelineistan 248
18.1.02 Enrongate 252
11.2.02 Die verbotene Wahrheit 257
18.2.02 Propagandamythen aus dem Führerbunker 263
24.2.02 Die größte Heroinregierung aller Zeiten 269
3.3.02 The Kosher Conspiracy 275
12.3.02 Das Pentagon-Mysterium 287
22.3.02 WTC, die World Trade Conspiracy 293

Frage, wer es war, aber frage um Himmels willen nicht, warum 299

Der Mythos freier Medien 306
Cui bono? 313
Spion jagt Spion 315
»Gott ist nicht neutral« 318
Durch »schmutzige« Erkenntnistheorie zurück zum »sauberen« Journalismus? 322
»Let one happen, stop the rest« 328
Die Achse der Verdächtigen 333
Willkommen in Brainwashington D. C. 339

Nachwort: Lob des Antibushismus – eine Verteidigung amerikanischer Werte 350

Anhang 1
FAQ 9/11 – 100 Frequently Asked Questions 364

Anhang 2
Kurze Geschichte des Vorauswissens 374

Anhang 3
Ein Interview von Jürgen Elsässer mit Andreas von Bülow 385

Belege 398

Vorwort

Dies ist ein Buch über Verschwörungen. Wenn Sie das für etwas Schlimmes halten, kann ich Sie beruhigen: Verschwörungen sind das Selbstverständlichste der Welt. Ihr schlechter Ruf sowie die Tatsache, dass die meisten Staaten Gesetze gegen Verschwörungen erlassen haben, hat nichts mit ihnen selbst, sondern mit ihrem Missbrauch zu kriminellen Zwecken zu tun.

Dies ist auch ein Buch über Verschwörungstheorien. Diese stehen bei vielen Zeitgenossen ebenfalls in denkbar schlechtem Ruf, doch auch diese Tatsache ist weniger der Verschwörungstheorie an sich als vielmehr ihrem Missbrauch zu propagandistischen, demagogischen Zwecken geschuldet. Ohne angemessene Verschwörungstheorien aber, so wird zu zeigen sein, lässt sich unsere hochgradig komplexe und konspirative Welt gar nicht mehr verstehen.

Dies ist vor allem ein Buch über die Verschwörungen und Verschwörungstheorien des 11. September 2001. Wenn dieses Datum Ihnen nicht nur wegen der brennenden und zusammenstürzenden Zwillingstürme des World Trade Center selber, sondern mehr noch wegen der landauf, landab behaupteten Täterschaft zu denken gibt, dann sollten Sie sich zumindest probeweise von etwas verabschieden, das sich nach der größten Polizeifahndung aller

Zeiten als lupenreine (weil unbewiesene) Verschwörungstheorie herausgestellt hat: die offizielle Version der Ereignisse. Gegen den angeblichen Chefplaner Osama Bin Laden und seine »Al-Qaida«-Bande liegen heute, ein knappes Jahr nach den Anschlägen, so viele Beweise vor wie wenige Stunden danach: praktisch keine.

Dies ist auch eine Art Tagebuch der Anschläge auf das WTC und das Pentagon, denn der Schock des 11. September erreichte mich mitten in der Arbeit an diesem Buch und krempelte es völlig um. Statt das Verschwörungswesen an historischen und theoretischen Beispielen studieren zu müssen, konnte ich es plötzlich aktuell und gleichsam auf freier Wildbahn beobachten. Als konspirologischer Beobachter und Forscher wurde ich so umgehend zu einem Kriegsgewinnler, denn mit dieser Katastrophe und ihren schrecklichen Folgen lieferte die Realität ein Forschungsobjekt par excellence live auf den Bildschirm. Meine Anmerkungen dazu habe ich vom 13. September an unter dem Titel »The WTC-Conspiracy« im Online-Magazin telepolis veröffentlicht. Sie finden sich hier nun in gedruckter Form.

In diesem Buch will ich Ihnen keine eigene Verschwörungstheorie zum 11. September verkaufen. Ich verspreche weder einfache Lösungen noch perfekt passende Deckel auf brodelnde Töpfe von Widersprüchen, noch stimmige Endreime auf Berge von Ungereimtheiten. Eines jedoch könnte die Lektüre bewirken: dass Ihnen das Propaganda-Menu, das die Köche in Brainwashington D. C. und ihre Medienkellner aufallen Kanälen servieren, nicht mehr so richtig schmeckt; dass Ihnen die Zutaten suspekt erscheinen und Sie beginnen, Fragen zu stellen und selbst nach möglichen Antworten zu suchen. Und falls Sie vorerst sprachlos sind: Die 100 dringlichsten FAQ, die »most frequently asked questions« zum 11. September, finden Sie am Ende dieses Buches.

Dieses Buch ist eine Einladung zur Anti-Conspiracy-Conspiracy, zur Gegen-Verschwörungs-Verschwörung. Es versucht eine Einübung in den konspirologischen Blick und begreift auch die makroskopische Welt als Bündel von Wahrscheinlichkeiten, aus dem erst durch den individuellen Akt der Beobachtung (Wahr-Nehmung) Realität entsteht. Es plädiert dafür, die Konspirologie aus der Verbannung als schmutzige, unscharfe Erkenntnistheorie zu befreien und als kritische Wahrnehmungswissenschaft ernst zu nehmen. Wenn es vor einigen Jahrhunderten naiv war und als Aberglauben galt, hinter den Dingen unsichtbare Drahtzieher und Interessen anzunehmen, sollte es im vor uns liegenden Jahrhundert als naiv gelten, hinter der Wirklichkeitssimulation der Medien keine Drahtzieher und Interessen zu vermuten.

Vor einigen Jahren vertraute der Co-Chairman des Rates des Weltwirtschaftsforums in Davos, Maurice Strong, einem Reporter die groben Umrisse eines Romans an, den er, Strong, gern zu Papier bringen würde. Jeden Februar kämen ja in Davos über tausend Chief Executive Officers, Regierungschefs, Finanzminister und führende Wissenschaftler zusammen, um den Gang der Welt für das folgende Jahr zu besprechen. »Was würde passieren«, so Strong, »wenn eine kleine Gruppe aus dieser großen Runde zu dem Schluss käme, dass das Wohlergehen der Erde in erster Linie durch die reichsten Industrieländer gefährdet sei? … Um den Planeten zu retten, entscheidet die Gruppe, es sei ihre Pflicht, den Zusammenbruch der westlichen Zivilisation herbeizuführen!« Maurice Strong redet sich heiß:

»Diese kleine Gruppe von World Leaders bildet also eine Verschwörung mit dem Ziel, die Weltwirtschaft aus dem

Lot zubringen. Es ist Februar. Alle entscheidenden Leute sind in Davos. Die Verschwörer gehören zur Führungselite der Welt. Sie haben sich in den globalen Waren- und Aktienmärkten positioniert. Mittels ihres Zugangs zu den Finanzmärkten, zu den Computernetzen und zu den Goldreserven erzeugen sie eine Panik. Dann verhindern sie, dass überall auf der Welt die Finanzmärkte schließen. Sie blockieren das Getriebe. Sie heuern Söldner an, welche die übrigen Konferenzteilnehmer in Davos als Geiseln festhalten. Die Märkte bleiben offen …«

Der Reporter kann seine Überraschung nicht verbergen. Maurice Strong kennt diese Weltelite. Er sitzt im Zentrum der Macht. Er könnte das alles tatsächlich in Gang bringen. Strong fängt sich und schließt: »Ich sollte so etwas eigentlich gar nicht sagen.«

H.J. Krysmanski, Professor der Soziologie in Münster, zitiert diese Anekdote auf seiner Website, um auf eine neue Qualität der Globalisierung aufmerksam zu machen: das Entstehen einer transnationalen Machtelite, die im Verhältnis zur Weltbevölkerung kleiner und im Vergleich zu früheren Herrschaftsverhältnissen mächtiger ist als jede herrschende Klasse zuvor – was aber bis dato kaum ins Blickfeld der Sozial- und Politikwissenschaften geraten ist. Die Behauptung, dass ein kleiner Club von Hyperkapitalisten insgeheim die Weltregiert, wäre vor wenigen Jahrzehnten noch als naive Verschwörungstheorie belächelt worden. Heute unterdessen darf als naiv belächelt werden, wer angesichts der globalen Netzwerke des Finanzkapitals und der Megakonzerne noch an Metaphern wie »freier Wettbewerb« und »Marktwirtschaft« glaubt – und nicht spätestens auf den zweiten Blick die Strukturen einer Verschwörung entdeckt.

Die krankhaften Erscheinungsformen des Verschwörungsdenkens mögen lange dazu beigetragen haben, das

Thema an sich als Fall für Paranoiker und Crackpots nicht weiter ernst zu nehmen – geschweige denn eine nüchterne Methode, ein Werkzeug der Realitätswahrnehmung, eine skeptische Wissenschaft daraus zu machen. Eine solche kritische Konspirologie hätte die ständige Anwesenheit von Verschwörungen in lebenden Systemen zu berücksichtigen – das heißt, die Rolle der Konspiration in der evolutionären Dialektik von Konkurrenz und Kooperation genauer zu untersuchen. Sie hätte die Aufgabe, in dieser amorphen Unterwelt gegenseitiger Vorteilsnahme Strukturen und Muster auszumachen und möglichst allgemeingültige Prüfsteine und Kriterien für den Realitätscheck von Verschwörungstheorien zu liefern.

Für die kritische Konspirologie sind Verschwörungen die »dark matters« des Informationszeitalters und Verschwörungstheorien auf Indizien beruhende Vorstellungen über Zustand und Wirkungsweise dieser dunklen Materie. Ähnlich wie Neutrinos oder andere subatomare Teilchen lässt sich die Anwesenheit der dunklen Verschwörungsmaterie nur indirekt nachweisen: In dem Moment, wo man sie direkt beobachtet das heißt aufdeckt –, verliert sie ihren Verschwörungscharakter. Die Unschärferelation der Quantenphysik – die paradoxe Verschwörung von Teilchen und Welle, von Schrödingers Katze und Einsteins Maus – scheint auch für die Beobachtung von Verschwörungssystemen zu gelten. Je genauer man einen bestimmten Aspekt ins Auge fasst, umso unweigerlicher gerät ein anderer aus dem Blickfeld. Auf diese Unschärfe werden wir im Verlauf dieses Buchs noch an vielen Punkten stoßen, doch das entstehende Bild deshalb als untauglich zu verwerfen, wäre falsch.

Im ersten Teil des Buchs nähern wir uns dem Thema aus großem historischen Abstand, genauer: mit einem Rückblick auf die vielleicht einzige wirkliche Weltverschwörung, die seit über zwei Milliarden Jahren existierende Konspiration der Bakterien. Zu diesem Zeitpunkt schlossen sich die damaligen Weltherrscher – einzellige Bakterien – auf konspirative Weise zusammen, um mehrzellige Lebewesen hervorzubringen. Diese Bio-Konspiration wirft unsere derzeitigen Vorstellungen von der Evolution des Lebens ziemlich über den Haufen und entlarvt nebenbei den Neodarwinismus als Verschwörungstheorie. Denn nicht nur Kampf und Konkurrenz (im Darwinschen Sinne), sondern auch zwei weitere Prinzipien – Konspiration und Kooperation – haben dafür gesorgt, dass auf diesem Planeten Leben entstehen und gedeihen konnte.

Die nächsten Kapitel engen den historischen Rahmen dann schon deutlich ein und werfen einige Schlaglichter auf das menschliche Verschwörungswesen in den letzten Jahrhunderten sowie auf die Strukturen und Funktionsweisen von Verschwörungen und Verschwörungstheorien – von Hitler und Stalin bis zu den dunklen Geschäften der CIA, von den Templern und Freimaurern bis zur Federal Reserve Bank.

Der zweite Teil des Buchs ist dann sozusagen der »Live« Berichterstattung gewidmet und enthält ein konspirologisches Tagebuch in Form jener Artikel, die vom 12. September 2001 bis Ende März 2002 im Online-Magazin telepolis erschienen sind. Ich habe diese Texte weitestgehend in der Originalfassung belassen und stillschweigend nur Flüchtigkeitsfehler und Wiederholungsschleifen getilgt. Korrekturen, Ergänzungen und Kommentare aus späterer Sicht (mein »Redaktionsschluss« bei diesem Buch war Ende Juli 2002) sind jeweils kursiv angefügt. Das jeweilige Veröffentlichungsdatum ist in der Titelzeile angegeben und für die Einschätzung der Lektüre nicht unwichtig.

In der Hysterie und Medienuniformität in den Tagen und Wochen nach dem Anschlag schien meine verschwörungstheoretische Herangehensweise ziemlich schrill und unerhört – ein wutschnaubender Kollege wünschte mir dafür sogar den Tod als »Fettfleck an einer Hochhauswand«. Im Nachhinein, bei der Durchsicht für diese Buchausgabe, hat mich dann erstaunt, wie harmlos und fast selbstverständlich das mittlerweile schon klingt. Vielleicht hat das mit dem »Rückspiegeleffekt« zu tun, den der Schriftsteller William S. Burroughs meinte, als er den Mainstream kultureller Wahrnehmung einmal mit einem Beifahrer verglich, der die Landschaft nur im Rückspiegel betrachtet. Taucht etwas Unerwartetes, Neues auf, nimmt er es zuerst einmal nicht wahr. Die Behauptungen des vorausschauenden Fahrers über das, was auf sie zukommt, erklärt er für irrelevant. Erst wenn die Veränderungen dann auch im Rückspiegel sichtbar werden und beim besten Willen nicht mehr zu leugnen sind, erklärt er: »Aber das kennen wir doch schon, das ist doch gar nichts Neues.«

Diesen Effekt würde ich diesem Buch auch wünschen, und dass es von einigen Rückspiegelsehern für irrelevant, verrückt und also nicht weiter ernst zu nehmen erklärt wird, steht zu erwarten. Doch ebenso auch die Hoffnung, dass etwas vorausschauendere Zeitgenossen feststellen: »Das ist ja alles gar nichts Neues« – und beginnen, sich mit diesen altbekannten Fakten zu beschäftigen. Weil in der Welt der Konspiration alles mit allem zusammenhängt, werden einige vieles und viele einiges vermissen. Das ist leider unvermeidlich und schlicht mit der Aufnahme- und Verarbeitungskapazität meines Bioprozessors begründet. Allerdings, um noch einmal Burroughs heranzuziehen, kennen nur Paranoiker alle Fakten –das heißt, ein kritisch-konspirologischer Blick wird, anders als ein psychotischparanoider, ohnehin niemals eine naiv realistische Abbildung erzeugen, sondern stets ein eher kubistisches oder surreales, in jedem Fall fragmentarisches Bild.

Im dritten Teil des Buchs habe ich mich an einer solchen Skizze versucht und meine verschwörungstheoretischen »Feldforschungen« zusammengefasst bzw., da Verschwörungstheorien immer auch Spaghettitheorien sind – welchen Faden man auch rauszieht, man macht sich die Finger schmutzig –, versucht, mich in diesem komplexen Chaos überhaupt zurechtzufinden. Der Anschlag auf das WTC war ein Jahrtausendereignis, das noch Generationen von Historikern und Forschern beschäftigen wird. Noch weniger als am ersten Tag glaube ich heute, dass es sich dabei um einen »normalen« Terrorakt gehandelt hat. »Ob es tatsächlich ein Motiv für das Unvorstellbare, eine inszenierte Katastrophe wie in Pearl Harbour gibt, werden die nächsten Aktionen der Weltordnungsmacht bald zeigen«, hatte ich am 12. September notiert. Mittlerweile sind die Motive so deutlich geworden, dass ich mir das Unvorstellbare gut vorstellen kann. Das Nullergebnis der vermutlich größten Polizeiermittlung der Geschichte, die Nichtuntersuchung des Versagens der Geheimdienste und Terrorabwehr, die mit Kriegsgedröhn und Panikmache in Trance versetzte Öffentlichkeit, kurz: die gesamte Inszenierung einer al-qaidisch-ladinistischen Weltverschwörung und des Kampfes gegen den Terrorismus lässt kaum einen anderen Schluss zu, als dass es sich bei der Katastrophe vom 11. September um einen sorgsam geplanten Plot gehandelt hat. Wirklich gerichtsfeste Beweise auf die Hintermänner gibt es bis dato so wenige wie auf Bin Laden, doch reichten die Verdachtsmomente, Indizien und Motive der Verdächtigen allemal, um von einem unabhängigen Tribunal untersucht zu werden. Für den Anfang würde schon die Frage genügen:

Wenn die CIA nicht involviert war, was hat sie eigentlich stattdessen getan?

Einer der blutigsten Verschwörungstheoretiker des vergangenen Jahrhunderts, Josef Stalin, prägte einst das definitive Diktum des paranoiden Staatsstils: »Ich traue niemandem, nicht einmal mir selbst.« Als Arbeitshypothese im Umgang mit Verschwörungstheorien scheint mir der Satz gut geeignet, und ich habe mich bemüht, so wenig eselhaft wie möglich den Möhren hinterherzutraben, die ich mir selbst vor die Nase halte. Und habe mich dabei auch so gut es geht an die goldene Regel des weisen Kybernetikers Heinz von Foerster gehalten: »Wahrheit ist die Erfindung eines Lügners.« Dennoch finden sich in diesem Buch viele dieser Erfindungen: Worte wie wahr«, »wirklich«, »eigentlich«, »tatsächlich«, pauschale Abstrakta und Verallgemeinerungen wie »die Taliban«, »die CIA«, »die USA«, »die Ölindustrie« – und ich kann Ihnen nur raten, diesen »Lügen« nicht auf den Leim zu gehen. Es sind alles nur »Erfindungen«. Glauben Sie mir also nichts, auch wenn ich natürlich behaupte, alles nach bestem Wissen und Gewissen recherchiert zu haben. Und wenn es Ihnen an bestimmten Stellen und Zusammenhängen aufgeht: »Jawohl, so ist es, das stimmt, das passt!«, dann schalten Sie sofort den inneren Beobachter ein und stellen die konspirologische Frage Nr. 1. »Und was steckt dahinter?«

Wenn dieses Buch so zuerst einmal zu einer allgemeinen Verunsicherung beitragen könnte, wäre sein aufklärerischer Zweck schon halb erfüllt. Dennoch ist seine Absicht nicht bloß dekonstruktivistisch, auch wenn es durchaus eine reife Leistung darstellt, den Blick für die Weite, die Komplexität und den Schrecken eines Trümmerfelds zu öffnen, statt sich in die beruhigende Blockbebauung von Schwarz und Weiß, Gut und Böse, Freund und Feind zu flüchten. Die

Panik, die mit dem WTC-Anschlag erzeugt werden sollte, die Angst, die geschürt und gestreut wird, durch Briefe mit Anthrax, durch Dutzende explodierender Briefkastenbomben in ländlichen US-Gebieten, die Hysterie, die erzeugt wird durch Warnungen vor »Schläfern« und nahezu tägliche Ankündigungen neuer Anschläge: Wenn die Terroristen irgend etwas erreichen wollten, dann diese Angst; und wenn den Operatoren der Massenbeeinflussung und Propaganda an irgend etwas gelegen ist, dann an verängstigten, paralysierten Herdentieren, die ihren individuellen Verstand ausgeschaltet haben. Auch hier ist die Frage »Was steckt dahinter?« hilfreich, schon die verschwörungstheoretische Einsicht »Hier will mir nur jemand Angst machen! « reicht oft, um sie zu beseitigen. Dieser Geisterbahneffekt, die Entzauberung des Horrors, die Selbstimmunisierung gegen den Schrecken wirkt befreiend – und eröffnet den Blick hinter die Kulissen, auf die Manipulationen, Tricks und Täuschungen, auf den potemkinschen Terror.

Zauberei und Magie sind nicht ausgestorben, die Verwandlung von Ideen – Geist – in Wirklichkeit – Materie – obliegt nicht allein dem »Herrn der Ringe« in unseren Fantasiewelten, sie findet auch in unserer realen Welt täglich statt. Sprechende Kristallkugeln – Bildschirme und Mattscheiben murmeln beschwörende Mantras, wieder und wieder; kleine Mundgeräusche – Zaubersprüche – werden zu Papier gebracht und millionenfach nachgebetet. Und so gelingt das Wunder, Ideen aus dem Nichts in die Wirklichkeit zu zaubern. Inhaltslose Leerformeln wie »Gott«, »Vaterland«, »Zivilisation« und dergleichen werden derart aufgeladen, dass sie realitätsmächtig werden und sich Millionen hinter ihnen versammeln, um sich für die »Wahrheit« dieser Formeln die Köpfe einzuschlagen, und keinen Stein auf dem anderen lassen.

Achtung: »Raider« heißt jetzt »Twix«, und »Infinite Justice« wurde in »Enduring Freedom« umbenannt! Ab sofort im Regal, im praktischen Sechserpack: »die Achse des Bösen«.

Und nun willkommen in der Geisterbahn ins 21. Jahrhundert! Bedenken Sie: Wer Chaos erzeugt, will Kontrolle ausüben; wer Angst einjagt, will Sicherheit verkaufen; wo beschwörend und betörend die immer gleiche Formel wiederholt wird, steckt meistens eine Verschwörung dahinter. Schnallen Sie sich an, denn der 3. Weltkrieg wird keine Kaffeefahrt, halten Sie Augen und Ohren offen und erwarten Sie das Unerwartete. Nichts ist, wie es scheint – alles erscheint nur, wie es ist, weil Sie es so erscheinen lassen. Oder wie es die alte, von den Hopis an die Hippies vererbte Regel zur Überwindung dieser Trägheit und zur Neuformatierung von Wahrnehmung und Wirklichkeit ausdrückt: Free your mind and your ass will follow!

Berlin, 11. Juli 2002
Mathias Bröckers

Zweimal täglich googeln

(Nach der Fertigstellung des Buchs hatte mich der Verlag gebeten, in einem Vorspann zu erklären, was Google ist und wie man damit sucht. Heute scheint das unverständlich, doch im Juli 2002 war Google für die meisten noch etwas völlig Unbekanntes.)

Um an die Informationen in diesem Buch zu kommen, musste ich weder über besondere Beziehungen verfügen noch mich mit Schlapphüten oder Turbanträgern zu klandestinen Treffen verabreden – alle Quellen liegen offen. Sie zu finden, leistete mir die Internet-Suchmaschine Google unschätzbare Dienste. Wer noch nie davon gehört hat, sollte sich sofort an seinen Rechner setzen und »www. google.de« eingeben.

»Die Werkzeuge arbeiten mit an unseren Gedanken«, notierte einst Friedrich Nietzsche als einer der Ersten mit Schreibmaschine arbeitenden Autoren. Wenn das stimmt, dann ist vieles in diesem Buch dem neuen Handwerk des Googelns geschuldet – und natürlich dem Werkzeug, für das Google eine unermessliche Hilfe darstellt, dem Internet selbst. Es hat sich in den vergangenen zehn Jahren zum Über-Medium entwickelt, das alle bisherigen Medien in sich vereint: die etablierten, großen Sender und Zeitungen ebenso wie die randständigen kleinen Alternativmedien und Fachpublikationen. Das World Wide Web bietet alles. Aufklärer und Spinner, Mainstreamer und Sektierer, Verschwörer und kritische Konspirologen tummeln sich hier gleichermaßen in zumeist friedlicher Koexistenz. Mit Google sind sie allesamt erreichbar. Wer Veröffentlichungen zu einem bestimmten Zusammenhang sucht, muss bloß zwei, drei Suchbegriffe oder Namen kombinieren und kommt in Sekundenschnelle zum gewünschten Ziel.

Doch dass Google »alles« findet, ist gleichzeitig das Problem. Wie trenne ich die Spreu vom Weizen, den baren Unfug von der seriösen Nachricht? Die erste Einschätzung liefert die Quelle, sie taucht meist schon in der Webadresse auf der Google-Liste auf. Handelt es sich dabei um alte Bekannte BBC, CNN, New York Times etc. –, läuft die Bewertung wie bei allen Zeitungen, TV-Stationen und Medien-»Markenartikeln« auch. Handelt es sich um eine unbekannte Website, liefert der erste Überblick auf die Präsentation und das Umfeld des gesuchten Artikels sowie ein Blick ins Impressum meist schon brauchbare Kriterien. Gerade in den emotional bewegten Tagen nach dem 11. September gab bereits der Tonfall, in dem das Entsetzen präsentiert und kundgetan wurde, einen guten Eindruck von der Qualität und geistigen Befindlichkeit der Autoren und Redakteure von mir bis dato unbekannten Internetseiten. Zur konkreten Bewertung einer Quelle ist natürlich ein »proof of the pudding«, d. h. die zumindest flüchtige Lektüre des Artikels und seiner Dokumentation erforderlich. Erst wenn hier auch nichts Unangenehmes – wie etwa fehlende Belege für zentrale Behauptungen – auffällt, lohnt sich das Speichern zur späteren genauen Lektüre.

Viel wichtiges Material habe ich den hier angeführten Websites zu verdanken, deren Macher ihrerseits auf der

Suche nach den Hintergründen der Anschläge waren und die Ergebnisse ihrer Recherchen in Form von aktuellen Presseschauen, Link-Sammlungen und Kommentaren zur Verfügung stellten:

www.globalresearch.ca: Die Seite von Michel Chossudovsky, Wirtschaftswissenschaftler in Ottawa und Autor von Global Brutal (kürzlich beiZweitausendeins erschienen) wartet mit faktenreichen Analysen und Hintergrundberichten nicht nur zu »9/11«, sondern zu Globalisierungsfragen insgesamt auf.

www.whatreallyhappened.com: Auch wenn Michael Rivero nicht behauptet zu wissen, was wirklich geschah, erweitern seine täglich aktualisierten Links den Horizont auf das Geschehen erheblich.

www.emperorsclothes.com: Die sehr gut dokumentierten 9/11-Analysen des Journalisten Jahred Israel, vor allem zum Ausbleiben der Luftabwehr, mussten kaum aktualisiert werden.

www.fromthewilderness.com: Seit 20 Jahren führt Mike Ruppert, ehemaliger Drogenfahnder der Polizei von Los Angeles, einen heroischen Ein-Mann-Krieg gegen die Drogengeschäfte der CIA. So unglaublich seine Behauptungen oft klingen, in den allermeisten Fällen sind sie gut belegt.

www.gnn.com: Das Guerilla News Network glänzt durch Hintergrundberichte zum »war on terrorism«, »war on drugs« und »corporate state«.

www.counterpunch.org: Ein linksdemokratisch-libertärer Newsletter und täglich aktualisiertes politisches Online-Magazin.

www.antiwar.com: Ein neokonservativ-libertäres (»pro market – anti-state«) Online-Magazin.

www.bushwatch.com: Ein Newsletter mit einer täglichen Bush-kritischen Presseschau.

www.medienanalyse-international.de: Andreas Hauß pflegt die beste deutschsprachige Seite über die Ungereimtheiten des 11. September.

Während die »Markenartikler« im Medienbereich nahezu gleichgeschaltet die Verschwörungstheorie »Osama Bin Laden« und sonstige Pentagonpropaganda verbreiteten, stellten diese und einige andere »no names« die letzte Oase dessen dar, was man in Friedenszeiten als sauberen, unabhängigen Journalismus kannte. Fragen zu stellen, Ungereimtheiten namhaft zu machen, Hintergründe aufzudecken – die simpelsten journalistischen Pflichten wurden (und werden) seit dem 11.9. nicht von denen erfüllt, die laut Verfassungsauftrag (und per Gehaltsscheck) als vierte Gewalt im demokratischen Staat zu fungieren hätten, sondern von unter- oder unbezahlten Freelancern und Freigeistern am Rande.

Dass deren Einschätzungen und Prognosen, ebenso wie der Wahrheitsgehalt und die Seriosität ihrer WWW Reports, dem Ausstoß des Medienbordells um ein Vielfaches überlegen sind, müsste beim Lesen dieser Seiten selbst dem Tagesschau- und Spiegel-Gläubigsten offenbar werden.

Da die Mainstream-Medien ihrem politischen Auftrag als investigativer, kontrollierender Macht zwar hervorragend nachkommen, wenn es um eher lässliche Verfehlungen wie Präsidenten-Sex mit Praktikantinnen oder Bonusmeilen von Politikern geht, sich bei den Hintergründen weltbewegender Ereignisse wie dem WTC-Anschlag aber gern mit dem Nebel zufrieden geben, der in der Sphäre ebenso hoher wie abgründiger Politik systematisch geworfen wird, bleibt als Ausweg aus dieser allgemeinen Gehirnwäsche nur die Selbsthilfe: Information.

Zweimal täglich googeln und sich sein eigenes Bild machen – das hilft zuverlässig gegen virulente Manipulationen, Propaganda-Infektionen und drohende chronische Verblödung!

Dank

»Er setzt sich an des Tisches Mitte / liest zwei Bücher, schreibt das dritte…« – so leicht, wie Wilhelm Busch es reimte, ging mir dieses Buch nicht von der Hand, und ohne die Hilfe und Hinweise vieler Unterstützer wäre es nicht zustande gekommen.

Besonderer Dank gebührt Florian Rötzer, dem Chefredakteur von telepolis, der meine »verschwörungstheoretischen Anmerkungen« von der ersten Folge an unterstützte und mir als Autor absolute Freiheit ließ. Angesichts der nahezu gleichgeschalteten Medien vor allem in den Wochen nach den Anschlägen kann diese – einst zu den journalistischen Selbstverständlichkeiten zählende – Haltung gar nicht hoch genug veranschlagt werden.

Mein Freund Eberhard Sens hat durch professionelle Defensivtaktik als advocatus diaboli mein argumentatives Dribbling permanent verbessert. Dass das virtuelle Freund/Feind-Verhältnis an unserer herzlichen Verbundenheit nichts ändert, macht ihn zum idealen Gesprächspartner. Meine Eigentore konnte zwar auch Eberhard nicht verhindern, ohne seine Hinweise und Hilfen wären aber reichlich mehr gefallen.

Mein Freund Gerhard Seyfried hat nicht nur so wunderbare Formulierungen wie »Brainwashington D. C.« beigetragen, sondern mit seinem definitiven Diagramm zum internationalen Verschwörungswesen, das diesem Buch beiliegt, auch den vielleicht wichtigsten Hinweis gegeben, wie man den Abgründen, die sich hier auftun, begegnen kann, ohne gleich depressiv zu werden: mit Lachen.

Dank auch an Alex Foyle, der mich als Mitdenker und Mitleser aus Barcelona mit vielen Links und Hinweisen versorgt hat.

Von den vielen tausend Postings und Diskussionsbeiträgen, die von telepolis-Lesern im Forum »WTC-Serie« ausgetauscht wurden, konnte ich nicht alle lesen, doch verdanke ich ihnen ebenfalls manche Anregung. Ebenso wie den vielen E-Mails, die mich erreichten, ohne dass ich auf jede antworten konnte. Dieses riesige Feedback sorgte für einen nicht versiegenden Quell der Motivation, ohne den ich die Sisyphusarbeit der letzten Monate nicht durchgehalten hätte.

Als ich im Sommer vor neun Jahren das Manuskript für die deutsche Ausgabe von Jack Herers The Emperor wears no clothes. Hemp and the Marihuana Conspiracy (Herer/Bröckers, Die Wiederentdeckung der Nutzpflanze Hanf, Zweitausendeins) gerade abgeschlossen hatte, starb aus heiterem Himmel mein Vater, Walter Bröckers (1922–1993). Er war Journalist und hat mich selbst dann, wenn er meine Ansichten nicht teilte, immer bestärkt, sie zum Ausdruck zu bringen. Das hätte er auch bei diesem unerhörten »Märchen« über die neuen Kleider von Kaiser Bush II. getan. Seinem Andenken – der sowohl väterlichen als auch journalistischen Tugend unbedingter Meinungsfreiheit – ist dieses Buch gewidmet

Alles unter Kontrolle

»Du siehst die Welt freylich nicht, wie sie ist, sondern wie man sie von deinem Standorte, durch das von deinen Wünschen gefärbte Glas sehen kann; und dieser Standort ist dir zu lieb, als dass du ihn verlassen wolltest. Strenge dich aber doch an; und wir wollen dir das Land zeigen, wo die Häßlichkeit zur Schönheit wird und anscheinende Unordnung zur regelmässigsten Uebereinstimmung …«

Adam Weishaupt, Gründer des Illuminatenordens, 1786

»Question authority. Think for yourself.«

Timothy Leary, 1967

Die Bio-Konspiration

Am Anfang war die Verschwörung. Einzelne Moleküle schlossen sich zu Gruppen zusammen, um die Ressourcen des Planeten besser auszubeuten. Wann genau sich die ersten Kohlenstoffverbindungen dazu entschlossen, wie sie dabei vorgingen und wie lange es dauerte, bis sie erfolgreich waren, kann die Wissenschaft bisher nicht vollständig rekonstruieren – sicher ist nur, dass vor etwa 3,5 Milliarden Jahren das Ergebnis dieser molekularen

Verschwörung erscheint: fortpflanzungsfähige Einzeller … Bakterien … Leben! Und sicher scheint auch, dass es dabei konspirativ zuging.

Conspirare heißt wörtlich »zusammen atmen«, doch zum Zeitpunkt dieser ersten biochemischen Aktivitäten existierte in der globalen Atmosphäre noch gar kein Sauerstoff. Spiritus bedeutet aber nicht nur Hauch und Atem, sondern auch Geist, und ein solcher scheint – konspirativ – schon vor dem Entstehen von Sauerstoff anwesend gewesen zu sein: in Gestalt einer Topagentin namens RNA, die zusammen mit der ihr bald folgenden Kollegin DNA als Mastermind jener Verschwörung gelten muss, die den Planeten Erde nun heimsucht. Wo immer RNA und ihre Partnerin DNA ihren Ursprung haben, ob sie als Eigengewächs oder als außerirdische Eroberer zu bezeichnen sind: Mit dem Auftauchen dieser beiden Supermoleküle beginnt eine neue Geschichte auf der Erde, die Verschwörung des Lebens.

Nun sind diese beiden Topagentinnen keine Lebewesen, sondern chemische Verbindungen, und solchen eine Verschwörungsabsicht – also einen Plan und damit Intelligenz zuzusprechen, scheint gewagt. Und doch deutet aus heutiger Sicht alles auf eine Konspiration. Die RNA-Eroberer lassen jedenfalls in den folgenden vier Milliarden Jahren keinen Zweifel an ihrer Absicht. Jeden Quadratzentimeter der toten Erde und der Wasseroberfläche besiedeln sie mit dem, was wir Leben nennen: Bakterien, Mikroorganismen, Pilze, Pflanzen, Tiere und schließlich Menschen. Die bis vor kurzem noch weit verbreitete Meinung, dass es sich bei diesem Prozess um eine Kette reiner Zufälle handelte, gesteuert von den Naturgesetzen und zufälligen Veränderungen (Mutationen), die sich dann als vorteilhaft durchsetzen, wird von der neueren Evolutionsbiologie ernsthaft in Frage gestellt.

Wie ist aber nun Leben entstanden? Freeman Dyson [1] nimmt an, dass es zu einer »Symbiose« zwischen der RNA und einem »Proteinwesen« gekommen ist – wobei für eine Säureverbindung wie RNA und eine ebenfalls leblose Eiweißverbindung der Begriff »Symbiose« nicht korrekt ist. Es ist ja noch gar kein »Bios«, kein Leben, vorhanden, das sich zusammentun könnte. Konspiration scheint uns deshalb hier den besseren Begriff zu liefern: Zwei Einheiten, die RNA-Agentin und das »Proteinwesen«, sprechen sich ab, um in einer feindlichen Umgebung zu überleben. Und wie jede richtige Verschwörung hat auch die chemische Konspiration, die selbstreproduzierende, stoffwechselnde Lebewesen hervorbringt, ihr Geheimnis. Bis heute ist es aller Gen- und Biotechnik zum Trotz nicht gelungen, die Kluft zwischen Chemie und Biologie, den Übergang von toten Kohlenstoffverbindungen zu lebendigen Zellen zu schließen. Wie das Säuremolekül und die Eiweißverbindung sich – hinter dem Rücken aller anderen Verbindungen – zur Kooperation verabredeten, ist unbekannt.

Zuerst allerdings existierten noch überhaupt keine Lebewesen mit einem festen Zellkern, sondern nur die von einer dünnen Membran zusammengehaltenen Bakterien bevölkerten die Weltmeere. Sie hatten sich auf die verschiedenen Ressourcen, wie etwa den reichlich vorhandenen Schwefel, spezialisiert und fraßen fröhlich vor sich hin. Irgendwann freilich gingen ihnen die Nährstoffe aus – doch parallel und unbemerkt hat das RNA-DNA-Protein-Trio ganz offensichtlich seine Fäden gezogen. Denn die bisher allein auf freier Wildbahn agierenden Bakterien schließen sich zu Gruppen zusammen, lösen sich als Einzelwesen auf und ordnen sich einem Funktionszusammenhang, einem mehrzelligen Wesen, unter.

Nach der derzeit noch herrschenden Lehrmeinung in der Evolutionsbiologie, die man als Post, Neo- oder Ultradarwinismus bezeichnet, handelt es sich bei der Tätigkeit von RNA und DNA nur um einen einfachen Replikationstrick, einen Kopiermechanismus, der keinerlei Geheimnis birgt, geschweige denn den Anlass zu einer Verschwörungstheorie. Die Evolutionsfabrik, die das Leben auf diesem Planeten hervorbringt, ist nach dieser Ansicht nichts anderes als ein gigantischer Copyshop, der unter Leitung eines blinden Uhrmachers mechanisch Kopien fertigt. Eine Entwicklungsabteilung gibt es nicht, und das Geheimnis, wie durch simples Kopieren aus einem einzelligen Bakterium drei Milliarden Jahre später komplexe Lebewesen wie Louis Pasteur oder Robert Koch entstehen, verlagert der Neodarwinismus auf den Hinterhof der Kopierfabrik. Dort landet der Ausschuss, die fehlerhaften Kopien, die »Mutationen«. Doch wenn sich die Marktbedingungen, d. h. die Umweltsituationen, ändern, erweisen sich die fehlerhaften Exemplare plötzlich als Renner und werden in die Massenproduktion übernommen.

Darwin selbst hat nie abgestritten, dass seine Theorie der natürlichen Auslese noch viele Fragen offen lässt und weiterer Ergänzungen bedarf. Er wehrte sich nur und als Naturwissenschaftler zu Recht gegen »wundertätige Hinzufügungen«. An solchen war auch einer seiner Zeitgenossen, der russische Graf und Intellektuelle Pjotr Kropotkin, wenig interessiert, der nach der Lektüre der Entstehung der Arten auf einer Reise durch Sibirien und die Mandschurei Naturbeobachtungen anstellte und dem auf der Gegenseite des unerbittlichen Existenzkampfs der Arten ein so strenger Zwang zur Kooperation und gegenseitigen Unterstützung auffiel, dass er schrieb:

»Wenn wir die Natur fragen, ›wer sind die Tüchtigsten: jene, die ständig miteinander im Krieg liegen, oder jene, die einander unterstützen?‹, so sehen wir sofort, dass jene Tiere, die die Gewohnheit gegenseitiger Hilfe erworben haben, zweifellos die tüchtigsten, bestangepassten sind. Sie haben mehr Überlebenschancen und sie bringen es auf ihrer jeweiligen Stufe zum höchsten Entwicklungsgrad der Intelligenz und der Körperorganisation.« [2]

Kropotkins Wahrnehmung wurde nicht weiter ernst genommen, zumal er als Bohemien, Mitglied der anarchistischen Bewegung und wissenschaftlicher Außenseiter ohnehin suspekt war, und doch gibt der Titel des Buchs, das er über seine Beobachtungen verfasste, eine gute Umschreibung dessen, welcher natürlichen (und gar nicht »wundertätigen«) Hinzufügung es bedarf, um mit Darwins Theorie der natürlichen Auslese die Entwicklung des Lebens zu erklären: Gegenseitige Hilfe in der Tier- und Menschenwelt. Solange wir bei der Beobachtung des Systems »Evolution« nur den Prozess der Konkurrenz wahrnehmen, bleibt der gegenläufige, völlig andersgeartete Prozess der Kooperation außerhalb des Blickfelds. So wie die Physiker zum Beispiel die Theorie des Lichts experimentell und mathematisch überprüfen können, indem sie Licht als eine große Menge einzelner Lichtteilchen auffassen, versuchen uns die Neo- und Ultradarwinisten in ihren Rechenschaftsberichten ziemlich schlüssig vorzurechnen, dass nur der Zufallsgenerator in der Kopierfabrik und das Konkurrenzprinzip draußen für das Wunder der Schöpfung zuständig sind. Aber Licht hat auch Wellencharakter, verbreitet sich als Frequenz im ganzen Raum und ist überhaupt nicht aufgeteilt in einzelne Teilchen. Wirklich verstehen können wir das Phänomen nur, wenn wir diesen Doppelcharakter akzeptieren. Ähnlich paradox verhält es sich mit der Evolution, in der Konkurrenz und Kooperation zugleich wirksam werden, obwohl sie sich gegenseitig ausschließen. Doch es existiert ein Verbindungsglied, ein verborgenes Netz, ein vereinigendes Prinzip, das zwischen den gegenläufigen Prozessen von Konkurrenz und Kooperation vermittelt: die Konspiration. Erst die konspirative Anstiftung zur Symbiose ist es, die die große Kette der Wesen hervorbringt. Als die Biologin Lynn Margulis [3] Mitte der 60er Jahre nachwies, dass die ersten Lebewesen mit festem Zellkern durch eine Kooperation von Bakterien entstanden und diese »Symbiogenese« als Motor der Evolution zu sehen sei, wurde dies als wilde Spekulation abgetan; mittlerweile steht ihre Theorie der Zellentstehung in jedem Lehrbuch. Dass sie das herrschende Dogma von Mutation und Selektion aufs schärfste unterminiert, ist allerdings von der Öffentlichkeit noch weitgehend unbemerkt geblieben.

Die Konspiration, die RNA und Protein in Gang gesetzt haben, hat nur ein Ziel: so viel Leben wie möglich in die Welt zu setzen. Und weil dazu der dumpfe Kopiermechanismus nicht ausreicht und über das bakterielle Stadium nicht hinaus gekommen wäre, wird in der ersten großen Krise des Lebens auf Erden der Kooperationsmechanismus zugeschaltet. Anders als beim Kopierprogramm, das in den Nukleinsäuren codiert ist, ist das Kooperationsprogramm konspirativ – kein Skript, kein Code, keine materiellen Spuren. Und wie bei jeder perfekten Verschwörung werden wir ihre Struktur auch nicht aufdecken, wenn wir uns einzelne der vermutlichen Mafiamitglieder schnappen und zum Geständnis zwingen: Sie kennen die gesamte Struktur gar nicht, haben höchstens vom Hörensagen davon erfahren und sind nur mit einigen anderen Mitgliedern in ihrer Region in direktem Kontakt. Die Raupe kann den Schmetterling nicht verstehen – und die bakteriellen

Geißeltierchen, die sich im Archaikum zum Eintritt in einen geschlossenen Zellverband überreden ließen, hatten keine Ahnung, dass sie 1,5 Milliarden Jahre später bei männlichen Säugetieren als Sperma-Rennpferdchen zum Einsatz kommen sollten.

Das konspirative Element der Evolution ist nicht zu erkennen, solange wir uns einzelne Teile vornehmen. Es wird erst sichtbar, wenn wir ihr Zusammenwirken, den Gesamtzusammenhang ins Auge fassen. »Leben« entsteht erst durch die Kooperation von Lebewesen. Das Kopieren und die Konkurrenz um knappe Ressourcen sind als völlig geistloses Spiel vorstellbar, reine Mechanik, saubere Physik, null »Sozialarbeit« – die einsetzenden Symbiosen aber, die erst all die höheren Arten hervorbringen, sind es nicht. Kooperation aber setzt nicht nur Kommunikation voraus, sondern auch Konspiration: Einverständnis, eine gemeinsame Idee, Geist.

Schon in den Frühzeiten der Erde verfügten die Mikroben über konspirative Kommunikationsmöglichkeiten, von denen wir bis vor wenigen Jahren nicht die geringste Ahnung hatten. Wir mögen Einrichtungen wie Telekommunikation und Datenfernübertragung für große technische Leistungen halten und Demokratie oder Volksabstimmungen für den Gipfel der Zivilisation. Tatsächlich aber verfügten schon die Bakterienkolonien vor zwei Milliarden Jahren über solche Einrichtungen. Für ein einzelnes Bakterium ist der zehn Meter lange Planktonteppich seiner Kolonie, der auf den Meereswellen schaukelt, so groß wie für einen Menschen der Kontinent Amerika – und doch ist es in »Alaska« in der Lage, sich mit seinen Kollegen in »Feuerland« unmittelbar abzustimmen und so das Verhalten der gesamten Kolonie zu koordinieren. Das Verfahren wird »Quorum sensing« genannt, nach dem aus dem römischen

Recht stammenden Begriff »Quorum«, der jene Teilnehmerzahl einer Versammlung bezeichnet, die mindestens erreicht sein muss, um beschlussfähig zu sein. Die Bakterien ermitteln ihr Quorum, indem sie einen biochemischen Signalstoff an ihre Umgebung abgeben. Wird ein bestimmter Schwellenwert erreicht, strömen die Stoffe zurück, schalten einige Gene an, andere aus und verändern so die Aktivitäten und das Fortpflanzungsverhalten der Bakterien über den gesamten »Kontinent« hinweg.

Diese medialen Fähigkeiten der Mikroben haben nicht nur eine neue Sichtweise auf diese eben gar nicht so primitiven Lebewesen eröffnet, sondern auch auf die Entstehung »höheren« Lebens insgesamt. Und diese verlief insgesamt so konspirativ, dass der Code ihrer Kommunikation erst vor wenigen Jahren geknackt werden konnte. Wir wissen jetzt, dass schon einfachste Lebensformen in der Lage waren, zu kommunizieren; wir wissen auch, dass sich bestimmte Bakterien vor etwa 2,5 Milliarden Jahren zu Verbänden zusammenschlossen, um die ersten mehrzelligen Lebewesen zu bilden – und dass sie seitdem daran arbeiten, immer komplexere Lebensformen hervorzubringen.

Das menschliche Gehirn ist aus dieser Sicht die wahrscheinlich höchstentwickelte, komplexeste Kolonie, die von der Mikrobenintelligenz seither geschaffen wurde – so komplex, dass ihre Träger, die Menschen, es selbst nicht verstehen. »Wenn unser Gehirn so simpel wäre, dass wir es verstehen könnten, wären wir so simpel, dass wir es nicht könnten«, hat der Gehirnforscher Emerson Puigh [4] dieses Dilemma einmal ausgedrückt. Und das spricht dafür, dass es sich tatsächlich um eine Kolonie, die Filiale einer höheren Intelligenz handelt. Als Kandidat dafür kommt nur das »Gobal Brain« [5] in Frage: das selbstorganisierte, billionenfach vernetzte, seit Milliarden Jahren stabile

Netzwerk der Bakterien. Dies, die geheime Absprache verschiedener Mikroben zur Kooperation, ist wahrscheinlich die einzige real existierende Weltverschwörung überhaupt, und ihr einziges Ziel heißt: Leben.

Verschwörungen, so scheint es unter dieser naturgeschichtlichen Perspektive, sind eine evolutionäre Norm, ein Verhaltensmuster, das allen gesellschaftsfähigen Gruppen – also eben nicht nur Trickbetrügern, Geheimdiensten oder ganzen Staatengemeinschaften – eigen ist. Vielleicht ist das der Grund, warum das Thema Konspiration noch nicht ins rechte Licht der Wissenschaft gerückt ist und bis heute keine allgemeine Theorie der Verschwörung existiert.

Mulders Dilemma

SIE stecken dahinter. Wenn Agent Fox Mulder die Augen aufreißt und seiner Partnerin, Agent Scully, einen verzweifelten Blick zuwirft – worauf diese vielsagend die schöne Stirn in Falten zieht –, dann wissen die Zuschauer von Akte X: SIE haben wieder zugeschlagen. Wer SIE genau sind, bleibt auch nach mehr als hundert Folgen der »Ungeklärten Fälle des FBI« im Dunkeln, aber dass irgendwer dahinter stecken muss, hinter all diesen mysteriösen Ereignissen – und nicht nur irgendwer, sondern eine machtvolle Struktur oder Organisation –, das ist klar. Zumindest für den Agenten Mulder. Denn der findet Beweise über Beweise, und da, wo keine zu finden sind, findet er Beweise dafür, dass sie vernichtet wurden. »Ein Paranoiker«, so William S. Burroughs, »kennt immer alle Fakten.« Der unermüdlich Fakten aufdeckende Agent Mulder wäre insofern der perfekte Paranoiker – und tatsächlich ohne die skeptische, erdgebundene Frau Dr. Scully an seiner Seite spätestens in Folge 3 im Irrenhaus gelandet. So aber wurde er zu einem der beliebtesten Fernsehhelden und die Akte X zu einer der weltweit erfolgreichsten TV-Serien der 90er Jahre. Ein postmoderner Don Quichotte, der nicht nur den alten aussichtslosen Kampf kämpft – in diesem Fall gegen die Windmühlenflügel mysteriöser Verbrechen und Vertuschungen –, sondern der auch weiß, dass die mit der Aufdeckung dieser Fälle beauftragte Agentur, und damit er selbst, ebenfalls ein Teil der Vertuschung sind. Insofern wird aus dem Puzzle, das Mulder und Scully zusammentragen, nie ein ganzes Bild und wenn, dann zeigt es nicht, wer SIE wirklich sind, denn SIE haben das Bild manipuliert. Nur eines zeigt sich wieder und wieder: dass es eine Große Verschwörung geben muss, die hinter alledem steckt.

»Paranoia ist nicht das Schlechteste, wenn man Freund und Feind nicht mehr auseinanderhalten kann.« (Christoph Spehr, Die Aliens sind unter uns!, München 1999)

Mulders Dilemma ist ein doppeltes: Einerseits hat sich die ganze Welt (einschließlich aller Geheimdienste, Militärs und möglicher extraterrestrischer Zivilisationen) gegen ihn und seine Ermittlungen verschworen – und diese Verschwörung ist so mächtig und universell, dass sie niemals aufgedeckt werden kann. Andererseits aber kann niemand, nicht einmal seine Vertraute Scully, seine verrückten Theorien widerlegen denn jeder Beweis gegen sie funktioniert gleichzeitig auch für sie. Zumindest für Mulder. SIE stecken wieder dahinter ... Nichts ist, wie es scheint – gegen derlei doppeltes Blendwerkkämpfen selbst Superhelden vergeblich.

»Wem es gelingt, dir falsche Fragen einzureden, dem braucht auch vor der Antwort nicht zu bangen«, heißt es in Thomas Pynchons großem Verschwörungsroman »Die

Enden der Parabel« [6]. Für die Agenten der ausgehenden 90er ist diese fatale Erkenntnisfalle täglich Brot. Und es ist vielleicht kein Zufall, dass mit Mulder und Scully zwei Fernsehfiguren zu Superhelden wurden, die unentrinnbar in ein Spiegelgefecht von Wahrheit und Lüge, Manipulation und Realität verwickelt sind. Sie markieren das Ende der klassischen Aufklärung: dem Glauben, dass sich eine objektive Wahrheit, eine eindeutige Realität von außen erkunden lässt. Die Agentur, in deren Auftrag die beiden nach Wahrheit suchen, ist selber Teil des Problems – und wie der Beobachter in der Quantenphysik kann Mulder den Dingen nur auf die Spur kommen, indem er selbst Teil des Experiments wird.

Verschwörungen sind etwas so Allgemeines, Selbstverständliches, dass es dazu scheinbar gar keiner großen Erklärung bedarf. Dass A und B eine Absprache treffen, um sich gegen über C einen Vorteil zu verschaffen, gehört auf allen Ebenen des gesellschaftlichen und natürlichen Lebens zur alltäglichen Praxis – und ebenso alltäglich ist es, dass A und B, um ihren Vorteil gegenüber C zu vergrößern, diesen über ihre Absprachen im Dunkeln lassen. Mit dieser geheimen Absprache sind schon alle Ingredienzien einer Verschwörung komplett – ob in der Natur zwei Parasiten einander zuarbeiten, um einen dritten beim Beute machen auszustechen, ob im Geschäftsleben mit diskreten Absprachen die Konkurrenz ausgetrickst wird, ob in der Politik die Nachrichten– und Geheimdienste ihr eigenes Schattenreich errichten oder ob im Privatleben Klatsch und Intrigen an der Tagesordnung sind. Auch wenn es bis heute jede Menge Verschwörungstheorien, bloß keine allgemeine Theorie der Verschwörung gibt, so hat doch das Fernsehvolk von der Realität der Verschwörung eine ziemlich eindeutige Meinung.

Im September 1996 ergab eine Umfrage, die das Magazin George veröffentlichte, dass unter erwachsenen Amerikanern 74 Prozent – praktisch also drei von vier Bürgern – glauben, die US-Regierung sei regelmäßig in geheime und verschwörerische Aktivitäten verstrickt. Verwechseln diese zutiefst misstrauischen US-Bürger einfach nur Fernsehen und Realität? Auch wenn das Ergebnis einer solchen Umfrage in Deutschland, wo man der Obrigkeit traditionell eher mit Blauäugigkeit als mit Misstrauen begegnet, weniger drastisch ausfallen würde, sind diese drei von vier Durchschnittsamerikanern, die ihre Regierung ruchloser, verbrecherischer Aktivitäten verdächtigen, keineswegs alle verrückt oder paranoid. Dieselbe Studie ergab, dass nur 29 Prozent an Zauberkräfte glauben und ganze zehn Prozent davon überzeugt sind, dass Elvis Presley noch lebt. Ziemlich normale Zeitgenossen also – und doch hegen Dreiviertel von ihnen Ansichten über den Staat, wie sie noch vor hundert Jahren allenfalls von einer Handvoll Anarchisten und Berufszynikern vertreten wurden. Sie wissen sehr wohl zwischen Nachrichten und Akte X zu unterscheiden – doch sie ahnen, dass selbst die verrücktesten Fälle von Mulder und Scully nicht völlig fiktiv und auch die offiziellen Fakten der Nachrichten längst nicht mehr wahr sind. Dass die Parteien und Vater Staat für Demokratie und Gerechtigkeit sorgen und die Polizei dein Freund und Helfer ist: Derlei fromme Denkungsarten, wie wir sie noch auf der Schule lernten, müssen aus dieser Perspektive als hoffnungslos naiv gelten. Stattdessen zieht sich der Verdacht, von einer korrupten, kriminellen Clique regiert zu werden, durch das gesamte politische Spektrum und alle Schichten.

Politiker und Großkapital sind freilich nicht die einzigen, die einem derart massiven Vertrauensschwund ausgesetzt sind. Es gibt wohl kaum irgendeine Gruppe der Gattung Homo sapiens, die von einer anderen Gruppe nicht schon zum Objekt angstvoller Verdächtigungen und Vorwürfe gemacht worden wäre. Das reicht von Großgruppen wie Nationen, Rassen, Religionsgemeinschaften über Berufsklassen wie Gebrauchtwagenhändler, TV-Mechaniker oder Zahnärzte bis zur Straßengang oder dem Dorfclan nebenan. Das Verschwörungsdenken blüht – und es gibt weder ein Weltübel noch ein Lokalproblem, das sich nicht irgendeiner bestimmten Gruppe anlasten ließe. Historisch wurden zum Beispiel zuerst die Juden, später die Ketzer und danach die Hexen über lange Jahrhunderte als Inkarnation der Weltübel und »Antichrist« schlechthin betrachtet, nach der Französischen Revolution kamen dann die Freimaurer, Kapitalisten und Kommunisten sowie die Geheimdienste dazu. Hitler kombinierte zwei der beliebtesten Hassgruppen zur »jüdisch-bolschewistischen Weltverschwörung«, hetzte seine willigen Vollstrecker damit zum Weltkrieg und wurde zum schreckensreichsten Verschwörungstheoretiker des letzten Jahrhunderts. Seitdem sind Auswahl und Kombinationsmöglichkeiten potenzieller Hassgruppen noch viel größer geworden – und weil der menschliche Geist offenbar dazu neigt, alles, was er in eine bestimmte Perspektive rückt, in dieser Perspektive zu vergrößern, lässt sich das Böse im Prinzip überall entdecken. Man muss nur lange genug hinsehen.

Insofern überleben auch Verschwörungstheorien jede Kritik. Als populäre Dämonologie teilen sie diesen erhabenen Zustand mit ihrem klassischen Zwitter, der Theologie. Dass Gott überall ist, lässt sich mit wissenschaftlichen Experimenten ebenso wenig beweisen, wie man die These widerlegen kann, letztlich und allerletzten Endes übe das Böse doch die Kontrolle über die Welt aus. Hängen also die zahlreichen Zeitgenossen, die ihren Regierungen, Finanzämtern, Institutionen, Wissenschaftlern, Medien, kurz: allem und jedem misstrauen, nur einer Art materialisierten Aberglaubens an, der nicht mehr Teufel, Dämonen und Übersinnliches für alle Missgeschicke verantwortlich macht, sondern leibhaftige Personen oder Gruppen? Auch wenn jeder Verschwörungstheoretiker den Einwand von sich weist, dass es sich in seinem Fall um eine Glaubensangelegenheit handelt, und er sogleich Fakten, Dokumente, Beweise präsentiert, sind die strukturellen Parallelen zwischen altem Dämonenglauben und neuem Verschwörungsdenken nicht zu übersehen. Sie reduzieren eine komplexe, unbegreifbare Realität auf ein simples Ursache-Wirkung-Schema.

Der äußere Schein trügt

Für Robert A. Wilson, der in den 70er Jahren zusammen mit Robert Shea die zum Kultroman und Weltbestseller avancierte Verschwörungstrilogie »Illuminatus« [7] schrieb und unter dem Titel »Everything Under Control« ein Kompendium der Konspiration vorgelegt hat [8], sind Verschwörungen als »ganz normale Fortsetzung ganz normaler Geschäfts- und Wirtschaftspraktiken mit ganz normalen Absichten« unserem Gesellschaftssystem »eingeboren«: »Im Prinzip«, so Wilson, »verhält sich jedes einzelne Individuum als Verschwörer, wie beim Poker.«

Wenn sich im Prinzip jedes Individuum als Verschwörer verhält und dies eine ganz normale Fortsetzung ganz normaler Geschäftspraktiken mit ganz normalen Mitteln darstellt Verschwörungen also etwas durch und durch Selbstverständliches sind –, warum gibt es dann in den meisten Ländern Gesetze dagegen? Weil es eben meist doch nicht so ganz normal und mit ganz normalen Mitteln zugeht.

Der Vorsitzende des Ausschusses für Terrorismus, Drogen und internationale Operationen, John Kerry, war entsetzt, als er bei der Untersuchung der Iran-Contra-Affäre 1992 aus den Akten erfuhr, dass der Geheimdienst CIA Drogen ins Land schmuggelte und die Narco-Dollars aus diesen Geschäften zur Finanzierung seiner Operationen verwendete:

»Was wir zuerst fanden, konnten wir einfach nicht glauben, nein, das ist einfach zu unglaublich. Ich glaube das nicht. Und dann wird es an einer anderen Stelle von jemandem erhärtet, Detail für Detail: die Macht des Narco-Dollars, der ganze Länder kauft und ganze Rechtsinstitutionen – auf beiden Seiten der Revolutionen – und der die Geopolitik in einer Weise ändert, mit der wir wirklich nichts zu tun haben wollen. Und das geschieht nicht nur in Mittelamerika, sondern es geschieht auch im Fernen Osten und es geschieht im Bekaa-Tal. Ist es wahr, oder ist es nicht wahr, dass nahezu alle politischen Gruppen, ob revolutionär oder nicht, Profite aus Drogengeschäften nutzten, um Waffen zu kaufen und ihre Operationen zu finanzieren?« [9]

Dass der Chef des Geheimdienstes CIA auf diese entsetzte Frage wahrheitsgemäß antwortet: »Ja, Sir. Da Ihr Senat uns die Gelder, die wir zur Stabilisierung unseres geopolitischen Einflusses in insgesamt 50 Ländern benötigen, niemals bewilligen würde, sind wir gezwungen, andere Einnahmequellen zu erschließen. Drogengeschäfte bieten sich wegen der hohen Profitraten da ebenso an wie der Waffenhandel, vor allem wenn wir beide Konfliktparteien damit beliefern …« – mit einer solchen Antwort ist nicht zu rechnen. Nicht weil sie falsch wäre (zu den Punkt für Punkt erhärteten Details, die den Ausschussvorsitzenden Kerry sprachlos machten, sind mittlerweile viele weitere, sorgsam recherchierte Beweise hinzugekommen), sondern weil diese Wahrheit mit der nationalen Sicherheit kollidieren würde.

Hier berühren wir einen weiteren, für eine Theorie der Verschwörungstheorien wesentlichen Punkt: Es ist nicht in erster Linie der überforderte, zu naivem Sündenbockdenken neigende Bürger, der den Nährboden für das Wuchern von Verschwörungstheorien abgibt, es sind die von chronischer Paranoia befallenen Staaten und Machteliten. Oder anders ausgedrückt: Wenn heutzutage drei Viertel der Bevölkerung ihrer Regierung misstrauen, dann trauen die Regierungen ihrer Bevölkerung erst recht nicht mehr über den Weg.

Lauschangriff, Videoüberwachung, Urinkontrollen, »homeland security« sind nur einige aktuelle Stichworte. Darüber hinaus hat jeder Staat Gesetze gegen Verschwörungen und verfügt über Behörden und Sonderstäbe, die Tag und Nacht jeder Art von Subversion auf der Spur sind. Folgen wir dem englischen Historiker R. J. Blackburn [10] , dann sind Stämme, Nationen, Staaten ohne Geheimdienste gar nicht lebensfähig, weil es immer einen anderen Stamm gibt, von dem man sich abgrenzen oder vor dem man sich schützen muss, und weil auch im Inneren potenzielle Feinde, die am Stuhl der jeweils Herrschenden sägen, stets eine Bedrohung darstellen. Das Verschwörerische ist also nicht nur dem Wirtschaftsleben, sondern auch dem Leben der Staaten eingeboren – und dies sorgt für eine grausame Ironie: Der Hang zur Bekämpfung von Verschwörungen führt nicht zur Eindämmung konspirativen Verhaltens, sondern produziert und fördert es geradezu. Mulders Dilemma, dass die Agentur zur Aufdeckung von Vertuschungen selbst zur Vertuschung beiträgt, ist keine Einbildung, sondern Realität und sein Schlachtruf »Trau keinem« längst von der Wirklichkeit übertroffen – nicht von irgendeinem Phantasten, sondern einem der mächtigsten Staatsmänner des Jahrhunderts: Josef Stalin.

Stalin traute in der Tat nicht einmal mehr seinen engsten Mitarbeitern, und nach den mörderischen Säuberungsaktionen, mit denen er Mitte der 30er Jahre jede Opposition in Partei und Militär eliminiert hatte, trauten die verbliebenen Genossen ihm ebenfalls nicht mehr. Hinter jeder Kritik, jedem Widerspruch und noch hinter jedem kleinen Witz argwöhnte der Diktator eine Verschwörung – und so verlegten sich seine Mitarbeiter aufs Köpfenicken und Speichellecken. Niemand widersprach, als er sämtliche Nachrichten über eine bevorstehende deutsche Invasion als »fragwürdige Quellen« oder »britische Provokationen« abtat und seine Militärs anwies, nichts zu unternehmen. Noch nachdem die deutsche Wehrmacht innerhalb von zehn Monaten 3,2 Millionen Mann an der russischen Grenze zusammengezogen hatte, tat Stalin Berichte über eine bevorstehende Aggression als »grundlose Panikmache« ab. Sein Vertrauen in den Nichtangriffspakt mit Hitler war ebenso grenzenlos wie sein Misstrauen gegen innere Feinde und Desinformation – und seine Angst, in die Falle eines britischen Komplotts zu geraten. »Es gibt wenige Völker«, so ein Historiker des Zweiten Weltkriegs, »die vor einer anstehenden Invasion besser gewarnt waren als die Sowjetunion im Juni 1941.« [11] Dennoch schränkte Stalin nach dem Beginn der Invasion – am 22. Juni 1941 um 3.15 Uhr die Gegenmaßnahmen noch weitere acht Stunden ein. Notgelandete deutsche Aufklärungsflugzeuge wurden sogar repariert und mit vollem Tank zurückgeschickt. Bis zu diesem Zeitpunkt hielt Stalin den deutschen Angriff noch für eine Aktion eigensinniger oder von den Briten gesteuerter deutscher Generäle, die sich über Hitlers eigentliche Wünsche hinwegsetzten. Stalins haltlose Verschwörungstheorie hatte ihn dazu veranlasst, die reale Verschwörung gegen sein Land völlig zu ignorieren. So konnte der deutsche Generalstab in seinem Tagebuch festhalten, dass die Sowjetarmee in keiner Weise verteidigungsbereit war und »taktisch an der gesamten Front überrascht« wurde.

Hätte sich Stalin nicht die falschen Fragen eingeredet, sondern die richtigen zugelassen und rechtzeitig ein Bollwerk an seiner Westgrenze errichtet, wäre der Zweite Weltkrieg sehrviel anders verlaufen. Sein Verhalten offenbart einen weiteren Aspekt einer Theorie der Verschwörung: Die Verstrickung in Verschwörungstheorien kann die Wahrnehmung der Realität so stark beeinträchtigen, dass die wirkliche Gefahr einer Verschwörung völlig aus dem Blick gerät. Der isolierte Machtmensch im Kreml glaubte wirklich niemandem mehr, weder seinen Untergebenen noch den gleichlautenden Geheimdienstberichten aus aller Welt. Nur einem Menschen schenkte er noch Vertrauen, und die furchtbare Ironie der Konspiration dass der Versuch ihrer Eindämmung ihre Ausbreitung fördert – wird hier zum Aberwitz: Der einzige Mensch, dem der Paranoiker Stalin noch traute und dem gegenüber er nie sein Wort gebrochen hatte, war ausgerechnet Hitler.

»Der äußere Schein trügt«: Diese Grundregel des Verschwörungsdenkens hatte der sowjetische Diktator so verinnerlicht, dass er die Wolkenkratzer der deutschen Angriffsmaschinerie für potemkinsche Dörfer hielt – und Hitler für einen Ehrenmann. Über die Parallelen der beiden Großdiktatoren ist bereits viel geschrieben worden, die verschwörungstheoretische Sicht offenbart hier weitere interessante Aspekte. Ein wichtiger Grund, warum Stalin die Hitler-Gefahr übersehen konnte, war, dass er es schon mit einem leibhaftigen Gottseibeiuns und Urheber alles Bösen zu tun gehabt hatte: mit seinem ehemaligen Kampfgenossen Leo Trotzki, dessen Vasallen er auch nach Trotzkis Ermordung überall im Land am Werke sah. Für Stalin kamen alle Gefahren eher von innen, und diese von ihm stets befürchteten Verschwörungen machten ihn taub für alle Nachrichten über reale Verschwörungen von außen. Bei Hitler indessen lief es verschwörungstechnisch genau umgekehrt: Er benutzte und instrumentalisierte eine eingebildete Verschwörung von außen – die angeblichen Gefahren der jüdisch-bolschewistischen Weltverschwörung zum Aufbau eines realen Verschwörungssystems im Inneren und entfesselte den Weltkrieg. Und wie es so ist, in den seltsamen Schleifen des paranoiden Denkens, scheint er sich auf das Drehbuch und die Anleitung eben jener Verschwörungstheorie gestützt zu haben, zu deren definitiver Ausrottung er anzutreten vorgab: die Protokolle der Weisen von Zion.

Die »Weisen von Zion«, Hitler und die Illuminaten

1864 hatte der Rechtsanwalt Maurice Jolly ein Pamphlet gegen die despotische Herrschaft Napoleons III. verfasst, das er, um die Zensur zu täuschen, als Dialog von Montesquieu und Machiavelli ausgab. Für Letzteren ist in diesem Dialog die Menschheit nur durch eine umfassende, totalitäre Herrschaft zu retten, während Montesquieu die liberalen Ansichten des Autors vertritt. Jolly musste die Veröffentlichung mit 15 Monaten Gefängnis und 200 Franken Geldstrafe bezahlen. Dass seine geistreiche Schrift zur Basis einer der verhängnisvollsten Fälschungen der Weltgeschichte werden sollte, hat er nicht mehr erlebt. 1898 verfasste der in Paris lebende jüdische Russe Elie de Cyon eine beißende Satire auf den neuen russischen Finanzminister Witte und bediente sich dabei langer Passagen aus Jollys Dialog. Die russische Geheimpolizei Ochrana, die auch in Paris Verschwörungen gegen das Zarenreich auf der Spur war, geriet in Besitz des Papiers und schrieb es zu einem Lehrbuch zur Eroberung der Weltherrschaft um. Ausgegeben als Dokument einer jüdischen Geheimregierung und unter dem Titel Protokolle der Weisen von Zion war aus Jollys Plädoyer für Demokratie und Toleranz eine antisemitische Hetzschrift geworden.

1903 wurden die Protokolle erstmals in einer St. Petersburger Zeitung abgedruckt, und der Zar war so beeindruckt, dass er Auszüge in 362 Moskauer Kirchen verlesen ließ. Doch immerhin verbot Nikolaus II. die weitere Verwendung, als eine Untersuchungskommission den Text kurz darauf als Fälschung entlarvte. Seitdem ist die Weltverschwörungstheorie der Protokolle dutzendfach als Fälschung ausgewiesen und auch von Gerichten als solche bewertet worden, was ihre Verbreitung unterdessen nicht aufhielt. Der Autokönig Henry Ford, der eine Bolschewisierung Amerikas durch das liberale Judentum fürchtete, druckte die Thesen des Pamphlets im großen Stil nach – doch ihren furchtbaren Siegeszug trat die Theorie von der jüdischen Weltverschwörung erst im nationalsozialistischen Deutschland an. Hitler zitierte 1921 erstmals aus den Protokollen, und von da an tauchten sie in seinen Reden immer wieder auf. Dass es sich bei den Dokumenten, die in den deutschen Ausgaben als Protokolle eines Zionistenkongresses ausgegeben wurden, der angeblich 1897 in Basel stattgefunden hätte, um eine Fälschung handelt, wusste Hitler zwar genau. Doch wie für jeden Verschwörungstheoretiker sprach sich auch für ihn jeder Beweis gegen seine Theorie gerade für sie aus, wie er im ersten Band von Mein Kampf deutlich zu verstehen gibt:

»Wie sehr das ganze Dasein dieses Volkes auf einer fortlaufenden Lüge beruht, wird in unvergleichlicher Art in den von den Juden so unendlich gehassten ›Protokollen der Weisen von Zion‹ gezeigt. Sie sollen auf einer Fälschung beruhen, stöhnt immer wieder die ›Frankfurter Zeitung‹ in die Welt hinaus: der beste Beweis dafür, dass sie echt sind ... Wenn dieses Buch erst einmal Gemeingut eines Volkes geworden sein wird, darf die jüdische Gefahr auch schon als gebrochen gelten.« [12]

Nach seiner Machtübernahme sorgte Hitler dafür, dass der Inhalt der Protokolle zum Gemeingut in Deutschland wurde. Die Behauptung, dass eine jüdische Weltverschwörung schon die Revolutionen in Frankreich und Russland ausgelöst habe und nun per Demokratie und Liberalismus den Rest der Weltunterwanderer, wurde zum Lehrstoff an Schulen. Noch über dem gerade besetzten Frankreich ließen die Deutschen Flugblätter mit Thesen aus den Protokollen abwerfen. Dies zeigt, welche zentrale Rolle diese fiktive Verschwörungstheorie für die Propaganda im Dritten Reich spielte. Noch interessanter aber ist die oben schon angesprochene Tatsache, dass sich Hitler – anders als Stalin, der wegen einer fiktiven Verschwörung die reale übersah – eine fiktive Verschwörung zum Hauptfeind erkor, um exakt nach ihrem Modell eine reale Welteroberungsstrategie zu schmieden. So wurde Hitler, wie Hannah Arendt schreibt, zu einem »Schüler der Weisen von Zion«:

»Die totalitären Bewegungen adaptierten die organisatorischen Mittel der Geheimgesellschaften und entleerten sie gleichzeitig der einzigen Substanz, die solche Methoden rechtfertigen und zweckmäßig erscheinen lassen können, nämlich des Geheimnisses und der Notwendigkeit, es zu hüten … Die Nazis begannen mit einer ideologischen Fiktion einer Weltverschwörung und organisierten sich mehr oder weniger unbewusst nach dem Modell der fiktiven Geheimgesellschaft der Weisen von Zion.« [13]

Die Frage, ob sich die Nazi-Elite nicht nur unbewusst nach dem Muster der fiktiven Geheimloge von Zion organisiert hat, sondern gezielt von realen Geheimbünden wie der Thulegesellschaft gesteuert wurde, ist mittlerweile Gegenstand von ausgefeilten Verschwörungstheorien. So hat sich ein junger Antiquar aus Süddeutschland unter Pseudonym in einem mehrbändigen Werk [14] an dem Nachweis versucht, dass alle jemals aufgedeckten Verschwörungen nur zur Tarnung der Illuminaten dienen, hinter denen eigentlich die Rothschild-Familie stecke, die alle Nationen und so auch die »Marionette Hitler« in Kriege getrieben und sie gezwungen habe, sich bei ihren Banken zu verschulden. Das krude Werk, das wegen einiger an die Protokolle und Mein Kampf erinnernde Passagen in Deutschland auf dem Index für jugendgefährdende Schriften steht, stellt die Nazis als verrückte Hassfanatiker und untergeordnete Werkzeuge einer seit Jahrhunderten laufenden Superverschwörung von Rothschild- & Rockefeller-Plutokraten dar. In etwas avancierterer Form wird eine ähnliche These auch in dem aktuellen Konspirations-Bestseller Das schwarze Reichvertreten. Darin heißt es:

»Weder der erste noch der zweite Weltkrieg, weder der Kommunismus noch das Dritte Reich Adolf Hitlers waren Betriebsunfälle der Geschichte … Okkult-esoterische

Machtgruppen standen hinter dem Experiment eines auf rein spirituell-magischer Basis aufgebauten Dritten Reichs ebenso wie hinter dem nicht zuletzt mit vatikanischer Hilfe beendeten kommunistischen Experiments im Ostblock.« [15]

Auf 900 Seiten und mit einem umfangreichen Anmerkungsapparat versucht der Autor den Nachweis, dass die Nazis nicht nur, wie Hannah Arendt meint, die Organisationsstruktur einer Geheimgesellschaft übernommen, sondern auch mehr oder weniger unbewusst die Inhalte und Zwecke einer Geheimgesellschaft weiter betrieben haben: die der Illuminaten.

Der Illuminatenorden wurde am 1. Mai 1776 in Ingolstadt von dem Freimaurer, Theologieprofessor und ehemaligen Jesuiten Adam Weishaupt gegründet. Der Encyclopaedia Britannica zufolge gelang es den Illuminaten rasch, viele Freimaurerlogen unter ihren Einfluss zu bringen und eine bedeutende Position in der Bewegung der republikanischen Freidenker zu erringen. Die Errichtung einer neuen kosmopolitischen Weltordnung ohne Staaten, Fürsten und Klassen, wie sie den Illuminaten vorschwebte, zog auch viele bedeutende Männer, wie etwa Goethe oder Herder, an. Doch die ganze Bewegung kam abrupt zu einem Ende, als sie 1784 von der bayerischen Regierung verfolgt wurde.

Für viele geht die Geschichte der Illuminaten mit ihrer offiziellen Auflösung 1785 allerdings erst richtig los, zählte doch eben dieses Verschwinden und die Operation im Verborgenen zu ihren eigentlichen Prinzipien, wie sie Weishaupt [16] und sein Mitbruder Adolph Freiherr von Knigge in ihren Instructiones benannt hatten:

»Wenn nur die Zwecke erreicht werden, so ist es gleichgültig, unter welcher Hülle es geschieht, und eine Hülle ist immer nötig. Denn in der Verborgenheit beruht ein großer Teil unserer Stärke. Deswegen soll man sich immer mit dem [17]

Das war Wasser auf die Mühlen von frommen Verschwörungsjägern wie dem Abbé Barruel, der 1806 eine fünfbändige Horrorstudie vorlegte: über ein Komplott von Freimaurern, Illuminaten und Juden als Auslöser der Französischen Revolution und als heimliche Unterwanderer der katholischen Kirche, die schon von 800 jüdischen Priestern und Bischöfen infiltriert sei. Dem Freimaurerhistoriker Albert G. Mackey [18] zufolge hatten die Illuminaten um das Jahr 1870 mindestens 2 000 Mitglieder in Freimaurerlogen in ganz Europa, doch hätte sich seines Erachtens der Baron von Knigge, eines der einflussreichsten Ordensmitglieder und frommer Christ, schwerlich so für die Illuminaten eingesetzt, wenn die Abschaffung des Christentums deren Ziel gewesen wäre. Abbé Barruel indessen brachte die Illuminaten mit islamischen Sufi-Orden, ketzerischen Tempelrittern und einer weltweiten jüdischen Verschwörung in Verbindung – und legte damit das paranoide Basiswerk vor, dem zufolge die erleuchteten Logenbrüder der Illuminaten nach ihrem offiziellen Verschwinden erst richtig Karriere machten und auch nach 200 Jahren Konspirologie immer noch ihr Unwesen treiben. Dass sich hinterdem Namen des distinguierten Freiherrn von Knigge, heute allenfalls noch durch ein vermeintliches Handbuch für gute Manieren ein Begriff, der dämonische Drahtzieher und Pionier einer bis heute andauernden Weltverschwörung verbirgt, ist einer der typischen Kicks in der Zwielichtzone des Verschwörungsdenkens. Nichts ist, wie es scheint.

Fragt ein Laie einen Verschwörungsexperten, was es mit diesen mysteriösen Illuminaten auf sich hat, wird dieser, um sich endlose Erklärungen zu ersparen, eine Dollarnote zücken. Ein Bild sagt mehr als tausend Worte, und das auf diesem Geldschein zeigt eine Pyramide, deren Spitze ein Dreieck mit einem strahlenden, magischen Auge bildet: das »Great Seal« der Vereinigten Staaten. Es ist das Siegel des Weishauptschen Illuminatenordens. Den Sockel der Pyramide ziert die Jahreszahl 1776. das Datum der amerikanischen Unabhängigkeitserklärung, zugleich auch das Gründungsjahr des Illuminatenordens. Darunter steht: Ordo Novus Seculorum die Neue Weltordnung. Das erklärte Endziel der Illuminaten hat im letzten Golfkrieg George Bush sen. (wie sein Sohn Mitglied in der »Skull & Bones«-Bruderschaft, von der noch die Rede sein wird) wieder ins Spiel gebracht, als im Namen der Neuen Weltordnung der zuvor von der CIA aufgepeppte Saddam Hussein abgestraft wurde. Aber nur ein bisschen, wie Verschwörungsexperten wissen, damit nämlich Israel weiter an der anglo-amerikanischen Kandare bleibt und das eigensinnig mit Saddam Handel treibende Frankreich endgültig seinen Einfluss im Nah-Ost-Schach verliert. Öl und der Illuminaten-Dollar hängen bekanntlich zusammen … noch Fragen?

Ja. Ist nicht das Auge im Dreieck einfach nur das alte ägyptische und später auch christliche Symbol für die Ewige Wachsamkeit Gottes? Um diesen Einwand zu entkräften, bedarf es schon einer Lupe – aber tatsächlich: Das Auge hat einen Zinken, es schielt. Und warum? Es ist nicht Gott, sondern das Allsehende Auge der Gnosis, das esoterische Symbol der Wissenden und Erleuchteten – der Illuminaten eben, die die Welt mittlerweile fast unter das Joch ihrer Währung und Zinsforderungen gebracht haben.

Je komplexer die Verhältnisse werden, desto umfassendere und zugleich simplere Erklärungsmuster müssen her. Untereiner veritablen Riesenverschwörung, die alles erklärt, geht dann nichts mehr; wofür die angeblich seit über

200 Jahren verborgen operierenden Illuminaten nur ein Beispiel sind. In ihrer diabolischen Verschlagenheit stellen sie die finstersten Dämonen des guten alten Aberglaubens weit in den Schatten.

Die Geldverschwörung

Für einen kritischen Konspirologen ist es immer wieder ein Phänomen, dass die wildesten Verschwörungstheorien ausgerechnet dort obwalten, wo der Pegel wirklicher Verschwörungen gegen Normalnull tendiert, und andersherum, dass die allergrößten Realverschwörungen angezettelt und wirkungsmächtig werden, ohne gemeinhin in verschwörungstheoretischen Verdacht zu geraten. So auch die Geldverschwörung, jene Konspiration der Verzinsung, mit der ein schlichtes Tauschmittel zu »geldheckendem Geld« wird, um wenigstens einmal den roten Karl zu zitieren, das sich aus eigenen Stücken vermehrt.

Die seit den Zeiten Moses, der griechischen Stadtstaaten und des römischen Imperiums geltende Zinslosigkeit des Geldes war eine religiös begründete Verbraucherschutzmaßnahme. Wucher, das gebräuchliche Wort für den Zins, spricht genau an, um was es geht. Ein Körnchen Gold im Wert von einem Pfennig, vom Zimmermann Joseph zur Geburt seines Sohnes Jesu im Jahre null zu fünf Prozent Zinsen angelegt, wäre bis zum Jahr 1749 zum Wert eines Goldklumpens von der Größe der ganzen Erde gewuchert. Im Jahr 1990 hätten die Zinsen diesen »Josephspfennig« auf 134 Milliarden Kugeln Gold in der Größe unseres Planeten anwachsen lassen. Ein solches Wachstum sprengt über kurz oder lang nicht nur den planetarischen, sondern auch jeden sozialen Rahmen, weil es wenigen Geldbesitzern gegenüber der Mehrheit von Armen unüberwindliche Vorteile einräumt. Gleichwohl wussten schon die archaischen Gesetzgeber, dass Geld als Kreislaufmittel der Wirtschaft zirkulieren muss und Leih- und Kreditgeschäfte unverzichtbar sind. Deshalb war das Zinsgesetz, das Moses vom Berg Sinai mitbrachte, in weitere Regeln eingebettet: ein »Erlassjahr«, wonach in jedem siebten Jahr alle Schulden zu erlassen sind, und ein »Halljahr«, das im 50. Jahr den Besitz an Boden an den ursprünglichen Eigentümer zurückfallen lässt und seinen Preis nur noch am Wert der ausstehenden Ernten bemisst. Für das Volk ein Grund zum Jubeln, was sich bis heute in unserem Ausdruck »alle Jubeljahre« niederschlägt, und zudem eine äußerst weitsichtige Wirtschaftsregel. Denn global betrachtet ist die tickende Zeitbombe der Überschuldung die mit Abstand größte Gefahr für die Weltwirtschaft – und lokal würden alle großen Städte heute so etwas wie ein »Halljahr« als Himmelsgeschenk begrüßen, weil sie sich aufgrund der Bodenspekulation ihren eigenen Gemeindegrund in den Innenstädten nicht mehr leisten können.

Da die christlichen und muslimischen Gesetzgeber die Zinslosigkeit übernahtnen, hatte diese Regel bis zum Ausgang des Mittelalters in der westlichen und östlichen Welt Bestand. Geld war ein reines Tauschmittel. Dass es sich in der Folgezeit auch zu einem Mittel der Schatzbildung mit magischen, selbstvermehrenden Eigenschaften entwickelte, ist Resultat einer überaus erfolgreichen Konspiration, die zunächst im Verborgenen blühte, in den Tabu- und Randzonen der Gesellschaft, und später zu einem Werkzeug der Mächtigen wurde, die all das hervorbrachte, was wir nunmehr Weltwirtschaft nennen und bis heute kaum durchschauen. Denn was Max Weber zu

Beginn des 20. Jahrhunderts notierte, gilt noch immer: »Kein normaler Konsument weiß heute auch nur ungefähr um die Herstellungstechnik seiner Alltagsgebrauchsgüter. Nicht anders aber steht es mit sozialen Institutionen wie dem Geld. Wie dieses eigentlich zu seinen Sonderqualitäten kommt, weiß der Geldgebraucher nicht, da sich ja selbst die Fachgelehrten streiten.« [19]

Um dem Geheimnis des Geldes auf die Spur zu kommen, müssen wir ein wenig Licht auf das Ende des dunklen Mittelalters werfen: auf die Hintergründe, die Akteure und die Kämpfe, die unser heutiges Geldwesen hervorgebracht haben. [20]Bis zur ersten Jahrtausendwende hatten die Juden, denen anders als den Christen und Muslimen das Zinsnehmen gegenüber anderen Völkern erlaubt war, das Zinstabu im Verborgenen verwaltet und im christlichen Europa die Grauzone Zinsleihe (»Wucher«) übernommen. Dafür wurden sie sowohl als »unrein« ver- als auch für ihre unverzichtbaren Dienste hoch geachtet. Wer bei den christlichen Landsleuten keinen Kredit bekam, konnte ihn halblegal, »gegen Wucher«, bei jüdischen Geldverleihern bekommen. Bis zum 11. Jahrhundert spielten sich diese Leihgeschäfte vorwiegend im Rahmen der Naturalienwirtschaft ab, die keine großen Summen bewegte. Mit der Dynamisierung der Wirtschaft im ausgehenden Mittelalter aber, mit der wachsenden Mobilität, den neuen Werkzeugen und Techniken des Ackerbaus und der Produktion, spielten Geldverkehr und Kreditwesen eine immer wichtigere Rolle. Damit wurde die traditionell in der Tabuzone am Rande der Gesellschaft operierende jüdische Minderheit in eine zentrale Rolle des Wirtschaftslebens katapultiert, was geschäftstüchtige Vertreter der Christenheit nicht ruhen ließ. Alsbald traten, gegen alle Verbote, auch katholische

Wucherer auf den Plan. Jacques le Goff stellt dazu fest: »Die Wahrheit ist, dass im Zeitalter Franz' von Assisi und der Heiligung der Armut die Armen verachtet wurden und der Wucher ein Mittel des sozialen Aufstiegs sein konnte, der nur mit dem Schreckgespenst des Höllenfeuers gebremst werden konnte.« Kanoniker und Scholastiker wurden in der Folgezeit nicht müde, die Schändlichkeit des Wucherers zu beweisen und die ihm drohenden Höllenqualen auszumalen. Der Wucherer stand auf der moralischen Leiter noch unter dem gemeinen Dieb oder Räuber, er war nicht nur Verbrecher, sondern auch »Sünder«; er bereicherte sich an etwas Unfassbarem, an der Zeit. Denn, so der Heilige Anselmus: »Der Wucherer leiht dem Schuldner nichts, was ihm gehört, sondern nur die Zeit, die Gott gehört. Er darf also keinen Gewinn aus Verleih fremden Eigentums ziehen.« Zudem fördere der Zeitdiebstahl durch Zins die Ungleichheit und sei, wie Thomas von Aquin im Anschluss an Aristoteles feststellt, schlicht contra naturam, »widernatürlich«, weil »Geld sich nicht fortpflanzt«. Es wurde, so Thomas weiter, »erfunden, um Tauschhandlungen zu tätigen. Und deshalb ist es an sich unerlaubt, für den Gebrauch des geliehenen Geldes eine Belohnung zu nehmen, die man Zins nennt.« Und der heilige Bonaventura ahnte, lange vor Karl Marx, gar schon etwas von heimlichem »Mehrwert«: »Das Geld kann von sich und durch sich keine Früchte tragen, sondern die Frucht kommt anderswoher.« [21]

Wie viele Konspirationen trägt auch die Geldverschwörung durchaus innovative, evolutionäre Züge, denn angesichts wachsender Mobilität und Wirtschaftsentwicklung schreit auch der Geldfluss nach Beschleunigung – und wird umso bereitwilliger zur Verfügung gestellt, je mehr sein Einsatz sich lohnt. Besonders die als »Kreuzzüge«

verbrämten Raub- und Eroberungsexpeditionen erfordern Kapital, und so kommt es nicht von ungefähr, dass es der 1117 von Hugo von Payens im frisch eroberten Jerusalem gegründete Orden der Tempelritter war, der einen Ausweg aus dem Dilemma Zinslosigkeit oder Höllenqual entdeckte. Die frommen Ritter erfanden neben Scheck und Kreditbrief auch die »zinsfreie« Pfandleihe, indem sie für Kredite auf Häuser und Grundbesitz Gewinnbeteiligung aus Mieten und Ernteerträgen beanspruchten. Diese trickreiche Umgehung des Zinsverbots machte den Templerorden innerhalb kürzester. Zeit zu einem multinationalen Finanzkonzern, dessen Einfluss sich über das gesamte Europa und den Nahen Osten erstreckte. Kein König, kein Fürst und kein Abt konnte bald mehr ohne das Geld der fratres militiaetempli agieren, die außer den Mächtigen auch den gesamten Berufsstand der Kaufleute unter ihre Kontrolle brachten, da sie deren internationale Finanzgeschäfte abwickelten. Aber Reichtum kommt vor dem Fall: Der monopolistisch dominierende Templerorden wurde von einem päpstlichen Konzil seiner raffinierten Finanzinnovation wieder beraubt und die Pfandleihe mit dem Wucher auf eine Stufe gestellt. Am Freitag, dem 13. Oktober 1307, verhaftete dann, auf Betreiben des französischen Königs Philip IV., die Inquisition unter fadenscheinigen Vorwänden die Großmeister des Ordens. Aufgebrachte Händler stürmten ihren Pariser Tempel, die »Wallstreet« des Hochmittelalters. So wurde der erste international operierende Finanzkonzern, die Urform der heutigen »global players«, zerschlagen.

Wer Geld gegen Zins verleiht, soll dastehen wie einer, der vom Satan erfasst ist.

Koran, 2. Sure

In kaum hundert Jahren entfaltete die Zinsdynamik dennoch ihre eminente soziale Sprengkraft. Die Erfolgsstory der Templer blieb auch nach ihrer offiziellen Auflösung nicht ohne Wirkung. In den italienischen Stadtstaaten, die den Vatikan in Sachen Ökonomie nicht als weisungsbefugt, sondern als lokale Konkurrenz betrachteten, etablierten sich die ersten christlichen Geldverleiher, die im Sinne der armen Ritter den »Zeitdiebstahl« als Ressource der Wertschöpfung zu nutzen gelernt hatten. Und so sehr später auch der Reformator Luther gegen den Zinsnehmer als blutsaugenden »Werwolf« wetterte, dauerte es doch nicht lange, bis das zum Großkonzern aufgestiegene Augsburger Handelshaus Fugger dank eines protegierten Gutachtens des Theologen Eck die frohe Kunde erhielt, dass ein Zinssatz von fünf Prozent per anno durchaus noch mit dem Himmelreich vereinbar sei. Damit wurde nur noch der überhöhte Zins als Wucher gebrandmarkt, und kein bußfertiger Wucherer musste durch den apodiktischen Fluch des Propheten Hesekiel mehr sein Seelenheil gefährdet sehen …

Wer auf Zins leiht und Zuschlag nimmt, soll der am Leben bleiben? Er muss sterben, sein Blut komme über ihn!

Hesekiel 18,13

Es kommt nicht von ungefähr, dass die beiden Gruppen, die bis heute im Mittelpunkt vieler Verschwörungstheorien stehen, eben jene waren, die am Ausgang des Mittelalters zentral in die Konspiration des Geldes verwickelt sind: Juden und Tempelritter. Der so genannte »religiöse« Antisemitismus, der die Juden als »Christusmörder« brandmarkt und zum Hassobjekt macht, kam bezeichnenderweise just zur Zeit der Kreuzzüge auf, als sich die

Tempelritter daran machten, gegen die randständigen jüdischen Geldgeschäfte ihr professionelles Finanzbusiness hochzuziehen. Ähnlich wie es 800 Jahre später die deutschen Nazis mit der Parole »Nieder mit der Zinsknechtschaft« nicht auf das Bankwesen insgesamt, sondern gezielt auf jüdisches Kapital abgesehen hatten, hetzten die Templer und die bewaffneten Horden des kreuzfahrenden Mobs nicht aus biblisch-theologischen, sondern aus sehr viel konkreteren Gründen gegen die Juden. Sie waren die einzige Konkurrenz in einem boomenden Markt, in dem sich alles um die Alchemie des Geldes, die hohe Kunst der Kapitalvermehrung drehte.

Der lange Tisch der Geldwechsler – banco –, die ohne Rücksicht auf den wetternden Papst nunmehr im Namen des Herrn Geld gegen Zins verliehen, wurde zum Synonym für die bald prächtigen Bankhäuser, die mit ihren tempelartigen Fassaden ebenso an die Tempelritter gemahnten wie an die alten Sakral- und Opferstätten. Das aus dem Abschaum der Gosse zu unübersehbarer Bedeutung aufgestiegene Geldgewerbe feiert sich selbst und belegt zugleich, dass in seinen Tempeln tatsächlich eine Art ritueller Magie stattfindet. Es ist kein Zufall, dass die Zentralbank der heutigen Welt, die Federal Reserve Bank (FED) der USA, immer noch der »Tempel« genannt wird und seine Großmeister reden wie Orakelpriester. Berühmt ist Alan Greenspans Diktum: »Wenn Sie mich verstanden haben, habe ich mich nicht präzise genug ausgedrückt.« Die Grundlagen ihres Zaubers sind seit dem Hochmittelalter, der Entstehung des modernen Bankwesens, dieselben geblieben, und selbst in dem Wahlspruch des amerikanischen 20. Jahrhunderts »time is money« hält sich eine Erinnerung an den »Zeitdiebstahl«, den die Scholastiker noch als sündhaft tabuisiert hatten. Heutzutage hat die ökonomische Globalisierung zu einer immer größeren Konzentration des Finanzkapitals in den Händen von immer weniger Akteuren geführt. Nie zuvor in der Geschichte haben ein paar Handvoll von Leuten eine derartige internationale Macht ausgeübt wie heute. Ist also tatsächlich längst »alles unter Kontrolle« – unter der eines Dutzends Finanzmagnaten und Bankkonzernen, die Staaten und Regierungen wie die Puppen tanzen lassen können, weil sie an ihrem Tropf hängen? In Deutschland kommen mittlerweile fast 50 Prozent des gesamten Staatshaushalts nicht mehr der Bevölkerung zugute, sondern gehen als Schuldzinsen an die Banken. Die Hälfte von jeder Steuermark: ab durch den Schornstein. In anderen Ländern sieht es noch viel dramatischer aus. Wie immer man das System nennt, das dahintersteckt – es läuft auf eine fatale Katastrophe hinaus. Und die Schere zwischen Arm und Reich geht ständig weiter auseinander. Der Verdacht, dass tatsächlich bald alles unter der zentralistischen Kontrolle einiger Finanzmogule steht, kann da nicht länger einfach als wilde Verschwörungstheorie abgetan werden.

Die Geldmacht

Ich sehe in naher Zukunft eine Krise heraufziehen ... In Friedenszeiten schlägt die Geldmacht Beute aus der Nation und in Zeiten der Feindseligkeiten konspiriert sie gegen, sie. Sie ist despotischer als eine Monarchie, unverschämter als eine Autokratie, selbstsüchtiger als eine Bürokratie. Sie verleumdet all jene als Volksfeinde, die ihre Methode in Frage stellen und Licht auf ihre Verbrechen werfen ... Eine Zeit der Korruption an höchsten Stellen wird folgen, und die Geldmacht des Landes wird danach streben, ihre Herrschaft zu verlängern, bis der Reichtum in den Händen von wenigen angehäuft und die Republik vernichtet ist.

Abraham Lincoln, 21.11.1864

Dennoch glaubt Robert A. Wilson zum Beispiel nicht, dass wir auf ein System totaler globaler Kontrolle zusteuern. Die Ursache dafür sieht er ausgerechnet in jenem Medium, das sich in jüngster Zeit zu einem ganz neuen Nährboden für die Ausbreitung von Verschwörungstheorien entwickelt hat: dem Internet.

»Ich glaube, es ist die revolutionärste Entwicklung, der dramatischste Schritt, seit das Leben einstmals vom Wasser auf das Land gewandert ist. Internet bedeutet die Abwesenheit von Kontrolle über das ganze System als einzige Möglichkeit, das System aufrechtzuerhalten. Keine kleine Truppe von Verschwörern kann jemals das Netz kontrollieren. Der einzige Weg, das Netz als Ganzes aufrechtzuerhalten, ist die Dezentralisierung der Kontrolle … Ich denke, das Internet zwingt zur Dezentralisierung, und deshalb sehe ich die Welt im 21. Jahrhundert eher auf ein anarchistisches als auf ein faschistisches System zusteuern. Ich meine damit nicht ein total anarchistisches Chaos, aber es geht eher in diese Richtung als zu einem Faschismus der Kontrolle und der strikten Hierarchien.« [22]

Das Internet, in dem das Verschwörungsdenken einen unglaublichen Nährboden gefunden hat, versetzt uns gleichzeitig in die Lage, uns ein eigenes Bild über reale Verschwörungen und falsche Theorien zu machen – und sogar jene reale Verschwörung zu knacken, die nach der Liberalisierung von Telefon-, Energie- und anderen Monopolbetrieben jetzt am dringendsten ansteht: das Geldmonopol.

Schon zu Beginn des Jahrhunderts hatten findige Ökonomen entdeckt, wo der eigentliche Haken der kommunistischen und der kapitalistischen Wirtschaftssysteme liegt. Die Kommunisten lähmten den Markt, indem sie das natürliche Prinzip der freien Konkurrenz völlig ausschalteten. Und die Kapitalisten lähmten ihn fast ebenso, weil sie Konkurrenz zwar zuließen, aber Investitionen durch teures, mit Zinsen belastetes Geld erschwerten, und weil sie so auf Dauer nicht dem freien Unternehmer, dem Wettbewerb, der Evolution, sondern stets nur den Geldbesitzern Vorteile verschafften. Freie Marktwirtschaft, so Silvio Gesell, der Theoretiker und kurzzeitige Wirtschaftsminister der Münchner Räterepublik, kann nur mit »Freigeld« erreicht werden – einem zinslosen Geld, das nur als Medium des Tausches, nicht aber zur Schatzbildung taugt, denn durch Aufbewahrung gewinnt es nicht, sondern verliert es an Wert. Praktische Versuche mit solchem Geld in Kommunen und Landkreisen hatten damals zu einer extremen Belebung der Geldzirkulation und des Investitionsklimas geführt – Daten, die jeden Ökonomen in Entzücken versetzten.

Doch Gesells brillante Ideen verschwanden fast so schnell wieder von der Bildfläche wie die Münchner Räteregierung. In den 1940er Jahren wurden sie zwar von dem renommierten amerikanischen Wirtschaftsprofessor Irving Fisher noch einmal aufgegriffen, doch über ein kleines Senats-Hearing kam sein bahnbrechender Vorschlag von »stamp money« nicht hinaus.

Die Geldverschwörung läuft seitdem unangefochten und weitestgehend unbemerkt weiter, und nicht nur das: Obwohl jeder Geld benutzt und bei jedem Einkauf, bei jeder Rechnung Zinsen bezahlt, weiß doch kaum jemand von dieser Verschwörung bzw. hält den Zusammenhang von Geld und Zins für so naturgegeben wie den von Wasser und Feuchtigkeit.

Tatsächlich werden Banken, die Geld zu hohen Kosten in die Zirkulation bringen, durch das Internet tendenziell überflüssig: Die User könnten sich auf ihr eigenes Geld einigen und es – dank Verschlüsselungssoftware – fälschungssicher zirkulieren lassen.

Schlechte Nachrichten für die Illuminaten, wenn es sie denn gibt, und für alle, die nach zentralistischer Kontrolle streben – so wie der weltweite Vertrieb der kostenlosen Verschlüsselungssoftware »Pretty Good Privacy« [23] von den amerikanischen Geheimdiensten nicht verhindert werden konnte, so wenig wird sich verhindern lassen, dass die Benutzer damit unentschlüsselbare, absolut geheime E-Mails verschicken und künftig eigene, nicht nur fälschungssichere, sondern auch zinsfreie Zahlungsmittel entwickeln. Damit werden zum einen Operationen im Verborgenen in einem Ausmaß möglich, von denen selbst die perfidesten Geheimlogengründer aller Zeiten nur träumen konnten, zum anderen aber werden reale Großverschwörungen wie die des Big Money einfach unterminiert. Wen würde morgen noch der teure Dispokredit der Bankeninteressieren, wenn die Internet-Community zinsloses Geld anbietet? Wenn die Illuminaten tatsächlich zweihundert Jahre gearbeitet haben, um die Papierscheine, die seit Bruder Roosevelts »New Deal« das erleuchtete Siegel tragen, als Währung ihrer heimlichen Weltregierung zu etablieren, dann hätte ihnen das World Wide Web einen schweren Strich durch die Rechnung gemacht. Im Verlauf unseres Millenniums werden sie auf diesem mörderischen Geld, unter dessen Zinslasten Milliarden Menschen ächzen, schlicht und ergreifend sitzen bleiben – und das Schöne ist: Es bräuchte zu dieser Befreiung der Marktwirtschaft vom Kapitalismus – außer einem Spekulationsverbot mit Grund und Boden – nicht einmal eine Revolution.

Wenn im anbrechenden Internet-Zeitalter zentralistische Kontrolle tendenziell unmöglich wird und selbst reale Verschwörungsbastionen wie das Geldmonopol unterminiert werden können, zeigt sich damit ein weiterer allgemeiner Grundzug aller Verschwörungen: dass sie nämlich selten so superclever und übermächtig sind, wie ihre Theoretiker annehmen. Wenn aber die eine Megaverschwörung, die mit ihren Tentakeln die ganze Welt umschlingt, nur in der Einbildung von schlichten Gemütern existiert, folgt daraus nicht, dass auch alle anderen Verschwörungstheorien nur Phantastereien sind. Das zeigen aufgedeckte Verschwörungen wie die 1981 enttarnten Aktivitäten der rechtsradikalen Loge Propaganda Due, kurz: P2, die mit 950 ihrer Agenten sämtliche Schlüsselstellungen Italiens einschließlich der Regierung übernommen hatte.

Im Namen des Staates

Ähnlich wie bei den historischen Illuminaten, die angeblich erst nach ihrer offiziellen Auflösung richtig aktiv wurden, ist für viele heutige Verschwörungsexperten mit der Verurteilung oder dem Tod der Drahtzieher von P2 – der »Bankier Gottes« Roberto Calvi fand sich 1982 bekanntlich auf Mafia-Art selbstgemordet unter einer Londoner Brücke – deren Geschichte nicht beendet. Sie verweisen unter anderem auf Silvio Berlusconi, der 1978 als Bauunternehmer nicht nur ins Mediengeschäft einstieg, sondern zufällig unter der Mitgliedsnummer 1816 auch bei P2. Den Ausweis habe man ihm unaufgefordert zugeschickt, und er habe ihn gleich weggeworfen, behauptet Berlusconi heute. Wie glaubhaft das ist, mag daran gemessen werden, dass er seinen Aufstieg zum Medienmonopolisten Italiens vor allem zwei hohen Politfunktionären verdankt, die aufs Engste mit der P2 und der Mafia verbandelt waren: Bettino Craxi und Giulio Andreotti. Der Exsozialistenführer und der Exministerpräsident wurden wegen ihrer Verstrickung in mafiose Verschwörungen als Bauernopfer vor Gericht gebracht, obwohl sie, wie ein Kenner der Materie schreibt, nur getan hatten, »was vom Beginn des nachfaschistischen Italiens an der große Ziehmeister CIA jenseits des Atlantiks den italienischen Politikern aller Couleurs ans Herz gelegt hatte« [24]. Nämlich zur Abwehr der kommunistischen Weltverschwörung auf die von der CIA gelegten Verbindungen zur organisierten Kriminalität und zur Mafia zurückzugreifen. Also auf jene über die ehrenwerte Gesellschaft und den Vatikan führende Connection, auf der die amerikanischen Geheimdienste nach Kriegsende auch schon die ihnen nützlichen SS- und Nazi-Größen heimlich nach Südamerika geschleust hatten.

Die Struktur, die der P2-Skandal als einer der am besten dokumentierten Verschwörungsfälle der letzten Jahrzehnteoffenbarte, ist noch skandalöser, als es die einzelnen Fälle von Geldwäsche, Korruption und Terroranschlägen sind, für die P2-Mitglieder verantwortlich gemacht wurden. Alle diese Verbrechen geschahen nicht aufgrund von Aktivitäten einigerraffgieriger Krimineller, sondern auf Initiative, unter Beteiligung und Billigung amtlicher Institutionen. Sie geschahen Im Namen des Staates. So lautet der Titel eines Buchs, dessen Autor, Andreas von Bülow, man sicher kein paranoides Verhältnis zur Staatsmacht unterstellen kann – er war Bundesminister für Wissenschaft und Forschung und Staatssekretär im Verteidigungsministerium. Als im KoKo-Untersuchungsausschuss zur Kommerziellen Koordinierung in der DDR immer dann, wenn die Rede auf die schmutzigen Geschäfte der westlichen Geheimdienste kam, gnadenlos abgeblockt wurde – weil die »innere Sicherheit« mal wieder nur durch Vertuschung der Verschwörung gewährleistet werden konnte –, begann der Abgeordnete von Bülow auf eigene Faust zu recherchieren. Das Ergebnis ist alarmierend, denn, so von Bülow: »Herausgekommen ist ein erschreckendes Gemälde der systematischen operativen Verschränkung geheimdienstlicher, also staatlicher Operationen mit dem organisierten Verbrechen, dem Drogenhandel und dem Terrorismus. [25]

Wenn die amerikanische Drogenverfolgungsbehörde DEA 75 Prozent aller großen Drogengeschäfte nicht weiterverfolgen kann, weil sie auf die schützende Hand der CIA stößt, wenn die im Geheimdienstslang so genannten »netten Hurensöhne der USA« wie der Iraker Saddam oder der Panama-General Noriega jahrelang mit Waffen und Schwarzgeld ausgehalten werden, um bei strategischem Bedarf dann als böse Dealer oder »Wiedergänger Hitlers« vorgeführt zu werden, wenn in nahezu allen Bürgerkriegen – ob in Nicaragua, in Ruanda, in Afghanistan oder im Nahen Osten – westliche Geheimdienste im Waffengeschäft tätig sind, wenn nur diese wenigen Beispiele der langen Liste zutreffen, die von Bülow dokumentiert hat, dann ist tiefes Misstrauen gegen unsere demokratischen und gar so menschenrechtskonformen Regierungen keine Paranoia, sondern durchaus angebracht. Es handelt sich hier nicht um Verschwörungstheorien, sondern um echte Nachrichten über tatsächliche Machenschaften, die nur kraft Autorität der paranoiden Staaten, die um ihre »innere Sicherheit« fürchten, im Schatten bleiben müssen. Insofern wundert dann auch nicht mehr, warum die Staats- und Regierungschefs bei ihren globalen Treffen sich meist über nichts Vernünftiges – zum Beispiel über ein Ende der Klimazerstörung durch die Industrienationen – einigen können, es jedoch fast jedes Mal zu einer gemeinsamen Erklärung zur Bekämpfung der internationalen Drogen- und Terrorismusgefahr reicht. Der Satan, den diese Teufelsaustreiber da mit Inbrunst zum neuen Weltübel ausrufen, stammt zum Großteil aus ihrer eigenen Produktion.

Dass die Geheimdienste der westlichen Staaten aufs Engste mit der organisierten Kriminalität und dem illegalen Waffen- und Drogenhandel verstrickt sind, diese Tatsache mag bestens belegt und hundertfach dokumentiert sein – zu einer Aufdeckung dieser Verschwörung wird es dennoch nicht kommen. Weil die Staaten um ihre »innere Sicherheit« fürchten, halten sie Staatsanwälte und Gerichte von der Verfolgung ab.

Sie verhalten sich damit ähnlich wie Stalin, lassen die realen Gefahren organisierter Kriminalität außer Acht und vertrauen weiterhin der Mafia, den Drogenkartellen und der Internationale des Waffenschmuggels und der Korruption.

Der konspirative Meister, den die braven Zauberlehrlinge der inneren Sicherheit einst riefen, um Verschwörungen zu verhindern, ist ihnen längst über den Kopf gewachsen. Das Dilemma des fiktiven FBI-Agenten Mulder, dass seine Agentur zur Aufdeckung von Verschwörungen selbst an ihnen beteiligt ist, ist in der gesellschaftlichen Wirklichkeit mehr als nur ein nettes, mysteriöses Vexierspiel – es hat fatale Konsequenzen. Allein der Iran-Contra-Deal wurde auf 80 Milliarden Dollar geschätzt, der Drogenumsatz in den USA beläuft sich auf 100 Milliarden Dollar pro Jahr. Diese Unsummen aus illegalen Geschäften bedrohen nicht nur die Volkswirtschaften, sondern durch Korruption – die beamtete Cousine der Konspiration – auch die Rechtsstaaten in aller Welt.

Wie werden wir diese bösen Geister los? Indem wir dissonante Wahrnehmungen – und in wessen Ohren klingt zum Beispiel die Behauptung, dass unsere Regierungen mit dem internationalen Drogen- und Waffenhandel Hand in Hand arbeiten, nicht einigermaßen schräg? – erst einmal zulassen. »Nichts ist, wie es scheint« – diesen Ersten Hauptsatz der Verschwörungsdynamik gilt es stets zu beachten, auch wenn er sich beim zweiten Hinsehen als falsch offenbart, weil alles ganz normal ist. Aber das zweite Hinsehen ist wichtig, die veränderte Perspektive. Wenn die erste Frage aller Philosophie lautet: »Warum ist überhaupt etwas und nicht nichts?«, dann setzt die Konspirologie sogleich noch den entscheidenden Nachsatz hinzu: »Und wer steckt dahinter?«, und fundiert damit »Kritik« als eine Kategorie der Wahrnehmung.

Was ist wahr, was ist falsch, was ist Information, was ist Desinformation, was objektiver Tatbestand, was subjektive Projektion, wie hängen Beobachter und Beobachtetes zusammen? Der konspirologische Denkraum ist eine Schule der Wahrnehmung. »Am Anfang aller Wissenschaft«, sagt der Psychoanalytiker Jacques Lacan, »steht die Hysterie.« Die Angst vor der Welt, vor dem Unfassbaren, dem schrecklichen Ereignis aus heiterem Himmel, ist der Antrieb aller Neugier und Wissensbedürftigkeit. Das konspirologische Denken hat sich von diesem angstgetriebenen Eifer noch einiges bewahrt – und wir haben gesehen, in welch paradoxe Fallen, in welchen irrationalen Wahn unreflektiertes Verschwörungsdenken führen kann. Das Grenzland zwischen kritischem Verdacht und pathologischer Paranoia ist ein Minenfeld. Gleichwohl lohnt es sich nicht nur, es zu betreten, die realen Verschwörungen und ihre gefährlichen Konsequenzen für die Gesellschaften zwingen sogar dazu.

Es ist an der Zeit, das Verschwörungsdenken, dieses Schmuddelkind der Erkenntnistheorie, in den Status einer kritischen Wahrnehmungswissenschaft zu erheben. Und eine allgemeine Theorie der Verschwörungstheorien zu entwerfen, die als Wegweiser in diesem Minenfeld dienen kann. Wenn unsere oben geäußerte Vermutung stimmt, dass die von der neuen Biologie entdeckte Erweiterung des evolutionären Kampfs ums Dasein – das Evolutionsprinzip der Kooperation – in Form der Konspiration eine Art Schattenseite ausgebildet hat, dann könnten wir jetzt auch schon so etwas wie einen kategorischen Imperativ, ein Grundgesetz für alle Verschwörungen angeben. Wenn alle Lebewesen von der Bakterie bis zum Blauwal gezwungen sind, nicht nur Nutznießer und Profiteur ihrer Lebenszusammenhänge zu sein, sondern auch Spender und Unterstützer, wenn individuelle, partikulare Interessen also, um weiter voranzukommen, sich immer kooperativ, symbiotisch in das Gesamtnetzwerk einbinden müssen, dann müsste dieses evolutionäre Grundgesetz auch für Verschwörungen gelten. Sie funktionieren auf Dauer nur, wenn sie nicht nur den Verschwörern, sondern auch dem Ganzen zugute kommen: Aus Parasiten müssen Symbionten werden.

Neun Thesen über Verschwörungen und Verschwörungstheorien

1. Am Anfang war die Konspiration. Um sich auf einem unwirtlichen Planeten durchzusetzen, schlossen sich verschiedene Bakterien zusammen und bildeten das erste Wesen mit einem festen Zellkern. Nicht nur zufällige Mu-

tationen und der Konkurrenzkampf ums Dasein, sondern Konspiration und Kooperation ermöglichten die Evolution. Die bakteriologische Konspiration ist wahrscheinlich die einzige Weltverschwörung überhaupt, sie läuft seit 2,5 Milliarden Jahren und ihr einziges Ziel heißt: Leben.

2. Verschwörungen sind das Selbstverständlichste der Welt: A und B verabreden sich hinter dem Rücken von C, um sich einen Vorteil zu verschaffen. Das geschieht im Wirtschaftsleben genauso wie in der Natur, ist in der Politik ebenso an der Tagesordnung wie am Arbeitsplatz – und, vor allem, im Liebesleben. Dass der oder die Geliebte heimlich noch eine/n andere/n hat, ist wohl die am meisten gehegte Verschwörungstheorie überhaupt.

3. Verschwörungstheorien sind Annahmen über reale Verschwörungen, die auf Indizien, Verdachtsmomenten, Hinweisen beruhen. Wird die Verschwörungstheorie durch einen definitiven Beweis erhärtet – der Partner wird beim Seitensprung auf frischer Tat ertappt, die »Watergate«-Tonbänder über illegale Politmachenschaften gelangen an die Presse –, fliegt die Verschwörung auf und ist beendet. Oft aber ist ein solch definitiver Tatsachenbeweis nicht zu erbringen. Deshalb fristen reale Verschwörungen oft ein ebenso langes Leben wie unbewiesene Verschwörungstheorien.

4. Verschwörungstheorien haben eine besondere Eigenschaft, die sie so attraktiv machen: Sie reduzieren Komplexität. Vielschichtige, komplexe Ursachen von Ereignissen werden auf einen einfachen Sündenbock reduziert. Dieser Sündenbockmechanismus – die Tendenz, eine undurchschaubare und als leidvoll empfundene Realität einem konkreten Schuldigen zuzuschreiben – scheint ein Grundzug menschlichen Verhaltens zu sein.

5. Im Zuge der inneren Verarbeitung unverständlicher äußerer Katastrophen ist wahrscheinlich auch die älteste und bedeutendste Verschwörungstheorie entstanden, die allgemein mit dem Namen »GOTT« abgekürzt wird. Also die Annahme eines unsichtbaren, geheimen, allmächtigen Schöpfers und Drahtziehers, der hinter dem ganzen Universum und unserer Existenz steckt. Auch die Annahme einer göttlichen Verschwörung reduziert die Komplexität: Sie macht den katastrophischen, chaotischen, unverständlichen Kosmos verstehbar und belegt ihn und unsere Existenz mit Sinn.

6. Die Funktion von Verschwörungstheorien, komplexe Zusammenhänge auf einfache Ursachen zu reduzieren, macht sie zum idealen Instrument der Propaganda und Agitation. Ohne das Gespenst einer krakenhaften, blutsaugenden » jüdisch-bolschewistischen Weltverschwörung« hätte Hitler seine Wähler nicht zum Weltkrieg hetzen können, Stalin seine Diktatur ohne die angeblich drohende »jüdisch-imperialistische« Weltverschwörung nicht lange aufrechterhalten können.

7. Die Worte Ver-Schwörung / Be-Schwörung / Be-Törung klingen nicht nur zusammen, sie hängen auch zusammen. Das Beschwören von unsichtbaren Kräften, von guten oder bösen Geistern, hat immer etwas Konspiratives und zugleich etwas Betörendes, weil es komplizierte Dinge einfach macht. Konspiration: conspirare, gemeinsam atmen, haben wir da, und Spiritus, Geist. Der gemeinsame Geist von Verschwörungen ist also immer auch ein kollektives, soziales Phänomen. Es gibt nichts Besseres als eine verschworene Gemeinschaft, aber auch nichts Gefährlicheres.

8. Das Zusammenwirken von Verschwörung, Beschwörung und Betörung zeigt sich in der Funktionsweise von Verschwörungstheorien: Mangels definitiver Beweise muss die »Wahrheit« der Theorie immer wieder beschworen werden; sie kann ihre betörende Wirkung nur entfalten, wenn Skepsis und Zweifel an dieser »Wahrheit« ausgeschaltet bleiben.

9. Um sich gegen Skepsis und Zweifel zu immunisieren, haben Verschwörungstheorien eine seltsame Schleife eingebaut: Jede Kritik an ihnen wird automatisch zum weiteren Beweis für die Realität der unterstellten Verschwörung. Dieses Immunsystem teilen moderne Verschwörungstheorien mit ihrem historischen Vorgänger, der Dämonologie des Mittelalters: Wer die Anwesenheit des Teufels bestreitet, ist selber von ihm besessen.

Ein konspirologisches Tagebuch

»Und damit doch auf eurer noch hoffenden Erde nun endlich der endliche Endsieg mal werde, und damit sich dagegen kein Widerspruch regt, haben wir sie erfolgreich mit Bomben belegt!«

Karl Kraus, 1926

Am 11. September 2001 riss mich der Anruf eines Freundes aus der Arbeit an einem Text über Verschwörungstheorien, und gebannt vor dem Fernseher erlebte ich in den kommenden Stunden und Tagen, wie das Thema, das ich gerade historisch und theoretisch behandelte, praktisch und lebendig wurde. Die Zwillingstürme des World Trade Center waren noch nicht eingestürzt, da war die Theorie »Bin Laden« schon in der Welt. »Verschwörungstheorien reduzieren komplexe Zusammenhänge auf einen Sündenbock und sind deshalb als Mittel der Verdummung und der Propaganda überaus wirkungsvoll und erfolgreich«, hatte ich gerade notiert – und jetzt war dieses Phänomen plötzlich gleichsam auf freier Wildbahn zu beobachten.

In den folgenden Stunden wuchs sich die Chiffre »Bin Laden«, bald ergänzt durch »Al-Qaida«, zu einer leibhaftigen Verschwörungstheorie aus. Da zu diesem Zeitpunkt keinerlei Beweise vorlagen, dass eine reale Verschwörung mit Bin Laden als Mastermind für den Anschlag verantwortlich war, schrieb ich für die taz und das Online-Magazin telepolis einen Kommentar mit einigen »Verschwörungstheoretischen Anmerkungen«. Von den Hintergründen der Anschläge hatte ich zu diesem Zeitpunkt soviel oder sowenig Ahnung wie die meisten der Milliarden Menschen, die diese unglaublichen Bilder sahen. Weder mit der Lage in Afghanistan noch mit den USA hatte ich mich aktuell besonders beschäftigt. Der Verdacht, dass da etwas nicht stimmen konnte, kam eher aus dem Bauch und hatte anfangs kaum konkrete, rationale Gründe. Diese wurden jedoch in den folgenden Tagen und Wochen in einem Ausmaß nachgeliefert, das mir am 11. September noch unvorstellbar schien. Ohne irgendeinen gerichtstauglichen Beweis wurde das Monster einer Bin Laden-Weltverschwörung aufgebaut, durch beschwörende Wiederholung auf allen Medienkanälen in den Rang einer unhinterfragbaren Wahrheit gehievt – und zum möglichen Anlass eines Weltkriegs.

Bei den folgenden Texten ist jeweils das Datum ihrer Veröffentlichung bei telepolis angegeben. Sie erscheinen, von orthographischen Korrekturen und ein paar wenigen Kürzungen abgesehen, weitestgehend unverändert. Nur der Beitrag vom 26.1.02 über die Medienmanipulationen [26] entfällt, da ich ihn in mein »antibushistisches« Nachwort habe einfließen lassen.

Da ich einen Großteil meiner Recherchen über das Internet gemacht habe, sind zu den wichtigsten Quellen jeweils Webadressen angegeben. In diesem Zusammenhang darf aber der Hinweis nicht fehlen, dass Internetseiten flüchtig sind und einige der in diesem Buch zitierten Quellen nicht mehr auf Klick verfügbar sind, wenn der geneigte Leser diesem Hinweis nachgehen möchte. In diesem Fall hilft ein bisschen »googeln« meist weiter, wenn man die gesuchten Namen mit Stichworten und Datum (amerikanische Schreibweise beachten) eingibt. Die Internetseiten der großen Zeitungen und Sender haben auch eigene Suchmaschinen, mit denen sich Artikel und Dokumente, die dort publiziert wurden, leicht finden lassen.

Eine Liste sämtlicher Links und Quellen können Sie unter www.zweitausendeins.de/broeckers.html herunterladen. Sollte zu einem Begriff oder Zusammenhang, der Sie interessiert, keine Quelle angegeben sein, geben Sie den Begriff in Verbindung mit einem oder mehreren Namen unter www.google.de ein (um zum Beispiel die Unterstützung Hitlers durch den Großvater des amtierenden US-Präsidenten zu recherchieren: »Prescott Bush« + Hitler).

Für den Abdruck dieser tagesaktuellen Anmerkungen in diesem Buch habe ich meine Fehleinschätzungen ebenso wenig »frisiert« wie die zutreffenden Prognosen. Notwendige Richtigstellungen und Ergänzungen – auf dem Stand von Juli 2002 – befinden sich in Kursivschrift am Ende der Beiträge.

13.9.01
Verschwörungstheoretische Anmerkungen zu einem Terroranschlag

Da es der 11.9.2001 war – 11+9+2+0+0+1 =23! –,ist für Verschwörungstheoretiker der Fall eigentlich klar. Seit die Romantrilogie Illuminatus von Robert A. Wilson und Robert Shea Mitte der 70er Jahre auf die absurde Beziehung der Zahl 23 mit verschwörerischen Phänomenen hinwies, ist die 23 gleichsam das Signum der Illuminaten, der geheimen Weltverschwörer.

Wer die nun genau sind, darüber geben die gängigen Verschwörungstheorien – sich nahtlos widersprechend – eindeutig Auskunft. Da zieht sich zum Beispiel eine Linie von ägyptischen Mystikern über den Salomonischen Tempel in Jerusalem, die Ritter des Templerordens und ihren multinationalen Bankkonzern im 12. Jahrhundert, diverse Freimaurerlogen der Renaissance bis zum heutigen »Rothschild-Clan« – oder von den assassinischen Mordkommandos Scheich Sinans, des »Alten vom Berge«, über die gralsuchenden Katharer, die okkulte Thulegesellschaft als Vorläufer der Nazis, bis zum aktuellen »Rockefeller-Mob«, wie die Einflussgruppe um die Familie des Standard Oil-Gründers – samt ihren Organen CIA und Mafia – genannt wird. Dass in keiner Nachricht über den Terroranschlag erwähnt wird, wem denn das World Trade Center eigentlich gehört – Rockefeller –, und dass darauf sofort England ein Flugverbot über der Londoner City – dem Rothschild-Finanzzentrum – erlässt, ist für den Verschwörungstheoretiker natürlich bezeichnend. Und dass ein ehemaliger Spezi der CIA und Vetter von Bushs Saudi-Geschäftspartner Scheich Salim Bin Laden, der in Afghanistan gegen die Sowjets aufgebaute Osama Bin Laden, jetzt als Oberschurke für den Angriff verantwortlich gemacht wird, passt ins Bild. Hatten die Bushs nicht schon Hitler erst mit Geld von Standard Oil und Du Pont gepusht und dann abserviert und Europa neu geordnet; wurde nicht ausgerechnet der Großvater des amtierenden Präsidenten, der Großbanker Prescott Bush, noch 1942 wegen seiner Geschäfte mit Hitlerdeutschland angeklagt und verurteilt (siehe »26.9.01: Skulls, Bones & Bush« [27])? Lief es im Golfkrieg gegen Saddam, den »Wiedergänger Hitlers«, nicht nach demselben Muster ab, wobei er erst gegen Iran aufgebaut, dann zwangsweise abgerüstet wurde und als geopolitische Schachfigur weiter installiert blieb, um den Einfluss des »Mobs« auf den Nahen Osten (und den Ölpreis) – von Papa Bush »Neue Weltordnung« genannt – zu garantieren? Ließ man zuvor Khomeini in aller Gemütsruhe von Paris aus deshalb den ersten islamistischen Gottesstaat installieren, weil man seine Ideologie nicht kannte – oder ging es um die persischen Ölquellen, die der Schah nicht freiwillig drosseln wollte? Sind nicht alle militant-islamischen »Schurken« von ähnlichem, hausgemachtem Kaliber? Schauten Pentagon und Wallstreet dem israelischen Bruch des Völker- und Menschenrechts in Palästina nicht jahrelang ungerührt zu? Wusste nicht schon der erste Kriegstheoretiker Sun Tze [28] vor über 2000 Jahren, dass man einen Gegner nie soweit in die Enge treiben darf, dass ihm nur noch Selbstmordattentate bleiben, gegen die es keinerlei Verteidigung gibt? Während das Pulverfass im Nahen Osten seit einem Jahr zündelt und die Local Trade Center in Palästina nach und nach von Raketen zerlegt werden, macht Rockefeller-Mann Bush seelenruhig vier Wochen Urlaub – und wundert sich jetzt, dass verzweifelte Kamikazekrieger zurückschlagen und eine Katastrophe auslösen?

Requiem auf die Twin Towers

Der Zusammenbruch der Türme ist ein symbolisches Ereignis höherer Ordnung. Stellen Sie sich vor, sie wären nicht zusammengebrochen und es wäre nur einer eingestürzt – die Wirkung wäre längst nicht dieselbe gewesen. Der schlagende Beweis der Fragilität der Weltmacht wäre nicht derselbe gewesen … Obwohl die Terroristen das Weiße Haus verfehlt haben …, haben sie unfreiwillig gezeigt, dass das nicht das entscheidende Ziel war, dass politische Macht im Grunde nicht mehr viel bedeutet, dass die Stärke anderswo liegt. Die Frage, was man an der Stelle der Türme errichten sollte, ist unentscheidbar. Ganz einfach, weil man sich nichts Gleichwertiges vorstellen kann, das gleichermaßen der Mühe lohnte, zerstört zu werden – das der Zerstörung würdig wäre.

Jean Baudrillard in FR, 2.3.2002

Damals in Pearl Harbour, als man schon drei Wochen vorher vor einem Großangriff der Japaner gewarnt war, ließ man sie »heimtückisch« angreifen, um das eigene Volk zum Kriegseintritt zu bewegen. Wie kann da jetzt, fragt sich der Verschwörungstheoretiker, drei Monate nach der aus Ägyptenkommenden Warnung vor einem Großanschlag, die logistische Meisterleistung gelingen, vier Flugzeuge gleichzeitig zu entführen und unentdeckt zu den Anschlagszielen zu fliegen? Passagiere konnten aus den entführten Maschinen mit ihren Angehörigen telefonieren – aber Flugsicherung und Militär, deren weltweiten Schnüffelsystemen kein Furz eines indischen Reisbauers entgeht, haben nichts mitbekommen? Und das über ihrer eigenen Zentrale im Pentagon? Dieser Skandal wird merkwürdigerweise mit keiner Silbe thematisiert, während ein Dutzend jubelnder palästinensischer Kids zu »world wide news« werden. Als Bush die Nachricht in einer Schule zugeflüstert wird, bleibt er merkwürdig ungerührt, auch bei seinem ersten Statement keine Sorgenfalten, kein wirkliches Entsetzen. Vielleicht weil die »Schurken« den verabredeten Zeitpunkt eingehalten hatten: Vor 9 Uhr sind im WTC keine wichtigen Banker und keine Besuchermassen, sondern ist nur das »Fußvolk« anwesend. Ein unvermeidlicher »Kollateralschaden« also, wie man Zivilistenopfer seit der Bombardierung Bagdads zu nennen pflegt. Ob es tatsächlich ein Motiv für das Unvorstellbare, eine inszenierte Katastrophe wie in Pearl Harbour [29] gibt, werden die nächsten Aktionen der Weltordnungsmacht bald zeigen.

In kurzer Zeitscharf nachgedacht

Ich war in Florida. Und mein Stabschef Andy Card … also, ich war gerade in einem Klassenzimmer und sprach über ein erfolgreiches Leseprojekt. Ich saß wartend vor dem Klassenzimmer und sah, wie ein Flugzeug in den Turm raste … offensichtlich war der Fernseher an. Ich bin ja früher selbstgeflogen und dachte, herrje, was für ein miserabler Pilot. Aber dann haben sie mich da weggezogen, und ich hatte keine Zeit mehr, darüber nachzudenken. Und dann saß ich in dem Klassenzimmer, und Andy Card, mein Stabschef, der jetzt da drüben sitzt, kam herein und sagte: »Ein zweites Flugzeug ist in den Turm gerast, Amerika wird angegriffen.« Ich sage dir, Jordan, ich wusste zuerst gar nicht, was ich denken sollte. Weißt du, ich bin in einer Zeit groß geworden, in der mir der Gedanke, jemand könnte Amerika angreifen, gar nicht in den Sinn kam … – genauso wenig wie deinem Vater und deine Mutter vermutlich. Und dann habe ich in dieser wahnsinnigkurzen Zeit scharf nachgedacht, was es bedeutet, angegriffen zu werden. Und ich wusste, wenn ich erst einmal genaue Informationen darüber hätte, dass wir angegriffen wurden, dann würde jemand für diesen Angriff auf Amerika eine Menge bezahlen müssen, (Beifall.)

George W. Bush, 4.12.2001 in Orlando, Florida, in einem öffentlichen Zwiegespräch mit einem Schüler.

Bei der Quersummenermittlung aus dem Datum der Anschläge musste ich ein bisschen schummeln, um auf die magische 23 zu kommen. Eigentlich lautet die Quersumme 14, wenn die 11 korrekt als 1 + 1 gezählt wird. Das war mir aber erst aufgefallen, nachdem ich unbewusst schon falsch gerechnet hatte und eine nachträgliche Korrektur mir den schönen Einstieg in den Text völlig vermasselt hätte. Deshalb ließ ich die 23 stehen – selbst wenn für einige Leser, die die Zahlenmagie ernster nehmen als ich, damit die Glaubwürdigkeit des gesamten Beitrags ernsthaft in Frage gestellt wurde.

Eine weitere Ungenauigkeit – dass das WTC zum Zeitpunkt des Unglücks vermeintlich noch dem Bauherrn, der Rockefeller-Familie, gehörte (es wurde von ihr an die Hafenbehörde der Stadt New York verkauft, die es kurz vor dem Anschlag an Larry Silverstein weiterveräußerte) – verdankte sich dem Umstand, den fertigen Text auf die genauen Maße eines taz-Kommentars zu kürzen. Ursprünglich hatte ich noch den Satz eingefügt, dass schon die Grundsteinlegung der Twin Towers auf einer höchst konspirativen, manche sagen auch: »kriminellen«, Grundstücksspekulation der Bauherren, der Rockefeller-Brüder, fundierte.

Bushs Ungerührtheit, als er die Nachricht erhielt, ist mittlerweile geklärt: Er war schon vor dem Eintreffen in der Schule von dem ersten Anschlag von seinem Stabschef informiert worden. Später behauptete Bush, den ersten Einschlag in das WTC vor Betreten des Klassenraums gesehen zu haben

[30], doch dieser war von keiner TV Anstalt übertragen worden.

Obwohl mein Unbehagen an der offiziellen Version, das zum Schreiben dieses ersten Kommentars führte, eher aus dem Bauch kam, klingen in den Fragen doch schon die Motive und Hintergründe an, deren Aufdeckung (bzw. Nichtaufdeckung) in den folgenden Monaten zur Fortsetzung dieses Kommentars als Serie führten. Meine Vermutung, dass es sich bei den Tätern um verzweifelte Palästinenser handeln könnte, hat sich als falsch erwiesen – Palästina gehört zu den eindeutigen Verlierern nach dem 11. September.

14.9.01
Osama Bin Laden

Der Verdacht, dass Osama Bin Laden hinter dem Anschlag steckt, »verdichtet sich«, jedenfalls laut Agenturberichten; irgendeinen konkreten Beweis hat freilich noch niemand vorgelegt. Der »Geheimdienst«, so meldet NBC am 12. September, habe angeblich das Telefonat zweier seiner »Anhänger« abgehört, die über die gelungene Operation gesprochen hätten. Nun denn …

Wir hatten gestern schon angedeutet, dass es sich bei dem mysteriösen Bin Laden um einen alten Spezi der CIA handelt, und was die Geschäfte des saudischen Bin-Laden-Clans betrifft, der einen der größten Baukonzerne in Nahost betreibt, braucht man eigentlich nur bei George W. Bush persönlich nachzufragen. Das Startkapital für seine erste Öl-Explorationsfirma bekam er 1979 von James R. Bath, seinem Nachbarn und Fliegerkameraden bei der »National Air Unit«, der als Repräsentant zweier saudischer Milliardäre ein Vermögen gemacht hatte: Khalid Bin Mahfouz und Salim Bin Laden, dem Schwiegervater und Mentor von Osama. Mahfouz, der seit Jahrzehnten meist auf seinem prachtvollen Zweitwohnsitz in Houston/Texas residiert [31], wurde wegen seiner Schlüsselrolle im BCCI-Bankenskandal 1991 zu 225 Millionen Dollar Strafe verurteilt. Die Bank hatte als Geldwaschanlage für den Drogenhandel ebenso gedient wie als Transaktionskanal für Geheimdienstgelder im Iran-Contra-Deal, bei dem die US-Regierung Waffen- und Kokaingeschäfte betrieb, um die nicaraguanischen »Contra«-Terroristen zu unterstützen. Da Sheik Salim Bin Laden bei der umstrittenen Operation »October Surprise« [32] – einem angeblichen Geheimtreffen von US-Republikanern und iranischen Fundamentalisten, um die in der Teheraner Botschaft gefangenen US-Geiseln noch über den Wahltermin hinaus festzuhalten, was Carter um die Wiederwahl und Reagan ans Ruder brachte – als Vermittler gute Dienste geleistet haben soll, wurde 1980 auch sein junger Vetter Osama vom Geheimdienst angeworben. Sein Auftrag: die saudischen Mujaheddin in Afghanistan zu einem schlagkräftigen Heer gegen die Sowjets aufzurüsten. Fortan akquirierte der junge Osama mit Koffern voller BCCI-Dollars und »Jihad«-Parolen Söldner für den heiligen Krieg, um die Sowjets aus Kabul zu vertreiben. Als dies 1988 erfolgreich war, stürzte Sheik Salim unter mysteriösen Umständen mit eben jener Maschine über Texas ab, die er schon für die geheimen Geiselverhandlungen mit den Iranern zur Verfügung gestellt haben soll. Und Osama? Folgt man der Verschwörungstheorie des Extrotzkisten und Neo-Rechtsaußen Lyndon La Rouche [33], wird Bin Laden seitdem vom britischen Geheimdienst gesteuert, als Zahlmeister diverser »islamistischer« Terrorgruppen, die in Nordafrika und Nahost den

Zielen britischer Geopolitik dienen. Nach dieser »Osama Bin London«-Logik hätte also das perfide Albion, der in London stationierte »Rothschild-Clan«, dem Konkurrenten um die Weltherrschaft, dem »Rockefeller-Mob«, ziemlich eins ausgewischt – doch an einem kommenden Krieg zwischen christlicher und islamischer Welt würden dann ja beide wieder verdienen …

Kaum dass, unmittelbar nach dem Anschlag, die Verschwörungstheorie »Bin Laden« in der Welt war, begann ich meine Recherchen, indem ich Osama Bin Laden bei Google eingab. Vor 20 Jahren hätte eine solche Such- und Informationsbeschaffungsmaschine, wie sie Google dank des Internets heute darstellt, noch schwerstbewacht in Hochsicherheitstrakten ausschließlich Militärs und Geheimdiensten zur Verfügung gestanden – heute ermöglicht sie jedem zivilen Krethi und Plethi eine Nachrichtenbeschaffung, von der selbst die »Dienste« mit ihren Milliardenetats bis vor kurzem nur träumen konnten. Alle Informationen, die ich für diese Artikel verwendet habe, sind öffentlich zugänglich – und die Quelle, aus der sie sprudeln, heißt www.google.de.

Dass Osama Bin Laden nicht nur ein (ehemaliger?) CIA-Partner war, sondern auch langjährige geschäftliche Verbindungen zwischen den Familien Bin Laden und Bush bestehen, wurde hier zwar (meines Wissens erstmals in einem deutschen Medium) angedeutet, fand aber in den folgenden Tagen und Wochen kaum Widerhall in anderen Presseorganen. Wenn überhaupt wurde über »ehemalige« Verbindungen des saudischen Terroristen mit der CIA gesprochen. Ebenso wenig tauchten die langjährigen Verbindungen der Bushs zu dem BCCI-Banker Khalid Bin Mahfouz auf, dem guten Nachbarn in Houston (Texas) und Patriarchen des zweitreichsten

Familienclans Saudi-Arabiens: nach dem Königshaus und vor der ebenfalls milliardenschweren Bin-Laden-Familie.

15.9.01
Überraschung durch hausgemachte Schurken

Am 25. November 1941 notierte der US-Verteidigungsminister Henry Stimson nach einer Unterhaltung mit Präsident Roosevelt über die Japaner in sein Tagebuch: »Die Frage war, wie man sie in eine Position manövrieren könnte, in der sie den ersten Schuss abgeben würden, ohne dass uns allzu viel passiert … es war wünschenswert, sicherzustellen, dass die Japaner dies wären (die den ersten Schuss abgeben), sodass niemand auch nur den geringsten Zweifel haben könnte, wer der Aggressor war.« [34]

Keine zwei Wochen später war es dann soweit. Schon 1932 und 1938 war Pearl Harbour zweimal bei Marinemanövern übungshalber »überfallen« worden – einmal von 152 Flugzeugen –, und jedes Mal erwies sich die Verteidigung als völlig überfordert. Deshalb galt der Stützpunkt als besonders verwundbarer Marinehafen. Als Roosevelt befahl, die Flotte von der Westküste dorthin zu verlegen, protestierte der amtierende Admiral Richardson dagegen und weigerte sich schließlich sogar, den Befehl auszuführen. Er wurde durch Admiral Kimmel ersetzt, den man dann nach dem japanischen Angriff wegen Nachlässigkeit vor einen Untersuchungsausschuss brachte. Aber Kimmel musste freigesprochen werden, als bekannt wurde, dass man ihm alle Informationen aus entschlüsselten japanischen Nachrichten vorenthalten hatte. Auch holländische, britische und russische Nachrichtendienste hatten die USA vor einem bevorstehenden japanischen Angriff gewarnt, doch auch diese Meldungen waren in Washington zu rückgehalten worden. Ein Marinebericht von 1946 enthielt den Hinweis auf 188 entschlüsselte Nachrichten, die eindeutig auf den bevorstehenden Angriff samt Datum und Uhrzeit hinwiesen. Als zwei der in den 20er und 30er Jahren angesehensten Historiker der USA – die Professoren Charles Beard und Harry Elmer Barnes – die offizielle Regierungsversion daraufhin ablehnten, wurden sie als Spinner und Verrückte denunziert und aus dem Lehrbetrieb entfernt. Der »Überraschungsangriff« steht seitdem in jedem Lexikon. [35]

Am 25. Juli 1990 überbrachte die US-Botschafterin in Irak, April Glaspie, eine Botschaft des Weißen Hauses an Saddam Hussein: Präsident Bush wünsche, die Beziehungen zu Irak »auszubauen und zu vertiefen«. Und: »Wir haben zu den innerarabischen Differenzen wie auch zu Ihren Auseinandersetzungen mit Kuwait nicht viel zu sagen. Wir alle sind davon überzeugt, dass Sie das Problem bald lösen werden.« [36] Natürlich war Saddams Truppenaufmarsch in den Wochen zuvor genau registriert worden. Dass eine Invasion Kuwaits bevorstand (die dann auch am 2. August erfolgte), war offensichtlich. Jedoch war offenbar auch hier beabsichtigt, den Gegner zum »ersten Schuss« einzuladen. Sonst hätte man bei der anschließenden Bombardierung Bagdads am Ende ja als Aggressor dagestanden – so wie ohne Pearl Harbour Hiroshima und Nagasaki nicht als Verteidigung der Zivilisation durchgegangen wären, sondern nur als das, was sie waren: ein mörderischer Waffentest und Terroranschlag. Wen wundert es da noch, dass bei »Überraschungsangriffen« allerhöchstes Misstrauen angesagt ist. Nach den Japanern und Saddam heißt der neueste hausgemachte Schurke offenbar Bin Laden …

Es dauerte mehr als ein halbes Jahrhundert, bis die Hintergründe der Pearl Harbour-»Überraschung« aufgrund freigegebener Akten aufgeklärt werden konnten. Danach können an der Tatsache, dass die Angriffspläne der Japaner bekannt waren, aber nicht weitergemeldet wurden, um diesen Angriff zuzulassen, kaum noch Zweifel bestehen. Doch es wird wohl noch weitere 50 Jahre dauern, bis auch die Lexika entsprechend geändert werden. Die Tatsache, dass ein demokratisch gewählter Präsident 2 000 Landsleute opfert, um die Bevölkerung zum Krieg zu motivieren, scheint derzeit der Öffentlichkeit noch nicht zumutbar zu sein. Erst in der Rückschau auf den grandiosen Aufstieg der USA zur einzigen Weltmacht des 21. Jahrhunderts – für den ein in Europa erfolgreicher Hitler ein schweres Hindernis geworden wäre – wird Roosevelts »dirty trick« als strategische Großtat gefeiert werden können.

16.9.01
Question authority! Think for yourself!

Die Journalistin und Anwältin Barbara Olson, konservative Kommentatorin bei CNN, zählt zu den Opfern der auf das Pentagon gestürzten Maschine. Sie konnte vor dem Absturz zweimal mit ihrem Mann Ted telefonieren, einem hohen Justizbeamten der Regierung Bush, und teilte ihm unter anderem mit, dass das Flugzeug auf das Pentagon zusteuere. Sie äußerte sich aber nicht über die Nationalität oder Hautfarbe der Entführer. Merkwürdig? Was wäre bei einem hektischen Notfalltelefonat die normale Reaktion einer weißen, blonden Frau, geschulten Beobachterin und Journalistin aus konservativem Umfeld, wenn Farbige,

Araber oder fremdsprachige Menschen ihr Flugzeug gekidnappt hätten? Würde sie diese wichtige Nachricht nicht wenigstens mit einem Wort erwähnen? Oder andersherum: Kann man aus der Nichterwähnung von »browns« nicht den Schluss ziehen, dass es sich um »normale«, akzentfrei sprechende Weiße gehandelt haben muss? Die AP-Meldung, in der erstmals von den diversen Telefonanrufen aus den entführten Maschinen die Rede war [37], wirft hinterrücks nur neue Fragen auf.

Die faschistischen Milizen in den USA jedenfalls haben 1995 mit dem Anschlag in Oklahoma bewiesen, dass sie im Kampf gegen das verhasste ZOG (Zionist Occupied Government) auch vor Massenmord nicht zurückschrecken. Ihren radikalen Antisemitismus teilen sie mit den Terrorkommandos eines Bin Laden. Doch scheint es von den ersten Minuten des Anschlags an völlig ausgemachte Sache zu sein, dass die Täter im muslimischen Umfeld zu suchen sind – so wie es vor 20 Jahren automatisch die »Russen« gewesen wären. jetzt entdecken die bis dato tiefschlafenden NSA, CIA und FBI einen verdächtigen Araber nach dem anderen, darunter den angeblichen »Terrorpiloten«. Das »typische« Bild, das von ihm veröffentlicht wird, verstärkt den Verdacht, dass es Frau Olson eine Erwähnung wert gewesen wäre …

Fragen nach einem Motiv sollten immer ganz niedrig ansetzen. Wer profitiert eigentlich von dem andauernden Konflikt von Muslimen, Juden und Christen im Nahen Osten? Wer hat die »radikal-islamischen« Bösewichter wie Bin Laden oder Saddam Hussein mit vielen Milliarden, Waffen und terroristischem Know-how aufgebaut? Wer hat, durch die Stützung von menschenrechtsverachtenden Feudalregimen wie dem in Saudi-Arabien einerseits und gesetzeswidrigen israelischen Landnahmen andererseits, den militanten Widerstand der islamischen Welt permanent befördert? Wer muss sich als »Schutzmacht« unverzichtbar machen und deshalb Juden und Muslime gegeneinander hetzen? Wer weigert sich, die Kontrolle über die größten Ölvorkommen der Welt aufzugeben? In 50 Jahren, wenn Öl machtpolitisch unbedeutend geworden ist, wird der Nahe Osten ein Paradies des Friedens sein, garantiert! Aber jetzt haben Banditen dem Sheriff den Stern weggeschossen und sein Pistolenhalfter in Brand gesetzt – und die »Zivilisation« ist aufgerufen, einen Weltkrieg zu führen. Eigentlich aber sollte man den Sheriff wegen unverantwortlicher Außenpolitik absetzen, ihn samt seiner Truppen auf seine Ranch zurückbeordern und unter Aufsicht der UN in Jerusalem einen runden Tisch der jüdisch-christlich-islamischen Völker einberufen. Nur so hätte der Terror ein Ende.

Der Fall Barbara Olson und das von ihr geführte Telefonat mit ihrem Ehemann Ted, dem amtierenden Generalstaatsanwalt der USA, ist für den investigativen Internet-Reporter Joe Vialls die »Mutter aller Lügen über den 11.9.«. Bei CNN hieß es am 12. September in der ersten Meldung:

»Barbara Olson, konservative Kommentatorin und Anwältin, warnte ihren Ehemann, Generalstaatsanwalt Ted Olson, am Dienstagmorgen, dass das Flugzeug, in dem sie sich befand, gekidnappt worden sei, sagt Ted Olson CNN. Kurz darauf stürzte Flug 77 ins Pentagon … Ted Olson sagte CNN, seine Frau hätte gesagt, alle Passagiere und das Flugpersonal einschließlich der Piloten seien im hinteren Teil des Flugzeugs von bewaffneten Hijackern zusammengetrieben worden. Die einzigen Waffen, die sie erwähnte, waren Messer und Teppichmesser. Sie hatte das Gefühl, niemand sei verantwortlich, und forderte ihren Mann auf, dem Piloten zu sagen, was zu tun sei.« [38]

Auf dieser Meldung wurde, so Vialls »die gesamte falsche Hijacker-Geschichte aufgebaut. Ohne die prominente Barbara Olson und ihre angeblichen aufgeregten Anrufe wäre kein einziger Beleg dafür dagewesen, dass irgendwelche Hijacker bei der Entführung und Zerstörung der vier Flugzeuge beteiligt waren. Ähnliche Behauptungen tauchten einige Tage später über den Passagier Tood Beamer und andere auf, doch es ist hier daran zu erinnern, dass die Barbara-Olson-Geschichte am 11. und 12. September die einzige war. Es war außer Frage der künstliche »Samen, der den Medienschneeball dann den Berg herunterrollen ließ.« [39]

Ted Olson, der in der CNN-Meldung nur in indirekter Rede zitiert wurde, äußerte sich erst sechs Monate später zu dem Fall. Doch die Details, die er über die Telefonate offenbarte, machen sie nur dubioser. Danach hätte seine Frau nicht vom Handy, sondern vom Sitztelefon angerufen und, weil sie Kreditkarten nicht zur Hand gehabt hätte, einen »collect call« geführt. Ohne Setup des Telefons mit einer Kreditkarte aber, so Vialls, ist es in den Boeings 757 der American Airlines nicht möglich zu telefonieren – und hätte sie sich eine Karte ausgeliehen, hätte sie damit unbegrenzt telefonieren können.

Insofern schließt Vialls: »So leid es mir tut: Der Beweis der Olson-Telefonate ist nicht wahr. Jeder amerikanische Untersuchungsbeamte, der daran zweifelt, braucht nur die Aufzeichnungen der Telefongesellschaft und des Justizministeriums zu vergleichen. Er wird keine vom American Airlines Flug 77 stammende Berechnung an den Generalstaatsanwalt finden.«

Eine kühne Behauptung, scheinen doch die vielen Telefonanrufe aus den entführten Maschinen ebenso fest im Ge-

dächtnis gespeichert zu sein wie die »19 Hijacker«. Nähere Recherchen allerdings ergeben, dass die für die Rekonstruktion der Ereignisse entscheidenden Hinweise auf »Teppichmesser« tatsächlich über Olson kamen. Abgesehen von den überlieferten Anrufen der »Helden« aus dem in Pennsylvania unter dubiosen Bedingungen abgestürzten Flug 93 [40] wurde mit der Olson-Geschichte der Grundstein für die Teppichmesser-Legende gelegt. Eine Flugbegleiterin, die aus einer der WTC-Maschinen mit der Bodenstation telefonierte, hatte noch von einem Entführer mit einer Bombe gesprochen.

17.9.01
Die netten Hurensöhne der USA

Zu dem jüdisch-christlich-islamischen runden Tisch in Jerusalem samt Abzug der US-Truppen aus Nahost, den wir in der letzten Folge gefordert hatten, meint Freund S.: »Das ist doch geopolitische Naivität, mal wieder typische Anarcho-Hippie Gutmenschen-Romantik. Da wiederholt sich Babylon, und du Blödkopf glaubst immer noch an Fortschritt. Es ist doch ganz klar: Solange unsere Technologie am Öl hängt, können wir die Kontrolle nicht den Kameltreibern überlassen, wie Kissinger sich auszudrücken pflegte. Also überleg dir gut, wie weit du mit deinem Antiamerikanismus gehst.«

Letzteres weise ich sofort aufs Schärfste zurück und lobe die Höhepunkte der amerikanischen Kultur – Bob Dylan, Frank Zappa, Manche mögen's heiß –, was S. allerdings nichtgelten lässt: »Die ersten zwei sind Counterculture, und Billy Wilder ist Deutscher.« Egal: Wenn Methoden und Folgen der US-Außenpolitik die Welt in einen Krieg treiben, muss scharfe Kritik erlaubt sein und vor allem ein skeptischer Blick, was wirklich dahinter steckt. Terror kommt nicht aus heiterem Himmel: Die Bin Ladens, Saddams, Hitlers sind keine Naturereignisse.

General Motors, in den 30er Jahren kontrolliert von dem Chemieunternehmer und glühenden Nazi Irénée DuPont [41], lieferte der deutschen Wehrmacht nicht nur das wichtigste Fahrzeug für ihren Blitzkrieg, den Opel Blitz, sondern zusammen mit Rockefellers Standard Oil auch den Sprit sowie Patente und Kapital für die IG Farben. George W. Bushs Urgroßvater und Großvater machten bis 1942 als Banker ein Vermögen mit Investitionen ins Dritte Reich. [42] Coca Cola war selbstverständlich Großsponsor der Olympiade 1936 und verzwanzigfachte während des Dritten Reichs seine Umsätze in Deutschland. In seinem Buch Facts & Fascism (1943 listete der Autor George Seldes [43] – eine Art Ralph Nader der 30er und 40er Jahre – eine ganze Phalanx hochrangiger US-Investoren auf, die massiv in Geschäfte mit den Nazis involviert waren. Auch Adolf war insofern einer dieser »netten Hurensöhne« der USA, was die Schuld seiner rasenden Mitläufer nicht geringer macht, aber die Dankbarkeit für die Befreier doch ein wenig relativiert. Ohne ihr vorheriges Großinvestment in den Faschismus wäre die Befreiung vermutlich gar nicht nötig geworden. Das »Volk ohne Raum« hätte nämlich mangels Mobilität zu Hause bleiben müssen.

»Unsere Stärke wird uns nicht helfen«

Als entsetzter und trauriger Amerikanerin und New Yorkerin scheint es mir, als sei Amerika niemals weiter von der Wirklichkeit entfernt gewesen als am letzten Dienstag, dem Tag,

an dem ein Übermaß an Wirklichkeit auf uns einstürzte ... Die Stimmen, die zuständig sind, wenn es gilt, ein solches Ereignis zu kommentieren, schienen sich zu einer Kampagne verschworen zu haben. Ihr Ziel: die Öffentlichkeit noch mehr zu verdummen.
Wo ist das Eingeständnis, dass es sich nicht um einen »feigen« Angriff auf die »Zivilisation«, die »Freiheit«, die »Menschlichkeit« oder die »freie Welt« gehandelt hat, sondern um einen Angriff auf die USA, die einzige selbsternannte Supermacht der Welt; um einen Angriff, der als Konsequenz der Politik, Interessen und Handlungen der USA unternommen wurde? ...
Es wird sehr gründlich nachgedacht werden müssen über das kolossale Versagen der amerikanischen Geheimdienste, die Zukunft der amerikanischen Politik besonders im Nahen Osten und über vernünftige militärische Verteidigungsprogramme für dieses Land. Es ist aber klar zu erkennen, dass unsere Führer ... sich mit der willfährigen Unterstützung der Medien dazu entschlossen haben, der Öffentlichkeit nicht zuviel Wirklichkeit zuzumuten. Früher haben wir die einstimmig beklatschten und selbstgerechten Platitüden sowjetischer Parteitage verachtet. Die Einstimmigkeit der frömmlerischen, realitätsverzerrenden Rhetorik fast aller Politiker und Kommentatoren in den Medien in diesen letzten Tagen ist einer Demokratie unwürdig ... »Unser Land ist stark«, wird uns wieder und wieder gesagt. Ich finde dies nicht unbedingt tröstlich. Wer könnte bezweifeln, dass Amerika stark ist? Aber Stärke ist nicht alles, was Amerika jetzt zeigen muss.

Susan Sontag im New Yorker, 13.9.2002

Ganz ähnlich scheint die Lage bei der nunmehr anstehenden Befreiung der Welt vorn Terrorismus zu sein. Sechs Milliarden Dollar wurden laut CNN von den USA und den Saudis in Bin Ladens Söldnertruppe investiert, unter den

Auspizien der CIA fand in den 80er Jahren die erste »Jihad-Weltkonferenz« ausgerechnet in New York statt, in 38 US-Filialen akquirierte das »Büro im Dienst der Heiligen Krieger« ebensolche für den Kampf. [44]

Es ist keine Verschwörungstheorie, dass Konspiration, Gewalt und Terror verborgene, aber selbstverständliche Mittelder US-Außenpolitik sind – fanatische Juden werden dafür ebenso instrumentalisiert wie fanatische Muslime. Die Geister aber, die die USA stets riefen, wenn es »amerikanische Interessen« zu wahren galt, haben jetzt auf grausame Art zurückgeschlagen. Höchste Zeit für Amerika, seine notorische Hurensohn-Politik zu überdenken.

Die Randbemerkungen von CNN und dem Spiegel, dass der Jihad als inoffizieller Arm der US-Außenpolitik gefördert und aufgebaut wurde, spielten in den folgenden Wochen in der Berichterstattung keine Rolle mehr – und wenn, dann wurde die Partnerschaft von Bin Laden und der CIA als »ehemalige« nur kurz gestreift.

Dass die braune Vergangenheit der Bush-Familie, wie auch anderer US-Großindustrieller, und ihr Finanzengagement in Deutschland wenig bekannt geworden ist, wundert nicht:

Der notwendigen Entnazifizierung wären derlei Informationen kaum dienlich gewesen. Mehr als ein halbes Jahrhundert nach Hitler kommt jedoch auch hier die historische Wahrheit langsam ans Licht [45]. Die Rolle von Großvater Bush als Banker und Vermögensverwalter des frühen Hitler-Finanziers Fritz Thyssen haben Webster G. Tarpley und Anton Chaitkin 1992 in George Bush. The Unauthorized Biography im Detail beleuchtet. [46]

19.9.01
Primatenpolitik und Denkverbote

Vom Überraschungsangriff auf Kennedy wissen wir heute, dass der tags darauf präsentierte Täter und die Hintergründe ein Fake waren. Bei der bereits erwähnten Pearl Harbour-Überraschung ist es dasselbe, wie es die bei Phoenix am. 16.9. ausgestrahlte BBC-Dokumentation »Pearl Harbour. Der Köder zum Krieg« noch einmal nachdrücklich bestätigte. Dass bei der von Bush sen. mit dem Golfkrieg eingeführten »Neuen Weltordnung« mehr im Spiel war als nur das vermeintliche Ziel, den netten Hurensohn Saddam wegen eines inszenierten »Überraschungsangriffs« zu entwaffnen, ist ebenfalls keine krause Fantasie – auch hier wurde die Weltöffentlichkeit getäuscht. Das heißt nun für das WTC-Desaster alles überhaupt nichts. Es kann durchaus alles so sein, wie Bush jun. und die Medien unisono behaupten: dass ein Kommando von arabischen Kamikaze-Attentätern, gesteuert von Osama Bin Laden, diesen perversen Anschlag verübt hat. Solange es dafür aber keine stichhaltigen Beweise gibt, solange müssen Fragen nicht nur erlaubt sein, sie sind sogar erste Journalistenpflicht.

Der Journalist Henryk Broder sieht das anders: Er unterstellt mir in einem wütenden Radio-Kommentar und auf seiner Website [47] ein »krankes Hirn«, das nur noch von den Protokollen der Weisen von Zion und dem Holocaust-Leugner David Irving übertroffen würde. Schon im Golfkrieg gehörte Broder ja zu den journalistischen Jubelteutonen, die jeden Zweifel an der »Operation Wüstensturm« als antisemitisch und antizivilisatorisch abmeierten. Dass nun dummerweise die Kumpels vom CIA, und nicht etwa Arafat, in New York die erste Jihad-Weltkonferenz förderten und Milliarden in Bin Ladens Laden pumpten, stellt da ein argumentatives Problem dar – weshalb jeder, der in diese Richtung recherchiert, als »krank« disqualifiziert werden muss. Ich habe Broder insofern mein Verständnis für seinen missionarischen Eifer mitgeteilt und ihm empfohlen, doch für ein Rachebombardement von Mekka & Medina zu plädieren. Nach dem anschließenden Weltkrieg wäre mit der Hälfte der Menschheit mindestens auch die Hälfte aller Terroristen weg …

Also: Warum hinterlassen solche Superterroristen arabische Flugunterlagen in Mietautos? Warum buchen sie Flüge unter ihren wirklichen Namen? Warum bleiben Taschen am Flughafen hängen, die Abschiedsbriefe enthalten? Wer sollte diese Briefe lesen, wenn die Tasche mit in die Maschine gekommen wäre? Wenn es echte Abschiedsbriefe an Angehörige waren, warum wurden sie nicht vor dem Abflug einfach in den Briefkasten geworfen? Warum gibt es keinen Bekennerbrief? Wer fädelt eine solche Mega-Aktion ein, ohne sich danach zu bekennen? Warum gibt es, wie sonst bei jedem großen terroristischen Anschlag, keinerlei politische Forderungen, kein Statement, rein gar nichts? Wieso droht der mysteriöse Dr. No, der hinter diesem James-Bond-artigen Terror steckt, nicht mit einer Fortsetzung, setzt Ultimaten, übt Druck aus? Es gibt viele, viele offene Fragen – angefangen von der offenbaren »Operation Schlafmohn« der Geheimdienste und der Flugsicherung, die erst, als es knallte, aus ihrem Koma erwachten –, und es ist viel zu früh, auf alle sofort eine Antwort zu verlangen. Aber gestellt müssen diese Fragen werden, und zwar jetzt. Nicht, um die unübersichtliche Komplexität der Lage auf eine simplifizierende Verschwörungstheorie zu reduzieren – eben darin übt sich ja gerade der Mainstream der Medien –, sondern im Gegenteil: um im Dienst der Wahrheitsfindung dumm machende Simplifizierungen und ihre gefährlichen Konsequenzen zu verhindern. Ein frommer Wunsch, zugegeben. Im Ausnahmezustand, so wusste schon Carl Schmitt, Kronjurist & Machttheoretiker des Dritten Reiches, garantiert nur ein klarer Freund/Feind-Gegensatz Souveränität.

Wenn die zweifelhaften Telefonate der Olsons wirklich die » Mutter aller Lügen über den 11.9.« darstellen, dann sind die »19 Hijacker« deren direkte Nachkömmlinge. Merkwürdigerweise taucht keiner der Namen, die das FBI schon am Abend des 12.9. veröffentlichte, auf den von den Fluggesellschaften veröffentlichten Passagierlisten auf. Mittlerweile hat sich herausgestellt, dass mindestens fünf der angeblichen Hijacker noch leben, und einer schon seit einiger Zeit tot ist. Nach Veröffentlichung der Liste mit den angeblichen Selbstmordattentätern durch das FBI meldeten sich fünf der »Täter« lebend bei ihren Botschaften bzw. der Polizei in Saudi-Arabien, Marokko und den USA. Dennoch erfolgte bis heute keine Korrektur der Listen.

Ebenso wurde bekannt, dass sich einige der »Terrorpiloten« am Abend zuvor auffällig verhalten und in Strip-Bars gefeiert hatten – nicht gerade eine typische Vorbereitung für islamistische Selbstmordattentäter. Des Weiteren kam heraus, dass mehrere der vermeintlichen Täter schon länger auf den Observationslisten der Terrorfahndung gestanden hatten. Dennoch erhielten zwei von ihnen im März 2002 (!) ihr im Sommer 2001 beantragtes Aufenthaltsvisum vom Immigrationsbüro.

Man darf mal wieder baff sein darüber, wie sehr sich die veröffentlichte Meinung – vulgo: unsere Medien – abschottet von allen Quellen, die im Internet frei vagabundieren. Im WWW lässt sich Einblick in die Passagierlisten nehmen, auf denen kein einziger arabisch klingender Name auftaucht

[48], lässt sich die FBI-Liste mit den 19 angeblichen Hijackern studieren [49]und lassen sich die Identitäten dieser verruchten 19 vorführen, von denen mindestens fünf noch leben und einer schon im Jahr 2000 verstarb. [50]

22.9.01
Sündenböcke, Menschenopfer und die neue »Pax Americana«

Da schon Schimpansenmännchen bei Blitz und Donner Hänge hinaufrennen, um mit Knüppeln in der Hand gegen den himmlischen Feind zu wüten, ist der irrationale Schrei nach Rache – zwei Drittel aller Amerikaner sind laut Umfragen für Krieg, obwohl sie nicht wissen, gegen wen – verständlich, sozusagen ein genetischer Sündenbockreflex.

In der Frühgeschichte der Menschheit, die von Globalkatastrophen durch Kometeneinschläge und Sintflut geprägt wurde, hat sich aus diesem Reflex die Kultur des Opfers entwickelt: Die von einem unsichtbaren Feind traumatisierten Überlebenden inszenierten die Katastrophe nach – wie Kinder, die ein übergroßes Schockerlebnis dadurch verarbeiten, dass sie es nachspielen und sich dabei zur bestimmenden, kontrollierenden Figur machen. Allerdings ist die Theorie rezenter Katastrophen – die mittlerweile sehr gut belegte Hypothese, dass in den vergangenen ca. 12 000 Jahren schwere Impakte von Himmelskörpern die Geschichte der Zivilisation entscheidend geprägt haben [51] – bislang noch ebenso eine akademische Randerscheinung geblieben wie diese Theorie des Opfers als heilungsorientiertem Nachspielen traumatisierender Katastrophen [52]. In der revolutionären Neuerung der jüdischen Religion, auf blutige Opfer an die Kometengötter zu verzichten, liegt nach Gunnar Heinsohn die eigentliche Wurzel des Antisemitismus. Denn weil sie anders als alle Völker und Religionen das Brandopfer ablehnen, werden die Juden selbst, so Heinsohns These, zum bevorzugten Sündenbock und zum Opfer des Holocausts (= Brandopfer).

Mir kamen diese Überlegungen bei der Lektüre von Hans Magnus Enzensbergers jüngstem Aufsatz wieder in den Sinn, i n denen er von der »Wiederkehr des Menschenopfers« in seiner globalisierten Form spricht. Anders als im Golfkrieg, als er noch unreflektiert gegen das Monster Saddam als »Wiedergänger Hitlers« hetzte, zeigt Enzensbergers Kommentar zur WTC-Katastrophe wieder eine gewisse kritische Distanz, wobei er letztlich aber jeden Zweifel an der CNN-Version der Realität vom Tisch wischt:

»Es ist kein Zufall, dass im ersten Moment Zweifel an der Urheberschaft des Anschlags laut geworden sind. Im Internet wurde die rechtsradikale Szene der Vereinigten Staaten haftbargemacht, andere sprachen von japanischen Terroristengruppen oder von irgendeinem zionistischen Geheimdienstkomplott. Wie immer in solchen Fällen schossen sofort alle möglichen Verschwörungstheorien ins Kraut. An solchen Interpretationen ist zu ermessen, wie ansteckend der Wahn der Täter ist. Sie enthalten jedoch einen wahren Kern, weil sie zeigen, wie austauschbar die Beweggründe sind ... Auch im Fall des New Yorker Massenmordes wird man sich fragen müssen, wie weit das islamistische Motiv trägt; jede beliebige andere Begründung hätte es auch getan.« [53]

Tatsächlich sind seit dem ersten Moment keinerlei ernsthafte Zweifel an der Urheberschaft angemeldet worden – und seit 19 arabisch klingende Namen der Todespiloten präsentiert wurden, tut es als Begründung einzig und allein das islamistische Motiv. Die Aufklärung des Falles ist in den Nachrichten völlig hinter seine Konsequenzen zurückgetreten. Eine Handvoll Biographien arabischer Musterstudenten und Hobbyflieger ist alles, was nach einer Woche globaler Großrecherche vorliegt, und das permanente Winken mit dieser dürren »Beweiskette« reicht vollkommen aus, die Verschwörungstheorie unter der Chiffre »Bin Laden« global auf den Status einer Tatsache und somit in die Realität zu hieven. Die identitätsstiftende, stabilisierende, Ohnmacht und Trauma transformierende Funktion dieses Verschwörungsreflexes ist unübersehbar. Und wie Phönix erhebt sich mit der neuen »Pax Americana« aus dem Milliardengrab der dot.com-Pleite nicht die »old«, sondern die »ancient economy«: der militärisch-industrielle Komplex. Wenn der WTC-Angriff keine Verschwörung war, kein zugelassener Überraschungsangriff wie Pearl Harbour, kein »neofaschistischer« Putsch wie der Kennedy-Mord, sondern tatsächlich eine völlig überraschende Kriegserklärung islamistischer Extremisten, dann hätte den Imperatoren in Washington zur Stabilisierung ihres Weltreichs etwas Nützlicheres nicht passieren können. Für die Pipelines in Osteuropa und Vorderasien (also gegen den wachsenden Einfluss der EU) und für die Ölvorräte im Nahen Osten (also gegen den wachsenden Einfluss der »Kameltreiber«) wird dem Erdkreis unter dem Motto »Infinite Justice« nunmehr unendliche Gerechtigkeit zuteil werden.

Das hier prognostizierte Comeback der »ancient economy« ließ sich in den kommenden Monaten an den rapide steigenden Kursen der Rüstungsfirmen ablesen. Zu den Hauptprofiteuren gehört die private Carlyle Group, auf deren Payroll Bush sen. steht und die mit dem Rückenwind des gigantisch aufgestockten Rüstungsetats nunmehr den Börsengang anstrebt. Von der bis dahin größten Wirtschaftspleite der US-Geschichte – dem Enron-Konkurs – war zu diesem Zeitpunkt öffentlich noch nichts ruchbar geworden, doch der Dow Jones Index war allein zwischen dem 20. August und dem 10. September um 900 Punkte gefallen. Nach dem Platzen derdot.com-Blase drohte ein erneuter Börseneinbruch, hinter verschlossenen Türen verhandelte Vizepräsident Cheney mit Enron-Chef Kenneth Lay über Rettungsmaßnahmen. Ohne die Möglichkeit, die Ökonomie durch neue Staatsschulden und Krieg zu retten, hätte der größte Wahlkampfspender Bushs wohl keine Chance gehabt. Dank des proklamierten Krieges gegen den Terrorismus aber wurde die größte Wirtschaftspleite der US-Geschichte der Öffentlichkeit zumutbar, und Enron konnte geopfert werden. Da die Executives ihre Schäfchen alle ins Trockene gebracht hatten, traf es dann nur noch ein paar zehntausend Angestellte, die ihre Renten und Pensionen verloren.

Osama war's!

Die Amerikaner fragen: Wer hat unser Land angegriffen? Die Anhaltspunkte, die wir zusammengetragen haben, deuten alle auf ein Netzwerk lose miteinander verbundener terroristischer Organisationen hin, das als Al-Qaida bekannt ist. Al-Qaida ist für den Terror das, was die Mafia für das Verbrechen ist. Aber sein Ziel ist nicht Geld, sein Ziel ist eine andere Welt ... Die Terroristen verfolgen die Direktive, Christen und Juden umzubringen, alle Amerikaner umzubringen und dabei keinen Unterschied zu machen zwischen Militärs und Zivilisten, einschließlich der Frauen und Kinder. Diese Gruppe und ihr Führer – ein Mann, der Osama Bin Laden heißt – stehen mit vielen anderen Organisationen in verschiedenen Ländern in Verbindung... Es gibt Tausende dieser Terroristen in mehr als 60 Ländern. Sie sind von ihren eigenen Ländern und Gemeinschaften angeworben und in Lager etwa nach Afghanistan gebracht worden, um dort in Terrortaktiken trainiert zu werden. Sie sind in ihre Heimat zurückgeschickt worden oder leben versteckt in Ländern in aller Welt, um heimlich Böses und Zerstörung zu planen. Unser Krieg gegen den Terror beginnt mit Al-Qaida, aber er hört damit nicht auf. Er wird erst zu Ende sein, wenn jede weltweit handelnde terroristische Gruppe aufgespürt, gestoppt und geschlagen sein wird. (Beifall)Die Amerikaner fragen: Warum hassen sie uns? Sie hassen, was wir hier in diesem Hohen Hause vor uns haben eine demokratisch gewählte Regierung. Sie haben selbst ernannte Führer. Sie hassen unsere Freiheiten ... Diese Terroristen töten nicht bloß, um Leben auszulöschen, sondern um eine Lebensweise zu zerstören ...

George W. Bush vor dem US-Kongress, 20.9.2001

24.9.01
Zero Evidence an Ground Zero

Nicht erst seit der Emser Depesche – einem Telegramm des deutschen Kaisers aus der Kur in Bad Eins, das Bismarck manipulierte und verkürzt weitergab, um eine französische Kriegserklärung zu provozieren – ist der Fake ein strategisches Mittel. Da die Deutschen gewannen und der eiserne Kanzler das ersehnte Reich schmieden konnte, nahm man ihm den schmutzigen Trick hinterher nicht übel – ebenso wenig wie es heute kaum noch jemand Henry Kissinger, den Johan Galtung als »Bin Laden Chiles« bezeichnet hat [54], übel nimmt, dass ihm im heiligen Krieg gegen den Kommunismus jedes terroristische Mittel recht war. Der Kapitalismus hat ja schließlich gewonnen. Wenn jetzt, zwölf Tage nach dem WTC-Anschlag und immer noch keinem konkreten Beweis auf den Täter Osama Bin Laden, ein manipulierter Fake zum Anlass eines neuen Kriegs wird, dürfte das hinterher auch niemand übelnehmen – sofern er denn gewonnen wird.

Hätten die WTC-Täter einen schweren Bankraub begangen, wären auf der Flucht alle zu Tode gekommen und die Polizei wollte mit den vorliegenden Beweisen – »Der Mann hasst einfach Banken und hatte vermutlich auch bei zwei Überfällen in Afrika die Finger im Spiel« – den vermeintlichen Bandenchef verhaften, sie würde wahrscheinlich nicht einmal von einem lokalen Richter einen Haftbefehl erreichen. Geschweige denn – bei derlei »zero evidence« – die Auslieferung aus einem anderen Land, in das der Boss sich abgesetzt hat. Nun macht man sich nach Bushs martialischer, aber inhaltsleerer Rede – »Wer nicht für uns ist, ist für die Terroristen« mit solch einer kritischen Anmerkung mittlerweile ja schon zum Taliban-Komplizen & Bin-Laden-Luder. Wer derzeit nicht sofort Gewehr bei Fuß für »infinite justice« jubelt – in den deutschen Medien immer mit »grenzenlos« (unlimited) übersetzt, es heißt aber »unendlich« –, wem also diese unendliche Gerechtigkeit Amerikas nicht ganz geheuer ist, der kann nur noch Terrorist sein. Und doch bleibt festzuhalten, dass nach allen landläufigen Maßstäben von Gerechtigkeit die vorgelegten Indizien im Fall des WTC-Anschlags für eine Anklage Bin Ladens nicht ausreichen. Selbst für skrupellose Massenmörder muss, bis zum Beweis ihrer Schuld, die Unschuldsvermutung gelten.

Wenn es noch eines Beweises bedurft hätte, dass Verschwörungstheorien ein machtvolles Propaganda- und Manipulationsinstrument darstellen: Die unbewiesene Bin-Laden-Verschwörung steht kurz davor, zum Auslöser eines Weltkriegs zu werden. Zwar hat mittlerweile selbst das FBI gemerkt, dass für diesen Anschlag weder große Mengen Geld – allenfalls 200 000 Dollar – noch gar die Unterstützung eines Schurkenstaats notwendig waren, dass also im Prinzip jede verschworene, fanatische Terrorzelle diesen Anschlag hätte verüben können, aber das spielt schon gar keine Rolle mehr. Die Öffentlichkeit weiß –nach zwölf Tagen CNN-Penetration –, dass es Bin Laden war, und wenn nicht er, dann eben irgendein islamistisches »Terrornetzwerk«. Ein solches, keine Frage, existiert, und dass es die USA und Israel zum Todfeind auserkoren. hat, ist ebenfalls klar. Doch dass man ihm mit einem groß angelegten Krieg gegen Irak und Afghanistan begegnen kann, ist mehr als fraglich. Hier empfehlt sich dann schon eher die vom Mossad empfohlene Methode gezielter Mordkommandos gegen führende Köpfe sowie der ebenfalls dieser Tage aus dem israelischen Verteidigungsministerium kommende Vorschlag, Selbstmordattentätern zur Abschreckung künftig mit der Ermordung ihrer Familien zu drohen. Nur tun sie einem in der Regel ja nicht den merkwürdigen Gefallen, unter ihren echten Namen Tickets zu buchen …

Abschreckung durch Sippenmord

Israel hat viele Optionen erwogen, mit der Bedrohung umzugehen. Schon im August hatte der Minister für öffentliche Sicherheit, Gidon Ezra, als Abschreckung. die Eliminierung von Angehörigen von Selbstmordbombern gefordert. Die mögliche Antwort von Hamas auf eine solche Politik äußerte Sheihk Yassin in einem von Radio Monte Carlo ausgestrahlten Interview:

»Damit würde er allen Männern im palästinensischen Widerstand die Rechtfertigung geben, Israelis zu töten, die Angehörige in der israelischen Armeehaben.« Ezra hatte darüber hinaus vorgeschlagen, Selbstmordbomber mit Schweinehaut oder Blut zu beerdigen, um ihre Körper zu entweihen und ihnen den Status als heilige Märtyrer mit einem gesicherten Platz im Himmel zu verwehren.

Jane's Security, 17. September 2005

Aber, und jetzt drehen wir den Spieß mal um, haben sie das vielleicht absichtlich getan, um als »Helden« eben doch nichtganz unerkannt zu bleiben? Vielleicht wurden sie wirklich vom Mastermind Bin Laden gesteuert und finanziert, der auch Scheich Massud, den Führer der afghanischen Nordallianz, als potenziellen US-Verbündeten termingerecht eliminiert hat, und vielleicht warten weitere »Schläfer« darauf, in allen Metropolen der westlichen Welt Anschläge ähnlichen oder schlimmeren Kalibers zu starten, wenn der Westen seinen nächsten Zug unternommen hat. Da es sich um einen Musterschüler der CIA handelt, wissen die US-Geheimdienste, mit wem sie es zu tun haben – und eben daraus resultiert die »Besonnenheit«, nicht sofort blindwütig zurückzubomben (gegen die psychische Energie der Kamikazewaffe, über die der Gegner verfügt, helfen keine Panzer und Raketen – und doch werden sie jetzt aufgefahren und zum Einsatz kommen). Es würde mich nicht wundern, wenn demnächst »Beweise« auftauchen, dass auch der Irak in die Sache verstrickt ist Amerika also jetzt den Bestrafungsfeldzug nutzt, um sich mitweltweiter Solidarität an den öl-strategisch unverzichtbaren Punkten im Golf und in Vorderasien für das nächste halbe Jahrhundert festzusetzen. Das Saudi-Regime (nach den Taliban so ziemlich der rückständigste Muslimstaat weltweit) wird wahrscheinlich alsbald durch eine moderatere Marionette ersetzt – die heiligen Stätten bleiben in Schussweite der US-Armee. Dass der Balkan dann im Sinne der angloamerikanischen Pipelinekonsortien – und gegen die europäischen Elf-Fina-Interessen – gleich auch noch »befriedet« wird [55] steht ebenfalls zu erwarten. Deshalb wird es wohl auch keinen gemeinsamen Solidaritätsfeldzug geben, sondern wie im Golfkrieg nur die Duldung einer englischen Beteiligung. Eine starke, um den Balkan und Osteuropa erweiterte EU mit Paris und Berlin als Epizentren ist nicht im amerikanischen Interesse. Falls dies alles so geschieht, sollte für die Geschichtsbücher schon jetzt festgehalten werden, dass einmal mehr ein Fake, eine manipulierte, propagandistisch ausgeschlachtete Katastrophe zum Anlass für ein weltgeschichtliches Ereignis wurde.

Dieses düstere Orakel ist weitgehend eingetreten: Nach Afghanistan ist Saddam Hussein in der Schusslinie – und danach kommt der Rest der »Achse des Bösen« – eines Feldzuges, der sich, so Verteidigungsminister Rumsfeld, über »mehr als eine Generation« hinziehen könnte. An der »Zero Evidente« nach zehn Tagen Großfahndung hat sich auch ein halbes Jahr später nichts geändert. Am 1. Mai 2002 meldete BBC:

»Die US-Geheimdienste haben zugegeben, dass sie keinerlei aufgezeichnete Spuren gefunden haben, die zu den Anschlägen des 11. September führen. Bei der bisher ausführlichsten Darstellung der Untersuchung sagte der Chef des Federal Bureau of Investigation (FBI), dass Amerika nach sieben Monaten rastloser Arbeit keine harten Beweise gefunden habe, die mit den Anschlägen auf New York und Washington im Zusammenhangstehen.« [56]

> Es ist ein ernüchternder Gedanke, dass man zur Strafverfolgung eines Ladendiebs bessere Beweise braucht als dazu, einen Weltkrieg anzufangen.
>
> Anthony Scrivener, einer der führenden britischen Anwälte, zum Beginn des Afghanistankrieges, The Times 5.10.2001

26.9.01
Skulls, Bones & Bush

Einer der Klassiker der modernen Konspirologie, der britische Historiker Antony Sutton mit seinen Veröffentlichungen über den »Skull & Bones«-Geheimorden der Yale-University [57], verdient angesichts der aktuellen Weltlage einen neuen Blick. Schließlich sind nicht nur der alte, sondern auch der amtierende Präsident Bush ebenso » Bonesmen«, wie es schon ihre Großväter und Großonkel waren. Und mit ihnen so viele weitere Mitglieder der Ostküsten-WASP(White Anglo-Saxon Protestant)-Elite in einflussreichen Positionen der US-Außen- und Finanzpolitik, dass Sutton zu dem Schluss kommen konnte, die Skull & Bones-Leute hätten sowohl die Nazis in Deutschland als auch die Kommunisten in Osteuropa zuerst finanziell aufgebaut, um sie dann in der »großen Synthese« des Zweiten Weltkriegs und des anschließenden Kalten Kriegs wieder zu demontieren …

Suttons Enthüllungen über »The Order«, wie er die elitäre »Schädel & Knochen«-Loge nennt, sind teilweise in rechtsgerichtete Theorien einer »jüdischen Weltverschwörung« – in Fortschreibung der Protokolle der Weisen von Zion –aufgenommen worden. Und das, obwohl das Suttons Intentionen gar nicht entspricht und er das Gegenteil belegt, nämlich den rassisch-elitären, »blaublütigen«, antijüdischen, antifarbigen Charakter der 1832 gegründeten Bruderschaft, deren Kern stets von den reichen Familien des Neuengland-Adels gebildet wird. Zu dem darüber hinaus allenfalls Alibimitglieder anderer Nationen oder Religionen gehören. In den Annalen des Ordens wird gerühmt, dass Großvater Prescott Bush, der 1917 initiiert wurde, eine der wichtigsten Trophäen für den Klub gestohlen und in dessen Tempel »heimgeholt« hat: den Schädel des Apachenhäuptlings Geronimo. Mag man solcherlei Scherze vielleicht als reaktionären Grufti-Hokuspokus abtun – und die überlieferten Rituale der Bruderschaft mahnen eher an Harry Potter als an finsteren Okkultismus –, dennoch wurde Bonesman Bush später, als Geschäftsführer der Union Banking Corp. und der Hamburg-Amerika-Linie, einer der wichtigsten Finanziers und Unterstützer des Naziregimes.

Dass die deutsche SS Totenkopf und Knochenkreuz der Skull & Bones in ihr Ordenssymhol übernahm, wird Großvater Bush und seinem Partner William A. Harriman, der 1913 initiiert wurde, gefallen haben. Wie viele andere US-Investoren unterstützten sie die deutschen Nazis nicht heimlich, sondern so offen, dass der in Berlin akkreditierte US-Botschafter William E. Dodd 1937 einem Reporter der New York Times mitteilte:

»Eine Clique von US-Industriellen ist versessen darauf, unsere demokratische Regierung durch einen faschistischen Staat zu ersetzen, und arbeitet eng mit den Faschistenregimes in Deutschland und Italien zusammen. Ich hatte auf meinem Posten in Berlin oft Gelegenheit zu beobachten, wie nah einige unserer amerikanischen regierenden Familien dem Naziregime sind. Sie trugen ihren Teil dazu bei, dem Faschismus an die Macht zu verhelfen, und sie sind darum bemüht, ihn dort zu halten.« [58]

Die Bonesmen hatten sich mit Hitler einen netten Hurensohn herangezüchtet. Schon vor der Machtübernahme, Anfang der 30er Jahre, hatte sich die US-Botschaft per Kabel in Washington nach dem finanziellen Hintergrund von Hitlers aufwändigem Wahlkampf und der Bewaffnung seiner 300 000 Braunhemden erkundigt. Den Mitarbeitern war aufgefallen, dass die SA mit Waffen aus amerikanischer Produktion ausgestattet war. Der deutsche Stahlmagnat Fritz Thyssen hat später zugegeben, seit 1930 in das Hitler-Projekt investiert zu haben – seine Vermögensverwalter und Banker in dieser Zeit: Bush und Harniman. [59]

Aus der Garde von Präsidenten, Ministern, Großbankern und Industriellen der Skull & Bones-Bruderschaft ragt als besonderer Kopf Henry Stimson hervor, initiiert 1888, bis zu seinem Tod 1950 Minister unter sieben Präsidenten. Er wurde nicht aufgrund seiner Herkunft, sondern wegen seiner Leistungen in die Bruderschaft aufgenommen und hat dies später als »prägendes Erlebnis seines Lebens« bezeichnet. Als Kriegsminister Roosevelts war »The Colonel« einer der Architekten des Zweiten Weltkriegs und des anschließenden Kalten Kriegs. Wir sind ihm schon im Zusammenhang mit dem Pearl-Harbour-Fake begegnet, der initiiert wurde, um der US-Bevölkerung den Krieg schmackhaft zu machen. Am Tag des Angriffs, dem 7.12.1941, notierte Stimson in sein Tagebuch:

»Als die ersten Nachrichten kamen, dass Japan uns angegriffen hatte, war mein erstes Gefühl Erleichterung, dass die Unentschiedenheit vorüber war und dass die Krise auf eine Art gekommen war, die alle unsere Leute vereinigen würde. Dies blieb mein dominierendes Gefühl trotz der Nachrichten der Katastrophen, die sich schnell entwickelten. Weil ich glaube, dass dieses Land nichts zu fürchten hat, wenn es einig ist …« [60]

Was sind schon ein paar tausend Matrosen, wenn man hinterher »nichts zu fürchten hat«, weil die große Einigung ausbricht? Laut seiner Biographen war Stimson ohnehin der Meinung, Amerika sollte einmal pro Generation einen Krieg führen, weil dies den Zusammenhalt der Nation stärken würde und sowohl moralisch als auch wirtschaftlich reinigende Funktion hätte. Bevor George Bush 1991 die Entscheidung traf, gegen Saddam Hussein loszuschlagen, soll er sich nach einem Bericht der Washington Post über die Feiertage mit der gerade erschienenen Biographie eines seiner wahren Helden zurückgezogen haben: The Colonel. Life and Wars of Henry Stimson. [61]

Die Skull & Bones-Brüder gehen nicht nur von einer Überlegenheit der weißen Rasse aus, sondern auch von ihrem selbst verliehenen Recht, als elitäre Ritter dieser Rasse die Geschicke der Menschheit zu kontrollieren. Ihre Philosophie entspricht, Sutton zufolge, der hegelianischen: Man konstruiere sowohl die These als auch die Antithese und mache sich in diesem »konstruktiven Chaos« durch die Synthese zum Herrn der Situation. Phänotypisch macht Sutton dies an den Aktivitäten von William A. Harniman fest, der als Partner von Prescott Bush über die Union Banking einerseits die Nazis mitfinanzierte, andererseits mit seiner Garanty Trust Company aber auch die Aufrüstung der Sowjetunion unterstützte. Wie Bones-Bruder Stimson in Sachen Kriegsführung beriet Harniman in Sachen Finanzen insgesamt sechs US-Präsidenten.

Die Art, wie George Bush dann 1991 im Geiste Stimsons den Golfkrieg einfädelte und führte – Irak blieb staatlich als Drohung und potenzielle Antithese weiterhin intakt, die Scheichtümer am Golf, die OPEC und die ölabhängigen Verbündeten (Japan, Deutschland) sind jedoch seitdem in Sachen Öl vollkommen auf die USA angewiesen –, verlief ganz im Sinne des »konstruktiven Chaos«. Dass Bush sen. sich seinen netten kleinen Kolonialkrieg für die kuwaitischen Geschäftsfreunde – mit seiner ersten, von Vater Prescott und verschiedenen Bonesbrüdern finanzierten Ölfirma hatte Bush die erste Off-Shore-Pumpanlage für Kuwait gebaut [62] – dann auch noch mit 40 Milliarden Mark von Japan und Deutschland bezahlen ließ, deutet an, was auf die künftige »Anti-Terror-Koalition« zukommt: Die »Beute« bleibt unter anglo-amerikanischer Kontrolle, die Kosten aber werden die Bundesgenossen im »Kampf gegen den internationalen Terrorismus« übernehmen müssen.

Auch wenn der Wahl-Texaner Georg W. Bush – die Bush-Familie gehört seit Generationen zum WASP-Establishment der Ostküste – seine Skull & Bones-Mitgliedschaft stets heruntergespielt und sich gegen die elitären Ostküstensnobs als echter Cowboy zu gerieren versucht hat, wenn's drauf ankam, griff er stets auf die Verbindungen und das Geld der Elite-Mafia zurück [63].

Jetzt in Kriegszeiten wird er allemal auf seinen Vater und die alten S & B-Haudegen von der Trilateralen Kommission, dem Council for Foreign Relations und des Manhattan Institute hören, jenen rechtslastigen Institutionen und »think tanks«, die ihn u. a. zuerst mit seiner Wahlkampfparole vom »mitfühlenden Konservativen« und jetzt mit der Formulierung »Achse des Bösen« versorgten [64]. Die werden ihm auch geraten haben, das in Palästina köchelnde Chaos ruhig noch brodeln zu lassen, erst mal ausgiebig Urlaub zu machen und den von Bin Laden und anderen Fanatikern lange angekündigten Knall in aller Ruhe abzuwarten …

Achsenmächte

Schon der Begriff »Achse des Bösen« ist irreführend: Was haben Iran, Irak und Nordkorea denn miteinander zu tun? Und was für ein Zusammenhang besteht zwischen diesen Ländern und den Anschlägen vom 11. September? Wenn wir es wirklich auf jene Länder abgesehen hätten, die Terroristen beherbergen, dann müssten wir Deutschland bombardieren, gewisse Teile Spaniens oder Saudi-Arabien.

Barbara Ehrenreich, FR, 5.4.2002

Dass Israels Premier Scharon sich auch gegen den Druck der USA konstant weigert, in Verhandlungen mit Arafat zu treten, spricht Bände: Er traut den Totenkopfrittern aus dem Weißen Haus, dem »Rockefeller-Mob« mit seinem rassistischen, tendenziell nazifreundlichen, antisemitischen, pro-arabischen, öl- und machtinteressierten Hintergrund keinen Zentimeter über den Weg. Allein das spricht gegen alle hier und da erhobenen Spekulationen, die den israelischen Mossad als geheimen Initiator des WTC-Anschlags ins Spiel bringen: An einem derartigen Machtzuwachs für Bush und seine Hintermänner kann Israel ebenso wenig gelegen sein wie der jüdischen Gemeinde in New York an dem Popularitätsgewinn von Rudolph »Gestapo« Giuliani, der sich mit seiner Zero Tolerance-Politik diesen Beinamen in den vergangenen Jahren redlichst erworben hat. [65]

Es geht nicht darum, mit diesen Hinweisen den WTC-Anschlag nun als Skull & Bones-Verschwörung zu identifizieren. Für eine Einschätzung der Akteure auf der Weltbühne ist es aber auch nicht ganz unwichtig, ihren familiären und ideologischen Hintergrund zu kennen, zumal wenn dieser traditionsgemäß in der Mitgliedschaft im einflussreichsten Geheimbund der Vereinigten Staaten besteht.

Antony Sutton, der Professor an der renommierten Stanford University war, haben seine Veröffentlichungen über die Aktivitäten der Bruderschaft seine Karriere gekostet. Nachdem er in einer dreibändigen Studie die Aufrüstung der Sowjetunion durch amerikanische Technologie und Finanzen aufgezeigt und sich über das »Warum?« gewundert hatte [66], waren ihm von einem anonym gebliebenen Bonesman zwei Bände mit Dokumenten über den Orden zugespielt worden. Seitdem sind die illustren S&B-Mitglieder und ihre suprematistische Ideologie überhaupt erst bekannt. Professor Sutton konnte fortan freilich nur noch in Kleinverlagen publizieren. Jetzt ziehen die Knochenmänner wieder in den Krieg, und Papa Bushs alte Garde sitzt an den Schalthebeln. Dass sie es bei einer Strafaktion gegen die Taliban und der Jagd auf Bin Laden belassen, ist unwahrscheinlich – ihre Tradition spricht einfach dagegen.

Würden nach der Akte X, den X-Files, auch die » WTC-Files« gedreht, den Skull & Bones-Hintergrund der Präsidentenfamilie hätte man erfinden müssen – aber er ist leider echt. Und unsere Prognose vom 24. September, dass es bei der Jagd auf Osama Bin Laden nicht bleiben wird, hat sich leider bestätigt. Auch die Vermutung, dass Israels Scharon der Bush-Fraktion misstraut, hat sich bewahrheitet, wobei ein größerer Spionageskandal dem Ganzen noch eine besonders pikante Note gibt. Möglicherweise war der israelische Geheimdienst Mossad jahrelang in der Lage, nahezu alle Telefone in den USA – einschließlich der im Weißen Haus – abzuhören. Die Verhaftungen von Dutzenden israelischer Spione nach dem 11.9. in den USA wurden zwar von den Mainstream-Medien bisher kaum aufgegriffen, dafür aber auf diversen Website [67] mit Argusaugen registriert (siehe auch »3.3.02: The Kosher Conspiracy«).

Über die Philosophie des Geheimordens Skull & Bones schrieben Paul Goldstein und Jeffrey Steinberg 1991:

»Für die Bonesmen ist der Gebrauch militärischer Macht etwas Natürliches und selbstverständliche Folge politischer Macht. Den Bonesmen wird gelehrt, dass, obwohl Ideale ihren Platz haben, für die Veränderung von Geschichte fast immer militärische Gewalt gebraucht wird. Kritiker des Ordens haben daraufhin gewiesen, dass diese Philosophie der Macht und der imperialen Nutzung von Militärgewalt direkt aus den Zeiten des Römischen Reiches stammt – insbesondere aus der Zeit, als das Römische Reich niederging und kollabierte.

Diese Kritik könnte sich als geradezu prophetisch erweisen für die gegenwärtige Generation von Bonesmen, die die Vereinigten Staaten unter der Präsidentschaft von George Bush führen. Während der letzten Phase des Römischen Reiches wurden überall Legionen ausgehoben, um große Territorien zu erobern und zu besetzen, während in Rom selbst ein Zusammenbruch stattfand und die gesamten sozialen und kulturellen Errungenschaften des frühen Roms erodierten und den Weg freimachten für etwas ähnliches wie die Drogen-Sex-Rock-Gegenkultur unserer Tage. Die imperiale Politik Roms, diese Dekadenz durch ständige Kriegsengagements zu überspielen, führte letztlich zum totalen Kollaps des Reiches.

In diesem Zusammenhang kann der imperiale, spartanisch römische Anschein der amerikanischen White-Anglo-Saxon-Protestants-Kriegerkaste nicht mit dem japanischen Samurai-Code der Bushido-Krieger verglichen werden. Der Bushido-Code stellt die Ehre unter den Kriegern in den Mittelpunkt und setzt eine grundsätzlich moralische oder ethische Weltsicht voraus. Im Kodex der Skull & Bones gibt es solch eine Betonung von Moral und Ehre nicht.« [68]

29.9.01
»Wem es gelingt, dir falsche Fragen einzureden …«

Verschwörungstheorien sind ein gutes Beispiel für die Entdeckung der Quantenphysik, dass eine Beschreibung der Realität ohne Einbeziehung des Beobachters unmöglich ist. »Der Paranoiker kennt alle Fakten«, sagt William S. Burroughs. Der paranoide Beobachter lässt keine Unschärfen, Ungenauigkeiten, Unklarheiten zu – noch den offensichtlichsten Zufall setzt er in eindeutigen Zusammenhang. Für ihn wird gleichsam die Theorie zur Praxis: Er nimmt eine reale Verschwörung wahr, wo andere Beobachter allenfalls vage Indizien für einen Zusammenhang und wieder andere absolut gar nichts wahrnehmen. Verschwörungstheorien reduzieren Komplexität, entwirren Verwirrendes, erklären Unerklärliches: für den schizophrenen Paranoiker, indem er seine innere Not auf die Verfolgung von außen projiziert, ebenso wie für den rationalen Verschwörungstheoretiker, der seine Erklärungsnot dadurch behebt, dass er vage Zusammenhänge zu logischen Kausalitätsketten zusammenfügt.

Wenn George W. Bush, sein Vater und andere wichtige Entscheidungsträger und Banker der USA Mitglieder einer elitären Geheimloge sind, diese Bruderschaft schon Hitler und Stalin aufgerüstet und so den Zweiten Weltkrieg provoziert hat, dann ist es logisch, dass sie auch im angehenden dritten die Finger im Spiel haben. Oder: Seit die Golddeckung des US-Dollars 1971 aufgehoben und gleichzeitig der Ölpreis an den Dollar gebunden wurde, hängt das Öl direkt mit der US-Währung zusammen, deshalb werden seitdem kalte und heiße Ölkriege um die Fördermengen geführt, deshalb stellt die islamistische Opposition eine innere Bedrohung der US-kontrollierten Ölregionen dar und deshalb wird der Terroranschlag jetzt benutzt, diese Opposition auszuschalten. Oder: Ein Netzwerk islamistischer Extremisten hat der gesamten westlichen Welt den Krieg erklärt, ihr Ziel ist die Errichtung von Gottesregimen à la Taliban, dieser Anschlag war nur die erste Kriegserklärung, weitere werden folgen, bald müssen unsere Frauen Schleier tragen!!!

Keines dieser drei Bezugssysteme entbehrt der Logik, und in jedem System kann der Beobachter auf so viele weitere passende Puzzlesteine stoßen, dass sich ein ganzes Bild – die Wahrheit über geheime plutokratische Drahtzieher, polit-ökonomische, geostrategische Schachzüge oder einen religiös kulturellen Clash der Zivilisationen – zu ergeben scheint. Tatsächlich aber existieren diese drei Bezugssysteme und Kausalitätszusammenhänge – und noch einige weitere – alle gleichzeitig und haben sie alle ihren Anteil an der soziochemischen Reaktion, die zur WTC-Katastrophe führte. Ist das Gehirn normalerweise zumindest prinzipiell in der Lage, die Alternativen zu überprüfen und abzuwägen, wird in Krisenzeiten dieser Validierungsmechanismus offenbar ausgeschaltet. Fünf Minuten nach dem Anschlag war »Osama Bin Laden« der Realitätstunnel, auf den sich die Weltöffentlichkeit auf der Suche nach Ordnung, Strukturierung und Sinn angesichts der sinnlosen, grauenhaften Katastrophe einschwören ließ. Und Nostradamus, der laut einer Web-Ente in einem Verslein mal wieder alles vorhergesagt hatte [69] – simpler geht's nimmer –, war in den Tagen nach dem Anschlag der Nr.-1-Seller bei Amazon.

»Wem es gelingt, dir falsche Fragen einzureden, dem braucht auch vor der Antwort nicht zu bangen«, heißt es, wie bereits zitiert, in Thomas Pynchons labyrinthischem Verschwörungsroman »Die Enden der Parabel«.

Und weiter:

»Wir sind besessen davon, Labyrinthe zu errichten, wo vorher offenes Land und Himmel waren: immer komplexere Muster auf das leere Blatt zu zeichnen. Wir können die Offenheit nicht ertragen – sie versetzt uns in Schrecken … Wenn etwas Tröstliches – Religiöses, wenn man will – in der Paranoia liegt, so gibt es doch auch eine Anti-Paranoia, in der nichts mehr mit irgend etwas anderem verknüpft ist, ein Zustand, den nicht viele von uns lange ertragen.« [70]

Zwei wichtige Hinweise auf den beobachtergeschaffenen, konspirativen Charakter der Realität – und die Schwierigkeit, offene, unentschiedene Fragen oder störende, unpassende Antworten auszuhalten.

In der Krise sind einfache Lösungen gefragt – und nichts funktioniert da besser als eine gute Verschwörungstheorie: ein klares Feindbild. Die vagen Biographien der Terrorpiloten geben da derzeit noch nicht allzu viel her. Die einzige wirklich vielversprechende Spur auf die wahren Hintermänner scheint die Nachverfolgung der Börsenspekulationen vor dem Anschlag zu sein, und die führt, zumindest nach Meinung eines von der ARD interviewten Experten, mitten in die Jauchegrube, den braunen Verschwörungssumpf.

Die Börsenaufsichten einiger Länder gehen derzeit den extrem hohen Handelsvolumen von Verkaufsoptionen von American- und United-Airlines-Aktien nach, die in den Tagen vor und nach dem Anschlag gehandelt wurden. Eine solche Verkaufs- oder Put-Option ist quasi eine Wette auf fallende Kurse: Je tiefer der Kurs bis zu einem bestimmten Termin fällt, desto höher der Wettgewinn, der dann leicht das Zehn- oder 20fache des Einsatzes betragen kann. Das

Wirtschaftsmagazin Plus Minus befragte dazu den Luxemburger Finanzexperten Ernest Backes:

»Explosionsartig nahm bei United Airlines am Donnerstag vor dem Unglück der Umsatz mit so genannten Put-Optionen zu. 200 000 Stück wurden gehandelt, sonst waren es oft noch nicht einmal 1 000. Und ähnlich ist es bei American Airlines sowie den Versicherungsgesellschaften. Hier könnten Terroristen an den Börsen Milliarden verdient haben.

Die Spur führt nach Angaben von Backes in die Schweiz, zu Konten einer Organisation, die vor Jahren von dem inzwischen verstorbenen Rechtsanwalt François Genoud gegründet worden war und offenbar noch immer besteht, sagt Backes: ›Einer dieser Berührungspunkte ist, dass der Schweizer Anwalt engste Verbindungen mit der Familie von Bin Laden hatte, dass er einer der Berater der Familie, einer ihrer Bankiers war. Gewusst wird, dass er den Terrorismus unterstützte und der Vermögensverwalter des Hitler-Vermögens war …‹« [71]

Das ist nun keine esoterische Verschwörungstheorie, sondern die Meinung eines zumindest ARD-geprüften Fachmannes. Wie heiß diese Spur, dieser Verdacht, ist, geht aus dem Bericht nicht hervor. Beim Stichwort »François Genoud« freilich geht jedem Konspirologen sogleich ein Licht auf. Schon als glühender Schweizer Jungnazi erwarb sich Genoud das Vertrauen Hitlers und anderer NS-Größen und spielte als Banker und Schieber eine Schlüsselrolle auf der so genannten »Rattenlinie«, auf der gegen Kriegsende unter Patronage des Vatikans und des US-Geheimdienstes große Geldmengen und zahlreiche Topnazis nach Südamerika geschleust wurden. Nach dem Krieg soll Genoud im Nahen Osten eine neofaschistische »schwarze Internationale« aufgebaut und »von Hitler bis Carlos« [72]

alle antijüdischen Terroristen der jüngeren Vergangenheit unterstützt haben. Die von Genoud verschobenen Nazi-Gelder sollen bis heute auch einen Finanzierungsfonds für nationalistische, rechtsradikale Bewegungen in Europa darstellen. Wenn sich die Börsentransaktionen wirklich auf das Finanzimperium Genouds zurückverfolgen ließen, erhielte die Schlagzeile »Die Spur führt nach Deutschland« eine ganz neue Dimension.

Wie die gesamte Fahndung ist auch die nach den Hintermännern der Finanzspekulationen ein halbes Jahr nach der Tat völlig im Sande verlaufen, obwohl es sich hier um die mit Abstand heißeste Spur auf die wahren Mitwisser und Hintermänner handelt. Doch sie zu verfolgen hätte bedeutet, das herrschende Geld- und Bankensystem mit seinen weitläufigen Offshore- und Graumarkttümpeln mit Gewalt zu knacken. Da ist es natürlich das kleinere Übel, die vermeintliche Spur zum braunen Netzwerk Genouds gleich aus den Augen zu verlieren.

1.10.01
Banken, Börsen, Berlusconi

Wenn eine Spur der Insidertransaktionen an den Börsen vor und nach dem WTC-Anschlag tatsächlich auf das braune Finanzimperium des (1996 verstorbenen) Schweizers François Genoud deuten sollte, dann führen die Hintergründe nicht nur auf die historische Nazi-Vatikan-US-Geheimdienst-Connection zurück, sondern auch aktuell zu einem verurteilten Konspirationsexperten, der sich auf Staatsbesuch in Berlin gerade verplappert bzw. faschistoiden Klartext geredet hat – Silvio Berlusconi.

»Wir müssen uns der Überlegenheit unserer Zivilisation bewusst sein, die aus Prinzipien und Werten besteht, die einen breiten Wohlstand für die Allgemeinheit gebracht haben. Der Westen wird weiterhin Völker erobern, so wie es ihm gelungen ist, die kommunistische Welt und einen Teil der islamischen Welt zu erobern, aber ein anderer Teil davon ist um 1400 Jahre zurückgeblieben. Die westliche Gesellschaft hat Werte wie Freiheitsliebe, die Freiheit der Völker und des Einzelnen, die sicherlich nicht zum Erbgut anderer Zivilisationen, wie der islamischen, gehören...« [73]

Mitte der 70er Jahre, als sich Berlusconi vom Bauunternehmertum dem Mediengeschäft zuwandte, trat er dem Geheimbund Propaganda Due (P2) bei, was er später natürlich bestritt, doch wurde er aufgrund vorliegender Beweise dafür wegen Meineids verurteilt. Dank einer allgemeinen Amnestie kam er um die Bestrafung allerdings herum. Der P2-Fall ist einer der am besten dokumentierten Verschwörungsfälle der jüngeren Zeit – angesichts des kometenhaften Wiederaufstiegs des neuen Duce Berlusconi sind einige Beobachter sogar der Meinung, dass es ihn immer noch gibt.

Zu den Topnazis, die über die Rattenlinie und Genouds Netzwerk nach dem Krieg in sicheren Häfen untergebracht wurden, gehörten nicht nur Figuren wie Adolf Eichmann, Klaus Barbie oder Oberst Rudel, sondern auch der italienische Faschist und SS-Mann Licio Gelli (geb. 1919), der sich fortan von Südamerika aus als Waffenhändler betätigte. Für die deutschen Terrorfachleute vom Schlage der »Bestie« Barhic fand sich in der Folge beim Aufbau bzw. der Destabilisierung diverser südamerikanischer Länder reichlich Verwendung. Viele der unter der Patronage der CIA ausgerüsteten »Befreiungskrieger«, Todesschwadronen und »Contras« wurden von deutschen »Profis« geschult.

Gelli ging Anfang der 70er Jahre nach Italien zurück und soll dort P2 gegründet haben, um in einem »weißen Staatsstreich« die Macht in Italien zu übernehmen. Als der Coup 1981 aufflog, wurde in seinem Haus die P2-Mitgliederliste gefunden, in der 43 Regierungs- und Parlamentsmitglieder, rund 900 hohe Beamte, führende Offiziere der Streitkräfte, der Nachrichtendienste sowie Führungskräfte aus Medien, Industrie und Banken verzeichnet waren – darunter mit der Nr. 1816 auch Silvio Berlusconi. [74] Einer der Top-P2-Mitglieder, der Bankier Roberto Calvi, wurde kurz darauf, wie bereits erwähnt, erhängt unter einer Londoner Brücke gefunden. Später fand man heraus, dass der »Bankier Gottes« über seine Banco Ambrosiano und die Vatikanbank (TOR) eine große Waschanlage für Mafia- und Drogengelder betrieben hatte. Unter den zahlreichen Banken und Scheinbanken, die Calvi weltweit gegründet hatte, befand sich auch die Cisalpine-Bank auf den Bahamas, als deren zweiter Haupteigentümer Erzbischof Paul Marcinkus von der Vatikanbank eingetragen war. Die Cisalpine war 1981 in der Gerichtsverhandlung gegen die World Finance Corporation (WFC) anrüchig geworden, einer Bank in Miami, deren Leiter, ein »ehemaliger« CIA-Agent, angeklagt war, Geld aus dem Kokainhandel südamerikanischer Diktatoren gewaschen zu haben, und zwar über das »Schwarze Loch« des Calvi-Marcinkus-P2-Konsortiums. Die Journalistin Penny Lernoux [75] , die den Fall recherchiert hat, geht davon aus, dass P2 der Hauptfinanzkanal Faschistischer Regime in Lateinamerika war. Diese enge Verknüpfung mit den »netten Hurensöhnen« der US-Außenpolitik erklärt dann auch, warum Michele Sindona – Partner von Calvi und Gelli im Geldwäschegeschäft – beim Inaugurationsball von Präsident Nixon geladen war und Gelli höchstselbst Gast bei selbigem Ball zur Inauguration Ronald Reagans. [76]

Dass die Mafia auch »Ehrenwerte Gesellschaft« genannt wird, hatte mit der Liste von zu schützenden Mitgliedern der »ehrenwerten Gesellschaft« Italiens zu tun, die New Yorker Mafiosi den US-Geheimdiensten übergaben, als sie mit ihnen zum Zwecke der US-Invasion in Italien 1944 zusammenarbeiteten. Nachdem die wildgewordenen »Hurensöhne« Hitler und Mussolini gestoppt waren, baute sich die CIA über die Mafia und den Vatikan einen neuen antikommunistischen Einflusskanal auf, der in den terroristischen 70er Jahren u. a. mit zahlreichen Bombenattentaten aktiv wurde, die dank falscher Spuren den »Roten Brigaden« angelastet wurden. So auch der Höhepunkt der Terrorserie, der Bombenanschlag auf den Bahnhof von Bologna am 2. August 1980, der 85 Tote und 200 Verletzte forderte. Die wahren Hintermänner wurden erst im November 1995 verurteilt. Zwei Täter erhielten lebenslänglich, ihre Auftraggeber kamen mit jeweils zehn Jahren davon: der P2-Großmeister Licio Gelli und seine rechte Hand, der CIA-Agent Francesco Pazienza.

Auch wenn es dafür keinen Beweis gibt, scheinen die jüngsten Bombenattentate in Genua und Venedig, die zum Anlass wurden, die Antiglobalisierungs-Demonstranten brutal anzugreifen, doch ganz die Handschrift dieser typisch italo-amerikanischen Counter-Intelligence-Operationen zu tragen. Zumal mit Berlusconi ein gelehriger Schüler Gellis jetzt an den Schalthebeln der Medien und der Macht sitzt.

Ich bin skeptisch, ob die Recherchen zu den kurzfristigen Spekulationen und Finanztransaktionen vor und nach dem WTC-Anschlag wirklich zu einem Ergebnis führen. Würden diejenigen Auftraggeber ermittelt, die für den

20fach über normal liegenden Umsatz mit Put-Optionen von Airline-Aktien gesorgt haben, wäre das ein besserer Beweis als alles, was bisher gegen Bin Laden vorgebracht wird. Doch die Verfolgung von derlei Finanzkriminalität – und vor allem ihre künftige überwachungsmäßige Verhinderung, die technisch ohne weiteres möglich wäre – tangiert einen Bereich, der einigen Anti-Terror-Koalitionären dann doch unter die Gürtellinie geht: das Bankgeheimnis. Zwar könnte man Offshore-Banken in der Karibik oder diskrete Depots in Liechtenstein, Luxemburg und anderswo im Rahmen der globalen Anti-Terror-Maßnahmen morgen transparent machen (»Wer nicht dafür ist, ist für die Terroristen!«) – eine Radikalkur in Sachen Geldwäsche, von der ca. 97 Prozent der Weltbevölkerung kaum tangiert würden. Doch beiden verbleibenden, entscheidenden ca. drei Prozent hört's, wenn's ums Geld geht, mit der großen Liebe zu innerer Sicherheit und Transparenz ganz schnell wieder auf.

So werden Tick, Trick und Track sich künftig in ihrem Alltag zwar an verschärfte Überwachungsmechanismen der Orwell'schen Art gewöhnen müssen, die Kapitalbewegungen im Geldspeicher von Onkel Dagobert aber bleiben weiterhin weitgehend unkontrolliert – zur Freude aller Panzerknacker, egal ob sie nun beider Jihad Terror Inc., bei McDope im Drogengeschäft (Weltjahresumsatz: 300 Milliarden Dollar, Top-Heroinproduzent: Pakistan!) oder im Counter-Intelligence-Business tätig sind.

Berlusconis Erbguttheorie der Zivilisation deckt sich bei aller Krudität letztlich mit der These Samuel Huntingtons, dass der Westen seine demographische Unterlegenheit in einem »Clash of Civilizations« in militärische Kontrolle verwandeln muss, um zu überleben.

3.10.01
Die Assassinen sind wieder da!

Die spirituellen und praktischen Anweisungen, die in der hängen gebliebenen Reisetasche eines der vermutlichen Terrorpiloten gefunden und jetzt veröffentlicht wurden [77], führen in Stil und Diktion zurück an die Wurzeln des militanten Islam und den Urvater des Terrorismus: Hassan-i-Sabbah. Er richtete in der Festung Alamut im nördlichen Iran um das Jahr 1090 das erste Terrornest der Geschichte ein, erfand das Selbstmordattentat und brachte seinem Geheimbund, den Assassinen, ebenso berüchtigten wie dauerhaften Weltruf ein. Bis heute steht assassin in vielen Sprachen für »Mörder«, in besonderer Konnotation mit »hinterrücks«, »heimtückisch«, »terroristisch«.

Das Wissen über die Assassinen in Europa war über Jahrhunderte von den Geschichten genährt, die Marco Polo in seinen Reiseberichten aus Persien geliefert hatte. Darin war von einem »Alten vom Berge« die Rede, der seine Jünger mit Haschisch und Opium berauscht, sie in paradiesischen Gärten verwöhnt, um sie dann zu Mordtaten anzustiften, mit denen sie dieses Paradies wieder erlangen würden. Die wissenschaftliche Orientalistik hat diese Stories zwar später als Legenden entlarvt – mit Haschisch, das im Orient des Mittelalters allgemein bekannt war, hatten die eher asketischen Assassinen so wenig zu tun wie mit paradiesischen Wellness-Oasen –, die Erfindung religiös motivierter, von einem Heilsversprechen verblendeter Selbstmordattentäter aber geht wohl eindeutig auf ihr Konto. [78]

Aus dem Streit um den rechten Nachfolger des Propheten Mohammed waren im 7. Jahrhundert die sunnitische und schiitische Linie des Islam hervorgegangen, wobei sich von letzterer im 9. Jahrhundert eine weitere Linie, die ismailitische, abspaltete. Zu dieser höchst minoritären Gruppe, die gegen das ihrer Meinung nach dekadente, verweltlichte Kalifat opponierte, bekannte sich auch Hassan-i-Sabbah – und machte sich auf, mit radikalen Mitteln dem gereinigten, wahren Islam wieder zur Macht zu verhelfen. Sowohl in Persien als auch in Syrien und Arabien waren die Ismailiten auf ihrem Missionszug erfolgreich, doch mit dem Selbstmordattentat auf den seldschukischen Großwesir 1092 spalteten sie sich erneut auf, mit einem Zentrum der Gemäßigten in Kairo und der Radikalen in der Assassinen-Festung Alamut. Sinan, einer der Nachfolger Hassans in Syrien, wurde später »der Alte vom Berge« genannt. Und seine in vielerlei Tarnung auftretenden Selbstmordattentäter waren nicht nur beim islamischen Establishment, sondern auch bei den europäischen Kreuzfahrern gefürchtet – als gefährliche »Schläfer«: »Wie der Teufel verwandeln sie sich in Engel des Lichts, indem sie Geherde, Kleidung, Sprache, Sitte und Benehmen vieler Völker nachahmen; als solche Wölfe im Schafspelz nehmen sie den Tod auf sich, sobald sie erkannt werden.« Auf dem Kreuzzug von Richard Löwenherz wurden in seinen Lagern nicht weniger als 40 vermeintliche Assassinen enttarnt, wobei sich freilich schon zu dieser Zeit nicht nur radikale Ismailiten, sondern auch andere Gegner deren selbstlose Kamikazetechniken angeeignet hatten. Ein Experte für innere Sicherheit, der deutsche Kleriker Brocardus, vermerkt dazu 1332 ganz im Sinne von Otto Schily: »Ich weiß daher nur ein einziges Heilmittel für die Sicherheit des Königs: Am Hofe sollte, selbst für kleine, kurzzeitige Dienstleistungen niemand zugelassen werden, dessen Heimatland, Wohnsitz, Familie, Stand und Person nicht zuverlässig, vollständig und eindeutig bekannt sind.«

Es ist erschreckend und faszinierend zugleich, diese alten Geschichten auf dem Hintergrund des WTC-Anschlags wieder zu studieren. Erschreckend, weil einem die fatale Wiederkehr des Immergleichen die Hoffnung auf irgendeine Evolution des menschlichen Unbewusstseins wirklich rauben kann, was ja auch schon einer schlichten Kaufmannsseele wie Präsident Bush irgendwie dämmert, wenn er feststellt, dass es Unsinn ist, mit einer 1-Million-Dollar-Rakete auf ein 10-Dollar-Zelt zu feuern. Wo Unerledigtes aus dem psychohistorischen Drama der Menschheit wiederkehrt, ist der ganze technische Fortschritt keinen Schuss Pulver wert.

Faszinierend aber sind diese Geschichten aus konspirologischer Sicht, denn letztlich geht es im Kern dieses Dramas um nichts anderes als um eine Verschwörungstheorie, und zwar um die älteste, einflussreichste und umstrittenste überhaupt.

Sie wird üblicherweise mit der Chiffre GOTT abgekürzt. Ins Zusammenhang mit der Entstehung des Menschenopfers haben wir auf den katastrophischen Auslöser für die Erfindung der Götter schon kurz hingewiesen: Die traumatisierten Überlebenden der Impakt-Katastrophen bringen Sinn in diese sinnlose, grausame und tödliche Verwüstung ihres Lebensumfelds, indem sie geheime, übermächtige Drahtzieher der Katastrophe erfinden – Götter –, die mit diesem himmlischen Terroranschlag die Menschheit strafen wollen. Um sich von dem Schrecken zu befreien und psychisch wieder Herr der Situation zu werden, spielen die Überlebenden wie Kinder die Katastrophe nach, indem sie blutige Tier- und Menschenopferinszenieren. Doch kein anfliegender Kometenbrocken lässt sich von dargebrachten Jungfrauen oder Hammeln beeinflussen – zusammen mit der Abschaffung des »kindischen« Opfers, auf dessen einst hilfreichen Ritualcharakter sich ein parasitisches Priesterkönigtum mit einer Vielfalt von Verschwörungstheorien (= Göttern) ausgebreitet hatte, setzten die Ägypter Echnaton und sein Schüler Moses die vielleicht entscheidendste Rationalisierungsmaßnahme der Geschichte durch: den Monotheismus. Dank der Reduktion auf einen Zentralgott wird die Verwirrung um die Götterverschwörung und der Streit um die Drahtzieher und Hintermänner beendet: Fortan gilt der Oberverschwörer als namenlos und unsichtbar, und der Opferkult hat als Methode, mit ihm ins Geschäft zu kommen, ausgedient.

Um die rechte Auslegung und Anwendung der angeblich direkt von GOTT stammenden Gesetze entsteht allerdings bald wieder Streit, und mit den Propheten Jesus und Mohammed spalten sich zwei Sekten ab, die die ägyptisch-jüdische Originaltheorie modifizieren und weiterentwickeln. Ob zu ihrem Nutzen oder Schaden, darüber führen die Gottesanhänger seitdem untereinander heftigste Auseinandersetzungen –heftiger als mit Ungläubigen. »Das Blut eines Ketzers zu vergießen«, vermerkt ein frommer Sunnit in einer Schrift gegen die Assassinen, »ist verdienstvoller als die Tötung von 70 griechischen Ungläubigen.« Wie aus dem Testament des vermutlichen Terrorpiloten Atta hervorgeht, gehörte er der sunnitischen Glaubensrichtung an. Zumindest theologisch kann er also nicht auf die Linie des Terrorpioniers Hassan-i-Sabbah zurückgeführt werden. Praktisch aber sind die Assassinen wieder da. Ohne ihre vor 900 Jahren erfundene, menschenverachtende Version der Verschwörungstheorie GOTT – die Lehre, dass ein Tod im Kampf gegen die Feinde GOTTES Direktzugang zur ewigen VIP-Lounge des Paradieses bedeutet – hätte das Unglück am 11. September nicht geschehen können. Insofern können für einen erfolgreichen Kampf gegen Selbstmordterroristen materielle Mittel auch nur sehr begrenzt helfen. Gegen einen gehirngewaschenen, todesmutigen, paradiesgeilen Geist kommen auch noch so smarte Missiles nicht an. Helfen wird letztlich nur eins: Politik der Umarmung. Schicken wir den Taliban also unsere subtilsten Verführungen, verwöhnen wir sie mit den sanftesten, wohligsten, lustvollsten Genüssen, Berührungen, Klängen, Düften, veranlassen wir sie zum entspannenden Gebrauch des herrlichen afghanischen Haschischs, kurz: Jeder Gotteskämpfer, der bei Onkel Sam die Knarre abliefert, erhält erst mal sechs Wochen Jahresurlaub im paradiesischen All-inclusive-»Club de l'Assassin«! Falls danach noch eine weitere Re-Education nötig sein sollte, gilt es eigentlich nur klar zu machen, dass es sich bei GOTT um eine Verschwörungstheorie handelt, für die grundsätzlich keine kollektiv zugänglichen Beweise vorliegen. Sie können nur individuell gefunden werden und fallen nach dem Beobachterprinzip deshalb grundsätzlich so verschieden aus, dass es keinerlei Sinn macht, sich über den wahren GOTT die Köpfe einzuschlagen. »Wahrheit ist die Erfindung eines Lügners! «

Der »Club de l'Assassin« wurde natürlich nicht eröffnet, statt mit subtilen Verführungen und einer Politik der Umarmung wurde kurz darauf mit Streubomben und Raketen geantwortet, Politik des Terrors, die Tausende Menschen das Leben kostete. Die heimtückischen Assassinen freilich, die »Schläfer« des diabolischen Bin Laden-Netzwerks, verfügten offenbar über keinen Wecker und verschliefen weitere Mordtaten. Aber die breit geschürte Hysterie über »mitten unter uns« lebende heimtückische Killer bereitete ein ideales Klima vor, um mit neuen Sicherheits-, Überwachungs- und Kontrollgesetzen (Patriot Act, Homeland Security) die verfassungsmäßigen

Freiheits- und Bürgerrechte nahezu widerspruchslos einzuschränken.

6.10.01
Jihad Inc. – Made in USA

Dass im Zuge der »emotional correctness« derzeit jeder Hinweis auf die katastrophale US-Außenpolitik als »antiamerikanisch« gilt, kann nicht weiter überraschen – schließlich gilt ja auch der bis vor kurzem von aller Welt als Pappnase eingestufte Dabbelju Bush mittlerweile als weiser, besonnener, quasi-heiliger Großimperator. Bis vor kurzem traute ihm kaum jemand zu, dass er Afghanistan korrekt buchstabieren kann, nun sollen ihn alle Nicht-Terroristen dufte finden, weil er die Welt vom Terror befreit. Bin Laden hingegen, mit dessen Familienclan die Bush-Family schon vor über 20 Jahren Geschäfte machte, der von den USA als Anführer des saudischen Mujaheddin-Kontingents im Afghanistankrieg ausgebildet und finanziert wurde, ist zum globalen Satan des 21. Jahrhunderts mutiert. Und die Taliban, Mitte der 90er unter Patronage der CIA vom pakistanischen Geheimdienst Inter Services Intelligente (ISI) installiert, wandelten sich zu archaischen, zum Abschuss freigegebenen Untermenschen. Doch auch auf dieses Drama passt der Titel, den der Konspirologe Antony Sutton einst für die US-Finanzierung Hitlers und der Sowjets prägte: Best Enemy Money Can Buy. [79]

Zwar wird auch in der CNN-Version der Realität in den Lebensbeschreibungen Bin Ladens seine Zusammenarbeit mit der CIA in den 80er Jahren manchmal kurz gestreift – sie warso offen und ist so gut dokumentiert, dass sie nicht völlig ausgespart werden kann –, ansonsten aber starten die Biographien vom reichen Saudi-Erben zum globalen Terrormonster i n der Regel erst in den 90ern. Im Zuge der medialen Gleichschaltung fällt das im Westen kaum noch jemandem auf, in anderen Teilen der Welt bemerkt man indessen nicht ohne Ironie den »loss of memory«, den ausgerechnet das Supermekka der Informationstechnologie in Sachen ihres ehemaligen Angestellten befallen hat. So der indischen Zeitung The Hindu am 27. September in einem Artikel über »The Creation of Osama«, die in diesem Zusammenhang auch ein aktuelles Statement zitiert, das in den Westmedien natürlich unter den Tisch fällt:

»Die Revolutionary Association of the Women of Afghanistan (RAWA), die seit langer Zeit in Opposition zum Taliban-Regime steht, unterstrich in ihrem Statement, das die terroristischen Attacken verurteilt, die Tatsache, ›dass die Menschen in Afghanistan nichts mit Osama und seinen Komplizen zu tun haben. Aber unglücklicherweise müssen wir feststellen, dass es die Regierung der Vereinigten Staaten war, die den pakistanischen Diktator Gen. Ziaul-Haq dabei unterstützte, Tausende von Religionsschulen zu eröffnen, die den Keim für die Entwicklung der Taliban legten. In einer ähnlichen Art war Osama, wie jeder weiß, der blue-eyed boy der CIA.‹« [80]

Nun mag man eine feministische, vermutlich links orientierte Zelle als Beweis für die aktive Rolle der USA bei der Züchtung von neuen Assassinen als nicht ausreichend empfinden. Anders sieht es allerdings bei der Quelle aus, auf die der Artikel verweist und die er ausgiebig zitiert: das im Frühjahr 2000 bei Yale-University-Press erschienene Werk Taliban. Militant Islam, Oil and Fundamentalism in Central Asia. Der Autor, Ahmed Rashid, ist als Seniorkorrespondent der Far Eastern Economic Review und des (konservativen) Daily Telegraph in London sowie als ausgewiesener Kenner der Region über jeden Zweifel an seiner Seriosität erhaben – und lässt dennoch keinen Zweifel daran, dass es die Amerikaner waren, die die Brutstätten des islamistischen Terrors in Pakistan und Afghanistan förderten und massiv unterstützten.

1986, so Rashid, verschärfte CIA-Chef William Casey den Krieg gegen die Sowjetunion mit drei Maßnahmen: Er überzeugte den Kongress, die afghanischen Mujaheddin mit Stinger-Raketen auszurüsten und ihnen Ausbildung und Unterstützung für den Guerillakrieg zukommen zu lassen. In Zusammenarbeit mit dem pakistanischen ISI und dem britischen MI 6 war darüber hinaus geplant, mit »islamischen« Terrorattacken die angrenzenden Sowjetrepubliken Usbekistan und Tadschikistan zu destabilisieren. Drittens unterstützte die CIA fortan die Bemühungen des ISI, in anderen islamischen Ländern Kämpfer für den Heiligen Krieg zu akquirieren und sie in einem Netz von Lagern und »Religionsschulen« ideologisch und militärisch auszubilden:

»Zwischen 1982 und 1992 erhielten 35 000 radikale Muslime aus 43 islamischen Ländern ihre Feuertaufe bei den afghanischen Mujaheddin. Zehntausende mehr kamen, um in einem der Hunderte von Madrassas zu studieren, die Zias Militärregime in Pakistan und entlang der Grenze eröffnet hatte. Insgesamt kamen über 100 000 radikale Muslime in Pakistan und Afghanistan in Kontakt mit dem Jihad …

In Camps bei Peshawar und in Afghanistan trafen sich diese Radikalen zum ersten Mal und lernten und trainierten miteinander. Es war ihre erste Gelegenheit, etwas über islamische Bewegungen in anderen Ländern zu hören. So wurden taktische und ideologische Verbindungen gelegt, die sich in der Zukunft als nützlich erweisen sollten. Diese Camps wurden zu den virtuellen Universitäten für die Zukunft des islamischen Radikalismus. « [81]

Nicht in Hamburg-Harburg, sondern an diesen Terroruniversitäten wurden die neuen Assassinen ausgebrütet und jene Spezies gehirngewaschener islamischer Gotteskrieger programmiert, deren Kommilitonen mit dem perversen Anschlag vom 11.9. nun ihrem Hauptsponsor aufs Dach gestiegen sind. »Pack schlägt sich, Pack verträgt sich«, könnte man dazu zynisch feststellen: So wie den Amerikanern in ihrem heiligen Krieg gegen das »Reich des Bösen« jedes Mittel recht war auch die Unmoral, unschuldige junge Muslime von religiösen Fanatikern zu Selbstmordbombern drillen zu lassen und ihnen dann Sprengstoff in die Hand zu drücken –, so kennen diese heiligen Krieger im Kampf gegen ihren Lehrherrn jetzt keinerlei moralische Grenzen mehr.

Dies alles gilt es festzuhalten, nicht um einer dümmlichen »Ätsch«- oder »Selber Schuld«-Geste willen – sondern um bei der Frage, wie der Terrorismus künftig wirksam bekämpft werden kann, wirklich weiter zu kommen. Der Anfang muss auf dem schmuddeligen Hinterhof der inoffiziellen US-Außenpolitik gemacht werden, jenem geostrategischen Genlabor, das monströse Produkte wie Bin Laden und seine Assassinen freigesetzt hat – und das ein Regime wie die Taliban noch im Mai 2001 mit 43 Millionen Dollar sponsort, so wie die Todesschwadronen in Kolumbien, die »Befreiungsarmee« im Kosovo usw. [82]

Zu Osama vermerkt Ahmed Rashid in seinem Buch noch ein weiteres interessantes Detail: Der ISI hatte sich beim saudischen Geheimdienstchef Prinz Turki Bin Faisal beschwert, dass sich aus seinem Land nur Taxifahrer, einfache Studenten und Beduinen für den Jihad melden würden, aber kein Mitglied der königlichen Familie bereit sei. Mit Bin Laden war dann 1982 zwar kein echter »Royal«, aber doch ein Spross aus einem der mächtigsten Clans des Landes gefunden, um das saudische Kontingent im Heiligen Krieg anzuführen. In Bin Ladens Familie und auch im Königshaus soll der Entschluss enthusiastisch begrüßt worden sein. Dass das saudi-amerikanische Engagement für die Mujaheddin und Bin Laden seit 1990 beendet sein soll, wie es in der CNN-Version der Realität immer wieder beschwörend heißt, wird von Ahmed Rashids Studie leider nicht bestätigt. Noch im Juli 1998 machte Prinz Turki einen Besuch in Kandahar, wenige Wochen später, so Rashid, wurden den Taliban 400 Pick-up-Trucks geliefert, noch mit arabischen Nummernschildern. Kurz darauf gingen die Bomben in den afrikanischen US-Botschaften hoch, wahrscheinlicher Organisator: Bin Laden; wahrscheinlicher Aufenthaltsort: Kandahar – dort, wo jetzt die ersten Bombardierungen der »Terrorlager« der Taliban erwartet werden. Was die Lokalisierung angeht, wird die NATO dabei keine größeren Probleme haben – sie haben die Lager ja schließlich selbst gebaut.

Die Werke von Ahmed Rashid über die Taliban und Zentralasien sind mittlerweile auch auf deutsch erschienen, und bei seinem Besuch in Deutschland im Frühjahr 2002 schenkte ihm selbst Außenminister Fischer ein Ohr. Der grüne Joschka weiß also Bescheid, welches Spiel CIA, ISI und Saudis in Afghanistan spielen. Aber als deutscher Außenminister und Vasall von Onkel Sam bleibt ihm nichts anderes übrig, als gute Miene zum bösen Spiel zu machen.

10.10.01
Uncle Sams Junk: Heroin, Taliban, Pakistan

»Germans to the front!« Dieser Befehl eines alliierten Generals erschallte zuletzt im Sommer 1900, als ein deutsches Kontingent die britischen Truppen gegen den »Boxeraufstand« unterstützte, mit dem sich die Chinesen gegen die Besatzung der Kolonialmächte auflehnten. Vor den ausrückenden Truppen hielt Kaiser Wilhelm seine berüchtigte »Hunnen-Rede«:

»Kommt ihr vor den Feind, so wird er geschlagen, Pardon wird nicht gegeben; Gefangene nicht gemacht. Wie vor tausend Jahren die Hunnen unter ihrem König Etzel sich einen [83]

Von derlei martialischem Sound sind wir 100 Jahre später nun nicht mehr allzu weit entfernt. Eine lancierte Geheimdienstmeldung dürfte ausreichen – wie damals die Falschmeldung an den Kaiser, am Tag zuvor seien alle deutschen Botschaftsangehörigen in China ermordet worden–, und die »Hunnen« wären wieder da. Wie damals geht es im Hintergrund des »Zivilisationskrieges« freilich um eher unzivilisierte, konspirative Geschäfte, und wie in China steht auch in Afghanistan dabei ein ganz besonderes Produkt im heimlichen Mittelpunkt: Opium.

»Es ist eine Forderung der Natur, dass der Mensch mitunter betäubt werde, ohne zu schlafen« – auch wenn man Goethes Erkenntnis als frühes Plädoyer eines natürlichen Rechts auf Rausch auslegen kann, spielten die Deutschen im Betäubungsmittelgeschäft der Kolonialmächte keine große Rolle. In China hinterließen sie nur ihr bis heute berühmtes »Tsingtau-Bier« und heimsten sich trotz Kaiser Wilhelms spontanen Hunnenausfalls dort keinen Ruf als brutale Imperatoren ein. Anders die Engländer, die Ende des 17. Jahrhunderts ihren Handel mit China begannen, deren Handelswaren wie Wolle und Eisen dort aber kaum gefragt waren. Um die begehrten chinesischen Seidenstoffe, Tees und Gewürze nicht in Silber zahlen zu müssen, beginnt die britische Ostindische Kompanie, aus ihrer frisch eroberten Provinz Bengalen Opium nach China zu exportieren. Sie lässt sich dabei auch von einem kaiserlichen Import- und Rauchverbot, das 1729 ergeht, nicht abhalten und liefert 200 Kisten (13 Tonnen). 1767 sind es schon fünfmal soviel, 1820 werden 670 Tonnen, 1838 schon 2 680 Tonnen Opium nach China geliefert. Damit ist Opium nun das umsatzstärkste Produkt der Weltwirtschaft – und als der aufrechte chinesische Beamte Lin Tse-Hu 950 Tonnen des lukrativen Stoffs vernichten lässt, beginnt England den ersten Opiumkrieg, an dessen Ende es Hongkong und weitere fünf chinesische Hafenstädte erobert und das Geschäft weiter ankurbelt. 1880 werden gigantische 7 000 Tonnen aus Indien nach China geschifft, mindestens zehn Millionen Chinesen sind nunmehr opiumsüchtig. (Zum Vergleich: Hundert Jahre später, in den 1980ern, wurden für den medizinischen Weltverbrauch jährlich ca. 1 700 Tonnen Opium gewonnen. 1999 produzierten afghanische Farmer CIA-geschätzte 1 670 Tonnen, ca. 80 Prozent des – illegalen – Weltverbrauchs.) Das Geld für den Aufstieg der englischen Schäfer- und Fischerinsel zur Weltmacht des Britischen Empire kam im Wesentlichen aus diesem schmutzigen Hinterhofgeschäft der »Honorable East India Company«. Und als die Chinesen derlei Zivilisationsleistungen des Westens endgültig überdrüssig wurden, trat für die Deutschen der »Bündnisfall« ein, und sie wurden, wenn auch nur für ein kleines Scharmützel, an die Front zitiert. [84]

Noch irgendwelche Fragen?

Es ist eine mörderische, eine totalitäre Herausforderung, vor der wir stehen. Wer gestern im Fernsehen gesehen hat, wie neue Massenmorde angekündigt werden, und wer weiß, dass es sich hierbei nicht mehr nur um Rhetorik handelt, der stellt nicht mehr die Frage nach den Beweisen, die ja vorliegen, die vorhanden sind. Alles zieht sich dorthin zu. Es gibt keine alternativen Erkenntnisse, nicht nur bei uns nicht, sondern auch im gesamten Bündnis und bei anderen Diensten nicht.

Joseph Fischer, Bundesaußenminister,
vor dem Deutschen Bundestag, 11.10. 2001

Dass jetzt ausgerechnet Tony Blair auf die Taliban als »die größten Heroinproduzenten der Welt« hinweist und für die Germans erneut der Bündnisfall eingetreten ist, entbehrt insofern nicht eines gewissen Déjà-vu – zumal wenn man sich anschaut, wie das Opium- und Heroingeschäft in der pakistanisch-afghanischen Region organisiert ist. Als die Pioniere des psychedelischen Großhandels, die kalifornische Brotherhood of Eternal Love, in den 60er Jahren für erste internationale Nachfrage nach den lokalen Hanf- und Mohnprodukten sorgte, zahlten sie fünf bis zehn Dollar für ein Kilogramm Haschisch und 50 bis 100 Dollar für ein Kilo Opium. Die Wiederentdeckung dieser Substanzen in der westlichen Kultur und die verschärften Prohibitions- und Kontrollmaßnahmen sorgten dafür, dass sich diese landwirtschaftlichen Produkte in den folgenden zwei Jahrzehnten im Preis mehr als verhundertfachten. Heroin jedoch spielte in der Region keine Rolle, was sich mit dem Einmarsch der Sowjetunion 1979 aber ziemlich abrupt änderte. Entlang der Grenze wurden vom pakistanischen Militärgeheimdienst ISI Heroinlabors angelegt. Professor

Alfred McCoy, Autor des Standardwerks The Politics of Heroin. CIA-Complicity in the Global Drug Trade, schreibt dazu 1997:

»Diesen Heroinhandel kontrollierten CIA-Mitarbeiter. Bei ihrem Vorrücken auf afghanisches Territorium forderten die Mujaheddin die Landwirte auf, Mohn als Revolutionssteuer anzubauen. Entlang der Grenze in Pakistan operierten unter dem Schutz des pakistanischen Geheimdiensts Hunderte Heroinlabors. In dieser Dekade des völlig offenen Drogenhandels unternahm die US-Drug Enforcement Agency (DEA) in Islamabad nichts, keine Beschlagnahmungen oder Verhaftungen die Regierung hatte untersagt, den Heroinhandel zu verfolgen, und den Krieg gegen Drogen dem gegen die Sowjetunion untergeordnet. 1995 gab der frühere CIA-Direktor der afghanischen Operation, Charles Cogan, zu, dass die CIA den Drogenkrieg tatsächlich dem Kalten Krieg geopfert hatte: »Unser Hauptziel war, den Sowjets soviel Schaden wie möglich zuzufügen. Wir hatten nicht die Möglichkeiten, auch noch den Drogenhandel zu verfolgen. Ich denke, dafür müssen wir uns nicht entschuldigen. Jede Situation hat unerwünschte Nebeneffekte, einen Fallout ... ja, es gab einen Fallout an Drogen. Aber das Hauptziel haben wir erreicht: Die Sowjets verließen Afghanistan.« [85]

Der »Fallout« resultierte nicht nur in einem Wachstum von null auf ca. 1,5 Millionen pakistanische Heroinabhängige, sondern auch in einer weltweiten Heroinschwemme in den 80er Jahren – und in einer bis heute anhaltenden »Heroinisierung« der pakistanischen Wirtschaft. Nach aktuellen Schätzungen der indischen Regierung [86] lag das Heroingeschäft Pakistans mit einem Volumen von elf Milliarden Dollar im ‚Jahr 1999 um 30 Prozent höher als der gesamte Staatshaushalt, der ohne diese Schattenfinanzierung nach zehn Jahren Rezession längst kollabiert wäre. Dass der »Kollateralschaden« Heroin nach dem Sieg im Kalten Krieg in Pakistan genauso wenig gestoppt wurde wie die Ausbildung von Assassinen in Terrorlagern, hatte mit ihrer fortgesetzten Nützlichkeit zu tun: Die Heiligen Krieger wurden noch für die Destabilisierung der GUS in Tschetschenien und anderswo gebraucht und die Heroindollars zur Begleichung der pakistanischen Waffenkäufe (in den 90er Jahren über 30 Milliarden Dollar). Erst als den CIA-Oberen ihre Kreation Osama Bit) Laden 1998 langsam recht ungemütlich wurde, drängten sie die Pakistani ernsthaft, auch die Heroinproduktion herunterzufahren – was diese brav taten und sie auf Taliban-Gebiet verlegten, während die Labors weiter unter pakistanischer Kontrolle stehen. Seitdem ist der Mohnanbau in Afghanistan schwunghaft gestiegen und war für die Taliban die einzige Einnahmequelle, bis sie sich auf Drängen der Amerikaner auf einen Produktionsstopp einließen. Als der Taliban-Botschafter im Mai 2001 in Islamabad mit den Amerikanern über Entschädigungszahlungen für die Farmer verhandelte und ziemlich exakt die zwölf Milliarden, die das Heroingeschäft per anno abwirft, »für das afghanische Volk« forderte, wurden ihm zuerst 1,5 Millionen angeboten und dann 43 Millionen Dollar zugesagt und überwiesen. So hoch sollen nach pakistanischen Schätzungen die Einnahmen der Taliban aus dem Rohopiumhandel im Vorjahr gewesen sein.

In seinem allerletzten Interview, das Scheich Massud, der von zwei Selbstmord-Reportern wenige Tage später ermordete Chef der Nordallianz, zwei regulären Reportern des Pariser Figaro und des Rolling Stone gab, erfahren wir dazu:

»Die Taliban haben ausreichend Vorräte, um noch zwei oder drei Jahre weiter zu exportieren. Es waren im Übrigen die großen Drogenhändler, die den Produktionsstopp veranlassten, nicht Mullah Omar. Sie wollen, dass die Preise steigen … Die Taliban kassieren zehn Prozent Landwirtschaftssteuer für die Opiumfelder ein. Dann kassieren sie eine Fabrikationssteuer: 180 Dollar pro Kilopaket, das offiziell abgestempelt wird. Dann folgen Verkaufssteuer und schließlich noch eine Transportsteuer, wenn die Ware mit dem Flugzeug erst nach Kabul und dann nach Kunduz geflogen wird. Ohne Stempel und Deklarationen der Taliban passiert kein Paket die Grenze. « [87]

Das eigentliche Geschäft wird dann in den von CIA und ISI kontrollierten Labors entlang der Grenze und in der Distribution gemacht. Wie in einer Nussschale haben wir hier die beiden Monster der Neuzeit – »Terrorismus« und »Drogen« zusammen und können erkennen, dass es sich um zusammenhängende und hausgemachte Phänomene handelt. Die Junkies i n aller Welt – und da die USA mit fünf Prozent der Weltbevölkerung ca. 50 Prozent aller illegalen Drogen verbrauchen, sind das meist amerikanische – haben in den vergangenen 20 Jahren nicht nur die korrupte Clique eines Militärgeheimdiensts finanziert, sondern auch den Aufbau von Islamschulen (Taliban = Schüler des Islam) und die Züchtung Tausender gehirngewaschener Terrorkrieger – und zwar im höheren Sinne ihrer Regierung, den Sowjets »soviel Schaden wie möglich zuzufügen«. Da kein demokratisches Parlament der Welt einer solchen geopolitischen Guerillastrategie öffentlich zustimmen, geschweige denn sie finanzieren würde, braucht man dafür andere, diskrete Einnahmequellen. Eben deshalb stoßen die Drogenfahnder der Drug Enforcement Agency bei 75 Prozent aller großen Fälle, so der bereits zitierte Andreas von Bülow, »auf die schützende Hand« der Geheimdienste. [88] Als »Schmiermittel des Terrors« waren illegale Drogen mit ihren riesigen Gewinnspannen bis dato für die Geheimdienste unverzichtbar, und wir dürfen gespannt sein, wie sich die Lage jetzt entwickelt. Seit dem Militärputsch 1999 war Pakistan von neuen IWF-Krediten ausgeschlossen und konnte seine alten Kredite nur noch mit riesigen »privaten« Zuschüssen aus dem Heroin-Business bedienen. Sollte es dem jetzt ernsthaft an den Kragen gehen, stünde der Staatsbankrott Pakistans unmittelbar ins Haus, doch das werden die USA ihrem nunmehr wichtigsten Verbündeten nicht zumuten. Weil sie aber als größter globaler Schuldner selbst pleite sind und nicht mallocker per Marshallplan zwölf Milliarden im Jahr spendieren können, dürfen die »nützlichen Hurensöhne« des pakistanischen ISI ihr Heroin wohl erst mal weiter produzieren.

Im April 2002 melden die Nachrichtenagenturen eine der größten Opiumernten in Afghanistan seit langem. Überall hatte die Nordallianz auf ihrem Vormarsch die Bauern wieder animiert, Mohn anzubauen. Laut BBC soll die Ernte den Bedarf der Heroinlabors für die kommenden zwei bis drei Jahre decken. [89]

15.10.01
Controlled Demolition

Der renommierte britische Journalist Robert Fisk hat in der Zeitung Independent Zweifel an der Authentizität des angeblich im Gepäck von Mohammed Atta gefundenen Anweisungsschreibens geäußert, da es Formulierungen und Wendungen enthalte, die kein Muslim, »und sei er auch noch so irregeleitet«, gebrauchen würde. So im Lobpreis am Anfang des Texts: »in the narre of god, of myself, of my family«, der absolut untypisch sei, da kein Muslim an dieser Stelle sich und seine Familie in das Gebet aufnehmen, sondern umgehend den Propheten Mohammed nennen würde, sobald er den Namen Gottes anruft. Die Übersetzung, die das FBI veröffentlicht hat, klingt laut Fisk »beinah wie eine christliche Sicht dessen, was die Entführer gefühlt haben könnten« [90].

Ich kenne die islamischen Gebets- und Sprachregelungen zu wenig, um diese Frage entscheiden zu können, doch verweist der Artikel auch auf weitere Merkwürdigkeiten, die sehr zu denken geben. Und auch Bob Woodward, »Watergate«-Koryphäe der Washington Post, entdeckt einige Ungereimtheiten in diesem Text. [91] Sie fügen sich in eine ganze Kette sich häufender, merkwürdiger Zufälle.

Vier Wochen sind seit dem grausamsten Mordanschlag der Menschheitsgeschichte vergangen, und noch immer tappt die Weltöffentlichkeit bei der Frage nach den Hintermännern im Dunkeln. 19 arabisch klingende Namen, einige davon angeblich in Florida ausgebildete Hobbyflieger und zeitweilig Studenten in Hamburg – that's it, und das war auch schon wenige Stunden nach dem Anschlag bekannt. Seitdem sind außer den Schriftstücken des vermutlichen WTC-Piloten Atta nur noch einige angeblich saudische Überweisungen auf sein Konto hinzugekommen. Was die definitive Spur zur weltumspannenden Al-Qaida des mysteriösen Bin Gaddhafi Bin Saddam Bin Laden betrifft: zero evidence. Aber allemal genug, um einen Krieg zu beginnen – und keiner in der westlichen Welt fragt mehr nach einem Beweis …

»Atta war so weich« – so schildert einer seiner fassungslosen Kommilitonen einen völlig normalen, zurückhaltenden, sensiblen Mitstudenten, der der Chef der Selbstmordpiloten gewesen sein soll. [92] Er war aber, wenn er's denn war, auch weich in der Birne, oder er ist einfach nicht das, als was ihn die CNN-Version der Realität darstellen möchte:

Er hinterlässt, Zufall eins, in einem Mietwagen arabische Flugunterlagen, sowie, Zufall zwei, einen Koran und wird, Zufall drei, beim Aussteigen von einem Zeugen beobachtet. Jeder Muslim, zumal in seiner letzten »heiligen« Mission, würde den Koran mitnehmen; und kein abgebrühter, jahrelang trainierter Topagent lässt Flugunterlagen in einem leeren Mietwagen zurück, es sei denn, er will eine Spur legen. Großer Zufall Nummer vier: Der Selbstmordpilot mit One-Way-Ticket hat Gepäck dabei, nicht nur Handgepäck, sondern eine Tasche, die er aufgibt und die, Superzufall fünf, am Flughafen hängenbleibt. Sie enthält dann, Megazufall sechs, das veröffentlichte Gebets- und Anleitungsskript.

Wenn der Selbstmordpilot, den uns FBI und CNN präsentieren, absichtlich eine Spur auf seine »Heldentat« hinterlassen wollte, warum hat er die Tasche dann aufgegeben und nicht einfach in der Halle stehengelassen? Wenn das Skript in dieser Tasche Anweisungen für die letzten Minuten enthielt, warum war es dann nicht im Handgepäck? Wenn es wirklich vom Drahtzieher der Al-Qaida verfasst wurde, warum enthält es dann einerseits völlig »un-arabische« Ausdrücke wie »100 Prozent« oder »optimistisch«, aber andererseits die Gebetszeilen des Morgengebets, die jedes Muslimkind auswendig kann und die überflüssigerweise komplett zitiert werden?

Sollte das, wie Robert Fisk vermutet, mit den islamisch uninformierten Arabischübersetzern der CIA zu tun haben? Bisher wurde nur die Übersetzung, nicht der Originaltext freigegeben. Dann könnte sich eventuell klären, ob ein Übersetzungsfehler vorliegt oder ob es sich um ein Fake handelt, das heißt, die Fehler schon bei der ersten Übersetzung vom englischen ins arabische »Original« gemacht wurden …

Verbunden mit der schon vor vier Wochen hier gestellten Frage, warum Topterroristen Inlandsflüge unter ihrem echten Namen buchen – Gigazufall sieben! –, ergeben diese im Wortsinn »getürkten«, auf muslimisch geschminkt erscheinenden Spuren alle keinen rechten Sinn – außer eben dem, ein völlig eindeutiges, unzweifelhaftes Täterumfeld zu profilieren, mit Indizien, die auch noch dem einfältigsten Vorabend-Krimiseher sofort einleuchten.

Auf den von CNN veröffentlichten Fluglisten der Passagiere tauchen die 19 arabischen Täternamen übrigens gar nicht auf, was für die Profi-Paranoiker von PsyOpNews auf ihrer Website aber keine Überraschung darstellt, weil nach ihrer Theorie die Jets erstens automatisch ins Ziel gelenkt und die WTC-Türme dann noch durch zusätzliche Sprengungen ferngesteuert zum Einsturz gebracht wurden. [93]

Ähnlich wie beim Oklahoma-Bombing, dessen Ausmaß mit der Sprengstoffmenge, die der »Einzeltäter« McVeigh deponierte, nach Ansicht vieler Experten nicht erklärbar ist [94], soll auch beim WTC nachgeholfen worden sein. Das meinen jedenfalls die PsyOp-Spezialisten für psychologische Kriegführung mit dem Hinweis, dass es zufällig dieselbe Abrissfirma ist, die nun den Milliardenauftrag für die WTC-Entsorgung (sprich: Spurenbeseitigung) erhalten hat: »Controlled Demolition«.

Mittlerweile hat die kontrollierte Demolierung Afghanistans begonnen, und die Öffentlichkeit wird auf einen langandauernden Krieg eingeschworen. Was die CIA-Theoretiker Brzezinski [95] und Huntington [96] planspielmäßig vorgedacht haben, wird in die Praxis umgesetzt. Der neue

Erzfeind – »islamischer Terror« – hat endlich seine Fratze gezeigt und liefert nun allemal Grund, den geostrategischen Hot-Spot zwischen Europa und Asien unter Beschlag zu nehmen: um zu verhindern, dass sich hier eine starke Achse Paris-Berlin-Moskau-Peking bildet, die in einigen Jahrzehnten der einzigen Weltmacht ökonomisch und militärisch gefährlich werden könnte, sowie um den Zusammenbruch des überbewerteten Dollars, der überschuldeten US-Ökonomie und damit des globalen Finanzsystems hinauszuzögern bzw. als »controlled demolition« einzuleiten.

Was sind ein paar tausend Tote an der Heimatfront, wenn es um den langfristigen Fortbestand des Imperiums, die Energiereserven für ein weiteres »amerikanisches Jahrhundert«, eine neue Weltordnung und Weltwährung geht? War 1941 die Entscheidung von Henry Stimson und seiner Geheimdienstchefs, in Pearl Harbour 2 000 Seelen und ein paar Schiffe zu opfern, um die amerikanische Öffentlichkeit zum Krieg gegen Hitler zu motivieren, nicht letztlich gerechtfertigt? Haben nicht die Vereinigten Staaten – und namentlich die Familie Bush – sowohl von der Aufrüstung und Finanzierung Hitlers und der IG Farben von 1929 bis 1941 als auch von der anschließenden kontrollierten Demolierung hervorragend profitiert? Sind die USA nicht als einzige Weltmacht aus dem erst 1989 beendeten Zweiten Weltkrieg hervorgegangen? Gibt es also, im Rückblick auf das 20. Jahrhundert, irgend etwas an der verdeckten Außenpolitik mit den netten Hurensöhnen Bin Hitler Bin Pinochet Bin Noriega Bin Laden auszusetzen? Aus der ethischen Perspektive von Moral und Menschenrechten zwar eine ganze Menge, doch aus der Machtperspektive von Washington und Wallstreet – absolut nichts! Deshalb ist auch »9/11« als provozierter, observierter und zugelassener Kamikaze-Angriff à la Pearl Harbour vorstellbar – mit jedem Tag der im Nebulösen verlaufenden »Fahndung« ein bisschen mehr.

Da sich herausgestellt hat, dass von den angeblichen 19 Hijackern mindestens sieben noch leben, ist diese gesamte Fahndungsliste mehr als zweifelhaft, ohne jedoch bisher offiziell korrigiert worden zu sein. Die Fixierung auf Atta als »Chef der Terrorpiloten«, die erstaunliche Geschwindigkeit, mit der die bis zum 11.9. völlig ahnungslosen Behörden innerhalb von 48 Stunden Täterliste samt Daten und Hintergründen präsentierten, die offensichtlich gezielt gelegten Spuren wie dieses dubiose Testament – dies alles deutet stark auf eine fabrizierte Beweiskette hin, mit der wie beim Kennedy-Mörder Oswald oder beim Oklahoma-Bomber McVeigh ein verrückter Einzeltäter als Mastermind präsentiert werden soll.

20.10.01
Die Spur des Geldes

Als im 12. Jahrhundert sieben französische »arme Ritter« in Jerusalem den Templerorden gründeten, taten sie dies angeblich nur, um die nach dem erfolgreichen Kreuzzug nunmehr anrückenden Pilger im Heiligen Land zu beschützen. Tatsächlich aber hatten die frommen Ritter Profaneres im Sinn: Mit diversen Finanzinnovationen wie Schecks, Wechseln und »zinslosen« Pfandleihen gelang es ihnen, das seit Moses, Jesus und Mohammed in allen Religionen geltende Zinsverbot zu umschiffen. Diese trickreiche Geldvermehrung machte den Templerorden innerhalb kürzester Zeit zu einem multinationalen Finanzkonzern, dessen Einfluss sich über das gesamte Europa und den Nahen Osten erstreckte. Die Wall Street des Hochmittelalters lag in Paris, und ihr World Trade Center war die Ordensburg der Tempelritter – bis die heilige Inquisition im Jahr 1307, im Auftrag des völlig verschuldeten Königs, den Pionieren der Hochfinanz den Garaus machte. Ähnlich wie mit der Wiederkehr der Assassinen – mit denen die Templer übrigens immer gut konnten, so wie die Wall Street via CIA mit dem Jihad – scheint sich mit dem Angriff auf den Zwillingstempel der modernen Hochfinanz und mit dem an Mittelalterlichkeit kaum zu überbietenden Bin Laden als Großinquisitor auch hier etwas zu wiederholen. Fragt sich nur, in wessen Auftrag er dieses Mal agiert – und wie bei den Templern, denen in der Folge ein Wust von okkulten Mythen angedichtet wurde, folgt man bei der Lösung des Rätsels am besten der Spur des Geldes.

Dass die einzig wirklich heiße Spur zu den Hintermännern des WTC-Desasters, die vor dem Anschlag auffällig hohen Börsenumsätze mit Verkaufsoptionen, also Wetten auf fallende Kurse von Airlines und Versicherungen, irgendwie im Sande verlaufen wird, hatten wir schon geahnt. Den 300 Milliarden Dollar-Kuchen, der allein im Drogengeschäft weltweit per anno umgesetzt wird, will sich keine Bank und kein Business-Tycoon entgehen lassen, weshalb es unkontrollierte Offshorebanken, Steueroasen und Großgeldwäsche auch fürderhin geben wird. An diesem Netzwerk des Finanzterrors, den Rückzugsburgen der modernen Raubritter, wird auch »enduring freedorn« nicht ernsthaft rütteln. Deshalb zeigen auch die gleichgeschalteten Medien an der Verfolgung und Recherche handfester Hinweise auf die Geldspur kein Interesse, sonst hätte ein aufschlussreicher Artikel aus dem San Francisco Chronicle vom 29. September [97]schon längst für weltweite Schlagzeilen und Sondersendungen gesorgt. Vor allem aber für deutsche Schlagzeilen, denn als eine der Banken, die in den Tagen vor dem Anschlag große Mengen Verkaufsoptionen von »United Airlines« orderten, wird dort die Bank Alex Brown identifiziert – und die gehört niemand anderem als dem ehrenwerten Frankfurter Geldhaus mit den zwei Spiegeltürmen: der Deutschen Bank. Hinter der Nachricht, dass die Deutsche Bank mit dem Zukauf von Bankers Trust Alex Brown 1999 zur größten Bank Europas avancierte, trat schon damals zurück, dass Alex Brown unter den Top-20 der verdächtigen Geldwäschebanken der USA geführt wurde. Dass jetzt einer ihrer Kunden Anfang September das 20fache der durchschnittlich gehandelten Put-Option en geordert habensoll, kann natürlich Zufall sein; die Quelle aus Börsenkreisen, der die Chronicle-Reporter diese Information verdanken, bleibt ungenannt. Ein weiteres Puzzlestück freilich machtdeutlich, warum sich Investigationen in dieser Richtung zwar lohnen würden, aber auch im Sande verlaufen dürften: Direktor von Alex Brown und nach der Übernahme durch Bankers Trust 1997 auch deren Vizedirektor und zuständig für »private Kundenbeziehungen« war »Buzzy« Krongard –seit März 2001 Executive Director und Nr. 3 der CIA. [98] Oops!

Die in dem Chronicle-Bericht aufgeführten Transaktionen beziehen sich nur auf Optionsumsätze, die über die Börse in Chicago abgewickelt wurden und innerhalb weniger Tage Wettgewinne von zwölf bis 15 Millionen Dollar abwarfen. Was in New York, London, Frankfurt und an anderen großen Optionsbörsen ablief, bleibt bis auf nichtssagende Kurzmeldungen in der CNN-CIA-Version der Realität nach wie vor ebenso ausgeblendet wie der Insiderspekulant, der nach Auskunft der Börsenaufsicht in Chicago United Airlines-Optionen mit einem Gewinn in

Höhe von 2,5 Millionen Dollar bisher nicht eingelöst hat. Sollte da einer von »Buzzys« Mitarbeitern, vielleicht mit der Observation der Terrorpiloten befasst, schnell noch eine kleine Privatwette bei der Hausbank abgeschlossen haben – und ihm wurde die Einlösung nach vier Tagen Börsenschließung zu heiß? Oder hat doch Bin Ladenseinen Bankern die Kauforder aus seiner Hindukusch-Höhle durchgetrommelt, und der reitende Bote ist noch unterwegs, die Scheine einzulösen? Wie auch immer – die entscheidende Frage ist, warum so etwas am 29. September in der größten Zeitung San Franciscos stehen kann und die Untersuchungsbehörden am 30. September noch nicht herausbekommen haben, welche Banken für welche Kunden Anfang September diese Wettscheine gekauft haben. Oder müssen wir uns das doch so vorstellen, dass ein braver FBI-Agent in Chicago oder anderswo mit seinen Kollegen alle diese Finanztransaktionen längst recherchiert und den Ausdruck in einem dicken Konvolut seinem Chef übergeben hat – und nun wie ein verzweifelt realer Fox Mulder erleben muss, wie die weitere Verfolgung dieser Hinweise von oben unterdrückt wird? Dass wir also deshalb nichts über die einzige konkrete Spur auf Hintermänner und Mitwisser des Anschlags erfahren, weil diese Hinweise derzeit die »nationale Sicherheit« der Vereinigten Staaten bedrohen? Eben deshalb wohl sind auch alle acht Flugschreiber der vier Flugzeuge angeblich so demoliert, obwohl sie die doppelte Hitze einer Kerosinexplosion aushalten –, dass keinerlei Daten mehr vorhanden sind. Sorry.

So offensichtlich es ist, dass die Spur des Geldes nicht weiter verfolgt wird, so mysteriös bleiben die aus dem Hut gezauberten 19 verdächtigten Täter mit arabischen arabischen Namen, das Puzzle der Passagierlisten [99]und die anderen Gebirge von Ungereimtheiten. [100]

Um den 3. Weltkrieg zu beginnen, hat es gereicht – und auch für viel weitergehende Geldoperationen. Seit dem 11.9. druckt die Federal Reserve Bank, in der Finanzwelt auch »der Tempel« genannt – ob in memoriam der heiligen Tempelritter oder wegen der Orakelsprüche ihres Oberpriesters Alan Greenspan (»Wenn Sie mich verstanden haben, habe ich mich nicht deutlich genug ausgedrückt«), ist unklar –, täglich ca. eine Milliarde Dollar und entwertet den ohnehin überbewerteten Greenback damit nunmehr im Turbostil einer Bananenwährung. Eine gigantische Inflationswelle, »the inflation tsunami« [101], rollt auf die Vereinigten Staaten zu. Wo nicht einmal diese dramatischen Skandale aus dem Hauptsaal des Tempels angemessen publiziert werden, wundert es nicht, dass auf dem schmutzigen, aber milliardenschweren Hinterhof des Banken- und Geldsystems die Finanztransaktionen im Zusammenhang mit dem WTC-Anschlag einfach völlig unter den Tisch fallen.

Wenn ein Bankchef wie »Buzzy« Krongard von Alex Brown in eine Top-Position des Auslandsgeheimdienstes CIA wechselt, stellt sich die Frage, was ihn für diesen neuen Job befähigt. Als Antwort bleibt eigentlich nur, dass er auch schon in seinem alten Job die Finanzgeschäfte seines neuen Arbeitgebers abgewickelt hat.

Was die gigantische Verschuldung und Finanzkrise der USA betrifft, war zu diesem Zeitpunkt der Öffentlichkeit der drohende Konkurs von Enron, die bis Juli 2002 größte Pleite der US-Wirtschaftsgeschichte, noch nicht bekannt – im Weißen Haus aber sehr wohl. Dort verhandelte Vizepräsident Cheney mit den Enron-Chefs hinter verschlossenen Türen, doch er weigert sich bis heute, die Gesprächsprotokolle (und damit sein Vorauswissen des drohenden Bankrotts) öffentlich zu machen.

26.10.01
Manus Manum Lavat – Money Money Lavamat

Weil gleich zwei Augiasställe – der des Geld- und Bankensystems und der der Geheimdienste – auszumisten wären, würde sich ein mit wirklichen Befugnissen ausgestatteter Chefermittler im WTC-Fall wahrscheinlich übermorgen mit einem Loch im Kopf wiederfinden. Denn was er schon auf den zweiten Blick entdecken würde, wäre der nationalen Sicherheit und damit der Öffentlichkeit nicht zumutbar und müsste für die nächsten 50 Jahre unter Verschluss bleiben.

Die 500 Milliarden Dollar, die nach Ermittlungen eines US-Senatsausschusses per anno illegal ins Finanzsystem der USA eingeschleust werden [102], müssen irgendwie und irgendwo gewaschen werden, und das ist ein derart gigantisches Geschäft, dass jeder Versuch einer umfassenden gesetzlichen Kontrolle des »Private Banking« im Rahmen der Terrorbekämpfung einer Revolution gleichkäme. Der verzweifelte FBI-Agent wird bei seinen. Recherchen, wer denn nun bei der Alex Brown vor dem Anschlag Wetten auf fallende United Airlines-Kurse abgeschlossen hat, deshalb auch auf keinen Namen und leibhaftigen Kontoinhaber stoßen, sondern auf ein nahezu undurchdringliches konspiratives Netz. Dieses wie eine russische Puppe in der Puppe verschachtelte System von Offshorebanken, Korrespondenzkonten, Sammelkontingenten und diskreten Nummerndepots ist als Allerheiligstes der Hochfinanz unantastbar. Da müssen unerwünschte Nebenerscheinungen wie Terror- oder Drogenprobleme als Kollateralschaden schlicht hingenommen werden, ebenso wie die Milliarden, die korrupte Diktatoren ihren Ländern abpressen und privat beiseite schaffen, in die sicheren Häfen der Citibank oder eines anderen der in dem Senatsbericht namhaft gemachten Top-Reinigungsinstitute. In diesem Sumpf versacken nicht nur die Ermittlungen der Insiderspekulationen mit Airline-Aktien vor dem WTC-Anschlag, sondern auch die meisten anderen Nachforschungen nach wirklich großen kriminellen Fischen.

Ohne die Schnittstelle der Geldwäsche wären die virtuellen Raubritterburgen der Neuzeit – ob sie nun terroristische Assassinen, mafiöse Drogen- und Waffenschieber oder korrupte Schlips-und-Kragen-Betrüger beherbergen – von der Außenwelt isoliert. Man könnte die Zugbrücken hochziehen, das heißt die innere Finanzsicherheit herstellen: sämtliche Kontobewegungen beobachten, von jedem Kontoinhaber Fingerabdrücke oder die von Schily populär gemachten biometrischen Kennzeichen aufnehmen. Man könnte also die Raubritter von der Verwendung ihres dreckigen Geldes ohne weiteres abschneiden. Warum geschieht das nicht? Diese Frage lässt wohl nur eine einzige Antwort zu: Wir werden nicht von unseren gewählten Regierungen, sondern von diesen Raubrittern regiert. Soeben berichtet die New York Times [103], dass eine ganze Gruppe von ihnen, Banker und Großindustrielle, bei Präsident Bush dagegen opponiert, die geplanten Anti-Geldwäsche-Gesetze mit in die neue »Anti-Terror-Bill« aufzunehmen: Dies würde die »internationale Kokurrenzfähigkeit« beeinträchtigen. Anders als bei sauberem Geld, bei dem sich die Banker in der Regel mit Profitmargen von fünf bis zehn Prozent bescheiden müssen, bleiben beim »dirty money« 25 Prozent pro Jahr hängen. Eine solche Cash-Kuh gibt niemand freiwillig her.

Es ist keine spekulative Indizienkette, kein paranoides Konspirationsdenken, keine dubiose Verschwörungstheorie, sondern definitive Tatsache, dass unser Geldsystem unter dem Stichwort »Bankgeheimnis« eine höchst reale Verschwörung deckt, befördert und mit aller Macht verteidigt und dass dieses konspirative Netz diskreter Finanztransaktionen organisierte Kriminalität, Korruption und Terrorismus im größeren Stil überhaupt erst ermöglicht. Diesem Netzwerk zum Wohle der inneren und globalen Sicherheit auf der nach oben offenen »Schily-Skala« Kontroll- und Daumenschrauben anzulegen, wäre die große Chance, die das WTC-Desaster birgt. Dafür wäre aber weniger die Lufthoheit über Afghanistan gefordert als vielmehr die Überwachungshoheit über die Banken der Bahamas, Cayman Islands et al. und ihrer ehrenwerten Korrespondenzinstitute in den USA und Europa. Da eine solche nicht gegeben wird, kommen die Ermittler auf der Geldspur nicht weiter.

Bleiben die Spuren zu den vermeintlichen Tätern. Hier hatten wir von Anfang an den starken Verdacht, dass eine solche Großoperation nicht vorbereitet und ausgeführt werden kann, ohne dass die Geheimdienste nicht irgend etwas mitbekommen würden – und die bis dato präsentierten Beweise wie der liegengebliebene Koran, die zweifelhaften Formulierungen des Anweisungsschreibens usw. haben diesen Verdacht eher noch verstärkt.

Und wenn der Bericht der Times of India [104] über die letzte Woche erfolgte Absetzung des pakistanischen Geheimdienstchefs Ahmed zutrifft – in dessen Auftrag 100 000 Dollar über wiesen worden seien, und zwar an niemand anderen als an den »Terrorpiloten« Atta –, ja, dann sind wir mittendrin in einem Geheimdienstplot, bei dem selbst einem Altmeister wie John le Carre noch die Haare zu Berge stehen dürften.

Geldwäsche und die Offshore-Raubritterburgen unseres Geldsystems sind Beispiele einer völlig offenen und legalen, aber nichtsdestoweniger kriminellen Verschwörung. Und die Nichtverfolgung der Finanztransaktionen nach dem 11.9. macht deutlich, dass sich daran in Zukunft auch nichts ändern wird.

Der Bericht der Times of lndia, der sich auf vom indischen Geheimdienst abgehörte Telefonate und FBI-Quellen beruft, scheint einer der wichtigsten Puzzlesteine bei der Ermittlung der Hintermänner der Täter zu sein – und dürfte mit dazu beigetragen haben, dass Präsident Bush die »tieferen Ermittlungen« der Hintergründe des 11. 9. im Januar stoppen ließ. [105]

Nach diesem Bericht sollen von zwei pakistanischen Banken 100 000 Dollar auf Konten in Florida überwiesen worden sein, die Mohammed Atta eingerichtet hatte. Auftraggeber der Zahlungen war Ahmad Omar Sheikh, britischer Staatsbürger und· Topagent des pakistanischen Geheimdienstchefs General Ahmed. Obwohl diese beiden Figuren an höchst prominenter Stelle in diesen Fall involviert waren, sind sie in der Öffentlichkeit nahezu unbekannt. Ahmed, der sich während der Anschläge zufällig in Washington aufhielt, musste Mitte Oktober »völlig überraschend« zurücktreten-und Omar Sheikh ist blitzschnell aus dem Medienfocus verschwunden, nachdem er wegen der Entführung und Ermordung des Wall Street Journal-Reporters Daniel Pearl in Pakistan verhaftet wurde. Warum gab das in den »war on terrorism«-Nachrichten keine Schlagzeilen her, dass man mit Omar Sheikh eine Schlüsselfigur verhaftet hat, die höchstwahrscheinlich sowohl für die Bezahlung Attas als auch für die Ermordung eines US-Journalisten verantwortlich war? Warum war das nicht nur keine Top-News, sondern quasi überhaupt keine Nachricht? Könnte das damit zu tun haben, dass sich der Wall Street Journal-Reporter jenseits seiner offiziellen Agenda ein bisschen zu sehr für die Zusammenhänge von CIA, ISI, Heroin, Taliban und Terror interessiert hat? Also genau für jene Operatoren und Netzwerke, von denen die WTC-Attentäter gesteuert wurden und die unter allen Umständen – vor allem durch den medialen Großeinsatz des Propagandabösewichts »Osama<< – verdeckt bleiben sollen? Was macht einen pakistanischen Agenten und Terroristenführer wie Omar Sheikh und einen abservierten Gestapochef wie General Ahmed so sakrosankt, dass kaum eine Zeile über ihre Machenschaften erscheint? Könnte -nur vorsichtig gefragt -dieses aktive Beschweigen der Drahtzieher des Terrors vielleicht damit zu tun haben, dass dann die lange Leine sichtbar würde, an der sie geführt werden und die nach Langley (Virgina) ins CIA-Hauptquartier reicht? Wenn es sich bei den Berichten über die Zahlungen an Atta, die auch von AFP und ABC-News verbreitet wurden, um »rote Heringe«, also um falsche Spuren, handeln sollte, warum wurden sie dann nicht dementiert? Versuchten Bush und Cheney, jede tiefergehende Untersuchung deshalb zu verhindern [106], weil es hier nichts zu dementieren gab, sondern ein Stück »Wahrheit« ans Licht zu kommen drohte?

Unterdessen ist auf amerikanischem Boden das »Terrorism Information and Prevention System« (TIPS) gestartet, innerhalb dessen Millionen von Bürgern jetzt als Spitzel rekrutiert werden. Ich würde mich umstandslos zur Verfügung stellen, um auf die verdächtigen Aktivitäten der US-Regierung im Zusammenhang mit dem wegen der Ermordung des Wall Street Journal-Reporters David Pearl jetzt zum Tode verurteilten ISI-Topagenten Omar Sheikh aufmerksam zu machen. Das ist jener Dunkelmann, der im Auftrag der ISI 100 000 Dollar an Mohammed Atta in Florida überwiesen haben soll – was die FAZ, die am 16.7.02 über das Todesurteil berichtet, freilich bloß beiläufig erwähnt. Dabei ist, bei Lichte betrachtet, dies die allerheißeste und direkteste Spur zu den Hintermännern und Köpfen der Anschläge vom 11. September. Auch die ansonsten (im Vergleich zu Deutschland und den USA) nur zu lobende englische Presse berichtet zwar ausführlich über das 13 Tage währende Geheimtribunal gegen den britischen Staatsbürger Omar Sheikh, erwähnt aber dieses mehr als pikante Detail überhaupt nicht. Selbst der ansonsten so zuverlässige Robert Fisk vermutet im Independent, dass Pakistan die Auslieferung Sheikhs an die USA verweigert habe, weil man befürchte, er könne über die Verbindungen von ISI und Al Quaida plaudern. Die freilich sind dem FBI anhand der Kontoauszüge von Atta längst bekannt. Umgekehrt scheint mir ein Schuh daraus zu werden: Man lässt Sheikh lieber in einem nichtöffentlichen Verfahren in Pakistan hinrichten, damit in den USA nichts über die Verbindungen ISI, Al-Qaida und CIA ans Licht kommt.

31.10.01
Jenseits von Bush und Böse

»Das Gegenteil einer großen Wahrheit ist auch eine große Wahrheit«, hat der Quantenphysiker Nils Bohr einmal über das Beobachtungsparadox von Teilchen und Welle gesagt. Diese Kunst der nicht-dualistischen Wahrheitsfindung gilt es auch bei der Beobachtung des WTC-Desasters anzuwenden. Zivilisation vs. Barbarei, »Freiheit« vs. »Terror«, Kreuzzug vs. Jihad, New World Order vs. Gottesstaat, Ölgeschäft vs. Kyoto-Protokoll, CIA vs. Al-Qaida, verhätschelter millionenschwerer Öl-Erbe vs. gepamperter, millionenschwerer Öl-Erbe – nicht nur eines, sondern alle diese bipolaren Einflussfelder spielen eine Rolle in den aktuellen Erschütterungen. Ihre genauen Anteile können im Nebel des Kriegs, in Zeiten der Nachrichtensperre und der psychologischen Kriegführung nur schwer identifiziert werden, aber Muster, Strukturen, Parallelen sind immerhin erkennbar.

Um das Jahr 70 v. u. Z. fasste ein ehrgeiziger Senator der römischen Republik, Marcus Licinius Crassus, den Entschluss, die Regierung zu übernehmen. Crassus gilt als der Erfinder der Feuerwehr und verdankte sein Vermögen als größter privater Grundbesitzer Roms seiner speziellen Auslegung dieses Berufsstandes: Er eilte mit seinen Löschtrupps zu den brennenden Gebäuden und bot als Erstes an, das Haus zu einem Bruchteil des Werts zu kaufen. Willigte der Besitzer ein, wurde gelöscht, verweigerte er den Verkauf, zogen die Feuerwehrsklaven wieder ab. Ähnlich galant wie bei der Ausweitung seines Business ging Crassus bei der Aufweichung der republikanisch eng begrenzten Machtbefugnisse des Senats vor, doch dazu brauchte er einen passenden Brandstifter. Kurz zuvor waren die Sklavenaufstände niedergeschlagen worden, und ihr Anführer Spartacus hatte mit seinen Leuten eine Kaufmannsflotte angeheuert, um in die Freiheit zu segeln. Crassus ließ die Flotte bestechen, ohne Spartacus abzufahren, und platzierte zwei römische Garnisonen so, dass Spartacus zu einem Rückweg Richtung Rom gezwungen wurde. Mit der Nachricht, dass die gefürchteten Gladiatoren wieder im Anmarsch seien und Terror drohe, wurde Crassus umgehend zum Prätor ernannt. Er ließ Spartacus und seine Truppe niedermachen, woraufhin seiner Wahl zum Konsul nichts mehr im Wege stand. Damit war das Ende der demokratischen Republik gekommen, nach einem Übergangstriumvirat herrschten in Rom fortan mit diktatorischen Befugnissen ausgestattete, gottgleiche Kaiser. Von Gnaden des Immobilienlöwen Crassus wurde als erster Julius Caesar installiert.

Nicht nur der Film Wag the Dog, auch diese antike Geschichte scheint auf das aktuelle amerikanische Imperium zupassen: Da ist das Ende der kommunistischen »Sklavenaufstände«, ein im Verschwinden begriffener Feind. Da ist ein ehrgeiziger Senator, der sich mit Hilfe seiner reichen Familie ins Präsidentenamt gemogelt hat und nun den Nimbus, seine Wahl gekauft zu haben, dringend abstreifen muss. Da sind die Geschäftsverbindungen des Vaters zu islamistischen Milliardären – über die Carlyle Group stehen laut Wall Street Journal Bush sen. und andere Exmitglieder seines Kabinetts in engen Geschäftsverbindungen mit dem Bin-Laden-Clan – und ihren »Gladiatoren«, die einst im Auftrag des Imperiums kämpften, die es aber jetzt hassen, weil die »Römer« Saudi-Arabien besetzt haben. Wenn man diese Kämpfer nun dazu veranlassen würde, »Rom« anzugreifen und dessen Bürger in Angst und Schrecken zu versetzen, wenn dann der unbedarfte Sohn sie in einer großen Schlacht ein für allemal besiegen könnte, würde das nicht nur sein äußeres Profil als Präsident stärken, sondern vor allem einen immensen Zuwachs an innerer Kontrolle und Macht bringen. Und an Geschäften.

Geschäftsfreunde

Das Wall Street Journal berichtete im September, dass der ehemalige Präsident und Vater des jetzigen Präsidenten über die Carlyle Group an den Geschäften der Bin-Laden-Familie in Saudi-Arabien beteiligt war. Bush sen. hat sich mit der Bin-

Laden-Familie wenigstens zweimal getroffen. (Auch andere führende Republikaner sind mit der Carlyle Group verbunden, darunter der ehemalige Außenminister James A. Baker.) Der Terroristenführer Osama Bin Laden ist vermutlich von seiner Familie, deren Unternehmen in Saudi-Arabien mehrere Milliarden Dollar Umsatz macht und als Großinvestor an der Firma von Bush sen. beteiligt war, «verstoßen« worden. In anderen Meldungen wird allerdings bezweifelt, ob sich alle Mitglieder seiner Familie wirklich von Osama Bin Laden losgesagt haben. Osamas Schwägerin äußerte jüngst in einem Interview mit ABS News, sie glaube, dass einige Familienangehörige ihn immer noch unterstützen würden.

Judicial Watch, 27. 11. 2001

Vizepräsident Cheney war bis zum Vorjahr Direktor und Hauptaktionär des Halliburton-Konzerns (Bau von Ölförderanlagen, Pipelines), der u. a. den Milliardenauftrag zum Bau der geplanten Pipeline durch Afghanistan projektiert hat. [107]Tochter von Halliburton ist Brown & Roots – in einem Roman über die braunen Wurzeln des Bush-Clans würde jeder Lektor den Namen als zu dick aufgetragen monieren! –, der größte Versorger des US-Militärs im Bau- und Dienstleistungsbereich (Slogan: »Where canon shoots, call Brown & Roots«). Es waren Schiffe von Brown & Roots, die dem Drogenfahnder Michael Ruppert Ende der 70er ;)ahre auffielen, als er zufällig eine verdeckte Operation der CIA – den Transport von Kokain zu Bohrinseln und von dort auf Frachter observierte. Als er auf einer weiteren Untersuchung des Falls bestand, verlor er seinen Job – und ist seitdem als unbestechlicher, patriotischer Sheriff den Drogengeschäften der Geheimdienste auf der Spur. [108] Wenn nur zehn Prozent der von ihm sorgfältig dokumentierten Indizien über die Machenschaften der CIA (und auch die Drogen-Connections des Bush-Clans) zutreffen [109], dann hatte Bush jun. allen Grund, mit »Wag the Dog 2« von seinen gärenden Skandalen abzulenken.

Denkt George W. Bush (bzw. sein Vater für ihn) in denselben Strukturen wie Marcus L. Crassus? Wenn man die »imperiale« Brille aufsetzt, scheint das Muster ziemlich identisch zu sein, zumal unter Beachtung der entscheidenden Frage, wem um alles in der Welt der Anschlag denn nun genutzt hat. Außer dem über Nacht zum Weltstaatsmann mutierten Wahlbetrüger Dabbelju und den mit Etataufstockung belohnten Geheimdiensten sehe ich auf der Gewinnerseite bis dato absolut niemanden.

Doch wer ein gutes Motiv hat, ist noch lange kein Täter. Auch wenn diese selbstverständliche Unschuldsvermutung im Falle Osama Bin Laden außer Kraft gesetzt wurde, wäre es falsch, nun im Gegenzug den finsteren Bush-Clan als Urheber allen Übels zu dämonisieren. Der Fehler der meisten Verschwörungstheorien ist, dass sie den linearen Einfluss der Handelnden über – und die dynamische Komplexität der Prozesse (sowie die Macht von Murphys Law und die Allgegenwart der Dummheit) unterschätzen. Auch wenn Crassus ein intriganter Politgeschäftsmann war, der seine Macht nach der Methode »Bereite die Lösung vor und schaffe dann das Problem« skrupellos ausweitete, und auch wenn die Ölmänner des Bush-Clans ihre Golfkriegsfeuerwehr bei den Geschäftspartnern im Irak und in Kuwait bisweilen durchaus im Stile Crassus' einsetzen, so sind sie doch nicht die einzigen Einflussfaktoren in diesen Prozessen. Dass Hitler mit seiner 300 000-köpfigen Privatarmee ab 1930 den Terror veranstalten konnte, zu dessen Beseitigung er dann nach dem WTC-ähnlichen, symbolträchtigen Schock des Reichstagsbrands als Diktator antrat, geht nicht allein auf seinen Finanzier Fritz Thyssen und dessen

US-Vermögensverwalter, Großvater Bush, persönlich zurück – und doch sind solche Kraftlinien, die Rädchen, die von entscheidenden Leuten an entscheidenden Stellen diskret gedreht werden, für die Beurteilung historischer Prozesse von großer Bedeutung. NICHT an Verschwörungen zu denken ist ebenso naiv, wie ALLES einer Verschwörung zuzuschreiben.

Auch wenn sich in der Kette merkwürdiger Zufälle, die wir seit dem Anschlag zusammengestellt haben, einige aufgeklärt haben – so muss man sich seit einigen Jahren auch bei US-Inlandsflügen ausweisen, weshalb Atta & Co. Tickets unter ihren echten Namen bestellten, und auch ein Flugschreiber des Pennsylvania-Crashs wurde gefunden, es sind also nicht alle acht Recorder vermisst bzw. unlesbar –, sind so viele weitere Merkwürdigkeiten hinzugekommen, wie zuletzt die Finanzierung Attas durch den pakistanischen Geheimdienst, dass es nachgerade unverantwortlich wäre, die Mainstream-Version der Realität zu akzeptieren. Zumal nach sechs Wochen und der größten Polizeiaktion aller Zeiten an Spuren und Beweisen auf die Täter kaum mehr vorhanden ist als sechs Stunden nach der Tat. Geopolitisch aber hat sich in diesen sechs Wochen mehr verschoben als in der ganzen Dekade davor. Nach einem langen Telefonat von Bush und Putin – am 23. September verschoben sie einem Bericht der israelischen Intelligente-Website Debka-files [110]zufolge in einem 70-minütigen Gespräch kurzerhand die Weltkoordinaten – wurden sogar mirakulöse Transformationswunder gemeldet: Die tschetschenischen »freedomfighters« verwandelten sich auf CNN über Nacht in »terrorists with clear links to Osama Bin Laden«. Präsident Bush forderte die tschetschenischen Rebellen am 28. September auf, »ihre Verbindungen mit Bin Laden aufzugeben« [111].

Nun glaube ich zwar durchaus an die Möglichkeit von Marienerscheinungen (zumindest bei schönem Wetter), und dass sich ein Individuum durch schockartige Illumination vom Saulus zum Paulus wandelt, mag bisweilen auch vorkommen – aber eine ganze Armee?

Wer sich angesichts derartiger Großwunder fragt, ob in seinem Gehirn etwas nicht stimmt oder in der Realität, sei ver sichert: Es ist nicht das Gehirn! Jenseits von Bush und Böse tut sich ein Abgrund auf.

Auch sechs Monate nach der Tat sind nicht mehr Beweise hinzugekommen als nach sechs Stunden bzw. nach sechs Wochen beisammen waren. Dass aber die Anschläge auf WTC und Pentagon von der Regierung Bush ähnlich als Fanal genutzt wurden wie einst der Reichstagsbrand von der frisch gewählten NSDAP-Regierung, daran besteht für mich mittlerweile kaum noch Zweifel. Die mit » Unilateralismus« sehr vornehm umschriebene gewaltsame Globalpolitik der USA, die Weigerung, internationale Strafgerichte zu akzeptieren, die Ignoranz gegenüber Umweltzerstörungen (Kyoto-Protokoll), der »double standard« der Justiz (Militärtribunale für Ausländer): All dies hat wenig zu tun mit den alten amerikanischen Werten – Freiheit, Toleranz und »pursuit of happiness« –, sondern mit einem neuen amerikanischen Imperialismus in der Außenpolitik und innenpolitisch mit einem Polizei- und Überwachungsstaat.

Die Achse des Guten

Als weltbewegendstes Ergebnis der ausführlichen Unterredung zwischen den Präsidenten George W. Bush und Wladimir Putin in der vergangenen Woche kann man wohl den Nuklearkonsens betrachten, den die beiden im Rahmen einerneuen Vereinbarung zur gemeinsamen Bekämpfung des internationalen Terrorismus im Handumdrehen erzielten. In der Unterredung wurde auch ein übereinstimmendes, möglicherweise allzu optimistisches Bild eines Nachkriegs-Afghanistan und eines Irak nach Saddam entworfen. Darin wurde Afghanistan unter einer wieder eingeführten Monarchie eine besondere geopolitische Rolle in Südwest- und Zentralasien zugewiesen.

Weder von russischer noch von amerikanischer Seite wurden offizielle Verlautbarungen zum Inhalt des Nuklearkonsensesgemacht, aber militärische und geheimdienstliche Quellen von Debka-Net-Weekly berichten, dass Bush von Putin grünes Licht bekommen hat, die US-Einheiten, die derzeit in Zentralasien eintreffen, mit taktischen Atomwaffen wie kleinen, stark strahlenden Neutronenbomben, atomaren Sprengsätzen und Sprengköpfen sowie anderen Atomwaffen, die für den Einsatz in gebirgigem Gelände geeignet sind, auszurüsten.

Debka-Net-Weekly, 5.10.2001

2.11.01

Ein lange geplanter Krieg

Verschwörungstheorien sind laut Robert A. Wilson immer Spaghetti-Theorien«: Egal, welchen Faden man herauszieht, man macht sich die Finger schmutzig. Da aber das Menu bei McMedia zu den Hintergründen des WTC-Anschlags seit sechs Wochen immer nur denselben abgenagten Knochen anbietet, müssen wir wohl weiter in den Spaghettitopf greifen heute: al olio.

US-Ölkonzerne wollen eine Pipeline vom Kaspischen Meer nach Pakistan bauen, die Route durch Afghanistan ist wegen der amtierenden Regierung ungesichert, also werden die Taliban in einem Krieg beseitigt, der vermeintlich gegen den Terror, eigentlich aber ums Öl geht. So weit, so logisch, und wenn wir die Öl-Brille schon mal aufhaben, entdecken wir auch gleich noch, dass der letzte Chef der Firma Halliburton, die den Milliardenjob für Bau und Versorgung der Pipelineübernehmen will und eine Expertise darüber erstellt hat, zufällig Vizepräsident wurde und Dick Cheney heißt.

Die kaspischen »Pipedreams« [112] der Ölmultis existieren nicht erst seit vorgestern. Schon bei der Installation des Talibanregimes durch Pakistan und die CIA waren die »Schüler des Islam« als Wächter der Pipeline auserkoren und verhandelten darüber auf höchster Ebene mit den Amerikanern. Erst als Menschenrechtsorganisationen und die amerikanischen Grünen bei der Clinton-Administration massiv auf die frauenverachtende Terrorpolitik in Afghanistan aufmerksam machten, sahen sich die Ölmänner der United Oil of California, der allerdings in Texas ansässigen Unocal, genötigt, ihre Verhandlungen mit den Taliban abzubrechen. 1998 wurde der Pipelineplan offiziell auf Eis gelegt. Inoffiziell aber wurde, wie das auf Verteidigungs- und Sicherheitsthemen spezialisierte Fachblatt Jane's Security [113] berichtet, schon damals beschlossen, die Situation nicht einfach hinzunehmen und eine Allianz mit Indien und Russland zu suchen, um die Taliban mit militärischen Mitteln unter Druck zu setzen: Der Angriff, der Ende September eingesetzt hat, war folglich seit Jahren geplant!

Nur: Welcher US-Bürger hätte einem Krieg zugestimmt, um die privaten Ölgeschäfte des Präsidenten und seines Vize zu betreiben? Bei einem »Krieg gegen den Terror« freilich sieht das anders aus: Wer da nicht zustimmt und auf schnöde Geschäftsinteressen verweist, gilt quasi automatisch als unpatriotischer Unmensch.

Weil der Imperativ des billigen Öls die US-Außenpolitik seit vielen Jahrzehnten diktiert, hatten wir schon vor einigen Wochen vermutet, dass bei den Ermittlungen des WTC-Anschlags sicher bald »Spuren« auftauchen, die auf den Irak hinweisen. Und siehe da: Der Terrorpilot Atta soll sich in Prag mehrfach mit einem Konsul der irakischen Botschaft getroffen haben, und dabei, so der tschechische Geheimdienst, könnte auch Anthrax übergeben worden sein. [114] Ist es ein Zufall, dass diese »Spur« jetzt auftaucht und groß gemeldet wird, während die wirklich sensationelle Enthüllung der Tim es of India, dass Atta vom pakistanischen Geheimdienst Geld erhielt – also im Auftrag des engsten amerikanischen Verbündeten agierte –, keinerlei Widerhall in den Medien gefunden hat? Wird demnächst »eindeutig« nachgewiesen, dass irgendeiner der Briefe mit Milzbranderregern aus eben jenem Stamm bestückt war, den man seinerzeit dem netten »Hurensohn« Saddam verkaufte? Der wird sich an vergiftete Briefe im Übrigen noch gut erinnern, denn Anfang der 60er Jahre war er als Offizier an der Operation beteiligt, mit der die Amerikaner den sowjetfreundlichen Machthaber General Kassem beseitigen wollten. Während die CIA Saddams Ba'aht-Partei mit Adressen von »Kommunisten« versorgte, die dann von Killerkommandos erledigt wurden, ließ der CIA-Chefchemiker Sydney Gottlieb – der berüchtigte Leiter des »mind control program« bzw. des Drogen- und Gehirnwäscheprojekts MK ULTRA [115] ein mit Sporen vergiftetes Taschentuch an die Privatadresse des Generals senden. Wenn auch ohne direkten Erfolg: Kassem wurde erst bei dem späteren Putsch erschossen. [116]

In den Tagen nach dem Anschlag wunderte ich mich, warum in den Medien soviel von möglichen Folgeattacken durch Biokampfstoffe wie Anthrax die Rede war. Als dann zwei Wochen später die ersten Fälle auftauchten, kam mir die Panikmache dann vor wie eine Self-fulfilling Prophecy. Wollte man damit nur ein paar irre Trittbrettfahrer und Angehörige rechtsradikaler Milizen animieren, die in der Vergangenheit schon Anschläge mit dem Milzbranderreger ausgeführt hatten? Oder war die Anthrax-Hysterie eine psychologische Operation, mit der zum einen vom völligen Versagen der Behörden bei der Verhinderung und Aufklärung des WTC-Anschlags abgelenkt und ein Angstklima zur Durchsetzung von Überwachungs- und »Homeland Security«-Gesetzen geschaffen und zum anderen eine Spur auf den nächsten Gegner im großen geopolitischen Spiel vorbereitet werden sollte? Wenn Bagdad demnächst tatsächlich wegen Anthrax in die Schusslinie geraten sollte [117], können wir davon ausgehen, dass es sich beiden mysteriösen Anthrax-Briefen nicht um Sendungen von Al-Qaida handelt, sondern um Grüße aus der CIA-Giftküche.

Friedliebend

Im selben Atemzug, reit dem er die Luftangriffe ankündigte, erklärte Präsident George W. Bush: »Wir sind eine friedliebende Nation.« Und Tony Blatt, der populärste Botschafter der USA (der daneben auch noch das Amt des britischen Premierministers bekleidet.), plapperte ihm nach: »Wir sind ein friedliebendes Volk.« Nun wissen wir es also. Schweine sind Pferde. Mädchen sind Jungen; Krieg ist Frieden.

In einer Rede, die er wenige Tage später in der FBI-Zentrale hielt, sagte Bush: »Dies ist unsere Stunde. Es ist die Stunde der Vereinigten Staaten von Amerika. Der freiheitlichsten Nation der Welt. Einer Nation, aufgebaut auf den fundamentalen Werten, die Hass zurückweisen, Gewalt zurückweisen, Mörder zurückweisen und das Böse zurückweisen. Wir werden nicht erlahmen.«

Hier eine Liste der Länder, mit denen Amerika seit dem Zweiten Weltkrieg Krieg geführt und die es bombardiert hat:

China (1945–46, :1950–53), Korea (1950–53), Guatemala (1954, 1967–69), Indonesien (1958), Kuba (1959–60), Belgisch Kongo (1964), Peru (1965), Laos (1.964–73), Vietnam (1961–73), Kambodscha (1969–70), Grenada (1983), Libyen(1986), El Salvador (80er Jahre), Nicaragua (80er Jahre), Panama (1989), Irak (1991–99), Bosnien (1995), Sudan (1998), Jugoslawien (1999). Und jetzt Afghanistan. Gewiss erlahmt sie nicht – diese freiheitsliebendste aller Nationen.

Arundhati Roy. »Why America must stop the war now«, Guardian, 23.10.2001

Dass es sich bei der Bombardierung Afghanistans nicht um eine Polizeiaktion zur Ergreifung von Terroristen handelt, wird mit jedem Tag deutlicher. Die Ausweitung des Krieges auf den Irak allerdings würde in der gegenwärtigen Situation zu einem sofortigen Bruch der ohnehin, instabilen »Anti-Terror-Allianz« fuhren. Erst nach einem weiteren schrecklichen Anschlag oder einem Attentat auf einen hochrangigen Staatsmann sähe das anders aus. Da die US-Öffentlichkeit das stumpfsinnige Bombardieren afghanischer Hütten nicht weitere drei Wochen klaglos hinnehmen wird, müsste dieser bald erfolgen – möglicherweise, um die »Allianz« zusammenzuschweißen, nicht in den USA, sondern in Europa. Wenn dabei dann »Beweise« auf irakische Mittäterschaft auftauchen, wäre es wirklich höchste Zeit, einen bestimmten »harbour of terrorists« wenn nicht unter Beschuss, so doch unter allerstrengste Observation zu nehmen: das Hauptquartier der Central Intelligence Agency in Langley vor den Toren Washingtons.

Auch die indische Autorin Arundhati Roy, deren freundliche Erwähnung Ulrich Wickert fast den Job gekostet hätte, spart in ihrem fulminanten Aufsatz im Guardian nicht mit Kritik an der CIA und ihrem unrühmlichen pakistanischen Partner ISI. Und sie vergisst auch nicht, die Carlyle Group zu erwähnen, eine der größten US-Investmentgruppen im Militärbereich, in der nicht nur die Bush- und die Bin-Laden-Familie aufs Engste verhandelt sind, sondern auch noch einige andere Köpfe der US-Administration Sonderprofite vom Afghanistankrieg erwarten dürfen. Hier vermutet Roy auch den Grund, warum Bush seine Ankündigung, »nicht mit einer 1-Millionen-Dollar-Rakete auf ein 10-Dollar-Zelt zu feuern und ein Kamel in den Hintern zu treffen«, seit Wochen Lügen straft.

»Präsident Bush sollte wissen, dass es in Afghanistan keine Ziele gibt, die dem Geldwert seiner Raketen entsprechen. Vielleicht sollte er, zum Ausgleich der Bilanzen, ein paar billigere Raketen entwickeln, für die billigeren Ziele und billigeren Leben in den ärmeren Ländern der Welt. Aber dies würde dann ein nicht so gutes Geschäft für die Waffenproduzenten der Koalition bedeuten. Es würde zum Beispiel keinerlei Sinn für die Carlyle Group machen, die im Industry Standard als ›weltgrößte private Investitionsbank‹ beschrieben wird und 13 Milliarden Dollar verwaltet. Carlyle investiert im Rüstungssektor und verdient sein Geld mit kriegerischen Konflikten und Waffenausgaben. Carlyle wird von Männern mit hervorragenden Referenzen geleitet. Geschäftsführender Direktor ist der frühere Verteidigungsminister Frank Carlucci – ein Collegefreund von Donald Rumsfeld. Weitere Partner sind der ehemalige Minister James Baker, George Soros und Fred Malek (der Kampagnenmanager von Bush sen.). Der Baltimore Chronicle berichtet, dass Bush sen. Investitionen für Carlyle auf den asiatischen Märkten akquiriert und für seine Präsentationen nicht unerhebliche Geldsummen erhält.« [118]

Bemerkenswert ist, wie der Spiegel online, der Roys Guardian-Artikel mittlerweile übernommen hat, den oben ziemlich wortgetreu übersetzten Abschnitt für die deutsche Leserschaft wiedergibt:

»Präsident Bush sollte wissen, dass es in Afghanistan keine Ziele gibt, die den Preis seiner Raketen wert sind. Vielleicht sollte er ein paar billigere Raketen für billigere Ziele und billigere Leute in den armen Ländern der Welt bauen, und wäre es nur für den Etatausgleich. Doch das erschiene am Ende den Waffenherstellern der Koalition als nicht sehr vernünftig, geschäftlich gesehen.« [119]

Das war's. Die entscheidende Passage, wer die Geschäfte macht – Bush sen. und seine alte Clique, also genau das, was die überbezahlten Journalisten beim Spiegel noch viel genauer und im Detail zu recherchieren hätten –, ist ersatzlos gestrichen. Warum? Platzgründe können es nicht gewesen sein, Zufall ist es aber auch nicht. Es muss wohl damit zu tun haben, dass eine Erwähnung dieser Namen auf die deutsche Solidarität mit Bushs Kolonialkrieg unter Umständen wehrkraftzersetzend wirken könnte. Und da greifen die kleinen völkischen Beobachter beim Spiegel dann doch lieber zur vorauseilenden Zensur …

Bisher hatten wir bei der entscheidenden Frage » Cui bono?« auf der Gewinnerseite nur Bush jun. und die amerikanischen Geheimdienste gelistet, die mit riesigen Image- bzw. Etatgewinnen von der Katastrophe profitiert haben. Die Rüstungsindustrie und freundliche Familienunternehmen wie Carlyle können nun ebenfalls als direkte Profiteure namhaft gemacht werden – außer ihnen nützen die irrsinnigen Bombardements keinem Menschen auf der Welt.

Orient-Experte: Zweifel am Tathergang vom 11. September

Der Direktor des Deutschen Orient-Instituts, Udo Steinbach, hat Spiegel online ein interessantes Interview gegeben (am 26.2.02, M. B.). Erstmals benennt damit ein namhafter Orientexperte die massiven Zweifel, dass die Anschläge vom 11. September wirklich von Muslimen begangen wurden. Steinbach: »Je öfter die USA einseitig neue Feinde in der Regionbenennen – Iran, Irak, Somalia, Jemen –, verstärkt sich der Eindruck, dass Amerika nicht auf die Bekämpfung des Terrors aus ist, sondern eine Politik verfolgt, die dem eigenen Interesse am Öl dient. Das bestärkt die Bevölkerung in der Ansicht, dass auch der Afghanistan-Feldzug amerikanische Interessenpolitik gewesen sein könnte. Es besteht ein tiefes Misstrauen in der Region zu allem, was mit dem 11. September zusammenhängt. Der Kreis derer, die zweifeln, dass die Attacken vom 11. September von einem Muslim angezettelt worden sind, ist nicht klein. So weit, so interessant. Noch viel interessanter ist aber, wie Spiegel online sofort die Bremsen reinhaut, dass die Reifen nur so quietschen. Spiegel online: »Diese Verschwörungstheorien sind doch absurd.« Steinbach: »Natürlich.« Aber ja doch. Wer wird denn gleich so viel Angst vor den eigenen Gedanken haben …

Gerhard Wisniewski

»Dieser Krieg ist ein Betrug!«, titelt denn auch mittlerweile schon der konservative britische Mirror [120] eine flammende Reportage seines Chefkorrespondenten. Der verweist unter anderem darauf, dass der größte Abnehmer britischer Waffen Saudi-Arabien ist, der Hauptunterstützer des Jihad, und dass es nicht um die Ergreifung der vermuteten Terroristen geht, von denen keiner aus Afghanistan stammt, sondern um die Eroberung einer neuen »Ölkolonie«.

Die Stimmung an der ideologischen Heimatfront kippt. Um die Seelen weiter in Angst zu halten und die Herzen für den »Krieg gegen den Terrorismus« zu begeistern, braucht es bald einen neuen psychologischen Push. Wenn dieser Krieg so lange geplant war, wie es scheint, wird er jetzt an einem ausbleibenden Terroranschlag nicht scheitern.

Unsere Spekulation, dass die Anthraxbriefe eher eine psychologische Operation mit CIA-Hintergrund als ein islamistischer Anschlag gewesen sind, hat sich schon kurze Zeit später bestätigt. [121] Die von den Behörden immer wieder ausgegebenen Befürchtungen über weitere Anschläge (auf Brücken, Kraftwerke usw.) schufen dann ein Klima, in denen die Regierung Bush ein innen- und außenpolitisches »Security«-Programm ohnegleichen durchsetzen konnte.

Dass der Spiegel die finanziellen Hintergründe des »war on terrorism« und die Geschäfte des Bush-Clans mit Carlyle und anderen Unternehmen lieber ausblendet, wundert nicht. Denn andernfalls könnte der Blick auch schnell auf die Vergangenheit dieser schrecklich netten Familie fallen – und auf die Tatsache, dass Großvater, Vater und Enkel Bush stets enge Zusammenarbeit mit »Hurensöhnen« und Diktatoren pflegten, wenn es denn ihren Geschäften diente.

4.11.01
Osama meets CIA!

Ein von Kritikern des konspirologischen Denkens oft angeführter Einwand lautet, dass es bei großen Verschwörungen mit vielen Beteiligten, wie z. B. dem Kennedy-Mord, unmöglich sei, alle Zeugen und Beweise über Jahre und Jahrzehnte unter der Decke zu halten. Schon aufgrund dieser Unwahrscheinlichkeit seien entsprechende Verschwörungstheorien in den seltensten Fällen stichhaltig. Das scheint auf den ersten Blick einleuchtend zu sein, ist auf den zweiten aber auch etwas naiv, denn nur die allerdümmsten Verschwörer weihen sämtliche Beteiligte in den gesamten Plan ein. In aller Regel arbeitet schon die einfachste Unterabteilung der Mafia nach dem »Need-to-know«-Prinzip: Das einzelne kleine Rädchen weiß nur, was es wissen muss, und wenig oder gar nichts über das ganze Vorhaben. Wenn dann der eine oder andere Beteiligte auffliegt, bleiben die Köpfe der Verschwörung ungeschoren.

Was den WTC-Anschlag betrifft, könnte auch eine solche Großverschwörung nicht auf Dauer völlig unter der Decke bleiben, ganz gleich ob sie nun von Geheimorganisationen des Typs Al-Qaida ausgeführt wurde oder von anderen des Typs CIA oder von beiden zusammen oder von jemand ganz anderem. Das eine oder andere Rädchen wird auftauchen, enttarnt werden, ans Tageslicht kommen – die Gesamtstruktur ist damit aber noch lange nicht aufgedeckt, zumal es gleichzeitig Bemühungen gibt, zu vertuschen, zu tarnen, zu täuschen.

Ein mögliches kleines Rädchen in diesem merkwürdigen Fall sitzt derzeit in Kanada im Gefängnis, und seine Geschichte, die in der Tageszeitung Toronto Star [122] berichtet wird, ist so verrückt, dass sie eigentlich nicht erfunden sein kann. Der 35-jährige US-Amerikaner Delmart E. Vreeland wurde voreinigen Monaten in Toronto wegen Betrugs mit gefälschten Kreditkarten verhaftet. Ähnlicher Vergehen hatte er sich zuvor schon in Kalifornien und Florida verdächtig gemacht, weshalb die USA einen Auslieferungsantrag stellten. Nach seiner Festnahme behauptete

Vreeland, Mitarbeiter des Geheimdienstes der US-Navy und an verdeckten Operationen beteiligt gewesen zu sein. Er verlangte, Mitarbeiter des kanadischen Geheimdienstes zu sprechen, um eine Aussage zu machen: Er hätte Informationen über einen bevorstehenden großen Terroranschlag. Man schenkte ihm keinen Glauben, zumal eine Anfrage beider Navy ergab, dass er 1986 nach zwei Jahren Dienst »unehrenhaft« entlassen worden sei. Vreeland behauptet dagegen, von 1986 an im Auftrag der Navy Drogenschmuggel organisiert und danach weitere verdeckte Tätigkeiten ausgeübt zu haben. Da man ihn als gewöhnlichen Kriminellen einstufte und nicht weiter anhörte, verfasste er vier Wochen vor den Anschlägen eine schriftliche Aussage mit seinen Informationen und übergab sie den Gefängniswärtern in einem verschlossenen Kuvert zu seinen Akten. Die Knastverwaltung öffnete das Schreiben am 14.9. und stellte es umgehend den Regierungsbehörden in Ottawa zu. Über den Inhalt des Schreibens ist bei der Gerichtsverhandlung gegen Vreeland bisher nichts bekannt geworden. Seine Anwälte bekämpfen das Auslieferungsbegehren, weil ihrem Mandanten in den USA angeblich die Todesstrafe drohen würde. Da aber selbst George W. Bush wegen Kreditkartenbetrug niemanden hinrichten lässt, bleibt der Fall weiter interessant.

Dass ein am Rande des Geschehens irgendwo involviertes kleines Rädchen ein bisschen recherchiert, zwei und zwei zusammenzählt, die Lücken mit Fantasie auffüllt und gegenüber den Behörden den Plan einer Großverschwörung auspackt, um seine Haut zu retten, ist vorstellbar. Auch dass ein vielleicht in die Halbwelt abgeglittener Exmitarbeiter und Möchtegern-James-Bond – mit ungedeckten Schecks soll sich Vreeland u. a. eine Yacht und Wagenladungen besten Champagners beschafft haben – für die

»Firma« bisweilen noch halbseidene Jobs erledigt, scheint nicht untypisch. Fragt sich nur, was passiert, wenn Vreelands ominöse Aussage tatsächlich Informationen über den Anschlag enthalten?

Doch während ich noch über die Nebenrollen kleiner, halbseidener Agenten nachdenke, lässt die Pariser Tageszeitung Le Figaro eine Bombe hochgehen, die über die dubiose Rolle kleiner Randfiguren weit hinausgeht: Der Statthalter der CIA in Dubai stattete im Sommer dieses Jahres im dortigen American Hospital einen Lazarettbesuch der besonderen Art ab, nämlich beim derzeitigen Weltfeind Nr. 1 Osama Bin Laden, der dort vom 4. bis zum 14. Juli 2001 stationiert gewesen sein soll:

»Während seines Krankenhausaufenthalts empfing Bin Laden viele Besuche von Familienmitgliedern und prominenten Saudis und Emiratis. Dabei war auch der örtliche CIA-Agent, den viele in Dubai kennen und der gesehen wurde, als er den Hauptaufzug zu Bin Ladens Krankenzimmer nahm. Einige Tage später prahlte er einigen Freunden gegenüber, dass er Bin Laden besucht habe. Amtliche Quellen berichten, dass der CIA-Agent am 15. Juli – dem Tag, nach dem Bin Laden nach Quetta (Pakistan) zurückkehrte – in das Hauptquartier zurückgerufen wurde.« [123]

Diesem Mann von der Filiale der »Firma« in Dubai mal interviewmäßig auf den Zahn zu fühlen, um was es denn acht Wochen vor dem Anschlag beim Plauderstündchen mit dem topterroristischen Urologiepatienten so ging, im Großen und Ganzen und im Besonderen – das wäre doch journalistisch sicher eine reizvolle Aufgabe. Was bringt man so einem prominenten Millionärsbösewicht, der ja schon alles hat, beim Krankenbesuch eigentlich mit? Eine Handvoll Teppichmesser sicher nicht, ein Döschen

Anthrax vielleicht – mit freundlichen Empfehlungen der chemischen Abteilung –, ein Kilo Koks zur Erfrischung ermatteter heiliger Krieger, den letzten Geschäftsbericht der Carlyle Group – mit Grüßen von der ganzen Familie Bush an die ganze Familie Bin Laden? Oder die notwendigen Codes für die Hijacker, um die Flugsicherung austricksen und Direkttelefonate mit der »Air-Force-One« [124] führen zu können (Bush soll kurz nach dem Anschlag einen »Drohanruf« direkt in seinen Flieger erhalten haben [125])? Schade, dass ein solches Interview aus Gründen der »nationalen Sicherheit« derzeit nicht geführt werden kann. Auch die Frage, warum Osama am 14. Juli unbehelligt von der US-Air Force mit seinem Privatjet von Dubai nach Pakistan zurückschweben und in seiner Höhle verschwinden konnte, muss deshalb unbeantwortet bleiben. Aber sie liefert einen Grund mehr, Langley, das Schläfernest des CIA-Hauptquartiers, nicht mehr nur unter Observation, sondern langsam auch unter investigativen Beschuss zu nehmen.

Die konspirative Einflussachse »CIA-ISI-Osama-Taliban«, die wir hier seit Wochen ventilieren, ist anhand von Indizien und aufgrund historischer Parallelen aus dem Bereich sowohl der Vermutungen als auch des Verdachts mittlerweile in dem des Faktischen angekommen. Ein detaillierter Webartikel von Michel Chossudovsky mit dem Titel »Cover-up or Complicity of the Bush Administration? The Role of Pakistans Military Intelligence (ISI) in the September 11 attacks« vom 2. November zeigt es wohldokumentiert auf. [126] Wo war der wegen der Überweisung an Atta mittlerweile entlassene ISI-Direktor, Generalleutnant Mahmud Ahmed, am 11. September? In den USA. Und was tat er da? Er führte schon in den Tagen vor dem Anschlag Gespräche mit Spitzenvertretern des Pentagon und des Auswärtigen Ausschusses. Und worüber? Über die Nachkriegsordnung.

Natürlich wurde der Le-Figaro-Bericht von der CIA umgehend dementiert – auch Bin Laden dementierte später in einem Interview mit einer pakistanischen Zeitung seinen Aufenthalt in Dubai. Doch die Reaktion George W. Bushs auf die in den folgenden Tagen weltweit kursierende Meldung ist bezeichnend. Am 10. November verhängte er vor der UN seinen Bannfluch über »frevelhafte Verschwörungstheorien« (siehe Seite 23).

Der Verdacht, dass es sich bei Osama Bin Laden nicht nur um einen ehemaligen Mitstreiter, sondern um ein nach wie vor aktuelles geopolitisches Werkzeug der US-Außenpolitik handelt, konnte auch in den folgenden Wochen und Monaten nicht ausgeräumt werden.

Der erwähnte Artikel von Michel Chossudovsky lässt sich mittlerweile auch als Kapitel seines neuen Buches nachlesen. [127]

13.11.01
Wenn die CIA nicht involviert war, was hat sie stattdessen getan?

Eine der Gefahren des Verschwörungsdenkens ist die Überschätzung der Kausalität, des direkten und allumfassenden Einflusses der Verschwörer, des linearen Ablaufs von Ursache- und Wirkungsketten. Aus der Quantenphysik und der Chaosforschung wissen wir aber, dass es Wirkungen ohne Ursache gibt und dass gewaltige Effekte durch die »Störung« winziger, scheinbar unbedeutender Schmetterlingsflügel entstehen können. In offenen Systemen – also in der Realität, im Leben und auch in der Undercover-Welt – geht es nichtlinearer, fuzzy-hafter, chaotischer zu, als es der kriminalistischen Logik lieb sein kann.

Einer meiner ersten Gedanken, als ich den zweiten Flieger in den Turm rasen sah, war: »Wer so etwas tut, muss furchtbar verletzt worden sein.« Mit einer normalen Eskalation von Aggression, wie sie sich vom Spielplatz über die Konkurrenzsituationen der Arbeitswelt bis auf die Schlachtfelder und Kriegsschauplätze fortsetzt, hatte dieser grenzüberschreitende. Gewaltakt nichts mehr zu tun. Hier trat nicht nur ein ungeliebtes, verängstigtes, wütendes Kind einem anderen die schöne Sandburg kaputt, es entlud sich vielmehr eine Aggression, die den ganzen Sandkasten in Schutt und Asche legte. Bei der Erforschung der Hintergründe der Tat müsste irgendwo dieses zutiefst verletzte, maßlos enttäuschte »Kind« zu finden sein. Da es von Emotionen gesteuert wird, kann man es sich allerdings nur schwer als planenden Aktivisten in einer abgebrühten, coolen Verschwörung vorstellen.

Wenn wir uns fragen, welches der Kinder, die »Onkel Sam« großgezogen hat, so enttäuscht worden ist, dass es seinem Übervater so etwas Schreckliches antun kann, stoßen wir schnell auf jene etwa 100 000 jungen Männer, die seit Anfang der 80er Jahre durch die Gehirnwäsche- und Guerillalager in Pakistan geschleust wurden, um im heiligen Krieg gegen den Kommunismus zu kämpfen (siehe »6.10.01: Jihad Inc. Made in USA«). Wie schmählich sie sich im Stich gelassen fühlten, als die Sowjets aus Afghanistan abgezogen waren, geht aus einem aufschlussreichen Interview hervor, das General Hameed Gul, ein früherer Direktor des pakistanischen Geheimdienstes ISI, Ende September der Agentur UPI gab. Als jahrzehntelanger enger

Verbündeter der CIA sowie als geheimer Chef der Mujaheddin und Osama Bin Ladens kennt Gul sich auf beiden Seiten der derzeitigen Fronten gut aus:

»Als ISI-Direktor hatte ich die Fäden der gesamten Mujaheddin-Bewegung in der Hand. Wir waren alle pro-amerikanisch. Aber die Amerikaner haben uns im Stich gelassen, und alles fiel in Stücke – auch Afghanistan. Als Urheber des Anschlags vom 11. September kommt für den General nur der israelische Mossad in Frage:

»Die Juden stimmten weder mit Bush 41 noch mit Bush 43 (Dabbelju ist der 43. Präsident, M. B.) überein. Sie sorgten dafür, dass Bush 41 nicht wiedergewählt wurde, denn sein Druck für ein »Land-for-Peace«-Programm passte Israel nicht. Genauso wenig wie der junge Bush, der ihnen zu eng mit den Ölinteressen der Golfstaaten verbunden ist. Bush sen. und James Baker haben 150 Millionen Dollar Wahlkampfspenden für den Junioreingesammelt, vieles davon aus dem Nahen Osten und von ihren amerikanischen Mittelsmännern. Bush 41 und Baker haben darüber hinaus, als Privatleute, neue strategische Verbindungen zwischen Saudi-Arabien und Iran eingefädelt. Das weiß ich aus Quellen in beiden Ländern. So stellte sich die Aussicht auf Bush 43 für Israel klar als eine Gefahr dar. Die Juden waren verblüfft, wie er sich in Florida die Wahl stahl. Sie hatten viel Geld in Al Gore gesteckt …

Jetzt hat Israel der Bush-Familie die lang erwartete Gelegenheit geliefert, Amerikas imperialen Griff auf die Golfstaaten zu verstärken und seine militärische Präsenz auf das Kaspische Meer und Zentralasien auszuweiten … Die Destabilisierung Pakistans ist Teil des US-Plans, da es ein muslimischer Atomwaffen-Staat ist. Im Zuge der Containment-Politik soll Pakistan von China isoliert werden – schon in Präsident Nixons Buch The Real War steht, dass China die Supermacht des 21. Jahrhunderts würde. Die USA schüren auch Feindschaft zwischen Afghanistan und Pakistan, um die Wahrnehmung umzudrehen, dass die islamische Welt über ihre eigenen Nuklearwaffen verfügt. Bush 43 realisiert nicht, dass er von Leuten manipuliert wird, die etwas von Geopolitik verstehen – er führt nicht, er wird geführt …

Irak wurde in die Kuwait-Falle gelockt, nachdem die USA Saddam zu verstehen gaben, sie seien nicht an seinen innerarabischen Streitigkeiten interessiert. Zwei Tage später marschierte er in Kuwait ein, das immer eine irakische Provinz war, bevor es das Britische Empire anders festlegte. Roosevelt stellte für die Japaner die Pearl Harbour-Falle auf, die den Grund zum Einstieg in den Zweiten Weltkrieg lieferte. Und jetzt haben die Israelis den USA den Grund dafür geliefert, sich in die Region auszudehnen, die in den nächsten 25 Jahren entscheidend ist: das Kaspische Becken.« [128]

Soweit die Verschwörungstheorie des Generals Gul, der als Antidemokrat, Jihad-Hardliner und Exchef eines gestapo-ähnlichen, heroin-pushenden Geheimdienstes nicht gerade als objektive Quelle gelten kann, doch andererseits als Topinsider und Experte des schmutzigen Geschäfts auch nicht von vornherein unglaubwürdiger ist als etwa ein Ex-CIA-Direktor. Gul liefert nicht mehr konkrete Beweise für seine Mossad-Spekulation, als der Westen sie für die Al-Qaida-Verschwörung vorweisen kann. Dass sein alter Bekannter Bin Laden diese Operation aus seiner Höhle ferngesteuert haben soll, ist für ihn völlig abwegig. Wie freilich der Mossad das ganze Schurkenstück eingefädelt haben soll – erinnern wir uns an die Mutmaßungen, dass Guls ISI-Nachfolger Ahmed dem Terrorpiloten Atta den operativen Etat überwiesen hat –, darüber lässt der

General uns geflissentlich im Dunkeln. So wie CIA und FBI zehn Minuten nach dem Anschlag mit dem Schrei »Bin Laden!« von ihrer offenbar gewordenen Untätigkeit ablenkten, lenkt er uns mit dem Hinweis »Mossad!« von den Schlampereien und Schurkereien seines eigenen Geheimdienstes ab. Die geopolitischen Motive und Strategien, die er anführt, sind aber dennoch nicht einfach von der Hand zu weisen.

Andererseits: Wie Seymour Hersh, einer der bestinformierten US-Auslandsjournalisten, im Magazin New Yorker berichtet [129], planen Pentagon, CIA, Israel und Indien aktuell die Zerstörung von Pakistans Nukleararsenal. An einer solchen Destabilisierung kann natürlich Pakistan kein Interesse haben – und doch ist die Einflussachse CIA-ISI-Osama-Taliban unübersehbar. Wie passt das alles zusammen?

Solange wir Begriffe wie »Einflussachse« und lineare Ketten von Ursache und Wirkung wie »CIA-ISI-Osama-Taliban« nicht stets in Anführungszeichen benutzen, droht immer die eingangs erwähnte Kausalitätsfalle. Denn auch innerhalb der CIA, des ISI, der Taliban können wiederum Fraktionen bestehen, die unterschiedliche Strategien verfolgen, und es gibt möglicherweise noch weitere Einflussachsen, die selbst aktiv werden oder die die eine oder andere Fraktion für ihre Zwecke instrumentalisieren. So müsste nach der Mossad-Theorie von General Gul der israelische Geheimdienst den ISI unterwandert und Atta & Co. für die Aktion instrumentalisiert haben. In der islamischen Welt, wo der Mossad ohne hin als Sündenbock Nr. 1 gilt, mag diese Theorie für völlig plausibel gehalten werden, im Westen erscheint sie dagegen als ziemlich unwahrscheinlich.

BBC-World, wo anders als bei CNN statt purer Propaganda bisweilen noch das betrieben wird, was man in

Friedenszeiten »Journalismus« nennt, hat in den letzten Wochen mehrfach auf die konspirative Gemengelage in Afghanistan aufmerksam gemacht. Da sind die Krieger für 100 Dollar oder auch nur eine Ziege bereit, heute für die Taliban, morgen für die Nordallianz und übermorgen für einen autonomen Paschtunen-Clan zu kämpfen. »Sie wechseln so häufig die Seiten, dass es schwierig ist, einen wirklichen Unterschied zwischen Nordallianz und Taliban zu erkennen«, so der Chefreporter [130]. Zumindest optisch wird die Unterscheidung künftig etwas leichter fallen: Die Nordallianzler wurden mit nagelneuen amerikanischen Kampfanzügen ausgerüstet. Da die auf das Ursprungsland verweisenden Etiketten allerdings laut BBC herausgetrennt wurden, eignen sich die Uniformen freilich gut für Tauschgeschäfte mit den Taliban, weshalb auch die »Bösen« alsbald in den Uniformen der »Guten« herumlaufen werden.

Wo an der Basis derartiges Chaos herrscht, wäre es vermessen, dem Überbau der Verwaltung und Führung klare Strukturen und feste Loyalitäten zu unterstellen. Dass der pakistanische ISI einerseits die Taliban und Bin Laden stützt und auch die Ermordung Ahmed Schah Massuds, des Chefs der Nordallianz, inszenierte [131], scheint offensichtlich; dass die CIA nicht nur Kontakte mit ihrem ehemaligen Söldnerführer Bin Laden hielt, sondern bis vor kurzem auch noch »pro Taliban« war, scheint ebenso klar. Doch welches Kalkül hat diese Dienste, bzw. bestimmte Fraktionen, dazu gebracht, den WTC-Anschlag ausführen zu lassen?

Sicher haben Präsident Bush und die CIA als Trittbrettfahrer von dem Anschlag profitiert, sicher hat auch Israel ein Interesse, die USA in einen Krieg gegen Irak und die arabische Welt hineinzuziehen, sicher gibt es mächtige Interessen von Unocal, Halliburton und »Wall Street« an einer Pipeline durch Afghanistan, sicher hasst Bin Laden das US-gestützte Feudalregime seiner Heimat, wo er ohne die Amerikaner als Milliardärssohn heute genauso Präsident sein könnte wie sein Widersacher Bush in den USA – aber sollen wir uns das wirklich so vorstellen, dass eine dieser Fraktionen, von denen jede ein la-Motiv für den Anschlag hat, im Frühjahr bei Herrn Atta anrief und den WTC-Job in Auftrag gab?

Vielleicht bin ich ja immer noch zu sehr Gutmensch, aber soviel Bosheit traue ich weder dem etablierten Herrn Bush noch dem etablierten Herrn Bin Laden noch den anderen Genannten zu – psychologisch scheint mir da die emotionale Eskalation, die maßlose Wut, das enttäuschte Kind zu fehlen. Bei dem von den Amerikanern unter Bush sen. nach dem Motto »Der Mohr kann gehen« auf einen Provinzposten abservierten General Gul [132], dem ehemaligen geheimen Oberchef aller Mujaheddin und Bin Ladens und Heroinfabriken und besten Freund Amerikas, finde ich dagegen diese Enttäuschung. Und da er sicher nicht der Einzige ist, der als ehemaliger Pate nach wie vor über professionelle Terrorverbindungen verfügen dürfte, wäre die WTC-Eskalation auch als purer Racheakt enttäuschter Exgeneräle vorstellbar: jenseits aller offiziellen CIA-ISI-Bin-Laden-Einflussachsen, aber gleichwohl mit deren professionellen Mitteln. Ausgeheckt von alten, enttäuschten Füchsen, erniedrigten Mächtigen, fundamentalistischen Machos, ohne Rücksicht auf Verluste – und durchgeführt von Leuten aus jener Truppe von »Jihad«-Robots, die von der CIA einst gezüchtet und in den 90er Jahren ihrem Schicksal überlassen wurden. In gewisser Weise wäre dieser Anschlag dann als Fallout des Kalten Kriegs einzustufen, jener Zeit, in der im heiligen Krieg gegen den »Kommunismus« jedes Mittel Recht war, auch Terror und

Drogengeschäfte im großen Stil, und in dem man nette Hurensöhne brauchte wie den General Gul, die man mit ihren marodierenden Terrorkämpfern danach nicht einfach im Regen stehen lassen kann.

Allerdings: Auch wenn solche inoffiziellen Querschläger wie etwa ein verletzter Geheimdienstchef die eigentliche Ursache sein sollten und die Vorbereitungen über seine alten Kanäle liefen, so können sie dennoch nicht verborgen geblieben sein, weder beim pakistanischen ISI noch bei seinem Mentor, der CIA. Der Zeitplan des Vorauswissens, den der CIA-Forscher Mike Ruppert auf seiner Seite zusammengestellt hat [133], lässt in Sachen US-Geheimdienste in der Tat nur den Schluss zu: Wenn sie nicht selbst involviert waren, was haben sie eigentlich stattdessen gemacht?

Die Frage, was die mit einem 30 Milliarden-Dollar-Etat ausgestatteten Geheimdienste eigentlich getan haben, um den Anschlag zu verhindern, darf nach wie vor nicht allzu laut gestellt werden, weil dies die innere Sicherheit der USA bedrohen könnte. Und dass die Untersuchungsausschüsse des Kongresses aus der Schattenwelt der verdeckten Ermittlungen, Geheimagenten und -operationen irgend etwas zu Tage fördern, steht ebenfalls nicht zu befürchten. Der Etat der CIA wurde nach den Anschlägen weiter erhöht, aber personelle Verantwortung hat kein Offizieller übernommen, alle blieben auf ihren Posten.

20.11.01

Pack schlägt sich, Pack verträgt sich: die Bush-Bin-Laden-Connection

Die Saudi Bin Laden Group, die Investmentfirma von Osama und den 40 Räubern (oder waren es 24 Brüder?, egal …), hat Ende Oktober ihren 2,5 Millionen Dollar Anteil an der Carlyle Group verkauft. [134] Da gerade jetzt die Geschäfte des größten US-Investors in die Rüstungsindustrie prosperieren, können es keine ökonomischen Gründe gewesen sein, die den Familienclan des angeblichen Topterroristen zu diesem Schritt bewogen haben. Vielmehr dürften die Saudi-Milliardäre von einem der Repräsentanten der Carlyle Group, George Bush sen., dazu aufgefordert worden sein: Gar zu offensichtlich soll die Peinlichkeit der engen Geschäftsverbindungen des Bush und des Laden-Clans jetzt nicht werden. Sie sind nur die Spitze eines Eisbergs, in dem die lange Verbindung sowohl der beiden Familien als auch der US-Geheimdienste mit islamistischen Terroristen eingefroren ist.

Dass Bush jun. das Kapital für seine erste Firma von James R. Bath, dem US-Vermögensverwalter der Laden-Familie, erhielt, hatten wir schon erwähnt (siehe »14.9.01: Osama Bin Laden«), ebenso wie das Engagement seines Vaters für den Rüstungsinvestor Carlyle [137], wo der Laden-Clan bis vor kurzem ebenfalls engagiert war. Dass Osama in den 80er Jahren als Anführer des saudischen Kontingents in den Jihad gegen die Sowjets in Afghanistan zog und von der CIA ausgebildet und mit Waffen versorgt wurde, ist ebenfalls keine Neuigkeit mehr. Der offiziellen Version zufolge haben sich die Wege des US-Geheimdienstes und Bin Ladens freilich schon seit über zehn Jahren getrennt, weil dieser gegen die Anwesenheit von US-Truppen auf saudischem Boden opponierte. Auch die Familie hat das schwarze Schaf angeblich verstoßen, das seitdem nach einem Abstecher im Sudan in den Höhlen des Hindukusch sein Unwesen als Terrormonster treibt. Nicht erst seit dem Bericht des Le Figaro über Osamas Krankenhausaufenthalt im Juli und den freundlichen Besuchen von Familienmitgliedern (sowohl von der leiblichen Verwandtschaft als auch von der CIA), sind Zweifel an dieser Version der Geschichtsschreibung angebracht. Jetzt tauchten in der BBC-Sendung »Newsnight« [136] Dokumente auf, die darauf hindeuten, dass das FBI an Ermittlungen gegen die Laden-Familie gehindert wurde [137], nach dem 11.9. und auch schon lange davor.

Während in den USA nach wie vor über 1 000 Verdächtige ohne rechtsstaatliches Verfahren gefangen gehalten werden und nach den Plänen der Bush-Regierung künftig per Militärgericht bei Nacht und Nebel verurteilt und sogar exekutiert werden können – während also die Talibanisierung der einst vorbildlichen Bürgerrechte der USA rüde voranschreitet –, reisten wenige Tage nach den Anschlägen in New York elf Mitglieder der Laden-Familie unbehelligt nach Saudi-Arabien aus. Darunter auch Abdullah Bin Laden, ein Bruder Osamas, der in einem verschlafenen Vorort Washingtons lebte und dort unter anderem die »World Assembly of Muslim Youth« (WAMY) leitete. [138] Obwohl die WAMY von den Regierungen Indiens und der Philippinen seit langem als Finanzier und Unterstützer islamistischen Terrors ausgemacht ist, gilt der angebliche Jugendclub in den USA als Wohltätigkeitsverein. Seine Konten wurden bis heute nicht eingefroren. Dies ist umso erstaunlicher, als eine geheime FBI-Akte, die dem Sicherheitsexperten Joe Trento zugespielt worden ist [139], zeigt, dass vier der mutmaßlichen Hijacker vor dem Anschlag just in der Straße wohnten, in der auch die WAMY ihr Büro unterhält, ganz in der Nähe des Hauses von Abdullah, in dem auch Omar, ein weiterer Bruder Osamas, lebte. Und aus der Akte geht ferner hervor, dass die Bundespolizei diesen merkwürdigen Verein seit 1996 auf der Liste der Terrorverdächtigen hatte, aber von tiefergehenden Ermittlungen abgehalten wurden. Joe Trento in »Newsnight« bei BBC:

»Das FBI wollte diese Leute untersuchen. Es ist nicht so, dass sie daran kein Interesse hatten, sie wollten ermitteln, aber es wurde ihnen nicht erlaubt. Sie hatten Verbindungen zu Osama Bin Ladens Leuten, sie hatten Verbindungen zu muslimischen Kultur- und Finanzorganisationen, die Terroristen unterstützen. Sie passen in das Muster der Gruppen, die die Königsfamilie der Saudis und die 20 000 saudischen Prinzen gegründet haben und sich für terroristische Aktivitäten engagieren. Nun, weiß ich, ob die WAMY irgendetwas Illegales getan hat? Nein, das weiß ich nicht. Aber was ich weiß, ist, dass das FBI schon seit 1996 sehr besorgt über diese Organisation war. [140]

Zu Recht, wie Michael Springman in derselben Sendung bestätigte. Springman war in den 80er Jahren der Visa-Beauftragte der USA in Saudi-Arabien und erhielt häufig Anweisungen vom State Department unter George Bush sen., Visa für Personen auszustellen, die nach den normalen Richtlinien nicht qualifiziert waren. Seine Beschwerden darüber wurden abgeblockt und ignoriert:

»Wogegen ich protestierte, war in Wahrheit die gängige Praxis, Rekruten in die USA zu bringen, die von Osama Bin Laden eingesammelt worden waren und von der CIA terroristisches Training erhielten. Danach wurden sie nach Afghanistan geschickt, um gegen die damaligen Sowjets zu kämpfen. Der Anschlag auf das World Trade Center 1993 erschütterte das Vertrauen des State Departments in die Saudis nicht, genauso wenig wieder Anschlag auf die Khobar Towers (einem Wohngebäudekomplex der US-Luftwaffe in Khobar, M. B.) in Saudi-Arabien drei Jahre später, bei dem 19 Amerikaner umkamen. Die FBI-Ermittler merkten, dass ihre Untersuchungen obstruiert wurden. Und es ist ja auch keine Überraschung, dass diese FBI-Agenten ziemlich frustriert sein müssen, weil ihnen der Einblick in bestimmte Saudi-Verbindungen verwehrt wird.«

Dass Osamas Brüder und ihr Verein zur Förderung der muslimischen Jugend nur wohltätigen Zwecken dienten, mag ja tatsächlich sein, doch warum wird die Polizei dann von oben daran gehindert, die Sache unter die Lupe zu nehmen? In der BBC-Sendung kam auch der Rechtsanwalt Michael Wildes zu Wort, der einen der Khobar-Bomber vor Gericht vertreten hatte. Ein saudischer Diplomat hatte ihm in diesem Zusammenhang 14 000 Dokumente zugänglich gemacht, die über die Finanzierung terroristischer Aktivitäten durch saudische Bürger und Organisationen detailliert Aufschluss gaben. Als Wildes die Unterlagen dem FBI zugänglich machen wollte, erklärten sie ihm, dass sie keine Erlaubnis hätten, die Dokumente zu lesen: »Nehmen Sie alles wieder mit, wir werden Ihnen die Kopien nicht berechnen, behalten Sie sie oder unternehmen Sie etwas, fangen Sie ein paar bad guys damit.«

Dass die WAMY und Abdullah Bin Laden in diesen Dokumenten auftauchten, ist ziemlich wahrscheinlich, und so wundert es nicht, dass man die Brüder des Terrormonsters eine Woche nach dem WTC-Anschlag fröhlich ausreisen ließ und das FBI zurückhielt, etwas zu unternehmen. Denn was hätten die Osama-Brüder nach ihrer Verhaftung getan? Sie hätten wahrscheinlich einen solchen Berg schmutziger Wäsche ausgepackt, dass Bush jun. keine drei Tage mehr im Amt zu halten gewesen wäre und zusammen mit seinem Vater gar noch wegen »dealing with the enemy« vors Gericht gekommen wäre, wie weiland Großvater Prescott wegen seiner Geschäfte mit den Nazis.

Den größten Militärauftrag, den die US-Army je im Ausland vergab, erteilte Bush sen. im Zuge des Golfkriegs für die Errichtung und Ausstattung der US-Militärbasen in Saudi-Arabien. Sage und schreibe 200 Milliarden Dollar wurden investiert, davon über 65 Milliarden in Anlagen und Bauten [141]Hier wiederum kommt der größte Bauunternehmer des arabischen Raums, die Bin Laden-Gruppe ins Spiel, die einen Teil dieses Großauftrags ausführte. An jener Präsenz amerikanischer Truppen in Saudi-Arabien, die nach der offiziellen Version Osama so empörte, dass sie zu seiner Wandlung zum Terroristen geführt haben soll, hat die Baufirma seiner Familie kräftig mitgearbeitet – und den »heiligen Boden« für amerikanische Rollfelder, Bunker, Häfen und Kasernen betoniert. Als auf die Anlage in Khobar 1996 der Bombenanschlag verübt wurde, wurde Osama Bin Laden zwar einerseits als Hauptverdächtiger genannt, den Auftrag für den Bau eines neuen »supersicheren« Nachfolgekomplexes erteilte man aber dann niemand anderem als … natürlich der Bin Laden Group. [142]

Pack schlägt sich – Pack verträgt sich, kann man da nur sagen, denn zur selben Zeit saß Osama im Sudan und hätte, wie der damalige sudanesische Verteidigungsminister, General Erwa, der Washington Post mitteilte, 1996 in die USA ausgeliefert werden können. Doch Washington lehnte das Auslieferungsangebot des Sudans ab. Bei einer Auslieferung fürchteten die USA Aufstände gegen das Königshaus in Saudi-Arabien und empfahlen dem Sudan deshalb, Bin Laden zur freiwilligen Ausreise aufzufordern. Als Khartum den Amerikanern übermittelte, dass er nach

Afghanistan gehen wolle, teilten die US-Offiziellen General Etwa mit: »Lasst ihn gehen!« Und nachdem er dann definitiv ausgereist war, ließ Clinton auf der Pseudojagd nach Osama eine Aspirinfabrik im Sudan bombardieren …

Die Washington Post [143] kommentiert dieses Verhalten mit den sinistren Zeilen: »Es gab Anfänge einer Diskussion, die später intensiviert wurde, ob die Vereinigten Staaten Bin Laden verfolgen und anklagen oder ihn wie einen Mitstreiter in einem Untergrundkrieg behandeln sollten.« Ganz offensichtlich hat man sich bei dieser »Diskussion« damals für Letzteres entschieden: »to treat him like a combattant in an underground war«. Und nichts anderes als ein solcher Kombattant ist er bis heute. Seine Terror-Truppen wurden im Kosovo [144] und in Mazedonien [145] für die amerikanischen Untergrundinteressen eingesetzt, sie waren in Tschetschenien und anderen ehemaligen Sowjetrepubliken aktiv, und jetzt bietet der Meister selbst den 1a-Anlass für einen illegalen Ölkrieg gegen Afghanistan – obwohl er vermutlich schon längst von dort verschwunden ist.

Die Geschäftsverbindungen Bin Laden – Bush.

Wenn die USA in ihrem Bestreben, Osama Bin Ladens angebliche terroristische Aktivitäten zu beenden, ihre Rüstungsausgaben steigern, könnte es Medienberichten zufolge dabei einen unerwarteten Begünstigten geben: seine Familie. Der gut betuchte saudi-arabische Clan, der behauptet, keine Beziehungen mehr zu Osama zu unterhalten, ist, wie das Wall Street Journal kürzlich enthüllte, im Rahmen seiner weit gefächerten Geschäftsinteressen auch Teilhaber eines Fonds der Carlyle

Group, einer Washingtoner Handelsbank mit besten Beziehungen, die sich auf den Aufkauf von Firmen der Rüstungs- und Raumfahrtindustrie spezialisiert hat. »Durch diese Investition und die Verbindungen zum saudischen Königshaus«, heißt es in dem Bericht weiter, »machte die Familie Bin Laden die Bekanntschaft einiger sehr einflussreicher Vertreter der Republikanischen Partei. Im Lauf der letzten Jahre haben George Bush sen., der ehemalige AußenministerJaimes Baker und der ehemalige Verteidigungsminister Frank Carlucci die Pilgerreise zum Familiensitz der Bin Ladens inDjidda, Saudi-Arabien, angetreten. Der frühere Präsident hält Reden im Namen der Carlyle Group und ist Berater für deren Asian-Partners-Fund, Mr. Baker tritt als ihr Anwalt auf und Mr. Carlucci hat den Posten des Aufsichtsratsvorsitzenden inne, heißt es in dem Artikel.

Hindustani Times, 28.9.2001

Haben die US-Offiziellen, als im Sommer die Vobereitungen des WTC- und Pentagon-Anschlags in die heiße Phase kamen und ruchbar wurden, genauso reagiert wie 1996, als sie dem auslieferungswilligen Sudan in Sachen Bin Laden mitteilten: »Lasst ihn gehen!«? Wurden die Ermittlungen des FBI gegen Osamas Brüder und ihre dubiose WAMY seitdem unterbunden, um den Kombattanten im Untergrundkrieg nicht zugefährden? Wurden Hinweise fremder Geheimdienste, dass die auch vom FBI observierten Flugschüler Atta & Co. den Großanschlag auf das WTC planten, vielleicht mit der internen Mitteilung beschieden: »Lasst sie machen!«? Dass zehn Minuten nach dem Anschlag die al-quaidisch-ladinistische Verschwörungstheorie und die Spur »Afghanistan« in die Welt gesetzt und seitdem nicht durch irgendeinen Beweis, sondern nur durch penetrante Wiederholung in den Rangeiner Tatsache gehoben wird, während nur zehn Meilen vom Pentagon entfernt die für den Luftraumschutz des Regierungsviertels zuständige Air-Force-Staffel am Boden bleibt und den Hijacker noch eine gemütliche Anflugrunde drehen lässt [146], bevor er zielgenau das Gebäude treffen konnte: All dies spricht eher für ein abgekartetes Spiel als für eine Kette tragischer Zufälle …

24.11.01

In Memoriam John O'Neill – der kaltgestellte Jäger Bin Ladens starb im WTC

Dass die US-Bundespolizei FBI an tiefergehenden Ermittlungen gegen das Netzwerk von Bin Laden spätestens seit 1996 gehindert wurde und seine in den USA lebenden und seit langem auf der Liste der Terrorverdächtigen stehenden Brüder nach dem 11.9. problemlos ausreisen konnten, hatten wir in der letzten Folge berichtet. In einem Anfang der Woche in Frankreich erschienenen Buch der beiden Geheimdienstexperten und Betreiber des Internetmagazins Intelligence Online, Jean-Charles Brisard und Guillaume Dasquié, [147] wird diese verbotene Wahrheit bestätigt: Der seit 1993 mit den Ermittlungen gegen Bin Laden betraute Abteilungsleiter des FBI, John O'Neill, trat im August dieses Jahres aus Protest gegen diese Behinderungen zurück. »Das größte Hindernis bei den Ermittlungen gegen islamistische Terroristen«, so O'Neill gegenüber den Autoren, »waren die Interessen der US-Ölkonzerne und die Rolle Saudi-Arabiens.« [148] Dass O'Neill nach seinem Rücktritt als Polizeidirektor den Posten als Sicherheitschef des World Trade Center annahm und bei dem Anschlag am 11.9. ums Leben kam, klingt wie ein Hollywoodplot, ist aber tragische Realität. Die Autoren haben ihr Buch John O'Neill gewidmet.

In seiner Rezension fasst Julio Goday einige Thesen von Brisard und Dasquié zusammen:

»Die Autoren schreiben, dass es das Hauptziel der USA war, das Talibanregime zu konsolidieren und sich so den Zugang zu den zentralasiatischen Ölreserven zu sichern. Bis Anfang August 2001 sahen die USA die Taliban als eine Quelle der Stabilität in Zentralasien, die den Bau einer Pipeline ermöglichen würde, die die Ölfelder Turkmenistans, Kasachstans und Usbekistans durch Afghanistan und Pakistan mit dem Indischen Ozean verbindet. Bisher, so heißt es weiter, wurden die Ölreserven Zentralasiens von Russland kontrolliert. Das wollte die Bush-Regierung alles ändern., Doch konfrontiert mit der Weigerung der Taliban, auf die US-Konditionen einzugehen, wandelten sich, so die Autoren, die energiepolitischen Anstrengungen in militärische. An einem bestimmten Punkt der Verhandlungen, so Brisard in einem Interview in Paris, sagten die US-Vertreter den Taliban: Entweder ihr akzeptiert unser Angebot eines Teppichs aus Gold, oder wir begraben euch unter einem Teppich aus Bomben.« [149]

Der Bombenteppich konnte mittlerweile, dem WTC-Anschlag sei Dank, problemlos ausgelegt werden. Da half es auch nichts mehr, dass sich die Taliban im Frühjahr zur Aufpolierung ihres Images eine PR-Repräsentantin in Washington zugelegt hatten. Da wirkte also kein bärtiger »Assassine« mit Fielmannbrille bzw. Augenklappe wie der Botschafter in Pakistan, sondern die professionell fesche Laila Helms [150], Tochter eines afghanischen Exministers und – nicht zu fassen! – Nichte des ehemaligen CIA-Direktors Richard Helms. Sie wird von Brisard und Dasquié als eine Art Mata Hari porträtiert, die die Händel zwischen

Taliban und CIA seit Beginn des Jahresinoffiziell orchestrierte. Helms brachte den engsten Berater des Talibanführers Mullah Omar nach Washington, um auf höchster Ebene zu verhandeln.

Durch das Embargo der UN waren die Taliban seit Jahresbeginn unter immer stärkeren ökonomischen Druck geraten. Sofort nach Bushs Machterschleichung hatte die US-Administration die Anstrengungen in Sachen Taliban und Pipelineforciert. Unter Schirmherrschaft der UN und moderiert von Francesc Vendrell, Kofi Annans persönlichem Referenten, fanden seit Anfang des Jahres einige diskrete »6+2«-Verhandlungsrunden statt, bei denen die sechs Nachbarländer mit den USA und Russland die Situation Afghanistans diskutierten. Bei einigen dieser Treffen waren auch Vertreter der Taliban anwesend, so auch während eines Meetings im Juli in Berlin, bei dem sich nach Angaben des ehemaligen pakistanischen Außenministers Niaz Naik die Diskussion auf die »Bildung einer Regierung der nationalen Einheit« zuspitzte: »Wenn die Taliban dem zugestimmt hätten, wäre sofort ökonomische Hilfe geflossen«, und, so fügte Naik in einem Interview im französischen TV hinzu, »die Pipelines aus Usbekistan und Kasachstan hätten kommen können«. Der Chefverhandler der USA bei diesen Meetings, Tom Simons, soll den Taliban und Pakistan ganz offen gedroht haben: »Entweder die Taliban verhalten sich, wie es von ihnen verlangt wird, oder Pakistanüberzeugt sie, dies zu tun, oder wir werden eine andere Option wählen.« Die Worte, die Simons in diesem Zusammenhang fallen ließ, lauteten angeblich: »eine militärische Operation«. Soweit der pakistanische Außenminister Naik, wie ihn Brisard und Dasquié zitieren, über die Verhandlungsrunden, die im Juli immer mehr auf die Kippe zusteuerten und am 2. August, nach einem letzten

Treffen von Talibanvertretern mit der Unterstaatssekretärin Christine Rocca, abgebrochen wurden. Im Februar hätten die Taliban noch angedeutet, dass sie Bin Laden unter Umständen ausliefern würden, aber im Juni, so Brisard und Dasquié, begannen die USA – eher an ihrer Pipeline als an Osama interessiert –, über militärische Aktionen nachzudenken. [151]

Waren es im Februar 2001 immer noch dieselben Überlegungen wie 1996, als der Sudan angeboten hatte, Bin Laden auszuliefern, aber die US-Regierung darauf verzichtete, weil sie laut Washington Post [152] entschied, sich seiner als nützlichem Mitstreiter in ihrem Untergrundkrieg weiter zu bedienen? Waren es dieselben Überlegungen, die dazu geführt hatten, das FBI bei der Untersuchung der Bombenanschläge auf die Khobat Towers in Saudi-Arabien 1996 und die USS Cole im Hafen von Aden im Oktober 2000 zurückzuhalten? Ebenso bei den Ermittlungen gegen die in den USA lebenden Mitglieder des Laden-Clans und ihre Aktivitäten für »wohltätige« Vereine? War John O'Neill – der »beste Terroristenjäger der USA«, wie ihn die New York Post einmal tituliert hatte diese verordnete Inaktivität im Juli 2001 einfach so leid, dass er als Veteran mit 30 Dienstjahren das Handtuch schmiss?

Anfang des Jahres hatte die US-Botschaft im Jemen seine Rückkehr ins Land zu weiteren Untersuchungen – u. a. im Heimatort von Bin Ladens Vater, aus dem einer der Selbstmordattentäter auf die USS Cole kam – aus »diplomatischen Gründen« blockiert: Seine Ermittler würden sich aufführen »wie Rambos«. »Ich hätte kein Terrorist sein wollen, der von ihm gejagt wird, ich habe erlebt, wie er Himmel und Erde in Bewegung setzt«, bekundete der Anti-Terror-Chef des britischen Scotland Yard in einem Nachruf auf den international geschätzten Kollegen. [153] Ein harter Hund also, dieser John O'Neill, genau der richtige für die Jagd auf fanatische Terroristen – solange sie nicht unter den Fittichen der CIA und der Öldiplomatie stehen. Aufgrund seiner »Dickköpfigkeit« und »Aggressivität« sei er des öfteren mit den Geheimdiensten und dem State Department aneinander geraten, berichtete die New York Times bei seinem Rücktritt im August [154], der von einer internen Ermittlung gegen O'Neill überschattet war: Bei einem Meeting in Florida hatte er im Hotel eine Aktentasche mit sensiblen FBI-Unterlagen vergessen, die verschwunden war, am nächsten Tag aber unangetastet wieder auftauchte. Obwohl er seinen Fauxpas sofort gemeldet hatte, wurden die Ermittlungen gegen ihn an die große Glocke gehängt – eine »Schmierenkampagne«, wie viele seiner Kollegen meinten, denn O'Neill war, ohne dass er sich darum gedrängt hätte, für den Posten eines Nationalen Sicherheitsberaters vorgeschlagen worden. So reichte es dann, nach einer glanzvollen FBI-Karriere und mit 50 im besten Alter, nur zum Security Chef der Twin Towers, wo er am 1. September seinen Dienst antrat. Nach dem Einschlag des ersten Flugzeugs telefonierte er mit seinem Sohn, dass er im Freien und in Sicherheit sei – dann ging er wohl in das Gebäude zurück, um bei der Rettung zu helfen, und kam ums Leben. Seine Überreste wurden mittlerweile geborgen.

Wenn der Regisseur Oliver Stone, der schon die Kennedy- und die Watergate-Verschwörung zu Filmen gemacht hat, auch die WTC-Conspiracy in Szene setzen würde, er fände in George W. Bush, der auf dem Ticket der Terroristenjagd Ölkrieg führt, und in John O'Neill, dem kaltgestellten Jäger Osama Bin Ladens, zwei überaus geeignete Protagonisten.

Wer John O'Neill war, hat der New Yorker in einem ausführlichen Porträt [155] geschildert. Es gibt sogar eine eigene Internetseite, die seinem Gedenken gewidmet ist. [156] Schon als kleiner Junge wollte John O'Neill zum FBI, und er brachte es dort so weit, dass er später gern mit einem Grinsen sagte: »Ich bin das FBI.« Im Juli 2001 verließ er seinen Traumjob als frustrierter, trauriger Mann. Hätte man ihn seinen Job machen lassen, dann wären die Terrorhäfen Saudi-Arabien und Jemen im Öl-Monopolyspiel der Bush-Regierung nicht sakrosankt und Bin Laden & Co. vielleicht schon vor dem 11.9. hinter Gittern gelandet. Dass sie unter der schützenden Hand der Geheimdienste und des State Department stehen, hatte O'Neill wohl zu spät bemerkt – sonst hätte er nicht den Fehler gemacht, sich davon frustrieren zu lassen und zu kündigen. Obwohl dieser Fall mit Sicherheit einer der tragischsten aller am 11. 9. ums Leben gekommenen Menschen ist, spielte der Tod O'Neills in den US-Medien kaum eine Rolle. Besser nicht dran rühren – die öffentliche Aufmerksamkeit, erst einmal geweckt, könnte ja eine falsche Richtung nehmen.

30.11.01
Die al-qaidisch-ladinistische Weltverschwörung

Was machen eigentlich die »Schläfer«? Wurde uns nicht in den Tagen nach dem Anschlag mit der Verschwörungstheorie »Bin Laden« auch die seines »Terrornetzwerks« Al-Qaida präsentiert, dessen Mitglieder unerkannt unter uns weilen, um jederzeit, nur von einem Codewort aus den Höhlen des Hindukusch aktiviert, unbarmherzig loszuschlagen? Warum schnarchen diese heimtückischen Assassinen weiter vor sich hin, während ihr Anführer gejagt und Afghanistan seit Wochen bombardiert wird? Hat das vielleicht damit zu tun, dass Al-Qaida als Netzwerk schlafender Terroristen gar nicht existiert?

Saad Al-Faghi jedenfalls, in England lebender Mediziner und saudischer Dissident, muss »wirklich lachen«, wenn er wieder einmal von Al-Qaida als dem Terrornetzwerk Bin Ladens hört. Er war als Arzt in Afghanistan und kennt die Szenerie des Jihad ebenso gut wie die Situation in Saudi-Arabien. Bin Laden hatte Mitte der 80er Jahre im pakistanischen Peschawar ein Rekrutierungsbüro für junge Araber eröffnet, die am Afghanistankrieg teilnehmen wollten. Anfangs erfolgten diese Rekrutierungen ohne jede schriftliche Aufzeichnung. Da sich aber immer häufiger besorgte Familien nach dem Verbleib ihrer Söhne erkundigten und Bin Laden keine Auskunft geben konnte, ließ er in Peschawar dann Eingangs- und Ausgangslisten mit Name und Datum führen. Al-Faghi dazu in einem Interview mit dem TV-Magazin » Frontline«:

»Ich muss wirklich lachen, wenn ich das FBI über Al-Qaida als Organisation von Bin Laden reden höre. Es ist eine ganz simple Geschichte: Wenn Bin-Laden-Leute aus Saudi-Arabien oder Kuwait empfing, tat er dies im Gästehaus in Peschawar. Von dort zogen sie auf die Schlachtfelder und kehrten zurück, ohne Dokumentation. Es gab nur einen freundlichen Empfang, und dann gehst du dahin, und nimmst am Krieg teil – eine sehreinfache Organisation. Dann wurde er bedrängt von besorgten Familien, die nach ihren Söhnen fragten – und er wusste es nicht, weil es keine Aufzeichnung gab. Also ließ er seine Leute in Peschawar Listen über jeden Araber führen, der unter seine Schirmherrschaft kam. Es wurde der Ankunftstag aufgezeichnet, und wie lange sie blieben – manche nur für zwei oder drei Wochen, um dann wieder zu verschwinden. Diese Aufzeichnung, diese Dokumentation, wurde ›Al-Qaida‹ genannt. Das ist Al-Qaida, überhaupt nichts Geheimnisvolles, keine Organisation wie eine Terroristenorganisation oder eine Untergrundgruppe. Für seine eigene Gruppe hat er meines Wissens nie diesen Namen benutzt. Wenn man sie benennen sollte, würde man ›Bin Laden-Gruppe‹ sagen – Al-Qaida ist nur die Liste all der Leute, die irgendwann in das Gästehaus in Peschawar kamen. Insgesamt bestimmt 20 bis 30 000 Leute, die man unmöglich verfolgen kann. Das meiste dazu ist ohnehin in den Händen der saudischen Regierung, denn die Leute benutzten saudische Airlines, zu einem stark verbilligten Preis. Nur 25 Prozent des normalen Preises nach Islamabad ...« [157]

Soweit die wenig dramatische Wahrheit über das diabolische Terrornetzwerk, die verborgenen Sturmtruppen aus dem Reich des Bösen, die unsere Zivilisation bedrohen: Al-Qaida – ein Haufen registrierter Billigflieger mit CIA-subventionierten Tickets. Für den Trip nach Peschawar wurde auf der bereits erwähnten Jihad-Weltkonferenz in New York ebenso getrommelt wie in über 30 US-Rekrutierungsbüros. In Aussicht stand für junge Muslime aus aller Welt ein »all-inclusive«-Abenteuercamp unter bewährter Leitung des charismatischen Kalaschnikowanimateurs Osama Bin Laden. Ein alter Hut, doch seit dem 11.9. wird er uns als das superklandestine Megaterrornetzwerk des 21. Jahrhunderts verkauft – bedrohlicher und heimtückischer als alle bekannten Terrororganisationen bzw. Freiheitskämpfer zusammen. Ein Staatsterrorist wie Scharon (siehe »3.3.02: The Kosher Conspiracy«) kann derzeit täglich Mordaktionen durchführen lassen, um die Palästinenser hernach zynisch zum Waffenstillstand zu mahnen, und sicher sein, dass dieser Terror im Westen als »gezielte Tötung« schöngeredet und akzeptiert wird. Al-Qaida und Bin Laden als neuer Ausgeburt des schlafenden Bösen sei Dank.

»Wenn dies eine Diktatur wäre, wäre alles ein ganzes Stück einfacher, so lange ich der Diktator bin«, sagte George W. Bush am 18. Dezember 2000 [158] – ein Satz, den man sich merken sollte, auch wenn alle über den Scherz lachten. Robert A. Wilson kommentierte damals: »Mit diesem Satz hat er mich nach 30 Jahren Gegnerschaft zur National Rifle Association überzeugt: Ich will eine Knarre!« [159] Mittlerweile hat Bush die Verfassung weitgehend eingeschränkt, militärische Standgerichte eingeführt und einen völkerrechtlich äußerst zweifelhaften Krieg begonnen – die al-qaidisch-ladinistische Weltverschwörung macht's möglich. In Deutschland wird wieder über die Vermessung von Nasen und Wangenknochen nachgedacht, »Biometrie« ist zumindest für Innenminister Schily ein geeignetes Mittel zur Terrorbekämpfung [160]: eine Selektion in Deutsches und Undeutsches, wie sie zuletzt während des Kampfs gegen die »jüdisch-bolschewistische« Weltverschwörung angesagt war. Doch es ist nicht Saddam, nicht Laden, noch sonst ein bärtiges Terrormonster – es ist Bush jun., der sich nach seiner Machterschleichung und dem WTC-Reichstagsbrand als eigentlicher Wiedergänger Hitlers erweist. Über 1 100 Ausländer in den USA werden seit dem 11.9. nach wie vor unter Kriegsrecht gefangen gehalten: ohne Anklage, ohne Anwaltskontakte, ohne Besuchserlaubnis. Viele sind einfach verschwunden, ohne dass auch nur ihr Aufenthaltsort bekannt ist. Die auf ihr patriotisches Bekennertum scharf überprüften Massenmedien berichten darüber nicht – oder bestenfalls deshalb, weil sich darunter auch 52 Israelis befinden, was laut New

York Times [161] strategisch ungeschickt sei, weil es dem Feind antisemitische Propaganda liefere. Die sehr weitgehenden, mit der US-Verfassung unvereinbaren Überwachungs- und Kontrollmechanismen der neuen »Home Security«- und Anti-Terror-Gesetze wurden im Parlament nahezu einstimmig angenommen, ohne dass, wie CNN – nicht mit kritischer, sondern mit stolzer Reporterstimme – berichtete, viele Abgeordnete die einzelnen Paragraphen und Details auch nur gelesen hätten. Für Francis A. Boyle, Professor für internationales Recht in Illinois, ist all dies ein Anschlag auf die Verfassung und ein »Staatsstreich«: »Die kritische Frage ist nur noch, wann FBI, CIA und die National Security Agency beginnen, die Macht, die sie unter (Justizminister) Ashcrofts Polizeistaatsgesetz haben, auch gegen amerikanische Bürger zu wenden. Dies wird ganz klar der nächste Schritt sein.« [162]

Patriot Act und die verlorene Freiheit

In einer eindringlichen Rede verteidigte Justizminister John Ashcroft heute das von der Regierung vorgelegte Anti-Terror-Paket und warf den Kritikern des Gesetzesentwurfs vor, den Terroristen den Rücken zu stärken, indem »sie den Feinden Amerikas Munition liefern«. Gestärkt durch Meinungsumfragen, denen zufolge die überwältigende Mehrzahl der Amerikaner den Regierungsvorstoß gegen den Terrorismus gutheißen, erklärte Ashcroft vor dem Justizausschuss des Senats: »Für diejenigen, die friedliebende Menschen mit dem Gespenst der verlorenen Freiheit zu schrecken versuchen, lautet meine Botschaft: Eure Strategie hilft nur den Terroristen.«

New York Times, 6.12.2001

Spurlos Verschwundene, wie sie aus lateinamerikanischen Militärdiktaturen bekannt sind, stehen auch in den USA jetzt auf der Tagesordnung, und wenn sich John Ashcroft mit seinem Vernehmungsersuchen für 5000 weitere Ausländerdurchsetzt, könnte es bald auch Internierungslager geben. Über die Wiederzulassung von Folter wird schon laut nachgedacht. Dies alles unter dem Signum »War on Terrorism«, »Infinite Justice« und »Enduring Freedom« – wäre es nicht schreckliche Realität, man könnte meinen, David Zucker hätte eine neue Bananenrepublik-Groteske abgedreht: »Der nackte Diktator 2,5«.

Bush als totalitärer Wiedergänger Hitlers? Wie sein Urbild beginnt er seinen Aufstieg zum großen Führer mit einer ideologischen Fiktion – der al-quaidisch-ladinistischen Weltverschwörung – und mit Hilfe eines Apparates, der weitgehend als Geheimbund organisiert ist. Außer Ollie North sind mittlerweile alle überführten und teilweise verurteilten »Iran-Contra«-Gangster [163] aus Vaters alter Terror-/Waffen-/Drogen-Seilschaft wieder an Deck und im Einsatz. Und das Tolle ist: Wer auf solche kleinen Geschmacklosigkeiten auch nur hinweist, ist sofort Antiamerikanist. Wie die Definitionsmacht über den Begriff »Terrorismus«, mit der die simplen Gästelisten aus den Söldnercamps zum Skriptbook einer durchorganisierten Weltverschwörung stilisiert werden, haben die Bush-Propagandisten und ihre Vasallen an der Medienfront auch die über den Begriff des »Amerikanismus« an sich gerissen. »Was deutsch ist, bestimmen wir! «, hieß es einst im Goebbels-Ministerium. Dabei war es damals so wenig antideutsch, gegen Hitler zu sein, wie es heute antiamerikanisch ist, gegen Bushs Ermächtigungsgesetze zu protestieren. Mit »Amerika« und allem, wofür dieser Name steht, hat der Bushismus nichts mehr zu tun.

Diese »bushistischen« Prognosen aus dem November haben sich leider als zutreffend, aber noch zu harmlos erwiesen. Was die Regierung Bush mit ihrem Gesetzespaket zur Homeland Security und dem Spitzelsystem »TIPS« mittlerweile auf den Weg gebracht hat, reibt sich zwanglos in die Tradition ein, die weiland mit der Gestapo begründet und mit der Stasi unter anderen Vorzeichen fortgesetzt worden ist: Vier Prozent der Bevölkerung sollen nach dem Willen des Justizministeriums ah August regelmäßig »verdächtige Aktivitäten« melden.

7.12.01
Turmopfer im geopolitischen Schach?

»Seit den Anfängen der Kontinente übergreifenden politischen Beziehungen vor etwa fünfhundert Jahren ist Eurasien stets das Machtzentrum der Welt gewesen … Inwieweit die USA ihre globale Vormachtstellung geltend machen können, hängt davon ab, wie ein weltweit engagiertes Amerika mit den komplexen Machtverhältnissen auf dem eurasischen Kontinent fertig wird – und ob es dort das Aufkommen einer dominierenden, gegnerischen Macht verhindern kann … Eurasien ist somit das Schachbrett, auf dem sich auch in Zukunft der Kampf um die globale Vorherrschaft abspielen wird.« [164]

Nicht nur die ersten Sätze aus Zbigniew Brzezinskis 1997 erschienenem Buch The Grand Chessboard lesen sich wie ein Skript des »war on terrorism« genannten Krieges gegen Afghanistan. Und es wäre naiv, Brzezinski (Jahrgang 1928) nach seinem Abgang als Jimmy Carters Sicherheitsberater für einen abgehalfterten Professor zu halten, der nicht weiter ernst zu nehmen ist. Als einer der Vordenker und Mitbegründer der Rockefeller-Thinktanks Council an Foreign Relations (CFR) [165]und der Trilateralen Kommission [166] hat er nach wie vor bedeutenden Einfluss. Zum Beispiel auf den Vizepräsidenten Cheney, der 1998 bekundete: »Ich kann mich an keine Zeit erinnern, in der eine Region so schnell strategisch bedeutend geworden ist wie die kaspische …« [167] – Cheney war damals noch als Chef von Halliburton, dem größten Ausrüster der US-Ölindustrie, der gerade das Pipelineprojekt durch Afghanistan projektiert hatte. Wegen der gigantischen Bodenschätze hat für Brzezinski »die Pipelinefrage für die Zukunft des Kaspischen Beckens und Zentralasiens eine zentrale Bedeutung«. In seinem vorausschauend »Der eurasische Balkan« genannten Kapitel über die Region heißt es weiter:

»Falls die wichtigsten Ölleitungen der Region weiterhin durch russisches Territorium zum russischen Absatzmarkt am Schwarzen Meer in Noworossijsk verlaufen, werden sich die politischen Konsequenzen, auch ohne dass die Russen die Muskeln spielen lassen, bemerkbar machen. Die Region wird eine politische Dependance bleiben und Moskau darüber entscheiden können, wie der Reichtum der Region verteilt werden soll … Amerikas primäres Interesse muss folglich sein, mit dafür zu sorgen, dass keine einzelne Macht die Kontrolle über dieses Gebiet erlangt und dass die Weltgemeinschaft ungehindert finanziellen und wirtschaftlichen Zugang zu ihr hat. Geopolitischer Pluralismus wird nur dann zu einer dauerhaften Realität werden, wenn ein Netz von Pipeline- und Transportrouten die Region direkt mit den großen Wirtschaftsknotenpunkten der Welt verbindet, über das Mittelmeer und das Arabische Meer ebenso wie auf dem Landweg.« [168]

Die Hervorhebungen »Weltgemeinschaft« und »geopolitischer Pluralismus« sind von mir und kennzeichnen den

Jargon, indem die Interessen der USA mit denen der Weltgemeinschaft und die Dominanz Washingtons mit »Pluralismus« gleichgesetzt werden. Nicht nur von Brzezinski, sondern auch von seinem Kollegen Samuel Huntington, den er in seinem Buch zitiert: »Die Fortdauer der amerikanischen Vorherrschaft ist sowohl für das Wohlergehen und die Sicherheit der Amerikaner als auch für die Zukunft von Freiheit, Demokratie, freier Marktwirtschaft und internationaler Ordnung in der Welt von zentraler Bedeutung.«

Zum Schlachtruf »Entweder für uns oder für die Terroristen« ist es von da nicht mehr weit. Andreas von Bülow weist darauf hin, dass geostrategische Studien wie Brzezinskis Chessboard oder Huntingtons Clash of Civilizations als Auftragsarbeiten der CIA in der Regel aus einem. allgemein gehaltenen, zur Veröffentlichung bestimmten Teil sowie aus einem unter Verschluss bleibenden Anhang mit konkreten Vorschlägen und Handlungsanweisungen bestehen. Wie diese aussehen, ließ sich auch schon vor dem 11.9.2001 mit »an Sicherheit grenzender Wahrscheinlichkeit« erkennen: » Covert Operations der Geheimdienste (sind) das Mittel der Wahl beider Durchsetzung amerikanischer Großmacht– und auch Wirtschaftsinteressen, während der Einsatz der Militärmacht eher unpopulär bleibt.« [169] Dies bestätigte eine CFR-Sprecherin in einer BBC-Sendung: Verdeckte Operationen seien »weniger teuer« und oft »effektiver« als offizielle Militäreinsätze.

Es geht um einen verdeckten Krieg, um ein Shoot-out in bester texanischer Tradition mit »dead or alive«-Steckbriefen, Aufrufen zur Lynchjustiz und der Einführung von Standgerichten. Selbst einer monströsen Terrorbande wie den Nazis wollten die Amerikaner nach Kriegsende mit zivilen, rechtsstaatlichen Methoden beikommen. Warum ist das mit dem zum Terrorprinzen aufgestiegenen saudischen Milliardärslümmel Bin Laden nicht möglich? Warum war zu keinem Zeitpunkt auch nur von dem Versuch die Rede, ihn vor den internationalen Gerichtshof in Den Haag zu bringen? Warum wurde der erste internationale Haftbefehl für Bin Laden bei Interpol 1998 nicht von Washington, London oder Berlinbeantragt, sondern von Tripolis, also von niemand anderem als ausgerechnet Moamar Al-Gaddhafi (der Osama für die Unterstützung islamistischer Terroranschläge in Libyen verantwortlich machte, bei dem u. a. zwei deutsche Geheimdienstmitarbeiter getötet wurden)? Warum lässt man unsere neuen Freunde von der Nordallianz, die das Land vor den Taliban als brutale Schlächter zugrunde richteten, nun als blutige Rächer zurückkehren? Sind wir damit, wie Robert Fisk im Independent meint [170], nicht endgültig auf die Seite von Kriegsverbrechern gewechselt? Warum finden die Statements der afghanischen Frauenorganisation RAWA, die auf diese grauenhafte Absurdität hinweisen, keinen Eingang in die Medien, geschweige denn ihre Vertreterinnen einen Platz am Petersberger Verhandlungstisch? Warum sieht sich der Ölriese Unocal, der mit den Taliban jahrelang intensiv über die Pipeline verhandelte, zu einem Statement genötigt, die Islamschüler zu keiner Zeit unterstützt und gehätschelt zu haben? [171] Könnte es sein, dass all dies mit einer Politik zu tun hat, die John Pilger [172], der Seniorkorrespondent des britischen Mirror, den »geopolitischen Faschismus« der USA nennt?

Richard Falk, Professor für internationale Politik in Princeton, hat das erklärt. »Westliche Außenpolitik, sagt er, »wird in den Medien selbstgerecht und moralisch einseitig dargestellt, mit positiven Bildern westlicher Werte und Porträts bedrohter Unschuldiger, die eine Kampagne unbegrenzter politischer Gewaltrechtfertigen. Der Aufstieg von Rumsfeld und seinem Vertreter Paul Wolfowitz sowie seinen Partnern Richard Perle und Elliot Abrams bedeutet, dass ein Großteil der Welt jetzt offen von einem geopolitischen Faschismus bedroht ist, der sich seit 1945 entwickelt und seit dem 11. September beschleunigt hat. Die amtierende Gang in Washington besteht aus authentischen amerikanischen Fundamentalisten. Es sind die Erben von John Foster Dulles und Alan Dulles, jener baptistischen Fanatiker, die in den 50er Jahren das State Department bzw. die CIA leiteten, Reformregierungen in einem Land nach dem anderen niedermachten – Iran, Irak, Guatemala – und internationale Verträge aufkündigten wie die Genfer Indochina-Vereinbarungen von 1954, deren Sabotage durch John Foster Dulles direkt zu Vietnam und fünf Millionen Toten führten. Die Twin-Tower-Attacken sorgten in Bushs Washington sowohl für einen Auslöser als auch für eine bemerkenswerte Koinzidenz. Pakistans früherer Außenminister Niaz Naik hat enthüllt, ihm sei von hohen amerikanischen Vertretern Mitte Juli gesagt worden, dass eine Militäraktion in Afghanistan Mitte Oktoberbeginnen würde. Außenminister Powell war damals in Zentralasien unterwegs und sammelte schon Unterstützung für eine antiafghanische Kriegskoalition.« [173]

Wenn bei einer Schachpartie der Verlust einer Figur zu einem strategischen Vorteil führt, spricht man von Opfer. Für den Laien sind solche Opferstrategien schwer zu erkennen, zumal wenn wichtige, scheinbar unersetzliche Figuren betroffen sind wie zum Beispiel zwei Türme. Der Profi freilich kann sich durchaus vorstellen, zwei Türme an der Heimatfront zu opfern, um sich dadurch tief in der gegnerischen Hälfte festzusetzen und einen unschlagbaren strategischen Vorteil – »globale Vorherrschaft« – zu erzielen, der das verlorene »Material« allemal wieder wettmacht. Es spricht sehr viel dafür, dass die geopolitischen Schachmeister in Washington die talibanische Attacke auf ihre Türme vorhergesehen und sogar aggressive Läufer wie den FBI-Jäger Bin Ladens, John O'Neill, zurückgepfiffen haben, um die gegnerischen Vorbereitungen nicht zu stören. Intellektuelle Vordenker wie Brzezinski und Huntington – Letzterer hat sich u. a. auch als CIA-Berater für die Aufstandsbekämpfung nach dem Sturz von Diktatoren einen Namen gemacht – hätten einfach ihren Job verfehlt, wenn sie in den unter Verschluss bleibenden konkreten Szenarien ihrer Studien nicht auch solche Opferstrategien durchspielen würden. Und wir wären einfach blind, wenn wir hinter dem menschelnden Jargon von »geopolitischem Pluralismus«, »Menschenrechten«, »freier Welt« und »humanitärer Intervention« nicht das auf Sieg und Vorherrschaft um jeden Preis programmierte »Great Garne« sehen würden.

Der Verdacht, dass es sich bei Osama Bin Laden um einen nach wie vor aktiven »inoffiziellen Mitarbeiter« britischer und amerikanischer Geheimdienste handelt, wird an der Historie seines Haftbefehls deutlich. Schon bei dem ersten WTC-Anschlag 1993 als auch bei den Bombardierungen der afrikanischen Botschaften und dem Anschlag auf die USS »Cole« im Jemen zählte Bin Laden zu den Hauptverdächtigen – doch ein internationaler Haftbefehl wurde nicht beantragt. Dass er von einem »Schurken« der »Achse des Bösen«, nämlich Gaddhafi, gestellt werden musste, macht Sinn. Seit die angloamerikanischen Ölkonzerne durch die libysche Revolution von den Energiequellen vertrieben wurden, nutzen Briten und Amerikaner islamistische Kräfte wie Bin Ladens »Al-Qaida« zur Destabilisierung der Regierung Gaddhafi. [174]

Eine Reuters-Meldung vom 9. Februar [175], dass sich Pakistans Militärherrscher Musharraf mit dem afghanischen

Präsident Karzai über die Wiederaufnahme des Pipelineprojekts verständigt hat, ging in der deutschen Presse bezeichnenderweise völlig unter – ebenso wie die Nachricht, dass Karzai vor seiner Karriere erst als Interims–, nunmehr als von der LoyaJirga gewählter Präsident im Gucci-Style in den 90er Jahre als Berater auf der Payroll der US-Ölindustrie, namentlich von Unocal, stand. Zuvor hatte sich Karzai beim Kampf gegen die sowjetische Besetzung Afghanistans als Vermittler zwischen CIA und Mujaheddin u. a. bei der Verteilung von Waffen verdient gemacht. [176]

11.12.01
Der Bush-Putsch

Auch drei Monate nach den Anschlägen auf das WTC und das Pentagon liegt immer noch kein Beweis für eine Verbindung der Täter mit Bin Laden und Afghanistan vor. Dass es zurückgehaltene Beweise gibt, die der Öffentlichkeit aus Gründen des Informanten- und Agentenschutzes verborgen bleiben müssen, glauben mittlerweile nicht einmal mehr die gutwilligsten Beobachter. Die Einführung von geheimen Militärtribunalen sorgt dafür, dass im Falle einer Gefangennahme Bin Ladens auch keine mehr vorgelegt werden müssen. Und im Zuge der neuen Gesetze zur »nationalen Sicherheit« hat Bush jun. jetzt auch die Akten über die Amtszeit seines Vaters in Sicherheit gebracht.

Selbst wenn Bin Laden und seine Bande mit dem WTC-Anschlag nichts zu tun haben sollten, sind seine Ziele und vor allem die Mittel ihrer Durchsetzung völlig indiskutabel. Doch wie jedem verdächtigen Kriminellen steht ihm und seinen Leuten ein Prozess zu. Oder wenn es sich um einen

Krieg handelt, müsste für sie die Genfer Konvention für Kriegsgefangene gelten. Man könne jedoch nicht erwarten, so Justizminister Ashcroft, dass die Verdächtigen, falls sie in Afghanistan gestellt würden, in die USA gebracht und angeklagt würden: »Sollen wir etwa dann hier eine Kabelstation Osama TV aufmachen oder so was und eine Plattform für weltweite Propaganda liefern?«, zitiert ihn die New York Times. [177]

Nun könnte ein TV-Duell von Dabbelju und Osama – von CNN und Al Jasira in alle Welt ausgestrahlt (by Courtesy of The Carlyle Group, der »Familienfirma« des Bush- und des Bin-Laden-Clans) [178] – allein durch seine globalen Werbeeinnahmen wahrscheinlich den kompletten Wiederaufbau des WTC und Afghanistans finanzieren – und der Propagandaeffekt wäre bei gleicher Redezeit so ausgewogen, dass sich jeder Zuschauer durchaus ein eigenes Bild machen könnte. Bin Laden danach, sofern gegen ihn Beweise vorliegen, zu bestrafen, am besten vor dem neuen UN-Gerichtshof, den die USA nach Kräften sabotieren (weil sie befürchten, wegen Terrorsponsoring selbst auf die Anklagebank zu kommen), das würde den »Werten des Westens« – den Menschenrechten, der Freiheit und der Demokratie –, die wir bei diesem Kreuzzug jeder »intelligenten« Bombe als Argument folgen lassen, die weitaus bessere Propaganda verschaffen. Und den Megaterroristen Bin Laden schlagartig entzaubern.

Bushs Politik der Geheimoperationen ist hingegen gleichsam die Garantie für das Gegenteil: aus Bin Laden einen Helden und Märtyrer zu machen und dem islamistischen Terror weltweit Auftrieb zu geben – als dem neuen »Reich des Bösen«. Genau das, was die einzige Weltmacht nach dem Abhandenkommen des Kommunismus so dringend braucht. Nach außen, um ihre geopolitischen Schachzüge als »humanitäre Intervention« und »Krieg gegen den internationalen Terrorismus« begründen zu können, nach innen, um die Rezession und den drohenden Kollaps des globalen Finanzsystems zu überspielen, durch »Al-Qaida«-Panik patriotischen Zusammenhalt zu stiften und die Gesellschaft durch Aushöhlung verfassungsmäßiger Freiheiten straff zu formieren.

Selbst Expräsident Jimmy Carter spricht im TV mittlerweile bereits von »Putsch«, und Scott Nelson, der ehemalige Anwalt von Richard Nixon, meinte bei einem aktuellen Senatshearing zu den neuen Sicherheitsgesetzen, dass die berüchtigten Geheimhaltungsmethoden von »Tricky Dick« Nixon ein »Kinderspiel« gewesen seien verglichen mit dem, was derzeit im Weißen Haus ablaufe. [179]Justizminister Ashcroft freilich verbittet sich jede Art von Kritik: »An alle, die friedliebende Leute mit Phantomen verlorener Freiheit erschrecken, ist meine Botschaft die: Eure Taktik unterstützt nur die Terroristen – sie untergräbt die nationale Einheit und schwächt die Entschlossenheit.« [180]

Direkter kann man die Forderung nach blindem Gehorsam nicht ausdrücken – und so wieder einen Grad von Demagogieerreichen, wie er im Westen seit den Zeiten McCarthys in Amerika und Hitlers in Deutschland eigentlich als ausgestorben galt. Dass die gestapo-ähnlichen Abhör- und Durchsuchungsgesetze der »Patriot«-Bill und die neue Ungleichheit vor dem Gesetz »nur« für die 20 Millionen in den USA lebenden Nicht-US-Bürger gelten, hat einen Aufschrei der Nation bis dato verhindert. (Auch die Masse der »Reichsdeutschen« protestierte bekanntlich nach dem Reichstagsbrand nicht gegen Hitlers diktatorische Sanktionen gegen Juden, Kommunisten und Ausländer.)

Doch ist die verlorene Freiheit für die über tausend seit Monaten ohne Rechtsgrundlage verhafteten »Verdächtigen« alles andere als ein Phantom; auch für die 68 000 Akten aus der Reagan-Ära und Vizepräsidentenzeit von Bush sen., die nach der üblichen Zwölf-Jahres-Frist seit Januar der Veröffentlichung harrten, bis Bush jun. das Gesetz am 1. November kurzerhand änderte, um sie weiter unter Verschluss halten zu können. Seine eigenen Akten, aus der Gouverneurszeit in Texas, hat er in der väterlichen »presidental library« ebenfalls unzugänglich gemacht. Warum? Die Antwort von John Dean, einem ehemaligen Rechtsberater des Weißen Hauses:

»Das Gesetz deutet an, dass Präsident Bush nicht nur nicht will, dass die Amerikaner wissen, was er tut. Er will sich auch keine Sorgen darüber machen, dass Historiker und andere es eines Tages herausfinden könnten ... Wenn Präsident Bush die Geheimhaltung im Stile Nixons fortsetzt, schätze ich, dass die Wähler ihm 2004 ein Nixonartiges Wahlergebnis des Nichtvertrauens bescheren. Geheimhaltung ist notwendig, um einen Krieg zu führen, aber nicht, um ein Land zu führen. Ich kann aus erster Hand versichern, dass ein Präsident, der im Geheimen agiert, nicht die besten Interessen der Amerikaner im Auge hat, sondern seine eigenen, persönlichen Interessen.« [181]

Dean, ein strammer Republikaner, spricht aus Erfahrung. Als Berater Nixons war er an der Watergate-Vertuschung beteiligt und kam damals wegen Aussageverweigerung sogar kurzzeitig in Beugehaft. Doch selbst Leute wie er müssen nach Ashcrofts neuestem Diktum als Unterstützer des Terrors gelten – ganz zu schweigen von kritischen Intellektuellen wie Noam Chomsky, dessen gesammelte Interviews zum WTC-Anschlag unter dem Titel 9/11 in den USA gerade als Buch erschienen sind: »Wir sollten erkennen, dass die Vereinigten Staaten in weiten Teilen der

Welt als der führende terroristische Staat angesehen werden – und das aus gutem Grund.« [182]

Aus eben diesem guten Grund muss Bush jun. wohl jetzt auch die »presidential records« aus der Reagan-Ära unter Verschluss halten. Nicht nur sind fast alle der damals im Zuge der Iran-Contra-Affäre [183]und des BCCI-Bankenskandals [184] « namhaft gewordenen Mitarbeiter wieder an Bord seiner Administration, sondern im Zentrum dieser 50-Milliarden-Dollar-Drogen-, Waffen-, Geldwäsche- und Terrorismusoperation aus den 80er Jahren taucht neben Bush sen. an prominenter Stelle auch Salem Bin Laden auf, der älteste Bruder Osamas. Über seinen US-Vermögensverwalter, James R. Bath, der in George W. Bushs erste Ölfirma Arbusto investierte [185] , und den Banker Mahfouz, dessen BCCI sich als Wäscherei für die »Iran-Contra«-Drogen und Waffengeschäfte betätigte, war Salem Bin Laden seit den 70er Jahren mit den Geschäften und der Politik der Bush-Familie verbunden. Schon hier ist die »Tiefenpolitik« von Öl, Drogen & Terror angelegt, wie sie Peter Dale Scott, Professor in Berkeley [186] , beschreibt und deren sichtbare Auswüchse wir im aktuellen »Krieg gegen den Terrorismus« gerade erleben.

Drogenhandel als Politik

Drugs, Oil and War geht der Frage nach, welche Faktoren der US-Strategie der indirekten Einflussnahme auf Länder der Dritten Welt durch Bündnisse mit Größen des internationalen Drogenhandels zugrunde liegen. Ursprünglich war die Strategie in den 40er Jahren entwickelt worden, um das kommunistische China in den Schranken zu halten; seither greift die US-Regierung immer wieder darauf zurück, wenn es gilt, sich die

Kontrolle über ausländische Ölressourcen zu sichern. Die Folge ist eine beängstigende Zunahme des weltweiten Drogenhandels und der Mafiaorganisationen, die darin verstrickt sind – ein Problem, das sich weiter verschärfen wird, solange kein Kurswechsel in der Politik stattfindet.

Peter Dale Scott, Drugs, Oil and War.
The Deep Politics of US–Interventions in Afghanistan,
Colombia and Indochina (erscheint 2003)

Die Konsequenzen, die ein alter Konspirationshase wie John Dean für Bushs Geheimpolitik voraussieht – dass die Bevölkerung Bush spätestens bei der nächsten Wahl das Vertrauen entziehen wird –, lässt für die Zukunft der Welt wenig hoffen. Nach seiner bisher extrem erfolgreichen Machterschleichung bleibt ihm, wenn sein Stern zu sinken droht, immer noch die Flucht nach vorn: in den Krieg.

Gegen Bushs neue Geheimpolitik haben mittlerweile zahlreiche Institutionen und Archive Klage eingereicht. Die Frechheit, auch die Akten seiner Gouverneurszeit in Texas unter dem Teppich der »Präsidentenfamilie« verschwinden zu lassen, hatte wohl einen guten Grund, der zu diesem Zeitpunkt öffentlich aber noch nicht bekannt war: die Pleite seines größten Wahlkampffinanzierers Enron, dessen Blitzstart an den Börsen mit den »Deregulierungen« der Energiegesetze durch Bush jun. in Texas einst begann. Die Geschäfte liefen dann so gut, dass allein der Enron-Konzern in der Folge vier Millionen Dollar locker machte, um den »erfolgreichen« Gouverneur als US-Präsident zu installieren.

15.12.01
Fakten, Fiktionen, Fakes …

Wie man durch Ansammlung bedeutungsloser Fakten die Fiktion dessen »Was wirklich geschah« konstruiert, demonstriert das Nachrichtenmagazin Spiegel in seiner gleichnamigen Serie. Mit minutiöser Faktenhuberei wird das Drama des WTC-Einsturzes nachgestellt und so getan, als ob eine ausufernde Beschreibung der Symptome die Ursache der »Krankheit« erklären würde. Dabei wird keine einzige der Dutzende offener Fragen und Widersprüche zur Ausführung und den Hintergründen des Anschlags auch nur beleuchtet.

Damit reiht sich auch das einstige deutsche Flagschiff eines »investigativ« genannten Journalismus in die Medienphalanx der Propagandawiederkäuer und Kriegsnebelwerfer ein – und hätte nicht der alte Rudolf Augstein [187]noch ab und zu ein paar lichte Momente, man könnte meinen, sämtliche Insassen des Spiegel-Hauses an der Brandstwiete seien nunmehr komplett verrückt geworden oder Opfer von Verschwörern, die Prozac oder ein anderes »Take-it-Easy«-Psychopharmakon ins redaktionelle Kaffeemaschinensystem eingeschleust hätten, das jeden kritischen Gedankengang schon im Kleinhirn eliminiert und in sternengesprenkelte Bannerwerbung verwandelt. Was in der hintergrundlosen Nullserie jetzt zum seitenweisen Ausbruch kommt – der ganze Aufguss ist in der Zwischenzeit auch als Buch erschienen [188]–, deutete sich schon in der »Originalberichterstattung« in den Wochen nach dem Anschlag an. Im kurzen Schluss, und jenseits aller Pressekodexe und Standesregeln, wurden Verdächtigungen und Vermutungen in den Bereich der Fakten und Tatsachenbeweise gehievt. »Was zählen Fakten, wenn man hasst«:

Vor diesem Motto, unter dem der Spiegel den Vater von Mohammed Atta porträtiert, sind die Redakteure, wie Uwe Galle in einer Dokumentation für das Schweizer Magazin Zeitfragen schön gezeigt hat [189], offenbar selbst nicht gefeit. Unsere kleine Randbemerkung, dass Spiegel online bei der Übersetzung eines langen Essays der indischen Autorin Arundhati Roy ausgerechnet jene zehn Zeilen ohne Auslassungszeichen verschwinden ließ, in denen sie den Rüstungskonzern Carlyle Group erwähnt, der bis vor kurzem Bush sen. zu seinen Repräsentanten und die Bin-Laden-Familie zu ihren Investoren zählte, passt da ins Bild. Denn wohin würde eine Recherche dieser Zusammenhänge den Blick lenken? Nicht nach Afghanistan, sondern nach Saudi-Arabien; nicht auf eine weltweite Phantomorganisation wie »Al-Qaida«, sondern auf diskrete Netzwerke von Öl-, Militär- und Geheimdienstaktivitäten; nicht auf zum Abschuss freigegebene mittelalterliche »Untermenschen« namens Taliban, sondern auf die Bonzenvariante dieses Mittelaltertums, das zutiefst undemokratische, frauenverachtende und korrupte Feudalsystem der Saudis; nicht auf irgendwelche unbedarften, gehirngewaschenen Flugschüler, sondern auf ihre perfiden und durchorganisierten Hintermänner; nicht auf die katastrophengeile Nachbuchstabierung der letzten Minuten an Bord der entführten Maschinen oder in den Türmen, sondern auf die himmelschreiende Frage, warum die nur wenige Meilen vom Pentagon entfernten Abfangjäger am Boden blieben.

Am 17. Oktober zitierte ich den Bericht der Times of India, der die Gründe für den überraschenden Rücktritt des Chefs des pakistanischen Geheimdienstes ISI, General Mahmud Ahmed nannte: Aufgrund von Telefonüberwachungen hatten der indische Geheimdienst und das FBI ermittelt, dass über einen von Ahmeds engsten Mitarbeitern im Sommer 100 000 Dollar an Mohammed Atta überwiesen worden waren.

Verglichen mit den wilden Vermutungen und Spekulationen über die Hintermänner, die bis dato zu Möglichkeiten, Wahrscheinlichkeiten, Wahrheiten aufgedonnert worden waren, schien das ein echter Nachrichtenbrocken, eine heiße Spur zu sein, doch abgesehen von ein paar Erwähnungen in den westlichen Medien sah sich kein investigativer Journalist, sei es beim Spiegel oder sonst wo, genötigt, der Sache nachzugehen. Es hätte ja, womöglich, den Blick weg von Afghanistan nach Pakistan gelenkt, nicht auf den jungen, ferngesteuerten Dorfprediger und »Staatschef« Mullah Omar, sondern auf seine Erfinder und Lenker wie General Ahmed, weg von den armen afghanischen Mohnbauern, hin auf die unter ISI- und CIA-Aufsicht operierenden Heroinlabors, weg von der gespenstischen Bedrohung durch fanatisierte Islamisten, hin zu ihren Ausbildern, Finanziers, Nutzern und Herren.

Nachdem er Jahrzehnte in Bibliotheken auf der Suche nach ungewöhnlichen Phänomenen verbracht und die vorliegenden Beweise und Zeugenberichte auf Karteikarten notiert hatte, veröffentlichte der amerikanische Schriftsteller Charles Fort 1919 sein Book of the Damned: ein Buch all jener Nachrichten über unerklärliche Ereignisse, die aus der Wahrnehmung verdammt wurden – nicht weil sie nicht stattgefunden hätten, sondern weil ihr Stattfinden mit den herrschenden Vorstellungen über die Naturgesetze bzw. dem. gesunden Menschenverstand nicht vereinbar waren. Uns interessiert der Radikalrationalist Fort (»Ich denke, also habe ich gefrühstückt«) hier aber nicht als Enzyklopädist des Unerklärlichen – sein Erbe wird von der Fortean Times [190] liebevoll weiter gepflegt, seine wichtigsten Bücher liegen bei Zweitausendeins in deutscher Übersetzung vor –, sondern als Erforscher jener verdammten Fakten, die trotz Unterbuttern, Übergehen, Ignorieren, Wegerklären die Eigenart haben, immer wieder als störendes Unkraut aufzutauchen.

Der CIA-Forscher und Ex-Drogen-Cop Mike Ruppert hat auf seiner Homepage z. B. eine ganze Reihe von solchen verdammten Beweisen über die kriminellen Machenschaften der US-Geheimdienste aufgelistet, die sich einfach nicht unterkriegen lassen, und jetzt auch eine Prämie von 1 000 Dollar ausgesetzt, wenn ihm jemand auf seinem Timetable des Vorauswissens über den WTC-Anschlag einen Fehler nachweist. [191] Anti-Conspiracy-Konspirologen können sich also noch eine Weihnachtsprämie verdienen – und der Spiegel (samt ARD, ZDF, FAZ, SZ et al.) einen Rehabilitationsversuch starten, indem er die verdammten Fakten endlich in den Blick nimmt.

Das Phänomen der selbstverordneten, vorauseilenden Gleichschaltung der Medien, die in Deutschland seit dem 11.9. noch sehr viel extremer als zum Beispiel in Frankreich oder England auftrat, verdiente eine ausführliche Untersuchung. Der (ebenfalls verdammte) Psychoanalytiker Wilhelm Reich hat in Massenpsychologie des Faschismus [192] die Formierung faschistischer Systeme als neurotische Konstellation beschrieben, die sich in der Mischung aus Freiheitssehnsucht und Angst vor der Freiheit, freiheitlichen Phrasen und autoritärem Führerprinzip äußert. »Neu am Faschismus ist«, so Reich, »dass die Menschenmassen praktisch ihre eigene Unterdrückung bejahten und herbeiführten. Die Autoritätsbedürftigkeit erwies sich stärker als der Wille zur Selbstständigkeit.« Den bejahenden, sich selbst unterwerfenden Bushisten und Bellizisten unserer Tage scheint es ebenso zu ergehen – und den Mietschreiberlingen scheint jeder Wille zum selbstständigen Gedanken wie weggeblasen. Freiheitliche Phrasen hingegen sprudeln nur so …

Dass nun nach drei Monaten von der CIA ein Amateurvideo »gefunden« wird, auf dem sich Bin Laden (bzw. ein ihm ähnlich sehender Mann) einem unbekannten Turbanträger gegenüber als Mitwisser des Anschlags zu erkennen gibt und dessen Gratulationen dafür entgegennimmt, ist als Zufallsfund nach einem Vierteljahr systematischer Fahndung mehr als dürftig – selbst wenn das Video, sofern es denn echt ist, als Beweis für die Mitwisserschaft Bin Ladens gelten kann. Es hinterlässt freilich nicht weniger, sondern mehr offene Fragen: Warum lancierte der Superterrorist, der seine Statements im militärischen Drillich abzugeben pflegte, dabei seine Beteiligung bisher abstritt und den Anschlag u. a. einer jüdischen Weltverschwörung zuschob, sein beiläufiges Selbstbekenntnis auf diesem Wege – statt mit dem Markenzeichen Kalaschnikow über den Sender Al Jasira? Oder hat er den Fund gar nicht lanciert, sondern ist das Band aus Versehen »in einem Haus in Jallalabad« liegen geblieben, so wie Attas Tasche mit dem Testament am Flughafen, so wie der Koran und die arabischen Flugunterlagen? Aber wen interessieren Videos in arabischer Sprache in Afghanistan, wo niemand arabisch spricht? Wenn es als Statement zur Verteilung in der arabischen Welt gedacht war, warum dann in dieser grottenschlechten Qualität? Wenn es sich um ein nicht zur Veröffentlichung bestimmtes privates Videotagebuch von Bin Laden handelt, wo sind dann die anderen Bänder? Wie viele wurden von der CIA noch »gefunden«? Und: Widerspricht nicht das Paradebeispiel für Bin Ladens diabolischen Zynismus – seine Aussage, dass außer den Piloten keiner der Mittäter von der Selbstmordmission wusste – der Version der bisherigen »Fundstücke«, des Testaments und der genauen Handlungsanweisungen für die Gruppe? Das neue Beweisvideo bietet dank miserabler Bildqualität, mangelhaftem Ton und dubioser Herkunft den Medien alle Voraussetzungen, weiter aus Möglichkeiten Wirklichkeiten und aus Fiktionen Fakten zu machen. Doch die verdammten, unpassenden Nachrichten werden nicht aufhören, weiter aufzutauchen.

Das Video wurde denn auch unpassenderweise kurz darauf durch das Fernsehmagazin »Monitor« in die Mangel genommen und stellte sich in Ton und Bild als offensichtlich manipuliert heraus – anders als das kurz nach den Anschlägen aufgetauchte Bekenntnisvideo, in dem Bin Laden jede Beteiligung abstreitet. Auch die in den folgenden Monaten nachgereichten »Videobeweise« erbrachten keine neue Evidenz.

29.12.01

Bürorechner überleben WTC-Crash, Flugschreiber nicht!

Außer den Geschäften mit Put-Option auf Airline-Aktien (siehe »20.10.01: Die Spur des Geldes« und »26.10.01: Manus Manum Lavat…«), deren beweiskräftige Rückverfolgung in die Raubritterburgen des Bankensystems bis dato unterblieben ist, ist nun ein weiterer Verdacht aufgetaucht, dass der WTC-Anschlag schon im Vorhinein bekannt war und dass dieses Vorauswissen zu Finanzspekulationen in noch viel größerem Ausmaß genutzt wurde.

Seit vergangener Woche arbeitet die deutsche Firma Convar, ein Spezialist für Datenrettung [193], im 24-Stunden-Einsatz daran, einen Verdacht zu erhärten (bzw. zu zerstreuen), der alle bisherigen Hinweise über Finanzspekulationen im Zusammenhang mit den Anschlägen in den Schatten stellt. In den Stunden vor und während der Attacke wurden bei den im World Trade Center angesiedelten Firmen ungewöhnlich viele Kreditkarten-Transaktionen registriert, die den üblichen Umsatz an normalen Dienstagvormittagen weit übersteigen. Die Rede ist von über 100 Millionen Dollar illegaler Transfers, die am 9. September über im WTC stationierte Computer gelaufen sein sollen. Convar ist nun damit betraut, die aus den Trümmern geborgene Hardware auf erhaltene Daten zu scannen, um so auf die Spur derjenigen zu gelangen, die möglicherweise hofften, dass durch die Zerstörung der Zentralrechner alle Spuren ihrer Transaktionen verwischt werden würden.

»Natürlich ist es auch möglich, dass es absolut legale Gründe für den ungewöhnlichen Umsatzanstieg gibt«, so Convar-Chef Peter Henschel, »es könnte sich ergeben, dass die Amerikaner an diesem Dienstagmorgen einfach einkaufsverrückt waren, aber bisher gibt es noch viele Transaktionen, die nicht zugeordnet werden können.« Den Angaben zufolge, die er gegenüber der Agentur Reuters machte, wurden der Firma bisher 32 Rechner überstellt, auf denen jeweils bis zu 40 Gigabyte Daten gespeichert waren. Zur großen Überraschung der Datenretter »waren viele der Festplatten in so guter Verfassung, dass wir sämtliche Daten auslesen konnten« [194]. Obwohl die Laufwerke von unter hohem Druck eingedrungenem Staub stark kontaminiert waren, konnten die Daten zu 100 Prozent gerettet werden.

Bedenkt man, dass von den acht Flugschreibern der Unglücksmaschinen nach offiziellen Angaben sieben zerstört sein sollen, klingt diese Aussage einer international renommierten Datenrettungsfirma ziemlich sensationell. Wie kann es sein, dass stinknormale Bürorechner im World Trade Center den Crash ohne jeden Schaden an ihrem elektronischen Gedächtnis überleben, gegen Bombenexplosion und Kerosinbrand geschützte, »unzerstörbare« Flugschreiber aber nicht? [195]

Der Verdacht, dass die Aufzeichnungen der Blackboxes nicht wirklich zerstört sind, sondern zurückgehalten werden, weil ihre Veröffentlichung die bis dato verbreitete Legende des Tathergangs unterminieren würde, kann auf diesem Hintergrund nicht mehr einfach als böswilliges Misstrauen abgetan werden. Jeder überlebende WTC-Datenträger, der von Convar-Spezialisten in Pirmasens mit ihrer speziellen Lasertechnik rekonstruiert wird, ist vielmehr ein Hinweis mehr darauf, dass in Sachen Flugschreiber etwas verschleiert wird. Spekulationen über eine »controlled demolition« [196] erhalten damit weiteren Auftrieb.

Insofern darf man auch skeptisch sein, ob die wiederbelebten Daten aus den WTC-Rechnern zur weiteren Aufklärung des Falls beitragen – auch dann, wenn sich der Verdacht erhärten ließe, dass über 100 Millionen Dollar illegal transferiert wurden, und wenn die Rekonstruktion der Transfers zu den Hintermännern führen würde. Verschärfte polizeiliche Aktivitäten wären ähnlich unwahrscheinlich wie die konsequente Weiterverfolgung der Spekulationen mit Put-Optionen. Auch sie werden wohl an den Offshore-Grenzen der Raubritterburgen des Kapitals enden. Kein Hahn kräht mehr nach den Recherchen des San Francisco Chronicle vom 29. September, denen zufolge ein Teil der Optionsaufträge vor dem 11.9. über die Alex Brown-Bank abgewickelt wurde, die der Deutschen Bank gehört und über ihren ehemaligen Leiter eng mit den Geheimdiensten verbunden ist. Man erinnere sich: Ihr Direktor »Buzzy« Krongard wurde ja nach der Übernahme durch die Frankfurter Großbank in die Leitung der CIA berufen und ist seit März dort die offizielle Nr. 3. Aufgrund welcher Qualifikation ein Banker zu einer Top-Position im Auslandsgeheimdienst prädestiniert ist, lässt sich unschwer erraten: Die inoffizielle Außenpolitik – das Terror-, Waffen- und Drogengeschäft – kann ohne diskrete Finanztransaktionen, vulgo: Geldwäsche, nicht bewerkstelligt werden. Darüber hinaus gilt Krongard als einer der Förderer von Investitionen in Software- und Hightechfirmen zur Entwicklung geheimdienstspezifischer Produkte.

Der Journalist Tom Flocco hat versucht, die engen Verbindungen von Geheimdiensten, Banken, der Börsenaufsicht sowie die sich verschleppenden bzw. ganz eingestellten Ermittlungen in diesem Fall zu recherchieren. Er stieß, wie zu erwarten, nicht auf neue konkrete Beweise und Spuren zu den vorauswissenden Spekulanten. Sein Report über die illegalen Aktivitäten der Alex Brown-Bank – und über die kürzliche Verurteilung des ehemaligen Wallstreet-Chefhändlers der Deutschen Bank Kevin Ingram wegen Geldwäsche – spricht dennoch Bände. So wie die nahezu unversehrten Festplatten aus dem WTC-Gebäude … [197]

Die nicht veröffentlichten Flugschreiberdaten nähren ebenso wie der nur in wenigen Auszügen publizierte Funkverkehr mit den entführten Maschinen weiterhin den Verdacht eines Vertuschungsversuchs. [198] Es gibt keinen Grund, diese Daten zurückzuhalten, außer dem, dass die schon jetzt klar ersichtlichen Ungereimtheiten der offiziellen Version offen zu Tage träten. Dass das Mysterium der unzerstörten Büro-PCs bei gleichzeitiger Totalzerstörung »unzerstörbarer« Flugschreiber kein Medienthema wurde, überrascht genauso wenig wie das Ausbleiben investigativer Berichte über die Spekulationsge-

schäfte, die über die Alex Brown-Bank und andere Geldhäuser abgewickelt wurden.

4.1.02 Wo blieb die Feuerwehr?

»Wir sind ziemlich gut, wenn die Bedrohung von außen kommt; aber wir sind nicht so gut, wenn sie von innen kommt«, so General Richard B. Myers vor dem Senat am 13.9.2001, bei einem Hearing zu seiner Nominierung zum Joint Chief of Staff, dem höchsten amerikanischen Militärsrang. [200] Der Journalist Jahred Israel, der auf seiner Website [200] die Mysterien des 11. September dokumentiert, vergleicht ihn mit einem Feuerwehrchef in Buffalo, nahe der kanadischen Grenze, der die simultane Brandstiftung in vier Schulen zugleich mit den Worten kommentiert:

Wir sind gut bei der Bekämpfung von Brandstiftern aus Buffalo, aber wer rechnet damit, dass sie sich aus Kanada einschleichen? ... Als die Alarmrufe eingingen, wie kann da auf der Feuerwache jemand wissen, dass die Brände von einem kanadischen Brandstifter gelegt wurden? Und selbst wenn sie es sofortgewusst hätten, warum folgten sie nicht dem vorgeschriebenen Procedere? Sie wissen schon: die Stange runterrutschen, den Mantel anziehen, in den Feuerwehrwagen klettern, die Sirene anwerfen. Warum tauchten sie überhaupt nicht auf, um das Feuer zu löschen? – Dasselbe gilt für den 11. September.« [201]

Die »Feuerwehrzüge« zur Überwachung des sensibelsten Stücks Luftraum der Vereinigten Staaten, der No-Fly-Zone über dem Regierungsviertel Washingtons, sind nur zehn

Meilen vom Pentagon entfernt, also quasi gegenüber, auf der Andrews Air Base stationiert: Militärjets, die »in highest state of combat readiness« auf Zuruf starten können, um vom Kurs abgekommene Maschinen zu eskortieren, um Druck auf falsch fliegende und unkooperative Piloten auszuüben und sie notfalls zur Landung zu zwingen sowie um die Präsidentenmaschine Air Force One, die ebenfalls von Andrews startet, zu schützen. Für alle diese »feuerwehrtypischen« Aufgaben haben die Luftüberwacher ihre Routinen und Vorschriften. Doch wie es am 11. 9. ausschaute, hätte ein Pilot wie Matthias Rust, der seinerzeit mit seinem Sportflieger auf dem Roten Platz landete, auch ungestört eine Bombenladung über dem Weißen Haus abwerfen oder in Friedensmission auf dem Rasen davor landen können, ohne dass irgendeine »Feuerwehr« auch nur ausgerückt wäre. Er hätte bloß von irgendeinem amerikanischen Flugplatz aus starten müssen, dann wäre er genauso wenig aufgehalten worden wie der American Airlines-Flug 77, der in aller Seelenruhe noch eine weite Anflugschleife drehen durfte, um das Pentagon-Gebäude punktgenau zu treffen.

Was wäre mit einem Passagierflugzeug einer ausländischen Fluglinie geschehen, das sich – aus Berlin, Moskau oder Peking kommend – abweichend vom Kurs den Regierungsgebäuden in Washington genähert hätte? Blieben die Abfangjäger am 11. September nur deshalb am Boden, weil die Bedrohung von inländischen Maschinen ausging?

Tapferer Abfangjäger

Am Sonntag, dem 16. September (2001), gab Vizepräsident Richard Cheney ein Fernsehinterview in der NBC-Sendung »Meet the Press«. In diesem Interview vermittelte er den Eindruck, es hätte, um Militärmaschinen aufsteigen und den American Airlines-Flug Nummer 77 abfangen zu lassen, bevor das Flugzeug auf das Pentagon stürzte, einer Anweisung des Präsidenten bedurft.

Mr. Cheney präsentierte diese Lüge nicht gerade heraus. Er tat vielmehr zwei Dinge. Erstens vermied er es, über das Versäumnis, Flug Nummer 77 abzufangen, überhaupt zu reden, und sprach stattdessen von den Entscheidungen, die Bush angeblich getroffen habe, nachdem die Maschine auf das Pentagon gestürzt war. Zweitens setzte er als gegeben voraus, dass zum Abfangen einer Verkehrsmaschine die Zustimmung des Präsidenten erforderlich sei, als handele es sich hierbei um eine anerkannte Tatsache. Auf dieser falschen Voraussetzung fügend, breitete er einen Nebelschleier emotionsgeladener Fehlinformationen aus, um Millionen von Amerikanern in die Irre zu führen, die sich die Frage stellten: Warum sind keine Abfangjäger aufgestiegen, um Flug 77 zum Kurswechsel zu zwingen, bevor die Maschine auf das Pentagon stürzte? Besitzen die USA kein Radar und keine Luftwaffe mehr? Es ist durchaus üblich, dass Regierungsvertreter versuchen, ein Kapitalverbrechen zu verschleiern und irgendeinen Subalternen dafür zur Verantwortung zu ziehen. In =›Meet the Press« hat Mr. Cheney jedoch eine andere Strategie eingeschlagen. Auf sein Geschick im Belügen der Öffentlichkeit bauend, hat er den Eindruck zu erwecken versucht, als sei kein Fehler gemacht worden, sondern ein tapferer Präsident habe, mit furchtbaren Alternativen konfrontiert, genau das Richtige getan.

http://emperors-clothes.com/indict/indict-2.htm

Neben der entscheidenden Frage nach den wirklichen Drahtziehern des Anschlags ist das Ausbleiben der »Feuerwehr«, die Frage, warum Flug 77 über eine halbe Stunde von seiner Route abweichen und unbehelligt auf das Pentagon zusteuern konnte, das vielleicht größte Mysterium dieses Falls – und dass die Flugschreiber nach diesem unfalltechnisch absolut typischen Absturz eines Jets auf ein vierstöckiges Bürogebäude komplett unlesbar sein sollen, der unglaublichste Zufall überhaupt. Dagegen wirkt selbst das scheinbare Kuriosum, dass der Pass eines der angeblichen Hijacker unversehrt zwei Blocks vom WTC aufgefunden wurde, noch völlig selbstverständlich: Ein Pass kann fliegen, wenn er von einer Explosion ins Freie geschleudert wird, eine »unkaputtbare« Blackbox aber kann unter den 100 Prozent normalen Umständen des Pentagon-Crashs nicht verbrennen. Und für den Fall, dass es, weil Murphys Law auch für Flugschreiber gilt, doch einmalgeschehen sollte, sind deshalb zwei dieser Geräte an Bord.

Auch wenn die Coverstory, die Vizepräsident Dick Cheney dazu präsentierte, indem er die Frage nach dem Ausbleiben eines Abfangversuchs mit Erläuterungen zum Ausbleiben eines Abschusses umschiffte, bis dato überall bereitwillig geschluckt wurde – der simple Vergleich mit der Feuerwehr macht den Skandal deutlich sichtbar: Es geht nicht darum, warum nicht »gelöscht« wurde, sondern vor allem um die Frage, warum die Feuerwehr so lange auf sich warten ließ, bis es längst zu spät war.

Auch die ab Februar aufgekommene Debatte um das »Pentagon-Mysterium« – die Behauptung, dass die Zerstörung des Verteidigungsministeriums nicht durch einen großen Boeing-Jet verursacht worden sein kann, bleibt irrelevant, solange die entscheidende Frage nicht beantwortet wird: wie es überhaupt möglich wurde, dass ein Flugzeug eine halbe Stunde völligunbehindert in der sensibelsten »No-fly«-Zone der USA manövrieren konnte.

10.1.02
The American Way of War

Nach dem Massenmord an etwa 3 000 Menschen beim Anschlag auf das Word Trade Center ist, einer beliebten Phrase zufolge, nichts mehr, wie es war. Eines aber geht mit Sicherheit weiter: das Massenmorden. Die Studie von Marc Herold [202], Ökonomieprofessor an der Universität New Hampshire, dürfte deshalb auch wenig Chancen haben, ins öffentliche Unbewusstsein zu rücken. Danach wurden allein zwischen dem 7. Oktober und dem 10. Dezember 2001 durch das amerikanische Bombardement in Afghanistan schon 3 767 Zivilisten ermordet.

Das berühmte Bibelwort von »Auge um Auge, Zahn um Zahn« ist nicht, wie oft missverstanden, ein Aufruf zur Rache, sondern im Gegenteil eine Mahnung zur Mäßigung derselben. Ginge es heim Kreuzzug des Westens tatsächlich um Moral und christliche Werte, wäre schon Anfang Dezember ein Stopp der Bombardements fällig gewesen. Doch von Nächstenliebe und den Geboten der Bibel wird in Bushs Amerika von durchgeknallten TV-Predigern nur gefaselt, de facto geht es den fundamentalistischen Ideologen im Bible Belt um dasselbe wie den ultra-orthodoxen Mullahs und Rabbis in Palästina und der arabischen Welt: die Massen zum Morden zu hetzen und sie bei diesem Geschäft des göttlichen Beistands zu versichern. Wer wird denn kleinlich Leichen zählen, wenn es gegen das ultimativ Böse schlechthin geht, wer wird sich mitethischen Bedenken blamieren, wo es gilt, den Antichrist auf seinem finalen Vormarsch zu stoppen bzw. den Gottesstaat Allahs global durchzusetzen? Marxens Kritik an der Religion als »Opium des Volkes« scheint eines Updates zu bedürfen, denn Anfang des 3. Jahrtausends fungiert das Religiöse offenbar weniger als traumauslösender Tranquilizer denn als ideologisches Amphetamin: Speed für den Krieg, zur Auslösung eines aktionistischen Tunnelblicks. Anders als mit einer solchen Unbewusstseinstrübung ist jedenfalls der achselzuckende Gleichmut, die eiskalte Ignoranz, mit dem die ermordeten Kinder, Frauen und Männer in Afghanistan aus der medialen Wahrnehmung ausgeblendet werden, kaum zu erklären – auch und gerade bei denen, die am 11.9. so vollkommen geschockt waren von dem erbarmungslosen Mord an »7 000 Unschuldigen«. Dass sich die Zahl der WTC-Opfer mittlerweile mehr als halbiert hat, während sie in Afghanistan Tag für Tag weiter steigt, ist nicht einmal eine Meldung mehr wert. Dass freilich der erste US-Soldat dieses Kriegs im feindlichen Feuer fiel, geht als Nachricht rund um die Welt. Ein geopferter Soldat auf inzwischen über 4 000 ermordete Zivilisten – diese Statistik kann sich sehen lassen. Die angeblichen 19 Hijacker, die am 11. 9. eine neue Bestmarke in mörderischer Effektivität setzten, sind nur wenige Wochen später ihren Terrorrekord schon wieder los. Und der neue »American way of war« [203] wird dafür sorgen, dass den USA diesen Spitzenplatz so schnell niemand mehr streitig macht.

Was ist nun von einem Sheriff zu halten, der bei der Jagd nach einer Mörderbande die ganze Stadt in Schutt und Asche legt und, statt die Täter aufzuspüren, einen unbeteiligten Bürger nach dem anderen umbringen lässt? Wie wäre ein befreundeter Dorf-Deputy einzuschätzen, der einem solchen Sheriff weiterhin »uneingeschränkte Solidarität« zukommen lässt? Und wie das Kartell der Gazetten und Medien, das diese brutale Berserkerei als unverzichtbare Medizin und zivilisatorische Maßnahme anpreist und die Bevölkerung stur heil auf die hassenswerte Bande und den heroischen Sheriff einschwört, obwohl die Täterschaft der ersteren nach wie vor völlig unklar, die »Heldenhaftigkeit« des letzteren aber täglich neue Leichen produziert? In welchem C-Klasse-Western sind wir hier eigentlich bzw. in welcher grandios auf massenkompatibles Dumpfniveau heruntergebrochenen psychologischen Operation, die dann in der Tat den Titel »Größte Gehirnwäsche aller Zeiten« [204] verdient?

Dieses flächendeckende Gehirnwäscheprogramm muss einer geschockten Bevölkerung nicht aufgezwungen werden, sie verlangt geradezu nach simplen und fassbaren Erklärungen, und je komplexer und verunsichernder die Realität ist, desto simpler dürfen die Erklärungen ausfallen – und desto wirkungsvoller arbeitet eine ultrasimple Verschwörungstheorie. Paradebeispiel ist eben die bis heute von keinem gerichtstauglichen Beweis erhärtete Theorie einer al-qaidisch-ladinistischen Weltverschwörung, der Bush jun. eine Popularität verdankt, wie sie seit Roosevelt kein amerikanischer Präsident mehr verzeichnen konnte. Und die es den USA ermöglicht, die globalen Ölressourcen widerspruchslos unter militärische Kontrolle zu nehmen. Mit der »Befreiung Kuwaits« wurden am Persischen Golf starke Militärbastionen errichtet, mit der »Befreiung Afghanistans« bzw. der »Zerschlagung von Al-Qaida« folgt dasselbe nun in Usbekistan und Afghanistan.

So ganz sang- und klanglos wird der Plot allerdings nicht über die Bühne gehen, zumindest wenn der US-Senat einer Petition [205] folgt, deren Fragen bei Nichtbeantwortung immer lauter und lauter werden dürften. Da sie die in diesem Tagebuch behandelten Merkwürdigkeiten gut zusammenfassen, seien sie hier resümiert:

1. Tausende von Put-Optionen auf United Airlines-Aktien, die in den Tagen vor dem 11.9. gekauft wurden,
2. Finanztransaktionen über 100 Millionen Dollar, die am 11.9. über im WTC stationierte Rechner abliefen,
3. die Flugschreiber (» black boxes «) der vier abgestürzten Flugzeuge,
4. die Handy-Anrufe der entführten Fluggäste, die nicht auf ihren Telefonrechnungen auftauchten,
5. sämtliche Gespräche der Luftraumkontrolle vom 11.9.,
6. die Augenzeugenberichte, dass Flug 93 (Pennsylvania) vor dem Absturz explodierte, sowie die noch 7 Meilen vom Absturzort entfernt gefundenen Wrackteile,
7. die Rolle von Unocal beim Bau einer Pipeline durch Afghanistan und die vor 2001 implementierten Pläne dazu,
8. die Rolle der Carlyle Corporation bei der Koordination der Ziele von Unocal und die vor 2001 implementierten Pläne dazu,
9. die Rolle von Fernsteuerungs-Einrichtungen bei den Crashs vom 11.9.,
10. George W. Bushs mögliches Vorwissen der Anschläge vom 11.9.,
11. die Rolle der Nordallianz bei der explodierenden Opiumproduktion nach der US-Intervention.

Als 12. Punkt würde ich noch die Frage nach dem Ausbleibender »Feuerwehr« hinzufügen (siehe »4.1.02: Wo blieb die Feuerwehr?«) – und verspreche, meinen Job als Teilzeit-Verschwörungstheoretiker umgehend an den Nagel zu hängen, wenn uns diese Fragen in ein paar Wochen in einem sauberen PDF-Dokument regierungsamtlich und beweiskräftig beantwortet werden. Nur bei Punkt 10 könnte man ein bisschen Nachsicht walten lassen, denn das Vorwissen der Dabbelju-Marionette ist grundsätzlich zweifelhaft. Vor einem Jahr hielt er »The Talibans« noch für eine Rockgruppe …

Keine dieser Fragen, gestellt am 10. Januar, ist bis heute einer Antwort auch nur nahe gekommen. Die Finanzspekulationen blieben ebenso unaufgeklärt wie die Flugschreiberdaten und der Funkverkehr. Das Mysterium angeblicher Handy-Gespräche ist zumindest, was Barbara Olson betrifft, mittlerweile noch unklarer geworden: Sie soll von einem Bordtelefon angerufen haben, was aber, wie Joe Vialls ausgeführt hat – siehe Anmerkung zum Kommentar vom 16.9. –, ziemlich unwahrscheinlich ist. Als Zeugenaussagen erster Hand müssten die Telefonate aus den entführten Flugzeugen bei den Ermittlungen eine wichtige Rolle spielen: Wer hat wann mit wem telefoniert und was genau berichtet? Damit – und mit den Tonbändern des Funkverkehrs – ließe sich ein dezidierter Ablauf der Entführungen ziemlich genau dokumentieren. Stattdessen wurden die Telefonate nur benutzt, um die emotionale Dramatik der Entführungen zu präsentieren sowie den heldenhaften Versuch, die Entführer der Pennsylvania-Maschine zu überwältigen. Und vor allem harrt das Mysterium Nr. 1, die angeblichen Teppichmesser, der Aufklärung. Mitte Januar hatte Präsident Bush den Kongress aufgefordert, keine tiefergehenden Ermittlungen zu den Hintergründen des 11. 9. anzustellen, da dies die nationale Sicherheit gefährden würde.

Im Sommer 2000 fragte ein Journalist den Präsidentschaftskandidaten, was er über die Taliban denke. George W. Bush zuckte nur ratlos die Schultern. Der Journalist musste ein bisschen nachhelfen (»Diskriminierung gegen Frauen in Afghanistan«), damit Bush wach wurde: »Die Taliban in Afghanistan!

Natürlich. Repressalien. Ich dachte, Sie sprechen über irgendeine Rockgruppe.«

Zit. n. Michel Chossudovsky, Global Brutal, Frankfurt 2002, S. 12

2.2.02
Vom Al Capone-Kiez nach Pipelineistan

Inter arma silent leges –unter Waffen schweigen die Gesetze. Ciceros berühmtes Diktum aus den großen Zeiten des römischen Imperiums hat im amerikanischen Imperium seine Gültigkeit nicht verloren. Wenn wir im TV die Bilder von den Kriegsgefangenen aus Guantanamo Bay sehen (dass sie ausgerechnet Fidel Castro untergejubelt werden, ehemals selbst einer der Kandidaten auf der Abschussliste der CIA, ist natürlich eine besonders feinsinnige Pointe), die da in Käfigen stecken, wie sie in ethisch fortgeschrittenen Regionen nicht einmal mehr Hühnern zugemutet werden, könnte man gar ins Zweifeln kommen, ob sich die Zivilisation in den letzten 2000 Jahren überhaupt weiter entwickelt hat.

Zwar ist, anders als bei den Römern und Griechen, Sklavenhaltung mittlerweile gesetzlich verboten, tatsächlich aber hat der »zivilisierte« Westen seine rechtlosen menschlichen Arbeitstiere aber nur außer Sichtweite verfrachtet, in die Sweatshops der Dritten Welt. Zwar ist, nach allen demokratischen Verfassungen, das Volk der eigentliche Souverän und Korruption gesetzlich untersagt, tatsächlich aber zeigt Enrongate, dass letztlich derjenige politischen Einfluss hat (und dann zum Beispiel die Energiegesetze schreibt), der sich die meisten Politiker kauft. Zwar gelten im Namen von Humanität und Menschenrechten Krieg und Gewalt nur als Ultima Ratio, de facto aber sind sie die gängige Fortsetzung dieser korrupten Politik mit konsequenteren Mitteln. There's no business like war business. [206]

Inter arma silent media. Im Zeitalter der römischen Imperatoren spielten die Medien noch keine große Rolle, sonst hätte Cicero auch die Medien schweigen lassen. Und auch dieses ungeschriebene Gesetz hat unter Kaiser George W. noch seine Gültigkeit. Wäre da nicht ein kleines virtuelles Dorf, das wie die Gallier in Kleinbonum erbitterten Widerstand gegen die Römer und das lärmende Schweigen der Medien leistet und auf seinem Marktplatz im Internet ohne Unterlass unterdrückte Nachrichten austauscht.

Wie zum Beispiel Sherman Skolnick [215], der, wie einst »Der Chef« als Kriminalist im Rollstuhl, seit Jahrzehnten korrupten Richtern und Politikern auf der Spur ist und uns im vierten Teil seiner »Enron-Black-Magic«-Serie [208] in eine der Schaltstationen des Amerikanischen Imperiums führt, in der die Gültigkeit der ciceronischen Gesetze sehr wohl bekannt ist: nach Cicero, Chicago. Das ist jener einst als Al Capone-Kiez berüchtigte Stadtteil, in dem der US-Geheimdienst im Zweiten Weltkrieg mit den Top-Mafiosi die Invasion Italiens einfädelte und den Grundstein für die CIA-Mafia-Vatikan-Rattenlinie [209] legte. Hier residierte in den 70er Jahren als Erzbischof auch Paul »Gorilla« Marcinkus, als späterer Chef der Vatikanbankeiner der schillerndsten Kriminellen, den der Heilige Stuhl je zu seinen Stützen zählte. Skolnick war der Koalition von Geheimdiensten und Mafia schon auf der Spur, als bei der First National Bank in Cicero zu Marcinkus' Zeiten Millionen aus den Bilanzen verschwanden (u. a. zur Terrorfinanzierung) und die Richter sich aus Gründen der »nationalen Sicherheit« weigerten, den Fall zu untersuchen. [210] Ähnlich untätig waren sie 1992, als Kardinal Marcinkus vor einem europäischen Haftbefehl in seine alte Heimat geflüchtet war, wo er einen beschaulichen Lebensabend verbringen konnte. Ein hohes Mitglied der Chicagoer Konkursaufsicht, der als Zeuge vor Gericht zu Betrügereien und gefälschten Bilanzen bei der First National aussagen sollte, wurde einen Tag vor Weihnachten 1991 erschossen aufgefunden. Als Bilanzprüfer der zum Rockefellerimperium zählenden Bank, die häufig den Namen wechselte und als Alter Ego der Geldwäsche-, Terror- und Drogenbank BCCI gilt, fungierte die ebenfalls in Chicago angesiedelte Zentrale des Consultingkonzerns Arthur Andersen [211] – just dieselben Wirtschaftsprüfer, die auch im aktuellen Enron-Fall die Verluste jahrelang unter der Decke hielten und Akten schredderten. Dass jetzt mit dem ehemaligen Enron-Vizedirektor Clifford Baxter [212] einmal mehr ein Mann, der zuviel wusste, auf merkwürdige Weise ums Leben kommt [213] , kann natürlich reiner Zufall sein. Doch von Tag zu Tag wird offensichtlicher, dass Enron für die US-Mobster letztlich nichts anderes darstellt als Gasprom für die Russenmafia. [214] Wobei Erstere ihre Pfründe freilich nicht nur in den lokalen, sondern in den globalen Ölreserven sehen: Ende der 70er kaufte sich Enron einen Gouverneur, um die texanische Energieversorgung zu »deregulieren«, Ende der 90er einen Präsidenten, um derlei Deregulierung nunmehr notfalls mit anderen Mitteln auch in Pipelineistan [215] durchführen zu können. Da die Medien über den Sturz des Enron-Riesen nicht schweigen können, dürfte dabei auch das eine oder andere Licht auf die Hintergründe des 11.9. fallen – und die auf den frisch installierten Präsidenten zurollende ökonomische Depression, die dank des Kriegseintritts jetzt vorerst mit einer gigantischen Neuverschuldung überspielt werden kann.

Unterdessen tauchen in den Weiten des Webs auch wieder Nachrichten von Delmart E. Vreeland auf, jenem kleinen Agenten des Navy-Geheimdienstes, den wir bereits (siehe »4.11.01: Osama meets CIA«) porträtiert haben – als möglichen Vorauswisser des WTC-Anschlags bzw. als Möchtegern-James-Bond. Im Rahmen der Gerichtsverhandlung gegen Vreeland wurde jetzt einer der kryptischen Notizzettel, die er im August der Gefängnisleitung übergeben hatte, veröffentlicht [216]– und zwar der, der mit der Liste: »Sears Towers, Chicago?«, »World Trade Center?«, »White House?«, »Pentagon?« beginnt. [217]

Während der Verhandlung kam es zu einer weiteren krimi-reifen Bestätigung dafür, dass es sich bei Vreeland offenbar tatsächlich um einen verdeckten Geheimdienstmitarbeiter handelt und er keineswegs, wie die US-Navy behauptet, 1986 entlassen wurde. Um die Identität seines Mandanten zu verifizieren, führte der Anwalt mitten im Gerichtssaal ein Live-Telefonat: Er wählte die Nummer des Pentagon, ließ sich mit dem »Department of Defense« verbinden und fragte nachdem Büro von Lt. Delmart Vreeland. Einen Moment später bestätigte der Operator Vreelands Eintrag, seinen Rang als Leutnant, seine Raumnummer und die Direktdurchwahl. Der Staatsanwalt jedoch wollte diesen beeindruckenden Beweis nicht gelten lassen: Der (seit Monaten inhaftierte) Angeklagte hätte offenbar Möglichkeiten gefunden, das Telefonverzeichnis des Pentagon über Computer zu manipulieren …

Der Fall Vreeland wird uns also weiter beschäftigen, als ein möglicher Kandidat für das unvermeidliche Leck jeder Großkonspiration. Seine Anwälte sind überzeugt, dass sie das (beim Vorwurf des Kreditkartenschwindels absolut untypische) Auslieferungsbegehren der USA noch Jahre lang hinauszögern, wenn nicht ganz abwenden können. Wenn

Vreeland in seiner Zelle am Leben bleibt – was man ja nie wissen kann – und weitere Details über sein Vorauswissen offenbart, dann könnte das für die Wahrheitsfindung im WTC-Fall noch von Bedeutung werden. Da Kanada nicht im Krieg ist, schweigen die Gesetze und die Medien dort noch nicht so ganz …

Wenn Oliver Stone das Drama um die »9/11«-Verschwörung verfilmt, wäre der windige Undercoveragent Vreeland neben dem im WTC tragisch ums Leben gekommenen Bin Laden-Fahnder John O'Neill eine weitere spannende Figur. Er wurde wenige Wochen später aus dem Gefängnis entlassen und kämpft jetzt gegen das Auslieferungsbegehren der USA.

18.1.02
Enrongate

Die tragische Geschichte von John O'Neill, dem obersten Terroristenjäger der USA, der aus Frustration über die Behinderungen seiner Fahndung nach Bin Laden seinen Job kündigte und im World Trade Center umkam, schlägt mittlerweile auch in den USA Wellen. Selbst CNN sah sich genötigt, auf diesen Fall und das bereits erwähnte Buch von Jean-Charles Brisard und Guillaume Dasquié, das ihn enthüllte, einzugehen.

Der Experte, den CNN dazu befragte, der ehemalige UN-Waffeninspektor und jetzige Angestellte des Rockefellerinstituts Council an Foreign Relations, Richard Butler, strengte sich nicht besonders an, die Thesen des Buchs abzulehnen oder zu kritisieren – was umso erstaunlicher ist, als Brisard und Dasquié u. a. unter Berufung auf John

O'Neill behaupten, dass eine mögliche Gefangennahme Bin Ladens verhindert wurde, um amerikanische Ölinteressen nicht zu gefährden. So wurden O'Neill und seine FBI-Fahnder nach den Anschlägen auf die US-Kaserne in Khobar und auf das US-Schlachtschiff Cole davon abgehalten, in Saudi-Arabien und im Jemen nach den Tätern zu fahnden. Und während der Pipelineverhandlungen mit den Taliban soll deren Angebot einer möglichen Auslieferung Bin Ladens von den US-Vertretern deshalb abgeschlagen worden sein, weil die Afghanen in diesem Fall eine höhere Beteiligung an den Pipelinegewinnen verlangten. Butler meint im CNN-Interview dazu ziemlich lakonisch:

»Da haben wir das Öl, und das ist eine fundamentale Sache. Diese grundlegende Realität sollten wir nicht aus den Augen verlieren. Die Bevölkerung der Vereinigten Staaten repräsentiert fünf Prozent der Weltbevölkerung und verbraucht 40 Prozent des Öls der Welt. Deshalb ist Öl eine so wichtige Sache ... und es gibt bedeutende Ölvorräte in Zentralasien. Der beste Weg, sie auf das Meer zu bekommen, wäre, eine Pipeline durch Afghanistan zu bauen. Das ist das Netz, und ich glaube, uns werden nicht alle Fakten berichtet. Es wird abgestritten, dass bestimmte Meetings stattgefunden hätten, obwohl sie tatsächlich stattfanden. Die interessanteste Sache, von der diese französischen Autoren berichten, ist, dass sie Archive einsehen konnten. Wir konnten ihren Akzent nicht genau verstehen, aber ich weiß, was das bedeutet: Sie hatten Zugang zu Aufzeichnungen diplomatischer Konversationen.« [218]

Doch selbst ohne Einblick in Diplomatenprotokolle lässt sich mittlerweile feststellen, dass die Agenda des so genannten »war on terrorism« in Afghanistan letztlich aus zwei Buchstaben besteht: Öl! Der auf dem Bonner Petersberg zum Chef der afghanischen Interimsregierung ernannte Hamid Karzai fungierte bei den Pipelineverhandlungen mit den Taliban als Berater im Auftrag des US-Konzerns Unocal [219] , und der neue US-Sonderbeauftragte für Afghanistan, Zalmay Khalilzad [220] , der Anfang Januar in Kabul eintraf, stand jahrelang ebenfalls auf der Payroll des multinationalen Ölriesen in Houston. Khalilzad, in Kabul geborener US-Bürger, diente unter Bush sen. als Unterstaatssekretär im Verteidigungsministerium und war als Unocal-Mann von Mitte der 90er Jahre an maßgeblich an den Pipelineverhandlungen mit den Taliban beteiligt. Noch 1997, als die Menschenrechtsverletzungen des Regimes schon offensichtlich waren, schrieb er in der Washington Post ganz im Sinne seines Arbeitgebers: »Die Taliban praktizieren keinen Anti-US-Fundamentalismus wie etwa der Iran. Wir sollten willens sein, das anzuerkennen, und humanitäre Hilfe und internationale Förderung des ökonomischen Aufbaus anbieten. Es ist Zeit für die USA, sich zu re-engagieren.« [221] Bei seiner ersten Pressekonferenz in Kabul bezeichnete Khalilzad die Taliban nun freilich als Sponsoren des internationalen Terrorismus und kündigte an, die USA würden ihre Kampagne fortsetzen, bis sie und ihre Alliierten in Bin Ladens Al-Qaida-Netzwerk ausgeschaltet seien. Nun denn … Dass auf einer milliardenteuren Großbaustelle keine versprengten Partisanen und potenziellen Saboteure gebraucht werden können, ist eigentlich logisch. Dass es aber primär um die Baustelle und die Geschäftsinteressen der beteiligten Unternehmen geht – und eben nicht in erster Linie um die Befreiung der Welt von Terroristen –, kann bei der personellen Besetzung der Top-Positionen in Regierung und US-Botschaft nur noch einem Blinden verborgen bleiben.

Und als ob diese Hinweise noch nicht ausreichen würden, um die öltriefende Agenda des Afghanistankriegs zu verdeutlichen, lassen sich auch an der Heimatfront die gut geschmierten Zusammenhänge von Bush-Politik und Ölgeschäft kaum länger verbergen: »Enrongate«, der Skandal um die größte Pleite der US-Finanzgeschichte [225], führt geradewegs wieder hinein in. den konspirativen Sumpf von Vetternwirtschaft, Korruption und Betrug, den Bush jun. nach seinem dubiosen Wahlsieg dank des »war on terrorism« scheinbar abgeschüttelt hatte – und zurück zu seinen eigenen Insidergeschäften als Direktor von Harken Energy, einer Ölexplorationsfirma, Anfang der 90er Jahre. Wie bei Enron, wo die Direktion vor der Pleite noch schnell Kasse machte, verkaufte auch George W. Bush sein Aktienpaket für knapp eine Million Dollar wenige Wochen, bevor Harken mit Beginn des Golfkriegs »überraschend« Konkurs ging. [223] Wie Enron die Hauptquelle der Wahlkampfspenden von Bush jun. darstellte, zählten die Investoren von Harken zu den wichtigsten Finanziers des Seniors. Und wie dort Dokumente über die betrügerischen Transfers verschwanden, wurden Untersuchungen des Harken-Insiderdeals von seinem Vater seinerzeit niedergeschlagen, wobei der vom Junior unlängst im Handstreich liquidierte » Freedom of Information Act« [224] die Veröffentlichung von Akten aus dieser Zeit künftig verhindert und die Bestückung der Aufsichts- und Treuhandfirmen, die jetzt den Enron-Betrug [225] untersuchen sollen, mit Bush-Männern eher für Vernebelung als für Aufklärung sorgen wird.

Tom Flocco und Michael Ruppert haben im 3. Teil ihrer Serie »Profits of Death« [226] weitere Parallelen recherchiert. Für sie ist der Fall Harken »the mother of all Enrons«. Und zwei Banken, die Faysal Islamic Bank of Bahrain und das Kuwait Finance House, die seinerzeit in die Geschäfte verwickelt waren, stehen heute auf der Liste der verdächtigen Institute in Sachen Terrorfinanzierung – allerdings nur auf den Listeneuropäischer Fahnder. Von George W. Bushs Einfrierprogramm blieben sie bis dato verschont. Die beiden in Verdacht geratenen Banken unterhalten ihre Korrespondenzkonten just bei jenem internationalen Großinstitut, dessen US-Ableger Alex Brown im Zusammenhang mit den Spekulationen vordem 11.9. unangenehm auffiel: der Deutschen Bank.

Wenn schon CNN mittlerweile über die Hintergründe der Resignation des Top Bin Laden-Fahnders John O'Neill berichtet, wäre es dann nicht für ARD & Co. auch an der Zeit, Ermittlungen gegen die Deutsche Bank aufzunehmen?

Vergleicht man den gigantischen Untersuchungsaufwand des Whitewater-Grundstücksskandals und der Praktikantinnenaffäre von Bill Clinton, die auf 70 Millionen Dollar Kosten beziffert werden, mit der Behandlung des politisch um ein Vielfaches bedeutsameren Skandals um Enron, den größten Finanzier der Bush-Kampagne, wird ein auffallender »doublestandard« der Medienaufmerksamkeit erkennbar. Der amtierende Präsident kann offenbar mit Schonung rechnen, dem »war on terrorism« sei Dank.

Der »Freedom of Information Act« wurde nicht »im Handstreich liquidiert«, wie oben behauptet, doch das Justizministerium wies alle Behörden darauf hin, dass sie unter Berufung auf die nationale Sicherheit ab sofort befugt seien, Akten nach ihrem Gutdünken zurückzuhalten. [227]

Ähnliche Freiheiten nimmt sich auch der TV-Sender CNN heraus. Das oben wiedergegebene Zitat von Richard Butler verschwand nach kurzer Zeit aus dem angegebenen CNN-Transcript. Dennoch war dieser Text am 10.1.2001 ca. 14 Uhr MEZ_ als ich die Übersetzung anfertigte, dort so wiedergegeben. Dummerweise habe ich aus dem Online-Dokument zitiert und mir erst einige Zeit später (16.10 Uhr) eine Kopie gemacht. In der Zwischenzeit muss das Dokumentvon CNN »aktualisiert« worden sein, denn auch meine Kopie enthält schon die jetzt publizierte Version. Da es sich nicht um eine »spielentscheidende« Aussage handelt – und Google keine Ergebnisse bei der Suche nach dem »Original« brachte –, habe ich das nicht weiter recherchiert. Es zeigt aber, wie Aussagen von Insidern, die ein bisschen frei von der Leber weg geplaudert haben, im Nachhinein frisiert werden.

11.2.02
Die verbotene Wahrheit

Das Buch »La Vérité interdite« der französischen Autoren Jean-Charles Brisard und Guillaume Dasquié, aus dem wir im Zusammenhang mit dem tragischen Tod des Bin-Laden-Jägers John O'Neill schon zitiert hatten, ist nun auch in deutscher Sprache erschienen. [228] In der Schweiz versucht ein dort lebender und mittlerweile eingebürgerter Bruder Osamas, Yeslam Bin Laden, mit einer einstweiligen Verfügung die weitere Auslieferung des Buchs zu verhindern.

»Alle Antworten, alle Schlüssel zur Zerschlagung von Osama Bin Ladens Organisation liegen in Saudi-Arabien«, hatte FBI-Direktor O'Neill in einem Interview mit den Autoren im Juli 2001 gesagt und auch die Gründe dafür genannt, warum er von seinem Posten als Top-Terroristen-Jäger zurückgetreten war: »Das größte Hindernis bei den Ermittlungen gegen islamistische Terroristen waren die

Interessen der US-Ölkonzerne und die Rolle Saudi-Arabiens.« Wie diese Interessen dazu führten, ein pipelinefreundliches Regime in Afghanistan zu installieren und bis zum August 2001 in Geheimverhandlungen mit den Taliban darüber zu verhandeln, beschreiben die beiden Geheimdienst- und Finanzspezialisten anhand von Geheimdienstdokumenten, Zeugenaussagen und diplomatischen Quellen im ersten Teil des Buchs. Deutlich wird hier vor allem der Umschwung, den die unter Federführung der UN bis Ende 2000 gut fortgeschrittenen, multilateralen Verhandlungen mit der afghanischen Regierung nahmen, als Bush jun. ins Weiße Haus einzog. Ende September 2000 hatte der stellvertretende Außenminister der Taliban noch einen Vortrag in Washington gehalten und Zugeständnisse bezüglich der Menschenrechtsforderungen und des Problems Bin Laden in Aussicht gestellt – was allgemein als deutliche Erwärmung der Beziehungen gedeutet wurde. Eine Stabilisierung des Landes, die dem Westen so wichtig war, schien unmittelbar bevorzustehen. Doch mit der Amtsübernahme von Bush änderten sich der Ton und die Situation. Neben den »6+2«-Gruppengesprächen (der Nachbarländerplus USA und Russland) nahm Washington wieder direkte bilaterale Gespräche mit den Taliban auf. »Wohl, um nicht aus der Übung zu kommen«, bemerken Brisard/Dasquié dazu süffisant. Wenige Monate später, bei einem letzten Treffen in Berlin im Juli 2001, drohte der Vertreter der US-Administration den Taliban dann offen mir militärischen Aktionen.

Im zweiten Teil des Buchs fächern die Autoren ein weiteres Hintergrundszenario auf, das nicht nur für die Aufklärung der Vorgänge um den 11.9., sondern auch für die Eindämmung des Terrorismus in Zukunft von zentraler Bedeutung ist: die saudi-arabischen Netzwerke des islamischen Fundamentalismus. Die Finanzquellen dieses »Reichs aller Gefahren« speisen sich, neben dem Multimilliardenimperium der Königsfamilie und ihrer 4000 Prinzen, vor allem aus dem ebenfalls milliardenschweren Finanz- und Beteiligungsnetz zweier Familien: der Bin Laden und der Bin Mahfouz. Clanchef Khalid Bin Mahfouz (geb. 1928) ist mit Osama Bin Laden nicht nur verwandtschaftlich – eine seiner Töchter ist eine der Ehefrauen Osamas –, sondern über mehrere in England, Sudan und Saudi-Arabien ansässige Firmen auch geschäftlich direkt verbunden. Zudem ist er, auch nach Schließung der BCCI, als Finanzmogul die Zentralfigur in dem nach wie vor bestehenden Beteiligungsgeflecht, das die Bank einst mit dem Zielaufbaute, ein islamisches Gegengewicht zu den Investmentbanken der Wall Street aufzubauen (ähnlich wie die Enron-Betrüger ein texanisches Gegengewicht zu den Finanzjongleuren der Ostküste etablieren wollten). Der luxuriöse Zweitwohnsitz von Khalid Bin Mahfouz liegt seit 1981 passenderweise in Houston, Texas – und schon lange, bevor er mit Osama Geschäfte machte, zählte zu seinen frühen Bankkunden nicht nur die Familie Bush. Er verwaltete auch die Privatkonten von General Noriega, dem netten Hurensohn von Bush sen.

Die Familienholding Saudi Bin Laden Group, aus der Osama offiziell ausgeschieden ist, ist über eine Vielfalt von Unternehmen und Beteiligungen mit dem Mahfouz-Imperium verknüpft, unter anderem mit der in Genf ansässigen Saudi Investment Company (SICO), die Osamas Bruder Yeslam leitet. Yeslam Bin Laden hat, wie eingangs bemerkt, die Auslieferung der deutschsprachigen Ausgabe des Buchs in der Schweiz mit einer einstweiligen Verfügung gestoppt. In Deutschland ist es weiterhin erhältlich, und nach Einschätzung des Verlags kann auch die Schweiz bald wieder mit Nachlieferungen versorgt werden. Da die Autoren in diesem Buch alle ihre Quellen streng dokumentieren und sich spekulativer Behauptungen durchweg enthalten, scheint das Buch in der Tat juristisch wasserdicht zu sein – so sehr, dass die präzise Aufzählung von Namen, Adressen, Beteiligungen, Querverbindungen den unbedarften Leser fast schon wieder verwirrt. Für Kriminalisten und Fahnder aber dürften diese Verbindungen von großem Interesse sein, wenn sie denn, was John O'Neill verwehrt wurde, der Erdölmonarchie am Golf und ihren fundamentalistischen Finanzscheichs irgendwann auf die Finger klopfen dürften.

Verglichen mit diesem aus riesigem Ölreichtum gespeisten Finanznetzwerk muten konventionelle Terrorgruppen wie etwa die deutsche RAF in den 70er Jahren, die sich das Kapital für ihre Aktivitäten zuvor durch Bankraub beschaffen mussten, fast an wie eine Variante von Räuber Hotzenplotz. Clans wie die Bin Mahfouz oder die Bin Laden gehören zu den reichsten Familien der Welt – und Brisard/Dasquié räumen in einem weiteren Kapitel mit der Mär auf, dass es sich bei Osama um einen verlorenen Sohn und abspenstigen Rebellen dieser Dynastien handelt. Wie wenig der Mythos eines Abtrünnigen auf Osama Bin Laden zutrifft, wird schon darin deutlich, dass der erste internationale Haftbefehl auf den angeblich seit Anfang der 90er aktiven Terroristen erst 1998 ausgestellt wurde – beantragt nicht aus Washington, London oder Berlin, sondern aus Tripolis. Die Behörden Gaddhafis machten Bin Laden und Komplizen der Al Muqatila, einer radikalen Sunnitengruppe, unter anderem für den 1994 begangenen Mord an zwei Mitarbeitern des deutschen Bundesamts für Verfassungsschutz – Silvan Becker und seiner Ehefrau – verantwortlich.

Der Hintergrund dieser Geschichte zeigt die Verstrickung des Westens mit ihrem angeblichen Erzfeind: Mit der libyschen. Revolution war nicht nur British Petroleum (BP) von den Ölquellen vertrieben worden, zudem stand der Oberst Gaddhafi auch für einen liberalen, aufgeklärten Islam, was wiederum zu einer Interessenskoalition von islamistischen Fundamentalisten und britischem Geheimdienst führte, der 1996, so Brisard und Dasquié, mit Kämpfern der Al Muqatila die Ermordung Gaddhafis plante. Nicht nur in den 80er Jahren, als Bin Laden das saudische Kontingent von Gotteskriegern gegen die Sowjets in Afghanistan anführte, sondern auch danach arbeitete der Westen eng mit Osama zusammen und nutzte ihn, wenn nicht als direkten Agenten, so doch als Werkzeug zur gewaltsamen Durchsetzung seiner außenpolitischen Ziele.

Dennoch halten es Brisard und Dasquié für falsch, Bin Laden als »Geschöpf der CIA« zu bezeichnen:

»Wenn die Vereinigten Staaten Bin Laden unterstützt haben, so war dies weitestgehend die unbeabsichtigte Folge ihrer eigenen Ambitionen in der Region. Dagegen ist die Unterstützung durch Saudi-Arabien Teil einer bewusst betriebenen, klaren und unmissverständlichen Politik zum Zwecke der weltweiten Stärkung des Islam. Im Lichte dieser Enthüllungen erscheint Osama Bin Laden in erster Linie als ein Produkt des Wahhabismus und als Instrument des saudi-arabischen Königreichs.« [229]

Solange allerdings die Terrorförderung dieses Königreichs unantastbar bleibt, um die amerikanischen Geschäfte mit der Erdölförderung nicht zu behelligen, solange die jahrzehntelangen Geschäftsverbindungen der ölgetränkten Bush-Administration mit der Saudi-Diktatur ein Tabuthema bleiben, solange kann von wirklichen Erfolgen im Kampf gegen den islamistischen Terror kaum die Rede sein. Mit der Veröffentlichung von Brisard und Dasquié ist das Tabu jetzt zumindest auf dem Tisch, in Frankreich schon auf Platz 1 der Bestsellerliste. Von der deutschen Ausgabe wurden nach Angaben des Verlags in den ersten zwei Wochen schon über 20 000 Exemplare ausgeliefert, in den USA ist, wen wundert's, bisher noch kein Verlag gefunden worden. Doch dies wird, bei dem Aufsehen, das das Buch in Europa erregt hat, nicht lange auf sich warten lassen. Dass seine Hinweise nicht nur beiden Lesern, sondern auch bei den Entscheidungsträgern der internationalen Gemeinschaft ankommen, bleibt zu wünschen, denn die Forderung an die USA ist überfällig, in ihrem Krieg nicht nur die Häfen des Terrors trockenzulegen, die auf dem geopolitischen Schachbrett gerade opportun erscheinen, sondern vor allem jene, die für den gefährlichsten Arm des Terrors den materiellen und ideellen Hintergrund liefern.

Dass nur in Saudi-Arabien die Quelle des Al-Qaida-Terrors trockengelegt werden kann – wie es schon der ums Leben gekommene Topfahnder O'Neill tun wollte und gehindert wurde –, ist nach der wohldokumentierten Studie der beiden französischen Autoren offensichtlich geworden. Geschehe nist in dieser Richtung bis dato nichts. Das nach den beseitigten Taliban nunmehr rückständigste islamistische Regime der Welt – selbst der fundamentalistische Iran ist ein wenig demokratischer als die Saudi-Monarchie – erfreut sich dank US-amerikanischer Protektion besten Rückhalts. Die tiefen und langjährigen Geschäftsverbindungen der Bush-Familie und der US-Ölindustrie in die Region sorgen dafür, dass der undemokratische Schurkenstaat Saudi-Arabien wie auch die anderen feudalistischen Öl-Dynastien in der Nachbarschaft ein Dauerabonnement für die »Achse des Guten« haben.

Dass der saudische Dissident Osama Bin Laden von den USA weitgehend unbeabsichtigt zu dem aufgebaut wurde, was er wurde – wie Brisard/Dasquié meinen –, und ein Werkzeug Saudi-Arabiens ist, scheint mir allerdings eher zweifelhaft.

In der Schweiz lässt Yeslam Bin Laden nicht locker. Er hat über eine Berufungsinstanz das Vertriebsverbot für Die verbotene Wahrheit vorübergehend wieder in Kraft gesetzt. Der Pendo Verlag ruft jetzt das Bundesgericht an.

18.2.02
Propagandamythen aus dem Führerbunker

Vor 25 Jahren wurde Bob Woodward zu einem der Heroen des investigativen Journalismus, als er in der Washington Post den Watergate-Skandal aufdeckte. Sein Insider-Protokoll zum 11.9. zeigt indessen, dass der Held von einst heute nur noch unkritische Hofberichterstattung betreibt.

Dass ich die offiziellen Erklärungen zu den Vorfällen am 11.9. von Anfang an bezweifelte, war weniger ein Anfall geistiger Klarsicht, sondern eher ein gefühlsmäßiges Unbehagen. Irgend etwas schien mir überhaupt nicht zu stimmen, aber ich wusste nicht, was. Der verschwörungstheoretische Blick auf die Ereignisse war eher aus dieser Not geboren als aus der Absicht, irgendeine Verschwörung nachzuweisen, war eher ein tastender Orientierungsversuch im Nebel als ein zielgerichteter, planvoller Aufklärungsversuch. Dass sich dieser Kommentar dann zu einer quasi unendlichen Geschichte ausweiten sollte, war weder gewollt noch abzusehen, doch dass es so kam, hat einen ganz einfachen Grund: Von Tag zu Tag wurden die Ungereimtheiten der offiziellen Version größer und die scheinbar »verrückte« verschwörungstheoretische Perspektive erwies sich als weitaus realitätstauglicher und näher an der »Wahrheit« als die »nüchterne«, angeblich objektive des Medien-Mainstreams.

Mittlerweile bin ich überzeugt, dass die eigentlichen Verschwörungstheoretiker des 11.9. nicht bei telepolis und auf verschiedenen Seiten im Internet auftauchten, sondern über CNN, AP, ARD, ZDF, RTL, Spiegel, FAZ, Bild ... und alle anderen Kanäle publizierten: Bis heute haben sie uns zur Erklärung der Anschläge auf WTC und Pentagon nichts anderes präsentiert als eine al-qaidisch-ladinistische Weltverschwörungstheorie, für die auch fünf Monate nach der Tat kein einziger gerichtstauglicher Beweis vorliegt. Sang- und klanglos ist der personifizierte Weltfeind Nr. 1 denn auch mittlerweile aus den Nachrichten verschwunden, ob »dead or alive«, spielt keine Rolle mehr. Er hat seine Schuldigkeit als Fratze des Bösen getan. Auch Al-Qaida, das »weltumspannende Netz« gefährlicher Selbstmordattentäter und »Schläfer« – was machen die eigentlich, auf wen warten die, was verschlafen die, haben die keinen Wecker? –, diese 30 000 Namen umfassende Gästeliste aus Bin Ladens Gästehaus in Peschawar, wird als Hintergrund zunehmend unbedeutend und ist schon einem völlig abstrakten Bedrohungsszenarium durch »Terror« und neuerdings einer »Achse des Bösen« gewichen.

Mit der Aufklärung des Falles, die Fahndung nach den Tätern und Hintermännern, hat der »war on terrorism« nichts mehr zu tun.

Als ich mir am Tag danach, am 12.9., »das Unvorstellbare« probehalber als »inszenierte Katastrophe« vorstellte, dürfte ich mit meiner Mutmaßung einer radikalen Minderheit angehört haben. Mittlerweile sieht das etwas anders aus, und die Aktionen der Vereinigten Staaten machen deutlich: Es geht nicht um die Aufklärung des Falles und die Überführung der Täter, sondern uni militärische Züge auf dem geopolitischen Schachbrett. Essenzielle Fragen zum Tathergang fallen in ein Grab des Schweigens und gehen im Gedröhne von Krieg, Aufrüstung und Stars & Stripes unter.

Die merkwürdige Ungerührtheit des Präsidenten, als ihm die Nachricht in der Schule von seinem Assistenten zugeflüstert wird, hat mittlerweile eine Erklärung gefunden: Bush war schon vor seinem Schulbesuch über die Vorgänge in New York informiert. Aber es bestand offenbar keine Eile. Genauso wenig wie für den höchsten Militär des Landes, General Richard Myers, der in Washington zusammen mit einem Senator ein Arbeitsfrühstück einnahm. Während die beiden WTC-Türme getroffen wurden und ein entführter Jet auf das Pentagon krachte, redeten die beiden gemütlich weiter. Dass der Chairman of the Joint Chiefs of Staff, der Oberkommandierende der Armee, in so einem Fall nicht informiert wird, kann eigentlich auch nur damit zu tun haben, dass kein dringender Handlungsbedarf gesehen wurde [230]. Der einzige, der es an diesem Morgen eilig zu haben schien, als er am Telefon von der Attacke erfuhr, war Außenminister Powell. Er brach das Frühstück mit Alejandro Toledo, dem neuen peruanischen Präsidenten, ah und machte sich sofort auf den Rückflug. Vizepräsident Dick Cheney wurde derweil im Eilschritt von Sicherheitsbeamten des Weißen Hauses in den Bunker gebracht.

Bob Woodward, die Watergate-Koryphäe der Washington Post, fasst in seiner Insider-Protokollserie, die auf direkten Interviews und Notizen der Beteiligten basiert, die Aktivitäten der Regierungsspitze vom 11. bis zum 20.

September zusammen. Im Bunker erreichte Cheney ein Telefonat von Präsident Bush aus der Air Force One: »Wer immer das getan hat, wir werden ihnen in die Ärsche treten.« Abgesehen von derlei Originalton-Kleinoden trägt Woodwards ausführlicher Bericht allerdings wenig zur Aufklärung des Falles bei. Fast hat man bei der Lektüre den Eindruck, dass, so wie ihm damals als jungem Reporter von bestimmten Geheimdienstkreisen die Informationen zugespielt wurden, die zur Aufdeckung von Nixons »Klempnertruppe« führten, ihm nunmehr als Starjournalisten aus anderen Geheimdienstkreisen Details zukommen, die eher zur Vernebelung und zur Legendenbildung um Bushs Kriegskabinett beitragen.

Eine der himmelschreiend offenen Fragen des Dramas vom 11.9. – warum die Luftabwehr die Pentagon-Maschine fast eine Stunde unbehelligt ihr Ziel ansteuern ließ, auch dann noch, als bereits zwei entführte Jets in die WTC-Türme geflogen waren – geht in Woodwards minutiösem Protokoll folgendermaßen unter:

»Im Bunker des Weißen Hauses näherte sich ein Militäradjutant dem Vizepräsidenten: Da ist ein Flugzeug 80 Meilen draußen‹ ,sagte er, ›es ist ein Kampfflugzeug in der Nähe. Sollten wir eingreifen?‹

›Ja‹, antwortete Cheney, ohne zu zögern.

Um den Vizepräsidenten sitzen (Condoleezza) Rice, der Amtschef des Weißen Hauses Joshua Bolten und Cheneys Chief of Staff Lewis ›Scooter‹ Libby gespannt, als der Militäradjutant seine Frage wiederholt, diesmal mit mehr Dringlichkeit. Das Flugzeug war jetzt 60 Meilen entfernt. ›Sollen wir eingreifen?‹ ›Ja‹, antwortete er wieder.

Als das Flugzeug näher kam, wiederholte der Adjutant die Frage: ›Steht die Order noch?‹ ,

›Natürlich tut sie das‹, schnappte Cheney.

Es war ›offensichtlich eine sehr bedeutsame Aktion‹, sagte Cheney in einem Interview. ›Du forderst von amerikanischen Piloten, auf einen Jet voller Zivilisten zu feuern. Auf der anderen Seite hatte ich ja direkt vor Augen, was mit dem World Trade Center geschehen war, und es war mir klar, dass ein entführtes Flugzeug eine Waffe darstellen kann.‹« [231]

Das war's. Erstaunlich, dass auch im Bunker offenbar keinerlei Eile besteht. Die entführte Maschine nähert sich Washington, der Adjutant fragt einmal, zweimal, dreimal, erhält jedes Mal eindeutige Antworten, aber es geschieht nichts. Statt diese kafkaeske Situation aufzulösen und das Ausbleiben der Feuerwehr (siehe »4.1.02: Wo blieb die Feuerwehr?«) zu thematisieren, lässt Woodward Cheney dann noch einmal sein inneres Drama rekapitulieren, wie in einem schlechten Hollywoodfilm. Und Schnitt. Von hier schweift der Artikel dann ab zum Absturz der Pennsylvania-Maschine.

Den Einstieg in sein Protokoll über »Amerikas chaotischen Weg in den Krieg« nimmt Woodward über die Bunkersitzung am Abend des 11.9., deren Teilnehmer Bush, Cheney, Powell, Rumsfeld, Rice und CIA-Chef Tenet sich um 21.30 Uhr treffen: »Intelligente was by now almost conclusive that Osama Bin Laden and his al Qaeda network, based in Afghanistan, had carried out the attacks.« Die Geheimdienste waren sich zu diesem Zeitpunkt also »nahezu schlüssig«, dass Bin Laden und seine Al-Qaida die Anschläge ausgeführt hatte. Woher diese Schlüssigkeit kam, wird nicht erwähnt – auch nicht im zweiten Teil der Serie, die den nächsten Tag beschreibt, an dem »für (CIA-Chef) Tenet die Beweise gegen Bin Laden schlüssig waren« – »game, set, match« –, wobei als Grund nur angeführt wird, dass bei drei der Hijacker Verbindungen nach Afghanistan nachgewiesen seien. That's it. Ansonsten spielt die Frage nach Beweisen für die Täterschaft, an der doch der gesamte Kriegsausbruch hängt, für den einstigen Heroen des investigativen Journalismus Bob Woodward keinerlei Rolle mehr. Ein Vierteljahrhundert nach Watergate scheint er nunmehr selbst ins Lager der »Klempnertruppe« übergelaufen – und schustert, gefüttert mit Exklusivinterviews der Topoffiziellen, Propagandamythen aus dem Führerbunker zusammen:

»Das ›Kriegskabinett‹ hatte Fragen, keiner mehr als Rumsfeld. Was sind die Ziele? Wie viele Beweise brauchen wir, um Al Quaeda zu verfolgen? Während schnelles Handeln erforderlich sei, sagt Rumsfeld, würde es bis zu 60 Tage dauern, einen größeren Militärschlag vorzubereiten. Und, fragte er, gibt es alliierte Ziele, die von einem Angriff ausgeschlossen sind? Beziehen wir unsere Alliierten in die Militäraktionen ein?

Rumsfeld warnte, dass eine effektive Antwort einen größeren Krieg erfordern würde, der über den Einsatz des Militärs hinausginge. Die Vereinigten Staaten, sagte er, müssen jedes Werkzeug einsetzen – militärisch, rechtlich, finanziell, diplomatisch, nachrichtendienstlich.

Der Präsident war enthusiastisch. Aber Tenet präsentierte einen ernüchternden Gedanken. Obwohl Al-Qaidas Heimatbasis Afghanistan sei, operiere die Organisation nahezu weltweit …

›Wir haben ein 60-Länder-Problem,‹ sagte er der Gruppe. ›Lasst uns sie eins nach dem anderen wegputzen,‹ antwortete Bush.

Der Präsident und seine Berater führten in dieser Nacht Amerika auf die Straße des Krieges, ohne eine Straßenkarte zu haben.«

Hauptsache Krieg, Hauptsache ein großer Krieg, Hauptsache ein »enthusiastischer« Präsident, der alle »wegputzen« will. Wäre es nicht grauenhafte Realität, man könnte meinen, in eine Coverversion von Chaplins Klassiker »Der große Diktator« geraten zu sein. Insofern kann man dem zum unkritischen Hofberichterstatter mutierten Bob Woodward für sein schonungsloses Porträt sogar schon wieder danken. Zu dem Hintergrund, den es vernebelt, passt es aufs Stimmigste.

Die »Welt« druckte Woodwards Propaganda-Fake vom 12.2. an in drei Folgen nach. In der Ankündigung heißt es: »Die Serie macht deutlich, wie sehr die USA vom Angriff der Al-Qaida überrascht worden sind. Sie lässt aber auch nachdrücklich klar werden: Wer glaubt, der Afghanistan-Feldzug werde die einzige Antwort auf den 11. September bleiben, der irrt sich.« Wie es kommt, dass jemand, der so völlig überrascht wird, gleich ein ganzes Bündel Antworten parat hat, fragte das Blatt natürlich nicht. Kurz nach den Anschlägen führte der Springer Verlag eine Präambel in alle Journalistenverträge ein, nach der die Politik der Nato und der USA in allen Beiträgen grundsätzlich zu unterstützen ist. Zuletzt konnte im Berliner Zeitungsviertel ein Herr Goebbels einen derart vorauseilenden Gehorsam der schreibenden Zunft verbuchen.

24.2.02
Die größte Heroinregierung aller Zeiten

Der Aufstieg der britischen East India Company zum weltumspannenden Finanzkonzern des Empires im 18. und 19. Jahrhundert verdankte sich in erster Linie dem illegalen Opiumgeschäft mit China (siehe »10.10.01: Uncle Sam's Junk«), dessen Fortbestand in zwei Opiumkriegen mit militärischer Gewalt gesichert wurde. Dabei pflegte sich die ehrenwerte Kaufmannsgesellschaft in London immer dann besonders heftig über den menschenverachtenden Opiumhandel zu empören, wenn sie in China zur Sicherung und Ausweitung ihres Monopols gerade mal wieder einen Krieg anzettelte. George W. Bush setzt diese klassische Tradition mit seiner jetzt angekündigten Offensive im »war on drugs« fort.

Einer der wesentlichen Gründe, warum die Vorgänge um den 11. September ihrer Aufklärung harren, liegt darin, dass die Hintergründe in Tabubereiche führen, deren Aufdeckung unerwünscht ist. Eines dieser Tabus ist die direkte und indirekte Finanzierung der US-Außenpolitik durch das Geschäft mit illegalen Drogen. So wurde die »Heroinisierung« Pakistans seit 1979 nicht nur als unvermeidlicher Kollateralschaden im Kampf gegen den Kommunismus angesehen, sondern auch nach dem Ende des Kalten Kriegs weiterhin akzeptiert, um das Land für Waffenkäufe und die Bedienung der IWF-Kredite zahlungsfähig zu halten. Ende der 90er Jahre lagen dann die Einkünfte aus der Schattenökonomie des Heroingeschäfts 30 Prozent über dem Staatshaushalt von elf Milliarden Dollar. [232]

Im Oktober hatten wir prognostiziert, dass das vom pakistanischen Geheimdienst ISI – dem wichtigsten CIA-Partner der Region – kontrollierte Heroingeschäft nach einem Ein marsch der USA in Afghanistan weiter blühen wird. Dafür trug jetzt die Berufung des Generals und Drogenbarons Rachid Dostum in das neue afghanische Kabinett Sorge, mit der, so Adam Porter im Guerilla News Network (GNN), »die größte Heroinregierung aller Zeiten zementiert wurde« [233]. Auch außerhalb der Regierung sind die Warlords und Drogenhändler »back in business« [234] Gleichzeitig melden die Agenturen, dass jetzt Special

Forces der USA die Läden und Märkte in der Opiumstraße von Kandahar regelmäßig besuchen [235]. Die Nordallianz, die anders als die Taliban den Opiumanbau nie eindämmte, kontrolliert jetzt weite Teile des Landes, Pakistan hat einen der großen Schmuggelkönige der Khyberpass-Region wieder aus der Haft entlassen, und in Kabul wurde die Drogenkontrollbehörde, die noch die Taliban installiert hatte, von der neuen Regierung einfach vor die Tür gesetzt, ihre Autos und Telefone beschlagnahmt. »Nicht einmal ein Fahrrad haben sie uns gelassen«, beklagt der Leiter der Behörde, der nun in einem Zimmer im Außenministerium unterkriechen musste. [236] und dort die Aufforderung »change your business« hinterlassen. Pro forma und auch für die bunten Illustriertenseiten weltweit tun sie also etwas gegen den Opiumhandel. De facto freilich wären die Volkswirtschaften Afghanistans und Pakistans auf der Stelle ruiniert, sollte das Opium- und Heroingeschäft zum Erliegen kommen.

Dass dies auf keinen Fall geschieht, dafür hat sich jetzt George W. Bush an der Heimatfront ins Zeug gelegt. Seine Ankündigung der Verschärfung des »war on drugs« [238] und einer saftigen Erhöhung des betreffenden Kriegsetats bedeutet Balsam für die seit Kriegsbeginn in den Keller gefallenen Preise für Rohopium und Heroin: »Jetzt werden wir reich«, bekundete denn auch ein junger Opiumhändler [238] gegenüber der New York Times. Während der Preis für ein Kilo Opium im August noch bei 300 Dollar lag, war er zwischenzeitlich auf 150 Dollar gefallen.

»Wenn wir den Krieg gegen Drogen führen, führen wir Krieg gegen den Terror«, hatte Bush, dem Alkohol- und Kokainmissbrauch nachgesagt werden, im Rahmen seiner »National Drugs Control Strategy« verkündet – und ließ diese Dumpfbotschaft in den teuersten Werbespots [239], die je eine US-Regierung bei einer TV-Übertragung schaltete, unters Volk bringen. Während des Football-Finales um den »Superbowl« wurden so in zwei Spots à 30 Sekunden 3,2 Millionen Dollar Steuergelder verbraten – und quasi die direkte Verbindung von Drogenkonsum und Osama Bin Laden hergestellt.

Wer es nicht glauben möchte, dass die CIA und andere US-Geheimdienste in den Drogenhandel involviert sind, braucht nur ihren eigenen Report [240] darüber zu lesen, der immerhin einen Blick auf die Spitze dieses Eisbergs freigibt. Auch Noam Chomsky hat sich jüngst in einem Interview dazu geäußert [241]. Dan Russell beschreibt in seinem Buch Drug War. Covert Money, Power & Policy (1999) [242] die Logik dieses Zusammenhangs:

»Die Machtzentren, die für den Drogenhandel verantwortlich sind, sind dieselben Machtzentren, die die künstliche Hysterieschüren, die für die fortgesetzte Kriminalisierung nötig ist. Das hält die Verkaufspreise hundertfach höher als den eigentlichen Wert und den Handel exklusiv in den Händen des Muskelprotzes (the muscle). Ein anderes Wort für Muskelprotz ist militärischer Geheimdienst …

Verdeckte Regierung durch den militärisch-industriellen Komplex bedeutet korrupte Eroberungskriege und Regierung durch Drogenhändler. Als die traditionellen Rauschpflanzen der Welt zu illegalen Gütern wurden, bekamen sie einen Wert wie Edelmetall – ein Edelmetall, das angebaut und geerntet werden konnte. Einzig durch ihren künstlichen, durch die Prohibition geschaffenen Wert wurden illegale Drogen überall dort zur Basis der militärischen Macht, wo sie angebaut und in Mengen geliefert werden konnten. Bis heute sind die amerikanischen Rüstungsunternehmen insofern die größten Drogengeldwäscher der Welt.« [243]

Da wundert es dann eigentlich nicht mehr, dass die Vereinigten Staaten die Einrichtung eines Internationalen Gerichtshofs hartnäckig boykottierten, zudem auch jede Reform der Drogenpolitik blockieren und das Prohibitions- und Repressionsdogma hochhalten. Nur so kann das verdeckte Geschäft lukrativ und in den Händen des »Muskelprotzes« bleiben. In einer Studie des UN Drogenkontrollprogramms UNDCP wurde untersucht, wie viel Umsatz in verschiedenen Ländern mit welchen Drogen gemacht wird und welchen Einfluss der Grad der Prohibition auf diesen Umsatz hat. Ergebnis? Harte Repression fördert den Umsatz von harten Drogen:

»Die Vereinigten Staaten liefern ein gutes Beispiel: Obwohl 78 Prozent aller Konsumenten illegaler Drogen Cannabis zu sich nehmen (1995/96), beliefen sich die geschätzten Ausgaben für Cannabis nur auf zwölf Prozent sämtlicher Ausgaben für illegale Drogen. Die Niederlande sind eines der wenigen entwickelten Länder, in denen der Markt für Cannabis (0,5 Milliarden Dollar 1995) deutlich größer ist als die Heroin- und Kokainmärkte (0,26 Milliarden Dollar).« [244]

Laut UNDCP bewegen sich in den USA die Umsatzanteile harter und weicher Drogen in einem Verhältnis von 7:1, in den Niederlanden hingegen bloß von 2:3. Diese Zahlen der Vereinten Nationen zeigen, dass die pragmatische, schadensreduzierende Politik der Holländer sehr viel besser geeignet ist als die repressive Linie der USA, um die Einnahmequellen von Terroristen trockenzulegen. Da Drogengeld die wichtigste Finanzquelle des internationalen Terrorismus darstellt, wäre ein Frieden im »war on drugs«, ein neuer Pragmatismus in der Drogenpolitik, einer der wichtigsten Schritte im Kampf gegen den Terror überhaupt. Es geht um 500 Milliarden Dollar oder sogar mehr, die per anno weltweit mit Produkten von Mohn, Coca- und Hanfpflanzen umgesetzt werden – den größten globalen Schwarzmarkt überhaupt. Ginge es wirklich um eine Kontrolle dieses Markts, ließe sich das durch legalen Anbau und regulierte Abgabe dieser Substanzen leicht erreichen. Aber wer finanziert dann in Zukunft die inoffizielle amerikanische Außenpolitik, die »Contras« in Nicaragua, die »Jihad«-Lager in Afghanistan, die Todesschwadronen in Salvador und Kolumbien, die ULK im Kosovo? Wer hält dann unverzichtbare Verbündete wie die Heroinregierungen in Kabul und Islamabad am Leben? Wie soll denn sonst die islamistische Destabilisierung Zentralasiens und Russlands finanziert werden? Nicht nur die Mafia, Militärdiktatoren und Terroristen hängen am Drogentropf, auch die amerikanische Geopolitik kommt ohne diesen Reptilienfonds nicht aus. Dank Bushs Offensive im Drogenkrieg werden die Gelder weiter üppig fließen …

Es ist eines der großen Tabus der internationalen Politik, dass das Drogengeschäft eine der Finanzsäulen der inoffiziellen US-Außenpolitik darstellt. Daran zu rütteln, würde die Öffentlichkeit nur verunsichern. Auch dass just der Präsident, der zu Hause den »war on drugs« ausruft, in Afghanistan eine Vasallenregierung aus Drogenhändlern installiert und den größten Heroinproduzenten der Welt – Pakistan – zu seinen wichtigsten Alliierten zählt, lässt sich als Tatsache verbuchen. Doch wer sie öffentlich machen wollte, wäre sofort als »antiamerikanisch« unten durch und hätte insofern in unserem vernutteten Mediengewerbe keine Publikationschance. Wenn herauskäme, dass der »war on drugs« ein Propagandatrick ist, der letztlich mehr Drogenelend produziert als verhindert, würde die Frage nahe liegen, ob es sich beim »war on terrorism« nicht um eine ähnliche Schimäre handelt.

3.3.02
The Kosher Conspiracy

Nachdem das linksliberale politische Magazin The New Statesman [245] Anfang Februar unter der Schlagzeile »The Kosher Conspiracy« eine Titelgeschichte über die unkritische Unterstützung der Politik Scharons durch die britische Regierung veröffentlicht hatte, brach ein Sturm von Antisemitismus-Vorwürfen über das Blatt herein. Dass einer der Autoren, der renommierte australische Journalist John Pilger, für seine investigativen Reportagen über Menschenrechtsverletzungen wie den Genozid in Osttimor mehrfach ausgezeichnet wurde, rettete ihn nicht vor dem Vorwurf, den Holocaust zu verharmlosen. Der trifft derzeit jeden Nichtjuden, der Israel und seine Unterstützer öffentlich kritisiert. Die 20 000 jüdischen Demonstranten dagegen, die letzte Woche in New York gegen Scharons Terrorpolitik protestierten, tauchen in den Mainstream-Nachrichten kaum auf ...

»Cui bono?« Wenn man sich knapp ein halbes Jahr nach den Anschlägen fragt, welchen Ländern und Regierungen sie genützt haben, dann bleiben nur zwei: die USA und George W. Bush sowie Israel und Arie] Scharon. Nun wäre es wahrlich ein zu kurzer Schluss, diesen beiden schon deswegen eine Mittäterschaft zu unterstellen, weil sie die Hauptprofiteure sind. Aber das Kriterium des Tatmotivs, das doch für jeden Kriminalisten bei der Erstellung von Täterprofilen zentral ist, müsste Bush und Scharon auf der Liste der Verdächtigen eigentlich ziemlich nach oben rücken lassen.

Wenn in einem Krimi jemand ermordet wird und der (unschuldige) Gärtner deshalb in Verdacht gerät, weil das Testament des Gemeuchelten ihn zum Haupterben bestimmt, hätte er das allergrößte Interesse an einer zügigen und umfassenden Ermittlung des eigentlichen Täters. Was wäre da von einem Gärtner zu halten, der die Polizei auffordert, ihre Fahndung einzustellen und sich lieber auf die Verhinderung weiterer Morde zu konzentrieren? Eben dies haben Präsident Bush und sein Vize Cheney Ende Januar getan: Sie forderten den demokratischen Fraktionschef Tom Daschle auf, im Kongress keine weiteren Untersuchungen der Vorgänge vom 11.9. anzustellen – dies würde, so Cheney, Ressourcen und Personal von den Anstrengungen im »war on terrorism« abziehen.

Somit ist es nun offiziell, dass die US-Regierung die Hintergründe des 11.9. vertuscht und vernebelt. Und um ihre Nebelwerferstrategie zu vervollständigen, gründet sie jetzt gleich noch das Information Awareness Office: ein Desinformations- und Propagandabüro, dessen vornehmste Spionageaufgabe es ist, alle E-Mails und Telefonate in den USA auf terroristische Verlautbarungen hin abzuklopfen. [247] »Wenn Sie wissen wollen, was diese Behörde tut, dann denken Sie an ›Big Brother‹«, meint der Kolumnist des britischen Guardian, und fügt hinzu: »Wollen Sie's eimal ausprobieren? Schicken Sie einfach eine E-Mail an einen amerikanischen Freund: ›Bmb ok, Allah gr8‹.« [247] Besonders delikat: Zum Leiter dieser neuen Schnüffelbehörde hat Bush jun. ausgerechnet den altgedienten Admiral John M. Poindexter ernannt, der erst als Reagans Sicherheitsberater diente und dann im Knast saß, weil er die Iran-Contra-Affäre ausgeheckt hatte.

Lieber keine Untersuchung

Der Mehrheitsvorsitzende im Senat Tom Daschle .... und andere Demokraten würden gern durch einen Untersuchungsausschuss klären lassen, wie mit den Terrorwarnungen vor dem 11. September umgegangen wurde. Sowohl Cheney als auch

Bush haben sich in den letzten Tagen öffentlich gegen ein solches Vorgehen ausgesprochen und stattdessen dafür plädiert, dass die geheimdienstlichen Ausschüsse im Kongress ihre laufende Untersuchung fortführen.

Daschle, demokratischer Senator aus South Dakota, erklärte, Cheney habe ihn am 24. Januar angerufen und gedrängt, nicht auf einer Untersuchung zum 11. September zu bestehen, und Bush habe am 28. Januar während einer Frühstückssitzung im Weißen Haus die gleiche Bitte an ihn gerichtet … »Ich erinnere mich nicht an den genauen Wortlaut. Es ging ihnen darum, zu verhindern, dass die Leute in ihrem Bemühen um einen Sieg im Krieg gegen den Terrorismus nachlassen. Sie machten sich Sorgen wegen der Aufsplitterung der zur Verfügung stehenden Mittel und Kräfte, und das war der Grund, den sowohl der Präsident als auch der Vizepräsident nannte« , erklärte Daschle.

Cheney bestritt dagegen letzte Woche …, Daschle angerufen und sich gegen eine Untersuchung zum 11. September ausgesprochen zu haben. Er sagte: »Tom irrt sich. Er hat da etwas, sagen wir mal, falsch interpretiert. Ich habe lediglich … gesagt, wir würden lieber mit den Geheimdienstausschüssen zusammenarbeiten.

Susan Cornwall, 27.5.2002

Bei soviel Offensivgeist im Überwachungs- und Propagandasektor dürfte auch der brisante Spionagefall weiter unter der Decke bleiben, der von den amerikanischen Medien seit Monaten wie eine heiße Kartoffel behandelt wird, obwohl es sich wahrscheinlich um den größten Abhörskandal der US-Geschichte handelt. Nach dem 11.9. waren in den USA knapp hundert Personen unter Spionageverdacht festgenommen worden, die sich, als »Kunststudenten« getarnt, Zugang zu verschiedenen Behörden verschafft hatten und teilweise in Verbindung mit der Niederlassung einer israelischen Telefonfirma standen, von der die US-Polizei und Geheimdienste mit Abhöranlagen beliefert worden waren. Die Nichtbeachtung dieses brisanten Falls hat zwei Gründe: Zum einen werden die inhaftierten Verdächtigen mit den Vorgängen um den 11.9. in Verbindung gebracht, und zum anderen handelt es sich um Israelis [250]. Aufgebracht wurde der Fall Ende Dezember durch den Bush-freundlichen Murdoch-Sender Fox News (»We report – you decide«), der das Skript der vierteiligen Serie [249] mittlerweile aber von seiner Website verbannt hat [250]:

»Es stellt sich heraus, dass Israel seit Jahren über eine potenzielle Abhörmöglichkeit für jedes amerikanische Telefon verfügt sowie die Möglichkeit hat, festzustellen und aufzuzeichnen, wen irgendeine Person irgendwo in Amerika anruft: Informationen von großem Wert, selbst wenn man die Gespräche selbst nicht mithört. Amdocs Inc., die Rechnungsstellungs- und Verbindungsdienste für Telefongesellschaften rund um die Welt ausführt, darunter für 90 Prozent der US-Telefongesellschaften, gehört israelischen Besitzern. Eine andere israelische Firma, Comverse Infosys (sie liefert nahezu die gesamte Ahhörtechnik für US-Behörden und Geheimdienste), wird verdächtigt, eine Hintertür in die installierten Abhöranlagen eingebaut zu haben, die es ihr erlaubt, jedes Telefongespräch in den USA mitzuhören.« [251]

Pressekonferenz mit Ari Fleischer, Pressesprecher des Weißen Hauses, 25. Februar 2002

Frage: Ari, warum sucht sich unsere Regierung ausgerechnet einen Mann für den Antiterrorismus aus, dessen Name mit der dunklen Seite der Iran-Contra-Affäre verknüpft ist, nämlich Admiral Poindexter?

Ari Fleischer: Wenn Sie sagen, sie sucht ihn sich für den Antiterrorismus aus, was genau meinen Sie damit?

Frage: Er sitzt im Pentagon, er ist zum Leiter der DARPA ernannt worden, die ein Instrument der Terrorismusbekämpfung ist, Pläne ausarbeitet und Informationen auswertet.

Ari Fleischer: Mir ist nichts von einer Ernennung bekannt.

Frage: Trotzdem.

Ari Fleischer: Ich möchte über Admiral Poindexter nur so vier sagen, dass unsere Regierung diesen Mann für einen herausragenden Amerikaner und herausragenden Bürger hält, der sich mit dem, was er in seiner Zeit beim Militär für sein Land getan hat, sehr verdient gemacht hat.

Frage: Wie können Sie so etwas sagen, obwohl er Colonel North dazu gebracht hat, Lügen zu erzählen?

Ari Fleischer: Hefen, Ihre Ansichten in der Iran-Contra-Sache sind wohl allgemein bekannt, aber der Präsident findet, dass Admiral Poindexter seinem Land gute Dienste …

Frage: Das sind nicht meine Ansichten, sondern die des Obersten Staatsanwalts der Vereinigten Staaten.

Ari Fleischer: Ich verstehe, Der Präsident ist der Meinung, dass Admiral Poindexter unserem Land hervorragend gedient hat.

Frage: Tatsächlich?

Ari Fleischer: Das ist die Meinung des Präsidenten.

Frage: Kennen Sie seine Gerichtsakte?

Ari Fleischer: Sie werden mich sicher darüber aufklären.

Frage: Das brauche ich nicht. Sie müssen es lediglich nach schlagen.

Aus FBI-Kreisen erfuhr Fox-Reporter Carl Cameron, dass es sich bei den verhafteten Spionageverdächtigen zum Teil uni Angehörige dieser Telefonfirmen handelt, die freilich jeden Verdacht von sich weisen. [252] Weiter heißt es in Camerons Bericht:

»Die Fahnder haben den Verdacht, dass die Israelis Informationen über die Attacken gesammelt und nicht weitergegeben haben. Ein hochrangiger Untersuchungsbeamter sagte, dass es ›Verbindungen‹ gäbe. Aber gefragt nach Einzelheiten verweigerte er weitere Auskünfte und sagte, ›die Beweise über die Verbindung dieser Israelis zum 11.9. seien geheim. Ich kann über die Beweise, die zusammengetragen wurden, keine Auskunft geben, das sind geheime Informationen.‹«

Kaum geheim sind freilich die engen Verbindungen der Ahhörspezialisten von Comverse Infosys zu israelischen Behörden und dem Geheimdienst Mossad, der so möglicherweise seit Jahren Zugang zu jedem US-Telefon hatte – auch zu dem im Oval Office des Weißen Hauses. [253] In den Vernehmungen zu Clintons »Monicagate« hatte Frau Lewinsky eine Bemerkung des Präsidenten erwähnt, dass ihre Gespräche möglicherweise von einem »fremden Dienst« abgehört würden. Nachdem seine Praktikantinnenaffäre aufgeflogen war, ließ Clinton die auf Hochtouren laufende Fahndung nach dem Lauscher im Weißen Haus merkwürdigerweise einstellen. Der kleine Warnschuss hat offenbar gereicht, denn man kann sich unschwer vorstellen, was dieser »fremde Dienst« dank langjähriger, flächendeckender Horchaktionen an kompromittierendem Material ansonsten noch im Köcher haben durfte. Unerwünschte Nachrichten aus den Medien zu halten ist da ein Kinderspiel, selbst wenn es sich um einen Spionageskandal von Enron-ähnlichem Ausmaß handelt.

Auf diesem Hintergrund wird auch eine Äußerung von Ariel Scharon gegenüber seinem Außenminister Peres verständlich, der ihn Anfang Oktober wegen seiner aggressiven Politik kritisiert hatte: »Jedes Mal, wenn wir etwas tun, erzählst du mir, Amerika wird dies oder das tun … Ich will dir etwas sehr klar sagen. Mach dir keine Sorgen über den amerikanischen Druck auf Israel. Wir, die Juden, kontrollieren Amerika, und die Amerikaner wissen das.«

Dieses, von Scharons Sprecher später im Wortlaut nicht berichtigte Zitat, das in einer Radiodebatte am 3. Oktober im Sender Kol Yisrael Radio fiel [256], leitet Wasser auf die klassichen Mühlen der »jüdischen Weltverschwörung« und der unter Muslimen wie bei den Rechtsradikalen im Westen nach wie vor gängigen Propaganda der Protokolle der Weisen von Zion. Doch eingedenk des Hinweises von Hannah Arendt, dass Hitler letztlich zu einem »Schüler« der von ihm als Propagandainstrument eingesetzten Verschwörungstheorie wurde Wehe »Die ›Weisen von Zion‹ …«, können wir Scharon unterstellen, dass seine Konsequenzen aus Auschwitz darin bestehen, Hitlers rassistischen Verfolgungswahn »mehr oder weniger« unbewusst zu kopieren. [255]Als Präsident Bush Scharon Ende September ermahnte, die Offensive gegen die Palästinenser einzustellen, verglich Scharon ihn prompt mit Chamberlain [256], der Hitlers Einvernahme der Tschechoslowakei tatenlos zugesehen hatte – als ob die Okkupation des hochgerüsteten Israel durch palästinensische Demonstranten mit Steinen und Molotowcocktails unmittelbar bevorstünde. De facto behandelt Scharon das Osloer Abkommen nicht anders als Hitler den Versailler Vertrag: Es ist für ihn ein Schandvertrag«, der nur mit Krieg aus der Welt geschafft werden kann.

Dass solch ein Politiker als Kriegsverbrecher vor ein Gericht gehört [258] – und dies wegen des Massakers von Sabra und Chatila eigentlich schon seit 19 Jahren [258]-, wäre eine ziemlich verständliche und mehrheitlich wohl leicht durchzusetzende Forderung, wenn er aus Afghanistan, Jugoslawien, Irak oder sonst woher käme. Weil er aber aus Israel kommt, braucht nur mit dem Generalverdacht des Antisemitismus zu drohen und schon hat er Ruhe. In dem Abschnitt über die braune Vergangenheit der Präsidentenfamilie (siehe »26.9.01: Skull, Bones & Bush«) hatte ich es auf die tendenziell antijüdischen Traditionen des Bush-Clans zurückgeführt, dass Scharon sich nach den Anschlägen einen Teufel um die strengen Friedensermahnungen aus Amerika scherte. Der im Untergrundschlummernde Abhörskandal könnte allerdings nicht nur das Vorauswissen der Anschläge erklären – und hängt möglicherweise auch mit den unaufgeklärt begrabenen Spekulationsgeschäften um den 11.9. zusammen –, er verdeutlicht ferner, woher Scharon die Chuzpe für seine Aggressivität nimmt. Er verfügt offenbar tatsächlich über geeignete Daumenschrauben, den großen Bruder USA jederzeit beizubiegen.

Sollte man Überlegungen wie diese nicht besser unter Verschluss halten, weil sie dem Feind – Neofaschisten und dem fundamentalistischen Islam, denen die Theorie der jüdischen Weltverschwörung als wichtiges Propagandainstrument dient – in die Hände spielen? Ich denke, das Gegenteil ist richtig. Solange Verschwörungen wie dieser Abhörskandal vernebelt und vertuscht werden, nährt das den Verdacht einer »Kosher Conspiracy« eher, als dass es ihn ausräumt, denn das Schweigen darüber bringt die Gerüchte nicht zum Verstummen. Eine Debatte darüber ist freilich nicht zu erwarten. Wer heute auf die faschistischen Tendenzen der USA aufmerksam macht, wird als »Antiamerikaner« ins Abseits gestellt, und wer Israels Bruch des Völkerrechts kritisiert, erhält als »Antisemit« uni gehend die rote Karte. Solange diese Spielregeln – »Was undeutsch ist, bestimmen wir« – gelten (und die neu eingerichteten US-Büros für Propaganda und Information Awareness werden sie eher verschärfen als abschaffen), solange verkommen Prinzipien wie »Meinungsfreiheit«, »Mediendemokratie« oder »politische Willensbildung« weiter zu traurigen Floskeln.

Die Affäre um den israelischen Spionagering [259] in den USA bleibt weiterhin unter der Decke. George W. Bush hat Scharon noch im April als »Mann des Friedens« bezeichnet und sich spätestens im Juni mit dieser als »historisch« behaupteten Nullrede zu einer Friedensregelung im Nahen Osten vorbehaltlos auf seine Seite bzw. sich mit ihm zusammen in die Büsche geschlagen. Während die Weigerung Iraks, UN-Waffenkontrolleure ins Land zu lassen, zum Weltskandal aufgeblasen wird, kann Israel sich weigern, das Internationale Rote Kreuz in seine frisch besetzten Gebiete hineinzulassen, ohne irgendwelche Sanktionen befürchten zu müssen.

Auf meinen Vergleich von Scharons Politik mit der der Nazis habe ich einige Protestbriefe bekommen, deren Absender ich dann auf ein Interview verwies, das der Autor Amos Oz am 17.12.1982 in der israelischen Tageszeitung Davar veröffentlicht hatte. Das war nach dem Massaker von Sabra und Chatila, für das sich Scharon vor einem Kriegsverbrecherprozess verantworten muss, sobald seine Immunität als Staatschef aufgehoben ist. Das Interview kursiert im Internet als Gespräch mit Scharon, tatsächlich aber hatte Amos Oz diese Gespräche mit führenden Militärs des Libanonfeldzugs unter dem Vorbehalt der Anonymität geführt und es ohne Namensnennung des jeweiligen Gesprächspartners veröffentlicht. Die unten zitierte Aussage wird einem »C.« zugeschrieben. Von ihm wird nur gesagt, dass er ein Militär »mit einer gewissen Vergangenheit« sei. Viele Interpreten haben diese Aussagen dennoch auf Scharon bezogen – so auch Holger Jensen [260] , ehemaliger Newsweek-Korrespondent, der aus dem »Scharon«-Interview im April in einem Kommentar für die Rocky Mountain News zitiert hatte. Nachdem jüdische Kreise dagegen protestierten, fragte Jensen bei Amos Oz persönlich nach, der die Identität des »C.« nicht enthüllte, aber klar machte, dass es sich bei ihm nicht um Ariel Scharon handelt. Jensen verfasste daraufhin ein mea culpa [261] und quittierte kurz darauf seinen Job als Redakteur »im beiderseitigen Einvernehmen«.

Auch wenn die folgenden Formulierungen also nicht Scharon persönlich zugeschrieben werden können, scheinen mir aber die Aussagen seines ehemaligen Kombattanten den Geist, das ideologische Umfeld und die Philosophie des gegenwärtigen israelischen Präsidenten angemessen wiederzugeben:

»Nennen Sie mich, wie Sie wollen. Nennen Sie mich ein Monster oder einen Mörder … Nennen Sie Israel, wie Sie wollen, nennen Sie es einen Judeo-Nazi-Staat, wie es (der Philosoph, Naturwissenschaftler und politische Kommentator Jeschijaha, M. B.) Leibowitz tut. Warum nicht? Besser in einem Judeo-Nazi-Staat leben als ein toter Heiliger sein. Es ist mir egal, ob ich wie Gaddhafi hin. Ich brauche keine Bewunderung von Nichtjuden. Ich brauche ihre Liebe nicht. Und von Juden wie Ihnen geliebt zu werden, auch nicht.« [262]

Der aus der Psychologie bekannte Mechanismus der »Identifikation mit dem Aggressor« scheint mir hier sehr deutlich zuwerden: Menschen, die in ihrer Kindheit Gewalt erfahren, werden selbst gewalttätig; Völker und Staaten offenbar auch. Insofern wäre der Staat Israel, geboren aus der Not vor dem gewalttätigen »Übervater« Hitler, psychohistorisch jetzt zu so etwas wie einem gewalttätigen Hooligan herangewachsen, der einfach nicht anders kann. Fragt sich, wie man Scharon und seine Killer überzeugen kann, dass sie auch anders als mit den von ihrem grausamen »Vater« übernommenen Methoden überleben können. Mit Selbstmordbombern kann man sie gewiss nicht überzeugen – das wird sie nur provozieren, ihre Koppel noch enger zu schnallen.

Was den Antisemitismus betrifft, lässt Scharons Mitstreiter im Libanonfeldzug in diesem Interview keinen Zweifel offen, dass es ein strategisches Ziel ist, den Hass auf Juden durch gewalttätige Landnahmen und Massaker weltweit zu schüren:

»Ich will Ihnen sagen, was die wichtigste Sache, die süßeste Frucht des Krieges im Libanon ist: Es ist, dass sie jetzt nicht nur Israel hassen. Dank uns hassen sie jetzt auch all diese Feinschmecker-Juden in Paris, London, New York, Frankfurt und Montreal in allen ihren Löchern. Und sie hassen auch all diese netten Juden, die sagen, sie sind anders als wir, nicht diese israelischen Gangster, dass sie andere Juden sind, sauber und ordentlich ... Bald werden ihre Paläste beschmiert sein mit dem Slogan: Juden, geht nach Palästina! Und wissen Sie was? Sie werden nach Palästina kommen, weil sie keine andere Wahl haben. All dies ist ein Bonus, den wir aus dem Krieg ziehen. Und war er das nicht wert? Bald werden wir bessere Zeiten sehen. Die Juden werden kommen, die Israelis werden aufhören zu emigrieren, und die, die schon ausgewandert sind, werden zurückkehren.«

Die besseren Zeiten kamen nicht, weshalb General Scharon und die Seinen wohl neue Kriege und Massaker anzetteln mussten. Nach dieser konspirativen Logik wären Neonazis und andere Rassisten, die Synagogen beschmieren und antisemitische Parolen verbreiten, die besten Erfüllungsgehilfen, um Scharons Raum ohne Volk zu besiedeln.

Die zweitbesten Helfer wären jene, die sich an Gespensterdebatten wie an der um Möllemann und Walser im deutschen Feuilleton beteiligen: mit Schwester Guido und Mullah Mölli im Schaukampf, mit dem Talkshowgrabscher Michel Friedman als Ringrichter und mit Henryk Broder, dem Heribert Faßbender des Anti-Semi-Finales, als dem amtlichen Kommentator. [263] Wäre es nicht die PR-geile Nullpartei FPD, die mit dieser Nummer unter den 800 000 muslimischen Wahlberechtigten hausieren geht, ginge es um eine ernsthafte Debatte über Rolle und Funktion des Antisemitismus, dann müsste diese perverse Logik der israelischen Siedlungspolitik im Mittelpunkt stehen. Gerade in Deutschland, das aufgrund seiner mörderischen Geschichte eine ganz besondere Verantwortung für die Sicherheit Israels hat. »Ich möchte nicht in einem Land leben, wo der Antisemitismus mit einem Champagnerglas in der Hand Einzug nimmt in die politischen Salons«, bekundete die Grünen-Chefin Claudia Roth, die Möllemann wegen Volksverhetzung im Juni angezeigt hat. Auch dies eher ein wahltaktisches Manöver. Denn eben dieser Salonantisemitismus ist letztlich »die süßeste Frucht«, die Scharon mit seiner Bulldozerpolitik auf internationaler Ebene einzufahren hofft. Insofern passt auch die absurde Übertreibung des Zentralratsvorsitzenden Paul Spiegel in der Welt, Möllemanns Äußerungen seien »die größte Beleidigung seit dem Holocaust« – je übler man die Judenfeinde im Ausland ausmalt, desto besser für Israels aktuelle Siedlungspolitik.

12.3.02
Das Pentagon-Mysterium

Nach und nach kann sich auch der Medien-Mainstream den bislang verschwiegenen Fakten und unerhörten Neuigkeiten nicht mehr ganz verschließen. So erwähnt der Spiegel in der vergangenen Woche in seiner Titelgeschichte über Saudi-Arabien mittlerweile immerhin beiläufig das Rüstungsunternehmen Carlyle Group und dessen Repräsentanten Bush sen. Zur Erinnerung: Im Oktober war im Spiegel online aus einem Artikel der indischen Autorin Arundhati Roy (siehe »2.11.01:Ein lange geplanter Krieg«) der Hinweis auf die Investments der Familien Bush und Bin Laden bei Carlyle noch herauszensiert worden.

So haben vielleicht auch die Fragen, die die Petition an den US-Senat zur Untersuchung der Ungereimtheiten des 11. 9.aufwirft (siehe »10.1.02– The American Way of War«), eine Chance, in naher Zukunft öffentlich gestellt und überprüft zu werden – ebenso wie das Interview, das Osama Bin Laden am 28. September der pakistanischen Zeitung »Ummat« gab [264] und in dem er abstreitet, mit den Anschlägen irgend etwas zu tun zu haben, Dieses Interview scheint mir als Beweisstück mindestens so authentisch zu sein wie die manipuliert wirkenden Homevideos mit seinem angeblichen Bekenntnis.

Dass sechs Monate nach dem Anschlag immer noch kein Schläfer« erwacht ist, kein Selbstmordbomber des Al-Qaida-Netzwerks die westliche Welt heimgesucht hat, könnte als

Erfolg des »war on terrorism« gewertet werden – oder aber schlicht als Indiz dafür, dass es sich bei diesen »Schläfern« um eine Fiktion handelt, die nur zum Zwecke der Hysterisierung der Massen geschürt wurde. Anders als durch die Suggestion einer fortgesetzten Bedrohung hätte die polizeiliche Fahndung nach den Tätern nicht unmittelbar durch eine militärische Operation und nach wenigen Tagen durch einen Krieg ersetzt werden können; anders als durch das Aufbauschen eines gefährlichen, krakenhaften Netzwerks heimtückischer Assassinen, das die westliche Zivilisation (und damit den heimischen Herd) bedroht, hätte die Bevölkerung nicht in eine solche Kriegsbegeisterung getrieben werden können.

Um die hinter dieser Propaganda stehende Agenda zu verstehen – die, soviel dürfte nach einem halben Jahr feststehen, definitiv nicht der Aufklärung der Tatumstände und der Ergreifung der Täter und Hintermänner dient –, hatte ich schon die Bücher von Brzezinski (Die einzige Weltmacht) und Huntington (Kampf der Kulturen) empfohlen, die sowohl die geostrategischen Ziele der USA als auch das zu ihrer Durchsetzung notwendige Feindbild klar definieren. In der Essenz vorweggenommen wurden diese nüchternen machtpolitischen Erwägungen schon von Carl Schmitt, dem Staatstheoretiker und »Kronjuristen« des Dritten Reichs, in dessen Begriff des Politischen von 1932 manche Passagen anmuten, als seien sie nach dem 11.9.2001 geschrieben:

»Ein ökonomisch fundierter Imperialismus wird natürlich einen Zustand der Erde herbeizuführen suchen, in welchem er seine wirtschaftlichen Machtmittel wie Kreditsperre, Rohstoffsperre, Zerstörung der fremden Währung usw. ungehindert anwenden kann und mit ihnen auskommt. Er wird es als ›außerökonomische Gewalt‹ betrachten, wenn ein Volk oder eine andere Menschengruppe sich der Wirkung dieser friedlichen‹ Methoden zu entziehen. sucht. Er wird auch schärfere, aber immer noch ›wirtschaftliche‹ und daher (nach dieser Terminologie)unpolitische, essentiell friedliche Zwangsmittel gebrauchen, wie … Unterbindung von Nahrungsmittelzufuhr an die Zivilbevölkerung und Hungerblockade. Schließlich verfügt er noch über technische Mittel gewaltsamer physischer Tötung, übertechnisch vollkommene moderne Waffen, die mit einem Aufgebot an Kapital und Intelligenz so unerhört brauchbar gemacht worden sind, damit sie nötigenfalls auch wirklich gebraucht werden. Für die Anwendung solcher Mittel bildet sich allerdings ein neues, essentiell pazifistisches Vokabularium heraus, das den Krieg nicht mehr kennt, sondern nur noch Sanktionen, Strafexpeditionen, internationale Polizei, Maßnahmen zur Sicherung des Friedens. Der Gegner heißt nicht mehr Feind, aber dafür wird er als Friedensbrecher, Friedensstörer und hors de l'humanité gesetzt, und ein zur Wahrung oder Erweiterung ökonomischer Machtpositionen geführter Krieg muss mit einem Aufgebot von Propaganda zum Kreuzzug‹ und zum ›letzten Krieg der Menschheit‹ gemacht werden.« [265]

Das »either with us or with the terrorists« in George W. Bushs umjubelter Kriegserklärung entspricht ebenso exakt dem Schmitt'schen Begriff des Politischen als Unterscheidung von Freund und Feind, wie die mit »unerhört brauchbaren Waffen« durchgeführten Anti-Terror-Maßnahmen auch als »Kreuzzug« und »Krieg der Zivilisation« definiert wurden. Der psychologische Schock des unerhörten Ereignisses und der schon kurz nach dem ersten Einschlag lancierte und in den folgenden Tagen als Großbedrohung formatierte Zivilisationsfeind Bin Laden ermöglichten quasi aus dem Stand die allgemeine Mobilmachung. Wer Fragen stellte, wer vor der Strafaktion Beweise für die Täterschaft verlangte, machte sich verdächtig: des »feigen Denkens« und des »unpatriotischen Verhaltens«; wer Zweifel an der offiziellen Version des Tathergangs anmeldete, konnte einfach als »Verschwörungstheoretiker« abgestempelt werden. Daniel Pearl, der es noch wagte, vor Ort ein paar Hintergründe zu recherchieren wie den Zusammenhang von Opiumanbau, dem pakistanischen Geheimdienst ISI und seinem Partner CIA, wurde entführt und ermordet. Zufälligerweise ausgerechnet von Omar Sheikh [266], dem britischen Staatsbürger, Exstudent der renommierten »London School of Economics« und Topagent des I SI-Chefs Mahmud Ahmed, der von indischen und US-amerikanischen Diensten als Hintermann des »Terrorpiloten« Mohammed Atta identifiziert wurde und an diesen im vergangenen Sommer 100 000 Dollar überwiesen haben soll.

Hat dieses notfalls offenbar gewaltsam hergestellte Medienkartell des Schweigens nicht nur Dutzende kleine und größere Ungereimtheiten des Tathergangs unter den Teppich gekehrt, sondern vielleicht auch ein ganzes Flugzeug, die Boeing 757, die ins Pentagon-Gebäude gekracht ist?

Schon beim Verfolgen der Nachrichten am 11.9. war mir aufgefallen, dass keine Bilder von der ins Verteidigungsministerium gestürzten Maschine zu sehen waren. Auch in den Tagen danach brachte die Suche unter »Pentagon Crash Pictures« Bilder des brennenden Gebäudes, aber kein Flugzeug. Ende Februar stieß ich dann auf die französische Website »Hunt the Boeing« [267] die in den Tagen darauf im Internet für Diskussionen sorgte. Anhand der offiziellen Fotos der Unglücksstelle wurde hier die These aufgestellt, dass eine 100 Tonnen schwere Boeing mehr Schaden und andere Spuren hinterlassen hätte, als auf den veröffentlichten Bildern zu sehen ist. Die Kritik an dem vermeintlichen »french joke« [268]wurde umgehend widerlegt [269], und die sich dann entzündende Debatte führte dann wohl am 8. März zu einer in vielen Zeitungen und im Internet veröffentlichten Serie angeblich neuer

Bilder des Crashs, die von Pentagon-Sicherheitskameras aufgenommen worden waren. Merkwürdigerweise ist aber auf diesen nachgereichten Fotos [270]nichts von einem Flugzeug, sondern nur eine Explosion zu erkennen; zudem lautet die Datumsanzeige der Bilder auf den 12. September 17.37 Uhr. Kann es sein, dass die Sicherheitsuhren und Kameras im Pentagon – einem ja nicht ganz unwichtigen Gebäude – einfach nach dem Mond gehen? Oder handelt es sich bei dieser Debatte, wie diverse Web-Kommentatoren meinen [271], insgesamt um einen »roten Hering« – eine falsche Spur, mit dem von dem Skandal um den israelischen Spionagering und seine Verbindung zum 11. 9, abgelenkt werden soll?

Ortskenntnis

Das Pentagon ist kein besonders hohes Gebäude, darum hätte ein. Pilot, der genau darauf zufliegen und es treffen wollte, lange in dem Gebiet herumfliegen müssen, um zu wissen, auf welche Hindernisse er stoßen könnte, wenn er mit einem Verkehrsflugzeug sehr niedrig fliegt, um das Pentagon an einer bestimmten Stelle zu treffen. Jemand hat sich das alles sehr genau angesehen, jemand ist in diesem Gebiet sehr viel geflogen.

Hosni Mubarak, ägyptischer Präsident und erfahrener Jetpilot.

Wie auch immer – verglichen mit den in das WTC stürzenden Fliegern, die in 100facher Wiederholung gezeigt wurden, war das Bildmaterial zum Pentagon-Crash am 11.9. rar und blieb auch danach äußerst dürftig. Hätte der alle Aufmerksamkeit bindende Anschlag in New York zuvor nicht stattgefunden, wären die Merkwürdigkeiten dieses Crashs wohl umgehend aufgefallen. Bis heute sind auch weder die Flugschreiberdaten noch der Funkverkehr dieser Maschine veröffentlicht worden – dabei war sich der amtierende Feuerwehrchef der Unfallstelle in der Pressekonferenz am 12.9. sicher, dass die Flugschreiber des American Airlines-Fluges 77 demnächst gefunden würden. Eben diese Geheimniskrämerei ist es, die den Verdacht nährt und den Boden für jede Art von Desinformation bereitet, die dann in der Tat dazu angetan ist, die Aufmerksamkeit von den eigentlichen Hintergründen abzulenken. Das eigentliche Pentagon-Mysterium besteht nämlich nicht in der Suche nach einer riesigen Boeing und der Beschäftigung mit dubiosem Bildmaterial, sondern nach wie vor in der Frage, wie es überhaupt einem Flugzeug gelingen konnte, unbehelligt in die sensibelste »No-fly«-Zone der Vereinigten Staaten einzudringen.

Die Merkwürdigkeiten des Pentagon-Absturzes führten dann doch zu einer breiten Diskussion, die von dem im April 2002 erschienenen Buch des französischen Autors Thierry Meyssan (L'Effroyable Imposture – Die schreckliche Täuschung) weiter angekurbelt wurde. Nach dessen schriller These wurde das Pentagon nicht von einer Boeing, sondern einer Rakete getroffen. Wo das große Passagierflugzeug geblieben ist, kann Meyssan freilich nicht erklären.

Meine Vermutung, dass damit die Aufmerksamkeit auf einen Nebenkriegsschauplatz abgelenkt werden könnte, erwies sich als richtig. Zahlreiche Artikel nutzten die These Meyssans nur als willkommenen Anlass, kritische Fragen zum 11.9. als Verschwörungstheorien insgesamt lächerlich zu machen.

22.3.02
WTC, die World Trade Conspiracy

Wissen Sie, was die Weltbank tut? [272] Oder der Internationale Währungsfonds? [273] Beide Institute behaupten, dass sie die Ökonomie und Währungen von Entwicklungsländern durch langfristige Kredite stützen und die Armut in der Dritten Welt bekämpfen. Doch das tun sie natürlich nicht. Stattdessen nutzen sie ihre Finanzinstrumente, um die Wirtschaft dieser Länder unter Kontrolle zu bekommen – und unterstützen dabei jede Regierung, die das gewährleistet, wie korrupt, diktatorisch oder unfähig sie sein mag.

Soweit ist die Kritik an diesen »ehrenwerten« Institutionen bekannt und so pauschal auch wenig fruchtbar. Doch Greg Palast [274], einer der wenigen investigativen Topjournalisten, die sich nach dem 11.9. nicht in den Dienst der Propagandamaschine gestellt haben, kann anhand von Dokumenten derlei Pauschalvorwürfe nicht nur konkret belegen, sondern am Beispiel des aktuellen Desasters in Argentinien auch nachweisen, mit welchen kriminellen Methoden IWF und Weltbank dabei operieren. Da die Arbeitsmöglichkeiten für unabhängige Journalisten in den USA eher bescheiden sind, arbeitet Palast derzeit zwar vor allem für die BBC und britische Zeitungen, doch was brisante US-Dokumente betrifft, scheint er nach wie vor über gute Heimatkontakte zu verfügen.

So wurde ihm zum Beispiel die Verordnung »W1991« zugespielt, mit der die Regierung Bush im letzten Sommer die FBI-Fahndung nach Al-Qaida unterband, woraufhin der Terroristenfahnder John O'Neill resigniert seinen Job hinwarf (siehe »24.11.01: In memoriam John O'Neill…«). Das von Greg Palast publik gemachte Dokument wird auch in dem Gerichtsverfahren eine Rolle spielen, das ein noch anonymer FBI-Beamter mit Unterstützung des Antikorruptionsbüros »Judicial Watch« [275] jetzt gegen die US-Regierung anstrengt, wegen Behinderung der Fahndung nach Bin Laden [276]. Und liest man das Interview mit Palast über seine Recherchen und Dokumente in Sachen IWF/ Weltbank [277], dann dürfte auch die Verordnung »W1991« noch größere Wellen schlagen. Der Weltbankchef Wolfensohn weigerte sich jedenfalls vorerst, einer Einladung von CNN zu folgen und mit Palast im Studio zu diskutieren, nachdem die zuerst offiziell bestrittene Echtheit der internen »eyes only«-Dokumente außer Frage stand.

Es handelt sich dabei laut Palast um Kopien von geheimen Vereinbarungen, deren Unterzeichnung von Ländern wie Argentinien verlangt wird, bevor sie in den Genuss von IWF/ Weltbank-Krediten kommen können. Voraussetzung ist zum roten der »Privatisierung« genannte Verkauf öffentlicher Einrichtungen –Wasser- und Elektrizitätsversorgung, Verkehrssysteme, Telefonnetze, Ölpipelines – an internationale Unternehmen und zum anderen die »Bearbeitung« der verantwortlichen Politiker, die Palast am Beispiel eines argentinischen Senators schildert:

»Vor zwei Wochen sprach ich mit einem Senator aus Argentinien. Ich hatte ihn vor der Kamera. Er sagte, dass er Ende 1988 einen Anruf von George W. Bush, unserem heutigen Präsidenten, erhielt, der ihm sagte, gib die Pipeline (zwischen Argentinien und Chile) an Enron. Was dann passierte, sagte er, war ziemlich unheimlich: Ertron wollte nur ein Fünftel des weltmarktüblichen Preises bezahlen, und er fragte, wie man nur ein solches Angebot machen könne. Und es wurde ihm gesagt nicht von George W., sondern von einem Partner in diesem Deal: Auch wenn wir nur ein Fünftel bezahlen, bleibt davon ein ziemliches Stück für dich übrig und geht auf dein Schweizer Konto. So läuft es.« [278]

Joe Stiglitz, Chefökonom der Weltbank und Wirtschaftsnobelpreisträger, wurde gefeuert, als er nach etlichen Dienstreisen in die betroffenen Länder die Details dieser Praktiken durchschaute und begann, kritische Fragen zu stellen. Palast hat mit ihm ausführlich gesprochen und schildert die Methoden, mit denen Staatsunternehmen der Bevölkerung geraubt und unter die Kontrolle von IWF und Weltbank gebracht werden:

»Er berichtete mir, dass er in Ländern gewesen sei, wo über Privatisierung und den Verkauf dieser Unternehmen gesprochen wurde. Und grundsätzlich wussten sie, sie wussten es ausdrücklich und schauten weg, als klar wurde, dass die Führer dieser Länder und die verantwortlichen Minister Hunderte Millionen Dollar einsackten … Sie übergeben dann (die Unternehmen)üblicherweise an die Spezis wie die Citibank, die sich die Hälfte der argentinischen Banken schnappte. Oder an British Petroleum, die sich die Pipeline in Ecuador schnappte. Dass sich Enron überall die Wassersysteme unter den Nagel reißt, hatte ich schon erwähnt. Und das Problem ist, dass sie diese Systeme auch zerstören. Mittlerweile kannst du in Buenos Aires kein Trinkwasser mehr bekommen. Ich meine, das ist keine Frage von Diebstahl mehr. Du kannst den Hahn nicht mehr aufdrehen. Das ist mehr als nur auf öffentliche Kosten reich zu werden …

IWF und Weltbank sind zu 51 Prozent im Besitz des US-Schatzamts. So fragt es sich, was wir für das Geld bekommen, das wir hier hineinstecken. Und es sieht aus, als bekämen wir in verschiedenen Ländern nur Chaos. In Indonesien brennt es. Der Weltbank-Chefökonom Stiglitz sagte mir, dass er begann, Fragen zu stellen: In jedem

Land, in das wir gehen und wo wir uns einmischen, zerstören wir die Ökonomie und setzen alles in Flammen. Und er meinte, dass er wegen dieser Fragen gefeuert wurde. Darüber hinaus sagte er noch, dass sie sogar Aufstände einplanen. Sie wissen, dass, wenn sie ein Land ausquetschen und seine Ökonomie zerstören, Straßenunruhen die Folge sind. Und sie sagen, tja, das ist der IWF-Aufstand. Mit anderen Worten, wenn du diese Aufstände hast, hast du verloren. Alles Kapital flüchtet aus deinem Land, und das gibt dem IWF die Möglichkeit, dann noch weitere Bedingungen zu stellen ...Nach den Anschlägen vom 11. September rannte Bush herum und sagte, wir müssen 50 bis 100 Milliarden Dollar ausgeben, um die Wirtschaft in Gang zu halten. Wir kürzen nicht den Haushalt, wir versuchen, die Wirtschaft zu retten. Doch diesen Ländern erzählen sie nur eins: Ihr müsst kürzen, kürzen, kürzen. Und warum? Diesen internen Dokumenten zufolge vor allem deshalb, damit sie ihre Zahlungen an die ausländischen Banken leisten können – und diese Banken verlangen Zinsen zwischen 21 und 70 Prozent. Das sind Wucherzinsen. Tatsächlich war es so schlimm, dass sie von Argentinien verlangten, seine Gesetze gegen Kredithaie abzuschaffen, weil sonst alle Banken als Kredithaie dagestanden wären.« [279]

Hier haben wir, wie in einer Nussschale, die Grundzüge des Großen Spiels:

Schritt 1: Knüpfe die Kreditvergabe durch IWF und Weltbank an maximale »Privatisierung« öffentlichen Besitzes, besteche die Verantwortlichen und bringe die Schlüsselindustrie unter Kontrolle.

Schritt 2: Verordne zum Zwecke der Konsolidierung Haushaltskürzungen, Sparmaßnahmen, den Abbau des Sozialsystems etc., um die Bedienung der Kredite aufrechtzuerhalten. Nimm dabei den starken Niedergang der

Inlandsproduktion, Bevölkerungsaufstände und Kapitalflucht in Kauf.

Schritt 3: Ist die Wirtschaft weitgehend zerstört und das Land zu einer Eigenversorgung nicht mehr in der Lage, öffne die Zollgrenzen für fremde Produkte und nimm für alles Lebensnotwendige (wie Medikamente) horrende Preise und Zinsen.

Schritt 4: Installiere eine militarisierte Firmen-Regierung, die fortan- die Geschäfte der »Kolonie« wieder gewinnbringend betreibt und mögliche Sklavenaufstände im Keim erstickt.

Die Überschrift »Conspiracy« für diese aufgeherrschte Form des Welthandels ist völlig unangemessen. Dieses Regime eines globalisierten Handels spielt sich, abgesehen von konspirativen »agreements of understanding«, wie sie Greg Palast in die Hände kamen, weitgehend offen und unter aller Augen ab. Mit Mullah Omar und seiner Taliban-Regierung wurde bis zum August 2001 über die Pipeline durch Afghanistan verhandelt. Ihre Einwilligung in die amerikanischen Konditionen hätte ihnen einen »Teppich voller Gold« (sprich: neue IWF/ Weltbank-Kredite) eingebracht, ihr Nein – und ihr offenbares Desinteresse an einem Zubrot auf einem diskreten Konto bescherte ihnen dann den vom US-Verhandlungsführer angedrohten »Teppich von Bomben«. Und mittlerweile hat das Land, mit einem ehemaligen Unocal-Berater als Präsidenten, auch ein »corporate government« bzw., um mit dem Titel von Palasts neuestem Buch zu sprechen: »The Best Dentocracy Money Can Buy«. [280]

Wer mit Geld für diese »Demokratie« nicht zu haben ist, muss sich mit Bomben nachdrücklich überzeugen lassen. Dank des 11.9. und des neuen »war on terrorism« braucht es dafür nicht einmal mehr eine Entschuldigung. Insofern war der Osama-Fake, der diesen Krieg erst möglich machte, vielleicht die letzte große konspirative Aktion des bushistischen Imperiums, das die Krallen seiner Macht nunmehr gänzlich ungeniert ausfahren kann.

Frage, wer es war, aber frage um Himmels willen nicht, warum

»Beim derzeitigen Stand werden die Illuminaten das amerikanische Volk innerhalb der nächsten paar Jahre unter eine strengere Aufsicht stellen, als es Hitler mit den Deutschen machte. Und das Schönste daran ist noch, dass die Mehrzahl der Amerikaner durch die von Illuminaten gedeckten Terroranschläge so weit in Angst versetzt sein werden, dass sie darum betteln werden, kontrolliert zu werden, wie der Masochist nach der Peitsche wimmert.«

Robert Shea/Robert A. Wilson,
kritische Konspirologen, 1975

Die Tragödie des 11. September 2001 ist eine unendliche Geschichte, die sich wohl erst künftige Generationen abschließend werden erzählen können. So wie es mehr als ein halbes Jahrhundert dauerte, bis das Vorauswissen des »Überraschungsangriffs« auf Pearl Harbour anhand freigegebener Regirrungsakten nahezu zweifelsfrei dokumentiert werden konnte und sich erst Jahrzehnte nach dem Mord an John F. Kennedy die genaueren Umrisse dieses versuchten Staatsstreichs abzeichnen [281], so werden die wahren Hintergründe des Terroranschlags vom 11.9.2001 erst von den Historikern der Zukunft aufgeklärt werden können. Bush jun. hat nicht nur dir Präsidentenakten aus der Regierungszeit seines Vaters, wildern auch die aller folgenden und seiner eigenen Amtszeit dem Zugriff der Nationalarchive entzogen. Sie werden also nicht mehr, wie nach dem »Freedom of Information Act« bisher üblich, nach zwei Jahrzehnten sukzessive der Forschung zur Verfügung gestellt. Bis also die ganze »Wahrheit« – oder das, was von ihr rekonstruierbar ist – ans Licht kommt, wird noch viel Zeit vergehen.

Umso wichtiger schien es mir, in diesem konspirologischen Tagebuch festzuhalten, was mir als Medienzeuge und Zeitgenosse dieses historischen Ereignisses an Merkwürdigkeiten und Ungereimtheiten in der offiziellen Darstellung aufgefallen ist – nicht um damit eine weitere Verschwörungstheorie in die Welt zu setzen, sondern um die auf allen Medienkanälen hinausposaunte »Bin Laden/Al-Qaida«-Theorie als das erscheinen zu lassen, was sie ist: eine Verschwörungstheorie. Auch acht Monate nach der Tat liegt kein gerichtstauglicher Beweis für die Täterschaft Bin Ladens vor, die größte polizeiliche Fahndung aller Zeiten hat in einem halben Jahr keinen Mittäter, keinen Hintermann, keinen einzigen wirklichen Verdächtigen ermitteln können. Aus kriminalistischer Sicht ist der 11.9. somit ein Fall für das Guinness Buch der Rekorde: der größte unaufgeklärte Mordfall der Geschichte.

Robert A. Wilson hat darauf hingewiesen, dass Verschwörungstheorien eine Art Selbstschutzmechanik eigen ist, die gegen kritische Argumente dadurch immunisiert, dass sie Kritiker selbst zum Teil der Verschwörung stempelte [282]: Jedes Argument gegen die Verschwörungstheorie wirkt somit als Argument für sie und steigert die Bedrohlichkeit der behaupteten Verschwörung. Ähnliches konnten Kritiker der offiziellen Version der Anschläge in New York und Washington erleben. Wer nur Fragen zu stellen wagte, wurde als »Verschwörungstheoretiker«, »antiamerikanisch« und Unterstützer des Terrors identifiziert. Hier zeigt sich die enge Verwandtschaft der Verschwörungstheorie mit ihrem theologischen Pendant, der Dämonologie: Wer die Anwesenheit des Teufels bestreitet, ist selbst von ihm besessen. Und es wird auch deutlich, wie wenig sich, im Ernstfall und Ausnahmezustand, unser »aufgeklärtes« Medienzeitalter vom irrationalen, abergläubischen Mittelalter unterscheidet. Gleichsam aus dem Stand wurde »Osama« als leibhaftiger Satan und neuer Antichrist installiert, dessen allgegenwärtige weltumspannende Dämonen(»Schläfer«) die gesamte Erde bedrohen und der nur in einem globalen »Kreuzzug« besiegt werden kann. Das massive Beschwörungsritual auf allen großen Medienkanälen machte es in den Tagen nach dem Anschlag nahezu unmöglich, dieser Gehirnwäsche zu entgehen. Wer wissen wollte, statt zu glauben, wer verstehen wollte, statt nachzubeten, wer Beweise verlangte, statt Beschwörungen, war verloren im Mainstream der Medien, der die gesamte Welt mit der Theorie »Bin Laden« überzog.

Die gesamte Welt? Nein. Ein virtuelles, aber globales Dorf leistete Widerstand gegen die Mediengleichschaltung: das Internet. Und wer als privilegierter Bewohner der westlichen Welt Zugang zu diesem Kleinbonum hatte, konnte sich von den elektronischen Druiden unter www.google.de einen Infozaubertrank zusammenbrauen lassen, der mit Zusatz-, Hintergrund- und Alternativinformationen immun machte gegen die simplifizierende, verdummende Propaganda des Imperiums.

An anderer Stelle habe ich bereits das Internet als ideales Umfeld und Biotop für Verschwörungstheorien beschrieben. Nie zuvor gab es zweckmäßigere Möglichkeiten, unbewiesene Behauptungen, Spekulationen, Gerüchte an die Öffentlichkeit zu bringen, als im World Wide Web. Während die meisten Zeitungen sowie Fernseh- und Radiokanäle schon presserechtlich gehalten sind, ihre Behauptungen und Nachrichten zu dokumentieren und im Zweifelsfall beweisen zu können, ist diese Verpflichtung zu wahrheitsgemäßer Berichterstattung im Internet nicht durchsetzbar. Nach dem 1.1.9. freilich, als sich nahezu sämtliche Medien von ihrem Kodex unabhängiger, überparteilicher, objektiver Berichterstattung umstandslos verabschiedeten, sich freiwillig in den Dienst der Propaganda stellten und die Verschwörungstheorie »Bin Laden« als Tatsache und Realität verkauften, erwies sich das »Verschwörungsbiotop« Internet als letzte Oase der Wahrheitsfindung. Die Fragen, die die Mainstream-Journalisten nicht mehr stellten – nach dem Tatablauf, nach dem Ausbleiben der Luftabwehr usw. usf. –, hier kamen sie auf. Die Geschichte Osama Bin Ladens als Doppelagent und Werkzeug der US-Geheimdienste, die geschäftlichen Verbindungen der Bin-Laden-Familie mit der Familie Bush; die Pipelinepläne und Geostrategien der anglo-amerikanischen Ölkonzerne; die Geheimverhandlungen mit den Taliban bis August 2001; das Treffen im American Hospital in Dubai, wo der lokale CIA-Statthalter im Juli 2001 den Patienten Osama Bin Laden besuchte; das Drogengeschäft als Finanzsäule der inoffiziellen US-Außenpolitik: Alle diese mit der offiziellen Verschwörungstheorie nicht oder nur schwer zu vereinbarenden Informationen ließen sich im Internet recherchieren – mit Hilfe der Suchmaschine Google. Durch die Eingabe von zwei oder drei Namen oder Begriffen konnte sich jeder, der den TV- und Zeitungsnachrichten nicht mehr traute, sein eigenes Nachrichtenprogramm zusammenstellen – und sich abkoppeln von den Verlautbarungen des »Ministeriums der Wahrheit«. Es wird für Wissenschaftler und Verhaltensforscher künftig ein lohnendes Forschungsfeldsein, den Zusammenhang von Medien, Manipulation und Massenpsychologie am Beispiel dieser wohl größten Gehirnwäscheoperation der Geschichte zu studieren – und auf das Paradox aufmerksam zu machen, dass eine derart flächendeckende Propaganda einerseits nur in einer vernetzten Mediengesellschaft ihre unmittelbare »Live«-Wirkung erzielen kann, andererseits aber die Spitzentechnologie dieser Medienvernetzung, das Internet, letztlich auch den einzigen Ausweg bietet, der Manipulationsmaschinerie zu entrinnen.

Als Journalist weiß ich die Technologie vernetzter Computer seit zwei Jahrzehnten zu schätzen. Die taz, in deren Redaktion ich 1981 eintrat, war nicht nur als Antwort auf die Mediengleichschaltung während der Terroristenjagd im »Deutschen Herbst« gegründet worden, sie war auch die erste Zeitung, die digital produziert wurde. Als taz-Redakteur verdiente man zwar kaum Geld, hatte aber zwei unschätzbare Vorteile: bei einer absolut unabhängigen Zeitung und mit der neuesten Computertechnik zu arbeiten. Lange bevor das Internet Realität wurde, erregten wir als taz-Reporter auf Pressekonferenzen mit unseren »Olivetti M 10« Aufsehen, dem legendären Vorgänger heutiger Notebooks, dessen Datenmittels eines voluminösen, über einen Telefonhörer zu stülpenden Akustikkopplers an die Heimatredaktion übertragen wurden. Seit ich Mitte der 80er Jahre zu Hause das erste Modem installierte – und der »Hackerpapst« Wau Holland in den Räumen der taz die Gründungsversammlung des »Chaos Computer Club« abgehalten hatte, war mir klar, dass die Computerrevolution nicht im Personalcomputer, sondern im Inter-Personalcomputer, im Vernetzen von Rechnern und Datenbanken liegt. Auch wenn die damalige Übertragungsrate mit 1,2 Kilobyte, verglichen mit dem heutigen DSL, eher dem Tempo einer Urwaldtrommel entsprach, habe ich diese Technik zur Informationsbeschaffung seitdem und ständig zunehmend genutzt. Nie allerdings habe ich sie als so überlebensnotwendig, als so absolut unverzichtbar für den Erhalt geistiger Gesundheit und Unabhängigkeit empfunden wie nach dem 11. September 2001. Ohne Internet wäre mein Gehirn zwangsläufig genauso weichgespült worden wie das von Hunderten Millionen Nur-TV-Konsumenten. Doch das Web stellte neben CNN eben auch so etwas wie GNN – Guerilla News Network – bereit und ermöglichte es, nicht nur westliche Medien, sondern auch die Zeitungen aus Indien, Pakistan, der arabischen Welt jeden Morgen »druckfrisch« online zu lesen; nicht nur die Verlautbarungen des US-Militärs und der CIA zur Kenntnis zu nehmen, sondern auch die von Kritikern und Skeptikern dieser offiziellen Version. Kurz: Dank des Internets gab es einen Ausweg aus dem von Propaganda und Kriegsgedröhn betonierten Realitätstunnel.

Das ebenso unfassbare wie hochkomplexe Ereignis des 11.9. wurde in den folgenden 48 Stunden auf drei Grundsäulen vereinfacht:

- Osama Bin Laden und seine Organisation »Al-Qaida« haben die Anschläge ausgeführt.
- Ihre Basis liegt in Afghanistan und muss in einem Krieg beseitigt werden.
- Der Krieg muss sich danach auch auf andere Länder erstrecken, die Terroristen einen Hafen bieten.

Diese drei Behauptungen bestimmen seit dem 12. September die Politik der USA, und in seiner ersten Kongressrede nach den Anschlägen erhob sie Präsident Bush zu unhinterfragbaren Prinzipien: »entweder mit uns oder mit den Terroristen«.

Zu diesem Zeitpunkt wäre eine so drohende Formel zur Beistandserzwingung gar nicht nötig gewesen – eine weltweite Welle von Anteilnahme, Mitleid und Solidarität wurde der Bevölkerung von New York und dem amerikanischen Voll, zuteil –, doch Bushs Berater, die ihm die Formulierung diktierten, schienen zu ahnen, auf welch dünnem Eis ihre al-qaidisch-ladinistische Weltverschwörungstheorie gebaut war. 1-Ñgalt also, Zweifel zu beseitigen, bevor sie überhaupt aufkommen würden: mit einem martialischen Machtwort.

Aus dem Verhalten von Primaten und in Herden oder Rudeln lebenden Säugern ist bekannt, dass eine in eine bedrohliche Lage geratene Gruppe demjenigen Alphamännchen folgt, das als erstes einen Ausweg, eine Lösung anbietet. Dur Ausweg, den der US-Präsident den Millionen domestizierter Primaten anbot, die erschüttert von dem unerhörten Ereignis nicht mehr wussten, wo es langgeht, konnte simpler nicht sein: Osama war's – er haust in der Höhle Tora Bora, die wir deshalb jetzt kaputt machen, und wenn er da nicht sein sollte, jagen wir ihn überall. Dass Beweise für die Täterschaft Bin Ladens kaum vorhanden waren; dass er selbst in einem von niemandem bezweifelten, authentischen Video – und in einem Interview mit der pakistanischen Tageszeitung Umcoat am 28. September [283] – jede Beteiligung an den Anschlägen abstritt; dass die in den Tagen und Wochen darauf präsentierten Spuren keine gerichtstauglichen Beweise für die Täterschaft Bin Ladens oder seine Verbindung mit den angeblichen Hijackern lieferte: Das alles tat dem Erfolg der Theorie »Osama war's – keinen Abbruch. Durch permanente Wiederholung auf allen Kanälen wurde die Botschaft in die Köpfe gehämmert – und Fragen und Zweifel konsequent ausgeblendet. Skepsis zu äußern bedeutete Exkommunikation, und der Bannfluch lautete »Verschwörungstheorie«. Präsident Bush verhängte ihn vor der UN-Hauptversammlung am 10. November 200 1: »Wir müssen die Wahrheit über den Terror aussprechen. Lasst uns niemals frevelhafte Verschwörungstheorien im Zusammenhang mit den Anschlägen des 11. September tolerieren, boshafte Lügen, die bezwecken, die Schuld von den Terroristen selbst abzulenken, weg von den Schuldigen.« [284]

Somit war jede alternative Sicht auf die Ereignisse ex cathedra als »outrageous« – frevelhaft, abscheulich, verbrecherisch – ausgeschaltet, und diesem genialen Schachzug verdankt die al-qaidisch-ladinistische Verschwörungstheorie ihren Siegeszug. Nicht weil es den fragenden, zweifelnden, skeptischen Sichtweisen an ausreichenden Verdachtsmomenten mangelte – verglichen mit den windelweichen Beweisen für die offizielle Version erscheinen die Belege für einige der Ungereimtheiten geradezu als beinhart –, sondern weil sie von vornherein als intolerable »Verschwörungstheorien« der Achse des Bösen zugeschlagen wurden. Und weil die Mainstream-Medien diesem Diktat umstandslos folgten.

Der Mythos freier Medien

Der Mythos, dass die »freie Presse« in demokratischen Staaten als vierte Gewalt, als Korrektiv politischer Ausnahmesituationen, fungiert, er wurde wohl nie gnadenloser demontiert als in der Berichterstattung nach dem 11. September. »Unabhängigkeit«, »Überparteilichkeit«,

»Fairness«, »Objektivität« – diese Insignien, mit denen sich die Medien gern pathetisch schmücken, waren spätestens, als das World Trade Center in Trümmern lag, vollständig begraben. Es wäre freilich naiv gewesen, etwas anderes zu erwarten. Für die Medienwissenschaft ist es schon länger kein Geheimnis mehr, dass schon bei sehr viel unbedeutenderen Skandalen die Standesprinzipien der Presse über Bord gehen. Wie der Publizistikprofessor Mathias Kepplinger am Beispiel einiger Skandale aus der jüngeren Zeit – BSE, Neonazi-Übergriffe, CDU-Spendenskandal – gezeigt hat, neigen die Medien bei unklarer Faktenlage tendenziell zur Übertreibung und Dramatisierung der Ereignisse. Kepplinger führt dies zurück auf die »Art und Weise, wie wir in Situationen mit großer Unsicherheit kommunizieren«. Die dabei ablaufenden Prozesse der Wahrheitsfindung seien weniger rational als gruppendynamisch begründet: »Beschreiben mehrere Personen in einer Gruppe nacheinander ihre Beobachtungen, gleichen sich ihre Urteile schnell an, weil eine Gruppennorm, eine in der Gruppe allgemein akzeptierte Sichtweise entsteht.« [285]

Halskrausenpatriotismus

> Der US-Nachrichtenmoderator Dan Rather gilt als Inbegriff an journalistischer Seriosität. Seit 20 Jahren moderiert der heute 70-Jährige die wichtigste Nachrichtensendung des US-Fernsehkanals CBS … Ein »amoklaufender Patriotismus« bedrohe den Journalismus in den USA und hindere dortige Medienvertreter seit den Terroranschlägen vom 11. September daran, kritische Fragen an die Adresse der Regierung zu richten, warnte Rather nun in der BBC-Fernsehsendung »Newsnight. Auch er

selbst habe sich aus Angst, als unpatriotisch zu gelten, bislang strengere Fragen an die Regierung verkniffen.

Die Situation in den USA nach den Attentaten von Manhattan und Washington gleiche der Lage im Südafrika der 80er Jahre, sagte der New Yorker Journalist ... »Wenn Südafrikaner damals eine von der Mehrheit abweichende Meinung äußerten ..., liefen sie Gefahr, dass ihnen ein brennender Autoreifen um den Hals gelegt wurde.« Die Angst vor einer solchen »Halskrause« mangelnden Patriotismus hindere seine Medienkollegen und ihn noch heute daran, den »Krieg gegen den Terror« kritisch zu hinterfragen.

Größtes Problem dabei sei die Selbstzensur der Journalisten, sagte Rather. »Es beginnt mit einem patriotischen Gefühl in einem selbst.« Irgendwann finde man sich in der Situation, in der man zu sich selbst sage: Ich weiß zwar die richtige Frage, aber es ist vielleicht jetzt nicht der richtige Zeitpunkt, diese Frage zu stellen.

FR, 18.2.2002

Diesem eher instinktiven Herdentrieb, der im Ausnahmezustand (ganz im Carl Schmitt'schen Sinne) nach einer klaren und/Feind-Unterscheidung verlangt – und nicht einer rationalen, kritisch-distanzierten Beurteilung der Faktenlage –, ist die frappante Gleichschaltung der Medien nach den Anschlägen zu verdanken. Man braucht bei dem verrufenen Ichwort »Gleichschaltung« deshalb nicht gleich an einen Orwell'schen oder Goebbels'schen »Wahrheits«- und Propanda-Apparat zu denken. Obwohl auch derlei klassische Zensur seit dem 11. September fraglos stattfindet, erklärt sie nicht die nun schon über ein halbes Jahr währende Hingabe der Medien an die offizielle Version der Ereignisse. Das beschwörende, von keinem differenzierenden Gedanken getrübte Wiederholen der

Verschwörungstheorie »Bin Laden« ist nicht Legionen von Zensurbeamten geschuldet, die hinter dem Schreibtisch die Nachrichten filtern, sondern der Tatsache, dass wir auch als hoch technisierte und vernetzte Gesellschaft die rudimentären Reaktionsweisen von Primaten nicht abgelegt haben. Das gilt für die Psychologie kleiner Gruppen – wie Reporter, Redakteure, Kommentatoren – und erst recht für die der Massen.

Dass die Medien eine von keinem wirklichen Beweis gestützte Verschwörungstheorie so lange überhaupt als Wahrheit verkaufen können, liegt aber nicht nur an ihrer ungeheuren Verbreitung und Penetrationskraft, sondern vor allem an dem positiven Feedback, auf das sie mit ihrer Botschaft stießen. Wenn schon die Gruppe der bestinformierten, mit differenzierendem Denken vertrauten Berichterstatter und Journalisten völlig verunsichert war von dem unfassbaren Ereignis und sich von der Parole » Osama war's« hinreißen ließ, ist es keine Überraschung, dass auch die Masse der Medienkonsumenten die Botschaft dankbar aufnahm.

Ein Schlüsselerlebnis in dieser Beziehung waren für mich die Reaktionen zweier alter Damen – meiner Mutter und einer Tante –, mit denen ich um die Weihnachtszeit eine Fernsehsendung über den »Krieg gegen den internationalen Terrorismus« verfolgte. Als Osama Bin Laden gezeigt wurde, erwähnte ich, dass er sich nach französischen Berichten zuletzt im Juli 2001 mit einem CIA-Agenten getroffen haben soll; als der pakistanische Geheimdienst ISI als »Partner der CIA, in der Region bezeichnet wurde, ergänzte ich, dass der angebliche Terrorpilot Atta über den ISI finanziert wurde ... und fügte hier und da noch weitere Anmerkungen an. »Sag mal, stimmt das denn, was du da erzählst?«, fragte meine Mutter mich skeptisch, und ich antwortete: »Ich glaube, es ist mindestens so wahr wie das, was wir in der Tagesschau zu sehen kriegen.« Ihre Reaktion auf diese Antwort: »Ach, dann hör lieber auf davon, das wird mir zu kompliziert, da halte ich mich doch lieber an das, was sie im Fernsehen erzählen … und der junge Bush macht sich doch eigentlich ganz gut.« Diese Reaktion scheint mir phänotypisch zu sein, und zwar nicht nur für alte Damen, sondern für die überwiegende Mehrheit der Bevölkerung.

Der psychologische Schock, die anfangs auf bis zu 50 000 geschätzte Zahl der möglichen Opfer, das unfassbare, in Zeitlupe permanent wiederholte babylonisch-apokalyptische Ereignis, die völlig aus den Fugen geratene Welt – »Nichts ist mehr, wie es war« –, die durch dieses Chaos ausgelöste allgemeine und höchstgradige Verwirrung schrie nach einer Erklärung, nach einer Lageeinschätzung, einem Plan. Und die lieferte George W. Bush auf perfekte, weil absolut einfache Weise: Er präsentierte einen Täter und erklärte ihm und seinen Unterstützern den Krieg. Der ekstatische, an Reichsparteitage gemahnende Jubel, der dem Präsidenten nach seiner Kongressrede zuteil wurde, kam nicht von ungefähr. In diesem Moment, in dem er die verängstigte, handlungsunfähige Masse wieder aufrichtete, kamen ihm tatsächlich Qualitäten eines Führers und Erlösers zu. Dass er nur eine simple Verschwörungstheorie verkündete und auf ihr eine Kriegserklärung aufbaute, tat der erlösenden Wirkung keinen Abbruch; auch Hitler hatte bekanntlich nichts anderes zu bieten.

Vielleicht ist uns als domestizierten Primaten genetisch so etwas wie ein Sündenbockreflex eingebaut, der im Falle von Katastrophen und Chaos einerseits eine emotionale Abfuhr der Angst ermöglicht und andererseits den Zusammenhalt des Rudels durch Fokussierung auf einen gemeinsamen »Feind« gewährleistet. Nur mit einem solchen eher instinktiven Reflex, einer mehr auf archaischem Herdentrieb als auf individueller Vernunft basierenden Reaktion scheint mir der Erfolg von Bushs Kriegspolitik erklärbar zu sein. Je dramatischer das Ereignis und je unübersichtlicher die Lage, desto größer der Zwang, zu einer Klärung der Lage zu kommen. Hätte es also Osama und seine 40 Räuber nicht gegeben, man hätte einen Feind wie ihn in diesem Moment erfinden müssen, schon aus gruppendynamischen Gründen.

Wie hätte nun eine weniger primatenhafte, intelligentere Reaktion ausgesehen? Der entscheidende Faktor, der das ganze Geschehen treibt, ist der Schrecken und die von ihm ausgelöste Angst. Welche Operatoren auch immer hinter den Anschlägen stecken, ihre Rechnung setzt ganz auf die Angst, die der von ihnen ausgelöste Schrecken verbreitet. Doch schon dieser Gedanke, dass die Täter ja mit einer Angst- und Panikreaktion rechnen, stellt eine höhere Intelligenzleistung dar, eine erweiterte Wahrnehmung. Für wahr wird nicht mehr nur der Schrecken genommen, sondern auch ein dahinter steckender Verursacher und seine Absichten ins Kalkül gezogen. Diese Wahrnehmung, der konspirologische, skeptisch-paranoide Blick, eröffnet den Reaktionen auf den Schrecken über die Panik hinaus zusätzliche Möglichkeiten. Dass man George W. Bush in den Tagen nach den Anschlägen allgemein »Besonnenheit« attestierte, nur weil er nicht gleich wahllos mit Atombomben um sich warf, erklärt sich allein aus der Herdenpanik, die im Katastrophenfall nach (notfalls blindem) Aktionismus schreit.

Die neue Inquisition, die sich im Besitz der »Wahrheit über den Terror« befindet und zum Kampf gegen »frevelhafte Verschwörungstheorien« aufruft, wurde nicht von ungefähr Mitte November verkündet. In den Tagen zuvor hatten französische Medien gemeldet, dass das letzte Treffen von Bin Laden und der CIA noch im Juli 2001 im American Hospital in Dubai stattgefunden hätte (siehe »4.11.01: Osama meets CIA«), womit die Mär von der lange beendeten Zusammenarbeit mit islamistischen Terroristen aufzufliegen drohte. Einem Bericht des CBS-Korrespondenten Barry Petersen zufolge [286] dürfte den US-Geheimdiensten auch bekannt gewesen sein, wo sich Bin Laden um den 11.9. herum befand: Am Abend zuvor wurde er in das Militärkrankenhaus in Rawalpindi zu einer Dialysebehandlung eingeliefert. Der Mastermind des avanciertesten Terroranschlags der Geschichte hängt also während des finalen Countdowns am Tropf des pakistanischen Militärs und wird vor einem Nierenversagen gerettet – wenn hoffentlich bald die Terrorklamotte »Die nackte Kanone 23,5« gedreht wird, dürfte das eine schöne Szeneabgeben.

»Ja, aber was glauben Sie denn jetzt wirklich?« Wer in den Seminaren des »Kybern-Ethik«-Professors Heinz von Foerster so fragte, musste einen Dollar in die Seminarkasse zahlen; wurde der Begriff »Wahrheit« benutzt, waren sogar zwei Dollar fällig. »Der Begriff Wahrheit«, so von Foerster, »bedeutet Krieg … Er erzeugt die Lüge, er trennt die Menschen in jene, die Recht haben, und jene, die im Unrecht sind. Wahrheit ist, so habe ich einmal gesagt, die Erfindung eines Lügners.« [287]

Ich plädiere auch im Zusammenhang mit dem 11. September dafür, jede Beobachtung untrennbar mit dem Beobachter zu verknüpfen. Mir selbst geht es bei der Beschäftigung mit diesen Fragen manchmal so wie dem vom Teilchen/Welle-Paradox geplagten Quantenphysiker: Je genauer man die eine Seite des Systems fixiert, desto stärker gerät die andere aus dem Blickfeld. Aber ist es, im Ausnahmezustand, nicht vorbei mit Schrödingers Katze und Einsteins Maus? Musste da nicht die Kiste geöffnet und Eindeutigkeit herbeigezwungen werden, um zur Tat schreiten zu können? Wenn dem so ist, wenn die verängstigte Herde nach Aktion, die Primatenmeute nach Rache schreit und ein klares Freund/Feindbild geschaffen werden muss – und die Stunde jener grauenhaften Wahrheiten schlägt, die Krieg bedeuten –, kann die Gegenstrategie nur lauten, dem »Frevel«, den »boshaften Lügen«, der Ablenkung von den »wahren Schuldigen« weiter Auftrieb und Öffentlichkeit zu verschaffen.

Cui bono?

Wenn Wahrheit Krieg bedeutet, was hat die zur Wahrheit stilisierte Verschwörungstheorie »Bin Laden« und die auf ihr basierende Kriegserklärung bis heute (Juli 2002) gebracht? Hat der seit einem halben Jahr geführte »Krieg gegen den internationalen Terrorismus« die Welt sicherer gemacht? Wurden gefährliche Terroristen hinter Schloss und Riegel gebracht, um die Öffentlichkeit vor ihnen zu schützen? Hat das Opfer von Tausenden ziviler Menschenleben, die in Afghanistan als »Kollateralschaden« und Blutzoll für den WTC-Anschlag hingenommen wurden, irgendeinen Sinn gehabt? Dass man in Kabul jetzt wieder Musik hören kann, dass Mädchen zur Schule gehen dürfen und Männer sich rasieren, ist fraglos ein Fortschritt. Ob der freilich ein monatelanges Bombardement rechtfertigt, darf bezweifelt werden. Zumal das Talibanregime, das den rückschrittlichen Fundamentalismus zuvor eingeführt hatte, dies mit dem Segen und der Unterstützung genau derjenigen tat, die es jetzt militärisch beseitigt haben. Noch im Juli 2001, bei den letzten Geheimverhandlungen mit den USA um die Pipelinefrage in Berlin, hätte Mullah Omar seinen mittelalterlichen Gottesstaat behalten dürfen, wenn die Taliban dem Projekt (und der für sie vorgesehenen Beteiligung an den Gewinnen) zugestimmt hätte. Wir erinnern uns an die von den USA vorgegebene Alternative zwischen einem »Teppich voller Gold« und einem »Teppich voller Bomben«. Letzterer hat dann Afghanistan im Oktober unter sich begraben.

Ist die Verknüpfung dieser Ereignisse – die geostrategischen US-Interessen in der Region und die seit Anfang der 90er Jahre betriebene Pipelineplanung von Unocal und anderen Ölkonzernen – mit den Anschlägen vom 11. September und dem anschließenden Krieg gegen Afghanistan ein zu kurzer Schluss, weil sie eine direkte Kausalität und Stringenz unterstellt, für die es in der Realität keine Beweise gibt? Das könnte sein – und das Beispiel zeigt, warum die Frage »Wem nützt es?« eine der Lieblingsfragen von Verschwörungstheoretikern ist. Sie markiert eine der klassischen Fallen des konspirologischen Denkens, ermöglicht sie es doch, sich mit einer Überhöhung des Motivs für die Tat über das Fehlen konkreter Tatsachenbeweise hinwegzumogeln. Wer davon am mein ten profitiert, der muss es einfach getan haben:

Die US-Geheimdienste und der militärisch-industrielle Komplex konnten nach den Anschlägen riesige Budgeterhöhungen und Profite verbuchen – also müssen sie damit zu tun haben!

Israel konnte im Windschatten des »war on terrorism« ungestraft einen neuen Eroberungsfeldzug starten – also kann nur der Geheimdienst Mossad dahinterstecken!

George W. Bush drohte als Wahlbetrüger dazustehen

und der absehbare Konkurs seines größten Finanziers Enron einen Börsencrash auszulösen, da musste einfach ein Krieg, her, um diese innenpolitische und ökonomische Krise zu überspielen!

Um sich die Weltmacht im 21. Jahrhundert zu sichern, ist für die USA geopolitisch eine Kontrolle der zentralasiatischen Vorräte unabdingbar. Um das kriegsunwillige Volk zum »möglicherweise Generationen dauernden Krieg« (Verteidigungsminister Rumsfeld) zu treiben, wurde der 11.9. als Überraschungsangriff« von der Regierung inszeniert.

Osama Bin Laden hasst die Vereinigten Staaten, weil sie in Saudi-Arabien militärisch präsent sind – er hat den Anschlag geführt, um alle Muslime der Welt zum Kampf gegen die Ungläubigen aufzurufen!

Fünf Tatmotive, von denen keines einer gewissen Logik entbehrt. Natürlich ließen sich noch viele weitere anführen. aber konkrete Beweise auf einen der Hintermänner gibt es in keinem Fall, auch wenn die Medien nach wie vor so tun, als Bin Laden überführt. Die Frage nach dem Motiv dient den ermittelnden Kriminalisten zur Eingrenzung ihres Suchfelds. Da völlig unmotivierte Verbrechen sehr selten vorkommen, wird das Umfeld des Opfers auf seine Interessenlagen abgeklopft. Doch Motive allein, so wissen wir aus jedem Krimi, sind keine harten Indizien. Sie reichen nicht aus, um den Täter zu überführen.

Spion jagt Spion

»Spion & Spion« hieß eine berühmte Serie des Magazins Mad, und folgt man dem bereits ins Feld geführten Historiker R. J. Blackburn (siehe »Der äußere Schein trügt«), dann steht diese verrückte Jagd mehr oder weniger im Zentrum aller Staaten und Mächte, die sich stets durch potenzielle Feinde von innen wie von außen bedroht fühlen, weshalb Geheimdienste, Konspiration und Verschwörung ihr eigentliches Lebenselixier sind.

»Wer in Washington nicht paranoid ist, der spinnt«: Diese Henry Kissinger nachgesagte Weisheit und seine diesbezüglichen Aktivitäten als Außenminister und Sicherheitsberater haben für ihn persönlich dazu geführt, dass er sein Land kaum noch verlassen kann, ohne dass ihm ein Haftbefehl wegen Kriegsverbrechen unter die Nase gehalten wird. Und zwar als einem der Verantwortlichen für jene Terroranschläge am 11. September 1973, mit denen der chilenische Präsident Allende aus der Regierung gebombt wurde – ein merkwürdiger Fall von Datumsmagie, der aber beispielhaft zeigt, wie die grundsätzlich paranoide Geheimpolitik der Staaten auch eine geheime, inoffizielle und tendenziell terroristische Außenpolitik gebiert.

»Wir beseitigten die Regierung von Guatemala, als uns ihre linke Richtung missfiel; wir versuchten einen Bürgerkrieg gegen Sukarno in Indonesien anzuzetteln; wir intervenierten, um den Schah wieder auf den Thron in Iran zu bringen, nachdem (der gewählte Ministerpräsident) Mossadegh die Monopolherrschaft von British Petroleum über das iranische Erdöl gebrochen hatte; wir versuchten in der Schweinebucht eine Konterrerevolution in Kuba zu starten; wir führten sogar einen geheimen Krieg in Laos und bezahlten Angehörige des Meo-Stamms und thailändische Söldner, dass sie da für uns kämpften. Alle diese Einsätze wurden ohne Wissen und Einverständnis des Kongresses begonnen. Kein Land war zu klein, kein Staatsmann zu unbedeutend, um unserer Aufmerksamkeit zu entgehen. Wir schickten Gift mit der Absicht in den Kongo, Lumumba mit einer tödlichen Krankheit zu infizieren; wir bewaffneten Dissidenten in der Dominikanischen Republik, obwohl wir ihre Absicht kannten, (den Staatschef) Trujillo umzubringen; wir waren Teil eines militärischen Staatsstreichs in Südvietnam, mit dem dieselbe Regierung gestürzt wurde, die wir versprochen hatten zu verteidigen ... Jahrelang versuchten wir, Fidel Castro und andere kubanische Staatsmänner zu ermorden. Die verschiedenen Anschläge verteilten sich auf drei US-Regierungen und schlossen eine ausgedehnte Zusammenarbeit zwischen CIA und Mafia ein.« [288]

Dieses Sündenregister stammt nicht von einem frevelhaften, antiamerikanischen Verschwörungstheoretiker, sondern vom Leiter des Untersuchungsausschusses über »Angebliche Mordpläne an ausländischen Politikern«, dem US-Senator Tom Church, der die Veröffentlichung des 350-seitigen Untersuchungsberichts mit einigen Worten zum »Sumpf der amerikanischen Außenpolitik« einleitete.

Das war 1976 – und angesichts der haarsträubenden Fakten des Senatsberichts erließ der damals amtierende Präsident Ford sogleich ein offizielles Verbot solcher Auftragsmorde. Das bedeutet allerdings nicht, dass seitdem – in Nicaragua, Grenada, El Salvador, Panama, Irak, Afghanistan – alles mit rechten Dingen zugegangen wäre. Die Liste macht aber deutlich, wie die chronische Paranoia als Grundhaltung eines Staates dazu führt, sich selbst von kleinen Bananenrepubliken verfolgt zu fühlen und diese »Bedrohung« notfalls mit Gewalt und Terror auszuschalten. Wer allüberall eine geheime Verschwörung von »Feinden« wittert – »Linke«, »Liberale«, Kommunisten«, »Terroristen« –, der sieht für sich keine anderen Möglichkeiten, als ebenso geheim und konspirativ zurückzuschlagen. Dieser Hang zur Bekämpfung wirklicher oder eingebildeter Verschwörungen führt nun aber nicht zur Eindämmung konspirativen Verhaltens, sondern produziert und fördert es geradezu.

»Gott ist nicht neutral«

Wir haben also, was den 11.9. betrifft, nicht nur eine Reihe von Motiven, sondern auch eine Reihe einschlägiger Verdächtiger. Das kennen wir aus jedem besseren Krimi und wissen deshalb: Nicht jeder mit einer dubiosen Vergangenheit kommt deshalb automatisch als aktueller Täter in Frage. Dass Bin Laden und seine Organisation aufgrund ihrer terroristischen Vergangenheit in das Täterprofil passen, ist ausgemachte Sache, doch Geheimdienste wie die CIA oder der Mossad passen kaum weniger, auch und gerade was inszenierte »Überraschungsangriffe« betrifft. So hatten 1954 in der so genannten Lavon-Affäre israelische Agenten Anschläge auf britische und amerikanische Einrichtungen in Ägypten verübt und sic erfolgreich islamistischen Fundamentalisten angehängt, was, wie gewünscht, dazu führte, dass britische und französische Truppen (zusammen mit israelischen) Ägypten in der Suezkrise 1956 angriffen. Solche Art von Fake-Terror ist gang und gäbe. Sowohl von ihrer Tradition als auch von ihrer paranoiden, tendenziell gewalttätigen Grundhaltung her unterscheiden sich Geheimdienste also wenig von Terrororganisationen, auch wenn sie offiziell der »Achse des Guten« zugeordnet werden und sich eigentlich an Gesetze und Verfassung zu halten hätten.

Doch gebiert die paranoide, konspirative Grundhaltung gleichsam von selbst einen Mechanismus, der Ethik und Moral unbesehen überbrückt, und dieser kurzschließende Mechanismus lautet: Der Feind meines Feindes ist mein Freund. Dass es sich bei diesem Freund auch um einen ausgemachten Verbrecher, einen »Hurensohn«, einen »Schurkenstaat« handeln kann, tut dann nichts mehr zur Sache, wenn es gegen einen eingebildeten (oder tatsächlichen) Großfeind geht. So unterstützten die USA den Aufbau von Koranschulen und Terrorcamps in Pakistan und Afghanistan. Die in Schnell- und Intensivkursen produzierten »heilige Krieger« sollten den Erz feind UdSSR zum präventiven Einmarsch locken, um ihn »sein Vietnam« (so der damalige Sicherheitsberater Brzezinski) zu bereiten. Und Israel half der radikal-islamistischen Israel und der Hamas ab Mitte der 80er Jahre, in Palästina Fuß zu fassen, um den diplomatisch erfolgreichen Erzfeind Arafat und seine PLO zu unterminieren. In diesem »Spion jagt Spion«-Spiel werden die größten Schurken zur willkommenen Koalition, zu Partnern und Werkzeugen. Für einen heiligen Zweck, die Bedrohung durch eine angenommene Großverschwörung, ist jedes Mittel recht.

Israel und die Hamas

Die israelische Unterstützung beim Aufbau der islamistischen Hamas seit Ende der 70er Jahre ist ein offenes Geheimnis, das keinem Kenner der Nahostpolitik verborgen geblieben ist. Die israelische Regierung erteilte der Hamas Hunderte von Genehmigungen zum Bau und Betrieb »religiöser« Einrichtungen, Schulen, Krankenstationen usw. – wohl wissend, welchen fundamentalistisch-terroristischen Hintergrund diese islamistische

Bruderschaft hat. Berichte darüber finden sich in der Regel aber nur in unabhängigen Medien wie der alternativen New York Press oder bei unabhängigen Reportern wie bei Robert Fisk, dem Senior-Korrespondenten des britischen Independent. »In den 80er Jahren, als Mr. Arafat noch der Oberterrorist war und die Hamas eine harmlose kleine, in ihrem Widerstand gegen Israel allerdings unerbittliche muslimische Wohlfahrtsorganisation, wurden deren Mitglieder von Israel darin ermutigt, im Gazastreifen Moscheen zu bauen. Irgendein kluger Kopf beim israelischen Militär war zu dem Schluss gekommen, dass es keine bessere Methode gäbe, die national-staatlichen Bestrebungen der PLO in den besetzten Gebieten zu torpedieren, als die Förderung des Islam. Selbst nach dem Osloer Abkommen verkündeten hohe israelische Offiziere während eines Wortgefechts mit Arafat noch öffentlich, dass sie mit Hamas-Vertretern öfter ein Schwätzchen hielten. Und als Israel 1992 widerrechtlich Hunderte von Hamas-Mitgliedern in den Libanon deportierte, war es einer ihrer Führer, der mir, als er hörte, dass ich nach Israel reisen wollte, die Privatnummer von Schimon Peres aus seinem Telefonbuch heraussuchte.«

Jassir Arafat selber hat sich dazu am 19.12.01 in einem Interview mit dem italienischen L'Espresso geäußert: »Die Hamas wurde mit Unterstützung der Israelis aufgebaut. Ziel war es, eine Organisation zu schaffen, die in Opposition zur PLO stand. Die Hamas erhielt finanzielle Mittel und Hilfe zur Ausbildung, ihrer Mitglieder. Sie profitiert immer noch von Sondergenehmigungen und Beglaubigungen, während wir nicht einmal die Genehmigung bekommen, eine Tomatenfabrik zu bauen. Rubin selbst hat das als verhängnisvollen Fehler bezeichnet.«

Robert Fisk

Es wäre eine ausführliche Untersuchung wert, warum diese »heiligen« Zwecke für die Formierung einer Gesellschaft offenbar so wesentlich und für die Mobilmachung geradezu unabdingbar sind und dass es sich dabei in aller Regel um lupenreine Verschwörungstheorien handelt – angefangen von der Annahme eines unsichtbaren, allmächtigen Drahtziehers und Schöpfers aller Dinge, der normalerweise mit der Chiffre »Gott« abgekürzt wird.

Schon hier hätte eine kritische Konspirologie als skeptische Wahrnehmungswissenschaft anzusetzen und klar zu machen, dass es völlig verrückt ist, sich wegen einer unbewiesenen (und unbeweisbaren) Verschwörungstheorie gegenseitig an die Gurgel zu gehen. Und doch scheinen die Menschen seit Jahrtausenden nichts anderes zu tun, als sich über die »Wahrheit« dieser Verschwörungstheorie die Köpfe einzuschlagen. Ohne den großen Vereinfacher »Verschwörungstheorie«, der ihn eine »Wahrheit«, einen »heiligen« Zweck halluzinieren lässt, scheint Homo sapiens nicht so leicht zum Massenmord zu treiben zu sein. Wenn er die Simplifizierungsdroge aber geschluckt hat, ist er zu allem fähig.

Muss GOTT, wie man seit der Reform des Götterwirrwarrs durch die monotheistischen Verschwörungstheoretiker den einen Zentralverschwörer zu nennen pflegt, vielleicht nur deshalb als unhinterfragbare »Wahrheit« verkauft werden, weil es sich dabei um eine Verschwörungstheorie handelt, für die es definitiv keine allgemein zugänglichen Beweise gibt?

Wer sich fragt, was das alles mit den Mysterien des 11.9. zu tun hat, sei nicht nur an George W. Bushs Ausspruch »Gott ist nicht neutral« erinnert, sondern auch an seinen oben zitierten Bannfluch über »frevelhafte Verschwörungstheorien« sowie an die Definitionen des »war on terrorism« als »Kreuzzug« im Rahmen einer Operation »unendliche Gerechtigkeit« (»infinite justice«). Archaischer geht's nimmer. Unter Berufung auf eine unhinterfragbare, heilige, göttliche »Wahrheit«, zur Abwendung des terroristischen Schreckens zog Bush II in den Krieg. Und stieg innerhalb weniger Tage von der präsidialen Pappnase zum besonnenen und weisen Führer der westlichen Welt auf.

Durch »schmutzige« Erkenntnistheorie zurück zum »sauberen« Journalismus?

Während ich dies schreibe, sind die »frevelhaften Verschwörungstheorien« trotz des Bannfluchs von Bush im amerikanischen Kongress angekommen. Anfang April forderte die Abgeordnete Cynthia McKinney eine Untersuchung des möglichen Vorauswissens der Bush-Administration und ihrer Verstrickungen mit Rüstungsfirmen wie der Carlyle Group. Nun ist Mrs McKinney nicht nur eine Frau, sondern auch schwarz und demokratisch – also so ziemlich das Gegenteil der regierenden Bush- und Ölmänner, die fast alle der WASP-Elite angehören. Und da sie auch aus ihrer eigenen Partei für ihr Statement nur Prügel bezog, sind die Chancen ihrer Forderung im Kongress mehr als gering. Für die Geschichtsbücher aber ist festzuhalten, dass sich das Misstrauen gegenüber der offiziellen Version von »9/11« nicht nur am rechten und linken Rand des gesellschaftlichen Spektrums breit machte, sondern nun auch schon in der bürgerlichen Mitte aufkeimt, und dass nicht einmal die Stigmatisierung und Dämonisierung als »Verschwörungstheorie« das Lautwerden des Verdachts und der Forderung nach öffentlicher Untersuchung stoppen konnte.

Der verschwörungstheoretische Blick, so lässt die kurze Rezeptionsgeschichte der WTC-Attacken erkennen, ist allen Widerständen zum Trotz salonfähig geworden, die Häme, mit der » nutballs«, »crackpots« und »Verschwörungsspinner« überzogen werden, scheint nur mehr ein letztes, polemisches Gefecht zu sein. In früheren Zeiten mag es ausgereicht haben, den einen oder anderen »Spinner« mundtot zu machen, um eine offizielle Version umstrittener Ereignisse (Reichstagsbrand, Kennedy-Mord) propagandistisch durchzusetzen, doch im Internetzeitalter – wo Millionen »Spinner« unerbetene Nachrichten publizieren – ist das schlechterdings unmöglich. Natürlich werden im Internet Unmengen falscher Informationen in die Welt gesetzt, was dem weitgehend unkontrollierten WWW seinen schlechten Ruf als unzuverlässige Gerüchteküche eingebracht hat. Doch hat hier der 11. September insofern Abhilfe geschaffen, als er jedem bei Verstand gebliebenen Zuschauer klar machte, dass auch die »seriösen« Medien im Ernstfall nichts anderes als eine dubiose Gerüchteküche sind, in der hemmungslos und ohne jede kritische Distanz Verschwörungstheorien in die Welt gesetzt und Propagandamärchen verbreitet werden. Deshalb ist eine angemessene Wahrnehmung der Realität über die Medien von diesem lag an ohne konspirologischen Blick überhaupt nicht mehr möglich. Das verschwörungstheoretische Denken rückt aus meiner randständigen Lage als Schmuddelkind der Erkenntnistheorie in das Zentrum nüchterner politischer Analyse.

Erklärung der Kongressabgeordneten Cynthia McKinney

Die Ereignisse rund um den 11. September bedürfen ebenso dringend einer Untersuchung wie das Enron-Debakel, so viel ist klar. Wenn das amerikanische Volk ein Recht hat, darüber aufgeklärt zu werden, was bei Enron schief gelaufen ist (und es hat dieses Recht), so hat es gewiss auch ein Recht zu erfahren, was am 11. September schief lief und warum...Dies ist nicht der Zeitpunkt für Sitzungen hinter verschlossenen Türen, und es ist nicht der Zeitpunkt für Heimlichtuerei. Die Glaubwürdigkeit Amerikas vor der Welt und vordem eigenen Volk hängt davon ab, dass auf diese Fragen befriedigende Antworten gegeben werden, Die Welt steht an der Schwelle von bewaffneten Konflikten, und unsere Regierung betreibt eine vage, unentschlossene und undurchsichtige Politik. Etliche schwerwiegende finanzielle Interessenkonflikte wurden in jüngster Zeit aufgedeckt, und es kommen ständigneue ans Tageslicht. Davon betroffen sind der Präsident, der Justizminister, der Vizepräsident und andere Regierungsmitglieder. Was wir jetzt brauchen, sind Leute, deren Führungsqualitäten und Urteilsvermögen durch nichts kompromittiert und getrübt sind. Was wir jetzt brauchen, sind Transparenz und eine gründliche Untersuchung.

http://globalresearch. ca/articles/MCK204B.html

Hätten sich die Medien, um ihrem verfassungsgemäßen Auftrag zu genügen, mit dem Instrumentarium einer kritischen Konspirologie, einer skeptisch-paranoiden Wahrnehmung ausgestattet, wäre der nahezu flächendeckende Ausfall eines investigativen, recherchierenden, um Objektivität bemühten Journalismus zu vermeiden gewesen. Nur, weil verschwörungstheoretisches Denken als Tabu galt, dröhnte aus allen Kanälen unhinterfragt dieselbe Propaganda. Doch ich wage die These, dass sich dies nach der Erfahrung mit der Rezeption des 11.9. ändern wird und die »schmutzige« Erkenntnistheorie des Verschwörungsdenkens als Werkzeug eines »sauberen« Journalismus zunehmend unverzichtbar wird.

Nach der Initiative von Cynthia McKinney veranstaltete die Zeitung Atlanta Journal Constitution Mitte April in ihrer Online-Ausgabe eine Umfrage: Wusste die Regierung Bush vorab von den Anschlägen oder wusste sie nichts – und sollte dieser Frage weiter nachgegangen werden? Von über 23 000 Stimmen plädierten nur zwei Prozent für die Einstellung aller Untersuchungen, 46 Prozent waren davon überzeugt, dass die Regierung im Voraus etwas wusste, 52 Prozent meint(n, die Regierung hätte von nichts gewusst. Bevor dieser Anteil der »Gutgläubigen« unter die Marke von 50 Prozent fallen konnte, nahm die Zeitschrift die Umfrage nach nur einem halben Tag schnell wieder vom Netz. Mit soviel kritischem Gegenwind hatte man offenbar einfach nicht gerechnet. [289]

Eine ähnliche Erfahrung machte Robert Fisk, der Nahostkorrespondent des britischen Independent –für mich neben Ahmed Rashid eine der letzten verbliebenen journalistischen Instanzen im Nahen Osten, die ihren Verstand nach dem 11.9. nicht der Konsensmaschine geopfert haben –, bei einer Vortragsreise durch die USA:

»Zum ersten Mal nach über einem Jahrzehnt, in dem ich in der USA immer mal wieder Vorträge halte, war ich geschockt. Nicht von der Passivität der Amerikaner – also von der patriotischen und eher gläubigen Haltung, dass der Präsident es am besten weiß – oder von der Selbstversunkenheit nach dem 11.9. und der konstanten Angst, Israel zu kritisieren. Was mich schockte, war die für Amerikaner außergewöhnliche Ablehnung, der offiziellen Linie zu folgen, ihre wachsende, böse Einsicht, dass sie belogen und getäuscht werden. Bei einigen meiner Vorträge waren 60 Prozent der Besucher über 40 Jahre alt, und bei einigen anderen waren 80 Prozent meiner Zuhörer ohne ethnische oder religiöse Wurzeln in Nahost – ›amerikanische

Amerikaner‹, wie ich sie bei einer Gelegenheit nannte, oder weiße Amerikaner‹, wie ein palästinensischer Student sie dann trotzig nannte. Das erste Mal erlebte ich, dass sie nicht meinen Vorträgen widersprachen, sondern denen ihres Präsidenten …« [290]

Die Reaktionen, die Fisk beschreibt, bestätigen für mich die These, dass das konspirologische Unbewusstsein wächst und sich die Masse mit billigen Verschwörungstheorien auf Dauer nicht mehr für dumm verkaufen lässt – zumindest nicht mehr so leicht, wie es vor der Internet-Revolution noch möglich war. Vielleicht ist es naiver Optimismus, aber ich habe die Hoffnung, dass die Millionen von Privatdetektiven, Rechercheuren, Ermittlern, Wühlmäusen und Schnüfflern, die den Ungereimtheiten des 11.9. weltweit selbst nachgehen, weil sie den offiziellen Wahrheitsverkündigungen zutiefst misstrauen, dass also diese dezentrale »Internet Intelligence« der »Central Intelligente Agency« letztlich überlegen ist. Natürlich beackern auch die offiziellen Geheimdienste dieses Schlachtfeld und stiften mit Desinformationen Verwirrung. Natürlich setzen sie Tarngeschichten in die Welt, um allen Ungläubigen der offiziellen Version Alternativen zu bieten, die aber ihrerseits nur dazu dienen, von der eigentlichen Verschwörung abzulenken. Natürlich nutzen die Schlapphüte in der CIA-Zentrale i n Langley ihren 30 Milliarden-Etat nicht nur dazu, missliebige Präsidenten zu stürzen, Putschgeneräle zu schmieren und Waffen- und Drogenhandel zu betreiben; sie heuern auch Journalisten, Autoren und Medienleute dafür an, das Gegenteil zu behaupten. Doch sorgt die Quantität kritischer Filter, die Masse der Skeptischen, auch hier für eine neue Qualität, die es den neo-orwellschen Ministerien der Wahrheit schwerer macht, mit ihren Propagandabotschaften durchzudringen. Der »Volksempfänger« im Dritten Reich konnte nur deshalb ein so erfolgreiches Medium beim Aufbau einer Diktatur werden, weil aus ihm nur eine Botschaft, die des Führers, kam. Heute jedoch ermöglicht es das Internet, »Feindsender« aus der ganzen Welt zu empfangen und deren Informationen in die Wahr-Nehmung der Realität einzubeziehen. Deshalb muss es vielleicht doch kein halbes Jahrhundert dauern, bis der Plot vom 11.9. aufgeklärt wird. Die kriminalistische Untersuchung des Falls, die von der Bush-Adminstration Ende Januar gestoppt wurde, wird im Internet weitergehen, und die teilweise jetzt schon himmelschreiende Evidenz offizieller Lügen und Vertuschungsversuche wird weiter zunehmen und den Druck verstärken. Der öffentliche, aus dem Internet emergierende Druck wird über kurz oder lang die Mainstream-Medien zwingen, aus ihrer Trance zu erwachen.

»Die einzige Logik«, hat der große Physiker James C. Maxwell einmal gesagt, »ist die Wahrscheinlichkeit.« Statt angesichts der ungeklärten Faktenlage »Wahrheit« zu simulieren, gilt es mit der Unschärfe von Wahrscheinlichkeiten zu operieren – und da die avancierteren Verschwörungstheorien ebendies tun, entwickeln sie automatisch Immunität gegenüber Denunzianten und Debunkern. »Steckte Bush dahinter oder die Aliens?«, lautete eine der typischen Headlines in dieser Phase [292]. Die nicht mehr zu ignorierende Skepsis der Bevölkerung am herrschenden Dogma wird auf den »bunten Seiten« der Zeitungen und Magazine als eine Art Konspirationsentertainment abgehandelt. Für jemanden, dem »völlig, klar« ist, dass Bush dahinter steckt, mag es wie ein Affrontklingen, diese »Fakten« mit E. T.-Märchen in einen Topf geworfen zu sehen – einer offenen, mit Wahrscheinlichkeiten operierenden Verschwörungstheorie kann das aber nichts anhaben. Auf der Verschwörungs-Wahrscheinlichkeitsskala von 0 bis 23 müsste die Chance, dass »Aliens« dahinter stecken, vielleicht mit 0,5 eingestuft werden, während der Bush-Clan nach dem derzeitigen Stand der Informationen mindestens eine 15 verbuchen könnte. Ein neues Fundstück wie die (in der deutschen Presse bezeichnenderweise völlig untergegangene) Reuters-Meldung vom 9. Februar [292], dass sich Pakistans Militärherrscher Musharraf mit dem afghanischen Präsidenten Karzai über die Wiederaufnahme der unterbrochenen Pipelineplanung geeinigt hat, würde dann für Bush einen halben Prozentpunkt Zuwachs bedeuten, weil dadurch das Motiv der Ölinteressen in den Vordergrund rückt.

»Let one happen, stop the rest«

Wir müssen noch einmal auf den merkwürdige Fall des windigen Undercover-Agenten Delmart »Mike« Vreeland zu sprechen kommen, der im Dezember 2000 in Kanada verhaftet wurde und im August 2001 seinen Gefängniswärtern eine Notiz zukommen ließ, in der er vor einem großen Anschlag auf exponierte Ziele in den USA warnte (siehe »4.11.01: Osama meets CIA« und »2.2.02: Vom Al Capone-Kiez nach Pipelineistan«). Mittlerweile ist der 35jährige Vreeland vom Gericht in Toronto gegen Kaution auf freien Fuß gesetzt worden und kämpft jetzt juristisch gegen das Auslieferungsersuchen der USA, das er nach eigenen Befürchtungen nicht länger_ als ein paar Stunden überleben würde. Er hat einen offenen Brief an David Corn von The Nation, der ihn als »Verschwörungsspinner« bezeichnet hatte, geschrieben [293]sowie Mike Ituppert in einem ausführlichen Interview [294] 35 Fragen beantwortet. Danach hat Vreeland, der aus Moskau kommend in Toronto festgenommen worden war, von den geplanten Anschlägen erstmals Anfang Dezember 2000 erfahren: aus den Dokumenten eines US-Agenten, dem eine Warnung zugespielt worden war, die Russlands Präsident Putin von Saddam Husseins Sohn aus dem Irak bekommen haben soll.

Nachdem die kanadischen Behörden Vreelands Ersuchen, mit dem Militärgeheimdienst zu sprechen, abgelehnt hatten, schrieb er im August jene ominöse, hastige Notiz, die seine Wächter dann versiegelt zur Habe nahmen und erst am 14. September wieder öffneten. Neben einer Liste mit Gebäuden – WTC, Sears Towers, White House, Pentagon – enthält der Notizzettel auch den merkwürdigen Satz: »Let one happen, stop the rest« – »Lass eins geschehen, stoppe die anderen« –, zu dem sich Vreeland im Interview auf Rat seiner Anwälte aber nicht äußerte. Diese Bemerkung liest sich wie eine Anweisung an eine Gruppe von Undercover-Agenten, nachdem sie ihre Planungen an die Zentrale durchgegeben haben. Auf die Nachfrage Mike Rupperts, ob dieser Satz nicht impliziere, dass die CIA oder ein anderer Geheimdienst die ausführende Terrorzelle unterwandert habe, antwortete Vreeland:

»Das stimmt ohne Frage. Manchmal schaffen bestimmte Regierungen Netzwerke wie Al-Qaida, die in Afghanistan ja wirklich an der Regierung waren. Und diese Einheiten schaffen dann spezielle Probleme im Sinne der sie steuernden Regierung.« »Wissen Sie, wer diese Unterwanderung ausgeführt hat?« »Ich kann dazu keinen Kommentar abgeben.« »Ist es möglich, dass die Terrorzellen ›geführt‹ wurden, ohne dass sie davon wussten?« »Absolut.«

Für mich war die Geschichte dieses kleinen Agenten, der mit seiner von der Navy finanzierten Kreditkarte einen auf James Bond macht, Edelchampagner kistenweise ordert und als Yachtkäufer auftritt, von Anfang an plausibel. Auch dass er bei seinen Spionagetrips nach Moskau von Kollegen etwas über die Warnung vor diesen Anschlägen erfahren haben will, ist glaubhaft – und dass er dieses Wissen jetzt, wo ihn sein Arbeitgeber wegen seines windigen Agentenlebens via Kreditkarte hochgehen (bzw. einfahren) lässt, nutzt, um seine Haut zu retten, scheint logisch. Das entspricht der Methode der Geheimdienste, »hot potatoes« unter ihren Undercover-Agenten im Falle eines Falles mit fingierten Anklagen und anderen Tricks aus dem Verkehr zu ziehen – und abzustreiten, jemals mit ihnen zu tun gehabt zu haben.

Nehmen wir einmal an, Vreeland sei wirklich nur ein gewöhnlicher Betrüger und Kreditkartenschwindler, was würde ihm so eine Geheimdienst-Räuberpistole, wie er sie den kanadischen Behörden lieferte, in diesem Fall nützen? Müsste er, wenn er ernsthaft auf einer völlig erfundenen Identität als Agent beharrt, nicht eher damit rechnen, in der geschlossenen Abteilung irgendeiner Klapsmühle zu landen statt in Freiheit? Nein, diese kleine, halbkriminelle Undercover-Wühlmaus, die seit ihrem Ausscheiden aus der offiziellen Navy für deren Geheimdienst als fester »freier Mitarbeiter« für 4620 Dollar im Monat im Trüben fischt – dieser Lieutenant Delmart »Mike« Vreeland ist echt. Was aber bringt ihn dann dazu, im August 2001 seine Gefängniswärter vor einem Terroranschlag zu warnen und die Namen der avisierten Gebäude auf einen Zettel zu kritzeln? Dass er die entscheidenden Fragen in seinem Interview nicht beantwortet, ist nachvollziehbar – schon so dürfte er sich als »Whistleblower« seines Lebens augenblicklich nicht allzu sicher fühlen. Doch dank seines Falls können wir die Szenarien des Vorauswissens [295] um eine weitere Variante ergänzen.

Eine Terrorgruppe, nennen wir sie der Einfachheit halber Al-Qaida, plant eine Serie von Anschlägen mit Passagierflugzeugen auf exponierte Gebäude in den USA. Die Planung und Vorbereitung bleibt nicht unentdeckt. Im Juni 2000 erfährt laut Vreeland – der irakische Geheimdienst davon, der seine Erkenntnisse im November an das befreundete Russland weitermeldet. Spätestens jetzt erfahren auch die amerikanischen Dienste davon. Sie scheinen aber nichts weiter zu unternehmen, sondern stattdessen die Parole auszugeben: »Let one happen, stop the rest«. Das jedenfalls notiert der im Dezember 2000 verhaftete US-Agent Vreeland im August 2001 auf einer warnenden Notiz, die bis zum 14. September bei seiner Habe schmort. Und wer will, kann diese Bemerkung getrost als Regieanweisung verstehen.

Stellt sich die Frage, auf welchen Kanälen diese inoffiziellen Mitarbeiter bei. Al-Qaida eingeschleust werden konnten. Hier könnte der pakistanische Geheimdienst ISI ins Spiel kommen, der engste CIA-Partner in der Region, von dem dann – laut Times of India [296] unter Berufung auf indische Quellen und das FBI – unter anderem Mohammed Atta im Juli mit 100 000 Dollar bestückt wurde. Ist Al-Qaida am Ende mit inoffiziellen Mitarbeitern ähnlich durchsetzt wie der deutsche NPD-Vorstand mit IM des Verfassungsschutzes? Wurde Osama, dem Doppelagenten par excellence, nach seiner Rolle als Watschenmann eine friedvolle Pension versprochen – sei es in irgendeiner saudischen Oase, sei es rasiert und mit neuem Pass in Florida? Ganz im Ernst wäre es natürlich nicht der erste Fall, bei dem eine Terrorgruppe von staatlichen Diensten unterwandert und mit Spitzeln oder einem Agent provocateur bestückt wird. Ob Rote Brigaden oder RAF, ob Jihad oder Hamas, allüberall, wo Terror im Spiel ist, mischen über kurz oder lang, direkt oder indirekt staatliche Geheimdienste mit. Bei Bin Laden, dessen Terrortruppe einst mit CIA-Hilfe gegen die Sowjets installiert wurde, wird das nicht anders gewesen sein. Und als ich die von Vreeland hingekritzelte Notiz »Let one happen, stop the rest« las und überdachte, da machte es »Klick«: Es ist vermutlich bis heute nicht anders. Darin liegt auch die einzig plausible Erklärung für die ansonsten unverständliche Geheimnistuerei der Regierung Bush, für die Nicht-Reaktion auf die vielfältigen Vorauswarnungen, für die Nicht Untersuchung der offenen Fragen zum Tatablauf, für die Nicht-Verfolgung heißer Spuren, für die Zurückhaltung der Fahnder in Sachen Saudi-Arabien und Bin-Laden-Familie, für das Ausbleiben jedes konkreten Beweises auf die Hintermänner der Täter. Wir operieren mit Wahrscheinlichkeiten, und über alle Maßen wahrscheinlich ist eben dieses: Al-Qaida war und ist unterwandert von Doppelagenten, Al-Qaida war und ist ein Werkzeug der inoffiziellen US-Außenpolitik, Al-Qaida wurde und wird gespeist aus saudischen Quellen.

Es ist kaum möglich, komplexe Ereignisse wie die Anschläge vom 11. September und ihre Folgen zu diesem Zeitpunkt auf eine Ursache oder den Drahtzieher zurückzuführen – es sei denn um den Preis, der offiziellen Verschwörungstheorie »Bin Laden« einfach nur eine inoffizielle namens »Bush« entgegenzusetzen. Die Hypothese aber, dass diese beiden Theorien, die sich doch vorgeblich ausschließen, hinterrücks zusammen gehören, scheint mir hinreichend tragfähig zu sein: Die US-Geheimdienste (oder bestimmte Teile von ihnen) hatten Kenntnisse von den Plänen Al-Qaidas, ihrer Vorbereitung und Durchführung; sie reagierten nicht auf die eindringlichen Vorauswarnungen von Präsident Putin und aus anderen Ländern, weil sie direktere und genauere Informationen über die

Anschlagsplanungen hatten; deshalb wurde an diesem Tag ein »Fenster« in der sensibelsten »No-fly«-Zone der USA aufgehalten, und deshalb konnte schon einen Tag hach dem angeblichen Überraschungsangriff die Liste mit den 19 Tätern präsentiert werden.

Die Achse der Verdächtigen

Nahezu alle Beobachter und Experten stimmen überein, dass ein derart komplexes Unternehmen wie die Anschläge vom 11. September ohne geheimdienstliche und militärische Unterstützung nicht hätte ausgeführt werden können. Die Räuberpistole, dass die Tat von einer autonomen Bande aus einer afghanischen Höhle geplant und ausgeführt worden wäre, nehmen nach dem Nullergebnis der bisherigen Fahndung selbst die Gutgläubigsten nicht mehr ernst. Wenn also die Terroristen zumindest indirekt von staatlichen Stellen unterstützt wurden, welche Staaten kämen dafür in Frage? Sind es die von Bush jun. als »Achse des Bösen« definierten Länder, so wie das mittlerweile »befreite« Afghanistan? Wohl kaum, denn wenn dem so wäre, hätten sich diese Länder mit der Unterstützung dieses Anschlags einen Bärendienst erwiesen: Ihre Regierungen müssen damit rechnen, wie die Taliban alsbald mit militärischen Mitteln beseitigt zu werden, allen voran Saddam Hussein im Irak. Bei der Suche nach Regierungen, die aus den Anschlägen überhaupt Gewinn und Machtzuwachs ziehen konnten, kommen eigentlich nur Bush in den USA und Scharon in Israel ins Visier sowie, mit Einschränkungen, Pakistans Militärdiktator Musharraf, der seit Beginn des Krieges wieder etwas fester im Sattel sitzt.

Saudi-Arabien, wenngleich kein direkter Gewinner, blieb erstaunlicherweise ziemlich aus der Schusslinie, wenn man bedenkt, dass die Mehrzahl der angeblichen Täter und ihr Chef Osama von dort stammen und finanziert wurden.

Ein Krieg, den nur die US-Regierung will

Während der 17 Monate der Bush-Administration ging für die US-Regierung bei den Versuchen, die Öffentlichkeit auf Militärschläge gegen Irak vorzubereiten, fast alles schief. Auch die Überzeugungsarbeit bei freundlich gesinnten Regierungen und Verbündeten war nicht viel erfolgreicher. Terroranschläge gegen US-Einrichtungen ins Ausland und die Anthrax-Bedrohung zu Flause konnten nicht mit Irak in Verbindung gebracht werden. Beweise für eine Al-Qaida/Irak-Kollaboration gibt es nicht …

Derzeit wird eine systematische Kampagne der Falsch- und Fehlinformationen – die größte, die je von US-Behörden unternommen wurde – intensiviert. Der US-amerikanischen und der internationalen Öffentlichkeit wird täglich eine ansteigende Propaganda-Dosis darüber verabreicht, welche Bedrohung Irak für die Welt im Jahr 2002 darstellt, An der Spitze der Befürworter eines Kriegs gegen Irak steht der Vize-Verteidigungsminister der USA, Paul Wolfowitz, der eine militärische Lösung als einzige Option sieht. Am 14. Juli bemerkte er in Istanbul: »Präsident Bush hat es deutlich gemacht, wie gefährlich das irakische Regime für die USA ist und dass es für eine Gefahr steht, mit der wir nicht weiter leben können.« Eine solche Äußerung ohne Beweise ist unverantwortlich. Sie befördert eine von der Regierung ausgelöste Massenhysterie in den USA und zielt darauf, eine Unterstützung für militärische Aktionen zu erlangen …

Das US-Verteidigungsministerium und die CIA wissen ganzgenau, dass der heutige Irak keine Bedrohung für die Region, geschweige denn für die USA darstellt. jede andere Behauptung ist unehrlich. Sie wissen beispielsweise, dass al-Dora, ein ehemaliges Produktionszentrum für Impfstoff gegen Maul- und Klauenseuche am Stadtrand von Bagdad, und al-Fallujah, eine Pestizid und Herbizid-Fabrik in der westlichen Wüste, zerstört sind und nicht mehr repariert werden können …

Man muss kein Spezialist für Massenvernichtungswaffensein, um zu dem Ergebnis zu kommen, dass diese Produktionsstätten harmlos gemacht wurden und seither in diesem Zustand geblieben sind. Wirklich besorgniserregend ist, dass das US-Verteidigungsministerium über all diese Informationen verfügt. Warum dann, muss man fragen, hält die Bush-Administration daran fest, Irak in ihren Kampf gegen den Terror einzubeziehen? …

Was hat Paul Wolfowitz am 15. April vor dem Westflügel des Kapitols gesagt? »Möge Gott all die Friedensstifter der Weltsegnen.« Er hat immer noch die Chance, zu ihnen zu gehören.

Hans von Sponeck, ehemaliger UN-Koordinator
für humanitäre Hilfe in Irak, FR 30.7.2002

Wir könnten also der »Achse des Bösen«, die an den Anschlägen ziemlich offensichtlich unbeteiligt ist, eine »Achse der Verdächtigen« gegenüber stellen – Nationen, die diesen Terror ermöglichten und/oder ihn nicht verhinderten und/oder von ihm profitierten.

Anders als der Spielfilm Wag the Dog – in dem ein US-Präsident einen Fake-Krieg gegen »die Albaner« inszeniert, um von innenpolitischen Skandalen abzulenken –, der im deutschen TV-Progamm Mitte September aus Taktgründen abgesetzt und erst ein Vierteljahr später gezeigt wurde, hat sich der Autor (The Puzzle Palace. Inside the NSA) und

Geheimdienstexperte James Bramford [297] nicht an so ein taktvolles Timing gehalten und zu Beginn des Jahres die US-Öffentlichkeit mit Details der »Operation Northwood« [298] geschockt. Dabei handelt es sich um einen Anfang der 60er Jahre von den (IS-Militärgeheimdiensten ausgearbeiteten Plan mit einer Serie von Fake-Terroranschlägen, die Kuba in die Schuhe geschoben werden sollten, um einen Invasionsgrund zu provozieren. Dabei waren sowohl Anschläge auf US-amerikanische Städte als auch die Versenkung eines Passagierschiffs vorgesehen, bis dir schon in Vorbereitung befindlichen Aktionen von dem neugewählten Präsidenten Kennedy und dessen Verteidigungsminister McNamara gestoppt wurden – sehr zum Unwillen einiger Falken und Kommunistenfresser. Wie aus den mittlerweile veröffentlichten Dokumenten hervorgeht, handelte es sich bei dieser Operation, die zivile Opfer ganz bewusst in Kauf nahm, nicht um ein beliebiges Planspiel am grünen Tisch irgendeines Think Tanks, sondern um ein konkretes, operatives Vorhabender militärischen Planungsstäbe.

Zum unrechten Zeitpunkt kam Bramfords Veröffentlichung deshalb, weil es vielen blauäugigen Zeitgenossen einfach als unglaublich erscheint, dass ein freiheitliches, demokratisches Land wie die USA derart kriminelle Aktionen planen könnte. Doch wo es um Macht, geopolitischen Einfluss und die imperiale Struktur eines Weltreichs geht, müssen Opfer in Kaulgenommen werden. Und betrachten wir die lange Liste der offiziellen und inoffiziellen Kriege, die die USA in der zweiten Hälfte des 20. Jahrhunderts geführt haben, dann kann man einem der letzten Weisen dieser Nation, Noam Chomsky, durchaus zustimmen, wenn er, wie bereits zitiert, die Vereinigten Staaten als »den führenden terroristischen Staat« bezeichnet. Aber man muss ebenso zur Kenntnis nehmen, dass eben diese Strategie die vor hundert Jahren weltpolitisch unbedeutenden USA zur einzigen Weltmacht hat aufsteigen lassen. Weil also die CIA – ab 1945 konzipiert nach den Vorgaben eines eingestellten deutschen Topspezialisten, Hitlers Geheimdienstchef Gehlen – in ihrer über 50jährigen Komplizenschaft mit Diktatoren, Drogenhändlern, Waffenschiebern und anderen netten Hurensöhnen so ungemein erfolgreich war, gibt es für sie und die Geheimdienste der verschiedenen Militärabteilungen absolut keinen Grund, von ihren bewährten Methoden Abstand zu nehmen. Wer ein Imperium aufbaut, muss in imperialen Strukturen denken und kurzfristige moralische Bedenken dem langfristigen Ziel unterordnen können. Haben sich Präsident Roosevelt, sein Kriegsminister Stimson und ihre Handvoll Getreuer, die den Angriff auf Pearl Harbour provozierten, geschehen ließen und 2000 Landsleute opferten, eines Kriegsverbrechens und der Beihilfe zum Mord schuldig gemacht – oder haben sie ihrem Amtseid entsprechend das Beste für ihr Land getan, als sie es mit diesem Trick in den dann überaus erfolgreichen Weltkrieg führten? Aus der Sicht fundamentalistischer Moral kann kein Zweck derart mörderische Mittel heiligen. Aber realpolitisch finden solche Mittel sehr wohl Anwendung, und deshalb stehen die USA auf meiner persönlichen »Achse der Verdächtigen« ganz oben gefolgt von Saudi-Arabien und Pakistan, ihren wichtigsten Kombattanten in diesem Plot. Mit Milliarden Dollars der saudischen Ölfeudalisten wurde in den 80er Jahren der »Heilige Krieg« entfacht und der Söldnerführer Osama Bin Laden aufgebaut. Pakistan lieferte in Hunderten von Koranschulen und Trainingscamps die ideologische und kämpferische Aufrüstung, der Mujaheddin, finanziert durch das florierende1leroingeschäft. Überall in der islamischen Welt wurden junge Muslime für dieses Gehirnwäsche- und Gotteskriegerprogramm angeworben, alles unter Supervision der USA, die auch in Dutzenden amerikanischer Rekrutierungsbüros heilige Krieger anwerben und sie teilweise gar in US-Militärcamps ausbilden ließ [299].

Mit den USA als Supervisor, Saudi-Arabien als Finanzier und Unterstützer und Pakistans Geheimdienst ISI als lokalem Organisator hätten wir die wichtigsten »Häfen des Terrors« beisammen, denen die Katastrophe des 11.9. entsprang. Der israelische Geheimdienst Mossad – so deutet der noch unter der Decke gehaltene Abhör- und Spionageskandal durch einen großen israelischen Spionagering in den USA an – muss von den Vorbereitungen der Anschläge (und dem Vorauswissender US-Dienste) Wind bekommen haben, behielt diese Informationen allerdings – bis auf eine allgemeine, offizielle Warnung an die USA – für sich. Aber es scheint, dass der Mossad nach dem 11.9. unter der Hand die CIA-Kollegen in Virginia und das Weiße Haus über sein brisantes Hintergrundwissen informiert hat – und so über ein ideales Druckmittel verfügt, die Solidarität der USA für Israels neuen Besetzungsfeldzug zu erzwingen. Anders als mit so einem verborgenen Druckmittel kann ich mir jedenfalls den uneingeschränkten Beistand der Vereinigten Staaten zu Scharons Staatsterror nicht erklären, der ja sogar soweit ging, das Rote Kreuz und humanitäre UN-Missionen auszusperren, um die Aufklärung möglicher Massaker in Jenin und anderswo zu verhindern.

Bei Saddam Hussein gilt die Aussperrung von UN-Waffeninspekteuren als Kriegsgrund, Ariel Scharon kann sogar denn Roten Kreuz den Stinkefinger zeigen und wird von George W. Bush als »Mann des Friedens« bezeichnet – ob freiwillig oder unfreiwillig, das wäre von einem unabhängigen Tribunal zum 11.9. und seinen Folgen, das es nicht gibt, zu untersuchen. Auf der »Achse der Verdächtigen« müsste jedenfalls nebelt den Hauptakteuren USA, Saudi-Arabien und Pakistan auch noch Israel stehen – als Profiteur und Trittbrettfahrer.

Willkommen in Brainwashington D. C.

Es kann sein, dass ich mit diesen Spekulationen falsch liege, doch etwas anderes als zu spekulieren bleibt angesichts der absolut dürren Faktenlage auch allen Vertretern der offiziellen Version der Ereignisse nicht. Am 1. Mai 2002 meldete BBC:

»Die US-Geheimdienste haben zugegeben, dass sie keinerlei aufgezeichnete Spuren gefunden haben, die zu den Anschläge des 11. September führen. Bei der bisher ausführlichsten Darstellung der Untersuchung sagte der Chef des Federal Bureau ol Investigation (FBI), dass Amerika nach fast sieben Monaten rastloser Fahndung keine harten Beweise gefunden habe, die mit den Anschlägen auf New York und Washington im Zusammenhang stehen.« [300]

Der kurze Bericht erregte kein besonderes Aufsehen, geschweige denn, dass er es bis auf die Titelseiten der Weltpresse geschafft hätte. »Größte Polizeiaktion der Weltgeschichte erfolglos«, »Sieben Monate Großfahndung – keine Spur«, – Geheimdienste, Polizei und der 11.9.: Tiefschlaf trifft Inkompetenz« – so, oder so ähnlich, müssten die Schlagzeilen eigentlich lauten. Denn was gibt der FBI-Chef Robert S. Mueller als Grund für den grandiosen Fahndungsflop an: Die Entführer benutzten keine Laptops und speicherten nichts auf Computerfestplatten. Sie kleideten und verhielten sich wie Amerikaner.« [301]

Wow! Diese genialen Terroristen! Sie liefen weder mit Turban, Bart und finsterem Fundamentalistenblick durch die Gegend, sondern rasiert und smiley, und dann waren sie auch noch so raffiniert, ihre Pläne nicht auf Festplatten abzuspeichern oder schriftliche Aufzeichnungen herumliegen zu lassen. Mit derlei perfider Heimtücke kann natürlich keiner rechnen, und deshalb fragt bei den Pressekonferenzen wohl auch niemand nach, ob die Chefs von FBI oder CIA oder NSA vielleicht daran gedacht hätten, wegen ihres völligen Versagens beider Verhinderung bzw. Aufklärung des Falls zurückzutreten.

Es fragt auch niemand, wie die Behörden denn überhaupt zu der Vermutung gekommen sind, dass ein Herr Mohammed Atta und 18 weitere Täter diese Anschläge ausgeführt haben – auf den Passagierlisten, die von den Fluggesellschaften veröffentlicht wurden, tauchen sie ja bekanntlich gar nicht auf. Wer aber nicht auf der Passagierliste [302] steht und beim Einchecken keine Identifikation vorweisen kann, kommt gar nicht erst ins Flugzeug.

Und erst recht fragt niemand nach der wahren Identität der 19 angeblichen Täter, von denen mindestens sieben Ausweise von unbeteiligten Personen benutzt haben: Wer sind sie wirklich, und was ist mit den anderen, waren deren Ausweise echt? Abgesehen davon interessiert es aber offenbar auch gar keine Menschenseele mehr, in welcher Verbindung diese 19 Phantomtäter eigentlich mit Osama Bin Laden und seiner Terrortruppe Al-Qaida standen.

»Die Pläne«, so der FBI-Chef, »wurden im Ausland ausgeheckt und finanziert, beginnend schon vor fünf Jahren.« Auch hier fragt niemand nach, woher Robert S. Mueller dieses Wissen über die langjährige Planung hat, wo doch nach sieben Monaten Fahndung keinerlei » hard evidence« gefunden wurde. Immerhin:

»Die Fahndung war enorm hilfreich, um herauszubekommen, nach was und wo wir suchen müssen, um weitere Anschläge zu verhindern. Sie ermöglichte uns herauszufinden, wo wir als Nation Lücken in unserem Sicherheitssystem haben. Und sie gab uns den klaren und definitiven Beweis, dass Al-Qaida hinter den Anschlägen steckte.«

Man muss sich diesen Zynismus auf der Zunge zergehen lassen: Der größte Mordanschlag der Geschichte ist nach über einem halben Jahr völlig unaufgeklärt, kein einziger der Hintermänner wurde identifiziert oder gar festgenommen, keine der heißen Spuren der Aktienspekulationen wurde verfolgt, keiner der Mitwisser und Profiteure namhaft gemacht, geschweige denn irgendein »klarer und definitiver Beweis« vorgelegt – und der Polizeichef stellt sich hin und verkauft dieses Debakel als »enorm hilfreich« für die Verhinderung weiterer Anschläge. Aber niemand schreit auf, bewirft ihn im Namen der Opfer mit Stinkbomben oder fragt auch nur dezent nach. Es wäre, wie die Los Angeles Times im April angedeutet hat [303], auch ohnehin sinnlos: »Die globale Fahndung hat praktisch nichts (virtually nothing) an harten Beweisen über die Planung der Terroristen erbracht, und die Verantwortlichen sagten am Montag, dass sie der wachsenden Möglichkeit ins Auge sehen, viele der entscheidenden Details nie zu erfahren.«

Willkommen in Brainwashington D. C.! Willkommen in der größten Propagandashow aller Zeiten! Willkommen in der Konsensmaschine! Geben Sie Ihr Gehirn an der Garderobe ab, steigen Sie ein, enjoy yourself and have fun. Achten Sie bitte auf unbeaufsichtigte Fragen, Pakete voller Ungereimtheiten und andere zweifelhafte Gepäckstücke und melden Sie diese sofort der Konsensaufsicht. Und vergessen Sie nicht, sich anzuschnallen – der 3. Weltkrieg ist schließlich keine Kaffeefahrt. Für mitreisende Journalisten und Medienleute hält unsere Presseabteilung noch ein besonderes Merkblatt bereit, verfasst vom Doyen der amerikanischen Presse und einstigem Redaktionsleiter der New York Times, John Swinton:

»Bis zum heutigen Tag gibt es so etwas wie eine unabhängige Presse in der Weltgeschichte nicht. Sie wissen es, und ich weißes. Es gibt niemanden unter Ihnen, der es wagt, seine ehrliche Meinung zu schreiben, und wenn er es tut, weiß er im Voraus, dass sie nicht im Druck erscheint. Ich werde jede Woche dafür bezahlt, meine ehrliche Meinung aus der Zeitung herauszuhalten, bei der ich angestellt bin. Andere von Ihnen werden ähnlich bezahlt für ähnliche Dinge, und jeder von Ihnen, der so dumm wäre, seine ehrliche Meinung zu schreiben, stünde auf der Straße und müsste sich nach einem neuen Job umsehen. Wenn ich meine ehrliche Meinung in einer Ausgabe meiner Zeitung veröffentlichen würde, wäre ich meine Stellung innerhalb von 24 Stunden los. Es ist das Geschäft der Journalisten, die Wahrheit zu zerstören, unumwunden zu lügen, zu pervertieren, zu verleumden, die Füße des Mammon zu lecken und das Land zu verkaufen für ihr tägliches Brot. Sie wissen es, und ich weiß, was es für eine Verrücktheit ist, auf eine unabhängige Presse anzustoßen. Wir sind die Werkzeuge und Vasallen der reichen Männer hinter der Szene. Wir sind die Hampelmänner, sie ziehen die Strippen und wir tanzen. Unsere Talente, unser Fähigkeiten und unser ganzes Leben sind Eigentum anderer Menschen. Wir sind intellektuelle Prostituierte. « [304]

Swintons Statement vor dem vornehmen New Yorker Presseclub wurde nicht nach dem 11.9.2001 abgegeben, es stammt aus dem Jahr 1880 – aber aktueller als heute war es wohl nie.

Und doch bin ich kein Pessimist. Auch wenn wir auf dem Weg in den 3. Weltkrieg sind, auch wenn die USA mit patriotischem Schritt auf ein Viertes Reich zustürmen und verfassungsmäßige Freiheitsrechte »aus Sicherheitsgründen« zertrümmern; auch wenn die Dollarisierung der Weltwirtschaft und die Raubzüge von IWF und Weltbank einen Imperialismus neuer Qualität bedeuten; auch wenn seit dem 11. September die größte Gehirnwäscheoperation aller Zeiten stattfindet und den Massen die al-quaidisch-ladinistische Verschwörungstheorie als Realität simuliert wird; auch wenn die von Washington, Wall Street und den Wahrheitsministerien der Weltmedien aufgebaute Matrix unentrinnbar zu sein scheint und die Dummheit der domestizierten Primaten dem entspricht, was die Mathematiker als »unendlich« bezeichnen; auch wenn dies alles und die Trance der Medien auf das hinauszulaufen scheint, was einst Karl Kraus als »Untergang der Welt durch schwarze Magie« beschrieb – nein, ein Pessimist bin ich nicht. Denn alle Medienmagie, alle Macht der Druckerschwärze und Vierfarbbilder und Surround-Sounds sind nichts, wenn ihnen die Pforten der individuellen Wahrnehmung nicht geöffnet werden. Und nie zuvor in meinem Leben habe ich mehr Leute getroffen als in den Wochen nach dem 11. September, die den Nachrichten und Schlagzeilenmisstrauten, und zwar aus allen Altersgruppen und politischen Lagern. Nie zuvor in über 20 Jahren als Journalist und Autor von über 500 Zeitungs- und Radiobeiträgen habe ich mehr Resonanz bekommen als auf die Artikel der WTC-Serie –und dies, obwohl sie nur im Internet publiziert wurden. Obwohl? Ich denke eher, weil sie nur im Internetmagazin telepolis und dann bald in Tausenden von Websites und Foren überall im Internet zu finden waren, haben sie diese Resonanz und Glaubwürdigkeit erreicht. Bei all jenen, die sich ungläubig und skeptisch von dem Räubermärchen und Kriegsgedröhn der Medienmatrix abwandten und im Internet nach Zusatzinformationen und Hintergrundwissen suchten, die wissen wollten, was hinter den offensichtlichen Widersprüchen und Ungereimtheiten steckt, die sich nicht dumm machen und aufhetzen lassen wollten von einer plumpen Verschwörungstheorie und propagandistischer Schwarz-Weiß-Malerei.

Sicher sind solche Leute, die auch in verwirrenden Schocksituationen ihrem eigenen Verstand vertrauen und nicht auf simplifizierende Parolen und Einflüsterungen hören, auch wenn dies die Verwirrung anfangs noch steigert, eine Minderheit, verglichen mit der Herde von TV-Sklaven, die sich willig dem Weichspülgang der Propaganda unterziehen. Doch diese skeptische, selbstdenkende Minderheit ist im Wortsinne »qualifiziert« und birgt als solche auch bei hoher zahlenmäßiger Unterlegenheit eine große subversive Macht, wenn es ihr gelingt, ihrer neuen Qualität Aufmerksamkeit zu verschaffen – und eben dies ermöglicht seit kurzem das Internet auf phantastische Weise. Es verschafft nicht nur jedem selbstdenkenden Google-User die Recherchemöglichkeiten eines Geheimdienstmitarbeiters, sondern versetzt ihn auch in die Lage, Informationen weiter zu verbreiten. Der Druck, den diese dezentralen, selbstorganisierten Geheimdienste ausüben, wird nicht nachlassen – auch und gerade dann, wenn im Zuge der Verstärkung von Sicherheit Freiheitsrechte eingeschränkt und jede Art von Kritik, Protest und Demonstration dagegen tendenziell als »terroristisch« gebrandmarkt wird. Der Unglaube lässt sich in Zeiten des Internets nicht mehr per Inquisition ausschalten, Bücherverbrennung und Druckverbote können im Zeitalter der Netzwerke Informationen nicht unterdrücken, Versammlungsverbote und Zensur eine freie Kommunikation nicht verhindern.

Die neue Weltordnung

Am 1. Oktober 2002 ist die Welt aufgeteilt – aufgeteilt unter den militärischen Oberkommandos der Vereinigten- Staaten. Zum ersten Mal in der Geschichte gibt es kein Fleckchen Erde mehr, für das nicht eines der regionalen Kommandos der USA zuständig ist – auch nicht in der Antarktis. Schon darin spiegelt sich das veränderte Selbstverständnis Washingtons als einzige nach dem Kalten Krieg verbliebene Supermacht. Es spiegelt sich aber auch eine veränderte Bedrohungs- und Risikowahrnehmung. Gefahren für die Supermacht können überall lauern … Washington plant eine integrierte Kommandozentrale für auch präventive – strategische Angriffe, strategische Vergeltungsangriffe und strategische Verteidigung. Dieses Oberkommando soll konventionelle und nukleare strategische Operationen planen und durchführen und wird damit zum Symbol für ein neues, zweites, sehr anderes Zeitalter und Verständnis der Abschreckung …

Deutlicher kann die elementare, neue Erfahrung des 11. Septembers ihren Ausdruck militärisch nicht finden: Ein alter amerikanischer Traum, der von der Unverwundbarkeit der USA, ist ausgeträumt. Vorsorge gegen die Verletzlichkeit der Industriegesellschaft gegen asymmetrische Risiken und Bedrohungen soll auf allen Ebenen getroffen werden. Dem militärischen Schritt entsprechen im zivilen Bereich die Einrichtung eines »Büros für Heimatsicherheit« (Office of Homeland Security) und eines »Heimatsicherheitsrates« (Homeland Security Council) im Weißen Haus sowie die – vorbehaltlich der Zustimmung des Kongresses – für den 1. Januar 2003 geplante Einrichtung eines Ministeriums für Heimatsicherheit (Department of Homeland Security) ...ACLANT, das Atlantik-Kommando der Nato, ist aus Sicht des Pentagons nicht länger erforderlich. ACLANT aber ist nicht irgendein Kommando, sondern gleichberechtigt mit dem Nato-Oberkommando Europa eine der beiden höchsten Kommandobehörden der Allianz.

ACLANT ist der wichtigste militärische Brückenkopf der Nato auf dem amerikanischen Kontinent. Es hat bedeutende Zuständigkeiten ... Mithin: Es hätte gravierende Folgen für die Nato, wenn deren Oberkommando Atlantik letztlich aufgelöst oder auch nur in seiner Bedeutung deutlich heruntergestuft werden sollte ...

Vereinfacht: Washington will zuschlagen können, bevor es getroffen wurde. Die Administration George W. Bushs hat für solche Angriffe jüngst den Begriff der »defensiven Intervention« geprägt. Damit deutet sich an, dass die USA das Selbstverteidigungsrecht des Völkerrechts künftig sehr weit auslegen und die Entscheidung über die Rechtmäßigkeit eines Krieges weitgehend von der UN in New York nach Washington verlegen werden. Im Frühherbst sollen diese Überlegungen in ein öffentliches Regierungsdokument münden, in eine neue »Nationale Sicherheitsstrategie«.

Besondere Besorgnis ruft auch die Tatsache hervor, dass präemptive, nukleare Angriffe explizit nicht ausgeschlossen werden. Das Argument: Viele potenzielle Ziele, äußerst tief unter der Erde oder in Gebirgen gelegene Bunker zum Beispiel, können mit konventionellen Waffen nicht gesichert zerstört werden. Nuklearwaffen, wahrscheinlich auch speziell zu entwickelnde, neue Nuklearwaffen, seien gegen solche Ziele das einzig probate Mittel. Atomare Angriffe gegen solche Ziel aber könnten – Terroristen haben kein Staatsterritorium – auch gegen nicht-nukleare Staaten erfolgen. Wieder hätte das internationale Recht das Nachsehen ...

> Das politische Washington neigt immer mehr zu der Schlussfolgerung, dass Europa weder politisch noch militärisch ein ernsthafter Partner bei der Gestaltung von Weltordnung sein will, dass Europa sich der Übernahme globaler Verantwortung entzieht. Die Passivität der europäischen Staaten muss umso mehr erstaunen, da die Politik der Regierung Bush dem Prinzip der europäischen Integration – der zunehmenden Verrechtlichung internationaler Beziehungen – zuwiderläuft und die Grundinteressen europäischer Außen- und Sicherheitspolitik, Multilateralismus und Multipolarität, immer deutlicher negiert.
>
> Otfried Nassauer, »Eine neue militärische Aufteilung der Welt«, FR, 15.7.2002

Und mehr und mehr Menschen werden sich nicht mehr dumm machen lassen von Verschwörungstheorien und Sündenbockpropaganda und eine Aufklärung dieses größten Mordanschlags der Geschichte fordern – im Namen der Opfer und im Namen des Weltfriedens, der vom »Krieg gegen internationalen Terrorismus« stärker bedroht zu werden scheint als vom Terror selbst, zumindest was die Anzahl der Menschenleben betrifft. Schon in den ersten sechs Wochen nach Kriegsbeginn kamen in Afghanistan mehr unschuldige Menschen ums Leben als bei den Terrorattacken in den USA selbst. Doch weder wurden Osama Bin Laden, der vermeintliche Mastermind des Terrors, und seine Bande gestellt, noch wurde die Welt sonst durch diesen Krieg in irgendeiner Weise sicherer. Statt religiöser Fanatiker und Fundamentalisten regieren in Kabul korrupte Warlords und Drogenhändler, das Opium- und Heroingeschäft floriert besser denn je. Mehr Sicherheit hat dieser Krieg nur für den Ölriesen Unocal, den Ölversorger Halliburton (Exchef: Vizepräsident Cheney) und einige andere Konzerne gebracht: Sie können endlich ihre Pipeline durch

Afghanistan bauen. Kaum war der Pulverdampf verzogen, wurde der Start des Zwei-Milliarden-Projekts verkündet. Ein Narr, wer da an Verschwörungstheorie denkt …

Der Hahn kräht, die Nacht ist vorüber, und auch dieses Buch kommt zu einem Ende. Es musste viele Antworten schuldig bleiben, aber es mag helfen, in Zukunft die richtigen Fragen deutlicher zu stellen: zu den Geheimnissen des 11. September sowie zu Verschwörungen und Verschwörungstheorien überhaupt. Um Freiheit, Gerechtigkeit und Demokratie zu verteidigen, um den Planeten für demnächst sieben Milliarden Menschen bewohnbar zu halten, gilt es, Verschwörungen als dunkle Seite der Globalisierung zu akzeptieren – und angemessene Theorien und Methoden zu ihrer Erkennung, Einschätzung und Steuerung zu entwickeln. Nie in der Geschichte der Menschheit war mehr Macht in den Händen so weniger Menschen konzentriert wie in unserem Zeitalter globaler Konzernherrschaft, nie waren Macht- und Einflussmöglichkeiten der Oligarchen größer und damit die Gefahr, dass die demokratische Öffentlichkeit, dass der Volkswille zu einer bloßen Attrappe suspendiert wird und die eigentlichen Entscheidungen einer konspirativen Geheimpolitik der Macht unterliegen. Nie waren aber auch die Möglichkeiten besser, dies zu erkennen, diese Erkenntnisse zu kommunizieren und Druck in der Öffentlichkeit zu erzeugen.

Und siehe da, als hätte der Autor für einen schönen Schlussakkord eine Bestellung beim Universum aufgegeben, läuft einen Tag vor Abschluss dieses Textes die folgende Meldung aus den Nachrichtentickern: »FBI warnte vor Al-Qaida-Anschlägen mit Flugzeugen. War Bush im Voraus informiert?« Im Juli 2001, als John O'Neill, der Chef der FBI-Terrorabwehr, entnervt zurücktrat, weil er von der Bush-Regierung an Ermittlungen gegen Bin Laden permanent gehindert worden war, hatte das FBI-Büro in Phoenix (Arizona) ein Dossier geliefert, das vor dubiosen Flugschülern aus arabischen Ländern warnte und den Verdacht äußerte, dass Anschläge mit Zivilmaschinen auf Gebäude wie das WTC geplant seien. Blieben diese Hinweise in der Kommandozentrale von CIA und Pentagon ebenso folgenlos wie die Warnungen und abgehörten Funkmeldungen der Japaner über den Angriff auf Pearl Harbour? Natürlich war der Präsident »nicht im Detail im Voraus informiert«, und natürlich »hätte er die Anschläge nicht verhindern können«, denn es war ja nur ein Verdacht, den das FBI geäußert hatte … so, und so weiter, lauten die puddingartigen Statements seiner Sprecher. Die Sollbruchstellen – Schlamperei, Ungenauigkeit, mangelnde Koordination – sind vorgezeichnet. Doch das Unübersehbare ist unwiderruflich sogar im Rückspiegel aufgetaucht, die Lunte der Aufklärung ist gezündet …

Nachwort: Lob des Antibushismus – eine Verteidigung amerikanischer Werte

Auf die Frage: »Wie hältst du's mit Amerika?« müsste ich mich derzeit als Antibushist offenbaren. Da »Antibushismus« noch kein geläufiger Begriff ist und der »Bushismus« als Gefahr noch nicht allgemein akzeptiert, bedarf die antibushistische Haltung vielleicht einiger Erklärungen. Um es kurz zu machen, könnte man sagen, dass sich der Antibushist zum Antiamerikaner verhält wie der Antizionist zum Antisemiten: Das »Anti« zielt also nicht auf ein Volk, seine Kultur, Werte und Religion, sondern auf eine bestimmte Politik und die Mittel ihrer Durchsetzung.

Da in Kriegszeiten solche Differenzierungen nur Verwirrung stiften, hat Bush II nach dem 11.9. denn auch umgehend klar gemacht, dass man ab sofort nur noch Bushist oder Terrorist sein kann und nichts dazwischen. Damit wurde der Antibushismus gleichsam schon vor seiner Geburt zu einem Unding erklärt. Seit aber die Opfer der Anschläge auf WTC und Pentagon auf afghanischem Boden schon weitaus zahlreicher sind als auf amerikanischem – und der Sheriff nicht aufhört, auf seiner Jagd nach dem ultimativ Bösen Unschuldige platt zu machen –, spätestens seitdem wird aufrechter Antibushimus im globalen Dorf zur ersten Bürgerpflicht.

Unlängst saß ich auf einem Podium zusammen mit einem leitenden Redakteur der Welt, der die neue Präambel in den Arbeitsverträgen des Springer Verlags, in der die Journalisten eine Ergebenheitsadresse an USA und NATO unterschreiben müssen, eine Selbstverständlichkeit« nannte. Meinen Einwand, dass sich Bush innenpolitisch derzeit nicht nur verhalte wie Hitler nach dem Reichstagsbrand, sondern auch die »Schriftleiter« heute wie damals stramm stehen, wies er entrüstet von sich. Vielleicht weil er meine antibushistische Haltung mit dem üblichen Antiamerikanismus verwechselte. Dabei hatte ich meine Weisheit einer Medienanalyse der Columbia University entnommen, die nämlich einen entscheidenden Wandel in der US-Kriegsberichterstattung festgestellt hatte: Während sich bei früheren Kriegen die Militärsprecher tendenziell jubelnd und positiv, aber die Medien eher zurückhaltend und kritisch geäußert hätten, seien jetzt die Militärs die Bedenkenträger und die Medien zu »Cheerleaders« geworden. Wer hüpfend und grinsend Fähnchen schwingt, unterschreibt Ergebenheitsadressen an das »Team« natürlich blind. Der Antibushist freilich, der einst aus Amerika »free speech«, »free press« und den Glaubenssatz von den Medien als unabhängiger vierter Gewalt im Staate übernahm, wendet sich mit Grausen.

Entweder oder

Die Amerikaner sollten nicht eine einzige Schlacht erwarten, sondern einen langen Feldzug, wie wir ihn bisher noch nicht erlebt haben. Dazu können dramatische Schläge gehören, die dann auf dem Bildschirm zu sehen sind, und verdeckte

Operationen, die selbst im Erfolgsfall geheim bleiben … Jede Nation in aller Welt muss sich nun entscheiden: Entweder seid ihr mit uns oder mit den Terroristen. (Beifall) Von diesem Tag an werden die Vereinigten Staaten jede Nation, die weiterhin den Terroristen Unterschlupf gewährt oder sie unterstützt, als feindliches Regime betrachten … Das ist allerdings nicht nur Amerikas Kampf. Und es ist nicht nur die Freiheit Amerikas, die auf dem Spiel steht. Das ist der Kampf der ganzen Welt. Das ist der Kampf der Zivilisation.

Die Amerikaner fragen: Was wird von uns erwartet?: Ich fordere Sie auf, Ihr Leben zu leben und Ihre Kinder zu umarmen. Ich fordere Sie auf, die Werte Amerikas hochzuhalten … Einige sprechen von einem Zeitalter des Terrors. Ich weiß, uns stehen Kämpfe bevor und wir sind Gefahren ausgesetzt. Aber es ist dieses Land, das unser Zeitalter definieren wird, nicht umgekehrt. Solange die Vereinigten Staaten von Amerika entschlossen und stark sind, wird das kein Zeitalter des Terrors sein. Dies wird ein Zeitalter der Freiheit sein, hier und überall auf der Welt. (Beifall)

Wir wissen nicht, wie dieser Konflikt verlaufen wird, aber wir wissen sehr wohl, wie er enden wird. Freiheit und Furcht, Gerechtigkeit und Grausamkeit haben immer im Krieg gelegen. Und wir wissen, dass Gott nicht neutral ist. (Beifall)

George W. Bush vor dem US-Kongress, 20.9.2001

Die amerikanischen Armeen vergangener Jahrhunderte galten wegen ihrer Freizügigkeit in der Frontberichterstattung als Vorbild für eine moderne Mediendemokratie, aber seit Vietnam gilt eine immer striktere Zensur, und schon Papa Bushs Golfkrieg fand so ziemlich unter Ausschluss der Öffentlichkeit statt. Heute protestiert dagegen nur noch ein einziger Medienvertreter: der Pornozar Larry Flynt

(Hustler-Magazin). Der an den Rollstuhl gefesselte Verleger, der sich einst mit einer Prozesswelle um die Freiheit der amerikanischen Bürger, ein Schamhaar in der Zeitung zu betrachten, verdient machte, hat Verteidigungsminister Rumsfeld wegen Behinderung der Frontberichterstattung verklagt.

Wie die besten Hockeyspieler der Welt längst nicht mehr aus dem britischen Mutterland dieses Sports kommen, sondern aus Pakistan, Indien oder Australien, scheinen auch die amerikanischen Tugenden und Werte heute in den Kolonien stärker präsent zu sein als in Amerika selbst. Im Lande selbst haben freie Rede, freie Presse und unabhängige Berichterstattung überlebt: durch Exterritorialisierung ins Internet. Der ganze Rest der Medien freilich übt sich in der größten Gehirnwäscheoperation der Geschichte. So forderte CNN-Chef Walter Isaacson seine Mitarbeiter in einem Memo auf, die Leiden in Afghanistan herunterzuspielen: Es sei »pervers, den Fokus zu sehr auf die Zwischenfälle und das Leid in Afghanistan zu richten«; wenn schon leidende Zivilisten gezeigt werden müssten, dann nur »im Kontext der Terrorattacke, die großes Leid in den USA verursachte«. Der CBS Nachrichtenchef Dan Rather ging noch weiter: »George Bush ist der Präsident. Er trifft die Entscheidungen – und wie es sich für einen Amerikaner gehört: Wo immer er mich haben will, ich reihe mich ein, sag mir nur, wo.« [305]

Nach Ansicht von Andrew Stroehlein, einem kritischen Beobachter des verschwundenen unabhängigen US-Journalismus, gehört dieses Statement »zum Erschreckendsten, was von einem leitenden Nachrichtenmenschen in der Geschichte des amerikanischen Journalismus je gesagt wurde«. Der »Führer« jedenfalls hätte an solchen Schriftleitern seine helle Freude gehabt. Und der CBS-Nachrichtendirektor ist beileibe nicht der einzige Medienmacher von derart goebbelsartigem Kaliber – selbstdenkende Kommentatoren und Kolumnisten sind an der Einheitsfront von Patriotismus und Zensur allenthalben abserviert worden. Dass freilich ein »Sittenstrolch« wie Larry Flynt nicht umgehend ins KZ wandert, sondern den Verteidigungsminister immerhin verklagen darf, macht schon noch einen Unterschied aus zwischen Deutschland nach dem Reichstagsbrand und Amerika nach dem WTC-Anschlag. Andererseits: ausgerechnet Flynt als Held der antibushistischen Bewegung, der sich von einer psychologischen Operation wie den Ereignissen vom 11.9. nicht irre machen lässt und auf der Autonomie öffentlicher Unbewusstseinsbildung besteht – politisch unkorrekter geht's kaum.

Nicht in unserem Namen

Niemand soll sagen können, dass die Amerikaner nichts unternommen hätten, als ihre Regierung einen Krieg ohne Grenzen erklärte und scharfe neue Unterdrückungsinstrumente einführte.

Die Unterzeichner dieser Erklärung rufen die Bevölkerung der USA dazu auf, sich der politischen Entwicklung zu widersetzen, die seit dem 11. September 2001 tonangebend geworden ist und die für die ganze Weltbevölkerung große Gefahren mit sich bringt …

In unserem Namen hat die Regierung Bush, mit fast -einmütiger Unterstützung des Kongresses, nicht nur Afghanistan-angegriffen, sondern für sich selbst und für ihre Verbündeten das Recht beansprucht, jederzeit und überall mit bewaffneten Streitkräften einzugreifen. Die unmenschlichen Auswirkungen dieser Anmaßung sind von den Philippinen bis nach Palästina spürbar, wo israelische Panzer und Bulldozer eine Spur des Todes und der Zerstörung hinterlassen haben. Die Regierung bereitet sich nun offen darauf vor, gegen den Irak zr Felde zu ziehen – ein Land, das mit dem Schrecken des 11. September nicht in Zusammenhang steht. Was wird das für eine Welt sein, wenn die US-Regierung einen Blankoscheck hat, Kommandotrupps, Mörder und Bomben einzusetzen, wo immer es ihr beliebt?

In unserem Namen hat die Regierung innerhalb der USA die Bevölkerung in zwei Klassen aufgeteilt: jene, denen die grundlegenden Rechte der amerikanischen Verfassung zumindest verheißen werden, und jene, die nun überhaupt keine Rechte zu haben scheinen. Die Regierung verhaftete mehr als 1000 Immigranten und hielt sie heimlich und unbegrenzt fest. Hunderte sind ausgewiesen worden, und Hunderte andere schmachten heute immer noch im Gefängnis. Das riecht nach den berüchtigten Internierungslagern für Amerikaner japanischer Herkunft im Zweiten Weltkrieg. Erstmals seit Jahrzehnten werden beider Einwanderung gewisse Nationalitäten ausgesondert und ungleich behandelt. In unserem Namen hat die Regierung die Gesellschaft mit einem Schleier der Repression überzogen. Der Sprecher des Präsidenten fordert die Menschen auf, »sich genau zu überlegen, was sie sagen«. Die abweichenden Ansichten von Künstlern, Intellektuellen und Professoren werden entstellt wiedergegeben, angegriffen und unterdrückt. Der so genannte »Patriot Act« – zusammen mit einer Menge ähnlicher staatlicher Maßnahmen – verleiht der Polizei weit reichende Überwachungs- und Vollzugsvollmachten, die, sofern überhaupt, der Kontrolle geheimer Verfahren vor geheimen Gerichten unterliegen …

Präsident Bush hat erklärt: »Ihr seid entweder auf unserer Seite oder gegen uns. Hier ist unsere Antwort: Wir untersagen es Ihnen, so für das ganze amerikanische Volk zu sprechen. Wir werden unser Recht auf Zweifel und Hinterfragung nicht aufgeben. Wir werden unser Gewissen nicht für ein leeres Versprechen auf Sicherheit hergeben. Wir sagen: NICHT I N UNSEREM NAMEN ...

Aufruf amerikanischer Künstler und Wissenschaftler, 14.6.2002
http://notinourname.net/statement.html

Zu den Erstunterzeichnern gehören Laurie Anderson, Noam Chomsky, Martin Luther King III, Rabbi Michael Lerner, Edward Said, Jonathan Schell, Gloria Steinem, Alice Walker, Immanuel Wallerstein

Es scheint mir an der Zeit zu sein, für den Politikstil des als »mitfühlenden Konservativen« angetretenen Bush und seine Propagandakompanien einen neuen Terminus zu finden. Wie wär's mit »compassionate fascism«?

Wenn die Entscheidung, wie viel »Schamhaar« der Öffentlichkeit zugemutet werden kann – etwa in Form »obszöner« Opferbilder aus Afghanistan, in Berichten über die langjährigen Geschäftsverbindungen der Familien Bush und Bin Laden, über die enge Komplizenschaft der CIA mir dem pakistanischen ISI, den Taliban und den lokalen Heroinbaronen, über die Rolle von Unocal, Halliburton und anderer Konzerne in Piplineistan –, wenn die Recherche- und Veröffentlichungsentscheidung über solche Fakten nicht unabhängigen Berichterstattern unterliegt, sondern den Direktiven des Propagandaministeriums und seiner Cheerleader, dann ist das Bushismus in Reinkultur.

Wenn ein nationaler »double standard« der Gerechtigkeit für Inländer und Ausländer, für »Kriegsgefangene«

und »Kombattanten«, beschlossen wird, und Abgeordnete vor den TV Kameras freudig bekunden, dass sie die einzelnen Paragraphen des »Patriot Act« gar nicht gelesen, aber »selbstverständlich« zugestimmt hätten – that's bushism.

Wenn der »Freedom of Information Act« im Handstreich außer Kraft gesetzt wird (Justizminister Ashcroft stellte es im Dezember 2001 allen Behörden frei, Ersuchen nach Aktenfreigabe unter Hinweis auf die »nationale Sicherheit« abzulehnen), die Veröffentlichung von Präsidentenakten aus der Ära Reagan/Bush und der Iran-Contra-Affäre unterbunden wird (von Bush II im November 2001), die Aufklärung der Enron-Korruption des Weißen Hauses unter Hinweis auf die »nationale Sicherheit« blockiert wird (so Dick Cheney im Januar 2002), dann ist das bushistische Geheimpolitik. Dabei kommt einem Martin Luther King in den Sinn: »Bedenkt immer, dass alles, was Hitler getan hat, legal war!« [306]

Es gibt jetzt »keine Republikaner und Demokraten, sondern nur noch Amerikaner«, so Bush II in seiner »Achse-des-Bösen«-Rede, frei nach Kaiser Wilhelm vor dem Ersten Weltkrieg. Seit ich den Antibushismus als Haltung entdeckt habe, verstehe ich besser, warum bei Äußerungen wie dieser mein Frühstück den Rückwärtsgang einzulegen droht: Als Mitteder 50er Jahre in der ehemaligen US-Zone geborener Deutscher bin ich wahrscheinlich einfach amerikanischer, als es das Imperium in Washington derzeit erlaubt. Kein Wunder eigentlich, war doch die Bundesrepublik dank Nürnberger Prozesse und Marshallplan der treueste und dankbarste Vasallenstaat der USA. Der vorbildlich demokratische Onkel Sam bescherte uns die ersten Kaugummis, Colas, Levi's-Jeans »Texas-Hosen« nannte sie meine Großmutter –, und die GIs brachten nicht nur Camels und Marlboros, sondern später auch Jimi Hendrix-

Platten und Marihuana. Auf AFN lief die Wolfman Jack Show – wer hörte da noch deutschen Rundfunk? Lange Haare, Sit-ins, Demos, Happenings … alles Direktimporte aus den USA – eine Kultur, die den militarisierten Teutonen den Stechschritt austrieb, die Autoritätshörigkeit, die Führermentalität. Bob Dylan: »Don't follow leaders, watch the Parkingmeters!«, Timothy Leary: »Question authority! Think for yourself!«, Little Richard: »A Wop Bopa Loo Bop…« Die Wiedertäufer, die unsere Körper alphabetisierten und den Geist zum Tanzen brachten, sie kamen aus Amerika; und sie impften den Kindern der Generation Stalingrad eine Dosis amerikanischer Werte ein – Freiheit, Demokratie, Selbstverantwortung –, die sie immun machen sollte gegen jeden Faschismus. Und gegen den Antiamerikanismus. So waren wir mit Kerouac »on the road«, weinten im Kino vor Wut, als die Bushisten die »easy rider« Dennis Hopper und Peter Fonda abknallten – und wurden zu amerikanischen Patrioten, ohne je einen Fuß in dieses Land gesetzt zu haben.

Dass hinter den Kulissen damals schon ein ganz anderer politischer Film lief, dass mit den Morden an den Kennedys und Martin Luther King ein bushistischer Putsch eingesetzt hatte, dass die Politik Amerikas seitdem dabei war, sich von den Werten und der Kultur, die uns in der westdeutschen Kolonie gerade infiziert hatten, immer weiter zu entfernen – all dies war damals für mich noch nicht zu erkennen. Dass die Studenten bei den Vietnam-Demos »USA-SA-SS« skandierten, leuchtete mir dennoch ein: ein verarmtes Volk von Reisbauern mit Napalm zu bombardieren – nazimäßiger schien es ja kaum zu gehen. Dass der bewunderte Kulturbringer und Befreier vom Faschismus nun selbst seine »imperialistische Fratze« zeigte, konnte den Glauben an die amerikanischen Werte freilich nicht erschüttern. Unter dem Motto »come together« kandidierte Tim Leary bei der kalifornischen Gouverneurswahl gegen Ronald Reagan und unterlag; die Beatles aber – dank amerikanischem Geist (und LSD) von britischen Proll- und Speed-Rockern zu kosmopolitischen Kulturköpfen gereift – machten aus seinem Motto und Programm einen Welthit. Kulturell siegten die amerikanischen Werte weltweit auf der ganzen Linie – politisch aber verkehrten sich die Verhältnisse im Land in ihr Gegenteil. Was mit dem Kennedy-Mord begann, setzte sich über Reagan und Bush I fort und erlebt mit Bush II seinen vorläufigen Höhepunkt. 83 Prozent Zustimmung in der Bevölkerung – seit Roosevelt im Zweiten Weltkrieg erzielten Präsidenten solche Quoten nur in totalitären Staaten.

»Wer heute eine vernünftige faschistische Diktatur schaffen wollte, würde dafür wohl das amerikanische Modell wählen«, wird Noam Chomsky, einer der letzten Weisen des alten antibushistischen Amerikas, zu wiederholen nicht müde. [307] Wie das »amerikanische Modell« aussieht, führt Bush II uns derzeit vor: »freie Wahlen«, an denen zwei Drittel der Bevölkerung nicht einmal teilnehmen, Wahlfinanzierungs- und Auszählungsmethoden wie in der letzten Bananenrepublik, Gleichschaltung des öffentlichen Unbewusstseins und der Medien durch einen unerhörten Terrorakt, Ausrufung des Ausnahmezustands und der Mobilmachung, umgehende Benennung des Feinds, der unheimlichen Bedrohung, die von ihm ausgeht, und der Maßnahmen, die dagegen ergriffen werden. Und wie es dann weitergeht, das war für Mark Twain, einen anderen Weisen der alten amerikanischen Kultur, schon am Vorabend des Ersten Weltkriegs ausgemachte Sache:

»Als nächstes wird der Staatsmann billige Lügen erfinden, die die Schuld der angegriffenen Nation zuschieben, und jeder Mensch wird glücklich sein über diese Täuschungen, die das Gewissen beruhigen. Er wird sie eingehend studieren und sich weigern, Argumente der anderen Seite zu prüfen. So wird er sich Schritt für Schritt selbst davon überzeugen, dass der Krieg gerecht ist und Gott dafür danken, dass er nach diesem Prozess grotesker Selbsttäuschung besser schlafen kann.« [308]

Wenn die Footballstars vor dem Superbowl-Match Sätze aus der Verfassung vorlesen, wird das sie und ihr Millionenpublikum auch besser schlafen lassen, obwohl die »Gänseblümchenpflücker« der Air-Force-Geschwader derweil weiter Zivilisten in Afghanistan schlachten. Währenddessen ist es für Medien und Kongress nicht einmal mehr eine Frage, warum am 11. September alle Air-Force Geschwader am Boden blieben und eine entführte Maschine in aller Seelenruhe aufs Pentagon zusteuern ließen. Während also die Aufklärung des Kriminalfalls vom 11.9. – die Ermittlung der wahren Vorgänge, Täter und Hintermänner –- im Nebel des Kriegs verschwindet, wird auch die konkrete Personalisierung des Bösen in Gestalt von Osama Bin Laden zunehmend unwichtig und weicht einer abstrakten Weltverschwörung durch eine »Achse es Bösen« und den »Terror« überhaupt. Wer wird, nach dem Schock vom 11. September, nicht glauben, dass ein Krieg gegen diesen Terror gerecht ist? Die groteske Selbsttäuschung besteht unterdessen darin, dass der jetzt in Afghanistan und demnächst gegen die »Achse des Bösen« geführte Krieg wirklich gegen den Terror gerichtet ist. Bisher wurde jedenfalls keiner der Täter des 11. September gefangen, dafür aber Tausende unschuldige Zivilisten ums Leben gebracht.

Waren das noch Zeiten, damals im Dezember 2000, als Dabbeljus politische Vision – »Wenn dies eine Diktatur wäre, wäre es ein ganzes Stück leichter, zumindest solange ich der Diktator hin« – für Erheiterung im Publikum sorgte. Angesichts des Schocks vom 11.9. stimmen ihm die meisten jetzt sogar zu, wenn er die »homeland security« dem Militär unterstellt. Und 91 Prozent der Befragten unterstützen bei www.vote.com die größte Aufrüstung der Waffenarsenale seitdem Zweiten Weltkrieg – und die gigantischste Neuverschuldung seit den fatalen »Reagonomics«, die Amerika vom größten Gläubiger der Welt zum größten Schuldner machten. Jetzt kann der in der Clinton-Ära gerade wieder auf Konsolidierungskurs gebrachte Großpleitier USA dank des neuen Megafeinds »Terror« dem ohnehin desaströsen Weltschuldenkarussell ungestraft weiter Billionenlasten aufdrücken und die Rezession mit »war business« auf Pump überspielen. Dass die bushistische Ökonomie – Steuersenkungen hier, Aufrüstung da – nicht aufgehen kann, versteht zwar jedes Kind, der Psychoschock des WTC-Crashs sitzt aber so tief, dass selbst die Anwendung der Grundrechenarten die komplexe Lage nur weiter verwirrt und man sich lieber in grotesker Selbsttäuschung an den Leithammel hält. Dass Bush II über Nacht vom kaum ernst genommenen Halbintelligenzler zum weisen Führer der zivilisierten Welt aufstieg – auch dies verdankt sich allein der Nachhaltigkeit der Katastrophe.

Doch keine Frage: Der Mann ist sympathisch. Dass er sich verspricht und manchmal dummes Zeug redet, dass er sich vorm Militär gedrückt, lieber einen getrunken und gekokst hat, dass er als Geschäftsmann eher ein Loser war – all das verschafft dem Präsidenten als Mann des Volkes Sympathiepunkte. Dass ihn die multiple Herausforderung von Fernsehen, Football, Bier und Brezel bisweilen überfordert – auch das bringt ihn den Herzen der Wähler näher, als es sein spröder Vater war. Das Allzumenschliche rettet ihn nicht nur vor Enrongate – sein Vorgänger, der vergleichsweise unsympathische Clinton, wurde wegen ziemlicher Lappalien skandalmäßig da ganz anders gejagt –, es macht Bush II auch zum idealen Präsentator der beinharten geopolitischen Machtpolitik, zu der kluge CIA-Köpfe wie Brzezinski (Die einzige Weltmacht) und Huntington (Kampf der Kulturen) eingedenk ihrer machttheoretischen Vorbilder von Macchiavelli bis Carl Schmitt – das Drehbuch geschrieben haben. Der Plot vom 11.9., wer immer für dessen Durchführung verantwortlich war, hat diesem hemdsärmligen Söhnchen von nebenan eine Souveränität beschert, wie sie kein Imperator der Geschichte je für sich in Anspruch nehmen konnte.

Aber der Antibushismus verschanzt sich nicht in einem Kleinbonum, sondern ruft zum Kampf gegen die »Römer« auf, auch wenn der ohne mirakulösen Zaubertrank so gut wie aussichtslos ist. Kaiser Bush wie auch sein Falke Wolfowitz haben mehrfach deutlich gemacht, dass es »either withus or with the terrorists«, nur entweder/oder, geht. Wenn es aber gemeinsam gegen den Terror gehen soll, muss die globale Gemeinschaft ihrem Weltsheriff klar machen, dass er mit »Dead or Alive«-Texasmethoden nicht weit kommt.

Es muss unabhängige internationale Gerichte geben, die seine Polizeiarbeit überwachen. Terrorhäfen wie Saudi-Arabien und Israel können nicht ausgespart bleiben, nur weil der Sheriff dort Geschäfte macht. Die Heroin- und Kokainproduktion zur Finanzierung von Hilfssheriffs kann künftig ebenso wenig geduldet werden wie Koranschulen und Terrorlager zu ihrer Ausbildung. Die notorische Öl-Sucht, die die USA zu einem rasenden, gewalttätigen Junkie gemacht hat, kann geheilt werden. Kurz: Die globale Pax Americana hat – anstelle einer bushistischen New World Order – nur dann eine dauerhafte Chance, wenn sie nicht mit Gewalt und in Konkurrenz zum Rest der Welt, sondern in Kooperation mit ihr entsteht. Die amerikanischen Werte, die den Deutschen einst den Faschismus austrieben, scheinen als kulturelle und ethische Plattform dazu bestens geeignet. Ebenso wie die ökonomischen und geldwirtschaftlichen Prinzipien, die von 1945 bis 1965 der westlichen Welt tatsächlich so etwas wie »Wohlstand für alle« brachten. Die Bodenlosigkeit des Casino-Kapitalismus der »Junk Bonds« und »Derivate« indessen, dem die Loslösung des Dollars vom Goldstandard in den 70er Jahren Tür und Tor geöffnet hat und der uns aktuell die Gigapleite des Megazockers Enron sowie des aufgeblasenen Telekomriesen World Com beschert – dieses Sinnbild der kriminellen, korrupten und asozialen Qualität bushistischer Ökonomie kann niemals ein Modell für die globale Wirtschaft werden.

Gegen diese Art von Raubrittertum, da sind sich auch die zaghaftesten Antibushisten einig, hilft nur die »Methode Obelix«: »Wir beginnen mit den Frischlingen, leiten über zu den römischen Patrouillen und kommen schließlich zu den Wildschweinen.«

Anhang 1
FAQ 9/11 – 100 Frequently Asked Questions

Diese FAQ 9/11 basieren auf einem Fragenkatalog, den Nico Haupt auf seiner Website www.ourdna.org zusammengestellt hat. Mit den Fragen zum 11. September verhält es sich so wie mit der nach oben offenen Richterskala: Für Erdbeben gibt es keine Maximalgröße, und entsprechend zahllos sind die Widersprüche und Ungereimtheiten im Vorfeld, während und in der Folge der Anschläge. Ich begnüge mich hier mit den 100 gravierendsten Einwänden gegen die offizielle Version der Ereignisse, weil Sie sonst, wenn Sie kriminalistisch nicht weiter geschult sind, im Gewirr der Namen und Details leicht den Überblick verlieren könnten.

Diesen Fragen nachzugehen, wäre eigentlich die Aufgabe der Politik, Polizei, Geheimdienste und des Militärs. Bitte erwarten Sie daher die Antworten nicht von mir, sondern von diesen dafür zuständigen und durch Steuergelder finanzierten Institutionen.

Vorgeschichte

1. Wie intensiv waren die Beziehungen zwischen Taliban, dem ISI und der CIA?
2. Wann trafen Abgesandte der US-Regierung zuletzt mit Vertretern der Taliban zusammen?

3. Wann wurde entschieden, das Projekt einer Pipeline durch Afghanistan vorerst nicht weiter zu verfolgen – und wann wurde die Planung wieder aufgenommen?
4. Ist es wirklich reiner Zufall, dass der Hauptstützpunkt der Terroristen in Florida lag, dem seit den 50er Jahren berüchtigten Zentrum verdeckter CIA-Operationen – von der Schweinebucht- bis zur Iran-Contra-Affäre?
5. Warum unterband Bush Anfang 2001 die Untersuchungen terroristischer Verbindungen der Bin-Laden-Familie?
6. Wer in Washington entschied noch im Mai 2001, 43 Millionen Dollar an die Taliban zu überweisen?
7. Woher hatte der Navy-Agent Delmart Vreeland seine Vorabinformationen über mögliche Terroranschläge auf New York und das Pentagon?
8. Stimmt es, dass er davon schon im Mai 2001 die kanadischen Geheimdienste in Kenntnis setzte?
9. Suchte Osama Bin Laden wirklich im Juli 2001 das American Hospital in Dubai auf?
10. Stimmt es, dass der FBI-Zentrale am 10. Juli ein warnendes Dossier des FBI-Büros Phoenix zugestellt wurde?
11. War in diesem Dossier von verdächtigen arabischen Flugschülern die Rede, die ein Passagierflugzeug entführen könnten?
12. Wurde in diesem Dossier empfohlen, sämtliche Flugschulen der USA auf verdächtige Studenten zu überprüfen?
13. Was geschah mit diesem Dossier?
14. Wem wurde es weitergereicht, welche Konsequenzen hätten aus dem Verdacht gezogen werden müssen?
15. Wer entschied darüber, keine weiteren Konsequenzen aus diesem Verdacht zu ziehen?

16. Wurde der FBI-Zentrale drei Wochen später ein ähnlich lautender Verdacht aus dem FBI-Büro in Minnesota übermittelt?
17. Wurde die CIA im Sommer 2001 vom israelischen Geheimdienst Mossad mehrfach über nahe bevorstehende Terroranschläge gewarnt?
18. War in diesen Warnungen davon die Rede, dass entführte Flugzeuge als Waffe gegen Gebäude benutzt werden sollten?
19. Teilte der Mossad darin mit, dass eigene Agenten in Kontakt mit Mohammed Atta stünden und ihn (vier Wochen vor den Anschlägen) in die USA begleitet hätten?
20. Was waren die Reaktionen von CIA und FBI auf diese Warnungen?
21. Wurden sie überhaupt an Mitglieder der Regierung weitergegeben?
22. Wie ernst wurden sie genommen und welche Konsequenzen wurden daraus gezogen?
23. Haben russische Dienste der CIA im Sommer 2001 mitgeteilt, dass 25 Terrorpiloten für eine Selbstmordmission in den USA trainieren?
24. Was erfuhr Bush im CIA-Briefing vom 6. August über die Drohung, dass Al-Qaida-Mitglieder Flugzeuge entführen und in nächster Zeit einen Anschlag in den USA ausführen könnten?
25. Wann warnte Wladimir Putin die CIA über die bevorstehenden Attacken und was war ihre Reaktion darauf?
26. Stimmt es, dass August Hanning, Leiter des deutschen Bundesnachrichtendiensts (BND), die CIA informierte, »Terroristen aus dem Nahen Osten planten, Flugzeuge zu entführen«? Was waren die Reaktionen?

27. Was war der Anlass des Treffens von Christina Rocca, Asien-beauftragte des Außenministeriums, und dem Taliban-Botschafter Salam Zaeef in Islamabad im August?
28. Wer traf die Entscheidung, John O'Neills Fahndung nach Al-Qaida-Zellen in Saudi-Arabien zu stoppen?
29. Wer gab dem Ersuchen der US-Botschafterin im Jemen, Barbara Bodine, nach, John O'Neill die Einreise zu verweigern?
30. Welche diplomatischen Erwägungen gaben den Ausschlag, den führenden Terroristenfahnder der USA von Ermittlungen an diesen Quellen abzuziehen?
31. Wer entschied, John O'Neill den Job als Sicherheitschef des World Trade Centers anzubieten?
32. Welcher Investor kaufte über die Alex Brown Bank vor dem 11. September 2000 Put-Optionen auf die United Airlines?
33. Stimmt es, dass kurz vor dem 11. September zwei US-Schlachschiffverbände im Persischen Golf vor der pakistanischen Küste eintrafen?
34. Stimmt es, dass in den Wochen vor dem 11. September 23 000 britische Soldaten – die größte Armada seit dem Falklandkrieg im Rahmen der Operation »Swift Sword« in den Persischen Golf verlegt wurden?
35. Die Londoner Times berichtet, Salman Rushdie sei gewarnt worden, am 3. September in die USA zu fliegen. Wenn das stimmt, wer gab diese Warnung?
36. Ist es wahr, dass Ariel Scharon vom Mossad gewarnt wurde, am 11. September nach New York zu fliegen, um eine Rede zu halten?
37. Warum wurde, wie der San Francisco Chronicle berichtet, Bürgermeister Brown gewarnt, in der Nacht

des 10. September »bei seinen Reisen vorsichtig zu sein«?

38. Warum wurden am 10. September, so Newsweek am 24.9., »von einer Gruppe hoher Vertreter des Pentagon die Reisepläne für den nächsten Morgen plötzlich gecancelt, anscheinend aufgrund von Sicherheitsbedenken«?
39. Warum erfuhren offenbar auch einige andere Politiker von diesen Sicherheitsbedenken, woraufhin sie ebenfalls ihre Reisepläne umstellten?
40. Warum aber erfuhr die Öffentlichkeit nichts von diesen Sicherheitsbedenken? Der Tag der Anschläge
41. Was war der Zweck des Besuchs von ISI-Chef Ahmed ausgerechnet am 11. September in Washington?
42. Warum wurde ein für den 11.9. geplantes Sicherheitsmeeting vom WTC-Management am 10.9. abgesagt?
43. Warum sprachen die Passagiere oder Crewmitglieder von dreien der vier Flüge bei ihren Nottelefonaten von »Boxcutters« (Teppichmessern)?
44. Wann genau wurde Bush von dem ersten Einschlag in New York informiert?
45. 45. Warum behauptete er später, er habe den ersten Flugzeugeinschlag ins WTC live im TV gesehen, obwohl der doch gar nicht gezeigt wurde?
46. Warum sagte er später, dass er und sein Assistent Andrew Card anfangs glaubten, es handele sich um ein kleines Flugzeug?
47. Wie kann es sein, dass der Präsident und sein Stab so ungenau über die Art des Flugzeugs informiert wurden?
48. Warum blieb er auch, als ihm Card die Meldung vom zweiten Einschlag zuflüsterte, im Klassenraum der

Schule von Sarasota sitzen und hörte weiter den Schulkindern zu, statt sich sofort mit seinem Stab zu besprechen?

49. Warum wussten Bush und sein Stab zu diesem Zeitpunkt nicht, was der Flugaufsicht FAA und der Luftverteidigungszentrale NORAD bekannt war: dass die Flugzeuge entführt worden waren?
50. Wie kommt es, dass die New Yorker Feuerwehr von Anfang an von einem Terroranschlag ausging, während der Präsident und sein Stab ruhig ihren üblichen Geschäften nachgingen?
51. Kann Nicholas Scopetta, der Chef der New Yorker Feuerwehr, erklären, warum sich in der U-Bahn unter dem WTC keine Passagiere befanden?
52. Wie konnten die Hijacker alle Sicherheitssysteme auf den Flughäfen überwinden?
53. Was ist dran an den Medienberichten, denen zufolge die Hijacker auch Tickets für Flüge nach dem 11. September gekauft hatten?
54. Warum forderten die Hijacker die Passagiere auf, ihre Angehörigen anzurufen?
55. Warum war bei den vier Flugzeugen kein einziger »unschuldiger« Moslem als Passagier an Bord?
56. Warum blieb Attas Tasche am Flughafen stehen und wurde nicht an Bord genommen?
57. Wer fand diese Tasche? Wie wurde sichergestellt, dass es sich um seine Tasche handelt?
58. Warum packte Atta ein Video über das Führen von Flugzeugen, eine Uniform und sein Testament in eine Tasche, wo er doch wusste, dass er auf einer Selbstmordmission war?
59. Warum ließ Atta seinen Führerschein im Mietwagen liegen?

60. Wer rief das Weiße Haus am 11.9. um 9.30 Uhr an, um vor einem möglichen Angriff zu warnen?
61. Warum wurde um 9.30 Uhr der Luftraum über dem Weißen Haus und dem Pentagon nicht überwacht?
62. Wer gab den Befehl, das Weiße Haus um 9.45 Uhr zu evakuieren?
63. Was genau tat Donald Rumsfeld den ganzen Tag über, bevor er gegen 15.30 Uhr im Pentagon eintraf?
64. Wie erklärt sich der merkwürdige Flugweg von Flug 93 – also der Maschine, die in Pennsylvania abstürzte?
65. Viele Zeugen glauben, dass diese Maschine abgeschossen wurde. Wenn dies nicht geschah, was ist dann die Erklärung dafür, dass die Überreste des Flugzeugs viele Meilen weit verstreut waren?
66. Kann James Roche, Secretary der Air Force, erklären, warum Luftraumkontrolleure in einem Artikel des Nashua Telegraph behaupten, ein F-16-Jet hätte Flug 93 umkreist und sei zum Zeitpunkt des Crashs in Sichtkontakt gewesen?
67. Woher wusste Donald Rumsfeld um 17.30 Uhr, dass das in Pennsylvania abgestürzte Flugzeug drei mögliche Ziele im Visier hatte: Camp David, das Weiße Haus und das Kapitol?
68. Warum versuchte James Roche nicht, die Flugzeuge in New York und Washington zu erreichen (sieben bzw. zehn Minutenentfernt von der McGuire Air Force Base in New Jersey)?
69. Die Andrews Airforce Base liegt 13 Meilen entfernt. Er hatte eine Stunde und 15 Minuten Zeit, auf das aufs Pentagon zusteuernde Flugzeug zu reagieren. Was geschah in dieser Zeit?
70. Was war der offizielle Grund, warum Kampfflugzeuge des 305th Air Wing auf der McGuire Air Force Base

nicht das zweite entführte Flugzeug in New York aufhielten? Dies wäre innerhalb von sieben Minuten nach 8.48 Uhr möglich gewesen.

71. Warum wurde die Pentagon-Maschine nicht von einem Jet der 459ten Schwadron aus Andrews Airforce Base aufgehalten? Andrews AFB liegt nur zehn Meilen von Washington entfernt.
72. Warum sagte Bush eine Woche später, er hätte versucht, das Flugzeug abschießen zu lassen?
73. Col. Ken McClellan, Sprecher der Air Force, sagte am 11.9., dass Mohammed Atta an der Internationalen Offiziersschule an der Maxwell/Gunter Air Force Base eingeschrieben gewesen und von Augenzeugen gesehen worden sei. Warum widerrief er später diese Aussage?

Nachgeschichte

74. Wie konnten die Hauptverdächtigen in nur zwei Tagen »ermittelt« werden?
75. Wie wurden ihre Autos so schnell entdeckt?
76. Woher kamen die Fotos der 19 Hijacker?
77. Was ist mit den mindestens fünf angeblichen Hijackern, die noch leben?
78. Wo sind die Flugrecorder?
79. Warum wurden die meisten Flugschreiber nicht gefunden?
80. Warum wurden die Daten der gefundenen Flugschreiber nichtveröffentlicht?
81. Warum veröffentlichte das FBI die Protokolle des Funkverkehrs nicht?
82. Warum gibt es keine Fotos oder Videos von der Absturzstelle im Pentagon, auf dem Wrackteile des Flugzeugs zu sehen wären?

83. Wie erklärt sich, dass Bin Laden in einem Interview mit dem pakistanischen Magazin Ummat im September bekundete, nichts mit den WTC-Anschlägen zu tun zu haben?
84. Wann und von wem wurde das Video gefunden – zu einem Zeitpunkt, da die Nordallianz und US-Truppen Kandahar und Jallalabad noch nicht erobert hatten –, auf dem sich Bin Laden angeblich der Anschläge rühmt?
85. Warum waren (laut Monitor im Dezember) die entscheidenden Passagen falsch übersetzt?
86. Auf welche Materialien stützte sich Tony Blair, als er in der Woche nach dem 11. September verkündete, es gäbe »unzweifelhafte Beweise« für die Schuld Osama Bin Ladens?
87. Warum trat der Direktor von Alex Brown, Mayo Shattuck III, am 15. September plötzlich zurück?
88. Warum trat General Ahmed, der Chef des pakistanischen Geheimdienstes IST, im Oktober plötzlich zurück?
89. Warum glauben Ahmed wie auch sein Vorgänger General Gul, dass andere Geheimdienste in die WTC-Attacken involviert waren? Welche Dienste meinen sie? Schenkte die CIA (oder der Mossad) ihnen Glauben?
90. Warum sorgte Bush im November 2001 dafür, dass die Akten aus der Reagan-Ära unter Verschluss bleiben?
91. Haben amerikanische Biowaffen-Labors die Anthrax-Briefe verschickt, um letztlich neue Forschungsgelder bewilligt zu bekommen?
92. Wie ist das Statement des früheren UN-Waffeninspekteurs Richard Spertzel auf ABC zu bewerten, dass er »höchstens fünf Wissenschaftler in den USA kenne,

die derart hochentwickeltes Sporenmaterial produzieren könnten«?

93. Wie kommt es, dass Microsoft einen (falschen) Anthrax-Brief aus Malaysia genau an jenem Tag erhielt, an dem Bush dieses Land als eines seiner nächsten Staatsbesuchsziele nannte?
94. Warum löste Bush im Frühjahr 2002 die Bin Ladin Task Force auf?
95. Steht Osama Bin Laden immer noch auf der Gehaltsliste der CIA?
96. Stand John Walker Lindh, der »amerikanische Taliban«, jemals in Kontakt mit der CIA?
97. Warum sitzt Lindh nicht in Guantanamo Bay?
98. Stimmt Bush mit den Senatoren John McCain, Joseph Lieberman, Porter Goss, Richard Shelby und Ron Paul überein, die eine Untersuchung wünschen und gesagt haben: »Die geheime Regierung setzt sich gegen die offene Regierung durch.«?
99. Warum wird in den USA keine dieser Fragen im Rahmen eines offiziellen Untersuchungsausschusses akribisch untersucht?
100. Wäre, da der so genannte »Kampf gegen den internationalen Terrorismus« bereits einen Krieg zur Folge hatte und die Regierung Bush sich auf weitere Kriege gegen selbst definierte »Achsenmächte des Bösen« vorbereitet, nicht ein internationales oder UN-Tribunal angebracht, das die Geheimnisse des 11. September zu enthüllen sucht?

Anhang 2
Kurze Geschichte des Vorauswissens

Zur »Wahrheit über den Terror« des 11. September gehört eine ganze Vorgeschichte der Verstrickungen und des Vorauswissens. Seitdem Mitte Mai 2002 zwei einschlägige FBI-Memos bekannt geworden sind, rücken diese Zusammenhänge immer mehr ins öffentliche Licht.

Die folgende Übersicht basiert auf der von Mike Ruppert auf seiner Website www.fromthewilderness.com zusammengestellten »Timeline«, die er im November 2001 erstmals publizierte und regelmäßig aktualisiert. Die einzelnen Nachweise können auf dieser Website angeklickt werden.

1991–1997

Große US-Ölkonzerne wie Exxon Mobil, Texaco, Unocal, BP Amoco und Shell investieren drei Milliarden Dollar für die Bestechung der Staatsführung von Kasachstan, um sich die Nutzungsrechte der riesigen Ölreserven der Region zu sichern. Die Ölfirmen verpflichten sich, künftig 35 Milliarden Dollar direkt in Kasachstan zu investieren. Das Problem ist jedoch, dass die verfügbaren Pipelines in russischer Hand sind und Moskau exorbitante Preise für deren Nutzung verlangt. Daher beklagen die Ölkonzerne vor dem »International Relations Committee« des Parlaments, über keinen Weg zu verfügen, ihre Investments wieder hereinzuholen.

4. Dezember 1997

Repräsentanten der Taliban sind im texanischen Hauptquartier von Unocal zu Gast, um über die geplante Pipeline durch Afghanistan zu verhandeln. Wie aus verschiedenen Berichten hervorgeht, scheitern die Verhandlungen, weil die Taliban zuviel Geld fordern.

12. Februar 1998

Unocal-Vizepräsident John J. Maresca, der spätere Sondergesandte in Afghanistan, bekundet vor dem Repräsentantenhaus, dass ohne eine vereinigte und US-freundliche Regierung in Afghanistan eine Pipeline nicht gebaut werden kann.

April 1998

Die CIA ignoriert die Warnungen ihres eigenen Experten Robert Baer – für Seymour Hersh vom New Yorker der »vielleicht beste Frontagent der CIA im gesamten Nahen Osten« –, dass Saudi-Arabien einer Al-Qaida-Zelle Unterschlupf gewährt, die von zweibekannten Terroristen geleitet wird. Eine ausführliche Liste bekannter Terroristen wird dem saudischen Geheimdienst im Augustangeboten, von diesem aber abgelehnt.

Sommer 1998 und 2000

Ex-Präsident George Bush reist im Auftrag der Privatfirma Carlyle Group, des elftgrößten Rüstungsunternehmens der USA, nach Saudi-Arabien. Dort trifft er privat auch mit Mitgliedern des Königshauses und der Bin-Laden-Familie zusammen.

Januar 2001

Die Regierung Bush beauftragt FBI und Geheimdienste, alle Nachforschungen, die die Bin-Laden-Familie betreffen, »zurückzustellen«. Das gilt auch für zwei Verwandte Osamas (Abdullah und Omar), die in Falls Church, Virgina, lebten – in direkter Nähe des CIA-Hauptquartiers. Dieser Order waren seit 1996 andere Einschränkungen vorausgegangen, die die Ermittler in Sachen Bin Laden frustriert hatten.

12. Februar 2001

In einem Bericht über ein Gerichtsverfahren gegen vermutliche Mitglieder der Al-Qaida enthüllt der Terrorismuskorrespondent der Agentur UPI die Neuigkeit, dass die National Security Agency (NSA) Bin Ladens Kommunikationssystem abgehört habe. Auch wenn man davon ausgeht, dass Bin Laden daraufhin, spätestens also im Februar, sein Telefonsystem wechselte, passt dies doch nicht mit der Tatsache zusammen, dass, wie die Regierung behauptet, dieser Anschlag von ihm seit Jahren vorausgeplant worden sei, ohne dass man davon erfahren hätte.

Mai 2001

Außenminister Colin Powell überweist 43 Millionen Dollar an das Talibanregime, als Ausgleichszahlung für die verarmten Bauern, die wegen der Vernichtung ihrer Opiumernte durch die Taliban Hunger leiden.

Mai 2001

Der stellvertretende Außenminister Richard Armitage, früher Karriere-Agent und Mitglied der Navy-Spezialeinheiten, und CIA-Direktor George Tenet reisen in offizieller Mission nach Indien. Tenet macht dabei auch einen diskreten Abstecher zu Pakistans Präsidenten Pervez Musharraf. Armitage hat lange und enge Verbindungen zum pakistanischen Geheimdienst ISI und wurde mit dem höchsten zivilen Orden des Landes geehrt. Man kann davon ausgehen, dass Tenet während des Besuchs in Islamabad auch seinen Amtskollegen Mahmud Ahmed getroffen hat.

Juni 2001

Der deutsche Bundesnachrichtendienst (BND) warnt die CIA und Israel davor, dass Terroristen aus dem Nahen Osten planen, »ein Passagierflugzeug zu entführen und es als Waffe zu benutzen, um damit wichtige Symbole der amerikanischen und israelischen Kultur anzugreifen«. So steht es jedenfalls am 14.9. in der FAZ.

Sommer 2001

Drei US-amerikanische Verhandlungsführer – Tom Simons (ehemaliger US-Botschafter in Pakistan), Karl Inderfurth (ehemaliger Staatssekretär für Südasien im Außenministerium) und Lee Goldren (ehemaliger Abteilungsleiter und Asienexperte des State Department) – treffen zwischen Mai und August mit pakistanischen und russischen Gesandten und Geheimdienstleuten zusammen. In Berlin findet die letzte von mehreren geheimen Gesprächsrundenstatt, die unter Federführung der UN und unter Beteiligung aller Nachbarstaaten in den Monaten zuvor eine Lösung der afghanischen Pipelinefrage herbeiführen sollten. Vertreter der Taliban nahmen an mehreren dieser Sitzungen teil, lehnten jedoch die von den Amerikanern angebotene Beteiligung an den Pipelinegewinnen als zu niedrig ab. Bei der Berliner Abschlusssitzung kündigen die US-Vertreter eine militärische Operation gegen Afghanistan im Oktober an.

Sommer 2001

Einem Bericht des britischen Guardian zufolge trainieren US-Ranger Spezialtruppen in Tadschikistan. Außerdem sollen angeblich tadschikische und usbekische Spezialtruppen in Alaska und Montana ausgebildet werden, was das US-Verteidigungsministerium aber nicht bestätigt.

Sommer 2001

Die Times of India veröffentlicht am 26, Oktober die erste wirklich heiße Spur auf die Hintermänner des vermuteten Chefs der »Terrorpiloten« Mohammed Atta. Danach werden im Juli 2001 im Auftrag des pakistanischen Geheimdienstchefs General Mahmud Ahmed 100 000 Dollar an Mohammed Atta transferiert. Die Überweisung soll von Omar Sheikh, einem verdeckten IST-Agenten und radikalen Islamisten britischer Herkunft, vorgenommen worden sein, dem später die Entführung des Wall Street Journal-Reporters Pearl vorgeworfen wird. Nach dem Erscheinen des Berichts der Times of India, der sich auf indische Geheimdienstquellen und eine Bestätigung des FBI beruft, tritt General Ahmed von seinem Posten als ISI-Direktor zurück.

26. Juni 2001

Das WWW-Magazin »Indiareacts.com« schreibt, dass »Indien undIran Pläne der USA und Russlands für eine ›begrenzte militärische Aktion‹ gegen die Taliban unterstützen«. Dem Artikel zufolge sollen die Kämpfe von russischen und amerikanischen Truppen mit Hilfe aus Usbekistan und Tadschikistan durchgeführt werden.

4.-14. Juli 2001

Osama Bin Laden wird im American Hospital in Dubai wegen seines Nierenleidens behandelt. Dabei erhält er Besuch von seiner Familie und hochstehenden Persönlichkeiten aus Saudi-Arabien und den Emiraten – sowie von dem CIA-Mitarbeiter Larry Mitchell, der am 15. Juli, nach Bin Ladens Abreise, aus dem Büro in Dubai abgezogen wird.

10. Juli 2001

Ein FBI-Report des Büros Phoenix (Arizona) – und ein weiterer im August folgender aus Minneapolis – lenken die Aufmerksamkeit auf den Verdacht, dass Al-Qaida-Mitglieder US-Flugschulen benutzen, um sich auf Flugzeugentführungen vorzubereiten. Das Memo vom 10. Juli empfiehlt eine bundesweite Überprüfung von Flugschulen und zitiert mögliche Verbindungen zu Osama Bin Laden. Die FBI-Agenten aus Minneapolis berichten von der Festnahme von Zacharias Moussaoui, einem Franzosen marokkanischer Abstammung, der nur das Fliegen einer Boeing 747 lernen wollte, aber nicht das Starten und Landen. In einer E-Mail an die Zentrale beschreiben sie ihn als jemanden, der planen könne, einen Jumbo Jet ins World Trade Center zu fliegen. Beide Reports werden vom FBI-Hauptquartier ignoriert.

20.–22. Juli 2001

Vor dem G-8-Treffen in Genua laufen in Italien Hinweise aus verschiedenen Ländern ein, u. a. vom ägyptischen Präsidenten Mubarak, in denen vor einem Anschlag auf das Konferenzgebäude durch entführte Flugzeuge gewarnt wird, die als fliegende Geschosse benutzt werden könnten. Daraufhin postiert die italienische Regierung Luftabwehrgeschütze und schränkt den lokalen Flugverkehr ein. George W. Bush übernachtet sicherheitshalber auf einem US-Kriegsschiff im Hafen.

6. August 2001

In einem CIA-Briefing erfährt Präsident Bush von der drohenden Möglichkeit, dass mit Osama Bin Laden in Verbindung stehende Täter Flugzeuge als fliegende Bomben benutzen könnten. In diese Warnung des Geheimdienstes könnten die FBI-Memos aus Phoenix und Minneapolis eingeflossen sein. Doch weder die Flugüberwachung noch der militärische Luftschutz werden in Alarmbereitschaft versetzt.

12. August 2001

Der US-Navy-Leutnant Delmart »Mike« Vreeland, der wegen Betrugs im Gefängnis von Toronto sitzt, behauptet, ein Offizier des Navy-Geheimdiensts zu sein und von bevorstehenden Anschlägen zu wissen. Da man ihm kein Gehör schenkt, schreibt er Details auf einen Notizzettel und übergibt ihn der Gefängnisverwaltung zur Verwahrung.

20. August 2001

Der russische Präsident Putin beauftragt seinen Geheimdienst, den US-Diensten eine Warnung »mit den deutlichsten Worten« zukommen zu lassen, dass Angriffe auf Regierungsgebäude und Flughäfendrohen. In der russischen Zeitung Istvestia wird später spezifiziert, dass sich diese Warnung auf 25 Selbstmordpiloten bezog, die einen Anschlag auf exponierte Gebäude planten.

20. August–10. September 2001

Der Dow Jones Index an der New Yorker Börse fällt in den drei Wochen vor dem Anschlag um fast 900 Punkte. Ein großer Börsencrash droht. Zudem beraten Vizepräsident Cheney und andere hochrangige Regierungsmitglieder hinter verschlossenen Türen über die absehbare Enron-

Pleite, den bis dato größten Konkurs(und Finanzbetrug) der US-Wirtschaftsgeschichte.

1.–10. September 2001

In einer seit vier Jahren geplanten Übung werden 23 000 britische Soldaten im Rahmen der Operation »Swift Sword« nach Oman verlegt. Zum selben Zeitpunkt treffen zwei US-Schlachtverbände vor der pakistanischen Küste ein, weitere 17 000 US-Soldaten stoßen zu den 23 000 Mann der Nato-Truppen, die in Ägypten für die Operation »Bright Star« zusammengekommen sind. Alle diese Kräfte sind an ihrem Standort, bevor das erste Flugzeug die WTC-Türme trifft.

6.–10. September 2001

Extreme Steigerungen bei den Volumen von Put-Option en auf United Airlines, American Airlines sowie andere von den Anschlägen betroffene Firmen wie Merrill Lynch, Morgan Stanley, AXA und Münchner Rück deuten auf einen kriminellen Insiderhandel an den Börsen hin.

10. September 2001

Die Federal Emergency Management Agency (FEMA) wird offenbar schon vorab in Bereitschaft versetzt. In einem Interview mit dem CBS-Reporter Dan Rather jedenfalls macht Tom Kenney, leitender Mitarbeiter des »Urban Search and Rescue Team«, die folgende merkwürdige Bemerkung: »Wir waren sicher eines der ersten Teams, die eingesetzt wurden, um die Stadt New York bei diesem Desaster zu unterstützen. Wir kamen am späten Montagabend an und traten am Dienstagmorgen sofort in Aktion.«

11. September 2001

General Ahmed, Chef des pakistanischen ISI (der wegen seiner Finanztransfers an Mohammed Atta einen Monat später »überraschend« zurücktreten muss), trifft in Washington zu Gesprächen über die Taliban ein.

11. September 2001

Angestellte von Odigo Inc. in Israel, einer der weltgrößten Firmen für »Instant Messaging« mit Büros in New York, erhalten – knappzwei Stunden, bevor das erste Flugzeug die Türme trifft – dringende Warnungen über eine bevorstehende Attacke auf das WTC. Die Polizei- und Untersuchungsbehörden schweigen sich aber über ihre Nachforschungen in dieser Sache aus. Die Forschungs- und Entwicklungsabteilung von Odigo in Israel ist in Herzliyya ansässig, einem vornehmen Vorort von Tel Aviv, wo auch das »Center for Counterterrorism« sitzt, das frühzeitig von den Insider-Börsengeschäften um den 11.9. berichtet.

11. September 2001

Innerhalb von 45 Minuten werden vier Flugzeuge entführt und von ihrem Kurs abgebracht – um 8.15 Uhr das erste, im 9.05 Uhr das letzte. Doch es dauert bis 9.30 Uhr, bis Abfangjäger aufsteigen, zu spät. Das heißt, dass das nationale Oberkommando 75 Minuten wartet, bevor es präventive Gegenmaßnahmen einleitet – ein Versäumnis, das in der Geschichte seinesgleichen sucht.

14. September 2001

Die Gefängnisleitung in Toronto öffnet den im August versiegelten Umschlag von Mike Vreeland und stellt fest, dass dort von »WTC« und »Pentagon« die Rede ist. Die US-Navy teilt daraufhin mit, dass Vreeland als Matrose 1986 wegen unbefriedigender Leistungen entlassen wurde und nie für ihren Geheimdienst gearbeitet hat.

15. September 2001

Die New York Times berichtet, dass der Direktor der Alex Brown Bank, Mayo Shattuck III, fristlos zurückgetreten ist, obwohl er erst kurz zuvor einen Dreijahresvertrag (bei 30 Millionen Dollar Jahressalär) erhalten hatte. Viele der UAL-Put-Option en wurden über die Alex Brown eingekauft, die der Deutschen Bank gehört. Ihr ehemaliger Direktor »Buzzy« Krongard wechselte 1998 in die Dienste der CIA, deren dritthöchster Direktor er heute ist.

29. September 2001

Der San Francisco Chronicle berichtet, dass ein 2,5 Millionen-Dollar-Gewinn aus Put-Option en auf American Airlines und United Airlines bei den Banken nicht eingefordert wurde. Nach der Aussetzung des Handels für vier Tage trauten sich die Besitzer offenbar nicht mehr an ihren »heißen« Gewinn.

10. Oktober 2001

Die pakistanische Zeitung The Frontier Post berichtet, dass der Ölminister Pakistans einen Anruf der US-Botschafterin Wendy Chamberlain erhalten habe. Die zuvor ad acta gelegte Unocal-Pipeline durch Afghanistan steht »im Hinblick auf die jüngsten geopolitischen Entwicklungen« wieder auf der Agenda. (Im Februar 2002 kam es dann zu Verhandlungen darüber, Anfang Mai meldete BBC, dass das Zwei-Milliarden-Dollar-Projekt als »größte ausländische Investition in Afghanistan« unter Dach und Fach sei.)

Oktober 2001

Der Dow Jones Index, schon vor den Schlägen auf dem absteigenden Ast, hat die meisten seiner Verluste wieder aufgeholt. Ein Börsencrash wurde durch die massiven Regierungsausgaben für Rüstungsprogramme, durch öffentliche Hilfen für die Luftfahrtindustrie und geplante Steuersenkungen für Unternehmen zunächst einmal abgewendet. Zu den am stärksten davon profitierenden Firmen zählen Rüstungsunternehmen und Militärversorger.

Anhang 3
Ein Interview von Jürgen Elsässer mit Andreas von Bülow

Was weiß die CIA über den 11. September? Der frühere Bundesminister Andreas von Bülow durfte seine dissidenten und unwillkommenen Antworten auf diese Frage nicht etwa in den deutschen Zentralmagazinen wie Spiegel oder Stern zu Protokoll geben, sondern fand bei Konkret ein Refugium. In der Dezemberausgabe 2001 erschien dort das folgende Interview, das Jürgen Elsässer mit ihm geführt hat.

Elsässer: Beim Terroranschlag auf das World Trade Center ist noch vieles nicht aufgeklärt. So gab es vor dem 11. September Warnungen sowohl des französischen Geheimdienstes als auch des Mossad. Trotzdem reagierten die US-amerikanischen Behörden völlig unvorbereitet: keine erhöhte Sicherheitsstufe auf den Flughäfen, eine völlig verschlafene und unprofessionelle Reaktion der Luftraumüberwachung und der Flugabwehr.

Von Bülow: Das Merkwürdige ist, dass die Amerikaner bis zur Tat völlig ahnungslos waren und hinterher keine 48 Stunden brauchten, um der Weltöffentlichkeit den Täter zu präsentieren: Bin Laden und sein sagenumwobenes Terrornetz Al-Qaida. Was die Warnungen etwa des Mossad anging, würde man schon gerne wissen, was die gewusst haben und was sie weitergegeben haben. Das muss nicht immer dasselbe sein. Zum Beispiel beim Selbstmordattentat islamistischer Täter auf eine US-Kaserne in Beirut Anfang der 80er Jahre: Der Mossad wusste im Voraus den genauen Lkw-Typ samt Farbe, den die Täter später benutzten. An die CIA weitergegeben haben sie aber nur die Warnung im Allgemeinen, ohne diese Details.

Warum?

Begründet wird diese Zurückhaltung bei Geheimdiensten mit dem Quellenschutz: Gibt man die Details preis, sind Rückschlüsse auf den oder die Informanten möglich. Daneben spielen die Geheimdienste, auch die westlichen, natürlich oft gegeneinander, ein bisweilen bizarres Machtspiel.

Also wusste die CIA vielleicht auch diesmal gar nicht soviel?

Das will ich damit nicht gesagt haben. Denken Sie etwa zurück an den ersten Anschlag auf das World Trade Center im Jahre 1993.Damals wurde ja die ganze islamistische Bande geschnappt, die die Aktion durchgeführt hatte. Inzwischen hat sich herausgestellt, dass die Kameraden schon lange vorher von CIA und FBI unterwandert waren. Der Bombenbastler war ein Agent provocateur des FBI, dessen Führungsoffizier versprochen hatte, die zur Explosion notwendigen Chemikalien rechtzeitig gegen harmlose auszutauschen, so dass die Täter zwar hätten in die Falle gelockt werden können, Schaden jedoch vermieden worden wäre. Doch das Versprechen wurde seitens des FBI nicht eingehalten. 1 000 Verletzte und einige Tote waren die Folge. Noch eine Seltsamkeit: Die Mitglieder der Terrorgruppe hatten eigentlich Einreiseverbot in die USA gehabt, standen auf einer Liste des FBI und des State Department. Doch die CIA sorgte dafür, dass dieses Verbot umgangen wurde.

Das Grauen des 11. September ist ein GAU der amerikanischen Dienste. Insgesamt gibt es 26 an der Zahl, und sie stehen in Konkurrenz zueinander. Man kann sich schon vorstellen, dass Nicht-Zyniker an diesem Wirrwarr und Chaos verzweifeln. Wer seinem Staat Terroranschläge vermeiden helfen will, findet sich in einem Sumpf sondergleichen wieder.

Also jeder gegen jeden, und die Terroristen profitieren davon?

Die entscheidende Frage ist doch: Wer sind die Terroristen? Der frühere Chef einer strategischen Einheit zur Bekämpfung der obersten Ebene des internationalen Drogenhandels sagte in einer Kongressanhörung, er habe in seiner 30jährigen Tätigkeit für die Drug Enforcement Agency keinen größeren Fall erlebt, bei dem ihm nicht die CIA die Zügel aus der Hand genommen hätte.

Aber am 11. September ging es nicht um ein Drogendelikt.

Bin Laden ist ein Produkt der CIA, geschaffen zunächst im Kampf gegen die Sowjetunion. Es ging dabei nicht nur um die Abwehr der sowjetischen Intervention in Afghanistan. Es ging um die Destabilisierung der UdSSR über ihre Teilstaaten mit muslimischer Bevölkerung. Noch bevor die Kommunisten 1978 in Afghanistan an die Macht kamen, hatte die CIA Unruhen in Afghanistan unterstützt. Die Zentralregierung wurde nicht Herr der Lage. Die Kommunisten kamen ans Ruder, scheiterten ebenfalls und holten die sowjetischen Truppen ins Land. Damit waren sie in die Falle gelaufen, die der damalige US-Sicherheitsberater Brzezinski sich ausgedacht hatte und mit deren Hilfe er ihnen ein russisches Vietnambereiten wollte. Nun wurden in einer Aktion, die die CIA zusammen mit den saudischen und pakistanischen Geheimdiensten ins Werk setzte und bei der die Finanzierung durch den Drogenhandel eine große Rolle spielte, rund 100 000 Freiheitskämpfer aus den muslimischen Ländern Nordafrikas und des Nahen Ostens als Söldner zum Kampf gegen die gottlosen Sowjets angeworben. Freiheitskämpfer in Anführungszeichen. In Wirklichkeit handelt es sich um die Taugenichtse und Raufbolde der gesamten islamischen Welt. Wo immer ein schwarzes Schaf der Familie oder des Dorfes nicht gut tat, lockte der Ruf der Mujaheddin an den Hindukusch, wo man sich gegen Öl- und Drogengeld nützlich machen konnte. Die Taliban selbst wurden aus den koranstrengen Waisenhäusern Pakistans angeheuert. Osama Bin Laden war einer der Organisatoren des fundamentalistischen Werbefeldzuges, wobei ihm durchaus gestattet war, seine rund 10 000 Söldner aus militant antiwestlichen, antiamerikanischen Kreisen anzulocken. Teile dieser Truppe wurde eigens in CIA-Lagern für spezielle Aufgaben trainiert. Es handelt sich folglich eher um Desperados als um hoch religiöse Leute. So wie wenn wir die Radaubrüder unserer Fußballstadien zum heiligen Kampf gegen den Islam heranziehen würden. Doch für die Hirnwäsche des westlichen Publikums mit dem Ziel, den neuen Feind Islamismus im Sinne des »Clash of Civilizations« einzuhämmern, sind sie bestens geeignet.

Sie waren beim Einmarsch der Sowjets in Afghanistan Mitglied der Bundesregierung. Wie hat das Kabinett Schmidt über die Sache diskutiert?

Kaum. Ich erinnere mich nur, dass Washington mächtig Druck auf uns ausübte, wegen Afghanistan die Olympischen Spiele in Moskau zu boykottieren. Wie stark der Druck war, zeigt auch eine andere Episode: Anfang der 80er Jahre drückte der amerikanische Viersterne-General und Nato-Oberbefehlshaber Haig mit aller Macht darauf, jedes noch so kleine nationale Manöver als Teil seiner großen Nato-Herbstmanöver deklarieren zu können. So kam es, dass an einem Wochenende alles in allem von Norwegen bis zur Türkei rund eine satte Million Nato-Soldaten von West Richtung Ost in Bewegung war. Als Staatssekretär erlaubte ich mir anzumerken, dass ich dies für problematisch hielte, zumal westlicherseits alle Warnlampen angingen, sollte der Warschauer Pakt uns ost-west-laufend ein ähnliches Szenario bieten. Die kleine Kritik fand ein weltweites Echo, in den USA und bis nach Hawaii. Als ich kurz darauf dem Weißen Haus einen Besuch abzustatten hatte, lief mir scheinbar zufällig Brzezinski über den Weg mit der Frage: »Are you the guy talking about manoeuvres in Europe?« Aus heutiger Sicht zündelte der Mann schon damals von der europäischen wie der asiatischen Seite. Das geopolitische Spiel findet derzeit seine Fortsetzung in der Nato-Erweiterung bei gleichzeitigem Aufbau von militärischen Positionen in den selbstständigen asiatischen Nachfolgestaaten der Sowjetunion.

Ich entsinne mich im Übrigen, dass anlässlich der Kontakte zwischen SPD und KPdSU die Sowjets mehrfach deutlich machten, dass sie lieber heute als morgen aus Afghanistan abziehen würden, jedoch das zu erwartende Sicherheitschaos der sich bekämpfenden afghanischen und pakistanischen War- und Drogenlords fürchteten. Sie versuchten, die USA zu einem gemeinsamen Vorgehen zugewinnen. Doch Washington blieb taub auf diesem Ohr.

Hatte nicht auch der BND seinen Anteil an der Afghanistan-Operation der CIA?

Höchstens als Sekundant. Die Deutschen entwickeln zuweilen sentimentale Bindungen zu den leidgeprüften Völkerschaften der Region. Bei Jürgen Todenhöfer, dem inoffiziellen Afghanistan-Emissär der CDU, kann ich mir durchaus vorstellen, dass er gemeinsam mit den Mujaheddin am Lagerfeuer saß und Freiheitslieder sang. Die verdeckten Operateure der CIA verfolgen knallhart ihre verdeckten, demokratisch nicht legitimierten Ziele ihres Landes. Als die CIA einst den 30 000 kurdischen Kämpfern gegen Saddam Hussein nach jahrzehntelanger verdeckter Nutzung im Interesse des Schah-regierten Iran den Geld- bzw. Drogenhahn zudrehte und Führer und Mannschaften der Vernichtung durch den Diktator preisgab, meinte Henry Kissinger, der Vorgänger Brzezinskis, man solle doch bitte verdeckte Operationen nicht mit Missionsarbeit verwechseln.

Zurück zum 11.9. Mir scheint bemerkenswert, dass Präsident Bush am Tattag nicht nach New York kommen wollte – aus Angst, auch auf ihn bzw. die Airforce One sei ein Attentat geplant. William Safire ist in der New York Times vom 15. September der Sache nachgegangen und hat von Informationen berichtet, wonach die Terroristen die Geheimcodes der US–Regierung geknackt hatten und deswegen die Drohung glaubhaft schien. Safire schlussfolgert, dass »die Terroristen einen Maulwurf im Weißen Haus haben könnten – oder Informanten im Geheimdienst, in FBI, FAA (Flugüberwachung) oder der CIA«.

Das ist durchaus möglich. Noch interessanter scheint mir die Interpretation eines britischen Flugingenieurs zu sein, der behauptet, die Linienmaschinen seien am 11. September nicht gekidnappt, sondern über eine Hintertüre in den Bordcomputern unter Ausschaltung der Piloten vom Boden aus in die Ziele gesteuert worden.

Das Gegenteil ließe sich leicht beweisen, wenn die Ermittlungsbehörden die Auswertung der Flugschreiber und Voice-Recorderder Flugzeuge drei und vier – die eine ist ins Pentagon gesteuert worden, die andere abgestürzt – veröffentlichen würden. Aber das passiert nicht.

Es gibt eine Reihe ungeklärter Abstürze an der amerikanischen Ostküste, etwa den der Swissair-Maschine oder der Egypt Air. Für die Version des britischen Flugingenieurs könnte auch sprechen, dass die angeblichen Flugzeugentführer offensichtlich gar nicht in der Lage waren, eine Maschine zu steuern. Zeitungen aus Florida berichten, dass die Flugausbildung dieser Leute vollkommen gescheitert sei. Über einen der Verdächtigten sagte die Flugschule, nach 600 Flugstunden hätte man ihm noch nicht einmal eine Cessna anvertrauen können. Über einen anderen hieß es, er sei so dumm, dass Zweifel aufgekommen seien, ob er überhaupt ein Auto zu steuern in der Lage sei.

Dabei muss man bedenken, dass zumindest Maschine Nummer drei ein außerordentlich kompliziertes Flugmanöver durchgeführt hat.

Sie steuerte zunächst das Weiße Haus in Washington an und änderte dann mit einem 270-Grad-Looping kurz über die Telegrafenleitungen hinweg ihren Kurs aufs Pentagon. Das erfordert Können und viel Flugerfahrung. Im Übrigen mache ich mir die Theorie des britischen Flugingenieurs ja nicht zu Eigen. Ich behaupte nur, das die Zweifel und Fragen, die er und andere formulieren, öffentlich debattiert und fachmännisch untersucht werden müssen.

Auch bei den Insidergeschäften werden keine Fragen mehr gestellt.

In der Tat. In der Woche vor dem Anschlag stieg der Umsatz mit Aktien, die später infolge der Ereignisse im Kurs drastisch abstürzen sollten, um 1200 Prozent. Die Aktien wurden zum Kurs vor dem Ereignis teuer verkauft, sollten jedoch einige Zeit danach erst übereignet werden. Man konnte sich so als Verkäufer nachträglich zum Crashkurs eindecken und die Differenz als Gewinneinstreichen. Es handelte sich um Aktien der beiden Fluggesellschaften, aber auch der im World Trade Center mit je 22 Stockwerken beherbergten Finanzinstitute wie Morgan Stanley und Merrill Lynch. Außerdem kauften diese Insider amerikanische Staatsanleihen im Wert von fünf Milliarden Dollar in der Erwartung, dass auf Grund der nationalen Katastrophe der Wert steil ansteigen werde. Wer waren die Insider und über welche Kanäle gelangten sie zu ihrer Kenntnis? Und wo sind die Erkenntnisse der amerikanischen Finanzfahnder, die routinemäßig auffällige Spekulationen auf künftige Terrorereignisse zur Gewinnung von Hinweisen auf Attentate erfassen?

Bush sen. arbeitet über die Carlyle Group, eine internationale Anlagefirma, für die Bin-Laden-Familie in Saudi-Arabien. »Die Vorstellung, dass der Vater des Präsidenten, auch er ein ehemaliger Präsident, Geschäfte mit einer Firma macht, die vom FBI wegen der Terroranschläge am 11. September untersucht wird, ist schrecklich«, schrieb die US-amerikanische Antikorruptions-NGO »Judicial Watch«.

Bush sen. ist ein alter CIA-Mann. Er war Direktor der Agency 1976/77. Bekannt sind seine Verbindungen zum panamesischen Präsidenten Noriega, der auf seinem Staatsgebiet den Drogenhandel nach Amerika und die Landung von Flugzeugen voller Drogengeld zum Zwecke der internationalen Geldwäsche erlaubte. Seine jährlichen 200 000 Extra-Dollars aus CIA-Quellen überstiegen eine Zeitlang das Gehalt selbst des US-Präsidenten.

Es gibt Berichte, dass der Krieg gegen Afghanistan keine Reaktion der USA auf den Terror vom 11.9. ist, sondern bereits vorher geplant war. »Evidence suggests, that Washingon had planned to move against Bin Laden in the summer«, schrieb der britische Guardian.

Eine amerikanische Öl- und Gasgesellschaft will seit Jahren Öl aus dem Kaspischen Becken über eine milliardenschwere Pipeline durch Afghanistan zum Indischen Ozean transportieren. Die CIA hoffte, die Taliban zum Schutz der Investition nutzen zu können und zugleich die Trasse über das Territorium des »Rüpelstaates« Iran verhindern zu können. Möglicherweise führt ja der Krieg jetzt zu einer neuen Regierung in Kabul, die dem Vorhaben aufgeschlossen gegenübersteht. Alles in allem kann man davon ausgehen, dass die strategischen Köpfe der CIA in aller Regel den geopolitischen Vorstellungen folgen, die der bereits erwähnte Brzezinski in Die einzige Weltmacht niedergeschrieben hat. Dieses Buch ist zusammen mit Huntingtons Clash of Civilizations die Blaupause für die verdeckte, letztlich maßgebende US-Außenpolitik der nächsten Jahre und Jahrzehnte: Brzezinski überprüft die wichtigsten Staaten der Reihe nach, wer sich zum Gegner der US-Dominanz aufwerfen könnte. Es werden Ansätze gesucht, wie diese potenziellen Gegner geschwächt werden können. Er sieht das Ganze als Schachspiel, in dem die Hauptfiguren als Staaten gegeneinander gesetzt werden und innerhalb der Staaten oft ethnische Minderheiten als Bauern Verwendung finden. Man fördert die Scharfmacher unter den Führern von Minderheiten, desavouiert die Friedfertigen, schürt die Leidenschaften, vermittelt Waffen, finanziert über Drogen. Sollte die jeweilige Zentralregierung sich dann gezwungen sehen, zur Erhaltung des Landfriedens etwas robuster vorzugehen, folgt die öffentliche Anklage wegen Verletzung der Menschenrechte. Brzezinski ist wie besessen von der Frage nach der Beherrschung des eurasischen Raums zwischen Atlantik und Pazifik, für ihn der Schlüssel zur globalen Dominanz. Und da der Mensch, fehlbar wie er nun einmal ist, hassen will und muss, bietet der Harvard-Professor Huntington den Islam als neuen Gegner des

Westens, dem er das orthodoxe Christentum Osteuropas gleich zuordnet.

Welche Kontakte zwischen Bin Laden und der CIA gibt es aus der jüngeren Vergangenheit?

Le Figaro meint, Bin Laden habe sich noch im Juli diesen Jahres mit dem CIA-Chef in Dubai getroffen. Der CIA-Mann habe sich in seinem Bekanntenkreise dieses Treffens gerühmt.

Wenn Sie auf die Verwicklung der CIA und anderer westlicher Dienste in den 11. September hinweisen, werden Sie sicherlich mit dem Vorwurf konfrontiert, Verschwörungstheorien anzuhängen.

Nicht ich bin derjenige, der eine Verschwörungstheorie vertritt. Vielmehr müssen diejenigen sich den Vorwurf gefallen lassen, die ohne stichhaltige Beweise – jedenfalls wurden bisher keine vorgelegt – eine Bin Laden-Verschwörung am Werke sehen. Dabei werden wieder die Medien zur Desinformation genutzt. Zum Beispiel las man in der New York Times, Bin Laden habe in einer Erklärung die Attentate begrüßt, die Täter als »Helden« gelobt. Die Äußerung wurde von einem in Afghanistan lebenden Palästinenser übermittelt, der weitergab, was ein Freund aus der Umgebung Bin Ladens über dessen Reaktion gehört haben wollte. Zur gleichen Zeit übersetzte der Bonner Generalanzeiger die von BBC übermittelte Erklärung Bin Ladens, in der er den Tod Unschuldiger am 11.9. bedauerte. Wieso wählt die New York Times die mit hoher Wahrscheinlichkeit verfälschte Nachricht?

Ich behaupte jedenfalls nicht, dass ich Antworten hätte auf Fragen, die in den Medien nicht gestellt werden mit der Folge, dass die Verantwortlichen sich zu überzeugenden Antworten nicht veranlasst sehen. Stattdessen werden Bilder vermittelt, die den im Sandsturm reitenden Bin Laden zeigen, den apokalyptischen Reiter, den unberechenbaren, hinterhältigen, grausamen neuen Feind!

Warum reagieren die Medien, auch in Deutschland, wie gleichgeschaltet?

Lediglich Frankreich scheint einigermaßen dem Hysterismus und der uneingeschränkten Gefolgschaft zu trotzen. In der Politik wie in den Medien. Die Wellen der Gleichschaltung habe ich nun schon mehrfach erlebt. Bei der Neutronenwaffe hatte es noch nicht geklappt. Doch anlässlich der Nachrüstung von 100 Mittelstreckenraketen wurde die Gleichschaltung handgreiflich. Dann bei der Unterdrückung jeder Wortmeldung über den angeblich schnellen Weg zu den blühenden Landschaften. Als mit am schlimmsten habe ich die Manipulation aus Anlass des Golfkrieges empfunden, wo Saddam Hussein nach massiver Aufrüstung durch den Westen u. a. in die Falle der amerikanischen Botschafterin lief, die ihm zugesichert hatte, dass Grenzstreitigkeiten mit Kuwait die USA nicht kümmerten. Beim Krieg der Sterne unter Reagan und jetzt wieder Bush zeichnet sich dieselbe Tendenz auch in unserer Presselandschaft ab.

Sie haben das Phänomen zutreffend beschrieben, aber noch nicht erklärt.

Von einem Informanten in den USA weiß ich, dass in den größeren Redaktionen und Nachrichtenagenturen eine Person des Vertrauens der CIA sitzt, die in der Lage ist, kritische Sachen im Zweifelsfall vom Transporthand der Nachrichten zu nehmen oder das Totschweigen zu veranlassen. Oh der BND ähnliche Macht hat, weiß ich nicht. Die maßgeblichen Medienzaren der USA sitzen in Beratungsgremien der Geheimdienste. Die CIA hilft ausländischen Journalisten und Nachrichtenagenturen mit Geld auf die Sprünge. Im Übrigen stehen Journalisten oft im Klientelverhältnis zu den Diensten. Die heiße Story wird von dort herausgereicht zur angemessenen Verbreitung. Verlässt der Journalist den Mainstream, bleiben die Lieferungen aus. Bleibt er jedoch auf Kurs, wird er zu Hintergrundgesprächen und Konferenzen eingeladen, oft an den schönsten Orten der Welt, in den besten Hotels, mit prominenten Gesprächspartnern. Wer als »defense intellectual« gilt, hat ein schönes Leben und exklusive Informationen – von Korruption will da keiner sprechen. Aber der Unterschied zu einem Journalisten, der etwa in Frankfurt-Bockenheim an seinem Schreibtisch sitzt und täglich auf sich gestellt seine Informationen zusammensuchen muss, ist beträchtlich.

Ein Weiteres kommt hinzu: Die wichtigste Aufgabe der Geheimdienste ist die Täuschung der Öffentlichkeit. Der eigentlichen Kausalkette soll niemand auf die Schliche kommen. Einen Bergstamm in Burma mit 30000 Mann zum Kampf gegen den Vietcong zu gewinnen, das ist nicht schwer, dazu reicht es, Geld und Waffenbereitzustellen. Viel schwieriger ist es, das Ganze so zu drehen, dass der Dienst nicht selbst als Verursacher und Auftraggeber in Erscheinung tritt. Also dirigiert und finanziert die CIA über raffinierte Umwege. Die mittelamerikanischen Contras bekamen Waffen und Geld über Drogenhändler, die im Gegenzug, geschützt vor Strafverfolgung, ihre Ware in den USA oder Europa absetzen konnten. Die Wäsche des eingenommenen Drogengeldes wird gedeckt, damit der geheime Kreislauf funktioniert. Alles wird so verwickelt arrangiert, dass jeder für verrückt erklärt werden kann, der die wirklichen Zusammenhänge erahnt oder darstellt. Umso kommoder ist die Welt eingerichtet für Journalisten, die auf dem Schoß der Geheimdienstleute sitzen und auf die Desinformation zum Füllen ihrer Spalten warten.

Sie waren Staatssekretär und Minister. Wie reagieren die Sozialdemokraten Ihrer Generation – Leute wie Bahr und Schmidt – auf Ihre Recherchen?

Da gibt es keine Reaktion. Wer meine Analyse für richtig hält, müsste auf Gegenkurs gehen. Wer sie für falsch hält, müsste argumentieren können.

Belege

[1] Freeman Dyson, Zeit ohne Ende. Physik und Biologie in einem offenen Universum, Berlin 1989

[2] Peter Kropotkin, Gegenseitige Hilfe in der Tier- und Menschenwelt, Leipzig 1908; Berlin 1975, Vorwort

[3] Lynn Margulis, Dorion Sagen, Leben. Vom Ursprung zur Vielfalt, Heidelberg 1997

[4] Emerson Puigh, Braintech. Mind Machines und Bewusstsein, hg. v. Lutz Berger und Werner Pieper, Löhrbach 1989

[5] Howard Bloom, Global Brain, Die Evolution sozialer Intelligenz, Frankfurt 1999

[6] Thomas Pynchon, Die Enden der Parabel. Gravitys Rainbow, Reinhek 1981

[7] Robert A. Wilson, Robert Shea, Illuminatus. Das Auge in der Pyramide. Der goldene Apfel. Leviathan, München 2001

[8] Robert A. Wilson, Das Lexikon der Verschwörungstheorien. Verschwörungen, Intrigen, Geheimbünde, München 2002

[9] Zit. n. Andreas von Bülow, Im Namen des Staates. CIA, BND und die kriminellen Machenschaften der Geheimdienste, München 1998

[10] Robin Blackburn, The Making of New World Slavery, From the Baroque to the Modern 1492–1800, London 1997

[11] Daniel Pipes, Verschwörung. Faszination und die Macht des Geheimen, München 1998, S. 297

[12] Adolf Hitler, Mein Kampf, München 1935, 5.337

[13] Hannah Arendt, Elemente und Ursprünge totaler Herrschaft, München 1986, S. 595

[14] Jan van Helsing, Geheimgesellschaften und ihre Macht im 20. Jahrhundert, Lathen 1993
[15] E. R. Carmin, Das schwarze Reich. Geheimgesellschaften und Politik im 20. Jahrhundert, 4. Auflage, München 1999, Einleitung
[16] http://www.uni-muenster.de/PeaCon/conspiracy/Weishaupt.htm
[17] Adolph Freiherr von Knigge, Freimaurer- und Illuminatenschriften (Sämtliche Werke, Hg. Paul Raabe, Bde. 12 und 13), München/London 1993
[18] Albert G. Mackey, A Lexicon of Freemasonry – 1869, Kila, Montana 1997
[19] Max Weber, Wirtschaft und Gesellschaft. Grundriss der verstehenden Soziologie (1922), Tübingen 1972
[20] Helmut Creutz, Das Geldsyndrom. Wege zu einer krisenfreien Marktwirtschaft, Frankfurt 1995 – Volltext online: http://userpage.fuherlin.de/~roehrigw/creutz/geldsyndrom/; Bernard Lietaer, Das Geld der Zukunft, München 2000; Bernd Senf, Der Nebel um das Geld. Zinsproblematik – Währungssysteme – Wirtschaftskrisen, Frankfurt 1996
[21] Alle Zitate aus Jacques Le Goff, Höllenzins und Wucherqual. Ökonomie und Religion im Mittelalter, Stuttgart 1988, S. 28 f.
[22] Gespräch mit Robert A. Wilson: in ders., Lexikon der Verschwörungstheorien, Frankfurt 2000, S. 379
[23] www.pgpi.org
[24] Jürgen Roth, Die Mitternachtsregierung, Hamburg 1990
[25] Andreas von Bülow, Im Namen des Staates, München 1998, S. 12
[26] http://www.heise.de/tp/deutsch/special/wtc/11661./1.html
[27] http://www.thedubyareport.com/faniily.html#prescott
[28] Sun Tze, Die dreizehn Gebote der Kriegskunst, München 1972
[29] http://www.disinfo.com/pages/article/id1488/pgl/
[30] http://www.cnn.com/TRANSCRIPTS/0112 /04/se.04.html
[31] http://www.globalresearch.ca/articles/*INL110A*
[32] http://www.consortiumnews.com/archive/xfie.html

[33] http://www.larouchepub.com/other/2001/2838bin-london.html
[34] Zit. n. Charles Beard, President Roosevelt and the Coming of the War, 1948, S. 517
[35] Robert B. Stinnett, Day of Deceit. The Truth About FDR and Pearl Harbour, Carmichael, Ca. 2001
[36] New York Times, 23.9.1990
[37] http://cionline.com/stories/091201/ter binladen.shtml
[38] http://www.cnn.com/2001/US/09/11/pentagon.olson/index.html
[39] http://www.geocities.com/subliminalsuggestion/olson.html
[40] http://www.flight93crash.com/
[41] http://www.wealth4freedom.com/Elkhorn2.html
[42] http://wealth4freedom.com/Elkhorn.html
[43] http://www.maebrussell.com/Articles%20and%20Notes/Facts%20and%20Fascism.html
[44] Der Spiegel, 15.9.01
[45] Ulrich Völklein, Geschäfte mit dem Feind. Die geheime Allianz des großen Geldes während des Zweiten Weltkriegs auf beiden Seiten der Front, Hamburg 2002
[46] http://www.tarpley.net/bushb.htin
[47] www.henryk-broder.com
[48] http://www.cnn.com/SPECIALS/2001/trade.center/victims/main.html
[49] http://www.fbi.gov/pressrel/pressre101/092701hjpic.htm
[50] http://www.worldmessenger.20m.com/alive.html
[51] Fred Hoyle, Kosmische Katastrophen und der Ursprung der Religion, Frankfurt 1997
[52] Gunnar Heinsohn, Die Erschaffung der Götter. Das Opfer als Ursprung der Religion, Reinbek 1997
[53] FAZ, 18.9.02
[54] http://www.spiegel.de/politik/ausland/0,1518,157979,00.html
[55] Michel Chossudovsky, Global Brutal. Der entfesselte Welthandel, die Armut, der Krieg, Frankfurt 2002, S. 293 ff.
[56] http://news.bbc.co.uk/hi/english/worid/americas/newsid_1961000/1961476.stm

[57] Antony C. Sutton, Americas Secret Establishment. An Introduction to the Order of Skull and Bones, Billings, Mt. 1986; Interview mit Sutton: http://www.freedomdomain.com/secretsocieties/suttoninterview.html
[58] Zit. n. Webster G. Tarpley, Anton Chaitkin, George Bush. The Unauthorized Biography, 1992 – Onlineversion unter: http://www.tarpley.net/bushb.htm
[59] http://www.tarpley.net/bush2.htm -Kap. 2; Das Hitler-Projekt
[60] Henry L. Stimson, Diaries 1909–1945
[61] Paul Goldstein, Jeffrey Steinberg, George Bush, Skull &Bones und theNew World Order, April 1991; http://www.parascope.com/articles/0997/whitepaper.htm
[62] http://www.parascope.com/articles/0997/whitepaper.htm
[63] Atlantic Magazin über Bush Lund S & B: http://www.theatlantic.com/issues/2000/05/robbins.htm; Ron Rosenbaum, Esquire Magazin http://www.freedomdomain.com/secretsocieties/skull02.html
[64] http://www.haltech.org/lederman/Bush-MI-enron-3-04-02.html: GW Bush, Jesus and the Manhattan Institute
[65] Robert Lederman, A jewish Perspective an G W Bush: http://baltech.org/lederman/nazi-bush-1-28-01.html
[66] Antony C. Sutton, Western Technology and Soviet Economic Development, 3 Bde., Standford, Ca., 1968–1973
[67] www.whatreallyhappened.com
[68] Paul Goldstein, Jetfrey Steinberg, George Bush, Skull & Bones and the New World Order, 1991 / http://www.parascope.com/articles/0997/whitepaper.htm
[69] http://www.spiegel.de/kultur/literatur/0,1518,157874,00.html
[70] Thomas Pynchon, Die Enden der Parabel, Reinbek 1981, S. 416
[71] http://www.br-online.de/geld/pltisniinus/beitrag/20010925/thema2.html
[72] Karl Laske, Ein Leben zwischen Hitler und Carlos: François Genoud, Zürich 1996

[73] http://www.spiegel.de/politik/ausland/0,1518,159688,00.html
[74] http://www.idgr.de/lexikon/stichipq/propagandadue/p2.html
[75] Penny Lernoux, In Banks We Trust, Garden City, NJ 1984
[76] E. R. Carmin, Das schwarze Reich. Geheimgesellschaften und Politik im 20. Jahrhundert, 4. Aufl., München 1999, S. 273 ff.; http://home.t-online.de/home/Jens_Kroeger/vatican.html
[77] http://www.spiegel.de/spiegel/0,1518,160075,00.html
[78] Bernhard Lewis, Die Assassinen. Zur Tradition des religiösen Mords im Islam, Frankfurt 1989, daraus auch die folgenden Zitate
[79] Antony Sutton, Best Enemy Money Can Buy, Billings, Mt. 1986 Online-Ausgabe unter http://reformed-theology.org/html/books/best_enemy/
[80] http://lemperors-clothes.com/analysis/creat.htm
[81] Ahmed Rashid, Taliban. Afghanistans Gotteskrieger und der Dschibad, München 2001
[82] http://emperors-clothes.com/news/albu.html
[83] http://www.dhrn.dellemo/html/dokumente/wilhelin00/
[84] Tilmann Holzer, Globalisierte Drogenpolitik. Die protestantische Ethik und die Geschichte des Drogenverbots, Berlin 2002; Werner Pieper (Hg.) Die Geschichte des O. Opiumfreuden – Opiumkriege, Löhrbach 1998
[85] http://www.thirdworldtraveler.com/CIA/CTAdrug_fallout.html
[86] http://www.subcontinent.com/sapra/regional/regiona120000430a.html
[87] Rolling Stone, Heft 10/2001
[88] Andreas von Bülow, Im Namen des Staates, München 1999, S. 273 ff.
[89] http://news.bbc.co.uk/hi/english/world/south_asia/newsid_1843000/1843726.stm
[90] http://www.independent.co.uk/story.isp?story=96697
[91] http://www.washingtonpost.com/wp-dyn/articles/A37629-2001Sep27.html
[92] http://www.spiegel.de/politik/deutschland/0,1518,161124,00.html

[93] http://www.eionews.addr.com/psyops/news/carolvalentine.htm
[94] http://www.worldnetdaily.com/news/article.asp?ARTICLE_ID=22684
[95] Zbigniew Brzezinski, Die einzige Weltmacht. Amerikas Strategie der Vorherrschaft, Frankfurt 1999
[96] Samuel Huntington, Kampf der Kulturen. Die Neugestaltung der Weltpolitik im 21. Jahrhundert, Hamburg 1996
[97] http://www.sfgate.com/cgi-in/article.cgi?file=/chronicle/archive/2001/09/29/MN186128.DTL
[98] http://www.fromthewilderness.com/free/ww3/10_09_01_krongard.html
[99] http://www.eionews.addr.com/psyops/news/passenger_list_puzzle.htm
[100] http://eionews.addr.com/psyops/news/wtc_unanswered_questions.htm
[101] http://www.zealllc.com/connuentary/tsunami.htm
[102] http://www.fromthewilderness.com/free/economy/053101_hanks.html
[103] http://www.nytimes.com/2001/10/17/national/17MONE.html?todaysheadliness
[104] http://www.timesofindia.com/articleshow.asp?art_id=1454238160
[105] http://www.cnn.com/2002/AI.LPOLITICS/O1/29/inv.terror.probe/
[106] http://story.news.yahoo.com/news?tmpl=story&ncid=584&c=1&cid=584&u=/nm/20020526/pl_nm/attack_inquiry_dc_2
[107] http://www.public-i.org/story_01_080200.htm
[108] www.fromthewilderness.com
[109] http://www.fromthewilderness.com/free/ciadrugs/bush-cheney-drugs.html
[110] www.dehka.com
[111] http://news.bbc.co.uk/hi/english/world/europe/newsid_1569000/1569249.stm
[112] http://www.guardian.co.uk/waronterror/story/0,1361,579169,00.html

[113] http://www.janes.com/security/international_security/news/jir/jir010315_1_n.shtml
[114] http://www.spiegel.de/politik/ausland/0,1518,164902,00.html
[115] http://www.gpc.peachnet.edu/~shale/humanities/composition/assignments/experiment/lsd.html
[116] http://www.disinfo.com/pages/article/id1751/pg1/
[117] http://www.guerrillanews.com/newswire/186.html
[118] http://globalresearch.ca/articles/ROY110A.html
[119] http://www.spiegel.de/kultur/literatur/0,1518,165236,00.html
[120] http://mirror.icnetwork.co.uk/news/allnews/page.cfm?objectid=11392430&method=full
[121] http://whatreallyhappened.com
[122] http://www.torontostar.com/NASApp/cs/ContentServer?pagename=thestar/Layout/Article_Typel&c=Article&cid=1003791935801
[123] Le Figaro, 11.10.2001, http://www.globalresearch.ca/articles/RIC111B.html
[124] http://www.boeing.com/defense-space/military/afl/
[125] http://www.guerrillanews.com/newswire/185.html
[126] http://globalresearch.ca/articles/CHO111A.htm
[127] Michel Chossudovsky, Global brittal, Frankfurt 2002, S. 366–373
[128] http://www.unitedstates.com/news/content/733287/mossad
[129] http://11september.20m.com/cia_destroy_pakistan.htm
[130] http://news.bbc.co.uk/hi/english/events/newsnight/newsid_1591000/1591530.stm
[131] http://www.globalresearch.ca/articles/CHO111A.html
[132] http://www.msnbc.com/news/629231.asp
[133] http://www.fromthewilderness.com/free/ww3/02_11_02_lucy.html
[134] http://www.dyncorp-sucks.com/carlyle.html
[135] http://iwww.judicialwatch.org/press_release.asp?pr_id=1624
[136] http://news.bbc.co.uk/hi/english/events/newsnight/newsid_1645000/1645527.stm

[137] http://www.timesofindia.com/articleshow.asp?art_id=1030259305
[138] http://www.guardian.co.uk/Archive/Article/0,4273,4293682,00.html
[139] http://www.primapublishing.com/books/book/4272
[140] http://news.bbc.co.uk/hi/english/events/newsnight/newsid_1645000/1645527.stm
[141] http://emperors-clothes.com/newsiarming-i.htm
[142] http://www.afa.org/magazine/0299desert.html
[143] http://www.washingtonpost.com/ac2/wp-dyn?pagename=article&node=&contentId=A61251-2001Oct2
[144] http://emperors-clothes.com/news/hinl.htm
[145] http://globalresearch.ca/articles/BIS111A.html
[146] http://www.copvcia.com/stories/nov 20011911murder.html
[147] Jean-Charles Brisard, Guillaume Dasquié, Ben Laden. La Verite interdite, Paris 2002
[148] http://www.intelligenceonline.com/p_index.asp
[149] http://globalresearch.ca/articles/GOD111A.html
[150] http://www.villagevoice.com/issues/0124/ridgeway.php
[151] http://www.guerrillanews.com/newswire/doc221.html
[152] http://www.washingtonpost.com/ac2/wp-dyn?pagename=article&node=&contentId=A61251-2001Oct2
[153] http://www.rense.com/genera125/fkf.htm
[154] http://www.nytimes.com/2001/08/19/national/19FBI.html?searchpv=nytToday
[155] http://www.newyorker.com/fact/content/?020114fa_FACTl
[156] www.rememberjohn.com
[157] http://www.phs.org/wghh/pages/frontline/shows/binladen/interviews/al-fagih.html
[158] http://www.cnn.com/TRANSCRIPTS/0012/18/nd.01.html
[159] www.rawilson.com
[160] http://www.spiegel.de/politik/deutschland/0,1518,163867,00.html
[161] http://www.nytimes.com/2001/11/24/opinion/24RICH.html?todaysheadlines
[162] http://www.globatresearch.ca/articles/BOY111B.html

[163] http://www.wsws.org/articles/2001/aug2001/cont-a0l.shtml
[164] Zbigniew Brzezinski, Die einzige Weltmacht. Amerikas Strategie der Vorherrschaft, Frankfurt 1999, S. 56f.
[165] http://www.councilonforeignrelations.net http://wwwcfr.org
[166] http://www.trilateral.org
[167] http://www.swans.com/library/art7/gowans10.html
[168] Zbigniew Brzezinski, Die einzige Weltmacht. Amerikas Strategie der Vorherrschaft, Frankfurt 1999, S. 203f.
[169] Andreas von Bülow, Im Namen des Staates. CIA, BND und die kriminellen Machenschaften der Geheimdienste, München 1998, S. 489
[170] http://www.independent.co.uk/story.jsp?story=107292
[171] http://www.globalresearch.ca/articles/UNO111A.html
[172] http://pilger.carlton.com
[173] http://www.globalresearch.ca/articles/PIL111D.html
[174] Jean-Charles Brisard, Guillaume Dasquié, Die verbotene Wahrheit, Zürich 2002, 5.198f.
[175] http://www.ireland.com/newspaper/world/2002/0209/448097021FR09KARZAI.html
[176] http://www.afghanistan-seiten.de/afghanistan/bios_mujagilkar.html
[177] http://www.nytimes.com/2001/12/07/politics/O7CIVI.html?todaysheadlines
[178] http://www.bushwatch.org/bushmoney.htm http://germany.indymedia.org/2001 /09/8042.html
[179] http://www.fas.org/sgp/congress/2001/110601_snelson.html
[180] http://www.senate.gov/Prozent7Eiudiciary/te120601f-ashcroft.htm
[181] http://www.guerillanews.com/newswire/doc237.html
[182] http://www.fair.org/media-beat/0112.06.html
[183] http://www.almartinraw.com/uril.html
[184] http://www.fas.org/irp/congress/1992_rpt/bcci/
[185] http://www.bushwatch.net/bushmoney.htm
[186] http://socrates.berkeley.edu/~pdscott/q.html
[187] http://www.spiegel.de/spiegel/0,1518,170665,00.html

[188] Stefan Aust, Cordt Schnibben (Hg.), 11. September 2001. Geschichte eines Terrorangriffs, Stuttgart 2001
[189] http://www.zeit-fragen.ch/ARCHIV/ZF_85d/T04.HTM
[190] http://www.forteantimes.com/
[191] http://www.fromthewilderness.com/free/ww3/1205_01_portland.html
[192] Wilhelm Reich, Die Massenpsychologie des Faschismus (1933), Frankfurt 1974
[193] www.convar.de
[194] http://dailynews.yahoo.com/h/nm/20011216/ts/attack_wtc_germany_dc_1.html http://www.spiegel.de/wirtschaft/0,1518,173404,00,html
[195] http://llseptember.20m.com/indestructible.htm
[196] http://serendipity.magnet.ch/wtc.html
[197] http://www.fromthewilderness.com/free/ww3/12_06_01_death_profits_pt1.html
[198] http://www.medienanalyse-international.de/cover.html
[199] http://emperors-clothes.com/9/11backups/mycon.html
[200] http://emperors-clothes.com
[201] http://emperors-clothes.com/indict/fagl.htm
[202] http://www.commondreams.org/vlews02/0102-02.htm
[203] http://globalresearch.ca/articles/BEL201A.html
[204] http://www.rense.com/generall5/tr.htm
[205] http://www.petitiononline.com/11601TFS/petition.html
[206] http://www.heise.de/tp/deutsch/inhalt/co/11619/1.html
[207] http://www.skolnicksreport.com/
[208] http://www.rense.com/geuera119/swind.htm
[209] http://www.spiegel.de/spiegel/0,1518,154630,00.html
[210] http://www.skolnicksreport.com/corruptirs.html
[211] http://www.arthurandersen.com
[212] http://www.ftd.de/ub/di/FTDWJGQEYWC.html?nv=hpmc
[213] http://www.relegraph.co.uk/news/main.jhtml?xml=/news/2002/01/27/wenron27.xml
[214] http://www.ftd.de/ub/in/FTDXHINEOWC.html?nv=rs
[215] http://www.atimes.com/c-asia/DA26Ag01.html
[216] http://www.copvcia.com/free/ww3/O1_25-02_revised 012802_vreeland.html

[217] http://www.fromthewilderness.com/free/ww3/01_28_02_vreeland.jpg
[218] http://www.cnn.com/TRANSCRIPTS/0201/08/ltm.05.html
[219] Le Monde, 5.12.2001
[220] http://news.independent.co.uk/world/asia_china/story.jsp?story=113662
[221] http://www.atimes.com/c-asia/DA25Ag01.html
[222] http://www.spiegel.de/wirtschaft/0,1518,176467,00.html
[223] http://www.fromthewilderness.com/free/ww3/01_09_02_death_profits_pt3.html
[224] http://www.sfgate.com/cgi-bin/article.cgi?f=/chronicle/archive/2002/01/06/ED125108.DTL
[225] http://www.guerrillanews.com/corporate_crime/doc286.html
[226] http://www.copvcia.com/stories/dec_2001/death_profits_pt3.html
[227] San Francisco Chronicle, 6.1.2002; http://www.sfgate.com/cgi-hin/article.cgi?f=/chronicle/archive/2002/01/06/ED125108.DTL
[228] Jean-Charles Brisard, Guillaume Dasquié, Die verbotene Wahrheit. Die Verstrickungen der USA mit Osama Bin Laden, Zürich 2002
[229] Jean-Charles Brisard, Guillaume Dasquié, Die verbotene Wahrheit. Die Verstrickungen der USA mit Osanza Bin Laden, Zürich 2002, S. 107
[230] http://www.globalresearch.ca/articles/SZA202A.html
[231] http://www.washingtonpost.com/wp-dyn/articles/A42754-2002Jan26.html
[232] http://www.subcontinent.com/sapra/regional/regiona120000430.html
[233] http://www.guerrillanews.com/war_on_drugs/doc293.html
[234] http://www.finalcall.com/perspectives/afghan_drugs01-01-2002.htm
[235] http://www.counterpunch.org/pcocL-burnopiuin.html
[236] http://story.news.yahoo.com/news?tmpl=story&u=/ap/20020211/ap_on_re_as/afghanistan_333

[237] http://www.cannabisnews.com/news/thread11992.shtml
[238] http://www.alternet.org/story.html?StoryID=123292
[239] http://www.adage.com/news.cms?newsld=339312
[240] http://www.cia.gov/cia/puhlications/cocaine/index.html
[241] http://www.alternet.org/story.html?StoryID=12420
[242] Auszüge unter: http://www.drugwar.com/dwindex.shtm
[243] http://www.drugwar.com/ciasyndicate.shtm
[244] http://www.undcp.org/bulletin/bulletin_1997-01-01_1_page004.html
[245] http://www.newstatesman.co.uk
[246] http://www.heise.de/tp/deutsch/special/info/11895/1.html
[247] http://www.guardian.co.uk/Columnists/Column/0,5673,651975,00.html
[248] http://whatreallyhappened.com/spyring.html
[249] http://www.foxnews.com/story/0,2933,40679,00.html
[250] http://www.rense.com/generall8/spypull.htm
[251] http://www.firefox.laccesshost.com/cameron.html
[252] http://www.rense.com/genera119/spy.htm
[253] http://www.rense.com/genera118/report.htm
[254] http://www.wrmea.com/html/newsitem_s.htm
[255] Hannah Arendt, Elemente und Ursprünge totaler Herrschaft, München 1986, S. 595
[256] http://www.guardian.co.uk/israel/Story/0,2763,564379,00.html
[257] http://www.petitiononline.com/warcrime/
[258] http://www.independent.co.uk/story.jsp?story=107100
[259] http://www.whatreallyhappened.com/spyring.htrnl
[260] http://homepage.mac.com/hjens/
[261] http://www.interversity.com/lists/afterseptll/archives/apr2002/msg00308.htm
[262] http://www.counterpunch.org/pipermail/counterpunch-list/2001-September/013054.html
[263] http://www.broeckers.com/mutlahmoelli.html
[264] http://www.khilafah.com/1421/category.php?DocumentlD=2392&TagID=240
[265] Carl Schmitt, Der Begriff des Politischen, Berlin 1996, S. 28

[266] http://www.stevegtiayle.com/News.alert/Terrorism/020516.lead.on.Pearls.body.html
[267] http://www.asile.org/citoyens/numero131pentagone/erreursen.htm
[268] http://www.angelfire.com/ego/steveseymour/mirror/uj/pentagon.htm
[269] http://www.geocities.com/erichutschinid/PentAgonPlane-Crash2.html
[270] http://news.bbc.co.uk/hi/english/world/americas/newsid_1861000/1861977.stm
[271] http://www.whatreallyhappened.com/hunthoax.html
[272] www.worldbank.org
[273] www.imf.org
[274] www.gregpalast.com
[275] http://judicialwatch.org/
[276] http://www.judicialwatch.org/1569.shtml
[277] http://www.gregpalast.com/detail.cfm?artid=125&row=1
[278] http://www.gregpalast.com/detail.cfm?artid=125&row=1
[279] http://www.gregpalast.com/detall.cfm?artid=125&row=1
[280] Greg Palast, The Best Democracy Money Can Buy, London 2002
[281] Peter Dale Scott, Deep Politics and the Death of JFK, Berkeley andLos Angeles 1996 – auch als e-book unter: http://www.netlibrary.com/index.asp
[282] Robert A. Wilson, Das Lexikon der Verschwörungstheorien. Verschwörungen, Intrigen, Geheimbünde, München 2002, S. 8f.
[283] http://serendipity.magnet.ch/wotiobl_int.htm
[284] http://www.washingtonpost.com/wp-srv/nation/specials/attacked/transcripts/bushtext_111001.html
[285] Mathias Kepplinger, Die Kunst der Skandalierung und die Illusion der Wahrheit, München 2001, S. 87
[286] http://globalresearch.ca/articles/CBS203A.html
[287] Heinz von Foerster, Bernhard Poerksen, »Wahrheit ist die Erfindung eines Lügners«, Heidelberg 1998, S. 29
[288] »Mordreport«, Sonderdruck der Zweiwochenschrift Ossietzky, 12/01
[289] http://www.ne wsmax.com/showinsidecover.shtml?a=2002/4/17/144136

[290] Fear and Learning in America«, The Independent, 16.4.02, http://www.counterpunch.org/fisk0416.html
[291] http://abcnews.go.com/sections/us/DailyNews/conspiracy020417.html
[292] http://www.iveland.com/newspaper/world/2002/0209/448097021FRO9KARZAI.html
[293] http://www.fromthewilderness.com/free/ww3/04_09_02_vreeland_letter.html
[294] http://www.fromthewilderness.com/free/ww3/04_04_02_interview_vreeland.html
[295] http://globalresearch.ca/articles/CRG204A.html
[296] http://www.tiniesofindia.com/articleshow.asp?art_id=1454238160
[297] http://abcnews.go.com/sections/us/DailyNews/jointchiefs_010501.html
[298] http://www.fromthewilderness.com/free/ww3/11_20_01_northwoods.pdf
[299] http://www.antiwar.com/rep/hopsickerl.html
[300] http://news.bbc.co_uk/hi/english/world/americas/newsid_1961000/1961476.stm
[301] http://www.fbi.gov/pressrel/speeches/speech041902.htm
[302] http://www.medienanalyse-international.de/paxeaall.html
[303] http://www.latimes.com/news/nationworld/nation/la-000030673apr30.story
[304] http://www.constitution.org/pub/swinton_press.htm
[305] http://www.poynter.org/forum/war-coverage-centerpiece.htm
[306] http://www.spartacus.schoolnet.co.uk/USAkingML.htm
[307] Noam Chomsky, The Attack. Hintergründe und Folgen, Hamburg 2002
[308] Mark Twain, Der geheimnisvolle Fremde, Frankfurt 1996

Teil 2

MATHIAS BRÖCKERS
ANDREAS HAUSS

FAKTEN, FÄLSCHUNGEN UND DIE UNTERDRÜCKTEN BEWEISE DES 11.9.

Lektorat: Klaus Gabbert, Büro Z, Wiesbaden

Korrektorat: Beate Koglin, Frankfurt am Main; Florian Kohl, Berlin; Ekkehard Kunze (Büro W, Wiesbaden)

Nicht in allen Fällen konnten die Inhaber der Bildrechte ermittelt werden. Wir bitten gegebenenfalls um Hinweis an den Verlag.

Inhalt

Einleitung 421

Die große Erzählung von Osama und den 19 Räubern 431

Who is who – Die 19 Attentäter 434

Kleine Übersicht über die vier Todesflüge 436

Die sechs lebenden Selbstmordattentäter 441

Die FBI-Liste der 19 mutmasslichen Terrorpiloten 443

Einbürgerungsgeschichten 459

Die zwei Attas 461

Der doppelte Jarrah 471

Der doppelte Hanjour 476

Beweise, die nichts beweisen 482

Neun Leichen 482

Gefälschte Passagierlisten 487

Die Handyanrufe 494

Über weitere Telefonate und ihre Untauglichkeit, die »Entführung« zu beweisen 505

Ein Endlostelefonat bis zum Crash 509

Eine kurze Geschichte des Nichtfliegens 512
Die ganz normale Routine 513
Keine Abfangjäger, nirgends 517
Zwei Nichtflieger aus Otis 526
Technisch möglich: die Fernsteuerung 534
C-130 und andere Flieger 544
Entführte Entführer? 556
Der göttliche Strahl – Raytheon 563

Wer tat was wann am 11.9. 568
Alibigeschichten 568
Fünf Sekunden in Sarasota 574
Timeline 580
Ein interessanter Tag 598

Vorauswissen 600
Propaganda und die Spitze des Eisbergs 601
Boeing 757 vs. Pentagon – eine Simulation im November 2000 606

»Terrorchef« und/oder Agent? 619
Mohamed Atta and the Venice Flying Circus 619
Tausendundeine Nacht in Hamburg 633

Nichtermittlungen 644
Fabrizierte Beweise 645
Unterdrückte Beweise 649
Verschwundene Beweise 650
Blockierte Ermittlungen 653
Das Elend der Ausschüsse 661

Lügen haben kurze Beine – ein Nachwort 672
Die Septemberlüge 676
Die Vorgeschichte: Dschihad Inc. – made in USA 680
Szenario 1: Der Zauberlehrling 686
Szenario 2: »Let one happen, stop the rest« 687
Szenario 3: Ein neues Pearl Harbor 689
Ein Krieg gegen Europa 698

Kritik der Kritiker und Widerlegung der »Widerlegungen« 704

Belege 719

Supplement: Mohamed Atta and The Venice Flying Circus 735

Dank 779

Einleitung

»Nach diesem Tag ist nichts mehr, wie es war« – ein unmittelbar nach den Anschlägen vom 11. September 2001 oft gebrauchter Satz, der seither zum geflügelten Wort geworden ist. Dieses Buch allerdings zeigt, dass schon am 11. September (fast) nichts so war, wie es angeblich gewesen sein soll – und legt somit nahe, auch das, was nach dem 11. September geschah, aus einem anderen Blickwinkel zu betrachten. Der Afghanistan- und, fast mehr noch, der Irakkrieg sind der Beleg dafür, wie sehr die Regierung Bush mit dem war on terrorism geostrategische Ziele verfolgt. Zu dieser Instrumentalisierung der Anschläge auf das World Trade Center und das Pentagon gehört eine schier unglaubliche Gehirnwäscheoperation, der die US-Bevölkerung seitdem zum Opfer gefallen ist: Nach einer CBS-Umfrage im Februar 2003 halten mittlerweile 42 Prozent der Amerikanerinnen und Amerikaner Saddam Hussein für den Hauptverantwortlichen der Anschläge und die Flugzeugentführer mehrheitlich für Iraker. Und im März antworteten bei einer CNN-Umfrage auf die Frage, ob Saddam Hussein in diese Anschläge »persönlich involviert« sei, 72 Prozent mit »sehr wahrscheinlich oder wahrscheinlich«. *[1]* Da scheinen wir im »alten Europa« noch ein Stückchen besser dran zu sein: Hier gehört es immerhin noch zum Allgemeinwissen, dass die Mehrzahl der verdächtigten Selbstmordtäter des 11.9. aus Saudi-Arabien stammt und dass Osama Bin Laden als Mastermind hinter ihnen steckt. Doch auch bei dieser »Wahrheit« handelt es sich um eine nach wie vor unbelegte Verschwörungstheorie, für die selbst knappe zwei Jahre nach der Tat keinerlei gerichtsfähige Beweise gefunden worden sind.

Als ich am Morgen des 12. September 2001 unter dem Titel »WTC Conspiracy« die ersten »Verschwörungstheoretischen Anmerkungen zu einem Terroranschlag« verfasste, konnte ich die Folgen nicht absehen. Aus dem als Zwischenruf gedachten ersten Kommentar wurde eine 60-teilige Serie, die erst im Online-Magazin Telepolis (www.telepolis.de) und später in erweiterter Fassung unter dem Titel Verschwörungen, Verschwörungstheorien und die Geheimnisse des 11.9. als Buch erschien (das hier öfter mal als VVG angeführt wird). Der Zuspruch, auf den das Buch bei den Leserinnen und Lesern stieß und der für mittlerweile 31 Nachauflagen und Übersetzungen in so exotische Sprachen wie Indonesisch sorgte, war umso erstaunlicher, als die großen Medien, wenn überhaupt, meist abfällig darüber berichteten (worauf wir im Nachwort noch zurückkommen). Unter dem nachwirkenden Schock der Ereignisse öffnete sich eine eigentümliche Schere zwischen den spitzen Fingern, mit denen die Medien das Buch anfassten, und den roten Ohren, die sich ein immer größer werdendes Publikum beim Lesen holte. *[2]*

Spiegel & Co. hatten kaum eine andere Wahl, als mein Buch tunlichst zu beschweigen oder doch wenigstens lächerlich zu machen. Hätten sie sich mit den hier aufgedeckten Ungereimtheiten und Widersprüchen ernsthaft auseinander gesetzt und sie aufgegriffen, wäre ihnen nichts anderes übrig geblieben, als ihre eigene, völlig unkritische Berichterstattung über den 11.9. in Frage zu stellen – und damit ihre gesamte Glaubwürdigkeit. Gerade diejenigen, die doch alles immer zuerst und am besten wissen – die Journalisten, Chefkommentatoren, »Experten« –, hätten zugeben müssen, dass sie spätestens am 11.9. alle Standesregeln ihrer Branche über Bord geworfen und sich nolens volens zu Marionetten einer Propagandaoperation gemacht haben. Ob TV-Stationen, Radios, Nachrichtenmagazine oder Tageszeitungen, nahezu ohne Ausnahme befreite sich die »freie Presse« umstandslos von ihren investigativen Kardinalpflichten: der Überprüfung des Wahrheitsgehalts offizieller Behauptungen, der kritischen Nachfrage, der eigenen Recherche und der vorurteilsfreien Berichterstattung. Stattdessen fungierte sie als PR-Agentur des Weißen Hauses und des Pentagon. Mit klassischen Begriffen wie »Zensur« oder »Gleichschaltung« ist diese freiwillige Selbstaufgabe der Medien nicht mehr passend zu umschreiben, denn weder standen auf den Redaktionsfluren geheimdienstliche Zensoren herum noch wurden die »Schriftleiter« per Dekret auf eine bestimmte Richtung getrimmt. Es reichte aus, dass jede alternative Sicht auf die Ereignisse als »Verschwörungstheorie« tabuisiert worden war, wie es George W. Bush in seiner UN-Rede am 10. November 2001 vorgemacht hatte: »Lasst uns niemals frevelhafte Verschwörungstheorien im Zusammenhang mit den Anschlägen des 11. September tolerieren, boshafte Lügen, die bezwecken, die Schuld von den Terroristen selbst abzulenken, weg von den wahren Schuldigen.«

So konnte es kommen, dass nicht nur in den Tagen, sondern auch in den Wochen und Monaten nach der Tat niemand mehr nachfragte, wie denn dieses unfassbare Ereignis eigentlich stattfinden konnte. Die »wahren Schuldigen«

standen per Definition fest, und mit dem martialischen »with us or with the terrorists« wurde jeder Zweifler automatisch dem Lager Osama Bin Ladens oder später »den Hilfstruppen Saddams« zugeschlagen.

Die Folge diesen kollektiven Black-outs ist, dass wir bis heute über die Täter und ihre Hintermänner praktisch genauso wenig wissen wie 48 Stunden nach den Anschlägen, als die Liste der 19 verdächtigten Hijacker veröffentlicht und ihre »Verbindung zu Osama Bin Laden« behauptet wurde. Eines der schrecklichsten Verbrechen der Menschheitsgeschichte ist nach fast zwei Jahren völlig unaufgeklärt. Der Verdacht allerdings, dass es sich bei diesen Anschlägen nicht um die Tat eines isolierten islamistischen Terrorkommandos handeln könnte, sondern um einen von staatlichen Geheimdiensten organisierten und unterstützten Plot dieser schreckliche Verdacht hat sich mittlerweile so erhärtet, dass er nicht einfach mehr als abwegig abgetan werden kann.

Über die Details wird die Öffentlichkeit im Dunkeln gehalten, zumindest für die kommenden zwanzig bis dreißig Jahre – so lange wie die Aussagen vor dem Untersuchungsausschuss des US-Kongresses unter dem Siegel des Staatsgeheimnisses in unzugängliche Archive verbannt werden. Die »Wahrheit« über den 11.September, die Ermittlungen, Fahndungen und Haltbarmachung der Helfer und Hintermänner, die Sühne für die Ermordung Tausender Unschuldiger – all dies muss, wie es scheint, auf dem Altar der »nationalen Sicherheit« geopfert werden. Wie einst die Untersuchungsdokumente zum Überfall auf Pearl Harbor, der erst nach über 50 Jahren aufgrund 1994 freigegebener Akten nahezu zweifelsfrei als provoziertet und vorausgesehener Angriff rekonstruiert werden konnte *[3]*, so droht auch die »Akte 9/11« zu einem Fall für die Historiker der

Zukunft zu werden. Das Aktenzeichen 9/11 ist ungelöst und gibt eben deshalb einen idealen Nährboden für Verschwörungstheorien jeder Art ab, vor denen alle Verschwörungsfakten verblassen müssen.

Deshalb scheint es mir an der Zeit, die Herangehensweise an das Thema zu ändern. Die spielerische Tarnung unter dem Wappen »WTC-Conspiracy« hatte es ermöglicht, über Hintergründe und Zusammenhänge der Anschläge zu berichten, die »ernsthaft« in dieser Zeit kaum publizierbar waren – auch wenn sie natürlich ernst gemeint waren (und von den meisten Leserinnen und Lesern auch so verstanden wurden). Doch jetzt weiter unter diesem Blickwinkel zu schreiben, würde nichts anderes bedeuten, als das Spiel derer zu spielen, die öffentliche Ermittlungen über den Tod Tausender Unschuldiger verhindern und als Staatsgeheimnis versiegeln. Deshalb habe ich den Job des »Konspirologen« fürs Erste an den Nage gehängt und nehme, zusammen mit Andreas Hauß, die Haltung des Dokumentaristen ein. In diesem Buch, das wir bis auf diese Einleitung und das Nachwort gemeinsam geschrieben haben, geht es nicht um die Verschwörungen, Verschwörungstheorien und die Geheimnisse, sondern um die Fakten, Fälschungen und die unterdrückten Beweise des 11.9. Es geht um eine Dokumentation der gesicherten Ungereimtheiten, bevor diese von den Medien mit neuen Legendenbildungen verkleistert werden.

Die tausendfach wiederholten Bilder der in das World Trade Center rasenden Flugzeuge sind tief in das Weltgedächtnis eingebrannt, und mit ihnen sind untrennbar die Assoziationen »Bin Laden« und »19 Hijacker« verbunden. Wie in Säugetierhirnen solche Verbindungen gelegt werden, ist spätestens seit Pawlows Hundeexperimenten bekannt: Die gewünschte Assoziation wird durch ständige

Wiederholung der verbundenen Reize erzeugt. Stellen Sie sich vor, Sie hätten die Bilder nur einmal kurz in den Nachrichten gesehen und dabei gehört, dass Bin Laden und 19 Hijacker mit Teppichmessern verdächtigt werden, und seien dann umgehend auf eine einsame Insel ohne jeden Medienkontakt ausgewandert. Jetzt, nach fast zwei Jahren, bekommen Sie erstmals Besuch und sind begierig zu erfahren, was seitdem in der Welt geschah. Sie fragen nach dem fürchterlichen Terroranschlag in New York. Wer war das, wer steckte dahinter, was haben die Ermittlungen ergeben, wurde die Bande gefasst? Was wird der Besucher, ein durchschnittlich informierter Nachrichtenkonsument, Ihnen über die Hintergründe und Hintermänner berichten können? Dass ein Koran und »arabische Flugunterlagen« auf islamistische Täter deuten ..., dass eine Bin Laden-ähnliche Figur in einem verwackelten Video ihr Vorauswissen bekannt hat ..., dass einige der Terroristen in Florida fliegen gelernt und in Deutschland studiert haben ..., dass die gesamte zivilisierte Welt von einem »Terrornetzwerk« bedroht wird ... Was noch? Angesichts der Situation beginnt sich Ihr Besucher am Kopf zu kratzen, irgendwie ist ihm völlig klar, dass Bin Laden und Al Qaeda dahinter stecken, aber jetzt, wo Sie ihn zum Nachdenken zwingen, weiß er eigentlich gar nicht, warum ihm das so klar ist. Indem Sie darauf insistieren, dass es doch nach fast zwei Jahren eindeutigere Spuren, Beweise, Erkenntnisse geben müsse, wird Ihrem Besucher deutlich, dass er offenbar einer Konditionierung anheim gefallen ist, die »WTC« und »Bin Laden« so untrennbar miteinander verknüpft wie der Pawlowsche Hund den Reiz mit dem Wurstzipfel. Für die Lektüre dieses Buchs sei deshalb vorab eine virtuelle Dekonditionierung empfohlen: Versuchen Sie, Ihr Gehirn in Sachen 11. 9. in den quasi jungfräulichen Zustand dieses

Insulaners zurückzuversetzen – und die Pawlowschen Reflexe, die uns durch tausendfache Wiederholung antrainiert wurden, zu durchschauen und außer Kraft zu setzen.

Was wissen wir wirklich? Wo sind wir Fälschungen oder Vertuschungen aufgesessen? Welche Beweise müssten eigentlich vorliegen und werden zurückgehalten? Wer steckt dahinter? Von einem handelsüblichen Puzzlespiel – sagen wir: das World Trade Center in 5 000 Teilen – unterscheidet sich das 9/11-Rätsel in einem zentralen Punkt: Auf der Schachtel findet sich nicht das ganze Bild. Insofern weiß keiner, was dieser Berg von Puzzlesteinen, richtig zusammengelegt, am Ende für ein Bild ergeben könnte. Dass wie bei jedem offenen Kriminalfall auch einige weiße Flecken oder schwarze Löcher vorkommen, erschwert die Sache noch zusätzlich – und zumindest am Anfang wäre Streit unter den Spielern vorprogrammiert, was denn die ersten kleinen Ordnungsinseln, die sie aus dem Meer von Chaos zusammenfügen, ergeben könnten. Einige passgenaue Teile in derselben Farbe könnten ein Stück Himmel oder Wasser sein, aber auch ein Fenster oder ein Teil einer Fassade … Solange keine Vorstellung des Gesamtzusammenhangs besteht, ist es schwierig, die Fragmente zuzuordnen. Beim probeweisen Konstruieren eines möglichen Gesamtbilds ist jeder Spieler zudem von seinen Ahnungen und Vorurteilen geleitet. Wenn die fragmentarisch zusammenpassenden Ausschnitte dann größer werden, scheiden bestimmte Möglichkeiten aus. So muss ein Fragment in undefinierbarem Blau, auf dem zum Beispiel eine Wolke oder der Kondensstreifen eines Flugzeugs erkennbar wird, zum Himmel gehören und eben nicht zum Wasser.

Was bei dem Puzzle des 9/11-Rätsels nun auffällt, ist, dass solche Alternativen von Anfang an überhaupt nicht existierten. Der Vorgabe zuliebe, die schon 48 Stunden nach dem Anschlag feststand – dass es sich bei dem Bild um einen Überraschungsangriff von Osama Bin Laden und 19 Mittätern handeln muss –, wurden seitdem alle möglichen Alternativen mit medialer Gewalt (»frevelhafte Verschwörungstheorie!«) vom Spieltisch verbannt. Das bedeutet: Jedes Teil, das nicht in die Kontur der offiziellen Version passt, scheidet nicht nur automatisch aus, es ist auch verboten, mit den ausgeschiedenen Teilen weiter herumzupuzzeln – zumindest auf dem offiziellen Spieltisch, den die großen Medien als einzige Realität abbilden. Durch dauernde Wiederholung erscheint die dort zusammengelegte Kontur als die einzige Lösungsmöglichkeit und wird so in den Rang einer unhinterfragbaren »Wahrheit« gehoben. Doch wer nur etwas genauer hinschaut, sieht sofort, wie diese »wahre« Lösung des 9/11-Puzzles zusammengepfuscht ist – und dass sie nur zustande kommen konnte, weil ein ganzer Berg dazugehöriger Puzzlesteine einfach disqualifiziert wurde. Dieses Buch bringt sie zurück auf den Spieltisch – und die Konturen, die sich daraus abzeichnen, sind erschreckend.

Die folgenden Kapitel enthüllen nicht die Wahrheit über den 11. September, wir kennen sie nicht und überlassen Offenbarungen unter dem Titel »Was wirklich geschah« auch fürderhin den ehemaligen Nachrichtenmagazinen. Wir können nur dokumentieren, dass die bis heute präsentierte »Wahrheit« nichts anderes ist als ein dürftiges Konstrukt. Zwar gilt dieser Konstruktionsvorbehalt für jede Wahrheit, und auch die des 11. 9. wird von jedem Beobachter in seinem höchsteigenen Hirnkastl konstruiert. Doch wenn ein solches Konstrukt zu Propagandazwecken millionenfach und permanent verbreitet und diese Simulation als Fanal für einen Weltkrieg genutzt wird, ist es allerhöchste Zeit, es als Lügengebäude zu entlarven.

Um es noch einmal klar zu machen: Wir hecken keine Verschwörungstheorien aus wie die Legende von Osama und den 19 Räubern, sondern präsentieren Fakten, die wir nach bestem Wissen recherchiert haben und mit seriösen Quellenangaben belegen. Da fast alle Quellen über das Internet zugänglich sind, können ihre Wertigkeit ebenso wie die Schlüsse, die wir daraus gezogen haben, ganz leicht überprüft werden. Nehmen wir zum Beispiel das Phänomen der »elusiven Information«, dem wir bei unseren Recherchen permanent begegnet sind. Das sind Nachrichten, die kurz auf- und dann dauerhaft wieder ab tauchen, Nachrichten, die nicht am Erscheinen gehindert werden, die aber sofort wieder aus dem Aufmerksamkeitsfokus der Medien herausfallen, weil sie nicht ins Bild passen, und damit so gründlich entsorgt sind, als hätte es sie nie gegeben. Wäre da nicht das grandiose Weltgedächtnis des Internets, das in seinem Archiv all diese weggeworfenen Krümel registriert, sammelt und zugänglich macht!

Anders als mein erstes Buch über den 11. 9. bleibt dieses sehr eng am Tag, an der Tat und der Tätertheorie – und auch da nur an den wichtigsten Knackpunkten. Viele Aspekte des Falls sparen wir aus so die »Spur des Geldes« in Form der nicht weiterverfolgten Finanzspekulationen; die Anthraxfälle, deren Spuren auf den Irak gemünzt waren, aber in US-Labors führten; die Hinweise auf eine zusätzliche Sprengung der WTC-Towers und vieles andere. Nicht, weil sie nicht ebenfalls weitere Untersuchung verdienten, doch scheinen uns diese Fälle zweitrangig verglichen mit dem hier vorgelegten Material. Es zeigt, dass die offizielle Behauptung eines »Überraschungsangriffs« mit an Sicherheit grenzender Wahrscheinlichkeit eine Lüge ist.

Die Quellenfülle dieses Buchs beruht zu einem erheblichen Teil auf der Recherchearbeit von Andreas Hauß. Andreas betreibt die Webseite www.medienanalyse-international.de. die mir schon kurz nach den Anschlägen mit ihrer gegen den Mainstream gebürsteten Nachrichtensammlung und Kommentierung aufgefallen war. Nachdem wir uns über E-Mail, telefonisch und später persönlich kennen gelernt hatten, stellten wir fest, dass wir beide Mitte der 70er Jahre an der FU Berlin Literaturwissenschaft und Politik bzw. Geschichte studiert hatten. Obwohl wir danach ziemlich verschiedene Berufs- und Lebenswege eingeschlagen haben, scheint sich bei uns gleichermaßen gehalten zu haben, was die Professoren uns damals vermittelten: der Geist der »Aufklärung« und ein hartnäckiger demokratischer Impetus. Nimmt man aus den Publizistikseminaren, die ich damals ebenfalls belegt hatte, noch die absolute Unbedingtheit einer freien Presse hinzu, dann wäre der Wertekanon beisammen, dem sich dieses Buch verpflichtet fühlt. So lange diese Werte noch irgendetwas gelten, so lange ist es die verdammte Pflicht jedes Journalisten, auf den gigantischen Skandal aufmerksam zu machen, der sich hinter dem unaufgeklärten Massenmord des 11. September verbirgt. Seine Spuren weisen mitten ins Zentrum jener Macht, die jetzt angetreten ist, die Welt vom Terror zu befreien: der Geheimdienste und Militärs der Vereinigten Staaten.

Berlin, 1. Juli 2003
Mathias Bröckers

Notiz: Alle Zeitangaben in diesem Buch beziehen sich auf die US-Ostküstenzeit EDT (Eastern Daylight Time). Die Zeitdifferenz zu unserer Weltgegend beläuft sich auf sechs Stunden. Als also die AAll um 8.45.h in den Nordturm des WTC raste, war es in Berlin 14.45h.

Die große Erzählung von Osama und den 19 Räubern

Die Türme des World Trade Center waren noch nicht eingestürzt, da tauchte in den CNN-Berichten über die Terroranschläge erstmals der Name des Hauptverdächtigen auf: Osama Bin Laden. Zwar hatten sich die Flugzeugentführer weder über Funk noch mit einem Bekennerschreiben in irgendeiner Weise zu erkennen gegeben; zwar ließen Politiker und einschlägige Behördenvertreter in den Stunden, Wochen, Monaten danach immer wieder verlauten, wie sehr man von dieser unvorhersehbaren Attacke überrascht worden war; zwar konnte zu diesem Zeitpunkt über die Hintergründe und Hintermänner der Tat noch nichts ermittelt worden sein, doch Bin Laden stand von vornherein als Oberschurke und »Mastermind« fest, andere in Frage kommende Verdächtige wurden erst gar nicht benannt. Als Reaktion auf die Anschläge hatte Präsident Bush an einer Grundschule in Florida zuerst noch 25 Minuten Kindergeschichten angehört, bevor er in der Air Force One zu einem längeren Rundflug aufbrach und gegen 10.37 Uhr am Telefon erfuhr, »dass seine Frau Laura und seine beiden Töchter in Sicherheit sind. Scherzhaft fragt er, was mit Barney, dem Hund der Familie, sei. Andy Card, sein Stabschef, witzelt, der sei inzwischen Osama Bin Laden auf den Fersen.« *[4]*

Man hat zwar bis vor kurzem noch Zweitklässlern gelauscht und wusste von gar nichts, kaum eine Stunde später aber jagt die Präsidententöle schon den Täter. »Das riecht nach Al Qaida«, soll CIA-Chef Tenet am Abend des 11. 9. der um Präsident Bush versammelten Beraterrunde gesagt haben – und definierte damit den nächsten Baustein der großen Erzählung, das mysteriöse »Netzwerk« des Terrorchefs. Bis dahin war der Begriff »Al Qaida« in der Öffentlichkeit nahezu unbekannt, nun machte er in Windeseile Furore: als heimtückisches, um die ganze Welt gespanntes Netzwerk von »Schläfern«.

Unterfüttert wurde dieser Baustein dann durch das ganze Arsenal von eindeutigen Hinweisen, die die Hijacker massenweise in Mietwagen und Koffern zurückgelassen hatten: Flugunterlagen fehlten genauso wenig wie ein Koran, ein Testament und eine dezidierte Anweisung für die letzten Minuten an Bord. Damit waren alle Ingredienzien beisammen, um einen neuen Typus von Terroristen zu definieren: den islamistischen Terrorpiloten. Keine 48 Stunden nach der Tat wurden 19 von ihnen auf einer Liste des FBI als Verdächtige präsentiert. Dass sich in den Tagen danach sechs der als Hijacker benannten Personen lebend meldeten – und sich beschwerten, dass sie fälschlich auf diese Liste gelangt waren, half ihnen wenig. Sie stehen dort bis heute. Auch Osama Bin Laden, der sich kurz darauf in einem von Al Dschasira gesendeten Video zu Wort meldete und jede Beteiligung an den Anschlägen abstritt, konnte sich dadurch nicht entlasten. Sechs Wochen später reichten die USA ein von der CIA gefundenes Homevideo nach, in dem der »Terrorfürst« angeblich seine Mitwisserschaft kundtut. Trotz der zweifelhaften Übersetzung, der fragwürdigen Bildqualität und der insgesamt dubiosen Herkunft ersetzt nun dieses Video als Baustein der großen Erzählung das erste. Bei den Medien-Rückblicken zum Jahrestag der Ereignisse im September 2002 wurde das erste, authentische Video mit dem Dementi Bin Ladens schon kaum noch erwähnt. In die Geschichte geht das verwackelte Homevideo mit dem angeblichen Bekenntnis ein.

Ein weiterer Baustein der großen Erzählung ist die Höhle Tora Bora im Norden Afghanistans, der vermeintliche Stützpunkt der Übeltäter. Erst verkündet Präsident Bush: Wir werden sie »jagen«, wir werden sie in ihren Löchern »ausräuchern«, wir werden sie kriegen, »tot oder lebendig«. Dann lässt er Tora Bora mit Bomben eindecken – und die Taliban, die Helfershelfer Al Qaidas, gleich dazu. Osama Bin Laden allerdings hat sich in Luft aufgelöst.

Tot freilich, oder zur Strecke gebracht, wären er und seine Räuber zu nichts mehr nutze. Nur als Verschwundene oder Untote liefern sie den Anlass, den »Kampf gegen den Terrorismus« fortzusetzen und auf andere Regionen auszudehnen. Deshalb wird der großen Erzählung jetzt ein weiterer Baustein zugefügt: dass nämlich der »Terrorfürst« Osama Unterstützung von einem anderen bösen Herrscher, Saddam Hussein, erhielt. Dies wiederholen die Märchenerzähler so oft, dass am Ende alle Zuhörer glauben, die 19 Räuber aus der Tora-Bora-Höhle seien eigentlich Iraker gewesen, weshalb man nun gegen Bagdad in den Krieg ziehen müsse.

Und auch wenn Osama längst gestorben ist, leben er und sein heimtückisches Netz von »Schläfern« bis heute weiter und werden nach Bedarf wachgeküsst. Demnächst in Syrien, im Iran, im Libanon? Wie auch immer – dank des Phantomteufels Osama lauert das Böse nun immer und überall.

Who is who – Die 19 Attentäter

»Es ist leicht, sich eine unendliche Anzahl von Situationen vorzustellen, in denen die Regierung legitimerweise falsche Informationen ausgibt.«

US-General Solicitor (Kronanwalt)
Theodor Olson, 18. 3. 2002

Wenn Sie bis dato wie selbstverständlich davon ausgegangen sind, dass für die Anschläge vom 11. September 19 Hijacker verantwortlich waren und diese Täter identisch sind mit den Verdächtigen, die FBI und Interpol auf ihren Plakaten führen, dann wird dieses Kapitel Ihren Glauben nachhaltig erschüttern. Denn mindestens sechs der angeblichen Entführer leben noch – zumindest taten sie das in den Tagen unmittelbar nach dem 11. September, als sie sich wunderten, dass sie mit ihrem Namen samt Geburtsdatum und Passbild auf der FBI-Liste der verdächtigten Massenmörder auftauchten, und ihre Verwunderung in Presse und Fernsehen öffentlich kundtaten. Wenn Sie sich nun Ihrerseits wundern, warum Sie davon noch nie gehört haben, können wir nur auf das Phänomen der »elusiven Information« verweisen, das wir bereits erläutert haben und dem wir im Verlauf dieses Falls noch häufig begegnen werden.

Warum sich überhaupt mit den Attentätern beschäftigen, selbst wenn die eine oder andere Identität unklar bleibt? Irgendjemand muss doch die Flugzeuge entführt und gesteuert haben, warum also nicht die 19, die das FBI so schnell ermittelt hat? Hatten die sich nicht schon vorher verdächtig gemacht und fliegen gelernt?

Was uns jedoch als Erstes stutzig machte, das waren die wahrhaftigen »Elefantenspuren« (Andreas von Bülow), die zu ihnen führten: liegen gelassene Koranbücher, hängen gebliebene Reisetaschen mit fundamentalistischen Testamenten, »Flugunterlagen« in arabischer Sprache in vor den Flughäfen geparkten Autos usw. Und alle Welt nahm das wie selbstverständlich hin.

Die Gerichtssprache in Deutschland ist Deutsch. Die Sprache im internationalen Flugverkehr ist Englisch. Nicht Arabisch. Was sollen das also für Flughandbücher sein? Die zum Erlernen des Fliegens (Englisch) oder etwa die Bedienungsanleitungen für Geräte? Für die Cockpits der großen arabischen Flugzeugindustrie? Für den großen Markt der in den arabischen Ländern weit verbreiteten Gyrokompasse, künstlichen Horizonte, Triebwerktemperaturanzeigen? Also: Welche Flugunterlagen in arabischer Sprache können das gewesen sein, die die »Spur« sofort in Richtung Islamisten/Bin Laden lenkten? Wieso hatten sie überhaupt Fluganleitungen und Handbücher im Gepäck und im Kofferraum der gefundenen Autos? Hatten sie nicht schon genug gelernt? Mussten sie die Bücher wirklich mit sich rumschleppen?

Dazu kamen erste Ungereimtheiten der Identitäten, das beginnende Puzzle der veröffentlichten Passagierlisten sowie die ersten Nachrichten über die bescheidenen Flugkünste der auf Kleinstmaschinen ausgebildeten Hobbyflieger, die kaum für die komplizierten Manöver der vier

Boeings am 11.9. ausreichten. Neben diesen ersten Verdachtsmomenten tauchten schon bald weitere wichtige Anhaltspunkte auf: CIA, FBI sowie deutsche und andere Geheimdienste kannten die Hijacker schon vor dem 11.9. und bevor sie überhaupt in die USA einreisten. Darüber hinaus deuten ihre Visabeschaffung, Arbeitsorte, Wohnorte etc. auf Hilfestellung, vielleicht sogar Steuerung durch Geheimdienste hin.

Wenn wir nun behaupten, dass einige der so genannten Hijacker des 11.9. noch lebten, nachdem sich die letzte der vier Maschinen in den Boden gerammt hatte, ergeben sich daraus weit reichende Konsequenzen für den gesamten Fall, weil dann völlig unklar wäre, wer die Flugzeuge eigentlich gesteuert hat. Doch zunächst zur Hauptaussage, die wir bewusst vorsichtig formulieren (»lebten«). Denn eine Garantie dafür, dass die auch jetzt noch der Fall ist, können wir nicht geben. Wir haben sie nicht aufgesucht und persönlich interviewt. Sie sind in letzter Zeit auch von sonst keinem interviewt worden.

Kleine Übersicht über die vier Todesflüge

Flugnr.: AA11

- Typ: Boeing 767
- Passagiere/Crew/angebliche Hijacker: 76/11/5
- Start in: Boston Logan
- Start um: 7.59h
- Transponder aus: 8.14h
- Kurswechsel: 8.20/8.40h
- FAA informiert NORAD: 8.20/8.38h
- angeblicher Start der Abfangjäger: Otis, Mass. 8.52h

- Crash in: WTC-Nordturm
- Crash um: 8.45h
- Flugmanöver: aus 29 000 Fuß Höhe direkter Sinkflug in 8 Minuten

Flugnr.: UA 175

- Typ: Boeing 767
- Passagiere/Crew/angebliche Hijacker: 51/9/5
- Start in: Boston Logan
- Start um: 7.58h
- Transponder aus: 8.43h
- Kurswechsel: 8.40/8.46h
- FAA informiert NORAD: 8.43h
- angeblicher Start der Abfangjäger: Otis, Mass. 8.52h
- Crash in: WTC-Südturm
- Crash um: 9.03h
- Flugmanöver: letzter Schwenk kurz vor dem Einschlag

Flugnr.: AA77

- Typ: Boeing 757
- Passagiere/Crew/angebliche Hijacker: 53/6/5
- Start in: Washington Dulles
- Start um: 8.10h/8.20h
- Transponder aus: 8.55/9.02h
- Kurswechsel: 8.56h
- FAA informiert NORAD: 9.24h
- angeblicher Start der Abfangjäger: Langley, V. 9.30h
- Crash in: Pentagon
- Crash um: 9.41h
- Flugmanöver: aus 7 000 Fuß Höhe einer 270-Grad-Kurve flach genau in die Mitte

Flugnr.: UA 93

- Typ: Boeing 757
- Passagiere/Crew/angebliche Hijacker: 34/7/4
- Start in: New York Newark
- Start um: 8.01h/8.14h
- Transponder aus: 9.20/9.28h
- Kurswechsel: 9.36h
- FAA informiert NORAD: ?
- angeblicher Start der Abfangjäger: –
- Crash in: Shanksville, Pa.
- Crash um: 10.03/10.10h
- Flugmanöver: einige Meilen in Rückenlage und Zickzack

Alle Angaben in starker Anlehnung an offizielle Behauptungen und daher ohne Gewähr – Wer sich durch die Quellen kämpft, ist mit den absurdesten Abweichungen vor allem bei den Zeitangaben konfrontiert. Diese Widersprüche sind derzeit nicht auflösbar.

Wir sollten Verständnis für jemanden haben, der in vollem Ornat mit Foto, Name und Geburtstag des vieltausendfachen Massenmords bezichtigt wird und der nach seiner umgehenden Beschwerde und einer lauen Entschuldigung erfahren muss, dass sein Foto und Name weiter auf dem Plakat der toten Verdächtigen steht und wieder und wieder durch die Medien gepumpt wird. So ein Mensch wird sich angesichts der Morddrohungen aus den USA in den hinterletzten Winkel seines Heimatdorfes verkriechen und für Interviewanfragen nicht zur Verfügung stehen. Die Karriere als Pilot ist hin, das Berufsleben vorbei.

Die offizielle FBI-Interpol-Liste *[5]* gilt weltweit unverändert, bis heute, also lange nach den ersten Beschwerden angeblicher »Attentäter«, sie seien noch am Leben und hätten mit all dem nichts zu tun. Dennoch sind es ihre Fotos, ihre Namen, ihre Geburtsdaten. Handelte es sich um einen Mr. X oder Y, müsste auf der Liste auch Mr. X oder Y stehen, mit einem Phantombild (gezeichnet oder per Bildverfahren nach Zeugenerinnerungen zusammengesetzt) und den benutzten Aliasnamen. Doch so sehen die FBI-Verdächtigenlisten nicht aus, sie bestehen aus einer Aufzählung realer Personen, denen nur unterschiedliche Schreibweisen zugeordnet werden. Die offizielle Behauptung lautet also bis heute: Diese 19 haben am 11. September 2001 das Verbrechen begangen.

Schon am 20. September, also nur wenige Tage nach den Anschlägen, hatte dagegen der saudi-arabische Außenminister Prinz Saud Al-Faisal vor der arabischen Presse nach einem Treffen mit Präsident George W. Bush erklärt: »Es ist bewiesen, dass fünf der Namen aus der FBI-Liste nichts mit dem zu tun hatten, was passierte.« *[6]* Wie konnte er das sagen? Und warum wurde diese Aussage nicht in dem Maße gewürdigt, wie sie es verdient – bzw. genauer: Warum wurde sie völlig ignoriert? Waren die Verdächtigen nicht mehrheitlich Saudis und ist nicht eine Identitätsprüfung durch lokale Behörden und ein eindeutiges Statement ihres Außenministers von gewisser Relevanz? Offenbar nicht, denn die FBI-Liste wurde und wird bis heute kommentarlos weiterveröffentlicht. Am 28. September 2001 titelte der Spiegel: »FBI legt endgültige Liste der mutmaßlichen 19 Terroristen vor«, und ergänzte: »Nach US-Medienberichten vom Freitag sind die Personen über Passagierlisten, Pässe, Führerscheine und andere Dokumente identifiziert worden.« Na, dann muss es ja zweifelsfrei stimmen …

Als habe es keine Unterredung zwischen Bush und Al-Faisal gegeben. Als hätten sich keine angeblichen Attentäter gemeldet. Als hätten BBC, CNN, Le Monde, Independent und andere nie darüber berichtet. Die Liste der 19 gilt somit fort und fort bis in alle Ewigkeit.

Eine Frage allerdings stellt sich schon vorab. Wenn diese Liste so offenkundig nicht stimmt – und diesen Beweis werden wir antreten –, was für eine Funktion hat sie dann? Dem FBI ging es ja nicht darum, ein Fahndungsplakat in die Welt zu setzen, mit dem die geschockte Öffentlichkeit um Mithilfe bei der Suche gemeingefährlicher Terroristen gebeten werden sollte. Vielmehr gelten die 19, die hier präsentiert werden, erklärtermaßen als tot. Das FBI hat also 19 Grabsteine aufgestellt. 19 Grabsteine als nachgereichter Pranger: Die da waren's! Warum sind dann jedoch eindeutig fiktive Grabsteine darunter?

Wir dekonstruieren hier zwar die offizielle Attentäterstory und halten uns beim Dekonstruieren des Personals brav an das offizielle Drehbuch. Aber unser Ziel ist nicht der Austausch der bekannten Schauspieler oder der Zweifel an deren Fähigkeiten. Unser Ziel ist vielmehr der Beleg für die Behauptung, dass es sich bei den uns erzählten Geschichten des 11. 9. um ein Drehbuch handelt – und nicht nur um eine »schlecht recherchierte« Reportage. Bei der »Besetzung« sind die unterschiedlichsten Akteure zum Zug gekommen: reale Untote, Doppelgänger, Joker, zusammengesetzte Figuren und pure Fiktionen. Die von uns hier nicht angesprochenen »Personen« unter den 19 sind dermaßen »blutleer«, haben keine Geschichte, bleiben bis auf Angabe ihrer Namen so anonym, dass wir uns fragen, ob es sich bei denen nicht um den schlichten Mix irgendwelcher Fotos mit irgendwelchen Geburtsdaten handelt.

Selbst CNN schreibt am 21. 9. 2001: »Experte: Wahrscheinlich waren die Hijacker mit falschen Identitäten ausgerüstet.« *[7]* Die geringste Konsequenz daraus sollte dann doch wohl sein wahre und falsche Identitäten auseinander zu halten – besser noch: sie aufzuklären. Sofern es ein Interesse daran gäbe. *[8]*

Die sechs lebenden Selbstmordattentäter

Von den 19 verdächtigten Attentätern waren nach dem 11. September mindestens sechs noch lebendig – nicht weil sie den Crash der Maschinen auf magische Weise überlebt hätten, sondern weil sie gar nicht an Bord und zum fraglichen Zeitpunkt nicht einmal in den USA waren.

Wir sagen »mindestens«, weil uns zu einigen weiteren dieser »Terroristen« nur spärliche Nachrichten vorliegen. So wurde zum Beispiel Mohald Al-Sheri nur in der bereits angeführten Erklärung des saudischen Außenministers Al-Feisal als lebend gemeldet. Das ist alles, andere Informationen gibt es nicht. Und wir wissen nicht einmal etwas von einer Verwandtschaft dieses Mohald zu den beiden anderen Al-Sheris, von denen noch die Rede sein wird.

Noch ein Rätsel, das wir nur anführen, das wir aber nicht auflösen können: Am 15. April 2002 wurde von Al-Jazeera ein Video gesendet, das angeblich den »Entführer« Al-Hasnawi zeigte vor einem Bild mit dem brennenden WTC. *[9]* Diese Information wurde auch in Deutschland kurz registriert und dann gleich wieder ad acta gelegt. *[10]* Über die Identität dieses »Attentäters« vor dem Ort des Attentats darf man getrost spekulieren. *[11]* Den entschiedensten Erklärungsvorschlag hatte wieder einmal der amerikanische Verteidigungsminister Donald Rumsfeld parat: »Kann sein, dass die der Welt immer noch vorspielen wollen, dass sie leben, und das, obwohl das nicht der Fall ist.« *[12]*

Salem Al-Hazmi (Flug AA 77)

Salem Al-Hazmi, so berichtet der Londoner Telegraph am 23. September 2001, »war, als die Hijacker zuschlugen, gerade auf seinen Arbeitsplatz in einem petrochemischen Komplex in der östlichen Industriestadt Janbo zurückgekehrt, nachdem er in Saudi Arabien seinen Urlaub verbracht hatte. Er war beschuldigt worden, die American Airlines Flight 77, die das Pentagon traf, entführt zu haben.« Der Reporter des Telegraph, David Harrison, hatte AlHazmi und drei weitere angebliche Hijacker interviewt und unter anderem in Erfahrung gebracht, dass Al-Hazmi noch nie in den USA war: »Die Männer – alle aus Saudi-Arabien – sprachen von ihrem Schock, irrtümlich vom FBI zu Selbstmordterroristen erklärt worden zu sein. Keiner der vier war am 11. September in den Vereinigten Staaten, und alle befinden sich wohlauf in ihrem Heimatland. Der Telegraph war die erste Zeitung, die die Männer interviewen konnte, seit sie erfuhren, dass sie auf der FBI-Liste der Hijacker stehen, die in den Crashs in New York, Washington und Pennsylvania ums Leben kamen.« *[13]*

Achmed Al-Nami (Flug UA 93)

Achmed Al-Nami, geboren 1977, ist Verwaltungsangestellter der Saudi Arabin Airlines in Riad und soll laut FBI an Bord der in Pennsylvania abgestürzten Maschine gewesen sein – tatsächlich ging er aber seinem Job in der saudischen Hauptstadt Riad nach. Dem Reporter des Telegraph berichtete er: »Ich lebe noch, wie Sie sehen. Ich war geschockt, meinen Namen durch die amerikanischen Justizbehörden erwähnt zu sehen. Ich habe noch nicht einmal je von Pennsylvania gehört, wo das Flugzeug, das ich angeblich entführt haben soll, abgestürzt ist.« Er habe auch nie seinen Pass verloren, und es mache ihm »große Sorgen«, dass ihm seine Identität offenbar »gestohlen« und vom FBI ohne irgendwelche weiteren Überprüfungen veröffentlicht worden sei. *[14]*

Die FBI-Liste der 19 mutmasslichen Terrorpiloten

American Airlines 11

Mohammed Atta, geb. 1968, Ägypten

Abdulaziz Al-Omari, geb. 1979, Saudi-Arabien

Walid Al-Sheri, geb. 1978, Saudi-Arabien

Wail Al-Sheri, geb. 1973, Saudi-Arabien

Satam Al-Sukami, geb. 1976, Vereinigte Arabische Emirate

Marwan Al-Shehi, geb. 1978, Vereinigte Arabische Emirate

Ahmed Al-Ghamdi, geb. 1979, Saudi-Arabien

Hamsa Al-Ghamdi, geb. 1980, Saudi-Arabien

Fajis Ahmed, geb. 1977, Saudi-Arabien

Mohald Al-Sheri, geb. 1979, Saudi-Arabienhe Emirate

Hani Hanjour, geb. 1972, Saudi-Arabien

Khalid Al-Midhar, geb. 1975, Saudi-Arabien

Salem Al-Hazmi, geb. 1976, Saudi-Arabien

Nawaf Al-Hamsi, geb. 1981, Saudi-Arabien

Madjid Moqed, geb. 1977, Saudi-Arabien

Ziad Jarrah, geb. 1975, Libanon

Ahmed Al-Hasnawi, geb. 1980, Saudi-Arabien

Achmed Al-Nami, geb. 1977, Saudi-Arabien

Said Al-Ghamdi, geb. 1979, Saudi-Arabien

Abdulaziz Al-Omari (Flug AA 11)

Zuerst wurde Al-Omaris Vorname mit Abdulrahman angegeben. *[15]* Einen Abdulrahman Al-Omari gibt es auch. Der ist Pilot, ebenso lebendig, lebt und arbeitet in Jiddah, hat mit dem 11. 9. nichts zu tun und weigerte sich, ans Telefon zu gehen, um Journalisten Auskünfte zu geben. *[16]* Auch gibt es zwei »Abdulazize«, deren einer offenbar vom FBI recht schnell fallen gelassen wurde, während es sich auf den uns nun dauerpräsentierten Bösling endlich einigte und versteifte. Dieser Abdulaziz Al-Omari befand sich zur fraglichen Zeit in Riad. Er saß gerade an seinem Schreibtisch bei der Saudi Telecommunication Society, als die Angriffe stattfanden: »Ich konnte es nicht glauben, als das FBI mich auf seine Liste setzte. Die gaben meinen Namen und mein Geburtsdatum an, aber ich bin kein Selbstmordattentäter. Ich bin hier. Ich lebe. Ich habe keine Ahnung, wie man ein Flugzeug fliegt. Ich habe damit nichts zu tun.«.

So zitiert ihn am 23.9. der Telegraph. Immerhin war sein Pass 1995 in Denver, Colorado, geklaut worden, wo er seit 1993 Ingenieurwissenschaften studiert hatte. Am 31. Dezember 1995 erhielt er in Riad einen neuen, setzte im Januar 1996 sein Studium in den USA fort und kehrte nach dem Examen im Jahr 2000 nach Riad zurück, wo er zuerst bei der staatlichen Strom- und dann bei der Telekommunikationsgesellschaft arbeitete.

Über sein Interview mit dem Telegraph hinaus tauchte Al-Omari im Fernsehen bei Al Dschasira auf. Dort sah er genauso aus wie auf der FBI-Liste, wo doch eigentlich eine Galerie von toten Entführern versammelt ist. Der Guardian hat Al-Omaris Einlassungen vor der Kamera von Al Dschasira übersetzt und zitiert ihn so: »Möge Gott alle belohnen, die mich auf diesem Weg ausgebildet haben und hinter dieser großen Tat standen, und eine besondere Erwähnung verdient der Mudschaheddinführer Sheik Osama Bin Laden, möge Gott ihn schützen.« *[17]* Ein sehr merkwürdiges Statement, das zwar zu einem toten Selbstmordattentäter, aber nicht so recht zu dem lebenden Telefoningenieur passt, den der Telegraph interviewt hat.

Wie auch immer, bei Drucklegung dieses Buches prangte auf der FBI- und Interpol-Liste der Verdächtigen immer noch das altbekannte Foto von Abdulaziz. Das Video auf Al

Dschasira hatte man bei den Ermittlungsbehörden offenbar nicht gesehen oder nicht zur Kenntnis nehmen wollen. Ebenso wenig wie den Widerspruch bei seinem Geburtstag: Auf der FBI-Interpol-Liste wird er mit dem 24.12.1972 angegeben, auf dem Visaantrag jedoch mit 28.5.1979. Wenn den Ermittlungsbehörden zwei Geburtsdaten in offiziellen Dokumenten vorliegen, aber nur ein Foto, das wiederum zu einem lebendigen Menschen passt, der seinerseits nach allen bekannten Naturgesetzen nur ein Geburtsdatum haben kann – dann ist ein Geburtsdatum übrig. Zu einer Person, deren Foto nicht vorliegt, die sich (berechtigt oder unberechtigt) mit dem Namen Al-Omari schmückt.

Said Al-Ghamdi (Flug UA 93)

Said Al-Ghamdi ist Pilot. Nach dem 11. 9. wurde er zunächst von der in London erscheinenden arabischen Tageszeitung Aharq Al Awsat interviewt, wie BBC am 23. September 2001 berichtete. *[18]* Und auch beim Telegraph meldete er sich: »Ich war vollkommen geschockt. In den letzten zehn Monaten war ich in Tunesien stationiert, zusammen mit den 22 anderen Piloten, um den Airbus A320 fliegen zu lernen. Das FBI hat für meine angebliche Verwicklung in den Anschlag keinen Beweiß erbracht. Sie können sich gar nicht vorstellen, wie das ist, als Terrorist? und als Toter? bezeichnet zu werden, wenn man unschuldig ist und lebt.«

Auch die Fluglinie sei entsetzt gewesen und habe ihn dann »letzte Woche« nach Hause gebracht, um eine Festnahme oder Befragung zu verhindern, schreibt der Telegraph. Das FBI hat sich durch das Lebenszeichen des qua Listenzuordnung tot Erklärten nicht irremachen lassen: Said Al-Ghamdi wird weiterhin als einer der *[19]* Verdächtigen angeführt.

Walid Al-Sheri (Flug AA 11)

Auch Walid Al-Sheri ist Pilot und ließ sich zur Tatzeit gerade fortbilden. BBC berichtete über ihn am 23. September 2001: »Dieser protestiert jetzt in Casablanca (Marokko), er sei unschuldig. Er erklärte Journalisten, dass er nichts mit den Attacken in New York und Washington zu tun hätte und dass er zur Tatzeit in Marokko gewesen sei. Laut saudischen Presseberichten hat er sich bei amerikanischen und saudischen Behörden gemeldet. Er bestätigte, dass er Flugunterricht in Daytona Beach in den USA genommen hätte und derjenige Walid Al-Sheri sei, auf den sich das FBI bezieht. Doch er sagte, er hätte die USA im letzten September verlassen, um Pilot bei der Saudi Arabian Airlines zu werden, und absolviere zur Zeit einen Fortbildungskurs in Marokko.

Wail Al-Sheri (Flug AA 11)

Wie sein Bruder Walid soll auch Wail Al-Sheri an Bord der American Airlines 11 gewesen sein. Tatsächlich ist er aber ebenfalls Berufspilot und war in den Tagen danach noch quicklebendig. Der Sprecher der saudi-arabischen Botschaft in Washington, Gaafar Allagany, berichtete, dass sein Vater als saudischer Diplomat in Bombay akkreditiert sei. »Ich habe mit beiden, Vater und Sohn, heute gesprochen«, so Allagany gegenüber der Los Angeles Times. *[20]* Wail ist der Bruder von Walid. Im Boston Globe wurden die Familienverhältnisse am ausführlichsten beschrieben – von islamistischem Fundamentalismus kann bei allen Al-Sheris keine Rede sein. *[21]*

So viel zu den mindestens sechs in den Tagen nach dem 11. 9. eindeutig als lebend gemeldeten »Selbstmordattentätern«. Was uns immer wieder wundert – und dann aber auch wieder nicht, wenn man den beklagenswerten Zustand des investigativen Journalismus bedenkt –, ist die Nonchalance, mit der die Medien über die von ihnen selbst dargestellten Fakten hinweggehen. Diese Auflistung der als lebend berichteten Attentäter ist nicht durch von uns durchgeführte Interviews zustande gekommen, sondern durch Sammlung allgemein zugänglicher, bekannter und nicht dementierter Presseberichte in »seriösen« Medien. Zwar gesteht das FBI selbst seiner offiziellen Liste zu, dass die Identitäten einiger Hijacker nicht völlig geklärt sind. Doch geht es bei dieser Menge lebender »Attentäter« nicht mehr um Irrtümer, Namensverwechslungen oder Schlamperei. Es geht darum, dass die gesamte Liste der Attentäter in Frage gestellt werden muss. Sie war vom ersten Tag an eine systematische Fälschung und ist es bis heute. Dies wird noch deutlicher werden, wenn wir uns den weiteren Verdächtigen zuwenden; doch schon die bis hierher festgehaltenen Ungereimtheiten sollten klar machen, dass bis heute nicht nur keinerlei Hintermänner des 11. 9. namhaft und dingfest gemacht werden konnten, sondern dass nicht einmal die Identität der eigentlichen Täter in irgendeiner Weise geklärt ist.

Als Erklärung für die Probleme bei der Identitätsfeststellung wurde in den Wochen nach dem 11. 9. zweierlei genannt: Zum einen könnten die Täter falsche Pässe benutzt haben – so das FBI in einer Entschuldigung nach den ersten Protesten *[22]* dann aber hätten spätestens nach Meldung der Personen, deren Pässe offenbar benutzt wurden, die Listen geändert werden müssen. Und zum anderen wurde auf die Schwierigkeiten der Transkription arabischer in lateinische Buchstaben verwiesen. Das klingt so wunderbar einleuchtend – haben uns Ussama und Osama, Al Qaida und El Kaeda nicht schon öfter verwirrt? –, dass gar nicht mehr weiter nachgedacht wird. Denn wer besorgt beim

Bestellen eines Flugtickets die Transkription? Der Geheimdienst? Das FBI? Die Reisebüroangestellten? Wenn Sie je ein Ticket gekauft haben, wissen Sie die Antwort: Sie, und niemand sonst, buchstabieren bei der Buchung Ihren Namen. Und deshalb müssen auch die Attentäter, wie jeder andere Ticketkäufer auf der Welt, ihren Namen angegeben und, sofern er nicht eindeutig verständlich war, buchstabiert haben.

Wären die Namen der Attentäter also den Fluglisten der Airlines entnommen, müssten sie richtig geschrieben gewesen sein. Diese bei jedem Passagierflug obligatorische Passagierliste, mit der die beim Boarding abgegebenen Bordkarten abgeglichen werden – wenn ein Passagier fehlt, erfolgen die bekannten Aufrufe übers Lautsprechersystem des Flughafens –, wurde im Fall der vier Todesflüge des 11. 9. nie veröffentlicht. Stattdessen wurden separate Listen der Passagiere und der Hijacker publiziert. Letztere wurde dann umgehend mit Passbildern komplettiert – und die Geschwindigkeit, in der das geschah, schien uns ein weiteres Indiz dafür, dass diese Verdächtigenliste nicht aus den Fluglisten stammt, sondern anders zustande gekommen sein muss. Über das Videobild Mohammed Attas vom Flughafen – das einzige aller »19«, das an einem der Flughäfen durch Videokameras aufgezeichnet wurde wird noch zu sprechen sein. Die Zusatzinformationen über seinen ursprünglichen Wohnort Hamburg könnte man gewiss so fix ermitteln – aber wie kommen die Medien schon 48 Stunden nach der Tat an Passbilder? Da sie wohl nicht zum Abreißen an der Hamburger Wohnungstür gehangen haben, dürften sie vom FBI stammen. Aber nicht aus den Passagierlisten.

Halten wir fest: Die originalen Passagierlisten, die die Airlines für diese Flüge führten – in alphabetischer Reihenfolge und in der von den Passagieren selbst angegebenen Schreibweise der Namen –, sind nie veröffentlicht worden. Stattdessen wurde der Öffentlichkeit – angeblich aus Pietätsgründen – eine in Opfer- und Täterlisten separierte Dokumentation der angeblichen Insassen dieser vier Flüge präsentiert. Bei einigen der »Todespiloten« konnten wir bereits zeigen, dass sie entweder gar nicht an Bord waren oder dass anderen Personen ihre Identität zugeordnet wurde. »Ja, aber was sollen die Behörden denn auch ermitteln, wenn die Täter unter falschem Namen geflogen sind?«, lautet ein beliebter Spontaneinwand. Dazu nur so viel: Es gab für sie keinerlei Grund, falsche Namen zu benutzen, da sie zuvor kreuz und quer durch die USA gereist waren, Kurse belegt, Wohnungen gemietet hatten etc., ohne je irgendwelche Probleme zu bekommen. Warum also ein Verhaltens- oder Namenswechsel? Sie buchten ja sogar auch die Flüge auf die betreffenden Namen. Im Übrigen werden uns auf den FBI-Listen keinerlei Aliase angeboten (außer Schreibvarianten), und per Foto und Altersangaben werden ja bis heute auch diejenigen als Terroristen ausgegeben, die sich als lebend gemeldet haben.

Wie auch immer, es gibt bloß zwei Alternativen. Entweder sind BBC, Telegraph, Guardian und alle anderen, die über die lebenden Hijacker berichteten, falschen »Informationen« aufgesessen – oder das FBI und Interpol haben ihrerseits falsche Informationen verbreitet. Tertium non datur. Was aber sind die richtigen? Und wer hat warum diese Fehlinformationen in die Welt gesetzt?

Khalid Al-Midhar, ein alter Bekannter von CIA und FBI

Nach diesem ersten Blick auf putzmuntere »Selbstmordattentäter« des 11. 9. kann es uns kaum noch überraschen, dass möglicherweise auch noch weitere von ihnen gar nicht tot sind.

BBC meldete am 15. September 2001 nach der Diskussion von Al-Sheri, Al-Omari und Al-Ghamdi: »Es gibt Hinweise, dass ein weiterer Verdächtiger, Khalid Al-Midhar, ebenso lebendig sein könnte. FBI-Direktor Robert Mueller gab am Donnerstag zu, dass die Identität einiger Selbstmordattentäter noch zweifelhaft sei.« *[23]* Da mehr als dieser vage Hinweis auf die Lebendigkeit von Khalid Al-Midhar nach dem 11. 9. nicht existiert und er sich nicht bei einer Botschaft oder Zeitung gemeldet hat, können wir ihn nicht zweifelsfrei zu den »lebenden« Selbstmordattentätern zählen. Gleichzeitig macht aber die Geschichte dieses Herrn klar, dass ein Al-Midhar mit dem Geburtsdatum und Passbild, die auf der FBI-Liste prangten – sofern er denn überlebt haben sollte –, sich nicht bemüßigt sehen dürfte, sich offiziell zu melden. Während anhand der oben zitierten »lebenden« Hijacker idealtypisch gezeigt werden konnte, dass das FBI an einer Ermittlung der wahren Täter und Hintermänner offenbar gar nicht interessiert ist, tritt uns mit ihm der Idealtypus jenes »Selbstmordattentäters« gegenüber, der eine Erklärung für diese nur scheinbar unverständliche Nichtermittlung liefert: Khalid Al-Midhar wurde seit Jahren aufs Engste von US-Geheimdiensten »observiert«. Wir haben »observiert« nicht etwa deshalb in Anführungszeichen gesetzt, weil die Beobachtung Al-Midhars in Frage stünde – als herauskam, dass er seit Jahren auf der »Terrorist Watch List« der USA stand, machte dies als »größte Geheimdienstpanne aller Zeiten« weltweit Schlagzeilen –, sondern weil Observation ein sehr vornehmer Ausdruck für das ist, was ihm an tätiger Hilfe bei seinen Aktionen widerfuhr.

Zwei »Meilensteine« auf dem Weg zum 11. 9. müssen wir uns für diese Geschichte ins Gedächtnis rufen. Sofort nach ihrer Machtübernahme im Januar 2001 ließ die Regierung Bush die Fahndung nach saudischen und jemenitischen Terroristen sowie dem Bin Laden-Clan herunterfahren: »Uns wurde gesagt: Wenn wir euch dabei erwischen, die Saudis und die Bin Ladens auszuspionieren oder eure Nase in ihre Angelegenheiten zu stecken, verliert ihr euren Kopf!«, zitierte Greg Palast in BBC Newsnight am 6. November 2001 dazu zwei CIA-Agenten *[24]* Ähnliches dürfte auch der FBI-Anti-Terror-Chef und unermüdliche Al-Qaida-Jäger John O'Neill's zu hören bekommen haben, bevor er – und dies ist der zweite Meilenstein – sich im Juli 2001 gezwungen sah, seinen Job zu quittieren, und Sicherheitschef des WTC wurde (siehe VVG, S. 173 ff.). Den letzten Ausschlag für seine Demission hatte das State Department mit einem Einreiseverbot für O'Neill in den Jemen gegeben. Dort und in Saudi-Arabien hatte er seit den Anschlägen auf die afrikanischen US-Botschaften 1998 ermittelt, verstärkt seit den Anschlägen auf eine US-Basis in Saudi-Arabien und das Schlachtschiff »Cole« im Oktober 2000.

Seit 1998 stand ein Haus mit regem Besucherverkehr in der Vorstadt von Sanaa (Jemen) unter Beobachtung amerikanischer Dienste, die auch das dortige Telefon abhörten. Es gehört dem als Bin Laden-Sympathisanten bekannten Ahmed Al-Hada und gilt mittlerweile als das Nest, in dem die Anschläge von Nairobi bis zur USS »Cole« ausgebrütet wurden. Als am 13. Februar 2002 der Sohn des Hausbesitzers, Mohammed Al-Hada, mit Sprengstoff hantierte und sich dabei selbst in die Luft jagte, sahen sich die US-Beobachter genötigt, ihren langjährigen »Draht« zu dieser Al Qaida-Schaltzentrale öffentlich zu machen, wobei sie zugleich einräumen mussten, dass es sich bei den Al-Hadas um niemand anderen handelte als um den Schwiegervater und Schwager von Khalid Al-Midhar, dem »Terrorlogistiker« (Spiegel) der Pentagonmaschine.

Seine Familienverhältnisse und sein Umfeld sind den Behörden also seit 1998 bekannt. Da hielt er sich schon in den USA auf, vor allem in San Diego, wo er bis zum Jahr 2000 Flugunterricht nahm gute zwei Jahre also, in denen er mehrmals unbehelligt ein *[25]*- und ausreiste und für einige Zeit dort sogar bei einem Zimmer vermietenden FBI-Informanten wohnte. Nach den Anschlagen wird sich der lokale FBI-Chef Bill Gore lautstark darüber beschweren, dass seiner Behörde keinerlei CIA-Informationen über den terroristischen Hintergrund Al-Midhars vorlagen *[26]* – und dies, obwohl zu diesem Zeitpunkt schon ein Geheimdienstvideo existiert, auf dem er mit den vermuteten Chefplanern des Anschlags auf die USS Cole« zu sehen ist. Doch erst ein Jahr später, im August 2001, als er schon seit Wochen wieder im Lande ist, wird Al-Midhar von der CIA auf die» Terrorist Watch List« gesetzt *[27]* – aber das bedeutet noch lange nicht, dass auch alle davon wissen. Das FBI in San Diego hat nach Auskunft seines Sprechers Thurman erst zwei Tage nach dem 11. 9. erfahren, dass Al-Midhar auf dieser Liste steht.

Wer hier nach wie vor bereit ist, guten Willen aufzubringen und Pleiten, Pech und Pannen für dieses »Versehen« zu unterstellen, muss schon mehr als nur ein Auge zudrücken. Aber o. k., Murphys Law gilt überall, und was schief gehen kann, geht eben auch mal in Serie schief. Zwar hatten die CIA-Beschatter dem Kandidaten AIMidhar im Januar 2000 auf der Spur bleiben können, als er zu einem Al Qaida-Meeting nach Kuala Lumpur (Malaysia) und wieder zurück nach Los Angeles reiste, doch dieses Mal, im Vorfeld der WTC-Anschläge, könnte er ihnen nach seiner Ankunft in den USA ja vielleicht entwischt sein. Am 4. Juli 2001 trifft Al Midhar auf dem JFK-Flughafen in New York ein, als Wohnadresse auf dem Einreiseformular gibt er das

Mariott-Hotel an. Dass er seinen Beschattern jetzt verloren gegangen sein könnte, ist aber mehr als unwahrscheinlich, denn er zahlt Rechnungen gern mit seiner Kreditkarte; so auch am 24. August, als er versucht, sein Ticket für den 11. September über die Website der American Airlines zu buchen. Die Zahlung wird zurückgewiesen da keine gültige Postadresse für den Ticketversand angegeben ist – er holt, wie Newsweek am 6. Juni 2002 berichtet, das Ticket zwei Tage später am Washington International Airport ab *[28]* Dabei hatte Khalid Al-Midhar sich zwischenzeitlich eine Adresse besorgt – sowie eine Identität als Ansässiger von Falls Church im Staate Virginia. Und diese Geschichte ist nun endgültig nicht mehr mit St. Murphy zu erklären, denn selbst wenn dem Geheimdienst sein Beobachtungsobjekt/ Informant/Agent in den Straßen von New York kurzzeitig verloren gegangen wäre – hier meldet er sich freiwillig wieder zurück. Falls Church liegt drei Meilen von Langley, Virginia, dem CIA-Hauptsitz, entfernt, und ausgerechnet hier taucht Al-Midhar am 1. August 2001 auf, um sich einen neuen Ausweis zu besorgen. Dass er zu diesem Zeitpunkt schon auf der »Terrorist Watch List« steht und die CIA angeblich auch schon das FBI über den im Lande befindlichen Terrorverdächtigen informiert hat, behindert die Beschaffung eines Führerscheins (der in den USA bekanntlich als Personalausweis fungiert) in keiner Weise. Im Gegenteil funktioniert das so gut, dass Al-Midhar am nächsten Tagen gleich noch fünf weitere der späteren »Hijacker« mit neuen Papieren versorgt.

Wie besorgt ein junger Araber in den USA, der zudem auf der FBI-Liste verdächtigter Terroristen steht, für sich und seine Kollegen im Handumdrehen neue Papiere? Nun, er fährt auf einem Supermarkt-Parkplatz vor, spricht einen dort herumstehenden Latino an, winkt mit einem 100-Dollar-Schein und fragt, ob er ihm nicht eine neue ID besorgen könnte – und wenige Stunden später hat er sie. Er braucht dazu weder einen Pass noch eine Geburtsurkunde oder eine Meldebestätigung, sondern nur die notariell beglaubigte Bestätigung eines Einwohners, dass er ihm bekannt sei und bei ihm wohne. So einfach konnte das allerdings nirgends sonst in den Vereinigten Staaten funktionieren, sondern ausschließlich im Bundesstaat Virginia und ganz besonders in Falls Church, wo einige Notare die Beglaubigungsformulare mit Blankounterschrift en gros verkauft haben.

Al-Midhar und sein Kollege Hanjour scheinen sich sehr gut ausgekannt zu haben: Auf einem 7-Eleven-Parkplatz sprechen sie am Morgen des 1. August 2001 den 28-jährigen Salvadorianer Luis Martinez-Flores an, der dort nach einem Tagesjob Ausschau hält. Mit der Bestätigung von Martinez-Flores erhalten sie wenig später im Virginia Department of Motor Vehicles einen gültigen Ausweis, ausgestellt auf dessen Adresse in Falls Church. Vor lauter Begeisterung scheint Hani Hanjour danach ein bisschen zu sehr auf die Tube gedrückt zu haben: Er gerät in Alexandria, Virginia, in eine Radarfalle und zahlt das Ticket gleich vor Ort. Schon am nächsten Tag lassen sich die »Hijacker« Al-Omari, Al-Ghamdi, AlHazmi und Moqed ebenfalls als Einwohner Virginias einbürgern, ihnen steht ein Herbert Villalobos als Bürge zur Verfügung. Er wurde dafür mittlerweile zu vier Monaten Gefängnis verurteilt, ebenso wie Flores, der 27 Monate erhielt. *[29]* Falls Sie jetzt auf die Idee kommen sollten, sich aus Sicherheitsgründen für ein paar Dollar unter Ihrem Wunschnamen eine zweite ID mit Wohnsitz Virginia zuzulegen, kommen Sie zu spät. Zwar hängen arbeitslose Latinos noch immer auf den Parkplätzen ab und sind auf ein Zubrot angewiesen, doch am 21.

September 2001 wurden die Regularien der Identitätsvergabe in Virginia geändert. Al-Midhar und seine Freunde waren die Letzten, die sich vor der Haustür der »Central Intelligence Agency« mit einem gefälschten Ausweis versorgen durften.

Jetzt werden Sie verstehen, warum wir Khalid Al-Midhar einer anderen Kategorie zugeschlagen haben als die noch lebenden Hijacker. Es mag sein, dass auch er noch lebt. In all den vielen Berichten über seine Fake-ID aus Falls Church ist nirgendwo davon die Rede, auf welchen Namen dieser Ausweis lautete – auf seinen oder, wenn nicht, auf welchen sonst.

Deutlich aber wird, dass sich ein seit Jahren unter »Observation« befindlicher Terrorist nicht derart frei und unbehelligt in der Weltgeschichte bewegen kann, ohne dass irgendeine mächtige Instanz eine schützende Hand über ihn hielte. Al-Midhar gilt als der Cheflogistiker der Gruppe. Anders als die hinsichtlich ihrer Vergangenheit anderen »Hijacker« hat er angeblich schon in jungen Jahren einiges erlebt und Al Qaida Einsätze in Bosnien und Tschetschenien absolviert. Dass er nicht irgendwer ist, war den Geheimdiensten spätestens seit dem Treffen der »Al Qaida Top Executives« (Newsweek) in Malaysia im Januar 2000 klar, bei dem er gefilmt wurde. Und dennoch konnte er hernach in aller Seelenruhe nach Los Angeles zurückfliegen, weiter in San Diego Flugunterricht nehmen und dann, zurück im Jemen, den Anschlag auf die USS »Cole« vorbereiten, um schließlich mit frischem Visum im Juli 2001 abermals in die USA einzureisen.

Einbürgerungsgeschichten

Am 1. Februar 2002 fiel die Geschichte der Visabeschaffung in einigen Details plötzlich anders aus. Jetzt war es bei CNN, neben dem uns schon bekannten Herbert Villalobos, ein Victor Lopez Flores, der dieses Mal Abdulaziz Al-Omari und Ahmed Al-Ghamdi bei der Ausstattung mit neuen Papieren behilflich gewesen sein soll.

Vier Wochen später, am 28. Februar 2002, offerierte die Washington Post eine dritte Variante einschließlich eines neuen Schauplatzes. Springfield hieß nun der Ort der Identitätserlangung, Martinez-Flores oder Lopez-Flores wurden durch einen 29-jährigen Jordanier namens Eyad Al-Rababah abgelöst, aber immerhin waren wenigstens wieder Hani Hanjour und Al-Midhar die Profiteure des Identitätswechsels. Die Washington Post deklinierte die Geschichte in den Folgemonaten durch und kam schließlich auf mindestens 17 vermeintliche Attentäter, denen dieser Al-Rababah geholfen habe.

Die ABC-News wollten, wenn auch mit gehörigem Verzug, diesem Treiben offenbar nicht kommentarlos zusehen und machten am 24. Juni 2003 einen bis dahin noch nicht in Erscheinung getretenen Mohammed EI-Atriss für den Verkauf von falschen Identitäts-dokumenten an Al-Midhar verantwortlich.

Wer nicht annimmt, Al-Midhar habe sich durch drei Mittler drei verschiedene Identitäten verschafft, sollte sich die wesentlichen Zutaten ansehen, aus denen diese Storysuppen angerührt sind: Immer sind es Latinos oder Araber, die in und bei Falls Church Identitäten an Al-Midhar und andere Hijacker verkaufen. Diese Grundsubstanzen werden mal mit diesen, mal mit jenen Gewürzen verfeinert, bleiben aber doch gleich – was auf eine einzige

Quelle schließen lässt. US-Medien hinterfragen absurde FBI-Geschichten nicht – sie drucken sie ab. Und nicht eine einzige Quelle verrät uns dabei, auf welche Namen nun die »neuen« Identitäten gelautet haben sollen. Als sei das völlig uninteressant. Wir dürfen somit davon ausgehen, dass, wenn nicht alle, so doch einige Geschichten der Identitätsbeschaffung falsch sind. Um so verwunderlicher, dass alle längst einsitzenden ID-Beschaffer sich im Sinne der Anklage »schuldig« bekennen. Warum? Vielleicht liegt das am so genannten »Plea Bargaining«: Vor die Alternative gestellt, schlimmstenfalls der Beihilfe zum 3 000-fachen Mord oder doch nur des ID-Betrugs angeklagt zu werden, ist es in den USA derzeit wohl angezeigt, »sicherheitshalber« ein minderschweres Vergehen einzugestehen, auch wenn man es gar nicht begangen hat.

Warum aber wenige Wochen vor der Selbstmordmission noch neue Ausweise, wo doch die bisherigen einschließlich der Kreditkarten keinerlei Probleme machten und in Hotels, Autovermietungen und zum Kauf der Flugtickets sorglos verwendet wurden? Warum das Risiko eingehen, bei so einer Aktion erwischt zu werden, wo doch die alte Identität sicher ist? Eigentlich lässt diese Frage nur die Antwort zu, dass Agent AlMidhar sich des Selbstmordcharakters der anstehenden Flugmission zu diesem Zeitpunkt noch nicht bewusst war, so wenig wie sein Kollege Hamza Al-Ghamdi, der laut FBI sein Ticket für den Flug UA175 am 29. August über das Internet kaufte – und gleich auch noch einen Anschlussflug von Los Angeles nach San Francisco. Agent Mohammed Atta eröffnete seinerseits am 25. August 2001 über die Website von American Airlines ein »Frequent Flyer«-Konto, wie es am 10.11.2001 der Boston Globe meldete.

Dieses Verhalten lässt darauf schließen, dass die Herren sich zwar durchaus bewusst waren, dass es unter ihren alten Adressen nach der anstehenden Aktion etwas ungemütlich werden könnte. Designierte Selbstmordbomber aber brauchen keine Zweitausweise und Assassinen keine Anschlussflüge: Massenmörder auf ihrer letzten Mission sammeln keine Meilen!

Die zwei Attas

Zwar waren (warum eigentlich?) CIA und FBI, Landesamt und Bundesamt für Verfassungsschutz, BKA und sonst wer fleißig dabei, schon seit 1997 die Herren Zammar, Darkazanli und später die Wohnung in der Marienstraße in Hamburg zu überwachen, wo Atta residierte. Der Bericht der US-Einwanderungsbehörde vermerkt jedoch keinen »Hit« oder »Look-out«, als der Pass eines Mohammed Atta gescannt wird, der am 3. Juni 2000 erstmals offiziell in die USA einreist.

Auch am 10. Januar 2001, als er aus Madrid kommend in Miami eintrifft, schlägt kein Computer Alarm. Weil aber Attas Visum abgelaufen ist, wird er bei der Einreise von einem Inspektor verhört. Er gibt an, er wolle Flugunterricht nehmen und habe ein Studentenvisum beantragt. Schlechte Karten, könnte man meinen, doch das Gegenteil ist der Fall Nach einem Gespräch mit einem weiteren Inspektor verlässt Atta den Flughafen mit gleich zwei Einreisevisa: eines, Nr. 68653985708, gültig bis zum 8. September und das zweite, Nr. 10847166009, bis zum 9. Juli. Der Special-Report der Einwanderungsbehörde Immigration and Naturalization Services (INS) vom Mai 2002 vermerkt dazu: »Am 10. Januar ließ der zweite Inspektor Atta als B-2-Besucher für acht Monate zu, bis zum 8. September

2001, statt nur für sechs Monate, wie es für B-2-Besucher üblich ist.« *[30]*

Es gab also einen Spezialfall Atta, aller Wahrscheinlichkeit nach verbunden mit einem Gespräch, also auch mit erhöhter Aufmerksamkeit, Einsichtnahme in den Pass usw. Auf den rund 200 Seiten dieses INS-Reports wird viel über die normalen Regularien räsoniert, nur die wirklich wichtigen Fakten werden nicht erklärt: Wer war dieser zweite Inspektor? Und wie kommen die handschriftlichen Vermerke in die Visa, deren Handschrift niemand im INS bei der späteren Befragung wiedererkennt?

Halten wir fest: Ein Atta bekommt bei seiner Einreise in die USA an ein und demselben Tag zwei unterschiedliche Visa. Da muss entweder ein uns völlig Unbekannter im Spiel gewesen sein, auf den das zweite Visum mit Attas Namen ausgestellt wurde, oder Atta schaffte es, mit zwei Pässen so zu hantieren, dass er für den zweiten Pass auch ein Visum erhielt. Zudem geht es aber auch um verschiedene Visakategorien. Jeder weiß, dass zum Beispiel für Deutsche ein Touristenvisum erst seit einigen Jahren entfällt, dass zuvor jedoch selbst das beantragt werden musste – und nicht jeder es erhielt. Das gilt erst recht für ein Studentenvisum oder eine Arbeitserlaubnis, und die berühmte »Green Card« ist ein seltenes und heiß begehrtes Dokument. Was jedoch die Visaerteilung an Atta und andere arabische Einreisende betrifft, muss offenbar eine seltsame Ausnahmeregelung von den sonst so strengen Einreisebestimmungen gegolten haben.

Aber Atta war nicht nur ein Freund von Doppelvisa, sondern auch ein Freund von Dreifachpässen. Mit zweien hatte er, der Ägypter, schon bei der Einreise herumjongliert, und ein dritter, ein saudischer Pass fand sich nach dem 11. 9. in einem seiner Koffer *[31]* Und zudem angeblich auch noch ein »ramp«-Pass, der (zusammen mit einer Uniform) Atta Zutritt zum Innenbereich von Logan Airport in Boston gewährt hätte. Wofür, fragt man sich, wenn er doch ein Ticket als Passagier gekauft hatte? Und wie kommt man als Ägypter an einen Pass aus Saudi-Arabien? Immerhin hatte er, so der Vorwurf der Behörden, seinen Pass in Hamburg als gestohlen gemeldet. Das deshalb, um Einreisen nach Afghanistan oder sonst wie verdächtige Länder, die darin vermerkt waren, zu kaschieren. Dann hätte er laut FBI-Logik mit dem neuen ägyptischen Pass bereits zwei ägyptische Papiere gehabt. Summiert ergibt die Zählung nach offiziellen FBI-Abgaben also: Atta hatte mindestens drei Pässe und zwei Visa zugleich. Behördendurcheinander und Schlampereien als Erklärung wären nicht weiter erwähnenswert, wenn wir nicht auch die zwei Jarrahs hätten, von denen noch die Rede sein wird. Und den Agenten Al-Midhar, von dem schon die Rede war.

Noch etwas fällt an Atta auf: Wir haben den gläubigen Muslim einerseits und den Saufbruder andererseits. Den, der sich laut Testament selbst als Leiche einer Waschung durch eine Frau entziehen wollte, und den Freund des Callgirls Amanda Keller (worauf wir noch zurückkommen).

Es gibt einige Indizien, die gegen eine Täterschaft Attas sprechen. Nehmen wir die Aussage der einzigen Augenzeugin seiner Tat, die darüber angeblich noch berichten konnte. Die Flugbegleiterin Madeline Sweeney sprach in ihrem Telefonat aus der AA 11 heraus von vier und nicht von fünf Attentätern und erwähnte den von Atta gebuchten Sitz 8D mit keinem Wort. (Eine langjährige Stewardess kennt die wenigen Sitze der ersten Klasse aus dem Schlaf. Und sie sei, wenn man der Überlieferung glauben will, bei ihrer Schilderung bemerkenswert ruhig und gefasst gewesen.) Bei der Wiedergabe dieses angeblichen Telefonats in den Medien wurde somit ein Sachfehler begangen – oder auch eine Fälschung. *[32]* Attas Vater sagte aus, er habe noch am 12. 9., also 36 Stunden nach den Attentaten, mit seinem Sohn gesprochen, der allerdings andeutete, er stecke in ernsthaften Schwierigkeiten. *[33]* Darüber hinaus gibt es unbestätigte Berichte über Attas Zulassung zur International Officer's School auf der Maxwell Air Force Base (AFB) in Montgomery. Selbst wenn die Dementis dieser Schule den Tatsachen entsprechen, wovon durchaus auszugehen ist, bedeuten sie dennoch nichts anderes, als dass ein zweiter Mann desselben Namens dort eine Ausbildung absolvierte. Die Anzeichen mehren sich also, dass es eventuell einen Doppelgänger Attas gab, der ihm äußerlich ähnlich, aber dann doch irgendwie anders war. Die normale Erklärung in den meisten Presseberichten liest sich wie eine Reihung von Verhaltensänderungen desselben Mannes im Verlauf der Zeit: »Die Kräfte oder Ideen, die Mr. Atta veränderten, sind unklar. Was jedoch klar ist, dass sich sein Verhalten vor zwei Jahren zu verändern begann. Er forderte einen Gebetsraum in der Schule für sich und 20 andere arabische Studenten. Er ließ sich einen Bart wachsen und schrieb sich an der Universität mit anderem Familiennamen ein, El-Amiral.« *[34]*

Er hat sich also geändert: Es gibt den ersten Atta und dann den zweiten, aber beide in einer Person. Eine Art Dr. Jekyll and Mr. Hide, bekanntlich die übelste Sorte Mensch. Oder aber: Seine Geschichte vom Diebstahl seines Passes (angeblich um Afghanistanaufenthalte zu verschleiern) war nicht erlogen. Denn es macht wenig Sinn, mit zwei Pässen, bei denen einer den Afghanistanaufenthalt beurkundet, Tricks mit der US-Einreisebehörde zu spielen zur Erlangung von zwei Visa. Weitaus plausibler ist: Es kam ihm der Pass abhanden (so wie anderen angeblichen Hijackern auch), und es fuhr real eine zweite Person in den USA umher. Für diese These sprechen verschiedene Fakten, die mehr Substanz haben als der Bart, den Atta mal kurzzeitig trug, dann aber jahrelang wieder nicht. *[35]*

Weitere Aspekte, die für einen Doppelgänger Attas sprechen, sind die völlig unterschiedlichen Beschreibungen seiner physischen Erscheinung. Nach Angaben seines Vaters – »Man könnte ihn sehr leicht kidnappen, er ist sehr schmächtig, hat keine Kraft« *[36]* – und des ehemaligen Kommilitonen Martin Ebert – »Ich denke nicht, dass es möglich war, mit ihm zu kämpfen« *[37]* – handelt es sich eher um einen freundlich-scheuen Schmachtlappen als um den 80-Kilo-Mann, den Vonnie und Tony LaConca, die ehemaligen Vermieter Attas in North Port, Florida, beschreiben: »Das Paar berichtete dem (FBI-)Agenten, der Mann sei etwa 180 cm groß gewesen, 160 Pfund, ›dunkle, glatte Haut‹ und ›sehr höflich‹. Das erste Foto, das sie uns zeigten, war der Pilot, der in das erste Gebäude gekracht war«, sagte Vonnie LaConca. »Es war nicht Mohammed oder sein Freund. Aber das letzte Bild, das sie uns zeigten, war sehr ähnlich, doch ich konnte nicht 100prozentig sagen, dass er es war.« *[38]*

Der Bericht der Lokalzeitung Sun Herald vom 14. September 2001 ist in mehrfacher Hinsicht interessant. Hier berichtet ein völlig unverdächtiges Paar, dass es einem Mohammed Atta ein Zimmer vermietet habe, der Flugunterricht bei Huffman Aviation in Venice nahm – und erkennen ihn nicht als »Terrorpiloten« der ersten Maschine wieder. Ihr Atta ist nicht »eher klein und drahtig«, »steif«, »verschlossen«, »zurückweisend«, sondern wiegt fast 80 Kilo und ist äußerst höflich – so nett, dass die LaConcas sogar überlegen, ihm ihr Kleinflugzeug zu leihen. Atta hat eine Freundin, Amanda Keller und macht mit ihr, einer Angestellten von Frau LaConcas Reinigungsfirma und »zwei deutschen Freunden« Wochenendurlaub in Key West.

»Sie waren drei Tage unterwegs«, sagte Tony LaConca, »sie schliefen nicht – es war ununterbrochen Party.« Mohammed zahlte die ganzen Rechnungen, so LaConca, einschließlich neuer Kleider für Keller und seine Mitarbeiterin, Alkohol, Drogen und alle Hotelaufenthalte. Dennoch, so das Paar, hatte Mohammed keinen Job. »Die beiden Mädels wurden zwei Männern aus Deutschland vorgestellt, von denen sie sagten, es seien Freunde Mohammeds«, so LaConca weiter, »ich dachte, merkwürdig, denn Mohammed wirkte nicht wie ein Francokanadier oder Deutscher.«

Im weiteren Verlauf werden wir noch andere Nachbarn dieses lebensfrohen Flugschülers und seiner Freundin Amanda kennen lernen – und die deutschen Begleiter Attas, von denen der Reporter Daniel Hopsicker mittlerweile sechs verschiedene ausgemacht hat, werden uns ebenfalls noch beschäftigen. Als Andeutung für die Dr. Jekyll-Seite des doppelten Atta mögen diese Augenzeugenberichte fürs Erste genügen. Sie stammen aus den Tagen direkt nach den Anschlägen und differieren stark von dem Bild des »eiskalten« Atta der offiziellen Legende. Das war auch den beiden Reportern des Sun Herald, Elaine Allen-Emrich und Jann Batty, aufgefallen, die versuchten, ihre Informationen bei der Polizei gegenzuchecken, leider vergeblich.

Die Antwort, die sie erhielten, verdient allerdings, festgehalten zu werden: »Das FBI in Tampa wollte weder bestätigen noch verneinen, dass irgendwelche Beamte Bewohner in North Port vernommen haben … ›Wir empfehlen Ihnen, sich für aktuelle Informationen an CNN zu halten«, sagte eine nur als »Parn« identifizierte FBI-Sprecherin am Donnerstag, ›alle Presseerklärungen werden über Fernsehstationen wie CNN veröffentlicht.‹« *[39]*

So kommt es, dass Sie von diesem doppelten Atta noch nie gehört haben. Wenn es nicht über CNN läuft, ist es einfach nicht wahr. Deshalb kennen Sie nur den einen, der nach Auskunft seines Vaters »nie seine Hand ausstrecken würde, um eine Frau zu begrüßen – »nur wenn sie ihre ausstreckt, würde er sie ihr reichen« –, und von dem anderen, der Sex so wenig abgeneigt ist wie Alkohol und Drogen, hören Sie hier zum ersten Mal. Sie haben von dem vorbildlichen Stadtplanungs-Studenten gehört, der hervorragend deutsch sprach und seine Examensarbeit in Deutsch schrieb – das Statement seines Fluglehrers Rudi Dekkers ist Ihnen aber entgangen: »Als ich herausfand, dass einige der Leute in Hamburg gelebt haben und Deutsch sprachen, begrüßte ich sie eines Morgens – ich bin Holländer und spreche Deutsch – auf Deutsch: ›Guten Morgen, wie geht's, wie ist der Kaffee, gefällt es euch hier?‹, und er starrte mich mit kalten Augen an, reagierte überhaupt nicht und ging einfach weg.« *[40]*

Eine Verhaltensweise, die nicht nur dem höflichen, gut erzogenen Akademiker mit arabischen Manieren widerspricht, sondern auch der allseits vermerkten ausgeprägten Machtattitüde: Dekkers war immerhin der Chef vor Ort. Attas Professor in Hamburg beschreibt ihn als sehr viel serviler in seinem Verhalten. Da haben wir den frommen, verkniffenen Betbruder und hier den heftigen Trinker, der 200 300 Dollar am Abend im Pink Pony Striptease Club verjubelt. *[41]* Auf der einen Seite gibt es den unverantwortlichen Chaoten, der am 26. Dezember 2000 mit einem Leihflugzeug von Huffman Aviation auf dem International Airport Miami landet, es auf dem Rollfeld abwürgt, nicht mehr starten kann – und mitten auf dem Taxiway stehen lässt, um zu Fuß und dann mit einem Taxi abzuhauen und von Huffman-Chef Dekkers sodann 250 Dollar Taxikosten zurückzufordern. *[42]* Und auf der anderen den verantwortungsbewussten Pedanten Atta, der einen Autovermieter von unterwegs anruft, weil die Ölwarnleuchte geblinkt hat, und ihn beim Abgeben des Wagens noch einmal ausdrücklich darauf hinweist. *[43]* Bemerkenswert scheint uns diese Episode vor allem deshalb, weil dieser pedantische Ordnungsliebhaber dann später sowohl in Boston am 10. als auch in Portland am 11. September seine Mietwagen jeweils auffällig unaufgeräumt (mit angeblichem Beweismaterial voll gestopft) stehen lässt.

Was die politische und religiöse Haltung betrifft, fiel Atta während seiner Zeit in Hamburg, so bezeugen alle Quellen, nicht weiter auf; sein Vater bekundet, dass Mohammed seine Ablehnung von Bin Ladens Bombenanschlag auf die ägyptische Botschaft in Pakistan zum Ausdruck gebracht hätte: »Das war die einzige politische Meinung, die er mir gegenüber jemals äußerte.« *[44]* In den USA, gerade in der Flugschule, ausgerechnet im Hort des Bösen (aus der Atta unterschobenen Weltsicht), wandelt sich der unpolitische »Schläfer« zum Agitator. Um aufzufallen? »Sie diskutierten gern über Politik, sagte Ali, und regten sich rasend über Israel auf.« *[45]* Der säkular-tolerante Atta wandelt sich also zum fanatischen Muslim – wovon man in den USA wiederum aber nichts merkt, zum Beispiel nicht in den Bars. Kein politisches Testament, weder per Funk noch per Flugblatt oder überliefertem Video, ist von Atta bekannt – erstaunlich angesichts des die Politik des neuen Jahrhunderts erschütternden politischen Großereignisses vom 11. 9., das er angeblich geplant und ausgelöst hat.

Dieses Nichtvorhandensein einer Botschaft korrespondiert auf paradoxe Weise mit der scheinbar doppelt anwesenden Person Mohammed Atta. Schon 1999 kaufte der erste im BJs-Markt in Hollywood, Florida, ein *[46]*, hatte im

Frühjahr 2000 eine Freundin in Venice, Florida, während der zweite Atta offiziell erst am 3. Juni des Jahres erstmals in die USA kam. Der eine hat sich zum islamistischen Fundi und Gebetsfreund gewandelt, während der andere noch am letzten Freitag vor dem Anschlag Bars frequentiert: »Er trank billiges Bier und aß frische Austern, während die Band eine Reihe von Easy-Listening-Hits spielte.« *[47]* Dies ausgerechnet auf dem Sarasota vorgelagerten Inselchen Longboat Key, das am Montag darauf von Präsident Bush besucht wurde: »Der Kellner, Frank Boyal, sagte, dass Atta und sein Begleiter das »Surf & Turf« -Buffet des Hotels für 18,95 Dollar bestellten.« *[48]* Weiter taucht dieser andere Atta, zusammen mit einem Freund, am selben Tag auch noch in einer ganz anderen Bar in einem ganz anderen Ort auf: »Ein Barmanager in Hollywood (bei Fort Lauderdale in Florida) berichtete FBI-Agenten, er habe die beiden (Atta und einen Bekannten) in der letzten Woche schwer trinken sehen. Tony Amos, der Verantwortliche der Spätschicht in der Shuckums Bar, berichtete der »Palm Beach Post«, dass Atta sich mit ihm über die Rechnung gestritten habe. Als Amos ihn fragte, ob er überhaupt zahlen könne, reagierte er beleidigt. Die Kellnerin Patricia Idrissi bestätigte, dass Atta ausgerufen habe: »Ich bin Pilot bei American Airlines. Ich kann meine Rechnung sehr wohl bezahlen.« … Die Rechnung belief sich auf 48 Dollar, worüber sich beide Männer in gebrochenem Englisch beschwerten. Nach dem Streit mit Amos zahlte Atta mit einer 100-Dollar-Note, die er aus einem dicken Bündel großer Scheine herauszog. Patricia Idrissi bekam drei Dollar Trinkgeld.« *[49]*

So als wolle er unbedingt wiedererkannt werden, als solle man sich an ihn erinnern …

In beiden Fällen gibt es mehrere Zeugen, kein die Aussagen beeinflussendes Interesse und völlig propagandaunverdächtige Lokalzeitungen als Mittler … Sie werden verstehen, warum wir diesen Berichten mehr Glauben schenken als den »Presseerklärungen auf CNN«, die das FBI nachfragenden Journalisten empfiehlt. Wir wissen nicht, ob die Aussagen der Nachbarn, Barkeeper und der Freundin, die uns einen anderen Atta als den der offiziellen Legende schildern, wahr sind. Was wir aber wissen, ist, dass jeder Untersuchungsrichter, jeder Staatsanwalt, jeder Kongressausschuss, der der Tat des 11. 9. und dem hauptverdächtigten Top-Terroristen wirklich nachgehen würde, auf diese Widersprüche gestoßen sein müsste – wir also beileibe nicht die Ersten sein können, denen sie auffielen.

Was aber hätte ein Ermittler zu tun, dem solch eine Kette widersprüchlicher Indizien auffällt? Er hätte sie abzuarbeiten und die einzelnen Zeugenaussagen auf mögliche Irrtümer, Verwechslungen, Lügen abzuklopfen, um sodann das Täterprofil entsprechend zu korrigieren. Der Grad der Unverdächtigkeit der Zeugen spielt bei der Bewertung ihrer Aussagen natürlich eine Rolle. Dass zum Beispiel ein Vater seinen Sohn in Schutz nimmt, ist nahe liegend, weshalb der Aussage von Vater Atta, sein Sohn habe ihn noch am 12. 9. angerufen, keine allzu hohe Beweiskraft eingeräumt werden kann. Wenn aber dann einem, der ihn gut kannte – in diesem Fall Dekkers, dem Chef von Huffman Aviation –, auffällt, dass sein Gesicht auf dem Steckbrieffoto tot wirkt, könnte man auf den Gedanken kommen, dass es nach seinem Tod aufgenommen wurde, was dem »Beweis« des Vaters wiederum ein Stück mehr Wahrscheinlichkeit bescheren würde: »Wenn ich mir dieses Bild in den Zeitungen ansehe, verstehen Sie vielleicht, was ich meine: kalt, kein Leben in seinem Gesicht, kein Ausdruck in seinem Gesicht. Wenn ich glücklich bin, lächele ich, wenn ich böse bin, schaue ich böse – dieser Typ hatte einfach ein kaltes Gesicht.« *[50]*

Dekkers meinte das im übertragenen Sinne, aber angesichts des doppelten Atta könnte es auf makabre Weise wahr sein. Aus den vielen Indizien ergibt sich, dass entweder eine zweite Person gleichen Namens sich in der Nähe und auf den Spuren des realen Atta bewegte und Attentatsspuren »wie von einer trampelnden Elefantenherde« (Andreas von Bülow) legte – oder dieser Doppel-Atta wird von einem einzigen Super-Doppel-Agenten verkörpert. Beide Attas sind von der Bildfläche verschwunden, bis auf die zweifelhaften Anrufe beim Vater. Einen Beweis für die Täterschaft auch nur eines Einzigen der bei den gibt es nicht. Wer aber steuerte dann die AA 11? Der Frage gehen wir noch nach. Erinnert sei hier noch einmal an die Aussage, dass seine Vermieterin Vonnie LaConca ihn nicht als den Piloten wiedererkannte: »Das erste Foto, das sie uns zeigten, war der Pilot, der in das erste Gebäude gekracht war … Es war nicht Mohammed.« Es scheint, dass Mrs. LaConca mit demselben Atta zu tun hatte, der sich am 25. August bei American Airlines ein »Frequent Flyer«-Konto einrichtete *[51]*, weil er auch bei dem anstehenden Flugjob am 11. 9. Meilen sammeln wollte … und ganz offensichtlich im Leben noch einiges vorhatte.

Der doppelte Jarrah

Schon am 18. September, also etwa zu eben der Zeit, in der sich auch die angeblichen Hijacker lebend gemeldet hatten, erschien bei CNN folgender Bericht aus dem Bekaatal im Libanon, wo die Jarrahs als angesehene Familie leben:

»Familie eines verdächtigten Entführers macht Identifizierungsfehler geltend.« Diesmal war es nur die Familie, die protestierte. Ziad Jarrah selbst meldete sich nicht, nie mehr. Zumindest nicht per Telefon. Aber per Post. Angeblich war es Jarrah, der seiner Freundin einen Abschiedsbrief schickte. Dieser Brief kam nicht an, weil Jarrah wohl die Adresse (die auch seine eigene war) seiner Freundin vergessen hatte. Aber Wochen zu spät, im November 2001, geriet der Brief direkt in die Hände der Ermittler. Ein Bekennerschreiben aus dem Reich der Toten frei Haus. Weder Aysel, Jarrahs Freundin, noch die Familie konnten Handschriftvergleiche machen. Und die Fingerabdrücke? Die blieben, wie immer, eine Sache, die CIA und FBI hübsch für sich behielten. *[52]*

Noch drei Tage früher, am 15. September, hatte der Nahost-Korrespondent des Independent, Robert Fisk, Alamri, den Wohnort der Jarrahs, aufgesucht. Die Szenen des Unglaubens und der Trauer, die er beschreibt, kontrastieren scharf zu den uns sonst bekannten Szenen, wenn im Nahen Osten Selbstmordattentäter sich und unschuldige Israelis in die Luft gesprengt haben (jubelnd-stolze Familienangehörige). Freunde und Kommilitonen von Ziad haben ihn als einen lebenslustigen sunnitischen Muslim beschrieben, der auch mal fünfe gerade sein lassen konnte, was bei den vorgeschriebenen fünf täglichen Gebeten schon mal dazu führte, dass das eine oder andere ausfiel. Vorehelich trieb er sich bei Aysel herum und lebte mit ihr zusammen.

»Da war etwas an Ziad Jarrah, was eine Menge Leute hoffen, wenn nicht gar schließen ließ, dass Aysel Recht hatte und die Ermittler falsch lagen – dass ein fürchterlicher Fehler gemacht worden und dass er kein Massenmörder war.« So schreibt die Los Angeles Times, erwähnt jedoch mit keinem Wort, dass Jarrah eventuell noch leben könne.

[53] Hat er sie alle getäuscht, die Eltern, die Freunde, die Freundin? War er einfach diabolisch, der Mann?

Es war der Journalist Paul Thompson, dem wir die ersten Hinweise auf ein Doppelgängerwesen bei den Attentätern verdanken, da die eingangs angeführte CNN-Meldung keine weitere Verbreitung fand. Ziad Jarrah, der in Hamburg nicht mit den anderen in der Marienstraße, sondern (vorehelich!) mit seiner türkischen Freundin zusammenlebende Libanese, erschien ihm auf den verschiedenen FBI-Fotos nicht identisch zu sein, und er fand zudem heraus, dass Jarrah – so wie Atta – die seltsame Fähigkeit gehabt haben muss, an zwei Orten zugleich sein zu können. *[54]* Wir müssen wohl abermals davon ausgehen, dass wir es auch hier nicht mit einer Person, sondern mit zwei sich ähnelnden Männern zu tun haben.

Der Boston Globe meldete am 25. 9. 2001, dass schon 1995 eine Person namens Ziad Jarrah ein Apartment in einem Dreifamilienhaus in der East Third Street in Brooklyn, New York, gemietet hatte. Das Mietverhältnis (Fotos von »Ziad« von den Vermietern »identifiziert«) dauerte demzufolge von März 1995 bis Februar 1996. Und weiter: »Ein anderer Mann namens Ihassan Jarrah lebte mit Ziad zusammen, fuhr einen Lieferwagen und zahlte die monatliche 800-Dollar-Miete. Die Männer waren ruhig, hatten gute Manieren, sagten »Guten Tag« und »Auf Wiedersehen« *[55]* Ziad Jarrah hatte eine Kamera bei sich und sagte seinen Vermietern, er sei Fotograf. Hin und wieder schaute eine Prostituierte vorbei.

Nur lebte Ziad eben, und das ist das Problem, zu dieser Zeit bei seiner Familie im Libanon. Er war 20 Jahre alt, studierte an einer christlichen Schule in Beirut und hatte häufig Kontakt mit seiner Familie, inklusive Wochenendbesuchen. *[56]* Erst im April 1996 verließ er den Libanon das erste Mal, um in Deutschland zu studieren. *[57]* Und so nimmt auch seine libanesische Familie an, es müsse angesichts des New Yorker Jarrahs eben zwei Jarrahs geben.

Weit bekannter als diese Geschichte aus den Jahren 1995 und 1996 ist die vom 30. Januar 2001, als ein Ziad Jarrah mehrere Stunden auf dem Dubai International Airport in den Vereinigten Arabischen Emiraten verhört wurde. Die CIA hatte um diese Vernehmung gebeten und den örtlichen Behörden Jarrahs Ankunft aus Pakistan auf dem Rückweg nach Europa bekannt gegeben. Es ging dabei um Jarrahs Afghanistanaufenthalt. *[58]* Er habe zugegeben, in Afghanistan gewesen zu sein, wie die Chicago Tribüne am 13. Dezember 2001 meldete. Spätere Ermittlungen hätten ergeben, dass er sich im Januar 2001 mindestens drei Wochen lang in einem Ausbildungslager von Al Qaida in Afghanistan aufgehalten habe. US-Behörden wurden über die Ergebnisse des Verhörs informiert, noch bevor er den Flughafen verließ.

So weit, so gut. Niemand hat je bestritten, dass Jarrah an diesem Tag Dubai durchquerte, bis auf den Aspekt, dass die CIA nie zugab, die Befragung angeordnet zu haben – so CNN am 1. August 2001. Das ist also nicht das Problem. Nur nahm er just zu dieser Zeit Flugunterricht im Florida Flight Training Center. Vom 15. bis zum 18. Dezember 2000 erhielt er angeblich die Zusatz ausbildung auf dem Boeingsimulator. Der Betreiber des Simulators spricht gar von Jarrahs Anwesenheit bis zum 15. Januar. *[59]* Seine Familie bestätigt sodann seine Ankunft im Libanon am 26. Januar, fünf Tage vor dem angeblichen Transit in Dubai. Sein Vater hatte gerade eine Herzoperation gehabt, und Jarrah besuchte ihn jeden Tag im Hospital. *[60]* Es fällt schon etwas schwer, diese Aufenthalte jeweils über viele Wochen auf dem jeweils anderen Teil der Erde unter einen Hut zu bringen. Es scheint, als müsse es zwei Ziad Jarrahs geben.

Der Spiegel wirft einen weiteren Aspekt in die Debatte ein. Unter der Überschrift »Alle für dumm verkauft« behauptet er: »Fahnder durchleuchten das abenteuerliche Leben eines Verwandten von Todespilot Ziad Jarrah. Der Mann arbeitete nicht nur für die Stasi, sondern angeblich auch für Gaddhafi – und den BND.« *[61]* Gemeint mit dem Verwandten ist Jarrahs Cousin Assem, den er, da Assem seit Jahren schon in Greifswald lebte, 1996 als Anlaufadresse benutzte, um Deutsch zu lernen. Und schon 1988 sei in Griechenland eine Flugzeugentführung unter dem Codewort »Jarrah« geplant gewesen. Dadurch ergibt sich ganz zwanglos eine Verbindung Terror-Jarrahs Cousin-11.9.: »Denn in den Trümmern des Flugzeugs, das Ziad nahe Pittsburgh in den Boden rammte, haben Ermittler Assems Visitenkarte gefunden. Darauf handschriftlich vermerkt: die Hamburger Anschrift eines Bekannten von Mohammed Atta.«

Woher weiß der Spiegel das? Das kann nur jemandem gesteckt werden, der auf dem Schoß eines Schlapphuts sitzt. Nur wird das dadurch glaubwürdig? Wird hier nicht eher mit Dreck geworfen, um einen Jarrah-Verwandten zum Schweigen zu bringen?

Denn die geplante griechische Flugzeugentführung anno 88 kann allein aufgrund des Alters von Ziad niemals mit ihm zusammenhängen. Also nur mit dem Cousin aus Greifswald. Der lebte dort jedoch nicht inkognito, sondern hervorragend integriert unter seinem Namen. Also bestand doch seit einem Dutzend Jahren die Möglichkeit, Herrn Assem Jarrah nach diesem »Codewort« zu fragen. Wenn jedoch an einer Geschichte nichts dran ist, gelten ursprünglich Verdächtige gemeinhin als unschuldig.

Und zur Visitenkarte: Ziad soll der Entführer gewesen sein, also hatte er die Visitenkarte seines Cousins bei sich. Warum eigentlich? Er wusste doch, wo er bei ihm 1996 in Greifswald gelebt hatte. Wegen der Adresse eines Kumpels von Atta? Die konnte er doch sonst wo notieren – warum ausgerechnet auf der Visitenkarte seines Cousins? Klingt alles etwas aufgesetzt.

Der doppelte Hanjour

Wie anhand der Manipulation der Passagierlisten zu sehen ist, steht nicht einmal fest, ob die »Attentäter«, die sich nicht als quicklebendig outeten, also eigentlich tot sein müssten, überhaupt an Bord waren. Das gilt insbesondere für Hani Hanjour: »Sein Name stand nicht auf der Passagierliste der American Airlines, weil er möglicherweise kein Ticket gehabt hat«, behauptet die Washington Post. *[62]* So kann es kommen. Da will man die USA terrorisieren und vergisst, ein Ticket zu kaufen. Und wird dann wohl im Handgepäck vom Kollegen eingeschmuggelt. Das führt somit dazu, dass ganz am Anfang nur von 18 Entführern die Rede war, dann auf 19 nachgebessert wurde. Anhand der Geschichte der Larsons und der Bukharis sowie der generellen Offenhaltung der Passagierlisten wird deutlich, dass geschoben wurde, dass Namen fehlten und Geschichten nachgeliefert werden mussten.

So von Tim O'Meilia, einem Redakteur der Palm Beach Post: »Am 31. August gingen Hanjour und Moqed zum A. T.S.-Reisebüro in Totowa, N. J., wo Hanjour ein First-Class-One-Way-Ticket für den Flug 77 kaufte. Moqed machte die Konversation und suchte den Sitz BI für Hanjour aus, den Sitz, der dem Cockpit am nächsten war.« *[63]* Da fragen wir mal ganz unschuldig: Wenn er ein Ticket kauft, warum ist er dann nicht auf der Passagierliste? Geht das überhaupt? Natürlich geht das nicht. Nachgeschobene Lügen haben eben den Nachteil, manchmal nicht zu passen. Es gibt überbuchte Flüge mit Wartelistenstatus für diejenigen, die für »no-shows« einspringen können. Eine rechtzeitige Buchung führt aber immer dazu, dass der betreffende Fluggast in der Passagierliste auftaucht. Hanjour hätte also eingebucht sein müssen – ebenso wie sein Freund Moqed, dem das im selben Reisebüro laut FBI ja offenbar gelungen war.

Bei Hanjour entwickelt sich der Trick mit den nachgeschobenen Geschichten zu einem ausgesprochenen Missgriff: »Ein Mann mit demselben Namen wie einer der verdächtigten Entführer, der eine Boeing 757 in das Pentagon jagte, übte im Juni an einem Flugzeugsimulator in einer Flugschule in Phoenix. Das berichtete die Schule am Mittwoch. Hani Hanjour war Mitglied des Sawyer School of A viation's Simulatorclubs, was ihm für 200 Dollar pro Monat einen unbegrenzten Gebrauch des Flugsimulators der Schule ermöglichte. Der Simulator ähnelt in Bezug auf die Geräteschalter einem Kleinflugzeug. Es gibt keine Ähnlichkeiten zwischen dem Flugsimulator und dem Cockpit einer Boeing 757, ließ die Schule verlauten. Eine Angestellte der Flugschule, die sich nur als Marlene ausgab, wollte nicht bestätigen, ob der Hanjour an der Schule dieselbe Person wie der verdächtigte Entführer war. Der FBI-Sprecher in Phoenix, Ed Hall, verweigerte jeden Kommentar.« *[64]*

Also: Ein Hanjour tötet sich und andere, indem er eine Boeing in eleganter Sinkkurve ins Ziel lenkt – und dafür trainierte er auf einer Cessna und einem Flugsimulator, der mit einer Boeing nichts zu tun hat, sowie angeblich in San Diego auf einem PC-Flugsimulator. Das sind vier unterschiedliche Maschinen. Beeindruckend. Und diese Marlene lässt uns im Unklaren, ob ihr Hanjour überhaupt der Hani Hanjour war, den sie vom FBI-Plakat her kannte und der die AA 77 so gekonnt in das Pentagon jagte, dass die Fluglotsen dachten, es sei ein Militärflieger: »Der unidentifizierte Pilot flog eine so enge Kurve, dass es die Beobachter an das Manöver eines Kampfflugzeugs erinnerte.« *[65]* »Das Radar zeigte, dass Flug 77 in einer Abwärtsspirale nahezu eine komplette Umdrehung machte und dabei in 2,5 Minuten um 7000 Fuß sank.« *[66]* Handelt es sich hier wirklich um jenen Hanjour, der noch nach Hunderten von Flugstunden so hundsmiserabel flog, dass man ihm am Freeway Airport in Bowie, Maryland, einem Vorort von Washington, nach einem Testflug nicht einmal eine Cessna ausleihen wollte? *[67]* Die Zurückhaltung von Marlene ist umso bedauerlicher, als sich Hani Hanjour zum fraglichen Zeitpunkt, also im Juni 2001, vielleicht in Florida aufhielt. Oder auch in Las Vegas. Obwohl er doch laut New York Times seit 1996 in Phoenix lebte. *[68]* Ein weiteres Rätsel dieses Falls. Zugleich Flugsimulatorstunden in Phoenix und in Florida, zudem noch Aufenthalte in Las Vegas? Bei scharfer Arbeitsdisziplin lässt sich das allerdings schaffen, wir können es nicht ganz ausschließen.

Dass Hanjour einen Pass, der noch bis 2001 gültig war, nicht weiter nutzte, muss uns auch nicht stutzig machen. Die allfällige Begründung der Schlapphüte wäre sowieso, er habe den ersten Pass halt verloren gemeldet und sei mit einem zweiten eingereist, um die Stempel aus Afghanistan zu vertuschen. Dass er dabei die Schreibweise seines Namens änderte (oo/ou), ist auch noch auf trickreiche Nutzung arabischer Transkription rückführbar. Dass aber seine Schrift so ganz anders ausfällt, grenzt schon an einen bemerkenswerten Verwirrungswillen. Hanjoor 1996 schreibt rechtsgeneigt, Hanjour 2000 links geneigt. Versuchen Sie mal kyrillische oder arabische Buchstaben zu schreiben: Natürlich krakeln Sie dabei ungelenk wie ein Kind, das schreiben lernt. Aber das »Gefälle« wird sich nicht wesentlich ändern, auch nicht im Laufe der Jahre. Außer es handelte sich um zwei Personen, von denen die eine die andere zu imitieren versucht. *[69]*

Dass der Hanjour aus Phoenix die »oo«-Variante war, fanden schon andere heraus. Dass dieser Hanjoor jedoch schon 1990 in den USA Englisch lernte, schrieb – unter der Überschrift »Hijacker Entered U. S. in 1990, Officials Believe« – bisher nur Tim O'Meilia für den Cox News Service am 15. Oktober 2001: »Hanjour, der aus Taif in Saudi-Arabien stammt, war erst 19, als 1990 das erste Mal in den USA über ihn berichtet wurde. Er schrieb sich in einen achtwöchigen Kurs »Englisch als Zweitsprache« an der University of Arizona in Tucson ein, wo sein älterer Bruder studiert hatte. Trotz des Kurses und der Zeitdauer, die er in den Vereinigten Staaten verbrachte, blieb seine Beherrschung der Sprache bruchstückhaft, wie Autoverleiher, Vermieter und Hotelangestellte aussagten …

Im November 2000 bewarb er sich abermals im ELS Language Center in Oakland, Kalifornien – dieses Mal für einen einmonatigen Intensivkurs in Englisch … Die Berlitz-Angestellten bemerkten nicht, dass Hanjour die Schule schon einmal zuvor besucht hatte, weil er seinen Namen 1998 Hanjoor buchstabierte; aber seine Angaben über Geburtsdatum und Heimatstadt waren identisch mit denen der Bewerbung des Jahres 2000.« *[70]*

Das Rätsel, wie jemand, der erstmals 1990 mit einem »ou« einreist, zehn Jahre später mit einem »oo« einreisen kann, würde sich in Wohlgefallen auflösen, wenn man den

Gedanken zuließe, dass es sich dabei um zwei verschiedene Personen handelt.

Der Hanjour mit »ou« wurde dann am 1. August 2001 in Arlington, Virginia – ganz in der Nähe des CIA-Hauptquartiers gestoppt, weil er zu schnell unterwegs war: »Hanjour fuhr einen beigen Chrysler Van mit einem Nummernschild aus New Jersey, als ihn die Arlingtoner Polizei um 3.19 Uhr nachmittags herauswinkte. Hanjour präsentierte einen Führerschein aus Florida, der besagte, er lebe in Miramar, Florida, obwohl er doch anderen Berichten zufolge eine New Yorker Adresse hatte.« *[71]* Überhaupt nicht auffällig, wenn einer mit Arizona-Vergangenheit, aber in New York wohnend, in einem New-Jersey-Auto und mit einem Florida-Führerschein in Virginia zu schnell fährt. An den wird man sich erinnern.

Die Parallele zu Jarrah ist offensichtlich. Freundlicherweise und zum Vorteil der US-Staatskasse überweist er sein 100-Dollar-Ticket (70 Dollar Strafe und 30 Dollar Gebühren) drei Wochen vor dem 11. 9. – wohl weil er fürchtete, sein Leichnam werde sonst nach dem 11. 9. vor Gericht gestellt.

Der Widerspruch, dass ein Selbstmordattentäter kurz vor dem Anschlag noch brav seine Strafmandate bezahlt, wirkt freilich bescheiden im Vergleich zu der Tatsache, dass der »Terrorpilot«, der in einem komplizierten Manöver das Pentagon traf, kaum eine Cessna fliegen konnte. Jim Yardley schrieb am 4. Mai 2002 unter dem Titel »A Trainee Noted for Incompetence«: »Mr. Hanjour ... wurde der Luftfahrtbehörde FAA im Februar 2001 gemeldet, nachdem Ausbilder an seiner Flugschule in Phoenix seine Flugfähigkeiten derartig kläglich und sein Verständnis des Englischen derartig unzureichend fanden, dass sie anfragten, ob seine Pilotenlizenz echt war.« *[72]* Marilyn Ladner, ihres

Zeichens Vizepräsidentin der Pan Am International Flight Academy, die die Flugschule in Phoenix betreibt, meinte, das dortige Personal habe Hanjour nun wirklich nicht für einen möglichen Flugzeugentführer gehalten – sondern eher für eine Gefahr für die Luftfahrt: »Die Fluglehrer hatten Bedenken, dass so jemand eigentlich nicht in der Luft sein sollte.« Ein anderer Angestellter sagte, Hanjour habe weiter bezahlt, um an einem Simulator für die Boeing 737 zu üben: »Bis heute bin ich von den Socken, dass der in das Pentagon geflogen sein soll. Er konnte doch überhaupt nicht fliegen.« *[73]*

Sapperlot. Der Mann war eine aeronautische Niete, obwohl er doch geübt hat wie verrückt: auf der Cessna, auf einem PC-, einem Kleinflugzeug- und jetzt gar auf einem 737-Simulator. Ganz offensichtlich wurde hier wieder einmal ein zweiter Mann angeheuert, der unter falschem Namen Spuren legen sollte. Alle Indizien deuten darauf hin. Beweisen können es nur die, die Zugang zu den Akten haben. Doch an einer wirklichen Identifizierung der »Hijacker« ist offenbar niemand interessiert.

Beweise, die nichts beweisen

Neun Leichen

Kaum waren die Anschläge geschehen und die Schuldigen benannt, begannen die Aufräumarbeiten. Zwar protestierten die Feuerwehrleute, die in der noch rauchenden Schutthalde von Ground Zero weiter nach Überlebenden suchen wollten, gegen das schnelle Anrücken der Abrissfirmen, doch ohne Erfolg. In diversen Internetforen wurde und wird die hektische Betriebsamkeit, mit der nicht nur die WTC-Trümmer beiseite geschafft, sondern auch der Absturzort in Pennsylvania gesäubert und der Pentagonflügel geräumt (Erteilung des Neubauauftrages schon am 14. 9.!) wurden, als »systematische Beweisvernichtung« diskutiert. In den Folgetagen des 11. 9. wurden allerdings noch erheblich weiter reichende Fakten geschaffen.

Ein skurriles Projekt, mit gewichtiger Bedeutung, war – bereits drei Tage später – eine eilige Gesetzesinitiative an das Repräsentantenhaus, mit der allen Opfern der Anschläge in einem einmaligen Akt posthum die US-Staatsbürgerschaft verliehen wurde *[74]* Doch was so hochherzig klingt, voller Edelmut und Großzügigkeit, hat Auswirkungen auf die Rechtsstellung der Toten und ihrer Hinterbliebenen. Im Positiven in Bezug auf Versicherungsansprüche und

Klagemöglichkeiten. Aber eben auch auf die Zugriffsmöglichkeiten auf Leichenteile, Gepäckstücke etc. Beweismaterial, das fremden Regierungen nun nicht mehr umstandslos ausgehändigt werden muss. Dazu gehörten insbesondere die Leichenteile, wie verkohlt, verstümmelt oder zerfetzt diese auch immer sein mochten. Absurd? Nein. Eine Leiche ist ein materieller Beweis in einem Kriminalfall. Mit den Mitteln moderner Gentechnik ist ihre Identität feststellbar, auch ohne Fingerabdrücke, ohne Zahnprofil.

Das gilt für die Hijacker. Wenn Ziad Jarrah nicht als »doppeltes Lottchen« existiert, müssen seine sterblichen Überreste sich unter den Leichen befinden, die in Pennsylvania gefunden wurden. Da alle Leichenteile der 40 Passagiere und Besatzungsmitglieder identifiziert und an deren Angehörige ausgeliefert worden sind, müsste es sich bei den vier, die übrig bleiben, nach Lesart der offiziellen Version um die Attentäter handeln. Gleiches gilt für die Leichen aus der AA77, die ins Pentagon stürzte.

Am 16. August 2002 berichtete CNN, dass die sterblichen Überreste von neun angeblichen »Hijackern« noch auf Eis liegen die fünf aus der AA77 und die vier aus der UA 93. *[75]* In der zugrunde liegenden AP-Meldung wird zwar kein Aufbewahrungsort für diese Leichen genannt, aber immerhin mitgeteilt, in wessen Obhut sie sich befinden: in der des FBI. Ausführlich kommt Chris Kelly, Sprecher des Armed Forces Institute of Pathology, zu Wort, der sich lang und breit über das Verfahren auslässt, mit dem man Leichenteile zuordnet und identifiziert, wenn man erst einmal keine weiteren Anhaltspunkte hat, der sich aber darüber ausschweigt, dass auch die »Attentäter« jahrelang Wohnungen in den USA hatten, mit Haar- und Zahnbürsten und allen sonstigen Hinterlassenschaften, die man für eine ordentliche vergleichende Genanalyse braucht. Dass die Leichen immer noch beim FBI verwahrt seien, liege schlicht und einfach an den saudischen Familienangehörigen, die ihre Toten nicht abholten.

Die Pittsburgher Post Gazette hatte noch am 20. 12. 01 geschrieben, die sterblichen Überreste der Passagiere der UA 93 ergäben keine Anhaltspunkte für eine Identifizierung. Der Somerset County Coroner (Leichenbeschauer, Gerichtsmediziner) Wallace Miller führte aus, dass die Pathologen vom FBI und die DANN-Spezialisten von der Armee an den Leichen arbeiteten. Weder konnten sie an ihnen die Teppichschneiderwunden nachweisen, die sich einige der Passagiere zugezogen haben müssen, sofern es vor dem Absturz wirklich zu dem angeblichen Handgemenge gekommen ist, noch, ob schon jemand vor dem Aufschlag tot war. Dieser Mangel an Beweisen ist zwar aufgrund des Crashs mehr als plausibel, heißt aber im Klartext, dass sich die Story vom Angriff der Passagiere auf die Hijacker gerichtsmedizinisch nicht belegen lässt. Mehr noch: Während auf den Totenscheinen der Passagiere und Besatzungsmitglieder jeweils die Namen und als Todesursache »Mord« verzeichnet wurden, steht auf denen der angeblichen Entführer jeweils »John Doe« (also die Chiffre für »unbekannt«) und »Selbstmord« .

Das war, wie angeführt, der Stand von Dezember 2001 und August 2002: keine Identifizierung. Bis dato hat sich unseres Wissens daran nichts geändert.

Dabei ist doch bekannt, wo Jarrah in der Nacht zum 11. 9. übernachtete. Kein Haar, keine Schuppe im Hotelzimmer? Wir wissen, wo seine Familie im Libanon wohnt. Sie wurde besucht und interviewt. Keine Blutprobe von Vater und Mutter? Seine türkische Freundin in Deutschland – nicht ein einziger Anhaltspunkt wie zum Beispiel eine Zahnbürste für einen Abgleich der Gene?

Gleiches oder Ähnliches gilt für die sterblichen Überreste der anderen acht »Attentäter«. Es ist sachlich ein Humbug, von ihrer prinzipiellen Unidentifizierbarkeit auszugehen. Die Identität der Leichen wäre aufklärbar. Aber weil es offenbar niemand so genau wissen will, werden sie wohl auf ewig auf Eis liegen. Oder sie werden verbrannt und damit ebenso »entsorgt« wie so viel anderes »definitive« Beweismaterial auch.

Es gibt einen weiteren unbeachteten Aspekt bei diesen Leichen der angeblichen Attentäter, denn speziell bei der UA 93, der Pennsylvaniamaschine, ist der Fundort der menschlichen Überreste wichtig. Wenn bei einer jeden Untersuchung ein Flugzeugabsturzes auch noch das kleinste Blechteil zusammengesucht und sogar zusammengesetzt wird, dann gilt das natürlich auch für Leichen und ihre Teile. Das ist nicht nur theoretisch so, sondern in dem Artikel der Post Gazette wurde ausdrücklich erwähnt, dass nach der Weihnachtspause 2001 die Suche weitergehen sollte.

Und natürlich werden dabei sämtliche Fundstücke – ob Blech, ob abgerissene Hand, Gepäck- oder Technikteil – kartografiert und fotografiert. Wir bestehen überhaupt nicht darauf, dass uns alle schockierenden Details im Internet zur Verfügung gestellt werden müssten. Da gehen die Würde der Toten und die Rechte der Angehörigen allemal vor. Aber eine Übersichtskarte wäre eigentlich schon zu erwarten. Erinnern wir uns an den »Bodenseecrash« mit der Tupolev am 1. Juli 2002, bei dem die Verteilung der Trümmer (und ob hier oder da noch Leichen aufzufinden waren) detailliert und mit der Faszination der Katastrophenberichterstattung in unserer Presse dargestellt wurde. Eine derartige Karte zum Beispiel des National Transportation Safety Board (NTSB, Flugunfall-Untersuchungsstelle) würde – da Vergleichsinformationen von Hunderten vergleichbarer Abstürze vorliegen – zweifelsfrei ergeben, wo der Körper des Flugkapitäns, eines Hijackers oder eines der mutigen Passagiere gefunden wurde.

Wenn auch beim Aufprall einige Körper aus dem Flugzeug geschleudert worden sein mögen, werden sich angesichts der wilden Flugbewegungen, die die UA 93 in den letzten Minuten ausführte, viele Passagiere angeschnallt haben, weshalb ihre Leichen gewiss zumeist in ihren Sitzen zu finden waren. Damit fallen diese schon einmal als aktiv Handelnde aus jeder Betrachtung heraus. Wenn sich ein Flugzeug mit der Spitze in den weichen Waldboden bohrt – und so soll es bei der UA 93 gewesen sein: fast im Sturzflug und mit angeblich 575 mph *[76]* –, dann kann ein Passagier nicht zuunterst in der Einschlagstelle liegen, egal wie wild alles durcheinander geworfen wurde.

Anders gesagt: Die Passagiere der Businessclass sind auch zuerst gestorben, und die, die hinten saßen, starben Sekundenbruchteile später. Was bedeutet, dass sehr genau feststellbar sein muss, wer sich im Cockpit befand. Dafür sorgt die »Schichtung« von Material und Leichen. Und gerade diese zeitlich und räumlich »ersten« Leichen müssen relativ gut erhalten geblieben sein, denn wenn sich ein Flugzeug mit dieser Wucht etwa 15 Meter tief in den feuchten Waldboden bohrt *[77]*, kann die Explosion der physisch viele Meter später folgenden Flügeltanks nicht mehr zu vernichtenden Verbrennungen geführt haben.

Es ist schon seltsam, dass der Öffentlichkeit solche Informationen vorenthalten bleiben, obwohl es sie geben muss, da ja alle Leichen außer denen der »Entführer« identifiziert wurden. Im Cockpit, speziell in den Pilotensesseln, saß – wer? Die Piloten – was wir vermuten, ohne es beweisen zu können – oder die »Entführer« selbst anstelle der Piloten, die als Helden verehrten Passagiere, die die Hijacker überwältigt hatten, oder eine »Mischung« von allen? Die Angehörigen des Passagiers Todd Beamer, der mit dem kolportierten Kampfruf: »Let's roll!« die Auseinandersetzung angezettelt haben soll, und ebenso die Öffentlichkeit haben ein Recht darauf, zu erfahren, ob er es in das Cockpit geschafft hatte. Oder ob die ganze Geschichte nicht schlicht ein riesengroßer, auf Patriotismuserzeugung abgestellter Schwindel war. Wie gut erhalten die Leichen gewesen sein müssen, ist (folgt man der FBI-Beweiskette) ablesbar an einem Detail, das das FBI selbst herausgab: am leicht angebrannten Foto von Ziad Jarrah, das angeblich aus dem Wrack der Pennsylvaniamaschine stammt. Es müsste doch ein Wunder sein, wenn von einem Papierfoto mehr übrig wäre als von dem Toten, den es zeigt.

Zusammengefasst: Wir gehen davon aus, dass die Ermittlungsbehörden sehr wohl wissen, um wen es sich bei den angeblichen Hijackern handelt, weil genug Beweise verfügbar sind, anhand derer sich ihre Identität feststellen lässt. Wenn jedoch diese Feststellung öffentlich nicht erfolgt, legt das den Schluss nahe, dass der Beweis »Leichen und ihre Funde« einfach nicht das beweist, was bewiesen werden soll.

Gefälschte Passagierlisten

Die Originale der Passagierlisten der vier Todesflüge sind bis heute nicht veröffentlicht worden. Die zunächst so verständlich klingende Erklärung der Fluglinien lautete, man veröffentliche nur die Namen der Opfer und nicht die der Täter, man habe zudem noch nicht alle Familien erreicht gehabt, um sich das Einverständnis zur Veröffentlichung zu holen. Daraus müsste man schließen können, dass nur diejenigen Opfer aufgeführt wurden, deren Hinterbliebene damit einverstanden waren. Was übereinstimmt damit, dass auf den anfänglich veröffentlichten Listen nicht nur die angeblichen Entführer, sondern auch andere Namen noch fehlten. Das klingt also plausibel und pietätvoll. Ist es aber nicht.

Es gibt eine Anfangsversion pro Passagierliste, weltweit ist das so, bei jedem der Zigtausenden von Flügen pro Tag. Beim Check-in wird sie benutzt, um die Bordkarten auszugeben, und beim Einsammeln der Bordkarten wird gegengecheckt, ob alle Passagiere an Bord sind. Andernfalls wird die betreffende Person namentlich am Flughafen ausgerufen (»Herr Meier, bitte sofort zum Gate 23«), und wenn das nichts hilft (weil Herr Meier zum Beispiel plötzlich erkrankt ist, weil er gerade eine Flugangstattacke erleidet etc.), wird ihr Koffer wieder ausgeladen. Es könnte ja ein Trick sein, um eine Bombe in den Flieger zu schmuggeln. Wie oft passiert das? Ziemlich selten. Wichtig ist nur die konkrete Identifizierbarkeit aller Passagiere aufgrund einer (!) Liste. Da muss im Falle eines Crashs nichts mehr zusammengestellt oder gerechnet, sondern nur noch ausgedruckt werden: N amen mitsamt den zugewiesene Sitznummern.

Stellen wir uns einen konkreten Fall vor. Zunächst existiert der Name: zum Beispiel John Smith. Der wurde eingebucht per Internet oder Reisebüro – und schon ist das Konto, eine Kontakttelefonnummer und meist auch die Adresse da. So weit – so leicht. Bei Inlandspassagieren. Bei Ausländern schon ein wenig komplizierter. Da aber oft im Falle eines Crashs die Angehörigen selbst die Airline kontaktieren und nicht umgekehrt, ist die Frage einer Benachrichtigung kein Hexenwerk. Welchen Inhalts aber kann diese Benachrichtigung nur sein? »Wir haben einen Passagier namens John Smith auf der Liste.« Mehr nicht. Rechtsverbindliche Identifizierung kann man das nicht nennen. Und das geschulte Personal, das jede Fluggesellschaft in solchen Fällen abzieht, um als Team die Familienangehörigen zu betreuen, muss sich aufgrund von möglichen Namensverwechslungen usw. äußerst zurückhaltend verhalten, insbesondere am Telefon.

Woher soll nun in einer solchen noch unklaren Situation eine Erlaubnis zur Veröffentlichung von Namen kommen? Airline Telefonistin an Supervisor: »Eben rief hier eine Frau Smith an, ob ihr Mann auf der Liste steht. Darf ich ihr bestätigen, dass er tot ist?« Soll das am 11. 9. etwa so passiert sein? Wie sollen keine 48 Stunden nach dem Crash für jedes der vier Flugzeuge rechtsverbindliche Unterschriften der dazu berechtigten Opferangehörigen vorgelegen haben, die Namen der getöteten Passagiere zu veröffentlichen? Im Land der Millionenklagen bei Rechtsstreitigkeiten? Kurz und gut, Namensveröffentlichungen ohne Zustimmungspflicht der Angehörigen sind rechtlich durchaus statthaft (denn wie sollte sonst die berühmte Auskunft am Telefon gegeben werden …?). Es handelt sich dabei nicht um zweifelsfreie Identifizierungen, sondern bloß um Namen auf einer Liste. Vergleichbar mit den Lottozahlen: ohne Gewähr.

Somit aber hätten die Listen auch sofort in aller Vollständigkeit veröffentlicht werden können. Was jedoch an die Öffentlichkeit drang und dort auf heftiges Interesse stieß, waren Passagierlisten mit mehr oder minder grossen Auslassungen. Es fehlen insbesondere alle arabisch klingenden Namen.

Sind diese Auslassungen nun ein Indiz für bewusste Manipulation? Andersherum: Entzieht nicht allein die Tatsache, dass die Passagierzahlen veröffentlicht worden sind, jedem Manipulationsverdacht die Grundlage? Nein. Denn diese reinen Zahlen sind sofort medienamtlich, kaum dass eine Maschine abgestürzt oder entführt worden ist (»Flug Lufthansa 365 von X nach Y mit 156 Passagieren«), und sie sind nachträglich kaum zu fälschen. Von der Bodenabfertigung bis hin zu den beauftragten Fremdfirmen (Catering) wissen eine Menge Beschäftigte, wie viele Passagiere in einem bestimmten Flieger an Bord sind. Zahlenangaben müssen einfach »passen«, ob da nun manipuliert wird oder nicht. Anders die Namen der Passagiere. Die lassen sich, im Falle eines Falles, jederzeit geheim halten. Und wenn Hunderte von FBI-Agenten ausschwärmen und zu ermitteln beginnen, dürfte so ein Fall gegeben sein, in dem dann nur wenige, vielleicht sogar keine Flughafenangestellten oder Airlinebediensteten Kenntnis davon erlangen können, unter welchen realen oder fiktiven Namen die Absturzopfer eingecheckt haben.

Der Vorwurf der Manipulation ist natürlich ein harter. Aber wir stolpern da zum Beispiel über einen Artikel im Honolulu Advertiser, wo am 18. September 2001 berichtet wurde, Jude und Natalie Larson seien nicht unter den Opfern der AA 11 – also jener Boeing 767, die in Boston gestartet war und in den Nordturm des WTC einschlug. Das wäre eigentlich keine Meldung wert, wenn nicht Judes Vater Curtis Larson, wohnhaft auf der Hawaii-Insel Maui, eine Woche zuvor just das Gegenteil behauptet hätte. »Larson berichtete Reportern am 11. 9., er habe erfahren, sein Sohn und seine Schwiegertochter seien an Bord der verhängnisvollen Maschine gewesen. Die Namen von Jude und Natalie Larson fanden sich landesweit in allen Zeitungen und im Internet auf der Opferliste.« *[78]* Der angeblich tote Sohn aber sagte, er sei noch nie in Boston gewesen, und dementierte bei der Gelegenheit gleich noch diverse weitere biografische Details, die ihm angedichtet worden waren. Woraufhin die Sprecher der American und auch der United Airlines eilig versicherten, dass es keinen Jude und auch keine Natalie Larson unter den Flugopfern gebe.

Der Schluss liegt nahe, Larson senior habe sich wichtig machen wollen, auf Kosten seines Sohnes und dessen Frau. So etwas kann passieren, aber ein übler Scherz hat keinen Beweiswert. Wenn nicht – wenn nicht eine der ersten Listen im Netz, die Liste der CNN vom 13. 9., die Larsons ebenfalls aufführen würde.

Wie kommt CNN in den Stunden nach den Crashs an die Listen? Durch das FBI natürlich, nicht etwa durch die Fluggesellschaften. Und nun setzt CNN also, weil auf Maui ein durchgeknallter Trottel etwas vom Tod seines Sohnes erzählt und der Sender dem FBI jetzt nicht mehr traut, einfach so mir nichts, dir nichts weitere Personen auf die Liste? Ohne Kommentar? Ohne Nachfragen? Das ist vollkommen abwegig. Eher kann man mit an Sicherheit grenzender Wahrscheinlichkeit davon ausgehen, dass niemand anderes als das FBI die Larsons ursprünglich auf die Liste gesetzt hatte. Wenn am 18. 9. die bei den Fluggesellschaften pflichtschuldigst beteuern, das Ehepaar Larson stünde nicht auf den Listen, sich zu dieser Korrektur aber nicht bemüßigt sahen, als am 13. 9. durch CNN das Gegenteil behauptet wurde, dann haben wir es mit einem ziemlichen Rätsel zu tun, wie und warum so etwas passieren kann. Jude Larson selbst erfuhr erst am 16. 9., dass er eigentlich tot sei. Darin erging es ihm also ebenso wie so einigen »Hijackern« – und auch wie einem Piloten namens Adnan Bukhari, von dem am 14. September 2001 der deutsche Nachrichtensender NTV berichtete: »Zwei Brüder wurden offenbar zu Unrecht verdächtigt. Ein Mann, der ursprünglich von US-Behörden als einer der Flugzeugentführer identifiziert worden war, soll noch leben. Das erfuhr der NTV-Partnersender CNN von einer namentlich nicht genannten Quelle. Demnach steht das FBI in Kontakt mit Adnan Bukhari, der die Pilotenschule in Vero Beach (Florida) besucht hatte. Ein Möbelhändler sagte, er habe Bukhari nach den Anschlägen gesehen und die Behörden informiert. Auch Ameer Bukhari, Bruder von Adnan, der ebenfalls als Flugzeugentführer identifiziert worden war, soll mit den Anschlägen nichts zu tun haben. Ein Rechtsanwalt der Familie Bukhari erklärte, Ameer sei im vergangenen Jahr bei einem Flugzeugabsturz mit einer kleinen Maschine in Florida ums Leben gekommen. Tatsächlich findet sich auf der Internet-Site www.tcpalm.com eine Meldung vom 20. September 2000 über den Absturz von Ameer Bukhari.« *[79]*

Auf der Zunge zergehen lassen sollte man sich die Formulierung »als Flugzeugentführer identifiziert worden«. Das bedeutet im Klartext: Bereits vor dem 14. 9., an dem die offizielle und dann nicht mehr veränderte FBI-Liste der 19 Hijacker veröffentlicht wurde, lag NTV (und anderen) also eine Liste der »identifizierten« Täter vor eine Liste vom 12. oder 13. 9. mit den Namen der Bukharis. Auf welcher Grundlage konnten aber deren Namen überhaupt nur auf eine der Passagierlisten geraten, wenn doch einer der Bukharis schon lange tot war und der andere sich zwar bester Gesundheit erfreute, aber keinen der vier fraglichen Flüge gebucht hatte? Nur die fixe Reaktion von Adnan Bukhari selbst hat wohl dazu geführt, dass wir postwendend zwei andere »Entführer« als ihn und seinen verblichenen Bruder Ameer präsentiert bekamen.

Was zeichnete beide aus, um als Entführer genannt zu werden? Saudi-arabische Herkunft plus in Florida erworbene Flugkenntnisse – das sind offensichtlich die Grundkomponenten des imaginierten Täterprofils. Und was hat beide vom Verdacht befreit? Dass Adnan nach dem 11. 9. noch lebte, was ein Unbeteiligter – eben jener Möbelhändler – so überzeugend zu Protokoll gab, dass ihm schlecht zu widersprechen war. Mohammed Atta hatte – bis auf seinen ihn noch nach dem 11. 9. als lebend meldenden Vater – offenbar keinen derartigen Fürsprecher.

Zwischenstand: Allzu viele Möglichkeiten, die Manipulation der Passagierlisten nachzuweisen, haben wir ohne Akteneinsicht und vom Ausland her natürlich nicht. Wir mussten aber wenigstens einen Beweis antreten, der sich auf einen hinzugefügten oder ausgelassenen Namen stützt – und zwar jenseits der weltweit vorverurteilten 19 angeblichen Hijacker. Die Quelle, das war unser Kriterium, sollte nicht arabischer Herkunft oder sonst wie »verdächtig«, sondern über alle Zweifel erhaben sein. Bitte – der Beweis ist angetreten.

Für die letzten Zweifler sei noch auf ein besonderes Schmankerl verwiesen. Wenn man nämlich der Washington Post glauben darf, hat es Hani Hanjour irgendwie geschafft, ohne Ticket zu fliegen: »Sein Name stand nicht auf der American-Airlines-Liste für den Flug, weil er kein Ticket gehabt haben könnte … « *[80]* »Because he may not have had a ticket« – das ist wirklich toll und erklärt vielleicht auch das Mirakel, warum (bis auf Atta) angeblich keiner der 19 »Hijacker« von den Flughafenkameras in Boston und anderswo aufgenommen wurde. Wer ohne Ticket fliegen kann, bleibt auch ansonsten unsichtbar. Im Falle Hanjour, so kann man sich das Rätsel vielleicht erklären, hat irgendeine »Ermittlungsinstanz« geschlampert und seinen Namen einfach nicht rechtzeitig in die Passagierliste hineingefälscht.

Die Handyanrufe

Gäbe es eine zivilisierten Standards angemessene polizeiliche und richterliche Ermittlung der Terroranschläge des 11. 9., wäre der Ablauf der Ereignisse an Bord der Maschinen längst geklärt. Zentrale Beweismittel dieser Ermittlung hätten sein müssen: die Flugdatenschreiber, die Voice Recorder – und die Dokumentation der Handyanrufe.

Handyrechnungen weisen grundsätzlich alle Verbindungen, ihre Gesprächsdauer und die jeweilige Uhrzeit aus. Die Rechnungen der Opfer sind somit ein unverzichtbares Beweisstück um den Ablauf der Ereignisse an Bord zu rekonstruieren. Aber soweit bekannt, sind sie ermittlungstechnisch nie ausgewertet worden, geschweige denn an die Öffentlichkeit gelangt. Und auch die Aufzeichnungen der Telefonate selbst sind nie veröffentlicht worden. Denn nicht nur Anrufbeantworter, sondern auch die Geräte der Notfallzentralen zeichnen konstant alle Gespräche auf. So müsste zum Beispiel das Telefonat Todd Beamers samt aller Gebete und samt dem »Let's roll«-Schlachtruf aufgezeichnet worden sein. Stattdessen zirkulieren in den Medien nur die zahlreichen Zeugenaussagen. Wir treten nun nicht an, die dort zitierten leidenden Angehörigen falscher Aussagen zu bezichtigen, geben aber zu bedenken, dass solche den juristischen Sachverhalt des Gesprächswiedergaben »Hörensagens« erfüllen, in den USA als »hearsay« bekannt. Prinzipiell ist das Problem des Hörensagens, dass der Berichtende nicht genau zitiert. Die Gründe sind vielfältig und meist nicht böswillig. Aus einem »Auto«, von dem irgendjemand berichtet, wird ein »Pkw« (obwohl es auch ein Lkw hätte sein können) und umgekehrt. Daten werden vertauscht, spätere Informationen hinzufantasiert, weil es eben so »passt«.

Die Vorstellung, dass aus den Flugzeugen heraus noch in letzter Minute telefoniert wurde, ist absolut plausibel. Anders als die Anrufe aus den brennenden Türmen des WTC sind die aus den Flugzeugen jedoch nicht nur Dokumente der Tragik, sondern Beweismittel in einem Kriminalfall. Wir haben es nicht geschafft, eine Übersicht über alle aus den Boeings geführten Telefonate zu finden oder diese anhand der Presseberichte selbst zu erstellen. Hoffentlich macht sich noch ein Forscher an diese Sisyphusarbeit. Aber wir können doch ein paar Zuordnungen treffen. Es gab Telefonate mit rein persönlich-emotionalem Charakter, letzte Abschiedsworte – in denen von den Vorgängen an Bord keine Rede war –, und es gab solche, die Rückschlüsse auf das erlauben, was sich in den vier Flugzeugen abspielte. Nur letztere interessieren uns – und damit können wir die meisten der Telefonate in gebührendem Respekt ad acta legen. Diese Kategorien werden zudem noch von zwei weiteren auch nicht unwichtigen Kategorien überlagert: »gut verständlich« oder »voller Störungen«. Ein über Handy geführtes, kurzes, schlecht verständliches, hochemotionales und von einem betroffenen Angehörigen wiedergegebenes Telefonat bietet – egal für welche Auslegung – wenig Substanz.

Beschäftigen wir uns also mit den wenigen gut verständlichen, aussagekräftigen und wegen ihres informativen Gehalts entscheidenden Telefonaten. Die haben seltsamerweise fast allesamt ein gemeinsames Charakteristikum: Sie wurden von Personen im Dienst der Regierung oder der Fluggesellschaften kolportiert. Und das Auffällige ist: Just diese Telefonate mit »Offiziellen« enthalten die für den gesamten Fall zentralen Schlüsselstorys (Stichworte: »Araber«, »Entführung«, »Teppichmesser« usw.). Ausnahmen scheinen nur die Anrufe von Lauren Grandcolas, Tom

Burnett, Jeremy Glick und Mark Bingham zu sein, die weiterer Untersuchung bedürfen. Sie sind nicht mit »Offiziellen«, sondern angeblich mit Angehörigen geführt worden, aber was von ihnen bekannt geworden ist, klingt teilweise so seltsam, dass man ziemlich ins Grübeln kommt. So zitiert etwa MSNBC, das News Portal von Microsoft und dem Fernsehsender NBC, aus dem Telefonat von Bingham: »Mom, this is Mark Bingham.« Wann haben Sie sich zuletzt bei Ihrer Mutter mit Nachnamen gemeldet *[81]* Wenn Sie sich fragen, in welche Richtung man dabei denken darf, würden wir sagen: in alle. Von der Stimmenimitation bis zu erfundenen Passagieren mit Schauspieler-Verwandten. Der Film »Wag the Dog« führt so etwas als spielerische Groteske vor, die hübsche, heulende, angebliche Krankenschwester aus Kuwait machte es 1991 als medienwirksames Drama, auch wenn es sich dabei in Wirklichkeit um eine Lügeninszenierung handelte. Die junge Frau war die Tochter des kuwaitischen Botschafters in Washington und hetzte mit ihrer Gruselstory von den Irakis, die Babys aus Brutkästen rissen, die Welt in den vorletzten Golfkrieg. Es war die PR-Agentur Hill & Knowlton, die den Gag ersonnen hatte.

Schnee von gestern? Nein. Auch zur Jahreswende 2002/2003 wurden wieder einmal Terroristen frei erfunden und ihnen alle möglichen Taten, Orte, Merkmale angedichtet. Wobei man nie so genau weiß, wie weit die Fantasie der Ermittlungsbehörden reicht und wo die Medien sie bereitwillig ergänzen. Da gab es die Geschichte der fünf Terroristen, die von Kanada aus die Grenze zur USA überquert hätten und nach denen nun landesweit gefahndet wurde. Eine Geschichte, die zum Beispiel den pakistanischen Juwelier Mohammed Ashgar mächtig erstaunte, als er sein Konterfei als AP-Steckbrieffoto mit dem Namen

Mustafa Khan Owasi dann auch in seiner pakistanischen Heimatzeitung vorfand. Er war – wie manche der 19 angeblichen Attentäter – nie in den USA gewesen. *[82]*

In Deutschland undenkbar? Erinnern Sie sich zum Beispiel noch an das Terroristenpärchen von Heidelberg, das angeblich dringend eine Bombe in einer US-Kaserne legen wollte? Dieses Ammenmärchen sorgte im September 2002 für Furore, und was wurde da nicht alles berichtet: Aussagen von Zeugen, Beweise, Motive – einfach alles. Klammheimlich verschwand die Geschichte dann wieder in den Archiven, weil sich am Ende herausstellte, dass der junge Mann kein größeres Verbrechen begangen hatte, als sich Düngemittel anzuschaffen. Daraus lässt sich, wie jeder Oberschüler aus dem Chemieunterricht weiß, mit Ach und Krach etwas Böllergrundstoff für Silvester basteln. Mehr nicht. In diesem Fall nur für die beiden jungen Leute ein Albtraum, was Politik und die Medien mit ihnen trieben. Am Ende standen 18 bzw. sechs Monate Gefängnis wegen Diebstahls und Verstoßes gegen das Betäubungsmittelgesetz. Drei Jahre zuvor hatte ein ähnliches Manöver mit einem ganzen Staat stattgefunden: Jugoslawien. Die haltlosen Horrorstorys sind mittlerweile in verschiedenen Büchern beschrieben. Ein leibhaftiger Bundesminister erging sich über einen ominösen »Hufeisenplan«, den es nie gegeben hatte, und beschrieb mit aller Chuzpe, wie böse Serben Albanerfrauen die Föten aus den Bäuchen gerissen hätten – zum Grillen. Der Spiegel druckte das. Wichtig ist die Funktion: erst die Hetze, dann der Krieg. Womit wir wieder beim 11. 9. und den angeblich alles beweisenden Telefonaten aus den Flugzeugen wären.

Die Geschichte von Ted Olson hatten wir schon in VVG angesprochen, aber es sind weitere Aspekte hinzugekommen. Zunächst eine Korrektur. Theodore »Ted« Olson ist als Solicitor General nicht der Generalstaatsanwalt und also unserem Generalbundesanwalt nicht vergleichbar. Dann stände er für den Staat, hieße Attorney General und wäre offiziell regierungsunabhängig. Er übt jedoch den im deutschen Recht unbekannten Job des »Kronanwalts« aus. Konkret heißt das, dass Ted Olson die Regierung Bush vor dem Obersten Gericht vertritt. Auf ihn ist beispielsweise das Votum von 5:4 Stimmen zurückzuführen, mit dem das Oberste Gericht George W. Bush trotz mangelnder Mehrheit und der Wahlfälschungen in Florida das Tor zum Weißen Haus aufriss. Olson, der Kronanwalt, ist also nichts weniger als Bushs »Königsmacher«. Dass der sich am 11. 9. in Sarasota, Florida, aufhielt, hatte mit dieser leidigen Angelegenheit zu tun, denn am Ende der betreffenden Woche wollten sich die Demokraten in Miami treffen, um über das weitere Vorgehen gegen den Wahlbetrug zu beraten – ein Vorhaben, das dann wahrscheinlich wegen Sinnlosigkeit gecancelt wurde. *[83]* Was das mit dem Telefonat zu tun hat? Eine berechtigte Frage. Ted Olson ist Partei und insofern nicht unbefangen, was die Wiedergabe der Worte seiner Frau anbelangt. Wir wissen nicht, ob er überhaupt mit ihr gesprochen hat. Wir wissen allerdings, dass er in seinen Berichten darüber in der Essenz immer dasselbe sagte, sich in relativ unwichtigen Details jedoch widersprach. Olson wird sich als Kronanwalt der Bedeutung seiner Aussage nur allzu bewusst gewesen sein. Aber es geht um seine Glaubwürdigkeit, und da zählen die allgemeine Problematik des ›Hörensagens‹ ebenso wie seine berufliche Rolle und die kleinen Widersprüche, in die er sich verstrickt hat.

Was ist der Plot seiner Behauptung? Seine Frau Barbara – eine bekannte konservative Fernsehjournalistin – habe ihn aus der AA 77 (der Pentagonmaschine) angerufen, ihn nur schwer erreichen können, ihm aber dennoch deutlich berichtet, dass Entführer mit Teppichmessern die Maschine gekapert hätten und die Passagiere bedrohten. Und sie habe ihn gefragt, was sie machen solle.

Wichtig ist das alles, weil einzig und allein dieser Anruf nach dem 11. 9. der Öffentlichkeit das »Aha«-Erlebnis bescherte, wie es denn möglich sein konnte, dass vier Entführerteams auf einen Schlag vier Maschinen in ihre Gewalt brachten. Bevor der hoch angesehene Olson seine Version der Dinge zum Besten gab, stand die Welt vor einem Rätsel, und nun wussten alle Bescheid: Teppichmesser! Damit entfielen alle lästigen Nachfragen über die Sicherheitskontrollen auf den Flughäfen, und Olson beglaubigte zugleich einen Umstand, den ohnehin keiner in Frage gestellt hatte: nämlich die Existenz von Entführern. Ab jetzt passte alles schön zusammen.

Nun zu den kleinen Widersprüchen. Noch einmal ganz deutlich: Die einzige Ursprungsquelle für alles jetzt Folgende ist nur Ted Olson!

»Unbemerkt von den Hijackern war die Passagierin und politische Kommentatorin Barbara Olson, 45, in der Lage, ihren Gatten – Solieitor General Ted Olson – über ihr Mobiltelefon anzurufen.« *[84]* »Es war Olson, von dem die Welt als Erstem über den Gebrauch der Teppichmesser als Waffen erfuhr – und sie (Barbara) fragte nach seinem Rat, erinnerte er sich später in der Larry-King Show, »was sie dem Piloten sagen solle.« *[85]* Barbara Olsons Anrufe bzw. das, was ihr Mann davon erzählte – sind der einzige Beleg für die Teppichmessergeschichte. Ohne dass die Hijacker es mitbekommen hätten, schaffte ausgerechnet und nur sie es, dann aber auch gleich zweimal, ihren Mann anzurufen, der zufällig die Regierung Bush in der Frage der Legitimität ihrer Macht vertritt. Wir erfahren zudem, dass der Pilot offenbar bei ihr hinten in der Maschine sitzt, nicht fliegt, aber auch nicht telefoniert, sondern dies sinnigerweise ihr überlässt. Die Unstimmigkeit der Story ist handgreiflich: Der Jurist soll der Fernsehfrau erzählen, was der Pilot zu tun habe – und nicht etwa telefoniert der Pilot mit seinen Terrorspezialisten bei Fluggesellschaft oder FBI, was zu tun sei. Die Washington Post dagegen berichtet, dass die Entführer die Passagiere ausdrücklich aufgefordert hätten, ihre Verwandten anzurufen … *[86]*

Halten wir also fest: CNN widerspricht der Washington Post in der Frage, ob die Passagiere telefonieren durften oder nicht. Falls die Post-Version stimmig wäre, müsste es eine Menge derartiger Telefonate gegeben haben – warum sind sie dann unterschlagen worden? Und wie ist der Widerspruch in der Berichterstattung zu erklären? Mindestens eine dieser »seriösen« Quellen gibt nicht die Wahrheit wieder. Schauen wir uns an, wie die Olson-Geschichte in den Medien auftauchte und wie sich dabei (entscheidende) Details langsam veränderten: CNN, 11. 9. 2001: »Ihr Mann sagte, dass sie ihn zweimal aus dem American-Airlines-Flug 77 angerufen habe.« *[87]* Fox-News, 11. 9. 2001: »Olson erzählte ihrem Mann, dass das Flugzeug von Terroristen gekidnappt worden sei, die ›messerähnliche‹ Instrumente gezückt hätten.« *[88]* USA Today, 11. 9. 2001: »Kollegen ihres Mannes sagten: Nachdem sie und andere Passagiere im hinteren Teil des Flugzeugs zusammengetrieben worden seien, hätte sie ihr Handy herausgeholt und zweimal das Büro ihres Mannes im Justizministerium angerufen.« *[89]* Das Mediennetzwerk MSNBC, 12. 9. 2001: »Ein Freund, der anonym bleiben wollte, teilte mit, dass Barbara Olson zweimal ihr Mobiltelefon benutzte, um ihren Mann aus dem Flug AA 77 anzurufen … Wie verlautet sagte sie ihm: ›Kannst du das glauben? Wir werden entführt.‹ Polizeibeamte sagten aus, sie habe auch berichtet, dass die Angreifer messerähnliche Instrumente schwingen würden. Ihr Mann bestätigte die Berichte, dass sie in diese Entführung hineingeraten war: ›Ich wünschte, es wäre nicht wahr, aber es ist SO.‹« *[90]*

Wie bitte? Herr Olson bestätigt nur, was ein anonymer Freund zu berichten weiß und ans FBI weitergegeben hat? Hat er sie womöglich selbst gar nicht gesprochen, oder ist dieses unwesentliche Detail eine solche Nebensache, dass das »seriöse« MSNBC es nicht erwähnen mag? Dass in dieser Version anonyme Erzähler bemüht werden, spricht dafür, dass die Story am 12. 9. noch nicht ausgereift war und Ted Olson sie sich noch nicht zu Eigen gemacht hatte.

Newsday, 12. 9. 01: »Zusammengekauert im hinteren Teil des entführten Flugzeugs rief Barbara Olson verzweifelt und in letzter Minute ihren Mann an … Bob McConnell, ein Freund der Familie, sagte aus: Augenblicke, bevor das Flugzeug … ins Pentagon raste, teilte Barbara Olson, eine bekannte Konservative, ihrem Mann mit, dass die Maschine von einer Gruppe Männern mit Messern und ›Cardboard Cutters‹ entführt worden sei. Sie erwähnte keine Gewehre oder andere Waffen, sagte McConnell. Als sie per Handy mit ihrem Mann in dessen Büro sprach, fragte Barbara Olson ihn, was zu tun sie den Piloten auffordern solle, und wies damit möglicherweise darauf hin, dass sich der Pilot im Heck des Flugzeugs befand, wo die Hijacker die 58 Passagiere zusammengetrieben hatten.« *[91]*

Ted Olson bei Larry King, CNN, 14. 9. 2001: »Sie sagte mir, dass sie in den hinteren Teil des Flugzeugs getrieben worden sei. Sie erwähnte, dass sie Messer und ›Box Cutters‹ benutzten, um das Flugzeug zu entführen. Sie erwähnte, der Pilot hätte bekannt gegeben, dass das Flugzeug entführt worden sei. Ich glaube, das sagte sie. Und sie … Ich musste ihr sagen, das zwei Flugzeuge das WTC getroffen hatten.« *[92]*

Wenn der Pilot mit den Passagieren hinten zusammengepfercht ist, kann er nicht durchsagen, dass die Maschine entführt worden ist, und er braucht es auch nicht mehr zu tun, weil sich dann die Situation von selbst versteht. Saß er also doch noch vorne? Oder gab es da eine zeitliche Reihenfolge?

The Telegraph, London, 14. 9. 2001: »An dem Tag, an dem sie starb, hatte Barbara Olson ihren geplanten Flug verschoben, um zusammen mit ihrem Mann an dessen 61. Geburtstag frühstücken zu können. Kurz nach dem Start rief sie im Justizministerium an, wo ihr Mann arbeitet, um mitzuteilen, dass das Flugzeug entführt und die Passagiere hinten zusammengetrieben worden seien. Sie hatte sich auf der Toilette eingeschlossen und zehnmal anrufen müssen, bevor sie den Operator überreden konnte, die Gesprächskosten zu übernehmen.« *[93]*

Das ist nun wirklich übel und unfreundlich, die Telefonisten um die Übernahme der Kosten bitten zu müssen. Warum nur? Wieso taucht hier überhaupt die Geschichte eines Operators auf? Woher weiß der Telegraph – eine der seriösen englischen Tageszeitungen und einer der größten der 200 zum US-Medienkonzern Hollinger Inc. zählenden Titel – mehr und anderes als alle anderen? Sollte dieser besondere Informationsfluss damit zu tun haben, dass zum Aufsichtsrat von Hollinger Henry Kissinger und Richard Perle einer der schärfsten Bush-Falken – gehören? Festzuhalten bleibt jedenfalls an dieser Stelle, dass der Telegraph mit der Einführung des Operators den Grundstein zu einer neuen Legende legt. Am 5. März 2002 wird sie dann weitergestrickt, von Ted Olson persönlich und wiederum im Telegraph: »›Sie hatte Probleme durchzukommen, weil sie nicht ihr Handy benutzte, sondern das Telefon im Passagiersitz‹, sagt Olson. ›Ich glaube, sie hatte ihre Börse nicht und machte einen Collect-Call-Anruf. Und sie versuchte, im Justizministerium durchzukommen, was nie ganz leicht ist.‹« *[94]*

Die so genannten »Powerphones« der American Airlines *[95]* schlucken aber keinerlei Kleingeld, sondern wollen Kreditkarten sehen. Das jedoch macht die Sache mit dem Portemonnaie ebenso unsinnig wie die mit der Kostenübernahme. Was treibt also Olson dazu, knapp ein halbes Jahr nach seine ersten Statements nun mit einer völlig anderen Geschichte aufzuwarten? Warum waren es zuerst zwei Handyanrufe und wird jetzt mit Bestimmtheit behauptet, seine Frau habe ein bordeigenes Telefon benutzt? Hat ihn etwa jemand nach der Abbuchung auf der Kreditkarte oder nach der Handyrechnung gefragt? Wenn da jeweils nichts ausgewiesen wäre, dann, ja dann ließe sich der Wechsel von der alten Story zu dieser neuen Version erklären. Natürlich ist es im Grunde genommen völlig unwichtig, von wo aus der Anruf erfolgte. Das Handy (normalerweise ist die Benutzung in Flugzeugen verboten, aber wer schert sich schon in seiner Todesangst um so was) ist ein völlig normales und unproblematisches Telefon, um die Geschichte zu transportieren doch wenn Olson gesteigerten Wert darauf legt, von seiner ursprünglichen Geschichte in diesem Detail abzuweichen, muss er seine Gründe dafür haben.

Es sei noch einmal daran erinnert, dass es hier um das entscheidende Telefonat geht, mit dem die offizielle Legende der Entführungen von vier Maschinen durch Männer mit Teppichmessern geprägt worden ist. In jeder gerichtlichen Ermittlung der Tatumstände müsste dieses Beweiselement eine zentrale Rolle spielen und wäre Kronanwalt Olson einer der wichtigsten Zeugen. Geklärt werden müsste, welche der Versionen, die er dazu abgegeben hat, denn nun stimmt:

- Er telefonierte nicht direkt mit seiner Frau.
- Er sprach mit ihr zweimal direkt über Handy.
- Es war das AA-Telefon in der Rückenlehne, also kein Handy.
- Sie telefonierte heimlich, die Hijacker wollten nicht, dass telefoniert wurde.
- Sie wurde aufgefordert, zu telefonieren.
- Der Pilot war bei ihr hinten.
- Der Pilot war vorne und machte Durchsagen.
- Sie war allein, eingeschlossen in der Toilette.
- Sie befand sich mitten unter den anderen Passagieren.
- Sie kam im Justizministerium nicht durch, sondern blieb dort in der Warteschleife hängen.
- Sie kam nicht durch, weil sie erst in zehn Anläufen den Operator dazu überreden musste, das R-Gespräch anzunehmen.

Etwas viel Durcheinander für einen gewieften Kronanwalt, der immerhin Bushs Präsidentschaft vor Gericht durchboxte. Barbara Olsons letzte Handy- bzw. Kreditkartenabrechnungen jedenfalls sind, wenn schon keine »Smoking Gun«, dann zumindest ein rauchender Damenrevolver.

Nun könnte man noch einwenden, dass einem Mann, den der tragische Tod seiner Frau gewiss in tiefe Verzweiflung gestürzt hat, ein wenig mehr Nachsicht entgegenzubringen sei und seine widersprüchlichen Einlassungen deshalb nicht unbedingt auf die Goldwaage gehören. Doch diesen Einwand müssen wir zurückweisen, mit einem Hinweis des Solicitor General selbst: »Es ist leicht eine unbegrenzte Anzahl von Situationen vorstellbar, in denen die Regierung legitimerweise falsche Informationen ausgeben könnte.« So Ted Olson am 18. März 2002 in einer Aussage vor Gericht zum Thema Lügen in der Öffentlichkeit. *[96]*

Über weitere Telefonate und ihre Untauglichkeit, die »Entführung« zu beweisen

Schon am 11. September 2001 wurden Vermutungen geäußert, die Maschine der United Airlines, die in Pennsylvania abstürzte, sei möglicherweise doch abgeschossen worden. Als Beleg für einen möglichen Abschuss wird (außer den über viele Kilometer verstreuten Trümmern, außer dem Nichterreichen eines »Ziels«, dem Abschussbefehl Bushs nach dem Einschlag der AA 77 ins Pentagon, den Abfangjägern in der Nähe der UA 93 – also außer durchaus guten und belastbaren Gründen) häufig diese Geschichte zitiert: »Ein namentlich nicht genannter Passagier … schloss sich in einer der Flugzeugtoiletten ein und rief den Notruf 911. Die Angestellten, die den Anruf beantworteten, verlauteten, er hätte wiederholt gesagt: ›Wir werden gehijackt, wir werden gehijackt das ist kein Witz.‹ »Er hörte eine Art Explosion und sah weißen Rauch aus dem Flugzeug kommen, und wir verloren den Kontakt mit ihm«, so Glenn Cramer der Dienststellenleiter in Westmoreland.« *[97]*

Explosion – Rauch – Abbruch des Telefonkontakts … Diese Geschichte scheint wie geschaffen, einen Abschuss zu erklären. Nur hat sie leider diverse Schönheitsfehler. Wieso schließt sich da jemand auf dem Klo ein? Die anderen konnten doch frei telefonieren. Wieso ruft er die Notrufnummer an und erzählt, es sei kein Scherz? Es sieht fast so aus, als bezwecke dieser Anruf nur, die Geschichte der Explosion zu transportieren. Er wird – vorläufig nicht identifiziert. Warum eigentlich nicht? Wenn er die 911 anruft, ist jedes seiner Worte auf Tonband gespeichert. Damit müsste ein Transkript des genauen Wortlauts verfügbar sein. Aber das ist nie öffentlich gemacht worden. Zudem müsste die Stimme dieses Passagiers von Verwandten, Freunden, Kollegen identifiziert werden können. Da haben wir endlich mal die Stimme eines Opfers auf Band, aber erhalten auch dieses Beweismittel nicht. Eventuell deshalb, weil es den Anruf nie gab?

Später tauchte eine weitere Version dieser Geschichte auf: »Um 9.58 Uhr wurde ein 911-Notruf – der letzte Handykontakt von Flug 93 aus einer der Flugzeugtoiletten von Passagier Edward Felt getätigt. Glenn Cramer, der Notfallüberwacher, der ihn annahm, sagte an diesem Tag: ›Er war sehr aufgewühlt. Er sagte, er glaube, das Flugzeug komme runter. Er hörte eine Explosion und sah weißen Rauch aus dem Flugzeug kommen, aber nicht, woher. Und dann verloren wir den Kontakt mit ihm.‹ Glenn Cramer bekam jetzt vom FBI einen Maulkorb verhängt.« *[98]*

Nun sieht es so aus, als sei der Passagier doch identifiziert worden, aber Glenn Cramer darf uns nichts mehr sagen. Warum denn nicht? Man würde ihn schließlich gerne einmal interviewen. Wenn das Telefonat um 9.58 Uhr begann und bis zum Absturz dauerte, also fünf Minuten mindestens, müsste doch mehr zu erfahren gewesen sein als nur die bloße Mitteilung, man sei gehijackt worden. Warum sagte der Mann nichts zu den »Let's roll«-Plänen – hat er auf dem Klo nichts davon mitbekommen? Und dann gibt es da noch die Beobachtungen eines merkwürdigen Flugmanövers der UA 93 auf den letzten Meilen. So schrieb die Post Gazette am 12. September 2001: »Einige Zeugen berichteten, dass das Flugzeug kurz vor dem Crash in Rückenlage flog. Andere sagten aus, dass sie bis zu drei laute Donner gehört hätten, bevor die Maschine abstürzte.« Sollte es der Aufmerksamkeit dieses Passagiers entgangen sein, dass das Flugzeug sich um seine eigene Achse drehte? Es müsste ihm doch eine Erwähnung wert gewesen sein.

Auch ein weiterer Anruf aus der UA 93, der des »Let's roll«-Helden Todd Beamer, gibt Rätsel auf: »Beamer sagt Jefferson, dass einer der Passagiere tot ist. Er weiß nichts über die Piloten. Ein Hijacker hält sich im hinteren Flugzeugteil auf und behauptet, er habe sich eine Bombe an den Körper gebunden. Die Unterhaltung ist eindringlich, aber ruhig. Dann sagt Beamer: ›Oh Gott, ich glaube, wir gehen runter‹, und fügt hinzu: ›Nein, wir drehen uns.‹ An diesem Punkt, so spekulieren die Ermittler, flog einer der Hijacker fehlerhaft. Das Flugzeug verlässt die zugewiesene Flughöhe, und der Transponder wird ausgeschaltet.« *[99]*

Wieder eine Stimme, die eigentlich auf Band sein müsste. Doch leider … Beamer, heißt es, habe statt seiner Frau eine Telefonistin der Fluggesellschaft zur Telefonpartnerin erkoren.

Es wird uns ernsthaft berichtet, Beamer habe zu dieser ihm fremden Frau Zutrauen gefasst, weil sie denselben Vornamen hatte wie seine Frau. Und so betete er mit ihr, schilderte ihr seine Todesängste usw. – eben nicht seiner Frau, die er doch auch hätte anrufen können. Diese allerdings erfuhr erst drei Tage später davon offenbar nachdem die Story zurechtgefeilt war. *[100]* Als »Identifikation«, dass Jefferson wirklich mit Beamer gesprochen habe, diente der Spruch »Let's roll«. Nicht etwa die Tonbandaufzeichnung, sondern ein Allerweltsfootballspruch.

Szenenwechsel zur AA 11, aus der kurz vor dem Einschlag ins WTC ein weiteres »Schlüsseltelefonat« geführt wurde, wie BBC und die Los Angeles Times berichten. *[101]* Die Stewardess der AA 11, Madeline Sweeney, teilte nicht nur mit, dass einem Passagier und zwei Flugbegleiterinnen von den Hijackern die Kehle durchschnitten worden waren, sondern gab zur Identifikation der Attentäter auch deren Sitzplatznummern durch – Nummern, die nicht völlig mit den gebuchten übereinstimmten. Atta hatte laut veröffentlichten Passagierlisten den Platz 8D inne. Sweeney berichtete jedoch nur von Leuten aus den Reihen 9 und 10 und tat dies, so die Los Angeles Times am 20. September 2001, bemerkenswert ruhig und mit der Professionalität einer Stewardess, die die Nummern aus dem Effeff kennt. Sagt wer? Der »flight Servicemanager Michael Woodward« in Boston, laut BBC ein Angehöriger des Bodenpersonals. Ein Manager und Offizieller also, aber kein nahe stehender Kollege von Madeline Sweeney und auch kein Mitarbeiter, der ihre Stimme hätte identifizieren können.

Gerade, als Ms Sweeney die Sitznummern durchgab, drangen die Hijacker angeblich in das Cockpit ein, und in diesem Moment änderte das Flugzeug plötzlich den Kurs, worauf sie ihre letzten Worte sprach: »Ich sehe Wasser, ich sehe Gebäude, mein Gott, mein Gott! « *[102]* Man beachte den Zeitablauf: Erst wurden zwei Stewardessen und ein Passagier ermordet, dann erreichen die Hijacker das Cockpit, während Sweeney die Sitznummern durchgibt, und kurz darauf gibt es eine plötzliche Kursänderung, die direkt ins Herz Manhattans führt. Dann hätte das Telefonat aber etwa eine halbe Stunde dauern müssen, denn die einzige Kursänderung der AA 11 gab es an der »Wendestelle«, als die Maschine gegen 8.28 Uhr von ihrem Kurs Richtung Westen scharf nach Süden abdrehte – und auf ihrem Weg nach New York auch kein Wasser mehr überquerte (nur die UA 175 flog das letzte Stück zum WTC über das offene Meer an). Und die Hijacker hätten das Cockpit erst kurz vor dem Kurswechsel erreicht? Was machten denn die Piloten die ganze Zeit über, als ihre Passagiere bedroht bzw. ab gemetzelt wurden? Da passt nichts zusammen in der Sweeney-Story. Und wir können uns wieder einmal keinen Reim darauf machen, weil weder Transkript noch Originaltonband veröffentlicht werden. Abermals wird der entscheidende Inhalt von einem Offiziellen, von Supervisor Woodward, überbracht, der freilich nicht als zentraler Zeuge im Mittelpunkt steht, sondern als Nebenfigur anscheinend nur dazu dient, Neutralität und Glaubwürdigkeit der lancierten Geschichte sicherzustellen.

Ein Endlostelefonat bis zum Crash

Aus der AA 11 ist nicht nur der Anruf von Madeline Sweeney verbürgt – auch ihre Kollegin Betty Ong meldete sich um 8.21 Uhr per Telefon: »Die Flugbegleiterin Betty Ong ruft aus Flug 11 Vanessa Minter bei der Reservierung von American Airlines an. Lydia Gonzales hört ab 8.27 Uhr mit. Sie spricht 25 Minuten lang, bis das Flugzeug abstürzt. Das FBI sagt, dass nur die ersten vier Minuten aufgezeichnet wurden, aber will das Tonband nicht veröffentlichen.«.

Warum wird ein 25-minütiges Telefonat aus der Maschine nicht veröffentlicht, warum nur rudimentäre Angaben über seinen Inhalt?

»Mrs. Ong befindet sich anscheinend in der Mitte des Flugzeugs, aber andere Flugbegleiter geben ihr Informationen, was vorne geschieht. Sie sagt, die Hijacker hätten in der ersten Klasse etwas gesprayt, um die Leute aus dem vorderen Teil des Flugzeugs fern zu halten. Es brennt in ihren Augen, und sie hat Atemprobleme.«

Merkwürdigerweise hat ihre Kollegin Sweeney von dieser Sprayaktion, die Betty Ong den Atem nahm, nichts gemerkt.

Wenn wir diese drei Schlüsselstorys aus der AAll, der UA93 und der AA77 abschließend Revue passieren lassen, können wir nicht umhin, ihre Glaubwürdigkeit und ihre Beweiskraft in Zweifel zu ziehen. Dabei handelt es sich hier, darauf sei noch einmal ausdrücklich hingewiesen, um die entscheidenden Spuren, an denen der gesamte ins öffentliche Gedächtnis eingeprägte Verlauf des 11. 9. in wesentlichen Teilen hängt. Unsere Zweifel an diesen Telefonaten sind keine Missachtung der Opfer oder ihrer Angehörigen. Verhöhnt werden diese vielmehr durch jene systematische Nichtermittlung, aufgrund derer seit nunmehr fast zwei Jahren keiner der wahren Täter zweifelsfrei identifiziert, geschweige denn einer ihrer Hintermänner zur Verantwortung gezogen worden ist. Jeder neutrale Richter – wegen der weltpolitischen Dimension des ganzen Falls müsste er wohl von einem anderen Stern kommen-, der die Beweise für die offizielle Version der Ereignisse begutachten würde, müsste sie als fragwürdig zurückweisen bzw. weitere Ermittlungen fordern, um sie überhaupt zum Verfahren zuzulassen.

Im Klartext: Es gibt keinen handfesten Beweis, dass die 19 Männer, die als Täter behauptet werden, wirklich in die Flugzeuge eingestiegen sind und sie entführt haben. Damit ist das gesamte Szenario des 11. September, wie es die US-Regierung und der Posaunenchor der Medien seit diesem Tag verkünden, von nachprüfbaren Fakten nicht gedeckt.

Wir empfehlen Ihnen an dieser Stelle deshalb, sich probeweise von der Vorstellung zu verabschieden, dass 19 »Hijacker« mit Teppichmessern die Tat begangen haben. Versuchen Sie, sich in den Zustand zu versetzen, als Sie zum ersten Mal hörten: »Zwei Flugzeuge sind ins World Trade Center gecrasht.« Und stopp. Weitere Informationen gibt es nicht. Sie wissen nichts über die Täter, nichts über die Hintergründe. Auch wenn es schwer fällt, die in der größten Gehirnwäscheoperation aller Zeiten eingebrannten Informationen auszublenden, versuchen Sie es. Die Bilder der einschlagenden Flugzeuge und der einstürzenden Türme scheinen fest verknüpft mit der Botschaft von Bin Laden und seinen 19 Hijackern – aber sie haben nichts miteinander zu tun. Sie sind uns nur eingeprägt wie ein Pawlowscher Reflex. Um unbefangen auf diesen Fall blicken zu können, müssen wir uns von diesem Reflex befreien. Das heißt nicht, Bin Laden und die 19 von jedem Verdacht zu befreien, sondern erst einmal nur sich selbst von dem Vorurteil, dass gar keine anderen Verdächtigen in Frage kommen.

Eine kurze Geschichte des Nichtfliegens

»Eine Hand voll arabischer Terroristen hat mit drei koordinierten selbstmörderischen Angriffen auf die Zwillingstürme des Welthandelszentrums und das Pentagon nicht nur fassungsloses Entsetzen in der ganzen Welt ausgelöst. Fachleute haben sehr schnell die Frage gestellt, warum die stärksten Luftstreitkräfte der Welt nicht in der Lage waren, wenigstens den letzten Angriff auf das Pentagon zu verhindern ... Von Vorteil ist, dass sich die Zusammenarbeit zwischen militärischer und ziviler Flugsicherung im engen Luftraum der Bundesrepublik bewährt hat. In den langen Jahren des Kalten Krieges wurden täglich Alarmstarts von den Piloten der beiden deutschen Jagdgeschwader ›Richthofen‹ und ›Mölders‹ geübt.«

Hermann Hagena, Brigadegeneral a. V., Führungsstab der Luftwaffe, in: »Streitkräfte und Strategien«, NDR 4, 22. 9. 2001

Eines der größten Mysterien des 11. September ist die Tatsache, dass die Luftabwehr am Boden blieb. Über New York und Washington, also über dem Regierungsviertel der USA, blieb der sensibelste Luftraum der Welt fast zwei Stunden lang offenbar völlig unbewacht – und waren die Standardprozeduren der Luftraumüberwachung außer Kraft gesetzt.

Die ganz normale Routine

Um sich klar zu machen, was das bedeutet, stellen Sie sich einen normalen Linienflug von Hamburg nach Wien vor. Nach Erreichen der Reiseflughöhe geht die Anzeige »Bitte anschnallen« aus, begleitet von dem vertrauten »Ping«, der Geruch von Kaffee strömt aus der Galley, Sie sind guter Laune – doch dann werden Sie über die Bordlautsprecher informiert, eine Gruppe interessierter Passagiere bestehe auf einem anderen Reiseziel. N ach Madrid, Teneriffa oder Bombay. Eine Entführung. Was wird nun passieren? Müssen Sie befürchten, über größeren Städten, vor Atomkraftwerken oder bei Erreichen der Grenze von der österreichischen Luftwaffe abgeschossen zu werden? Oder dass von dem Drama niemand am Boden etwas mitbekommt, dass also der Verteidigungs- und der Innenminister und der Kanzler in aller Ruhe ihren üblichen Geschäften nachgehen? Müssen Sie nicht. Auch wenn Sie kein Luftfahrtexperte sind und keinen Pilotenschein haben wissen Sie, dass solche Annahmen unsinnig sind.

Was erwarten Sie also? Dass die Fluglotsen am Boden in wenigen Minuten merken, dass etwas nicht stimmt – und sei es nur, weil sich die Piloten nicht mehr über Funk melden. Oder weil es leichte Kursabweichungen vom gemeldeten Flugplan gibt. Wenn dann auch noch der Transponder ausfällt, dürfen Sie sicher sein, dass unten am Boden höchste Alarmstufe herrscht und eine Notfallroutine ausgelöst wird. Eine Routine wohlgemerkt, geübt und eingebimst, ohne Diskussionen oder Kompetenzgerangel. Dazu gehört die unverzügliche Information der höchsten Entscheidungsträger inklusive des Kanzlers.

Bei der Feuerwehr, beim Küstenschutz, der Bergwacht usw. gibt es überall solche Routinen, die im Notfall greifen, ohne dass Sie die Details kennen und kennen müssen. Erst recht beim Luftverkehr. Weltweit gilt hier in Notfällen (mit nur leichten Abweichungen) ein einheitliches Procedere, gestützt auf ein Netz von Verträgen und Abkommen der Luftverkehrsgesellschaften mit den Flughäfen, dem Militär, mit Katastrophendiensten. Die zivile und die militärische Luftüberwachung arbeiten zusammen. Die Kompetenzen sind klar geregelt, auch grenzüberschreitend.

Konkret für Deutschland bedeutet das: Das so genannte »Air Policing« ist nach NATO-Standards geregelt. Auch Luxemburg zum Beispiel wird mitversorgt, ohne eigene Abfangjäger einbringen zu müssen. In Deutschland sind in Friedenszeiten zwei Jagdgeschwader (im Verteidigungsfall mindestens vier) für das Air Policing zuständig: im Norden das JG71 »Richthofen« in Wittmund und im Süden das JG74 »Mölders« in Neuburg a. d. Donau. Ein Jagdgeschwader, in diesem Fall das JG73 »Steinhoff«, beschreibt auf seiner Homepage seine Aufgaben u. a. so: »Bekämpfung feindlicher Luftstreitkräfte in der Luft, Gestellung einer Alarmrotte (QRA), Identifikation von Luftfahrzeugen, Abdrängen von Luftfahrzeugen, Erzwingen von Landungen, Hilfestellung bei in Not geratenen Luftfahrzeugen … «

QRA steht für Quick Reaction Alert. Beim JG 74 »Mölders« sind zwei F-4F Phantom 365 Tage im Jahr rund um die Uhr im QRA-Status. Ihr letzter Einsatz (vor Redaktionsschluss dieses Buchs) datiert auf den 5. 1. 2003, als ein verwirrter Pilot mit seinem Motorsegler in Frankfurt/Main Aufsehen erregte: »Phantom-Kampfjets der Bundeswehr verfolgten das Kleinflugzeug über der Innenstadt. Die Jets aus Neuburg an der Donau waren voll bewaffnet«, meldeten die Agenturen – und sie waren innerhalb von Minuten in der Luft. *[103]* Beim QRA-Status geht es um die ständige Alarmbereitschaft von mindestens zwei Jägern. Wie darf man sich das vorstellen? Im Wachraum neben dem Hangar sitzen jeweils mindestens zwei Piloten (sowie weiteres Personal) in voller Montur, also in ihren Druckanzügen. Der Helm liegt griffbereit. Im Alarmfall fällt das Butterbrot oder die Zeitung aus der Hand und bleibt der Kaffee stehen. Im Hangar warten die Maschinen, betriebsbereit, d. h., alles ist auf Betriebstemperatur. Die Bodencrew zieht nach dem Einstieg nur noch die Leitern und die Anschlüsse weg, ein Wart nimmt die Kappen vom berührungsempfindlichen Staurohr, ein anderer reißt die Rollsicherung von den Rädern. Die Hangartore sind in der Zwischenzeit zur Seite geschoben. Das alles geschieht unter dem unüberhörbaren Jaulen der Alarmsirenen. Wenn alles gut geht, haben die Maschinen zehn Minuten nach Alarmbeginn die Startbahn erreicht und sind »ready zum Take-off«. Eine Übung wird hier meist abgebrochen. Im Ernstfall erhält der Pilot während seines Flugs die notwendigen Einzelheiten mitgeteilt. Aber was zu tun ist, wie das »Abfangen« funktioniert, das weiß er im Schlaf, das hat er Hunderte Male geübt. Das ist sein Job.

Und so etwas wird überprüft. Einmal alle 18 Monate (im Kalten Krieg alle zwölf Monate) stürzen sich ca. 130 NATO-Kontrolleure vom Tactical Evaluation Team für eine Woche auf die ca. 1 000 Mann eines Geschwaders und prüfen auf Herz und Nieren, was die mit ihren 20 bis 30 Maschinen anstellen können. Das ergibt, wie nicht anders zu erwarten, am Ende einen Bericht.

Das Verfahren ist sonnenklar. Die QRA-Mannschaft hat nach NATO-Standard 15 Minuten bis zum Abheben. Wird dieser Standard nicht eingehalten, kann sich der Geschwaderkommodore bald nach einem neuen Job umsehen. Zwölf Minuten sind besser, aber immer noch nicht gut, zehn Minuten normal. In 50 Jahren NATO ist dieser

Standard ständig verbessert worden. Gesetzt haben ihn die USA. Wer aber die Standards setzt, hält sie auch selber ein. Deshalb ist die US-Air Force eher noch besser als die Bundesluftwaffe beim Üben, Überwachen, Prüfen.

Sie sitzen noch immer in der Maschine Hamburg-Wien – und wissen nun, dass die Auffälligkeiten, mit denen so eine erzwungene Änderung des Reiseziels einhergeht, der Bodenkontrolle nicht verborgen geblieben sind, dass die Fluglotsen umgehend Alarm geschlagen haben und dass es auch in Deutschland Abfangjäger gibt, die daraufhin fix zur Stelle sind, um nach dem Rechten zu schauen.

Wie so etwas praktisch funktioniert, war erst am 10. Juli 2002 im deutschen Luftraum zu beobachten: Ein US-Militärflugzeug geriet unmittelbar nach dem Abheben von der Airbase in Ramstein in eine Notlage. In der Boeing 747 100 waren alle elektronischen Systeme ausgefallen.

Dieser Vorfall fand wenig Beachtung, weil die Öffentlichkeit noch ganz unter dem Eindruck des spektakulären Crashs über dem Bodensee stand, der sich eine gute Woche zuvor ereignet hatte. Erst am 13. 7. wurde er von der FAZ und von Spiegel-online aufgegriffen: »Der Pilot der vom US-Verteidigungsministerium gecharterten Maschine habe sich über Hessen nur noch über Flugfunk, mittels seines Gleichgewichtssinns und eines Kreiselkompasses orientieren können ... ›So eine Situation kann brisant werden‹, sagte der Sprecher der Deutschen Flugsicherung in Langen, Axel Raab. Es ist sehr ungewöhnlich, dass alles ausfällt. Die elektronischen Systeme seien zwei- oder dreifach gesichert. Wenn sie in einem deutschen Flugzeug ausfielen, übernähme die Bundesstelle für Flugunfalluntersuchung (BFU) in Braunschweig die Untersuchungen. Wie das bei einem amerikanischen Flugzeug sei, wisse er nicht.« *[104]*

Wir dürfen ergänzen: Es wäre wohl der National Transportation Safety Board (NTSB). Innerhalb kürzester Zeit stiegen zwei F-16-Jäger von der US-Airbase Spangdahlem bei Trier auf, um der havarierten Maschine zu helfen und sie beim Rückflug nach Ramstein zu eskortieren. Dieses und weitere Beispiele normalen Air Policings zeigen, wie solche Vorgänge routinegemäß ablaufen – selbst bei Sturm, Gewitter oder anderen Problemen, in Europa wie in den USA.

Keine Abfangjäger, nirgends

Der 11. September war ein wunderschön klarer Tag – ideales Flugwetter. Über den USA waren Tausende ziviler Maschinen in der Luft. Und keine Militärmaschinen? Nicht einmal im Übungseinsatz? Viermal gibt es Alarm; 100 Minuten verstreichen vom ersten Alarm, ausgelöst um 8.24 Uhr durch die AA 11, bis zum Crash der letzten Maschine, der UA93 über Pennsylvania; alle vier Maschinen legen zwischen der ersten Kursänderung und dem Crash genügend weite Strecken zurück, dass ein paar Abfangjäger hätten auftauchen, nach dem Rechten sehen und zunächst einmal ihren Beistand anbieten können. Aber nichts geschieht. Das ist absurd. Es ist völlig undenkbar. Stellen Sie sich zum Vergleich eine Feuerwache vor, bei der an einem schönen Spätsommertag vier Alarme eingehen und die einfach nicht ausrückt. Später, während die ausgebrannten Trümmer noch rauchen, heißt es zur Entschuldigung: Man sei von Fehlalarmen ausgegangen. Oder: Das Löschwasser habe ohnehin nicht gereicht. Oder: Man habe erst nach den Einsatzplänen suchen müssen. Oder: Alle Fahrzeuge hätten gleichzeitig eine Reifenpanne gehabt.

Nach dem 11. 9. tauchte in allen Diskussionen über das Rätsel der Abfangjäger sofort das unheilschwere moralische Dilemma auf, ob es denn überhaupt zu verantworten wäre, eine Zivilmaschine zum Abschuss freizugeben und Hunderte von unschuldigen Opfern in Kauf zu nehmen. Braucht es dafür nicht »neue Gesetze«? Nein, braucht es nicht, weil solche Fälle im NATO-Procedere längst klar geregelt sind. Aber die Diskussionen waren ohnehin am wirklichen Thema vorbei geführt. Denn Abfangjäger schießen nicht, zumindest in 99,9 Prozent aller Einsatzfälle. Abfangjäger schauen nach, überwachen, drängen ab, zwingen zur Landung, geleiten bei einem Instrumentenausfall oder einem plötzlichen Kollaps des Piloten usw. sicher zum Boden. Aber auf ein Passagierflugzeug schießen? Das ist so selten, dass diese Fälle im Gedächtnis der Menschheit eingebrannt bleiben: so etwa bei der koreanischen Boeing KAL007, die im September 1983 weit in den sowjetischen Luftraum eindrang, oder bei der IranAir 655, die von den Amerikanern am 4. Juli 1988 über dem Golf mit Raketen runtergeholt wurde, weil sie sie angeblich für eine angreifende F-14 hielten. Am 11. 9. konnte beim plötzlichen Kurswechsel und Funkausfall der Maschinen zunächst niemand wissen, ob sich die Frage eines Abschusses überhaupt stellen würde. Und weil sich gar kein Abfangjäger in der Nähe der entführten Boeings aufhielt, gab es auch niemanden, der diese Frage später hätte beantworten müssen.

Nur darum geht es also: um eine Feuerwehr, die nach einem Alarm schlicht nicht ausrückt.

Nach Angaben des Nordamerikanischen Luftverteidigungskommandos (NORAD) waren am Morgen des 11. 9.

im gesamten Land 14 Abfangjäger im QRA-Status -14 Maschinen, die dann nicht oder viel zu spät aufstiegen. Nur zehn Meilen von Washington entfernt befindet sich die Andrews AFB. Hier ist die Air Force One stationiert, die Präsidentenmaschine, hier landen Staatsgäste, die Bush die Hand schütteln wollen – und hier sind auch das 113. und 121. Kampfgeschwader der US-Air Force angesiedelt. Das ist sinnvoll sowohl für den Geleitschutz an- und abfliegender Maschinen inklusive der des Präsidenten als auch zur Sicherung des Washingtoner Luftraums, in dem es natürlich »no fly«-Zonen gibt, insbesondere der Raum unter 18 000 Fuß, der komplett tabu ist. Überwacht wird dieser sensibelste Teil der USA von der District of Columbia Air National Guard (DCANG). Die DCANG betreibt nicht nur Andrews, sondern seit dem 16. August 2000 auch eine eigene Homepage. Das Internet-Archiv www.archive.org vermerkt für das Jahr 2001 auf dieser Homepage folgende Bewegungen, wobei die Sternchen für die Updates stehen:

Feb 02 2001*; Feb 03 2001; Feb 08 2001; Mär 02 2001; Apr 02 2001; Apr 05 2001; Apr 19 2001; Sep 13 2001*; Sep 14 2001; Sep 15 2001; Sep 16 2001; Sep 17 2001; Sep 18 2001; Sep 19 2001

Am 13. 9. wurde die Homepage der DCANG also renoviert. Dabei ging es allerdings nicht nur um aktuelle Nachträge zu den jüngsten Anschlägen, also um Ergänzungen – es wurde auch gestrichen. Von der Homepage verschwand still und leise ein zentraler Satz, nämlich die bis dahin selbstbewusst proklamierte Aufgabenbeschreibung der DCANG: »DCANG-MISSION: To provide combat units in the highest possible state of readiness.« Was wir, der

Eindeutigkeit halber, übersetzen: »Aufgabe der DCANG: Kampfeinheiten im höchsten Bereitschaftsstatus zur Verfügung zu stellen.« Kampfeinheiten im höchstmöglichen Bereitschaftsstatus sind aber logischerweise und faktisch Einheiten im QRA-Status. Der gilt nicht für das gesamte Geschwader, aber eben für zwei oder drei Einheiten. Das ist so in Deutschland üblich, wie wir bereits wissen, das ist so in der gesamten NATO üblich – und damit auch und erst recht in den USA.

Wo waren diese QRA-Jets am Morgen des 11. 9.? Diese Abfangjäger, die das Pentagon, das Weiße Haus, die Air Force One und den Kongress verteidigen sollten und allein aufgrund ihrer Nähe dazu am besten geeignet waren? Sie waren nicht zur Stelle. Sie fehlten ebenso wie zwei Tage später jener schneidige Satz zur Mission der DCANG auf deren Homepage. Nun ist dort neuerdings, statt des »highest possible state of readiness«, nur noch von Transport, Übungsflügen, Ausbildung und anderem Trallala die Rede, mit denen die 113. und die 121. Staffel einzig und allein beschäftigt seien. *[105]* Und wer schützt nun den Luftraum? Wer den Präsidenten, ankommende Staatsgäste? Natürlich weiterhin die DCANG auf der Andrews Air Force Base – nur sagen sie es nicht mehr. Solche Kapriolen schlägt eine »Informationspolitik«, die ganz offensichtlich etwas zu vertuschen hat. Denn warum sonst ist dieses völlig selbstverständliche und harmlose »Mission Statement« von der Homepage der National Air Guard verschwunden? Doch wohl nur, weil bitte, bitte niemand nachfragen soll, warum genau diese zentrale Mission am 11.September nicht erfüllt wurde – und zwar sage und schreibe fast zwei Stunden lang. Erst nach dem Einschlag im Pentagon, nachdem die entführte Maschine zuvor in einem weiten Bogen über Washington und in aller Ruhe ihre Einflugschneise anvisieren konnte, erst dann stiegen die Abfangjäger von Andrews auf.

Nachdem wir mit dem Procedere der Luftkontrolle einigermaßen vertraut sind und den weltweit üblichen 10-Minuten-QRA-Status kennen, scheint die Betriebsruhe von Andrews und allen anderen im »Katastrophengebiet« liegenden Militärflughäfen am Morgen des 11. 9. äußerst ungewöhnlich und, um es vorsichtig auszudrücken, in jedem Fall erklärungsbedürftig zu sein. Um 9.06 Uhr, nach dem zweiten Einschlag in das WTC, griff die zivile Flugüberwachung, die Federal Aviation Administration (F AA), zu einer ihrer drastischsten Maßnahmen und sperrte zunächst den ganzen Luftkorridor zwischen Cleveland und Washington, kurze Zeit darauf dann den gesamten US-Luftraum. Allerspätestens um 9.06 Uhr hätten daher die QRA-Jäger von Andrews aus starten müssen. Die auf das Pentagon zusteuernde Maschine war zu diesem Zeitpunkt noch gut eine halbe Stunde entfernt.

»Fachleute haben sehr schnell die Frage gestellt, warum die stärksten Luftstreitkräfte der Welt nicht in der Lage waren, wenigstens den letzten Angriff auf das Pentagon zu verhindern«, stellt der eingangs zitierte ehemalige Luftwaffengeneral Hagena fest. Doch so offensichtlich sich jedem Fachmann diese Frage aufzudrängen scheint (uns als aeronautischen Laien fiel es erst nach dem Studium der Standardprozeduren auf), so schnell und gezielt wurde sie auch in den Hintergrund gedrängt. Und keiner der Verlautbarungsjournalisten, die die offiziellen Wahrheiten stets für bare Münze nehmen, ging ihr weiter nach, alle schnappten nach der Wurst, mit der Dick Cheney in der NBC-Talkshow »Meet the Press« am 16. September lockte, und käuten fortan seine Tarngeschichte wieder: von Verwirrung, Kompetenzproblemen und dem moralischen Dilemma des Schießbefehls. Der New Yorker Journalist Jahred Israel war einer der wenigen, die sich nicht auf diese falsche Spur locken ließen und der auf seiner Website www.tenc.net jene Fragen stellte, die für jeden Fachmann auf der Hand liegen. Er zeigte, mit welchen Tricks Cheney die offizielle Version der Geschichte inszenierte.

To Intercept or Not To Intercept

»Am Sonntag, dem 16. 9 2001, wurde Vizepräsident Richard Cheney vom Fernsehsender NBC in ›Meet the Press‹ interviewt. In diesem Interview erweckte er den Eindruck, dass das Militär eine Genehmigung des Präsidenten benötigt hätte, um Kampfflugzeuge aufsteigen zu lassen, mit denen der American Airlines Flug 77 abzufangen gewesen wäre, bevor er ins Pentagon einschlug.

Mr. Cheney präsentierte diese Lüge nicht gerade heraus. Stattdessen tat er zwei Dinge. Erstens vermied er es, über das Versäumnis zu reden, den Flug 77 nicht abgefangen zu haben, sprach nur über die Entscheidungen, die Mr. Bush angeblich fällte, nachdem das Pentagon getroffen worden war. Zweitens stellte er es als selbstverständlich hin, dass eine Präsidentenerlaubnis zum Abfangen von Zivilmaschinen gebraucht wird, als sei dies eine anerkannte Tatsache. Von dieser falschen Begründung aus warf er dann einen Nebel emotionaler Fehlinformationen, um Millionen von Amerikanern zu verwirren, die wissen wollten: Warum stiegen keine Abfangjäger auf, um Flug 77 abzufangen, bevor er ins Pentagon einschlug? Haben die Vereinigten Staaten kein Radar und keine Air Force mehr? Verantwortliche, die ein Verbrechen zu vertuschen versuchen, schieben die Schuld üblicherweise auf einen Untergebenen. Mr. Cheney jedoch befleißigte sich in ›Meet The Press‹ eines anderen Erklärungsmusters. Im Vertrauen auf sein Geschick in öffentlicher Täuschung versuchte Cheney den Eindruck zu erwecken, dass sich gar nichts Ungewöhnliches ereignet und dass ein tapferer Präsident angesichts schrecklicher Alternativen das Richtige getan hätte.

Sobald man aber dieses Geschwätz durchschaut, wird einem klar, dass Mr. Cheney die Verantwortung für das Versäumnis, Flug 77 abzufangen, auf George W. Bush abgeschoben hat. Hier das Exzerpt der wichtigsten Passagen des Interviews:

TIM RUSSERT: Was, glauben Sie, war die wichtigste Entscheidung, die er im Verlauf dieses Tages traf?

DICK CHENEY: Nun, ich nehme an, die schwerste Entscheidung war die, ob wir die hereinkommenden Zivilflugzeuge abfangen oder nicht.

RUSSERT: Und wie entschieden Sie sich?

CHENEY: Wir entschieden uns, es zu tun. Wir brachten in der Tat eine fliegende Kampfflugzeugstaffel über die Stadt, mehrere F-16 mit einer AWACS, dem luftgestützten Radarsystem, und Tanker-Unterstützung, sodass sie lange oben bleiben konnten … Es ist nicht gut, eine Kampfflugzeugstaffel hochzubringen, wenn man ihnen keine Anweisung gibt, dass sie handeln dürfen, wenn sie das tatsächlich für angemessen halten.

RUSSERT: Wenn also die US-Regierung darauf aufmerksam wird, dass ein gekapertes Flugzeug sich dem Weißen Haus oder dem Kapitol nähert, würden wir das Flugzeug herunterholen (take the Airliner down)?

CHENEY: Ja. Der Präsident fasste den Entschluss, dass, wenn das Flugzeug nicht ausweichen würde, unsere Piloten bevollmächtigt wären, sie in letzter Konsequenz auszuschalten (to take them out). Jetzt sagen die Leute, wissen Sie, das ist ja eine fürchterliche Entscheidung … Ja, das ist es. Du hast ein Flugzeug voll mit amerikanischen Bürgern, Zivilisten, gefangen von Terroristen … und du gehst daran, es abzuschießen (shoot it down) und alle diese Amerikaner an Bord zu töten? … Es ist eine Entscheidung, die nur der Präsident treffen kann, und der Präsident brach, wie ich glaube, genau in den richtigen Stoßseufzer aus, indem er sagte: »Ich wünschte, wir hätten eine Jägerstaffel über New York gehabt.«

Beachten Sie, dass Mr. Cheney hier einen Taschenspielertrick anwendet. Zuerst sagt er: ›Die schwerste Entscheidung war die, ob wir die hereinkommenden Zivilflugzeuge abfangen oder nicht.‹ Später sagt er: ›Der Präsident fasste den Entschluss, dass, wenn das Flugzeug nicht ausweichen würde, unsere Piloten bevollmächtigt wären, sie in letzter Konsequenz auszuschalten.‹ D.h., es abzuschießen. Aber ›abfangen‹ (intercept) und ›abschießen‹ (shoot down) sind zwei völlig verschiedene Dinge … Mr. Cheney brachte diese Begriffe ganz bewusst durcheinander, um die Leute am Fragen zu hindern: Warum wurde keines der entführten Flugzeuge abgefangen? Da ›abfangen‹, ›aufhalten‹, »jemandem den Weg abschneiden« (so die deutschen Übersetzungen für intercept lt. Wörterbuch) nicht notwendigerweise Gewaltanwendung beinhaltet, konnte es auch kein moralisches Hindernis geben, Kampfjets zum Abfangen des Flugs 77 zu starten. Deshalb wechselte Cheney schnell zu der moralisch aufgeladenen Frage über, ›ein Flugzeug voll mit amerikanischen Bürgern‹ abzuschießen. Durch diese emotionale Verbindung zwischen ›abfangen‹ (nicht notwendigerweise gewalttätig) und ›abschießen‹ (sehr gewalttätig) hoffte Cheney, Sympathie für den Präsidenten zu erwecken, der vor einer ›schrecklichen‹ Entscheidung gestanden hätte: ›to intercept or not to intercept‹..

Zu beachten ist auch, dass Cheney ausschließlich von der Periode spricht, als Flug 77 schon in das Pentagon gerast war. Indem er den Sachverhalt ›abfangen‹ und ›abschießen‹ durcheinander brachte und für den Zeitraum erörterte, nachdem das Pentagon getroffen worden war, versuchte Cheney, den eigentlichen Punkt vergessen zu machen: dass nichts getan worden war, bevor das Pentagon getroffen wurde.«

http://emperors-clothes.com/indict/indict-2.htm
NBC, »Meet the Press«, 16. 9. 2001:
http://stacks.msnbc.com/news/629714.asp?cp1=1

Könnte es nicht aber sein, dass die Verwirrung durch vier entführte Flugzeuge zugleich zu problematischen Abläufen, Entscheidungsproblemen etc. führen kann – und dass das um Stunden verspätete Aufsteigen von Abfangjägern am Morgen des 11. 9. letztlich eine Folge von Pleiten, Pech und Pannen war, die jetzt vertuscht werden? Nein, das kann nicht sein, denn es geht nicht um Entscheidungen, schon gar nicht um moralische Zwickmühlen in Shakespearscher Dimension. Es geht um schlichte Ablaufpläne, um das geregelte Ineinandergreifen von ziviler (F AA) und militärischer (NORAD) Luftraumkontrolle, um tausendfach geübte Standards. Beim simpelsten, harmlosesten Hobbypiloten, der sich verfliegt und auf Funksignale nicht antwortet, muss die FAA beim Militär um Abfangjäger nachfragen – die FAA hat ja nicht etwa eigene Cessnas, um einer Cessna, oder Boeings, um einer Boeing hinterherzufliegen. Die DCANG ist also vertraut mit der Situation: der drohenden Verletzung des Luftraums über Washington D. C., und sei es durch Instrumentenausfall, unwissende Piloten, wetterbedingte Zwischenfälle.

Darüber hinaus besitzt bekanntlich das Militär eigenes Radar. Nach den WTC-Einschlägen verging weit mehr als eine halbe Stunde bis zum Einschlag im Pentagon – ein Zeitraum, in dem einerseits der Luftkorridor geschlossen war und sich andererseits die AA 77 schnurstracks in bekanntermaßen gehijacktem Status auf dem Weg nach Washington befand. Selbst wenn die DCANG darüber nichts gewusst hätte, selbst wenn alle Befehlsstränge zu langsam, zusammengebrochen oder zu kompliziert gewesen wären (eine wieder einmal absurde Annahme, schon allein weil die FAA auf der Andrews AFB mit zig Fluglotsen selbst vertreten ist) *[106]* allein als Vorsichtsmaßnahme zum präventiven Schutz wäre ein Alarmstart angebracht gewesen. Eine nahe liegende Idee.

Eine Idee, die zumindest ein Geschwaderkommandeur in Syracuse, Staat New York, von sich aus gehabt hat. Dieser Kommandeur teilte dem NORAD sofort nach 9.03 Uhr, als die UA 175 im Südturm des WTC explodiert war, mit, er könne innerhalb von zehn Minuten seine Abfangjäger in der Luft haben. *[107]*

Zwei Nichtflieger aus Otis

Es dauerte zwei Tage. Zwei Tage unzähliger Presseerklärungen und -konferenzen, auf denen immer wieder gefragt wurde, wie das alles hatte geschehen können und wo denn die Abfangjäger der Air Force geblieben waren. Die Fragen wurden schärfer und härter, sie ließen sich mit Erklärungen wie »allgemeine Konfusion« sowie der unbestreitbaren Tatsache, dass in den Stunden nach den Anschlägen unzählige Abfangjäger über den USA kreisten, nicht mehr zum Schweigen bringen. Dass von Andrews AFB keine Jäger aufgestiegen waren, war offensichtlich, aber die Verantwortlichen des NORAD mussten irgendwie belegen, dass sie nicht untätig und konfus gewesen waren. Und so entstand in der Nacht zwischen dem 12. und 13. September die Legende von den zwei einsamen Abfangjägern, die zu spät kamen. Allerdings war die Geschichte so improvisiert und unkoordiniert, dass sie voller Fehler steckte.

Schon am Nachmittag des Tattages hatte sich Donald Quenneville, Commander des 102. Luftgeschwaders auf Otis AFB, den Fragen der Reporter von der Lokalzeitung Cape Cod Times gestellt. *[108]* Cape Cod ist eine Halbinsel vor der Küste auf der Höhe von Boston. Hier liegt Otis, ein bedeutender Luftstützpunkt der Air National Guard (Otis ANG) mit immerhin 18 F-15-Abfangjägern, die prompt nach den Anschlägen ab 10.00 Uhr morgens und dann in den Folgetagen mächtig aktiv waren. Und natürlich wollte die Heimatzeitung wissen, was denn »unsere Jungs« zur Luftsicherheit beigetragen härten. Der Commander hielt sich bedeckt und quasselte nicht gleich drauflos. Aber einige wenige, eigentlich völlig harmlose Informationen allgemeiner Art standen dann ab dem 12. September 2001 online zur Verfügung. Dass dort F-15 stationiert waren (was jeder wissen konnte, der es wissen wollte), dass es 153 Meilen (knapp 250 km) Luftlinie von Otis bis Manhattan sind (was jeder auf einer Karte nachmessen kann) – und etwas spezifischer: dass eine F-15 von Otis zum WTC etwa zehn bis zwölf Minuten braucht (was jeder abschätzen kann, der Entfernung und Geschwindigkeit in ein Verhältnis setzt). *[109]*

Nun passierte aber Folgendes: Nachdem in den ersten beiden Tagen von keinerlei Abfangjägern die Rede war, wurde am 13. September die »Information« nachgereicht, von Otis aus seien zwei F-15 gestartet, aber zu spät gekommen. Diese »Tatsache« musste, um den Misserfolg beider Jets zu rechtfertigen, zwischen zwei bekannten Zeitpunkten terminlich fixiert werden: zum einen der Benachrichtigung des NORAD über die erste Entführung (angeblich erst um 8.28 Uhr), zum anderen den Einschlägen um 8.45 Uhr bzw. 9.03 Uhr. Die weltweit erste – und offenbar überstürzte – Meldung las sich noch so: »Um 8.39 Uhr starteten zwei F-16 oder vielleicht FIS von Otis AFB in dem Versuch, eine der entführten Maschinen abzufangen.« *[110]* 8.39 Uhr: Das wären elf Minuten, nachdem das NORAD »offiziell« informiert worden war, und völlig im Rahmen der QRA-Zeit. Bei zehn Minuten Flugzeit wäre damit auch erklärt, weshalb die AA 11 (Crash um 8.45 Uhr) nicht mehr hatte abgefangen werden können. Aber was ist mit der UA 175?

Die Geschichte musste umgeschrieben werden. Aus 8.39 Uhr Startzeit wurde 8.38 Uhr Alarmierungszeit, und die zehn Minuten, die sich jetzt als Zeitloch zwischen der Information der Zentrale und der der Otis ANG auftaten, wurden dem langsamen Amtsschimmel angelastet. Schließlich legten sich die Amtsgewaltigen auf 8.52 Uhr Startzeit fest. *[111]* Um 8.52 Uhr also, so steht es noch jetzt auf der Timeline des NORAD zu lesen, seien zwei F-15 gestartet. Von der langen halben Stunde wurden folglich zehn Minuten vom NORAD-Amtsschimmel übernommen, die stolzen und NATO-schnellen Otis-Leute ließen sich lahme 14 Minuten Rüstzeit zumessen, und 8.52 Uhr scheint dann fast schon eine plausible Zeitangabe zu sein, um erklären zu können, warum es für das Abfangen der UA 175 zu spät war. Wenn nicht mindestens fünf Informationen den NORAD Lügen strafen würden:

Die eigene Übertreibung

Denn die Geschichte mit dem Zuspätkommen und der Startzeit 8.52 Uhr war in der Weltpresse und auch der Otis-Heimatzeitung immer mit dem Zusatz versehen, dass um 9.03 Uhr (beim zweiten Einschlag in das WTC) die beiden

Abfangjäger noch etwa 100 km vom WTC entfernt gewesen seien. *[112]* Wie das? In elf Minuten hätten die F-15 nicht einmal die Hälfte der Strecke geschafft, für die sie normalerweise zehn bis zwölf Minuten brauchen?

Die Flugzeit

Wenn man diese Fiktion in Verbindung mit den Realdaten durchdenkt, kommt man zu den ulkigsten Ergebnissen. Die Höchstgeschwindigkeit einer F-15 liegt bei 3000 km/h. *[113]* Nun erreicht sie die natürlich nur unter bestimmten Bedingungen (große Höhe über 12000 m, am besten im Sinkflug, mit »Anlauf« usw.). Aber als Orientierungshilfe reicht diese Angabe. In zehn Minuten Höchstgeschwindigkeit schafft eine F-15 demzufolge 500 km, also doppelt so viel, wie die Strecke Otis-Manhattan beträgt. Wenn man jedoch die Startphase, die niedrige Flughöhe usw., also eine langsamere Durchschnittsgeschwindigkeit mitbedenkt, dann sind zehn bis zwölf Minuten Flugdauer bis zum WTC durchaus realistisch.

Mr. Wibel

Bekanntlich begannen weltweit und auch vor Ort alle Radio- und Fernsehsender bald nach dem ersten Einschlag ihr Programm zu ändern, ABC zum Beispiel sieben Minuten danach, um 8.52 Uhr. *[114]* Den zweiten Einschlag konnte man dann »live« sehen. Diese Zeit erlebte der Direktor der örtlichen Schule von Otis, William Wibel, so: »Wibel war gerade dabei, sich auf eine Zusammenkunft mit Militärkommandeuren vorzubereiten, als er erstmals vom ersten Crash ins World Trade Center hörte. Die Zusammenkunft wurde plötzlich abgesagt. ›Als ich wegfuhr und dabei die Nachrichten im Radio hörte, bereitete sich das 102. Geschwader gerade auf den Alarmstart vor‹, sagte Wibel, der vier weitere Jets starten hören konnte, wie er später am Tag aussagte.« *[115]*

Mit ein wenig Fantasie dürfen wir uns vorstellen, wie William Wibel im noch leeren Besprechungszimmer saß und seinen Folienvortrag für das um 9.00 Uhr angesetzte Treffen durchging und wie er auf einmal laute Entsetzensschreie im Flur und in den Nebenräumen hörte, wo Radio gehört wurde. Das ist uns zwar so nicht überliefert, lässt sich aber seiner Aussage zwanglos hinzudenken. Dann, erst dann wurde (wenn auch abrupt) das Meeting gestrichen. Anschließend setzte er sich in sein Auto und fuhr weg, und erst jetzt – also nach 9.00, möglicherweise auch erst gegen 9.30 Uhr – hörte er den Fliegeralarm, die Starthektik. Von irgendwelchen Alarmsirenen, die um 8.38 Uhr beim angeblichen Alarm auf Otis losgeheult hätten, hat er nichts erzählt. Und auch nichts davon, dass die F-15 »schon« um 8.52 Uhr gestartet wären.

William Wibel ist deshalb ein unbestechlicher Zeuge, weil er seine klare Aussage über die Abfolge der Ereignisse schon am 11. September machte und sie tags darauf in der Cape Cod Times stand. Einen Tag, bevor das NORAD die Starts der F-15 erfand.

Augenzeugen in Manhattan

Es gibt nicht nur Augenzeugen für etwas, was geschieht, sondern auch für etwas, was nicht geschieht. Vergegenwärtigen Sie sich die Situation: Ein lauter Knall in Manhattan. Zehntausende schrecken auf und sehen sich um, was los ist. Der Nordturm des WTC wurde offenbar von einem Flugzeug getroffen. Keiner weiß, von was für einem Flieger, nur die wenigsten haben es selbst einschlagen gesehen. Nun schauen aber erst diese Zehn-, dann Hunderttausende und bald via Bildschirm Millionen auf die Türme, von denen einer brennt und qualmt. Und nun explodiert es ein zweites Mal. Diesmal haben alle miterlebt, dass es eine Passagiermaschine war, diesmal ist klar: Terror! Und nun sollen niemandem die zwei Abfangjäger aufgefallen sein, die da, wie behauptet, so gegen 9.05 Uhr oder 9.08 Uhr aufgetaucht sind knapp zu spät, um den zweiten Einschlag noch verhindern zu können? Keine einzige Kamera hielt die beiden F-15 fest. Niemand hat sie gesehen, niemand hat sie gehört. Gehört? Die beiden Piloten, die sich da angeblich von Otis auf den Weg gemacht hatten, sagten aus, sie seien mit Nachbrennern und Überschallgeschwindigkeit geflogen. Und den »Bums« eines Überschallknalls sollen Millionen von Radiohörern und Fernsehern nicht mitbekommen haben?

Nein, die zwei Abfangjäger waren schlicht nicht da – und dafür gibt es Millionen Zeugen. Erst ab etwa 10.00 Uhr, als die Türme in sich zusammenstürzten, waren unbestreitbar Jäger in der Luft. Und das dann tagelang.

Was sich mit dem bereits angeführten Artikel aus der Cape Cod Times deckt, wo es über die Situation auf der Otis AFB heißt: »Ein anderer Nachbar, Bill Thompson, teilte mit, er hätte eine gesteigerte Aktivität gestern gegen 10 Uhr oder 10.30 Uhr bemerkt, als die Kampfflugzeuge paarweise abhoben.«

Duff und Nasty

Am 3. Juni 2002 präsentierte das Fachblatt Aviationweek der staunenden Öffentlichkeit eine ganz eigene Version der Ereignisse: »Um 8.40. morgens erhielt Tech. Sgt. Jeremy W. Powell vom Northeast Air Defense Sector (NEADS) in Rome, N.Y., des North American Aerospace Defense Command (NORAD) den ersten Anruf des Boston Center. Er benachrichtigte den Kommandeur des NEADS, Col. Robert

K. Marr, Jr., vom möglicherweise gekidnappten Flugzeug American Airlines Flugnr. 11.« *[116]*

Wir zitieren diesen Satz nur stellvertretend für die detailhuberische und zugleich verwirrende Schreibweise des gesamten Artikels. Es werden da neue Zeiten, neue Personen und neue Zuständigkeiten eingeführt. Es brauchte so seine Zeit, bis sich NORAD und FAA auf die Sprachregelung verständigt hatten, das NORAD sei seitens der FAA um 8.28 Uhr benachrichtigt worden, doch jetzt erfolgt die Alarmierung einer Unterabteilung des NORAD zum einen über die Fluglotsen des Flughafens Boston, zum anderen noch einmal zwölf Minuten später. Bekanntlich war die Bodenkontrolle in Cleveland gegen 8.13 Uhr oder 8.15 Uhr auf Kursänderung, Transponder- und Funkausfall der AA 11 aufmerksam geworden. Was hat die Bodenkontrolle des Ursprungsflughafens Boston damit zu tun? Prinzipiell gar nichts. Und erst recht nicht mehr um 8.40 Uhr, als die AA 11 schon 40 Minuten in der Luft war.

Aber die neue Lesart ist ein weiterer Versuch, die NORAD-Zentrale aus der »Schusslinie« zu nehmen – wenn auch zu einem hohen Preis. Denn jetzt wird ein Bild entworfen, demzufolge die Luftverteidigung der USA am Morgen des 11. 9. »auf Zuruf« funktioniert zu haben scheint. Da ›kennt‹ man sich, da »ruft« einer an, da erfährt angeblich einer der zwei Abfangjägerpiloten von Otis durch einen Kumpel im Flugleitzentrum, dass da »irgendwas im Busche ist«, woraufhin er sich in Eigeninitiative bereitmacht. Ein verblüffendes Ablaufschema, das nur dazu dient, zwei zu spät gekommene Helden in den Vordergrund zu schieben und ihre vorgesetzten Dienststellen dahinter vergessen zu machen. Konkret sind es Lt. Col. Timothy (Duff) Duffy und Maj. Daniel (Nasty) Nash, die nicht nur der Aviationweek, sondern auch der Heimatzeitung ihre Geschichte erzählen. Die putzigen Namen in Klammern sind ihre »Kampfnamen«, mit denen sie nun an die Öffentlichkeit treten:.

»Ein zweites entführtes Flugzeug war am Morgen des 11. September gerade in die Türme gerast, und die zwei Otis-Piloten versuchten, den Himmel über Lower Manhattan freizuhalten. ... ›Wir haben alles getan, was wir tun konnten, um rechtzeitig da zu sein‹, sagte der Cape-Pilot gestern, im selben Kontrollraum sitzend, in dem er im letzten Herbst erstmals von den Entführungen hörte ... Um 8.40 Uhr änderte sich alles. Ein Kollege erzählte Nasty, dass offenbar eine in Boston gestartete Maschine der American Airlines entführt worden sei. Es gab noch keinen offiziellen Alarm, aber die beiden Piloten, die gerade Bereitschaftsdienst hatten, eilten in einen nahe gelegenen Raum, um sich ihre Flugausrüstung anzulegen. Als sie über das Rollfeld zu ihren Jets gingen ..., heulte eine Sirene ... Das war ein offizieller militärischer Alarm ... Laut North American Aerospace Defense Command oder NORAD – das verantwortlich ist für den US- und den kanadischen Luftraum – wurde der Alarmstart um 8.46 Uhr befohlen.« *[117]*

Ein Lehrstück in Sachen Zeitverwirrung. Wir aber fragen weiter: Wenn denn Duff und Nasty tatsächlich über Manhattan angekommen sind – zu spät zwar, um noch den Südturm retten zu können, aber ab 9.08 Uhr vier Stunden lang auf Patrouille –, hätten sie da nicht gleich weiterfliegen können, der AA 77 entgegen? Dieses Flugzeug war seit zehn Minuten als entführt bekannt und hatte noch eine gute halbe Stunde bis zum Einschlag im Pentagon vor sich. Aber Duff und Nasty kreisten, ganz im Sinne der mit einem halben Jahr Verzug nachgereichten Geschichte, nutzlos um die beiden in sich zusammenstürzenden Türme des WTC herum.

Technisch möglich: die Fernsteuerung

Was am 11. 9. am Himmel wirklich geschah, könnte ein Gericht oder ein Untersuchungsausschuss anhand der Flugdatenrecorder und Funkprotokolle ziemlich genau rekonstruieren, doch diese Beweismittel werden unter Berufung auf die »nationale Sicherheit« von der US-Regierung zurückgehalten.

Auch uns fehlen deshalb die Grundlagen, um zu rekonstruieren, was in diesen Flugzeugen wirklich geschah. Wir können jedoch das bisher Undenkbare belegen, dass es nämlich durchaus eine Möglichkeit gab, die Maschinen ohne die angeblichen »Terrorpiloten« in ihre Ziele zu steuern. Dieser verschwörungstheoretisch anmutende Gedanke kam schon kurz nach dem 11. 9. in der Diskussion auf, wurde aber schnell wieder fallen gelassen. Zu Unrecht, wie wir glauben. Mehrere Fachleute, darunter vor allem der ehemalige Bomberpilot und ägyptische Präsident Mubarak sowie in Deutschland der ehemalige Forschungsminister Andreas von Bülow, hatten ihren Unglauben geäußert, dass Amateure zu den komplizierten Flugmanövern in der Lage seien, die die vier Maschinen ausgeführt haben. *[118]*

Was waren das für Manöver? Die AA 11 absolvierte in kürzester Zeit einen rapiden Sinkflug um 30 000 Fuß. Noch um 8.38 Uhr war sie aus der UA 175 von Kapitän Victor Saracini in dieser Höhe fliegend gemeldet worden, sieben Minuten später stürzte sie in das WTC, punktgenau. Die UA 175 flog, wie alle Filmsequenzen ausweisen, ihr Ziel in einer Kurve vom Meer her an, wobei sie noch Sekunden vor dem Einschlag ihren Kurs perfekt korrigierte. Die UA 93 flog zeitweise über Kopf. Und die scharfe Sinkkurve der AA 77, die mit hoher Geschwindigkeit zielgenau das Pentagon traf, erinnerte Fachleute eher an einen professionellen Kunstflug als an den Zufallstreffer eines Fluglaien.

Deutlich äußerte sich der ägyptische Präsident Hosni Mubarak, der in jungen Jahren als Pilot schwere Bomber geflogen hat: »Mir fällt es schwer zu glauben, dass Leute, die in Florida fliegen gelernt haben, nach eineinhalb Jahren große Passagierflugzeuge fliegen und akkurat die Türme des WTC treffen können, die doch einem Piloten aus der Luft so groß wie Bleistifte vorkommen.« *[119]* Die Fluglotsin Danielle O'Brien, die auf dem Washingtoner Dulles-Airport arbeitet und die letzten Meilen der Pentagonmaschine beobachtete, glaubte danach sogar, dass es sich dabei um ein Militärflugzeug handelte: »Die Geschwindigkeit, die Manövrierbarkeit, die Art, wie es drehte, wir alle im Radarraum, alles erfahrene Luftraumkontrolleure, dachten, es sei ein Militärflugzeug. Man fliegt eine 757 nicht auf diese Weise. Das ist unsicher … « *[120]* In den Augen von Fachleuten saß hier also ein absoluter Profi am Steuerknüppel und kein Hani Hanjour, dem man wegen fliegerischer Inkompetenz nicht mal eine einmotorige Cessna ausleihen wollte. Und in der ersten Unkoordiniertheit der Meinungsfindung konnte im Spiegel vom 12. September 2001 noch Professor Stefan Levedag, Leiter des Instituts für Flugsystemtechnik beim Deutschen Zentrum für Luft- und Raumfahrt (DLR) in Braunschweig, mit der Aussage zu Wort kommen, dass die komplette Fernsteuerung von Flugzeugen seit 20 Jahren technisch kein Problem mehr sei. Damit hatte Levedag zwar nicht gesagt, er selber glaube, dass wir es am 11. 9. mit einem Fall von Fernsteuerung zu tun gehabt hätten, aber er hatte immerhin eingeräumt, dass dergleichen prinzipiell nicht abwegig ist. *[121]* Diese dissidenten Stimmen klingen wie Rufer in einer Fachweltwüste, die die technische Möglichkeit, eine

Boeing gegen den Willen der Piloten zu steuern, ansonsten rigoros in Abrede stellt.

Dazu kurz einige Anmerkungen zum Stand der Technik. Noch vor 30 Jahren war die Fliegerei eine Sache der Mechanik und Elektrik, bei der die manuellen Eingriffe eines Piloten mittels Drahtseilen auf die Seiten- und Höhenruder übertragen wurden. Heute jedoch ist es (sichtbar u. a. am Fehlen eines dritten oder vierten »Piloten«) alles andere als außergewöhnlich, dass Verkehrsflugzeuge elektronisch gesteuert werden. Bei der Boeingflotte führen noch verschiedene Elektrokabel zu den hydraulischen Systemen, beim Airbus hingegen funkt der Bordcomputer seine Steuersignale an Ruder und Einspritzpumpen. Für die Einführung dieser technischen Errungenschaft bedurfte es allerdings einiger Überzeugungsarbeit nicht nur beim breiten Publikum, das durch den Absturz eines Airbus A320-111 bei einem Testflug in Mulhouse am 26. Juni 1988 verschreckt war (obwohl es sich dabei eindeutig um einen Pilotenfehler gehandelt hatte), sondern auch bei den Piloten, die um ihre »Steuergewalt« und auch um ihre Arbeitsplätze fürchteten. Wie auch immer, die Bedenken konnten ausgeräumt werden. Dennoch waren in noch frischer Erinnerung der Flugzeugentführungswelle in den 70er Jahren Überlegungen angebracht, wie man eine Maschine wieder aus der Gewalt von Hijackern bzw. von Piloten, die von Hijackern bedroht wurden, befreien konnte. Solche technischen Pläne konnte die Flugzeugindustrie und die Militärmaschinerie allerdings nicht an die (u. a. Hijacker-)Öffentlichkeit und auch nicht an die Pilotenschaft geben, die man gerade erst mit Müh und Not davon überzeugt hatte, dem Konzept der Elektronik zuzustimmen. Deshalb mussten diese Entwicklungen und Experimente so weit wie möglich geheim gehalten werden.

Die aufstrebende europäische Flugzeugindustrie durfte nicht durch Pilotenboykotts gefährdet werden. In diese Zeit fällt die Entscheidung einer großen Fluggesellschaft (wahrscheinlich der Lufthansa), das »home-run«-System, das eine komplette Fernsteuerung der Maschinen ermöglicht, aus allen gelieferten Boeings wieder auszubauen – so Andreas von Bülow.

Obwohl allgemein bekannt ist, wie restriktiv die US-Industrie mit ihren Patenten und technischen Errungenschaften umgeht, fällt bei manchen Zeitgenossen schon die Klappe, wenn auch nur das Wort »Geheimnis« fällt. Da wird ein denunziatorisches Schubkästlein aufgemacht und das Denken abgeschaltet. Ist aber jeder ein »Verschwörungstheoretiker«, der nur das Wort »Geheimnis« benutzt? Unterliegt diesem Verdikt auch, wer nur darauf hinweist, dass das Rezept von Coca-Cola geheim ist? Dass uns die Quellcodes so vieler Microsoft-Programme ewig verborgen bleiben werden? Dass die US-Militärs die Technik zum Beispiel ihrer F-16-Jagdbomber mittels eingebauter Elektronik herunterstrippen, wenn sie die Mühlen ins befreundete Ausland verkaufen? Jeder weiß doch, wie ungenau das Positionierungssystem GPS noch vor wenigen Jahren war – ungeeignet für die Straßennavigation, aber für die Schifffahrt ging es gerade. Die Daten, die mit demselben GPS den Militärs zur Verfügung standen, waren weit genauer. Das System war künstlich blockiert und nicht etwa technisch unterentwickelt (eben deshalb bemüht sich die EU derzeit um ein eigenes GPS, das in der Entwicklung ist). Auch bei den Anti-Aids-Medikamenten wird der Deckel auf den Erkenntnissen gehalten. Das internationale Patentrecht erfährt in den USA eine besondere turbokapitalistische Modifikation, indem es die jeweilige Company begünstigt.

Lassen wir uns also von dem Vorwurf, »Verschwörungstheoretiker« zu sein, nicht beirren, sondern halten wir daran fest, dass militärtechnische Innovationen, die in den USA ausgetüftelt werden, zunächst in der heimischen Industrie in den Probelauf gehen und dass ihre sensiblen Teile beim Verkauf ins Ausland geheim gehalten werden. Und so scheint es uns durchaus plausibel zu sein, dass auch an der Schnittstelle von militärischer und ziviler Luftfahrt – im Bereich Radar, Luftraumkontrolle und Fernsteuerungen – solche weitgehend geheimen Systeme im Einsatz sind.

Wen nimmt es also wunder, wenn uns von Georg Fongern, dem Sprecher der Piloten Vereinigung »Cockpit«, und auch von einem Ausbilder auf Boeing 757/767 vehement versichert wurde, die Piloten hätten die Kisten immer und jederzeit in ihrer Gewalt. Sie müssen das sagen, selbst wenn sie es besser wüssten, was sie wahrscheinlich nicht tun. Ihre Gesellschaften und auch die Hersteller werden den Teufel tun und die »Anti-Hijack-Technik« publik machen, sondern lieber tausend Gründe liefern, weshalb es sie nicht geben kann.

Computer an Bord moderner Flugzeuge gibt es in Hülle und Fülle. Fällt der eine aus, springt der andere ein. Sie können während des Flugs heruntergefahren und neu gestartet werden, ausgebuffte Debuggings und Fehlersuchsysteme versprechen wasserdichte Software. Bei Stromausfall werden alle möglichen Akkus aktiv, und zur Not wird der kleine Windgenerator unter dem Cockpit ausgeklappt, der angesichts der Fluggeschwindigkeit Saft genug liefern würde. Alles überzeugend, das.

Aber dieser Exkurs über die Möglichkeit eines geheimen Systems belegt natürlich noch längst nicht, dass dieses geheime System auch existiert. Irgendwie wirkt es versponnen, im Hinblick auf den 11. 9. über eine Fernsteuerung nachzudenken. Wirklich?

Eigentlich sind wir seit unserer Jugend an Fernsteuerungen gewöhnt. Sie werden nahezu überall eingesetzt, vom Autoschließsystem bis hin zum TV. Jeder Spielzeughersteller hat Dutzende von Fernsteuerungen im Programm, und alle Modellflugzeugbastler hantieren damit, wenn sie ihre Nachbildungen fliegen lassen. Seit dem Ersten Weltkrieg schon tüfteln die Militärs an ferngesteuerten Luftfahrzeugen im Jugoslawienkrieg gehörten Drohnen ebenso selbstverständlich zum Militäralltag wie die in Afghanistan und im Irak eingesetzten unbemannten Flugzeuge. Cruise Missiles finden seit Jahrzehnten vollautomatisch ihr Ziel. Nur sitzen in all diesen Modellflugzeugen oder Drohnen oder sonstigen Geräten eben keine Piloten mit eigenem Willen, die sich dagegen wehren würden, fernbedient und ferngesteuert zu werden. Die Besatzungen der vier Boeings hätten sich verzweifelt gewehrt. Also geht es außer um die Technik der Fernsteuerung auch noch um die Ausschaltung der Gegenmaßnahmen der Besatzung.

Associated Press bietet für die Weiterbildung seiner Reporter die Webseite »Facsnet« an. Wir fanden dort, unter dem Datum vom 2. Oktober 2001, einen Artikel von Alan Staats mit der schlagenden Überschrift »Vom Boden aus Flugzeugentführungen durchkreuzen«. Dort heißt es, dass bei der US-Luftwaffe automatische Landesysteme schon seit den 50er und in der zivilen Luftfahrt seit den 80er Jahren weltweit im Einsatz seien: »Technisch ist es möglich, ein System zu entwickeln, das ein entführtes Flugzeug ferngesteuert zum Rückflug zwingt … Der pragmatischste Ansatz? Baue und installiere solche Systeme von vornherein in die neu entwickelten Flugzeuge ein und behelfe dich bei Maschinen aus laufender Produktion mit elektronischen Schnittstellen und Überbrückungen.« *[122]* ACARS (Aircraft Communications Addressing and Reporting System), das in Zivilflugzeugen weithin schon jetzt benutzte System zum Datenaustausch, mit dem üblicherweise Position, Treibstoffverbrauch, Wetter- und Flugplaninformationen an die Bodenstationen gemeldet werden, könnte ohne weiteres auch für die Fernsteuerung von Passagiermaschinen herhalten. Diese Entwicklungen fanden durchaus nicht völlig im Geheimen statt, sondern führten zu teils spektakulären und der Öffentlichkeit auch zugänglichen Bildern und Videos – so zum Beispiel der planmäßige Versuch mit einer völlig unbesetzten Boeing 720 027 am 1. Dezember 1984 auf der Edwards AFB in Kalifornien: »Das Flugzeug wurde in einem Crashtest benutzt, um die Feuerfestigkeit bei einem Kraftstoffbrand zu testen. Das ferngesteuerte Flugzeug verunglückte bei der Landung und ging in Flammen auf.« *[123]*

Die Fernsteuerung von Flugzeugen ist also keineswegs eine »Zukunftstechnik«, auch wenn manche Medienberichte das so suggerieren, sondern seit Jahrzehnten machbar. Es gibt verschiedene Systeme, die meisten serienmäßig, die sowohl Daten in den Flugzeugen abgreifen als auch die Maschinen (mehr oder minder) steuern können. Um überhaupt für die Entführung und Steuerung der Maschinen in Frage kommen zu können, müssten sie jedoch

- aktivierbar und danach nicht wieder deaktivierbar sein,
- die »letzten Kurven« erklären,
- eingebaut und zielprogrammiert sein und dabei unbemerkt bleiben.

Die Spezialisten, die sich seit Jahrzehnten mit dem Problem herumschlagen, wie Hijacker auszutricksen sind, müssen sich nicht nur mit dem Problem der Fernsteuerung, sondern auch mit dem »menschlichen Faktor« beschäftigen, also mit den Gegenmaßnahmen der Piloten, unverhofften Eingriffen der Hijacker oder allen möglichen »Let's roll«-Aktivitäten der Passagiere. Wie legt man einander ersetzende und ergänzende Systeme, die von Menschen überwacht und eingesetzt werden, lahm? Wie jegliche Elektronik? Wie schon gesagt: Da müssen Fehlersuchsysteme, Parallelrechner und schlaue Piloten überlistet werden. Nun sind bekanntlich die übelsten Feinde eines PCs nicht die elektronischen (Würmer, Trojaner, Käfer, Viren aller Art). Es ist die Datenbearbeitung, die sich zum Beispiel nach einem heftigen Tritt gegen die Kiste einstellt. Die Festplatte beginnt zu seufzen und tut nichts mehr. Ein starker Magnet hat denselben Effekt. Im Cockpit einer Boeing sitzt aber keiner, der die Bordcomputer zertritt oder magnetisiert. Was also könnte diesen Effekt auslösen?

In Frage kommen ein Magnetschock von außen, gepulste Mikrowellen oder ein simpler Stromschalter. Licht an, Licht aus. Ohne den Lebenssaft Strom kommen die Bordcomputer eben nicht aus. Ein Sicherheitsingenieur, der auf diese Option setzt und ein entsprechendes Antihijacking-System einbaut, muss dabei natürlich auch den Saft abklemmen, der vom Notgenerator kommen könnte. Diesen kleinen Schalter könnte es schon jahrzehntelang geben, ohne je bemerkt worden zu sein. Oder er müsste, falls erst später installiert, den Technikern und Piloten logisch «verkauft« werden, etwa als Notschalter für den Fall eines Kurzschlusses im elektrischen System zur Vermeidung von Kabelbränden. Innenbeleuchtung, Videos, der Kaffeekocher in der Galley: All das mag noch funktionieren, gespeist von Akkus oder von den weiterlaufenden Turbinen – nur die Strippe zum Cockpit mit der richtigen

Spannung ist eben nicht so schnell zu ersetzen. Und auch die vielen kleinen Motörchen an den Rudern und an den Einspritzpumpen für die Triebwerke dürften weiterhin ungestört arbeiten. Sie sind von einem Fremdsystem zumindest teilweise übernehmbar, wenn es die bei Boeing noch vorhandene Ansteuerung der Hydraulik per Elektrokabel austrickst – etwa unter Nutzung des Autopiloten. Die Flugmanagement Computersysteme (FMCS) der Boeings stehen bei der FAA-Aufsicht durchaus nicht als vollkommen sicher da. *[124]* Wenn wir bei den Todesmaschinen von einer Störung des Elektrosystems ausgehen, dann erklären sich auch zwei weitere Phänomene wie von selbst: der Ausfall des Funkverkehrs zwischen den Fluglotsen und den Maschinen sowie der Ausfall der Transponder. Kein Saft!

Bisher konnte uns nämlich niemand erklären, wieso überhaupt die Transponder (ein kleiner Sender, der ständig Daten zur Position der Maschine zum Bodenkontrollradar überträgt) ausgeschaltet wurden. Jeder Hobbypilot – also sogar selbst solche fliegerischen Nieten wie Atta, Hanjour und Co. – weiß doch, dass ein Jet durch den Wegfall des Transponders nicht unsichtbar wird, sondern nur die Aufmerksamkeit der Bodenkontrolle auf sich zieht. Das Gleiche gilt für den Funkausfall. Unseren »Fanatikern« hätte es nun wirklich gut angestanden, zumindest noch in der letzten Minute ihres Lebens ein freundliches »Allah ist groß« oder Ähnliches in den Äther zu schmettern. Taten sie nicht. Keine Forderungen, keine Aufrufe, keine Begründungen, schlichtweg nichts. Stattdessen forderten sie die Passagiere angeblich auf, per Handy zu Hause anzurufen. Ein aus Sicht eines Terroristen (gleich welcher ideologischen Verblendung) völlig unsinniger Vorschlag. Man mag sich kaum vorstellen, wie die Piloten versucht haben werden, in ihren Bordbüchern zu lesen, die Checklisten abzuarbeiten, um immer wieder nur festzustellen, dass alle Ausschalt- und Wiederhochfahrszenarien, die sie in ihrer Ausbildung gelernt hatten, nichts, aber auch rein gar nichts nutzten. Eine verzweifelte Situation, die sich da in kurzer Folge viermal abgespielt haben dürfte. Und gewiss nichts, was eine ohnehin erschütterte Öffentlichkeit problemlos verkraftet hätte. Deshalb wohl sind uns die Blackboxes verschlossen geblieben: keine Auswertung der Flugdatenschreiber, erst recht keine Aufzeichnung der Cockpit Voice Recorder, die je bekannt geworden wäre.

Außer einem kleinen Schalter käme für das Ausknocken der Steuerung auch noch die Strahlentechnik in Frage. Wer uns jetzt endgültig in die SF-Schublade zu Spiderman & Mr. Spock stecken will, sollte sich erst einen groben Überblick über die technischen Möglichkeiten der militärischen Mikrowellentechnik verschaffen und beim Militär selbst, etwa bei www.DARPA.mil. nachsehen. Mit diesen Waffen ist es nämlich möglich, bis auf eine Entfernung von zehn Kilometern nicht nur bombenähnlichen Schaden anzurichten, sondern auch elektronische Systeme zu beeinflussen. »Beeinflussen« – ein schönes Wort mit vielen Bedeutungen: beeinträchtigen, zerstören, möglicherweise aber auch steuern oder zur Steuerung per Funk (andere Frequenzen) präparieren. *[125]* Dabei handelt es sich um eine Technologie, deren Möglichkeiten schon vor drei Jahren der Öffentlichkeit preisgegeben wurden – die also technisch damals 6 schon angejahrt war. *[126]* In diesem Bereich forschen nicht nur Firmen wie Raytheon oder Litton, sondern zum Beispiel auch Boeing selber, und zwar nicht nur auf dem zivilen, sondern auch auf dem militärischen Sektor. Boeing, der Hersteller aller vier Maschinen des 11. 9., ist zugleich einer der führenden Produzenten der gepulsten Mikrowellentechnologie. *[127]*

Das Time Magazine machte am 19. Januar 2003 mit der Titelstory »Amerikas ultrageheime Waffe« auf und erörterte deren Anwendung im damals noch bevorstehenden Irakkrieg. *[128]* Die Strahlentechnik sei kriegsreif, berichtete auch schon die Aviation Week & Space Technology am 22.]uli 2002 unter der Überschrift »Lasers, HPM Weapons Near Operational Status«. Freundlicherweise stellte das Blatt der Öffentlichkeit auch noch eine Grafik einer Maschine vom Typ C-130 zur Verfügung und schrieb dazu: »Ein Konzept für ein Flugzeug mit gerichteten Energiewaffen zeigt einen Laser, der vom Achterdeck einer C-130 und eine Hochspannungs Mikrowellenwaffe, die von einer Öffnung vor dem Flügel aus gefeuert wird.« *[129]* Natürlich gibt es dabei Probleme mit der Größe Abschirmung, Zielgerichtetheit, Reichweite usw. Aber nichts, was nicht lösbar wäre: »Die Reichweite ist ein begrenzender Faktor bei Mikrowellenwaffen. Abhängig vom Typ reichen sie von einem bis zu zehn Kilometer.« *[130]*

C-130 und andere Flieger

Aber selbst wenn es nun technisch möglich ist, die Steuerung auszuschalten: MUSS es dann nicht Fernsteuerer geben, die die Fernsteuerung fernsteuern? Die vier Maschinen des 11. 9. legten zunächst, vom Umkehrpunkt bis zur Ostküste, einen langen Weg über Hunderte von Meilen zurück und »meisterten« dann den ungeheuer präzisen Endanflug von der Reisehöhe stracks hinunter in die Ziele WTC und Pentagon. Das lässt sich nicht mithilfe des Bodenradars bewerkstelligen. Bei diesem Leitsystem müssten mehrere Stationen und also ebenso viele Bodencrews sich abwechseln und ineinander greifen. Also kommt nur ein System in Frage, das die Todesmaschinen nach dem »Umlegen des Schalters« vom Umkehrpunkt bis zum Ziel begleitet. Ein Flugzeug mit der entsprechenden Elektronik. Als Erstes fallen einem da die großen Boeing 707 mit dem Telleraufbau, die AWACS-Maschinen, ein doch solche unverkennbaren Maschinen wurden im klaren Himmel des 11. 9. weit und breit nicht gesichtet. Auch auf Maschinen vom Typ Sabreliner und Prowler, die die US-Luftwaffe zur elektronischen Kriegsführung angeschafft hat und die hervorragend für solche Störmanöver geeignet wären, gibt es keinen Hinweis. Heißt das, dass alles bisher Gesagte reine Theorie ist? Nein. Denn von diversen Zeugen wurden – trotz Flugverbots im betreffenden Luftkorridor ab 9.06 Uhr – um die Todesmaschinen sehr wohl andere Flugzeuge gesichtet.

Schon in den Folgetagen des 11. 9. war in der US-Lokalpresse von ominösen Maschinen in unmittelbarer Nähe der UA 93 zu lesen, kurz bevor sie sich in den Waldboden von Pennsylvania bohrte. Zum einen ging es dabei um eine kleine weiße Maschine, eine Falcon Fairchild der Firma Netjet. »Aber ich habe es gesehen, und es war da vor dem Crash, etwa 40 Fuß über meinem Kopf. Das FBI wollte meine Geschichte nicht haben – niemand hier interessierte sich dafür«, sagte eine Augenzeugin in den ersten Tagen. Sie war und blieb jedoch nicht die Einzige, und so war die Information nicht mehr totzukriegen. *[131]* Sehr seltsam, dass eine Stunde nach Verbotserteilung für alle zivilen und militärischen Flugzeuge sogar noch eine Privatfirma einen Jet oben hatte. Was machte der da in der Nähe der UA 93? AP meldete am 9. August 2002, also fast ein Jahr später, die Falcon Fairchild von Ne~et sei gebeten worden, irgendwelche Aufnahmen von der Unglücksmaschine zu machen.

Von wem? Warum? Von der kleinen weißen Maschine ist jedenfalls seitdem keine Rede mehr.

Zum anderen ging es auch um die Frage der Abfangjäger. Condoleezza Rice gab im ZDF zum Besten, mehrfach sei ein Befehl zum Abschuss der UA 93 gegeben worden. *[132]* Wer hätte diesen Befehl befolgen sollen, wenn nicht ein Pilot eines Abfangjägers? Zunächst hieß es allerdings, im weiten Umkreis der UA 93 habe es einen solchen Militärjet gar nicht gegeben – so etwa der General Paul Weavers am 15. September 2001. *[133]* Eine Fehlinformation. Denn schon am 12. September hatte ein (anonym bleibender) Fluglotse aus dem Leitzentrum in Nashua, New Hampshire, seiner Heimatzeitung von einer F-16 ganz in der Nähe der UA 93 berichtet: »Die F-16 machte Kehren um 360 Grad, um ganz nahe an der Passagiermaschine dran zu bleiben … ›Er muss die ganze Sache gesehen haben‹, sagte der Lotse über den Piloten der F-16 im Hinblick auf den Absturz der UA 93.« *[134]* Mit gebührendem Verzug wurde vom NORAD-General Ralph E. Eberhart die Existenz einer F-16 bestätigt. Am 1. November 2002 zitierten die Rocky Mountain News aus seiner Rede vor dem Denver Rotary Club: »Am 11. September 2001 war die Air Force darauf vorbereitet, den Flug 93 der United Airlines zu stoppen, bevor er ein Ziel in Washington erreichen konnte, sagte ein General der Air Force am Donnerstag. ›Wir hätten einer solchen Attacke zuvorkommen können‹, erläuterte General Ralph Eberhart dem Denver Rotary Club während eines Essens im Denver Athelic Club. ›Aber die tapferen Seelen an Bord nahmen es selbst in die Hand‹, meinte er unter Verweis auf die Passagiere, die mit den Hijackern kämpften, bis das Flugzeug in ein Feld in Pennsylvania stürzte.« *[135]*

Und dennoch bleibt es bisher unklar, ob die UA 93 abgeschossen wurde, denn direkte Augenzeugen dafür fehlen.

Allerdings ist die Tatsache, dass die Trümmer der Maschine in einem Umkreis von 10 km in den Boden eingeschlagen waren, ein starkes Indiz für die Abschussthese. Eine Explosion, vermutlich also einen Abschuss, beglaubigen auch mehrere Ohrenzeugen. So gab eine Laura Temyer der Philadelphia Daily News vom 15. November 2001 zu Protokoll: »›Ich habe das Flugzeug nicht gesehen, aber sein Motorengeräusch gehört. Dann hörte ich einen lauten Knall, der in den Hügeln widerhallte – und danach wieder den Motor. Ich hörte zwei weitere laute Schläge, und danach war der Motor des Flugzeugs überhaupt nicht mehr zu hören.‹ Sie besteht darauf, dass Bekannte von ihr, die in Justizbehörden arbeiten, ihr vertraulich gesagt hätten, dass die Maschine abgeschossen worden sei und dass der plötzliche Druckabfall Gegenstände aus dem Flugzeug geschleudert hätte, was den weiten Umkreis der gefundenen Trümmer erklärt.« *[136]*

Damit aber noch nicht genug. Denn im Himmel über Pennsylvania wurde, ganz in der Nähe der UA 93, auch ein »Militärtransporter« vom Typ C-130 gesichtet, wie das Pittsburgher Lokalblatt Post Gazette am 16. 9. unter Berufung auf einen FBI-Sprecher meldete. Nicht ohne sofort hinzuzufügen, dass dieser Transporter mit dem Absturz nichts zu tun gehabt habe. *[137]* Was aber schippert das US-Militär gegen 10 Uhr da eigentlich noch durch die Gegend, wo doch seit 9.06 Uhr für den Raum Washington Cleveland absolutes Flugverbot herrscht und seit 9. 25. bzw. 9.45 Uhr für die gesamten USA die Landeanweisung gilt? »The day the FAA stopped the world«, titelte das Time Magazine zu dieser drastischen Maßnahme: »Der Befehl, der seit der Erfindung des Fliegens im Jahre 1903 noch nie ausgegeben worden war, bezog praktisch alle nur möglichen Flugzeuge mit ein – ob zivile, militärische oder Polizeiflieger.« *[138]* Wirklich alle? Außer den Abfangjägern (die unter merkwürdigen Umständen angeblich nicht schossen und so auch keine Heldenlegende zerstörten) sind in der Nähe der UA 93 der private Flieger von Netjet und eben auch die C-130 nachweisbar. Kurz zuvor ist die AA 77 in das Pentagon gekracht – und auch dort berichten Augenzeugen von den unverkennbaren Propellermaschinen des Typs C-130. Diese beiden merkwürdigen Sichtungen haben unseren Verdacht genährt, diese C-130 könnten etwas mit den Flugmanövern der Todesmaschinen zu tun haben.

Die Evakuierung

Neben den Radarstationen, die die Start- und Landekontrolle an den Flughäfen übernehmen, gibt es über die gesamten USA verteilt und mit genau abgegrenzten Zuständigkeitsbereichen – Flugleitzentren, die den Flugverkehr regeln. Das Cleveland Center liegt ziemlich genau in der Mitte zwischen der Offutt AFB in Nebraska und der Ostküste. Wegen der zentralen Stellung für den transkontinentalen Verkehr ist es das Flugleitzentrum mit dem höchsten Durchsatz weltweit. Man darf also getrost davon ausgehen, dass von den 500 Fluglotsen, die in Cleveland beschäftigt sind, Zigdutzende derjenigen, die am Morgen des 11. 9. Dienst hatten, Auskunft geben können müssten über die Vorgänge rund um die UA 93.

Weit gefehlt. Hier wurde seitens der FAA und des FBI nicht nur gemauert und ein Sprechverbot wegen »laufender Ermittlungen« erteilt, sondern ganze Arbeit geleistet. Vergegenwärtigen wir uns die Situation: Zwischen 9.00 Uhr und 12.15 Uhr waren in den USA etwa 4500 Flugzeuge unterwegs. Der absolute Landebefehl, erteilt erst nach 10 Uhr, führte gewiss zu enormer Hektik bei der Suche und Zuweisung der jeweils nächstgelegenen Flughäfen. Diese Arbeit »gegen die Flugpläne« wird in der Presse immer wieder gerne aufgeführt, um eine Begründung für das Nichtabfangen der vier Todesflieger zu suggerieren.

Nur, wie sah es von 9 bis 10 Uhr im Luftraum zwischen New York, Washington und Cleveland aus? Seit 9.06 Uhr durften an der Ostküste keine Flugzeuge mehr starten, Flugzeuge aus der Gegenrichtung wurden umgeleitet, um keine Maschinen mehr auch nur in die entfernte Nähe der Todesflieger kommen zu lassen. Flugzeuge außerhalb des besagten Dreiecks wurden von anderen Flugleitzentralen umgeleitet – Cleveland hatte sich um diejenigen zu kümmern, die sich noch in diesem Luftraum befanden, für die es jedoch noch keine Landeanweisung gab. Das heißt auch um die UA 93, die sich nicht um irgendwelche Anweisungen scherte – und um den Flying Circus der C-130 und der Falcon Fairchild, der sich um sie herum abspielte. Da sonst niemand mehr in diesem Luftraum flog, richtete sich die Aufmerksamkeit aller diensthabenden Fluglotsen der gesamten Leitzentrale auf eben jene Maschinen. Und mehr als einem von ihnen hätte der »Zirkus« rund um die Todesflieger auffallen müssen, wenn – ja, wenn nicht ausgerechnet dieses Flugleitzentrum genau dann evakuiert worden wäre, als es darauf ankam. Auf der Homepage des Cleveland-Centers ist zu lesen: »Zur vielleicht schlagendsten Demonstration des hohen Grades an Professionalität der Beschäftigten des Cleveland Centers kam es am 11. September 2001. Als die unglaublichen Geschehnisse sich abzuzeichnen begannen, war es einer unserer Controller, der das Kommandozentrum drängte, alle Flugzeuge am Boden bzw. landen zu lassen. Die Controller taten dies mit erstaunlicher Effizienz, wobei sie die Erfordernisse der Systemsicherheit nie aus den Augen verloren. Der Controller mit direktem Kontakt zur United Flight 93 konzentrierte sich unermüdlich darauf, den Kontakt wieder herzustellen. Als die

Entscheidung fiel, die gesamte Einrichtung wegen einer möglichen Bedrohung zu evakuieren, weigerten sich Mitarbeiter von wirklich jedem Areal [der Cleveland-Luftraum ist intern in sieben Areale unterteilt, d. V.], ihre Posten zu verlassen, um die notwendige Koordinierung aufrechtzuerhalten.«.

Als das Gebäude schließlich doch geräumt wurde, blieb nur ein heroischer Mitarbeiter am Schirm – für die UA 93. Als Grund für die Evakuierung vermeldet die offizielle Homepage des Cleveland-Centers einen anonymen Drohanruf. Er muss schon sehr drohend gewesen sein, um eine ganze Flugleitzentrale lahmzulegen. Zumindest drohend genug, um dafür zu sorgen, dass sich in der entscheidenden Stunde in der entscheidenden Leitzentrale unzählige entscheidende Zeugen nicht an ihrem Arbeitsplatz befanden. So konnte es kommen, dass das muntere Treiben am Himmel niemanden auf den Radarschirmen auffiel – sie flimmerten unbemannt vor sich hin. Die Radaraufzeichnungen dieses Morgens schlummern beim FBI – aller Voraussicht nach auf Nimmerwiedersehen.

http://www2.faa.gov/ats/aglzob/what.htm
(bei »Facility of the Year« den Unterpunkt
»Professionalism« anklicken)

Wir würden uns unseren Verdacht gern ausreden lassen. Denn es kann ja purer Zufall sein, dass trotz Flugverbots noch zwei C-130 über Pennsylvania und Washington unterwegs waren. Es müsste sich bloß mal ein ordentlicher Untersuchungsausschuss an die Arbeit machen – der wäre sehr schnell in der Lage, sich über die militärischen Flugbewegungen an diesem Morgen Kenntnis zu verschaffen. Da aber ein solcher Ausschuss nicht einberufen wird und wir bei allen vermeintlichen Zufällen des 11. 9. grundsätzlich von tiefer Skepsis befallen werden, schauen wir uns die Sache doch lieber etwas genauer an.

Was ist die C-130? Zunächst einmal ist sie das Arbeitstier vieler westlicher Armeen und als »Hercules« auch eine Transportmaschine der deutschen Luftwaffe.

Eine andere Variante der C-130, die »Gunship«, ist als Bomber bzw. besser als »fliegender Raketenwerfer« umgebaut, um die Bodenkämpfe der in den letzten bei den Jahren viel beschäftigten US-Infanterie gewinnen zu helfen. Aus der gepanzerten Kiste heraus lassen sich Bombenfracht, Minen und Raketen punktgenau auf den Boden bringen. *[139]*.

Darüber hinaus sind C-130-Maschinen auch in einer dritten Variante verfügbar, die uns hier besonders interessiert: Der Rüstungskonzern Raytheon baut sie zu fliegenden »Command & Control«-Einheiten aus, zu mit Elektronik voll gestopften fliegenden »Gefechtsständen«, mit denen sowohl Verbände der Armee unten am Boden gesteuert als auch feindliche Funksignale überlagert werden können. Diese C&C-Version ist daher ein bedeutsamer Brückenkopf der elektronischen Kriegführung. Wie schon erwähnt, tauchte eine C-130 auch in der Nähe der AA 77 auf, deren Aufprall auf das Pentagon der Augenzeuge John O'Keefe im New York Law Journal beschrieb: »Ich fuhr auf der Interstate 395 …, und ich weiß nicht, ob ich es zuerst hörte oder sah – dieses silberne Flugzeug. Ich erkannte es gleich als Jet der American Airlines … Es stürzte von links über den Highway hinweg … Ich hatte gerade im Radio gehört, dass der National Airport geschlossen worden war, und dachte mir: ›Der wird es nicht mehr bis zum National Airport schaffen.‹ Und dann kapierte ich, was los war und dass er das Pentagon treffen würde … Es gab keine große Explosion, keinen Riesenkrach, es machte nur ›pffff‹. Nicht das, was ich erwartet hätte von einem Flugzeug, das ungefähr ein Fußballfeld von mir entfernt war … Als ich aus dem Auto ausstieg, sah ich ein anderes Flugzeug, das über meinem Kopf flog, und das erschreckte mich …, weil ich ja wusste, dass zwei Flugzeuge das WTC getroffen hatten. Ich lief von der Fahrbahn runter und sah zu, dass ich weiter weg kam. Dann begann das Flugzeug – es sah aus wie ein C130-Transportflugzeug – vom Pentagon abzudrehen, es machte einen kompletten Turnaround.« *[140]*

John O'Keefe hatte vielleicht einen besseren Grund, vor der Maschine zu erschrecken, als er ahnte. Und er war nicht der Einzige, der die trotz Flugverbots gemütlich über dem Regierungszentrum kreisende Großmaschine gesichtet hatte. *[141]* Bruce Warner, ein anderer Zeuge, der offenbar in einer militärischen Einrichtung in unmittelbarer Nähe des Pentagon arbeitet, wunderte sich, warum keine F-16-Jäger zu sehen waren: »Das einzige große Flugzeug, das da auftauchte, war eine graue C-130, es schien ein elektronisches Kriegsflugzeug der Navy zu sein, das die Gegend beobachtete und dann in westlicher Richtung verschwand.« *[142]* Der eine Zeuge sagt, der Flieger habe ausgesehen »wie eine C-130«, und der andere Zeuge präzisiert »elektronisches Kriegsflugzeug«. Die beobachtete Propellermaschine schien also etwas anders ausgesehen zu haben als ein normaler C-130-Transporter. Wie das? Eine Erklärung liefern die dicken zusätzlichen Generatoren: Die EC-130 der Navy haben einen extra 90-Kva-Generator pro Motor. Der wird für die Power gebraucht, um die Radioantenne zu »heizen«, wenn sie ihre Mission fliegen.

Die überschallschnellen Abfangjets schafften es nicht, rechtzeitig zur Stelle zu sein, aber eine langsame Propellermaschine ist pünktlich vor Ort gewesen? Es kommt indes noch toller. Denn am Jahrestag der Anschläge, also am 11. September 2002, wurde eine Version lanciert, der zufolge es sich bei den beiden C-130 – der über Washington in Sichtweite der AA 77 und der über Pennsylvania in Sichtweite der UA 93 – um ein und dieselbe Maschine handelte. In der Star Tribune Minneapolis kommt ein Lt. Col. Steve O'Brien zu Wort, der damals mit einer ganz normalen Lastesel-C-130 von der Andrews AFB aus gestartet sein will. Kurz darauf habe ihn die AA 77 fast geschnitten, und dann sei er von der Bodenstation angeblich aufgefordert worden, dieser Maschine zu folgen – wobei es ihn völlig geplättet habe, dass der »Controller überhaupt nichts zu wissen schien … Das Nächste, was ich gesehen habe, war der Feuerball … Ich wurde angewiesen, das Gebiet so schnell wie möglich zu verlassen.« So drehte er nach Westen ab, ohne so recht zu wissen, wo er nun landen sollte. Irgendwo über Pennsylvania sah er dann – rein zufällig – Rauchschwaden, die von einem schwelenden Feld aufstiegen. Und nun hörte er auch in seinem Cockpitradio von »all diesen Flugzeugen. Es war wie ein Dominoeffekt – wirklich ein schlechter Tag für Flugzeuge.« *[143]*

Da kam also ein harmloser Pilot seines Wegs daher, und wie der Teufel es manchmal so will, schrammte er gleich an zwei Tatorten vorbei. Keine Rede mehr vom Flugverbot – und von den beiden anderen Fliegern, die trotz dieses Verbots gesichtet worden waren. Weil die Fairchild Falcon von Netjet und die F-16 längst in Vergessenheit geraten sind, muss Steve O'Brien auch nicht mehr darauf eingehen. Hauptsache, den hieb- und stichfesten Belegen für die Anwesenheit der C-130 konnte nach einem Jahr fleißiger Recherche irgendeine Legende untergeschoben werden. Es war halt eine Transportmaschine – einer der Piloten sagt's ja selbst!

Angenommen, O'Brien nähme es mit der Wahrheit nicht so genau, und es gäbe gute Gründe, von der Spezialvariante EC-130 auszugehen, die an zwei Tatorten gesichtet wurde: Wo wären die dann hergekommen? Mit ziemlicher Sicherheit aus Middletown in Pennsylvania. In der dortigen Air Force Base auf dem Harrisburg International Airport ist die 139. Staffel stationiert, und nur dort gibt es Maschinen vom Typ EC-130. Middletown liegt zudem inmitten der Flugrouten aller vier Maschinen des 11. September. *[144]* Kurz vor Redaktionsschluss gelangten wir im Zuge der Ermittlungen der »Unabhängigen Untersuchungskommission« (einberufen auf Verlangen von Tom Daschle, dem demokratischen Oppositionsführer im Senat – gegen den erklärten Willen von Bush und Cheney) noch an eine eher unfreiwillig ausgeplauderte Information.

Col. Alan Scott umriss am 23. Mai 2003 die Zeitabläufe des 11. 9. aus der Sicht des NORAD – worauf wir jetzt überhaupt nicht weiter eingehen wollen. Aber bemerkenswert ist, dass er ohne Not wieder eine C-130 erwähnte! »Ohne Not« sagen wir deshalb, weil ihn niemand nach einer C-130 gefragt hat. Von einer solchen Maschine hatten bisher nur Augenzeugen berichtet, aber in allen Artikeln und Büchern, Videos und Grafiken wurde sie verschwiegen. Alan Scott nun sagte, die Fluglotsen der FAA hätten auf der Suche nach der angeblich »verschwundenen«, da ohne Transponder fliegenden AA77 »eine Menge Leute (gemeint sind Piloten, d. V.) nach ihr gefragt, inklusive einer C-130, die in Richtung Westen nach Ohio flog«. Den Zeitraum dieses Vorfalls grenzte Scott genau ein auf 9. 09. bis 9.11 Uhr. Bemerkenswert sind dabei verschiedene Aspekte. Von den Flugzeugen der anderen gefragten »Leute« sprach er nicht, erwähnte nicht ihre Maschinentypen, ihre Flugnummern, ihre Flugrouten, sondern hob einzig die C-130 hervor. Warum das? Wegen des Typs oder wegen ihrer Flugrichtung? Beides sind an sich völlig unerhebliche Daten. Oder weil er weiß, dass es etwas Besonderes auf sich hat mit dieser

Maschine – was er zwar nicht sagte, aber mit dieser Freudschen Fehlleistung hervorhob?

Halten wir fest: Dies ist nun die dritte in der Nähe einer Todesmaschine bestätigte C-130! Sie kann – laut Aussage des Piloten O'Brien – nicht identisch sein mit der phänomenalen »Beobachtungs-C-130«, die ihren Flug von Ost nach West ja erst nach 9.40 Uhr, eine halbe Stunde später, ab Washington begann. Sie könnte jedoch – reine Spekulation – identisch sein mit einer EC-130, die ihren Job in New York getan und sich nun der AA 77 zugewandt hat.

Wir können nicht beweisen, dass die Todesmaschinen des 11. 9. tatsächlich ferngesteuert wurden. Wir können bisher nur zeigen, dass eine solche Fernsteuerung technisch machbar ist und dass mögliche Sendesysteme in Form elektronisch aufgerüsteter C-130Transporter in der Nähe waren. Es gibt daher gute Gründe, auch diesen scheinbar undenkbaren alternativen Tatverdacht weiter zu verfolgen. Dass die offiziellen Beweise über Existenz und Wirken der »19 Hijacker« an Bord der Maschinen dubios, dass alle vorgebrachten Indizien wie Handyanrufe und Passagierlisten mit äußerster Vorsicht zu genießen, wenn nicht gar plump gefälscht sind: Diese ziemlich offensichtlichen Schwächen der offiziellen Tatversion sind bis dato nur deshalb noch nicht in den Fokus der Aufmerksamkeit geraten, weil irgendwer ja die Maschinen in ihr Ziel gesteuert haben muss – und wenn nicht die Terroristen, wer dann?.

Das objektive Problem, dass die C-130 mit ihren maximal 600km/h im Vergleich zu den schnellen Boeings ziemlich langsame Maschinen sind, lässt sich relativieren. Die Führungsmaschine kann der geführten Maschine durch die Funkbefehle mitteilen, ihre Geschwindigkeit zu drosseln. Und – oh Wunder! – nach den uns mitgeteilten Zeiten taten sie das auch auf dem »Rückweg«. Als Beispiel nehmen wir die AA 11: Start um 8.00 Uhr, Umkehrpunkt um 8.15 Uhr, eventuell auch um 8.20 Uhr *[145]*, Einschlag um 8.45 Uhr. N ach der einen Rechnung brauchte die AA 11 also 15 Minuten zum Umkehrpunkt und 30 für den Rückflug, nach der anderen 20 zu 25 Minuten. Dabei ist die langsamere Startphase einerseits, die Ungleichmäßigkeit des geflogenen Dreiecks andererseits allerdings unberücksichtigt geblieben. Zudem müssen die Führungsflugzeuge nicht an den Boeings kleben (sogar die Mikowellenwaffe wirkt über 10 km hinweg) – nicht nur die Radarsicht, sondern auch die Sicht per Auge war exzellent am 11. 9. Genaues würden nur die Blackbox-Daten liefern – die uns leider eben nicht vorliegen. Aber die Geschwindigkeitslücke ist schließbar.

Wir sind somit von einer rein hypothetischen zu einer ziemlich handfesten Faktenebene gelangt, auf der man wiederum nur durch kriminaltechnische Untersuchungen weiterkäme – Untersuchungen, die wir nicht anstellen können, die jedoch unserer Überzeugung nach gewiss schon angestellt wurden. Und zwar so erfolgreich, dass ihre Ergebnisse der Öffentlichkeit aus guten Gründen vorenthalten bleiben.

Entführte Entführer?

»Alles, was die Brüder, die die Operation durchführten, wussten, war, dass sie eine Märtyrer-Operation vor sich hatten. Wir baten jeden von ihnen, nach Amerika zu gehen, aber sie wussten überhaupt nichts über die Operation, nicht das Geringste. Aber sie waren ausgebildet, und wir offenbarten die Operation erst, als sie dort waren und kurz bevor sie die Flugzeuge bestiegen.«

Auszug aus dem angeblichen »Homevideo« Osama Bin Ladens, Newsweek, 24. 12. 2001, S. 19 [146]

Die gesamte Überlegung, ob die vier Todesmaschinen ferngesteuert gewesen sein könnten, gründet auf der Annahme, dass die Araber an Bord (sofern sich überhaupt welche an Bord befanden) entweder selber harmlose Passagiere waren oder »entführte« Entführer, die feststellen mussten, dass sie zwar das Cockpit angreifen, jedoch die Maschinen nicht steuern konnten. Die Macher des oben zitierten Videos – ob nun Osama oder jemand anderes – geben in diesem Zitat der Überlegung »entführte Entführer« eine gewisse zusätzliche Grundlage – zumindest wenn man davon ausgeht, dass das Phantom Bin Laden genau wusste, dass seine kaum flugfähigen Brüder Unterstützung »von oben« bekommen würden.

Ist der Nachweis der Existenz von C-130 in der Nähe der Todesmaschinen und der weiterer Flieger nun die berühmte »Smoking Gun«? Nein. Noch immer nicht. Denn unsere Alleserklärer von der Regierung Bush und ihre getreuen Posaunisten im Mediengewerbe haben auch für den eklatanten Widerspruch – überschallschnelle F-16: zu spät!, lahm propellernde C-130: schon da! – ein Sprüchlein parat. Immerhin nur noch leise, nicht mehr an die große Glocke gehängt: Es seien »Beobachtungsflüge« gewesen. Hier aber stoßen wir als deutsche Beobachter des US-Luftraums an die Grenzen unserer Möglichkeiten. Die Nachfrage, ob es sich bei den C-130 um Spezialversionen mit elektronischem Equipment handelte, die Einsicht in die Flugplanungen aller C-130, das Rausfiltern, welche wann und wo in der Luft waren, und dann die ganzen Zeugenvernehmungen – das muss dann schon die unabhängige

Untersuchungskommission zum 11. 9. selbst machen. Das können wir leider nicht.

Was wir aber können, ist, den Weg zu zeigen, der zur »Smoking Gun« führen müsste. Also, es fliegen da langsame C-130 »zur Beobachtung« in der Nähe der Tatorte umher, am Pentagon eineinhalb Stunden nach dem Bekanntwerden der ersten Entführung (9.40. bzw. 10.03 zu 8.20 Uhr), aber schnelle Abfangjäger, deren Job das gewesen wäre, waren nicht in die Luft zu bekommen.

Und laut Verkehrsminister Norman Mineta war der gesamte Luftraum für zivile und militärische Flieger seit fast einer Stunde gesperrt. Somit hätte dort auch nicht ein »zufällig« vorbeigondelnder Militärtransporter in der Luft sein dürfen. Aber es waren mindestens eine Fairchild Falcon, eine F-16 und eine C-130 unterwegs, ein echter Zirkus von Fliegern, die nicht auf Mineta hörten. Befehlsverweigerung. Grund zum Nachhaken, nicht nur bei dem angeblichen C-130-Piloten Steve O'Brien. Und zwar am besten schnell. Denn bekanntlich fordern der hektische Straßenverkehr in den USA, aber auch der Luftverkehr und allfällige Kriege einen hohen Blutzoll unter Zeugen. Ein rätselhafter Zeugenschwund war schon bei den Kennedy-Morden offensichtlich, und derzeit scheint es ebenso tödlich zu sein, bei der Elektronikfirma Raytheon zu arbeiten oder auch als Mikrobiologe im Bereich Anthraxforschung beschäftigt zu sein – dazu weiter unten mehr. Die Befragung der Zeugen aus den C-130-Besatzungen und dann auf der Befehlskette immer weiter hoch sollte direkt auf die Schuldigen am 11. 9. verweisen. Sie raucht noch, diese Knarre …

Ein Aspekt sei noch erwähnt: Das Argument, es sei doch notwendig gewesen, die entführten Flugzeuge zu »beobachten«, stützt scheinbar die schon seit langem verbreitete

These, durch das Abschalten der Transponder seien die Todesflieger quasi unsichtbar für die Fluglotsen geworden. Dieses Argument wird weiter untermauert durch den Hinweis auf »altes« und »neues« Radargerät: Die FAA habe sich soeben erst für das »neue« »beacononly«-System entschieden *[147]*, mit dem das konventionelle Sichtradar ersetzt worden sei, und dieses neue System könne nichts mehr sehen, wenn irgendein übler Täter den Transponder ausschalte. Das ist Humbug, wenn auch die Behauptung stimmt, dass das neue System nicht mehr die »Physis« des Flugzeugs radarmäßig abgreift (also etwa: »großes Metallobjekt in 10 km Entfernung und 3 000 Fuß Höhe im Landeanflug«), sondern nur die Daten, die der Flieger selbst von sich aus per Transponder sendet (Flug XYZ usw.). Diese Theorie unterschlägt jedoch die enge Verwobenheit von NORAD und FAA. So arbeiten vielfach, zum Beispiel auf der Andrews AFB, zivile und militärische Fluglotsen direkt zusammen, was ja auch angesichts des militärischen Luftverkehrs notwendig ist. Mehr noch: Diese Theorie zielt im Effekt darauf ab, die Existenz des NORAD überhaupt vergessen zu machen. Das Ziel der Luftverteidigung ist aber – die Luftverteidigung. Ja, so primitiv muss es mal gesagt werden. Das NORAD mit all seinen technischen Systemen ist nicht zum Däumchendrehen da. Es ist nicht untätig, nur weil gerade mal kein Krieg über den USA stattfindet. Und wer hat schon je davon gehört, dass sich feindliche Raketen oder Flugzeuge korrekt mit Transponder anmelden? Wem das Wort »Wetterradar« nicht völlig unbekannt ist und wer von der Existenz von Ballons oder der Möglichkeit geklauter Flieger weiß, kann sich vorstellen, dass zivile und militärische Bodenkontrolle jeweils immer beide Systeme benutzen (müssen). Eine »Unsichtbarkeit« gibt es nicht. Gäbe es sie – wie hätten dann die »Beobachtungsflieger« ihre Objekte UA 93 und AA 77 finden können? Oder waren die C130 etwa schon präventiv an der geplanten Einschlagstelle präsent? Wie das?

Der oben zitierte General Eberhart übrigens hat nie von einer solchen Unsichtbarkeit der AA 77 gesprochen. Allerdings auch nicht davon, wie denn zu erklären ist, dass diese AA 77 geschlagene 45 Minuten nach Abschalten des Transponders noch immer nicht abgefangen wurde. Man sei von der FAA erst um 9.24 Uhr informiert worden und schon um 9.30 Uhr mit Abfangjägern aus Langley, Virginia, in der Luft gewesen. Als ob eine geschlagene halbe Stunde lang kein Mensch von der AA 77 gewusst hätte – und selbst die letzten Minuten hätten noch zum Abfangen gereicht ...

Wie genau die Bodenkontrolle die Route der entführten Maschinen bestimmen konnte, ergibt sich aus dieser folgenden Anekdote des Spiegel: »Der Pilot meldet sich nicht mehr. Noch weiß die Flugleitzentrale nicht, dass die Maschine entführt wurde und seit gut 20 Minuten auf Abwegen fliegt, inzwischen südwärts, Richtung New York City. Es ist der 11. September, 8.37 Uhr, Good morning, America, die Welt glaubt an einen normalen Dienstag, noch acht Minuten lang. Im Cockpit der United Airlines 175 hören die Piloten die Bitte eines Fluglotsen, nach der verstummten American Airlines 11 Ausschau zu halten. Um 8.38 Uhr meldet Flugkapitän Victor Saracini, 51 Jahre alt, ein Navy Veteran: ›Ja, wir haben ihn im Blick ... scheint ungefähr 20 ... äh ... 29000, 28000 Fuß hoch zu sein.‹« *[148]*

Wir erfahren hier einerseits Unsinn (»Noch weiß die Flugleitzentrale nicht, dass die Maschine entführt wurde ... «), denn um 8.15 Uhr brach schon der Funkverkehr ab, um 8.20 Uhr war der Transponder weg und der Kurs geändert, seit 8.28 Uhr spätestens war das NORAD informiert, und die F-15 von der Otis AFB liefen zumindest (angeblich) in der Startvorbereitung. Andererseits lesen wir ein wichtiges Detail: 20 Minuten nach der Kursabweichung und acht Minuten vor dem Einschlag fliegt AA 11 also noch satte 29 000 Fuß hoch. In zehn Kilometern Höhe. Verdammt hoch für einen ungeübten Attentäter-Piloten, der doch das »Starten und Landen« nicht lernen wollte und sich einen klaren Tag aussuchte, um nach Sicht zu fliegen (wie konnte er das bei der Buchung vor zwei Wochen wissen?). In höchstens acht Minuten also zielgenau von 10 km Höhe auf »Ground Zero« – nach Sicht, das ist eine phänomenale Leistung.

Der Spiegel weiter: »Der Pilot des Fluges 175 antwortete dem Lotsen um 8.41 Uhr: ›Gleich nach unserem Start in Boston fingen wir einen verdächtigen Funkspruch auf.‹ Hörte sich an, als ob jemand das Mikro abgedreht hat und sagte, jeder soll auf seinem Platz bleiben.« Was mithin dokumentiert, dass es einen regen Funkverkehr gab (was völlig normal ist), angeblich sogar mit einer entführten Maschine (was nicht bewiesen ist), und dass dieser aufgezeichnet ist – jedoch nur häppchenweise in die Öffentlichkeit gelangt. Und dass angeblich aus der AA 11 etwa um 8.20 Uhr noch etwas zu hören war – aber nur seitens der UA 175? ….

Die Story ging durch die Weltpresse, aber kein Journalist fragte nach, ob ein Spruch auf der Notruffrequenz nicht logischerweise von vielen Piloten und Bodencrewleuten hätte gehört werden müssen. Keiner fragte nach, warum Saracini »gleich nach dem Start« etwas Verdächtiges gehört hatte, es aber erst auf Anfrage um 8.41 Uhr für nötig hielt, dieses Verdächtige weiterzumeiden. Eine nette Geschichte, aber eine, die vorne und hinten nicht stimmen kann.

Andere Quellen berichten, dass diverse Unregelmäßigkeiten (Transponder, Route, Funk ...) etwa eine Viertelstunde bis 20 Minuten nach dem Start von AA 11 die Fluglotsen zu der Annahme veranlassten, es handele sich um eine Entführung.

Was die Einschaltung von FAA und NORAD zur Folge hatte (spätestens um 8.28 Uhr): Und was auch folgenden Funkspruch erklärt: »Um 8.40 Uhr gibt der Controller der in Chicago sitzt, Flugkapitän Saracini die Anweisung: ›United 175 ändern Sie Ihren Kurs. 30 Grad rechts. Ich will Sie weghaben aus diesem Verkehr da.‹«.

Welcher Verkehr? Vicctor Saracini. hatte gerade noch gemeldet, er habe die AA 11 gesichtet – ein Zusammenstoß mit diesem Flugzeug war also wohl unwahrscheinlich. Aber waren da nicht zwei F-15 in der Luft? Oder eine C-130? Oder wusste der Controller gar von weiteren geplanten oder stattfindenden Entführungen in der Region, nicht jedoch, dass es sich dabei gerade um die Maschine handelte, die jetzt Anweisungen von ihm erhielt? Welchen »Verkehr« meinte er?

Fassen wir zusammen: Alle hier vorgelegten Indizien sind keine schlüssige Theorie dessen, was sich an Bord der Boeings abgespielt haben mag. Es könnte also durchaus sein, dass sich Hijacker an Bord befanden (wenn auch zumindest nicht alle diejenigen, die vom FBI verkündet wurden) und, so wie es betrogene Betrüger gibt, zu entführten Entführern wurden.

Auch kennen wir das genaue technische System der Fernsteuerung nicht, nicht einmal mit Namen. Ein britischer Flugzeugingenieur hat es einfach »horne-run« genannt, *[149]* Wir können es ebenso gut auch »Gerhard« nennen. Das Problem bei wirklichen Geheimnissen ist halt, dass sie geheim sind. Dass solche Fernsteuerungen aber kein grundsätzliches technisches Problem darstellen, wurde hinreichend dargelegt, ebenso wie die Anwesenheit der für eine solche Operation notwendigen »Command & Controll«-Einheiten. Sollte es sich irgendwann einmal herausstellen, dass es sich bei diesen C-130 tatsächlich um definitiv harmlose »Beobachtungsmaschinen« handelte, wäre dieses Kapitel hier dennoch nicht gegenstandslos. Vielmehr würde das eklatante »Hase-Igel«-Paradox – der überschallschnelle »Hase« kommt immer zu spät, der propellernde »Igel« ist immer schon da – noch deutlicher zu Tage treten.

Der göttliche Strahl – Raytheon

Das Unternehmen Raytheon Co. *[150]* – es begann als Hersteller von Radioröhren und produzierte 1946 den ersten Mikrowellenherd sowie ein revolutionäres Lenksystem für Raketen – ist heute der viertgrößte Rüstungsbetrieb der Vereinigten Staaten. Die elektronische Abteilung von Raytheon stellt neben den »Cruise Missile«-Raketensystemen Hawk, Tomahawk und Patriot auch Radar- und Navigationseinrichtungen sowie Erkennungs- und Zielsysteme her. Die »Command, Controll & Information Systems«-Abteilung des Unternehmens produziert Systeme für Während der Luftfahrtkontrolle und Satellitensteuerung. Löwenanteil der Umsätze von Raytheon im militärischen Bereich erzielt wird, gehen einige Produkte auch an die zivile Kundschaft, und auch hier bleibt die Firma ihrem Namen (ray- Strahl, theos = Gott) treu: Sie liefert, neben Mikrowellengeräten, vor allem Fernbedienungen.

Raytheon ist als Spezialist für Fernsteuerungen aller Art auch einer der Entwickler des automatischen Flug/Lande-Systems Global Hawk sowie der neuen Strahlenwaffen aus gepulsten Mikrowellen, die im jüngsten Irakkrieg erstmals eingesetzt wurden. »Phaser«, oder wie die Strahlenwaffen bei Captain Kirk & Co. sonst heißen, sind keine Sciencefiction mehr, sondern milliardenschwere Fakten – und Raytheon ist der Marktführer dieser »Directed Energy Weapons«-Technologie (DEW). Interessant ist nun, welche Maschinen von Raytheon bevorzugt sowohl zu elektronischen Kommandozentralen ausgebaut als auch zu neuen DEW-Fightern aufgerüstet werden: Es sind die Propellermaschinen C-130, die dank ihrer traktorartigen Eigenschaften von dem »High Energy«-Schnickschnack an Bord verschont bleiben, der bei modernen, mit Elektronik voll gestopften Fliegern schwere Probleme verursachen würde.

In der offiziellen Beschreibung der Variante EC-130F wird deren umfangreiche Möglichkeit, feindliche Frequenzen zu überlagern, geschildert: »Sie ist ein stark modifizierter C-130-Hercules Transporter, der als luftgestützte TV- und Radio Sendeplattform dient .... und fähig ist, lokale Frequenzen mit ihrer eigenen Message zu überlagern.«

Einer der merkwürdigsten Zufälle des ganzen rätselhaften 11. September ist nun, dass mindestens fünf der Flugpassagiere in den Todesmaschinen Mitarbeiter von Raytheon waren:

- Kenneth Waldie (AA 11), leitender Ingenieur für elektronische Systeme bei Raytheon in Tewksbury, Massachusetts,
- Herbert Homer (VA 175), Vizedirektor des Corporate Management bei Raytheon in Burlington, Massachusetts,

- Stanley Hall (AA 77), Direktor des Programm-Managements bei Raytheon in Washington, »der ›Dean‹ unserer elektronischen Kriegführung«,
- Peter Gay (AA 11), Vizedirektor für elektronische Systeme bei Raytheon in Andover, Massachusetts,
- David Kovalcin (AA 11), leitender Ingenieur für elektronische Systeme bei Raytheon in Tewksbury, Massachusetts.

Außerdem kam in der AA 77 Charles S. Falkenberg, Forschungsdirektor der ECOlogic Corp., ums Leben. Diese Software-Firma entwickelt Tools zur Nutzung der Landsat-Fotos für Global Hawk.

Man beachte die unterschiedlichen Maschinen: In dreien der vier Flugzeuge saß mindestens ein leitender Angestellter von Raytheon. Es handelt sich also nicht um einen gemeinsamen Ausflug von einem Kongress weg oder zu einer Tagung hin. So eine Situation wäre keiner weiteren Erwähnung wert. Aber nachdem Sie unsere Hypothese einer möglichen Fernsteuerung der Todesmaschinen kennen, gibt die Sitzverteilung dieser fünf Männer dann doch zu denken.

Gestatten Sie uns deshalb ausnahmsweise einmal ein spekulatives Thriller-Szenario. Um eine im Geheimen von Raytheon weiterentwickelte »Anti Hijacking«-Einrichtung zu testen, wird von den militärischen Auftraggebern eine Test-Simulation vorgeschlagen, die ebenfalls unter größter Geheimhaltung erfolgt. Fünf Top-Experten für automatische Flug/Lande-Systeme werden ausgesucht, um die Reaktion der Flugzeuge direkt an Bord zu beobachten. Geplant ist, dass die Flugzeuge nach einer vorgetäuschten Entführung von der Fernsteuerung übernommen und sicher zur Landung gebracht werden – so zumindest wird es der Hand voll Eingeweihten bei Raytheon mitgeteilt. Doch dann läuft alles ganz anders … Die »Entführer« werden entführt und die Fernsteuerungsingenieure zu Opfern ihrer eigenen Technik.

Auch wenn er spekulativ bleiben muss, zeigt der Gedankengang doch, dass einer der landläufigen Einwände gegen eine Großverschwörung – dass nämlich Hunderte von Mittätern und Mitwissern einbezogen sein müssten – nicht zwingend sticht. Außer ein paar Special Forces für die Fernsteuerung müssen nur noch einige wenige Raytheon-Direktoren in die geheime Simulation eingeweiht sein – und die werden sich hüten zu plaudern, zumal die Kriegsanstrengungen nach dem 11. September dem Unternehmen riesige neue Profite bescherten.

Nachdem sich die Sporen in den Anthrax-Briefen als US-Produktion erwiesen hatten, lebten Mikrobiologen von Weltrang plötzlich sehr gefährlich: 14 von ihnen kamen nach dem 11. 9. unter teilweise äußerst dubiosen Umständen »natürlich« zu Tode. *[151]* Wir wissen nicht, wie viele Manager von Raytheon durch den hektischen Autoverkehr auf den US-Straßen oder weitere Unbill wie allfällige Selbstmorde, plötzliche Herzschwäche oder dergleichen unlängst umkamen – und wollen den verwegenen Thriller auch nicht ernsthaft weiterspinnen. Am 8. Mai 2002 starben allerdings zwei weitere Mitarbeiter auf einem seltsamen Testflug in einem T-39 Sabreliner, der mit einem zweiten kollidierte. Die beiden Maschinen waren auf der Pensacola Naval Air Station (NAS) in Florida stationiert und verschwanden plötzlich vom Radar, 40 Meilen seewärts südlich von Pensacola Beach. *[152]* Das ist nicht nur deshalb ein seltsamer Vorfall, weil keine Funknotrufe der zwei beteiligten Maschinen abgesetzt wurden wegen der anschließenden Zugeknöpftheit und Geheimhaltung sowieso –, sondern auch deshalb, weil der Pilot der Maschine, in der die Raytheon-Leute saßen, ein Ambarak S. Al-Ghamdi war. Al-Ghamdi – den Namen kennen wir doch! Welch ein Zufall mal wieder. Der Name mag ja unseren Müller-Meier-Schulzes entsprechen. Aber Ambarak war nun einmal Pilot. Er war Saudi. Und als saudischer Flugausbilder mit diesem Namen zufällig auf jener Basis tätig, auf der wahrscheinlich auch die anderen angeblichen Hijacker namens Al-Ghamdi ihre Übungsflüge absolviert hatten. Laut Newsweek wohnten zumindest Said Al-Ghamdi (UA 93) und später auch Ahmed (UA 175) schon ab Anfang 1997 auf der Basis: »Militärische Aufzeichnungen belegen, dass sie als Adresse Radford Boulevard 10 angaben, eine Straße auf der Militärbasis, an der die Häuser für Flugschüler ausländischer Armeen stehen.« *[153]* Irgendwie muss wohl nach der Newsweek-Veröffentlichung vergessen worden sein, dass die Al-Ghamdis eventuell etwas miteinander zu tun haben könnten. Von Al-Ghamdi Nr. 3 zumindest hatte man bis zu seinem Tod nichts gehört.

Wer tat was wann am 11.9.

Alibigeschichten

Vielleicht erinnern Sie sich noch an die Spiegel-Serie »Was wirklich geschah«, in der akribisch die letzten Minuten des World Trade Center beschrieben worden sind. So tragisch und emotional bewegend auch jedes der darin geschilderten Einzelschicksale ist der letzte Kaffee eines Büroangestellten, der Tod eines Feuerwehrmanns –, zu einem Erkenntnisgewinn, was am 11. 9. wirklich geschah, trägt das nicht bei. Jedes dieser Opfer hat gewiss das Recht auf »seine« Geschichte, doch für den Tatverlauf und über die Hintermänner geben diese Geschichten nichts her. Uns interessiert in diesem Kapitel deshalb, was eigentlich die verantwortlichen Entscheidungsträger in diesen entscheidenden Stunden gemacht haben: Wie agierten Präsident, Vizepräsident, Verteidigungsminister und die anderen Verantwortlichen, bevor, während und nachdem sich die Anschläge ereigneten?

Wir fragen jetzt also, um in der Sprache Bushs zu bleiben, nach den »Guten«. Von den »Bösen«, den vermeintlichen Entführern, wissen wir mittlerweile angeblich recht viel, von den »Guten« jedoch seltsamerweise recht wenig. Warum eigentlich? Warum fragen die Medien nicht nach, womit sich der Verteidigungsminister am Morgen eines solchen Angriffs beschäftigt hat? Auch Bushs merkwürdiges Verhalten lässt manche Frage offen. Wenn in der öffentlichen Diskussion berechtigterweise darauf hingewiesen wird, dass ein Pilot eines Abfangjägers »nicht einfach eben mal so« eine Passagiermaschine abschießen darf, auch nicht in den schießfreudigen USA, dann ist das ein wesentlicher Punkt. Dafür muss in der Tat die Genehmigung bzw. der Befehl des Präsidenten oder eines Regierungsmitglieds her. Also ist die Frage, was wer wann tat, nicht einfach nur von theoretischem Interesse.

Es gibt Einwände, die besagen, was die Regierung Bush am 11. 9. getan und gelassen habe, sei doch eigentlich angesichts automatisierter Handlungsabläufe ganz unerheblich (die Feuerwehr rückt selbstverständlich aus, wenn das WTC brennt, und braucht dafür keinen Befehl von ganz oben). Sinn und Zweck einer Regierung sei schließlich, sich politischen Fragen zu widmen (im Sinne von Reden halten und Gesetze zimmern). Das greift zu kurz. Nun sind wir die Letzten, die standardisierte Vorgänge bezweifeln. Wir sind es gerade, die die Frage stellen, warum die NATO-Standards beim Abfangen von falsch fliegenden Passagiermaschinen nicht eingehalten wurden. Aber über die nicht eingehaltenen Standards hinaus gab es eine Vielzahl von Entscheidungssituationen, die einer Untersuchung bedürfen.

Eine Regierung ist nach modernem Staatsverständnis kein politisches Beratergremium, sondern Haupt der Exekutive. Hier wird entschieden – nach Beratungen, nach dem Abchecken der Handlungsoptionen, unter Berücksichtigung von Gesetzen, Interessengruppen usw. Aber es wird entschieden. Und das ist es auch, was das Volk eines demokratischen Landes von seinen Regierenden erwartet:

dass sie in angemessener Zeit verantwortlich handeln. Was entschieden also die »Guten«, was machte die Regierung während der Angriffe? Waren die Kabinettsmitglieder informiert? Ja, wir können zeigen: Jeder war informiert, nahezu zeitgleich mit den Ereignissen. Die Schaltung offener Leitungen ab dem ersten Einschlag wurde von Cheney selbst bestätigt. *[154]* Also war die unabdingbare Handlungsvoraussetzung gegeben. Wurden nun Planungen abgesagt, Besprechungen unterbrochen, Stäbe zusammengetrommelt, Krisensitzungen initiiert usw.? Es geht nicht um den Nachmittag des 11. 9., sondern um die eine Stunde ab etwa 9 Uhr morgens. Denn kurz vor 9 Uhr, das kann nicht klar genug gesagt werden, waren drei Flugzeuge entführt worden, war schon eines in das WTC gerast und das zweite auf dem Weg dorthin – und die Regierungsmitglieder wussten das. Wer nicht handelt, macht keine Fehler. Wer nicht handelt, macht auch nichts richtig. Die Regierung der Vereinigten Staaten von Amerika war keineswegs handlungsunfähig an diesem Morgen des 11. 9., aber sie handelte nicht.

Nicht ein einziges Regierungsmitglied entschied irgendetwas, übernahm Verantwortung. Weder wurde etwas falsch noch überhaupt irgendetwas gemacht. Weder wurden Befehle gegeben, endlich alle Abfangjäger starten zu lassen, ob bewaffnet oder nicht, ob »vorgesehen« für den Luftraumbereich oder nicht, einfach nur vorsichtshalber, da die Situation außergewöhnlich war. Noch wurde der Abschussbefehl gegeben, an dem angeblich so viel lag (ein Humbug angesichts nicht präsenter Abfangjäger).

Nein, nicht nur einsame Entscheidungen wurden nicht getroffen. Es gab nicht einmal Stabsbesprechungen, nicht einmal Beratungen der jeweiligen Kabinettsmitglieder mit ihren Untergebenen, ihren Informanten. Es gab auch keine

Schreckensstarre. Die wäre vielleicht noch erklärlich, obwohl sie den Feuerwehrleuten, Krankenschwestern, Polizisten, Rettungssanitätern usw. in ihren Berufen auch nicht zugestanden wird und am 11. 9. auch nicht eintrat. Von denen machte jeder seinen Job, und das recht gut bis hin zur Heldenhaftigkeit, wie so manche Geschichte von den Feuerwehrmännern am WTC ausweist. Nur die Bush-Regierung machte ihren Job nicht. Sie reagierte nicht.

Wenn ein Mafioso-Padrone ein Verbrechen begehen lässt oder davon weiß, besorgt er sich ein Alibi. Für die Nacht ist das einfach: Er sagt schlicht, er habe geschlafen, und präsentiert den Ermittlern eine notfalls getürkte Bettgefährtin, die das bezeugt. Am helllichten Tag wird der Mafioso sich nicht darauf zurückziehen können, er habe unsichtbar für andere unter der Bettdecke gelegen. Er muss irgendwo sein und irgendetwas tun. Am Besten ist: etwas Normales tun. Etwas Stinknormales. Business as usual, und das unter Zeugen. Das ist das perfekte Alibi. Für einen Mafioso. Nun besteht die Regierung der Vereinigten Staaten von Amerika nicht aus Mafiosi. Dieser Vergleich liegt uns völlig fern. Die Regierungsmitglieder stehen im Rampenlicht der Öffentlichkeit und brauchen sich nichts einfallen zu lassen, um zu beweisen, dass sie nichts mit den Angreifern des 11. 9. zu tun haben. Niemand, abgesehen von ein paar verrückten »Verschwörungstheoretikern«, würde sie verdächtigen. Sie benötigen kein Alibi. Sie benötigen einzig plausible Erklärungen, warum sie nichts taten. Diese Erklärungen haben wir seit dem 11. 9. gesucht – und sind nicht fündig geworden. Die Spitzen des Staats und der Armee verhielten sich normal, stinknormal. Als sei der 11. 9., auch nach der Entführung von vier Flugzeugen, ein hundsgewöhnlicher Tag und als komme es auf sie selber gar nicht an. Faszinierend und niederschmetternd zugleich an diesem ganz besonderen Tag ist die absolute Banalität der Tätigkeiten, in die sich die Verantwortlichen stürzten – wo doch in der Rückschau jedermann sagte, von nun an sei die Welt nicht mehr dieselbe.

Es gibt allerdings eine rühmliche Ausnahme von all den Unentschlossenen und Untätigen, die wir der Vollständigkeit halber erwähnen müssen: Außenminister Powell. Der weilte in Peru und erwies sich dort als recht entscheidungssicher: »In Lima brach Powell abrupt sein Frühstück mit dem peruanischen Präsidenten ab, nachdem er vom zweiten Einschlag im WTC erfahren hatte, und traf sofort Anstalten, nach Washington zurückzukehren. ›Hol das Flugzeug‹ sagte er einem Assistenten. ›Geh und sag ihnen, dass wir aufbrechen.‹ Er hatte einen Sieben-Stunden-Flug mit schlechten Telefonverbindungen vor sich.« *[155]*

Die Qual des zum Nichteingreifen Verdammten rührt an Herz. Was hätte Powell, der so entschlossen und voller Tatkraft sogar sein Frühstück abbrach, doch zu Hause zupackend bewirken können, wenn – ja, wenn er wie seine Kabinettskollegen an Ort und Stelle gewesen wäre …

Bevor wir uns näher anschauen, wer am 11. 9. wann was machte, hier zunächst noch einige bemerkenswerte Ereignisse aus den Tagen zuvor:

- Der Oberkommandeur der US-Army, General Tommy Franks, weilte in Pakistan zu Gesprächen über Sicherheit und Terrorismus. *[156]*
- Der pakistanische Geheimdienstchef Mahmud Ahmed hielt sich seit dem 10. 9. in Washington auf und führte mit seinen Counterparts Gespräche über die Taliban (als einen Monat später herauskommt, dass in seinem Auftrag 100 000 Dollar an Atta überwiesen wurden, tritt er »überraschend« zurück) *[157]*

- Mohammed Atta logierte auf der Insel Longboat Key – vier Tage, bevor Bush vom 10. auf den 11. 9. ebendort Station machte. *[158]*
- 500 islamische Websites wurden überraschend gecancelt, verschwanden einfach im digitalen Orkus. *[159]*
- Gouverneur und Präsidentenbruder Jeb Bush bereitete sich konkret auf künftigen Terror vor und erließ ein neues Notstandsgesetz für Florida. *[160]*

Bob Woodward, jener zur Hofschranze mutierte Investigativjournalist (vgl. VVG, S. 223 ff.), der einst den Watergate-Skandal aufdeckte, Nixon stürzte und damit weltberühmt wurde, schreibt in der Washington Post vom 27. 1. 2002: »Am Abend zuvor (gemeint ist der 10. 9.) saß Bush mit seinem Bruder, dem Gouverneur von Florida, Jeb Bush, dem ehemaligen Gouverneur Bob Martinez und anderen Republikanern des Bundesstaates beim Dinner. Es war ein entspannter Abend, voller Gespräche über Politik und angereichen mit Witzen, einige davon über Jeb Bushs mögliche Opponenten in seinem Wahlkampf 2002.«

Wir zitieren hier nur, um die Oberflächlichkeit der gängigen Berichterstattung zu karikieren. Der fast ebenso investigative Spiegel hätte bestimmt noch ausfindig gemacht, was Bush in sein Haferpäppchen einrührte und ob er sich einer guten Verdauung erfreute.

Wir hingegen finden es spannender, dass auf Longboat Key, jenem Sarasota vorgelagerten Florida-Inselchen, noch drei Tage zuvor Mohammed Atta residierte, nachdem der seine Flugausbildung bei Huffman Aviation im kaum 20 km entfernten Venice absolviert hatte. Die USA zählen nun nicht gerade zu den kleinsten Ländern der Welt, aber die Wege der Bushs – die im Gegensatz zu den Wegen des Herrn nicht unerforschlich sind scheinen sich merkwürdig mit denen der Bin Ladens oder Attas zu kreuzen. Auch dass es kein »soft event« war, der Bush nach Florida führte, sei erwähnt, also nicht allein die Forderung einer Regierungskampagne im Bereich Schule und Erziehung. Es ging um die Wahlfälschungen des kleinen Bruders Jeb zu Gunsten von George W., die Ende der besagten Woche auf einem Meeting der Demokraten in Miami verhandelt werden sollten. *[161]*

Wie es der Zufall, der getreue Patron des 11. 9., so will, hatte Jeb vier Tage zuvor schnell noch die Notstandspläne um die Flughäfen erweitert. Insofern mag die Bemerkung vom fröhlich unbeschwerten Vorabend auch stimmen: Es war alles vorbereitet. Und während in Florida Wahlfälschungen vertuscht und Witze über die Konkurrenz gemacht werden, lädt in der Hauptstadt der Rüstungsinvestor Carlyle Group, der von Vater Bush repräsentiert wird und an dem die Bin-Laden-Familie einen Zwei-Millionen-Dollar-Anteil hielt (der dann im Oktober schnell verkauft wurde), zu einem luxuriösen Dinner mit internationalen Repräsentanten und Investoren. Einer der Gäste: Osamas Bruder Shafiq Bin Laden. *[162]*

Fünf Sekunden in Sarasota

Sind Präsidenten anders als du und ich? Irgendwie schon. Und nicht nur Präsidenten, auch schon unser Kanzler und seine Minister. Solche Leute achten unablässig auf ihr Image, bedenken jeden Satz, geben sich staatsmännisch, sind zumindest im Dienst hochkonzentriert, kamerafixiert, überhaupt nicht locker, bis hin zur Brettsteifigkeit eines Rudolf Scharping. Nur die echten Profis schaffen es, Natürlichkeit und Gelassenheit um sich zu verbreiten, während sie einen treuherzig anlügen. Ihr Verhalten wirkt nicht mehr einstudiert, sondern »natürlich«. Hitler übte seine Posen noch vor dem Spiegel, heute nehmen unsere Spitzenkräfte meist teure Kurse in Sachen Körpersprache und Rhetorik.

Bevor George W. Bush Gouverneur und Präsident wurde, galt er zeit seines Lebens eher als Loser und Schluckspecht, und sein Daddy dürfte ihn durch einige solcher Kurse geprügelt haben, mit wenig Erfolg. Er ist halt kein professioneller Schauspieler wie Reagan, die Unbedarftheit ist ihm einfach nicht auszutreiben, und so stellt er sie, unbekümmert Unsinn plappernd, immer wieder zur Schau. Diese »Volksnähe« brachte ihm bei den Wahlen sogar einige Sympathiepunkte ein, die fehlenden Stimmen musste dann allerdings doch Bruder Jeb aus Florida herbeimanipulieren. Ein Manöver, das sich die Demokraten – nach Monaten paralytischen Schreckens – gerade in einer Kampagne vorknöpfen wollten und über das er am Vorabend des 11. 9. mit seinem Bruder noch gesprochen hatte.

Am Morgen nach Verlassen seines Hotels wird Bush über den ersten Einschlag ins WTC von seinem Stabschef Andrew Card informiert, und als er kurz vor neun an der Emma-Booker Grundschule in Sarasota eintrifft, sprechen ihn wartende Reporter schon darauf an.

Warum dieser Schulbesuch angesichts eines terroristischen Angriffs überhaupt noch stattfand und der Präsident von seinen Sicherheitsleuten nicht nach dem Bekanntwerden des beginnenden Terrors umgehend in Sicherheit gebracht wurde, bleibt eine offene Frage. Denn nicht nur Jacksonville, Miami, Tampa und Orlando haben weitbekannte internationale Flughäfen, sogar das Örtchen Sarasota verfügt über einen International Airport. Von diesen

Flughäfen aus hätte sich in der Start- oder Landephase jederzeit ein Flieger auf die Schule stürzen können, in der Mr. Bush gerade Ziegengeschichten zuhörte. Der Besuch des höchsten Repräsentanten der USA dort war lange geplant und öffentlich bekannt, also hatten auch potentielle Terroristen Kenntnis davon.

Wusste man etwa, dass dem Präsidenten in Sarasota nichts passieren würde? Wieso? Woher? Wenn irgendwo in der Nähe des Präsidenten ein Schuss knallt, stürzen sich sofort die Bodyguards auf ihn, um ihn in Sicherheit zu bringen. Aber wenn von 8.15 Uhr an vier Flugzeuge als entführt gemeldet werden und das erste schon in das WTC gekracht ist, lässt man ihn in aller Ruhe bei einem völlig unwichtigen Termin in einem öffentlichen Gebäude sitzen? Sieht der nationale Notfallplan, den Bush angeblich schon um 8.45 Uhr ausgerufen hat, etwa vor, dass die Nr. 1 des Staates sich nicht vom Fleck rührt? Vizepräsident Cheney zumindest erging es zum gleichen Zeitpunkt anders: Ziemlich ruppig wurde er gepackt und, mehr getragen als gegangen, in den Bunker des Weißen Hauses gebracht.

Und was tut Bush? Er nimmt im Klassenzimmer Platz und hört sich das Vorlesen der Kinder an. Zu diesem Zeitpunkt – wir wiederholen das ausdrücklich ist er schon über die Flugzeugentführungen des Morgens und den Einschlag in den Nordturm des WTC informiert. Als nun sein Stabschef Andrew Card gegen 9.05 Uhr in das Klassenzimmer tritt, flüstert er ihm nur kurz den neuesten Stand zu, und zwar, wie Bush später berichtet, mit folgenden Worten: »A second plane has hit the tower, America is under attack.« Eine aufbereitete Nachricht, mit der nur etwas anfangen kann, wer bereits vorinformiert ist. So lässt sich überhaupt nur verstehen, warum Bush nicht reagierte wie wir alle –

mit hängenden Armen, aufgerissenen Augen, hochgezogenen Augenbrauen und klaffender Kinnlade: »Waaaas?« So oder so ähnlich, wie jeder normale Erdenbürger auf diese unglaubliche Nachricht reagierte: mit unwillkürlichen Überraschung, des Erstaunens, des Entsetzens.

Sarasota, etwa 9.05 Uhr. Stabschef Andrew Card teilt Präsident Bush mit: »Ein zweites Flugzeug ist ins World Trade Center gestürzt. Amerika wird angegriffen.

Nichts davon bei Bush, wie die fünf Bilder aus den drei Sekunden zeigen, nachdem er die Nachricht erhalten hatte. Bush wusste, worum es ging. Und er blieb einfach sitzen. Das ist überaus erstaunlich, denn bei dieser Informationslage erwartet jeder Bürger von seinem Staatsoberhaupt, dass er den Kindern ein freundliches »Weitermachen!« wünscht und sagt: »Tut mir leid, ihr lieben Kleinen, ich muss nun ein wenig regieren.« Bush aber blieb sitzen. Wäre er aufgesprungen, hatte er wie wild herumtelefoniert, um Krethi und Plethi zusammenzutrommeln – dann hätte er Verantwortung übernommen. Hat er aber nicht.

Ebenso wenig wie Rumsfeld, der in der entscheidenden Stunde ungestört telefonieren und konferieren musste, wie Generalstabschef Myers, der dringend mit einem Senator über die Formalitäten seiner eigenen Beförderung reden musste, wie Cheney, der zu seinem Verkehrsminister in den Bunker geschleppt worden war. Reagieren und regieren wollte in dieser entscheidenden Stunde offenbar niemand so recht. Vor allem eben Bush nicht.

Was zeigt nun sein Gesicht in dem entscheidenden Moment, nachdem ihm die Nachricht zugeflüstert worden war? Es demonstriert keinerlei Erstaunen, es zeigt eine andere, eine ganz andere Emotion. Kinder kauen auf der Unterlippe, wenn sie verlegen sind oder schuldbewusst etwas machen müssen, was ihnen gar nicht schmeckt: zum Beispiel eine Sünde beichten. Das Unterbewusstsein übernimmt in solchen Augenblicken höchster Anspannung die Macht über Mimik und Gestik. Und Bush als Nichtschauspieler schafft es zwar noch, gelassen und ruhig sitzen zu bleiben, aber die innere Seelenverfassung dringt aus dem Gesicht. Urteilen Sie selbst über diesen unterlippenkauenden Mann, der die Augen mehrfach aufreißt und zuklappt und dazwischen über die Schulklasse hinweg ins Leere blickt. Ist es das Gesicht eines Unwissenden, eines Überraschten, Erstaunten, eines Nachdenklichen? Ist es eine Gesichtsregung, die wir nicht kennen und keinem bestimmten Gefühlszustand zuordnen können? Oder ist es das Gesicht eines verlegenen, schuldbewussten Kindes? Wir sind keine Experten in Körpersprache – Sami Molcho, Desmond Morris, Irenäus Eibl-Eibesfeldt und andere haben wissenschaftlich dazu gearbeitet und könnten vielleicht zu anderen Schlüssen kommen. Uns jedenfalls scheint aus diesem lippenkauenden Gesicht des kleinen George W. in diesen drei Sekunden keinerlei Erstaunen, keinerlei Schrecken zu sprechen, sondern Schuldbewusstsein, ein nagendes schlechtes Gewissen.

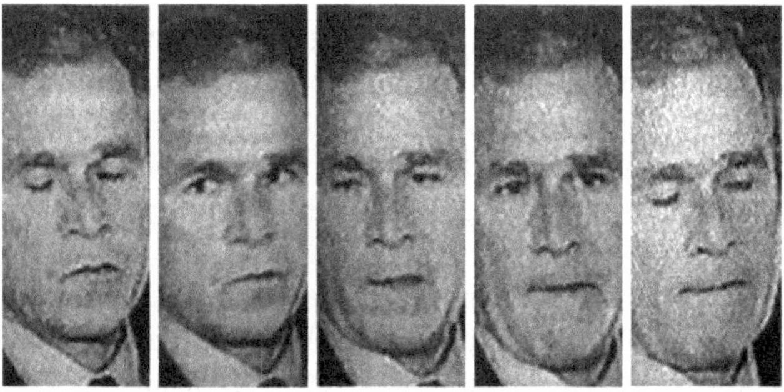

Bushs Gesichtsausdruck in den fünf Sekunden, nachdem er die Nachricht des zweiten WTC-Crashs von Andrew Card erhalten hat.

Und dass wir uns nicht missverstehen! Nicht nur vor der zugeflüsterten Mitteilung von Andrew Card, sondern auch danach, als er also vom zweiten Einschlag erfahren hatte, hörte Bush den Kindern und ihren Ziegengeschichten zu, fragte sie noch artig, ob sie denn wohl mehr lesen als fernsehen, und blieb ruhig sitzen. Während »America under attack« war und seine Landsleute aus den WTC-Fenstern sprangen.

Was empfand er in dieser Situation? Am 4. Dezember in Orlando von einem Schüler öffentlich darauf angesprochen, antwortete ihm Bush: »Ich wusste zuerst gar nicht, was ich denken sollte. Weißt du, ich bin in einer Zeit groß geworden, in der mir der Gedanke, jemand könnte Amerika angreifen, gar nicht in den Sinn kam … genauso wenig wie deinem Vater oder deiner Mutter vermutlich. Und dann habe ich in dieser wahnsinnig kurzen Zeit scharf nachgedacht, was es bedeutet, ›under attack‹ zu sein. Und ich wusste, wenn ich erst einmal genauere Informationen darüber hätte, dass wir angegriffen wurden, dann würde jemand für diesen Angriff auf Amerika eine Menge bezahlen müssen.« *[163]*

Bei Lichte besehen: nichts als gequirlter Schwachsinn also. Er hatte durchaus eine Menge Zeit und kannte in diesem Moment alle Fakten: vier Maschinen entführt, zwei ins WTC eingeschlagen. Dass diesbezügliche Überlegungen durch Vorlesen von Kindergeschichten gefördert werden, bezweifeln wir ebenso wie die Tatsache, dass man als erwachsener Mensch verlegen Lippen kaut, wenn man angestrengt über die Kreuzworträtselfrage nachdenkt: »Was heißt eigentlich ›under attack‹ Nein, was da an der Seele ?« des kleinen George nagte und sich auf seinem Gesicht abzeichnete, die coole Präsidentenpose für wenige Sekunden überlagernd, erinnert dann doch eher an ein schuldbewusstes Kind, das sich in einer großen Lüge übt und dem jederzeit die Möglichkeit ihrer Aufdeckung droht.

Timeline

5.33h Mohammed Atta und Abdulaziz Al-Omari checken aus ihrem Hotel »Comfort Inn« in Portland, Maine aus. *[164]*

5.40h Sie treffen in ihrem gemieteten blauen Nissan Altima mit dem Nummernschild aus Massachusetts 3335VI im Portland International Jetport ein und stellen den Wagen im ersten Stock des Parkdecks direkt gegenüber dem Flughafeneingang ab. Sie sind rechtzeitig da, ohne durch einen Stau oder irgendein unvorhergesehenes Ereignis aufgehalten worden zu sein. Andernfalls wären sie zu ihrem Todesflug zu spät gekommen. Im Auto hinterlassen sie freundlicherweise ebenso wie in dem Wagen, den sie tags zuvor in Boston am Flughafen hatten stehen lassen, eine Menge »Beweismaterial« .

5.43h Check-in am Schalter von US Airways.

5.53h Sie passieren die Kontrollen in Portland. Das Video weist auch die Zeit 5.45h aus. Bei dem bekannten Foto wird von aufmerksamen Fotoredakteuren (auch in Deutschland) die widersprüchliche Zeit 5.53h einfach weggeschnitten.

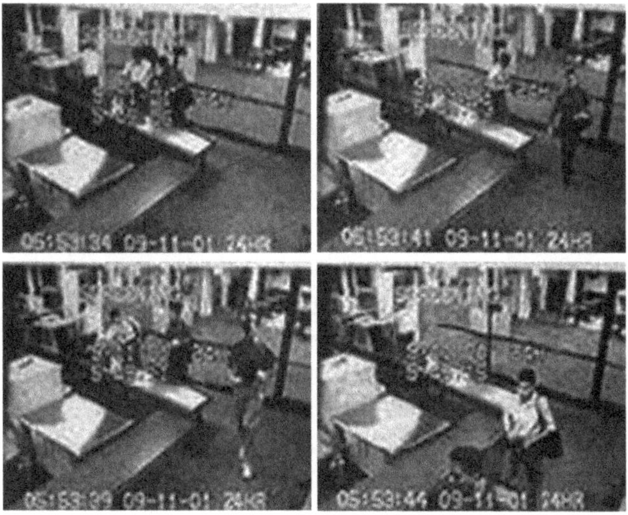

Diese Fotos zeigen angeblich Mohammed Atta beim Einchecken. Doch nicht in Boston zum Todes-, sondern in Portland zum Zubringerflug. Was den Fotos an Beweiskraft mangelt – nicht einmal

Atta ist sicher zu erkennen -, haben sie an Uhrzeiten zuviel: gleich zwei (Bildmitte und Bildrand unten). Wollte da ein Bildbearbeiter durch das Einfügen einer anderen Uhrzeit vertuschen, dass der vermeintliche Chef der Terrorpiloten fast seinen Flug verpasst hätte? Zumindest schnitten die Medien bei der Veröffentlichung der Bilder die unpassende untere Uhrzeit einfach weg – zu Gunsten einer stimmigen Legende und zu Ungunsten jeder kritischen Nachfrage. Auch wenn die Beweiskraft dieses Fotodokuments gegen Null tendiert: Dies sind die einzigen Bilder, die einen der mutmaßlichen Hijacker am 11. September 2001 auf einem Flughafen zeigen.

6.00h Ihr Zubringerflug Colgan Air 5930 nach Boston, Massachusetts, hebt pünktlich ab, eine Beechcraft-1900 mit 19 Insassen. Atta und Al-Omari benehmen sich wie normale Geschäftsleute. Ein Mitreisender, Roger Quirion, 40, aus Winslow: »Nichts, was sie taten, war irgendwie ungewöhnlich.« *[165]*

ca. 6.00h Präsident Bush wacht auf. Sein Hotel »Colony Beach & Tennis Resort« auf Longboat Key an der Küste Floridas, direkt vor der Stadt Sarasota am Golf von Mexiko gelegen, wird von vier arabisch aussehenden Männern aufgesucht, die ihn angeblich interviewen wollen. Auf Nachfrage erklären sie, sie hätten einen Termin mit einer Person aus Bushs Sicherheitsstab abgemacht. Diese Person gibt es nicht. Ohne dass sie befragt und ihre Personalien aufgenommen worden wären oder jemand das Nummernschild ihres Wagens notiert hätte, fahren die vier unverrichteter Dinge wieder ab. *[166]*

6.30h Der Präsident joggt rund um den Golfplatz, etwa vier Meilen.

6.50h Die Maschine mit Atta und Al-Omari landet flugplangerecht in Boston. Die Gepäckstücke werden umgeladen in den gebuchten Anschlussflug mit der American Airlines. Zufällig bleibt dabei das Gepäck Attas hängen und liefert später »Beweisstücke« – wie Pilotenuniform., Testament, Flughandbücher usw.

7.00h Bush ist zurück im Hotel.

ab 7.00h Angeblich treffen sich nun in Boston zehn Hijacker und verteilen sich zu je fünf auf die beiden Flüge AA 11 und VA 175. Laut einem vermeintlichen Bin-Laden-Video wissen sie bis jetzt noch nicht, dass es sich um ihren Todesflug handeln wird. Laut FBI-Angaben gibt es auf dem (im Verhältnis zu Portland) weit größeren und bedeutenderen Logan Airport in Boston keinerlei Video-Überwachungskameras, die dieses denkwürdige Treffen aufzeichnen – auch beim Boarding wurde angeblich keiner der «Attentäter« auf Video aufgenommen.

7.45.h Auch in New York auf dem Flughafen Newark und in Washington auf dem Dulles International AIrport gibt es dem offiziellen Vernehmen nach keinerlei Kameras, die zweifelsfrei beweisen könnten, dass weitere fünf bzw. vier Attentäter ihre Maschinen besteigen. Angeblich fallen neun der 19 beim Boarding auf, werden aber dennoch durchgelassen. Teppichmesser (die bekanntlich die Entführungen ermöglicht haben sollen) sind, manchen Quellen zufolge, bis zu einer bestimmten Klingenlänge erlaubt. Eine andere Quelle behauptet hingegen das völlige Verbot solcher Messer. Die widersprüchliche Quellenlage erstreckt sich auch auf die anderen Waffen, die angeblich in den Handytelefonaten der Passagiere erwähnt worden sind: die am Körper befestigten Bomben, das Reizgas sowie die Pistolen. All das scheint weiter keine Probleme bereitet zu haben oder fiel beim Einchecken nicht auf. *[167]*

7.59h Die AA 11 hebt mit 14 Minuten Verspätung ab. Kurz zuvor soll Atta angeblich noch mit seinem Kollegen Marwan Al-Shehhi in der UA 175 auf der Startbahn telefoniert haben. Die Herkunft dieser Information ist aber völlig dunkel. Sollte sie stimmen, müsste das FBI ihre Telefonate abgehört haben – und untätig geblieben sein.

8.00h Morgendliches routinemäßiges Briefing in Bushs Hotel. Anders als Clinton, der sich die Geheimdienstlage morgens schriftlich geben ließ, lässt sich Bush auf Anraten seines Vaters jeden Morgen persönlich von der CIA -Spitze informieren.

8.01.h Die UA 93 hat 40 Minuten Verspätung, was vermutlich die Ursache dafür ist, dass es bei diesem Flug zu einem ganz anderen Verlauf der Ereignisse kommt.

8.13.h Kapitän John Ogonowski auf der AA 11 befolgt letztmals eine Anweisung der Bodekontrolle und dreht rechts ab.

8.14.h Die AA 11 befolgt den Befehl zu steigen nicht mehr, und der Funkkontakt bricht ab. Trotz dieser Anzeichen eines Hijackings informiert die zivile FAA-Bodenkontrolle angeblich noch nicht das NORAD. Allerdings ist es wahrscheinlich, dass das NORAD die Ereignisse schon jetzt mitverfolgt.

8.20.h Die Bostoner Flugkontrolle geht erst jetzt davon aus, dass die AA 11 vermutlich gehijacked worden ist. Der

FAA-Befehl 7110.65M besagt jedoch, dass schon bei den ersten Anzeichen eine militärische »Eskorte« hätte angefordert werden müssen. So unglaubhaft schon dieses Versäumnis anmutet, dauert es noch weitere acht Minuten, bis die Flugkontrolle Alarm gibt, *[168]*

8.20.h Mit einigen Minuten Verspätung hebt auch die AA 77 vom Washingtoner Dulles Airport ab. Der Kapitän Charles Burlingame war früher u. a. mit Anti-Terror-Szenarien im Pentagon beschäftigt. *[169]*

8.21.h Aus der AA 11 telefoniert die Stewardess Betty Ong mit Vanessa Minter von der Reservierung der American Airlines, zum selben Zeitpunkt ruft ihre Kollegin Madeline Sweeney den Manager Michael Woodward vom Bodenpersonal an. Beide Telefonate dauern angeblich 25 Minuten, bis zum Crash der Maschine. Beide Flugbegleiterinnen berichten von einem getöteten Passagier, darüber hinaus haben ihre Informationen so gut wie keine Gemeinsamkeiten. *[170]*

8.24.h Angeblich schafft es Kapitän Ogonowski in der AA 11 danach noch, gelegentlich das Mikro offen zu halten, so dass die Bodenkontrolle erfährt, was an Bord los ist. Es gelingt ihm jedoch nicht mehr, die Transponderkennung für »Hijacking« einzugeben.

8.25.h Der Kontrollturm benachrichtigt verschiedene andere Bodenkontrollzentren darüber, dass es eine Entführung gibt – aber noch nicht das NORAD. *[171]*

8.28.h Die AA 11 weicht weitere 100 Grad nach Süden ab. Die FAA entscheidet nun angeblich, sie habe es mit einer Entführung zu tun, und informiert – einigen Quellen zufolge – das NORAD (andere gehen von 8.40h aus). Die Regel heißt: informieren/alarmieren. Die Anforderung einer Eskorte ist nichts, was einem Fluglotsen zum Nachteil gereichen würde. Die Entscheidungssituation ist leicht: Es darf immer das Schlimmste als Basis der Entscheidung angenommen werden. Es ist der Pilot, der die Folgen zu tragen hätte, wenn er mutwillig den Kurs verlässt, Anordnungen nicht befolgt oder nicht per Funk kommuniziert. *[172]*

8.30.h Bushs Wagenkolonne verlässt das Hotel.

8.38.h Victor Saracini, Kapitän der UA 175, den die Bodenkontrolle aufgefordert hat, nach der AA 11 Ausschau zu halten, meldet: »Ja, wir haben sie im Blick …, scheint ungefähr 20 … äh … 29 000, 28 000 Fuß hoch zu sein.«

8.38.h Nach Angaben des Pentagon informiert das NORAD die Air National Guard auf Otis AFB in Cape Cod, sie möge sich bereithalten. Anderen Angaben zufolge dauert es jetzt immer noch zwei Minuten, bis das NORAD selbst informiert wird. (Bei diesem Punkt geht es schlicht darum, ob die Hälfte der Zeitverzögerung ab 8.14h vom NORAD mitgetragen wird oder die Verantwortung allein bei der FAA liegt. Ein »Voralarm« macht in jedem Fall wenig Sinn.)

8.39.h Erstmals werden Abfangjäger erwähnt, die von der Otis AFB aus gestartet sein sollen. *[173]*

8.40.h Nach einer Aussage von Torie Clarke, der Sprecherin des Verteidigungsministeriums, sei Rumsfeld etwa um diese Zeit informiert worden, habe sich daraufhin in sein Büro zurückgezogen, um Telefonate zu erledigen – während sich der Stab, wohl oder übel, im »National Military Command Center« traf. Demzufolge verabschiedet sich Rumsfeld für eine ganze Stunde (bis zum Einschlag im Pentagon selbst) von allen relevanten Entscheidungen. *[174]*

8.40.h Die Bodenkontrolle weist Kapitän Saracini an: »United 175, ändern Sie Ihren Kurs. 30 Grad rechts. Ich will Sie weghaben aus diesem Verkehr da.«

8.42.h Ein Fluglotse sagt über UA 175: »… sieht aus, als ob er südwärts abdreht, aber kein Transponder, nichts, niemand spricht mit ihm« – eindeutige Zeichen eines weiteren »Problemflugs«. *[175]*

8.43.h Die Nachricht von der Entführung der UA 175 geht jetzt (diesmal innerhalb einer Minute!) auch an das NORAD.

8.45.h (und später) Einschlag der AA 11 in den WTC-Nordturm. Während Amerika »under attack« ist, bewegt sich der Präsident entgegen aller Sicherheitsroutinen weiter durch den öffentlichen Raum. Statt den Besuch Bushs in einer Schule in der Innenstadt Sarasotas aus Sicherheitsgründen abzusagen, wird das Programm fortgeführt. Florida hat viele internationale Flughäfen, von denen aus ein Hijacking ebenso hätte stattfinden können – mit dem Ziel der Schule, die als Besuchsort Bushs seit dem 6. September öffentlich bekannt war. *[176]*

8.45.h »Unmittelbar nach der ersten Attacke implementierte ich den Notfallplan unserer Regierung.« Diese Bemerkung Bushs, noch am 11. 9. gemacht, steht in ihrem auffälligen Stolz, alles richtig gemacht zu haben, in scharfem Kontrast zu den in den Folgetagen aufkommenden Fragen, worin sich denn dieser Notfallplan geäußert haben könnte. Und sie steht insbesondere im Gegensatz zu seiner Bemerkung in Orlando, er habe beim ersten Einschlag an einen Unglücksfall eines »terrible pilot« gedacht. Über die Natur des Einschlags in den WTC-Nordturm wurde er jedoch spätestens durch seinen Berater Karl Rove aufgeklärt, der ihn noch vor Betreten der Schule beiseite nahm und informierte. *[177]*

8.48.h Drei Minuten nach dem Einschlag in den Nordturm des WTC melden die Agenturen das Ereignis. Die Fernseh- und Rundfunksender in aller Welt ändern sofort ihre Programme

8.52.h Zwei Abfangjäger steigen angeblich in Cape Cod auf. Nach der Aussage des Kommandanten der Otis AFB, die F-15 brauchten etwa zehn bis zwölf Minuten nach Manhattan, grenzt es an ein Wunder, dass diese Maschinen die UA 175 nicht abfangen konnten – und auch sonst nicht gesichtet bzw. gehört (Durchbrechen der Schallmauer!) wurden. *[178]*

8.55.h Die vor der Schule wartenden Reporter sind über den Anschlag bereits informiert, weil sie die Radionachrichten hören oder von Kollegen angerufen werden. Sie fragen Bush auf dem Weg ins Schulgebäude, ob er von dem Ereignis in New York gehört hat, er antwortet, dass er später dazu etwas sagen wird. *[179]*

8.56.h Die AA 77 wird als entführt gemeldet. Es beginnt die Geschichte ihres angeblichen Verschwindens vom Radarschirm.

ca. 9.00.h Eine Senatorendelegation trifft sich mit Rumsfeld und Wolfowitz in Rumsfelds privatem Esszimmer. Der Verteidigungsminister hat sehr Wichtiges zu tun, wie Senator Christopher Cox bezeugt: Man spricht über die Gewinnung einer Mehrheit für den Verteidigungsetat der Regierung Bush. *[180]*

ca. 9.00.h Als Bush in der Emma-Booker-Grundschule in Sarasota eintrifft, erreicht ihn ein Anruf seiner Sicherheitsberaterin Condoleezza Rice, die später mehrfach bestätigt, Bush um diese Zeit informiert zu haben. Da die Entführung seit 8.28h bekannt war, ist es unmöglich, immer noch von einer Fehlinformation – Absturz einer kleinen Maschine – auszugehen. Nach der Begrüßung durch die Lehrer und die Direktorin Gwen Rigell setzt sich Bush in die 2. Klasse von Sandra Kay Daniels und hört zu, wie sie die Kinder im Chor eine Geschichte über eine kleine Ziege vorlesen lässt. *[181]*

9.03.h Einschlag der UA 175 in den WTC-Südturm.

9.05.h Andrew Card vom Sicherheitsstab informiert den Präsidenten, der zweite Turm sei getroffen worden, und setzt wertend hinzu: »Amerika wird angegriffen.« Statt Anweisungen abzuwarten oder Bush aus dem Klassenzimmer zu holen, zieht er sich wieder zurück. Auch Bush steht nicht von sich aus auf, sondern hört weiter den Kindern beim Vorlesen der Ziegengeschichte zu. *[182]* Sein Sprecher Ari Fleischer, der hinten im Klassenzimmer steht, hält einen Zettel hoch, auf dem in großen Blockbuchstaben die Anweisung steht: »DON'T SAY ANYTHING YET – Sagen Sie noch nichts!« *[183]*

9.06.h Die FAA schließt den Luftraum zwischen Cleveland, Washington und New York. *[184]*

9.16.h Die FAA benachrichtigt das NORAD über die Entführung der UA 93.

9.20.h Jetzt erst, nach Abschluss der Leseübung, verlässt Bush das Klassenzimmer. »Er wollte die Kinder nicht aufregen«, gibt sein Berater Karl Rove als Begründung an.

9.24.h Die FAA benachrichtigt das NORAD, dass Flug AA 77 entführt worden sein könnte und nach Washington zu fliegen scheint. *[185]*

ca. 9.25.h Rumsfeld unterhält sich weiter mit seinen Besuchern und theatralisiert, was er seit etwa 8.40h weiß: »Ironischerweise beschrieb mir Minister Rumsfeld – nur wenige Augenblicke, bevor das Verteidigungsministerium von Selbstmord-Hijackern getroffen wurde – gerade, warum Amerika seine Jahrzehnte alte, auf der Erfahrung zweier Großkriege fußende Strategie aufgeben und die eigentliche Gefahr des 21. Jahrhunderts ins Auge fassen müsse: den Terrorismus und das Unerwartete … ›Und lass dir sagen, ich war ein paarmal um den Block [soll heißen ›ich kenne mich aus‹, d. V.]. Es wird ein weiteres Ereignis geben.‹ … Innerhalb weniger Minuten nach dieser Äußerung stellten sich Rumsfelds Worte tragischerweise als prophetisch heraus.« *[186]*

9.26.h Die FAA untersagt landesweit alle Flugzeugstarts. *[187]*

9.27.h Zwar ist seit 8.56h die AA 77 als entführt gemeldet, aber erst jetzt starten angeblich drei F-16-Abfangjäger der Langley AFB, zeitgleich mit dem Alarmierungsbefehl. Langley liegt etwa 200 km von Washington entfernt (zehnmal so weit wie Andrews AFB), die Jäger kommen zu spät am Pentagon an. Sie müssen demzufolge in den mindestens elf noch verbleibenden Minuten reichlich getrödelt und die Distanz nur weniger als 25 Prozent ihrer Höchstgeschwindigkeit zurückgelegt haben.

9.30.h Ansprache Bushs in Sarasota – die erste sichtbare Reaktion seiner Regierung. Es fallen die Worte Terror und Angriff (»apparent terrorist attack on our country»), noch nicht das Wort »Krieg«. Er habe u. a. zuvor mit Cheney darüber gesprochen.

9.30.h Vizepräsident Cheney wird von Leibwächtern gepackt und aus seinem Büro in den Bunker des Weißen Hauses gebracht, in dem sich schon Verkehrsminister Norman Mineta befindet. Unklar bleibt, was, angesichts von drei entführten Flugzeugen, beide in den 75 Minuten zuvor gemacht haben. Auch Condoleezza Rice und andere leitende Regierungsmitglieder werden von Sicherheitsleuten in den Bunker gebracht. Obwohl Bush später gegenüber Opferangehörigen des 11. 9. beteuert, wie sehr auch seine Eltern an dem Morgen in der Präsidentensuite in Gefahr gewesen seien, ist über deren Verbringung in den Bunker nichts ausfindig zu machen. Die Alarmierung des Weißen Hauses sei über den Reagan National Airport erfolgt (nicht seitens der FAA, des

NORAD, der Andrews AFB oder des Sicherheitsstabs). *[188]*

9.38.h Einschlag der AA 77 im Flügel 5 des Pentagon. In diesen Flügel sind unlängst zusätzliche Stahlsäulen und -träger eingezogen worden. Die Renovierungsarbeiten stehen kurz vor dem Abschluss, der Flügel ist vom Personal noch nicht wieder bezogen worden.

9.40.h Bush besteigt in Sarasota die Air Force One. Im Telefonat mit Cheney und Mineta (im Bunker) erlässt Bush nun, etwa eine Stunde nach dem ersten Einschlag, den Abschussbefehl. Daraus ergibt sich, dass alle bisher erwähnten angeblichen Abfangjäger wenn sie wirklich je gestartet und an Ort und Stelle gewesen sind – ohne Handlungsanweisung aufgestiegen sind. Genau ist der Zeitpunkt von Bushs Anweisung nicht fixierbar – überliefert jedoch ist, dass Cheney sie gegenüber dem Verbindungsoffizier, der den Komakt zu den Abfangjägern an der UA 93 aufrechterhält, dreimal bestätigt.

9.45.h General Richard Myers, Generalstabschef der Armee, taucht aus der Versenkung auf. Zuvor hat er anderthalb Stunden auf dem Capitol Hill mit Senator Max Cleland über die Formalitäten seiner anstehenden Beförderung geplaudert. Zwar hätte er durch das TV in einem Nebenbüro mitbekommen, dass das WTC von einem Flugzeug getroffen wurde, aber »sie dachten, dass es ein kleines Flugzeug oder irgend so etwas wäre«, sagte Myers, deshalb hätte er seine Besprechung fortgesetzt. In der Zwischenzeit werden der Südturm und das Pentagon getroffen, »aber niemand informierte uns, doch als wir rauskamen, war es offensichtlich«. *[189]*

9.45.h Die FAA stoppt den gesamten Luftverkehr des Landes und fordert alle in der Luft befindlichen Flugzeuge zur Landung auf.

9.53.h Rumsfeld läuft wie ein Rettungssanitäter auf dem zentralen Rasen des Pentagon neben einer Trage her – dank einer zufällig vorhandenen Kamera kann diese Szene, in der er sich dekorativ um Verletzte kümmert, auch im deutschen Fernsehen gezeigt werden. Ein schönes Bild – der Kriegsfalke als barmherziger Samariter –, nur: in diesem Moment absolut nicht der Job des Verteidigungsministers. Erst etwa eineinhalb Stunden, nachdem er über den eisten Anschlag informiert wurde, bezieht Rumsfeld seinen eigentlichen Posten im National Military Command Centre; dem »War Room« des Pentagon. *[190]*

9.58.h Der Passagier Edward Felt ruft ans der Toilette der UA 93 die Notrufnummer 911 an und berichtet dem Vernehmen nach von einer Explosion und Rauchwolken.

9.59.h Der Südturm des World Trade Center, der 56 Minuten zuvor von der UA 175 getroffen wurde, stürzt ein. *[191]*

Ca. 10.00.h Air Force One hebt vom Flughafen Sarasota ab, ohne jeden Schutz durch militärische Abfangjäger. Zu diesem Zeitpunkt befinden sich noch etwa 3 000 Flugzeuge in der Luft. *[192]* Besondere Sicherheitsvorkehrungen sind offenbar unnötig, obwohl AP von einem anonymen Anruf beim »Secret Service« mit der Drohung »Air Force One is next« berichtet hatte *[193]* und Bush-Sprecher Ari Fleischer später behauptete: »Wir hatten glaubhafte Informationen, dass die Air Force One ein Ziel war.« *[194]*

ca. 10.03.h Absturz der UA 93 in Pennsylvania. Allerdings ist die genaue Uhrzeit umstritten. Das NORAD gibt 10.03h an, weil zu diesem Zeitpunkt die Aufzeichnungen des Cockpit Voice Recorders angeblich abbrechen. Teile dieser Aufzeichnung werden später einigen Angehörigen vorgespielt. *[195]* Anhand seismischer Messungen wurde jedoch als Absturzzeitpunkt 10.06.h ermittelt – die fehlenden letzten drei Minuten auf dem Band bleiben rätselhaft. *[196]* Auch die ABC-News erklären 10.06.h zum Absturztermin (und widersprechen auch in anderen Details den sonstigen Nachrichten). *[197]* NTV behauptet einen noch späteren Zeitpunkt: »Das Flugzeug stürzt um 10.10 Uhr in der Nähe von Pittsburgh im US-Bundesstaat Pennsylvania ab.« *[198]* Der Absturz und die Flugbewegungen in den letzten Minuten davor werden von zahlreichen Augenzeugen beobachtet, die aber sehr unterschiedliche und widersprüchliche Angaben machen. Mehrere jedoch haben vor dem Absturz einen Knall gehört, was für einen Abschuss zu sprechen scheint. *[199]*

10.06.h Nach dem Absturz der UA 93 werden am Himmel von den Zeugen Düsenjets und eine C-130 Propellermaschine gesichtet.

10.08.h Die US-Streitkräfte in aller Welt erhalten den »Defcon Delta« – Befehl, womit sie in den höchsten Alarmzustand versetzt werden – das erste Mal seit über 30 Jahren. Unklar ist, wer den Befehl erteilt hat, Verteidigungsminister Rumsfeld kann es nicht gewesen sein, da er zu diesem Zeitpunkt auf dem Pentagon-Rasen noch als Sanitäter posierte. *[200]*

10.28.h Auch der Nordturm des WTC, der um 8.46.h von der AA 11 getroffen wurde, stürzt ein. Etwa 15 000 Menschen konnten in der Zwischenzeit aus beiden Türmen und den Nebengebäuden flüchten.

ca. 10.30.h Minister Rumsfeld betritt endlich das »National Military Command Center«, den »War Room« des Pentagon. »Eine halbe Stunde lang konnten wir ihn nicht finden, und gerade als wir begannen, uns Sorgen zu machen, kam er zur Tür hinein«, so Brigadegeneral Montague Winfield später. *[201]*

10.35.h Die Air Force One dreht nach Louisiana ab. Auf Anraten von Cheney fliegt Bush aus Sicherheitsgründen nicht nach Washington zurück, sondern macht auf der Barksdale AFB in Louisiana und der Offutt AFB in Nebraska Zwischenstationen. Erst gegen 19.00.h kehrt er ins Weiße Haus zurück.

11.45.h Die Air Force One landet auf der Barksdale AFB in Lousiana, wo Bush um 12.36.h eine kurze Rede aufzeichnen lässt: »Die Freiheit selbst wurde heute morgen angegriffen – und wir werden die Freiheit verteidigen.«

12.05.h CIA-Chef Tenet berichtet Minister Rumsfeld von einem vor zwei Stunden abgehörten Telefonat, in dem Anhänger Osama Bin Ladens die Anschläge feierten.

14.40.h Die CIA identifiziert anhand der Fluglisten drei der Entführer als Mitglieder von Al Qaida. Rumsfeld beginnt mit der Kriegsplanung und gibt die (ein Jahr später veröffentlichte) Anweisung: »Beste Infos schnell. Entscheiden, ob sie gut genug sind, Saddam Hussein zu treffen. Nicht nur OBL. Werdet massiv. Fegt alles aus. Ob es damit zu tun hat oder nicht.« *[202]*

14.50.h Bush landet auf der der Offutt AFB und spricht aus einem Bunker per Videokonferenz mit Cheney und anderen Regierungsmitgliedern.

16.10.h Das Gebäude 7 des WTC-Komplexes brennt und stürzt 70 Minuten spater ein. Niemand kommt dabei ums Leben.

18.54.h Bush kehrt ins Weiße Haus zurück. Als er die Rauchsäule über dem Pentagon sieht, sagt er zu einem seiner Helfer: »Das mächtigste Gebäude der Welt liegt am Boden. Soeben wurden Sie Zeuge des Krieges im 21. Jahrhundert.«

19.00.h Außenminister Powell trifft aus Lima ein. Erstmals kann er nun mit Bush und anderen sprechen. Er sagt später: »Das Schlimmste an diesem Flug war, dass ich aufgrund von Kommunikationsproblemen die ganze Zeit niemand in Washington sprechen konnte.« *[203]* Dass Powell den ganzen Tag über abgemeldet war, wunderte nicht nur den Londoner Telegraph: »Warum so lange? In den Wochen vor dem 11. 9. war Washington voller Gerüchte, dass Powell in Ungnade gefallen und an den Rand geschoben worden sei.« *[204]*

20.30.h Bush hält eine Live-Ansprache an die Nation. Darin formuliert er erstmals, was später Bush-Doktrin genannt werden wird: »Wir machen keinen Unterschied zwischen den Terroristen, die diese Tat begangen haben, und denen, die sie beherbergen.«

23.30.h Laut Washington Post notiert Bush vor dem Schlafengehen in sein Tagebuch: »Heute fand das Pearl Harbor des 21. Jahrhunderts statt – wir glauben, es war Osama Bin Laden.« *[205]*

Der erste Arbeitstag

Der offiziellen Legende des 11. 9. zufolge war es George W Bush, der Präsident »himself«, der die notwendigen »schnellen Entscheidungen« traf. In der zweiten Reihe machte auch sein Verkehrsminister auf sich aufmerksam. Norman Mineta sagte am 20. September 2001 aus: »Am Morgen des 11. September, schon bei der ersten Nachricht über den Angriff, begab ich mich umgehend ins Weiße Haus. Sobald mir die Art und die Schwere des Angriffs bewusst geworden waren, rief ich vom Weißen Haus aus an, um das Luftverkehrssystem anzuweisen, alle Flugzeuge zur Landung aufzufordern, unverzüglich und ohne Ausnahme. Das war ein beispielloser Schritt. Aber angesichts des Risikos weiterer Flüge, die sich als terroristische Waffen hätten herausstellen können, glaube ich, dass diese Maßnahme richtig und notwendig war …

Dank seiner ausgeklügelten Vorbereitungen brauchte das Crisis Management Center des Verkehrsministeriums nur Minuten, um in Aktion zu treten. Der erste Absturz erfolgte um 8.46 Uhr, und das Crisis Management Center war um etwa 9.00 Uhr voll einsatzfähig – mit abhörsicherer Kommunikation, der Initiierung der Sicherheitsprozeduren und freigeschalteten Direktverbindungen zu den relevanten Stellen. Dann sicherte das Ministerium schnell und in vorgeplanter Weise Tausende von Transportknotenpunkten und -korridoren in den gesamten Vereinigten Staaten – einschließlich Brücken und Eisenbahnen, Straßen und Häfen.«

Das alles hört sich gut an, nur entspricht es nicht den Tatsachen. Wer traf wirklich die Landeentscheidung? Es war ein

Ben Sliney, seines Zeichens National Operations Manager der FAA. Und auf diesem Posten ohne weitere Erfahrung. Denn es war »Ben Sliney's very first day on the Job«. Sein erster Arbeitstag. Bei diesem Ben Sliney liefen die Informations- und Entscheidungsfäden am 11. 9. technisch zusammen, in seiner Handlungsvollmacht stand es, den Luftraum zu schließen (oder nicht). Das kann man Zufall nennen – so wie beim ebenfalls erst seit ein paar Tagen im Amt befindlichen FBI-Chef Robert Mueller, der dann die (Nicht-)Ermittlungen leiten sollte. Vielleicht aber saß da auch gerade der richtige Mann zur richtigen Zeit am richtigen Ort...

http://www.davidrhenderson.com/artices/0902mrwhitehouse.html

Ein interessanter Tag

»Jedenfalls«, resümierte Präsident Bush seine Eindrücke des 11. September einige Monate später, »war es ein interessanter Tag.« *[206]* So kann man es auch ausdrücken, und weil es so ein interessanter Tag war, fassen wir die Highlights dieses Tages noch einmal zusammen.

Ausgerechnet der Provinzflughafen Portland, Maine, zeichnet sich durch Videokameras aus, mit denen die Passagiere beim Boarding erfasst werden, die internationalen Flughäfen in Boston und Washington hingegen sind – angeblich – frei von aller Kameraüberwachung. Jedenfalls gibt es keine Flughafenbilder, die definitiv beweisen könnten, dass die» 19 Hijacker« in die Maschinen eingestiegen sind.

Obwohl Präsident Bush angeblich um 8.45 Uhr »den Notfallplan unserer Regierung implementiert«, sagt er den Auftritt in einem öffentlichen Gebäude (der Schule) nicht ab.

Verteidigungsminister Rumsfeld zieht sich um 8.40 Uhr zurück, »um Telefonate zu erledigen«, und tagt ab 9.00 Uhr mit Staatssekretär Wolfowitz und Senatoren zu Fragen des Verteidigungshaushalts. Er warnt theatralisch davor, »dass es ein weiteres Ereignis geben wird« … und schon macht's rums. Kein Grund für Rummy, spätestens jetzt seinen Posten im »War Room« zu beziehen – für die Kameras mimt er auf dem Rasen zuvor noch den barmherzigen Samariter.

Der höchste amtierende Militär des Landes, General Myers, setzt in aller Seelenruhe eine Routinebesprechung im Büro von Senator Cleland auf dem Capitol Hill fort – nachdem er schon die ersten Bilder des brennenden WTC gesehen hat und sich nichts weiter dabei denkt. Erst als auch sein Arbeitsplatz, das Pentagon, getroffen ist, taucht Myers wieder auf und beschwert sich: »Niemand informierte uns.« Wie das, wo doch seit 8.45 Uhr laut Bush der »Notfallplan unserer Regierung« läuft? Die Armeespitze ist in diesen Notfallplan offenbar nicht integriert, genauso wenig wie alle anderen entscheidenden Regierenden vom Präsidenten abwärts, die sich in den entscheidenden Minuten und Stunden alle durch eklatantes Nichtstun auszeichnen. So wie die drei Top-Executives Bush, Rumsfeld und Myers haben offenbar alle an diesem Morgen endlos Zeit – wen wundert es da noch, dass auch kein Abfangjäger rechtzeitig am Himmel aufkreuzte.

Vorauswissen

Die Anschläge des 11. 9. kamen aus heiterem Himmel, und kein Mensch, schon gar nicht die US-Regierung, konnte damit rechnen, dass Terroristen Passagierflugzeuge entführen und als Bombe benutzen würden. Es ist diese Behauptung eines Überraschungsangriffs, die der offiziellen Version als Fundament und Kernaussage zugrunde liegt. Dass verschiedene ausländische Geheimdienste in den Monaten zuvor dringende Warnungen nach Washington durchgegeben hatten, dass dabei von Anschlägen mit entführten Zivilflugzeugen auf exponierte Gebäude die Rede war, dass die CIA Präsident Bush in einem Memo Anfang August 2001 über diese Erkenntnisse informiert hatte – all diese nach den Anschlägen auftauchenden Nachrichten konnten dieses Fundament nicht erschüttern. Diese Meldungen seien »unspezifisch« gewesen, spulten Bush-Beraterin Rice und Regierungssprecher Fleischer jedesmal gebetsmühlenartig ab, wenn öffentlich Fragen nach dem Vorauswissen und der Verhinderbarkeit der Anschläge gestellt wurden. Natürlich wusste man nichts, und natürlich hätte man schon beim leisesten Verdacht das Möglichste zur Verhinderung getan.

Propaganda und die Spitze des Eisbergs

Wir können in diesem Kapitel nicht nachweisen, was die Bush-Regierung im Detail von den geplanten Anschlägen wusste, doch wir können beweisen, dass sie von der Attacke mit entführten Flugzeugen keineswegs überrascht wurde. Das Szenario, das uns Condoleezza Rice immer als völlig unvorstellbar schilderte, wurde in einer Notfallübung des Pentagon sogar schon konkret geprobt.

Doch bevor die Fragen über ein mögliches Vorauswissen der US-Regierung auftauchten, sorgten in den Tagen nach dem 11.September zwei Meldungen über angebliche Vorinformationen zu den Anschlägen für Aufsehen. Die erste behauptete, dass 4000 im World Trade Center beschäftigte jüdische Angestellte am Tag der Anschläge nicht zur Arbeit erschienen seien. Wir konnten die eigentliche Quelle dieser Meldung, die in den Tagen danach auf vielen Seiten im Internet kursierte nicht ausfindig machen – doch sie kursiert dort bis heute und zählt in der arabischen Welt quasi zu den Selbstverständlichkeiten. Auf die Eingabe von »WTC+4000+jews« bei Google kommen über 1400 Treffer. Wer immer diese Legende in die Welt gesetzt hat, um dem antisemitischen Affen Zucker und der Mär von der jüdischen Weltverschwörung Auftrieb zu geben, kann sich über mangelnden Erfolg nicht beklagen.

Wir vermuten hinter dieser Meldung denselben Spin-Doktor, der auch die zweite Meldung über ein angebliches Vorauswissen lancierte, der zufolge Mitarbeiter der israelischen Kommunikationsfirma Odigo, die in der Nähe des WTC angesiedelt ist, vorgewarnt wurden. »Odigo, der Instant Message Services sagt, dass zwei seiner Angestellten zwei Stunden vor den Anschlägen am 11. September Nachrichten empfingen, in denen die Attacken vorhergesagt wurden. Die Firma arbeitet mit israelischen und amerikanischen Behörden, darunter dem FBI, daran, den Absender der Nachricht mit der Vorauswarnung zu finden«, berichtete die Jerusalemer Zeitung Haaretz in den Tagen danach, *[207]* Doch wie der Urheber der Legende von den 4000 vorgewarnten jüdischen WTC-Angestellten blieb auch der Absender der Nachricht an die Odigo-Mitarbeiter bis heute unbekannt.

Vergegenwärtigen wir uns: Wer auch immer den 11. 9. plante, musste nicht nur Vorbereitungen und Durchführung, sondern auch die Nachbereitung planen. Der 11. 9. war nach der Tat nicht beendet, denn die Ereignisse des Tages sollten dann ja erst ihre Wirkungen entfalten. Halten wir mal an der vermeintlichen Gewissheit fest, dass es sich bei den Tätern um fanatische Islamisten handelt. Warum, im Namen Allahs und seines Propheten, sollten die sich bemüßigt gesehen haben, irgendwelche Angestellten einer israelischen Firma in New York vorab zu alarmieren? Um von der eigenen Tat auf Israel abzulenken? Das würde angesichts des Stolzes über den eigenen bevorstehenden Märtyrertod an Selbstverleugnung grenzen. Oder gaben sich die Attentäter nur schlicht irgendeiner menschlichen Regung hin?

Wir stehen vor einem Rätsel, doch dieses Rätsel macht als Rätsel Sinn. Das Gerücht von den 4000 Vorgewarnten und dann die zwar absenderlose, aber eindeutige Vorwarnung an eine israelische Firma, die das passende Fleisch für den Gerüchteknochen liefert und schon rief diese propagandistische Nachbereitung die gesamte weltweite Armada der Antisemiten auf den Plan, die immer schon gewusst hatten, dass der »Ewige Jude« hinter allem steckt und sogar Araber anstiftet zu bösem Unheil. Israel, so lautet seitdem die Argumentation, brauchte den 11. 9., um im Nahen Osten ein für allemal auftrumpfen zu können. Und ist die brutale Expansionspolitik Israels seitdem nicht unbestreitbar? Also ist doch wohl klar, wer hinter den Anschlägen steckt. Wir sehen hier den klassischen Mechanismus von Verschwörungstheorien am Werk. Ein einziges Indiz, die Vorauswarnung, plus ein Gerücht reichen aus, um einen hochkomplexen Zusammenhang auf einen ganz einfachen Nenner zu bringen und einen Sündenbock verantwortlich zu machen.

Wo Absurdistan Staatsbürger hat, fehlen die Parteigänger der Gegenseite natürlich auch nicht. Hier gilt, dass jeder, der die offizielle Version – der 11. 9. als autonomes Werk von Osama und seinen 19 Räubern – bezweifelt, automatisch des Antisemitismus bezichtigt wird, weil Zweifel ja nur den Islamisten nützen. Derlei Humbug konnten wir im Zusammenhang mit dem Buch Verschwörungen, Verschwörungstheorien und die Geheimnisse des 11. September bei Spiegel, Konkret und anderen immer wieder nachlesen. Und vollends zur Verwirrung in der Debatte trägt dann noch die zaghaft fundamentalpazifistische und korrekt linke Position bei, dass, wenn es denn schon die »Islamisten« waren, man deren Hass irgendwie verstehen (nicht tolerieren) müsse, weshalb vor allem die Ungerechtigkeit, die Unterdrückung und die Not in Palästina schnellstens zu überwinden seien.

All das ist ja nicht völlig falsch. Aber der Odigo-Coup erfüllt eine objektive Funktion, und deshalb scheint uns das Tohuwabohu, das er ausgelöst hat, auch keine Zufallsreaktion zu sein. Wer auch immer diese Warnung in die Welt gesetzt hat, wusste sehr genau, was für ein Echo er damit auslösen würde – und genau dies war beabsichtigt.

Neben diesen eher der Abteilung Propaganda zuzurechnenden »Vorauswarnungen« gab es allerdings einige weitere Vorfälle, die durchaus ernst zu nehmen sind. Bitte beachten Sie bei den folgenden Informationen, dass das Nichtfliegen und Nichtverunglücken, das Nichtsterben und Nichtwissen normaler- weise keine Schlagzeilen machen. Erst recht nicht, wenn in jenen Tagen alle Medien voll sind mit den Tausenden von Opfern, die am 11. 9. ums Leben kamen. Weshalb wir davon ausgehen, dass wir nur die Spitze des Eisbergs gefunden haben und hier antippen.

Der San Francisco Chronicle meldete am 12. September 2001, dass Willie Brown, der Bürgermeister der Stadt, vor einem Flug am Tag zuvor gewarnt worden sei: »Für Bürgermeister Willie Brown war das erste Anzeichen, dass etwas nicht in Ordnung war, ein Anruf am Montagabend von jemandem, den er als seine »Airport security« beschrieb. Der Bürgermeister, der gestern morgen vom San Francisco International Airport nach New York hatte fliegen wollen, sagte, dass ›der Anruf keinen irgendwie alarmierenden Beigeschmack hatte, weshalb ich zögerte, jetzt eine beunruhigende Erklärung abzugeben‹. Tatsächlich nahm er zu diesem Zeitpunkt den Anruf nicht weiter wichtig. »Es war kein ungewöhnlicher Anruf. Ich kümmere mich immer darum, ob meine Flüge wie geplant gehen, und sie sagen mir immer Bescheid, wenn ich vorsichtig sein muss.« Wo genau der Anruf herkam, bleibt etwas mysteriös. Der Bürgermeister sprach nur von »meinen Sicherheitsleuten am Flughafen«. Mike McCarron, Direktionsassistent des Flughafens, sagte, dass die FAA routinemässig Ankündigungen über mögliche Gefahren herausgibt und in den letzten Monaten zwei oder drei solcher Warnungen eingegangen seien, nicht jedoch in den letzten Tagen. Wie auch immer, Brown hatte nicht wieder über den Anruf nachgedacht, bis er aufgestanden war, sich angezogen hatte und auf die

Fahrt zum Flughafen für den 8-Uhr-Flug nach New York wartete.« *[208]*

Eine allgemeine, datums- und streckenmässig nicht spezifische Warnung wurde zufällig von »irgendeinem« Sicherheitsmenschen auf den Bürgermeister bezogen. Von Einstellung des Flugbetriebs oder verschärften Kontrollen keine Rede. Wollte da jemand den Bürgermeister ein wenig foppen oder verunsichern? Es gibt doch nur die zwei Möglichkeiten: Entweder man nimmt eine Warnung ernst, dann gilt sie allgemein mit allen Konsequenzen, oder man nimmt sie nicht ernst und bucht sie unter der Rubrik »schlechter Scherz« ab. Oder eben: Da wusste einer Bescheid und gab, obwohl er es nicht sollte, einen Tipp. Verplapperte sich einfach, volle acht Stunden vor den Anschlägen.

Die offenbar besonders intimen Beziehungen des Bürgermeisters von San Francisco zu den »Sicherheitskräften« trugen dann bekanntlich in den Folgemonaten noch reiche Fruchte, weil Willie Brown weltweit beachtete »Terrorwarnungen« herausgab, in denen er seinen Befürchtungen Ausdruck verlieh, eine Boeing könne sich vielleicht in der Golden Gate Bridge verfangen oder in einem Cable Car stecken bleiben.

Die Bürger der Stadt waren genervt – und fragten nicht mehr nach der seltsamen Frühwarnung des 11. 9.

Ein weiterer Offizieller mit offenbar guten Verbindungen zu besonderen Sicherheitsinformationen war Justizminister Ashcroft. Er flog schon den ganzen August nicht mehr mit Zivilmaschinen, wie CBS berichtete. *[209]* Und auch einige Führungskräfte des Pentagon scheinen konkret im Hinblick auf den 11. 9. vorgewarnt worden zu sein. Sie stornierten am Vortag ihre gebuchten Flüge: »Am 10. September, so hat Newsweek erfahren, sagte eine Gruppe von

Spitzenbeamten des Pentagon plötzlich Reisepläne für den nächsten Morgen ab, anscheinend aus Sicherheitsbedenken.« *[210]*

Boeing 757 vs. Pentagon – eine Simulation im November 2000

Wir wissen ja schon, wer sich wo befand. Bush, Cheney & Co. sie alle waren am Morgen des 11. 9. irgendwie indisponiert. Auch Rumsfeld regierte nicht, hielt sich aber immerhin dort auf, wo er von Amts wegen hingehörte: im Pentagon. Unterstellt, er hätte etwas von den kommenden Anschlägen gewusst – wäre sein Verhalten nicht außerordentlich mutig, wenn nicht gar tollkühn gewesen? Der Mann wird schließlich beim »Krieg gegen den Terror« noch gebraucht. Wenn wir uns allerdings anschauen, wie man sich im Pentagon in einer Simulation auf genau den Anschlag vorbereitet hatte, der dann am 11. September stattfand, steht der »Mut« des heroischen Herrn Rumsfeld in einem etwas anderen Licht. Im Oktober 2000 hatten die hauseigenen Einsatzkräfte des Pentagon ein Szenario durchgespielt, bei dem es galt, sich auf den Notfall eines ins Gebäude stürzenden Flugzeugs einzustellen. Dabei griff man auf Modelle zurück, die der Realität, wie sie dann – im Wortsinn – am 11. 9. über das Pentagon hereinbrach, äußerst nahe kamen. *[211]*

Auch das medizinische Personal trainierte, ein paar Monate später, für einen Absturz, bei dem nicht etwa von einer x-beliebigen Maschine ausgegangen wurde, nicht von einer Cessna, einem Jumbo-Jet oder auch einem Militärflieger sondern ausgerechnet von einer Boeing 757.

2000 und 2001 simulierte das Pentagon übungshalber einen Notfall am Modell (oben). Dabei ging es konkret um eine von Terroristen entführte Boeing 757, die in das Gebäude stürzte. Anders, als nach dem 11. 9. waren bei dieser Simulation die Trümmer im Modell deutlich zu sehen (unten).

Bei dieser Notfallübung im Mai 2001 ging es darum, »das Pentagon vor einer gelenkten Ersatzrakete (›ersatz guided missile‹) in Form einer entführten Boeing 757« zu schützen. *[212]*

Und eine entführte Boeing 757 war es ja dann auch. Wie gut, dass man sich gerade auf diesen Maschinentyp vorbereitet hatte.

Nicht nur im Pentagon, auch bei der CIA war man gewappnet. Immerhin liegt Langley, das CIA-Hauptquartier, ganz in der Nähe Washingtons, nur auf dem anderen Ufer des Potomac. In einer Simulation hatten sich die Geheimdienstler mit dem Fall beschäftigt, dass eine schwere Zivilmaschine in ein hohes Gebäude stürzen würde. Und wie der Terminteufel es so wollte, fand exakt am Morgen des 11. 9. eine weitere Besprechung dazu statt. *[213]*

Zurück zum Pentagon. Die unzureichende Stabilität der Gebäudemauern war schon vor 1999 bekannt. Im Zweiten Weltkrieg gebaut, mangelt es dem Pentagon ein wenig an Stahl im Stahlbeton, denn Stahl wurde dringend für Kriegsschiffe gebraucht. Das »PENREN« (Pentagon-Renovierungsprogramm) sah daraufhin bauliche Verstärkungen vor, die zum Zeitpunkt der Übungen im Oktober 2000 und im Mai 2001 noch im Gange waren. Dabei wurden die Mauern des betreffenden Gebäudeflügels durch ein Gitter aus Stahlträgern und zudem die Außenmauer durch feuerfeste Wandverkleidungen verstärkt. Außerdem wurden explosionssichere Fenster eingesetzt.

Im Schock der Ereignisse des 11. 9. fiel es niemandem so richtig auf, wie wenige Todesopfer es im Pentagon im Verhältnis zum WTC gegeben hatte: 126 Menschen kamen in Washington um. Auch war die Funktionsfähigkeit des Verteidigungsministeriums in keiner Weise angekratzt, die kommenden Kriege – Afghanistan, Irak – konnten weiter geplant werden. Waren da bei dem Feuerball worden? Waren keine keine Unterlagen vernichtet Reorganisationsmaßnahmen nötig? Wen traf denn der Einschlag der AA 77? Fünf Tage vor der Fertigstellung der Renovierung traf es vor allem Bauarbeiter und Handwerker, nicht etwa wichtiges Pentagonpersonal. *[214]* »Die explosions sicheren Fenster und die Struktur aus Stahlträgern waren jeden Pfennig wert und retteten Tausende von Leben«, so Michael Sullivan, der für Renovierungsprogramm des Pentagon Verantwortliche. *[215]*

Im ersten Flügel des Pentagon waren die Renovierungsarbeiten gerade abgeschlossen und die Außenmauern mit einem Netz von Stahlträgern von innen verstärkt worden. Zum Zeitpunkt des Anschlags waren die Büros noch nicht wieder bezogen. Die neuen explosionssicheren Fenster blieben auch direkt über der Einschlagstelle intakt.

In diesem Bericht ist davon die Rede, dass die Bauarbeiten im Pentagon zum Zeitpunkt des Anschlags zu 20 Prozent abgeschlossen waren – was den Tatsachen entspricht, aber nicht der ganzen Wahrheit. Denn ein entscheidender

Hinweis fehlte: Die zu 20 Prozent abgeschlossenen Baumaßnahmen bezogen sich komplett auf einen der fünf Flügel des Pentagon. Und genau in diesen weitgehend fertig gestellten Flügel schlug die AA 77 ein – und wurde von den gitterartig eingezogenen Stahlverstrebungen aufgefangen: «Von Stockwerk zu Stockwerk und miteinander verbundene vertikale Stahlsäulen, massivere Fenster und mit Kevlar bewehrte Paneele, die in der neugestalteten Außenmauer benutzt wurden, halfen, das Flugzeug zu verlangsamen und die Auswirkungen der Explosion zu reduzieren, als der Flieger in das Pentagon rammte.« *[216]* Dieses Stahlskelett sorgte auch dafür, dass sogar die neu installierten Fenster im 4. und 5. Stock ganz blieben, obwohl unter ihnen eine 757 eingeschlagen war. *[217]*

Aufrüstung und Abriss

Das Bauunternehmen, das federführend für die vergitterte Aufrüstung des Pentagon zuständig war, heißt AMEC. AMEC baut aber nicht nur auf, AMEC reißt auch ab. Und so machte sich diese Firma – als Einzige gleich auf zwei exponierten Baustellen nützlich: nicht nur in Rumsfelds Domizil, sondern auch auf Ground Zero, wo sie (als eine von nur vier) an den Aufräumarbeiten am WTC beteiligt war.

Will uns das irgendwas sagen? Vielleicht. Denn ein weiterer Geschäftsbereich von AMEC sind Radiofrequenzscanning, Frequenzplanungen und dergleichen – im Zusammenhang mit den Möglichkeiten der C-130 vielleicht nicht ganz uninteressant.

Deren Geschäftsverbindungen, Verbindungen zur Familie Bush und zur Öl- und Bauindustrie sind auf der Homepage der AMEC nachlesbar und könnten bei näherer Untersuchung ganze Bücher füllen. Erwähnt worden war schon in VVG die Firma Controlled Demolition, deren Beteiligung an den Aufräumarbeiten des WTC angesichts ihres normalen Geschäftsfeldes, der Sprengung von Hochhäusern, eine gewisse Aufmerksamkeit erregte.

http://www.amec.com/cm/how/how2ndlevel.asp?PAGEID=3034
http://www.spectrocan.com/english/serviceseng.htm
http://www.osha.gov/media/oshnews/novOl/national-20011120.html

Insofern dürfte sich Minister Rumsfeld – als er mit Senator Cox und dem Kollegen Wolfowitz ab 9.00 Uhr gemütlich Kaffee schlürfte, statt zu regieren und das Land zu verteidigen – angesichts der Umbau- und anderer Präventivmaßnahmen so sicher gefühlt haben wie in Abrahams Schoß.

Rumsfeld – sicher wie in Abrahams Schoß

Die Boeing 757 traf ausgerechnet denjenigen der fünf Pentagonflügel, der gerade verstärkt und renoviert worden war. Das Büro des Pentagonchefs Donald Rumsfeld liegt Luftlinie etwa einen halben Kilometer und unzählige Betonmauern vom Einschlagsort entfernt auf exakt der Gegenseite: im E-Ring – dem äußersten der fünf Pentagonringe am Potomac. Auch sein Stellvertreter Paul Wolfowitz residiert dort, im 3. Stock.

Warum, so hätte jeder Journalist unbedarft fragen dürfen, wählten die Hijacker eigentlich nicht den direkten Anflug auf das Büro des Verteidigungsministers? Der Fluss bietet sich doch als Anflugorientierung geradezu an, und von dieser Seite aus hätte sich auch viel leichter ein flacher Anflugwinkel fliegen lassen, Warum also die komplizierte steile Sinkkurve, um gleichsam von hinten, über den Hubschrauberlandeplatz, reinzurauschen? Bei der jahrelangen Vorbereitung hatten sich doch gewiss noch ein paar Minuten investieren lassen, um per Google die exakte Position der Gemächer beider Herren in Erfahrung zu bringen.

http://www.defenselink.mil/pubs/pentagon/facts.html

Damit waren die Möglichkeiten des Pentagon aber noch nicht erschöpft. »Innerhalb einer Stunde«, so berichtet der News-Service der Army, »waren in New York Hilfskräfte des Verteidigungsministeriums auf der Straße und in der Luft, um den Zivilbehörden am WTC zu helfen, nachdem der erste Turm getroffen war.« Innerhalb einer Stunde? Das war etwa zu der Zeit, als sich Rumsfeld, der Chef des Ladens, zum Morgenkaffee niederließ und an einer Sitzung über den Verteidigungshaushalt teilnahm. Der Mann muss gute Leute haben, die sich an ihrem Chef kein Vorbild nahmen, sondern subito handelten.

Aber auch im Verkehrsministerium war man gut gerüstet und vorbereitet: »Dank ausführlicher Simulationen und Vorbereitungen konnte das Krisenmanagement des Verkehrsministeriums innerhalb von Minuten in Aktion treten.« *[218] [219]* Dort war also auch vorgeplant worden.

Wogegen nun wirklich niemand etwas einzuwenden hat. Im Gegenteil: Wir gehen wie selbstverständlich davon aus, dass Rettungsdienste und alle Sicherheits- und Katastrophenschutzeinheiten derart vorbereitet sind, um im Ernstfall innerhalb von Minuten reagieren zu können. Wir haben aber einen guten Grund, hier dennoch ausführlicher darauf zu sprechen zu kommen. Denn nach dem 11. 9., Sie werden sich erinnern, tat die gesamte Regierung Bush wochenlang so, als sei sie total überrascht worden, weil sich ja kein Mensch vorstellen konnte, dass Terroristen Flugzeuge als fliegende Bomben einsetzen würden. »Hätte der Präsident gewusst, dass Terroristen Flugzeuge als Bomben benutzen und das World Trade Center und das Pentagon angreifen könnten, hätte er entsprechend gehandelt«, so und so ähnlich immer wieder Bushs Sicherheitsberaterin, Condoleezza Rice, *[220]* die in diesem Zusammenhang gern auch von »unspezifischen Warnungen« faselt, und dass man doch mit einem »eher traditionellen« Terroranschlag gerechnet habe. Aber doch nicht mit so etwas ... Und dann lächelt das telegene Smartie der Bush-Junta so gewinnend, dass ihr jeder diese Story abkauft.

Wir ihr aber spätestens jetzt nicht mehr, denn wir haben gesehen, dass man sich diese unkonventionelle Art des Hijackings nicht nur vorstellen konnte, sondern sich ganz konkret darauf einstellte nicht irgendwie, nicht unspezifisch, sondern am Modell und bis ins Simulationsdetail genau. Nicht irgendwo, sondern im Pentagon und bei der CIA.

Das Treffen

Wenn Warren Buffett, der (nach Bill Gates) zweitreichste Mann der Welt, zu einem Wohltätigkeitsfest einlädt, stehen nicht Krethi und Plethi, Hinz und Kunz auf der Gästeliste, sondern die Spitzen der Gesellschaft. Nach dem Motto »Tue Gutes und rede darüber« sind für die Reichen und Superreichen der USA solche CharityEvents nichts Ungewöhnliches, und dass sie an außergewöhnlichen Lokalitäten stattfinden, ist für die in der Regel über Privatflugzeuge verfügende Klientel kein Hindernis. Das »Fundraising«-Fest, das Warren Buffett diesmal ausrichtete, zeichnete sich jedoch durch zwei Besonderheiten aus. Zum einen fand es am Morgen des 11. September statt. Und zum anderen hatte Buffett verglichen mit den ansonsten für solche Feste üblichen Luxusresorts – in ein sehr merkwürdiges Ambiente geladen: aut die Offutt AFB in Nebraska. Anders als ansonsten üblich scheint dieses Meeting auch völlig diskret abergelaufen zu sein – weder im Vorfeld noch danach wurde im Fernsehen oder auf den bunten Seiten darüber berichtet. Hätte nicht Anne Tatlock, Chefin der über 800 Millionen Dollar schweren Vermögensverwaltung Fiduciary Trust, gegenüber San Franscisco Business Times ein bisschen aus dem Nähkästchen geplaudert, hätte die Welt von diesem Treffen vielleicht nie erfahren.

Die Büros des Fiduciary Trust waren im 92. Stock des WTC-Südturms angesiedelt, wo 87 Angestellte der Firma den Tod fanden. Anne Tatlock befand sich zu dieser Zeit mit einigen ihrer betuchten Klienten aber schon in Offutt. Alle Versammelten müssen sehr zeitig aufgestanden sein, um so früh mitten in Nebraska zusammenzutreffen. Angenommen, einer der anwesenden Wirtschaftsführer hätte nun das dringende Bedürfnis verspürt, sich aus dem sicheren Aufbewahrungsort Offutt in die feindliche Welt zu begeben, sprieh: zurück nach Hause an die Ostküste, wäre er gescheitert. Denn der Luftraum war gesperrt. Flüge nach Osten – dies eine der ersten Maßnahmen der FAA – durften nicht einmal mehr abheben.

Mit Warren Buffett sitzen nun ab 9 Uhr früh, geplant oder ungeplant, wesentliche Konzernchefs der USA fest, auf einer Air Force Base inmitten des Kontinents. Wir kennen außer dem Gastgeber, der Vermögensverwalterin Anne Tatlock und einigen ihrer (ungenannt gebliebenen) Klienten nur noch einen weiteren Teilnehmer dieses merkwürdigen Treffens: Nach dem Mittagessen, gegen 14 Uhr, trifft George W. Bush ein. Dessen rätselhafter Rundflug über die halben USA – von Florida (Sarasota) über Louisiana (Barksdale) und Nebraska (Offutt) nach Washington –, der bis dato mit »Sicherheitsbedenken« begründet wurde, ergibt in Kombination mit dem ebenso rätselhaften Meeting der US-Elite durchaus Sinn. Angeblich landete Bush

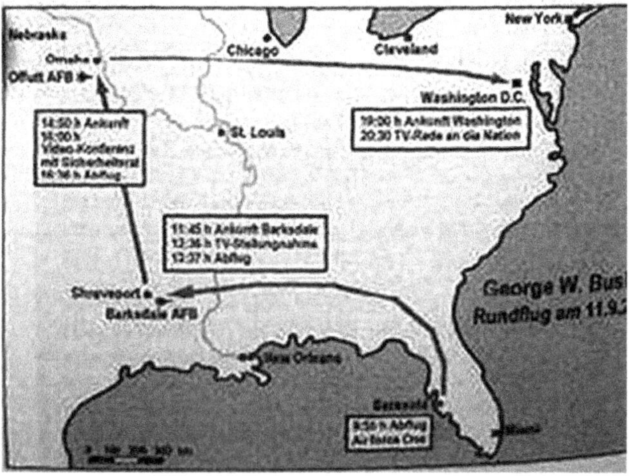

in Offutt, um im dortigen Bunker des Strategic Air Command per Videokonferenz mit Vizepräsident Cheney zu sprechen – wie es die Medien dann auch im Bild belegen. Aber musste er seinen Vize, mit dem er aus der Air Force One mehrfach telefoniert hatte, unbedingt per Live-Video sehen.? Musste er in den Bunker gebracht werden, weil der seit Stunden von jeglichem Fluggerät gesäuberte US-Luftraum unsicher war? Warum flog er überhaupt den riesigen Umweg über Nebraska, wo Dutzende andere Militärflughäfen auf dem Weg gelegen hätten? All das scheint uns in keiner Weise plausibel. Spekulativ, aber hoch plausibel ist dagegen die Annahme eines geplanten Zusammentreffens – denn wo sonst konnte sich Bush fernab von jeder Öffentlichkeit kurz, aber ungestört mit der Wirtschaftselite seines Landes über die Schritte nach dem »Pearl Harbor« des 21. Jahrhunderts verständigen? Sollte sich dieser Verdacht bestätigen, ergäben sich hochnotpeinliche Fragen: Warum lud Buffett am 11. 9. ein und wen? Was wusste er im Vorfeld dieses Tages von dem, was da passieren würde? Was wurde in Offutt mit Bush erörtert? Interessanterweise gehört die Firma Netjet, die trotz Flugverbots mit einer ihrer Falcon Fairchilds in der Nähe der UA 93 herumflog, niemand anderem als Warren Buffett.

Ob diese Maschine nach ihrem Beobachtungsflug in Offutt gelandet ist, um der versammelten Industrie-Elite und dem Präsidenten mit Material aus erster Hand zu dienen, entzieht sich unserer Kenntnis.

http://www.biz journals. com/sanfyancisco/stories/ 2002/02/04/story3.html

http://.newsday.com/ny-uspent232380681sep23.story

http://www.standdown.net/USAFbases.htm

Durchsichtige Ausreden

Wir haben uns in diesem Kapitel auf einige bisher wenig beachtete Hinweise auf das Vorauswissen über die Anschläge beschränkt – und hier auch nur die unserer Ansicht nach schlagendsten Beweise aufgeführt. Weitere Belege für die Vorinformationen der Bush-Regierung sind mittlerweile in den Medien breit referiert worden – und fast schon wieder in Vergessenheit geraten. Wie etwa der Report des FBI-Büros Phoenix, Arizona, vom Juli 2001 und einen Monat später der aus Minneapolis, in denen der Verdacht geäußert wurde, dass Al-Qaida-Mitglieder US-Flugschulen benutzen, um Fähigkeiten für Flugzeugentführungen zu erwerben. Das Memo vom 10. Juli empfahl eine bundesweite Überprüfung von Flugschulen und zitierte mögliche Verbindungen zu Osama Bin Laden. Die FBI-Agenten aus Minneapolis berichteten über die Festnahme von Zaccarias Moussaoui, jenem Franzosen marokkanischer Abstammung, der nur das Fliegen einer Boeing 747 lernen wollte, aber nicht, wie man sie startet und landet. In einer E-Mail an die Zentrale beschrieben die FBI-Ermittler ihn als jemanden, der geplant haben könnte, einen Jumbojet ins World Trade Center zu fliegen. Beide Reports wurden vom FBI-Hauptquartier ignoriert, den lokalen Ermittlern wurden Durchsuchungs- und Haftbefehle verweigert.

Dieses Abblocken der Ermittlungen im Sommer 2001 fällt zusammen mit dem Rücktritt des FBI-Antiterror-Chefs John O'Neill, dem man die Fahndung nach Al-Qaida-Verdächtigen im Jemen und Saudi-Arabien untersagte. Und zugleich wurde an der Heimatfront auf die dringenden Warnungen ausländischer Geheimdienste mit tödlicher Ignoranz reagiert. Als vor dem G-8-Gipfel in Genua am 20. Juli 2001 in Italien Warnungen verschiedener Länder einliefen, dass Terroristen das Tagungsgebäude mit entführten Flugzeugen angreifen könnten, wurden der Flugverkehr eingeschränkt und die Luftabwehrmaßnahmen verschärft. Präsident Bush übernachtete sicherheitshalber auf einem US-Kriegsschiff im Hafen. Doch als er am 6. August in einem Briefing der CIA von der Gefahr informiert wurde, dass mit Osama Bin Laden verbundene Terroristen Flugzeuge entführen und als Bomben benutzen könnten, geschah nichts. Weder die Flugüberwachung noch die militärische Luftabwehr wurden in erhöhte Alarmbereitschaft versetzt. Am 20. August wies der russische Präsident Putin seinen Geheimdienst an, den US-Diensten eine Warnung »mit den deutlichsten Worten« zukommen zu lassen, dass Angriffe auf Regierungsgebäude und Flughäfen drohten. In der russischen Zeitung Iswestija wurde spezifiziert, dass sich diese Warnung auf 25 Selbstmordattentäter bezog, die einen Anschlag auf exponierte Gebäude planten. Auch diese Warnung blieb folgenlos.

Was aber ist von einem Hausherrn zu halten, der von verschiedenen Freunden und Nachbarn mit den deutlichsten Worten gewarnt wird, dass eine Bande einen Anschlag auf sein Haus plane – und der mit keinerlei Abwehrmaßnahmen darauf reagiert? Vier Möglichkeiten kommen in Frage: Der Hausherr ist so verantwortungslos, dass ihm selbst ein Anschlag auf sein Haus egal ist. Oder er hält alle seine Freunde und Nachbarn für hysterische Alarmisten, deren Warnungen man getrost in den Wind schlagen kann. Oder er weiß dank eigener Informanten über das Vorhaben der Bande besser Bescheid als seine Nachbarn, bereitet sich vor und lässt sie kommen – weil ihm dieser Anschlag mehr nützt als schadet. Oder er plant einen Versicherungsbetrug, mit enorm hohem Gewinn und (dank geeigneter Maßnahmen) kontrolliertem Schaden, und legt schon im Vorhinein die falschen Spuren aus, die auf alle anderen Täter weisen können – nur nicht auf die, die er beauftragt hat.

Wir geben zu, dass die Möglichkeiten eins und zwei im Falle des 11. 9. nicht sonderlich realistisch sind und vieles für die dritte oder vierte Variante zu sprechen scheint. Beweisen können wir mit den in diesem Kapitel angeführten Beispielen allerdings nur, dass es sich bei der Standardausrede der Bush-Regierung definitiv um eine weitere Lüge mehr handelt.

»Terrorchef« und/oder Agent?

Mohamed Atta and the Venice Flying Circus

Dass der investigative Journalismus in den Massenmedien spätestens seit dem 11. September 2001 ausgestorben ist – diese Tatsache wird nicht zuletzt durch dieses Buch belegt, in dem zwei freie Autoren quasi die Hausaufgaben für eine ganze im Koma liegende Branche übernehmen. Doch diese Nachhilfe wäre uns allein gar nicht möglich, wenn nicht als Ausnahmen von der Regel doch einige freie, selbstdenkende, investigative Reporter überlebt hätten und ihre Berichte über das Internet publizieren könnten. Einer von ihnen ist der Journalist und Filmemacher Daniel Hopsicker *[221]*, der in Florida seit dem 11.9. akribisch recherchiert, was da vor seiner Haustür, in den Flugschulen, Hotels und Bars, die von den »Hijackern« frequentiert wurden, eigentlich los war. Er hat darüber einen Videofilm gemacht, dem dieser Abschnitt seinen Titel verdankt und der unserem Buch als CD beiliegt: »Mohamed Atta and the Venice fLying Circus«. Auf dem kleinen Flughafen in Venice, Florida, etwa 20 Kilometer südlich von Sarasota, war die von Atta besuchte Flugschule Huffman Aviation des Holländers Rudi Dekkers beheimatet, und über beide hat Hopsicker einiges in Erfahrung gebracht, was die Massenmedien aus gutem Grund nicht aufgreifen, denn diese Recherchen lassen eigentlich nur einen Schluss zu: Die CIA oder auch andere US-Geheimdienste wären in diesen Fall involviert. In einem Interview mit Radio Free America *[222]* wurde Dan Hopsicker Anfang Januar 2003 zum Zwischenstand seiner Recherchen von Tom Valentine und Michael Piper befragt:

TOM VALENTINE: In Ihrem Buch über den CIA Agenten Barry Seal haben Sie gezeigt – wie einige andere, die diese Materie untersucht haben, auch –, dass die weltgrößte Luftfracht-Airline für alle möglichen Zwecke und Absichten von der CIA geführt wurde. Haben Mitarbeiter des Geheimdienstes auch eine definitive Verbindung zu dem kleinen Flughafen in Venice? Manche Leute könnten erwidern, es sei einfach Zufall, dass Atta und die Jungs vom 11.9. dort hingingen, um fliegen zu lernen.

DAN HOPSICKER: Das ist mittlerweile kein Zufall mehr. Stattdessen findest du heraus, dass Wallace J. Hilliard, der Besitzer dieser Flugschule in Venice, ein Geschäftspartner von einer der Schlüsselfiguren des Whitewater-Skandals ist, von Truman Arnold, einem Kumpel von Bill Clinton aus Arkansas, der Finanzchef der Demokratischen Partei war … Hilliard – ein 70jähriger Multimillionär aus der Versicherungsbranche und selbsternannter Mormonenbischof – kam, was unbestritten ist, vor drei Jahren mit dem aus Holland stammenden und in den Staaten lebenden Rudi Dekkers ins Geschäft. Der hatte eine Flugschule eröffnet, die kurz darauf von arabischen Flugschülern regelrecht überflutet wurde. Ursprünglich dachte ich, Dekkers sei der Besitzer, tatsächlich gehört Hilliard die Schule, an der Atta und die anderen 9/11-Hijacker lernten. Nebenan, im Florida Flight Training Center, das – zufällig, könnte man sagen – auch von einem Holländer geleitet wird, studierte ein anderer Hijacker: Zaccarias Moussaoui, der auch wegen der Anschläge angeklagt ist.

VALENTINE: Später tauchten die Bundesbehörden dort auf und beschlagnahmten alle Unterlagen der Flugschule.

HOPSICKER: Richtig. Sie flogen alles aus, in einem Flugzeug mit Jeb Bush an Bord.

VALENTINE: Sagten die Bundesbehörden den lokalen Justizbehörden, dass sie ihre Nase aus der Untersuchung heraushalten sollen?

HOPSICKER: Das ist korrekt. Ich saß mit zwei Justizbeamten aus dem Süden zusammen, einem amtierenden Sheriff und seinem unmittelbaren Vorgänger. Diese zwei Männer schauten mir direkt in die Augen. Sie hatten in ihrer Region viele Aktionen mitbekommen, an denen die CIA beteiligt war. Und sie sagten, dass die CIA auch auf irgendeine Weise involviert, wenn nicht sogar verantwortlich war für die Anschläge auf das WTC. Glauben Sie bloß nicht, dass das zwei Linksradikale mit irrem Blick sind, die so etwas sagen, nein, es sind zwei Südstaaten-Sheriffs. Sie haben jahrelang CIA Aktivitäten beobachtet, ohne etwas machen zu können.

VALENTINE: Wer sind diese beiden Holländer?

HOPSICKER: Tja, das ist die Frage: Wer sind diese Kerle? Warum brachten sie Hunderten von Arabern hier das Fliegen bei? So viele Luftfahrtjobs gibt es in der arabischen Welt gar nicht, aber sie trainierten Hunderte von jungen Männern für eine Handvoll Jobs. Hier ging irgendetwas anderes vor. Was sie taten, macht auch geschäftlich keinen Sinn. Diese Studenten zahlten doppelt soviel, wie die Ausbildung in Venice eigentlich wert ist, und warfen mit Geld um sich, das eindeutig jemand anderem gehörte. Wenn du die CIA bist und eine geheime Operation in diesem Land durchführst, brauchst du einen plausiblen Grund, um alles abstreiten zu können – warum also nicht zwei Holländer anheuern, damit sie in die Staaten kommen und das für dich erledigen? Dies ist eine große Geschichte. Ich will Ihnen etwas sagen: Ich habe soeben ein dreistündiges Interview mit Attas amerikanischer Freundin geführt.

VALENTINE: Ich wusste bisher gar nicht, dass er eine Freundin hatte.

HOPSICKER: Das ist es ja. Fragen Sie sich selbst, warum Sie davon nichts wissen. Hätten Sie das nicht sehen müssen, überall auf den Supermarkt-Illustrierten: »Ich hatte ein Date mit dem Terroristen.« Die Wahrheit ist, dass diese Frau sich versteckt. Ich musste sie lange suchen und überreden, mit mir zu sprechen.

VALENTINE: Diese Story müssten Sie doch sofort dem National Enquirer verkaufen können?

HOPSICKER: Nein, ich denke, die sind nicht daran interessiert. Die Regenbogenpresse ist Teil der Frontoperation.

VALENTINE: Das heißt, die Regenbogenpresse ist nicht interessiert an Geschichten, die den Verdacht nahelegen, dass die CIA in verdeckte Operationen um Atta involviert ist?

HOPSICKER: Attas Freundin war eine rosahaarige Stripperin. Sie lebte zwei Monate mit ihm zusammen, bevor sie ihn rauswarf, weil sie einen neuen Freund hatte. Aus ihren Beschreibungen können wir mittlerweile fünf Leute positiv identifizieren, die enge Begleiter Attas waren. Ich meine damit keine anderen Flugschüler, sondern Leute, mit denen er sich regelmässig traf. Sie leben noch, und ich kann Ihnen sagen: Es sind keine Araber, es sind alles Deutsche. Hier haben wir Atta, der acht Jahre brauchte, um ein eigentlich nur vierjähriges Stadtplanungsstudium in Hamburg zu absolvieren. Was hat er die ganze Zeit gemacht in Deutschland? Ist niemand in Deutschland aufgefallen, das der Ausländer Atta acht Jahre in einem vierjährigen Studium zubrachte? Natürlich fiel es auf, Atta war Geheimdienstagent. Und nach dem was mir seine Freundin erzählte, auch psychopathisch genug, die Tat, die er begangen haben soll, wirklich zu begehen. Und er hasste die USA. Ich weiß nicht, wer die Maschinen ins World Trade Center gelenkt hat, aber Atta wäre dazu fähig gewesen.

VALENTINE: Was ist das für eine deutsche Connection?

HOPSICKER: Ich habe nicht die leiseste Ahnung. Aber dann – wenn du dir das Oklahoma-Bombing ansiehst – stellst du dir wieder die Frage: Wer war eigentlich dieser Andreas Strassmeier, der Deutsche, der in die ganzen Umstände des Falls so verstrickt war?

VALENTINE: Wieviel wissen die örtliche Polizei und Justizbehörden in Venice von dieser ganzen Sache?

HOPSICKER: Sie sind nicht blöd. Aber ihre Möglichkeiten, etwas zu tun, sind begrenzt. Ich sprach mit dem Polizeichef, und der war sehr einverstanden mit dem, was man von ihm verlangte. Der Polizei war es nicht erlaubt, sich um Dekkers‹ Geschäfte in Venice zu kümmern. Die Drug Enforcement Agency zum Beispiel verlangte von der örtlichen Polizei, Venice Airport in Ruhe zu lassen. Der Flughafen hatte ›grünes Licht‹, was immer das heißen mag. Der Polizeichef meinte, es sei nicht unüblich, dass dort mal nachts um drei ein Militärhubschrauber landet und drei Minuten später wieder wegfliegt.

PIPER: Alle diese Fakten werden von der Weltpresse unterschlagen. Alle diese Informationen laufen auf einen Punkt hinaus, dass Atta nicht einfach »für Osama Bin Laden arbeitete«, wenn er überhaupt für Bin Laden arbeitete. Atta bewegte sich in Kreisen, die unter der Aufsicht der amerikanischen Geheimdienste stehen.

HOPSICKER: Ich will mal für einen Moment spekulieren: Nachdem ich nun über ein Jahr in Venice recherchiert habe, scheinen mir hier zwei Dinge gleichermaßen möglich zu sein, und, ehrlich gesagt. ich weiss nicht, welches richtig ist: Entweder betrieb die CIA eine verdeckte Operation, um Hunderte junge Araber im Fliegen auszubilden und als Agenten in Bin Ladens Organisation zu platzieren, oder jemand dealte, zwischen 1999 und 2001, an der Südwestküste Floridas mit Öl und Heroin gegen Waffen und Training. Ich glaube, dass die Absage von Henry Kissinger und George Mitchell, der Vizedirektor des Untersuchungsausschusses zum 11. 9. werden sollte, auf einen kritischen Punkt deutet. Ich glaube, sobald der Irakkrieg vorüber ist, wird man sich wieder genauer anschauen, was am 11. 9. wirklich geschah. Ich glaube, Kissinger und Mitchell haben abgelehnt, weil ihnen etwas bevorstand, was zehnmal größer ist als der Watergate-Skandal.

Am 25. Juli 2000 stürmte die Drug Enforcement Agency (DEA) auf dem Rollfeld des Orlando Executive Airport einen aus Venezuela kommenden gecharterten Learjet und beschlagnahmte ihn. 13 Kilogramm Heroin wurden konfisziert, zwei Venezulaner an Bord verhaftet. Dan Hopsicker fand bei seinen Recherchen heraus, dass dieser Jet (Charterpreis bis zu 1 800 Dollar die Stunde) in den Monaten zuvor viele Dutzend Male für immer dieselbe Tour nach Venezuela und zurück gechartert worden war. *[223]* Besitzer der Plane 1 Leasing, die den Learjet für diese Touren vermietete, ist eben jener Wallace J. Hilliard, der neben Huffman Aviation auch noch die Fluglinie Discover Air betreibt. Diese Linie und auch die Leasing Jets von Plane 1 standen niemand anderem als Jeb Bush und seiner Innenministerin Katherine Harris (die im Zuge der Wahlmanipulationen zu landesweiter Berühmtheit gelangte) praktisch jederzeit kostenlos zur Verfügung und wurden auch nach dem Heroinzwischenfall weiter von ihnen genutzt. Der Gouverneur stattete der Firma sogar einen Besuch ab und posierte mit der »Discover Air Family« auf Fotos, die mittlerweile aber von der Website verschwunden sind (im Google-Archiv aber in alter Pracht festgehalten werden). *[224]*

Wenn schon die Fotos von Jeb Bush inmitten der Belegschaft verschwunden sind, so tauchten irgendwelche Passagiere anscheinend gar nicht erst auf. Am 28. Juni 2001 meldete das Lokalblatt Orlando Sentinel: Air Service nach Miami floppt, nicht eine Person kaufte ein Ticket, deshalb stoppt Discover Air Pläne für Flüge von Daytona Beach.«

Eine merkwürdige Luftfahrtunternehmung ist das, die kein einziges Ticket verkauft. Außer als Privatflotte für Jeb Bush und beim Heroinschmuggel scheinen die fliegenden Unternehmungen des Mormonenbischofs Hilliard in Florida nicht weiter aufgefallen zu sein, zumindest nicht bei zahlenden Passagieren. Mit seiner Übernahme von Huffman Aviation aber änderte sich das, Scharen von arabischen Flugschülern durchliefen von 1999 an dort ihre Ausbildung und zahlten Tarife, die kein Inländer auf den Tisch gelegt hätte. In dem verschnarchten Rentnernest Venice – gelegen zwischen dem Edelresort Boca Grande (einem Feriendomizil der Familie Bush) und Sarasota – blieb diese Invasion nicht unbemerkt. Spätestens als am 12. September 2001 bekannt wurde, dass die vermeintlichen Terrorpiloten, die die Maschinen in die beiden WTC-Türme gelenkt hatten, in Venice gelebt und fliegen gelernt hatten, hätten diese Hintergründe eigentlich umgehend in den Fokus der Medienöffentlichkeit geraten müssen, doch just an diesem Tag wurden sämtliche Unterlagen von Huffman Aviation vom FBI beschlagnahmt. »»Sie beluden zwei

Trucks (mit Dokumenten von Huffman Aviation und dem Venice Police Department) direkt durch das Fenster der Polizeistation‹, berichtete uns ein Justizbeamter in Venice, ›und sie fuhren direkt zu einem C130-Transportflugzeug, das mit Jeb Bush an Bord abflog. Das FBI nahm alle unsere Akten. Alles.‹« *[225]*

Und gäbe es nicht investigative Reporter wie Dan Hopsicker, könnte man meinen, dass alles mit rechten Dingen zuging im lauschigen Landkreis Sarasota in Florida, wo die Republikaner 41 von 42 Mandaten halten. Zufälle gibt es schließlich nicht nur immer wieder, sondern auch überall, ohne dass man sich dabei gleich was denken muss.

Dass die örtliche Polizei von der Bundesbehörde ausgebootet wird und das FBI Akten beschlagnahmt, ist – zumal in einem solchen Fall – nicht weiter verwunderlich. Und dass Gouverneur Bush selbst im Flugzeug sitzt, das die brisanten Akten ausfliegt, muss auch überhaupt nichts heißen. Vielleicht stimmt die Geschichte ja nicht einmal, und der ungenannte Justizbeamte, von dem sie stammt, wollte bloß originell sein. Vielleicht ist es auch Zufall, dass sich drei der vier Terrorpiloten unter den 200 Flugschulen Floridas ausgerechnet für die beiden von Wallace J. Hilliard entschieden, denn nur einige dieser Schulen sind vom INS autorisiert, die hoch begehrten I-20-M-Formulare zu vergeben, mit denen (nichtakademischen) Lernwilligen aus dem Ausland die Hinreise »zur Berufsausbildung« ermöglicht wird – darunter eben Huffman Aviation und die Florida Flight Training School. Als die beiden unbekannten Dutch Boys Rudi Dekkers und Arne Kruithof diese Flugschulen übernahmen, wunderte man sich auf dem kleinen Flugplatz Venice zwar über ihren mangelnden Background, doch verfügten sie offenbar über Einfluss genug, die begehrte Autorisierung vom Immigration

Service zu erhalten. Ebenfalls ein Zufall mag es sein, dass Mohammed Atta und seine Hamburger Gruppe, die der offiziellen Lesart zufolge im Juni 2000 nach Florida reisten, um fliegen zu lernen, nicht zum ersten Mal dort waren, sondern im April 2000 schon an anderen Flugschulen geübt hatten.

Aber jetzt fängt diese Häufung von Zufällen doch an, bedenklich zu werden. Denn zu dem doppelten Atta, der 2001 mit zwei Visa einreisen konnte, gesellt sich hier vielleicht noch ein dritter, der- als er bei Huffman Aviation anfing – schon eine Privatpilotenlizenz besaß und dieses Mal, wie Rudi Dekkers bei einem seiner vielen widersprüchlichen Interviews ausplauderte, nur einen Erweiterungsschein machen wollte. Dieser Mohammed Atta bezog im März 2000 – vier Monate bevor er der offiziellen Legende nach erstmals in die USA einreiste – gegenüber dem Venice Airport eines der Sandpiper Apartment (so heisst das zweistöckige Gebäude), Sechs Wochen lang wohnte er dort bei seiner amerikanischen Freundin Amanda Keller. Anwohner erinnern sich an Attas unfreiwilligen Auszug: Die Freundin hatte ihn rausgeworfen und sein Koffer aus dem zweiten Stock auf den Parkplatz gefeuert. Amanda Keller, so ihre nächste Nachbarin Stephanie Frederickson gegenüber Hopsicker, arbeitete als Hostess bei einem Service für gewisse Stunden, trug ihre Haare in vielen schrillen Farben und war zum Dienst »gekleidet wie eine Nutte ... Mitte März brachte sie Atta mit und sagte: ›Ich möchte Ihnen meinen Freund Mohammed Atta vorstellen, er ist aus Frankreich.‹« Als die FBI-Agenten in Venice auftauchten, setzten sie den Manager der Anlage und alle Augenzeugen unter Druck, ihre Geschichten nicht weiter zu verbreiten – so auch Mrs. Frederickson: »Unmittelbar nach den Anschlägen sagten sie zunächst zu mir, dass ich mich bei meiner Identifikation bestimmt geirrt hätte. Ansonsten müssten sie behaupten, dass ich lügen würde … Später fragten sie mich bloß immer wieder: ›Sie werden doch hoffentlich niemandem etwas erzählen?!‹« *[226]*

Ist das nur eine klatschsüchtige Nachbarin, die sich wichtig tut? Wohl nicht. Denn Hopsicker kann sich auch auf eine AP-Meldung vom 15. September 2001 sowie auf Auskünfte von Amanda Keller berufen: »Charles Grapetine, der Manager der Sandpiper Apartments an der Airport Avenue in Venice, sagte, er erinnere sich, Atta drei Wochen lang im April auf dem Gelände gesehen zu haben. Er sagte, er hätte in einem Apartment mit Amanda Keller gelebt… In einem Telefoninterview am Freitag sagte Frau Keller, dass sie Atta über einen Freund kennen gelernt habe und ihn in ihrem Apartment zusammen mit ihr und ihrem damaligen Freund, Garett Metts, wohnen ließ, weil er ihr leid tat. Sie sagte, die Behörden hätten ihr geraten, nichts über Atta zu erzählen.«

Amanda Keller ist mittlerweile aus Venice verschwunden, doch dass sie dem armen Atta aus Mitleid Unterschlupf gewährt haben will, ist fraglos eine fromme Legende. Stephanie Frederickson antwortete auf die Frage, was ihrer Meinung nach der Grund für die Liaison mit Atta war, obwohl er Amanda Keller doch mehrfach geschlagen haben soll: »Atta und seine Truppe warfen mit Geld nur so um sich, sie waren party animals … Ich wohnte im zweiten Stock neben Amanda und Atta, aber als mein Vater nach einer Operation keine Treppen mehr steigen konnte, zog ich zu ihm nach unten … Daher übernahmen Attas Kumpel mein altes Apartment. Einmal steckte ich den Kopf rein, da hausten mindestens acht in der kleinen Zwei Schlafzimmer-Wohnung. Schlafsäcke überall am Boden.«

Irgendwie seltsam, dass es da einen Mohammed Atta gibt der so gar nicht dem der offiziellen Legende entspricht. Einerseits der wortkarge, verkniffene Hamburger Student mit dem fundamentalistischen Testament, das er dem FBI am Flughafen hinterließ, nach dem ihn keine Frau nach seinem Tod berühren dürfe. Andererseits das Party Animal, der mit einem pinkhaarigen Callgirl zusammenlebt, »Beastie Boys« hört, im Stripteaseclub »Cheetah« und anderen Bars verkehrt, der gern und viel Wodka trinkt – und das Monate, bevor er offiziell in den USA ankam.

Wie oft mag sich Amanda Keller insgeheim gewünscht haben, ihre Geschichte an die Medien zu verkaufen, um ein für allemal aller Geldsorgen los und ledig zu sein! Und auch ihre Nachbarin hätte doch unter dem Motto »Tür an Tür mit dem Terrorpiloten« durch die Talkshows tingeln und ein bisschen Kleingeld verdienen können. Wenn, ja wenn da nicht die Behörden wären und auf gut Amerikanisch sagen würden: njet! Dies ist wohl auch der Grund, warum ein professioneller TV-Journalist wie Dan Hopsicker nur auf seiner Website publizieren kann, was er über die Hintergründe der »Bin Laden Air Force« und Attas diverse Aktivitäten in Florida herausgefunden hat.

Gerade in Sachen Atta stolpern wir in einem fort über elusive Informationen, die in schreiendem Widerspruch zu der offiziellen Legende stehen. Sie erinnern sich, dass wir Ihnen bereits eingangs dieses Phänomen unverhofften Auf- wie dauerhaften Abtauchens dissidenter Wahrheiten nahe gebracht haben. So meldeten in den Tagen nach den Anschlägen Washington Post, Newsweek und der Nachrichtendienst Knight Ridders übereinstimmend, dass einige der Terroristen in den 90er Jahren in amerikanischen Militäreinrichtungen ausgebildet wurden: Mohammed Atta an der Maxwell AFB in Montgomery, Alabama, Abdulaziz Al-Omari an der Brooks AFB in Texas und Said Al-Ghamdi am Defense League Institute im kalifornischen Monterrey. Letzterer sowie zwei weitere Terroristen sollen auch an der Naval Air Station in Pensacola, Florida, gewesen sein – in ihren Führerscheinen war eine Adresse der Militärsiedlung angegeben. Nachdem das Verteidigungsministerium verlautbart hatte, dass es sich aufgrund von Diskrepanzen im Alter und der Schreibweise nicht um die Hijacker handeln könne, beschied es die Nachfrage des demokratischen Senators Bob Nelson mit der Antwort, das FBI werde »jede mögliche Verbindung zu militärischen Einrichtungen« untersuchen.

Das war's. Seitdem ist der Nachricht, dass Atta und Co. schon früher in den USA waren und an Militärinstituten ausgebildet wurden, niemand mehr nachgegangen – so wenig wie dem Dolce Vita der »islamistischen« Partylöwen im sonnigen Florida, Attas angeblicher Freundin und seinem Pendelverkehr zwischen Venice, Naples und Miami in den Wochen vor dem Anschlag. Auch die dubiosen Flugschulen der beiden Holländer, die Hundertschaften von Arabern im Fliegen ausbildeten, und die merkwürdigen Luftfahrtgeschäfte ihres Geldgebers Hilliard machten keine weiteren Schlagzeilen – so wie sämtliche Unterlagen von Huffman Aviation im ›Schwarzen Loch‹ des FBI zu Ermittlungszwecken (d. h. auf Nimmerwiedersehen) verschwanden. Das Ergebnis dieser Ermittlungen ist bekannt: null, niente, nothing.

Ebenso erging es auch der E-Mail-Liste, die Atta und sein Begleiter Marwan Al-Shehhi zu einer Zeit führten, als sie angeblich noch gar nicht im Lande waren. Bei einer Firma für Luftfahrtartikel, Eastern A vionics, am Charlotte County Airport in Punta Gorda – 30 Kilometer südlich von

Venice – hatte Al-Shehhi ein Headset gekauft und die E-Mail-Adresse der Firma in eine Adressliste aufgenommen. Da er offenbar zusammen mit Atta ein gemeinsames E-Mail-Konto benutzte, kam nun auch Post des »Bandenchefs« bei der Firma an – nichts, was über die Vorbereitung der Attacken Aufschluss gegeben hätte, aber auch nichts, was unbedingt auf einen »islamistischen Fundamentalisten« schließen lässt. So beschwerte sich Atta in einer Mail über die Amerikanische Universität Kairo, weil dort eine Studentin, die keinen Schleier trug, relegiert worden war: Die Uni solle sich gefälligst an die »Nicht Diskriminierungs-Politik« in ihrer Satzung halten. Erstaunlich frauenfreundliche Töne für den misogynen Fanatiker Atta der offiziellen Legende. *[227]*

Uns fehlen die Möglichkeiten, die Identität dieses doppelten Atta weiter aufzuklären, doch die hier dargelegten Puzzlesteine müssten für einen Untersuchungsausschuss doch dringender Anlass sein, die Vorgänge in Florida akribisch unter die Lupe zu nehmen schließlich geht es um den vermeintlichen »Rädelsführer« eines gigantischen Verbrechens. Da sollte man doch eigentlich erwarten dürfen, dass auch noch der unbedeutendsten Spur nachgegangen wird. Die Tatsache, dass das eben nicht geschieht und bis heute 19 Passbilder und N amen sowie ein Flughafenfoto von Atta in Portland alles sind, was an »Fleisch« für die These von den »19 Hijackern« vorliegt – diese Tatsache spricht angesichts der rekonstruierten Zusammenhänge für sich. Ganz offensichtlich soll hier nicht weiter ermittelt werden, denn wer in dieses Wespennest sticht, muss befürchten, einen ganzen Schwarm aufzuscheuchen. Nicht von islamistischen Turbanträgern, sondern von westlichen Schlapphüten – aus den Geheimdiensten der USA, Deutschlands sowie, in der Rolle des »Führungsoffiziers«,

Pakistans General Mahmud Ahmed, Chef der ISI in Islamabad, ließ bekanntlich im Juli 2001 auf ein Konto Attas in Florida 100 000 Dollar überweisen, wie wir schon m VVG (S. 139 ff.) ausgeführt haben.

Dieser mehrfache Mohammed Atta, so schließen wir aus den Konturen dieser bisher ignorierten Puzzlesteine, hat weniger das Profil eines kurzfristig fanatisierten Selbstmordbombers als vielmehr das eines langjährigen Eliteagenten. Dass er in diesem Plan am Ende als »goat« fungieren würde, wie im Geheimdienstjargon der zur öffentlichen Schlachtung präsentierte Sündenbock heißt, ahnte er dann wohl zu spät.

Daniel Hopsicker hat die »German Connection« des doppelten Atta mittlerweile weiter recherchiert: Während seiner Liaison mit Amanda Keller stellte er ihr fünf deutsche bzw. deutschsprachige Freunde vor, mit denen er häufig zu tun hatte. Sie alle hatten Pilotenscheine oder arbeiteten als Fluglehrer, zwei von ihnen nannte Atta »meine Brüder«. Mit ihnen war er laut Keller sehr eng verbunden, sie hingen dauernd zusammen und gingen gemeinsam aus: »Diesen Jungs flog das Geld nur so aus der Tasche, es schien ihnen niemals auszugehen. Und sie hatten immer reichlich Kokain.« Mehrfach soll Atta – bei aller Partylaune – von Treffen mit ihnen allerdings auch sehr ernst und deprimiert zurückgekommen sein, woraus Daniel Hopsicker schließt, dass es bei diesen Treffen um Attas Mission ging und es sich bei seinen »Freunden« um seine Agentenführer handelte.

Hopsickers Recherchen zu dieser Verbindung sind noch nicht abgeschlossen. Vier dieser Begleiter sollen mittlerweile wieder nach Deutschland zurückgekehrt sein, einer hat die US-Staatsbürgerschaft erhalten und lebt in den Vereinigten Staaten. Hat Atta, der in den 90er Jahren als

Stipendiat und Tutor der deutschen Carl Duisberg-Gesellschaft (CDG) mit Geld und Reisemöglichkeiten ausgestattet wurde, dieses Studium als Tarnung genutzt, um sich heimlich mit islamistischen Fanatikern zu vernetzen und zum »Terrorchef« ausbilden zu lassen? Oder wurde er 1996, als man ihn über den Kanal einer unverdächtigen Industriestiftung (die CDG wurde von einem Direktor der Bayer AG gegründet) mit einem für einen Studenten stattlichen Monatssalär von 2 635 DM ausstattete, bereits als inoffizieller Mitarbeiter rekrutiert? In der Marienstraße in Hamburg jedenfalls, wo Atta und andere Terrorverdächtige logierten, gaben sich die verschiedensten Geheimdienste quasi die Klinke in die Hand …

Tausendundeine Nacht in Hamburg

Mindestens 1 001 Tage und Nächte lang haben die Geheimdienste die obskursten Spiele miteinander gespielt. Und wenn sie nicht gestorben sind, dann spielen sie noch immer. Und wir? Wir stehen nur am Rand und staunen.

Erinnern Sie sich noch an solche Namen wie Mounir Al Motassadeq und Ramzi Binalshibh, geschweige denn Mamoun Darkazanli, Haydar Zammar oder Mahmud Salim? »Das FBI forderte Darkazanlis Arrest, aber die Deutschen sagten, es gäbe zu wenig Beweise. Sie stellten ihn dennoch unter Beobachtung.« So schrieb die New York Times am 11. Juli 2002 in Bezug auf die »Nachbereitung« des 11.9 *[228]*

Dieser Darkazanli (und das ist nur ein Name von Hunderten, die immer mal wieder genannt werden) fiel angeblich durch eine Bankvollmacht für ein Konto eines Mohammed Haydar Zammar auf, der zwischenzeitlich mal festgenommen worden war, weil er mit den Botschaftsattentaten in Nairobi und Daressalam 1998 in Verbindung gebracht wurde. Wie auch immer, ob in Al Qaida verwickelt oder nicht – Darkazanli interessiert uns nicht weiter. Wir nehmen nur einfach einmal diesen Namen, um festzustellen, dass es zwischen Geheimdiensten offenbar zum guten Ton gehört, sich wechselseitig auf die Füße zu treten.

Das FBI wollte also Action sehen bei den Deutschen, und die begnügten sich ab 1997 zunächst mit reiner Beobachtung, bevor sie dann ab 1998 auch die Telefone von Darkazanli und Zammar überwachten, was schließlich ab dem 17. Februar 1999 zur Überwachung der Atta-Wohnung in der Marienstraße führte.

Telefonüberwachung? muss sowas nicht richterlich angeordnet werden? Setzt das nicht wiederum erhebliche Verdachtsmomente voraus? Eine Frage, auf die wir noch kommen werden – nicht jedoch die New York Times. Stattdessen finden sich hier heftige Vorwürfe an die Adresse des FBI. »Wir hatten immer den Verdacht, dass die Amerikaner Geheimdiensterkenntnisse zurückhielten, und jetzt haben wir den Beweis«, sagt Rolf Tophoven, ein deutscher Antiterror-Experte mit engen Verbindungen zu deutschen Diensten. *[229]*

Das ist der eine Vorwurf in der New York Times. Der andere, bezogen auf Februar 1999, lautet: »Um diese Zeit nahmen die amerikanischen Ermittler die Sache selbst in die Hand. Ein mit dem Fall vertrauter Ermittler sagte, die deutsche Polizei entdeckte, dass amerikanische Agenten in Hamburg Leute über Darkazanli und Zammar vernommen hätten, ohne die deutschen Behörden zu informieren.«

Befreundete Geheimdienste entfalteten also ab 1999, etwa im Februar, eigene Aktivitäten in Hamburg. Obwohl die Telefone der Verdächtigen überwacht wurden, obwohl die Deutschen »dran« waren. Oder waren die Deutschen dran, weil sie merkten, dass US-Geheimdienste in Hamburg aktiv wurden?

Das riecht ziemlich nach Katz-und-Maus-Spiel. Aber so recht erfahren wir nicht, wer da überhaupt mitgespielt hat. Zur Auswahl stehen CIA, FBI, Verfassungsschutz, BKA, BND. Mindestens. Dass und wie dem so ist, erfahren wir auch aus einer Presseerklärung der Hamburger Innenbehörde vom 18. November 2002: »Aus Anlass der aktuellen Presseberichterstattung über Ermittlungen in Zusammenhang mit Herrn Darkazanli betont die Behörde für Inneres die besonders enge und ausgezeichnete Zusammenarbeit mit den amerikanischen Dienststellen bei der Bekämpfung des internationalen islamistischen Terrorismus in Hamburg. Es gibt in dieser Hinsicht nach beiderseitiger Einschätzung keinerlei Anlass für atmosphärische noch sonstige Irritationen, wie Staatsrat Walter Wellinghausen schon nach seinem Besuch in Washington im Oktober mitgeteilt hat. Das Hamburger Landesamt für Verfassungsschutz (LfV) sieht Herrn Darkazanli bereits seit mehreren Jahren als Verdachtsperson mit Kontakten in das internationale islamistische Netzwerk und hat auch eigene Ermittlungen in dieser Hinsicht durchgeführt. Hinweise für diesen Verdacht lieferte insbesondere die Verhaftung des Sudanesen Mamdouh Mahmud Salim 1998 in Bayern, der an die USA ausgeliefert wurde und dort inhaftiert ist. Tatsache ist, dass mehrere deutsche Sicherheitsbehörden gegen Herrn Darkazanli ermittelt haben und zur Zeit noch ermitteln. Hierzu konnte das LfV eigene Erkenntnisse beisteuern, die auch an die Strafverfolgungsbehörden übermittelt wurden. Operative Maßnahmen des LfV Ende 1999/Anfang 2000 harten vor allem zum Ziel,

Herrn Darkazanli deutlich zu machen, dass er im Visier der Sicherheitsbehörden steht. Dies geschah vor dem Hintergrund allgemeiner Warnungen vor Anschlägen aus dem Al-Qaida Netzwerk, die sich auch auf Hamburg beziehen. Zu weiteren operativen Einzelheiten werden aus Ermittlungsgründen keine Auskünfte gegeben. Generell ist allerdings darauf zu verweisen, dass die Tatsache von Ermittlungen im Zusammenhang mit Herrn Darkazanli bereits unmittelbar nach dem 11. 9. 2001 auch der Presse bekannt war und der Bezugsartikel aus der Chicago Tribune insoweit keine neue Einschätzung enthält.« *[230]*

Wir lernen: Mehrere deutsche Sicherheitsbehörden waren da dran. Und zur Jahreswende 1999 2000 hat man Mamoun Darkazanli erschreckt und »Buh, wir beobachten dich!« gemacht. Also etwa ein Jahr sowohl nach Beginn der Telefonüberwachung als auch nach der gesetzwidrigen US-Geheimdienstoperation. Also zwei Jahre vor dem 11. 9. Nun ist wirklich nicht mehr zu bestreiten, dass in der Hamburger Marienstraße die Schlapphüte aller Provenienz sich die Klinke in die Hand gaben oder aus der Hand rissen, Türen öffneten und zuschlugen. Klar, dass dann der »Bezugsartikel aus der Chicago Tribune insoweit keine neue Einschätzung enthält«. Insoweit. Was sagt er denn noch, dieser Artikel vom 17. November 2002?

»CIA belauerte Al Qaida in Hamburg

Bei der Suche nach Informanten versuchte der Geheimdienst 1999, einen aus der Gruppe der 9/11Hijacker in Deutschland anzuwerben … Die Versuche der CIA, Mamoun Darkazanli anzuwerben, wurden Ende 1999 initiiert, zu einer Zeit, als drei der vier Hamburger Studenten, die später die entführten Flugzeuge steuerten, in einem Trainingscamp von Al Qaida in Afghanistan erstmals von dem Entführungs-Plot erfuhren.« *[231]*

Interessant. Die »Hamburger« waren also sukzessive zu Osama geschickt worden – und Darkazanli sollte nun von der CIA angeworben werden. Von der CIA, nicht vom FBI! Es ging also gar nicht mehr, wie behauptet wurde, um »Befragungen«, die ja schon illegal waren, sondern um Rekrutierung von Agenten und volle Geheimdiensttätigkeit in Deutschland. Und nun schauen wir uns die Abfolge der Ereignisse wieder an: Die »Deutschen« ließen Darkazanli also wissen, dass er beschattet wurde, nachdem die CIA mit dem Anwerbeversuch begonnen und dies ihren Kollegen wohl auch offen angekündigt hatte. Vielleicht war da der Hamburger CIA-Vertreter schlicht in die Büros des Hamburger Verfassungsschutzes spaziert, mahnte zunächst die Verhaftung Darkazanlis und dessen Überstellung in die USA an und forderte jetzt auf einmal die Anwerbung. Stellvertretend für die CIA dackelte dann ein Verfassungsschützer zu Herrn D., erhielt eine Abfuhr und daraufhin eine Lektion der CIA, wie das »richtig« gemacht wird. Die Deutschen versuchten es dann noch mal, mit ähnlichem Misserfolg. Und dann spuckten sie der CIA offenbar in die Suppe. Warum? Wir wissen es nicht. Nicht einmal, ob das alles so war wie geschildert. Am 31. Oktober 2001 kam -laut Chicago Tribune – ein serbischer Einbrecher des Wegs und brachte einen Stoß DarkazanliAkten ins Hamburger Polizeihauptquartier. Habe er gerade gestohlen, sagte er. Wie es Einbrecher eben halt so machen, ihre Beute zur Polizei zu bringen. Junge serbische Einwanderer zumindest machen es so, was man auch in Chicago bemerkenswert fand.

»Bisher sind keine Belege dafür aufgetaucht, dass amerikanischen Geheimdiensten vor dem 11. 9. 2001 etwas von den Plänen Al Qaidas, Zivilflugzeuge in Häuser zu stürzen, bekannt war, obwohl Ermittler des Kongresses in diesem

Zusammenhang verschiedene verpasste Gelegenheiten beschrieben. Aber die Enthüllung, dass die CIA versuchte, Darkazanli als Agenten zu gewinnen, zu einer Zeit, als die ursprünglichen Entführungspläne ausgeheckt wurden, markiert die frühesten und tiefsten Fußabdrücke der US-Geheimdienste vor dem Fenster der Hijacker.«

Sind jedoch diese »Fußabdrücke« nur außerhalb der Hijackerwohnungen zu finden? Die Frankfurter Allgemeine Sonntagszeitung meldete am 2. Februar 2003, zumindest ein Informant (allerdings nur in der Al-Quds-Moschee in Hamburg, aber das schon vor Jahren) habe gewonnen werden können, und kam hinsichtlich der oft bemühten These von den »Schläfern« zu dem Schluss: »Vielmehr schlossen sich die drei Hamburger Todespiloten und ihre Helfershelfer unter den Augen diverser Nachrichtendienste zu einer Terrorgruppe zusammen und planten den wohl spektakulärsten Terroranschlag in der Geschichte während sie beobachtet wurden.«

Liefen alle Anwerbeversuche so wie bei Darkazanli? Gab es wirklich seit 1997 nur Misserfolge, Unwissen, Pleiten? Und wenn ja, waren sie Folge der Unfähigkeit (schon wieder diese Standarderklärungsformel…) des deutschen Verfassungsschutzes oder steckt dahinter etwas anderes? Etwas Licht in dieses Dunkel bringen die Anfrage 14/7247 der CDU/CSU-Bundestagsfraktion zu den Hamburger Vorgängen – und die in ihrer nichts sagenden Beliebigkeit höchst aussagekräftige Antwort der Bundesregierung: »Medienberichten zufolge ist es im Zusammenhang mit der Verfolgung islamistischer Terrorstrukturen in Deutschland zu Differenzen zwischen dem Bundeskriminalamt (BKA) und dem Generalbundesanwalt gekommen. Danach soll dem Generalbundesanwalt bereits im Januar 2000 derart brisantes Tatsachenmaterial über den islamistischen

Extremismus in Deutschland vorgelegt worden sein, dass aus Sicht des BKA genügender Anlass zur Einleitung eines Ermittlungsverfahrens bestand. Der Generalbundesanwalt soll hingegen einen entsprechenden Anfangsverdacht verneint haben. Er soll ein Tätigwerden seiner Behörde auch sechs Monate später abgelehnt haben, als das BKA weiteres Material vorlegte, welches die Annahme strafbarer Handlungen erhärtete.« *[232]*

In der ARD-Sendung »Kontraste«, die am 4. Oktober 2001 mit dem Tenor »Hat Kay Nehm versagt?« ausgestrahlt wurde, erklärte der Sprecher des BKA mehrfach, dass aus Sicht seiner Behörde die seinerzeit gesammelten Erkenntnisse ausgereicht hätten, die Einleitung eines Ermittlungsverfahrens für angezeigt zu halten. Dem Vernehmen nach soll es sich insbesondere um Erkenntnisse über die Terrororganisation Osama Bin Ladens gehandelt haben, bis hin zu Hinweisen auf mindestens zwei Personen, die inzwischen als mutmaßliche Attentäter der Anschläge vom 11. 9. identifiziert worden sind, sowie auf einen mutmaßlichen Drahtzieher der terroristischen Anschläge, der sich bis zum 9. September 2001 in Deutschland aufgehalten haben soll. Das wirft also die Frage auf, ob die Vorbereitung der Anschläge aufgedeckt worden wäre, wenn der Generalbundesanwalt die aus Sicht des BKA gebotenen strafprozessualen Maßnahmen ergriffen hätte. Und was lernen wir daraus? Die CIA gab keine Infos preis, wollte jedoch Gehorsam, und in Deutschland selbst wurden offenbar Ermittler zurückgepfiffen.

Und das geht so weiter! Auch im Motassadeq-Prozess wurden Informationen und zwar von deutschen Behörden – zurückgehalten. Mounir Al-Motassadeq war erst 2002 in Hamburg festgenommen worden unter dem Vorwurf, Atta logistisch unterstützt zu haben. Er wurde im

Frühjahr 2003 wegen Beihilfe zum Mord in 3000 Fällen zu 15 Jahren Gefängnis verurteilt. Ramzi Binalshibh hatte ebenfalls intensiven Kontakt zu Atta. Er setzte sich nach dem 11. 9. nach Pakistan ab, gab selbstbezichtigende prahlerische Interviews, wurde dort festgenommen und gilt seitdem als Gefangener der USA – festgehalten an einem geheimen Ort. Diese Tatsachenbehauptung darf durchaus bezweifelt werden. Während andere angebliche Mitverschwörer Attas wie eben Al-Motassadeq oder auch Moussaoui in normalen Gefängniszellen sitzen, ihre Unschuld beteuernd, wird ausgerechnet derjenige, der sich selbst der Mittäterschaft bezichtigt, an einem geheimen Ort festgehalten? Ebenso seltsam, dass Zammar derzeit laut Washington Post vom 31. 1. 2003 in Syrien festgehalten und gefoltert wird. In Syrien? Auf amerikanisches Geheiß? *[233]*

Zurück zum Tanz der Schlapphüte rund um die Marienstraße. Der Spiegel berichtete am 8. Januar 2003 unter der Überschrift »Motassadeqs letzte Chance«: »Bisher aber lehnten die USA eine Vernehmung Binalshibhs ab. Doch auch die deutschen Behörden wie der BND oder das Bundeskriminalamt (BKA), denen nach eigenem Bekunden ebenfalls lediglich Zusammenfassungen der Aussagen vorliegen, stellten sich bisher gegenüber dem Gericht und seinen Ersuchen taub. BND-Chef August Hanning beschied im Dezember 2002 noch einmal schriftlich, dass ihm zu der Causa Binalshibh ›keine weitergabefähigen Informationen‹ vorlägen.«

Die ach so befreundeten Dienste mögen sich offenbar also nicht einmal die im eigenen Land. Was dazu führt, dass man sich auf US-Seite, wie schon zu Beginn dieses Kapitels geschildert, so gut wie keine Informationen rausrückt, aber fleißig Festnahmen und Verurteilungen fordert.

Im Falle der Verurteilung Al-Motassadeqs hielt die deutsche Verteidigung es allerdings schon für sinnvoll, Ramzi Binalshibh vernehmen zu können – ein Zeuge, der immerhin sowohl mit Al-Motassadeq als auch mit Atta und den anderen zusammenlebte und sich (wo auch immer) in den Händen der Amerikaner befindet. Da wurde gemauert, so wie bei allem materiellen Beweismaterial.

Zugleich ist jedoch der Informationshunger der US-Dienste unersättlich. Wir wollen ja niemandem etwas unterstellen, aber dass da in den USA plötzlich Koffer deutscher Richter und Ermittler verschwinden, lässt sich nicht kategorisch als klandestine Möglichkeit zur Einsichtnahme in die darin deponierten Akten ausschließen. Was war passiert? Der Richter im Motassadeq-Prozess sowie zwei Kollegen aus der Staatsanwaltschaft waren zur Zeugenvernehmung in die USA geflogen und hatten natürlich zu diesem Zweck Prozessakten mit dabei. Im Koffer wohlgemerkt, nicht in der Jackentasche. Eben diese Koffer fehlten dann bei der Gepäckausgabe auf dem Ankunftsflughafen, »fanden sich« jedoch ein, zwei Tage später wieder ein – zumindest zwei der drei Koffer. Mit dem, was er am Leib trug, marschierte der weiterhin kofferlos gebliebene Dritte in den US-Gerichtssaal. *[234]*

Wie viel die deutschen Dienste insgeheim über den 11. 9. wissen, kann und darf die Verantwortlichen in den USA schon mal interessieren. Nur schält sich für uns eine seltsame Informationslage heraus: Sowohl in den USA als auch in Deutschland waren die polizeilichen Ermittlungsbehörden nahe an den Beschuldigten dran. Was in den USA ein O'Neill, mögen hierzulande ein paar engagierte Verfassungsschützer, BKA- und BGS-Beamte gewesen sein. Aber anscheinend hakte es nicht nur zwischen der CIA und den deutschen Ermittlern, sondern auch zwischen Generalbundesanwalt/BND einerseits und BKA/BfV/BGS andererseits.

Hilft da die Behauptung Amanda Kellers, ihr zwischenzeitlicher Liebhaber Atta sei in Florida von fünf deutschen Freunden umgeben gewesen, irgendjemandem auf die Sprünge? Wahrscheinlich nicht.

Die deutsche Öffentlichkeit wachte auch bei der folgenden AP-Meldung am 22. 1. 2003 nicht auf: »Das Oberlandesgericht präsentierte am Mittwoch so genannte Sperrerklärungen von Bundeskanzleramt und Innenministerium, wonach vorliegende Aussageprotokolle des in den USA inhaftierten mutmaßlichen Terrorhelfers Ramzi Binalshibh dem Gericht nicht zur Verfügung gestellt werden. Eine Weitergabe der vertraulichen Aussagen Binalshibhs, der in den USA in Haft sitzt, beeinträchtige die Zusammenarbeit zwischen den Nachrichtendiensten und würde ›dem Wohl des Bundes Nachteile einbringen‹ hieß es in den Erklärungen des Bundeskanzleramtes für den BND und des Innenministeriums für das BKA.« *[235]*

Das »Wohl des Bundes« steht also auf dem Spiel. Damit aber erst gar keine Zweifel aufkommen, dass die Interessen der Bundes- und der US-Regierung zwei getrennte Paar Schuhe sind, heißt es weiter: »Außerdem hätten die US-Behörden die Verwendung der Protokolle ausdrücklich nicht gestattet.«

Wir kommen zu einer unserer ersten Fragen zurück: Wenn ein Richter seit 1998 Telefonüberwachung genehmigte, müsste die Staatsanwaltschaft bei deren Beantragung erhebliche Verdachtsmomente vorgelegt haben, die diesen Eingriff in die Grundrechte begründen. Warum kann darüber heute keine Auskunft gegeben werden? Gab es vielleicht gar keine richterliche Genehmigung, wurde in Hamburg an aller Gesetzlichkeit vorbei geheimdienstelt? Das kommt immer mal wieder vor, ist zwar einerseits nicht legal, aber andererseits auch nur ein Formfehler, zumal wenn sich, wie in diesem Fall, herausstellt, dass es durchaus gute Gründe für die Überwachung gab. Wie kann, wenn sich deutsche Ermittler korrekt verhalten haben sollten, die Aussage eines Binalshibh »das Wohl des Bundes« beeinträchtigen? Was hat »das Wohl des Bundes« mit Al Qaida zu tun? Und sind wir schon wieder so weit, dass das »Staatswohl« ausreicht, um das Recht zu beugen und Höchststrafen auszusprechen?

Wir vermuten, dass es nicht ein bloßer Formfehler ist, der mit dieser Informationsblockade über eine fehlende richterliche Lauscherlaubnis vertuscht werden soll, sondern ein schweres Zerwürfnis. Kam etwa im Verlauf der Ermittlungen heraus, dass BKA und FBI in Hamburg an Leuten dran waren, die schon auf der Gehaltsliste der CIA standen und nicht erst wie Darkazanli angeworben werden mussten?

Wir haben dafür keine Beweise, aber der Verdacht, dass nicht nur Binalshibh, sondern auch Atta und andere »Hijacker« CIA-Agenten gewesen sind, drängt sich angesichts dieses Verlaufs der Ereignisse einmal mehr auf. So wie Anti-Terrorchef John O'Neill und das FBI dem Al-Qaida-Stützpunkt der Al-Ha das im Jemen auf die Spur gekommen waren und zurückgepfiffen wurden, weil die CIA dort schon lange dran war – so könnten FBI und BKA/Verfassungsschutz auch dem Stützpunkt Marienstraße näher gekommen sein, als es der dort aktiven und fröhlich rekrutierenden CIA recht war.

Nichtermittlungen

»Wunder geschehen nicht im Gegensatz zur Natur, sondern im Gegensatz zu dem, was wir von der Natur wissen«, stellte schon der Heilige Augustinus fest, und wir sind geneigt, diesem erkenntnistheoretischen Ansatz zu folgen. Insofern heißt es, offen zu bleiben, sein Wissen über die Natur jederzeit zu erweitern, sofern eindeutige Beweise für ein Wunder vorliegen. Auch die Beweislage im Fall der Anschläge des 11. 9. offenbart eine Reihe von Merkwürdigkeiten, von denen einige durchaus als Wunder bezeichnet werden können. Weltweit geisterte zum Beispiel die Nachricht durch die Medien, der Pass von Satam Al-Suqami, einem der vermeintlichen Terroristen aus der AA 11, sei einen Block vom WTC entfernt aufgefunden worden. Das derart überlebenstüchtige Dokument wurde freilich nie gezeigt, obwohl das feuerfeste Material doch absolut patentreif wäre – und uns umgehend glauben ließe, das hier keinerlei Wunder stattgefunden hat.

Fabrizierte Beweise

Der zweite, ebenfalls an ein Wunder grenzende Zufall geschah dann in Boston, wo Mohammed Attas Tasche hängen blieb. Sie wurde angeblich nicht in den Anschlussflug umgeladen. So etwas kann passieren, ohne Frage, doch die Funde, die im Gepäck des »Topterroristen« gemacht wurden, lassen uns diesen Zufall dann doch eher im Bereich des Wunderbaren vermuten. *[236]*

Da wurden etwa Teile einer Pilotenuniform gefunden, ein Handbuch für einen Boeing-Simulator, zwei Videobänder von Boeing-Flügen, ein tragbarer Flugcomputer – und, neben einem Testament und handgeschriebenen »Anweisungen«, natürlich auch ein Koran, wie es sich als Wegzehrung für einen ordentlichen Islamisten gehört. Als wunderbar erscheint dieses Sammelsurium deshalb, weil es jeder Logik entbehrt: Atta hatte ein Ticket, was sollte also die Uniform? Er befand sich angeblich auf seiner letzten Mission, wozu das Testament in einem Gepäckstück, das in einem Feuerball hätte enden müssen? Wenn die »spirituellen Anweisungen für den Selbstmordanschlag« (Spiegel) wirklich für den letzten Gang gedacht waren, warum befanden sie sich dann nicht im Handgepäck, sondern in der aufgegebenen Tasche? Weder aus der Sicht des »Attentäters« Atta noch aus irgendeiner anderen Perspektive machen diese Fundstücke in der »zufällig« hängen gebliebenen Tasche irgendeinen Sinn. Sie entbehren wirklich jeder Logik, außer einer einzigen: Es handelt sich hier offensichtlich um einen fabrizierten Beweis, der mit symbolischen Trophäen Uniform, Flughandbücher, Computer, Koran – jenen neuen Terroristentypus profiliert, der mit dem 11. 9. erstmals zu Tage trat: den» islamistischen Terrorpiloten«.

In diese Kategorie der »fabrizierten Beweise« gehören außer jenem Pass, der feuerfester ist als die Stahlsäulen des WTC, und der Reisetasche mit den wunderbaren, alles erklärenden Fundstücken noch weitere Indizien, allen voran die gefälschten Listen von Passagieren und Tätern, denen wir uns bereits ausführlich gewidmet haben. Ähnlich wie bei dem hitzebeständigen Ausweispapier, das kein Mensch gesehen hat, wären wir auch hier durch eine Präsentation von Originalfluglisten ganz leicht zu überzeugen, dass die verdächtigten 19 Hijacker tatsächlich alle an Bord waren. So aber scheint es uns weiterhin ein Wunder, dass viele der 19 nach dem 11. 9. noch lebten und dass sie bis heute als Täter gehandelt werden, obwohl sie zum Tatzeitpunkt nicht einmal in den USA waren. Um dieses Mysterium realistisch erscheinen zu lassen, mussten freilich einige weitere kleine Wunder geschehen: Die nicht vorhandenen Täter mussten auch für die Videokameras an den Flughäfen unsichtbar werden – und bis auf Mohammend Atta, der beim Einchecken auf dem Provinzflughafen Portland aufs Videoband geriet, wurden sie das auch. Nicht weil sie über die magische Fähigkeit des Unsichtbarmachens verfügen sondern weil – oh Wunder – an den internationalen Flughäfen in Boston und Washington angeblich keinerlei Videoaufzeichnungen gemacht werden.

Die Zeit des Vergnügens und der Zeitverschwendung ist vorüber

Wie ernsthafte Ermittlungen mit Beweisstücken umgehen mussten, demonstrierte Robert Fisk, der Nahost-Korrespondent des britischen Independent, am 29. September 2001 in einer Textanalyse der angeblichen Selbstmordanweisung, die in

Attas Gepäck gefunden wurde: »Welcher Muslim würde schreiben: ›Die Zeit des Vergnügens und der Zeitverschwendung ist vorüber‹? Wenn das handgeschriebene fünfseitige Dokument, von dem das FBI behauptet, es sei in dem Gepäck von Mohammed Atta… gefunden worden, echt ist, dann glaubten die Männer, die mehr als 7000 Unschuldige ermordeten, an eine sehr exklusive Version des Islam – oder waren überraschenderweise mit ihrer Religion nicht vertraut…

Das Dokument beginnt mit den Worten: ›Im Namen Allahs, des Gnadenvollsten, des Allergütigsten … Im Namen Allahs, in meinem Namen und im Namen meiner Familie.‹ Das Problem ist, dass kein Muslim – wie ungebildet auch immer – seine Familie in ein solches Gebet einbeziehen würde. Natürlich würde er sich zuerst an Allah und sofort danach an den Propheten Mohammed wenden. Libanesische und Palästinensische Selbstmordattentäter sind bisher nie dafür bekannt gewesen, sich auf ›die Zeit des Vergnügens und der Zeitverschwendung‹ zu beziehen – weil ein wahrer Muslim niemals seine Zeit ›vergeuden‹ und Vergnügen als eine Belohnung im Leben nach dem Tode ansehen würde. Und welcher Muslim würde seine Glaubensbrüder drängen, das Morgengebet zu beten und daraufhin daraus zitieren? Ein wahrer Muslim müsste nicht an seine Pflicht erinnert werden, das erste der fünf Tagesgebete aufzusagen – und müsste gewiss nicht an den Text erinnert werden. Das ist so, als würde es ein Christ, der seine Gefolgsleute zum Gebet des Vaterunsers drängte, für nötig halten, das gesamte Gebet zu rezitieren für den Fall, dass sie sich nicht mehr daran erinnern.«

Fisk macht klar, dass es sich hier nicht um eine strenge Glaubensvariante a la Osama handelt, sondern um Widersprüche des Textes zum ganz normalen islamischen Grundkanon. Er erinnert daran, dass CIA-Übersetzer sich oft als libanesische Maronitische Christen herausstellten, deren Verständnis des Islam und seiner Gebete so manches Mal zu ernsthaften Textirrtümern geführt hat. So baut Fisk sogar noch eine Brücke zwischen offensichtlich falschem Beweis und der offiziellen Theorie.

Wie auch immer: Das angebliche Bekennerschreiben Attas scheint uns ein interessantes Dokument für die bewusste Einbringung gefälschter Beweise zu sein.

http://www.independent.co.uk/story.jsp?story=96697

In diese Rubrik der fabrizierten Beweise gehören nach unserer Meinung auch die Telefonate aus den Flugzeugen, wobei wir, wie oben ausführlich dargelegt, gar nicht bestreiten, dass es sie gegeben hat, sondern nur auf die eklatanten Widersprüche und Ungereimtheiten verweisen, die sich aus den der Öffentlichkeit zugänglich gemachten Gesprächen ergeben. So lange der komplette Funkverkehr zwischen den entführten Maschinen und der Bodenkontrolle als Staatsgeheimnis versiegelt bleibt, sind diese Telefonate bzw. das, was davon an die Öffentlichkeit gelangt ist, die einzigen Zeugnisse über das Geschehen an Bord der Maschinen. Sie sind, wie wir unter anderem am Fall von Bushs Kronanwalt Olson zeigen konnten, äußerst dubios, gleichwohl aber zentral für die offizielle Version des Tatablaufs. Anhand der Handyrechnungen bzw. der Kreditkartenabbuchungen durch das Bordtelefon ließen sich die Zweifel an diesen Telefonaten sehr leicht ausräumen, ebenso wie durch die Veröffentlichung der Mitschnitte jener Gespräche, die auf Band aufgezeichnet wurden.

Unterdrückte Beweise

In dieser Indizienkategorie geht es nicht um Zeugenaussagen oder logische Schlussfolgerungen, sondern um handfeste Fakten, die sowohl durch ihre »Augenscheinlichkeit« als auch durch ihre Überprüfbarkeit über nahezu jeden Zweifel erhaben sind. »Nahezu« deshalb, weil auch derartige materielle Beweise – Fotos, Videos, Stimmen auf Tonbändern – mit gehörigem Aufwand fälschbar sind. Darüber müssen dann Spezialisten befinden. Die können, wenn sie eine Fälschung nachweisen, damit zwar nicht die Wahrheit, aber doch immerhin die Tatsache offenbaren, dass da gefälscht wurde. Andersherum: Der Wahrheitsgehalt eines Beweismittels lässt sich so lange nicht überprüfen, wie es unter Verschluss gehalten wird. Und als »Verschlusssache« gelten nach dem 11. 9. viele Indizien. Mit unserer kleinen Übersicht dessen, was der Öffentlichkeit alles vorenthalten wird, beanspruchen wir keine Vollständigkeit:

- die Fingerabdrücke aller Hijacker auf ihren Bordkarten und damit ihre eindeutige Identifizierung,
- der ganze Funkverkehr zwischen den Bodenstationen und den vier Flugzeugen,
- die kompletten Aufnahmen der aus den Trümmern der AA 77 und UA 93 geborgenen Cockpit Voice Recorder (CVR),
- die ebenfalls geborgenen Daten der Flug-Daten-Recorder (FDR) dieser beiden Maschinen,
- die Identifizierung der Hijacker durch Genproben der Leichen oder Leichenteile aus der AA 77 und UA 93,
- Lageskizzen dieser Leichen (im Pilotensitz oder hinten angeschnallt),
- Hand- oder auch nur Unterschriften der vermeintlichen Attentäter auf allen möglichen Buchungsbelegen,

- Radaraufzeichnungen der Flugwege aller Maschinen mit Zeitangaben (darauf müssten auch begleitende Flugzeuge zu sehen sein),
- Video- oder Fotoaufnahmen aus der Falcon Fairchild von Netjet, die die UA 93 begleitete, bzw. telefonische Zeugnisse der Passagiere und Piloten aus der abgestürzten Boeing, die die Falcon vor dem Absturz noch gesehen haben müssen,
- Einsatzpläne auf den Air Force Bases Andrews, Otis und Langley: Wer tat am 11. 9. Dienst, welche Maschinen waren im QRA-Status?

Verschwundene Beweise

Anhand dieser harten, materiellen Beweise, die jeder Dorfpolizist oder Provinzstaatsanwalt zur Rekonstruktion der Tat umgehend ermitteln und sichern würde, ließe sich der Fall, wenn nicht restlos, so doch ziemlich weitgehend aufklären. Doch was lesen wir im April 2002 in der Los Angeles Times: »Die weltweite Suche hat absolut gar nichts an harten Beweisen über die Planungen der Terroristen erbracht… Dieser ernüchternde Schluss unterstreicht die Gewandtheit und Raffinesse des Terroristennetzwerks Al Qaida, seine Aktivitäten zu verbergen.« *[237]*

Auf gut Deutsch gesagt: Dass es bis heute nicht den Hauch eines Beweises für die Täter und Hintermänner des 11. September gibt, ist gerade der Beweis für die Gewitztheit der Al-Qaida-Bande! Mit ähnlich irrsinnigen Umkehrschlüssen haben zwar schon die Dämonologen des Mittelalters die Anwesenheit des Teufels bewiesen, doch die Bush-Regierung – in ihrer Kreuzzugsmentalität dieser

Epoche ohnedies tief verhaftet – lässt sich von dieser Methode auch durch die schreiendsten Widersprüche nicht abbringen.

Polizei ist hierzulande Ländersache. So steht es in der Verfassung – und stimmt doch nur bedingt. Wir haben ein Bundeskriminalamt, Europol, Interpol und einige Instanzen mehr, die in die Autonomie der Länderpolizei eingreifen. Dafür gibt es wiederum Regularien, um es in der Regel am Tatort nicht zu Rangeleien kommen zu lassen. So etwa sollte es auch in den USA sein: Das FBI übernimmt einen Fall, und der Ortssheriff hat eine Sorge weniger. Und dennoch blieb rund um den 11. 9. so manchen Gesetzeshütern schlicht die Spucke weg. So wie in Venice einfach alles an Beweismaterial aus den Flugschulen in einer Transportmaschine mit Jeb Bush auf Nimmerwiedersehen verschwand, ging es auch an anderen Tatorten zu.

Die Renovierungsarbeiten am Pentagon wurden bereits am 15. September an die Firma AMEC vergeben. Wir erinnern uns: Es handelt sich um die Firma, deren Subunternehmen Controlled Demolition auch den WTC-Schutt beiseite räumte. Zu diesem Zeitpunkt war zwar das Feuer gelöscht, aber vermutlich waren noch nicht einmal alle Leichen geborgen. Bekanntlich wurde das Trümmergelände des WTC abgesperrt, die Feuerwehrleute suchten noch eine Zeit lang nach Überlebenden, aber schon parallel dazu begann der Abriss – was zu wütenden Protesten der Fireworker führte, die um ihre verschütteten Kollegen bangten. Alle Trümmer gelangten zunächst auf eine Deponie in der Nähe der Stadt und wurden dann an langen Fließbändern auf Leichenteile, Wertsachen usw. untersucht. Der Schutt und das Eisen wanderten augenblicklich danach in die Wiederverwertung. Die Stahlträger sind längst eingeschmolzen. Was so sinnvoll klingt, hat zumindest einen Haken. Sämtliche Beweismittel sind auf diese Weise vernichtet worden. Die Frage, ob es im WTC zusätzliche Explosionen gegeben hat, kann so nicht mehr anhand von Spuren an den Eisenträgern geklärt, chemische Untersuchungen des Bauschutts über die Hitzegrade und auf eventuelle Sprengstoffspuren können nicht mehr durchgeführt werden.

Zusätzliche Explosionen? Die merkwürdige Art, in der beide WTC-Türme einstürzten – so schnell, so präzise in sich zusammen, nicht kippend –, hat die wüstesten Spekulationen auf den Plan gerufen. Die meisten von ihnen lassen sich mit sachlichen Argumenten ausräumen. Vor allem die »architektonische« Erklärung – die besondere, »hängende« Bauweise der WTC-Türme – könnte eigentlich fast alles abdecken, was geschah und bezeugt ist. Fast. Denn es gab Feuer nicht nur in den oberen, kerosingetränkten Stockwerken, sondern auch tiefer. Ein Journalist, der sich aus dem Erdgeschoss der brennenden Gebäude retten konnte, sprach von »Explosionen«, die er hörte. Auch das lässt sich sachlich erklären. Kerosin kann durch die Fahrstuhl- und anderen Schächte weit nach unten gelangt sein – brennend oder später erst entzündet. Betonplatten, die ersten zumindest, die zunächst nur sukzessive ins jeweils darunter liegende Stockwerk krachten (während äußerlich die WTC-Türme noch standen), dürften sich wie »Explosionen« angehört haben.

Berechtigte Fragen ließen sich also eigentlich ganz unaufgeregt beantworten, aber wegen der Beweisvernichtung hängt nun auch die plausibelste Antwort in der Luft, bleibt bloße Behauptung und ist nicht dazu angetan, alle Mutmaßungen und Verdächtigungen aus der Welt zu schaffen. Wir jedenfalls hangen den im Internet zirkulierenden »Sprengungstheorien« nicht an, weil sie uns unlogisch erscheinen: Wenn die Verschwörer das WTC einfach in die Luft hätten jagen können, warum dann die ganze Flugzeugnummer? Dennoch: Wie können wir als »externe« Journalisten scharfe Trennlinien zu Spekulationen ziehen, wenn alle Beweismöglichkeiten aus dem Verkehr gezogen worden sind, anhand derer sich diese Spekulationen widerlegen ließen?

Festzuhalten ist jedenfalls eine unglaubliche Hektik der Katastrophenbewältigung – als ob es irgendetwas ausgemacht hätte, den sortierten Schutt noch zwei Jährchen irgendwo zu lagern. So klein sind die USA doch nicht, als dass es dort an Platz fehlte. Ein weiterer Tatort, an dem es ziemlich eilig zuging, ist Shanksville, wo die UA 93 in den weichen Waldboden rammte. Der Coroner vor Ort konnte sich nicht durchsetzen mit seinem Ansinnen nach der üblichen foto- und kartografischen Beweissicherung. *[238]* Man wisse doch längst alles über den Hergang, wurde ihm von den FBI-Beamten erklärt. Dieses »Nicht-so-genau-wissen-Wollen«, die Vermeidung intensiver kriminaltechnischer Recherchen, scheint den gesamten Fall wie einen roten Faden zu durchziehen. Man könnte ja womöglich der Aufklärung näher kommen.

Blockierte Ermittlungen

In Phoenix gab es einige aufgeweckte FBI-Ermittler, denen schon im Sommer 2001 einige Araber äußerst spanisch vorgekommen waren. Das Memo, das sie dazu verfassten, war sehr spezifiziert – es nannte Namen, es schlug Observationen, Durchsuchungen, Verhöre vor … *[239]* Wir haben es also, durchaus nicht mit obskuren, allgemein gehaltenen Hinweisen aus den eigenen Reihen oder von fremden Geheimdiensten zu tun – dennoch wurden die weiteren Ermittlungen von der FBI-Zentrale abgeblockt. Am deutlichsten wurde das bei der FBI-Agentin Coleen Rowley, die keine Durchsuchungserlaubnis zwecks Einsicht in die Wohnung und die PC-Festplatte von Zaccarias Moussaoui erhielt, der immerhin als »20. Attentäter« gilt und schon im August festgenommen worden war. Der Fall Rowley erregte einiges Aufsehen, da sie sich nach dem 11. 9. öffentlich über die Steine beschwerte, die die FBI-Zentrale ihr vor dem 11. 9. in den Weg gelegt hatte. Zum einen wurde Coleen Rowley für ihre Enthüllungen über die »Schlampereien« des FBI vom Time Magazine zur »Person of the Year« gekürt *[240]*, und zum anderen war am 22. Dezember 2002 in der Star Tribune aus Minneapolis zu lesen, wie es Spike Bowman als dem zuständigen Vorgesetzten erging, der alle Informationen und Aktivitäten von Frau Rowley in der FBI-Zentrale abgeblockt hatte: »Der Star Tribune-Reporter Greg Gordon berichtete letzte Woche von einer stillen kleinen Zeremonie am Monatsanfang, bei der Spike Bowman als einer von neun Mitarbeitern des FBI einen Preis für ›außergewöhnliche Leistungen‹ erhielt. Der Preis bedeutet einen Bonus von 20 bis 35 Prozent des Jahresgehalts und ein gerahmtes, vom Präsidenten unterzeichnetes Zertifikat.« *[241]*

Ginge es mit rechten Dingen zu, hätte es wohl genau umgekehrt laufen müssen: Die pflichtbewusste FBI-Beamtin wird diskret mit der präsidialen Urkunde und einer saftigen Gehaltserhöhung belohnt – und ihr verantwortungsloser Chef auf das Time-Cover gehievt, als »Versager des Jahres«.

Der Fall Hopkins

Erinnern Sie sich noch an Adnan Bukhari, dessen »Fall« wir weiter oben aufgegriffen haben? Das ist jener Pilot, der ursprünglich als einer der Attentäter ausgegeben, dann aber von einem Möbelhändler nach dem 11. 9. so überzeugend als Lebender bezeugt wurde, dass das FBI ihn von der Liste streichen musste. Dieser Bukhari hat noch einen Monat später, obwohl er gar nichts dafür konnte, zu weiteren Verwicklungen beigetragen.

»Das US Office of Special Counsel (OSC) gab heute bekannt, dass das Merit Systems Protection Board (MSPB) der Petition des OSC stattgab, Herrn James P. Hopkins die Rückkehr an seinen Arbeitsplatz ... bei der FAA in Washington zu ermöglichen. Das OSC setzte sich, nachdem es die Klage Hopkins‹ gegen seine Kündigung ... geprüft hatte, für seinen Verbleib ein. Diese Prüfung ergab hinreichende Gründe zu der Vermutung, Herr Hopkins sei entlassen worden, weil er seine Vorgesetzten und das FBI in Bezug auf seine begründete Annahme alarmierte, es könne eine Verbindung geben zwischen einem der Hijacker, die in die Terrorangriffe des 11. 9. verwickelt waren, und einer Person, die an einem Luftfahrts-Sicherheitstraining der FAA-Akademie teilgenommen hatte.«

Was so verklausuliert daherkommt, ist einer der vielen kleinen Skandale rund um die Nichtermittlungen des 11. 9. Eine Bundesbehörde, die Beschwerdeinstanz OSe, hatte es unter Berufung auf Spezialregelungen für Kronzeugen und Hinweisgeber geschafft, einem James Hopkins seinen Arbeitsplatz wieder zu verschaffen. Was war passiert? Hopkins, ein ehemaliger Offizier der US-Navy mit 20-jähriger Dienstzeit, war im Mai 2001 als Spezialist für internationalen Luftverkehr zur FAA gewechselt. Als Navy-Offizier arbeitete er in der Defense Intelligence Agency (DIA), dem Militärgeheimdienst, und hatte sich dort mehrere Orden verdient. Zwei Tage nach dem 11. 9. las er in der Washington Post über Atta und Bukhari, über die das FBI nach Informationen suche und dass sie in den USA ein Flugtraining absolviert hätten. Hopkins ging flugs an den Computer und durchsuchte die International-Training-Program Datenbank der FAA, die die Namen und Nationalitäten der Teilnehmer an der FAA-Akademie in Oklahoma City beinhaltet. »Atta« ergab keinen Treffer, aber »Bukhari« schon, weil der 1991 und 1998 in der Akademie eingeschrieben war.

Als Hopkins mit dieser Information bei seinen Vorgesetzten vorstellig wurde, fing er sich zum einen den Rüffel ein, er solle sich um seine eigenen Sachen kümmern, und zum anderen das explizite Verbot, damit zum FAA-Sicherheitsdienst zu gehen. Unter Berufung auf seinen Eid zum Schutz des Vaterlands informierte Hopkins jedoch das FBI, woraufhin er noch am selben Tag gefeuert und vor die Tür gesetzt wurde. Das FBI war zu jener Zeit schon mit der Vernehmung Bukharis beschäftigt.

Der FAA-Vorgesetzte berief sich auf die Probezeit Hopkins‹ und reichte die schriftliche Kündigung nach, wandelte diese dann nach der Einschaltung des Case in eine Beurlaubung um und musste schließlich die Wiedereinsetzung Hopkins in den Job hinnehmen.

Im Klartext: FAA-Beamte waren nicht daran interessiert, dass das FBI oder auch nur der eigene Sicherheitsdienst über einen hochbedeutsamen (wenn auch sachlich falschen) Sachverhalt informiert wurden. Wussten sie etwa an diesem 13. 9. schon, dass Bukhari die AA 11 gar nicht entführt hatte? Wenn ja, woher? Oder wussten sie gar nichts? Weshalb aber wollten sie dann einen möglichen Verdacht unter den Teppich kehren? Hatten sie vielleicht eine dumpfe Ahnung, dass da am 11. 9. etwas oberfaul und die eigene Behörde darin verwickelt war?

http://www.osc.gov/documents/press/2001/pr01/15.htm

Nicht mehr beim FBI arbeitet mittlerweile Sibel Edmonds, wie die Washington Post am 19. Juni 2002 berichtete. Die 32-Jährige wurde im März 2002 gefeuert. Zwar war sie erst im September in der Übersetzungsabteilung eingestellt worden, aber es war ihr sofort etwas aufgefallen, was sie (anscheinend mit zu viel Nachdruck) »nach oben« gemeldet hatte: »In einem Interview sagte sie, sie sei besonders alarmiert gewesen, als sie von einer gerade angestellten FBI-Übersetzerin erfuhr, diese selbst gehöre zu der arabischen Organisation, deren mitgeschnittene Gespräche sie für die FBI-Gegenspionageagenten übersetzt habe. Vorgesetzte verfügten dann, dass der Name dieser beobachteten Gruppe aus Gründen der nationalen Sicherheit nicht enthüllt werden solle.« *[242]*

Zwei weitere »Whistleblower« des FBI, der Ermittler Robert Wright und sein Kollege John Vincent, berichteten gegenüber ABC-News, man habe ihnen, als sie Mitte der 90er Jahre eine Chicago Connection zu Osama Bin Laden untersuchen wollten, gesagt: »Schlafende Hunde soll man nicht wecken.« Dazu ABC am 19. Dezember 2002: »Im Jahr 1998 zerbombten Al-Qaida-Terroristen zwei amerikanische Botschaftsgebäude in Afrika. Die Agenten sagten, ein Teil des Geldes für die Angriffe habe zu den Leuten zurückgeführt, an denen sie in Chicago dran waren, und zu einem mächtigen saudi-arabischen Geschäftsmann, Yassin Al-Kadi. Al-Kadi ist einer von zwölf saudischen Geschäftsleuten, die verdächtigt werden, Millionen von Dollars an Al Qaida zu leiten, und die weitreichende geschäftliche und finanzielle Beziehungen in Chicago haben. Nun, selbst noch nach den Bomben, so Wright, wollte das FBI-Hauptquartier keine Festnahmen … Wright sagte, dass er von seinem Vorgesetzten gestoppt wurde, als er darauf drängte, intensive Ermittlungen zu starten. ›Wissen Sie, was seine Antwort war?

Ich denke, schlafende Hunde soll man nicht wecken!‹, so Wright, ›aber diese Hunde schliefen nicht, sie trainierten und bereiteten sich vor.‹« *[243]*

Die Geschichte ähnelt stark der von O'Neill, und sie steht wahrlich nicht allein. *[244]* Aber bevor wir uns in der Vielzahl der Fälle verlieren, nur noch ein Hinweis darauf, dass nicht nur beim FBI wie sauer Bier angebotenes Wissen über Bin Laden unerwünscht war auch die Geheimdienste auf beiden Seiten des Atlantiks hatten sich, wie der Londoner Observer Ende September 2001 enthüllte, jahrelang gesperrt, Detailinformationen über Bin Ladens Organisation auch nur zur Kenntnis zu nehmen. Der Observer schreibt über das Desinteresse der Geheimdienste in London und Washington: »Ihnen wurden dicke Akten angeboten mit Fotografien und detaillierten Biographien von vielen seiner Topleute sowie aktuelle Informationen über die finanziellen Engagements von Al Qaida in vielen Teilen des Globus … Keines dieser Angebote, regelmäßig seit Anfang 1995 offeriert, wurde angenommen.« *[245]*

Was war da los, wie erklärt sich die eigentümliche Zurückhaltung der Ermittlungsbehörden und Geheimdienste schon im Vorfeld des 11. 9.?

Nach den Anschlägen gab George W. Bush in seiner Rede vor der UN-Vollversammlung die offizielle Richtung des Schuldvorwurfs vor: »Wir müssen die Wahrheit über den Terror aussprechen. Lasst uns niemals frevelhafte Verschwörungstheorien im Zusammenhang mit den Anschlägen des 11. September tolerieren, böswillige Lügen, die bezwecken, die Schuld von den Terroristen selbst abzulenken, weg von den Schuldigen.« *[246]* Die »wahren« Schuldigen standen damit am Pranger – daran durfte nicht mehr gerüttelt werden, daran müssen sich seitdem alle Ermittlungen ausrichten.

Dabei hatten die Ermittlungen genau genommen schon lange vor dem 11. 9. begonnen, als FBI-Leute alle möglichen Verdachtsmomente und verdächtigen Figuren fein säuberlich notierten und sich so ihre Gedanken machten. Doch mehr als beobachten durften sie nicht, regelrechte Fahndungen oder gar Zugriffe waren unerwünscht und wurden von ihren Vorgesetzten abgeblockt. So hatten in jener Zeit, also weit im Vorfeld der Anschläge, auch die Nichtermittlungen schon begonnen, auch wenn nun offiziell davon keiner etwas wissen will. In der Mainstream-Presse heißt es bis heute vielmehr begütigend: »Wir konnten die Informationen nicht zusammenbringen«, »wir haben die Warnungen nicht ernst genommen«, »die Hinweise waren zu allgemein«, »es sind Fehler passiert«, »CIA und FBI haben sich auf fatale Weise blockiert« usw.

Dieser Wust an Entschuldigungen ist seitens der Skeptiker des 11. 9. als »Inkompetenztheorie« bezeichnet worden. Sehr treffend, wie wir finden. Zum einen, weil man wirklich alle absonderlichen Begebenheiten auf die Begründung »Inkompetenz und Schlamperei« hinauslaufen lassen kann, und zum anderen, weil es sich bei dieser Inkompetenztheorie tatsächlich um reine, von keinerlei Fakten gedeckte »Theorie« handelt, die uns auf eine schlichte Vertuschungslüge hinauszulaufen scheint.

Wie diese inszeniert wird, zeigt etwa folgende Meldung aus der St. Petersburg Times, die im September 2002, ein Jahr nach den Ereignissen, darüber berichtet, wie FBI-Agenten nicht nur über Verdächtiges stolperten, sondern sogar angeblich mit der Hase drauf gestoßen wurden:

»Im April 2000 marschierte ein Mann in das FBI-Regionalbüro in Newark und legte ein außerordentliches Bekenntnis ab. Einem Bericht des Kongressausschusses zufolge, der die Angriffe des 11. September untersucht, sagte er, er sei in einen Plan von Osama Bin Laden verwickelt, eine Boeing 747 zu entführen. Er offenbarte den Agenten, in einem Trainingscamp in Pakistan Entführungstechniken gelernt und in den Vereinigten Staaten fünf oder sechs weitere Entführer getroffen zu haben, die eine Flugzeugbesatzung in ihre Gewalt bringen wollten.« *[247]*

Diese Angaben, heißt es, habe man für »zu vage« befunden. Das nimmt wunder. Man mag ja diese Selbstbezichtigung als »unwahrscheinlich« abtun (warum beichtet der Mann das überhaupt?), aber sie war doch so handfest, dass sie zu den schönsten Ermittlungshoffnungen berechtigte, und hätte, mit einem solch geständigen Kronzeugen im Gepäck, leicht überprüft werden können. Was denkt sich der geneigte Leser, wenn er dergleichen in seiner Morgenzeitung liest? In zweiter Linie: Das FBI ist doch zu blöd, lässt den Mann laufen und schreibt nicht mal seinen Namen auf. Aber in erster Linie: Aha, Osama war's!

Das ist ein typisches Beispiel für die Politik der Nichtermittlung und für die Inkompetenztheorie: Man zieht über die eigenen Ermittlungsbehörden her – oder auch aus deren Perspektive: man lässt sich beschimpfen – und schlägt zugleich die Pflöcke des öffentlichen Bewusstseins ein. So wie man die Bürokraten der FBI-Zentrale indirekt attackiert, indem man die pflichtbewusste Beamtin Coleen Rowley öffentlich feiert – und ihren nichtermittelnden Chef still und heimlich befördert.

Wenn vom FBI und seinen Nichtermittlungen die Rede ist, heißt das natürlich nicht, dass die Bundespolizisten nur Däumchen drehten. Nein, in ihrer überwiegenden Mehrheit sind das ehrliche, wahrheitsliebende Ermittler, die auf den unteren Ebenen ihrer Aufgabe nachkamen und die Beweissicherung übernahmen. Sie fanden dann die alles »beweisenden« Elefantenspuren. In den Führungsebenen des FB! jedoch saßen und sitzen Leute, die – ob nun vor offiziellen Gremien oder in jedes hingehaltene Mikrofon schon in der ersten Woche nach dem 11. 9. ihre irreführenden bis falschen Statements abgaben. Hier wurde der Grundstein der »not connecting the dots«-Legende gelegt. Man hätte zwar einiges gewusst und auch einige Vorwarnungen gehabt, aber leider, leider zwei und zwei nicht zusammenzählen können.

Das Elend der Ausschüsse

Kritische Teile der US-Öffentlichkeit und Medien waren mit diesen Ergebnissen keineswegs zufrieden. Insbesondere die Verbände der Angehörigen der Opfer des 11. September forderten Aufklärung zunächst durch Senatsermittlungen und dann durch einen unabhängigen Untersuchungsausschuss. *[248]* Kirsten Breitwieser, die ihren Mann im WTC verloren hatte, hielt vor dem Kongressuntersuchungsausschuss eine bewegende Rede: »Ich verlange eine unabhängige Untersuchung der 24 Stunden des 11. September. Ich will wissen, warum bestimmte Dinge schiefgingen. Ich möchte wissen, warum mein Mann (nach dem Einschlag im ersten Tower) an seinen Schreibtisch zurückgerufen wurde – wo doch die FAA am Montag in einer Pressekonferenz mitteilt, dass die Fluglotsen quälende elf Minuten zum Nachdenken über ein Flugzeug brauchten, das ohne Funkkontakt auf das Gebäude meines Mannes zuraste. Elf Minuten – im Expresslift in Turm zwei hätten sie meinem Mann das Leben gerettet.« *[249]*

Auch Stephen Push, der seine Frau in der Pentagonmaschine verlor, traute seinen Augen nicht, als er am 16.

September 2001 in der Zeitung las, dass Präsident Bush das CIA-Hauptquartier besucht und für seine Arbeit belobigt hatte: »Ich setze viel Vertrauen in die CIA, und Amerika sollte es auch.« Ausgerechnet die CIA, deren totales Versagen fünf Tage zuvor Tausende Menschen das Leben gekostet hatte! Seitdem ist aus dem vermögenden Bush-Wähler Stephen Push ein hartnäckiger Gegenspieler der Regierung geworden, der mit Akribie eigene Ermittlungen betreibt. Da er im Hamburger Motassadeq-Prozess als Nebenkläger auftrat, waren ihm Akten zugänglich, bei deren Studium es ihm immer wieder die Sprache verschlug. So fand er zum Beispiel ein schriftliches Memo der Flugsicherung FAA vom 11. 9., nach dem in der UA 175 ein Passagier erschossen worden war – fünf Minuten, bevor die Maschine in den Nordturm des WTC einschlug. Die Fluggesellschaft wie die Regierung behaupten aber, das Memo sei aufgrund eines »Missverständnisses« zustande gekommen, die Täter hätten nur Teppichmesser dabei gehabt. Wegen der Genauigkeit der Angaben – ausdrücklich wird der Sitz 9B des erschossenen Passagiers genannt bleibt Push allerdings misstrauisch und vermutet einen Vertuschungsversuch. *[250]*

Schon angesichts eines kleinen Details wie diesem wird verständlich, warum Bush und Cheney Ende Januar 2002 begannen, dem geplanten Untersuchungsausschuss des Kongresses Daumenschrauben anzulegen. Oppositionsführer Tom Daschle wurde massiv unter Druck gesetzt. Der Vizepräsident rief bei ihm an und behauptete, durch eine allzu intensive Untersuchung des Verbrechens würden Kräfte gebunden auf die man im Kampf gegen den Terror dringend angewiesen sei. Im Kongress donnerte Cheney, dass jede Untersuchung »reißerische und maßlose Einlassungen vermeiden« müsse, derlei sei »völlig unverantwortlich und den nationalen Führern in Zeiten des Krieges absolut nicht zumutbar«. [251]

So dann beraumte Bush persönlich ein Treffen mit den Wortführern im Kongress an: »Er bat darum, dass sich nur die Geheimdienstkomittees beider Häuser mit dem möglichen Versagen der Bundesbehörden befassen sollten, das gegebenenfalls dazu beigetragen hatte, die Terrorangriffe stattfinden zu lassen, und dass es keine breitere Untersuchung geben sollte, wie sie von einigen Abgeordneten vorgeschlagen worden war.« [252]

So wurde der Geltungsbereich der Untersuchung von vornherein auf einige wenige Personen und Fragestellungen eingegrenzt. Die Demokraten, die sich aus lauter Angst vor dem Vorwurf, nicht patriotisch genug zu sein, kaum zu rühren wagten, fragten sich, diesem CNN-Artikel zufolge, nur »insgeheim …, warum das Weiße Haus eine weiter angelegte Ermittlung fürchte, mit der die Schuldfrage geklärt werden solle«.

Die beiden Demokraten, die so ziemlich als Einzige auch laut gefragt hatten, sind mittlerweile nicht mehr im Kongress: Cynthia McKinney, die öffentlich wissen wollte, was denn der Präsident schon vorab gewusst hatte [253], büßte ihr Abgeordnetenmandat ein, und Senator Paul Wellstone, einer der kämpferischsten Antibushisten überhaupt, stürzte zufällig mit seinem Flugzeug ab.

Dass bei den Untersuchungen des Kongresses nichts herauskommen sollte, war Ende Januar 2002 somit festgeklopft und wurde zum Jahresende von Mitgliedern des Ausschusses bestätigt. Am 11. Dezember 2002 interviewte der unseren öffentlich-rechtlichen Programmen vergleichbare amerikanische TV -Sender PBS in seiner »Newshour« zwei US-Senatoren, den Republikaner Richard Shelby und den Demokraten Bob Graham, die an der Kongressuntersuchung beteiligt waren. Auf die Frage, ob in dem Untersuchungsbericht Erkenntnisse zur Sprache kämen, die eigentlich öffentlich gemacht werden sollten, aber geheim gehalten würden, antwortete Bob Graham: »Ja, und um gleich auf Ihre Frage zurückzukommen, was die größte Überraschung war: Ich stimme mit Senator Shelby überein, dass das Ausmaß, in dem die Dienste sich nicht miteinander abstimmten, sicher eine Überraschung war. Aber ebenso war ich von den Beweisen überrascht, dass fremde Regierungen daran beteiligt waren, zumindest einigen der Terroristen ihre Aktivitäten in den USA zu ermöglichen.

Ich bin fassungslos, dass wir der Frage nicht entschiedener nachgegangen sind, ob andere Terroristen in ähnlicher Weise unterstützt worden sind und, noch wichtiger, ob es eine solche Infrastruktur, mit der eine fremde Regierung Terroristen unterstützt, auch für die derzeitige Generation von Terroristen noch gibt, die hier die nächsten Anschläge planen. Für mich ist das ein extrem wichtiges Thema, und die meisten dieser Informationen sind geheim, ich denke: über-geheim. Ich glaube, die amerikanischen Bürger sollten das Ausmaß der Herausforderung kennen, der wir durch die Beteiligung fremder Regierungen gegenüberstehen. Das würde die Regierung zum Handeln motivieren.

PBS: Bedeutet das, dass Sie davon überzeugt sind, dass ein staatlicher Sponsor hinter dem 11. 9. steht?

GRAHAM: Ich denke, dass es zwingende Beweise gibt, dass zumindest einige der Terroristen von einer fremden Regierung unterstützt wurden, nicht nur bei der Finanzierung, obwohl die dazu gehört; und dass wir unserer Pflicht nicht nachgekommen sind, das weiter zu verfolgen, an der Sache dran zu bleiben oder aber Beweise dafür zu finden, dass das nicht stimmt, so dass wir nach anderen Ursachen dafür suchen müssen, warum die Terroristen in der Lage waren, innerhalb der USA so effektiv zu funktionieren.

PBS: Denken Sie, dass es jemals öffentlich werden wird, welche Länder Sie damit meinen?

GRAHAM: Es wird öffentlich werden, und zwar dann, wenn es den Archiven übergeben wird, aber das ist in 20 oder 30 Jahren. Doch wir brauchen diese Informationen jetzt, denn sie sind relevant für die Bedrohung, der die Bürger der USA heute gegenüberstehen.« *[254]*

Na also. Jetzt wissen wir zwar immer noch nicht, wie die Hintermänner der Anschläge des 11. 9. heißen, aber ganz sachte hellt sich die Szene auf. Da gibt es diverse US-Geheimdienste, die »sich nicht miteinander abstimmten« (die also ganz klandestin ihr jeweils eigenes Terror- oder Anti-Terror-Süppchen kochten), sowie irgendwelche »fremden Regierungen«, die mit Finanzhilfen und dubiosen Infrastrukturen aufwarteten (die also ihre Süppchen von »islamistischen« Tätern auf amerikanischem Boden kochen ließen). Somit können wir uns getrost von allen Verschwörungstheorien verabschieden, weil wir es ganz offensichtlich mit einer Verschwörungstatsache zu tun haben – mit dem Faktum einer Verschwörung, die zumindest teilweise auch aufgedeckt worden ist, deren Beweise aber aus Gründen »nationaler Sicherheit« unter Verschluss bleiben, weshalb sie tunlichst nicht weiter verfolgt werden. Deshalb macht es wohl auch wenig Sinn, Senator Graham danach zu fragen, was er denn am Tag vor den Anschlägen mit dem Chef des pakistanischen ISI, General Ahmed, zu besprechen hatte – und ob es sich bei der Regierung in Islamabad um eine jener »fremden Regierungen« handelt, die er meint, aber nicht nennt.

Nicht zuletzt durch den Druck von Opfer angehörigen wie Stephen Push, die über Zivilprozesse und öffentliche Kampagnen auf eine ernsthafte Ermittlung drängten, sah sich die Bush Regierung im Dezember 2002 genötigt, neben dem gedeckelten Ausschuss des Kongresses doch noch einen »unabhängigen« Untersuchungsausschuss einzurichten. Dass als dessen Chairman dann ausgerechnet Henry Kissinger auserkoren wurde, war dicker aufgetragen, als es sich der Autor noch der billigsten Geheimdienstklamotte ausdenken würde. Zur Erinnerung: Kissinger war nicht einfach nur Sicherheitsberater und Außenminister, sondern er war es auch, der den Vietnamkrieg so lange am Kochen hielt, wie Richard Nixon es brauchte, um als Präsident wiedergewählt zu werden. Und er ist der einzige Friedensnobelpreisträger, der es geschafft hat, sich eine Anklage wegen Kriegsverbrechen an den Hals zu ziehen – oder umgekehrt: der einzige Angeklagte in Sachen Kriegsverbrechen, der je einen Friedensnobelpreis bekommen hat. *[255]*

Im Sinne einer höheren Gerechtigkeit scheiterte Old Henrys Berufung allerdings an seinen eigenen Geschäftsinteressen: Bei Antritt des Amts hätte er unter anderem die Nahost-Klienten seiner internationalen Beratungsfirma offenlegen müssen und verlangte eine Ausnahme von diesem »Reinheitsgebot«. Dies lehnte der Kongress trotz starken Drucks aus dem Weißen Haus ab, und so musste sich der Präsident auf die Suche nach einem neuen »unabhängigen« Chefermittler machen. *[256]* Immerhin hatte das für Bush den Vorteil, dass er sich an einem Interessensumpf vorbeimogeln konnte, dessen Konturen sich bislang nur vage abzeichnen. Denn Old Henrys Firma Kissinger Associates Inc. hatte einen Beratungsvertrag mit der United Oil of California, besser bekannt als Unocal. Und Unocal verhandelte heftig mit der damals noch amtierenden Talibanregierung über ein Pipelineprojekt: »Eine Quelle aus dem FBI äußerte gegenüber dem Enquirer: ›Enron und Unocal haben Hunderte von Millionen Dollar in Afghanistan und bei den Taliban versenkt. Die Pipeline würde unsere Abhängigkeit von Saudi-Arabien mindern – und Enron würde Milliarden machen.‹« *[257]* Auch im Nachkriegsafghanistan ist Unocal übrigens prominent vertreten: Zalmay Khalilzad, der derzeitige US-Botschafter in Kabul, war früher ein Topmanager des Konzerns.

Kurze Zeit darauf hatte Bush einen Nachfolger gefunden – und es kam noch toller: Thomas Kean hieß der Auserwählte, ein ehemaliger Gouverneur von New Jersey, der zwar als »moderater Republikaner« gilt, aber im bürgerlichen Erwerbsleben Direktor und Großaktionär der Amereda Hess Corporation ist. Diese Firma betreibt ein auf den Cayman Islands angesiedeltes Joint Venture mit der saudischen Delta-Oil, das sich der Förderung der Ölvorkommen in der kaspischen Region verschrieben hat. *[258]*

Und wer steckt hinter dem Geschäftspartner Delta-Oil? Deren Besitzer sind ausgerechnet die saudischen Clans Al-Amoudi und Bin Mahfouz. Clanchef Khalid Bin Mahfouz – Banker des saudischen Königshauses mit Zweitwohnsitz im texanischen Houston und aufmerksamen Lesern aus VVG schon als Gründer der mit Drogen- und Waffengeschäften befassten BCCI-Bank bekannt – ist der Schwager und Geschäftspartner Osama Bin Ladens. *[259]*

Der ehrenwerte Exgouverneur Kean also, der mit Osamas Schwager nach Öl buddelt und Pipelines betreibt – nach eigenen Angaben im Mai 2003 hat er seine Beteiligung an der Joint-Venture-Firma allerdings mittlerweile verkauft –, soll nun »unabhängig« untersuchen, was am 11. 9. und bei der Jagd nach Al Qaida so alles schief gelaufen ist. Laut einem Pressebericht sei er besonders geeignet, weil er, anders als Kissinger, den »Familien der Opfer des 11. 9. nahesteht«. Just diese Familien aber haben in ihrer Milliarden-Dollar-Klage *[260]* vor Gericht unter anderem die bei den Geschäftspartner Keans der Unterstützung und Finanzierung von Al Qaida bezichtigt. Dass Al-Amoudi und Bin Mahfouz von der Finanzfahndung und Einfrierung saudischer Konten nach dem 11. 9. ausgenommen waren, ist natürlich ebenso ein Zufall wie die Ernennung ihres Geschäftsfreundes Kean, der nun den definitiven Abschlussbericht erstellen darf.

Ende März 2003 fanden die ersten Hearings dieses »unabhängigen« Ausschusses statt, die den streitbaren Opferangehörigen wie Stephen Push, Kirstin Breitwieser oder Mindy Kleinberg *[261]* immerhin einmal mehr Gelegenheit verschafften, ihr Entsetzen über die Vertuschungen und ihre Forderung nach einem Ende der skandalösen Nichtermittlungen offiziell kundzutun. Viel mehr als ihre bewegenden Anklagen ist bis dato dort nicht herausgekommen – bis auf eine Beschwerde des Kommissionsleiters Kean, dass der Ausschuss mit zu geringen Finanzmitteln ausgestattet sei, um ordentlich arbeiten zu können. Darin hat er nun allerdings Recht: Dem Ausschuss, der mit Hingabe die Aufklärung des Whitewater-Skandals und von Clintons außerehelichen Sexualpraktiken betrieb, standen 65 Millionen Dollar zur Verfügung, 50 Millionen Dollar gab es für die Untersuchung der Columbia-Katastrophe, und nur drei Millionen Dollar sind dem Ausschuss zum 11. 9. bewilligt (allerdings weitere elf Millionen in Aussicht gestellt) worden.

Während diese von Bush nur zähneknirschend installierte und unterfinanzierte Untersuchung also knapp zwei Jahre nach der Tat im Schneckentempo in die Gänge kommt, da fordern Graham und Senatskollege Lieberman schon einen neuen Ausschuss. Der kommende Präsidentschaftswahlkampf zeichnet sich ab, und der 11. 9. könnte ein heißes Thema dabei werden? *[262]* Der Untersuchungsausschuss des Kongresses hat mittlerweile einen 800-seitigen Zwischenbericht fertiggestellt, der, kaum dass sich der Kriegsnebel der Irakinvasion verzogen hat, in den Blick der Öffentlichkeit geraten ist.

Am 30. April und am 8. Mai 2003 wartete Newsweek mit zwei programmatisch betitelten Artikeln auf: »The Secrets of September 11th« hieß der eine, »September 11 Showdown« der andere. *[263]* Dort ist von einer »drohenden und potenziell schmutzigen Konfrontation« zwischen dem Weißen Haus und dem Ausschuss die Rede. Warum, das ergibt sich aus dem ersten Artikel, in dem das Blatt erstmals von brisanten CIA-Informationen berichtet: »Eine dieser Informationen, im Juli 2001, macht aufgrund ihres prophetischen Zuschnitts besonders frösteln. Darin wurde vorausgesagt, dass Osama Bin Laden drauf und dran wäre, einen terroristischen Anschlag auszuführen schon »in den nächsten Wochen«, wie die Kongressermittler herausgefunden haben. Die Geheimdienstinformation lautete weiter: »Der Anschlag wird spektakulär sein und ist auf eine große Anzahl von Opfern ausgelegt. Er wird sich gegen amerikanische Einrichtungen oder Interessen richten. Vorbereitungen zu diesem Anschlag sind bereits angelaufen. Der Anschlag wird sich ohne oder nur mit einer kurzen Vorwarnung ereignen.«

Diese Informationen hat Bush persönlich sechs Wochen vor den Anschlägen erhalten. Anfang August wurde zudem Condoleezza Rice von der CIA über Al-Qaida-Aktivitäten in den USA gebrieft und dabei konkret auf die Möglichkeit von Flugzeugentführungen hingewiesen, die sie uns nach dem 11. 9. als »beyond imagination« jenseits des Vorstellbaren – verkaufte. Allein daher versteht sich, warum die Junta, die sich mit schmutzigen Tricks die Macht im Weißen Haus erschlichen hat, alles daran setzt, weitere Ermittlungen zu blockieren. Sie kann, nach dem heroischen Sieg gegen die übermächtigen Truppen des Irak, jetzt nur noch verlieren. Wenn es nach Bush & Co geht, werden unabhängige Ermittlungen zum 11. 9. erst ab 2040 ff. stattfinden.

Dass die aus Gründen der »nationalen Sicherheit« unterdrückten Beweisstücke noch so lange unter Verschluss bleiben, ebenso wie die Dokumente seines Vaters und seine eigenen, dafür trug George W. Bush schon im Oktober 2001 Sorge: Er »hat eine Gesetzesbestimmung erlassen, mit der eine neue Ära der Geheimhaltung von Präsidialdokumenten beginnt und die es dem jeweiligen Amtsinhaber gestattet, die Akten seiner Vorgänger unter Verschluss zu halten, selbst wenn ein ehemaliger Präsident diese zu veröffentlichen wünscht«. Damit war der Presidential Records Act aus dem Jahre 1978, demzufolge alle Dokumente nach zwölf Jahren frei zugänglich waren, hinfällig. *[264]*

Dass Bush allen Grund hat, seine Dokumente zu bunkern, zeigt die Bilanz seiner Regierung:

- vor dem 11. 9. unfähig, die Hinweise und Warnungen zusammenzuführen, die »Attentäter« zu benennen und zu fassen,
- am 11. 9. unfähig, das eigene Land und seine Menschen nicht nur wirksam, sondern überhaupt zu verteidigen, nichtstuend, angeblich gelähmt,
- nach dem 11. 9. Osama Bin Laden nicht gefasst, den Obertaliban Mullah Omar nicht gefasst, die Anthraxspur nicht bis zum Täter zurückverfolgt, den Insiderhandel nicht aufgedeckt, Al Qaida nicht zerschlagen, die An-

schläge nicht aufgeklärt, den Irak bombardiert, aber Saddam Hussein nicht gefasst usw.

Eine einzige rote Linie des Versagens, komplette Inkompetenz, eine desaströse Bilanz staatlichen Handeins. Wenn das alles nun die eingangs angesprochene Inkompetenztheorie stützen würde, müsste man doch – insbesondere in den USA als dem Land des »hire and fire« – mit personellen Konsequenzen rechnen, mit tiefgreifenden Umgestaltungen und einer nationalen Debatte über alle »Fehler«. Was erkennen wir stattdessen: Bob Mueller als FBI-Chef sitzt fester im Sattel denn je zuvor, George Tenet von der CIA geht es prächtig, sein Verein konnte eine gigantische Etaterhöhung verzeichnen. Und dann wurde da noch eine neue Riesenbehörde geschaffen, die Homeland Security, in der die Ordnungs- und Unordnungskräfte aller Schattierungen ein schönes Zuhause finden. Das alles sieht für einen unbefangenen Beobachter eher nach Belobigung als nach Bestrafung aus. Nach Feier statt nach Katzenjammer. Nicht nach Inkompetenzabstrafung, sondern nach »weiter so«, wie von Präsident Bush laut und deutlich geäußert.

Lügen haben kurze Beine – ein Nachwort

Ein hyperkomplexes Ereignis wie die Anschläge des 11. September 2001, das in seinen Auswirkungen schon Geschichte gemacht hat, auf wenigen Buchseiten zu schildern und sämtliche Hintergründe zu durchleuchten ist ein unmögliches Unterfangen. Viele Einzelaspekte des Falls, die wir nur angerissen haben, verdienten eine tiefer gehende Untersuchung, und andere, die wir nahezu völlig ausgeblendet haben, bergen Fragen und Stoffe für ganze weitere Bücher. Von den »100 Frequently Asked Questions«, mit denen VVG abschloss, sind die allermeisten nach wie vor unbeantwortet. Und wie wir gesehen haben, tut die Bush-Regierung alles dafür, jede ernsthafte Ermittlung zum 11. 9. weiterhin zu blockieren. Ohne die unter dem Siegel der »nationalen Sicherheit« gebunkerten materiellen Beweismittel jedoch lässt sich dieser Kriminalfall nicht lösen, und so können wir auch mit diesem Buch nicht beweisen, wer die Anschläge des 11. 9. wirklich begangen hat. Was wir aber belegen können, ist, dass es kein isoliertes »islamistisches« Kommando war, von dem das 21. Jahrhundert in eine neue Dimension des Terrors gebombt wurde, sondern ein von den Geheimdiensten sowie der Militärführung der USA und ihrer Verbündeten zumindest unterstützter Plot.

Natürlich ist das Bild der Tat, ihrer Hintergründe und Nachbereitung, das wir aus den vergessenen und verbannten Nachrichten zusammengesetzt haben, nicht komplett – doch die Umrisse und Konturen, die sich abzeichnen, sind deutlich.

Die Puzzlearbeit, die wir hier vorlegt haben, wäre eigentlich der Job der Ermittlungsbehörden und von Untersuchungsausschüssen. Und da diese offensichtlich zu keinem Ergebnis kommen, wäre es Aufgabe der Medien, diesen Skandal zu thematisieren und den Spuren, Widersprüchen, Ungereimtheiten und Vertuschungsversuchen nachzugehen. Da sowohl die Behörden als auch die Massenmedien dieser Verantwortung, zu der sie nach dem Buchstaben der Verfassung verpflichtet wären, nur sehr begrenzt nachkommen, bleibt uns als Bürgern nichts anderes übrig, als diese Untersuchung als »Privatdetektive« selbst in die Hand zu nehmen. Wir haben dazu nur öffentlich zugängliche Quellen benutzt, die in den allermeisten Fällen über das Internet erreichbar sind. Wenn Sie von vielen dieser Meldungen und Nachrichten noch nie gehört haben, heißt das nicht, dass sie deswegen unseriös sind oder gar von uns hinzugedichtet wurden – nein, sie sind, wie das erste Video-Dementi Bin Ladens, in seriösen Medien auf-, aber eben dann auf Dauer wieder ab getaucht. Da die Medien von CNN abwärts ihren Charakter als Wahrheitsinstanz nur durch permanente Wiederholung aufrechterhalten, sind diese kurz aufgetauchten Realitätspartikel kein Bestandteil der großen Erzählung von Osama und den 19 Räubern geworden, doch bedeutet ihre Nichtwiederholung keineswegs, dass sie deswegen unwahr oder unwichtig wären. Zumindest eine genaue Überprüfung und Untersuchung haben sie allemal verdient, schließlich geht es um nicht weniger als um den unaufgeklärten Massenmord an 3 000 Unschuldigen – und seinen Missbrauch als Fanal eines neuen Krieges gegen den Rest der Welt.

Angesichts der Dreistigkeit, mit der die Bush-Regierung die Tragödie des 11. 9. benutzt, statt sie aufzuklären, blieb selbst dem großen alten Mann der Geheimdienstliteratur und Kenner der psychologischen Kriegsführung, John Le Carre, die Spucke weg und nur noch die Überschrift: »Die USA sind verrückt geworden«. Weil sein aktueller Lagebericht in der Londoner Times vom 15. Januar 2003 sich die Freiheit nimmt, auf den Punkt zu bringen, was die korrumpierte Journaille allenfalls blumig zu umschreiben wagt, sei er hier in einem längeren Auszug zitiert: »Amerika hat eine seiner Perioden historischer Verrücktheit erreicht, doch diese ist die schlimmste, an die ich mich erinnern kann: schlimmer als die McCarthy-Ära, schlimmer als die Schweinebucht und auf lange Sicht desaströser als der Vietnamkrieg. Die Reaktion auf den 11. 9. geht weit über alles hinaus, was Osama Bin Laden in seinen schmutzigsten Träumen hoffen konnte. Wie zu McCarthys Zeiten werden die Freiheiten, um die Amerika von der Welt beneidet wurde, systematisch ausgelöscht. Die Kombination von willfährigen Medien und gezielten Geschäftsinteressen sorgt einmal mehr dafür, dass die Debatte, die sich an jeder Straßenecke entzünden sollte, auf die abgehobenen Kolumnen der Ostküsten-Presse begrenzt bleibt. Der drohende Krieg war Jahre, bevor Bin Laden zuschlug, geplant, doch erst er machte ihn möglich. Ohne Bin Laden wäre die Bush-Junta immer noch dabei, verzwickte Dinge zu erklären: etwa, wie sie überhaupt gewählt wurde; Enron; ihre schamlose Begünstigung der ohnehin Superreichen; ihre unbekümmerte Missachtung der Armen dieser Welt, der Ökologie und einseitig gekündigte internationale Verträge. Sie müsste außerdem erklären, warum sie Israel bei seiner fortgesetzten Missachtung von UN-Resolutionen unterstützt. Doch dank Bin Laden konnte dies alles unter den Teppich gekehrt werden. Die Bushies sitzen auf dem hohen Ross. 88 Prozent der Amerikaner, so wird uns erzählt, sind jetzt für den Krieg ... Wie es Bush und seine Junta schafften, Amerikas Ängste von Bin Laden auf Saddam Hussein zu lenken, ist einer der großen Publicrelations-Beschwörungstricks der Geschichte. Aber sie haben es geschafft – nach einer aktuellen Umfrage glaubt jetzt jeder zweite Amerikaner, dass Saddam für den WTC-Anschlag verantwortlich war. Doch die amerikanische Öffentlichkeit wird nicht einfach nur getäuscht. Sie wird eingeschüchtert und in einem Zustand des Unwissens und der Angst gehalten. Diese sorgfältig orchestrierte Neurose dürfte Bush und seine Mitverschwörer wunderbar bis zur nächsten Wahl tragen.«

Auch wenn sich mit »Verrücktheit« nicht alles erklären lässt, ist diesem Bericht zur Lage der Nation wenig hinzuzufügen – und dass die tags darauf von wütenden Leserbriefe heimgesucht wurde, die Le Carre neben Autoren wie Gore Vidal oder Noam Chomsky in die Schublade »zorniger alte Mann« stecken und kaltstellen wollten, wundert nicht. Wie soll ein Medienpublikum, dem von netten jungen Moderatoren seit dem 11. September 2001 die alqaidisch-Iadinistische Weltverschwörung über alle Kanäle ins Hirn getrichtert wurde, es auch anders wissen?

Dass die Weltöffentlichkeit über die Vorgänge des 11. 9. von der amtierenden Bush-Junta getäuscht wird, konnten wir in diesem Buch mit zahlreichen Belegen mehr als deutlich machen. Anders als der Spiegel behaupten wir aber nicht, dass wir wissen, »was wirklich geschah«. Aber dass das, was uns die offizielle Legende erzählt, so nicht geschehen sein kann, dafür gibt es Dutzende von materiellen Beweisen. Beweise, die sich nicht mehr einfach als »spekulativ« vom Tisch wischen lassen, außer natürlich mit der Exkommunikation als »Verschwörungstheorie «.

Die Septemberlüge

Nach der Regel, wie derlei Disqualifikation in Deutschland abläuft – und die mein einstiger taz-Kollege Wiglaf Droste auf den Punkt brachte: »Wer zuerst Auschwitz sagt hat gewonnen!« –, hatte mir Spiegel-Autor Henryk Broder denn auch gleich am 14. September 2001 im Radio und auf seiner Webseite ein »krankes Hirn« bescheinigt, das in einer Reihe mit Auschwitz-Leugnern wie David Irving und den »Protokollen der Weisen von Zion« stünde und wünschte mir zum Abschluss seiner Suada den Tod als »Fettfleck an einer Hochhauswand«. Derlei Polemik ist zu dürftig, als dass man sie ernst nehmen müsste, aber sie gab dann doch den Kammerton vor, mit dem sich einige Monate später der Spiegel (Nr 42/02) der Sache annahm. Unter dem Titel »Die Septemberlüge« schaffte es das ehemalige Nachrichtenmagazin, auf drei Seiten über den »Bestseller des Unbehagens« zu berichten, ohne den Titel und Verlag des Werks zu nennen und auf seine Inhalte in irgendeiner Weise einzugehen – geschweige denn, eine der 100 Fragen im Buchanhang aufzuklären. Dafür gelingt es dem Autor Ullrich Fichtner aber mühelos, die Beweislast zu Lasten der Angeklagten umzudrehen: »Die ›alternativen Aufklärer‹ – in Deutschland Bröckers, Bülow und Co., in Frankreich Meyssan und die Seinen, in Amerika die Rupperts und Chossudovskys –, im Fieber des Bestätigungswahns alter Weltbilder behindern sie die Wahrheitsfindung mehr, als dass sie sie beförderten. Sie vergeuden ihre Energie in den Maschen des World Wide Web, statt im konkreten Hier und Jetzt fehlende Fakten auszuforschen.«

Merke: Die Wahrheitsfindung bei der Aufklärung der Verbrechen des 11. 9. wird nicht von Bush & Co. und ihren medialen Betriebsnudeln behindert, die uns seit fast zwei Jahren die Weltverschwörungstheorie »Bin Laden« als Wahrheit verkaufen nein: Die eigentlichen Verhinderer der Aufklärung sind eine Hand voll wahnhafter Autoren, die sich in den Maschen des WWW verstrickt haben. Da beim Spiegel und anderswo eigene Recherchen zu den Hintergründen und Hintermännern der Anschläge nicht mehr stattfinden und mit der amtlichen Version ungeniert eine lupenreine Verschwörungstheorie verbreitet wird, müssen Kritiker dieses offensichtlichen journalistischen Vers agens unmöglich gemacht werden. Wo inhaltliche Argumente dafür fehlen, tut es, nicht erst seit dem 11. September, am besten die Pathologisierung: »Fieber«, »Bestätigungswahn«, »Amerika-Komplex« und eine Prise Größenwahn – und fertig ist das »kranke Hirn«: »Bröckers, 48, er nennt sich einen ›Konspirologen‹, hat einen Bestseller des Unbehagens verfasst. Er trinkt Milchkaffee im West-Berliner Cafe ›Einstein‹, er ist aufgeräumter Stimmung, er raucht kurze Zigaretten ohne Filter. Er sagt, die Sonnenbrille auf die Stirn geschoben: ›Es geht doch hier nicht darum, Herrn Bush irgendwie dumm anzupissen« und das sagt er, als müsste ›Herr Bush‹ ihn, Bröckers, kennen. Oder fürchten.«

Dass diese beiläufige Bemerkung als einziges Originalzitat aus einem knapp zweistündigen Gespräch in den Artikel Einlass fand, war kein Zufall. Als der Fotograf anrief und einen Termin für das Spiegel-Foto ausmachte, meinte er, die Redaktion hätte gern einen etwas »mystischen Hintergrund« – kein Bericht, der der Wahrheitsfindung dient, war in Vorbereitung, sondern eine Story über durchgeknallte Verschwörungsspinner mit irrem Blick. Da weder der Inhalt des Buchs noch meine »aufgeräumte Stimmung« dafür wirklich etwas hergaben und auch das Foto sturznormal geriet, wurde in der Druckausgabe daneben die groteske »Teufelsfratze« im WTC-Rauch abgebildet – um dann die definitive Tabukeule auszupacken: »Was für manchen Rechten die ›Auschwitzlüge‹ ist, könnte für manchen Linken die ›Septemberlüge‹ werden. Eine verdrängte Wahrheit, um die Weltanschauung nicht verändern zu müssen.«

Was freilich als Totschlagargument gedacht war, scheint mir im Kern die Erklärung für die höchst eigene Verdrängungsleistung des Spiegel (und der Mainstream-Medien überhaupt) in Sachen 9/11 zu enthalten. Denn historisch standen vor der »Auschwitzlüge«, der Leugnung der industriellen Massenmorde des Dritten Reichs, nach Kriegsende bei den durchschnittlichen Deutschen zuallererst der Unglaube und die Fassungslosigkeit angesichts der Dimension des Schreckens, der sich da unter ihren Augen abgespielt haben sollte und es dauerte Jahre, bis sich das öffentliche Bewusstsein diesem überhaupt stellen konnte. Die als »Auschwitzlüge« bezeichneten Versuche der Reinwaschung setzten erst als Reaktion auf die allgemeine Einsicht und das Schuldanerkenntnis ein. Insofern scheint mir die »Septemberlüge« derzeit auch eher in der Fassungslosigkeit darüber zu bestehen, dass eine »Bush-CheneyJunta« das Weiße Haus geentert haben könnte und die Anschläge aus machtpolitischem Kalkül nicht nur geschehen ließ, sondern auch den Chef-Terroristenjäger der USA – John O'Neill – und das FBI davon abhielt, dem Treiben rechtzeitig ein Ende zu setzen. Das wirkt auf den durchschnittlichen Spiegel-Fritzen so unglaublich, dass er sich an die Verschwörungstheorie vom Einzeltäter Osama und seinen 19 Zombies klammern und diese weiter als »Wahrheit« verkaufen muss – um nicht gezwungen zu sein, dem möglichen Schrecken, der sich jenseits davon auftut, ins Auge zu sehen.

Und wirkt die Legende von Bin Laden und den neuen Assassinen, deren Tora Bora man nur mit ein paar Bömbli und Raketli ausräuchern muss, um den Terrorismus zu besiegen, nicht tatsächlich wie ein fröhliches Liedchen, wie ein Pfeifen im Kellerverglichen mit der Vorstellung, dass hinter diesen fanatisierten Terrormarionetten eine kühl planende Organisation steckt, die ihre durch Manipulation der Wahlen eroberte Regierungsmacht mit gelenktem Terror jetzt militärisch absichert und global ausbaut? Ist nicht ein Geheimdienst, der trotz 30-Milliarden-Dollar-Jahresetat schlampt, Fehler macht, auf der ganzen Linie versagt und dies dann vertuscht, eine nachgerade anheimelnde Vorstellung verglichen mit einem Dienst, der diesen Etat effektiv und erfolgreich einsetzt und dabei auch vor dem Sponsoring nützlicher Diktatoren, Terrorgruppen und Todeskommandos nicht zurückschreckt, einem Dienst, der Al-Qaida ähnlich unterwandert hat und steuert wie der deutsche Verfassungsschutz die NPD? So herum scheint aus der mir unterstellten »Septemberlüge« ein Schuh zu werden – passend für den Spiegel wie für alle anderen Massenmedien, die uns seit dem 11. 9. die »harmlose« Osama-Legende und das Märchen von der Geheimdienstschlamperei vorbeten, aber eine viel schrecklichere Wahrheit verdrängen, »um die Weltanschauung nicht verändern zu müssen«.

Um die Konturen dieser viel schrecklicheren Wahrheit zu erkennen und die Frage »Wer war's denn jetzt wirklich?« zumindest in möglichen Szenarien umreißen zu können, müssen wir zuerst kurz die Vorgeschichte des islamistischen Terrorismus rekonstruieren. Die im Folgenden umrissenen politischen und geostrategischen Rahmenbedingungen, denen der Terror des 11. 9. entwuchs, sind in VVG schon ausführlich dargestellt und mit Quellen belegt worden.

Die Vorgeschichte: Dschihad Inc. – made in USA

Im Rahmen ihrer Anstrengungen zur Destabilisierung der Sowjetunion beschlossen die USA Ende der 70er Jahre, dem Erzfeind in Afghanistan »sein Vietnam« – so der damalige Sicherheitsberater Brzezinski – zu bereiten. Dazu wurden Milizen fundamentalistischer Islamisten in Afghanistan ausgestattet und angeheizt, die moskaufreundliche Regierung in Kabul zu Fall zu bringen, um die Sowjets zu einem Einmarsch zu verleiten, was dann auch gelang. In der Folge wurde die Besatzungsmacht in dem unzugänglichen Land in einen verheerenden Guerillakrieg verwickelt, an dem sich die USA indirekt durch die von ihnen alimentierten »Mudschaheddin«, islamischen heiligen Kriegern, beteiligten. Diese »heiligen Krieger« wurden in den arabischen Ländern und weltweit mit der Parole rekrutiert, Afghanistan von den »Ungläubigen« zu befreien.

Die erste »Weltkonferenz« des Dschihad, des Heiligen Krieges, fand 1985 in New York statt. Auch in 30 US-Büros wurden junge Muslime für den Krieg angeworben, die dann nach Pakistan zur »Ausbildung« kamen. In Hunderten von Koranschulen wurden sie dort zunächst durch islamistische Gehirnwäsche zu potenziellen Selbstmordattentätern fortgebildet und sodann im Waffen- und Bombengebrauch geschult. Einige Spitzenkräfte wurden auch in US-Militärschulen weitergebildet. So entstand im Verlauf der 80er Jahre eine Armee von etwa 200 000 Kämpfern, die unter US-Regie von Pakistan und seinem Geheimdienst ISI angeleitet und geführt wurden. Finanziert wurde das Ganze von religiös motivierten Spendern vor allem aus Saudi-Arabien sowie aus dem parallel entstandenen, von der ISI kontrollierten Heroingeschäft, mit dem Pakistan und Afghanistan im Verlauf der 80er Jahre das Goldene Dreieck als Hauptproduzent des globalen Heroinmarkts ablösten. Etwa sechs Milliarden US-Dollar sollen in den 80er Jahren in den Aufbau und Unterhalt dieser Truppen investiert worden sein, deren saudisches Kontingent von dem Milliardärsspross Osama Bin Laden angeführt wurde.

Nach der erfolgreichen Vertreibung der Sowjets aus Afghanistan 1989 hätte sich Bin Laden, so die offizielle Legende, von den USA abgewandt und sei zu dem Terroristen und Todfeind Amerikas geworden, als den wir ihn heute kennen. Natürlich war er nie ein Freund Amerikas gewesen, doch blieb seine Truppe auch weiterhin Instrument der US-Außenpolitik, ein illegaler, terroristischer Arm, der dort aktiviert wurde, wo es weiterhin galt, »Ungläubige« zu vertreiben – etwa die Russen aus Tschetschenien oder die Serben aus Kosovo. Bin Laden selbst wurde zwar seit Mitte der 90er Jahre als Topterrorist gehandelt, zur internationalen Fahndung allerdings erst ausgeschrieben, als Libyens Staatschef Gaddhafi 1998 über Interpol einen Haftbefehl beantragen ließ. Die USA selbst hatten bis dahin keinerlei Interesse gezeigt, ihr Ziehkind polizeilich suchen zu lassen, ebenso wenig wie die Briten, die mithilfe von Al-Qaida Leuten in Libyen terroristische Aktivitäten lancierten. Die verschiedenen Firmen Osama Bin Ladens, die er mit seinem Schwager Khalid Bin Mahfouz, dem Banker des saudischen Königshauses mit Zweitwohnsitz in Houston,

Texas, betreibt, sind nach wie vor in London stationiert; zwei Brüder Bin Ladens betrieben bis zu ihrer Ausreise am 13. September 2001 u. a. die »mildtätige« islamische Organisation WAMY in Falls Church, Virginia – zufällig in demselben Ort, in dem sich ein Teil der »Hijacker« mit Wohnsitzen und neuen Pässen ausgestattet hatte.

Zusammengefasst: Der »Heilige Krieg« islamistischer Terrorgruppen ist nicht aus arabischen Moscheen oder afghanischen Höhlen über die Welt gekommen, er wurde von US-amerikanischer Seite instrumentalisiert und aufgerüstet. Ohne diese Förderung durch den Westen hätte er sein terroristisches Potenzial allenfalls auf lokaler Ebene entfalten können. Die Tat und die Täter des 11. 9. sind dieser unheimlichen Koalition aus cleveren und fanatischen Geheimdiensten, religiösen Finanziers Terrorbanden entwachsen – wie freiwillig oder unfreiwillig, dazu lässt unser derzeitiger Stand des Wissens mehrere Szenarien möglich erscheinen. Sicher scheint nur die »Achse«, auf der diese monströse Tat ausgebrütet und durchgeführt wurde: Sie umfasst die Nationen Saudi-Arabien, Jemen, Pakistan/Afghanistan und die USA.

Und eben so sicher scheint, dass die USA und ihre Verbündeten auch nach dem 11. September 2001 mit dem Terrormonster Al Qaida kooperieren. Wie, das mussten die Special Forces der US-Einsatztruppen in Afghanistan Ende November 2001 erfahren, als sie nach den Bombardements des Al-Qaida-Stützpunkts Tora Bora davon abgehalten wurden, der in der Ortschaft Konduz eingekesselten Elite der Al-Qaida- und Talibankämpfer habhaft zu werden. Dem US-Journalisten Seymour Hersh hat selbst sein Status der Auslandsberichterstattung und als Koryphäe Pulitzerpreisträger bisher nicht geholfen, mit seiner detailliert recherchierten Geschichte dazu in die Mainstream-Medien der USA vorzudringen. Als die Spezialtruppen die in dem 150 Meilen vor der pakistanischen Grenze gelegenen Ort Konduz zusammengetriebene »Creme de la Creme« der Al Qaida mit Hubschraubern angreifen wollten, wurde ihnen befohlen, am Boden zu bleiben. Dabei handelte es sich nicht, wie Newsweek, CNN und andere berichteten, um einen »Fehler« der Militärs, die einen Angriff zu früh abbrachen, sondern laut Hersh, der bei den Soldaten selbst recherchiert hat, um einen direkten Befehl aus Washington. Ein Korridor von Konduz nach Pakistan durfte auf Weisung von ganz oben nicht unter Beschuss genommen werden, und auf diesem Weg wurden in den folgenden Tagen Tausende von Al-Qaida- und Talibankämpfern ausgeflogen. »Nachdem ich die Geschichte geschrieben hatte, erfuhr ich dann noch, dass vermutlich sogar einige von Bin Ladens engsten Familienangehörigen bei dieser Evakuierung ausgeflogen wurden. Wir erlaubten ihnen das, wir ließen die Evakuierung zu.« *[265]*

Sie war, wie Hersh herausfand, mit Pakistans Regimechef Musharraf und dem Geheimdienst ISI vereinbart worden, die pakistanische Truppen und ISI-Offiziere in Sicherheit bringen wollten, die auf Seiten der Taliban und Al Qaida gekämpft hatten. Mit eben jenem ISI, dessen Direktor Mahmud Ahmed am 10. September 2001 in Washington weilte und sechs Wochen später »überraschend« zurücktrat, als herauskam, dass in seinem Auftrag 100 000 Dollar an den »Terrorpiloten« Mohammed Atta überwiesen worden waren. Die Intention dieser Evakuierung war laut Hersh nicht, die Krieger von Al Qaida laufen zu lassen, sondern Musharraf und den ISI zu schützen, die auf einen freien Abzug »ihrer Leute« drängten. Doch »ihre Leute«, das sind nun einmal nicht nur ausschließlich pakistanische Soldaten, es sind auch die vom ISI trainierten und gesteuerten Eliten von Taliban und Al Qaida. »Wenn aber Al Qaida von einer Regierung unterstützt wird, die wir unterstützen, heißt das nicht in anderen Worten, dass wir dort eine Schlacht gegen uns selbst kämpfen?«, wurde Seymour Hersh in seinem Interview mit dem Sender PBS gefragt, und er antwortete: »Ich werde sogar noch eins draufsetzen: Wir haben nach Geheimdiensterkenntnissen auch Grund anzunehmen, dass Saudi Arabien einiges davon durchgängig finanziert.«

Soviel zum weltbedrohenden Monster Al Qaida und den Nationen – Pakistan, Saudi-Arabien und ihr großer Verbündeter, die Vereinigten Staaten –, die ihm nach wie vor einen sicheren Hafen bieten. Was aber um Gottes willen bringt Amerika dazu, gegen sich selbst Krieg zu führen bzw. von seinen Verbündeten führen zu lassen?

Im Jahr 1999 hatte der von Stiftungen der Öl- und Waffenindustrie finanzierte Think Tank »Project for the New America Century« (PNAC) – einer seiner Direktoren, Rumsfelds Vize und »Oberfalke« Paul Wolfowitz, sowie zahlreiche andere PNAC-Strategen sind mittlerweile bei der Bush-Regierung in leitenden Ämtern und Würden – eine Studie über den »Neuaufbau der amerikanischen Verteidigung« erarbeitet. In dem 90-seitigen Dokument heißt es zur Strategie am Persischen Golf: »Die Vereinigten Staaten streben seit Jahrzehnten eine dauerhaftere Rolle für die regionale Sicherheit am Golf an. Während der ungelöste Konflikt mit Irak eine unmittelbare Rechtfertigung liefert, geht der Bedarf einer großen amerikanischen Streitmacht am Golf über das Regime von Saddam Hussein hinaus.« *[266]*

Auch nach einem Verschwinden Saddams seien Militärbasen in Kuwait und Saudi-Arabien unverzichtbar, denn Iran, heißt es weiter, »kann sich für die amerikanischen Interessen als ebenso große Bedrohung erweisen wie der

Irak«. Um die Verwandlung des US-Militärs in eine Streitmacht globaler Dominanz – »fähig zum siegreichen Krieg an mehreren Fronten« – zu ermöglichen, halten die Autoren eine drastische Erhöhung des Verteidigungsetats um 15 bis 20 Milliarden Dollar zusätzlich pro Jahr für unverzichtbar. Sie sehen aber gleichwohl innen- wie außenpolitisch auch Probleme, diesen revolutionären Transformationsprozess durchzusetzen: »Der Prozess der Transformation wird, obwohl er einen revolutionären Wandel mit sich bringt, voraussichtlich von längerer Dauer sein, außer im Fall eines katastrophalen und beschleunigenden Ereignisses – wie etwa einem neuen Pearl Harbor.«

Ja, Sie haben richtig gelesen: »A catastrophic and catalyzing event – like a new Pearl Harbor« wurde schon 1999 von Paul Wolfowitz und einem halben Dutzend anderer jetzt in Bushs Kriegskabinett arbeitenden »Experten« dezent angemahnt, um den geforderten »revolutionären« Wandel zur imperialen Streitmacht zu beschleunigen. »Das ist Müll aus Denkfabriken, die mit Hühnerfalken vollgestopft sind«, kommentierte der britische Labour-Abgeordnete David Layell seinerzeit diesen »Entwurf für eine US-Weltherrschaft« *[267]* doch im Januar 2001 haben sich diese , Hühnerfalken an die Macht getrickst. Und seit sie im September 2001 das Ereignis bekamen, von dem sie ein paar Jahre zuvor nur mal so zu Beschleunigungszwecken geträumt hatten, seitdem ist dieser »Müll« amtliche Doktrin und wird in die Tat umgesetzt.

Fragt sich nur, wie weit diejenigen, die sich ihn ausgedacht haben, auch für das Fanal des 11. 9. verantwortlich sind, das den notwendigen und willkommenen Anlass für den globalen Eroberungskrieg lieferte, der mit dem Bombardement Afghanistans dann wenige Wochen später begann. Zumindest das angebliche »Versagen« der US-Luftabwehr am 11. 9. lässt sich weder mit pakistanischen oder saudischen noch mit höhlenkriegerischen Einflüssen aus dem Ausland erklären. Auch konnte kein irdischmenschlicher Terrorist je mit einer solchen Reihung von »Pannen« zu seinen Gunsten rechnen. Das »Nichtfliegen« ist hausgemacht, ein reines US-Fabrikat.

Abermals: Wir kennen die Wahrheit über den 11. 9. nicht. Aber wir können jetzt immerhin über mögliche Wahrheiten spekulieren. Drei Szenarien bieten sich an.

Szenario 1: Der Zauberlehrling

Goethes berühmtes Gedicht über den Zauberlehrling – »Die ich rief, die Geister, werd‹ ich nun nicht los« – könnte das Motto für dieses Szenario abgeben. Danach haben die Geostrategen im State Department ehrenwerte Ziele verfolgt, aber in ihrem erfolgreichen Kampf gegen den Kommunismus auch einige gravierende Fehler begangen. Wie etwa den, in Gestalt des Dschihad und seiner Horde heiliger Krieger »Geister« ins Leben gerufen zu haben, deren Aktivitäten dann einfach außer Kontrolle geraten sind. Und so, wie der kurzsichtige Zauberlehrling in der Woge des selbst herbeigezauberten Wassers zu ertrinken droht, wurden die USA nun am 11. 9. von der Woge des selbst herbeigezauberten Terrors überrollt. Dass sich die nützlichen Kombattanten selbstständig machen, dass Osama und seine fanatischen Assassinen ihren geostrategischen Meistern über den Kopf wachsen könnten, war in keiner Weise abzusehen; schon gar nicht, dass sie einen Angriff auf amerikanischem Boden wagen könnten. Dass dies nun am 11. 9. geschah, wäre somit eine tragische Konsequenz der US-Außenpolitik, die Manifestation eines gravierenden Fehlers, der ihr unterlaufen ist, letztlich ein später Kollateralschaden aus dem siegreich beendeten Kalten Krieg. Deshalb ist der globale »Krieg gegen den Terrorismus« nun auch ein gerechter Krieg, bei dem es gilt, die versehentlich ins Leben gerufenen bösen Geister ein für allemal auszumerzen. »Terrorismus als Fortsetzung militärgestützter Außenpolitik mit anderen Mitteln« hätte damit als inoffizielle außenpolitische Doktrin der USA definitiv ausgedient, seit 3 000 Unschuldige ihr zum Opfer fielen.

Für dieses Szenario würde die offizielle Version des Überraschungsangriffs sprechen: Die USA wurden von einem brutalen Terrorakt ehemaliger Kombattanten völlig überrascht, die aneinander vorbei arbeitenden Behörden von Polizei, Geheimdiensten und Terrorabwehr konnten den Anschlag nicht verhindern, weil sie auf katastrophale Weise »nichtkommunizierten«. Um diese bürokratische Schlamperei und skandalösen Fehler der Verantwortlichen zu vertuschen wird jede tiefer gehende Ermittlung abgeblockt, notfalls unter dem Siegel des Staatsgeheimnisses. Sie könnte die »nationale Sicherheit« gefährden, da die desaströse Terror- und Gefahrenabwehr des Staates, wenn sie denn offenbar würde, die Bevölkerung logischerweise stark verunsichern müsste.

Szenario 2: »Let one happen, stop the rest«

Diese merkwürdige Parole hatte Delmart »Mike« Vreeland bekanntlich an den Rand einer Liste von Gebäuden wie »WTC« und »Pentagon« gekritzelt, die er im August 2001 seinen Gefängniswärtern in Kanada übergab. Wir haben in

VVG ausführlich über den windigen Agenten Vreeland berichtet, der bei seiner Festnahme in Kanada behauptete, Mitarbeiter des US-Navy-Geheimdienstes zu sein und von einem großen geplanten Terroranschlag erfahren zu haben. Man glaubte ihm nicht, und die Navy behauptete, den Herrn nicht zu kennen. Nachdem ein Auslieferungsersuchen der USA wegen Kreditkartenvergehen abgelehnt wurde, ist Vreeland seit Februar 2002 in Kanada untergetaucht – ob in Sicherheit oder auf Nimmerwiedersehen, können wir derzeit nicht sagen.

Dubios ist der angebliche Zeuge Vreeland allemal, doch diese sechs Worte auf seinem Zettel könnten Sinn machen – wenn man sie als Anweisung an einen Undercover-Agenten liest. Dieser Agent, so wäre das vorstellbar, ist in eine Terrorgruppe eingeschleust worden, die verschiedene Anschläge in den USA plant und aller Wahrscheinlichkeit nach in einem arabischen oder islamischen Land operiert. Seine Führungsoffiziere, denen er Bericht erstattet, gehören vermutlich dem pakistanischen Geheimdienst ISI an, der sowohl die Taliban und die Al-Qaida-Gruppen in Afghanistan steuert als auch der engste Partner der CIA in der Region ist.

Wir haben über die verschiedenen massiven Warnungen an die USA durch ausländische Geheimdienste berichtet, die von den Vorbereitungen des Anschlags Wind bekommen hatten und das State Department eindringlich informierten – auch darüber, dass Attacken mit entführten Flugzeugen stattfinden sollten. Diese Warnungen waren keineswegs »unspezifisch«, wie das Weiße Haus später immer wieder behauptete, und so stellt sich nach wie vor die Frage, warum darauf in keiner Weise reagiert wurde. Welcher Hausherr, der von zahlreichen befreundeten Nachbarn gewarnt wird, dass ein Anschlag auf sein Haus geplant ist, wird sich erlauben, auf verstärkte Sicherheitsvorkehrungen zu verzichten? Eigentlich nur einer, der es besser weiß als alle diese freundlichen Ratgeber, weil er genauere Informationen hat – und die Pläne der Attentäter kennt. Als er erfährt, dass eine ganze Serie von Attacken vorbereitet wird, gibt er an seine Undercover-Agenten die Parole aus: »Eines lassen wir zu, der Rest wird gestoppt« – und bereitet sich ostentativ nicht durch verschärfte Sicherheitsmaßnahmen vor. Dafür aber mit den militärischen und politischen Plänen, um auf den »Überraschungsangriff« offensiv zu reagieren.

Für dieses Szenario spricht, dass Fahnder und Polizei von der Bush-Regierung und ihren höchsten Funktionsträgern am Zugriff auf die Vorbereiter der Anschläge gehindert wurden, obwohl einige der »Tophijacker« seit Jahren unter der Kontrolle der Geheimdienste standen. Dieses »aktive Wegsehen« der ansonsten unbeteiligten Dienste soll durch die Blockade der Ermittlungen vertuscht werden.

Szenario 3: Ein neues Pearl Harbor

Der 11. September – ein neues Pearl Harbor

Paul Wolfowitz diente schon einmal im Pentagon und zwar in der Regierung von George Bush als Leiter der Strategieabteilung unter dem damaligen Verteidigungsminister Dick Cheney: »1992 verfasste Paul Wolfowitz ein Strategiepapier, in dem er seine Vision von den USA als einziger Supermacht entwarf. Die USA müssten nach dem Ende des Kalten Krieges den Aufstieg von Regionalmächten verhindern, so Wolfowitz. Namentlich nannte er Deutschland und Japan. Amerika sollte seinen militärischen Vorsprung so weit ausbauen, dass kein Rivale es mehr einholen könne. Außerdem müssten die amerikanischen Streitkräfte in der Lage sein, mehrere Kriege gleichzeitig zu führen, um Diktatoren wie Saddam Hussein eigenhändig zu entmachten.« In der Zeit der Präsidentschaft Bill Clintons gründeten Cheney, Wolfowitz, der heutige Regierungsberater Richard Perle und andere das »Project for a New American Century« (PNAC). In einer Studie dieses Think Tanks wurden 1999 die Schwierigkeiten bei der Aufrüstung der US-Armee in eine imperiale Streitmacht benannt – sowie eine Lösung angedeutet: »Der Prozess der Transformation wird, obwohl er einen revolutionären Wandel mit sich bringt, voraussichtlich von längerer Dauer sein, außer im Fall eines katastrophalen und beschleunigenden Ereignisses – wie etwa einem neuen Pearl Harbor.« Im Sommer 2001 ließ sich Verteidigungsminister Donald Rumsfeld während einer Reise nach Australien zu unverhofften Eingeständnissen hinreißen: »Rumsfeld legte noch weitere Karten auf den Tisch, als er vor der wachsenden Verwundbarkeit der Vereinigten Staaten durch ein ›Pearl Harbor im Weltraum‹ warnte.« Auch dem Präsidenten selber fiel zum 11. 9. vor allem Pearl Harbor ein – mit offenem Ende im Hinblick auf alle Konsequenzen: »Wie auch sein Vater versucht Bush täglich, seine Gedanken und Beobachtungen festzuhalten. An diesem Abend [des 11. 9.; d. V.] diktierte er: »Das Pearl Harbor des 21. Jahrhunderts hat heute stattgefunden.«

http://iimfw.dradio.de/cgi-bin/es/neu-hintergrund/885.html

http://urwiv.newamericancentury.org/Rebuilding AmericasDefenses.pdf

The Guardian, 9. 8. 2001,
http://www.guardian.co.uk/comment/story/0,3604534097,00.html

Washington Post, 26. 1. 2002,
http://www.washingtonpost.com/ac2/wpdyn?pagename

=article&node=&contentid=A43708-20Q21an26&

Während Szenario 2 von einer weitgehenden Autonomie der Attentäter in der Planung und Durchführung der Attacken ausgeht, die nur geduldet wurden, weil sie außen- und innenpolitisch als nützlich erschienen, geht dieses Szenario von einer aktiveren Rolle der US-Geheimdienste aus. Danach haben die Bush-Krieger aus dem PNAC, schon bevor sie erfolgreich das Weiße Haus enterten, ein »neues Pearl Harbor« als »beschleunigendes Ereignis« nicht nur angedacht, sondern es über ihre Kanäle in den Geheimdiensten seit mindestens 1999 auch aktiv vorbereitet: durch Ausbildung einer »Bin-Laden-Air-Force« an Flugschulen in Florida, durch unbeschränkte Reise- und Visagenehmigungen für »observierte« Terroristen, durch Blockade von voreiligen FBI-Zugriffen sowie möglicherweise auch durch Fernsteuerung der Flugzeuge.

Wer sich nicht vorstellen kann, dass Militärs und Regierungen so etwas Schreckliches überhaupt planen könnten: Sowohl die neuesten Erkenntnisse über Pearl Harbor als eines provozierten und zugelassenen Angriffs als auch die erst von John F. Kennedy gestoppte »Operation Northwood«, bei der die geplante Versenkung eines US-Kreuzfahrtschiffs Kuba angelastet werden sollte, um sich einen Invasionsgrund zu verschaffen, zeigen, dass solche Opferstrategien sehr wohl zum Repertoire der Machtpolitik zählen. Ist nicht ein weiser, vorausschauender Herrscher bisweilen gezwungen, schmerzliche Opfer zu bringen, um den Bestand und Ausbau seiner Macht zu sichern? Waren der Sieg im Zweiten Weltkrieg und der daraus resultierende Einflussgewinn es nicht wert, 3000 Soldaten in Pearl Harbor zu opfern? Waren die Bomben auf Korea und Vietnam, die Todesschwadronen in Lateinamerika, die Aufrüstung Saddams ... waren die ganzen schmutzigen Tricks des Kalten Krieges dank des daraus resultierenden Aufstiegs zur einzigen Weltmacht nicht absolut berechtigt und richtig?

Aus der kalten Perspektive der Macht, in der die Moral ausgeklammert bleibt, lässt sich das wohl nur bejahen – und ist das Opfer von 3 000 Zivilisten gerechtfertigt, wenn so die Weltenergiereserven erobert und die hegemonialen Ansprüche für das nächste Jahrhundert zementiert und gesichert werden können. So wie Machtpolitiker insgeheim seit jeher aus dieser »kalten« Perspektive denken und planen, so haben sie in der Öffentlichkeit stets darauf geachtet, ihre Politik emotional und ideologisch aufzuladen und anzuheizen – von den Kreuzrittern über Hitler bis Bush dienen dabei ein martialisch böser Sündenbock sowie die »Vorsehung« und »Gott« als geeignetste Schablonen.

Was außer diffusen moralischen Zweifeln spricht gegen die Inszenierung eines neuen Pearl Harbor durch US-Geheimdienste? Vor allem der Einwand, dass eine solche Großverschwörung viel zu viele Mitwisser und Mittäter haben müsste, um geheim zu bleiben und durchgeführt werden zu können. Wenn wir aber das strukturelle Prinzip jeder erfolgreichen Verschwörung – das »need to know« – beachten, nach dem jedes Rädchen nur genau so viel weiß, wie für seine Funktion notwendig ist, lässt sich auch dieser Einwand entkräften. Selbst in der am weitesten gehenden Hypothese von den »entführten Entführern« wäre außer einem Dutzend auf den patriotischen Charakter ihrer Mission eingeschworenen Elitesoldaten für die Fernsteuerung in den C-130 nur ein weiterer Mann in der Zentrale des NORAD, der militärischen Luftraumkontrolle, notwendig, der für die »Verspätung« der Abfangjäger sorgte. Die »Hijacker« selbst, wenn sie denn überhaupt an Bord waren, wussten nichts von ihrer »Selbstmordmission«, weshalb sie in den Tagen zuvor auch noch fröhlich Anschlussflüge buchten und Meilenkonten eröffneten. Die Beamten, die in den USA für die schützende Hand bei Ein- und Ausreisen und Flugtraining sorgten, hatten ebenfalls keine Ahnung von der gesamten Operation – sie betreuten nur, wie üblich, einige für den illegalen Auslandseinsatz vorgesehene »Auszubildende« in Militärschulen und CIA-Camps. Anweisungen und Geld erhielten die »Hijacker« von ihren ISI-Führungsoffizieren aus Pakistan und Afghanistan – und vielleicht wurde der ursprüngliche Plan tatsächlich in einer Höhle Bin Ladens ausgeheckt. Seine Durchführung aber war ohne Unterstützung vor Ort in keiner Weise möglich.

Niemand kann angesichts der unterdrückten Beweise über den Flug- und Funkverkehr am 11. 9. rekonstruieren, was an Bord der Maschinen tatsächlich geschah. Ob jemals einer der »Hijacker« wirklich ein Cockpit erreichte und dann eine der Maschinen steuerte, ist ungewiss. Wenn aber doch, dann bleiben weiter viele Fragezeichen. Wie soll etwa ein fliegerischer Dilettant à la Hani Hanjour das komplizierte Manöver der AA 77 geflogen sein, die mit über 500 km/h in acht Meter Höhe ins Pentagon krachte? Der Verdacht drängt sich einfach auf, dass die über dem Pentagon tuckernde C-130 hier ein wenig nachgeholfen hat, um sicherzustellen, dass genau der frisch renovierte, stahlverstärkte Flügel (und nicht einer der vier anderen) getroffen wird, in dem Rumsfeld gerade dozierte, dass demnächst ein terroristisches Großereignis ins Haus stünde.

Auch Rumsfeld, Bush, Cheney, Myers und einige andere Entscheidungsträger waren also eingeweiht – sie mussten allerdings nur wissen, dass irgendetwas passieren würde und dass sie in diesem Fall zwei Stunden »business as usual« simulieren sollten, weiter nichts. »Bush Knew!« – die Schlagzeile, mit der ausgerechnet die reaktionäre Murdoch-Postille New York Post im Oktober 2001 aufmachte, war ein durchsichtiger Propaganda trick, der Vizepräsident Cheney nur die Erwiderung ermöglichen sollte, dass solche Verschwörungstheorien »völlig abwegig« wären. Natürlich wusste Bush nichts, außer dass etwas in dieser Richtung passieren würde und er sich dann zwei Stunden lang zurückzuhalten hätte. Deshalb keine Überraschungsgeste, sondern der lippennagende Gesichtsausdruck, als er erfuhr, dass es jetzt definitiv losging – und er weitere 25 Minuten Kindergeschichten lauschte statt zu re(a)gieren.

Auch ansonsten wird keine Hundertschaft Personal und Mitwisser gebraucht, um den Plot vor- und nachzubereiten: Nur diejenigen Agenten, die die Elefantenspuren am Flughafen legten, die Handyanrufe manipulierten und die Liste der 19 zusammenstellten, müssten zum engen Kreis der Mitwisser gezählt werden. Insgesamt, einschließlich der Piloten und Fernsteuerer in den C-130, kaum zwei Dutzend Leute.

»Ob es tatsächlich ein Motiv für das Unvorstellbare, eine inszenierte Katastrophe wie in Pearl Harbor gibt, werden die nächsten Aktionen der Weltordnungsmacht bald zeigen.« So endete mein erster Kommentar über die »WTC-Conspiracy«, der am 13. September 2001 in der taz und im Online-Magazin Telepolis erschien. Die Entwicklung der letzten 18 Monate hat nicht nur die Motive der USA deutlich hervortreten lassen, sie hat auch sehr viele Belege für eine Inszenierung der Katastrophe ans Licht gebracht – und bis heute keinen einzigen wirklichen Beweis dafür, dass Osama Bin Laden und die 19 auf den FBI-Listen abgebildeten »Hijacker« für die Tat verantwortlich sind. Dass seit fast zwei Jahren auf diesen Plakaten Personen angegeben werden, die definitiv nichts mit der Tat zu tun hatten, zeigt, wie nach den wahren Tätern und Hintermännern gesucht wird: überhaupt nicht!

Unsere Recherche und die hier zusammengelegten, vom offiziellen Spieltisch verbannten Puzzlestücke ergeben kein eindeutiges Bild; Konturen und Wahrscheinlichkeiten deuten jedoch klar in Richtung der Szenarien 2 oder 3. Nicht mehr, aber auch nicht weniger, behaupten wir – und überlassen die Verkündigung der »Wahrheit über den 11. 9.« und darüber, »was wirklich geschah«, auch weiterhin den Posaunisten des Medienbordells. Wenn dieses Buch eine Wahrheit dokumentieren kann, dann zuerst einmal die, dass investigativer Journalismus spätestens seit dem 11. September 2001 in den Massenmedien nicht mehr stattfindet.

Das, was uns an Ungereimtheiten und Widersprüchen aufgefallen ist, hätte jedem Journalisten auffallen müssen, der sich mit den offiziellen Verlautbarungen nicht zufrieden gibt und versucht, die Hintergründe zu recherchieren. Aber die notorische Selbstgenügsamkeit der etablierten Redakteure und Reporter spiegelt die Verkommenheit einer Branche, die sich nicht mehr der »Aufklärung«, der »Wahrheit«, der »demokratischen Kontrolle« oder wie die Insignien einer »freien« Presse sonst noch genannt werden – verpflichtet fühlt, sondern dem Profit und dem Shareholder-Value. Wenn dem größten Rüstungskonzern (General Electric) der größte Fernsehsender (NBC) gehört, sollte klar sein, mit welchen »News« die eine Konzernabteilung die andere promotet. Anfang der 80er Jahre verfügten rund 400 Unternehmen über die Zeitungen, Radios und TV-Sender in den USA, heute sind es noch neun Konzerne, die den gesamten Medien-Output kontrollieren. Der Staatsrundfunk des ehemaligen Ostblocks hat mit den »Corporate Media« im Westen einen würdigen Nachfolger gefunden – und so konnte es kommen, dass Sie in diesem Buch erstmals auf viele Nachrichten und Zusammenhänge gestoßen sind, die doch eigentlich große Schlagzeilen und Sondersendungen verdient hätten.

Mit dem Patriot Act zur Homeland Security

»Uniting and Strengthening America by Providing Appropriate Tools Required to Intercept and Obstruct Terrorism«, abgekürzt U.S.A.-P.A.T.R.I.O.T. – so heißt ein Gesetz, das man mit »Einigung und Stärkung Amerikas durch Bereitstellung angemessener Werkzeuge, um Terrorismus abzufangen und zu verhindern» übersetzen könnte. Es wurde nach dem 11.9. in kaum fünf Wochen durch den Kongress gepeitscht und bedeutet den stärksten Eingriff in die Bürgerrechte seit Gründung der Vereinigten Staaten:

- Post-, Bank- und Arztgeheimnis werden praktisch aufgehoben,
- Lauschangriffe auf Telefon und Internet unterliegen nur noch minimaler Kontrolle durch Gerichte,
- Hausdurchsuchungen dürfen ohne jeden Durchsuchungsbefehl durchgeführt werden, auch in Abwesenheit der Bewohner,
- das E-Mail-Überwachungsprogramm »Carnivore«, das sämtliche E-Mails registriert und auswertet, ist jetzt zugelassen,
- die CIA, bis dato nur für die Auslandspionage zuständig, darf auch Bürger im Inland bespitzeln,

- die Akten von Kreditinstituten, Ärzten und Universitäten dürfen ohne richterliche Genehmigung eingesehen werden,
- Bibliotheken und Buchläden sind verpflichtet, den Polizeibehörden Kundendaten über die Ausleihe bzw. Käufe von Büchern zur Verfügung zu stellen,
- bei bloßem Terrorverdacht können Inhaftierungen vorgenommen werden ohne Gerichtsprozess und ohne Rechte auf anwaltlichen Beistand,
- auch einheimische Gruppierungen können zu Terrororganisationen erklärt werden, wenn sie versuchen, so der Gummiparagraph, »die Politik einer Regierung durch Einschüchterung oder Nötigung zu verändern«.

Wann und von wem sich die Regierung eingeschüchtert fühlt – wer also Terrorist ist und wer nicht –, entscheidet der Präsident. Und wenn die Verschärfung des Gesetzes, P.A.T.R.I.O.T. Act II, an der Justizminister Ashcroft derzeit arbeitet, Realität wird, kann jedem, den der Präsident für einen Feind hält, die Staatsbürgerschaft aberkannt werden – er wird damit rechtlos und »vogelfrei«. Ein Rechtszustand, wie er zuletzt wohl im feudalen Mittelalter herrschte, und insofern ist es noch zurückhaltend ausgedrückt, wenn sich die Vorsitzende der US-Anwaltsvereinigung, Heidi Boghosian, darüber beklagt, dass hier mit einem einzigen Federstrich »30 Jahre Justizreformen praktisch ausgelöscht« werden. Um diesen drastischen Abbau demokratischer Grundrechte in der Praxis umzusetzen, wurde von der Bush-Regierung mit dem »Homeland Security Act« eine Überwachungsbehörde mit 170 000 gigantische Mitarbeitern geschaffen. Im Weißen Haus bezeichnete man die Gründung dieses Stasi-Ministeriums als die »größte Restrukturierung der Regierung seit Schaffung der CIA 1947«. Für die meisten Kritiker und für die wenigen gegen die Gesetze stimmenden demokratischen und liberalen Abgeordneten indessen befinden sich die USA damit auf direktem Weg in einen Überwachungs- und Polizeistaat. Und das, so Russ Feingold, einer dieser wenigen Opponenten, »ist kein Staat, in dem wir leben wollen«.

http://www.zdf.de/ZDFde/inhalt/14/01872,2,038126.00.html
http://news.zdnet.de/story/0?t101-s2126528,00.html
http://wunu.wired.com/news/politics/01283,53037,00.html

Ein Krieg gegen Europa

»Ein großes zivilisiertes Volk wählte demokratisch einen fanatischen Demagogen, der Krieg predigte. Tatsächlich hatte er gar nicht die Mehrheit der Stimmen erhalten, aber trotz alledem wurde sein Aufstieg zur Macht irgendwie arrangiert. Bald nachdem er die Macht übernommen hatte, manipulierte er einen dramatischen Überfall, um seine Herrschaft über das Land zu festigen und einen Angriff auf kleinere Nationen vorzubereiten. Eine gewaltige Propagandamaschine verwandelte die ›Feinde‹ in Teufel, die Inkarnation des Bösen. Der Ruf nach einem Krieg befähigte ihn, das ganze Volk hinter sich zu einigen, die Opposition zum Schweigen zu bringen, nach und nach die Menschenrechte einzuschränken, die wirtschaftliche Krise zu überwinden und die Hand zur Weltbeherrschung auszustrecken. Er liebte es, in Uniform fotografiert zu werden, an Soldatenreihen entlangzugehen, als ob er ein großer militärischer Führer sei. Ich meine natürlich Adolf Hitler.« *[268]*

So leitet der israelische Autor Uri Avnery im Februar 2003 einen Artikel ein, in dem er dem »texanischen Cowboy« konzediert, etwas vollbracht zu haben, woran ein »korsischer Kaiser« noch gescheitert sei: ein vereintes

Europa von Cherbourg am Atlantik bis Wladiwostok am Pazifik. Und er stellt fest, dass hier ein historisches Wunder geschehen zu sein scheint: Nicht nur hätten sich die Deutschen »in das unkriegerischste Volk« gewandelt, sie stünden jetzt auch mit ihrem alten »Erbfeind« Frankreich Schulter an Schulter. Und an dieser neuen Koalition – auch das ein kleines Wunder – beteilige sich zudem Russland, das in der Geschichte des Öfteren mit dem einen gegen den anderen der neuen Partner gestanden habe. In der Vereinigung dieser drei Länder zeichne sich das genaue Gegenteil dessen ab, was Minister Rumsfeld verächtlich als »altes Europa« abgetan hat: der Vorschein eines neuen Europa.

»Es ist im Begriff, eine wirtschaftliche Supermacht zu werden es ist in der Lage, mit den USA zu konkurrieren, ja vielleicht sogar, sie zu überholen. Ein Symbol dafür ist die Tatsache, dass der Euro den Dollar tatsächlich eingeholt hat... Die amerikanische Besatzung des Irak wird die amerikanische Kontrolle nicht nur über die ausgedehnten Ölreserven des Irak selbst, sondern auch über die des Kaspischen Meeres und der Golfstaaten sichern. Die US-Hand auf dem Ölhahn kann Deutschland, Frankreich und Japan abwürgen, weil sie nach Belieben den Preis in aller Welt manipulieren kann. Den Preis herabzusetzen, wird Russland abwürgen – den Preis zu erhöhen, wird Deutschland und Japan treffen ... Dieser Krieg geht also weit über den Irak hinaus. Es ist kein Krieg gegen Saddams Mikroben. Es ist ganz einfach ein Krieg um die Weltherrschaft, wirtschaftlich, politisch, militärisch und kulturell.«

Die Trümmer des WTC rauchten noch, da überraschten Cheney und Rumsfeld das gesamte Bush-Kabinett mit ihrer Ankündigung eines Krieges: nicht gegen Afghanistan, sondern gegen den Irak!

»Wie CBS erfahren hat, forderte Verteidigungsminister Rumsfeld am 11. September, kaum fünf Stunden nach dem Einschlag der Maschine ins Pentagon, seine Mitarbeiter auf, die Pläne für einen Angriff auf den Irak hervorzuholen, auch wenn es keinen Beweis für eine Verbindung Saddam Husseins mit den Anschlägen gab. Dies geht aus Aufzeichnungen seiner Mitarbeiter im Military Command Center hervor … Heute, ein Jahr später, gibt es immer noch sehr wenig Beweise, dass der Irak mit den 9/11-Attacken zu tun hatte, aber wenn diese Aufzeichnungen zutreffen, dann war Rumsfeld das egal: ›Werdet massiv‹, wird er in den Aufzeichnungen zitiert, ›fegt alles aus, ob es damit zu tun hat oder nicht.‹« *[269]*

Eher dann wohl das, was definitiv nichts damit zu tun hat, wie den Irak. Die nützlichen Handlanger von Al Qaida und des pakistanischen ISI hingegen musste die Armee auf Order von Rumsfeld zwei Monate später laufen lassen – das islamistische Schreckgespenst wurde und wird noch gebraucht. Weil Verschwörungstheorien komplexe Zusammenhänge auf einen einfachen Sündenbock reduzieren, sind sie ein ideales Instrument der Propaganda: Ohne das Gespenst einer jüdisch-bolschewistischen Weltverschwörung hätte Hitler die Deutschen nicht zum Zweiten Weltkrieg hetzen können – und ohne den 11. 9. und das »islamistische Terrornetzwerk«, ohne die »Septemberlüge«, hätten Bush & Co. die Amerikaner jetzt nicht in einen Krieg mit unabsehbaren Folgen treiben können. Die militärische Doktrin dazu lag jedenfalls schon in der Schublade, als die entführte Maschine ins Pentagon einschlagen konnte, ohne dass die für die Landesverteidigung notwendigen Maßnahmen ergriffen worden waren.

Während sich die Anzeichen mehrten, dass die angloamerikanischen Truppen den Irak angreifen würden, tat ein Großteil der deutschen Kommentatoren und Intellektuellen immer noch so, als müssten sie sich wie zu Zeiten des Kalten Krieges fest auf die Seite der »Freiheit« (und das heißt Amerikas) schlagen. Von den kleinen Kriegskrakeelern (Broder, Biermann) bis zu den bellizistischen Besserwissern (Schirrmacher, Joffe, Enzensberger) schwelgten Feuilletons und Kommentarspalten im Schröder-Bashing und rümpften vernehmbar die Nase über den Antikriegskurs der Regierung. Dabei war und ist die Entscheidung gegen den Irakkrieg wie gegen alle Angriffskriege eine Prinzipiensache: nicht nur verfassungsrechtlich geboten, sondern auch durch den 2+4-Vertrag gefordert, nach dem von deutschem Boden nur Frieden ausgehen darf.

Nirgendwo, außer in den durch Spin-Doktoren gehirngewaschenen USA, gab es zum Zeitpunkt der Irakinvasion auch nur den Hauch einer Mehrheit für diesen Krieg, und die Regierungen, die zu den Waffen riefen, handelten gegen den erklärten Willen der großen Mehrheiten ihrer Bürger. Diese hatten längst erkannt, dass dies kein Krieg gegen den Terror war, keiner gegen den »Islamismus« und keiner zur Beseitigung von Massenvernichtungswaffen oder eines Diktators. Sein eigentliches Ziel war die Kontrolle der verbliebenen Ölreserven des Planeten und damit die Kontrolle der gesamten industrialisierten Welt. Die USA haben nicht umsonst alle internationalen Verträge zum Klimaschutz, zur Waffenkontrolle und zu einer globalen Strafgerichtsbarkeit verweigert – von einem »Debattierclub« (George W. Bush) wie den Vereinten Nationen will man sich bei den imperialen Eroberungen nicht unnötig aufhalten lassen.

Nun mag die Ansicht vertretbar sein, nimmt man globalpolitisch alles in allem an, dass an einer Hegemonie der USA in Zukunft gar kein Weg vorbeiführe und die Kontrolle der Welt durch eine starke Macht einem multipolaren Chaos durchaus vorzuziehen sei. Aber dennoch ist es richtig, dieser US-Regierung und dieser Umsetzung einer neuen Weltordnung entgegenzutreten. Das hat nichts mit Antiamerikanismus zu tun, sondern damit, dass die Bush-Regierung mit dem Kanonenboot-Stil ihrer Außenpolitik und dem Enron-Stil ihrer Marktwirtschaft alle amerikanischen Werte, die dieses Land einst zu einem Vorbild für die Welt machten, radikal über Bord geworfen hat. Wenn sich von Paris über Berlin und Moskau bis Peking wichtige Industriestaaten und auch sonst fast die ganze Welt gegen diese wildgewordene Junta im Weißen Haus stellen dann geht es nicht um das »alte Europa« oder gar um »Moralismus« – und »Pazifismus« treibt diese neue Allianz schon gar nicht um. Stattdessen ist es schlicht und ergreifend Eigeninteresse, denn der Aufbau der USA zur asiatischen Großmacht ist – hinter der potemkinschen Kulisse »Osama« und »Saddam« – ein Krieg gegen ein vereintes Europa. Gegen die einzige Wirtschaftsmacht, die dem maroden, total überschuldeten ökonomischen Koloss USA auf absehbare Zeit Paroli bieten kann.

»Ja, aber was glauben Sie denn jetzt wirklich?«, werde ich nach Diskussionen oder Vorträgen fast jedes Mal gefragt. Ohne ein klares Bekenntnis will man den Überbringer schlechter Nachrichten ungern vom Acker lassen. »Und kommen Sie mir nicht mit Heinz von Foerster und ›Wahrheit ist die Erfindung eines Lügners‹!« Na gut, dann neige ich schon der Einschätzung zu, dass ein Regime verrückter Petronazis das Weiße Haus geentert hat und den 11. 9. geschehen ließ (bzw. mittels eigener Geheimdienste und denen befreundeter Nationen aktive Unterstützung leistete), um seine Macht mit dem »Krieg gegen den Terror« national und international zu zementieren. Wenn ich mich irre, wenn sich das »Kommando-Unternehmen Angst«, von dem Noam Chomsky spricht *[270]*, nur als paranoider Alptraum entpuppen würde und sich Osama und die 19 Räuber aus der Tora-Bora-Höhle als autonome Alleintäter überführen lassen sollten – um so besser. Paranoia-Preise, Alarmismus-Auszeichnungen und Verfolgungswahn-Vorwürfe nehme ich dann freudig (und reuig) entgegen.

Kritik der Kritiker und Widerlegung der »Widerlegungen«

Ein Nachwort aus aktuellem Anlass – zur 8. Auflage von »Fakten, Fälschungen und die unterdrückten Beweise des 11. 9.« (Dezember 2003).

Achtung! Sie halten hier ein Buch in Händen, das überwiegend eine schlechte Presse hatte. Genauer: das in der Presse fast durchweg gnadenlos verrissen worden ist. Bild machte es knackig: »Absurd! Irre! Krank!« Die Zeit lieferte gehobenen Feuilletonschwurbel: »pervertierte Schwundform von Theodizee«. In allen Tonlagen erhob sich eine Litanei wüster Diffamierungen, die uns wochenlang in den Ohren schepperte. *[1]*

Für die Heftigkeit dieser Attacken kann es nur zwei Gründe geben. Entweder sind wir wirklich die »Verschwörungstheoretiker«, »Verrückten« und »Paranoiker«, als die wir denunziert wurden. Oder unsere Kritiker fühlen sich durch unser Buch an einem wunden Punkt getroffen, was sie dadurch zu bemänteln versuchten, dass sie uns lauthals an den Pranger stellten.

Klar doch, dass wir eher der zweiten Alternative zuneigen. Nicht einfach deshalb, weil wir noch nie an Wahnvorstellungen gelitten und erklärtermaßen gar nicht an irgendwelchen Verschwörungstheorien gestrickt haben. Sondern auch darum, weil der fast einhellige Aufschrei des Entsetzens so seltsam hohl klingt. Denn auf die von uns präsentierten Fakten, Argumente und Belege wird weiter nicht eingegangen. Allein unser Ansinnen, an der sakrosankten Standardversion des 11. 9. zu rütteln, die Vor- und die Nachgeschichte dieser furchtbaren Anschläge auf teils verschwiegene, teils schreiende Widersprüche hin abzuklopfen, reicht offensichtlich schon aus, einen blinden Abwehrzauber zu provozieren. Das sieht auch Karin Beindorff so. In ihrer Rezension im Deutschlandfunk stellte sie fest: »Die lautstärksten und ausfälligsten Kritiker dieser Schlussfolgerungen [unseres Buches; M. B.] sind nun ausgerechnet die, die sich besonders gerne etwas auf ihre investigative Arbeit zugute halten, allen voran der Spiegel, das einst so kritische Fernsehmagazin »Panorama« und der Enthüllungsguru Hans Leyendecker von der Süddeutschen Zeitung. Sie, und fast alle anderen auch, haben seit dem 11. September in seltsamer Übereinstimmung die amtliche Verschwörungstheorie vom Drahtzieher Osama Bin Laden weitgehend ungeprüft kolportiert und sind den tatsächlichen Ungereimtheiten nicht mit der in anderen Fällen an den Tag gelegten Verve nachgegangen. Der Spiegel hat sogar ein (allerdings weniger gut verkauftes) 9/11-Buch herausgebracht, in dem der Eindruck erweckt wird, die Reporter seien in jeder Sekunde dabei gewesen. Es scheint, als fühle man sich nun in diesen Redaktionsstuben von Bröckers, Hauß und Co. auf den Schlips getreten, weil bei der Missachtung journalistischer Grundregeln ertappt.« *[2]*

Und auch die honorige Neue Zürcher Zeitung, die ansonsten mit unserem Buch sachlich-kritisch ins Gericht ging, sah sich immerhin bemüßigt, sich und dem Rest der Medienwelt ins Pflichtenheft zu schreiben: »Der 11. September 2001 ist auch ein GAU für die Glaubwürdigkeit der Medien … Die rasende Konfusion, die sich zurzeit in allen möglichen Teilöffentlichkeiten ausbreitet, ist wohl nicht mehr durch simples Totschweigen und Ignorieren zu stoppen, sondern nur durch die publizistische Anstrengung, gegen den Amoklauf einer entfesselten konstruktivistischen Phantasie mit den Mitteln professioneller Publizistik die Spuren der Wirklichkeit zu verfolgen. Auch zwei Jahre nach der Katastrophe vom 11. September gibt es da noch Herausforderungen genug.« *[3]*

Genau das ist der Grund, warum wir unser Buch geschrieben und veröffentlicht haben: Wir sind davon überzeugt, dass die offizielle Version des Tathergangs nicht stimmen kann. Wenn Sie sich noch einmal in Erinnerung rufen wollen, wie diese Version lautet – und zwar seit dem 12. 9 2001 bis auf den heutigen Tag –, dann blättern Sie S. 19 in diesem Buch auf und lesen Sie unser kurzes Kapitel »Die große Erzählung von Osama und den 19 Räubern«. Wir gehen also davon aus, dass diese Geschichte eine Legende ist und von Ungereimtheiten nur so strotzt. Die größte aller jüngeren Verschwörungstheorien ist irgendwo in den arbeitsteiligen Tiefen des US-amerikanischen Regierungsapparates ausgeheckt, von CNN kanonisiert und seither von den Weltbilddeutern der internationalen Medienmacht nachgebetet worden.

Im Klartext: Dass sich die ganze Geschichte so abgespielt hat wie behauptet, ist überaus fraglich, und ob die vermeintlichen auch die tatsächlichen Täter waren, ist ungewiss. Bis heute liegen keine gerichtstauglichen Beweise für die Täter und Hintermänner der Anschläge vor, und die Ermittlung der wahren »Realität« des 11. 9. wird von der Bush-Regierung systematisch blockiert. Der Massenmord, der 3 000 Menschen das Leben kostete und zum Fanal zweier Kriege wurde, ist nach wie vor weitestgehend ungeklärt.

Auch wir wissen nicht, wie und wer es war. Aber wir bieten – ganz im Gegensatz zu dem, was uns reflexhaft vorgeworfen worden ist – überhaupt keine Verschwörungstheorien an. Es geht in diesem Buch nur um das, was auf dem Deckel steht: um Fakten, Fälschungen und die unterdrückten Beweise des 11. 9. Wir blenden auch – wiederum anders, als man es uns vorgehalten hat – überhaupt keine Wirklichkeitspartikel aus, wir setzen bloß aus ganz unterschiedlichen Informationen ein anderes Realitätspuzzle zusammen, aus dem wir anschließend Schlüsse ziehen und Fragen ableiten.

Warum unterstellen uns unsere Kritiker dann Motive und Argumentationen, die wir weder haben noch vertreten? Weil das der müheloseste Weg ist, sich nicht mit uns auseinandersetzen zu müssen, sondern uns im Vorfeld abzuwimmeln. Und weil sie nicht genau hingucken. Wenn ich unsere Erkenntnisse auf dem Podium einer Veranstaltung vertrete, in dessen Auditorium unter Hunderten auch das ehemalige RAF- und jetzige NPD-Mitglied Horst Mahler sitzt, dann avanciere ich schon zum Herold der Rechtsextremisten wider Willen. So einfach geht das – mitgefangen, mitgehangen. Kommt hinzu, dass unser Buch nicht das einzige zum Thema ist. Etwa zeitgleich veröffentlichten Andreas von Bülow seinen Titel Die CIA und der 11. September und Gerhard Wisnewski seine Operation 9/11. Beide Autoren haben völlig unabhängig von uns gearbeitet und gehen auch mit ihren Thesen viel weiter als wir. So behauptet von Bülow etwa eine zusätzliche Sprengung der Türme des World Trade Center, und für Wisnewski ist es ausgemachte Sache, dass die vier entführten Flugzeuge gegen getarnte Marschflugkörper ausgetauscht worden, die dann in die Ziele eingeschlagen sind. Für die Rezensenten bot es sich natürlich an, alle drei

Bücher in Sammelbesprechungen abzuhandeln, und da wurden sie dann munter in einen Topf geworfen und bis zur Unkenntlichkeit verzerrt. So mussten wir eben herhalten für Spekulationen und Mutmaßungen, die überhaupt nicht unsere Sache sind.

Den Kammerton gab dabei ausgerechnet ein Kollege vor, von dem wir das am allerwenigsten erwartet hätten: der hoch geschätzte Hans Leyendecker, eine Koryphäe des investigativen Journalismus. Sein Artikel in der Süddeutschen Zeitung ist der Inbegriff faktenfreier Beschimpfung: »Aber es ist schon Chuzpe, dass Leute wie der Journalist Bröckers über Medien räsonieren, die angeblich nicht die Wahrheit erkunden wollten. Die etablierten Medien werden von Verschwörungstheoretikern ignoriert, denn die etablierten Medien – und so natürlich auch die Süddeutsche Zeitung oder die Frankfurter Allgemeine Zeitung – befinden sich entweder in der Hand der Geheimdienste oder gar der Weltregierung. (Schade, dass weder Geheimdienste noch Weltregierung in der Lage waren, die allgemeine Anzeigenkrise zu verhindern, die sie aber andererseits zuvor vermutlich selbst erfunden hatten, nicht wahr?) …

Verschwörungstheoretiker beziehen sich auf Verschwörungstheoretiker, und daraus wird dann eine Quelle … Die Verschwörungs-Junkies schaffen sich so ihre eigene Wirklichkeit …

Argumentative Schwindler wie Bröckers, Bülow oder der scheinheilige (Michael) Moore sind soziologisches Lackmuspapier. Es lassen sich an ihnen die Auffälligkeiten einer Gesellschaft erkennen. 19 Prozent der Bundesbürger halten es nach einer Forsa-Umfrage für möglich, dass die US-Regierung die Terroranschläge in Auftrag gegeben hat. Ist jeder fünfte Deutsche gaga? Sogar 31 Prozent der unter

30-Jährigen glauben an die ganz, ganz große Konspiration.« *[4]*

Einspruch, Euer Ehren: Wir haben die etablierten Medien mitnichten ignoriert. Wer unser Quellenverzeichnis studiert, wird finden, dass unsere Belege zum überwiegenden Teil eben solchen Medien entstammen. Deshalb auch schaffen wir uns keine eigene Wirklichkeit, sondern bürsten bloß eine hegemoniale Sicht der Dinge, die sich als Wirklichkeit ausgibt, gegen den Strich.

Auch die Belege für die Zweifel an der Identität der verdächtigten Hijacker verdanken sich seriösen Quellen: BBC, Telegraph, Times. Darauf hatte ich ausdrücklich hingewiesen, als mich das TV-Magazin »Panorama« Ende August interviewte, doch in den gesendeten Ausschnitten des Interviews ließ »Panorama« diesen Hinweis weg, um meine Ausführungen als Aussage eines »Phantasten« erscheinen zu lassen. Dazu wurden unter Einblendung unseres Buchtitels Behauptungen etwa über einen Raketeneinschlag ins Pentagon wiedergegeben, die wir an keiner Stelle aufstellen. Und wieder einmal schob man uns den Neonazi Horst Mahler in die Schuhe, der die Legende verbreitet, 4000 im WTC angestellte Juden seien vorgewarnt worden – eine Hetzgeschichte, die wir klar als eine der »Nebelkerzen« analysieren, mit der dem »antisemitischen Affen Zucker« gegeben und von den eigentlichen Spuren abgelenkt werden soll (siehe S. 174). »Panorama« dagegen unterstellt uns, dass wir diese Hetze selbst betreiben und behauptet in einer Antwort auf einen Protestbrief: »Alle bringen in der einen oder anderen Weise aufgrund von völlig frei erfundenen Behauptungen Juden als Täter mit ins Spiel.«

Wegen dieser Falschbehauptungen und Diffamierungen haben wir eine Unterlassungsklage bei Gericht eingereicht, die Mitte Dezember 2003 zur Verhandlung ansteht.

Ich bin als Autor nicht zimperlich im Austeilen und habe auch Einstecken gelernt, aber ich lasse mich nicht dadurch diffamieren, dass mir Thesen, mit denen ich mich kritisch auseinandersetze, als eigene Behauptungen unterstellt werden. Und erst recht lasse ich mich nicht ins antisemitische, faschistische Abseits schieben. Die offenen Fragen um den 11. 9. sind zu wichtig, um auf diese Weise aus der öffentlichen Diskussion verbannt zu werden.

Zum zweiten Jahrestag der Ereignisse holte dann der Spiegel (Nr. 37 vom 8. 9 2003) mit seiner Titelgeschichte »Verschwörung 11. September. Wie Konspirations-Fanatiker die Wirklichkeit auf den Kopf stellen« zum großen Schlag aus. Allein die Headline insinuiert fälschlicherweise, dass eine gleichsam mit beiden Beinen auf bewiesenen Tatsachen stehende »Wirklichkeit« des 11. 9. bereits bekannt und eigentlich fraglos sei. Aber die Spiegel-Redaktion wird schon gewusst haben, warum sie einige »Fanatiker« zum Vorwand nimmt, um die Bekräftigung der althergebrachten Tatversion zum Thema der Woche zu erheben.

Bei Lichte besehen kommen wir mit unserem Buch in dieser Titelgeschichte über das »Panoptikum des Absurden« ganz gut weg. Zwar werden wir wieder mit in Haft genommen für »ein angeblich ›überzeugendes Gegenmodell der Operation 9/11‹«, wird uns auch hier wieder pauschal ein »freihändiger Umgang mit Fakten« unterstellt, aber hinter der ganzen Polemik fallen die sachlichen Einwände – im Vergleich zu denen, die sich Andreas von Bülow und Gerhard Wisnewski gefallen lassen müssen – doch eher dürftig aus. Und interessant ist auch, worauf der Spiegel in seinem Abwehrzauber nicht eingeht. So bleibt etwa unsere akribische Dokumentation (Kapitel »Wer tat was wann am 11. 9.?«), dass sich trotz eines angeblich in Kraft getretenen Notfallplans der Präsident und sein Vize sowie der Außen- und der Verteidigungsminister durch weitgehende Untätigkeit auszeichneten, völlig außer Betracht. Und auch diese ganze himmelschreiende Affäre mit den nicht oder zu spät aufgestiegenen Abfangjägern (Kapitel »Eine kurze Geschichte des Nichtfliegens«) wird tunlichst beschwiegen. Gewusst, warum.

Einen Themenkomplex, der auch für unsere Argumentation von Bedeutung ist, gibt es allerdings, wo die Spiegel-Redakteure ganz offenkundig davon überzeugt sind, uns bei der Verdrehung von Tatsachen in flagranti ertappt zu haben. Und das betrifft »die Mär von mindestens sechs der angeblichen Entführer, die sich Tage nach den Anschlägen über verschiedene Medien angeblich quicklebendig meldeten«. Im Kern geht es dabei um die Frage der Identität der Täter. Wir führen in unserem »Who is who«-Kapitel aus, dass überhaupt nicht klar ist, wer die Täter eigentlich waren. Für den Spiegel jedoch ist »der Unsinn« der zweifelhaften Identitäten schon seit dem 27. 9 2001, als das FBI seine zweite Liste veröffentlichte, erledigt.

Als zwei Tage nach den Anschlägen eine erste Namensliste der Hijacker veröffentlicht und über die Medien die betreffenden Fotos verbreitet worden waren, beschwerten sich umgehend sechs Männer, dass sie mit Bild, Namen und Geburtsdatum als Terroristen auf der Liste auftauchten, obwohl sie zu diesem Zeitpunkt gar nicht in den USA waren. Daraufhin berichteten die BBC, der Londoner Telegraph, aber auch die New York Times, die Los Angeles Times und andere zwischen dem 21. und 23. 9 2001 über die »lebenden Verdächtigen« und die »gestohlenen Identitäten«. Hierzulande sind diese Meldungen nie aufgegriffen worden. Wir sind bei unseren Recherchen im Internet darauf gestoßen und haben sie natürlich in unser Buch aufgenommen – im Völlegefühl dessen, uns wieder einmal auf seriöse Quellen stützen zu können.

Möglicherweise jedoch müssen wir unsere Argumentation teilweise zurücknehmen. Denn als sich jetzt – angeregt durch unser Buch – die Spiegel-Redakteure bei der BBC meldeten, um der Sache nachzugehen, reagierte man in London so, als sei man damals einer Ente aufgesessen. Die BBC berief sich auf die in Saudi-Arabien erscheinende, englischsprachige Zeitung Arab News, die wiederum auf das Blatt Asharq Al-Awsat, und dessen Reporter Mohammed Samman dementierte nun seine eigene Geschichte des vermeintlichen Attentäters Said Al-Ghamdi, die sich bei uns auf S. 33 f. findet. Auch David Harrison, der Autor des von uns ausführlich zitierten Telegraph-Artikels *[5]*, hat mittlerweile eingeräumt , entgegen seiner ursprünglichen Behauptung keinen der angeblich noch lebenden Attentatsbeschuldigten selber interviewt zu haben. *[6]*

Dieser Gegenbeweis des Spiegel ist allerdings lange nicht so schlüssig, wie er zu sein vorgibt. Ein paar Anmerkungen dazu finden Sie auf der folgenden Doppelseite (als PDF-File) mit den faksimilierten Auszügen aus der Titelgeschichte. Kommt hinzu, dass wir uns ja nicht nur auf die BBC und den Telegraph vom 23. 9 2001 gestützt haben, sondern auch auf die bereits einige Tage zuvor erschienen Artikel in der Los Angeles Times (21. 9.) *[7]*, in der New York Times (21. 9.) *[8]* und der Times aus London (20. 9.) *[9]* – allesamt hochreputierliche Zeitungen, die unseres Wissens ihre Berichte bis heute nicht widerrufen haben.

Falls es aber wirklich so wäre, dass wir unsere »Zombie-These« (O-Ton Spiegel) aufgeben müssten, bliebe immerhin Folgendes festzuhalten. Zum ersten wären wir dann nicht dubiosen Spinnern und Verschwörungstheoretikern auf den Leim gegangen, sondern ganz seriösen Institutionen der internationalen Medienlandschaft. Dass die in Sachen 11. 9. fast durchweg versagt haben, ist ja gerade der Basso continuo unseres Buches – und dafür lieferte dann auch dieser Fall ein wunderschönes Exempel. Zum zweiten kann es nicht unser Job sein, wie es uns der Spiegel immer wieder unter die Nase reibt, uns als freie Journalisten mit beschränkten Mitteln »mal eben« ans Telefon zu hängen oder bei den Betroffenen vor Ort selber nachzufragen, ob sie noch am Leben sind. Das ist vielmehr die Aufgabe nationaler und internationaler Ermittlungsbehörden oder – wenn die es nicht so genau wissen wollen – von wohlausgestatteten und hochkompetenten Redaktionen, die sich den Maximen eines investigativen Journalismus verpflichtet fühlen. Warum also ist der Spiegel dieser Frage nicht schon vor zwei Jahren auf den Grund gegangen, um sie so oder so zu beantworten? Das bloße Weggucken und Nichtbehandeln reicht nicht aus, um die Mysterien des 11. 9. zu bannen.

Bleibt der dritte und entscheidende Punkt: die anhaltende Konfusion um die Identität der verdächtigten 19 Hijacker. Die vier originalen Passagierlisten, auf denen von A bis Z alle Passagiere der vier Flüge aufgeführt sind, wurden unseres Wissens bis heute nicht veröffentlicht, sondern nur separate Listen der Opfer und der Täter. Die Täterliste wurde dabei offenbar – nur so sind die »Verwechslungen« zu erklären – mit einer anderen Liste über in USA ausgebildete arabische Piloten abgeglichen. Dies, die nachweisbare Manipulation der Listen, ist die zentrale Behauptung in den ersten beiden Kapiteln dieses Buches, und sie wird von den Ausführungen des Spiegel keineswegs widerlegt.

Als das FBI am 27. 9 2001 seine zweite, bis heute unverändert gültige Täterliste veröffentlichte, musste selbst der

FBI-Direktor Robert Mueller eingestehen, dass einige Identitäten »noch nicht endgültig geklärt sind«. CNN brachte am 28. 9. eine Liste, auf der – journalistisch korrekt – unter Bild und Namen einiger fraglicher Betroffenen vermerkt war: »Identy is disputed.« *[10]* Doch geändert hat sich an der FBI-Liste mit Bildern, Namen und Geburtsdaten der Verdächtigten seit über zwei Jahren nichts mehr – und alle Zweifel wurden, zumindest öffentlich, nicht aufgeklärt.

Nach einem Bericht der australischen Sunday Mail waren im September 2003 erst drei der verdächtigten 19 Täter identifiziert. Anhand von DNA-Mustern, die mit denen der sterblichen Überreste aus den WTC-Maschinen abgeglichen wurden, sei die Identität von Mohammed Atta und zwei weiteren (ungenannt bleibenden) Hijackern aus den beiden New Yorker Flugzeugen nunmehr geklärt. *[11]* Neun Leichen jedoch (aus der Pentagon- und der Pennsylvania-Maschine) liegen in einer Militärbasis in Maryland nach wie vor auf Eis, unidentifiziert. Wenn es sich dabei um die neun Entführer dieser Maschinen handelt, deren Wohnorte und Mietwagen aus den Tagen davor doch bekannt sind – warum werden sie anhand genetischer Spuren nicht identifiziert? Das FBI, so heißt es, habe bis dato für diese neun keine DNA-Muster zur Verfügung gestellt – und so kommt es, dass über zwei Jahre nach der Tat die Identität der meisten Verdächtigen noch völlig ungeklärt ist.

FBI-Direktor Robert Mueller hat übrigens noch am 19. 4 2002 in einer Rede vor dem Commonwealth Club of California in San Francisco eingeräumt, dass die verdächtigten Terroristen nicht die geringsten Spuren hinterlassen haben. *[12]* Das lässt in Umkehrung nur den Schluss zu, dass es für ihre behauptete Täterschaft keine Beweise gibt.

Fakt bleibt also: Wer am 11. 9. 2001 wirklich in den Flugzeugen saß, ist auch nach zwei Jahren weiterhin ungeklärt. Und Fakt bleibt auch: Selbst wenn die eingefrorenen sterblichen Überreste von neun Personen zweifelsfrei identifiziert und die 19 Hijacker auf der Liste des FBI sich als die wahren Entführer herausstellen sollten, wäre dies nur der allererste Schritt zur Aufklärung des Falls. Dutzende von offenen Fragen, Ungereimtheiten und Widersprüchen in der offiziellen Darstellung harren weiterhin der Klärung.

Um noch einmal auf den Spiegel zurückzukommen: Für den ist nun endgültig alles klar. In einer weiteren Aufmacherstory (Nr. 44 vom 27. 10.03) unter dem Titel »Das Geständnis. Was die Drahtzieher der Terroranschläge vom 11. September nach ihrer Gefangennahme den US-Ermittlern verrieten« konnte die Redaktion die endgültige Festschreibung der herkömmlichen Legende vom 11. 9. vermelden: »Die beiden Chefplaner des 11. September haben gestanden – und mit den Protokollen ihrer Vernehmungen lässt sich jetzt ein genaues Bild der Vorgeschichte des Terroranschlags zeichnen. Die Aussagen enthüllen auch, wie Osama Bin Laden persönlich die Hamburger Todespiloten auswählte.«

Die angeblichen Geständnisse verdanken wir zwei Phantomen aus dem Off: den mutmaßlichen Al-Qaida-Mitgliedern Ramzi Binalshibh und Khalid Scheich Mohammed. Sie dienten auch schon den Reportern Nick Fielding und Yosri Fouda in ihrem Buch Masterminds of Terror *[13]* als Gewährsmänner. Die vermeintlichen Tonbandaufnahmen mit ihren Interviews wurden zwar im Sommer 2002 über Al Dschasira ausgestrahlt, sind aber genauso dubios wie der Aufenthaltsort der »Chefterroristen« Ramzi Binalshibh und Khaldid Scheich, die von den US-Behörden an einem unbekannten Ort gefangen gehalten werden. Gerichten stehen die beiden Kronzeugen nicht zur Verfügung – weder im Hamburger Prozess gegen den angeblichen 20. Hijacker Mounir Al-Motassadeq noch in dem Verfahren von Zaccarias Moussaoui (ebenfalls ein angeblicher 20. Hijacker) in den USA. Beide Zeugenaussagen wurden jeweils aus Gründen der »nationalen Sicherheit« blockiert – was an sich nicht weiter wundert: Unter Folter gewonnene »Geständnisse« sind vor Gerichten nicht zugelassen. Zwar verschweigt der Spiegel nicht, dass die Aussagen erst zustande kamen, als sich amerikanische »Verhörspezialisten« der Inhaftierten angenommen hatten, und weiß auch, dass derlei Geständnisse juristisch wertlos und politisch international geächtet sind. Für einen reißerischen Aufmacher aber sind sie allemal gut.

Auf die Einzelheiten der hier konstruierten »Operation Heiliger Dienstag« will ich gar nicht weiter eingehen, sie enthalten nichts wirklich Neues sondern stricken nur die alte Legende von Osama und der Wilden Neunzehn weiter. Wer es genauer wissen will, dem empfehle ich den (leider nur auf Englisch vorliegenden) Artikel »There's something about Omar – Truths, Lies and the Legend of 9/11 « von Chaim Kupferberg *[14]*, worin er darlegt, wie Ramzi Binalshibh und Khaldid Scheich seit Juni 2002 gezielt in die offizielle Legende eingewoben wurden und nunmehr als unsichtbare »Masterminds« allfälligen Propagandazwecken dienstbar sind. Außerdem hat mein Kollege und Koautor Andreas Hauß auf seiner Website die einzelnen Aussagen und Behauptungen der Spiegel-Story gebührend kommentiert. *[15]*

Neuerliches Zwischenresümee: Die al-qaidisch-ladinistische Version des Tathergangs wird nicht dadurch stichhaltiger, dass man sie unentwegt repetiert und durch vermutlich erpresste Aussagen à jour zu bringen versucht.

Nein, die Geschichte ist noch nicht zu Ende. Sie wird noch um- und umgeschrieben werden müssen. Und sie wird in absehbarer Zukunft noch mindestens zweimal hohe Wellen schlagen: im Mai und im November 2004. Im November steht George W. Bush zur Wiederwahl an – ein Mann, der seine mangelnde Glaubwürdigkeit schon mehrfach unter Beweis gestellt hat und der jetzt drauf und dran ist, »seinen« Irakkrieg, den er mit Massenvernichtungswaffen und dem »War on Terror« begründete, zu verlieren. Die Spur, die vom 11. 9. nach Bagdad führte, wird im Wahlkampf gewiss ein prominentes Thema werden.

Und im Mai soll die National Commission on Terrorist Attacks Upon the United States ihren Abschlussbericht vorlegen. In dieser Kommission, in der zu gleichen Teilen Republikaner und Demokraten vertreten sind, rührt sich mittlerweile heftiger Unmut gegen das restriktive Informationsgebaren des Weißen Hauses. Einem Artikel in der New York Times vom 26. 10 2003 zufolge fand das Kommissionsmitglied Max Cleland die düstere Vermutung bestätigt, die auch wir von Anbeginn an gehegt haben: »Mit jedem Tag wird deutlicher, dass diese Regierung schon vor dem 11. 9. über die Terroristen sehr viel mehr wusste, als sie jemals zugegeben hat.« Und der Kommisionsvorsitzende Thomas Kean forderte: »Alles, was irgendwie mit dem 11. 9. zu tun hat, müssen wir zu sehen kriegen – alles. Es gibt eine Menge Theorien über den 11. 9., und solange noch irgendein Dokument irgendwo herumfliegt, auf das sich eine dieser Theorien stützen kann, müssen wir Fragen offen lassen. Und wir können es uns nicht leisten, Fragen offen zu lassen.« *[16]*

Um seiner Forderung Nachdruck zu verleihen, drohte Kean dem Weißen Haus an, vorenthaltene Dokumente durch Gerichtsentscheid zur Einsicht einzufordern. Davon ist die Kommission zwar mittlerweile abgerückt und begnügt sich jetzt zähneknirschend mit sehr beschränkten Einsichtsregeln. Aber immerhin hat sie gerichtliche Schritte gegen die Flugbehörde FAA eingeleitet. Dabei geht es um die Frage, die auch in unserem Buch eine große Rolle spielt, warum die Abfangjäger nicht rechtzeitig gestartet sind, um die zweite WTC- und die Pentagonmaschine abzuschießen. Die FAA verweigert bislang die Herausgabe aller Unterlagen, in denen ihre Überwachung der entführten Flugzeuge sowie auch ihre Kommunikation mit dem Luftverteidigungskommando NORAD dokumentiert ist.

Sehr gut möglich also, dass dieses Nachwort nicht das letzte ist, das wir zu unserem Buch werden schreiben müssen.

Mathias Bröckers
November 2003

Belege

1 *Wer sich für die Invektiven im Einzelnen interessiert, kann sie nachlesen unter http://www.broeckers.com/reaktionen.htm oder http://hbuecker.net/presse.htm*

2 *Karin Beindorff: »Watch, what you say«, Deutschlandfunk, 22. 9 2003*

3 *Heribert Seifert, »Angstlust auf perfide Betrüger. Über das Eigenleben von Verschwörungstheorien«, in: NZZ, 22. 8 2003*

4 *Hans Leyendecker, » Affen der Angst. Nichts verkauft sich heute so gut wie miserable Bücher über die große Weltverschwörung. Sind wir noch zu retten?«, in: SZ, 10. 9 2003*

5 *David Harrison, »Revealed: the men with stolen identities«, in: Telegraph, 23. 9/2001,* http://www.portal.telegraph.co.uk/news/main.jhtml?xml=/news/2001/09/23/widen23.xml

6 *Harrison, der am 23. 9 2001 geschrieben hatte: »Der Telegraph war die erste Zeitung, die die Männer interviewen konnte, seit sie erfuhren, dass sie auf der FBI-Liste der Hijacker stehen« , dementierte zwei Jahre später auf Nachfrage eines WDR-Fernsehteams, irgendein Interview mit einem der falschen Attentäter geführt zu haben (WDR, Sendung am 10. 9 2003)*

7 http://www.latimes.com/news/nationworld/nation/la-092101probe.story

8 http://query.nytimes.com/gst/abstract.html?res=F00C1FFE355F0728EDDA00894D9404 482

9 http://www.timesonline.co.uk/article/0,,28 115 194,00.html

10 http://www.cnn.com/SPECIALS/2001/trade.center/invest.section.html unter »Hijacker suspects«

11 *Phillip Coorey, »Hijacker's remains found at World Trade Centre site«, in: Sunday Mail, 5. 9 2003; http://www.thesunday mail.news.com.au/printpage/0 5942,7172901,00.html*

12 http://www.fbi.gov/pressrel/speeches/speech041 902.htm

13 *Nick Fielding, Yosri Fouda: Mastermindes of Terror. Die Drahtzieher des 11. September berichten. Der Insider-Report von Al Qaida, Europa Verlag, Hamburg 2003*

14 *http://globalresearch.ca/articles/KUP310A.html. Eine deutsche Zusammenfassung von Christian C. Walther unter dem Titel Scheichegal. Die heißen doch eh alle gleich, die Wickelmützen steht auf meiner Website: http://www.broeckers.com/ scheichegal.htm*

15 http://www.medienanalyse-international.de/spiegelquel len.html

16 http://query.nytimes.com/gst/abstract.html?res=F30B1EF E3550758EDDA90994DB404482L; oder auch unter http:// www.globalissues.org/Geopolitics/WarOnTerror/Subpoena.asp

Das Internet ist bekanntermaßen ein flüchtiges Medium und der Fortbestand von Websites nicht zu garantieren. Wir haben bei der Endredaktion (Juli 2003) alle hier aufgeführten Links überprüft und behaupten sie folglich nach bestem Wissen und Gewissen, können aber für ihre Gültigkeit nach dem Erscheinen des Buches keine Gewähr übernehmen.

Leider sind mittlerweile zahlreiche Links aus den Anmerkungen nicht mehr gültig. Wir bitten um Verständnis.

1 http://www.cnn.com/2003/WORLD/meast/03/lI/Iraq. QAlda.link/index.html

2 www.broeckers.com/reaktionen.htm

3 *Vgl. Robert B. Stinnett: Pearl Harbor, Zweitausendeins 2003*

4 *Stefan Aust, Cordt Schnibben (Hrsg.): 11. September 2001. Geschichte eines Terrorangriffs, Stuttgart 2002, S. 142*

5 http://www.fbi.gov/pressrel/pressreI0l/091401hj. htm;http://www.fbi.gov/pressrel/pressre101092701hjpic. htm

6 http://pqasb.pqarchiver.com/orlandosentinel/abstract/

82192388.html?=did=82192388&FMT=ABS&FMTS=FT &PMID=33577&desc=%60HIJACKER%27+ALIVEIN+SAUDI+ARABIA; http://www.worldmessenger.20m.com/alive.html

7 http://www.cnn.com/2001/US/09/21/inv.id.theft/

8 http://www.cnn.com/200l/US/10/29/inv.hijackers/; http://www.cooperati veresearch.org/completetimeline/aakhalidandnawaf.html

9 http://www.cbsnews.com/stories/2002/04/15/attack/main506166.shtml

10 http://www.berlinonline.de/aktuelles/berliner_zeitung/polmk/.html/135315.html; weitere Links dazu siehe:

11 http://www.medienanalyse-international/verwirrung.html

12 http://www.arbeiterfotografie.com/galene/kem-kneg/hintergrund/feind-8.html#01; http://www.cbsnews.com/stories/2002/04/15/attack/main506166.shtml

13 *http://www.portal.telegraph.co.uk/news/main.jhtmDxmb/news/2001/09/23/widen23.xml. Der Telegraph als Quelle erscheint uns wegen der ausführlichen Telefonate mit den »Entführern«, die er dokumentiert, besonders geeignet. Im Gegensatz zum Beispiel zum Guardian, der am 21. 9. zunächst nur zwei »lebende Attentäter« aufführte: http://www.guardian.co.uk/septemberll/story/0,H209601550,00.html. Deutsche Zeitungen haben unseres Wissens – wenn überhaupt – diese Nachrichten nur abgekupfert und selbst nicht recherchiert.*

14 http://www.portal.telegraph.co.uk/news/main.jhtmIPxmU/news/2001/09/23/widen23.xml

15 http://www.orlandosentinel.com/news/nationworld/url-asecfloridaI4091401sep14.story

16 http://www.floridatoday.com/news/local/stories/2001/sep/loc091601fla.htm

17 http://www.guardian.co.uk/September11/oneyearon/story/0,12361789253,00.html; http://www.guardian.co.uk/Print/03858,4497963,00.html

18 http://news.bbc.co.uk/1/hi/worldlmiddle east/1559151.stm

19 http://news.bbc.co.uk/1/hi/world/middle_east/1559151.stm

20 http://www.latimes.com/news/nationworld/nation/la-092101probe.story

21 http://www.boston.com/news/packages/underattack/news/driving_a_wedge/part l_side.shtml

22 http://www.portal.telegraph.co.uk/news/main.jhtmlPxmWnews/2001/09/23/widen23.xml

23 http://news.bbc.co.uk/1/hi/world/middle_east/1559151.stm

24 http://news.bbc.co.Uk/2/hi/events/newsnight/1645527.stm

25 http://www.newyorker.com/fact/content/?020114fa_FACTl

26 http://www.johnfry.com/GoreBill021127.html

27 http://www.webcom.com/hrin/magazine/la-watchlist.html

28 http://bulletin.ninemsn.com.au/bulletin/eddesk.nsf/All/710930347F9C31DCA256BCDOOI42 568?OpenDocument

29 http://www.cnn.com/2002/LAW/02/01lid.sentence/

30 http://www.usdoj.gov/oig/speciaI/2002_05/fullreport.pdf

31 http://www.theage.com.au/news/state/2001/09/15/FFXUAD30LRC.html

32 http://news.bbc.co.uk/hi/english/world/americas/newsid_l556000/1556096.stm

33 http://www.sueddeutsche.de/index.php?url=/ausland/weltspiegeI/25472/index.php

34 *New York Times, 14. 9. 2001*

35 http://www.observer.co.uk/waronterrorism/story/01373556630,00.html

36 http://www.msnbc.com/news/633910.asp

37 http://ktla.trb.com/news/nationworld/nation/la-012702atta_story

38 http://www.sunHerald.com/NewsArchive2091401/tp4ch14.htm?date=091401&story=tp4ch14.htm

39 http://madcowprod.com/index35.html

40 http://www.abc.net.au/4comers/atta/interviews/dekkers.htm

41 http://www2.bostonherald.com/attaclc/investigation/ausprobl0102001.htm

42 http://www.abc.net.au/4comers/atta/interviews/dekkers.htm

43 http://www.observer.co.uk/waronterrorism/story/0 1373 556 630,00.html

44 http://gvnewsnet.com/html/WoridReacts/alert46.html

45 http://www.sptimes.com/News/09130l/worldandnation/FBCseizes_records_of.shtml

46 http://web.archive.org/web/20011021020512/www.miami.com/herald/special/news/worldtrade/digdocs/032999.htm

47 http://www.theage.com.au/news/worid/200l/09/14/FFXYRBOGJRC.html

48 http://www.longboatobserver.com/showarticle.asp?Al=2172

49 http://www.sptimes.com/News/091301/Worldandnation/FBCseizes_records_of.shtml

50 http://www.abc.net.au/4comers/atta/interviews/dekkers.htm

51 http://www.observer.co.uk/waronterrorism/story/01373556630,00.html

52 http://www.guardian.co.uk/wtccrash/story/01300596942,00.html

53 http://filebox.vt.edu/arch/psk2/papa6224 2003/calzada-rovirosa/Pre911story.htm

54 http://www.sun-sentinel.com/news/local/southflorida/sns-world-trade-jarrah-lat.story

55 http://web.archwe.org/web/20010925123748/boston.com/dailyglobe2268/nat,onmljack_suspecUived_aJ.fe_or_a_lie+shtml

56 Los Angeles Times, 23. 10. 2001, siehe http://w?n-sentinel.com/news/local/southflorida/sns-worldtrade-jarrah-lat.story

57 http://www.cbc.ca/hfth/featurestor.es/jarrah 101001/story.html

58 http://www.cnn.com/2002AJS/08/01/cia.hijacker/index.html

59 http://www.jdupree.com/terror.htm

60 http://www.sun-sentinel.com/news/local/southflorida/sns-worldtrade-jarrah-lat.story

61 http://www.spiegel.de/spiegel/01518214004.00.html

62 http://www.washingtonpost.com/wp-srv/nation/graphics/attack/hijackers.html

63 *Tim O'Meilia, Cox News Service, 15. 10. 2001, auch Palm-Beach-Post.com, 16. 10. 2001*

64 http://www.azstamet.com/attack/10920Rpmb?Attacks-Arizon.html

65 http://www.washingtonpost.com/ac2/wp-dyn/AI43652001Sep11Prozent3Flanguage=printer

66 http://www.cbsnews.com/stories/200l/09/ll/national/mAln310 721.shtml

67 http://www.capecodonline.com/cctimes/archives/200l/oct/21/hanjour21.htm

68 http://www.nytimes.com/2002/05/04/nationaI/04ARIZ.html

69 http://www.fbi.gov/pressrel/pressrelOl/092701hjpic.htm

70 http://unansweredquestions.org/timeline/2001/coxnews l0150l.html

71 http://www-tech.mit.edu/V121/N67/terror.67w.html

72 http://www.humanunderground.com/11september/pent3.html

73 http://www.nytimes.com/2002/05/04/nationaI/04ARIZ.html

74 http://www.yale.edu/lawweb/avalon/sept11/hr2897_ih.htm

75 http://asia.cnn.com/2002/US/08/16911.hijacker.remAlnsap/

76 http://www.cnn.com/TRANSCRIPTS/0207/31/wbr.00.html

77 http://www.usatoday.com/news/attack/200l/l0/11/month-later.htm; http://www.jeffhead.com/attack/indexcont.htm

78 http://the.honoluluadvertiser.com/article/2001/Sep/18/ln/ln15a.html

79 http://www.n-tv.de/2473771.html

80 http://www.washingtonpost.com/wp-srv/nation/graphics/attack/hijackers.html

81 http://www.rnsnbc.com/news/632 626.asp

82 http://www.globeandmail.com/servlet/ArticleNews IPEstory/TGAM/20030104/UFIVEN/national/national/national_temp/4/4/20/

83 http://abcnews.go.com/sections/politics/DailyNews/bush010910.html

84 http://www.cnn.com/2002/US/09/03/ar911.phone.calls

85 http://archive.salon.comlbooks/review/2001/11/19/olson/

86 http://www.washingtonpost.com/ac2/wp-dyn/pagename=article&node=metro/dc/schools&contentId=A14365862001S

87 http://www.cnn.com/2001/US/09/11/pentagon.olson/index.html

88 http://www.cnn.com/2001/US/09/11/pentagon.olson/index.html

89 http://www.foxnews.com/story/02933,34177,00.html; http://usatoday.com/news/nation/2001/09/11/victims-olson.htm

90 http://www.rnsnbc.com/news/627249.asp

91 http://www.newsday.com/ny-usolsI22362099sep12,0278898story

92 http://www.cnn.commiANSCRIPTS/0109/14/lkl.00.html

93 http://www.telegraph.co.uk/news/rnAln.jhtmlPxrnk/news/200l/09/14/dbOl.xml

94 http://www.google.de/search?q=cache:sott4nrqhdkc:www.telegraph.co.uk/family/main.jhtml?xml=/family/2002/03/05/folsen05.xml+telegraph+she+had+had+trouble+getting+through,+because+she+wasn% +%27t+using+her+cellphone,+she+was+using+the+phone+in+the+passengers%27+seats,%22+says+olson.+22i+guess+she+didn%27t+have+her+purse,+because+ she+was+calling+collect,+and+she+was+trying+to+get+through+to+&hl=de&ie=utf-8

95 https://www.aa.com/content/travelinformation/duringFlight/onboardTechnology.jhtml

96 http://old.srnh.com.au/news/0203/20/worid/worldIO.html

97 http://news.bbc.co.Uk/1/hi/world/americas/1540158.stm
98 http://www.mirror.co.uk/news/allnews/page.cfrn
Pobjectids12 192 317&method=full&siteid=50 143
99 http://www.msnbc.com/news/632626.asp
100 http://www.latimes.com/news/nation world/nation/
la-092001hijack.story; http://www.cooperativeresearch.
org/timeline/2002/msnbc090302.html
101 http://news.bbc.co.uk/hi/english/world/americas/
newsid_1556000/1556096.stm
102 http://www.latimes.com/news/nationworld/nation/
la-092001hijack.story
103 http://www.spiegel.de/panorama/01518229487.00.html
104 http://www.spiegel.de/panorama/01518 205145.00.html
105 http://www.dcmilitary.com/baseguides/AirForce/
andrews/partnerunits.html
106 http://www.dcmilitary.com/baseguides/AirForce/
andrews/partnerunits.html
107 http://www.aviationnow.com/content/publication/
awst/20020603/avi_stor.htm
108 http://www.capecodonline.com/cctimes/archives/2001/
sep/12/l02ndonl2.htm
109 http://www.capecodonline.com/cctimes/archives/2001/
sep/12/wasotisl2.htm
110 http://www.channel4.com/news/home/20010913/
Story06.htm
111 http://www.spiegel.de/spiegel/01518172382–2.00.html
112 http://www.capecodonline.com/cctimes/archives/2001/
sep/15/reportotis15.htm
113 http://www.af.mil/news/factsheets/F_15_Eagle.html
114 http://tvnews3.televisionarchive.org/tvarchive/html/
115 http://www.capecodonline.com/special/terror/
terrornews/102ndonl2.htm
116 http://www.aviationnow.com/content/publication/
awst/20020603/avi_stor.htm
117 http://www.capecodonline.com/special/terror/ithought21.
htm
118 http://www.juergen-elsaesser.de/de/artikel!home/
0112bue.html

119 http://www.ahram.org.eg/weekly/2001/557/intrvw.htm

120 http://abcnews.go.com/sections/202020202020J11024_atc_feature.html

121 http://www.spiegel.de/wissenschaft/mensch/01518156753.00.html

122 http://www.facsnet.org/issues/specials/terrorism/aviation.php3

123 http://aviation-safety.net/database/1984841201–0.htm

124 http://www.bluecoat.org/reports/Skaves37_FMS_Memo.pdf

125 http://www.darpa.mil/DARPATech2000/Presentations/spo_pdf/5VansuchNavigationBScW.pdf

126 *Näheres über zum Beispiel die Gyroskompasstechnik ließe sich übrigens auch bei Unternehmen der Litton-Gruppe in Deutschland erfahren, zum Beispiel bei der LITEF im trauten Freiburg … Wer wissen will, wie viel Geld offiziell in die Kanäle dieser Forschung fließt, kann sich auf dieser Webseite schlau machen:*

127 http://www.dtic.mil/descriptivesumjY2003/AlrForce/0602605F.pdf; http://www.fas.org/spp/starwars/budget/peds_ 96f/060340lf.pdf

128 http://www.time.eom/time/covers/110030127/nmicro.html

129 *http://www.aviationnow.com/content/publication/awst/20020722/aw173.htmJohn A. Brunderman (Lieutenant Colonel, USAF), High Power Radio Frequency Weapons. A Potential Counter to U. S. Stealth and Cruise Missile Technology;*

130 https://research.au.af.mil/papers/student/ay2000/awc/brundeman.pdf

131 http://www.mirror.co.uk/news/allnews/page.dm ?objectid=12192317&method=full&siteid=50143

132 http://www.zdf.de/ZDFde/inhalt/01872,2,009487,FF.html

133 http://www.newsday.com/ny-usjets152367640sep15.story

134 http://www.nashuatelegraph.com/main.asp?SectionID=25&SubSectionID=354&Artic1eID=0198

135 http://www.google.de/search?q=cache:_hCjxobyjgoJ:www.rotary-denver31.org/2002.11.08.Keyway.pdf+eberhart+%2B+22denver+rotary+c1ub%22Schl=de&ie=UTF-8

136 http://www.unansweredquestions.org/timeline/2001/philadelphiadailynews/11501.html

137 http://www.post-gazette.com/headlines/20010916otherjet nat5p5.asp

138 http://www.time.com/time/nation/article/0859 9174912,00.html

139 Wer sich es antun mag, kann dem Mordgeschäft in Afghanistan aus einer AC-130 heraus auf diesem Video zusehen: http://a1569.g.akamAI.net/f/15696097/ld/www.military.com/ContentFiles/Movies/AC130_Gunship.wmv Mehr über die Aufgaben einer C-130: http://www.theaviationzone.com/facts/c130.htm; http://wwwcgsc.army.mil/usaf/AMC_Toolbook/c130data.htm; http://www.chinfo.navy.mil/navpalib/factfile/Aircraft/Airc130.html

140 http://www.nylawyer.com/news/0l/09/0912011.html

141 http://www.channel4.com/news/home/20010913/Story06.htm

142 http://www.ournetfamily.comlWarOnTerror/E-MAils/pentagonwitness.shtml

143 http://complete911timeline.org/2002/minneapolisstar tribune 091102.html

144 Mehr dazu siehe http://www.fas.org/irp/agency/usaf/ang/penn/193wg/

145 *Manche Quellen behaupten, der Umkehrpunkt sei erst um 8.40.Uhr erreicht gewesen. Das aber kann allein aufgrund der geografischen Verhältnisse und des Ablaufs der Ereignisse nicht stimmen*

146 http://www.defenselink.mil/news/Dec2001/d20011213ubl.pdf

147 http://www.washingtonpost.com/wp-dyn/artic1es/A325972001Nov2.html

148 http://www.spiegel.de/panorama/01518162 680.00.html

149 http://geocities.com/mknemesis/homerun.html

150 http://www.raytheon.com

151 http://www.fromthewilderness.com/free/ww3/02_14_02_microbio.html

152 http://www.scoop.co.nzlmasonlstoriesIHL0208IS00085.htm

153 http://www.rnsnbc.comlnewsI629 529.asp?cpl=1
154 http://208187163.46/completetimeline/2001/meet thepress091601.html
155 http://www.washingtonpost.com/ac2/wp-dyn/A427542002Ian26is
156 http://www.fas.org/terrorism/at/docs/2002/02_27_02franks.htm
157 *MSNBC, 7. 10. 2001*
158 http://www.longboatobserver.com/showartic1e.asp?AI=2172
159 *Guardian, 10. 9. 2001*
160 http://www.eog.state.fl.us/eog_new/eog/orders/2001/september/eo2001261–09–07-01.html
161 http://abcnews.go.com/sections/politics/DailyNews/bush010910.html
162 The Qbserver, 16. 6. 2002; http://www.observer.co.uk/magazine/story/0,11,913738196,00.html
163 http://www.whitehouse.gov/news/releases/200l/12/20011 204–17.htm
164 http://foi.missouri.edu/terrorbkgd/hijackerincity.html
165 http://www.portland.com/news/attack/00923atta.shtml
166 http://www.longboatobserver.com/showartic1e.asp?AI=1874
167 http://www.thestar.com/asapp/cs/ContentServer?pagename=thestar/Layout/Article_Type1&=Article&cid=1035774511890&call_page=TS_Columnists&call_pageid=970599109774&callpagepath=Columnists
168 http://wwwl.faa.gov/ATpubs/MIL/Ch7/mil0701.html
169 http://www.washin=tonpost.com/ac2/wp-dyn/A384072001Sep15
170 http://abcnews.go.com/sections/primetime/DailyNews primetime_flightattendants_020 718.html
171 http://www.guardian.co.uk/wtccrash/story/01300575518.00.html
172 http://www.faa.gov/ATpubs/ATC/Chp10/atc1002.html; http://www.faa.gov/ATpubs/MIL/Ch7/mil0701.html
173 http://www.channel4.com/news/home/20010913/Story06.htm

174 http://www.defenselink.mil/news/Sep2001/t09 162001_t0915wbz.html

175 *New York Times, 16. 10. 2001*

176 http://www.sarasota.kI2.fl.us/emma/9.11.01/essay.valerie.html; http://www.sarasota.k12.fl.us/emma/9.11.01/essay.long.html

177 http://www.whitehouse.gov/news/releases/2001/09/20010911–16.html·http://www.whitehouse.gov/news/releases/2001/12/20011204–17.html·http://www.telegraph.co.uk/news/main.jhtmlJxmb/news/2001/12/16/wbushI6.xml

178 http://www.spiegel.de/spiegel/01518172 382–2.00.html

179 http://www.buzzflash.com/contributors/2002/05/06_Booker.html

180 http://cox.house.gov/html/release.cfm?id=33

181 http://www.csmonitor.com/20010917/plsl-usgn.html; http://www.sarasota.k12.fl.us/emma/9.11.01/photogallery6.html

182 http://www.whitehouse.gov/news/releases/2001/12/print/20011204–17.html

183 http://www.washtimes.com/national/20021007–85016651.htm

184 http://www.newsday.com/ny-uspent232380681sep23.story

185 *AP, 19. 8. 2002*

186 http://cox.house.gov/html/release.cfm?id=33

187 http://www.time.com/time/nation/artic1e/085991 74912,00.html

188 http://www.washingtonpost.com/ac2/wp-dyn/A427542002Jan26

189 http://www.defenselink.mil/news/Oct2001/n10232001200110236.html

190 http://www.cbsnews.com/stories/2002/09/04/September11/main520830.shtml

191 http://www.mirror.co.uk/news/allnews/page.cfm?objectid=12192317&method=full&siteid=50143

192 http://www.usatoday.com/news/sept112002–08–12-hijacker-daytwo_x.htm

193 http://www.nandotimes.com/specialreports/terrorism/attack/story/78392p-1097917c.html
194 http://www.msnbc.com/news/632626.asp
195 http://www.cnn.com/2002/US/04/19/rec.flight.93.families
196 http://www.philly.com/mld/dAilynews/4084323.htm
197 http://abcnews.go.com/sections/us/DailyNewsAXTC/Subindex.html
198 http://www.n-tv.de/2723208.html
199 http://www.cooperativeresearch.net/timeline/2001/philadelphiadailynews111501.html
200 http://www.cooperativeresearch.net/timeline/2002/abcnews091102.html
201 http://cooperativeresearch.org/timeline/2002/abcnews091102.html
202 http://www.cbsnews.com/stories/2002/09/04/september11/main520830.shtml
203 http://www.cooperativeresearch.net/timeline/2002/abcnews091102.html
204 http://www.telegraph.co.uk/news/main.jhtml?xml=%2Fnews%2 2001%2FI2%2FI6%2Fwbush16.xml
205 http://www.washingtonpost.com/ac2/wp-dyn/A427542002Jan26
206 http://www.whitehouse.gov/news/releases/2002/01/20020105–3.html
207 http://www.haaretzdaily.com/hasen/pages/ShArt.jhtm/PitemNos777448ccontrassID=
208 http://www.sfgate.com/cgi-bin/article.cgi?file=/chronicle/archive/2001/09/12/MN229389.DTL
209 http://www.cbsnews.com/stories/2001/07/26/national/main303601.shtml
210 http://www.msnbc.com/news/629606.asp?Osp=wI3b2#BODY
211 http://www.mdw.army.mil/news/Contingency_Planning.html
212 http://www.usmedicine.com/article.cfm?articleID=272&issueID=3
213 http://www.nlsi.net/hs-a1c-info.htm

214 http://www.cnn.com/2001/US/10/05/rec.pentagon.repairs/?related
215 http://story.news.yahoo.com/news?tmpl=story&u=/ap/20030123/ap_on=0_ca_st_pe/a ttacks_pentagon_1
216 http://www.defenselink.mil/news/Sep2001/n09152001200109153.html
217 http://www.construction.com/NewsCenter!Headlines/ENR/20010914b.asp
218 http://www.mdw.army.millnews/DoD_helps_authorities_began_helping_civil_authorities_almost_immediately_after_the_first_hijacked_Airliner_hit_the_north_tower_of_the_after_attack.html
219 http://www.dot.gov/affairs/092001statement.htm; http://usinfo.state.gov/topicallpollterror/01092012.htm
220 http://abcnews.go.com/sections/us/DailyNews/warningmemo020516.html
221 http://www.madcowprod.com/
222 http://www.rense.com /general33/dissc.htm
223 http://www.onlinejournal.com/SpecialReports/Hopsicker103102/hopsicker103102.html
224 http://216239,53,100/search?q=cache:uPa5TNnqLgC:www.floridaAir.com/discoverAir/da_news.html+%22Discover+Air%22&hl=en&i=UTF-8
225 http://www.onlinejournal.com/SpeciaLReports/Hopsicker041902/hopsicker041902.html
226 http://www.madcowprod.com/index30.html
227 http://www.madcowprod.com/index25a.html; http://www.sunherald.com/search/search.aspPshowarticles_138988
228 http://query.nytimes.com/gst/abstract.html/Press_F40B13939540728DDDAE0894DA404482
229 http://www.3sat.de/3sat.php?http://www.3sat.de/neunzehn/sendung/36890/
230 http://fhh.hamburg.de/stadt/Aktuell/pressemeldungen/2002-ab-04–09/november/18/pressemeldung-2002–11–18bfi-Ol.html
231 http://www.chicagotribune.com/news/nationworld/chi-0211170296nov/7,0,6628254.story?coll=chiProzent2DnewsProzent2Dhed

232 http://dip.bundestag.delbtd/14072/1407247.pdf
233 http://de.news.yahoo.com/030131/286390kw.html
234 http://www.spiegel.de/panorama/01518227 866.00.html
235 http://de.news.yahoo.com/030122/123786s.html
236 http://www.abc.net.au/4comers/atta/resources/documents/fbiaffidavitl.htm
237 http://www.Jatimes.com/news/nationworld/nation/la-000030673apr30.story
238 *Vgl. die 9/11-Untersuchung von Longman: Among the Heroes, August 2002, S.262f., zitiert in* http://www.geocities.com/spdster2003/timeline13.html
239 http://www.Jatimes.com/la-052302agent story
240 http://???l\rime-col\?e/PerSonoftheyear/200.hml
241 http://www.unansweredquestions.net/timeline/2002/minneapolisstartribune122202.html
242 http://www.washingtonpost.com/ar?A,j-.art.cle&nodel\contenddsAygi2nZyn?Pa8ename=sl\y-2002Jun18&not Found=true
243 http://abcnews.go.com/sections/primetime/DailyNews/FBCwhistleblowers021219.html
244 http://www.villagevoice.com/issues/0225/gray.php
245 http://www.observer.co.uk/Distribution/Redirect_Artifact/04678,0,560624,0.html
246 http://www.whitehouse.gov/news/releases/20011111 20011110-3.html
247 http://www.sptimes.com/2002/09/23/Worldandnation/FAA_got_alerts_but_no.shtml
248 http://www.petitiononline.com/11601TFS/petition.html
249 http://burningbush.netfirms.com/Kristen.html
250 http://www.kaleo.org/vnews/display.v/ART/2003/01/30/3e38d70466de5
251 http://www.cnn.com/2002/ALLPOLITICS/05/16/president.gop.senators/
252 http://www.cnn.com/2002/ALLPOLITICS/01/29/inv.terror.probe/index.html
253 http://www.alternet.org/story.html?StoryID=12868254
254 http://www.pbs.org/newshour/bb/congress/july-dec02/intelligence_12-II.html

255 http://www.ical-online.org/45365,index.html

256 http://www.welt.de/data/2002/12/16/25422.html

257 http://entertainment.tv.yahoo.com/entnews/ne/20020304101525400002.html

258 http://www.globalresearch.ca/articles/CH0212A.html

259 http://www.heise.de/tp/deutsch/speciallwtc/1815/1.html; http://www.fortune.eom/fortune/articles/0,15114410237,00.html

260 http://www.nationalreview.com/mowbray/mowbray I22002.asp

261 http://www.9–11commission.gov/hearings/hearing1/witness_kleinberg.htm

262 http://www.washingtonpost.com/ac2/wp-dyn/A28914200 3May22?language=printer

263 http://www.msnbc.com/news/907379.aspPOcbcl; http://www.msnbc.com/news/910676.asp?cpl=1

264 http://washingtonpost.com/ac2/wp-dyn/A20731–20010 ct31?languag=printerl; Bushs Executive http://www.fas.org/sgp/news/2001/11/eo-pra.html

265 http://www.pbs.org/now/transcript/transcript_hersh.html

266 http://www.newamericancentury.org/Rebuilding AmericasDefenses.pdf

267 http://www.rense.com/general33/pearl.htm

268 http://www.uni-kassel.de/fblO/frieden/regionen/Irak/avnery2.html

269 http://www.cbsnews.com/stories/2002/09/04/september11/main520830.shtml

270 http://520076568788.bei.t-online.de/audio.html

Supplement: Mohamed Atta and The Venice Flying Circus

Der komplette Text zum Film war in der Originalausgabe in einer Super-Video beigelegt.

Hallo, mein Name ist Daniel Hopsicker. Willkommen bei »Mohamed Atta and the Venice Flying Circus«.

Ich stehe vor dem Flugplatz in Venice, Florida. Hier in Florida wird derzeit offensichtlich alles darangesetzt zu vertuschen, was sich vor dem 11. September auf diesen Start- und Landebahnen abgespielt hat.

Man belügt uns über die Art der Verschwörung, die zur Zerstörung des World Trade Center geführt hat, wir werden belogen vom FBI und von unserem Präsidenten. Belogen auch von unseren Medien. Beispielsweise beginnt der Dokumentarfilm des PBS über den 11. September mit diesem Satz: »Neunzehn Hijacker reisten unbemerkt durch Europa und die Vereinigten Staaten.« Wer's glaubt, wird selig.

In der Eingangshalle der CIA-Zentrale in McLean, Virginia, steht der Wahlspruch: »Du sollst die Wahrheit wissen, und die Wahrheit wird dich frei machen.«

Dies ist die Geschichte der Legenden. Die Legende eines Menschen ist seine Tarnung, die Lüge, die so lange Bestand hat, dass er damit durchkommt. Die Legende von Rudi

Dekkers als Betreiber einer Flugschule und von Mohammed Atta als fanatischem Islamisten ist seit dem Anschlag auf das World Trade Center immer fadenscheiniger geworden. Aber bei dem, was Sie hier sehen, wird sich Ihnen die gleiche Frage aufdrängen, die wir gestellt haben: »Wer sind diese Typen?«

In diesem Film werden einige wichtige Augenzeugen des 11. September zu Wort kommen Augenzeugen nicht der Terrorangriffe auf das World Trade Center selbst, sondern des Vorspiels zu der Tragödie, dem Verschwörungsprozess in Florida, der vor zwei Jahren einen massiven Zustrom arabischer Flugschüler zur Folge hatte.

ZEUGE (seit fünfzehn Jahren Pilot in dieser Region): Ich bin oft mit den Leuten essen gegangen, und manche von ihnen sprachen kaum englisch. Manche kamen aus Liberia, äh, Libyen, aus verschiedenen Ländern des Nahen Ostens, nehme ich an. Diese Sorte Flugschüler hatten wir erst in letzter Zeit

Sie werden außerdem feststellen, dass sich Mohammed und seine Kumpels oft wie Figuren aus »Miami Vice« benahmen.

RENE ADORNA: Sie waren laut, machten Bemerkungen, hauten mit der Hand auf den Tisch, hier geht es um 200 000 Dollar; wir sind der Familie Rechenschaft schuldig. Ich dachte gleich an die Mafia.

Und Sie werden überdies erfahren, dass der Flugschulbetreiber Rudi Dekkers, der Mann, dem dieser massive Zustrom hauptsächlich zu verdanken ist, nicht der ist, der zu sein er vorgibt.

TOM HAMMERSLEY: Ich habe nur gehört, dass er einen Hintermann in Naples hat, der ihn finanziell absicherte, dass das Geld, mit dem er gewissermaßen herumprotzte, gar nicht sein Geld war. Er war nur der Strohmann für den Kerl, der das Geld hatte.

Um der Wahrheit auf den Grund zu gehen, müssen wir uns in ein überraschendes und bis vor kurzem wenig bekanntes Zentrum der Intrige begeben, einen öffentlich zugänglichen, towerlosen Flughafen für einen Jetset international agierender Spione, Gauner, Schurken und Terroristen, angesiedelt in unmittelbarer Nachbarschaft einer Gemeinde von Rentnern, die erpicht darauf sind, auf dem Golfplatz den Sondertarif für Frühaufsteher zu ergattern.

Willkommen also in Venice, einer kleinen Rentnergemeinde an der Golfküste Floridas. Wie die meisten Städte hat Venice ein paar Besonderheiten vorzuweisen. Beispielsweise preist sich das Städtchen selbst als die Welthauptstadt der Haifischzähne an, und der Altersdurchschnitt seiner Einwohner ist der zweithöchste in den Vereinigten Staaten.

Aber genau genommen ist es einfach ein nettes, wohltuend normales Städtchen. Abgesehen davon, dass arabische Terroristen dutzendweise hierher kamen, um fliegen zu lernen. Mohammed Atta, Pilot der Maschine, die in den ersten Turm krachte, hat hier fliegen gelernt. Marwan Al-Shehhi, der eine halbe Stunde später in den zweiten Turm krachte, hat auch hier fliegen gelernt. Desgleichen Ziad Jarrah, Pilot des Flugzeugs, das in Pennsylvania abstürzte. Also drei von vieren. Darüber hinaus der meistgesuchte noch lebende Terrorist aus dem Hamburger Kader, Ramzi Binalshibh. Was führte sie hierher?

Warum werden gesunde junge Männer magisch angezogen von irgendeiner Rentnergemeinde, in der die Strandschönheiten, sofern es sie gibt, längst vergangene, ruhigere Tage in Erinnerung rufen? Man kommt ins Grübeln, schließlich sind wir hier nicht in Hamburg.

Wieso wurde Venice, Florida, zum wichtigsten Schauplatz des Verbrechens vom 11. September, der nicht in Schutt und Asche gelegt wurde?

Wurden die Männer hierher geschickt? Handelten sie in einem Auftrag? Wer war dieser Mohammed Atta überhaupt? Fundamentalistischer Islamist, Rädelsführer einer terroristischen Vereinigung, Rattenfänger für Terrorpiloten? Oder vielleicht ein arabischer Spion oder Doppelagent, wie wäre es damit?

Rene Adorna und ihr Mann Tom sind Inhaber und Betreiber des Pelican Alley. Als einen Tag nach dem 11. September Reporter in dem Lokal aufkreuzten, wussten sie sofort, warum sie gekommen waren.

RENE ADORNA: Kurz nachdem es passiert war, kamen Zeitungsleute hierher, und jemand sagte: »Oh, da draußen ist ein Reporter«, und ich wusste augenblicklich, warum er gekommen war, weil ich mich an den Tisch erinnern konnte. Tommy wusste Bescheid, Jeff wusste Bescheid, und dann hat er nicht mal…, er hat uns nur ein Foto gezeigt, und wir wussten sofort Bescheid. Sie waren zu dritt. Und sie sahen irgendwie alle wie Ägypter aus, also dunkelhäutig, dunkelhaarig, eine Menge Schmuck, jede Menge Schmuck. Sie hatten so Floridahemden an, so buntgemusterte Seidenhemden, wissen Sie, all so was, und ich hätte schwören können, dass da ein Kreuz war, der eine Typ hatte so ein großes Kreuz, so ein protziges Goldkreuz, dachte ich jedenfalls, aber jetzt bin ich mir nicht mehr so sicher, wissen Sie, aber ich weiß, dass er so eine große Uhr anhatte.

DANIEL HOPSICKER: Haben Sie alle drei auf den Fotos, die man Ihnen gezeigt hat, erkannt?

RENE ADORNA: Ich habe nur einen erkannt, diesen … Atta.

DANIEL HOPSICKER: Sie meinen den mit dem finsteren Blick?

RENE ADORNA: Genau. Er hat kaum ein Wort mit mir gesprochen, aber als ich hinkam, dachte ich irgendwie, herrje, was hat der für ein Problem, weil er die ganze Zeit diesen echt fiesen Blick drauf hatte, als wäre er total unzufrieden. Er hat eigentlich gar nichts gesagt. Dann war da noch der andere Typ, der größere, breiter gebaute, der hat es übernommen, mit mir zu reden. Er war sehr offen, geradezu liebenswürdig.

DANIEL HOPSICKER: Und mit wem hat Atta debattiert?

RENE ADORNA: Mit dem großen Kerl, und er, der Große also, hat den anderen Typen angeschrien.

DANIEL HOPSICKER: Und Atta und sein Freund haben nicht gerade über die korrekte Auslegung des Korans debattiert.

RENE ADORNA: Sie waren laut, machten Bemerkungen, hauten mit der Hand auf den Tisch und so. Hier geht es um 200 000 Dollar; wir sind der Familie Rechenschaft schuldig. Ich dachte an die Mafia. Wenn ich vorbei musste, habe ich einen Bogen um den Tisch gemacht, und dann bin ich zum Manager gegangen und habe gesagt: »Behalt den Tisch lieber im Auge, die Typen könnten Ärger machen.«

TOM ADORNA: Rene kam ins Büro und sagte, draußen wären drei Herren, die sehr laut würden und sich in die Haare gerieten, und sie hätte Angst, das Ganze würde eskalieren, darum holte sie mich, und ich ging mit ihr raus. Sie saßen genau hier. Sie saßen so, dass der eine auf der einen und der andere auf der anderen Seite des Tischs saßen, und der große Typ, der saß nicht mal in der Nische drin. Er saß auf einem Stuhl vor der Nische, er war ein ziemlich großer, kräftiger Typ, und er führte meist das Wort. Er redete ständig auf sie ein, es ging um Geld, wir hörten dauernd was von Geld. Der andere, ich glaube, das war der Chef. Er sagte kein Wort, er saß einfach nur da mit seinem komischen Blick und sagte nichts.

DANIEL HOPSICKER: Hatten Sie Besuch vom FBI?

TOM ADORNA: Nein, nur von zwei Zeitungen. Das war alles. Und sie waren hier in der Straße am Haus. Das Haus, das sie gemietet hatten, war hier ganz in der Nähe in dieser Straße. Und sie kamen kein einziges Mal zu uns.

DANIEL HOPSICKER: Hat das FBI mit Ihnen geredet?

RENE ADORNA: Nein, nur die Zeitungsleute. Ich fand das komisch. Ich dachte, sie würden vielleicht ein paar Dinge wissen wollen, aber vielleicht hatten sie alle Informationen, die sie brauchten.

Das FBI hat die Untersuchungen zur Katastrophe vom 11. September nie abgeschlossen. Sie wurden auf Veranlassung von Präsident Bush eingestellt, weil, wie er sagte, Leute für die Arbeit an den Anthrax-Anschlägen freigestellt werden sollten. Die Anthrax-Geschichte liegt jetzt hinter uns. Und 3000 Tote fordern uns auf, die Wahrheit aufzudecken, herauszufinden, warum sie am 11. September des Jahres 2001 sterben mussten.

Und die Suche nach dieser Wahrheit ist es, die uns an diesen Ort geführt hat, wo Mohammed Atta vor knapp achtzehn Monaten dem Venice Flying Circus beigetreten ist.

Nach einem ersten Blick in das Privatleben einiger kaltblütiger Mörder wollten wir sehr viel mehr wissen. Die nahe liegende Frage ist natürlich: Was sind das für fanatische Islamisten, die Seidenhemden und schwere Golduhren tragen? Und wichtiger noch: Wer oder was ist die Familie?

Das FBI hat es geschafft, in dem Haus vorbeizuschauen, das Mohammed Atta und Marwan Al-Shehhi in der Nachbarschaft des Pelican Alley gemietet hatten. Es gehört diesem Mann, Steve Kona, einem Feuerwehrmann aus Venice.

STEVE KONA: Sie fuhren direkt zu dem gemieteten Haus. Ich glaube, das FBI tauchte ein paar Tage später auf. Ich mähe dort nur im Sommer den Rasen, und sie regelten die monatlichen Mietzahlungen über den Makler, aber ich habe sie ein paar Mal gesehen, wenn ich zum Mähen drüben war.

Mohammed Atta vermied offenbar weitgehend jeden Kontakt.

STEVE KONA: Ja, er hielt sich irgendwie sehr für sich. Sein Cousin, was ich mir überhaupt nicht vorstellen kann, mit dem habe ich ein paar Mal geredet. Er war nett, aber Mohammed Atta, nein, mit dem habe ich in den sechs Monaten, die er hier gewohnt hat, nie ein Wort gesprochen.

Der Vermieter der Terroristen nennt eindeutig die Zeitspanne, in der sie das Haus gemietet hatten – von Juli bis Ende Dezember im Jahr vor den Anschlägen.

STEVE KONA: Sie mieteten es nur für sechs Monate, ungefähr die Zeit, die sie für ihren Flugunterricht brauchten. Und dann verschwanden sie wieder. Ich hatte ja nichts mit ihnen zu tun, darum weiß ich auch nicht, wo sie sich danach aufhielten. Aber ich hatte sie so verstanden, dass sie vorhatten, wieder in ihre Heimat zurückzugehen. Ich dachte, sie wären nur wegen der Pilotenausbildung hier und würden dann wieder nach Hause zurückkehren.

Wir haben gerade von Augenzeugen erfahren, dass sie nur einen Monat vor dem 11. September in einem Restaurant in Venice gesehen wurden. Der zeitliche Ablauf passt nicht. Denn wenn das FBI erklärt, wo sich die Terroristen in den letzten neun Monaten der Verschwörung in diesem Land aufhielten, fällt niemals das Wort Venice. Gab es etwas in Venice, das wir nicht wissen sollten?

Brenda Cover arbeitet in der Feinkostabteilung dieses Supermarkts, eine Meile vom Flugplatz entfernt. Sie sagt, dass die Terroristen nur eine Woche vor den Anschlägen noch in Venice waren.

BRENDA COVER: Am 11. September telefonierte ich mit meiner Schwiegermutter, als die Türme getroffen wurden. Sie zeigten Fotos von drei Männern im Fernsehen, und Atta war einer von ihnen. Ich erkannte die Gesichter auf Anhieb und sagte zu meinem Mann: »Mein Gott, das sind die drei. Sie waren erst vor einer Woche im Laden.« Eine Woche vor den Anschlägen waren sie im Laden. Sie haben Sandwiches gekauft.

Mit wem trafen sie sich? Warum waren sie hier? Offiziellen Verlautbarungen zufolge war es reiner Zufall, dass sich Mohammed Attas terroristischer Kader in Venice aufhielt. Ist das wirklich wahr?

Auch diesmal wurde Attas finstere Ausstrahlung ausdrücklich erwähnt.

BRENDA COVER: Die Art, wie sie einen einfach nur anstarrten, gefiel mir nicht. Es wäre etwas anderes gewesen, wenn sie mit einem geredet hätten wie mit einem normalen Menschen, also hallo, wie geht's denn so, und so etwas. Aber er stand einfach da und starrte einen böse mit seinen dunklen Augen an, als wäre man selbst der Fiesling. Als wollte er einem an die Gurgel oder so. Man konnte richtig Angst kriegen, so unheimlich war das, wie einer, dem man im Dunkeln nicht allein auf einem Parkplatz begegnen möchte.

Wir haben Brenda gefragt, wann ihr zum ersten Mal auffiel, dass so viele arabische Flugschüler nach Venice gekommen waren.

BRENDA COVER: Ungefähr vor einem Jahr. Vor einem Jahr etwa.

War es wirklich nur Zufall, dass so viele junge Araber gleichzeitig nach Venice kamen, um Flugunterricht zu nehmen? Denn wenn nicht, ging in Venice, Florida, etwas anderes vor; etwas, das vom FBI geflissentlich übersehen wird.

Zwischen Venice und »Miami Vice« liegen Welten. Für Atta und seinen arabischen Kader schien die Ostküste Floridas, ein Ort der Intrigen nach Casablanca-Art mit Schickerialokalen voller superschlanker europäischer Models, wie geschaffen. Hier würde selbst Osama Bin Laden einen Flugzeughändler finden, der ihm einen US-Jet-Flugsimulator verkaufen würde.

Dies ist der Executive Airport in Fort Lauderdale, bekannt als ein sicherer Hafen für Luftpiraten. Diese Firma beispielsweise operierte von dem berüchtigten Flugplatz

Mena, Arkansas, aus, der in den achtziger Jahren als reger Drogenumschlagplatz fungierte. Wenige Straßenzüge von diesem Flugplatz entfernt mietete Mohammed Atta für den Monat, der der letzte seines Lebens sein sollte, einen Wagen. Erstaunlicherweise benutzte er ihn, um nach Venice zurückzukehren. Wie wir im offiziellen Bericht des FBI gesehen haben, taucht der Ort Venice in den letzten Tagen der Geschichte von Mohammed Atta nicht auf. Aber Mohammed Atta und Marwan Al-Shehhi fuhren mit den Autos, die sie hier in diesem Büro hinter mir gemietet haben, zwei Mal nach Venice.

BRAD WARRICK: Sie mieteten über drei verschiedene Verträge zwei Wagen für insgesamt fünf Wochen. Sie holten das Auto gegen Büroschluss ab, und das sollte für zwei Wochen sein, er sagte mir, er brauchte es zwei Wochen. Und er sagte, er müsste damit zur Westküste Floridas fahren, und wollte wissen, ob das ein Problem wäre.

In diesem unscheinbaren Gebäude in Pompano Beach, Florida, erhielten wir die Bestätigung, dass Atta zwei der drei letzten Wochen seines Lebens in Venice verbracht hatte.

BRAD WARRICK: Als er diese zwei Wochen in Venice war, rief er mich von dort aus an, ich sah das, weil mein Display den Anrufer anzeigt. Na toll, dachte ich. Jetzt habe ich ein kaputtes Auto drüben an der Westküste von Florida. Dabei hat er nur angerufen, weil das Servicelämpchen aufgeleuchtet hat.

Bei seiner Befragung durch das FBI erfuhr Warrick einige ihm noch nicht bekannte Einzelheiten über die Angriffe.

BRAD WARRICK: Naja, Marwan hätte das Gebäude fast verfehlt. Die FBI-Leute sagten, er, Marwan, ist lOOmph schneller geflogen als Atta, und deshalb ist er an einer tieferen Stelle des Gebäudes aufgeprallt, weshalb dieses Gebäude als Erstes eingestürzt ist, weil tiefer im Gebäude so viel Treibstoff war. Aber sie haben außerdem erklärt, dass Atta ganz cool war, völlig ruhig und auf sein Ziel konzentriert – und Treffer ... Marwan dagegen, zehn Jahre jünger, hatte Todesangst und flog unkonzentriert, und in der letzten Minute hätte er, wie ich schon sagte, das Gebäude beinah verfehlt.

Etliche Punkte in Warricks Bericht stimmen nicht mit der offiziellen Geschichte überein. Angeblich war Atta im Sommer vor den Anschlägen zum ersten Mal in den USA, was kaum ausreicht, um akzentfrei englisch zu sprechen.

DANIEL HOPSICKER: Wie war ihr Englisch?

BRAD WARRICK: Beide sprachen sehr gut. Sehr gut. Ich war überzeugt, dass sie schon ewig im Land waren.

Wo und wann lernte Mohammed Atta so gut Englisch, als hätte er ein Leben lang hier gelebt? Wohin wir uns auch wandten, bekamen wir widersprüchliche Informationen.

BRAD WARRICK: Mohammed achtete sehr auf seine Kleidung. Also, er trug schicke Hosen und Hemden. Sehr geschäftsmäßig. Schicke Klamotten, wie ein Geschäftsmann. Er trug einen Aktenkoffer bei sich und hatte alle notwendigen Papiere. Wenn wir einen Wagen vermieten, muss der Kunde Kreditkarte, Führerschein und Versicherungsnachweis vorlegen, und er hatte alles, alles stimmte überein. Er war bei der Allstate-Versicherung. Die Adresse auf seinem Versicherungsschein war die gleiche wie auf dem Führerschein. Er war der perfekte Kunde.

Warrick wundert sich immer noch über bestimmte Widersprüche im Verhalten der Terroristen. Auch hier wieder Ungereimtheiten.

BRAD WARRICK: Wenn sie einen Selbstmordanschlag planten, wussten sie, dass sie in ein paar Tagen weg vom Fenster sein würden. Warum soll sich einer die Mühe machen, zwei Tage vorher den Wagen zurückzubringen, wenn er, sagen wir, in Fort Lauderdale einen Flug Richtung Norden kriegen muss? Warum lässt er den Wagen nicht einfach am Flugplatz stehen? Für mich war's egal. Wir hatten doch einen unterschriebenen Kreditkartenbeleg. Wir hätten den Betrag über die Kreditkarte abrechnen können, und er hätte sich die Umstände erspart. Warum hätte er sich Gedanken darum machen sollen? Sie machten sich die Mühe, das Auto hierher zurückzubringen. Und für den letzten Vertrag hatten wir einen unterschriebenen Beleg für Mohammeds Kreditkarte. Und Marwan sagte, nein, setzen Sie's nicht auf seine Kreditkarte, hier, nehmen Sie meine. Naja, wenn wir den Betrag von der Kreditkarte eines anderen abbuchen, muss derjenige mit in dem Vertrag stehen. Das heißt, er musste seinen Führerschein vorlegen und alles unterschreiben. Kein Problem. Er gab uns seinen Führerschein, unterschrieb die Papiere und zeriss Mohammeds Kreditkartenbeleg. Setzte alles auf Marwan. Also, was soll … was macht es für einen Unterschied; wenn man ohnehin in ein paar Tagen tot ist?

Auch Warrick fiel der Zustrom verdächtiger Personen auf.

BRAD WARRICK: Ich hatte ihnen alle möglichen Namen gegeben, weil in diesem letzten Jahr eine Menge Leute hier waren, und nach dem 11. 9. fragte ich, was ist damit, erinnerst du dich an diesen Kunden, oder was ist mit diesem Kunden. Drei junge Typen, die in den drei Monaten vor dem 11. September bei mir einen Wagen gemietet hatten. Und für mich passen sie zu dem, was Mohammed vorhatte. Warum ich, warum sollten sie 900 Dollar im Monat für ein Mietauto von mir ausgeben? Was hatten sie wohl vor? Warum waren sie hier?

Wie fast alles, was mit dem 11. September im Zusammenhang steht, hat auch Bradley Warricks Geschichte einen Haken. Wir fragten ihn, woher Mohammed Atta die Adresse seiner winzigen Firma hatte.

BRAD WARRICK: Naja, wohl aus dem Telefonbuch.

Aber Warrick steht nicht im örtlichen Branchenverzeichnis. Auch das ein Widerspruch. Und auch im Handelsregister von Florida ist seine Firma nicht zu finden. Wir fanden heraus, dass er Steuerschulden hatte. Vielleicht waren wir deshalb so überrascht, als er uns sagte, dass er schon früher mit dem FBI zu tun hatte.

In den letzten sechs Wochen seines Lebens kehrte der Terroristenboss Mohammed Atta den aufregenderen Bezirken von Miami den Rücken und fuhr zum anderen Ende des Staates in ein Rentnerstädtchen mit der zweitältesten Einwohnerschaft der gesamten Vereinigten Staaten – Venice. Hatte Mohammed Atta insgeheim mehr für Witwen mit blaustichigen Dauerwellen übrig als für langbeinige europäische Models? Es würde uns sehr wundern, wenn es so wäre.

Atta verkehrte regelmäßig in diesem Strip lokal in Sarasota, das passenderweise direkt neben einer Hunderennbahn liegt. Hier erfreute sich Mohammed Atta, ein junger Mann mit Geld im Überfluss, sehr unislamischer Tanzeinlagen. Desgleichen in Lokalen wie dem Pink Pony Strip Club in Daytona Beach und dem Olympic Garden, einem heruntergekommenen Laden am schäbigeren Ende des Strips in Las Vegas. Fundamentalisten müssten eigentlich die Nase rümpfen über einen, der 20-Dollar-Scheine in die Slips von Stripperinnen steckt, finden Sie nicht? Aber es ging nicht nur um anrüchige Striplokale. Wenn er nicht gerade Ungläubige befingerte, hatte Atta durchaus auch Sinn fürs Feine. Beispielsweise in Harry's Bar in New York herumzuhängen, wo sein Stammplatz ein Tisch neben dem Piano war. Wir können uns vielleicht vorstellen, dass ein arabischer Spion eine Vorliebe für einen Tisch beim Piano hat, aber ein islamischer Fundamentalist?

Drei Tage vor den Anschlägen wurden Mohammed Atta und Marwan Al-Shehhi abends zusammen in dieser Bar in Fort Lauderdale gesehen. Ihr Trinkgelage machte im Handumdrehen die Runde. Das FBI faxte dem Geschäftsführer Tony Amos und der Barfrau Patricia Idrissi Fotos von den Terroristen, die tags zuvor zwei Flugzeuge ins World Trade Center gelenkt hatten. Wir haben beide Männer wiedererkannt, sagte Amos. Atta trank drei Stunden am Stück Stoli-Wodka, erinnerte sich die Barfrau. Marwan AlShehhi trank Rum. Sie waren sehr unhöflich, erklärte sie. Sie wollten die Rechnung nicht bezahlen. Gefragt, ob sie sich die Barrechnung über 48 Dollar leisten könnten, zückte Atta ein dickes Geldbündel. Mohammed sagte, er arbeite für American Alrlines und könne die Rechnung bezahlen, erzählte sie vor Reportern. Der Typ, Mohammed, sei betrunken gewesen, sagte Amos.

Eine Woche später änderte Amos seine Geschichte. Mohammed Atta habe an jenem Abend in der Shackum's Bar nichts Stärkeres als Preiselbeersaft getrunken, behauptete der Geschäftsführer Tony Amos plötzlich. Und er habe ganz allein da gesessen. Sehen Sie sich dieses Bild an. Glauben Sie, dass der Geschäftsführer seine Geschichte änderte, weil er Atta mit jemandem verwechselt hatte? Wir wollten ihn selbst fragen, aber als wir hinkamen, arbeiteten er und die Barfrau Idrissi nicht mehr dort. Die neue Barfrau deutete an – bevor ihr klar wurde, dass sie zu viel gesagt hatte –, dass beider Verschwinden etwas mit dem 11. 9. zu tun hatte.

Für einen Mann mit Attas Vorliebe für den Jetset muss das Leben in Venice die Hölle gewesen sein. Atta muss sauer gewesen sein. Kein Wunder, dass sich alle über seine schlechten Manieren ausgelassen haben. Aber war er aus freien Stücken in Venice? Warum kamen Mohammed Atta und so viele andere Akteure des 11. 9. hierher? Die drei Besuche in Venice in den letzten sechs Wochen seines Lebens müssen geschäftliche Gründe gehabt haben. Mit wem traf er sich hier?

Beamte der örtlichen Polizeibehörden deuteten uns gegenüber an, dass sie das auch gern wüssten. Und an diesem Punkt führte uns unsere Suche zu diesem Mann, Rudi Dekkers, Betreiber einer Flugschule und verantwortlich dafür, dass vor zwei Jahren buchstäblich Hunderte von arabischen Flugschülern nach Venice kamen.

Die zentrale Frage in unserer Geschichte, der Tragödie des 11. September, würde demnach lauten: Bewegten sich diese arabischen Männer so unbeschwert an der Golfküste von Florida, als hätten sie ihr Leben lang Tom-Petty-Platten gehört? Oder stand hinter ihnen ein weltweit operierendes Netzwerk? Wenn das zutrifft, müsste man sich als erstes in Rudi Dekkers‹ Flugschule umsehen.

In der Zeit nach der Tragödie war Rudi Dekkers überall im Fernsehen als harmloser Geschäftsmann präsent, als ahnungsloses Opfer von Leuten, die zu den schlimmsten Verbrechern der Kriminalgeschichte gehörten. Aber ist er das wirklich?

Der erste Hinweis auf Rudi Dekkers kam von einer Reporterin, die uns darauf aufmerksam machte, dass er in den Fernsehinterviews nicht ehrlich klang, dass etwas mit ihm nicht stimmen konnte. War es weibliche Intuition? Wir fanden, dass er ganz aufrichtig klang.

RUDI DEKKERS: Ich hörte an jenem Morgen sofort, was passiert war. Und der erste Gedanke, der mir durch den Kopf ging, war: Wenn ich es gewusst hätte, ich hätte sie eigenhändig erwürgt. Wenn in diesem Moment ein Muslim hier hereinspazieren würde, wäre ich, glaube ich, auch nur ein Mensch und würde ihn hochkam wieder rauswerfen. Am Tag nach den schrecklichen Ereignissen waren wir einfach nur traurig, genau wie alle anderen Amerikaner.

Dekkers ist kein Amerikaner, sondern Holländer. Und die Art, wie er die Verantwortung an seine Angestellten weiterreicht, klingt ein bisschen einstudiert.

PAULA ZAHN (Moderatorin der CNN-Sendung »Live front the Headlines«); Wie kam der erste Kontakt mit diesen Männern zustande?

RUDI DEKKERS: Gestern habe ich von meinen Angestellten erfahren – ich habe schließlich nicht mit allen Flugschülern, die hier hereinkommen, persönlich zu tun –, dass diese beiden Männer im Juli 2000 kamen, um sich unsere Anlage anzusehen, weil sie mit dem Verein in Tampa, bei dem sie bis dahin geflogen waren, nicht zufrieden waren.

Nach ein paar Tagen tauchten sie wieder auf und harten sich entschieden, bei uns zu fliegen.

Das klingt nach einem klaren Zeitablauf. Aber hören Sie zum Vergleich, was der Leiter der Flugschule Jones Aviation im nahe gelegenen Sarasota, Florida, dazu zu sagen hat. Er erzählt eine vollkommen andere Geschichte.

TOM HAMMERSLEY: Es muss ungefähr im Juni 2000 gewesen sein, als sie von Huffman Aviation heraufkamen. Normalerweise nehmen wir keine Schüler, die von anderen Schulen kommen. Nur ausnahmsweise, und in diesem Fall habe ich eine Ausnahme gemacht, weil mir ihre Gründe einleuchtend schienen.

Dekkers‹ Aussage nach war der Terroristenboss Atta bei seinem Eintritt in die Flugschule Huffmans bereits ein erfahrener Pilot.

PAULA ZAHN: Haben sie das Fliegen also sozusagen von der Pike auf gelernt?

RUDI DEKKERS: Nein, Herr Atta besaß bereits einen Privatpilotenschein, während Al-Shehhi erst ein paar Stunden genommen hatte. Er hat seinen Privatpilotenschein für ein- und mehrmotorige Maschinen bei uns gemacht.

Aber wenig später wird dieser Aussage widersprochen. Eine weitere Ungereimtheit. »Atta war bereits Pilot. Er besaß schon einen Privatpilotenschein.« Richtig?

TOM HAMMERSLEY: Nicht, als er hier ankam. Er stand kurz davor. Er hatte schon drei Viertel des Ausbildungsprogramms für den Privatpilotenschein absolviert.

DANIEL HOPSICKER: War das der gleiche Kurs den Marwan mitgemacht hat?

TOM HAMMERSLEY: Ja.

DANIEL HOPSICKER: Aber gab es nicht deutliche Leistungsunterschiede zwischen den beiden?

TOM HAMMERSLEY: Atta war der bessere Pilot, aber wenn man die beiden als Flugschüler betrachtet, die zusammen lernen, hätten sie, gemessen an dem Pensum, das sie schon hinter sich gebracht hatten, eigentlich viel weiter sein müssen.

Das FBI wusste, wie wir erfahren haben, schon seit einiger Zeit über die Terroristenausbildung in Rudi Dekkers‹ Flugschule Bescheid, weswegen es vermutlich auch so rasch reagierte.

PAULA ZAHN: Das FBI hat Ihnen erst vor wenigen Stunden einen Besuch abgestattet und einige Unterlagen konfisziert. Können Sie uns mehr dazu sagen?

RUDI DEKKERS: Gestern gegen 14.30 Uhr riefen sie meinen Geschäftsführer hier in Venice an und wollten die C-2-Akten sehen. Ich kam gegen 7 Uhr morgens ins Büro. Sie waren immer noch da, und ich sprach kurz mit ihnen. Sie sagten, sie seien gerade im Begriff zu gehen. Ich sagte ihnen, ich hätte noch mehr Kunden aus dem Nahen Osten, und ich hielt es für richtig, ihnen alle meine Akten zu überlassen. Also habe ich ihnen mehrere hundert Akten aus den vergangenen Jahren mitgegeben.

Die Akten aus Rudi Dekkers‹ Flugschule könnten einige hartnäckige Fragen über die konspirativen Aktivitäten der Terroristen in Florida beantworten und vielleicht sogar offenbaren, welche Hilfestellung ihnen in unserem Land von wem zuteil wurde. Aber diese Fragen wurden nicht beantwortet, weil das FBI nichts über den Inhalt der Akten verlauten ließ. Ein Polizeibeamter aus Venice berichtete, dass sie, das FBI, direkt vor dem Polizeirevier zwei Lkw beluden, die sie dann zum Flugplatz Sarasota und geradewegs an eine C-130Transportmaschine des Militärs steuerten, die wenig später mit Jeb Bush an Bord abhob. Da sich das FBI ausschweigt, sollte man Jeb Bush vielleicht ein paar Fragen stellen.

Und dann wurde, wie es unmittelbar nach einem weltbewegenden Ereignis manchmal der Fall ist, die Katze doch ein wenig aus dem Sack gelassen.

PAULA ZAHN: Eines würde mich interessieren: Einer der Männer wird von vielen für einen Bombenanschlag auf einen Bus in Israel verantwortlich gemacht. Wieso konnte sich dieser Mann ungehindert in Ihrer Schule anmelden?

RUDI DEKKERS: Naja, sie sind nicht über den normalen Behördenweg gekommen, also sie haben nicht aus Europa angerufen, sodass wir zwei Monate vorher gewusst hätten, dass sie aufkreuzen. Wie gesagt, sie kamen von einer anderen Flugschule in Florida. Wahrscheinlich haben sie den Papierkram für den INS, also die Einwanderungsbehörde, in ihrem Heimatland über diese Flugschule abgewickelt.

Von offizieller Seite wurde umgehend bestritten, dass es sich bei dem Mohammed Atta, der für die Zerstörung des World Trade Center verantwortlich war, und dem Mohammed Atta, der 15 Jahre zuvor einen israelischen Bus in die Luft gesprengt hatte, um ein und dieselbe Person handelt. Wir haben also offensichtlich zwei arabische Terroristen mit exakt dem gleichen Namen. Doch dann entdeckten wir in einem Artikel aus der Washington Post vom 15. September, dass Mohammed Atta die internationale Offiziersschule an der Maxwell Air Force Base in Montgomery, Alabama, besucht hatte, während andere Mittäter am Institut für Luft- und Raumfahrtmedizin an der texanischen Brooks Air Force Base bzw. am militärischen Fremdspracheninstitut im kalifornischen Monterey eingeschrieben waren. Drei der Terroristen, so hieß es in der Washington Post weiter, hatten in ihrem Führerschein sogar den Marineflieger-Stützpunkt in Pensacola, Florida, als Adresse angegeben, wo sie an einem internationalen militärischen Austauschprogramm für Offiziere teilnahmen. Wenn ausländische Staatsangehörige, die sich später als Terroristen entpuppten, an militärischen US-Einrichtungen ausgebildet wurden, mussten sie höchstwahrscheinlich über Verbindungen zu USA-freundlichen arabischen Regierungen verfügen. Und das ist eine interessante Geschichte. Aber auch das stritten die Behörden ab, nachdem der Artikel erschienen war. Also haben wir es mittlerweile offensichtlich mit drei verschiedenen Mohammed Attas zu tun. Man stelle sich das vor.

Rudi Dekkers beeilte sich, jede Verantwortung von sich zu weisen. Er sei nur ein harmloser Geschäftsmann, erklärte er vor Reportern.

PAULA ZAHN: Und es ist sicher schwer für Sie, weil Sie sich irgendwie ein bisschen verantwortlich fühlen, nicht?

RUDI DEKKERS: Nein, wir fühlen uns absolut nicht verantwortlich für das, was passiert ist. Nein. Nicht im Geringsten.

Die Terroristen hielten sich nur für kurze Zeit in Venice auf und gingen dann an die Ostküste von Florida, erklärte Dekkers.

RUDI DEKKERS: Ich habe gestern erfahren, dass sie unsere Flugschule nach dem November 2000 verließen und sich an einer Flugschule in Pompano Beach zusätzlich in Jets ausbilden ließen.

Auch in späteren Interviews blieb er weitgehend bei seiner Geschichte.

RUDI DEKKERS: Atta und Al-Shehhi marschierten zur Eingangstür herein, und wir waren in keiner Weise verpflichtet, ihre Lebensgeschichte zu durchleuchten, ihre Pässe oder ihre Personalausweise zu überprüfen.

Wer also war verantwortlich dafür, dass sich Terroristen mitten unter uns befanden? Genau ein halbes Jahr später lieferte erstaunlicherweise Rudi Dekkers selbst einen Hinweis zur Beantwortung dieser Frage.

JIM MCLAUGHLIN (Moderator von WINK News): Genau ein halbes Jahr nach den Terroranschlägen vom 11. 9. fand der Mann, der zwei Terroristen Flugunterricht erteilt hatte, ein paar überraschende Papiere in seiner Post.

LOIS THOME (Moderatorin von WINK News): Gestern erhielt Rudi Dekkers von Huffman Aviation die Visazusage für die Hijacker Mohammed Atta und Marwan Al-Shehhi.

Ein erstaunliches Timing machte es möglich, dass er das erlösende Wort direkt im Fernsehen aussprechen konnte. Rehabilitiert!

RUDI DEKKERS: Wenn ich montagmorgens ins Büro komme und meine Post aufmache, rechne ich nicht damit, dass mir zwei Visa für Atta und Al-Shehhi entgegenflattern.

Ich dachte, die Sache wäre ausgestanden. Wir hatten die Papiere ordnungsgemäß beantragt, und darum freue ich mich, die Sache bereinigen zu können.

WINK NEWS: Sie fühlen sich also rehabilitiert?

RUDI DEKKERS: Ja.

Und plötzlich begann sich der anklagende Zeigefinger auf die untergeordnete Einwanderungsbehörde zu richten.

WINK NEWS: Seiner eigenen Aussage zufolge war Dekkers nicht überrascht, dass es 17 Monate dauerte, bis die Papiere für Atta und Al-Shehhi zurückkamen. Er meinte, das sei im Grunde noch schnell gegangen, manchmal dauere der Vorgang bis zu zwei Jahren. Den Einwanderungsbehörden ist das Ganze ziemlich peinlich, und in einer Presseerklärung heißt es: »Das derzeitige System der Beschaffung von Informationen über Studenten ist überholt, ungenau und überflüssig.«

Dank sei dem aggressiven US-Journalismus. So konnte Dekkers aus den chaotischen Zuständen beim INS beträchtliches Medienkapital schlagen. Nur ein ausgemachter Zyniker würde sich vermutlich fragen, ob das Ganze nicht ein abgekartetes Spiel war.

RUDI DEKKERS: Die Flugschulen haben keinen Fehler gemacht. Der Staat muss den Fehler bei sich selbst suchen und sehen, was geändert werden kann, damit so etwas nicht noch einmal passiert.

Aber als der holländische Staatsbürger, dessen Flugschule als amerikanischer Brückenkopf für Terroristen fungiert hatte, aufgefordert wurde, sich vor dem Kongress darüber auszulassen, wie eine Wiederholung des 11. September zu vermeiden sei, ging das manch einem Beobachter über die Hutschnur. Dekkers schien auf einer Wellenlänge mit CNN zu liegen. Er trat jetzt gar als Berater des Kongresses auf, so wie er zuvor dem FBI seine Hilfe und seinen Rat angeboten hatte. Die Geschichte half, die Wut der Öffentlichkeit über die Terroranschläge zu kanalisieren.

WINK NEWS: Einwohner von Venice wie Ralph Hargess wissen zwar, dass das rechtzeitige Eintreffen der Papiere den 11. September nicht verhindert hätte, aber sie sind der Meinung, dass etwas mehr Aufmerksamkeit seitens des INS dies möglicherweise getan hätte.

RALPH HARGESS: Irgendwo lässt sich jemand sehr viel Zeit. Man lässt sie in unser Land. Und wir zahlen den Preis.

Einige Einwohner von Venice sahen den wahren Schuldigen allerdings anderswo. Als die Bürger der Stadt herausfanden, dass diese Leute mitten unter ihnen gelebt hatten, gleich drei von ihnen, also direkt vor ihrer Nase …

BRENDA COVER (Verkäuferin in einem Supermarkt in Venice): Am liebsten hätten sie den Flugplatz abgefackelt.

Selbst weniger kritische Journalisten waren angesichts des INS-Debakels skeptisch, wenn nicht gar peinlich berührt.

CNN: Also, vielleicht ist mir da beim Kopfschütteln etwas entgangen, aber erklären Sie doch noch einmal, weil ich es gelesen habe, aber nicht sicher bin, ob ich verstanden habe, was uns der INS hier sagt. Irgendwann vor relativ kurzer Zeit wurden diese Papiere in einen Umschlag gesteckt und nach Florida geschickt. Hat irgendjemand einen

Blick darauf geworfen? Offensichtlich nicht. Man sollte doch meinen, dass die Namen Atta und Al-Shehhi, die so häufig in den Nachrichten auftauchten wie kein anderer, ins Auge springen.

Ein weiteres Beispiel für den aggressiven US-Journalismus. Bevor man Rudi Dekkers irgendeinen Orden an die Brust heftet, sollte man sich unserer Meinung nach anhören, was Leute, die ihn kennen, zu sagen haben. Beispielsweise hat er hier im Ort nicht den besten Ruf. Coy Jacob betreibt direkt neben Rudi Dekkers am Flugplatz von Venice ein Flugunternehmen

COY JACOB: Er hatte eine Flugschule, ein nicht sehr erfolgreiches Unternehmen, in Naples. Er hatte Probleme mit der FAA, ich glaube, sie hatten ihm die Lizenz entzogen oder ihm einen Verweis erteilt.

Außerdem erfahren wir, dass er ziemlich pleite ist. Bob Mudge schreibt für die Lokalzeitung Venice Gondolier.

BOB MUDGE: Ich glaube nicht, dass ich vor April oder Anfang Mai letzten Jahres – als er, nachdem ich erfahren hatte, dass er mit der Miete im Rückstand war, erneut seine Miete schuldig blieb – überhaupt etwas über Rudi wusste, nicht einmal seine Übernahme von Huffman. Der zu dieser Zeit einzige Unternehmer, der seine Basis am Municipal Airport von Venice hatte, war damals, glaube ich, drei Monate mit der Miete im Rückstand, und die Stadt hatte ihm brieflich eine Räumungsklage angedroht.

Selbst die Begleitumstände beim Kauf von Huffman Aviation gaben irgendwie zu denken.

COY JACOB: Meines Wissens gab es keine nennenswerten Verhandlungen. Das ist absolut unmöglich. Ich meine, man kommt nicht einfach zur Tür herein und kauft ein Unternehmen wie dieses. Sie kamen in die Stadt geschneit. Sie waren einen oder zwei Tage hier und trafen sich mit Stan Huffman. Er nannte eine Zahl, sie sagten ja, stellten ihm einen Scheck aus, Stan verabschiedete sich, sie sind hier, und dann informierten sie die Stadt Venice über die Fakten, die sie geschaffen hatten. Das war für alle hier am Flugplatz ein Schock. Ich glaube, weder der Magistrat noch das Amtsgericht oder auch nur der Direktor des Flugplatzes wussten etwas von der Sache, und das ist der springende Punkt. Man darf an diesem Flugplatz und an den meisten anderen staatlich subventionierten Flugplätzen ohne Zustimmung der zuständigen Behörden keine Immobilien verkaufen.

Die Stadt Venice war nicht die einzige staatliche Institution, die für Rudi Dekkers bereitwillig geltendes Recht beugte.

COY JACOB: Rudi ist kein US-Bürger, ich glaube nicht, dass er die Staatsbürgerschaft hat, und die FAA war schon immer sehr wählerisch damit, wem es erlaubt ist, ein in den USA registriertes Flugzeug auch nur zu besitzen. Ausländische Staatsbürger können in den USA kein Flugzeug registrieren lassen – sie können es in den USA nicht besitzen.

Dennoch besaß Dekkers, wie wir gleich sehen werden, nicht nur in den USA registrierte Flugzeuge, sondern sogar eine US-Charterfluggesellschaft.

BOB MUDGE: Er war an der Gründung von FLAIR, so hieß sie, glaube ich, beteiligt, was einfach für Florida Air steht.

Und ich weiß, dass er eine Menge Probleme damit hatte. Ich glaube, er hatte den Betrieb für kurze Zeit aufgenommen, stellte ihn aber ziemlich bald wieder ein. Wir gehen mit unseren Recherchen aus vielerlei Gründen nicht über eine bestimmte Schwelle hinaus. Wir haben nicht genügend Leute, die Geschichten übersteigen unseren Horizont. Ich habe einiges darüber gehört, warum die Fluggesellschaft in Schwierigkeiten geraten ist, es gab einige Geldprobleme und, soweit ich gehört habe, Probleme mit Leuten, die nicht bezahlt wurden, und darüber habe ich mich irgendwann einmal mit Dekkers unterhalten, und er gab ich weiß nicht mehr wem die Schuld.

An diesem Punkt erfuhren wir von Rudi Dekkers zwielichtigen Geldgeschäften.

TOM HAMMERSLEY: Ich habe nur gehört, dass er einen Hintermann in Naples hat, der ihn finanziell absicherte. Dass das Geld, mit dem er gewissermaßen herumprotzte, gar nicht sein Geld war. Er war nur der Strohmann für den Kerl, der das Geld hatte.

COY JACOB: Ich konnte es nur so erklären und mir wurde es nur so erklärt, dass Rudi Dekkers ein Pleiteunternehmen in Naples betrieb, er verdiente kein Geld damit, er genoss nicht den besten Ruf.

Irgendwie änderte sich dann Rudi Dekkers finanzielle Situation mit einem Schlag.

COY JACOB: Ungefähr ein Jahr vorher hatte er mich gebeten, ihn von Venice nach Naples mitzunehmen, das ist so etwa ein 20-Minuten-Flug, und er hatte nicht genug Geld, um den Treibstoff zu bezahlen. Ich sagte, okay, du kannst mit einem meiner Piloten rüberfliegen, wenn du den Treibstoff bezahlst. Damals hatte er nicht mal genug Geld, um den Treibstoff für einen Hin- und Rückflug zu bezahlen, und ein Jahr später knallt er 1,7 oder 1,8 oder 2 Millionen Dollar auf den Tisch, als wäre es Spielgeld.

Tom Hammersley war leitender Fluglehrer am Florida Flight Training Center, der zweiten Flugschule am Flugplatz von Venice in holländischem Besitz. Dort wurde der Terrorpilot ausgebildet, der am Steuer der Maschine saß, die über Westpennsylvania abstürzte.

TOM HAMMERSLEY: Ich wusste, dass er sozusagen das ganze Viertel aufkaufen wollte, er wollte ein Monopol am Flugplatz haben. Das war eines seiner Ziele. Und ich habe das absolut nicht anders gesehen als ein Holländer mit einem französischen Komplex, den man Napoleon-Komplex nennt.

Zwei holländische Staatsbürger hatten also ein Jahr, bevor die Terroristen hier einzulaufen begannen, Flugschulen am Flugplatz von Venice gekauft. Einheimische Beobachter fanden, dass dies ein Holländer zu viel für einen Zufall war.

COY JACOB: Es kam uns irgendwie merkwürdig vor, weil die einzige andere Flugschule vor Ort Arne Kruithof gehört, der ebenfalls Holländer ist, was eigentlich sehr unwahrscheinlich ist.

DANIEL HOPSICKER: Und beide Flugschulen wurden im gleichen Jahr, ein Jahr, bevor die Terroristen hier auftauchten, gekauft.

COY JACOB: Ungefähr zur gleichen Zeit.

BOB MUDGE: Ich habe etliche Gerüchte über Verbindungen zwischen ihnen und anderen Geschäften hier und Personen und Organisationen außerhalb der Region gehört, die ich aber nicht untermauern konnte. Jedenfalls kann man aber sagen, dass es ein interessanter Zufall ist.

Die Annahme, es könne reiner Zufall sein, dass Dutzende von Arabern in zwei unterschiedlichen, von Holländern betriebenen Flugschulen an diesem winzigen Flugplatz fliegen lernten, wird auch als Theorie der holländischen Wunderknaben bezeichnet.

Die Erklärung des FBI zu der Verschwörung, die zur Katastrophe des 11. September führte, folgt der gleichen absurden Logik wie die Theorie der Wunderkugel im Fall des Kennedy-Attentats, bei dem nur eine Wunderkugel ein Szenario rechtfertigen konnte, in dem es möglich war, Lee Harvey Oswald das Etikett eines wahnsinnigen Einzeltäters anzuhängen.

Man stelle sich das vor: Die beiden Piloten, die jeweils eine Maschine in die Zwillingstürme des World Trade Center steuerten, wurden bei der Huffman Aviation des Holländers Rudi Dekkers ausgebildet, der das Unternehmen ein Jahr vor der Ankunft der Terroristen gekauft hatte. Zu dem terroristischen Duo, das an der Golfküste Floridas zielgenaues Landen übte, gesellte sich bald ein dritter terroristischer Flugschüler, der Libanese Ziad Jarrah, der am Steuer der in Westpennsylvania abgestürzten Maschine saß, sodass es nun ein terroristisches Triumvirat am Flugplatz von Venice gab. Jarrah wurde am Florida Flight Training Center ausgebildet, das der zweite Holländer gerade erst gekauft hatte. Zwei Holländer als Käufer zweier benachbarter Flugschulen, die kurze Zeit später von Terroristen überrannt werden, ist »ein Scheißholländer zu viel«, sagte uns ein Polizist aus Florida. Die Sache stinkt. Was das Ganze noch anrüchiger macht, ist die Tatsache, dass sowohl Dekkers als auch Kruithof behaupten, sich erst in Venice kennen gelernt zu haben. Es stellte sich heraus, dass das eine Lüge ist.

TOM HAMMERSLEY: Ich war auch leitender Fluglehrer beim Florida Flight Training Center, das seine Basis am Flugplatz von Venice hat. Es liegt auf der anderen Seite. Und ich kannte Rudi Dekkers. Arne Kruithof, mein ehemaliger Chef, und Rudi Dekkers sind beide Holländer. Sie kennen sich schon ewig.

Wir wollten Arne Kruithof danach fragen, aber als wir ihn in seiner Flugschule besuchten, versuchte er uns einzuschüchtern. Es funktionierte nicht.

ARNE KRUITHOF: Seien Sie froh, dass Sie da sitzen, wo Sie jetzt sitzen, denn wenn Sie in Rudis Büro säßen, wären Sie es nicht.

Ein Verbindungsglied zwischen den beiden Männern ist ein Deutscher namens Pascal Schreier, der Kunden für beide anwarb, und zwar in – jetzt spitzen Sie die Ohren! – Hamburg, Deutschland.

TOM HAMMERSLEY: Ich kenne Pascal Schreier. Ich habe in meiner Zeit beim Florida Flight Training Center mit ihm zu tun gehabt. Er ist Deutscher, und er warb in Europa viele Flugschüler an und schickte sie zu Arne.

Die bei den Holländer aus Venice betrieben angeblich konkurrierende Flugschulen. Aber seltsamerweise unterhielt Pascal Schreier geschäftliche Beziehungen zu beiden. Der französischen Zeitung le Monde zufolge wurde Osama Bin Ladens älterer Bruder Yeslam von der Schweizer Polizei verhört, weil eine seiner Firmen, Avon Air Charter, ihren Kunden Flugunterricht an den Flugschulen in Venice anbot, in denen einige der Flugzeugentführer fliegen gelernt hatten.

TOM HAMMERSLEY: Ich fragte sie, was genau ihr Lernziel sei, und sie sagten, sie wollten fliegen lernen, um später bei Saudia Air fliegen zu können. Für jemanden aus dieser Gegend ist Saudia die Top-Fluggesellschaft im Nahen Osten.

Warum haben wir davon nichts in der so genannten freien Presse der USA gelesen? Warum nehmen wir das Wort eines Mannes von so zweifelhaftem Charakter immer noch für bare Münze? Beispielsweise musste sich Dekkers kürzlich vor Gericht verantworten, nachdem ihn ein 18-jähriges Mädchen wegen sexueller Belästigung angezeigt hatte. Es stellte sich heraus, dass die junge Frau, eine ehemalige Angestellte, auch die von Fehlern strotzenden Antragsformulare der Terroristen an die Einwanderungsbehörde geschickt hatte – Sie erinnern sich, die Anträge für die Visa, die auf den Tag genau ein halbes Jahr nach den Anschlägen in Venice eintrafen. Vielleicht kann man ihr ihre Fehler angesichts der Tatsache, dass sie abgelenkt war, weil ein alternder holländischer Lüstling sie gerade begrapschte, verzeihen.

DANIEL HOPSICKER: Wussten Sie beispielsweise, dass er etliche Male der sexuellen Belästigung bezichtigt wurde?

COY JACOB: Ja, ich habe davon gehört. Die Gerüchte machen hier am Flugplatz die Runde. Der Flugplatz ist eine kleine Gemeinde. Es ist wie ein Mikrokosmos der Gesellschaft, das ist bei den meisten Flugplätzen so. Ja, einige Leute – Frauen – gingen weg, und da drüben, also, ich habe gehört, dass es da drüben Probleme gab.

Man hat also einen Mann, der sich daran aufgeilt, 18-jährigen weiblichen Angestellten von hinten Besenstiele unter den Rock zu schieben, gebeten, sich vor dem Kongress der Vereinigten Staaten zu den Möglichkeiten der Vermeidung künftiger Terroranschläge zu äußern. Offensichtlich kam niemand auf die Idee, ihn zu fragen, welches seine Rolle bei den Ereignissen des 11. September war oder in welcher Weise er sie möglicherweise begünstigt hatte. Warum nicht? Wie wir gerade gesehen haben, lag es nicht an seinem untadeligen Charakter. Woran sonst? Warum und von wem wird Rudi Dekkers gedeckt?

Um das Folgende zu verstehen, sollten wir uns vielleicht ein Stück US-Geschichte ansehen. In den bösen Tagen des Kalten Kriegs hatte die größte Fluggesellschaft der Welt nur einen einzigen Besitzer – die CIA. Sie betrieb ihre Fluglinie unter buchstäblich Hunderten von Namen, die ständig geändert wurden. Als der damalige Leiter der CIA, Richard Helms, irgendwann einmal eine Auflistung sämtlicher Flugzeuge sehen wollte, erklärte man ihm, eine akkurate Inventur sei unmöglich, weil das System zu kompliziert sei. Als die Wellen der öffentlichen Empörung über die Machenschaften des Geheimdienstes nach Watergate hochschlugen, trennte sich die CIA angeblich von ihren Fluggesellschaften. Aber irgendetwas ist bis heute im Gange.

Sehen wir uns Florida Air an. Zur gleichen Zeit, in der Rudi Dekkers als Pleiteunternehmer Schlagzeilen in der Lokalpresse macht, gründet er eine Nahverkehrsfluggesellschaft. Mir scheint, es gibt nicht viele Leute, die mit der

Miete im Rückstand sind und sich gleichzeitig den Luxus leisten, über eine neue Fluglinie nachzudenken.

Dekkers hatte einen Partner im Staat Washington. Sein Name ist Richard Boehlke. Ihm gehörte die Gesellschaft Harbor Air, die als Fluglinie der Marine galt, weil sie für den großen Marineflieger Stützpunkt Whidby in Oak Harbor, Washington, im Einsatz war. Dekkers machte Geschäfte mit einem Partner, der bei der mafiaartigen Plünderung von Pensionskassen in Portland, Oregon, eine Rolle gespielt hatte. Insgesamt fehlten 350 Millionen Dollar. Und die Verantwortlichen kamen nicht nur ungeschoren davon, sondern bis auf die Lokalpresse, die sich irgendwie erstaunt zeigte, nahmen die Medien kaum Notiz von dem Fall.

Dekkers Partner Richard Boehlke hatte wirklich Glück. Er erhielt 26 Millionen Dollar für den Bau eines Hochhauskomplexes, der nur 12 Millionen Dollar kostete. An wen muss man sich wenden, um derartige Wohltaten zu erhalten? Auch der Journalist Eric Mason aus Portland fand die Verbindung Boehlke-Dekkers interessant. Als er Boehlke interviewen wollte, leugnete dieser seine Identität.

ERIC MASON: Es ist interessant, wissen Sie, als ich das erste Mal mit ihm sprechen wollte, behauptete er, er sei nicht Richard Boehlke. Ich sprach ihn aufgrund der Beschreibung an, die ich bekommen hatte, und fragte: »Mr. Boehlke, sind Sie bereit, mir ein Interview zu geben?« Worauf er sagte: »Mr. Boehlke ist nicht hier.« Als er mir dann wieder begegnete, sagte ich: »Mr. Boehlke, ich glaube, Sie sollten wirklich mit mir reden. Ich habe Ihnen einige wichtige Fragen zu stellen.« Da sagte er schließlich: »Okay, kommen Sie mit rauf.«

Mason interessierte sich aus den gleichen Gründen für Boehlke wie wir.

ERIC MASON: Wegen der Finanzgeschäfte zwischen Boehlke und Florida Air, einem Schwesterunternehmen der Flugschule, in der Mohammed Atta ausgebildet wurde.

Erinnern Sie sich, dass wir zu Beginn des Films sagten, es sei eine Geschichte der Legenden? Die Legende eines Menschen sei seine Tarnung, die Lüge, die so lange Bestand hat, wie er damit durchkommt? Nun, eigenartigerweise trägt Richard Boehlkes Bauprojekt in Portland den Namen Legends. Dekkers mag in so manches Luftfahrtgeschäft verwickelt sein, das in geschäftlicher Hinsicht keinen Sinn ergibt. Das Gleiche gilt allerdings für seinen Partner Richard Boehlke.

ERIC MASON: Ehemalige Angestellte von Richard Boehlke haben sich schon immer gefragt, was es mit der Fluglinie wirklich auf sich hatte. Sie hatten von Anfang an das Gefühl, dass dieses Flugunternehmen aus dem Immobilienbesitz und den Seniorenheimen finanziert wurde und dass mit der Fluggesellschaft unmöglich Geld zu machen war. Die Frage, worum es bei dieser Fluggesellschaft wirklich ging, harrt also noch einer Antwort.

Wenn etwas in geschäftlicher Hinsicht unsinnig ist, muss man den Sinn des Unternehmens manchmal anderswo suchen.

COY JACOB: FLAIR wurde hier von Dekkers und seinem Partner Wally Hilliard gemeinsam ins Leben gerufen und war von Anfang an ein unsinniges Unterfangen. Die Gründung einer Fluglinie, die Chancen, dass das funktionieren würde, also, wir haben unsere Witze darüber gemacht. Alle hier haben darüber gelacht. Ich habe gewitzelt und gesagt: Na klar, die gründen eine Fluglinie, und ich arbeite hier an einem Weltraumbahnhof.

Wir sind, vergessen Sie das nicht, auf der Suche nach Hinweisen auf das globale Netzwerk, von dem die Terroristen den Behörden zufolge hier im Land Unterstützung erhalten haben müssen.

ERIC MASON: Er erhielt Gelder von Capital Consultants. Und Capital Consultants, die Geschäftsführer von Capital Consultants, stehen mittlerweile in etlichen Punkten, unter anderem wegen Betrugs, unter Anklage. Manche sprechen von einem Schneeballsystem. Ich glaube, die Staatsanwaltschaft hat in diesem Fall zumindest ein Geschworenengericht überzeugt, Anklage wegen Betrugs zu erheben. Und man muss sich fragen, wo das ganze Geld in dieser riesigen Finanzholding versickert ist. Man muss sich fragen, wie viel Geld eine Firma verlieren kann, ohne irgendetwas dafür vorweisen zu können.

Ein weiterer dankbarer Empfänger etlicher Millionen aus der Pensionskasse war Alvin Malnik, der im Reader's Digest einmal als Meyer Lanskys Nachfolger an der Spitze des organisierten Verbrechens bezeichnet worden war. Und wie es sich mit globalen Netzwerken nun einmal verhält, wachsen sie über dieses Format selten hinaus. Aber es sind nicht Malniks schwere Jungs, die uns ins Staunen bringen, sondern seine Beziehungen zur saudi-arabischen Königsfamilie. Der Sohn des jüdischen Gangsterbosses Alvin Malnik ist der Ehemann der Schwägerin von Prinz Turki, einem führenden Prinzen aus der königlichen Reichsgründerfamilie, der als Malniks Gast im Cricket Club, einem Edelapartmentkomplex in Miami, wohnte. Der Prinz hielt nicht nur seine segnende Hand über die Ehe, sondern unterhielt auch beste Beziehungen zu Mitgliedern des organisierten Verbrechens, wie wir von einem gut informierten Beobachter erfuhren. Er ließ Malnik und seine Jungs regelmäßig in seiner privaten Boeing 747 in Florida abholen, um im Flugzeug ohne lästige Zeugen seine Geschäfte mit ihm abwickeln zu können.

Malnik ist auch Eigentümer eines Lokals namens The Forge, das in Polizeikreisen als größter Mafiatreffpunkt südlich von New Jersey gilt und das vor allem gestandene Männer in Begleitung auffallend junger Frauen anzieht. Bei einer Anhörung vor dem Bankenausschuss des Senats, in der es um die terroristischen Geldkanäle nach dem 11. September ging, sagte der stellvertretende Generalstaatsanwalt: »Wir können, ehrlich gesagt, Terrorismus, organisiertes Verbrechen und Drogenhandel nicht auseinander halten.«

Rudi Dekkers arbeitet offensichtlich mit Leuten zusammen, die Geschäfte mit der Mafia machen, und die Mafia ist ein globales Netzwerk und im Heroinhandel tätig, womit sie ziemlich viel mit Osama Bin Ladens Organisation gemein hat, die sich, wie angenommen wird, vorwiegend über den Handel mit Heroin und Opium aus Afghanistan finanziert.

Es gibt aber noch ein anderes globales Netzwerk, das häufig mit der Mafia gemeinsame Sache macht und das seine Spuren überall in Rudi Dekkers‹ Geschichte hinterlassen hat. Nehmen wir beispielsweise Rudi Dekkers‹ Fluggesellschaft Florida Air. Wie die Fluglinie der CIA in den 60er und 70er Jahren firmiert Dekkers‹ Gesellschaft unter Dutzenden von Namen. Zum Beispiel ist Florida Air in Wirklichkeit gar nicht Florida Air. Es sind die Sunrise Airlines aus Las Vegas, die unter dem Namen Florida Air ihre Geschäfte betreiben. Aber Sunrise Airlines aus Las Vegas sind auch nicht wirklich Sunrise Airlines. Es ist die Firma Express Air aus Phoenix die wiederum als Sunrise Airlines firmiert. Ein hochrangiges Regierungsmitglied muss diese Jungs wirklich gern gehabt haben denn sie erhielten aus einem Subventionsprogramm des Transportministeriums zur Unterstützung des Luftverkehrs im strukturschwachen ländlichen Arizona jährlich mehr als drei Millionen Dollar.

Aber es kommt noch besser. Die Maschine, die sie im Rahmen dieses Programms einsetzten, wurde ihnen für den symbolischen Preis von einem Dollar pro Jahr von der Stadt Show Low, Arizona, überlassen, die das Flugzeug praktischerweise für sie erwarb, nachdem die Stadtväter einer Anleiheemission über zwei Millionen Dollar zugestimmt hatten. Und es kommt noch viel besser. Nachdem es diesen Geldsegen von der Regierung erhalten hatte, führte Rudi Dekkers‹ Unternehmen die Flüge nicht einmal aus. Es Rudi Dekkers gründete eine ging stattdessen pleite. Fluggesellschaft. Und – welch eine Ironie des Zufalls – wer erhob seine Stimme, um ihm die Unterstützung der Prominenz zuzusichern? Keine andere als Floridas Innenministerin Katherine Harris. Sie ist uns allen ein Begriff. An diesem Punkt fragten wir uns, ob außer uns noch jemand sah, was wir sahen. Aber ja. Rudi Dekkers‹ Präsenz in Venice, Florida, war einigen Leuten suspekt, besonders solchen, die ihn kannten.

TOM HAMMERSLEY: Ich halte ihn in vieler Hinsicht für ausgesprochen ehrgeizig. Wie weit er für den Erfolg gehen würde? Ich kenne seinen Charakter nicht gut genug, um mich dazu zu äußern.

COY JACOB: Jeder hier am Flugplatz weiß Bescheid. Eine Bemerkung, die man hier oft hört, ist: Man darf ihm nicht glauben, was er sagt. Er genießt keine große Glaubwürdigkeit.

BOB MUDGE: Klar gab es Gelegenheiten, bei denen Mr. Dekkers Dinge gesagt hat, die sich hinterher als unwahr erwiesen.

COY JACOB: Sie hatten jemanden einen Auslandsvertreter in Hamburg. Es war allgemein bekannt, dass sie scharf waren auf die europäischen Märkte, sie hatten Auslandsvertreter, sie nannten sie Agenten. Nach dem, was geschehen ist, finde ich das alles sehr verdächtig. Ich meine, wie wahrscheinlich ist es, dass alle beteiligten Terroristen oder doch der weitaus größte Teil von ihnen in einer oder zwei Flugschulen in ein und derselben Stadt Unterricht nehmen?

Genau, wie wahrscheinlich ist es? Das ist die Frage, der das FBI offenbar um jeden Preis ausweichen möchte. Sehen Sie sich das Fahndungsplakat an, das zwei Wochen nach den Terroranschlägen ausgehängt wurde. Sie hatten in den Flugschulen der beiden holländischen Jungs alles mitgenommen, was ihnen in die Hände fiel, warum also glänzt das Wort Venice durch Abwesenheit im FBIBericht? Was hat das FBI zu verbergen?

Coy Jacob, der als Inhaber des benachbarten Flugunternehmens mehr sah als die meisten, sagt, dass von dem Moment an, als Rudi Dekkers ein Jahr vor Mohammed Attas Auftauchen einzog, am Flugplatz von Venice ein ziemliches Misstrauen gegen ihn herrschte. Dieses Misstrauen ist seit dem 11. September noch stärker geworden.

COY JACOB: Wenn jemand mit seinem Geschäft an einem Flugplatz Misstrauen erregt, fangen die Leute an, sich verdächtig zu verhalten. Ich meine, bis zu einem gewissen Grad ist die Polizei an allen Flugplätzen im Südosten der USA präsent. Es ist nicht zu übersehen, dass sie hier in der Gegend auf den Flugplätzen präsent sind, und sie hatten die Anweisung, sich von diesem Unternehmen fern zu halten.

DANIEL HOPSICKER: Wer hatte diese Anweisung?

COY JACOB: Den Beamten von der Drogenfahndung in Sarasota wurde gesagt, diese Leute hätten grünes Licht für ihre Geschäfte und sie sollten sich von ihnen fern halten, sie wären so was wie … es wurde angedeutet, dass sie irgendwie unter staatlichem Schutz stehen.

Staatlicher Schutz für Rudi Dekkers. Das würde erklären, warum CNN ihn mit Samthandschuhen anfasste. Die Frage war nur, welche staatliche Instanz.

COY JACOB: Es ist allgemein bekannt, dass ziemlich ranghohe Beamte der CIA hier ins Baugeschäft eingestiegen sind. Mit Baugeschäft meine ich Investitionen für die Zeit nach ihrer Pensionierung. Ich würde sagen, das hier ist nicht… das Urlaubsparadies der Familie Bush.

Rudi Dekkers wirkt auf die Einheimischen hier nicht gerade wie der beste Kumpel von James Bond. Aber bei dem Geldgeber, der hinter Rudi steht, sieht die Sache anders aus.

COY JACOB: Er schien uns nicht so gewieft, wie man es von einem Geheimdienstler erwarten würde. Ich meine, man stellt sich diese Typen alle wie James Bond vor, wissen Sie, oder mit Hawaiihemd und einer Walther PPK im Gürtel. Bei Wally Hilliard konnte man es sich dagegen vorstellen, ich meine, Wally war zurückhaltend, ein netter Kerl, hatte immer Empfang auf Seinem Handy. Alle mochten ihn und er hatte eine Vorliebe für Learjets.

Haben CIA-Agenten eine Vorliebe für Learjets? Gab es Anzeichen für rege verdeckte Operationen in Venice, Florida? Rudi Dekkers‹ Geschäftspartner im Staat Washington gab uns den entscheidenden Hinweis.

ERIC MASON: Richard Boehlke stieg mit Seniorenheimen ins Geschäft ein, und irgendwann besaß er das größte Unternehmen, die größte Holding für Seniorenheime im ganzen Land. Eines der Seniorenheime im Besitz der Firma, die einmal Richard Boehlke gehörte, liegt nur einen Steinwurf von dem Flugplatz entfernt, an dem Mohammed Atta zum Piloten ausgebildet wurde. Man muss sich fragen, ob das nicht etwas zu viele Zufälle sind. Sind es überhaupt Zufälle, oder steckt mehr dahinter?

Hier nimmt die Geschichte eine ironische Wendung, die eines Agentenromans von John Le Carre würdig wäre. Gerade der Altersdurchschnitt der Einwohnerschaft, der Venice als Treffpunkt für Terroristen so ungeeignet erscheinen lässt, ist das, was Mohammed Atta und seinen Kader vor allem hierher gezogen hat. Der US-Geheimdienst hatte hier ausgerechnet im Krankenpflegesektor lange Zeit seine Finger im Spiel. Dieses imposante Kolonialgebäude, das nur einen Straßenzug vom Flugplatz entfernt ist, wurde gebaut als Firmensitz eines riesigen Konzerns für Krankenpflegebedarf, der gegründet worden war von einem Mann, dessen Name ein Synonym für verdeckte geheimdienstliche Operationen in den vergangenen Jahrzehnten ist – Jackson Stephens.

Stephens's Name tauchte im Zusammenhang mit dem BCCI-Skandal, dem Mena-Drogenskandal, dem Promis-Softwareskandal und mit dem rätselhaften Selbstmord des ehemaligen Clinton-Beraters Vince Fester auf. Dieses imposante Haus, in dem Jackson Stephens' Anwaltsfirma immer noch ihren Sitz hat, zieht weite Kreise. Gegenüber auf der anderen Straßenseite steht Richard Boehlkes von Alterra mitbetriebene Seniorenresidenz, und gleich um die Ecke findet man die Firma Huffman Aviation.

Am verblüffendsten war für uns die Entdeckung, dass die Grundstücke um den Flugplatz von Venice ihre eigene Geschichte der Zusammenhänge mit verdeckten Operationen erzählen. Es ist die Geschichte des amerikanischen Geheimdienstes. Nehmen wir Jackson Stephens‹ Anwaltsfirma Boone, Boone & Boone. Sie übt in diesem kleinen Städtchen immer noch beträchtlichen Einfluss aus, und ihr Gründer war während seines Studiums der Zimmergenosse des ehemaligen Gouverneurs von Florida, Lawton Chiles, ein Punkt, dessen Bedeutung gleich klar wird, wenn wir nämlich einen Blick zum Ende der Straße werfen, wo der Zirkus Ringling Brothers Barnum & Bailey in direkter Nachbarschaft zum Flugplatz seit vielen Jahren sein Winterquartier bezieht.

Das Quartier in Florida hat, wie wir erfuhren, John Ringling North, der langjährige Direktor des Zirkus, besorgt, dessen Sohn Henry im Zweiten Weltkrieg Agent beim OSS, dem Vorgänger der CIA, war. Und nicht etwa irgendein Agent, sondern der Mann, der für die Freilassung von Schlüsselfiguren der Mafia aus italienischen Gefängnissen sorgte, die ihm seine Großtat vergalten, indem sie 1944 den Einmarsch der Alliierten in Italien unterstützten. Über

50 Jahre später nun findet sich in unmittelbarer Nachbarschaft des Zirkusquartiers, der Anwaltsfirma von Jackson Stephens und des Flugplatzes von Venice ein Grundstück, auf dem der Italian American Sodal Club steht. So etwas dürfte man in keinem Film zeigen. Niemand würde es glauben. Freitag ist Pastaabend, erzählt man uns. Wir fragen uns, was an den anderen Abenden hier vor sich geht.

Wie es der Zufall so wollte, war der Zirkus, der auf seinen Tourneen während des Kalten Krieges häufig hinter dem Eisernen Vorhang gastierte, eine ideale Tarnung für geheimdienstliche Aktivitäten. Ringlings Winterquartier neben dem Flugplatz war die berühmte Clownschule angeschlossen, in der CIA-Rekruten viele Jahre lang einen Teil ihrer Ausbildung absolvierten. Warum besuchen angehende CIA-Agenten eine Clownschule? Die Antwort ist einfach. Um Taschenspielertricks und Fingerfertigkeit zu lernen. Und jetzt schließt sich der Kreis allmählich, denn erinnern Sie sich noch an den ehemaligen Zimmergenossen des Gründers von Stephens‹ Anwaltsfirma, den Demokraten Lawton Chiles? Eigenartigerweise war er es, der Rudi Dekkers‹ einziger prominenter Fürsprecherin, der Republikanerin Katherine Harris, den Weg in die Politik ebnete, indem er sie in den Vorstand der Ringling-Zirkusstiftung im nahe gelegenen Sarasota berief. Auch das dürfte man in keinem Film zeigen, weil es niemand glauben würde.

Es stellt sich heraus, dass Venice und das benachbarte Charlotte County schon so lange Schauplatz geheimdienstlicher Operationen sind, wie die Menschen zurückdenken können. Mindestens 23 Hubschrauber der Sheriffbehörden von Charlotte County verschwanden auf unerfindliche Weise und wurden in so exotische und ferne Länder wie Chile verfrachtet.

COY JACOB: Charlotte County galt schon immer als irgendwie anrüchig … Da gibt es einen Kerl, der Hubschrauber saniert und der mit seinen Ersatzteilen ständig Schwierigkeiten mit der FAA hat.

DANIEL HOPSICKER: Jamie Hill.

COY JACOB: Genau.

DANIEL HOPSICKER: In welche Richtung ermittelt der Sheriff von Charlotte County wegen des Verschwindens der 23 Hubschrauber? Man sollte doch nicht annehmen, dass Charlotte County die 23 Maschinen nicht braucht?

COY JACOB: Nein. Allerdings. Natürlich nicht.

Warum spielt das in unserer Geschichte eine Rolle? Weil Charlotte County allem zum Trotz, was uns das FBI erzählt hat, Mohammed Attas erster Aufenthaltsort in diesem Land war. Diese von Polizeibeamten aus Charlotte County entdeckten und hier zum ersten Mal gezeigten E-Mails stammen von Mohammed Atta. Aus ihnen geht hervor, dass Mohammed Atta offenbar per E-Mail mit Leuten korrespondierte, die für Rüstungsfirmen wie Virtual Protype arbeiteten, auf deren Homepage nachzulesen ist, dass sie an der Entwicklung der Bordelektronik für den F-15-Fighter, den F-22Raptor, den B-2-Bomber und den Kampfhubschrauber Apache Longbow beteiligt waren.

Wir haben herausgefunden, dass Rudi Dekkers regelmäßig Wartungsarbeiten bei Caribe Air ausführt, einer am Flugplatz von Charlotte County beheimateten Fluggesellschaft, deren Betreiber Dietrich Rhinehardt ein bekannter Akteur in der Iran-Contra-Affäre war. Rhinehardt kann sich außerdem rühmen, Geschäftspartner des Mannes zu sein, der verdächtigt wird, für das Verschwinden der vielen Hubschrauber verantwortlich zu sein. Dekkers arbeitet also für eine Luftverkehrsgesellschaft der CIA mit einer besonders anrüchigen Vergangenheit, zu deren Schandflecken unter anderem die Beschlagnahme ihrer Maschinen an dem in Verruf geratenen Flugplatz von Mena, Arkansas, gehört. Und die von der Staatsanwaltschaft angeklagt ist, sie habe ihre Flugzeuge eingesetzt, um Drogen im Wert von vielen Milliarden Dollar ins Land zu schaffen.

Ein weiterer Akteur der Iran-Contra-Affäre, Frank Moss, hat hier ein weithin sichtbares Zeichen seiner Präsenz hinterlassen. Ihm gehört diese Oldtimer-DC-3. Sie ist angemalt wie eine fliegende Arche. Sie steht hier, seit sie vor zwei Jahren beschlagnahmt wurde. Wie es der Zufall will, haben Barry Seal – einer der größten Drogenschmuggler in der US-Geschichte, der in einem Kugelhagel starb und in dessen Geldbeutel die private Telefonnummer von George Bush gefunden wurde – und seine Kumpane bei allen Operationen in Venice und Umgebung ihre Spuren hinterlassen.

TOM HAMMERSLEY: Wir wussten, dass hinter Rudi eine Menge Geld steckte. Wir wussten, dass er einen Haufen Geld im Rücken hatte.

COY JACOB: Ich finde, wir sollten uns auf unseren gesunden Menschenverstand verlassen. Und ich finde, wenn man ein denkender Mensch ist und über gesunden Menschenverstand verfügt, sieht man sich die Person, die eine Erklärung abgibt, genau an und entscheidet, ob sie einen Grund hat, Lügen zu erzählen. Naja, und ich finde es ziemlich suspekt.

ERIC MASON: Es wurde, sozusagen, so viel Staub aufgewirbelt, dass die Leute nicht sehen konnten, auf welchem Weg das Trojanische Pferd möglicherweise tatsächlich ins Land gekommen war.

In einer Welt, in der die Wahrheit mehr ist als ein lästiges Ärgernis, würde am Rand dieser Stadt vielleicht ein Schild mit der Aufschrift: »Willkommen in Venice, der Heimat des Trojanischen Pferdes«, stehen. In einer solchen Welt leben wir nicht. Und werden vielleicht nie darin leben. Wir haben lediglich eine Stunde lang widersprüchliche Indizien vorgelegt, die auf eine Verschwörung hindeuten, mit deren Hilfe das amerikanische Volk im Dunkeln gehalten werden soll über die wahren Hintergründe der Tragödie, die sich im vergangenen September als dunkler Schatten über uns alle gesenkt hat. Wir könnten noch stundenlang weitere Beweise aufführen. Aber an diesem Punkt der Vorführung gehen wir aus der journalistischen Reserve. Denn ich will Ihnen sagen, was ich glaube.

Ich glaube, dass nur eines schlimmer ist, als mit ansehen zu müssen, wie Menschen zu zweit und zu dritt Hände haltend aus dem hundertsten Stock springen: nämlich das mit ansehen zu müssen und dann von der Regierung darüber belogen zu werden, wer das Verbrechen warum begangen hat. Ich glaube, wir stehen in den USA heute, zu Beginn des 21. Jahrhunderts, vor der gleichen bitteren Realität wie die Bürger von Rom vor beinahe 2000 Jahren, als sie angewidert auf die arrogante und korrupte kaiserliche Leibwache herunterblickten, die ihre einst so stolze Republik zum Gespött gemacht hatte, und laut die Frage stellten, die über die Jahrhunderte hinweg zu uns herüberschallt: »Wer soll die Wächter bewachen?«

Dank

Viele Anregungen erhielten wir persönlich oder über das Internet von Andreas von Bülow, Michel Chossudovsky, Nico Haupt, Daniel Hopsicker, Jahred Israel, Michael Ruppert, Paul Thompson, Allan Wood, Nick Lewis, Jochen Scholz, Rene Schneider, Khaled Alzayed und Tom Flocco. Ungezählte Diskutanten in verschiedenen Foren trugen durch weiterführende Fragen, Detailinformationen und Links zu unserem Buch ebenfalls bei. Besonderen Dank an Klaus Gabbert, der uns mit Rat & Lektorat zur Seite stand. Und ebenso an Gerhard Seyfried, der die beiden Karten beisteuerte.

Teil 3

MATHIAS BRÖCKERS
CHRISTIAN C. WALTHER

11.9. – ZEHN JAHRE DANACH

DER EINSTURZ EINES LÜGENGEBÄUDES

Lektorat: Klaus Gabbert, Büro Z, Wiesbaden

Nicht in allen Fällen konnten die Inhaber der Bildrechte ermittelt werden. Wir bitten gegebenenfalls um Hinweis an den Verlag.

In dubio pro veritate

Die Autoren danken Andreas Westphalen und John Doe II für ihre überaus sachkundige und engagierte Mitarbeit sowie unzählige unersetzliche Hinweise. Wir ersuchen die Staatsanwaltschaft dringend, bei der anstehenden Neu-Untersuchung wahlweise Herrn Westphalen oder Mr. Doe zum »Chief of Staff« zu ernennen.

Inhalt

Stimmen zur Sache 789

Vorwort 795

Nachbereiter, Vorbereiter 808

1 Allgemeinwissen 808
2 Die Kommission 810
3 Der Autor: Philip Zelikow 817
4 Der Kopf: Osama Bin Laden 824
5 Die Finanzierung 829
6 Die Verbindung: Omar Said Sheikh 832
7 Der Kronzeuge: Khalid Scheich Mohammed 838

Terroristen, Sündenböcke und Agenten 845

8 Der Ringleader: Mohammed Atta 845
9 Die Hijacker: eindeutig identifiziert 859
10 Verwechselt: die Al-Omaris 866
11 Der Anschlag: perfekt vorbereitet 870
12 Die Geheimdienste: ohne Vorkenntnisse 876
13 Intermezzo: getürkt 879
14 Vorauswissen: Umzugshelfer 889
15 Vorauswissen: Kunststudenten 893
16 Vorauswissen: Insider-Händler 898
17 Die schützende Hand 905

Politik und andere Posten 914

18 Bush in Sarasota 914
19 Dienst nach Vorschrift 918

20 Auf verlassenem Posten 921
21 Intermezzo: Schwundgeld 930

Auf den Schirmen, unter dem Teppich 936

22 Manöver jenseits der Vorstellungskraft 936
23 Das Militär: zu spät informiert 943
24 Das Gespenst: Phantomflug AA 11 962
25 American 11: Augenzeugen an Bord 969
26 United 93: zu früh, zu spät 974
27 United 93: kein Abschuss 981
28 Täter-Kommunikation: Gedankenübertragung 984
29 Irrelevant: Raytheon 991
30 Der Pilot: Hani Hanjour 993
31 Der Pentagon-Crash 999
32 E4-B: Überwachung von oben 1005

Aufgeräumt, eingestürzt 1009

33 WTC 1 und 2 1009
34 WTC 7 1016
35 Silverstein: unvorbereitet 1023

Stillschweigend, der Rest 1029

36 United 23 1029
37 Intermezzo: Anthrax 1031
38 Whistleblower 1041
Nachwort: Ein Denkmal für Dick und Don 1064

Abkürzungen 1083

Anmerkungen 1087

Literatur 1151

Anhang 1158

Stimmen zur Sache

»Wir sind der Überzeugung, dass die Wahrheit über »9/11« *jetzt* offengelegt werden sollte – nicht in 50 Jahren als Fußnote in den Geschichtsbüchern –, damit die Politik, die auf der Interpretation der 9/11-Angriffe durch die Regierung Bush-Cheney basiert, geändert werden kann. Wir fordern daher eine neue, unabhängige Untersuchung des 11. September, die die von unabhängigen Forschern dokumentierten und bislang von Regierungen wie Massenmedien ignorierten Beweise berücksichtigt.«

Yukihisa Fujita, Abgeordneter im Oberhaus des japanischen Parlaments, von 2007 bis 2009 Vorsitzender des Sangiin-Ausschusses für Außenpolitik und Verteidigung

»Was wohl noch beunruhigender ist als die offensichtliche Vertuschung, ist das gespenstische Schweigen der Massenmedien, deren offenkundige Weigerung anzuerkennen, dass gut belegte Zweifel an der offiziellen Version bestehen: einer Al-Qaida-Operation ohne Vorwissen von Regierungsvertretern.«

Prof. Richard Falk, Princeton University, Sondergesandter des Menschenrechtsrats der Vereinten Nationen.

»Bis heute … hat keine unabhängige Stelle, kein unabhängiges Gericht, die zur Verfügung stehenden angeblichen oder tatsächlichen Beweise überprüft und nachprüfbar in einem rechtsstaatlichen Anforderungen genügenden Verfahren festgestellt, wer für die Anschläge von 9/11 verantwortlich war … Es sollte deshalb in jedem Falle schleunigst auf strikt rechtsstaatlicher Basis überprüft werden, ob die offizielle Verschwörungs-Version, wie sie … gegenüber der Öffentlichkeit als Wahrheit ausgeben wird, auch tatsächlich der Wahrheit entspricht.«

Dieter Deiseroth, seit 2001 Richter am Bundesverwaltungsgericht und Experte für Völker-, Verwaltungs- und Verfassungsrecht

»Tatsächlich hält die offizielle Version einer genauen Überprüfung nicht stand.«

Roland Dumas, französischer Außenminister von 1984 bis 1986 sowie von 1988 bis 1993

»Ich war überrascht, dass niemand außer uns diese Fragen stellte, die Medien inbegriffen.«

Monica Gabrielle, 9/11-Witwe

»Wenn man anfängt, nach seinem eigenen Verstand zu urteilen und nicht nach dem, was einem erzählt worden ist, bleibt nur sehr wenig von der offiziellen »Geschichte« glaubhaft.«

Commander Ralph Kolstad, US Navy, früherer Kampfjetpilot, früherer Gefechtsausbilder an der US Navy Fighter Weapons School (Topgun); 20-jährige Navy-Karriere, 27 Jahre Erfahrung auf Verkehrsmaschinen, mehr als 23 000 Flugstunden

»Wenn unsere Regierung einfach nichts [getan] hätte, und das sage ich als ein alter Abfangpilot – ich kenne die Übungen, ich weiß, was es braucht, ich weiß, wie lange es braucht, ich weiß, wie die Abläufe sind, ich weiß, wie sie waren und was sie daran änderten –, wenn unsere Regierung lediglich nichts getan und die normalen Abläufe am Morgen des 11.9. zugelassen hätte, würden die Zwillingstürme immer noch stehen und Tausende von Amerikanern wären noch am Leben. Das ist Verrat!«

Robert Bowman, ehemaliger Leiter des US-»Star Wars«-Programms, Luftwaffenoberst und Kampfpilot

»Sie wollen mir erzählen, dass Rumsfeld von seinem Schreibtisch aufstehen und aus seinem Fenster das Pentagon in Flammen sehen musste, um zu wissen, dass etwas nicht stimmte? Wie kann das sein?«

Mindy Kleinberg, 9/11-Witwe

»Die Regierungs-Story, die man uns über 9/11 serviert hat, ist kompletter Bullshit, schlicht und einfach.«

Capt. Russ Wittenberg, früherer US Air Force-Kampfflieger mit mehr als 100 Gefechtseinsätzen; 35 Jahre lang Pilot für Pan Am und United Airlines mit mehr als 30 000 Stunden Flugerfahrung unter anderem auf den United-Flügen 93 und 175

»Die Idee eines solchen Angriffs war sattsam bekannt und vor dem 11. September als Möglichkeit im Rahmen von Militärübungen simuliert worden.«

Prof. John Arquilla, Naval Postgraduate School, Monterey, Kalifornien

»Terroristen hätten diese Operation mit vier entführten Flugzeugen nicht ausführen können, wenn sie nicht die Unterstützung eines Geheimdienstes gehabt hätten.«

Horst Ehmke, 1969 Bundesminister der Justiz, von 1969 bis 1972 Bundesminister für besondere Aufgaben und Chef des Bundeskanzleramtes sowie von 1972 bis 1974 Bundesminister für Forschung und Technologie, zeitweilig Koordinator für die Zusammenarbeit der Geheimdienste

»Wir werden bald die ganze Geschichte des 11. September erfahren müssen, weil dieses Thema so wichtig für Amerika ist. Aber dieses Weiße Haus will den Fall vertuschen.«

Senator Max Cleland, vormaliges Mitglied der 9/11-Commission, nach seinem Rücktritt im Dezember 2003

»Ich war schockiert, wie stark die Wahrheit von ihrer Beschreibung abwich ... Die (NORAD-)Bänder erzählen eine komplett andere Geschichte, als das, was uns und der Öffentlichkeit erzählt worden ist ... Das ist keine Meinungsmache. Das ist die Unwahrheit.«

John Farmer, Rechtsberater der 9/11-Commission

»Sie haben gelogen, sie haben alle gelogen.«

Patty Casazza, 9/11-Witwe

»Es gibt vielerlei Gründe anzunehmen, dass es eine Alternative zu den Darstellungen in unserer Version geben könnte ... Wir hatten keinen Zugang ...«

Bob Kerrey, 9/11-Commissionsmitglied

»Ich glaube nicht auch nur eine Minute daran, dass wir alles richtig verstanden haben.«

Lee Hamilton, stellvertretender Leiter der 9/11-Commission

»Wir waren außerordentlich frustriert über die Falschaussagen, die uns gegenüber gemacht wurden.«

Tim Roemer, 9/11-Commissionsmitglied

»Das [der 9/11-*Commission-Report*] war eine 580-Seiten-Vermeidung jeder ernsthaften Erklärung.«

Michael Meacher, seit 1997 Abgeordneter der Labour Party im britischen Parlament, Umweltminister von 1997 bis 2003

»Es hieß, die Geheimdienste müssten immer hundertprozentig richtig liegen, und die Terroristen müssten nur einmal Glück haben. Diese Erklärung für die verheerenden Anschläge des 11. September ist, wenngleich oberflächlich simpel, im Kern falsch. Denn die 9/11-Terroristen hatten nicht nur einmal Glück. Sie hatten immer und immer wieder Glück.«

Mindy Kleinberg, 9/11-Witwe

»Ich habe besonders als Wissenschaftlerin Probleme mit der offiziellen Verschwörungstheorie der Regierung, eben weil sie den Gesetzen der Wahrscheinlichkeit ebenso wenig entspricht wie denen der Physik.«

Dr. Lt. Col. Karen U. Kwiatkowski, US Air Force, vormalige Offizierin in Diensten des US-Verteidigungsministeriums (Political Military Affairs)

»Unsere Führung hat uns einen leeren Sopranos-Bildschirm serviert, mit einer furchtbaren Tragödie am Ende, während sie gleichzeitig unter dem Radar alles getan hat, sich unseren grundlegenden Gesetzen zu entziehen und allmählich unsere demokratischen Institutionen zu zerstören. Jeder Amerikaner muss ganz genau das Muster des Zerfalls betrachten, das mit 9/11 begann.«

Terrell (Terry) E. Arnold, MA, früherer stellvertretender Leiter der Abteilung Terrorismusabwehr und Krisenmanagement des US State Department

»Was wir am Morgen des 11. September erlebt haben, war das Ergebnis einer bis ins kleinste Detail durchorchestrierten verdeckten Operation, die einen faschistischen Staatsstreich in unserem Land ermöglicht hat ... Diese Leute müssen verurteilt werden, wenn nicht von unserem eigenen Kongress, dann von einem internationalen Gericht in Den Haag, in den Niederlanden. Bush, Blair, Rumsfeld, Cheney sollten auf der gleichen Anklagebank sitzen wie Miloševiç und die kroatisch-serbischen Kriegsverbrecher.«

Wayne Madsen, Ex-US-Navy- und NSA-Geheimdienstler, spezialisiert auf elektronische Überwachungssysteme

»Ich habe meinen Mann verloren, aber ich habe auch mein Land verloren.«

Kristen Breitwieser, 9/11-Witwe

Vorwort

9/11 ist ein Film, den 2,5 Milliarden Menschen gesehen haben; 9/11 ist eine Katastrophe, die am 11. September 2001 fast 3 000 Menschen das Leben kostete und Hunderttausende in den darauf folgenden Kriegen in Afghanistan und im Irak; 9/11 ist ein Ereignis, dessen Dimension und Symbolkraft alles in der Geschichte der Kriminalität und des Terrors Dagewesene übersteigt, eine Tat, die Angst und Schrecken in der gesamten Welt verbreitet hat. 9/11 ist das Verbrechen des Jahrhunderts – und es ist nach fast zehn Jahren noch immer nicht aufgeklärt. Die Hintermänner und die Finanzierung der Anschläge wurden nicht ermittelt, und die wahre Identität der »Hijacker« sowie die Planung und Durchführung der Tat blieben bis heute weitgehend unaufgeklärt, ebenso wie ihre direkten Folgen: der nahezu restlose Einsturz von drei Wolkenkratzern in Manhattan.

»Wir müssen die Wahrheit über den Terror aussprechen. Lasst uns niemals frevelhafte Verschwörungstheorien im Zusammenhang mit den Anschlägen des 11. September tolerieren, boshafte Lügen, die bezwecken, die Schuld von den Terroristen selbst abzulenken, weg von den Schuldigen«, hatte US-Präsident George W. Bush nach den Anschlägen vor den Vereinten Nationen in New York verkündet. Doch diese Wahrheit über den Terror des 11. September 2001 sind er und sein Nachfolger ihren Bürgern und dem Rest der Welt bis heute schuldig geblieben. Mehr noch: Sie haben alles dafür getan, die Ermittlung und Aufklärung der Anschläge zu verhindern und nicht der Wahrheit des 11.9. auf den Grund zu gehen, sondern den Grund für eine Kriegserklärung zu liefern.

Wir erinnern uns: Eine regierungsamtliche Untersuchung der Anschläge durch die Bush-Regierung wurde mit der Begründung abgelehnt, dies würde die Kräfte von der Verhinderung weiterer Terroranschläge abhalten. Erst nach 15 Monaten und großem öffentlichen Druck seitens der Opferangehörigen wurde eine staatliche Untersuchungskommission eingerichtet: mit einem derart schmalen Budget und so geringen Untersuchungsbefugnissen, dass eines ihrer Mitglieder gleich wieder zurücktrat – und sich andere, wie die Leiter der Kommission, die Senatoren Thomas Kean und Lee H. Hamilton, nach Abschluss des Berichts bitter beschwerten, zahlreiche wichtige Dokumente und der Zugang zu entscheidenden Zeugen seien ihnen von der Regierung vorenthalten worden. So hat der Abschlussbericht der 9/11-Commission zwar ein wirkungsmächtiges Narrativ geschaffen – eine große Erzählung von Pleiten, Pech und Pannen, die es 19 Hijackern ermöglichten, mit Teppichmessern vier Flugzeuge zu entführen, die Luftabwehr stundenlang am Eingreifen zu hindern und drei Wolkenkratzer zu pulverisieren –, doch mit der Realität hat dieses Narrativ nur begrenzt zu tun. Denn weil der *Commission Report* zahlreiche Fakten ausblendet und die Realität zugunsten einer stimmigen Geschichte ignoriert, ist er kein Tatsachenbericht, kein Protokoll einer kriminalistischen Untersuchung, keine Ermittlung im staatsanwaltlichen Sinne, sondern eher das, was man heute Dokufiktion nennt – ein Stück, in dem fehlende Fakten und Beweise durch Spielszenen ersetzt werden.

2,5 Millionen Seiten Dokumente, 1200 Interviews, 1000 Stunden Audioprotokolle, 19 Hearings mit 160 Zeugen – die schiere Masse an Material, das die 80 Vollzeitmitarbeiter der Kommission zusammengetragen und gesichtet haben, ist eindrucksvoll. Da das Recherchebudget der Autoren allerdings knapp bemessen war, mag es verständlich sein, dass viele Zeugen, die etwa über das Leben der »Hijacker« in Florida und anderswo hätten berichten können, gar nicht gehört wurden. Für eine Überprüfung der Flugschulen und Lehrer, mit denen sie monatelang zu tun hatten, hat das Recherchegeld genauso wenig gereicht wie für eine Ermittlung, wie die Finanzierung der Anschläge vonstatten ging – und schon gar nicht hat es dafür gereicht, den harten Kern der 9/11-Legende zu dokumentieren: dass nämlich Osama Bin Laden, der Chefterrorist in der Höhle Tora Bora, tatsächlich 19 »Hijacker« entsandte, die dann ganz allein und nur dank ihrer magischen Teppichmesser die Twin Towers pulverisierten.

Wie sie dieses Wunder vollbrachten, wird zwar in zwei Kapiteln des Reports beschrieben – doch ein Kasten weist ausdrücklich darauf hin, dass hier der Ermittlungsbericht nun endgültig romanhaft wird, beruht er doch vorwiegend auf unüberprüften, unter Folter zustande gekommenen Aussagen von Kriegsgefangenen. Es sind dies vor allem die Erzählungen von Khalid Scheich Mohammed (KSM) – eines Phantoms, das keinem ordentlichen Gericht der Welt für Befragungen zur Verfügung steht; so wenig wie die Vernehmungsoffiziere, die den angeblichen Chefplaner verhörten und ihn dabei dutzendfach mit Waterboarding folterten. Der 9/11-Commission standen bei ihrer Rekonstruktion der Ereignisse nur die schriftlichen Protokolle dieser Folterverhöre zur Verfügung: ein Geheimdienstroman. Als »kostbare Wahrheiten, umgeben von einer Leibwache aus Lügen« werden denn auch die Aussagen von KSM in einer Fußnote beurteilt. Und in Umkehrung taugt dieses Urteil ziemlich perfekt als Beschreibung des gesamten 580-seitigen *Commission Report*: Er enthält kostbare Lügen, umgeben von einer Leibwache aus Wahrheiten.

Dass diese Dokufiktion heute als historische Wahrheit gilt, in den Lexika und Fachbüchern steht und im öffentlichen Bewusstsein fest verankert ist, hat indessen wenig mit ihrem Realitätsgehalt, aber umso mehr mit ihrer millionenfachen Verbreitung in sämtlichen Medien zu tun. Die Türme standen noch, als auf allen Nachrichtenkanälen der wahrscheinliche Schuldige – Osama Bin Laden – schon benannt wurde, und an dieser Schuldzuweisung hat sich seit dem frühen Morgen des 11. September 2001 nichts geändert. Handfeste Beweise für die Täterschaft Bin Ladens indessen wurden bis heute nicht vorgelegt.

Dass die Gleichung »9/11 = Bin Laden« dennoch in weiten Teilen der Öffentlichkeit wie ein Pawlowscher Reflex implementiert ist, kann also nicht an ihrem Realitätsgehalt liegen, sondern nur an der Penetrationshäufigkeit, mit der die Botschaft über sämtliche Medien und Kanäle eingeprägt wurde. Als Grundstein jenes Narrativs, das mit dem *Commission Report* drei Jahre später seine amtlich beglaubigte prosaische Form fand: die große Erzählung von Osama und den 19 Hijackern, die den schlafenden Riesen Amerika überlisteten und mitten ins Herz trafen. Eine mitreißende, mit den Bildern der einstürzenden Türme schockierende und tragische Geschichte, ein an Mythen und Märchen – vom Turm zu Babel über David und Goliath bis zum tapferen Schneiderlein – gemahnender Plot, ein überwältigendes, live übertragenes Weltereignis.

Der Schrecken und die Unfassbarkeit dieses Ereignisses schrien nach einer Erklärung – »Wer?« und »Warum?« –, und die Antworten wurden geliefert: Bin Laden, denn er hasst Amerika. Innerhalb weniger Stunden mutierte der saudische Söldnerführer und Milliardärssohn in den Medien vom vermeintlichen und vermuteten zum einzigen Verdächtigen, und als dann in dem »hängengebliebenen« Gepäckstück Mohammed Attas ein Testament und weitere Dokumente für ein »islamistisch« motiviertes Selbstmordattentat auftauchten, wurde dieser Anfangsverdacht ideologisch bestätigt und mit den Fotos und den arabischen Namen der 19 »Hijacker« untermauert.

So völlig überraschend und aus heiterem Himmel, wie die Weltmacht Amerika in ihr Herz getroffen worden war, so schnell waren die Ermittlungen des Hauptschuldigen und der Täter abgeschlossen. Ein frühes Interview mit einem zweifelsfrei erkennbaren und klar sprechenden Osama Bin Laden, der jede Beteiligung an den Anschlägen bestritt, wurde einmal und nie wieder über die Mainstream-Kanäle gesendet; ein BBC-Bericht über arabische Männer, die sich in Marokko und Saudi-Arabien in den Tagen danach gemeldet und beschwert hatten, dass sie in den Medien mit ihren Namen und Fotos als »Hijacker« bezichtigt würden, obwohl sie zum Tatzeitpunkt gar nicht in den USA waren, geschweige denn dort Flugzeuge entführt hätten, wurde ignoriert. Ungeklärte Namen und Fotos stehen auch nach zehn Jahren noch in sämtlichen Veröffentlichungen zum Thema. Weder die BBC noch ein anderes Mainstream-Medium oder die 9/11-Commission sahen sich genötigt, der Frage nach der wahren Identität der Hijacker nachzugehen – schließlich, so die Kommissionsvorsitzenden Kean und Hamilton, könne ja kein Zweifel daran bestehen, dass am Ende des Tages »die 19 Täter tot waren«. In der Tat – wer hinter den als Hijacker identifizierten Täternamen wirklich steckte, wurde nie zweifelsfrei ermittelt.

Auch wir haben keine Recherchereisen unternommen, um etwa den Piloten Walid Al-Sheri aufzuspüren, der sich bei den US-Behörden in Casablanca über sein Foto auf der Hijacker-Liste beschwerte und am 11.9.2001 nachweislich in Marokko aufgehalten hatte – obwohl er laut *Commission Report* als rechte Hand Mohammed Attas einen Flugbegleiter erstochen haben soll, bevor die American Airlines 11 in den Nordturm raste. Solche Recherchen und Ermittlungen sind Aufgabe eines Staatsanwalts, der von Amts wegen gehalten ist, Verbrechen und ihrer Aufklärung nachzugehen – dies auch dann, wenn Politiker und Medien den Fall unisono als geklärt bezeichnen. Wir, als freischaffende Autoren und aufmerksame Beobachter, können diese Ermittlungen nicht führen, doch wir können Fingerzeige geben, wo in Sachen 9/11 zu ermitteln wäre, welche Zeugen unter Eid gehört werden müssten, welche Untersuchungen und Gutachten anzufordern, welche Akten und Dokumente zu sichten wären. Insofern ist dieses Buch als Handreichung für den (nicht vorhandenen) Staatsanwalt zu verstehen, als Auflistung der gröbsten Auslassungen, krassesten Ungereimtheiten und deutlichsten Widersprüche in der offiziellen Version der Ereignisse.

Wir haben keine Theorie zu bieten, schon gar keine Verschwörungstheorie, aber wir können beweisen, dass es sich bei der offiziellen Version der Ereignisse um eine Verschwörungstheorie handelt: um eine Hypothese, die sich zwar auf Hinweise und Indizien stützen kann, aber nicht auf stichhaltige, eindeutige Beweise. Wir haben George W. Bushs Diktum vor der UN-Vollversammlung, niemals »frevelhafte Verschwörungstheorien im Zusammenhang mit den Anschlägen des 11. September« zu tolerieren, die nur »von den Schuldigen« ablenken, beim Wort genommen – und fragen uns, von welchen »Schuldigen« eigentlich abgelenkt wird, wenn die Regierung selbst eine Verschwörungstheorie im Zusammenhang mit den Anschlägen des 11. September verbreitet: mit einem Hauptschuldigen Osama Bin Laden, gegen den das FBI nach eigenen Angaben keine konkreten Beweise hat, mit Tätern, deren wirkliche Identität ungeklärt ist, mit Tatortspuren, die mehr Rätsel aufgeben als Fragen beantworten, mit Wolkenkratzern, deren Pulverisierung alle Gesetze der Bauphysik sprengt, mit Standardprozeduren der Luftsicherheit, die außer Kraft gesetzt wurden, mit Militärmanövern, die an diesem Morgen mit Phantomflugzeugen und simulierten Radarsignalen die Fluglotsen verwirrten, mit militärischen Hauptverantwortlichen für die Luftsicherheit, die allesamt nicht auf ihrem Posten waren, mit Anthrax in der Post als eindeutiger Werbebotschaft für den umstrittenen Patriot Act – und ohne einen einzigen Verantwortlichen, der je von einem ordentlichen Gericht zur Rechenschaft gezogen worden wäre.

Auch wir kennen die Wahrheit des 11. Septembers nicht, wir wissen nicht, was an diesem Tag wirklich geschah; aber wir kennen die Lügen über den 11. September und wir wissen, wer sie in die Welt gesetzt hat.

Wenn der Kommissar im Krimi auf jemanden stößt, der über den Tathergang die Unwahrheit verbreitet, hat er es mit einer halbseidenen Figur zu tun, die automatisch zu den Verdächtigen zählt. Wenn also der Bürgermeister den Wilderer bezichtigt, das Gemeindehaus in Schutt und Asche gelegt zu haben, weil dieser ihm schon mehrfach mit Rache gedroht hat, dann ist für den Kommissar und den Leser alsbald klar, dass der Wilderer als Täter ausscheidet. Der Bürgermeister dagegen, der die falschen Anschuldigungen in die Welt gesetzt hat, wird seinerseits zum Hauptverdächtigen. Nur: Wie überführt man ihn, bei dem Anschlag selbst die Finger im Spiel gehabt zu haben? Der Pfarrer, der Dorfpolizist, der Wirt, der Gutsbesitzer, die Gemeinderäte, der Chef des Lokalanzeigers – niemand kann sich auch nur vorstellen, dass an diesem ungeheuerlichen Verdacht was dran sein könnte. Und wenn der Kommissar vorsichtig weiterbohrt, kriegt er zu hören: »Geben Sie acht auf das, was Sie sagen!« Also wird weiter bloß gegen den Wilderer ermittelt und keine andere Spur verfolgt. Der Bürgermeister begründet das damit, dass alle Kapazitäten zur Verhinderung weiterer Brandstiftungen und für die Jagd auf potentielle Feuerteufel gebraucht werden. Nur weil einige Angehörige der Brandopfer keine Ruhe geben, wird nach über eineinhalb Jahren doch noch eine Ermittlungskommission eingesetzt. Deren Mitglieder wählt der Bürgermeister nach eigenen Gnaden aus, und entsprechend gerät das Ergebnis ihrer »Untersuchung«: Der Wilderer war's! Dass die von »Bürgermeister« Bush handverlesene 9/11-Commission genau so agierte und exakt das gewünschte Ergebnis »ermittelte«, werden wir im Folgenden zeigen.

Dass sich das Narrativ von Osama und den 19 Teppichmessern – die Behauptung, dass 9/11 die Tat von 19 Einzeltätern war, die von Bin Laden aus einer afghanischen Höhle gesteuert wurden –, dass sich diese hanebüchene Story nun über fast ein Jahrzehnt als wahre, realitätsgerechte Beschreibung der Ereignisse halten kann, hat natürlich vor allem mit ihrer permanenten, penetranten Wiederholung auf allen medialen Kanälen zu tun. Sowie mit dem Bannstrahl »Verschwörungstheorie«, den dieselben Kanäle sofort aussenden, wenn Zweifel an der Geschichte laut werden. Die Methode ist ebenso simpel wie wirkungsvoll: Wenn jede alternative Sichtweise als gefährliche, unseriöse, frevelhafte »Verschwörungstheorie« aus dem öffentlichen Diskurs verbannt wird, kann es sich bei der offiziellen Verschwörungstheorie ja nur noch um die Wahrheit handeln.

Dennoch geben die unpassenden Fakten, die eklatanten Ungereimtheiten und offensichtlichen Vertuschungen keine Ruhe. In einer repräsentativen Umfrage 2006, fünf Jahre nach den Anschlägen, bejahten 36 Prozent der US-Amerikaner, dass ihre Regierung an den Anschlägen auf das World Trade Center entweder beteiligt war oder nichts unternahm, sie zu verhindern, weil sie im Mittleren Osten in den Krieg ziehen wollte. Seither ist die Zahl derjenigen, die die US-Regierung für involviert hält und die Anschläge als »inside job« sieht, weiter gewachsen, und kaum eine Talkshow, kaum ein Magazin hat nicht mindestens einmal einen Psychologen oder »Experten« aufgeboten, der diesen »offensichtlichen Hang zu Verschwörungstheorien« als irrational wegerklärt, schließlich glaubten die Leute ja auch an UFOs, Marienerscheinungen und Poltergeister. Außerdem sei das Sündenbockdenken sehr verbreitet, und den USA als größter Weltmacht würde eben am häufigsten der Schwarze Peter zugeschoben. Mit den Belegen, Fakten und Hinweisen der »9/11-Wahrheitsbewegung« – wie man die disparate und weltweite Gruppe der Skeptiker, Zweifler und Ungläubigen mit einem Sammelbegriff belegen könnte – findet eine konkrete Auseinandersetzung kaum statt, selbst der kleinste gemeinsame Nenner – dass angesichts der eklatanten Nichtaufklärung der Verbrechen eine Neu-Untersuchung stattzufinden habe – findet in den Großmedien kein Echo. Ebenso wenig wie die Ergebnisse einer repräsentativen Emnid-Umfrage zum Thema 9/11 Anfang

2011 in Deutschland, nach der 89,5 Prozent der Befragten der Regierungsversion der Ereignisse keinen Glauben schenken. Dass solche erstaunlichen Befunde der öffentlichen Meinung ihr Dasein allenfalls am Rande fristen – in diesem Fall in dem Unterhaltungsmagazin *Welt der Wunder* (Heft 2/2011) –, ist indessen kein Wunder: Die Großmedien sind als Megafon von Industriekonzernen und Anzeigekunden nur mehr für systemerhaltende Nachrichten zuständig, die kritische Öffentlichkeit ist zur Emigration gezwungen, an die Ränder und ins Internet.

Und so gilt für den Mainstream der Medien 9/11 eben als erledigter Fall, nach dem man längst zur Tagesordnung übergegangen ist. Da diese Tagesordnung »Krieg« heißt, rütteln Zweifel an 9/11 auch am Grund jenes Krieges, zu dessen Beginn US-Vizepräsident Richard Cheney verkündet hat, dass er »länger als eine Generation« dauern wird. Und mindestens so lange, so steht zu befürchten, muss die Legende von den 19 Einzeltätern und ihrem Ex-Anführer Osama Bin Laden als Wahrheit und Realität verkauft und verteidigt werden. »Wir« – das sind auch deutsche Soldaten, die mit der Begründung in Afghanistan kämpfen, dass von dort der Jahrtausendverbrecher Bin Laden operierte, der für 9/11 verantwortlich ist. Wäre diese Begründung falsch, wären die in ihrer Folge begonnenen Kriege nicht nur ein Fehler, sondern ein Verbrechen. Schon dieses unmögliche Eingeständnis zwingt die Verantwortlichen, die Regierungen der USA und ihrer Alliierten, das Höhlenmärchen des 11. September weiter als Realität zu verkaufen.

Wir geben uns nicht der Illusion hin, diesen mächtigen Zauber mit unserem Buch auflösen zu können. Wir sind alles andere als optimistisch, was eine zeitnahe und unabhängige Neu-Untersuchung der Verbrechen betrifft; wir sind deprimiert über den Zustand der »freien« Medien und des unabhängigen Journalismus und staunen fasziniert über den durchschlagenden Erfolg einer globalen Gehirnwäscheoperation: des 9/11-Märchens als Realityshow. Als Autoren, Journalisten, Medienleute müssen wir deren »Machern« allergrößten Respekt zollen: Sie haben den Schockzustand, die Trance, in die das unfassbare Ereignis Milliarden von Menschen versetzt hat, nicht nur erfolgreich genutzt, eine hypnotische Suggestion einzupflanzen (»Osama war's!«), sie haben dieses Phantom auch erfolgreich auf eine ebenso phantomhafte Gruppe (»Al-Qaida«) und einen neuen Weltfeind (»Islamismus«) erweitert und halten diese unsichtbaren Dämonen mit immer neuen Meldungen dauerhaft am Leben. Obwohl es von Bin Laden seit Jahren kein glaubhaftes Lebenszeichen mehr gab, obwohl er vor seinem offiziellen Exitus durch Kopfschuss am 1. Mai 2011 schon achtmal für tot erklärt wurde, obwohl er eine Terrorbande namens »Al-Qaida« nie gegründet hat und obwohl die Ungereimtheiten und Widersprüche der ganzen Geschichte zum Himmel schreien. Das ist die hohe Schule der Massenmanipulation, und dieser Medienmagie etwas Wirksames entgegenzusetzen, fehlen uns die Mittel und die Macht. Wir sind nur mit einem gesunden Menschenverstand ausgerüstet, mit dem wir (meistens) in der Lage sind, Fakten von Fiktionen zu unterscheiden, Aufklärung von Desinformation, Ermittlungen von Vertuschungen und Untersuchungsberichte von Gefälligkeitsgutachten.

Dass wir mit diesem Buch – wie schon mit unseren vorherigen Büchern zum Thema – eine große schweigende Mehrheit von LeserInnen auf unserer Seite haben, scheint uns ebenso sicher zu sein wie die Tatsache, dass wir damit einmal mehr gegen den massenmedialen Wind pinkeln. Doch diese Unbill nehmen wir in Kauf – for the record und für die Historiker der Zukunft, die dereinst diesen Fall ja dann doch noch aufklären werden. Und um unseren Enkeln oder Urenkeln zu beweisen, dass zumindest nicht alle Altvorderen zu Anfang des Jahrtausends von der großen 9/11-Lüge eingelullt worden waren. Dass, wer es damals wissen wollte, es auch wissen konnte. Und dass die altbekannte Ansage »Aber wir haben von nichts gewusst« nicht mehr war als eine bequeme Ausrede.

Was man wissen kann, zehn Jahre nach dem Jahrhundertverbrechen, wenn man nur gewillt ist, etwas genauer hinzuschauen, haben wir auf den folgenden Seiten zusammengefasst – so kurz, wie es bei einem hochkomplexen historischen Ereignis gerade noch möglich ist, und so konzentriert auf Fakten, Dokumente (die den Ermittlern zweifellos in besserer Auflösung und Qualität vorliegen als uns) und befragbare Zeugen, wie es nötig ist, um weitere beziehungsweise erstmalige staatsanwaltliche Ermittlungen einzuleiten. Unter jedem Kapitel sind deshalb die vorzuladenden Zeugen, teils auch die freizugebenden Dokumente benannt, die zu einer Aufklärung des Sachverhalts herangezogen werden müssen. Jeder einzelne dieser ungeklärten, ungereimten, unmöglichen Sachverhalte würde in einem ordentlichen juristischen Prozess zu einer Wiederaufnahme des Verfahrens führen, zu weiteren Ermittlungen, Zeugenvernehmungen, Beweisaufnahmen – und zu einer neuen Verhandlung. Dass eine solche Neu-Aufnahme der Ermittlungen in Sachen 9/11 geschehen muss – nicht nur im Namen der Opferangehörigen und der amerikanischen Bürger, sondern im Namen der Weltgemeinschaft, denn mit 9/11 wird Welt(kriegs)politik gemacht –, dass also eine Neu-Untersuchung des 9/11-Terrors unabdingbar und unausweichlich ist, daran kann nach der im Folgenden präsentierten Beweislast kein vernünftiger Zweifel bestehen.

Nein, wir finden uns nicht ab mit dem fatalistischen Ausblick, dass wir schon in einem postdemokratischen, neofeudalen System leben, dessen rechtsstaatliche Fassade nur noch Kosmetik ist, hinter deren Kulissen private Armeen und Geheimdienste die Exekutive übernommen haben und ausführen, was Finanz- und Industrie-Oligarchen in diskreten Hinterzimmern beschließen und von ihren Stenografen und Megafonen – den Medien – durch die Wiederholungsschleifen orgeln lassen. Wer in einer solchen Welt leben mag, kann die Verbrechen auch zum zehnten Jahrestag auf sich beruhen lassen. Wir – und angesichts der Umfragen könnte man sich sogar dazu aufschwingen zu sagen: »We, the people« – wollen das nicht. Möge also dieses Buch dazu beitragen, der Forderung von Millionen Menschen in den USA und rund um den Erdball zum Durchbruch zu verhelfen: »Re-investigate 9/11!«

Nachbereiter, Vorbereiter

1 Allgemeinwissen

Der offizielle Wissensstand am zehnten Jahrestag des 11. September 2001, zusammengefasst aus den Geschichtsbüchern sowie dem Commission Report der US-Regierung.

Auf Geheiß des aus Afghanistan operierenden Al-Qaida-Anführers Osama Bin Laden und seines Chefplaners Khalid Scheich Mohammed entführten am 11. September 2001 zwischen 8:13 Uhr und 10:03 Uhr 19 radikalislamische Terroristen vier US-Passagiermaschinen und lenkten diese in die Türme des New Yorker World Trade Center, ins Washingtoner Pentagon sowie in einen Acker bei Shanksville, Pennsylvania. Die 19 Selbstmordattentäter wurden zweifelsfrei als Al-Qaida-Mitglieder identifiziert.

Die vier Jets, gestartet in Boston (American Airlines 11 und United Airlines 175), in Newark (United 93) und Washington (American 77) konnten nicht von US-Kampfjets abgefangen werden, da das Militär nicht rechtzeitig von den Entführungen unterrichtet wurde. Im Fall der zuerst entführten Maschine (AA 11) blieben dem Militär neun Minuten zum Reagieren, im Fall der dritten (AA 77) vier Minuten, die beiden anderen Maschinen (UA 93 und UA

175) wurden erst nach ihrem jeweiligen Absturz als entführt gemeldet. Die zahlreichen am 11. September stattfindenden Militärübungen verlangsamten die Reaktion der US-Luftabwehr nicht, sondern beschleunigten diese bestenfalls. Die Dienstvorschriften wurden befolgt. Alle zuständigen Lotsen und Militärvertreter handelten rasch und verantwortungsvoll, es gab keinerlei Versäumnisse, wegen derer Einzelne hätten zur Rechenschaft gezogen werden müssen.

Ausländische Regierungen und/oder Geheimdienste waren nicht in die Planung und Durchführung der Terroranschläge involviert. Es gab keinerlei Vorwarnungen oder Vorkenntnisse über den Plan, der außerhalb der Vorstellungskraft aller Behörden und US-Geheimdienste lag.

Die beiden Türme des World Trade Center stürzten aufgrund der durch die hineinrasenden Flugzeuge entstandenen Zerstörungen sowie des in der Folge ausgebrochenen Feuers in sich zusammen. Das Gebäude 7 des World-Trade-Center-Komplexes wurde durch die herabfallenden Trümmer so beschädigt, dass es am Nachmittag dieses Tages ebenfalls zusammenfiel.

Die genauen Zusammenhänge des 11. September wurden vom FBI und einer von der US-Regierung eingesetzten Untersuchungskommission akribisch untersucht. Ihr Bericht erklärt vollständig und umfassend die Geschehnisse der Terroranschläge sowie deren Vorgeschichte.

Betrachten wir diese Darstellung im Folgenden im Detail. Punkt für Punkt.

2 Die Kommission

Die von der US-Regierung eingesetzte unabhängige 9/11-Commission hat mit ihrem Abschlussbericht vom Juli 2004 eine gründliche und umfassende Darstellung der Fakten und Hintergründe des 11. September 2001 vorgelegt.

Wenn dem so wäre, hätten wir dieses Buch nicht schreiben müssen, das auf jeder Seite das Gegenteil belegt, nämlich dass die 9/11-Commission weder alle Tatsachen und Hintergründe der Terroranschläge untersucht noch eine umfassende Darstellung der Ereignisse geliefert hat.

Dass eine Regierung nach einer großen Katastrophe gleich welcher Art eine Kommission einsetzt, die die Ursachen und die behördlichen Gegenmaßnahmen untersucht, gehört zum üblichen Vorgehen. Ob es sich um eine Naturkatastrophe, einen Polit- oder Finanzskandal oder um einen Großunfall handelt, spielt dabei keine Rolle – eine Kommission oder ein Regierungsausschuss ermittelt den Fall, verhört gegebenenfalls Zeugen und veröffentlicht die Ergebnisse der Untersuchung in einem »White Paper«, das als Grundlage für die Einrichtung künftiger Schutzvorkehrungen dient. Diesem selbstverständlichen Procedere folgten auch einige US-Senatoren, als sie wenige Wochen nach den Anschlägen einen Beschluss zur Einsetzung einer unabhängigen 9/11-Commission vorbereiteten und im Dezember 2001 als Gesetzesvorlage im Senat einbrachten. Eine Formalität, sollte man meinen, doch die Bush-Regierung opponierte. Eine solche Untersuchung, so richtete Vizepräsident Dick Cheney dem demokratischen Fraktionschef Tom Daschle aus, sei eine »sehr gefährliche und zeitraubende Ablenkung derjenigen von uns, die heute an der Frontlinie unserer Erwiderung arbeiten … Wir haben alle Hände voll zu tun.« Schon im Oktober war dem Oppositionschef Daschle ja mit der postalischen Zustellung einer Prise Anthrax von einem unbekannten Absender (→ *Kap. 37*) dezent signalisiert worden, sich bei der Aufklärung der Verbrechen und dem Widerstand gegen den Patriot Act tunlichst zurückzuhalten – jetzt drohte der vielbeschäftigte Vizepräsident Cheney damit, die Demokraten in der Öffentlichkeit als landesverräterische Blockierer des »war on terror« zu porträtieren, wenn sie weiter auf einer Untersuchung bestünden.[1]

Die Familien der Opfer empfanden diese Verhinderung einer öffentlichen Untersuchung als Schlag ins Gesicht. Ohne ihre Entrüstung und ihre nicht nachlassenden Forderungen hätte es diese Kommission auch nie gegeben. Erst ein Jahr später, am 20. September 2002, deutete Präsident Bush an, die Einsetzung einer unabhängigen Untersuchungskommission nunmehr zähneknirschend unterstützen zu wollen. Wo Bushs eigentliche Prioritäten lagen, zeigt freilich sein am selben Tag dem US-Kongress überreichtes 31-seitiges Papier »The National Security Strategy of the United States«, in dem die seit mehr als einem halben Jahrhundert geltenden Prinzipien der US-Außenpolitik fundamental umgeschrieben wurden, zu einer Doktrin des »preemptive war«: »vorbeugende« Kriege der Vereinigten Staaten »gegen Nationen, von denen sie glauben, dass sie möglicherweise eine Bedrohung für die US-Sicherheit werden könnten« (→ *Kap. 3*).

Die Ungeheuerlichkeit dieser dem internationalen Völker- und Kriegsrecht hohnsprechenden Anmaßung spielte in den Nachrichten des Tages indes eine untergeordnete Rolle; die Topnachricht war ein anderer Kurswechsel, nämlich dass Bush auf Druck der Opferfamilien seinen

Widerstand gegen eine 9/11-Untersuchung aufgegeben hatte. Erst sehr viel später wurde bekannt, dass der Autor des von Bush unterzeichneten Strategiepapiers jener Philip Zelikow (→ *Kap. 3*) ist, der im Januar 2003 als Executive Director berufen wurde, allerdings nicht ins Kriegsministerium, sondern in die »unabhängige« 9/11-Commission.

Vor der Berufung des Geschäftsführers mussten noch die Leitung und die Besetzung der Kommission bestimmt werden, und die Wahl des Weißen Hauses fiel auf Henry Kissinger. Dass der ehemalige Außenminister und Sicherheitsberater in viele Länder der Welt nicht mehr einreisen kann, weil er als Kriegsverbrecher sofort verhaftet werden würde, tat seiner Berufung ebenso keinen Abbruch wie die Tatsache, dass er am 11. September 1973 den blutigen Putsch in Chile und die Ermordung des Präsidenten Salvador Allende orchestriert hatte. Eine gewisse Expertise im Einfädeln und Vertuschen von Terror aller Art kann man bloody old Henry insofern auch nicht absprechen. Woran sein Vorsitz der 9/11-Commission scheiterte, war denn auch nicht seine Vergangenheit, sondern die Gegenwart. Kissinger verweigerte die für ein öffentliches Amt notwendige Offenlegung der Kunden seiner Beratungsfirma.

Lorie van Auken, die ihren Mann im WTC verloren hatte und mit vier anderen Witwen aus ihrer Nachbarschaft, den »Jersey Girls«, zu den engagiertesten Familienvertreten gehörte, konfrontierte Kissinger damit bei einem Treffen in seinem Büro:

»›Ich muss Sie fragen: Haben Sie irgendwelche Klienten aus Saudi-Arabien? Haben Sie irgendwelche Klienten mit dem Namen Bin Laden?‹

Im Raum wurde es totenstill. Kissinger, der sich gerade einen Kaffee einschenkte, war eindeutig erschrocken von Lories Fragen, er fummelte mit der Kanne und verschüttete Kaffee auf dem Tisch. Im selben Moment schien er die Balance auf dem Sofa zu verlieren und fiel fast auf den Boden.«[2]

So sieht es offenbar aus, wenn man vom Stuhl gehauen wird. Am nächsten Morgen schickte Kissinger ein Fax ans Weiße Haus und trat von seinem Amt zurück. Folgt man der »Unzensierten Geschichte der 9/11-Ermittlung«, die der *New York Times*-Veteran Philip Shenon unter dem Titel *The Commission* 2008 vorgelegt hat, wird deutlich, dass es der Bush-Regierung mit der Einsetzung dieser Kommission nie darum ging, die Verbrechen so umfassend wie möglich aufzuklären, sondern nur darum, möglichst jeden Schaden von sich fernzuhalten.

Als dafür geeignet galten Thomas Kean, der ehemalige republikanische Gouverneur von New Jersey, und der ehemalige demokratische Abgeordnete Lee H. Hamilton, die zum Leiter und zum Vizechef der Kommission berufen wurden. Hamilton ist ein persönlicher Freund von »Dick« und »Don«, Vizepräsident Cheney und Verteidigungsminister Donald Rumsfeld – und von den zehn weiteren Mitgliedern stehen neun in engen Verbindungen mit der Rüstungs- und Luftfahrtindustrie. Der Republikaner Fred Fielding arbeitet in einer Anwaltskanzlei, die United Airlines vertritt; John Lehman, der ehemalige Marineminister, hält große Investments beim Rüstungsunternehmen Ball Corp., das viele Verträge mit dem Pentagon hat; Slade Gorton hat als Anwalt enge Verbindungen zu Boeing; die Kanzlei von James Thompson macht Lobbyarbeit für American Airlines. Auf Seiten der Demokratischen Partei saßen in der Kommission mit Tim Roemer ein Repräsentant des Rüstungskonzerns Lockheed-Martin, mit Jamie Gorelick eine Direktorin von United Technologies, einem der größten Vertragsunternehmen des Pentagon, und mit Richard Ben-Veniste ein Repräsentant von Boeing und United Airlines, der als Anwalt einst den größten Drogenschmuggler der USA und Chefpiloten der Iran-Contra-Flotte der CIA, Barry Seal, vertreten hatte. Lee Hamilton, der Vizedirektor der Kommission, war damals ein Mitglied des Untersuchungsausschusses der Iran-Contra-Affäre und half seinen »Mituntersuchern« Cheney und Rumsfeld dabei, den von Bush sen. und Reagan inszenierten Waffen- und Drogenschmuggel mit einem Bauernopfer (Oliver North) unter den Teppich zu kehren.[3]

Dazu kam im Januar 2003 als geschäftsführender Direktor und operativer Chef der gesamten Untersuchung der enge Mitarbeiter, Kollege und Ko-Autor der nationalen Sicherheitsberaterin Condoleezza Rice, der bereits erwähnte Philip Zelikow. Deutete schon diese Besetzung an, dass von einer unabhängigen Ermittlung nicht die Rede sein konnte – nur wer Böcke zu Gärtnern ernennt, kann ein Desaster der nationalen Sicherheit von einem Freund der verantwortlichen Sicherheitsberaterin untersuchen lassen –, so machte das von Bush festgelegte Budget der Untersuchung – drei Millionen Dollar – vollends deutlich, dass es hier nur um eine Farce ging. Zum Vergleich: Der Ausschuss zur Untersuchung der Clinton-Lewinsky-Affäre war ein paar Jahre zuvor mit 30 Millionen Dollar ausgestattet, für die Ermittlungen zum Absturz der Columbia-Fähre 2004 waren 152, für die zur Challenger-Katastrophe 175 Millionen bewilligt worden. Nach zahlreichen Protesten erhöhte das Weiße Haus das lachhafte Budget zur Untersuchung des Jahrhundertverbrechens dann im März 2003 auf insgesamt 15 Millionen Dollar.[4]

Zu diesem Zeitpunkt nehmen auch die Kommissionsmitglieder und die vom Executive Director Philip Zelikow eingeteilten und kontrollierten Ermittlerteams endlich ihre Arbeit auf – ohne zu wissen, dass sie sich ihre Mühen eigentlich sparen können, denn das Drehbuch ihres Abschlussberichts ist bereits geschrieben worden: von Philip Zelikow. Die detaillierte Outline, in der er bereits im März 2003 festlegt, was der 9/11-Report enthalten wird (und was nicht), wird auf Anraten von Kean und Hamilton vor der restlichen Kommission und sämtlichen Mitarbeitern geheim gehalten.[5] Als das Dossier den Mitarbeitern nach über einem Jahr bekannt wird, kursiert unter ihnen alsbald eine Parodie auf die legendäre Kennedy-Untersuchungskommission – Titel: »The Warren Commission Report – Preemptive Outline«. Eine der satirischen Kapitelüberschriften lautet: »Single Bullet: We Haven't Seen the Evidence Yet. But Really. We're Sure«[6] – eine Anspielung auf Zelikows implizite Vorgabe: »Osama bin Laden and al-Qaeda: We Haven't Seen the Evidence Yet. But Really. We're Sure.« Wie so oft beschreiben auch hier die zynischen Kommentare des Fußvolks die Sache zutreffender als die dröhnenden Reden ihrer Großkopferten. Die als Prototyp einer Nichtaufklärungs- und Vertuschungsermittlung in die Geschichte eingegangene Warren-Kommission, die den Mord John F. Kennedys – wider alle Evidenz von mehreren Schützen – der »magischen Kugel« des Einzeltäters Lee Harvey Oswald zuschrieb, die sowohl den Präsidenten tötete als auch den vor ihm sitzenden Gouverneur verletzte, taugt in der Tat ganz ausgezeichnet zur Charakterisierung der 9/11-Commission.

Auf faktische Ermittlungen kam es nicht an, die Ergebnisse waren in »präemptiven« Grundlinien bereits festgelegt, und ihr Autor Zelikow sorgte in den kommenden Monaten mit harter Hand dafür, dass divergierende Tatsachen und unpassende Zeugen gar nicht erst ins Bild gerieten

(→ *Kap. 23, 24*), geschweige denn, dass sich die Ermittlungen in irgendeine andere Richtung als Bin Laden und Al-Qaida richteten (→ *Kap. 3*). Angeforderte Unterlagen der Flugüberwachung oder Dokumente des Verteidigungsministeriums wurden der Kommission verweigert oder als angeblich nicht-existent unterschlagen,[7] den angeblichen Hauptzeugen des Al-Qaida-Plots, Khalid Scheich Mohammed (KSM), durfte kein Mitglied der Kommission verhören,[8] Ermittlungen zur »Saudi Connection« der »Hijacker« Khalid Al-Midhar und Salem Al-Hazmi wurden den Mitarbeitern »aus Kostengründen« untersagt, Regierungs- und Militärmitglieder mit gerichtlicher Vorladung (Subponae) zu Aussagen zu zwingen, wurde »aus Zeitgründen« unterlassen, auf eine Vereidigung von Präsident George W. Bush wurde verzichtet, er konnte über sein Tun und Lassen vor und am 11.9. beim Kaffeekränzchen im Weißen Haus mit ein paar ausgesuchten Kommissionären plaudern, zusammen mit seinem Vize Dick Cheney. Und so konnte es kommen, dass die National Commission on Terrorist Attacks Upon the United States nicht die große Verschwörung aufklärte, die zu dem Massenmord des 11.9. führte, sondern eine große Verschwörungstheorie produzierte, indem sie die schon in den ersten Minuten nach den Anschlägen in die Welt gesetzte Hypothese »Osama war's« mit möglichst stimmigen Belegen unterfütterte. Etwas anderes war in den von Professor Zelikow »präemptiv« festgelegten Grundzügen der Ermittlung niemals vorgesehen.

»We were set up to fail«, überschreiben Kean und Hamilton denn auch das erste Kapitel ihres Buch über die Arbeit der Kommission[9] – und führen aus, dass ihnen der Gedanke, zum Versagen verurteilt zu sein, schon gekommen sei, bevor sie sich im Dezember 2002 zum ersten Mal trafen. Was dann folgte, muss man sich als erfolgreiche

Verdrängung dieser finsteren Ahnung vorstellen, denn am Ende des Buchs werten sie das Ergebnis ihrer Untersuchung als Erfolg. Mit ihrem Abschlussbericht sei ein Report veröffentlicht worden, den »eine große Mehrheit der Amerikaner akzeptieren kann«[10].

Das mag zumindest halbwegs stimmen – auch wenn laut Umfragen von einer großen Mehrheit kaum die Rede sein kann[11] –, doch eine halbwegs akzeptable Story ist keine Verbrechensaufklärung, eine vom Mainstream akzeptierte Geschichte keine Dokumentation der Ereignisse und ein aus Fakten und Fiktionen zusammengeschustertes Narrativ nicht die Aufdeckung einer Verschwörung, sondern nur eine weitere Verschwörungstheorie. Die erste wirkliche Untersuchung des Jahrhundertverbrechens steht noch bevor.

Vorzuladen:

- Thomas Kean, Lee Hamilton
- Philip Zelikow
- Dana Lesemann und Mike Jacobson, Redaktionsmitglieder der 9/11-Commission, die die »Saudi Connection« untersuchen wollten
- Max Cleland, demokratischer Senator, der die Kommission verließ, weil er sich nicht an Vertuschungen beteiligen wollte

3 Der Autor: Philip Zelikow

Dass mit Philip Zelikow ein enger Vertrauter der nationalen Sicherheitsberaterin Condoleezza Rice zum leitenden Direktor der 9/11-Commission berufen wurde, tat der Objektivität ihres Abschlussberichts keinen Abbruch.

»Professor Zelikows Gebiet der akademischen Expertise liegt in der Schaffung und Erhaltung von, in seinen Worten, ›öffentlichen Mythen‹ oder ›öffentlicher Annahmen‹, die er als ›Glauben‹ definiert, den man als wahr annimmt (auch wenn man es nicht mit Sicherheit weiß) und in dem man sich mit der tonangebenden politischen Öffentlichkeit verbunden weiß. In seiner akademischen Arbeit hat er sich darauf spezialisiert, was er ›einbrennen‹ und ›formen‹ von Ereignissen nennt, die eine ›transzendente‹ Rolle einnehmen und deshalb ihre Kraft behalten, auch wenn die Generation, die sie erlebt hat, schon vergangen ist. Er sagt, ›dass die Erzählkraft der Geschichte damit zu tun hat, wie die Leser sich mit den Aktionen der einzelnen Figuren in Beziehung setzen können. Wenn die Leser keine Verbindung zu ihrem eigenen Leben herstellen können, werden sie von der Geschichte möglicherweise überhaupt nicht berührt‹.«[1]

Als wir in der Beschreibung des Miller Centers der Universität Virginia über das akademische Fachgebiet von Professor Philip D. Zelikow über das Wort »searing« stolperten und nachschlugen, dass man es mit »ätzen« oder »einbrennen« übersetzen kann, mussten wir für eine Schrecksekunde unsere nicht vorhandenen Hüte ziehen. Das passte. Was das Einbrennen und Formen von Ereignissen und die Konstruktion »öffentlicher Annahmen« betrifft, hat kein Autor, kein Intellektueller und kein Politiker dieses Zeitalters mehr geleistet als dieser Experte in der Schaffung und Erhaltung öffentlicher Mythen. Als Executive Director der 9/11-Commission, als Regisseur der Ermittlungen, als Spiritus Rector der Kommissionskommunikation und als Chefautor des 9/11-Reports hat Zelikow den Rang eines Geschichtsprofessors und Politikberaters hinter sich gelassen: Er hat Geschichte nicht nur gelesen und gelehrt, er hat sie gemacht. Und auch wenn man dieses Buch durchaus als Anti-Zelikow verstehen sollte, gebührt auf dem im Nachwort angeregten »Denkmal für Dick und Don« auch Phil ein Plätzchen. Zumal er nicht nur als Mythenmetz und Schöpfer des großen Narrativs vom 11. September eine entscheidende Rolle spielte, sondern auch als Visionär und Vordenker des Ereignisses selbst. Zusammen mit dem ehemaligen CIA-Direktor John M. Deutch verfasste Philip Zelikow 1998 ein Buch unter dem Titel *Catastrophic Terrorism: Elements of a National Policy*, in dem er im Konjunktiv formulierte, was zwei Jahre später geschehen sollte:

»Was einmal Hollywoods und Tom Clancys Repertoire von alptraumhaften Szenarien war, ist als katastrophaler Terrorismus eine reale Möglichkeit. … Ein erfolgreicher Angriff mit Massenvernichtungswaffen könnten sicher Tausende oder Zehntausende töten. Wenn die Bombe, die 1993 unter dem World Trade Center explodierte, nuklear gewesen wäre …, wären Chaos und Zerstörung weit über unsere dürftigen Möglichkeiten einer Beschreibung hinausgegangen. … Ein Akt des katastrophalen Terrorismus, bei dem Tausende ums Leben kommen und/oder Hunderttausende von ihren Lebensnotwendigkeiten abgeschnitten werden, wäre eine Wasserscheide in Amerikas Geschichte. … Verfassungsmäßige Freiheiten würden eingeschränkt, die USA stellten, um sich vor weiteren Attacken zu schützen, die Grenzen des Erlaubten bei der Überwachung von Bürgern, der Gefangennahme von Verdächtigen und des Einsatzes tödlicher Gewalt in Frage. Dies hätte mehr Gewalt zur Folge, da entweder weitere Terroristen versuchen würden, den großen ›Erfolg‹ nachzuahmen, oder es zum Vergeltungsschlag der Vereinigten Staaten gegen die vermutlichen Verantwortlichen käme. Wie Pearl Harbor würde ein solches Ereignis unsere Gegenwart und Zukunft teilen, in ein ›Vorher‹ und ein ›Nachher‹.«[2]

Ob es wie bei Pearl Harbor noch über ein halbes Jahrhundert dauert, bis aufgrund freigegebener Akten die Wahrheit über den »Überraschungsangriff« ans Licht kommt – von dem die US-Regierung dank der Entschlüsselung des japanischen Funkverkehrs vorab informiert war[3] –, können wir nicht einschätzen. Sicher jedoch ist, dass das, was Zelikow 1999 im Konjunktiv formulierte, zwei Jahre später nun im Indikativ steht – nicht nur als Ereignis eines vernichtenden Terrorismus, sondern auch mit den von ihm genannten Folgen, der Einschränkung bürgerlicher Freiheiten (Patriot Act) und der Zunahme von Gewalt durch den Vergeltungsschlag der USA (War on Terror). Und was das »Vorher« und »Nachher« betrifft, kann der Professor mit Recht als der führende Kopf von 9/11 bezeichnet werden, denn er hat das Ereignis nicht nur im Voraus insinuiert und prognostiziert – und in seinem Papier »mehr als 100 Millionen Dollar« für ein Präventionsprogramm des Pentagon gefordert –, er hat das Ereignis auch im Nachhinein fiktionalisiert und mythifiziert: zu einer Legende von Pleiten, Pech und Pannen, die es 19 Studenten mit Messern ermöglichten, drei Wolkenkratzer mit zwei Flugzeugen zum Einsturz zu bringen, ohne dass Polizei, Geheimdienste oder Militär vorher und nachher etwas dagegen tun konnten. Alles, was in dieser Hinsicht auf seinen Schreibtisch kam – von den Able Danger-Erkenntnissen zu Mohammed Atta (→ *Kap. 8*), über die Whistleblower des FBI (→ *Kap. 38*) bis zu seinen eigenen Mitarbeitern, denen er untersagte, Zeugen zu den saudischen Geheimdienst-Connections der »Hijacker« Al-Midhar und Al-Hazmi zu vernehmen –, hielt Zelikow aus den Ermittlungen heraus. Wobei das Wort »Ermittlungen« für die von ihm orchestrierte 9/11-Untersuchung von Beginn an in die Irre führt, denn schon bevor die Recherchen überhaupt begannen, hatte er die Grundzüge des Abschlussberichts bereits geschrieben (→ *Kap. 2*).

Die Kommission, so hatte der Vorsitzende Thomas Kean zu Beginn der Untersuchung am 31. März 2003 verkündet, »will not point fingers«, und die Aufsicht, dass im Verlauf der Vernehmungen und Interviews mit keinem Finger auf irgendeinen Verantwortlichen gezeigt wird, oblag Philip Zelikow. Doch diese Vertuschungs- und Weißwaschaktion genügte dem ehrgeizigen Professor nicht – außer um die Reinhaltung der Westen seiner Auftraggeber im Weißen Haus wollte er sich auch um die Förderung ihrer Kriegsagenda verdient machen.

In den Recherchen von Philip Shenon über die Arbeit der Kommission finden sich zahlreiche Belege für das manipulative Treiben Zelikows, zum Beispiel seine Auswahl der Zeugen, die bei den öffentlichen Hearings der Kommission gehört werden sollten. Bei der ersten Anhörung etwa ließ Zelikow eine Propagandistin des rechts-konservativen Thinktanks American Enterprise Institute bizarre Thesen über die Verwicklung Iraks in die Anschläge und mit Al-Qaida vortragen. Und der erste Zeuge überhaupt, Abraham Soafer von der Hoover Institution, hatte zwar zu 9/11 nichts zu sagen, empfahl der Kommission aber eindringlich, über die Vorzüge eines präemptiven Krieges nachzudenken. Dem Terrorismus mit polizeilichen Ermittlungen beizukommen sei »absurd«, und Präsidenten seien deshalb gezwungen, Kriege zu führen.[4]

Dass Zelikow die Ermittlungen zu den terroristischen Tätern eines Massenmords in eine Verkaufsveranstaltung für den Irakkrieg verwandelte, war kein Zufall. Er hatte im Vorjahr die neue »Bush-Doktrin« präemptiver Angriffskriege formuliert, er hatte mit Richard Cheney, Donald Rumsfeld, Paul Wolfowitz und Condoleezza Rice zu jenen gehört, die das Gerücht von Saddam Husseins Massenvernichtungswaffen und seiner Verbindung mit 9/11 als seriöse Tatsache verbreiteten, und er hatte 2002 als Mitglied des President's Foreign Intelligence Advisory Board (PFIAB) deutlich gemacht, weshalb die USA dem Irak den Krieg erklären müssten, selbst wenn sie von dort gar nicht angegriffen werden:

»Warum sollte der Irak Amerika angreifen oder Nuklearwaffen gegen uns einsetzen? Ich werde Ihnen sagen, was ich für die eigentliche Gefahr halte, und zwar schon seit 1990 – die Bedrohung Israels. Und das ist die Bedrohung, die man nicht auszusprechen wagt, denn die Europäer, das will ich deutlich sagen, interessieren sich nicht für diese Bedrohung. Und die amerikanische Regierung will sich rhetorisch damit nicht zu sehr aus dem Fenster lehnen, weil es sich nicht gut verkaufen lässt.«[5]

Zelikows militaristischer Theorie eines »vernichtenden Terrorismus« war mit der monströsen Tat des 11.9. ein kaum zu übertreffendes Exempel beschert worden. So auch seinen Vordenkern und Stichwortgebern beim neokonservativen Project for A New American Century, die genau ein Jahr vor den Anschlägen in ihrem Papier *Rebuilding America's Defenses. Strategy, Forces and Resources for a New Century* ein »neues Pearl Harbor« beschworen hatten, um den »Clean Break«, den radikalen Umbruch zu einer Militarisierung der US-Außenpolitik, zu erreichen.[6] Mit der Federführung der 9/11-Ermittlungen fiel ihm selbst die Traumrolle zu, mit der Gestaltung des großen Narrativs ein monumentales Verkaufsargument für die Doktrin des präemptiven Krieges zu schaffen. Denn was sollte zukünftig Schrecken wie die Anschläge auf das WTC verhindern können, wenn sich auf keinen Verantwortlichen mit dem Finger zeigen, wenn sich kein Finanzier und Hintermann dingfest und vor Gericht bringen ließe, wenn bürokratische Mauern und Reibungen die Verfolgung von Verdächtigen unmöglich machen würde, wenn also selbst der entschiedenste Präsident, die wachsamsten Geheimdienste und die beste Polizei nicht in der Lage wären, solche Katastrophen auf amerikanischem Boden vorzubeugen? Da hilft nur … vorauseilende, vorausschauende, vorauswirkende Aktion, präemptiver Krieg, also genau das, was Dr. Zelikow schon als neue Strategie der US-Außenpolitik in Worte gegossen hatte.

Der 9/11-Report hatte als Litanei von Pleiten, Pech und Pannen insofern eine doppelte Funktion: Er diente der Weißwaschung der Regierung und schuf den Mythos einer unvermeidlichen Verwundbarkeit durch einen vernichtenden Terrorismus, der nicht mehr mit Politik, Prävention und Polizei bekämpft werden kann, sondern nur mit Krieg. Sollten die rechtswidrigen Aggressionskriege in Afghanistan und Irak jemals in einer Art Nürnberger Prozess geahndet werden, käme ein Chefideologe wie Philip Zelikow um die Höchststrafe für Schreibtischtäter wohl nicht herum. Was die 9/11-Verbrechen betrifft, dürfte eine Anklage wegen Beihilfe durch Vertuschung und Betrug der Öffentlichkeit durch Falschbehauptungen und Mythenbildung beste Aussichten auf Erfolg haben.

Vorzuladen:

- Philip Zelikow

4 Der Kopf: Osama Bin Laden

Die Terroristen handelten auf Geheiß von Al-Qaida-Anführer Osama Bin Laden.

Daran kann kein Zweifel bestehen. »OBL«, spätestens im Mai 2011 auch offiziell verstorbener Chef der Terrororganisation Al-Qaida, plante und veranlasste die Anschläge des 11. September. Wäre das *nicht* zweifelsfrei bewiesen, hätten wir und unsere amerikanischen Verbündeten in Afghanistan nichts verloren. Davon abgesehen brauchten wir in dem Fall einen anderen Täter respektive Planer.

Fassen wir daher in gebotener Kürze die Beweislage zusammen.

Der Beschuldigte wies von Anfang an jede Beteiligung an den Anschlägen energisch von sich. Am 28. September 2001 gab Bin Laden in einem von der pakistanischen Tageszeitung *Ummat* veröffentlichten Interview zu Protokoll: »Ich habe bereits gesagt, dass ich mit den Anschlägen nichts zu tun hatte. … Ich hatte von den Anschlägen keine Kenntnis.« Bereits zwei Wochen zuvor, am 16. September, hatte Bin Laden durch seinen Gefolgsmann Abdul Samad der französischen Agentur AFP mitteilen lassen: »Ich erkläre kategorisch, dass ich diese Tat nicht begangen habe.«

Am 8. November empfing OBL den pakistanischen Journalisten Hamid Mir und wiederholte: »Ich habe mit den Anschlägen in den USA absolut nichts zu tun.« Worauf der Journalist ihn fragte, weshalb er am 7. Oktober dem Sender Al-Dschasira erklärt hatte, die Anschläge seien von Muslimen ausgeführt worden. Bin Laden erwiderte: »Die Amerikaner haben doch selbst eine Liste mit den verdächtigen Personen erstellt, die an den Anschlägen beteiligt gewesen sein sollen.«[1]

Damit stand zweifelsfrei fest: Der Verfolgte verfolgte die Nachrichten.

Das reichte aber nicht, um deswegen gleich das Land zu bombardieren und zu besetzen, das ihm angeblich Unterschlupf bot. Denn es fehlte ja weiterhin jeder Beweis für seine Beteiligung an den Anschlägen.

Zum Glück verplapperte sich der Terrorscheich.

Ein Video überführte ihn als Lügner. Ein im November 2001 aufgezeichnetes Gespräch Bin Ladens mit einem befreundeten Scheich wurde am 13. Dezember 2001 vom US-Fernsehen ausgestrahlt. Das 40 Minuten lange grobkörnige Videoband, unbemerkt aufgenommen in einer afghanischen Hütte, war von der US-Armee angeliefert worden beziehungsweise von Donald Rumsfelds Verteidigungsministerium (DoD). Es hieß, das Band sei Ende November in Dschalalabad aufgetaucht, »von jemandem zurückgelassen, der überstürzt aufgebrochen ist«[2]. Später erklärte das DoD, das Band sei den Behörden von einer Gruppe oder Einzelperson anonym zugespielt worden.

Bin Laden spricht auf dem Band mit seinem Besucher über den Anschlag, nennt »Mohammed Atta« als Anführer der Attentäter und erklärt auch gleich, weshalb er selbst, Bin Laden (früherer Bauunternehmer), anders als der Rest der Welt, auf den Einsturz der World-Trade-Center-Türme durch die Flugzeugtreffer hoffte. Er sei am 6. September über den genauen Anschlagstermin informiert worden und habe die Anschläge am 11. September ab 17:30 Uhr Ortszeit am Radio verfolgt.

Mit diesem Geständnis war Bin Laden überführt. Als Täter, Planer. Und Lügner. Und Leugner.

Zweifelsfrei. Na ja, fast zweifelsfrei.

Wann das Band beim DoD auftauchte, ist bis heute nicht ganz klar. Das Ministerium selbst ließ verlauten, es sei Ende November gewesen, CNN berichtete von Anfang November, der britische *Independent* unter Berufung auf Regierungsquellen vom 9. November. Jedenfalls hielt die US-Regierung das Band bis zum 13. Dezember zurück, denn Präsident Bush wollte alles haargenau geprüft wissen, ehe er sich entschloss, kurz vor dem Weihnachtsfest der christlichen Öffentlichkeit diesen alles entscheidenden Beweis für die Verderbtheit des 9/11-Islamofaschisten Bin Laden zu präsentieren.

Einige nicht unwesentliche Kleinigkeiten entgingen allerdings der akribischen Aufmerksamkeit der amtlichen Authentizitätsprüfer. Zum einen verwechselte der Video-Osama Zitate aus Koran und Hadith (also den Verkündigungen des Propheten)[3], zudem zitierte er ungenau. Des Weiteren erwies sich die vom Pentagon mitgelieferte Übersetzung in wesentlichen Teilen, insbesondere hinsichtlich der »geständigen« Aussagen, als falsch.[4]

Die prüfenden US-Experten hätten aber auch aus anderen Indizien schließen können, dass der Videogeständige möglicherweise nicht Bin Laden war, sondern ein schlechter Schauspieler. Denn nicht genug damit, dass Linkshänder Osama in dem Video mit rechts schreibt – er hat außerdem seit seinen letzten Auftritten ungefähr 40 Kilo zugenommen und sieht sich nicht mehr besonders ähnlich. Bis auf den angeklebten Bart. Zudem hatte der fanatische Glaubenskrieger in den Wochen zwischen den Anschlägen und seinem unfreiwilligen Geständnis offenbar die Religion gewechselt. Der Video-Bin wedelt mit der rechten Hand vor seinen Gästen herum, erfreut über seine gelungene Tat, und lässt alle stolz den dicken Goldring an seinem Ringfinger sehen.[5]

Ein Ehering? Warum nicht, Bin Laden war häufiger verheiratet gewesen. Aber die Materialwahl gibt zur Skepsis Anlass, denn die Sahih Al-Bukhari, wichtigste Quelle der islamischen Rechtsprechung (nach dem Koran), verbietet kaum etwas so kategorisch wie – eben, das Tragen von Gold.[6] Das hätte dem fanatischen Sunni-Prediger doch nun wirklich mal einer sagen können.

Die empörten Anführer des westlichen Rachefeldzugs gegen den Terror, George W. Bush und Tony Blair, sahen dank des akribisch untersuchten und als authentisch verifizierten Bandes Bin Ladens Schuld als endgültig erwiesen an und lehnten sich sperrangelweit aus allen Fenstern. Selbst wenn die »Beweise« für den Gang vor ein ordentliches Gericht niemals ausgereicht hätten, einen Waffengang rechtfertigten sie allemal. Der Einmarsch in Afghanistan, so viel stand für Bush und Blair fest, war gründlich legitimiert. Man werde erst wieder abrücken, wenn OBL inhaftiert worden sei.

Dass Osama Bin Laden auf der FBI-Liste der weltweit meistgesuchten Verbrecher zu finden ist, versteht sich unter diesen Umständen natürlich von selbst. Sein Konterfei ziert die Top-10-Most-Wanted-Liste der Behörde. Was sich nicht von selbst versteht, sind die Verbrechen, deretwegen Bin Laden konkret gesucht wird. Nämlich in Verbindung mit den Bombenanschlägen vom 7. August 1998 auf die US-Botschaften in Daressalam, Tansania, und Nairobi, Kenia.

9/11 fehlt auf dem Steckbrief.[7]

Wer das für eine banale Nachlässigkeit des FBI hält, wird von der Behörde selbst eines Besseren belehrt. Auf Anfrage des Journalisten Ed Haas erklärte FBI Sprecher Rex Tomb im Juni 2006, 9/11 fehle deshalb auf der Osama-Steckbrief-Seite, weil »die Ermittlungen des FBI keine konkreten Indizien für Bin Ladens Beteiligung an 9/11« ergeben hätten.[8] Das ist, nach jahrelangen gründlichen Ermittlungen und einem zwischenzeitlich vorgelegten dicken *Commission Report*, doch etwas überraschend.

Wir halten daher fest: Osama Bin Laden bestritt bis zu seinem offiziellen Ableben in allen frühen und zweifelsfrei als authentisch anzusehenden Aussagen seine Beteiligung an der Anschlagsplanung, das erste aufgetauchte Beweisvideo ist als zumindest dubios anzusehen, auch die späteren Videos[9] wurden von den Fahndern nicht als definitive Beweise für seine Täterschaft gewertet und das FBI hat keine gerichtsfesten Hinweise auf Bin Ladens Beteiligung an 9/11.

Natürlich kann man all das für vernachlässigenswert halten. Man kann es auch gleich mit den Worten von Ex-Präsident Bush richtig einordnen, der noch zu Lebzeiten des Meistgesuchten sagte: »Terror ist größer als eine einzelne Person. … Ich weiß nicht, wo er ist. Ich beschäftige mich auch nicht so viel mit ihm, ehrlich gesagt.«[10] Oder man kann, besser noch, mit den Worten von Oberbefehlshaber Richard Myers den Einmarsch in Afghanistan historisch korrekt bewerten: »Es war nie das Ziel, Bin Laden zu kriegen.«[11]

Gut. Aber sofern wir uns diesbezüglich alle einig sind sowie die Ansicht teilen, dass auch ein Exitus per Kopfschuss keinen Schuldbeweis darstellt, bedeutet das: Uns fehlt ein ganz wesentlicher überführter Täter, nämlich der Kopf der Operation 9/11.

Vorzuladen:

- Thomas de Maizière. Frage: Da Osama Bin Ladens Beteiligung an den Anschlägen des 11. September bis heute nicht zweifelsfrei bewiesen ist – was haben wir eigentlich in Afghanistan verloren?

- Vertreter des Pentagon und der in Afghanistan stationierten Truppen, zuständig für die Zustellung und Weitergabe des Beweisvideos aus Dschalalabad an die Medien: Wer präparierte den »Videobeweis«?
- FBI-Vertreter: Da Osama ihren langjährigen Ermittlungen zufolge nicht eindeutig als 9/11-Planer zu überführen war – wer könnte es dann gewesen sein? Wer plante und koordinierte die Anschläge? Khalid Scheich Mohammed? Immerhin, er gilt als »Mastermind« hinter dem Verbrechen, und er hat ein umfassendes Geständnis abgelegt. Sehen wir uns das gemeinsam etwas genauer an (→ *Kap. 7*).

5 Die Finanzierung

Woher die finanziellen Mittel für die Anschläge des 11. September stammten, ist völlig unbekannt. Ist aber auch egal.

Nicht genug damit, dass die Attentäter des 11. September im Vorfeld des Anschlags absolut unauffällig operierten, sie hinterließen auch keine Spuren, die uns verraten könnten, woher das Geld für ihre Aktionen stammte. Die offizielle Untersuchungskommission kommt zwar zu dem Schluss, die Durchführung der Anschläge müsse »400 000 bis 500 000 Dollar«[1] gekostet haben, kommt aber zu keinerlei Schluss, wer den Mittelsmännern und Attentätern all das Geld für ihre Tickets, Hotelzimmer und Teppichmesser überwies oder zusteckte.

Der *Commission Report* hält hierzu explizit fest, die »Herkunft der Mittel« bleibe »unbekannt«, die Regierung habe »nicht herausfinden können, woher das Geld für die

9/11-Angriffe stammte«. Hinzugefügt wird jedoch, dass diese Frage »von geringer praktischer Bedeutung« sei.[2]

Wer sich blind stellt, will nichts sehen. Alle anderen reiben sich hier allerdings die Augen und fragen sich, was das bedeuten soll. US-Regierung und die Kommission wissen nicht, woher das Geld für die Anschläge kam? Haben höchstens eine nicht näher erklärte »Ahnung«[3], wer die zahlreichen Übungsflug- und Ernstfall-Tickets wovon bezahlte? Und das ist von »geringer praktischer Bedeutung« und bleibt »unbekannt«?

Wieso eigentlich? Immerhin befindet sich das überführte »Mastermind« hinter den Anschlägen seit 2002 in US-Gewahrsam, genauer im Lager Guantánamo. Dort wurde Khalid Scheich Mohammed (→ *Kap. 7*) befragt, verhört und ausgiebig gefoltert und gab umfassend Auskunft über seinen grausamen Plan. Die Mitglieder der Untersuchungskommission durften den Mann zwar weder sehen noch verhören noch ihm Fragenkataloge per Post schicken, aber wir dürfen doch davon ausgehen, dass irgendein CIA-Mitarbeiter spätestens im Rahmen der 183. Waterboard-Session auf die Idee kam, den finsteren Planer zu fragen, wie er denn zu dem vielen Geld für die Anschläge gekommen sei.

»Die Herkunft der Mittel bleibt unbekannt.«

Wem? Khalid Scheich Mohammed? Das ist durchaus möglich, stellt dann aber seine Glaubwürdigkeit als Drahtzieher dezent in Frage. Was wiederum nicht »von geringer praktischer Bedeutung« ist.

Im *Commission Report* wird mit keinem Wort auf den eng mit der CIA verbundenen pakistanischen Geheimdienst ISI eingegangen, auch nicht darauf, dass der damalige ISI-Chef General Mahmud Ahmad am 11. September 2001 in Washington mit dem späteren CIA-Chef Porter Goss frühstückte und durch seinen Agenten Omar Said Sheikh

(→ *Kap. 6*) 100 000 Dollar an Mohammed Atta überweisen ließ. General Ahmad trat umgehend – nein, nicht vor die Presse, sondern: zurück, begab sich in den Vorruhestand und äußerte sich bis heute nicht zu dem Vorgang. Es fragte unseres Wissens auch niemand nach.

Den Autoren des *Commission Report* gilt dies nicht als »praktisch unbedeutend«, sondern als faktisch nicht mal der Rede wert.

Für eine Blanko-Entlastung ohne Angabe von Gründen reicht es aber allemal. Es hätten keinerlei Beweise vorgelegen, dass »irgendeine ausländische Regierung – oder irgendein ausländischer Regierungsbeamter – irgendwelche Mittel bereitgestellt habe«[4], wenngleich die Autoren einräumen, auch auf eine Beteiligung Al-Qaidas deuteten lediglich »Indizien hin« und die Kenntnisse über die Finanzierung der Operation im Vorfeld bleibe insgesamt »undurchsichtig«.[5]

Wir erlauben uns daher den schlichten Hinweis, dass eben nicht von geringer Bedeutung ist, sondern von entscheidender, woher die Mittel für die Finanzierung der Anschläge stammten.

Sofern KSM das auch unter Folter nicht weiß, kann er nicht das Mastermind hinter den Anschlägen sein. Dennoch weiß jemand, woher das Geld kam, und wo die Ermittlungen zu beginnen haben, liegt auf der Hand. Die Antworten kennen die CIA, der ISI und Omar Said Sheikh (→ *Kap. 6*).

Vorzuladen:

- Khalid Scheich Mohammed
- Ex-CIA-Chef-Porter Goss
- Ex-CIA-Chef George Tenet. Mitsamt ihren Buchhaltern und allen Kontoauszugsordnern

- Außerdem: die CIA-Beamten, die Khalid Scheich Mohammed im Lager Guantánamo verhörten
- Sowie Philip Zelikow, verantwortlicher Autor des *Commission Report*, der meint, die Herkunft der Mittel, mit denen dieser weltverändernde Anschlag finanziert wurde, sei von »geringer praktischer Bedeutung«

6 Die Verbindung: Omar Said Sheikh

Omar Said Sheikh und der pakistanische Geheimdienst ISI kommen im Commission Report nicht vor,[1] weil weder Agent noch Agentur mit den Anschlägen des 11. September etwas zu tun hatten.

Nie gehört, Omar Said Sheihk? Kein Wunder, aber trotzdem nicht gut. Rekapitulieren wir in gebotener Kürze, was wir wissen: Bis heute unwidersprochenen Berichten zufolge ließ der pakistanische Geheimdienst ISI Mohammed Atta 100 000 Dollar überweisen, ISI-Chef General Mahmud Ahmad trat unmittelbar nach Bekanntwerden dieser unheilvollen Verbindung zurück und hüllt sich bis heute in Schweigen.[2]

Der Mann, der in General Ahmads Auftrag Geld überwies, heißt Omar Said Sheikh und galt Ende 2001 nicht nur als Zahlmeister, sondern auch als Ausbilder der 9/11-Terroristen. Sheikh, geboren 1973 in England, avancierte Anfang der 90er Jahre zu Osama Bin Ladens »Lieblingssohn«, wurde 1993 in Indien beim Versuch festgenommen, gekidnappte britische Touristen gegen kaschmirische Separatisten auszutauschen, und zu einer langjährigen Haftstrafe verurteilt. 1999 wurde er von Flugzeugterroristen freigepresst, die eine Indian-Airlines-Maschine nach Kandahar entführt hatten, und reiste im gleichen Jahr nach England, um seine Eltern zu besuchen – was seine Entführungsopfer von 1993 alles andere als nachvollziehbar fanden.[3]

Wieso die britischen Behörden einen eben erst freigepressten Terroristen unbehelligt einreisen ließen, blieb unklar. Ebenso unklar blieb, auf wessen »Payroll« Omar zu diesem Zeitpunkt stand. Der des ISI, der CIA, des MI6 oder von Bin Laden?[4]

Unmittelbar nach den Anschlägen des 11. September tauchte nun ausgerechnet dieser Omar wieder in den vermischten Schlagzeilen auf, nämlich sowohl als Al-Qaida-Terrorausbilder als auch als Mitarbeiter des pakistanischen Geheimdienstes ISI. Der Journalist, der diesen Zusammenhang als erster begriff, arbeitete für das *Wall Street Journal* und hieß Daniel Pearl. Pearl reiste nach Pakistan und begann zu recherchieren. Einen Tag nach der Meldung der *Times of India*, Omar Said Sheikh sei der Mann gewesen, der Atta Geld überwiesen habe, verschwand Pearl in Karatschi spurlos und wurde wenige Tage später, am 31. Januar 2002, ermordet. Das Video seiner grausamen Hinrichtung ging um die Welt.

Am 5. Februar 2002 stellte sich der Hauptverdächtige im Mordfall Pearl den pakistanischen Behörden und wurde nach langem, nichtöffentlichem Prozess am 15. Juli 2002 als Mörder zum Tode verurteilt. Sein Name: Omar Said Sheikh.

So weit, so schrecklich – aber auch so simpel. Der Zahlmeister und Ausbilder der 9/11-Attentäter hatte einen Journalisten umgebracht, der ihm und den Drahtziehern des Anschlags zu nah gekommen war.

Donald Rumsfeld bestätigte am 25. Februar 2002 einen Bericht der Londoner *Times*, wonach Omar für den ISI gearbeitet haben könnte, US-Außenminister Colin Powell dementierte umgehend. Der pakistanische Journalist Tariq Ali widersprach wiederum Powell energisch, und zwar im britischen *Guardian*. Ali betonte, Sheikh sei ein erfahrener ISI-Mann. »Würde er nach Washington ausgeliefert und entschlösse sich zu reden, würde die ganze Geschichte auffliegen.«[5]

Gleich wie: Die USA mussten die Auslieferung Omars verlangen. Denn ganz offensichtlich steckte der unklare Geheimagent mitten drin im Zentrum des 9/11-Plots, als Zahlmeister und Ausbilder. Aber auf wessen Geheiß hatte er gehandelt? Auf Geheiß des eng mit der CIA verbundenen ISI, dem Geheimdienst des in der Region wichtigsten US-Verbündeten Pakistan? Undenkbar. Undenkbar erst recht die Folgen, falls der ISI-CIA-Zahlmeister-und-Verbindungsmann Omar tatsächlich etwas anderes auspacken würde als »Al-Qaida war's«.

Omar musste zum Schweigen gebracht werden. Aber man konnte ihn ja nicht einfach umbringen, denn der Mann gab sich im pakistanischen Mordprozess selbstbewusst und war erkennbar verdutzt, dass man ihn tatsächlich zum Tode verurteilte. Worauf er zunächst einmal dem Richter drohte und anschließend sein Geständnis widerrief.[6] Danach hätte man ihn immer noch an die USA ausliefern und befragen können. Was nicht geschah.

Denn nachdem die Dinge so gefährlich lagen, wurde das monströse Problem »Omar« auf denkwürdige Weise aus der Welt geschafft – ausführlich dokumentiert von Chaim Kuperberg[7], Paul Thompson[8] sowie von uns an anderer Stelle[9]. Fassen wir hier nur kurz zusammen:

Während in Pakistan der Prozess gegen den Al-Qaida-ISI-CIA-Mann und Pearl-Mörder Omar lief, drängelte sich ein zweiter Zahlmeister und gleichzeitig Osama Bin Laden als »9/11-Mastermind« ablösender Scheich öffentlich nach vorn: Khalid Scheich Mohammed, kurz zuvor unter medialem Lärm als »rechte Hand von Osama Bin Laden« enttarnt, gab, statt sich zu verstecken, zunächst dem Al-Dschasira-Journalisten Yosri Fouda ausführlich Auskunft (in einem heimlichen Hinterzimmer)[10] und wurde schließlich am 11. September (sic!) 2002 von einem pakistanischen Sondereinsatzkommando festgenommen. Gemeinsam übrigens mit Ramsi Binalshibh, einem angeblich engen Vertrauten der 19 angeblichen Selbstmordpiloten. Bildjournalisten waren bei der Razzia zugegen, eindrucksvolle Fotos gingen um die Welt,[11] die Weltpresse verkündete, die Rätsel des 11. September seien nun fast vollständig gelöst: »War die Geschichte des 11. September 2001 bisher eine Art Puzzle, bei dem noch einige wesentliche Teilchen fehlten, ist das Bild jetzt, nach den Aussagen, nahezu vollständig – in einigen Bereichen sogar bis ins letzte Detail.«[12]

Zwar sollte der angeblich noch lebendige Khalid Scheich Mohammed auch im Rahmen diverser Waterboard-Folter-Sitzungen in Guantánamo nichts Wesentliches zur Ermittlung beitragen können (→ *Kap. 7*), aber das eigentliche Problem war mit seinem Auftauchen dann doch aus der Welt geschafft: Omar Said Sheikh.

Inwiefern?

Am 30. September vermeldete die amerikanische Nachrichtenagentur UPI, gut informiert aus Geheimdienstkreisen: »Nach Aussagen von zwei CIA-Mitarbeitern war *Wall-Street-Journal*-Reporter Daniel Pearl auf der Spur des Mannes, der mutmaßlich die Flugzeugentführungen und Angriffe des 11. September auf New York und Washington plante, als er in Pakistan entführt und ermordet wurde.«[13]

Das war nicht neu. Aber völlig neu war der Name des Mannes, dem Pearl auf der Spur gewesen war, denn der hieß laut UPI urplötzlich nicht mehr Omar Said Sheikh, sondern: Khalid Scheich Mohammed.

UPI erklärte lapidar: Zwar habe es Berichte über vier weitere Männer gegeben, die von der pakistanischen Polizei ebenfalls im Zusammenhang mit Pearls Ermordung verhaftet worden waren, aber nachdem ja nun die neuen Verdächtigen, KSM und Binalshibh, vor Gericht gestellt würden, müssten auch die Verfahren gegen die vier ursprünglich Verurteilten natürlich neu aufgenommen werden, da die frischen Fakten die Anklage gegen Omar gegenstandslos werden ließen.

Und Omar?

Omar Said Sheikh verschwand mit dem Auftauchen von KSM Mitte 2002 aus den Meldungen und von der Bildfläche – und mit ihm die ganze lückenlose Indizienkette, die darauf hinwies, dass CIA, ISI und Al-Qaida verflucht enge Verbindungen bei der Vorbereitung des 11. September unterhalten hatten. Sein Todesurteil wurde nicht vollstreckt, Omar sitzt angeblich bis heute im pakistanischen Knast und wartet zum zirka 40. oder 400. Mal auf eine Wiederaufnahme seines Verfahrens.[14] Seine Auslieferung wegen der Beteiligung an den Anschlägen des 11. September wurde von den US-Behörden nicht verlangt.

Im Juli 2004 erinnerte Michael Meacher, britischer Parlamentarier und Umweltminister in der Regierung Blair, im *Guardian* an den merkwürdigen Fall und wies darauf hin, wie überaus ungewöhnlich es sei, dass weder General Ahmad noch Omar Said Sheikh wegen 9/11 angeklagt und vor Gericht gestellt worden waren.[15]

Wir können aber davon ausgehen, dass die 9/11-Commission sich dieses entscheidenden Details in der Story angenommen hat. Oder?

Im August 2006 gab Lee Hamilton, der stellvertretende Vorsitzende der Kommission, dazu Auskunft – auf seiner Werbetour für das Buch *Without Precedent*, das er zusammen mit dem Kommissionsvorsitzenden Thomas Hamilton verfasst hatte. Befragt, ob Omar Said Sheikh derjenige gewesen sei, der Atta 100 000 Dollar geschickt hatte, sagte er: »Darüber weiß ich nichts.« Und als CBC-Interviewer Evan Solomon nachhakte, ob die Kommission eine mögliche Beteiligung des ISI an den Anschlägen untersucht habe, erwiderte Hamilton: »Die kann es gegeben haben. Ich erinnere mich nicht, dass wir darüber etwas im Report geschrieben haben. Es kann sein, aber ich entsinne mich nicht.«[16]

Der *Report* erwähnt die Verbindung jedoch nicht, obwohl der Kommission schon im April 2004 Dokumente vorlagen, denen zufolge der frühere ISI-Chef Hamid Gul und die Agentur vollständig in Planung und Ausführung des gesamten 9/11-Plots involviert gewesen waren.[17] Und Omar Said Sheikh kommt im offiziellen Untersuchungsbericht erst recht nicht vor. Aber wir wissen ja, in welchem Knast er noch immer steckt. Angeblich. Und Pakistan, unser treuer Verbündeter im Kampf gegen den Al-Qaida-Terror, würde den Verbrecher gewiss gern ausliefern.

Nur darum bitten müsste die Pakistani vermutlich mal irgendjemand.

P. S.: Ein anekdotischer Nachtrag. Sechs Wochen vor ihrer Ermordung im pakistanischen Rawalpindi stand die designierte Premierministerin Benazir Bhutto dem Interviewer David Frost bei Al-Dschasira Rede und Antwort. Sie sagte, Omar Said Sheikh sei der Mann, der »Osama Bin Laden ermordete«[18]. Frost fragte nicht nach, und da Bhutto ihre

Behauptung nicht wiederholte, durfte Bin Laden bis dahin weiter als lebendig gelten – Omar Sheikh allerdings weiterhin nicht als unschuldig.

Vorzuladen:

- Omar Said Sheikh
- General Mahmud Ahmad
- Hamid Gul

7 Der Kronzeuge: Khalid Scheich Mohammed

Das »Mastermind« des 11. September, Khalid Scheich Mohammed (KSM), legte nach seiner Verhaftung ein umfassendes Geständnis ab.

Nachdem Osama Bin Laden jede Beteiligung an 9/11 mehrfach kategorisch bestritten hatte (→ *Kap. 4*) und zudem Mitte 2002 die Beweiskette gegen den pakistanischen Geheimdienst ISI und Omar Said Sheikh als 9/11-Drahtzieher geschlossen zu sein schien (→ *Kap. 6*), tauchte überraschend ein ganz neuer 9/11-Drahtzieher auf, nämlich Khalid Scheich Mohammed. In einem pakistanischen Hinterzimmer gestand KSM, wie schon erwähnt, dem Journalisten Yosri Fouda,[1] er sei der Planer und Finanzier der Anschläge, worauf CIA und ISI ihm auf die Spur kamen und ihn in Karatschi verhafteten.

Wo und wann ist allerdings verblüffend unklar. Denn zunächst wurde KSM am 16. Juni 2002 als verhaftet gemeldet,[2] in Karatschi, dann als doch nicht verhaftet, um am 11. September 2002[3] erneut als verhaftet zu gelten, wieder in Karatschi, diesmal zusammen mit dem verhinderten 9/11-Hijacker Ramsi Binalshibh[4], was dann allerdings abermals bestritten wurde. Die Erklärungen reichten von »war er doch nicht« und »konnte entkommen« bis zu einem exzellent dokumentierten »wurde erschossen und beerdigt«.[5]

Festgenommen 2002. Khalid Scheich Moahmmed. Nicht im Bild. (Quelle: Reuters)

Da die bei der Razzia rein zufällig anwesenden internationalen Bildjournalisten nur Binalshibhs Verhaftung öffentlichkeitswirksam knipsten, blieb KSMs Aufenthaltsort (auf der Flucht, auf dem Friedhof oder längst in Guantánamo) unbekannt, bis Anfang März 2003 zum dritten Mal von seiner Verhaftung durch pakistanische Sicherheitskräfte berichtet wurde,[6] diesmal in Rawalpindi. Das FBI bestätigte das Datum, bestand jedoch darauf, es habe den pakistanischen Behörden massiv assistiert. 2006 behaupteten dann die Autoren des *Commission Report*, nicht nur das FBI, auch die CIA habe mitgeholfen, und verlegten den Ort der Festnahme wieder zurück – von Rawalpindi nach Karatschi.[7]

Zeugen berichteten auch diesmal, KSM sei nicht verhaftet worden, als genauer Ort des Zugriffs wurden Häuser unter verschiedenen Adressen genannt, überdies sei Mustafa Al-Hawsawi, angeblicher 9/11-Hauptfinanzier, gemeinsam mit KSM inhaftiert worden. Oder auch nicht. Oder stattdessen. Der britische *Guardian* kommentierte: »Die Story scheint fast vollständig erfunden zu sein«, und selbst der News-Mainstream, vertreten durch den Nachrichtensender MSNBC, raunte hinterher: »Einige Experten zweifeln sogar an, dass Mohammed tatsächlich erst am Samstag inhaftiert wurde, und vermuten, er werde wohl bereits seit einiger Zeit festgehalten, die Nachricht sei jedoch erst zu diesem US-amerikanischen und pakistanischen Interessen dienlichen Zeitpunkt öffentlich gemacht worden.«[8]

Immerhin: Die bereits im September 2002 gemeldete Verhaftung und Verschleppung von KSMs Gattin und seiner jungen Söhne wurde für den März 2003 bestätigt (beziehungsweise erneut gemeldet), und diesmal fragte sogar eine Journalistin besorgt nach, was die CIA mit den unschuldigen Angehörigen anstellen werde. Eine Antwort steht bis heute aus.[9]

KSM wurde umgehend von US-amerikanischen Agenten außer Landes geschafft, an einen Ort, der nicht einmal dem US-Präsidenten bekannt war.[10]

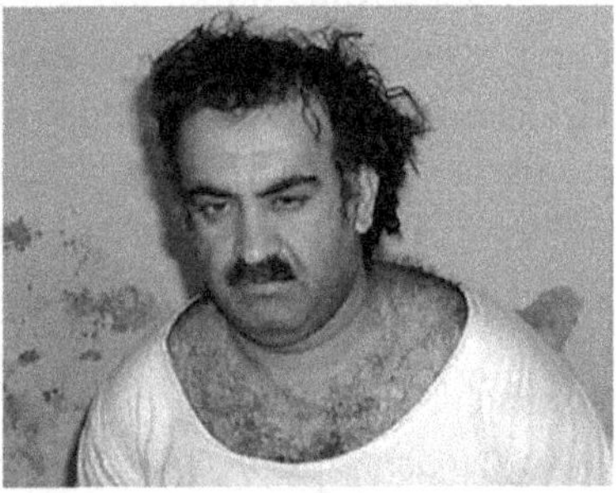

Das 9/11-Mastermind, aufgenommen 2002 oder 2003 … (Quelle: AP)

… und 2009, 183 Waterboarding-Sessions später. (Quelle: Red Cross?)

Der Presse präsentierte die CIA ein Foto eines angeschlagenen dicken Scheichs, dem erst im September 2009 ein von Mitarbeitern des Roten Kreuz aufgenommenes weiteres folgen sollte, und begann das vermeintliche Mastermind zu befragen, hinter verschlossenen Türen.

Da KSM nach Ansicht von Verteidigungsminister Rumsfeld kein »Kriegsgefangener« war, sondern ein »feindlicher Kämpfer«, galten für ihn nicht die Genfer Konventionen, daher war er von Anfang an zur kreativen Befragung, vulgo: Folter durch die CIA freigegeben. Ob dies auch seine Frau und seine Söhne betraf, ist nicht bekannt.

Unter dem Eindruck von unter anderem 183-Waterboarding-Sessions[11] legte der Scheich ein vollständiges Geständnis ab, das passenderweise die zu diesem Zeitpunkt längst massiv kritisierte offizielle Darstellung von 9/11 vollständig bestätigte.

Seit 2002 hat kein außenstehender Interessent KSM mehr persönlich zu Gesicht bekommen. Und das betrifft nicht nur die möglicherweise neugierige Öffentlichkeit oder irgendwelche Medienvertreter, das betraf auch die Mitglieder der offiziellen Untersuchungskommission. Obwohl der im April 2004 vorgelegte *Commission Report* massiv auf den Aussagen des Kronzeugen KSM beruht (mehr als ein Viertel der Fußnoten des *Report* weisen ihn als alleinige Quelle aus),[12] wurde der Zeuge nicht gehört.

Die Kommissionsvorsitzenden Thomas Kean und Lee Hamilton räumten ein, man habe nicht nur den Inhaftierten nicht befragen dürfen, sondern auch nicht jene, die den Verhörten verhörten.[13] Selbst die Abgabe schriftlicher Fragenkataloge beantwortete die CIA mit Zusammenfassungen der angeblichen Antworten, nie mit wortwörtlichen Aussagen des Inhaftierten. Alle Bitten der Kommissionsvorsitzenden, den Gefangenen wenn schon nicht befragen, so doch wenigstens sehen zu dürfen, wiesen CIA-Chef George Tenet und Verteidigungsminister Donald Rumsfeld unisono kategorisch zurück, obwohl Kean und Hamilton sich sogar bereit erklärten, einen ausgesucht zuverlässigen Kommissionsmitarbeiter von der CIA mit verbundenen Augen zum geheimen Aufenthaltsort des Inhaftierten fliegen zu lassen.[14] Die beiden Vorsitzenden verzichteten darauf, diesen Sachverhalt öffentlich zu machen,[15] und erwähnen in der Konsens-Abschlussfassung mit keinem Wort, dass praktisch alle Aussagen, auf denen ihr Bericht fußt, zweifelhaft sind und nicht im Mindesten gerichtsfest. Das hundertfach gefolterte Phantom wurde stattdessen völlig schmerzfrei permanent beim (von seinen Folterern kolportierten) Wort genommen.

Woher denn Al-Qaida die zirka 500 000 Dollar genommen hatte, die zur Ausführung des Anschlags erforderlich waren – diese Frage konnte KSM allerdings auch unter Folter nicht beantworten, weshalb sie im *Commission Report*, wie ebenfalls bereits erwähnt, als »von geringer Bedeutung« abgetan wurde (→ *Kap. 5*). Dass KSM schon vor seiner Verhaftung die richtigen Namen der Entführer nicht kannte, sondern sich nur an Codenamen erinnerte,[16] fällt da fast nicht mehr ins Gewicht. Er hatte ja ansonsten alles gestanden. Nicht nur »9/11 von A bis Z« und den Mord an Daniel Pearl, auch eine Verbindung zum verhinderten »Schuhbomber« Richard Reid sowie eine Beteiligung an so ziemlich allen geplanten und durchgeführten Anschlägen des letzten Jahrzehnts, unter anderem den »Bojinka-Plot«, Anschläge auf den Papst, Bill Clinton sowie die Plaza-Bank im Bundesstaat Washington. Da letztere erst drei Jahre nach KSMs Verhaftung gegründet worden war, unterstellte man ihm in diesem Fall – aber auch nur in diesem – »Aufschneiderei«.[17]

Im November 2009 kündigte US-Präsident Obama an, KSM und anderen Tätern werde nun endlich ein öffentlicher Prozess in New York gemacht. Es gab Widerstände, sogar vor den Kulissen, zumal die Anwälte des Chefplaners verlauten ließen, ihr Mandant werde, falls es je zu einer Anhörung komme, auf »nicht schuldig« plädieren.[18] Ex-Vizepräsident Dick Cheney stellte sein energisches mediales Zetern gegen den neuen Präsidenten allerdings nach der Ankündigung ein und zog sich nach einem leichten Herzanfall Anfang 2010 aus der öffentlichen Debatte einstweilen zurück. Obama ließ anschließend seine öffentliche Anklage-Idee ebenso pietätvoll wie stillschweigend fallen. Im November 2010 hieß es aus Regierungskreisen, KSM werde »auf absehbare Zeit« in militärischem Gewahrsam bleiben – ohne Prozess[19] –, aber als Präsident Obama am 4. April 2011 seine erneute Kandidatur für das oberste Amt ankündigte, ließ er gleichzeitig verlauten, den Angeklagten werde nun doch ein ordentlicher Prozess gemacht. Allerdings entgegen dem ursprünglichen Plan nicht mitten in New York, sondern ein bisschen weiter südlich. Vor einem Militärgericht. In Guantanamo Bay.[20]

Die Öffentlichkeit wird sich also weiter gedulden müssen. Geht es nach der US-Regierung, vermutlich nicht nur weitere zehn Jahre, sondern bis kurz nach KSMs irgendwann unvermeidlichem natürlichem Ableben.

Dennoch halten wir fest: Der Abschlussbericht der offiziellen Untersuchungskommission zu den Vorfällen, Hintergründen und Zusammenhängen des 11. September gründet sich zu wesentlichen Teilen auf die alles erklärenden Geständnisse des angeblichen Drahtziehers KSM. Diese Geständnisse halten selbst CIA-Fachleute erstens für nicht gerichtsfest, weil unter Folter erzwungen, zweitens für »zu 90 Prozent unzuverlässig«, wahlweise für »total fucking bullshit«,[21] und weisen darauf hin, dass der Mann inzwischen auch den möglicherweise verwertbaren kleinen Rest seiner Aussagen seinen Anwälten gegenüber widerrufen habe. Es bleibt also: Der sogar für die offiziellen Untersucher des 11. September komplett unsichtbare und nach permanenter Folter vollgeständige Chefplaner der 9/11-Anschläge befindet seit zirka 2002 (möglicherweise) in CIA-Gewahrsam und wurde nie öffentlich gehört.

Vorzuladen:

- Khalid Scheich Mohammed

Terroristen, Sündenböcke und Agenten

8 Der Ringleader: Mohammed Atta

Mohammed Atta, ein radikaler Islamist, war der Anführer der 19 Selbstmordterroristen.

Unser Dossier über Mohammed Atta, den vermeintlichen »Ringleader« der Hijacker, ist über 300 Seiten dick und enthält noch ein Vielfaches davon an Links und Quellen. Ein Grund für die Massen an Material zu Atta ist unter anderem, dass Wohnung und Umfeld der Hamburger Marienstraße, wo er mit einigen Freunden residierte, seit 1998 observiert worden waren – von der CIA, vom Landesamt für Verfassungsschutz, vom Bundesamt für Verfassungsschutz, vom BKA, vom Mossad … Die Schlapphüte gaben sich dort quasi die Klinke in die Hand.[1] Einmal, berichtete der *Spiegel*, marschierte gar ein CIA-Mann in das Büro der deutschen Verfassungsschützer, um klarzustellen, wer in diesem Nest in der Marienstraße denn nun wessen Agent, V-Mann oder Spitzel sei. Was Atta betrifft, bekunden die deutschen Geheimdienstler bis heute, wäre ihnen in Hamburg nichts aufgefallen, was auf die 9/11-Planung hätte schließen lassen.[2]

Ähnliches bekamen wir auch von den Stadtplanern und Mitarbeitern des Büros zu hören, bei denen Mohammed Atta über vier Jahre als Bauzeichner gejobbt hatte. Sie bezeichneten ihn als scheuen, zurückhaltenden Mann. Als wir seinem ehemaligen Chef von den Sex- und Drogeneskapaden Attas in Florida berichteten, für die es zahlreiche Zeugen gibt und die der Investigativjournalist und Autor Daniel Hopsicker umfassend dokumentiert hat,[3] schüttelte er den Kopf: »Das kann nicht unser Mohammed sein. Wissen Sie, ich erwarte eigentlich immer noch, dass er hier zur Tür hereinkommt und sich das alles als Missverständnis aufklärt.« Das war im Sommer 2003.

Und aufgeklärt über den angeblichen Anführer der Hijacker ist bis heute so gut wie nichts, vielmehr haben sich seitdem noch weitere Unklarheiten ergeben – allen voran die 2005 aufgetauchten Berichte über ein geheimes Militärprogramm des United States Special Operations Command (SOCOM) namens »Able Danger«, das seit Oktober 1999 untersuchte, wie möglichen Terrorgefahren durch Analyse von Datenströmen zuvorzukommen ist. Nach Aussagen verschiedener Beteiligter und des Kongressabgeordneten Curt Weldon[4] tauchte schon Ende 1999 auf der Able-Danger-Verdächtigenliste der Name Mohammed Atta auf. Auch die späteren »Hijacker« Marwan Al-Shehi, Khalid Al-Midhar und Nawaf Al-Hazmi sollen durch diese Datenrecherche als Mitglieder einer »Brooklyn Cell« identifiziert worden sein. Nachdem Weldon wegen dieser Aussagen kritisiert wurde, outete sich Lt. Col. Anthony Shaffer als Weldons Quelle und führte weitere hochrangige Mitglieder des Able-Danger-Teams als Zeugen dafür an, dass Mohammed Atta auf einem der von ihnen erstellten Diagramme aufgetaucht war – und dass er, Shaffer, das FBI im September 2000 über die aufgedeckten Zusammenhänge informieren wollte, aber von Regierungsanwälten daran gehindert wurde.

Auch vor der 9/11-Commission machte Oberstleutnant Shaffer diese Aussage, und darüber hinaus deutlich, dass diese Verhinderung mit der Abwehrhaltung der CIA zu tun hatte. »Die CIA wird euch … niemals die besten Informationen liefern, denn wäret ihr erfolgreich bei dem Vorhaben, Al-Qaida zu identifizieren, würdet ihr uns die Show stehlen. Deswegen werden wir das nicht unterstützen«, zitierte Shaffer einen CIA-Repräsentanten.[5]

Nachdem 2005 sämtliche Daten der Operation Able Danger, insgesamt 2,5 Terabyte, und auch die privaten Unterlagen Shaffers vernichtet worden waren,[6] existierten nur noch Augenzeugen, die Mohammed Atta auf dem Diagramm potentieller Terroristen identifiziert hatten. Und die können bekanntlich auch mal irren, so dass das Verteidigungsministerium in seinem Abschlussbericht zu der Affäre 2006 erleichtert feststellte, es lägen keine Beweise vor, dass Able Danger einen Mohammed Atta oder einen anderen der 9/11-Terroristen identifiziert hätte – und die Sache diskret unter den Teppich kehrte: Der Karriereoffizier Anthony Shaffer wurde vom militärischen Geheimdienst DIA ehrenhaft entlassen – weil er für 67 Dollar Privatgespräche auf seinem Diensthandy geführt hatte.[7] Er hat seitdem in zahlreichen Interviews und Stellungsnahmen die Vertuschung der Able-Danger-Erkenntnisse öffentlich gemacht und kritisiert.[8]

Man könnte den Able-Danger-Fall als weiteren Beleg dafür lesen, dass es bürokratische Hemmnisse und Barrieren waren, die ein *connecting the dots*, die Verbindung aller Informationen über die Terroristen, im Vorfeld der Anschläge verhinderten – oder aber, wozu wir zugegebenermaßen neigen, als ein weiteres und eklatantes Beispiel für die Protektion, die die späteren »Hijacker« genossen (→ *Kap. 17*). Denn merkwürdigerweise ähneln Personal und Umfeld der »Hamburger Zelle«, die seit 1997 in der Marienstraße von diversen Diensten observiert wurde, ziemlich genau jener »Brooklyn Cell«, die von Able Danger 1999 identifiziert wurde, inklusive Mohammed Atta. Wie die Able-Danger-Mitarbeiter durch Recherchen in öffentlichen und nichtöffentlichen Datenmengen die Kandidaten möglicher Terrorgefahren fanden, ist nicht bekannt.

Diese Frage ist insofern entscheidend, als Atta & Co. zum Zeitpunkt ihrer Identifizierung als Mitglieder einer potentiellen Terrorzelle in Brooklyn offiziell noch nie US-Boden betreten hatten. Umso erstaunlicher (oder verständlicher?), dass der Leiter der 9/11-Commission, Philip Zelikow (→ *Kap. 3*), nichts davon wissen wollte, als ihm Anthony Shaffer darüber Informationen und (die zu diesem Zeitpunkt noch vorhandenen) Unterlagen dazu anbot. Über Able Danger wisse man ausreichend Bescheid, beschied das Büro Zelikows dem verdutzten Oberstleutnant.[9]

Warum will eine Untersuchungskommission der 9/11-Verbrechen von Erkenntnissen und der möglichen Vorgeschichte des angeblichen Anführers und Bandenchefs nichts wissen? Für die Generallinie ihres Abschlussberichts, 9/11 habe nur wegen einer Serie institutioneller Pleiten, Pech und Pannen stattfinden können, wäre die Erwähnung der frühen Identifizierung Attas und der bürokratischen »Wand« zwischen Diensten und Institutionen, die eine Verwertung dieser Informationen verhinderte, nur ein weiterer, in den Gesamttenor passender Punkt gewesen. Seine Vertuschung indessen weist eher auf ein Funktionieren der Bürokratie hin als auf deren Versagen: Die »Assets«, die verdeckten Mitarbeiter der einen Institution

(CIA), fallen den unabhängigen Datenschnüfflern einer anderen Institution (DIA) als Verdächtige auf – und werden sodann mit bürokratischen Mitteln vor einer Enttarnung geschützt.

Nur eine solche Protektion kann die schlafwandlerische Sicherheit erklären, mit der sich die späteren »Hijacker« in den USA bewegten – wie zum Beispiel Mohammed Atta, der, ohne Einreisevisum, am 11. Januar 2001 aus Madrid kommend in Miami landet und nach einem kurzen Gespräch mit zwei Inspektoren 30 Minuten später den Flughafen verlässt, mit gleich zwei Visa! Auch hier könnten wir der offiziellen Pleiten-, Pech- & Pannen-Generallinie folgen – und die bürokratischen Fehlleistungen der zwei Inspektoren, die ihm ein Visum bis zum 9. Juli und eines bis zum 8. September 2001 ausstellten, wurden mittlerweile auch haarklein dargelegt[10] –, wären da im »Hijacker«-Umfeld nicht auch noch die Al-Midhars, die Al-Hazmis und ein halbes Dutzend weiterer haarsträubender Pass- und Visaangelegenheiten, die den jungen Arabern indessen keinerlei Probleme machten (→ *Kap. 17*). Eindeutig ein paar der immergleichen Pannen und Pleiten zu viel, um noch als Zufall durchzugehen.

Wir wissen nicht, wer die offizielle Vernichtung der Able-Danger-Daten und der Aufzeichnungen Shaffers veranlasst hat, die einen definitiven Beweis für die frühzeitige Identifizierung einiger 9/11-Täter darstellen könnten, halten aber die Aussagen von Anthony Shaffer und seiner Mitarbeiter für äußerst glaubwürdig. Die Vertuschung der ganzen Angelegenheit sowie die Degradierung des Whistleblowers (→ *Kap. 38*) scheint uns bezeichnend zu sein – nicht für ihre Irrelevanz, das Verbergen einer weiteren institutionellen Panne und auch nicht, wie Shaffer glaubt, für die Inkompetenz der Bürokratie, sondern für das Verbergen der schützenden Hand, die über Agent Atta und seinen »islamistischen« Kameraden wachte.

Der offiziellen Legende nach war Mohammed Atta ein islamistischer Terrorist, der im Auftrag Osama Bin Ladens die Anschläge des 11.9.2001 vorbereitete und ausführte. Wenn die oben zitierten Erkenntnisse der Able-Danger-Mitarbeiter der Wahrheit entsprechen – und es gibt wenig Grund, an ihnen zu zweifeln –, wurde er von den Datenschnüfflern des militärischen Geheimdienstes DIA schon frühzeitig als potentieller Täter enttarnt. Atta konnte sogar ohne irgendein Visum weiterhin in die USA einreisen. Er mietete unbeschwert Wohnungen, Autos und Flugzeuge, die er dann auch mal nach der Landung einfach auf der Rollbahn stehen ließ, statt sie ordnungsgemäß in den Hangar zu rollen,[11] er besuchte Bars und Striptease-Clubs, machte gern mal einen Sause in den Bars von Key West und hatte nach Angaben seiner Freundin Amanda Keller immer reichlich Geld und Kokain bei sich. Bevor er Ende August 2001 den Flug für den 11.9. buchte, hatte er bei American Airlines noch ein Frequent-Flyer-Konto eröffnet – was nach einem soliden Remake der Komödie *Tote tragen keine Karos* klingt, aber dennoch der Post-9/11-Realität entspricht: Selbstmordpiloten sammeln Bonusmeilen!

Geschenkt, könnte man da einwenden, das diente eben nur der Tarnung, mit der sich ein raffinierter Terrorist unauffällig macht. Dass er beim Grillen am liebsten Schweinerippchen futterte, in den Bars am liebsten Wodka trank und in Venice Beach mit einem Dessous-Model die Wohnung teilte – auch diese und weitere bemerkenswerte Eigenschaften, die der Reporter Daniel Hopsicker vor Ort in Venice bei Nachbarn, Vermietern und anderen Kontaktpersonen Attas herausfand, könnte der islamistische Selbstmordattentäter nur zu Tarnungszwecken an den

Tag gelegt haben.[12] Ferner könnten die Kontakte mit europäischen Pilotenfreunden, die er in Florida regelmäßig traf, von Atta nur gepflegt worden sein, um seine geheime Al-Qaida-Mitgliedschaft zu verbergen. Dass einer seiner damaligen Kumpels im Umfeld der Flugschule Huffman Aviation und dem Flughafen Venice, der deutschstämmige Pilot Wolfgang Boehringer, noch ein paar Jahre später mit dieser Bekanntschaft prahlte, dann aber Fanning Island, eine abgelegene Insel im Südpazifik, mit seiner Jacht fluchtartig verlassen musste, wobei er seinen Bekannten dort versicherte, ihm werde schon nichts passieren, denn er arbeite für die CIA[13] – solche Bekanntschaften könnten, wie das Meilensammeln, das Schweinefleisch, die Sex-Bars und der Alkohol nur dem Zweck gedient haben, Attas fanatischen Islamismus zu verbergen. Im Laufe der Ermittlungen freilich wären die Nachbarn, Hausmeister und Vermieter, die Fluglehrer und Piloten, mit denen er zusammen war, und vor allem seine Mitbewohnerin Amanda Keller verhört und die raffinierte Tarnung des Agenten Atta nach und nach aufgedeckt worden – und die 9/11-Commission hätte anhand dieser Zeugenaussagen ein umfassendes Bild des Bandenchefs Mohammed Atta zeichnen können, der im Auftrag Osama Bin Ladens den westlichen Lebensstil einschließlich Las Vegas, Koks und Nutten perfekt adaptierte, um dann den Feind im Innersten mit einem grausamen Anschlag zu treffen.

Allein: Alle diese Fakten blieben im Kommissionsbericht außen vor. Kein Wort zum Beispiel zur Shuckums Bar in Hollywood, Florida, wo Atta und sein Begleiter Al-Shehi am 7. September gezecht hatten. Etliche Lokalzeitungen, die *New York Times*, das *Time Magazine* und andere Medien hatten die Aussagen des Managers Tony Amos über das Gelage zitiert, nach denen Atta fünf Wodka Orange und Al-

Shehi derweil Rum mit Cola getrunken hatten. Auch die Barfrau Patricia Idrissi erkannte die »versoffenen« Typen wieder, als das FBI zwölf Stunden nach den Anschlägen in der Bar auftauchte und Fotos der beiden »Hijacker« vorlegte, und erinnerte sich an Attas finsteres Gesicht, als sie bei einer weiteren Bestellung nachgefragt hatte, ob er die bisher angelaufenen 48 Dollar denn auch bezahlen könnte: »You think I can't pay? I'm a pilot for American Airlines. I can pay my fucking bill.«[14]

Leider aber sind heute diese Zeugen nicht mehr auffindbar, und die Kommission gab sich keine Mühe, sie zu finden. Nachdem in den Tagen nach dem 11. September glaubwürdige Berichte über dieses Trinkgelage in verschiedenen Medien veröffentlicht worden waren, erfuhr die Geschichte nach kaum einer Woche eine erstaunliche Wendung: Nun zitierte die *LA Times* den Barmann Tony Amos mit dem Hinweis, Atta hätte an diesem Abend nur Cranberry-Saft getrunken und vor einem Videospiel gesessen. Auch im *Time Magazine*, das zuvor über die »versoffenen« Typen in Shuckums Bar berichtet hatte, war die Story am 30. September plötzlich alkoholfrei und hockte der Safttrinker Atta allein vor einem Videogame. Im *Commission Report* von 2004 war die Episode dann ganz verschwunden, wie alle anderen das Bild vom frommen und fanatischen Muslim konterkarierende Fakten. Für den 7. September vermerkt der Report in Sachen Atta nur: »Er flog von Fort Lauderdale nach Baltimore, vermutlich um das Team von Flug 77 in Laurel zu treffen.« Der Flug startete um 15:15 Uhr, was nicht mit dem abendlichen Trinkgelage in Shuckums Bar zusammenpasst, ebenso wenig wie mit einer Banküberweisung von seinem SunTrust-Konto in Fort Lauderdale, die er um 15:58 Uhr getätigt haben soll.[15]

Der geschäftige Terroristenanführer und devote Muslim hier, und da der trinkfreudige Liebhaber von Sex, Drugs & Rock'n'Roll, der laut Amanda Keller am liebsten die Beastie Boys hörte – das passt zusammen wie deren Hit »Fight for Your Right to Party« und Heiliger Krieg. Doch ein derart widersprüchliches Bild ergibt sich, wenn man alle bekannt gewordenen Fakten über Atta in Betracht zieht: der fromme Bauzeichner und Stadtplaner in Hamburg, der in einem afghanischen Camp »radikalisiert« wird, ebenso wie das mit Geld, Drogen und Blondinen ausgestattete Partybiest, das die Katze seiner Freundin Amanda abschlachtet, nachdem sie ihn aus der Wohnung geschmissen hat; der engstirnige Islamist, der ohne Koran nicht aus dem Haus geht und keiner Frau die Hand reicht, und der weltläufige arabische Agent, der über drei Reisepässe und ein halbes Dutzend Pilotenlizenzen verschiedener Länder verfügt; der Mann, der schon 1999 vom militärischen Geheimdienst als Terrorverdächtiger identifiziert wird, der aber auch noch 2001 ohne irgendein Visum in die USA einreisen kann. Der Terrorist, dem angeblich 100 000 Dollar über einen Mittelsmann des pakistanischen Geheimdienstes ISI überwiesen wurden (→ *Kap. 6*), dessen Finanzierung aber – wie die der gesamten Operation – von der 9/11-Commission einfach nicht untersucht wurde (→ *Kap. 5*).

Es kann durchaus sein, dass sich dieses widersprüchliche Puzzle des Profils »Mohammed Atta« dadurch ergibt, dass bei einigen der Augenzeugen und Berichte Verwechslungen und Irrtümer im Spiel waren. Unfassbar indessen bleibt, dass auch zehn Jahre nach der Tat keine mit halbwegs forensischer Präzision gewonnenen Erkenntnisse über den angeblichen Rädelsführer des Massenmords vorliegen. Dass dem so ist und dass hinter der Nicht-Ermittlung kein Zufall, sondern eine Regie steckt, zeigt eine der mysteriösesten Episoden im Zusammenhang mit Atta: seine Reise nach Portland am 10. September.

Laut *Commission Report* mieteten Atta und sein Begleiter Abdulaziz Al-Omari am 10. September in Boston einen blauen Nissan Altima und fuhren nach Portland, Maine. Dort übernachteten die beiden Männer im Comfort Inn und kamen um sechs Uhr früh zum Flughafen Portland, um den Flug (zurück) nach Boston zu nehmen. Dort trafen sie um 6:45 Uhr ein, rechtzeitig, um den American Airlines Flug 11 nach Los Angeles zu erreichen, der für 7:45 Uhr angesetzt war. Doch aus irgendeinem Grund erreichte Attas Gepäck den Anschlussflug nicht – als einziges aller Gepäckstücke – und lieferte dann den unwiderlegbaren Beweis der Al-Qaida-Verbindungen der Terroristen. So weit das offizielle, von der 9/11-Commission gelieferte Narrativ (→ *Kap. 13*).

Warum aber fuhr Atta, der doch schon in Boston war, am Tag vorher überhaupt nach Portland? Sofern er der Anführer der gesamten Operation und der vorgesehene Pilot der AA 11 war – welchen Grund kann es gegeben haben, die monatelang geplante Tat dem Risiko eines verspäteten Anschlussflugs auszusetzen? Sowohl der *Commission Report* als auch das FBI gestehen, dass sie »keine überzeugende Antwort« auf diese Frage haben.[16]

Und das mag damit zu tun haben, dass die gesamte Episode »Atta in Portland« nachträglich konstruiert wurde. In den ersten Tagen nach den Anschlägen wurde nämlich gemeldet, dass die heißen Spuren mit »arabischem Material« nicht in einem hängen gebliebenen Gepäckstück, sondern in einem weißen Mitsubishi gefunden wurden, der auf dem Parkplatz am Flughafen Boston-Logan entdeckt wurde und von Mohammed Atta zwei Tage zuvor gemietet worden war. Der blaue Nissan indessen, so meldete CNN am 12. September unter Berufung auf »law enforcement sources«, sei von den zwei verdächtigten »Hijackern« Adnan und Ameer Bukhari gemietet und nach Portland gefahren worden: »Wir haben ein Foto von ihm (Adnan Bukhari), der wie sein Bruder Ameer in Vero Beach, Florida, lebt.« In einem späteren Bericht am selben Tag meldete CNN unter Berufung auf den Polizeichef von Portland, zwei Männer seien von Überwachungskameras aufgezeichnet worden, als sie am Flughafen einstiegen, um den US Airways Flug 5930 nach Boston zu nehmen.[17] Am nächsten Tag führte CNN die Geschichte weiter aus und verwies auf »den weißen Mitsubishi«, der am Flughafen Boston sichergestellt wurde und, so die Quellen, von Atta gemietet worden war. Das Auto enthielt Gegenstände wie Flughandbücher in arabischer Sprache, die Mitarbeiter der Verfolgungsbehörden als »hilfreich« für die weiteren Ermittlungen bezeichneten.

Als hilfreich halten wir indessen fest, dass hier in den ersten zwei Tagen von einem blauen Nissan der Bukhari-Brüder in Portland und einem weißen Mitsubishi von Atta in Boston die Rede ist, in dem verdächtiges Material gefunden wurde. Doch dann, am 13. September nachmittags, meldete CNN, keiner der Bukhari-Brüder sei an den Anschlägen beteiligt gewesen. Ameer nämlich sei schon ein Jahr zuvor gestorben, Bruder Adnan hingegen schon deshalb kein 9/11-Täter, weil er sich inzwischen als quicklebendig entpuppt hatte. Man entschuldigte sich für die »Fehlinformation«, die »auf Informationen von verschiedenen Ermittlungsbehörden gründete«. Am nächsten Tag änderte sich die Geschichte weiter, nun zitierte Associated Press den Polizeichef von Portland, Michael Chittwood, mit den Worten, dass »einer der beiden Verdächtigen, der in Portland an Bord ging, Mohammed Atta war«. Jetzt wurde der blaue Nissan also von Atta nach Portland gefahren, das »verdächtige Material« befand sich laut AP vom 14. September aber immer noch in »einem anderen Auto, das von weiteren Verdächtigen benutzt und in Boston beschlagnahmt wurde«. Es dauerte weitere zwei Tage, bis die *Washington Post* die Geschichte in die bis heute gültige Form goss: Von den Bukharis war nicht mehr die Rede, den blauen Nissan hatten nun Atta und Al-Omari nach Portland gefahren, und die verdächtigen Beweise stammten nicht mehr aus einem weißen Mitsubishi, sondern waren ganz woanders gefunden worden: »in seinem«, Attas, »Gepäck am Boston-Logan-Airport«. Erst am 16. September tauchte also das in Boston hängen gebliebene Gepäck Attas auf, das fortan inklusive Testament als heiliger Gral der Beweisführung den Grundstein des offiziellen Narrativs bildet[18] (→ *Kap. 13*).

Zementiert wurde dieser Grundstein durch ein FBI-Protokoll mit dem Datum »12. September, 9:35 Uhr«, das 2006 in den Prozess gegen den franko-marokkanischen »Anschlagsvorbereiter« Zacarias Moussaoui eingebracht wurde. Darin erklärt der FBI-Agent James K. Lechner, dass der in Portland gefundene blaue Nissan von Mohammed Atta gemietet worden war, dass die Namen von Atta und Al-Omari auf der Passagierliste der AA 11 gestanden hatten und dass das »American Airlines Personal in Logan zwei Taschen (eingecheckt von Atta) gefunden hatte, die auf den Flug AA 11 gelangen sollten, aber nicht geladen worden waren«. Außerdem vermerkt das Protokoll, dass eine am 11. September angeordnete Durchsuchung des Gepäcks viel verdächtiges Material zutage gefördert habe, »einschließlich Attas Testament«.[19]

Nur: Wenn das schon am 12. September um 9:35 Uhr alles bekannt war, warum berichteten die Non-Stop-Reports der Medien dann noch bis zum Nachmittag des 13. von den Bukhari-Brüdern, bis zum 15. von einem weißen Mitsubishi in Boston als Fundort der heißen Spur und erst am 16. von Attas hängen gebliebenem Gepäck? Warum wurden die Medien, die sich bei diesen Meldungen auf »Ermittlungsbehörden« (also auf das FBI) beriefen, von diesen vier Tage lang irregeführt? Dass sofort nach den beiden Bukharis gefahndet wurde, ist der wohl deutlichste Hinweis darauf, dass die Passagierlisten, nach denen das FBI vorging, von Beginn an manipuliert gewesen sein müssen – und die zweifelsfreien Originale bis heute nicht vorliegen.

Nachdem die Bukhari-Panne aufgeflogen war, musste Ersatz geschaffen werden. Als Ersatz-Hijacker werden vom 14.9. an nun wiederum zwei Brüder, Wail und Walid Al-Sheri geführt; auch zwei andere zuvor (von offizieller Seite) als Verdächtige genannte (und gesuchte) Männer – Amer Kamfar und Abdulrahman Al-Omari – werden ausgetauscht. Anstatt des ersteren firmiert seitdem Satam Al-Sukami, und Abdulrahman wurde durch einen Abdulaziz Al-Omari (→ *Kap. 10*) ersetzt. Dieser Al-Omari soll nun am 10. September derjenige gewesen sein, der anstelle der Bukharis mit Atta in dem blauen Nissan nach Portland fuhr. Am 5. Oktober legte das FBI einen Bericht und Bilder über Attas Aufenthalt in Portland vor. Ein Fotoausschnitt, allerdings ohne Datum, zeigt ihn und Al-Omari um 20:28 Uhr angeblich am Geldautomaten an einer Portlander Tankstelle. In den Prozess gegen Moussaoui 2006 wurde dann das ganze Foto als Beweisstück eingebracht, dieses Mal ist auch das Datum zu erkennen: 11-10-01.

Nun könnten wir das als Beweis werten, dass Atta am 10. November 2001 in Portland Geld abgehoben hat, oder aber – weil es sich beim Präparieren von Legenden und Beweisstücken eben auch um Handwerk handelt – schlicht als Pfusch am Bau und Beweis, dass dieses Foto ebenso gefälscht sein könnte wie die anderen Belege von Attas unerklärlichem Aufenthalt in Portland. Der Angestellte am Check-in-Schalter, Mike Tuohey, der Atta und Al-Omari in Portland abfertigte, erkannte die beiden später zwar auf den Bildern der Security-Kamera wieder, doch anders als gerade zuvor bei ihm am Schalter trugen die Herren jetzt keine Jacketts und Krawatten mehr, sondern offene Hemdkragen. Zudem enthält dieses Foto des Mohammed Atta, das um die Welt ging, zwei Zeitangaben (5:45 und 5:53 Uhr) was seine Echtheit als zweifelhaft erscheinen lässt. Wer waren also die zwei »Hijacker« dort? Die gesamte Geschichte von Atta in Portland ist mit derart vielen Ungereimtheiten gespickt, dass der Verdacht einer nachträglichen Konstruktion sehr naheliegt.

Ebenso wie der Verdacht, dass das 2006 veröffentlichte FBI-Protokoll, in dem die falsch bezichtigten Bukharis ebenso eliminiert sind wie der falsche Fundort der Beweisstücke, auf den Morgen des 12. September 2001 vordatiert wurde. Dass die Schatztruhe mit filmreifen Fundstücken (→ *Kap. 13*) präpariert wurde, können wir zwar nicht beweisen, im Umkehrschluss aber doch konstatieren, dass, wer diesen Koffer zu einem Selbstmordanschlag mitnimmt, nicht ganz dicht sein kann – und schon aufgrund dieser mentalen Disposition als Anführer einer derart komplexen terroristischen Operation eigentlich nicht in Frage kommt.

Vorzuladen:

- Lt.Col. Anthony Shaffer, Capt. Scott Phillpott, Dr. Eileen Preisser und weitere Mitarbeiter der Operation Able Danger
- Philip Zelikow und sein Assistent, die Shaffer 2004, als

er die Dokumente zur Verfügung stellen wollte, ausrichteten: »We don't need you to come in. We have all the information we need on Able Danger.«

- Amanda Keller, die zwei Monate mit Atta in den Sandpiper-Apartments in Venice zusammenlebte, der das FBI nach den Anschlägen dringend riet, den Mund zu halten und in eine andere Stadt zu ziehen, wo sie 2002 von Daniel Hopsicker ausfindig gemacht wurde, ihm freimütig ein Video-Interview über ihre Zeit mit Atta und seinen deutschen (!) Freunden gab – ein Interview, das sie dann 2006 auf Nachfrage dementierte: Sie habe den Mann, mit dem sie auch im Bett war, wohl verwechselt.[20]
- Der Verwalter der Sandpiper-Apartments und die Nachbarin von Amanda Keller, Charles Grapentine und Stephanie Frederickson, die Attas Anwesenheit im Frühjahr 2001 bezeugen können.
- FBI-Agent Lechner und die Richter, die das Protokoll angeblich am Morgen des 12.9. unterzeichneten.

9 Die Hijacker: eindeutig identifiziert

Alle 9/11-Hijacker wurden eindeutig identifiziert und als Täter überführt.

»Nach einem Blick auf die arabischen Namen und die dazugehörigen Sitzplätze, Ticketkäufe und Passagierinformationen waren die groben Zusammenhänge umgehend analysiert. Die Zollbeamten konnten die 19 mutmaßlichen Hijacker binnen 45 Minuten identifizieren.«

Robert Bonner, Leiter der »Customs and Border Protection« vor der 9/11-Commission[1]

Als drei Tage nach den Anschlägen die ersten Namen der »Hijacker« veröffentlicht und über die Medien die betreffenden Fotos verbreitet worden waren, beschwerten sich umgehend sechs Männer, dass sie mit Namen, Geburtsdatum und zum Teil mit Bild als Terroristen aufgeführt wurden, obwohl sie sich zu diesem Zeitpunkt gar nicht in den USA aufgehalten hatten. Daraufhin berichteten die BBC, der Londoner *Telegraph*, aber auch die *New York Times*, die *Los Angeles Times* und andere über die »lebenden Verdächtigen« und »gestohlenen Identitäten«. Walid Al-Sheri etwa, ein Pilot der Saudi Arabian Airlines, protestierte in Casablanca bei amerikanischen und saudischen Behörden und gegenüber Journalisten. Er bestätigte, der Walid Al-Sheri auf dem Hijacker-Steckbrief des FBI zu sein und im Sommer 2000 in den USA Flugunterricht genommen zu haben. Danach sei er jedoch nicht mehr dort und schon gar nicht an den Anschlägen beteiligt gewesen, da er zur Tatzeit nachweislich an einem Fortbildungskurs in Marokko teilgenommen habe.[2] Auf der am 27. September 2001 vom FBI veröffentlichten und bis heute nicht zurückgezogenen zweiten Täterliste steht er jedoch immer noch mit demselben Foto – ebenso wie sein Bruder Wail Al-Sheri, von dem der Sprecher der saudischen US-Botschaft am 21. September der *Los Angeles Times* berichtet hatte, dass es sich um eine Verwechslung handeln müsse, denn er habe noch nach den Anschlägen mit Wail und mit seinem Vater telefoniert. Zwar musste FBI-Direktor Mueller angesichts solcher Unstimmigkeiten bei der Veröffentlichung der Liste gestehen, dass einige Identitäten »noch nicht endgültig« geklärt seien – und CNN veröffentlichte am 28. September einen Steckbrief, auf dem unter den betreffenden Namen journalistisch korrekt vermerkt war: »identity disputed«. Doch geändert hat sich an den zweifelhaften Identitäten bis heute nichts, auch wenn FBI-Chef Robert Mueller im November 2001 erklärte, nunmehr »definitiv zu wissen, wer die 19 verantwortlichen Hijacker waren«.[3] Doch im *Commission Report* erschien noch 2004 dasselbe Foto, auf dem sich der unbeteiligte Pilot Walid Al-Sheri in Marokko erkannt hatte, nach wie vor – und es ziert die Galerie der 9/11-»Hijacker« bis heute.

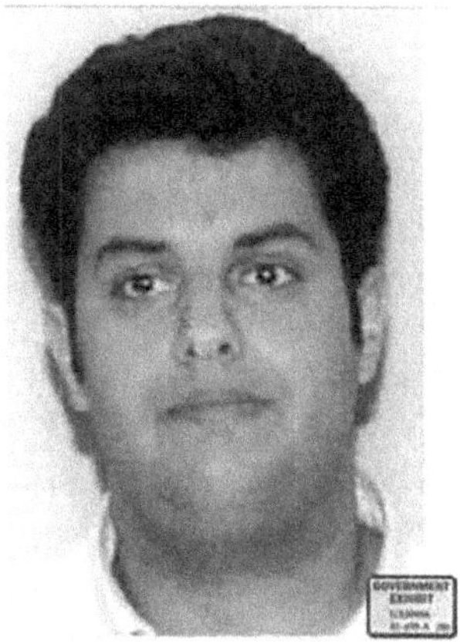

Der Pilot Walid al Sheri mit diesem Foto als »Hijacker« auf und beschwerte sich über die offensichtliche Verwechslung, weil er zum Tatzeitpunkt in Marokko war. Das Foto ziert die offizielle Tätergalerie aber bis heute (Quelle: FBI)

Nun ist es bei Kriminellen ja keinesfalls unüblich, gefälschte Identitäten zu benutzen, und dass die Terroristen des 11.9. sich ebensolche verschafften, liegt durchaus nahe. Im Falle der beiden saudischen Diplomatensöhne namens Al-Sheri wurden ihre IDs jedoch nicht gestohlen, vielmehr meldete die in Saudi-Arabien erscheinende, englischsprachige Zeitung *Arab News*, dass es sich um ein Brüderpaar gleichen Namens handelt, deren Vater Muhammad Ali Al-Sheri sie seit zehn Monaten vermisst.

Nachdem die Berichte über die ungeklärten Identitäten der 19 vermeintlichen Täter mit dem Buch *Fakten, Fäl-*

schungen und die unterdrückten Beweise des 11.9. (*FFB*) im Sommer 2003 in Deutschland eine größere Öffentlichkeit erreichten, machte sich der *Spiegel* unter der Headline »Verschwörung 11. September« daran, diese Zweifel zu zerstreuen, und fragte bei den Redakteuren der BBC und des *Telegraph* nach. Diese taten dann so, als seien sie damals einer Ente aufgesessen. Die BBC berief sich auf *Arab News*, die wiederum auf das Blatt *Asharq Al-Awsat*, und dessen Reporter Mohammed Samman dementierte nun seine eigene Geschichte. *Telegraph*-Redakteur David Harrison, der am 23. September 2001 geschrieben hatte: »Der *Telegraph* war die erste Zeitung, die die Männer interviewen konnte, seit sie erfuhren, dass sie auf der FBI-Liste der Hijacker stehen«, behauptete zwei Jahre später auf Nachfrage eines WDR-Fernsehteams, nie irgendein Interview mit einem der Betroffenen geführt zu haben.[4]

Nun ist es ja bei Journalisten keinesfalls unüblich, gefälschte Nachrichten in Umlauf zu bringen, auch reputierliche Medien wie die oben genannten sind davon nicht ausgenommen, und es kann durchaus passieren, dass in der Hitze des Nachrichtengefechts in den Tagen nach den Attacken auch die eine oder andere Ente mit durchrutschte. Dass sich aber bei einem halben Dutzend Zeitungen und Sendern unabhängig voneinander ein halbes Dutzend fälschlich bezichtigter »Hijacker« melden, ist der Entenbraterei ein bisschen zu viel. Auch dass es sich dabei jedesmal nur um falsche Schreibweisen oder ähnliche simple Verwechslungen handelte (zur Klärung des Walid-Al-Sheri-Mysteriums reichte der *Spiegel* ein Jahr später einen Piloten namens »Walid Al-Shri« nach, der sich in Marokko beschwert haben soll), ist unwahrscheinlich. Deshalb gelang es dem ehemaligen Nachrichtenmagazin auch nicht, den »Unsinn« mit seiner halbherzigen Recherche zu widerlegen (→ *Anhang I*), und deshalb existieren Zweifel an der wahren Identität einiger »Hijacker« bis heute. Die immer mal wieder aufgetauchten Berichte, nach denen einige ihrer sterblichen Überreste anhand von DNA-Proben identifiziert wurden, sind allesamt zweifelhaft.[5]

Am 20. September 2001 hatte der saudische Außenminister Prinz Saud Al-Faisa nach einem Treffen mit Präsident Bush bekundet, dass »fünf der genannten Personen auf der Liste nichts mit dem Geschehen zu tun hatten«, was wohl der »Hast bei der Veröffentlichung« geschuldet sei – und dieses Statement auch auf der Website der saudischen Botschaft publiziert.[6] Als dann zwei Jahre später der *Spiegel* bei der Botschaft nachfragte, war das entsprechende Statement nicht nur gelöscht, die Saudis behaupteten nun auch, dass seine Königliche Hoheit, der Außenminister, irgendwelche Zweifel an der Identität der Hijacker niemals geäußert hätte: »HRH the Foreign Minister never gave such a statement.«[7] Warum lässt der saudische Minister zwei Jahre später dementieren, mit Präsident Bush über die zweifelhaften Hijacker-Identitäten gesprochen zu haben? Wenn, wie in dem Statement angedeutet, offenbar die Hast bei der Veröffentlichung zu den Fehlern führte – die dann aber eine Woche später korrigiert wurden, als das FBI am 27. September seine (bis heute) definitive Liste der Hijacker veröffentlichte –, warum kann man das auf Nachfrage nicht genau so bestätigen? Warum werden zwei Jahre später Presseerklärungen aus dem Netz gelöscht und die wörtlichen Erklärungen dementiert? Da Minister nicht ohne Not lügen, können wir davon ausgehen, dass die Zweifel nach wie vor bestehen, auch wenn man sich aus diplomatischen Gründen der offiziellen Lesart angepasst hat. Und diese Zweifel sind, mit Blick auf die veröffentlichten Passagier- und Hijacker-Listen, nach wie vor höchst berechtigt.

Wir kennen es von jedem Flughafen: Vor dem Einstieg in die Maschine wird die Identität anhand der Bordkarte mit der Passagierliste abgeglichen, verspätete Passagiere werden anhand dieser Liste ausgerufen und zum Gate gebeten. Diese Liste ist, im Falle eines Unglücks, für Polizei und Versicherungen das entscheidende Dokument zur Identifizierung der Insassen. Doch im Falle der vier verunglückten Maschinen wurde ein solches Dokument nicht veröffentlicht. In den ersten, von CNN am 13. September publizierten Listen fehlten nicht nur sämtliche arabisch klingenden Namen – was damit begründet wurde, dass es sich um Opferlisten (ohne Täternamen handelte) –, es befanden sich auch Personen darauf, die gar nicht geflogen waren, wie etwa das Ehepaar Natalie und Jude Larson.[8] Hätte CNN das Original-Dokument der Fluggesellschaften vorgelegen, wären solche Fehler ausgeschlossen gewesen, denn es gibt logischerweise nur eine Liste, auf der alle gebuchten, eingecheckten und eingestiegenen Passagiere verzeichnet sind. Und hätte das FBI seine Fahndung nach dieser Liste aufgenommen, wären in den ersten Tagen nicht völlig falsche Personen als »Hijacker« genannt worden (→ *Kap. 8, 10*).

Die 2005 in Terry McDermotts Buch *Perfect Soldiers* abgedruckten und angeblich vom FBI stammenden Faxkopien der Listen der Flüge der UA 175 und UA 93 (die auch im Moussaoui-Prozess 2006 vorgelegt wurden) sowie die zeitgleich im Internet publizierten Passagierlisten der beiden Flüge AA 11 und AA 77 können weder Grundlage der FBI-Fahndung noch der Medienveröffentlichungen gewesen sein. Auch die später im Prozess gegen Moussaoui gelieferte Darstellung der Flugzeugsitze und sämtlicher Namen hilft hier nicht weiter. Vielmehr geht es um genau jene Vorlage, von der Robert Bonner, der Leiter der Zoll- und

Grenzschutzbehörde CBP, vor der 9/11-Commission unter Eid aussagte, dass man diese Liste »durch das beim Zoll gebräuchliche System« laufen ließ: »Und nach einem Blick auf die arabischen Namen und die dazugehörigen Sitzplätze, Ticketkäufe und Passagierinformationen waren die groben Zusammenhänge umgehend analysiert. Die Zollbeamten konnten die 19 mutmaßlichen Hijacker binnen 45 Minuten identifizieren.«[9] Das ging also, anders als vieles andere an diesem Morgen, offenbar recht fix, wobei sich die Frage stellt, warum dann in den ersten beiden Tagen nur von 18 Hijackern die Rede war (→ *Kap. 30*). Wichtiger freilich ist, dass bei dieser »Identifizierung« Leute ermittelt wurden, die gar nicht an Bord waren, aber über einen arabischen Namen sowie eine Pilotenlizenz verfügten, wie Adnan und Ameer Bukhari, die auf der ersten von CNN veröffentlichten Liste der »Hijacker« landeten: »Based on information by multiple law inforcement sources«[10] wurden sie als zwei Piloten der Todesflüge aufgeführt. Doch Ameer Bukhari hatte seinen Todesflug bereits genau ein Jahr zuvor ausgeführt, am 11. September 2000, als er mit einem Kleinflugzeug abgestürzt war. Und Adnan Bukhari wurde in Florida putzmunter aufgespürt, vom FBI verhört, einem Lügendetektortest unterzogen und mit einer Entschuldigung wieder entlassen (→ *Kap. 10*).

Hätten die falschen »Opfer«, die Larsons, und die falschen »Selbstmordattentäter«, die Bukharis, anhand der authentischen Passagierlisten identifiziert werden können? Nein! Wie konnten dann diese Namen von den Behörden den Medien genannt werden? Alles spricht für den Verdacht, dass die veröffentlichten Listen der Hijacker von Anfang an manipuliert waren. Nur so ist es erklärbar, dass die anfangs als »Todespiloten« genannten Bukharis in die Fahndung gerieten und später durch zwei andere arabische Namen (Wail und Walid Al-Sheri) ersetzt wurden – und dass es direkt nach der Tat zu weiteren solcher Fahndungspannen kam. Die 2006 publizierten Kopien der Passagierlisten können diese Unstimmigkeiten nicht klären – hier sind alle Unstimmigkeiten bereinigt, alle Namen stimmen mit der offiziellen Legende überein. Doch wären sie echt, hätten die Buhkaris nie in die Fahndung geraten können …

Beweisantrag:

- Herausgabe einer beglaubigten Kopie der Original-Passagierlisten aller vier Flüge

Vorzuladen:

- Robert Bonner, der unter Eid die Unwahrheit gesagt haben muss

10 Verwechselt: die Al-Omaris

Bei der Fahndung nach den Hijackern kam es aufgrund verschiedener Schreibweisen arabischer Namen zu einigen Verwechslungen, doch diese wurden umgehend aufgeklärt und korrigiert.

Dass es bei der Fahndung nach anfangs 18, später 19 »Hijackern« zu der einen oder anderen Verwechslung kommt, etwa aufgrund von falschen Schreibweisen, ist zunächst einmal durchaus nachvollziehbar. Wenn etwa ein »Karl-Heinz Schmitz« auf der Passagierliste eines Fluges versehentlich als »Karl-Heinz Schmitt« geführt wird, kann es dann sehr wohl sein, dass die Polizei am Wohnort dieses »Schmitt« vorstellig wird. Bei den beiden Bukharis ist ein solches Versehen, eine Verwechslung mit den Namen der beiden Al-Sheris, allerdings ausgeschlossen, was uns zu dem Schluss führt, dass die Liste der Passagiere, mit der das FBI sofort nach den Anschlägen die Fahndung nach den Tätern startete, nicht das Original gewesen sein kann. Denn in Vero Beach, Florida, suchte das FBI am 11. September 2001 nicht nur nach den Bukharis, sondern auch nach einem weiteren verdächtigen »Hijacker«, der bis zum Jahr 2000 ihr Nachbar war und ebenfalls aus Saudi Arabien stammte: Abdulrahman Al-Omari. Dass dann drei Tage später der Vorname dieses Al-Omaris durch »Abdulaziz« ersetzt wird, könnte man ja notfalls noch als orthographische Panne durchgehen lassen – wie etwa eine Verwechselung von »Karl-Theodor« mit »Karl-Heinz«. Merkwürdig nur, dass es sich sowohl bei dem falsch bezichtigten Abdulrahman Al-Omari – der mit dem 11.9. nichts zu tun hatte und in Dschidda lebt – als auch bei den angeblichen Hijackern Adnan und Ameer Bukhari allesamt um Piloten handelt. Es scheint, als ob das FBI die verdächtigen Hijacker nicht nach der Passagierliste ermittelte – auf der sie einfach und klar, in alphabetischer Reihenfolge und in der Schreibweise, die sie beim Ticketkauf angaben, hätten stehen müssen –, sondern die Fahndung nach einer Liste ausrichtete, auf der arabische Namen mit Pilotenlizenzen standen.

Nachdem nun der falsche Abdulrahman Al-Omari am 13. September in Abdulaziz Al-Omari korrigiert worden war, meldete sich aus Riad ein entsetzter Abdulaziz Al-Omari, der bei der saudischen Telefongesellschaft arbeitete: »Ich bin kein Selbstmordattentäter. Ich bin hier. Ich lebe. Ich habe keine Ahnung, wie man ein Flugzeug fliegt. Ich habe damit nichts zu tun.« Allerdings war diesem Al-Omari während seines Studiums in Denver, Colorado, 1995 der Pass gestohlen worden, was darauf schließen lassen kann, dass ein Terrorist mit diesem gestohlenen Pass und somit falschem Namen unterwegs war. Aber wer steckte dann hinter der falschen Al-Omari-Identität? Am 16. September 2001 meldet die *Washington Post*, dass ein Mohammed Atta und ein Abdulaziz Al-Omari 1999 an der U. S. International Officers School auf der Maxwell Air Force Base, Alabama, beziehungsweise an der Aerospace Medical School auf der Brooks Air Force Base in San Antonio, Texas, eingeschrieben waren – was vom Verteidigungsministerium mit dem Hinweis beantwortet wurde, es handele sich »möglicherweise nicht um dieselben Personen«.

Okay: Wir haben also einen Telefoningenieur Abdulaziz Al-Omari mit geklautem Pass; wir haben einen vom US-Militär ausgebildeten Piloten Abdulaziz Al-Omari, und wir haben den vermeintlichen Selbstmordattentäter Abdulaziz Al-Omari, der am 10. September mit Atta in Portland fotografiert wurde. Dieser tauchte dann auch auf einem im September 2002 veröffentlichten Video auf, in dem er schwört – vor den eingeblendeten Trümmern des Pentagon – Amerika eine »blutige Botschaft« zu senden und den »Märtyrertod« zu sterben. Das Video mit diesem letzten Willen – auch vier weitere »Hijacker« (Ahmed Al-Hasnawi, Wail Al-Sheri sowie Said und Hamsa Al-Ghamdi) hinterließen solche Abschiedsvideos der Nachwelt – soll im März 2001 nach einem Training in einem »Terrorcamp« in Kandahar aufgenommen worden sein.

Kurze Zwischenfrage aus Sicht der PR-Abteilung von Al-Qaida: Wenn wir zu Propagandazwecken solche Bekennervideos unserer »Helden« vorbereitet haben, wieso erscheinen die erst ein, zwei, fünf Jahre später – und nicht ein, zwei Stunden oder Tage danach?

Aber zurück zu den falschen Piloten. Wir erinnern uns, dass das FBI im Morgengrauen des 12. September in Vero

Beach, Florida, auftauchte und neben den Bukharis auch Al-Omari suchte, der in deren Nachbarschaft wohnte – aber einige Tage vorher nach Saudi-Arabien gereist war. Sein Haus wurde von 60 FBI-Beamten durchsucht, und die Vermieterin gab an, dass Al-Omari zwei Parkplätze gemietet habe, wovon einer auf Mohammed Atta lautete. So steht es im Protokoll des FBI[1]– kann aber schlicht nicht stimmen. Denn das zum Parkplatz gehörige Haus hatte Abdulrahman Al-Omari gemietet, der weder mit Atta noch sonst mit 9/11 zu tun hatte. Vielmehr rief er ausgerechnet während des Verhörs, dem sich sein Freund und Nachbar Adnan Bukhari beim FBI in Miami unterziehen musste, auf dessen Handy an, um sich aus Riad zu beklagen, dass er im Fernsehen als Flugzeugentführer genannt wird. Bukhari reichte den Hörer an den vernehmenden FBI-Mann weiter und konnte zumindest dieses Missverständnis schnell klären.

Was die Unklarheiten in Sachen Al-Omari indessen nicht beseitigt – im Gegenteil, denn im Januar 2004 präsentierte Susan Ginsburg vom Heimatschutzministerium der 9/11-Commission einen Pass von Abdulaziz Al-Omari, der im hängen gebliebenen Gepäck von Mohammed Atta gefunden worden sein soll. Dieses Gepäck und die Unstimmigkeiten über den Fundort des inkriminierenden Materials werden uns noch beschäftigen (→ *Kap. 8, 13*). Dass dort allerdings ein Pass von Abdulaziz Al-Omari gefunden wurde, erfährt die staunende Öffentlichkeit erst im Januar 2004. Haben die Beamten beim Durchsuchen des Gepäcks und der Kofferräume der Mietwagen zwar arabische Flughandbücher, Koranausgaben und Attas letzten Willen gefunden, aber den Pass von Al-Omari übersehen? Wenn nicht, warum werden in dem FBI-Protokoll vom Morgen des 12. September alle Fundstücke aufgelistet, aber nicht dieser Pass? Wenn das Gepäck Attas schon am

11.9. entdeckt und durchsucht wurde und außer dessen eigenem Pass auch der von Abdulaziz Al-Omari zutage kam – wieso wurde dann am nächsten Morgen das Haus von Abdulrahman Al-Omari durchsucht? Wieso wurden bis zum Nachmittag des 13. September die Bukharis als Mieter des blauen Nissan und Hijacker angegeben und der von Atta gemietete weiße Mitsubishi in Boston als Fundort der Spuren?

Der erst drei Jahre später offiziell erwähnte Pass des »richtigen« Al-Omari verstärkt den Verdacht einer Notoperation, einer nachträglichen Konstruktion der gesamten »Atta in Portland«-Story, die eindeutig zu viele Al-Omaris aufweist, als dass sie weiter ununtersucht durchgehen könnte.

Vorzuladen:

- Alle Al-Omaris
- Die FBI-Beamten, die in Vero Beach fahndeten
- Die FBI-Beamten, die in Boston Attas Gepäck durchsuchten

11 Der Anschlag: perfekt vorbereitet

Die Geheimdienste hatten im Vorfeld der Anschläge keinerlei Hinweise auf die vollständig unauffällig agierenden Terroristen. Zum Beispiel auf Khalid Al-Midhar.

Dass es sich bei Khalid Al-Midhar um einen alten Bekannten der CIA handelte, die aber ihr Wissen über seine Aktivitäten vor dem FBI jahrelang verbarg und ihn erst am 23. August 2001 auf ihre Watchlist setzte – diese »Panne«, die auch der *Commission Report* seufzend bemerkt, wird im offiziellen Narrativ gern als Paradebeispiel für die bürokratische »Wand« zwischen CIA und FBI angeführt. Im Haus von Al-Midhars Schwiegervater Ahmed Al-Hada in Sanaa in Jemen, das als Al-Qaida-Nest und Kommunikationsknotenpunkt bekannt war, in dem unter anderem die Anschläge auf die Botschaft in Nairobi und auf die *USS Cole* im Oktober 2000 vorbereitet wurden – in diesem Terrorstützpunkt hörte die CIA seit 1998 alle Telefonate mit. Erst als sich im Februar 2002 der Sohn des Hausbesitzers beim Hantieren mit einer Granate selbst in die Luft jagte, sahen sich die CIA-Lauscher genötigt, ihren heißen Draht zu dieser Al-Qaida-Schaltzentrale aufzugeben und öffentlich zu machen. Und dabei einzuräumen, dass es sich bei Ahmed Al-Hada um den Schwiegervater des 9/11-Terroristen Khalid Al-Midhar handelte. Dieser hatte sich dort schon seit 1998 häufig telefonisch gemeldet, vor allem seit Anfang des Jahres 2000, als seine Frau dort lebte und eine Tochter zur Welt brachte und wo er sie im Juni 2000 auch besuchte. Obwohl also Khalid Al-Midhar in diesem mit Wanzen gespickten Terrorstützpunkt, der via Satellit auch unter fotografischer Überwachung stand, Stammgast war, obwohl Augen und Ohren von CIA und NSA alles registrierten, was dort ein- und ausging, und obwohl Al-Midhar auch bei einem Terror-Meeting in Kuala Lumpur im Januar 2000 beobachtet und vom malaysischen Geheimdienst auf Video festgehalten wurde (ein Film, der dann umgehend an die US-amerikanischen Kollegen ging), konnte er weiterhin über sein Multiple-entry-Dauervisum für die USA verfügen und problemlos ein- und ausreisen. Und nicht nur das – als er 1999 mit seinem Kollegen Nawaf Al-Hazmi nach San Diego kam, wurde er von Omar Al-Bayoumi, einem saudischen Geschäftsmann mit engen

Verbindungen zum saudischen Geheimdienst GID, in Empfang genommen.[1] Der besorgte ihnen eine Wohnung und vermittelte den beiden »Studenten« auch das großzügige Stipendium, das sie fortan erhielten: von Prinzessin Haifa, der Frau des saudischen US-Botschafters Prinz Bandar, einem engen Freund der Bush-Familie. Wenn der *Commission Report* in Fußnote 122 behauptet, keine Beweise für diese Zahlungen gefunden zu haben, kann das insofern der Wahrheit entsprechen, als das Geld nicht direkt an die späteren »Hijacker«, sondern an die Frau ihres »Gastgebers« Al-Bayoumi ging. Ansonsten aber tat dieser alles, um seinen Klienten auf die Beine zu helfen. Er half beim Einrichten des Bankkontos, beim Mietvertrag und der Beantragung der Sozialversicherungsnummer und vermittelte seinen beiden Schützlingen dann auch im September 2000 die etwas schönere Wohnung am Lemon Grove, im Haus eines seiner Bekannten, einem Dr. Abdussattar Shaikh. Das war kein heimlicher Unterschlupf, Al-Hazmi und Al-Midhar standen im Telefonbuch und hatten unter ihrem Namen eine Dauerkarte für den Meeres-Themenpark Seaworld in San Diego. Sie waren somit ziemlich das Gegenteil von schwer getarnten Terroristen. Ihr neuer Vermieter indessen ist ein langjähriger inoffiziellen Mitarbeiter und Informant des FBI.

So leger sich die Behörden bei Khalid Al-Midhar 1998 ff. in Sachen Reisefreiheit und Visa-Erteilung verhielten – obwohl seine Terrorverbindungen bekannt waren –, so strikt gaben sie sich nach den Anschlägen bei seinem Vermieter und Gastgeber Dr. Abdussattar Shaikh. Der 9/11-Commission, die diesen wichtigen Zeugen befragen wollte, wurde eine Anhörung vom Justizministerium verweigert, der Zeuge erhielt aus Gründen der nationalen Sicherheit keine Aussagegenehmigung. Stattdessen wurde bekannt, dass der Herr Doktor 2003 vom FBI 100 000 Dollar für seine Dienste erhalten hatte,[2] was den Schluss zulässt, dass es sich bei ihm nicht gerade um einen kleinen IM handelt.

Weil aber – wie bei 9/11 leider traurige Routine – auch hier kein Pressevertreter nachhakte und die Frage stellte, warum ein Zeuge, der mit den »Hijackern« zusammenwohnte und sehr wohl Auskünfte über sie geben könnte, nicht verhört werden darf, klemmte sich der Journalist Daniel Hopsicker dahinter und brachte Erstaunliches zutage: Nicht nur der Doktortitel von Abdussattar Shaikh ist falsch, er ist auch kein ehemaliger Professor der San Diego State University, wie allenthalben gemeldet wurde, sondern einer dubiosen Briefkasten-Uni, die nicht nach einer akademischen Institution, sondern eher nach einer CIA-Tarnfirma riecht.[3]

Und er hatte Verbindungen zu einem weiteren falschen Doktor und FBI-Informanten in San Diego, dem Exil-Iraner und Waffenhändler Sam Koutchesfahani, der 1998 angeklagt worden war, als Chef eines Schleuserrings Hunderte islamische Studenten mit Bestechung und falschen Visa in Colleges in San Diego eingeschleust und betreut zu haben. Eine Arbeitsbeschreibung, die auch auf den falschen Doktor Abdussattar Shaikh zuzutreffen scheint – und der Schutz eines solchen Netzwerks dürfte der eigentliche Grund gewesen sein, warum die 9/11-Commission ihn nicht als Zeuge vernehmen konnte.

Fassen wir die Akte Khalid Al-Midhar noch einmal kurz zusammen: Seit 1998 wurde das Haus seines Schwiegervaters im Jemen observiert, in dem er ein und aus ging; 1999 wurde er von Omar Al-Bayoumi in Kalifornien empfangen, einem Saudi mit Geheimdienstverbindungen (von dem der *Commission Report* verharmlosend vermerkt, er sei ein »unwahrscheinlicher Kandidat für klandestine Beziehungen mit islamistischen Extremisten«); im Januar 2000 nahm er an einem Al-Qaida-Planungstreffen in Kuala Lumpur teil, das vom malaysischen Geheimdienst auf Video aufgezeichnet und den US-Behörden übermittelt wurde; er und seine »Studien«-Kollegen in San Diego erhielten über ihren Mentor monatliche Schecks von der Frau des saudischen US-Botschafters Prinz Bandar; im September 2000 nahmen Al-Midhar und Al-Hazmi eine neue Wohnung in San Diego, im Haus des FBI-Informanten Abdussattar Shaikh. Danach reiste Al-Midhar in den Jemen, wo im Oktober 2000 der Anschlag auf das US-Schlachtschiff *Cole* erfolgte, für den sowohl Gäste des *safehouse* seines Schwiegervaters als auch Teilnehmer des Malaysia-Treffens verdächtigt wurden. Zum selben Zeitpunkt wurde der oberste Terroristenjäger des FBI, John O'Neill, davon abgehalten, im Jemen zu ermitteln, und erhielt von Bushs Botschafterin Barbara Bondine Einreiseverbot. Stattdessen wurde Khalid Al-Midhar im Juni 2001 ein frisches Einreisevisum für die USA erteilt.

Der unermüdliche Al-Qaida-Jäger John O'Neill indessen trat frustriert von seinem Amt zurück, und kaum hatte er Ende August sein Büro verlassen, setzte die CIA Khalid Al-Midhar auf die Watchlist für die Zuwanderungs- und Einreisebehörde (INS) und die Polizei. In diesem Eintrag wird er als »gefährlich und bewaffnet« bezeichnet, als jemand, der einer genauen Überprüfung (»secondary inspection«) zu unterziehen ist. Am 4. September widerrief das State Department sein gültiges Visum wegen »Beteiligung an terroristischen Aktivitäten«, am 5. September wurde dieser Widerruf in die INS-Watchlist eingetragen. Erst eine knappe Woche vor den Anschlägen also wurde der spätestens seit 1998 der CIA als militanter Islamist bekannte Khalid Al-Midhar, der bei einem FBI-Informanten zur Untermiete wohnte, zur Fahndung ausgeschrieben. Allerdings nicht wirklich, wie aus einem kaum beachteten Staff-Report der 9/11-Commission hervorgeht, der vier Wochen nach dem Abschlussbericht veröffentlicht wurde. Denn der Eintrag in die INS-Liste vom 5. September 2001, dass sein Visum widerrufen worden sei, war mit der Anweisung versehen, dass Al-Midhar nicht verhaftet werden solle, da das State Department ihn »als möglichen Zeugen in einer FBI-Untersuchung« identifiziert habe.[4]

Eine schützende Hand (→ *Kap. 17*) gewährte den späteren »Hijackern« also auch in den letzten Tagen noch immer freies Geleit – und ermöglichte es Kahlid Al-Midhar, seine Rolle als »Logistiker« (*Spiegel*) des 11.9. zu Ende zu spielen.

Wir unterdessen fragen uns, ob die Logistik und die Verbindungen des Khalid Al-Midhar nicht sehr stark darauf hindeuten, dass es sich bei ihm um ein »Asset«, einen »IM«, einen Agenten handelte, der in den USA tun und lassen konnte, was er wollte, weil er im Auftrag eines Geheimdiensts unterwegs war. Der zwar auf der Watchlist der CIA stand, weil er engste Verbindungen zu einem Al-Qaida-Nest im Jemen unterhielt, der aber von den saudischen Royals alimentiert und von saudischen Agenten umsorgt wurde und der bei einem FBI-Mitarbeiter zur Untermiete wohnte – kein einsamer Terrorist *under cover* im Feindesland, sondern ein Agent mit besten Kontakten.

Der Autor Lawrence Wright sprach mit einigen der Beamten der FBI-Einheit I-49, die für Al-Midhar und Al-Hazmi zuständig gewesen wäre, hätte sie denn von seiner Rolle erfahren. Dass sie davon nicht erfuhren, so glaubt »mindestens die Hälfte der Jungs im Büro«, hatte damit zu tun, »dass die CIA Al-Midhar und Al-Hazmi schützte, weil sie hoffte, die beiden zu rekrutieren«.[5] Oder, können wir hinzufügen, dass die CIA sie im Joint Venture mit den saudischen Kollegen[6] schon rekrutiert hatte als V-Männer (oder Agents Provocateurs?) in der »Logistikzentrale« von Al-Qaida …

Vorzuladen:

- Abdussattar Shaikh
- Omar Al-Bayoumi
- Der Verbindungsoffizier der CIA beim saudischen GID
- Der Beamte des State Department, der für die INS-Anweisung (»nicht verhaften!«) am 5. September 2001 zuständig war

12 Die Geheimdienste: ohne Vorkenntnisse

»Die Geheimdienstbehörden hatten keine geheimdienstlichen oder polizeilichen Informationen über die Verbindung von 16 der 19 Hijacker zum Terrorismus oder zu terroristischen Gruppen.«[1] Auch über die Brüder Salem und Nawaf Al-Hazmi wusste man anfangs nichts und erteilte ihnen freizügige Visa zur Mehrfacheinreise.

»Anfang 2000 hatten wir die Al-Hazmi-Brüder Salem und Nawaf ebenso im Blick wie Khalid Al-Midhar. Wir wussten von ihrer Verbindung zu Al-Qaida und teilten dieses Wissen mit der (Geheimdienst-)Gemeinde«, sagte NSA-Direktor Michael V. Hayden am 17. September 2002 vor dem Senate Select Committee on Intelligence aus. Wie Khalid Al-Midhar standen auch die späteren »Hijacker« Salem und Nawaf Al-Hazmi schon lange vor dem 11.9.2001 auf den Listen der CIA, wobei unklar ist, inwieweit es sich bei Teilen dieser Watchlist zur Beobachtung potentieller Gefährder um eine Liste zur Rekrutierung potentieller »Assets« handelte. Für Letzteres spricht, dass auch die Al-Hazmis weiterhin freizügig reisen konnten, obwohl Nawaf mit seinem Bruder Salem und Khalid Al-Midhar bei dem Planungstreffen in Malaysia beobachtet wurde. Auch dass er auf Seiten islamistischer Brigaden Mitte der 90er Jahre in Bosnien und wie sein Bruder auch in Tschetschenien eingesetzt worden war, war bekannt.

Dennoch verfügte auch Nawaf Al-Hazmi über ein Multiple-entry-Visum für die USA und reiste nach dem Meeting in Malaysia unbehindert wieder nach Los Angeles. Er mietete sich mit Al-Midhar in San Diego ein und wurde wie dieser von dem saudischen »Geschäftsmann« Al-Bayoumi und dem FBI-Mitarbeiter Abdussattar Shaikh betreut. Als die CIA im März 2000 eine Nachricht bekam, dass sich Al-Hazmi in den USA befände, fand sich in dem Feld »Action required« der Hinweis auf die erforderlichen Aktivitäten: »None« (→ *Kap. 17*).[2]

Wo derart geringer Handlungsbedarf besteht, gibt es für die Betroffenen auch keinen Grund zur Tarnung. Al-Hazmi stand in San Diego nicht nur im Telefonbuch, er lebte auch völlig offen und veranstaltete sämtliche Aktivitäten unter seinem Namen, bis hin zur einer Dauerkarte für den Zoo in San Diego. Als Anfang Juli 2000 sein Visum abgelaufen war, erhielt er problemlos eine Verlängerung – und es schien ihm in Kalifornien zu gefallen. Mit Hilfe seines Vermieters, dem er sein Faible für mexikanische Frauen eingestand, gab Al-Hazmi sogar eine Kleinanzeige auf – »Saudischer Geschäftsmann sucht eine Braut, die hier und in Saudi-Arabien leben möchte« –, was insofern verwundert, als islamistische Selbstmordattentäter auf ihrer letzten Mission eher an den Jungfrauen im Paradies als an irdischen Bräuten interessiert sein sollten. Doch wie die »Hijacker« in Florida verhielten sich auch Al-Hazmi und Al-Midhar in San Diego weder wie fromme Muslime noch wie verdeckt operierende Terroristen. Ausländische »Geschäftsmänner« in dienstlicher Mission, vor Ort eng betreut von Agentenführen ihres Geheimdiensts – das scheint ihre Rollenbeschreibung dagegen sehr viel besser zu treffen.

Wie sein Bruder Nawaf war auch Salem Al-Hazmi spätestens seit 1999 den Lauschern der CIA bekannt, die das Al-Qaida-Nest von Al Midhars Schwiegervater im Jemen observierten, denn wie sein Bruder rief auch Salem öfter dort an. Doch wie zwölf weitere seiner »Kollegen« erhielt auch Salem Al-Hazmi im Juni 2001 vom US-Konsulat in Dschidda problemlos ein Visum. Laut Staff-Report der 9/11-Commission hatten die saudischen Behörden seinen Pass (wie auch den seines Bruders) mit einem unauffälligen Indikator gekennzeichnet, der ihn als militanten Extremisten auswies[3] – macht aber nix, wie die Maus in der berühmten Sendung sagen würde, denn die befreundeten US-Dienste wussten angeblich von einem solchen Code nichts und ließen die Brüder freizügig reisen.

Im bereits erwähnten Staff-Report der 9/11-Commission findet sich der Hinweis, dass Salem Al-Hazmi beim Einchecken in den Flug AA 77 am Dulles-Airport am 11. September keine Ausweispapiere mit einem Bild vorweisen konnte. Doch sein Ausweis mit Bild, so wird dort ebenfalls vermerkt, wurde in den Trümmern des Pentagon gefunden,[4] wie auch die IDs seiner »Kollegen« Al-Midhar und Madjid Moqed. Während also von der gesamten ins Pentagon gekrachten Boeing kaum etwas Sichtbares übrig blieb, überlebte ausgerechnet ein Ausweis von Salem Al-Hazmi, den er zwei Stunden zuvor am Flughafen noch gar nicht hatte …

Vorzuladen:

- Omar Al-Bayoumi
- *Abdussattar Shaikh*
- Der Verbindungsoffizier der CIA beim saudischen GID

13 Intermezzo: getürkt

Im Rahmen der FBI-Ermittlungen tauchten diverse Beweisstücke auf, die die Täter zweifelsfrei überführten.

Sicherheitshalber weisen wir vor unserer kurzen Top-3-Fundliste ausdrücklich auf etwas hin, das im Rahmen *jeder* Ermittlung selbstverständlich ist: Ist eines oder sind mehrere »Beweisstücke« in einem Mordfall nachweislich getürkt, ist gegen den Türkenden dringend zu ermitteln. Denn entweder ist er ein verfolgungswürdiger, geschmackloser Scherzkeks – oder er versucht, sein eigenes Verbrechen anderen anzuhängen, zum Beispiel 19 Arabern oder irgendwelchen Scheichs. Drum: Ist eines oder sind gar mehrere der nachfolgend unter die Lupe genommenen Beweisstücke als gefälscht anzusehen, hatten die Türkenden a) Vorwissen und b) ein Interesse daran, das Verbrechen Al-Qaida in die Schuhe zu schieben.

Was sie für eine Anklage ausreichend qualifiziert, allerdings nicht als Ankläger. Denn selbst Laienkommissaren leuchtet unschwer ein: Werden Beweise gefälscht, um jemanden in den Knast zu bringen, gehören die Fälscher selber vor Gericht. Gleichzeitig ist aber bis zum Beweis des Gegenteils von der Unschuld der bisher Angeklagten auszugehen, denn die bewusste Herstellung von gefälschtem Belastungsmaterial sowie dessen Platzierung am Tatort hat den Fokus aller Untersuchungen umgehend und nachdrücklich auf die Fälscher zu lenken.

Beginnen wir mit dem Reisepass von Satam Al-Sukami, einem der Araber, die der offiziellen Darstellung des Tathergangs zufolge mitsamt Flug American Airlines 11 in den explosiven Feuertod des WTC-Nordturms rasten. Wir hatten Al-Sukamis Pass zwischenzeitlich als Gerücht zu den Akten gelegt, weil die seit 2001 gelegentlich berichtete Existenz des Dokuments uns absolut unwahrscheinlich erschien (wenngleich wir ihn in unseren Veröffentlichungen zum Thema gelegentlich erwähnt hatten, angemessen skeptisch), aber 2006 tauchte der Pass wieder auf, und diesmal nicht gerüchteweise in irgendwelchen Schlagzeilen fragwürdiger Gazetten, sondern vor Gericht. Vorgelegt vom FBI im Prozess gegen den mutmaßlichen Terroristenhelfer Zacarias Moussaoui.

Der Pass von Saram Al-Sukami. Vorgelegt vom FBI im Moussaoui-Prozess 2006. gelegt vom FBI im Moussaoui-Prozess 2006. (Quelle www.vaed.uscourts.gov)[1]

Gefunden und einem Polizisten übergeben wurde der Beweispass laut FBI sowie der 9/11-Commission[2] unmittelbar vor dem Kollaps der New Yorker Türme »von einem Passanten« in New York, einige Häuserblocks vom World

Trade Center entfernt. Damit stand fest, dass Al-Sukami einer der Terroristen an Bord von American 11 gewesen war.

Noch im März 2003 hatte der britische *Guardian* kommentiert: »Die Ansicht, Mohammed Attas Pass [Anfangs hieß es tatsächlich, es habe sich um Attas Pass gehandelt] könne dem Inferno unversehrt entronnen sein, stellt die Gutgläubigkeit selbst des unerschütterlichsten Verfechters des entschiedenen FBI-Durchgreifens gegen den Terror auf eine harte Probe.«[3]

2006 legte das FBI sein Beweisstück dann aber tatsächlich vor. Den völlig unversehrten Pass, aus Al-Sukamis Brusttasche entweder kurz vor dem Einschlag der Terrormaschine aus einem Flugzeugfenster geweht oder auf mirakulöse Weise durch eine 30 000-Gallonen-Kerosin-Explosion sowie ein paar Dutzend Wände gesegelt, denn der Passinhaber hatte ja laut offizieller Darstellung nicht im Heck, sondern in Reihe 2 oder im Cockpit einer Maschine gesessen, die sich mit 500 Meilen pro Stunde mitten in ein Hochhaus gebohrt hatte.

Der Pass war, wie die Kommission feststellte, »manipuliert worden«,[4] ebenso wie der von Abdulaziz Al-Omari. Aber natürlich stellte die Kommission nicht in Frage, dass der gefundene Pass aus dem Flugzeug gefallen war. Dazu waren die akribisch gesammelten Visa im Pass zu aufschlussreich für die ermittelnden Behörden, ließ sich doch auf diese Weise zweierlei belegen: zum einen Al-Sukamis terroristische Reisen im Vorfeld des 11. September 2001, zum anderen, dass er überhaupt an Bord gewesen war, denn als einziger der »Hijacker« war er – als Tourist eingereist – den US-Behörden nicht gemeldet und verfügte nicht einmal über temporäre US-Papiere.[5]

Ein überaus nützlicher Fund also, dieser verräterische Pass. Allerdings mit dem dezenten Manko, dass er nicht aus der Maschine ge- respektive entkommen sein kann. Jedenfalls nicht nach unserem naturwissenschaftlichen Verständnis.

Attas Koffer

Wir erinnern uns: Mohammed Atta, »Ringleader«, der Anführer der 19 Terrorselbstmörder, reiste am 10. September von Boston nach Portland (aus Gründen, die selbst dem FBI schleierhaft blieben[6]), flog dann aber sehr früh am Morgen des 11. September wieder zurück nach Boston, wo er den letzten und wichtigsten Flug seines Lebens beinahe verpasst hätte (→ *Kap. 8*). Weshalb er, der Anführer, sich so verhielt, ist weiterhin unklar.

Klar ist hingegen, dass er zwei Beweise zurückließ: den einen in einem Mietwagen, den er am Vortag in Boston hatte stehen lassen, den anderen, weit bedeutender, in seinem Gepäck. Denn sein Koffer blieb versehentlich beim Verladen in Boston stehen (ebenso wie der seines Mitreisenden Abdulaziz Al-Omari). Die Koffer aller anderen Reisenden wurden mitgenommen – und beim Crash vernichtet –, nur die der Terroristen nicht. Man hatte einfach versäumt, sie vom Zubringerflug aus Portland weiter zu verladen. Und das entpuppte sich als wahrer Segen für die Ermittler.

Denn Attas Koffer enthielt nicht das, was man im Alibi-Gepäck eines Selbstmörders bestenfalls zu finden hoffen kann – schmutzige Wäsche und alte Zeitungen –, sondern entscheidende Beweisstücke. Unter anderem Attas Testament, 1996 verfasst und bestehend vor allem aus detaillierten Anweisungen für die Beerdigung (siehe unten). Sowie eine Anleitung für Entführer (ohne irgendwelche Details zum 9/11-Plan), handgeschrieben, von der man Kopien auch am Absturzort in Shanksville[7] sowie in einem Auto fand, das Mittäter Nawaf Al-Hazmi gemietet hatte, was nach Ansicht von Justizminister John Ashcroft zweifelsfrei bewies, dass die Täter sich gekannt hatten.[8]

Aber im Koffer steckte noch mehr Kostbares. Ein elektronischer Flugcomputer. Anweisungen für einen Flugsimulator. Lehrvideos »Wie man eine Boeing 747 und 757 fliegt«. Ein Klappmesser. Pfefferspray. Eine Ausgabe des Koran. Eine Pilotenuniform – nein, das nun doch nicht, dieser Fund wurde später nicht bestätigt, im Gegensatz zu allen anderen.

Zudem befand sich im zweiten von Atta aufgegebenen Koffer interessanterweise auch Abdulaziz Al-Omaris Pass.[9] Was doppelt erstaunlich ist. Denn erstens: Wieso trug Al-Omari seinen Ausweis nicht in der Jackentasche bei sich? Und zweitens, wichtiger: Wieso wollte das FBI am 13. September in Vero Beach einen ganz anderen Al-Omari festnehmen (nämlich den inzwischen ausgereisten Abdulrahman Al-Omari,→ *Kap. 10*), obwohl der wahre Täter sich doch schon am 12. September via Kofferinhalt amtlich ausgewiesen hatte? Und wieso stand der Pass nicht auf der ursprünglichen FBI-Fundliste?

Später (im Moussaoui-Prozess) legte das FBI dann neben dem offenbar nachträglich aufgetauchten Pass sogar noch weitere bemerkenswerte Fundstücke aus dem Koffer vor. Atta hatte sich nämlich wahrhaftig alle Mühe gegeben, sich mittels seiner abgestellten Habseligkeiten nicht nur als islamistischer Terrorist zu outen, sondern auch lückenlos seinen Weg Richtung 9/11 zu dokumentieren. Sogar seine Meldebescheinigung aus Hamburg-Harburg und ein Schreiben mit Prüfungsergebnissen der dortigen Technischen

Universität (→ *Anhang II und III*) hatten sich nun im Beweiskoffer befunden. Was den Behörden die Arbeit kolossal erleichterte.

Fragen seien allerdings gestattet: Wie blöd kann so ein geniales Terror-Mastermind eigentlich sein? Was sollte das? Wieso dieser Koffer? Wollte Atta sein Testament und seine Meldebescheinigung vernichten? Es hätte einfachere Wege gegeben, als sie in den Laderaum seines Terrorfluges verladen zu lassen, aber vielleicht hatte er am Vorabend einfach kein Feuerzeug zur Hand gehabt. Oder wollte er im Gegenteil ein umfassendes Geständnis ablegen, das er nun, dank des Kofferfundes, tatsächlich ablegte? In diesem Fall ist weiterzufragen: Wie konnte er so sicher sein, dass der Koffer stehen bleiben würde? Anders gesagt: Musste er nicht davon ausgehen, dass der Koffer mit ihm kremiert werden würde? Und mit dem Koffer das darin enthaltene Testament mit all den haargenauen Anweisungen für seine Aufbahrung nach dem Ableben?[10]

Wir lesen: »Ich will mein Gesicht nach Osten wenden, gen Mekka. Ich sollte auf meine rechte Seite gelegt werden. Ihr solltet dreimal Asche auf meinen Körper werfen.« Welchen Körper, nach einem geplanten Vollgaseinschlag in ein Hochhaus?

Wie man den Koffer auch dreht oder wendet: Es fällt einem kein Grund ein, weshalb Mohammed Atta ihn so gepackt haben sollte.[11] Allerdings fallen einem ein paar Gründe ein, weshalb andere ihn so gepackt haben könnten. Wenn jedoch tatsächlich jemand anders »Attas« Koffer gepackt und ihn am Morgen des 11. September für das FBI in Boston abgestellt hatte, dann wusste dieser jemand *vor* dem Crash von Flug AA 11, dass Atta sterben würde – und war daran interessiert, ihn zu belasten.

Wer? Al-Qaida? Mitten drin im Bostoner Transportband? Interessiert daran, Atta zu überführen? Wäre da ein Bekennerschreiben nicht einfacher gewesen?

Noch immer keine ausreichenden Zweifel?

Der *New Yorker* zitierte im Oktober 2001 einen »hochrangigen Ex-Geheimdienstler« mit der schlichten Feststellung: »Was auch immer an Spuren hinterlassen wurde, wurde absichtlich hinterlassen – zur Verfolgung durch das FBI.«[12]

Neben Attas Kofferinhalt waren das:

- Marwan Al-Shehis Mietwagen, abgestellt am Flughafen Boston, darin unter anderem ein Zugangspass für gesperrte Bereiche des Flughafens sowie der Name der Flugschule, in der er und Atta in Florida Unterricht genommen hatten,
- der Müll des Motels, in dem Al-Shehi die Nacht vor dem Attentat verbrachte, darin Boeing-757-Handbücher, Flugkarten für die Ostküste sowie ein Lexikon Englisch-Deutsch,
- Nawaf Al-Hazmis Auto am Flughafen Washington-Dulles, darin eine Kopie von Attas Anweisungen, Zeichnungen eines 757-Cockpits, ein Teppichmesser sowie Karten von New York und Washington,
- ein von Ziad Jarrah und Ahmed Al-Hasnawi gemietetes Apartment, darin ein Notizbuch, ein Videoband sowie, überaus nützlich, Fotokopien ihrer Pässe.

Die Hijacker Nawaf Al-Hazmi und Khalid Al-Midhar ließen außerdem in einer Moschee in Laurel, Maryland, eine Tasche zurück, in der die Ermittler am 12. September Quittungen einer Flugschule aus San Diego fanden – Quittungen aus dem Vorjahr.

Wo die Hijacker sich im Rahmen ihrer komplett heimlichen Planung wann aufgehalten hatten, ließ sich zudem unschwer anhand ihrer Pizzabestellungen rekonstruieren, denn anders als normale Kunden zahlten sie jede Pizza grundsätzlich mit Kreditkarte – unter ihren eigenen Namen.

Alles Teil des Plans. Nicht aufzufallen. Keine Spuren zu hinterlassen. Keine Koffer zu vergessen.

Wenden wir uns einem letzten entscheidenden Beweisstück zu.

Jarrahs Abschiedsbrief

Nachdem dieser Brief dem FBI vorlag, stand zweifelsfrei fest, dass Ziad Jarrah der Anführer jener Viererbande gewesen war, die UA 93 entführt hatte und in einen Acker in Pennsylvania abstürzen ließ. Der Selbstmörder entschuldigte sich in seinem letzten Schreiben bei seiner langjährigen Freundin Aysel, er werde von nun an in einer anderen Welt sein – und an der geplanten Hochzeit, nämlich seiner eigenen mit Aysel, nicht teilnehmen können.

Den Brief schrieb Jarrah per Hand und auf Deutsch, endend mit »Leb wohl, für immer Dein – Ziad«.

Nein. Moment.

Endend mit: »Aufwiedersehen!!«, »Deinen Mann für immer«. Sowie »Ziad Jarrah«. Sowie »10. September 2001«.

»Ziad Jarrah«?[13] Als Unterschrift unter einem Brief an die Geliebte? Einem Abschiedsbrief?

Aber damit fangen die Merkwürdigkeiten erst an. Denn der Brief wurde nicht ohne weiteres versandt, als Dreiseiter, sondern als Teil eines Pakets, das (laut Frauke Scheuten, Sprecherin der deutschen Staatsanwaltschaft) auch kleinere Geschenke enthielt. Sowie »Papiere betreffend seinen

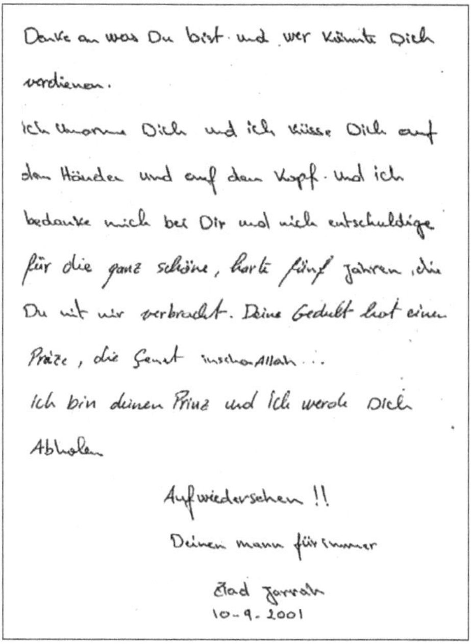

Denke an was Du bist und wer könnte Dich verdienen.
Ich umarme Dich und ich küsse Dich auf den Händen und auf den Kopf. Und ich bedanke mich bei Dir und mich entschuldige für die ganz schöne, harte fünf Jahren, die Du mit mir verbracht. Deine Geduld hat einen Prize, die Genat inschaAllah ...
Ich bin deinen Prinz und Ich werde Dich Abholen

Aufwiedersehen !!
Deinen mann für immer
Ziad Jarrah
10-9-2001

Ziad Jarrahs Abschiedsbrief (Quelle:FBI)

Flugunterricht«.[14] Sowie seine Tauchunterlagen.[15] Also genau das, was man einem Abschiedsbrief beilegt. Und dieses merkwürdige Paket fand das FBI bei einer Hausdurchsuchung in Bochum, wo Jarrahs langjährige Verlobte Aysel lebte ...

Nein, schon wieder falsch.

Das Flug-und-Tauch-Abschiedspaket schickte Jarrah am 10. September – an die falsche Adresse. Er hatte sich die Anschrift seiner zukünftigen Gattin offenbar nicht richtig gemerkt. Weshalb die Post das Paket mit dem Aufkleber »Adressat unbekannt« an den Absender zurückschickte. Weshalb es dem FBI in die Hände fiel. Und damit der glasklare Beweis: Jarrah war's!

Genug?

Ehe wir jetzt auch noch über die roten Stirnbänder zu philosophieren beginnen, die die Hijacker des Fluges UA 93 angeblich trugen und von denen eines nach dem quasi trümmerlosen 500-Meilen-pro-Stunde-Absturz nagelneu, unverbrannt und unverschmutzt 2006 beim Moussaoui-Prozess als Beweismittel vorgelegt wurde, halten wir doch lieber inne – und fest: Bei Betrachtung mancher Abschnitte der offiziellen 9/11-Beweiskette fragt man sich unweigerlich, für wie dumm die Drahtzieher das Publikum eigentlich halten – um dann ebenso unweigerlich einsehen zu müssen, dass die Drahtzieher recht haben mit ihrer Einschätzung. Der normalgestrickte *Bild*-Leser oder *Spiegel*-Redakteur erkennt offenbar nicht einmal die am dämlichsten getürkten »Beweisstücke« als Fälschungen und nickt bloß alles artig und ohne nachzudenken als gesichert ab, um sich sodann mit beruhigtem Murmeln auf die Position zurückzuziehen: Ja, dann beweisen Sie die doch mal schlüssig, Ihre Verschwörungstheorie!

Wir machen uns also sicherheitshalber der Redundanz schuldig: Sollte irgendwas aus diesem Sack Beweise gefälscht und rechtzeitig vor Ausführung des Massenmordes an den richtigen Orten platziert worden sein, wollte der Platzierende sichergehen, dass Mohammed Atta und Konsorten umgehend und zweifelsfrei als Täter feststehen mussten. Was wenigstens bedeutet, dass der Platzierende im Vorfeld vom 9/11-Plan wusste. Woraus sich dann die Frage ergibt, weshalb er dieses Wissen für sich behielt.

Sobald der Platzierende ausfindig gemacht ist, ergeben sich aber daraus durchaus noch ein paar Fragen mehr. Zum Beispiel die, woher er die ganzen Unterlagen hatte. Zum Beispiel Attas Meldebescheinigung. Und seit wann.

Sowie die Frage, ob die Sündenböcke an Bord der Maschinen überhaupt von ihrem Märtyrerplan wussten – oder nur der geschickt Platzierende und seine Auftraggeber.

Vorzuladen:

- Die Mitarbeiter des Flughafens Boston, die Attas Koffer »fanden« oder stehen ließen
- Der Passant, der Sukamis Reisepass fand
- Ein Graphologe, der Jarrahs Abschiedsbrief überprüft
- Die zuständigen FBI-Beamten

14 Vorauswissen: Umzugshelfer

Als der Nordturm gerade getroffen worden war und alle Welt den Einschlag noch für einen schrecklichen Unfall hielt, jubelten in Sichtweite des WTC drei Israelis auf dem Deck eines Parkhauses und fotografierten sich mit Victory-Zeichen. Doch sie hatten mit den Anschlägen nichts zu tun.

Als Maria fast ein Jahr später ABC-News »ihre« Geschichte des 11.9. erzählte, wollte sie ihren Nachnamen nicht in der Öffentlichkeit genannt haben, obwohl sie als aufmerksame Bürgerin und Zeugin eine äußerst wichtigen Beitrag zur Aufklärung der 9/11-Verbrechen lieferte. Nur passte ihre Beobachtung nicht in das offizielle Narrativ und wurde deshalb sehr schnell unter den Teppich gekehrt.

Von ihrem Apartment in New Jersey hatte Maria einen freien Blick auf das World Trade Center, und als ein Nachbar sie kurz nach dem ersten Einschlag anrief, zückte sie ihr Fernglas. Doch mehr noch als der rauchende Turm erschreckten sie die drei Männer an einem weißen Umzugswagen, die sie vor sich auf dem Parkdeck ihres Hauses sah. Sie hatten eine Videokamera aufgestellt, fotografierten sich – im Hintergrund das brennende WTC – mit Victory-Zeichen und feierten: »Sie waren happy, überhaupt nicht geschockt, das kam mir sehr merkwürdig vor.« Sie notierte sich das Autokennzeichen und rief um 9:02 Uhr die Polizei an, um diesen Vorfall zu melden.[1]

BOLO (»Be On Lookout«) heißen die FBI-Bulletins, in denen die Beamten über Funk regelmäßig über gesuchte Personen informiert werden. Im Mittagsbericht am 11. September 2001 ist von drei Verdächtigen (und ihrem Fahrzeug) die Rede, die »möglicherweise in Verbindung mit den Terroranschlägen in New York stehen«. Gesucht wurde nach einem weißen Chevrolet-Van mit der Beschriftung »Urban Moving Systems« auf dem Heck, der zum Zeitpunkt des ersten Einschlags in das World Trade Center am Liberty State Park gesehen wurde – »mit drei Personen, die nach dem ersten Einschlag und den folgenden Explosionen beim Feiern beobachtet wurden. Das FBI Newark Field Office ersucht, wenn der Wagen lokalisiert wird, die Personen zu identifizieren und festzunehmen.«

Um 15:46 Uhr, 25 Minuten nachdem BOLO über Funk gegangen war, stoppten zwei Beamte des East Rutherford Police Departments den fraglichen Van und forderten die Insassen zum Aussteigen auf. Der Fahrer, Sivan Kurzberg (23), kam dem auch nach mehrmaliger Aufforderung nicht nach und musste herausgezogen werden. Die vier weiteren Insassen mussten mit vorgehaltener Waffe zum Aussteigen bewegt werden. Ein Grund für ihre Festnahme wurde ihnen nicht genannt. Doch dann, so heißt es im Protokoll des Polizeioffiziers Scott de Carlo, »wurde mir vom Fahrer, ohne dass ich ihn gefragt hatte, gesagt: ›Wir sind Israelis. Wir sind nicht eurer Problem. Eure Probleme sind unsere Probleme. Das Problem sind die Palästinenser.‹«[2]

Die fünf Männer waren in der Tat Israelis und behaupteten, als Umzugshelfer zu arbeiten. In ihrem Wagen wurden Stadtpläne mit einigen markierten Orten gefunden, verschiedene ausländische Pässe, Teppichmesser und 4700 Dollar in bar. Nach Bomben schnüffelnde Suchhunde, so wurde am folgenden Tag berichtet, verhielten sich an dem Wagen, als ob sie Sprengstoffe gewittert hätten. Als das FBI zwei Tage später dann der Umzugsfirma Urban Moving Systems« einen Besuch abstattete, hatte sich der Besitzer Dominik Suter, ein 31-jähriger Israeli, schon eilig aus dem Staub gemacht und war samt Familie in die Heimat geflüchtet.

Die fünf Verhafteten wurden in den folgenden Wochen ausgiebigen Verhören und Lügendetektortests unterzogen, nach denen die FBI-Beamten überzeugt waren, dass es sich bei Urban Moving Systems um eine Tarnfirma des israelischen Geheimdienstes Mossad handelte – und dass ihre Mitarbeiter über ein Vorwissen der Anschläge verfügt haben müssen. Doch bevor das FBI weitere Details darüber ermitteln konnte, wann genau die Männer auf ihrer Aussichtsplattform eingetroffen waren und aus welchem Grund sie dort filmten und den ersten Einschlag feierten, als alle Welt das Ganze noch für einen schrecklichen Unfall hielt, wurde die Untersuchung gestoppt. Ende November wurden die fünf Umzugshelfer still und heimlich nach Israel ausgeflogen. In den Medien spielte der Fall da schon gar keine Rolle mehr, bis die alteingesessene jüdische Zeitung *Forward* im Frühjahr 2002 eine investigative Geschichte ihres Reporters Marc Perlmann darüber veröffentlichte – und ABC-News den ehemaligen Anti-Terror-Chef der CIA, Vince Cannistraro, zu diesem mysteriösen Ermittlungsstopp befragte:

»Es war keine Frage, dass der aus dem Weißen Haus kam. Im CIA-Hauptquartier war allen sofort klar, dass es auf eine Vertuschung hinauslief, damit die Israelis nicht in irgendeiner Art mit 9/11 in Verbindung gebracht werden. Dabei ist zu bedenken, dass es hier um Politik ging, nicht um Strafverfolgung oder Geheimdienstarbeit. Wenn jemand gesagt hat, wir wollen die Israelis hier nicht reinziehen …, wir wissen, dass sie uns wie die Hölle ausspionieren, wir wissen, dass sie möglicherweise im Voraus über die Attacken informiert waren, aber es wäre ein politischer Alptraum, damit umzugehen.«[3]

Wir haben verstanden. Es war in den Tagen und Wochen nach den Anschlägen politisch nicht opportun, gegen mögliche Mitwisser der Verbrechen zu ermitteln, sofern diese aus Israel stammten. Auch als sie nach ihrer Freilassung zu Hause in einer Talkshow auftraten – und einer von ihnen auf die Frage, was sie am 11. September 2001 so früh am Morgen auf diesem Parkdeck am Hudson River zu suchen hatten, antwortete: »Wir kommen aus einem Land, das jeden Tag Terror erfährt. Wir wollten die Ereignisse dokumentieren« –, war das kein Grund, weiter nachzuhaken.

Dennoch plädieren wir, nach nunmehr fast zehn Jahren, dringend dafür, die Herren staatsanwaltlich vorzuladen, um zu klären, wie sie derart pünktlich am passenden Aussichtspunkt derart in Feierlaune geraten konnten. Sowie der Frage nachzugehen, die auch schon den vernehmenden FBI-Beamten Kopfzerbrechen bereitete, dass sich nämlich professionelle Agenten beim Beobachten eines Ereignisses nicht derart überschwänglich verhalten würden: »Die Israelis empfanden irgendwie, dass ihr Geheimdienst gut gearbeitet hatte, d. h., sie feierten ihren eigenen Scharfsinn und ihre Fähigkeiten als Agenten.«[4]

P. S.: Vier der fünf »Umzugshelfer« haben 2004 eine Millionenklage wegen ungerechtfertigter Inhaftierung und schlechter Behandlung im Gefängnis eingereicht, die vom Gericht in New York verworfen wurde. Die Berufung ist derzeit noch anhängig.

Vorzuladen:

- Die fünf »Umzugshelfer« und ihr Arbeitgeber bei Urban Moving Systems: Sivan Kurzberg, Paul Kurzberg, Yaron Shmuel, Dominik Suter, Oded Ellner, Omer Marmari

15 Vorauswissen: Kunststudenten

In den ersten neun Monaten des Jahres 2001 wurden in den USA 140 israelische »Kunststudenten« verhaftet und ausgewiesen, die Beamten der Drogenbehörde DEA Bilder angeboten hatten. Sie lebten zwar vor allem in Orten, in denen sich auch die späteren »Hijacker« aufhielten, und oft in deren unmittelbarer Nähe, hatten aber mit den Anschlägen nichts zu tun.

Da es unmittelbar nach 9/11 politisch nicht opportun war, gegen eine als Umzugsfirma getarnte israelische Spionagezelle und ihr auffälliges Verhalten im Zusammenhang mit den Attacken strafrechtlich zu ermitteln, wundert es kaum, dass der Skandal um einen noch viel größeren Spionagering, der einige Wochen später aufflog, ebenfalls unter den Teppich gekehrt wurde. Denn auch hier stehen israelische Agenten im Mittelpunkt und auch hier gibt es merkwürdige Beziehungen zu den Anschlägen des 11. September.

Nachdem zahlreiche Beamte der Drug Enforcement Agency (DEA) im Winter 2000 den Sicherheitsbeauftragten ihrer Behörde auffällige Besuche von jungen Leuten gemeldet hatten, die sich als israelische Kunststudenten ausgaben und ihnen Bilder verkaufen wollten, fing die DEA im Januar 2001 an zu ermitteln und stieß auf Dutzende solcher Vorfälle in zahlreichen DEA-Niederlassungen im ganzen Land. Nicht nur die Drogenfahnder hatten in ihren offiziellen Büros sowie in ihren Privatwohnungen Besuch von solchen Kunststudenten bekommen, auch in eher diskreten Diensträumen und sowie weiteren sicherheitssensitiven Polizei- und Militäreinrichtungen waren sie aufgetaucht, um den Beamten Malereien in chinesischen Plastikrahmen anzudrehen. Ein 60-seitiges internes Memo der DEA informierte im Juni 2001 über diese Praxis und listete insgesamt 125 israelische Studenten auf, die seit März 2001 mit Namen, Pass- und Visanummer dingfest gemacht worden waren.[1]

Das interne Memo der DEA-Sicherheitsabteilung war für die Leitung des Justizministeriums bestimmt, doch es geriet durch ein Leck Anfang Oktober 2001 an die Medien. Nach ersten noch eher unspezifischen Vermutungen über einen möglichen Spionagering brachte eine Recherche des Fox-Reporters Carl Cameron Licht ins Dunkel. In einer vierteiligen Serie berichtete er Mitte Dezember, dass die ermittelnden Bundesbehörden die »Kunststudenten« als eine Agentengruppe verdächtigten, die Al-Qaida-Terroristen in den USA auf der Spur war und möglicherweise über ein Vorauswissen der Anschläge verfügte. Einer der Ermittler sagte Cameron: »Die Beweise, die diese Israelis in Verbindung mit 9/11 bringen, sind gesperrt. Ich kann Ihnen über die zusammengetragenen Beweise nichts sagen. Das sind geheime Informationen.« Mehr als diesen vagen Hinweis auf eine mögliche Mitwisserschaft der »Kunststudenten« gab es nicht, doch Cameron konnte berichten, dass 140 von ihnen in den letzten Monaten verhaftet und abgeschoben worden waren.

Eine explosive Geschichte, sollte man meinen – eine ganze Horde von Spionen, die möglichen Al-Qaida-Verdächtigen auf der Spur ist –, doch kein anderes der großen Referenzmedien griff das Thema auf. Stattdessen wurden Cameron und Fox-News von der Israel-Lobby unter Druck gesetzt, die politisch nicht opportune Geschichte zu widerrufen, was der Reporter verweigerte, doch nach noch vier Tagen verschwand die Reportage von der Fox-Website mit dem Hinweis »Seite nicht länger erhältlich«. Die Geschichte war tot und tauchte in den Mainstream-Medien nicht mehr auf – bis drei Monate später französische Journalisten in *Intelligence Online* und *Le Monde* darüber berichteten, die sich das DEA-Memo genauer angeschaut und herausgefunden hatten, worauf sich der Verdacht eines 9/11-Zusammenhangs begründete. Mehr als ein Drittel der »Kunststudenten«, die sich insgesamt auf 42 Städte verteilten, lebte Anfang 2001 just da, wo sich auch die Mehrzahl der späteren »Hijacker« aufhielten: in den Gemeinden Fort Lauderdale und Hollywood in Florida. Fünf von ihnen wohnten nur einen Steinwurf von Mohammed Atta entfernt in der Sheridan Street. Das nun rief die US-Presse in Gestalt der *Washington Post* auf den Plan, die am 6. März 2002 den DEA-Report als »urban myth« abtat und versuchte, den Überbringer der Nachricht zu schlachten: Es sei nur ein einzelner DEA-Angestellter gewesen, der das Papier in Umlauf gebracht hätte, aus Ärger darüber, dass seine Theorien nicht ernst genommen wurden.

Bei der DEA und auch beim FBI und den Geheimdiensten sah man das freilich anders und nahm die Sache durchaus ernst, wie im darauffolgenden Mai eine Recherche von Christopher Ketcham für salon.com erbrachte.[2] Einerseits hatten die Ermittler keine eindeutigen Beweise gefunden, dass es sich bei den Kunstverkäufen um eine Aktion des israelischen Geheimdiensts handelte, andererseits waren die koordinierten Aktivitäten der »Studenten« derart dubios, dass es schwerfiel, hier nicht an eine Spionageoperation zu denken. Da DEA-Angestellte die ersten und häufigsten »Opfer« dieser Aktionen waren, bei einigen der Studenten größere Bargeldmengen sowie Telefonnummern von verdächtigen Drogenhändlern in Florida gefunden wurden – und die jüdische Mafia als Marktführer im Geschäft mit Ecstasy gilt[3] –, war der erste Verdacht, dass das organisierte Verbrechen hier versuchen würde, den »Feind«, die Drogenfahndung, auszuspionieren. Doch Mafiosi, die fesche Studentinnen losschicken, um die Büros der Drogenpolizei zu observieren, wären eine kriminalgeschichtliche Innovation, weshalb dieser Verdacht schnell verworfen wurde.

Also doch ein Spionagering. Aber was um alles in der Welt sollte den gewieften Mossad dazu bringen, einen Haufen Kids zu engagieren, um mit schlechter Kunst und noch schlechterer Legende – sie stellten sich als Studenten einer nicht vorhandenen »Bezalel«-Kunstakademie in Jerusalem vor – die Büros der DEA auszuforschen? Gegen Ende seiner Recherchen stieß Christopher Ketcham auf seinen *deep throat* in diesem Fall, als sich ein höherer Geheimdienstmitarbeiter anonym bei ihm meldete und einen wichtigen Hinweis gab: »Das war eine geräuschvolle Operation. Haben Sie mal *Victor/Victoria* gesehen? Da ging es um eine Frau, die einen Mann spielt, der eine Frau spielt. Vielleicht sollten Sie mal aus dieser Perspektive darüber nachdenken …«

Die »Kunststudenten« also als Agenten, die nur Agenten spielten, weil ihre ebenso geräuschvollen wie absurden Aktionen entdeckt werden sollten – um als verwirrende, über das ganze Land verstreute Nebelkerzen die perfekte Tarnung für die echten Agenten zu liefern, die als Kunststudenten die späteren »Hijacker« observierten. Dass sie dies taten – und ein paar von ihnen nicht nur zufällig in derselben Straße wie Mohammed Atta wohnten –, dieser starke Verdacht wird von einem Memorandum untermauert, das der renommierte US-Jurist Gerald Shea im September 2004 bei der 9/11-Commission und im Parlament einreichte.[4] Da es im Detail zeigt, dass überall in den USA, wo die späteren »Hijacker« von Mitte des Jahres 2000 an residierten, sich auch die »Kunststudenten« in ihrer Nähe aufhielten – in Oklahoma ebenso wie in Kalifornien, in New Jersey ebenso wie in Florida –, blieb es … folgenlos.

P. S.: Es liegt auf der Hand, dass die Nachrichten über die Ermittlungen gegen israelische »Umzugshelfer« und »Kunststudenten« Wasser auf die Mühlen antisemitischer Verschwörungstheorien lieferten. Anders als die einen Tag nach den Anschlägen im Internet kursierende und im Mainstream zuerst von der *Jerusalem Post* kolportierte Behauptung von 4000 am 11.9. nicht zum Dienst erschienenen jüdischen WTC-Angestellten, handelt es sich hier allerdings nicht um ein haltloses Gerücht – das freilich, wie schon in *FFB* (S. 174 ff.) beschrieben, seine Rolle als propagandistische Nebelkerze sehr gut erfüllte –, sondern um den polizeilich recherchierten und belegten Verdacht von Straftaten, die jeden nicht-korrupten Staatsanwalt der Welt zu Ermittlungen zwingen müssten. Was ja auch geschah – bis diese Fälle *par ordre de mufti* ad acta gelegt werden mussten.

Vorzuladen:

- Sämtliche in »Exhibit B« des Shea-Memorandums namentlich gelisteten »Kunststudenten«, die in der Umgebung der späteren »Hijacker« lebten

16 Vorauswissen: Insider-Händler

Die auffälligen »Börsenwetten« gegen die Fluggesellschaften United und American Airlines (sowie gegen im WTC ansässige Firmen) in den Tagen unmittelbar vor dem 11. September 2001 wurden gründlich untersucht und erwiesen sich als vollkommen normale Transaktionen von nicht mit Al-Qaida verbundenen Investoren.

In den Tagen und Wochen nach den Anschlägen sprach indes nichts für die »harmlosen Erklärungen«, die der *Commission Report* dann bis 2004 gefunden haben wollte – im Gegenteil. Die ungewöhnlichen Handelsvolumen von Aktienoptionen nicht nur der American Airlines und United Airlines, sondern auch von im WTC ansässigen Finanzfirmen wie Marsh & McLennan und Morgan Stanley sowie von Versicherungsunternehmen, die von den Anschlägen betroffen waren, schienen mehr als verdächtig zu sein. Sie galten in zahlreichen Medienberichten als heißeste Spur zu den Hintermännern der Verbrechen, nicht nur bei Journalisten und »Verschwörungstheoretikern«, sondern auch bei ausgewiesenen Kennern des Banken- und Börsenparketts, wie etwa dem damaligen Chef der Deutschen Bundesbank. Ernst Welteke sagte bei einem Treffen der europäischen Finanzminister in Belgien Ende September 2001 zu den Berichten über die Prä-9/11-Börsengeschäfte: »Es gibt immer klarere Hinweise, dass es auf den internationalen Finanzmärkten Aktivitäten gegeben hat, die mit dem notwendigen Insider-Wissen ausgeführt worden sein müssen.«[1]

Und in der Tat schienen die Zahlen für sich zu sprechen. In den Tagen vor 9/11 lag etwa das Handelsvolumen von United Airlines 285-fach, das von Marsh & McLennan 93-fach und das von American Airlines 60-fach über dem Durchschnitt.[2]

Im Oktober 2001 startete das Chicago Board Options Exchange (CBOE) zusammen mit der Börsenaufsicht (SEC) und dem FBI eine Untersuchung zu weiteren 35 Aktiengesellschaften, die im Zusammenhang mit dem 11.9. auffällige Transaktionen aufwiesen. Da es nicht allzu kompliziert ist, Kontoinhaber und Käufer von Aktien zu ermitteln, sollte man von einer solchen Untersuchung rasche Ergebnisse erwarten können, zumal die auffälligen Transaktionen nicht nur an den Börsen in den USA, sondern auch in London, Tokio und Frankfurt registriert worden waren und von daher ein gewisser Aufklärungsdruck bestand. »Wir werden alles tun, diese Leute zu finden und vor Gericht zu bringen«, hatte der Chef der SEC, Harvey Pitt, vor dem House Financial Services Committee bezeugt – danach hörte man zwei Jahre lang … nichts. Abgesehen von einem schon im Vorfeld durchgesickerten namenlosen Kunden, der über die Deutsche-Bank-Tochter Alex Brown (DBAB) 2500 Put-Optionen auf United Airlines gekauft hatte – was den Ex-Polizisten und CIA-Experten Michael Ruppert aufhorchen ließ, der seit Jahren über die Verwicklung der Geheimdienste in Drogenhandel und Geldwäsche recherchiert hatte. Und Alex Brown war ihm mehr als nur ein Begriff. Die Bank hatte nicht nur die Carlyle Group und Brown Brothers Harriman finanziert, die eng mit der Bush-

Familie verbunden sind[3] – auch hieß der ehemalige Direktor von Alex Brown »Buzzy« Krongrad. Der war in den 90er Jahren Assistent des CIA-Chefs James Woosley gewesen, wechselte dann zur »Finanzabteilung« seines Arbeitgebers und kehrte im März 2001, nachdem Alex Brown von der Deutschen Bank gekauft worden war, als Executive Director auf die dritthöchste Position der CIA zurück.[4]

Dass die pikante Verbindung eines CIA-Direktors mit einer Bank, deren Kunden im Verdacht stehen, im Vorauswissen um die Attacken extrem hohe Wetten auf den Absturz von United Airlines abgeschlossen zu haben, keine Wellen in den Mainstream-Medien schlug, mag noch verständlich sein. Es könnte sich ja mal wieder einfach um einen Zufall handeln. Dass aber auch Dutzende von anderen auffälligen Börsengeschäften – nicht nur mit Put-Optionen, sondern auch bei Aktien, Schatzbriefen, Öl und Gold – plötzlich kein Thema in den Medien mehr waren, lässt (rückblickend) auf eine Orchestrierung des Schweigens schließen. Die britische Börsenaufsicht Financial Services Authority erklärte am 16. Oktober die Untersuchung für beendet, da man keine Beweise gefunden habe, dass Osama Bin Laden und seine Hintermänner an solchen Transaktionen beteiligt gewesen seien – und damit war das Thema merkwürdigerweise erledigt, nicht nur in London, sondern auch in New York und den anderen Finanzplätzen.

Erst zwei Jahre später erinnerte sich das US-Magazin *Slate*, dass da doch mal eine superheiße Spur gewesen war, und fragte bei der CBOE in Chicago und bei der SEC nach: »Keiner hat irgendein Ergebnis bekannt gegeben. Die SEC hat keine Beschwerde im Zusammenhang mit illegalen Aktivitäten eingereicht, das Justizministerium hat keine Ermittlung oder Strafverfolgung bekannt gegeben.«[5] Ein Sprecher des FBI teilte daraufhin mit, dass eine gründliche Untersuchung durchgeführt worden sei und »keine Beweise existierten, dass irgendeine Person im Vorauswissen der 9/11-Anschläge mit irgendwelchen Börsenpapieren gehandelt hat«. So ist es dann auch in einem Briefing des FBI an die 9/11-Commission formuliert, das 2007 in redigierter Form an die Öffentlichkeit kam[6] – und durchaus Zweifel an der Gründlichkeit der Untersuchung aufkommen lässt.

In der von der Kommission veröffentlichten Zusammenfassung der FBI-Untersuchungen wird beschrieben, dass die Kommission das FBI auch nach den Berichten fragte, laut derer am Morgen des 11.9. »umfangreiche verdächtige Transaktionen« auf den im WTC befindlichen Computern von Banken und Kreditkartenfirmen abgelaufen waren. Dabei sollen bis zu 100 Millionen Dollar in der Hoffnung verschoben worden sein, dass die elektronischen Spuren durch den Kollaps des WTC vernichtet werden und entsprechend nicht mehr nachweisbar sein würden. In diesem Zusammenhang fragte die Untersuchungskommission auch nach den beschädigten Computerlaufwerken, die in den Trümmern des WTC geborgen und wiederhergestellt wurden.

Über die Datenrettung der im WTC-Schutt gefundenen Festplatten war Ende Dezember 2001 in den Medien weltweit berichtet worden, vor allem in Deutschland, da die in Pirmasens ansässige Firma Convar von den US-Behörden damit beauftragt worden war. Die pfälzischen Datenretter beherrschen ein weltweit einzigartiges Laserverfahren zur Rekonstruktion von Daten, das das ZDF in seiner *Heute*-Sendung am 11. März 2002 ausführlich vorstellte. Da hieß es, dass die Spezialisten von Convar bis dahin schon 400 Festplatten aus dem World Trade Center rekonstruiert hätten. Dass die ZDF-Journalisten in ihrem Beitrag nicht auf das Mysterium eingingen, wie Hunderte von Bürorechnern den Crash der Türme hatten überstehen können, die »unkaputtbaren« Flugschreiber der AA 11- und UA 175-Maschinen hingegen nicht, sei hier als weiteres Beispiel für die investigative Totalabsenz der Medien nur am Rande erwähnt.

Den dickeren Hammer – und ein Paradebeispiel für die Abwesenheit investigativer Ermittlungen von Kommission und Polizei in Sachen Insider-Trading – lieferte die Kommission selbst. Sie kam nach der Anhörung der FBI-Ermittler im August 2003 zu dem Schluss, dass solche Handelsaktivitäten nicht stattgefunden hätten, denn »die anwesenden Agenten hatten keine Kenntnis von der berichteten Datenrettung« – und: »Alles am WTC war fast völlig zu Puder pulverisiert, was es extrem unwahrscheinlich macht, dass irgendwelche Festplatten überlebten.«[7]

Sagt die Kommission, unter Berufung auf das FBI. Anderthalb Jahre nachdem das ZDF unter dem Stichwort »Geheimsache World Trade Center« diese Festplatten im Bild gezeigt hatte, die mit dem Absender »Department of Defense« in Pirmasens eingetroffen waren und, laut Angaben eines Mitarbeiters, nahezu alle rekonstruiert werden konnten. Unter besonderen Sicherheitsvorkehrungen und in Anwesenheit von Kontrolleuren des Auftraggebers. Sogar der Preis für die aufwendige Rettung wurde genannt: zwischen 25 000 und 50 000 Dollar pro Festplatte.

Dass offenbar das FBI und die 9/11-Commission von dieser aufwendigen Rettungsaktion nichts wussten beziehungsweise nichts wissen wollten oder durften, macht weitere Ermittlungen – unter Vorladung der Verantwortlichen im Pentagon – unabdingbar. Was die verdächtigen Börsenspekulationen betrifft, belegt der *Commission Report* in einer Fußnote deren Harmlosigkeit mit dem Hinweis auf einen Börsenbrief, der am 9.9. entsprechende Transaktionen bei den Aktien der Fluggesellschaften empfohlen habe. Und auch die 2500 Put-Optionen auf United Airlines hätten sich als unschuldig herausgestellt, seien sie doch auf »einen einzigen US-ansässigen institutionellen Investor mit keiner denkbaren Verbindung zu Al-Qaida« zurückzuführen.[8]

Nun wird niemand erwartet haben, dass das Depot für die extrem hohen Wetten auf einen UA-Absturz oder eine im WTC angesiedelte Firma auf einen Kunden namens Osama mit Anschrift in einer afghanischen Höhle lautet. Aber der Zirkelschluss der Kommissionsermittlungen ist deutlich zu sehen: Osama war's – und weil keine Transaktionen auf seinen Namen laufen, gab es auch keinerlei Vorauswissen bei Spekulanten. Da wissenschaftliche Studien aus den Jahren 2006 und 2010, in denen Ökonomen und Statistiker verschiedener Universitäten die auffälligen Börsentransaktionen untersuchten,[9] exakt zu dem gegenteiligen Ergebnis kamen und signifikante Belege dafür fanden, dass Insider ein Vorauswissen der bevorstehenden Attacken gehabt haben müssen, scheint auch hier eine Wiederaufnahme der Ermittlungen dringend geboten. Das empfand, in Abwesenheit von Strafverfolgung und Gerichtsbarkeit, auch David Callahan, der leitende Redakteur des Magazins *SmartCEO*, und beantragte nach dem Freedom of Information Act die Kopien der Akten der Börsenaufsicht SEC, welche der in Fußnote 130 des *Commission Report* bescheinigten Harmlosigkeit aller verdächtigen Börsentransaktionen zugrunde liegen. Wir zitieren hier aus der Antwort, die Callahan am 23. Dezember 2009 von der SEC erhielt, im Original:

»This letter is in response to your request seeking access to and copies of the documentary evidence referred to in footnote 130 of Chapter 5 of the September 11 (9/11) *Commission Report …* We have been advised that the potentially responsive records *have been destroyed.*«[10]

Damit bestätigt sich, was als heiße Spur für das merkwürdige Erkalten der heißen Spur des Prä-9-11-Insiderhandels bisher nur aus einer anonymen Quelle bekannt war, nämlich durch eine Mitarbeiterin der Chicagoer Börse, die dann von Robert Wenzel, einem Reporter des *Economic Policy Journal*, mehrfach zitiert wurde. Sie hatte ihm in den Tagen nach 9/11 berichtet, dass ihr CBOE-Chef ein Treffen mit Regierungsleuten hatte »oder Männern, die vorgaben, Regierungsleute zu sein«, die ihn angewiesen hätten, die Untersuchungen zum Optionshandel zu stoppen und die Unterlagen zu vernichten.[11]

Da ist also dringend zu ermitteln: Wurde eine sachgemäße Untersuchung des auffälligen Handels mit Put-Optionen vorgenommen? Wenn nein, warum nicht? Wenn ja, wo sind die Ergebnisse?

Vorzuladen:

- Der damalige CBOE-Chef William Brodsky
- Sein Vize Mark Duffy
- Der damalige Börsenpräsident Edward Joyce
- Die Mitarbeiter der Firma Convar, die an der Datenrettung beteiligt waren

17 Die schützende Hand

Dass die US-Geheimdienste von den Plänen der 9/11-Verdächtigen wussten und diese unterstützten, ist eine lupenrein haarsträubende Verschwörungstheorie, die jeder Grundlage entbehrt.

Die »Hijacker« bewegten sich, obwohl sie in den USA in geheimer und durchaus gefährlicher Mission unterwegs waren, keineswegs unauffällig. Sie zahlten mit Kreditkarten auf ihren Namen, besorgten sich Führerscheine, mieteten Wohnungen und Autos und meldeten sich bei Schulen und Fitnessstudios an. Irgendeinen Wert auf Tarnung und Verbergung ihrer Spuren scheinen sie nicht gelegt zu haben – weder bei ihren Aufenthalten in Bars und Striptease-Clubs noch bei ihren Besuchen in der Glitzerstadt Las Vegas. Auch bei ihren Auslandsreisen ließen sie keine besondere Vorsicht walten. Mohammed Atta konnte sogar ohne irgendein Visum wieder einreisen (→ *Kap. 8*), und Khalid Al-Midhar erhielt noch im Sommer 2001 ein neues Visum, obwohl er seit 1998 auf dem Radar der Geheimdienste war. Wie Al-Midhar hatten auch noch 14 weitere der »Hijacker« ihre Visa auf demselben US-Konsulat erhalten, in Dschiddah, Saudi-Arabien.

Dort war Michael Springmann von 1987 bis 1989 für die Visa-Erteilung zuständig gewesen und von der CIA häufig genötigt worden, Visa für Personen auszustellen, die ziemlich eindeutig einem militanten, terroristischen Hintergrund zuzuordnen waren. Weil Springmann nicht aufhörte, sich über diese dubiosen Praktiken zu beschweren, wurde er von seinem Posten entfernt und konnte es kaum fassen, als kurz nach den Anschlägen bekannt wurde, dass 15 der 19 »Hijacker« ihre Visa in ausgerechnet jenem Konsulat bekommen hatten, in dem er vor Jahren selbst tätig gewesen war und das ihm zufolge nahezu ausschließlich von der CIA betrieben und offensichtlich noch immer als Einschleusungsbüro für befreundete »Freiheitskämpfer« benutzt wird. Doch weder damals noch 2001 drang Springmann mit seinen Protesten bei den Verantwortlichen durch. Nach über 20 Jahren im diplomatischen Dienst gehört er heute zu den »9/11-Lawyers«, die sich für eine Neu-Untersuchung einsetzen.

Auch der *Commission Report* widmet sich ausführlich den Visa-Anträgen der »Hijacker«, von denen kaum einer vollständig und korrekt ausgefüllt war und die normalerweise hätten zurückgewiesen werden müssen, doch bucht er dies schlicht unter dem bewährten Motto »Pleiten, Pech & Pannen« ab. Wie aber Zufall, Inkompetenz und menschliche Fehler für die Unwahrscheinlichkeit gesorgt haben sollen, dass von den 19 »Hijackern« 15 mit fehlerhaften Visa einreisen konnten, erklärt der *Commission Report* genauso wenig wie den Umstand, dass das Konsulat in Dschiddah eine dokumentierte Geschichte als CIA-Schleuse für arabische »Freiheitskämpfer« hat. Nicht erst bei ihrem Aufenthalt im Land, sondern schon vor ihrer Einreise standen die »Hijacker« offensichtlich unter »Betreuung«, wobei sich der starke Verdacht einer schützenden Hand nicht nur aus dem suspekten Ort ihrer Visa-Erteilung ableitet, sondern auch aus einer sehr simplen Frage. Wenn es sich bei den späteren »Hijackern« wirklich um professionelle Terroristen handelte, wieso wurde dann bei einer Grundvoraussetzung des gesamten Plans (Visa und Einreise) so völlig dilettantisch und unerklärlich geschlampt? Welcher Teufel hat die Chefplaner der Tat geritten, dass sie den Erfolg der gesamten Großoperation schon im ersten Schritt einem derartigen Risiko der Entdeckung aussetzten? Hier scheint statt des Teufels eher ein Schutzengel im Spiel gewesen zu sein, der sich um derlei logistische Kleinigkeiten kümmerte – und dessen schützende Hand noch 2004 im *Commission Report* dafür sorgte, dass diese Zusammenhänge nicht offenkundig wurden (→ *Kap. 2, 3*).

Ebenso wenig wie die eklatanten Widersprüche bei der Frage, wann die »Hijacker« überhaupt zum ersten Mal in die Vereinigten Staaten eingereist waren. Für 15 der 19 liegen Hinweise und Zeugenaussagen vor, dass sie sich schon vor dem im *Commission Report* genannten Einreisedatum in den USA aufgehalten hatten.[1]

Diese Ungereimtheiten in Sachen Visa und Einreise fügen sich aufs Schönste zu den zahlreichen und übereinstimmenden Berichten von *Washington Post*, *Newsweek* und der Nachrichtenagentur Knight Ridder, dass einige der »Hijacker« in den 90er Jahren an US-Militäreinrichtungen ausgebildet worden sein sollen: Mohammed Atta an der Maxwell Air Force Base in Montgomery, Abdulaziz Al-Omari an der Brooks AFB in Texas und Said Al-Ghamdi am Defense League Institute im kalifornischen Monterey sowie drei weitere »Hijacker« an Militärinstituten in Florida. Im *Boston Globe* erschien daraufhin ein Dementi des Pentagon: »Einige der vom FBI genannten Verdächtigen hatten ähnlich klingende Namen wie ausländische Absolventen militärischer Lehrgänge in den USA. … Abweichungen in den biografischen Daten … weisen darauf hin, dass es sich wahrscheinlich nicht um dieselben Personen handelte.«

Als Daniel Hopsicker wegen dieses »wahrscheinlich« stutzte und wegen Mohammed Atta bei der US Air Force nachfragte, wurde ihm mitgeteilt, dass es sich um eine andere Person handelte, ein Kontakt zu diesem anderen Mohammed Atta jedoch wurde ihm verweigert. Einer der zwei Senatoren von Florida, Bob Nelson, richtete im Oktober 2001 eine offizielle Anfrage an Justizminister Ashcroft, ob die entsprechenden Presseberichte zuträfen, doch hatte er ein Jahr später, als Hopsicker in seinem Büro nachfragte, noch immer keine Antwort erhalten. Sie steht bis heute aus – und die Geschichte über die frühen Kontakte der späteren »Hijacker« zu US-Militäreinrichtungen wurde nie aufgeklärt.[2]

Es mag sein, dass es sich um zufällige Namensgleichheiten handelt, auch wenn das in einem halben Dutzend Fälle zugleich eher unwahrscheinlich ist. Bei einer Neu-Untersuchung kann diese Unklarheit durch Vorlage einer Liste der Lehrgangsteilnehmer und eine Überprüfung der Identitäten der Namensvettern indessen problemlos geklärt werden. Dass das nicht längst passiert ist, stärkt freilich den Verdacht, dass hier erneut eine schützende Hand am Werke ist, um die Verbindungen der »Hijacker« zu Militär und Geheimdiensten zu vertuschen. Wir verweisen in diesem Zusammenhang auf die Aussagen der Beamten der FBI-Einheit I-49, die für Al-Midhar und Nawaf Al-Hazmi in San Diego zuständig gewesen wären, hätten die Geheimdienste sie über den terroristischen Hintergrund der beiden Araber informiert. Dass sie von den militanten Islamisten vor ihrer Haustür nichts erfuhren, so glaubt »mindestens die Hälfte der Jungs im Büro«, hatte damit zu tun, »dass die CIA Al-Midhar und Al-Hazmi schützte, weil sie hoffte, die beiden zu rekrutieren«.

Oder, möchten wir hier im Konjunktiv hinzufügen, möglicherweise schon rekrutiert hatte. So wie einst Lee Harvey Oswald, den man zuerst bei paramilitärischen Anti-Castro-Truppen trainierte und danach Pro-Kuba-Flugblätter verteilen und als Kommunisten posieren ließ, um ihn schließlich als vorgeschobenen Kennedy-Mörder zu verwenden. Dass eine magische Kugel des »verrückten Einzeltäters« Oswald den Kopf JFKs durchschlug und den vor ihm sitzenden Texas-Gouverneur John Connally schwer verletzte, steht bis heute als offizielle Version im Geschichtsbuch – dort, wohin es auch schon das offizielle Märchen von den 19 fanatischen Islamisten mit ihren Teppichmessern geschafft hat. Professor Peter Dale Scott hat auf die Koinzidenz aufmerksam gemacht, dass die CIA 1963 Informationen über Oswald vor dem FBI zurückhielt, was ihm erst ermöglichte, seine Rolle zu spielen[3] – so wie Al-Midhar und Nawaf Al-Hazmi 2001 nur zu »Hijackern« werden konnten, weil dem FBI das Wissen über ihre terroristischen Verbindungen von der CIA 20 Monate lang vorenthalten worden war. Und dass die CIA-Verantwortlichen in beiden Fällen vor den Kongressermittlern behaupteten, die Informationen sehr wohl weitergegeben zu haben. Der *Commission Report* weiß jedoch davon nichts und wartet mit dem Schluss auf, dass »dies nicht der Fall war«. Gleichwohl sorgte Kommissions-Chef Zelikow dafür, dass sämtliche Details über die »Saudi-Connection« Al-Midhars und Al-Hazmis aus dem Abschlussbericht entfernt wurden (→ *Kap. 3*).[4]

Die somit verbriefte – und unter der »Pleiten, Pech & Pannen«-Decke versteckte – Tatsache, dass die CIA ihr Wissen über in die USA einreisende Terroristen vor dem FBI geheim hielt, legt einen starken Verdacht nahe: Der Geheimdienst hatte die Herren selbst unter Kontrolle und wollte sich von der Bundespolizei nicht ins Handwerk pfuschen lassen. Auch wenn die von Peter Dale Scott aufgezeigte historische Parallele nicht als Beweis gelten kann, sprechen sehr viele Indizien dafür, dass die »fanatischen Hijacker« ebenso an der Leine der CIA geführt wurden wie einst der »verrückte Einzeltäter« Lee Harvey Oswald.

Aber welche Einheit war dafür zuständig, welche Personen führten die Aufsicht, wer war zuständig für die Beobachtung und das Handling der späteren »Hijacker«? War es die CIA selbst, waren es befreundete Dienste oder eine externe Organisation, war es eine »CIA innerhalb der CIA«?

Mit diesen Fragen nähern wir uns dem dunklen Territorium des 9/11-Falls, was 2002 auch die Teilnehmer der 9/11-Kongressuntersuchung zu spüren bekamen, in deren Bericht 28 Seiten über die Verbindung von saudischen Agenten und den »Hijackern« geschwärzt werden mussten. Nachdem über einen *Newsweek*-Artikel im Dezember 2002 darüber etwas bekannt wurde, sahen sich die teilnehmenden Abgeordneten und Senatoren plötzlich einer Strafverfolgung wegen Geheimnisverrats ausgesetzt: FBI-Agenten durchsuchten ihre Büros und verhörten ihre Mitarbeiter. Für die einige Monate später startende 9/11-Commission war das ein deutliches Signal, dieses Territorium zu meiden, was dann dank Philip Zelikow auch geschah.

Ebenso systematisch ausgeblendet aus den Ermittlungen wurde die Tatsache, dass drei der vier späteren »Terrorpiloten« ausgerechnet bei Huffman Aviation in Venice Beach, Florida, trainiert hatten. Ausgerechnet deshalb, weil der kleine, unauffällige Flughafen des unauffälligen kleinen Rentnerstädtchens an der Küste eine ebenso verborgene wie unrühmliche Tradition hat – er wird seit Jahrzehnten für verdeckte Operationen des Militärs und der Geheimdienste genutzt[5] – und weil Huffman Aviation, eine von vielen tausend Flugschulen in den USA, alle Anzeichen einer Tarnfirma für solche Operationen trägt. Der nach 9/11 auf allen Kanälen als Besitzer der Flugschule auftretende Niederländer Rudi Dekkers fungierte eigentlich nur als Strohmann von Wally Hilliard, dem eigentlichen Investor, der außer dieser Flugschule auch noch einen Flugzeugverleih betrieb. In einem von Hilliards Lear-Jets waren im Juli 2000 knapp 20 Kilogramm Heroin beschlagnahmt worden, just zur selben Zeit, als sich Mohammed Atta bei Huffman anmeldete.

Dieser merkwürdige Zufall rief wenige Wochen nach den Anschlägen Daniel Hopsicker auf den Plan, der gerade eine Biographie über den größten Drogenschmuggler der US-Geschichte abgeschlossen hatte: Barry Seal. Das war der Chefpilot der Iran-Contra-Operation, bei der Mitte der 80er Jahre insgeheim Waffen an den Iran verkauft und diese Einnahmen dann an die rechten Contras in Nicaragua weiterverschoben wurden, um deren Krieg gegen die sandinistische Regierung zu beflügeln. Als die Sache aufflog – neben der Waffenschieberei war auch im großen Stil mit Kokain gehandelt worden –, sorgte das für einen handfesten Skandal. Die illegalen Geschäfte waren vom Weißen Haus nicht nur abgesegnet, sondern von einem Mitarbeiter von Vizepräsident Bush, Ltd. Oliver North, auch organisiert worden.

Seine Recherchen in Venice Beach verschafften Hopsicker nun ein Déjà-vu-Erlebnis nach dem anderen: Wieder ging es um einen unscheinbaren Provinzflughafen, wieder ging es um Drogenhandel und geheime Machenschaften, und wieder geschah dies alles, vorbei an lokalen Zoll- und Polizeibeamten, mit Protektion von »ganz oben«. Und das alles ausgerechnet in dem kleinen Kaff, in dem Hopsickers Eltern ihren Lebensabend verbrachten und das er jedes Jahr an Thanksgiving besuchte – und aus dem die Weltpresse, nachdem sie die blaue Markise von Huffman Aviation abgefilmt hatte, ohne weitere Fragen wieder verschwunden war. Das gute Dutzend junger arabischer Männer aber war aufgefallen in dem mit einem Durchschnittsalter von 72 Jahren gesegneten Städtchen, doch was Hopsicker von Nachbarn, Vermietern, Taxifahrern und allen anderen Zeugen über die späteren »Hijacker« erfuhr, ergab ein etwas anderes Bild als das in den Medien verbreitete von religiösen, islamistischen Fanatikern (→ *Kap. 8*). Es landete ebenso wenig in den Hauptnachrichten wie die Hintergründe, die Hopsicker über Wally Hilliard und seine äußerst merkwürdigen Aktivitäten im Luftfahrtgeschäft herausfand: neu gegründete Fluggesellschaften, die keine Profite machten, weil sie mit ihrer Flotte nie Passagiere transportierten, Verleih-Jets, die regelmäßige Kokainflüge unternahmen, von Strohmännern geleitete Flugschulen, die Terroristen ausbildeten, sowie ein halbes Dutzend weiterer klandestiner Geschäftstätigkeiten, die alle auf ein ähnliches Muster von staatlicher und krimineller Kooperation schließen lassen, wie es mit dem Netzwerk der Iran-Contra-Operationen ans Licht gekommen war. Diese staatlich sanktionierten Drogen- und Waffengeschäfte wurden damals über einen kleinen Provinzflughafen in Mena, Arkansas, abgewickelt – eine Rolle, die mittlerweile, davon ist Hopsicker überzeugt, dem Provinzflughafen Venice Beach, Florida, zukommt. Dass die Mehrzahl der späteren »Hijacker« sich Venice Beach rein zufällig als Trainingsstandort aussuchte und dabei rein zufällig in ein solches Netzwerk geriet, ist zwar nicht auszuschließen, bei all den anderen vorliegenden Indizien zu einer »schützenden Hand« über den »Hijackern« aber äußerst unwahrscheinlich.

Vorzuladen:

- Die in den USA an Militäreinrichtungen ausgebildeten arabischen Männer, die zufällig Namensvettern der Attentäter sind, aber mit den Anschlägen nichts zu tun hatten

- Leitung und Belegschaft des US-Konsulats in Dschiddah 1998–2001
- Die Mitarbeiter der CIA, die die Weitergabe von Informationen über Al-Midhar und Nawaf Al-Hazmi an das FBI verhinderten
- CIA-Direktor George Tenet und CTC-Direktor Cofer Black
- Rudi Dekkers und Wally Hilliard von Huffman Aviation
- Alle von Daniel Hopsicker benannten Zeugen für die klandestinen Machenschaften am Flughafen Venice Beach, Florida

Politik und andere Posten

18 Bush in Sarasota

US-Präsident George W. Bush blieb am 11. September 2001 trotz der bestehenden Gefahr bis 9:35 Uhr in einer Grundschule in Florida sitzen, um »Ruhe auszustrahlen«[1].

Um kurz vor 9 Uhr, bei seiner Ankunft in der Emma-Booker-Grundschule in Sarasota, Florida, erfuhr Bush, dass soeben ein Flugzeug in den Nordturm des World Trade Center gerast war. Nach eigener Aussage (offiziell dokumentiert vom Weißen Haus)[2] hatte er diese erste Maschine sogar in den Turm einschlagen sehen (anders als der Rest der Welt) und fragte sich, wie ein Pilot einen solch schrecklichen Fehler machen konnte.

Unmittelbar nachdem die zweite Maschine um 9:03 Uhr den Südturm getroffen hatte, saß Bush im Klassenraum und wartete darauf, von den Grundschülern eine Ziegengeschichte vorgelesen zu bekommen, als sein Stabschef Andrew Card ihm zuflüsterte: »America is under attack!«

Bush stellte keine Fragen. Obwohl diese Mitteilung seines Stabschefs ihm keinerlei Details verriet. Zwar hielten die Russen an diesem 11. September kurz vor der Küste

Alaskas eine Militärübung mit scharfen Atomwaffen an Bord von Bombern ab (→ *Kap. 22*), aber das war dem »Commander in Chief« im Zusammenhang mit dem Begriff »attack« keine alarmierte Nachfrage wert. Und seinem Stabschef erst recht nicht, denn der verschwand nach der Mitteilung sofort wieder, um die Kinder nicht weiter beim Vorlesen von *The Pet Goat* zu stören.

Bush blieb daraufhin sitzen und strahlte Ruhe aus. Er lauschte den eifrig lesenden Kindern, nahm zur Kenntnis, dass Ari Fleischer, der Pressesprecher des Weißen Hauses, ihm mittels einer handbeschrifteten Pappe signalisierte: »Sagen Sie jetzt noch nichts«[3], ohne sich oder sonst wen zu fragen, wozu er nichts sagen sollte. Erst nach zehn weiteren Minuten Streichelziegengeschichte zog er sich mit seinen Vertrauten in einen Nebenraum zurück, hielt um 9:29 Uhr eine kurze Ansprache und verließ um 9:35 Uhr endlich die Schule.

Damit wir uns nicht missverstehen: Nicht nur Präsident Bushs Verhalten war, gelinde gesagt, sonderbar, sondern erst recht das seiner Leibwächter, der zahlreichen Secret-Service-Agenten, die ihn begleiteten. Denn während zur gleichen Zeit Vizepräsident Richard Cheney vom Secret Service umgehend in den Bunker des Weißen Hauses evakuiert wurde (→ *Kap. 20*), blieben die Secret-Service-Agenten in Sarasota völlig ungerührt. Und ließen ihren Präsidenten sitzen.

Vergegenwärtigen wir uns die offizielle Darstellung. Der zufolge ging um 9:03 Uhr nicht nur Andrew Card von einem »Angriff auf Amerika« aus, sondern auch und vor allem der Secret Service – von einem Überfall, einem überraschenden Anschlag auf die USA mit entführten Passagiermaschinen. Amerika wurde angegriffen. Niemand wusste, wie viele Flugzeuge entführt worden waren, erst recht wusste niemand zu diesem Zeitpunkt, welche Ziele sie ansteuerten.

Bushs Aufenthaltsort an diesem Morgen war kein Geheimnis. Der Flughafen Sarasota, von dem aus im Minutentakt Passagiermaschinen starten, ist nicht weit entfernt von der Booker-Grundschule. Amerika wurde mit entführten Passagiermaschinen angegriffen. Gab es ein lohnenderes Ziel für die Terroristen als den Präsidenten selbst?

Die Secret-Service-Agenten um Bush herum hatten gar keine andere Wahl, als zu verfahren, wie Richard Cheney es in der allsonntäglichen NBC-Sendung *Meet the Press* anschaulich beschrieb: »Unter solchen Umständen handeln sie [die Secret-Service-Agenten] einfach. Sie sagen nicht ›Sir‹ oder fragen freundlich. Sie sagen einfach: ›Wir müssen sofort gehen‹, und packen einen.«[4]

Selbst wenn der Präsident beschlossen hätte, »Ruhe auszustrahlen« (wem gegenüber eigentlich, den Grundschülern?) – seine Personenschützer konnten ihm genau dies nach Lage der Dinge schlechterdings nicht gestatten, unter keinen Umständen. Erst recht nicht, da er seinen Wunsch niemandem mitteilte. Denn nachdem Andrew Card ihm ins Ohr geflüstert hatte, Amerika werde angegriffen, sprach Bush mit niemandem. Sondern saß einfach nur unschlüssig da, strahlte Ruhe aus, hörte den Kindern zu und verließ sich auf seine Sicherheitsleute.

Die offensichtlich sicher waren, dass ihm keine Gefahr drohte.

Die Untersuchungskommission befragte zu diesem Sachverhalt genau einen Mitarbeiter des Secret Service. Dessen Erklärung ist im Report wiedergegeben. Man habe es »nicht für zwingend notwendig gehalten, dass er [der Präsident] zur Tür rausrennt«.[5]

Diese Erklärung genügte der Untersuchungskommission. Man verkniff sich sogar die Nachfrage, ob es nicht zwischen »zur Tür rausrennen« und »Nichtstun« andere Handlungsweisen gegeben hätte, zum Beispiel die naheliegende Option »Präsident unaufgeregt, aber umgehend an einen sicheren Ort bringen«.

Noch einmal: Nach Lage der Dinge hatten die präsidialen Personenschützer gar keine andere Wahl, als ihren Präsidenten sofort in Sicherheit zu bringen. Warum taten sie es nicht? Wer gab ihnen die Anweisung, nicht tätig zu werden? Und wann? Vor Ort? Brian Stafford, Director des Secret Service, war unmittelbar nach dem zweiten Anschlag von der FAA-Chefin Jane Garvey alarmiert worden, bis zu elf Maschinen müssten als »möglicherweise entführt« gelten (→ *Kap. 23*). Warum wartete er? Musste er nicht damit rechnen, dass auch sein Präsident zu den Zielen gehören könnte, an einem jedermann und jedem Terroristen bekannten Ort, auf dem Präsentierteller in einer Grundschule direkt neben einem Flughafen, auf dem eine Passagiermaschine nach der anderen startete?

Der Präsident blieb sitzen. Der Secret Service wartete. Worauf?

Vorzuladen:

- Die Secret-Service-Agenten, die an diesem Morgen darauf verzichteten, ihren Präsidenten aus seiner potentiell lebensgefährlichen Situation zu retten. Es ist dringend zu ermitteln, wer ihnen die Anweisung gab, nicht zu handeln – und wann.
- Secret-Service-Chef Brian Stafford
- Richard Cheney
- George W. Bush

19 Dienst nach Vorschrift

Dass es fast zwei Stunden dauerte, ehe Kampfjets endlich (erfolglos) versuchten, wenigstens die letzte der entführten Maschinen noch abzufangen, ist weder Militär noch zivilen Lotsen anzulasten. Die am 11. September 2001 geltenden Dienstvorschriften wurden befolgt.

Entgegen der Behauptungen mancher Skeptiker wurden die Standard Operating Procedures, also die Dienstvorschriften für den Umgang mit entführten Passagiermaschinen, am 11. September 2001 tatsächlich befolgt. Weil diese Vorschriften nämlich acht Wochen vor dem 11. September überraschenderweise geändert worden waren. Besser: auf den Kopf gestellt.

Denn nicht nur wurde der Genehmigungsweg für den Fall eines Falles erheblich länger, es lagen von Juli 2001 an auch alle Entscheidungsbefugnisse nicht mehr wie vorher in den Händen der jeweils Dienst habenden Offiziere, sondern in den Händen eines Einzelnen, nämlich des Verteidigungsministers Donald Rumsfeld. Dessen persönliche Zustimmung war von Juli 2001 an ausdrücklich erforderlich, wollte irgendwer überhaupt Abfangjäger in Richtung entführter Flugzeuge aufsteigen lassen.[1]

Das war neu. Eine noch nie da gewesene Vorschrift.

Um 8:22 Uhr schaltete American 11 den Transponder ab, nachdem die Piloten sich schon seit 8:14 Uhr nicht mehr per Funk gemeldet hatten. Als die Maschine um 8:26 Uhr dann auch noch den Kurs wechselte, war dies ein endgültiges Alarmsignal für die Fluglotsen, die spätestens jetzt – den Dienstvorschriften für *Notfälle* folgend – sofortige militärische Hilfe hätten anfordern müssen. Aber von einem *technischen* Notfall konnte unmittelbar darauf schon keine Rede mehr sein, und das veränderte die Sachlage vollständig. Denn zwei Minuten später stand den Lotsen kein einfacher Dienstweg mehr offen, da ein Unbekannter über sämtliche Frequenzen funkte: »We have some planes.«[2]

Von diesem Augenblick an mussten die Lotsen von einer Entführung ausgehen. Und sie mussten sich ab demselben Augenblick an den neuen, deutlich längeren Dienstweg halten – bis hinauf zu Rumsfeld höchstselbst. Dieser längere Dienstweg führte von den zuständigen Lotsen zunächst einmal über das regionale FAA-Hauptquartier in New England, das den Highjack Coordinator benachrichtigte, der dann wiederum die Meldung an den zuständigen Pentagon- respektive NMCC-Mitarbeiter weiterzugeben hätte, den Deputy Director of Operations (DDO). Dieser hätte die Erlaubnis seines Verteidigungsministers einholen müssen, Jets aufsteigen zu lassen, und erst danach das Militär benachrichtigen dürfen, also NORAD.

Am 11. September standen auf dem neuen verlängerten Dienstweg zufällig einige Hindernisse – und zwar an allen entscheidenden Stellen. Denn Mike Canavan, erst seit Jahresbeginn zuständiger Hijack Coordinator der FAA, der die Bitte um Unterstützung an das NMCC hätte weitergeben müssen, war an diesem Tag nicht auf seinem Posten. Sondern in Puerto Rico. Und verpasste nach eigener Aussage alles, was sich an diesem Tag ereignete.[3]

Ob irgendjemand den abwesenden Hijack Coordinator hätte vertreten sollen, ist nicht bekannt, denn die Mitglieder der Untersuchungskommission befragten ihn zwar, aber nicht zu seiner Rolle am 11. September. Dass Canavan überhaupt im Abschlussbericht erwähnt wird, verdankt er seinen Ausführungen zu einem früheren gescheiterten Einsatz mit dem Ziel, Osama Bin Laden in Afghanistan festzunehmen, denn vor seinem nur kurzfristigen Einsatz als Hijack Coordinator (von Januar bis Oktober 2001) war er ausgerechnet Kommandant des Joint Special Operations Command (JSOC) gewesen, zuständig für verdeckte Operationen im Rahmen der militärischen Terrorabwehr. Als temporärer Hijack Coordinator stellte er allerdings am 11. September das entscheidende Bindeglied in der Kommunikationskette zwischen FAA und Militär dar. Und fehlte. Die Frage, wer ihn vertrat – falls überhaupt jemand –, wurde von den Mitgliedern der Untersuchungskommission nicht gestellt.[4]

Canavans gedachter Vertreter hätte allerdings ohnehin ein Problem gehabt, denn wiederum zufällig war auch die nächste Dienstwegposition nicht adäquat besetzt. Der für die Einholung des ministerialen Abschussbefehls zuständige NMCC-DDO (Deputy Director of Operations), Brigadegeneral Montague Winfield, verließ pünktlich um 8:30 Uhr sein Büro, um an einer Konferenz hinter verschlossenen Türen teilzunehmen, und bat Captain Charles Leidig, ihn zu vertreten – einen Mann, der über keinerlei Erfahrung mit den exakten Abläufen im Ernstfall verfügte und erst seit August im NMCC tätig war. Trotz der sich im Folgenden dramatisch entwickelnden Situation im US-Luftraum blieben die Türen zu Winfields Konferenzraum von innen geschlossen, obwohl die Teilnehmer des Treffens lediglich über die Bewertung von Air-Force-Offizieren zu befinden hatten. Erst anderthalb Stunden nach Beginn des Meetings und nach dem Absturz der letzten Terrormaschine stand Winfield für seinen eigentlichen Job wieder zur Verfügung.[5]

Endgültig unbeschreitbar wurde der Dienstweg schließlich durch den im Wortsinn alles entscheidenden Mann, nämlich den Verteidigungsminister selbst. Denn auch Donald Rumsfeld war, wie Canavan und Winfield, während der Krisenstunden von 8:30 bis 10 Uhr nicht zu erreichen, bis zum Absturz der letzten entführten Maschine in Shanksville. Erst um 10:40 Uhr war er, nach eigener Aussage, über die Lage informiert.

Er befand sich in bester Gesellschaft, wie wir im nächsten Kapitel sehen werden.

Vorzuladen:

- Donald Rumsfeld. Zu fragen ist: Warum wurden die Dienstvorschriften für den Entführungsfall am 1. Juni 2001 so kompliziert geändert?
- Außerdem: die abwesenden Mike Canavan und Montague Winfield
- Sowie Captain Charles Leidig, der seinen Verteidigungsminister vor 10 Uhr nicht einmal auf dem Handy erreichen konnte

20 Auf verlassenem Posten

Verteidigungsminister Donald Rumsfeld, Vizepräsident Richard Cheney sowie die Oberbefehlshaber des US-Militärs, Richard Myers und Ralph Eberhart, erfuhren am 11. September erst gegen 10 Uhr Genaueres über den Angriff – und konnten daher nicht rechtzeitig reagieren.

US-Verteidigungsminister Donald Rumsfeld trat am 11. September um 8 Uhr seinen Dienst an, frühstückte in einem Konferenzraum mit Kongressabgeordneten und sprach über Raketenabwehrsysteme. Als er um 8:50 Uhr vom ersten Crash in New York erfuhr, orakelte er, dass noch ein weiterer bevorstünde,[1] ging in sein Büro und blieb dort. Um 9:05 Uhr informierten ihn seine persönlichen Assistenten Larry Di Rita und Torie Clarke, Amerika werde angegriffen, und erwarteten seine sofortige Teilnahme an den Videokonferenzen im Executive Support Center (ESC) oder einen umgehenden Besuch im National Military Command Center (NMCC), das sich am Ende des an seinem Büro vorbei führenden Korridors befindet. Aufgrund der im Juni 2001 geänderten Dienstvorschriften (→ *Kap. 19*) wurde Rumsfeld dort dringend gebraucht, denn nur der Verteidigungsminister selbst konnte das Aufsteigen von Kampfjets im Fall einer Entführung anordnen. Er blieb jedoch in seinem Büro, um »Telefonate zu erledigen« und seinen planmäßig für 9:30 Uhr angesetzten allgemeinen Briefing-Termin mit einem CIA-Mitarbeiter wahrzunehmen.[2] Was er dann auch tat, bis 9:38 Uhr, also bis zum Einschlag eines Flugzeugs in den Westflügel des Pentagon.

Auch nach dieser Explosion eilte Rumsfeld aber nicht etwa endlich ins NMCC oder ins ESC, sondern sofort zur fünf bis acht Minuten Fußmarsch entfernten Unfallstelle, half Sanitätern auf dem Rasen vor dem Gebäude, ließ sich fotografieren und war für das verzweifelt nach ihm suchende NMCC während dieser Zeit »unauffindbar«. Erst um kurz vor 10 Uhr kehrte der Verteidigungsminister in sein Büro zurück, wo er kurz mit Präsident Bush telefonierte. Später befragt, konnten beide sich allerdings nicht erinnern, worüber sie gesprochen hatten.[3]

Danach, zwischen 10:00 und 10:15 Uhr, begab Rumsfeld sich nicht, wie von Militärvertretern weiterhin dringend erbeten, ins NMCC, dafür aber wenigstens – endlich – ins ESC und nahm an der vom Präsidentenberater Richard Clarke organisierten White-House-Videokonferenz mit

Vertretern ziviler und militärischer Einrichtungen teil.[4] Gegen 10:40 Uhr war der Verteidigungsminister voll über die Lage informiert, um 13 Uhr ließ er den Piloten der Abfangjäger Verhaltensanweisungen für den Ernstfall geben.[5] Der seit 10 Uhr vorbei war.

So weit Rumsfelds eigene Schilderung und die seiner Mitarbeiter – schwarz auf weiß abgenickt von der offiziellen 9/11-Commission.

Richard Clarke, Nationaler Sicherheitsberater unter Bill Clinton und Vorgänger von Condoleezza Rice, koordinierte an diesem Morgen im Weißen Haus den Ernstfall. Die von ihm einberufene Videokonferenz begann seinen eigenen Angaben zufolge[6] um 9:10 Uhr. Unter den zugeschalteten Teilnehmern waren neben Clarke auch FAA-Chefin Jane Garvey und CIA-Chef George Tenet – sowie Donald Rumsfeld. Jedenfalls anfangs, denn er verschwand ja wieder in seinem Büro und dann ganz von der Bildfläche, um auf dem Rasen vor dem Pentagon nach dem Rechten zu sehen.

Wir halten fest: Rumsfelds Verhalten ist, freundlich formuliert, eigenartig, seine Erinnerung ungenau. Offenbar war er nicht erst um 10:40 Uhr im Bilde, wie er selbst vor der Kommission ausführte, sondern bereits um 9:10 Uhr. Was nicht weiter verwunderlich ist, denn zu diesem Zeitpunkt, also nach dem Einschlag des zweiten Flugzeugs ins WTC, wusste ja auch jeder CNN-Zuschauer, dass Amerika »under attack« war. Anders als jeder andere CNN-Zuschauer war allerdings Donald Rumsfeld am 11. September Verteidigungsminister – und unter anderem zuständig für das Aufsteigen von Abfangjägern. Sein Sanitätereinsatz auf dem Rasen vor dem Pentagon war nicht nur heldenhaft (da er ja nicht wissen konnte, ob nicht weitere Maschinen auf das Gebäude zusteuerten), sondern vor allem komplett verantwortungslos.

Die von der 9/11-Commission ausdrücklich beförderte Darstellung, »das Militär« habe bis zum Absturz des letzten entführten Flugzeugs um 10:03 Uhr überhaupt nichts vom Ernst der Lage gewusst, steht und fällt mit der Aussage des obersten Militärs. Der bemühte sich erfolgreich, vor 10:03 Uhr nicht auffindbar zu sein.

Wo aber steckte Richard Myers, an diesem Tag Oberbefehlshaber der Streitkräfte (beziehungsweise amtierender Befehlshaber der Joint Chiefs of Staff, da sich der eigentliche Oberbefehlshaber, Admiral Shelton, auf Reisen befand)?

Myers selbst bot hierzu im Lauf der Jahre gleich drei einander widersprechende Darstellungen an, aber wir wollen uns hier an die letztgültige Version des *Commission Report* halten, derzufolge der General auf dem Capitol Hill mit Senator Max Cleland frühstückte, den ersten Crash für einen Unfall hielt, vom zweiten nichts erfuhr und sich erst nach dem dritten Crash zum nahe gelegenen – getroffenen – Pentagon begab, wo er gegen 10 Uhr eintraf.

Richard Clarke hatte das in den Commission Hearings ganz anders dargestellt und schon zuvor, in seinem ausführlichen schriftlichen Bericht,[7] einen Dialog mit Myers wortwörtlich wiedergegeben, in dem der an der Videokonferenz teilnehmende General um 9:28 Uhr einräumte, wegen der gerade stattfindenden Militärübung »Vigilant Guardian« (→ *Kap. 22*) habe man Probleme, Abfangjäger zu schicken. Die auf den nahe der Hauptstadt gelegenen Militärbasen Andrews und Langley stationierten Jets würden noch eine Viertelstunde brauchen, ehe sie den Luftraum über Washington sichern könnten.[8] (Sie kamen dann wesentlich später, wie wir wissen, aber das interessiert uns an anderer Stelle (→ *Kap. 24*).)

Myers Erinnerung ist, wie die von Rumsfeld, anscheinend grob fehlerhaft. Der Oberbefehlshaber des US-Militärs wusste wohl nicht erst um kurz nach 10 Uhr, was passierte, sondern nahm seit spätestens 9:25 Uhr an der Krisenkonferenz des Weißen Hauses teil. Was alles andere als unerheblich ist, da sich unter Oberbefehlshaber Myers' versammelten Streitkräften nicht nur diverse Panzerdivisionen befanden, sondern eben auch etliche Abfangjäger, die ein paar Stunden zu lange wahlweise am Boden blieben oder sich ausdauernd verflogen (→ *Kap. 22*).

Andererseits: Myers war ja nicht allein. Denn ihm zur Seite stand der Oberbefehlshaber des für die Sicherheit des US-Luftraums zuständigen NORAD, General Ralph Eberhart. Selbst wenn Myers tatsächlich nicht auf dem Posten gewesen war, sondern in Ruhe zu Ende gefrühstückt hatte, musste doch Eberhart seit spätestens 8:40 Uhr im Bilde gewesen sein und die Abwehrmaßnahmen koordiniert haben.

Eberhart trat seinen Dienst auf dem Stützpunkt Peterson, Colorado, gegen 8:30 Uhr an und wurde um 8:45 Uhr, unmittelbar vor dem ersten Crash in New York, von der Entführung des Fluges AA 11 unterrichtet.[9] Nachdem er vergeblich versucht hatte, den auf Reisen befindlichen eigentlichen Oberbefehlshaber des US-Militärs, Admiral Sheldon, zu erreichen, benachrichtigte er General Myers – laut Myers zwischen 9:03 und 9:30 Uhr –, wusste aber (wiederum laut Myers) zu diesem Zeitpunkt selbst nicht, dass bereits Jets von der Otis Air Base in Massachusetts aufgestiegen waren. Eine Erklärung für diese Wissenslücke Eberharts fehlt bis heute.

Nach dem Gespräch mit Myers blieb Eberhart zunächst auf seinem Posten, also auf der Basis in Peterson, um »die Kommunikation nicht zu unterbrechen«,[10] tat jedoch Minuten später genau das, und zwar mit erstaunlichem Ergebnis. Denn Eberhart setzte sich »gegen 9:30 Uhr« ins Auto und machte sich auf den je nach Verkehrslage halb- bis einstündigen Weg zum NORAD Operations Center in Cheyenne Mountain. Als er dort eintraf, war – wiederum seiner eigenen Aussage zufolge[11] – der Abschussbefehl für die entführten Verkehrsmaschinen gerade vom Vizepräsidenten erteilt und durch das NORAD-System weitergegeben worden. Das war, nachweislich, um 10:30 Uhr,[12] sprich: General Eberhart traf erst eine Stunde nach seiner Abfahrt aus Peterson in Cheyenne Mountain ein und ließ sich informieren, was in seinem Abwehrsystem inzwischen passiert war. Denn während der gesamten Fahrt von Peterson nach Cheyenne Mountain war der NORAD-Oberbefehlshaber aus bis heute ungeklärten Gründen nicht zu erreichen gewesen.[13] Ebenso ungeklärt bleibt, weshalb Eberhart um 9:30 Uhr überhaupt beschloss, die Location zu wechseln – zu einem Zeitpunkt, zu dem er, der NORAD-Commander, dringendst gebraucht wurde. In dieser Stunde jedenfalls, die der General schweigend in Stau und Handy-Funkloch verbrachte, waren Amerika und seine Einwohner, wie Senator Mark Dayton später fassungslos feststellte, »komplett verteidigungslos«.[14]

Wir wissen bis heute erstaunlich wenig über die Gründe für Eberharts sonderbare Wege am 11. September. Über seinen fürderhin erfolgreichen Berufsweg wissen wir hingegen alles: Im Oktober 2002 wurde ihm aufgrund seines bemerkenswerten Krisenmanagements die Leitung der »primären militärischen Heimatschutz-Organisation« übertragen, des Northern Command (NORTHCOM).

Wo aber war, zu guter Letzt, Vizepräsident Richard Cheney – in Vertretung des morgens eine Grundschule besuchenden *(→ Kap. 18)* und erst am Abend nach Washington zurückkehrenden George W. Bush für den Verlauf des Tages faktisch »Commander in Chief« und amtierender Präsident?

Legendär ist in diesem Zusammenhang der Bericht von US-Verkehrsminister Norman Mineta, der am Morgen des 11. September mittendrin war, also im Weißen Haus, an der Seite von Dick Cheney. Mineta wurde nach eigener Aussage um 9:20 Uhr in den Bunker-Konferenzraum unter dem Weißen Haus gebracht, wo sich Cheney zu diesem Zeitpunkt bereits aufhielt. (Minetas – wenngleich nicht unumstrittene[15] – Aussage wurde von der Kommission vollständig ignoriert und aus deren Videoarchiv entfernt, kann aber dennoch weiterhin im Netz begutachtet werden.[16]) Richard Clarkes Schilderungen bestätigen indes Minetas Aussagen, jedenfalls grundsätzlich: Laut Clarke war Cheney um zirka 9:15 Uhr im Bunker eingetroffen,[17] was Medienberichte, die sich auf Condoleezza Rice' Aussagen zu den morgendlichen Abläufen im Weißen Haus stützten, unterstrichen.

Laut Mineta erfuhr nun Cheney im White-House-Bunker von einer Maschine, die sich Washington näherte. Nachdem ein Mitarbeiter dem Vizepräsidenten zum dritten Mal die – abnehmende Entfernung – mitgeteilt und ihn gefragt hatte, ob »der Befehl immer noch« gelte, fuhr Cheney den Überbringer der Nachricht an: »Natürlich gilt der Befehl noch! Haben Sie irgendwas Gegenteiliges gehört?« Das ereignete sich – laut allen Zeugenaussagen – um 9:25 oder 9:26 Uhr, etwa zehn Minuten vor der Pentagon-Explosion.

Der *Commission Report* ließ all diese Fakten links liegen und präsentierte eine ganz neue Version. Denn die Kommission stellte fest, dass Cheney erst um 10 Uhr in den Bunker gebracht worden war. Grundlage dieser maßgeblichen Realitätskorrektur war eine ominöse Secret-Service-Alarmierungs-Timeline – die dann allerdings leider, als »Skeptiker« sie sehen wollten, nicht mehr auffindbar war.[18] Dennoch stellte der *Commission Report* alle bis dahin gesammelten Aussagen richtig. Oder auf den Kopf, nämlich so:

»Ab 10:02 Uhr gingen im Bunker Berichte des Secret Service über ein sich Washington näherndes – mutmaßlich entführtes – Flugzeug ein. Dieses Flugzeug war United 93. … Irgendwann zwischen 10:10 und 10:15 Uhr teilte ein militärischer Mitarbeiter dem Vizepräsidenten und anderen mit, das Flugzeug sei 80 Meilen entfernt. Vizepräsident Cheney wurde um Erlaubnis gebeten, die Maschine angreifen zu dürfen. … Der Vizepräsident genehmigte den Angriff auf die Maschine. Er sagte uns, der militärische Mitarbeiter sei ein paar Minuten später, vermutlich zwischen 10:12 und 10:18 Uhr, zurückgekehrt und habe ihm mitgeteilt, die Maschine sei 60 Meilen entfernt. Erneut habe er um eine Genehmigung zum Angriff gebeten. Der Vizepräsident sagte erneut ja.«[19]

Beachtlich. Der *Commission Report* verlegt also Cheneys »Umzug« in den Bunker um etwa eine Stunde nach hinten, erklärt den Flug AA 77 zu UA 93 und macht aus »natürlich gilt der Befehl noch!« (also der von Skeptikern vermuteten Stand-Down-Order für die Abfangjäger) einen markigen Befehl zum Abschuss. Einen Befehl, der allerdings passenderweise um 10:15 Uhr keine Folgen mehr haben konnte, da UA 93 bereits zehn Minuten zuvor abgestürzt war.

Eine Stunde mehr oder weniger, das ist natürlich generell und erst recht erdgeschichtlich gesehen keine große Sache, in dem Fall aber doch der Rede wert. Denn an dieser waghalsigen Umdeutung der Realität lässt sich trefflich zeigen, wie gründlich die Kommission (→ *Kap. 2*) gearbeitet hat.

Uns bleibt auch hier nur die Bitte um staatsanwaltliche Hilfe. Konfrontieren wir jene, die an diesem Morgen dringend hätten handeln können, ja, müssen, mit den Aussagen von Clarke, Mineta, Rice und so vielen anderen. Am besten auch gleich noch mit denen von Dick Cheney selbst, der am 16. September 2001 im Interview sagte, er habe im Bunker vom Pentagon-Crash erfahren.[20]

In genau dem Bunker, im dem er ja laut *Commission Report* erst eine halbe Stunde später eintraf.

Die Kernfrage also lautet: Meine Herren! Wieso wart ihr an diesem Tag alle zu zuverlässig »nicht auf dem Posten«? Und wieso widersprecht ihr euch bei jedem Erklärungsversuch alle, dass sich die Balken biegen?

Vorzuladen:

- Richard Cheney
- Donald Rumsfeld
- Norman Mineta
- Ralph Eberhart
- Max Cleland
- Richard Myers
- Christopher Cox
- Torie Clarke
- Larry Di Rita
- George Tenet
- Sowie der namentlich bis heute nicht bekannte junge Mann, der fragte, ob »der Befehl noch gilt«

21 Intermezzo: Schwundgeld

Wir kennen den Feind, der unsere westliche, freiheitsliebende Welt zu zerstören trachtet. Und wir sind im Begriff, diesen Feind vernichtend zu schlagen.

Natürlich kennen wir ihn, diesen Feind, und keine Sorge – wir rufen jetzt nicht irgendwelche Konspirologen oder bärtigen Präsidenten von nahöstlichen Bananenrepubliken in den Zeugenstand, sondern erneut einen verdienten Lautsprecher der offiziellen Welterklärungsfraktion: Donald Rumsfeld. Der nämlich nannte unseren Erzfeind beim Namen, am Vortag von 9/11, am 10. September 2001. An jenem Montag trat der damalige US-Verteidigungsminister vor die Presse, kam allen Whistleblowern zuvor und gestand den versammelten Journalisten einen Sachverhalt, der unter normalen Umständen geeignet gewesen wäre, vom Dienstag an für haufenweise weltweite Schlagzeilen zu sorgen.

Den Feind, der eine »ernsthafte Bedrohung für die Sicherheit der Vereinigten Staaten« darstellte, beschrieb Rumsfeld mit eindeutigen Worten:

»Dieser Feind ist eine der letzten Bastionen der Zentralplanung. Er regiert, indem er Fünf-Jahres-Pläne diktiert. Von einer einzigen Hauptstadt aus versucht er seine Forderungen über Zeitzonen, Kontinente, Ozeane und darüber hinaus durchzusetzen. Mit brutaler Konsequenz erstickt er das freie Denken und zerschmettert neue Ideen. Er zerrüttet die Verteidigung der Vereinigten Staaten und setzt die Leben von Männern und Frauen in Uniform aufs Spiel.«[1]

Rumsfeld sprach nicht von China. Auch nicht von Afghanistan oder dem Irak oder Al-Qaida. Der »Widersacher«, so Rumsfeld, »ist unserer Heimat näher. Es ist die Bürokratie des Pentagon.«[2]

En passant konnte er, der zuvor als Manager in den Vorständen diverser Großkonzerne tätig gewesen war, dann obendrein die ungefähre Summe der Feindesstärke benennen: »Einigen Schätzungen zufolge können wir Transaktionen in Höhe von 2,3 Billionen Dollar nicht nachvollziehen.«[3]

Die Billionen Dollar sind kein Übersetzungs- oder Tippfehler. Rumsfeld räumte tatsächlich – im O-Ton – »2,3 Trillion« im Lauf der Jahre verloren gegangene Dollar ein. Das jährliche Budget des Pentagon betrug damals knapp 400 Milliarden Dollar. Über den Daumen gepeilt, so erfuhren die fassungslosen Journalisten, war davon alljährlich regelmäßig etwa ein Drittel spurlos verschwunden. Versickert. Unauffindbar. Ohne Beleg.

Aufsehen erregte das Geständnis des Verteidigungsministers – überhaupt nicht. Denn ab dem 11. September hatten die USA und mit ihnen die erschütterte Welt ganz andere Sorgen und ganz andere Feinde als die Billionenbetrüger im Pentagon. Wir erinnern der Vollständigkeit halber dennoch gern noch einmal an die Rügen des General Accounting Office (GAO), das bereits seit den 70er Jahren gelegentlich moniert hatte, Milliarden und Abermilliarden versickerten aus dem Ministerium in dubiose Sumpfgebiete. Das Amt hatte sogar den Nutznießer benannt, nämlich »Rüstungsunternehmen und ihre Seilschaften im übrigen militärisch-industriellen Komplex«.[4]

Nach 9/11 fand das Thema »Der Feind im eigenen Land« höchstens noch am Rande statt, in Fachblättern oder auf den vermischten Unterhaltungsseiten der progressiven

Presse. Aufmerksame Leser stellten dabei fest, dass das Problem nach Rumsfelds erschütternder Analyse höchstens insofern gelöst worden war, als der militärisch-industrielle Komplex sich fortan noch ungenierter als zuvor aus den öffentlichen Kassen bediente, ohne Quittungen am Tatort zurückzulassen.

Wie man das anstellt? Wie man 2,3 Billionen Dollar »verschwinden« lässt? Anhaltspunkte liefern die Zahlen des Jahres 2003, denn allein in diesen zwölf Monaten kam dem Militär einiges an Sachwerten abhanden, und zwar nicht etwa per Abschuss, sondern wie von Zauberhand. Unter anderem: 56 Flugzeuge, 32 Panzer und 36 Javelin-Raketenwerfer.[5] Zudem verrieten etliche Abrechnungen dezente Ungereimtheiten. So erwarb das Pentagon große Mengen Kaffeetassen für 7622 Dollar pro Stück,[6] nicht funktionierende Flugzeug-Armlehnen zum Stückpreis von 670 Dollar, Hämmer für 435 Dollar, Kugellager für 350 Dollar, Schrauben für 76 Dollar, Klobrillen für 640 Dollar, Waschbecken für 400 Dollar[7] – pro Stück, versteht sich.

Die Liste ließe sich beliebig fortsetzen, bis hinunter zu hundertfach überteuerten, millionenfach bestellten Dichtungen, Anspitzern und Blumenvasen. Und am Ende sind es all diese für sich genommen völlig unbedeutenden Beispiele von wie geschmiert funktionierender Vetternwirtschaft, die die US-Steuerzahler alljährlich 130 bis 200 für nichts und wieder nichts verschwendete Milliarden Dollar kosten.

Menschen, die mit einem Taschenrechner umgehen können, rechnen interessierten Zuhörern binnen zirka einer Minute überzeugend aus, was die Rettung der Welt kostet – inklusive der Lebensrettung all der Hunger- und Klimafolgetoten, die wir jährlich zu beklagen haben: 50 Milliarden Dollar. Also ungefähr die Summe, die man laut Vice Admiral Jack Shanahan allein als herumfliegendes »Kleingeld« aus dem Pentagon schütteln könnte, hätte man denn eine vernünftige Buchhaltung.[8] Solange diese fehlt, wird die Weltrettung im Pentagon-Budget alljährlich etwa drei- bis viermal unter »Schwund« verbucht.

Inzwischen aber, zehn Jahre danach, ist Rumsfelds »Feind« natürlich längst dingfest gemacht worden, ausradiert, diese existenzielle Bedrohung für die USA und den Rest der Welt. Selbst wenn es weiterhin als unpatriotisch gilt, Rüstungsausgaben in Frage zu stellen, sind diese natürlich gesunken, und angesichts der angespannten Finanzlage »versickert« seit langem erst recht kein müder Dollar mehr! Richtig? Denn wie sagte doch Rumsfeld schon am 10. September 2001: »Wir müssen das Pentagon vor sich selbst retten.«[9]

Er hat es nicht mehr geschafft, der aufrechte Kämpfer. Und sein ebenso aufrechter Nachfolger Robert Gates genauso wenig, bis heute.

Sämtliche bislang unternommenen Versuche, die verschiedenen »Buchungssysteme« des Pentagon zu koordinieren, sind kostspielig gescheitert,[10] kritische Fragen von besorgten Abgeordneten werden höchstens mit ausweichendem Murmeln beantwortet (das besonders sehenswerte Beispiel der Abgeordneten Cynthia McKinney[11] sei hiermit jedermann zur Ansicht empfohlen), und es hat sich bis heute nichts daran geändert, dass etwa ein Drittel des Budgets ohne Beleg »versickert«. Gelegentlich sickert allenfalls etwas durch, nämlich Informationen, und dann berichten zumindest Teile der englischen und amerikanischen Presse angemessen klein gedruckt unter »Ausland/Vermischtes« über verschwundene Milliardenbeträge – so etwa im Juli 2010, als die Behörden wieder einmal den Verbleib von neun Milliarden Dollar bewilligter Gelder für den Wiederaufbau des Irak nicht erklären konnten,[12] oder im März 2011, als bekannt wurde, dass die Firma des floridianischen Öl-Milliardärs und DoD-Spritlieferanten Harry Sargeant III statt 2,5 Milliarden Dollar fälschlich 200 Extra-Millionen in Rechnung gestellt und ausgezahlt bekommen hatte.[13] Schlagzeilen machen solche Enthüllungen nicht.

2010 betrug das Budget des Pentagon (inklusive der knapp 100 Milliarden für die Einsätze in »Übersee«) 698 Milliarden Dollar – 83 Prozent mehr als noch 2001.[14] Bezieht man die weiteren in den Budgets anderer Behörden versteckten Kosten für Landesverteidigung und -sicherheit mit ein, beläuft sich der jährliche Verteidigungshaushalt gar auf 1,2 Billionen Dollar.[15] Das gesamte Haushaltsdefizit der USA hatte 2009 1,42 Billionen betragen (wegen der Finanzkrise waren 960 Milliarden mehr fällig geworden als 2008, entsprechend 12,8 Prozent des BIP), bei einer Gesamtverschuldung von 13,5 Billionen (93 Prozent des BIP).

Was den Verteidigungsetat betrifft, dürfen wir mit Fug und Recht davon ausgehen, dass wie in den Vorjahren und -jahrzehnten etwa 25 Prozent der bewilligten 700 bis 1400 Milliarden Dollar in schwarzen Kassen landen werden, sprich: 175 bis 350 Milliarden Dollar per annum unauffindbar bleiben – beziehungsweise eingesetzt für den Bau und Erhalt von privaten Swimmingpools, Jachten, Militär- und Linienjets sowie bei Bedarf für größere Militäroperationen unter dem sprichwörtlichen Radar der Öffentlichkeit.

Der Feind? Ist bekannt.

Nicht bekannt ist allerdings, wenigstens den Autoren, weshalb wir NATO- und UNO-Partner meinen, das alles ginge uns nichts an und sei allein Sache unseres hochverschuldeten Verbündeten, an dessen Seite wir in Afghanistan Krieg führen, und das eben im Grunde nur mit der einigermaßen waghalsigen Begründung, Afghanistan beherberge den 9/11-Drahtzieher Osama Bin Laden – beziehungsweise *habe* ihn beherbergt (→ *Kap. 4*).

Weshalb wir zu einer entspannten Nachmittagsanhörung am Rande der komplizierteren 9/11-Ermittlungsfragen einige offizielle Vertreter zu einem aufklärenden Gespräch bitten. Kaffee und Kekse stellen wir, aber nur, wenn wir beides steuerlich geltend machen dürfen. Auskunft wird erbeten zur Frage, weshalb man angesichts eines gemeinsam geführten Krieges in Afghanistan meint, die durch das Pentagon in schwarze Kassen versickernden Billionen seien eine »innere Angelegenheit« unseres verbündeten Kriegsanführers.

Vorzuladen:

- Die Wirtschafts- und Finanzminister der westlichen Welt
- US-Finanzminister Timothy Geithner
- Friedensnobelpreisträger Barack Obama

Auf den Schirmen, unter dem Teppich

22 Manöver jenseits der Vorstellungskraft

Dass Selbstmordattentäter Flugzeuge entführen und ungehindert in Gebäude steuern konnten, lag nicht zuletzt an einem »Mangel an Vorstellungsvermögen«[1] seitens des Militärs, der Regierung und der für die Sicherheit der USA zuständigen Behörden.

Wir hatten bereits an anderer Stelle ausführlich dokumentiert, dass das terroristische Entführungsszenario nicht einmal außerhalb der Vorstellungskraft von durchschnittlich begabten Fernseh- und Kinomachern lag,[2] geschweige denn außerhalb der Vorstellungskraft der Nationalen Sicherheitsberater Richard Clarke und Condoleezza Rice.[3] Hier wollen wir daher lediglich festhalten, dass das US-Militär und andere Behörden den »unvorstellbaren« Fall 9/11 regelmäßig und fast gewohnheitsmäßig schon vor dem 11. September simulierten – sowie besonders gründlich am 11. September selbst, wenngleich die zahlreichen an diesem Tag stattfindenden Übungen im *Commission Report* keine Erwähnung fanden (außer in einer kurzen Fußnote auf Seite 452, in der man lapidar eine einzige der Übungen erwähnte und festhielt, diese habe die Reaktion der US-Luftabwehr um höchstens 30 Sekunden verzögert).[4]

Die im Anhang IV als Faksimile enthaltene Aufstellung der NORAD-Übungen zwischen 1998 und 2001 stammt aus den Archiven der 9/11-Commission. Aus dieser Liste geht unter anderem hervor, dass der Umgang mit Selbstmordterroristen an Bord von Flugzeugen bereits seit 1999 »geübt« wurde, ebenso wie die Reaktion der zuständigen Behörden: Videokonferenzen, initiiert vom National Military Command Center (NMCC) des Pentagon, das Abfangen von entführten Maschinen sowie praktisch alles andere, was dann am 11. September merkwürdigerweise nicht funktionierten sollte. Überdies widerlegt die Übungsübersicht die Behauptung der Autoren des *Commission Report*, das Militär habe, wenn überhaupt, grundsätzlich nur mit Bedrohungen von außen gerechnet, also durch entführte Interkontinentalflugzeuge. Dass diese Behauptung nicht zutraf, wussten die Mitglieder der Kommission allerdings schon, bevor ihnen die Liste vorlag, aus ihren eigenen Befragungen des Militärs.

Im Rahmen der im Juli 2001 bereits für Juni 2002 vorbereiteten NORAD-Übung Amalgam Virgo sollte die gleichzeitige Entführung zweier Inlandsflüge simuliert werden. Die Rolle der »Terroristen« sollten hierbei FBI-Agenten und kanadische Polizisten übernehmen, Militärbedienstete sollten als »Passagiere« fungieren.[5] Vor der Kommission erläuterte NORAD-Generalmajor Craig McKinley hierzu, Details wie die Tötung von Geiseln oder Abstürze der Maschinen habe man den »Skriptautoren« überlassen, um Kreativität und Krisenmanagement der Übungsteilnehmer auf die Probe zu stellen. Kommissionsmitglied Richard Ben-Veniste merkte an, diese geplante Übung zeige – entgegen NORADs wiederholten Behauptungen –, dass das Militär sich durchaus mit der Möglichkeit gleichzeitig gekaperter Inlandsflüge befasst habe.[6] Im *Commission Report* findet sich davon allerdings nichts.

Die im Anhang angeführte lange Liste der Übungen ist indes alles andere als vollständig, denn sie umfasst nur die Übungen des NORAD. Das Verteidigungsministerium und andere Behörden übten parallel, das DoD unter anderem im Oktober 2000. Simuliert wurden der Einschlag einer Passagiermaschine ins Pentagon (341 Tote) sowie, in Zusammenarbeit mit Krankenhäusern und zivilen Einrichtungen in Washington, die Folgen in Sachen Versorgung und Evakuierung der Opfer.[7]

Keine 14 Tage vor dem Ernstfall, am 30. August 2001, übte dann auch das US-Verkehrsministerium den Ernstfall entführter Flugzeuge und Warnanrufe vom Handy aus.[8] Als das DoT in den Tagen nach 9/11 in Sachen Transport und Verkehr gefordert war, machten die Mitarbeiter ihre Sache entsprechend gut.

Ein »Mangel an Vorstellungskraft« im Vorfeld?

Halten wir doch hier sicherheitshalber lediglich fest, dass man trotz der vielen Übungen von 1999 bis 2001 ausgerechnet das dann tatsächlich eintretende Szenario angeblich für wenig wahrscheinlich hielt. Dennoch verdient besondere Beachtung, was alles am Anschlagtag selbst geübt und simuliert wurde. Denn das zeugt nicht nur von beachtlicher Vorstellungskraft, sondern wirft auch einige entscheidende Fragen auf.

Gesichert ist inzwischen (unter Weglassung etlicher kleinerer Übungen und ohne Anspruch auf Vollständigkeit des umfangreichen Gesamtprogramms[9]):

Die Militärübung Northern Vigilance begann am 9. September und sollte am Abend des 11. September enden. Für die Übung wurden auch Kampfjets, die normalerweise im nordöstlichen Sektor der USA patrouillierten (also in dem am 11.9. tatsächlich angegriffenen Gebiet), nach Nordkanada und Alaska verlegt. Northern Vigilance war eine Reaktion auf eine russische Übung vom 10. bis zum 14. September, in deren Rahmen Langstreckenbomber auf das Nordterritorium der USA zufliegen sollten.

Die parallelen Übungen Vigilant Warrior und Vigilant Guardian fanden am 10. sowie 11. September statt (respektive wurden nach dem ersten Anschlag am Morgen des 11. September abgebrochen, wobei unklar bleibt, wann genau).[10] Hierbei handelte es sich offensichtlich um klassische War Games (Angreifer = Warrior gegen Verteidiger = Guardian), inklusive einer »Live-Fly-Übung« mit echten Maschinen,[11] die im Rahmen der Übungen als »entführt« zu gelten hatten. Mutmaßlich waren sowohl im Rahmen dieser Übungen als auch der Northern Vigilance »Inserts« vorgesehen, also simulierte Radarpunkte auf zivilen wie militärischen Radarschirmen (→ *Kap. 23*). Was die verwirrte Frage teilnehmender Militärs am Morgen des 11. September erklärt: »Ist das echt oder Teil der Übung?«[12]

Bereits voll im Gange war zu diesem Zeitpunkt die vierte groß angelegte Militärübung, nämlich Global Guardian. Diese Übung, alljährlich durchgeführt und alle strategischen Kräfte der USA umfassend, wurde vom militärischen Oberkommando der USA unter Admiral Richard W. Mies geleitet, von der STRATCOM-Basis Offutt in Nebraska aus. Ebenso wie Vigilant Warrior war Global Guardian im März 2001 vorverlegt worden, vom sonst jedes Jahr üblichen Oktober-Termin auf den 11. September. Weshalb, ist nicht bekannt.

Ebenso wenig ist bekannt, was genau das strategische Oberkommando der USA an diesem Tag übte. Bekannt ist hingegen, dass der »Commander in Chief« – George W. Bush – am frühen Nachmittag die Übungszentrale besuchte, also die STRATCOM-Basis in Offutt, statt direkt von Florida aus nach Washington zurückzufliegen.

Eine weitere Übung veranstaltete gleichzeitig das Hauptquartier des National Reconnaissance Office (NRO) in Chantilly, Virginia, 24 Meilen vom Pentagon entfernt gelegen. Das NRO, zuständig für das militärische Satellitenprogramm der USA und die möglichst gründliche Überwachung der Welt von oben, ist dem Verteidigungsministerium und der CIA unterstellt. (Alle Details unterliegen bis heute der Geheimhaltung. Wie groß der Anteil der NRO am jährlichen 500- bis 600-Milliarden-Dollar-Budget des Pentagon ist, entzieht sich der öffentlichen Kenntnis.) Am Morgen des 11. September 2001 simulierte das NRO den Einschlag eines Privatjets in einen der vier Türme auf dem eigenen Gelände. (Das gedachte Flugzeug, ein aus Washington-Dulles gestarteter Learjet, sollte um 9:32 Uhr beim NRO »einschlagen«, also fünf Minuten bevor in der Realität ein aus Washington-Dulles gestartetes Flugzeug ins Pentagon knallte.[13]) Alle NRO-Mitarbeiter wurden im Rahmen der Übung evakuiert. Nachdem sich herausstellte, dass aus der Übung Ernst geworden war, kehrten allerdings nur wenige der insgesamt 3000 NRO-Beschäftigten an ihre Arbeitsplätze zurück. Bis auf einen kleinen Kreis von »most essential employees« wurde die Belegschaft offiziellen Angaben zufolge nach Hause geschickt.[14] Radaraufzeichnungen des NRO für den Zeitraum des Anschlags liegen daher angeblich nicht vor – respektive unterliegen der Geheimhaltung.[15]

Simuliert wurde aber nicht nur in Chantilly, sondern gleichzeitig auch auf der Army Base Fort Belvoir, zwölf Kilometer entfernt vom Pentagon. Dort übte man ab 8:30 Uhr für den Notfall Rettung und Versorgung von Verletzten, was sich eine Stunde später als außerordentlich hilfreich erwies, nachdem das nahe gelegene Pentagon von einem Flugobjekt getroffen worden war.[16]

Etwas weiter entfernt, aber ebenfalls an passendem Ort, nämlich in Manhattan, wurde zur gleichen Zeit die Übung Tripod II vorbereitet, eine groß angelegte Simulation des terroristischen Ernstfalls für den Morgen des 12. September – wenngleich nur des vergleichbaren Ernstfalls nach einem Angriff mit Biowaffen.[17] Obwohl die Übungs-Notfallzentrale sich eigentlich hätte im World Trade Center 7 befinden sollen (das Gebäude war extra als Kommandozentrale für eben diese Notfälle ausgestattet), wich man auf den Pier 92 aus. Was sich als Glücksfall erwies, da WTC 7 am Nachmittag zusammenbrach, ohne von einem Flugzeug getroffen worden zu sein (→ *Kap. 34, 35*).

Die Federal Emergency Management Agency (FEMA), das »Technische Hilfswerk« der USA, war jedenfalls wegen der Tripod-Übung bereits in ausreichender Personalstärke vor Ort. Und konnte so – gottlob – sehr schnell reagieren, helfen, Verletzte versorgen und ohne Verzögerung mit dem Abtransport der World-Trade-Center-Trümmer beginnen.

Halten wir fest: Es fällt nicht leicht, bei diesem Übungseifer den Autoren des *Commission Report* zuzustimmen und Militär, DoD und diversen anderen Behörden einen »Mangel an Vorstellungsvermögen« zu attestieren. Allerdings ist die Diskussion, die Verschwörungstheoretiker und Freunde der offiziellen Theorie erbittert führen, wenig zielführend. Denn die Frage, ob die zahlreichen Übungen die Reaktion der US-Verteidigung verlangsamten oder im Gegenteil beschleunigten, ist bestenfalls zweitrangig.

Entscheidend ist: Hier übten nicht zwei Züge der freiwilligen Feuerwehr Brandenburg, sondern praktisch das gesamte US-Militär sowie etliche zivile Behörden – und das gleichzeitig, am 11. September. Da nun sogar die freiwillige Feuerwehr Brandenburg dringend gehalten ist, sich im Übungsfall abzustimmen (intern sowie mit Polizei, Krankenhäusern und Hilfswerken), damit nicht am Ende alle gleichzeitig üben und sich keiner um gleichzeitige Ernstfälle kümmern kann, dürfen wir davon ausgehen, dass erst recht die umfangreichen US-Übungen im Vorfeld gründlich abgestimmt waren.

Die entscheidende Frage lautet daher: Von wem? Wer koordinierte die Übungen von Militär, staatlichen und zivilen Behörden? Wieso wurden die normalerweise im Oktober stattfindenden Militärübungen ein halbes Jahr vor den Anschlägen vorverlegt? Und wieso alle ausgerechnet auf den gleichen Tag, den 11. September 2001?

Einfach so? Aus Jux und Dollerei? Ein alles umfassender – Zufall?

Wir sind gespannt auf die Antworten.

Und üben solange, notgedrungen, nämlich uns in Geduld.

Vorzuladen:

- Donald Rumsfeld
- Dick Cheney
- Condoleezza Rice
- Dazu Militärvertreter, NRO-Vertreter, CIA-Vertreter, die sich erinnern können: Wer von den Genannten war zuständig, welche Behörde, welche Person? Woher kamen die Anweisungen? Aus dem Weißen Haus? Vom National Security Advisor? Von der FEMA? Von der CIA? Und: weshalb die koordinierte Verlegung aller Termine auf den 11. September?
- Admiral Richard W. Mies (STRATCOM): Was fand im Rahmen der Übung Global Guardian statt, wann wurde

die Übung beendet? Um 10:44 Uhr (dem – wie gemeldet – formalen Ende), bereits um 9:03 Uhr oder nach dem Pentagon-Anschlag um 9:38 Uhr? Und umfasste die Übung – wie einige Übungen in der Vergangenheit – »simulierte Ziele« auf den Radarschirmen von Fluglotsen?

23 Das Militär: zu spät informiert

Es gab keine »Stand-Down-Order«. Dass keiner der entführten Flüge rechtzeitig von Kampfjets erreicht wurde, hatte ausschließlich mit Kommunikationsproblemen zwischen zivilen Lotsen und Militär zu tun. Das Militär erfuhr von den jeweiligen Entführungen zu spät, um noch reagieren zu können.

Dass zwischen dem Beginn der Entführungen (um 8:14 Uhr) und ihrem Ende (um 10:03 Uhr) fast zwei Stunden vergingen und keiner der Kamikaze-Passagierjets binnen dieser zwei Stunden von Abfangjägern auch nur erreicht wurde, lässt sich nach Ansicht von Skeptikern nicht anders erklären als mit einer »Stand-Down-Order«, also einem Befehl »von oben«, den Attentatsmaschinen keine Jets hinterherzuschicken.

Verfechter der offiziellen Darstellung hingegen verweisen auf die abschließende Darstellung der Kommission, der zufolge das Militär zu keinem Zeitpunkt eine Chance hatte, die jeweils entführten Flüge zu erreichen, da die zivilen Lotsen die NEADS/NORAD-Verantwortlichen zu spät informierten, zudem das NEADS-Radar »nach außen gerichtet« und obendrein zu alt war, um die Maschinen orten zu können, und generell beträchtliche Verwirrung herrschte.

Die zivilen Lotsen weisen den Vorwurf zurück, sie hätten das Militär zu spät benachrichtigt. Zur Verantwortung gezogen wurde jedenfalls hier wie dort – niemand.

Die Positionen von »offiziellen« und »skeptischen« Verschwörungstheoretikern sind bis heute diametral entgegengesetzt. Ehe wir nun einen Versuch unternehmen, Vereinbarkeit herzustellen – und die entscheidenden Zeugen dazu vorladen –, fassen wir die endgültige offizielle Darstellung und die Kommentare dazu kurz zusammen.

Die endgültige offizielle Version[1]

Ab 8:14 Uhr reagierte das Cockpit des Fluges American 11 nicht mehr auf Anweisungen der Bostoner Lotsen, auf 35 000 Fuß Flughöhe zu steigen. Die Lotsen mussten daher schon ab 8:15 Uhr davon ausgehen, dass etwas an Bord nicht stimmte, spätestens einige Minuten Funkstille später von einem ernsten Problem. Um spätestens 8:25 Uhr gingen die Bostoner Lotsen aufgrund eines Funkspruchs unbekannter Herkunft (»We have some planes«)[2] davon aus, dass Flug American 11 entführt worden war. Die Meldung von einer möglichen Entführung erreichte das Militär allerdings erst 13 Minuten später, um 8:38 Uhr; NEADS versetzte daraufhin zwei F-15-Jets auf der Basis Otis, Massachusetts, in Gefechtsbereitschaft. Der Befehl zum Aufsteigen – ein folgenloser Verstoß gegen die geltenden Dienstvorschriften (→ *Kap. 19*) – wurde um 8:46 Uhr erteilt, um 8:53 Uhr waren die Maschinen in der Luft.

Unterdessen hatten die NEADS-Radarexperten seit 8:38 Uhr versucht, American 11 auf ihren Radarschirmen zu orten, allerdings erfolglos. So wusste niemand, wohin die Abfangjäger fliegen sollten, weshalb man sie zunächst östlich von Long Island über dem Meer kreisen ließ, von 9:09 Uhr bis 9:13 Uhr.

Um 8:46 war der für das Militärradar unsichtbare Flug AA 11 ins World Trade Center gerast.

Um 9:03 wurde das Militär von den zivilen Lotsen in New York informiert, Flug United 175 sei möglicherweise entführt worden. Genau in dieser Minute schlug die Maschine in den Südturm des WTC ein.

Um 9:13 Uhr verließen die Abfangjäger aus Otis ihre Warteschleife vor der Küste und flogen nach New York, wo sie um 9:25 Uhr eintrafen und über der Stadt patrouillierten.

Auf der Basis Langley (unweit des Pentagon) standen um 9:09 Uhr zwei weitere Abfangjäger gefechtsbereit, um gegebenenfalls die Jets über New York zu verstärken oder abzulösen. Das Militär hatte bis dahin keinen Hinweis auf weitere möglicherweise entführte Flüge bekommen.

Um 9:21 Uhr meldete die Lotsen aus Boston, Flug American 11 befinde sich noch in der Luft und auf dem Weg nach Washington. Die Abfangjäger aus Langley starteten um 9:30 Uhr, um diesem »Phantomflugzeug« (→ *Kap. 24*) entgegenzufliegen.

Um 9:34 Uhr erfuhr das Militär, Flug American 77 werde vermisst. Die FAA bat das Militär zu keinem Zeitpunkt um Unterstützung wegen dieses Fluges.

Um 9:36 Uhr wurde dem Militär gemeldet, ein unidentifizierbares Flugzeug nähere sich dem Weißen Haus. Die von Langley aus um 9:30 Uhr gestarteten Jets befanden sich zu diesem Zeitpunkt wegen eines Missverständnisses über dem Atlantik, 150 Meilen entfernt von Washington. Die Jets wurden zurück nach Washington beordert.

Um 9:38 Uhr traf das zwei Minuten zuvor gemeldete Flugzeug das Pentagon.

Um 9:39 Uhr meldete die FAA dem Militär eine weitere Maschine als entführt, nämlich Delta Airlines Flug 1989. Die Maschine wurde vom Militärradar um 9:41 Uhr erfasst, NEADS verlor den Radarpunkt »89« zu keinem Zeitpunkt von den Schirmen und ließ widersprüchlichen Angaben zufolge Abfangjäger von den Basen Selfridge, Michigan, respektive Toledo, Ohio, aufsteigen, um den Flug abzufangen[3] – was sich dann allerdings als unnötig erwies, da die »Entführt«-Meldung sich als Irrtum entpuppte und Delta 1989 schließlich in Cleveland, Ohio, landete.

Um 10:07 Uhr informierte ein Verbindungsoffizier aus dem FAA-Center Cleveland das Militär, ein weiterer Flug, United 93, gelte als entführt. Diese Maschine war bereits um 10:03 Uhr in Pennsylvania abgestürzt.

Um 10:10 Uhr erreichten die Abfangjäger aus Langley Washington und patrouillierten über der Stadt.

Kurz: Das Militär wurde neun Minuten vor dem ersten Crash informiert, Flug AA 11 sei möglicherweise entführt worden. Das Militär wurde zu keinem Zeitpunkt vor dem zweiten Crash informiert, Flug UA 175 gelte als entführt. Das Militär wurde vier Minuten vor dem dritten Crash informiert, Flug AA 77 gelte als vermisst (nicht als entführt). Das Militär wurde zwölf Minuten nach dem Crash von United 93 informiert, der Flug gelte als entführt.

Weshalb das Militär in keinem der vier Fälle rechtzeitig Abfangjäger schicken konnte, um Schlimmeres zu verhindern.

Die inoffizielle Version

Dem Bostoner NORAD/FAA-Verbindungsoffizier Colin Scoggins zufolge war NEADS spätestens um 8:35 Uhr informiert, Flug AA 11 habe als entführt zu gelten (zwei bis drei Minuten früher als offiziell verlautet). Scoggins, militärischer Verbindungsoffizier in Boston, telefonierte im Lauf der folgenden zwölf Minuten praktisch ununterbrochen mit dem NEADS-Kommando und gab die Position des Radarpunktes exakt durch, den er auf den Bostoner Schirmen sehen konnte – eines Punktes, der direkt auf das Atomkraftwerk Indian Point am Ufer des Hudson River zuraste. NEADS konnte diesen Punkt trotz Scoggins' präziser Angaben auf den eigenen Radarschirmen nicht ausmachen und wusste daher nicht, wohin die startklaren Abfangjäger geschickt worden sollten. Erst um 8:45 Uhr, eine Minute vor dem Crash in New York, entdeckte NEADS-Master-Sergeant Joe McCain auf seinem Radarschirm ein mit hohem Tempo auf New York zufliegendes Objekt, 20 Meilen nördlich von Manhattan.[4] Allerdings war dies *nicht* das Objekt, das Scoggins die ganze Zeit beschrieben hatte, denn der, telefonisch mit McCain verbunden, sah nun *zwei* Objekte, vier Meilen voneinander entfernt, auf gleichem Kurs.[5]

Laut ursprünglicher NORAD-Response-Timeline (vom 18. September 2001) wusste das Militär bereits um 8:43 Uhr vom zweiten entführten Flug (United 175), der sich auf dem Weg nach New York befand. Es blieb daher ausreichend Zeit, Jets zu schicken. NORAD korrigierte sich später, man habe doch nichts gewusst, jedenfalls nicht um 8:43 Uhr. Sondern erst um 9:03 Uhr, also dem Augenblick, in dem die Maschine den WTC-Südturm traf.

Die Lotsen in Boston bemerkten um 8:51 Uhr, dass UA 175 Kurs und Transpondercode (→ *Kap. 28*) gewechselt hatte. Laut *Commission Report* diskutierten die Lotsen dies aber nun lediglich untereinander – obwohl fünf Minuten zuvor ein Flugzeug ins World Trade Center gerast war – und konnten sich zunächst nicht entschließen, das Militär zu benachrichtigen, weshalb dies erst um 9:03 Uhr geschah.

Kritiker wenden ein: Wäre das so gewesen, wieso wurden dann die zuständigen Lotsen nicht gefeuert?

Um 8:54 Uhr verschwand Flug AA 77 an der Grenze nach Ohio spurlos vom Radar. Die zuständigen Lotsen (in Indianapolis) fanden die Maschine nicht wieder und hielten sie für abgestürzt oder gelandet. Sie benachrichtigten daher erst um 9:24 Uhr das Militär – wie NORAD-Colonel Alan Scott 2003 im Commission-Hearing unter Eid zu Protokoll gab. Es blieben demnach 14 Minuten, um American 77 abzufangen. Allerdings hätte man die Langley-Jets dann nicht übers Meer schicken dürfen, sondern nach Westen, American 77 entgegen.

Der *Commission Report* korrigierte die zweite Timeline der Militäroberen von 2003 und stellte 2004 abschließend fest: Es gab überhaupt keine Meldung der FAA in Sachen American 77. Gesucht wurde – ab 9:24 Uhr – nicht American 77, sondern »Phantomflug 11« (→ *Kap. 24*), die irrtümlich als noch in der Luft befindlich gemeldete American 11, die urspünglich bereits um 8:46 Uhr von den Radarschirmen verschwunden war. American 77 wurde zu keinem Zeitpunkt als entführt gemeldet.

Die Skeptiker beeindruckte all das nicht, denn es blieb ja dabei: Binnen zwei Stunden war es der US-Luftabwehr nicht gelungen, auch nur eine der entführten Maschinen einzuholen. Was vorher immer geklappt hatte. Schließlich hatte NORAD doch in den Jahren vor 2001 verdächtigen Flugzeugen gewohnheitsmäßig Abfangjäger hinterhergeschickt. Militärvertreter erwiderten, diese Abfangmanöver hätten stets über dem Meer stattgefunden, nicht über US-Territorium, und von außen kommenden (Schmuggler-) Flugzeugen gegolten. Denn über dem Boden der USA habe niemand damit gerechnet, überhaupt jemals Flugzeuge abfangen zu müssen. Weshalb auch das NORAD-Radar nach außen gerichtet gewesen sei, nicht nach innen. Weshalb man die verdächtigen Flüge allesamt nicht auf den eigenen Radarschirmen gesehen habe. Beziehungsweise nicht einmal dann hätte sehen können, wäre man von der FAA rechtzeitig informiert worden.

Worauf die Skeptiker erwiderten, 1999 sei es NORAD doch möglich gewesen, binnen 16 Minuten den vom Kurs abgekommenen Privatjet des Golfers Payne Stewart abzufangen. Worauf die Vertreter der offiziellen Theorie erwiderten, mit »Skeptikern«, die nicht einmal wüssten, dass die USA über mehrere Zeitzonen verfügt, lohne sich keine Diskussion.[6]

Nach Ansicht der »Offiziellen« sind die Skeptiker also Knallköpfe. Die zivilen Lotsen waren überfordert – was Wunder bei dem Chaos, das sich am Himmel abspielte. Das Militär konnte nicht eingreifen. Ende der Durchsage.

Nach Ansicht der Skeptiker lügen die Militärverantwortlichen, dass sich die Balken biegen. Natürlich sahen diese die Maschinen auf den Radarschirmen. Und ignorierten die Meldungen der Lotsen. Und ließen ihre Jets am Boden stehen oder schickten sie absichtlich in die falsche Richtung.

Das Problem ist: Diese besondere Verschwörungstheorie braucht in der Tat einen ganzen Haufen Lügner und Mitwisser. Sowie eiserne Schweiger. Unter den zivilen Lotsen, erst recht aber unter den militärischen Radarbeobachtern. Sowie lügende Piloten. Und deren Einsatzleiter. Und deren

Vorgesetzte. Von ganz unten bis ganz oben in den Befehlsketten.

Dass niemand rechtzeitig eingreifen konnte, erscheint dennoch als unwahrscheinlich. Denn es bleibt ja dabei: Binnen der fast zwei Stunden, die der Angriff dauerte, gelang es dem Militär nicht, wenigstens eine der Terrormaschinen zu erreichen. Und wenigstens zwei dieser Maschinen waren jeweils über eine halbe Stunde lang auf falschem Kurs unterwegs gewesen.

Wenn nicht eine groß angelegte Stand-Down-Verschwörung der Grund hierfür war, was dann?

Disconnecting the dots

Die Erklärung, die wir im Folgenden anbieten, unterscheidet sich in mancher Hinsicht von den diversen offiziellen und weniger offiziellen Erklärungsversuchen für das mysteriöse Versagen von FAA und NORAD am 11. September. Vor allem kommt sie ohne Verschwörer aus, ohne mutwilliges Verzögern, ohne Lügner, ohne Fälscher und ohne Inkompetenz. Dennoch ist sie eine Zumutung, denn ihre wenigstens theoretische Erwägung erfordert einen Gedankensprung, der nicht ohne weiteres zu bewerkstelligen ist – einen Gedankensprung, den der geneigte Betrachter allerdings wagen muss, will er sich der wahrscheinlichsten Erklärung für diesen entscheidenden Aspekt des Falles 9/11 nähern.

Halten wir sicherheitshalber fest: Wir wissen, dass am 11. September vier Passagiermaschinen ihre Transponder ausschalteten (Flug AA 11, AA 77 und UA 93) respektive den zugewiesenen Code doppelt änderten (Flug UA 175), dramatisch vom Kurs abwichen, teilweise von den Radarschirmen ganz verschwanden und den Funkkontakt zum Boden abrupt abbrachen. Keine der Maschinen sendete einen »Notfall«-Code (den pflichtgemäß in den Transponder einzugeben die jeweiligen Piloten nur eine Sekunde Zeit gekostet hätte).

Niemand weiß, was genau an Bord der Maschinen geschah. Nicht genug damit, dass die Schilderungen der von Bord aus berichtenden Zeuginnen und Zeugen widersprüchlich sind, erschwerend kommt hinzu, dass an der Absturzstelle in New York keiner der unzerstörbaren Flugschreiber oder Cockpit-Voice-Recorder geborgen werden konnte. Der in den Pentagon-Trümmern gefundene Cockpit-Voice-Recorder enthielt laut FBI-Chef Robert Mueller »nichts Nützliches«[7] und wurde im Abschlussbericht der 9/11-Commission gar als »not recoverable« deklariert. Lediglich aus der zuletzt in Pennsylvania abgestürzten Maschine (United 93) konnten beide Black Boxes sichergestellt werden (die halbstündige Aufzeichnung des Voice Recorder wurde indes bis heute nicht freigegeben, mit Hinweis auf laufende FBI-Ermittlungen). Auch konnten die sterblichen Überreste der Hijacker nicht zweifelsfrei identifiziert werden, sondern bestenfalls (in Washington und Shanksville) per Ausschlussverfahren. Zudem hatten die zuständigen Lotsen keine der abgestürzten Maschinen zum Zeitpunkt ihres Verschwindens von den Radarschirmen eindeutig identifiziert.

Streng genommen – und »streng« ist an dieser Stelle entscheidend – fehlt damit also jeder eindeutige Beweis, dass die gestarteten Flugzeuge mit den abgestürzten Flugzeugen identisch waren.

Betrachten wir dies im Zusammenhang mit der heillosen und unerklärlichen Verwirrung, die am Morgen des 11. September bei zivilen wie militärischen Lotsen herrschte, und rufen wir uns zudem in Erinnerung, dass an eben diesem Morgen eine ganze Reihe von Luftwaffen- und Militärübungen in vollem Gange war (→ *Kap. 22*), in deren Rahmen »Übungsmaschinen« in der Luft waren sowie mittels »Inserts« auf Radarschirmen der Ernstfall »entführte Passagiermaschinen« überzeugend simuliert werden sollte. Dann können wir uns allmählich einer Erklärung nähern, die einerseits sämtliche »Versager« auf ziviler wie militärischer Seite vollständig entlastet und andererseits keinerlei Raum lässt für hanebüchene Verschwörungstheorien.

Gehen wir also versuchsweise und bislang beispiellos davon aus, dass weder zivile Lotsen noch die Vertreter des Militärs lügen. Gehen wir stattdessen davon aus, dass wir es mit Unschuldigen zu tun haben. Mit ehrlichen Menschen, die versuchten, ihren Job zu machen. Menschen, die allesamt nicht für die CIA arbeiten.

Flug AA 11: Wie in den Tagen nach dem Anschlag ausführlich dokumentiert und berichtet, bemerkten die zivilen Lotsen in Boston vor 8:28 Uhr keinerlei Kursabweichung des Fluges American 11.[8]

Um 8:22 Uhr schaltete American 11 den Transponder aus. Damit wurde die Maschine unidentifzierbar – ein einfacher Punkt auf dem Radar, ohne Kennung, ohne Angaben zu Höhe oder Geschwindigkeit.

Unmittelbar nach dem Abschalten des American-11-Transponders begann ein unidentifizierbarer Radarpunkt auf den Schirmen der Controller in Boston südwärts zu wandern. Die Flugbegleiterinnen, die von Bord des Fluges AA 11 aus die American-Airlines-Zentrale anriefen, erwähnten keinen Kurswechsel, obwohl dieser abrupt und scharf hätte gewesen sein müssen (→ *Kap. 25*).

Die Bostoner Lotsen informierten das Militär von dem transponderlosen Radarpunkt und baten um Unterstützung. Die Militärlotsen bemühten sich, den verirrten Flug auf ihren eigenen Radarschirmen zu lokalisieren. Trotz exakter Positionsangaben aus Boston gelang ihnen dies nicht. Auf den Schirmen des Militärs erschien der gesuchte Punkt nicht, bis zuletzt.[9]

An »veraltetem Equipment« oder »nach außen gerichtetem Militärradar« lag das nicht, wie sich zeigte. Denn als um 9:39 Uhr der Flug Delta 1989 irrtümlich als entführt gemeldet wurde, fanden, wie bereits erwähnt, die Militärlotsen den dazugehörigen Radarpunkt sofort auf ihren Schirmen – und behielten ihn permanent im Auge, bis sich die »1989-entführt«-Meldung um kurz nach 10 Uhr als Fehlalarm entpuppte. Wir konstatieren daher: Es lag nicht am NORAD-Equipment.

Auf den FAA-Schirmen bewegte sich ein unidentifizierbarer Radarpunkt 20 Minuten lang von Nord nach Süd. Auf den NORAD-Schirmen nicht.

Dieses merkwürdige Phänomen sollte sich um 9:21 Uhr wiederholen, denn zu diesem Zeitpunkt taucht auf den FAA-Schirmen erneut ein nicht identifizierbarer Punkt auf – den man wiederum für Flug 11 hielt und den das Militär erneut nicht lokalisieren konnte. Aber dazu kommen wir gleich (→ *Kap. 24*).

Wenden wir uns zunächst – chronologisch – dem zweiten Flug zu.

Flug UA 175: Um 8:46 Uhr, im gleichen Augenblick, in dem das erste unidentifizierte Flugzeug ins WTC 1 raste, änderte United Airlines 175 ein paar Meilen weiter westlich seinen Transpondercode – zweimal. Der zuständige Lotse, zunächst abgelenkt durch den plötzlich verschwundenen

»11-Punkt«, bemerkte den neuen Transpondercode auf seinem Schirm erst um 8:51 Uhr, rief United 175 per Funk, die sich nicht meldete, aber weiterhin mit Transponder auf Kurs war und diesen Transponder bis 9:03 Uhr nicht abschaltete.[10]

Bis 8:52 Uhr hatten die Lotsen absolut keinen Anlass, das Militär zu benachrichtigen, denn UA 175 schien auf Kurs zu sein, mit eingeschaltetem Transponder. Beunruhigt waren sie aber trotzdem, denn unmittelbar nach dem doppelten Umschalten des Transponders von UA 175 erschien auf ihren Schirmen ein Flugzeug mit unbekannter Transponderkennung im Steigflug über Allentown, Pennsylvania, mit Kurs New York.[11] Niemand wusste, was das für eine Maschine war. Und ob es überhaupt »echter Verkehr« war. Denn der zuständige Lotse schien sich schon früh zu fragen, ob er es nicht stattdessen mit »Input« zu tun hatte. Verwirrt fragte er um 8:54 Uhr die Maschinen in der Nähe des ominösen Radarpunktes:

»Sehen Sie UAL 175 irgendwo? Und tun Sie mir einen Gefallen, Sie sehen das Ziel da mit [Transpondercode] 3321, das auf 335 [33 500 Fuß] steigt, weiß nicht, wer das ist … Wir haben hier möglicherweise eine Entführung, wir haben hier drüben gerade ein paar Probleme … Das kann echter Verkehr sein, keiner weiß es, ich kriege UA 175 momentan überhaupt nicht, und ich weiß nicht, wo der Flug hin ist.«[12]

Die Unterhaltungen der suchenden NEADS-Mitarbeiter wurden aufgezeichnet und veröffentlicht. Auf den Bändern ist ein nicht namentlich identifizierter Radartechniker zu vernehmen, der sagt: »I think this is good-damn input, to be honest«, worauf ein anderer erwidert: »Then this is a damn-messed up input!«[13]

Die Militärübungen (→ *Kap. 22*) waren zu dieser Zeit in vollem Gang. Wenigstens eine von ihnen umfasste simulierten »Input« – insertierte Radarpunkte auf den Schirmen.

Um 9:03 Uhr traf ein zweites zu diesem Zeitpunkt nicht identifiziertes Flugzeug den Südturm des WTC.

NORAD bestätigte später ausdrücklich, vertreten durch General Larry Arnold:

> »Tatsächlich wurde die Maschine später als möglicherweise entführt gemeldet, was … im Grunde nur zu weiterer Verwirrung führte, weil uns nicht klar war, welche Maschinen tatsächlich in die Türme gestürzt waren. Zu dem Zeitpunkt wussten wir nur, dass wir zwei Maschinen hatten, die in die Türme gestürzt waren. Und wir hatten zwei Maschinen, die als entführt gemeldet waren.«[14]

Eine dieser Maschinen, nämlich die später als Flug UA 175 deklarierte, raste mit einer Geschwindigkeit von 540 bis 580 Meilen pro Stunde in den Südturm des World Trade Center, obwohl die Höchstgeschwindigkeit einer Boeing 767 in »dünner Luft«, also in 35 000 Fuß Höhe, lediglich 480 Meilen pro Stunde beträgt und in wenigen hundert Meter Höhe maximal 380. Eine Erklärung für dieses Phänomen wäre, dass »Höchstgeschwindigkeit« ein äußerst dehnbarer Begriff ist. Eine alternative Erklärung wäre, dass eine leere Maschine deutlich schneller fliegt als eine Maschine voller Sitze, Passagiere und anderer Lasten. Piloten und maßgebliche Experten weisen jedenfalls seit Jahren darauf hin, die unmögliche Geschwindigkeit speziell dieser Maschine sei, in den Worten von Dwain Deets, dem jahrzehntelangen Leiter des Dryden Flight Research Center, der »Elefant im Zimmer«, den sämtliche Gäste bis heute hartnäckig ignorieren.[15]

Die vom Verlust zweier Maschinen betroffene Fluggesellschaft, United Airlines, konnte am 11. September 2001 erst um 11:55 Uhr bestätigen, ihr Flug 175 sei vermutlich ins World Trade Center gestürzt.

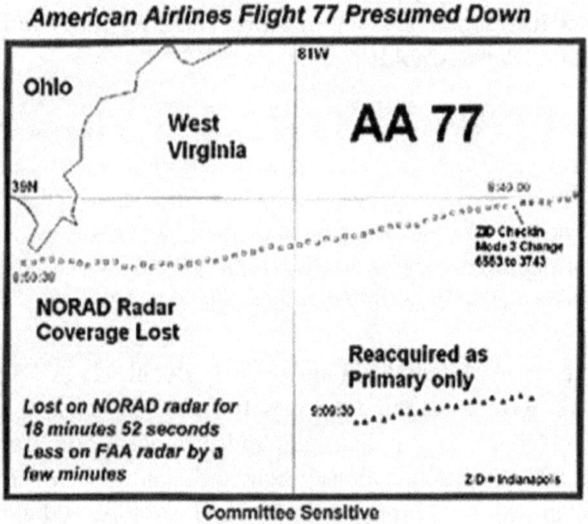

Aus den Archiven der 9/11-Commission: Oben die gesicherten Positionen des Fluges 77 bis zum Verschwinden um 8:50 Uhr. Unten ein mittels nachträglicher Datenanalyse durch die 84th Radar Evaluation Squad gefundenes, nicht eindeutig zu identifizierendes Flugzeug (nur Primärradar). Die Maschine, die das Pentagon traf, tauchte erst zwei Minuten vor dem Crash auf den Radarschirmen auf. (Quelle: www.scribd.com) 16

Flug AA 77: Der *Commission Report* hält fest, entgegen früherer Berichte sei das Militär zu keinem Zeitpunkt darüber informiert gewesen, dass Flug American 77 als entführt zu gelten habe. Was durchaus glaubhaft klingt, betrachtet man die Fakten. Flug AA 77, gestartet in Washington, flog 30 Minuten westwärts, verstummte abrupt um 8:51 Uhr und verschwand um kurz vor 9 Uhr an der Grenze zu Ohio vollständig von den Radarschirmen der zuständigen Lotsen in Indianapolis. Die Lotsen versuchten den Radarpunkt wiederzufinden und riefen das Cockpit weiter über Funk – erfolglos. Ab kurz nach 9 Uhr galt Flug 77 als notgelandet oder abgestürzt.

Die Lotsen sahen keinen Anlass, das Militär zu benachrichtigen, denn eine notgelandete oder gar abgestürzte Maschine braucht keine Abfangjäger. Um 9:09 Uhr, fast 20 Minuten nach dem Verschwinden des Fluges 77, erfuhren die zuständigen Lotsen aus der American-Airlines-Zentrale, Flug 11 sei offenbar ins WTC gestürzt. Dennoch benachrichtigte niemand das Militär wegen American Airlines 77, denn es gab weiterhin keinen Grund. Der Flug war gelandet oder abgestürzt, nicht entführt worden. Er war einfach weg – und niemand wusste, wohin.[17]

Keiner der zahlreichen weiteren Lotsen, die zwischen der vermuteten Notlandestelle oder Absturzregion und dem weit entfernten Washington den US-Luftraum überwachten, bemerkte an diesem Morgen irgend etwas Auffälliges auf seinen Schirmen, erst recht kein Flugzeug, das (mit oder ohne Transponder) in die falsche Richtung flog.

Alle Meldungen, die FAA hätte American 77 ab 9:24 Uhr als »entführt« gemeldet, erweisen sich im Nachhinein als falsch. Die FAA meldete stattdessen – irrtümlich – Flug 11 als »still airborne« (→ *Kap. 24*).

Um 9:34 Uhr tauchte dann aus heiterem Himmel südwestlich des Pentagon ein Flugzeug ohne Transponderkennung auf. Die vorher unsichtbare Maschine überflog ungehindert den am besten gesicherten Luftraum der

Welt, senkte sich in steilem Sinkflug in einer 330°-Kurve Richtung Pentagon (→ *Kap. 30*), überflog den Rasen, ohne ihn zu touchieren, mit einer Geschwindigkeit von mehr als 500 Meilen pro Stunde und wurde beim Aufprall in die lediglich fünf Stockwerke der gerade massiv erneuerten Hauswand, direkt über der Grasnabe, förmlich atomisiert (→ *Kap. 31*).

Flug AA 77 war um 8:57 Uhr in Ohio verschwunden. Kein Lotse sah die Maschine auf irgendeinem Radar, nirgendwo.

Um 9:34 Uhr tauchte ein Flugzeug nahe Washington auf und knallte vier Minuten später ins Pentagon.

Flug UA 93: United 93, um 8:28 oder 8:42 Uhr in Newark gestartet (→ *Kap. 26*), wurde, wie NORAD-Sprecher Colonel Scott im Mai 2003 unter Eid aussagte, bereits um 9:16 Uhr als entführt gemeldet, was laut *Commission Report* nicht stimmte, da United 93 zu diesem Zeitpunkt noch auf Kurs war und mit der Bodenkontrolle kommunizierte. Dennoch spricht die verwirrte Aussage des vereidigten Colonels Bände, denn der mysteriöse Flug UA 175 (siehe oben) sah anderen offenbar zum Verwechseln ähnlich. Zum Zeitpunkt, als Flug 175 seinen Transpondercode doppelt wechselte, befand die Maschine sich zufällig direkt über dem angeblich just gestarteten Flug UA 93 (→ *Kap. 28*). Anschließend befanden sich United 93 sowie eine dritte Maschine (Flug Delta 1989) auf genau dem Kurs, den auch Flug UA 175 eigentlich wählen sollte – allerdings verschwand offenbar einer der beiden Radarpunkte von den Schirmen, von 9:09 Uhr bis 9:27 Uhr, und es dauerte eine Weile, bis Lotsen und Militärs begriffen, was sie sahen. Oder eben auch nicht, denn um 9:27 Uhr meldeten die Bostoner Lotsen Flug Delta 1989 als vermisst – weshalb, ist bis heute unklar. »Entführt« wurde nämlich Minuten später United 93. Allerdings nie gemeldet. Colonel Scott erklärte entschuldigend, man habe wegen einer »ganzen Reihe« anderer gemeldeter »möglicher Entführungen« etwas den Überblick verloren.[18]

In der Tat. Wegen einer ganzen Reihe. Was sich schwerlich damit erklären lässt, dass an diesem Tag lediglich zwei oder drei Verkehrsmaschinen ihre Transponder ausschalteten und vom Kurs abwichen.

Um 9:41 Uhr, als UA 93 schließlich den Transponder ausschaltete und kurz darauf allem Anschein nach über Cleveland wendete, wurde wiederum Delta 1989 gemeldet, diesmal als entführt.[19] Die Liste der verdächtigen, unbekannten und möglicherweise entführten Flüge wurde länger und länger, am Ende standen elf Punkte an der FAA-Kreidetafel in Herndon, Virginia, alle mit Fragezeichen versehen. (Colonel Robert Marr sollte sich später erinnern, es seien insgesamt 21 Flüge als entführt gemeldet gewesen, General Larry Arnold sprach gar von 29.[20]) Ein TWA-Flug weigerte sich, Pittsburgh anzusteuern, ein Midwest-Express-Flug verschwand über West Virginia vom Radar, an Bord eines in Rockford gelandeten United-Fluges befand sich angeblich eine Bombe,[21] aber vor allem hatte man am Boden allergrößte Schwierigkeiten, »echten Verkehr«, »Übungsmaschinen« und »Inserts« auseinanderzuhalten.

Was die Übungsmaschinen betrifft, erklärte Colonel Alan Scott vor der Untersuchungskommission: »Und es gab Meldungen über weitere Maschinen, während wir anfingen, andere Flugzeuge umzuleiten, die an diesem Tag nur zu Übungszwecken draußen waren.«[22]

Immerhin: Die Übung wurde also allmählich beendet, gegen 10 Uhr. Was allerdings die irreführenden Inserts betraf, waren inzwischen auch die militärischen Radarüberwacher zunehmend vergrätzt. Denn nachdem man anfangs die »Anschläge« für einen Teil der an diesem Tag stattfindenden Übungen gehalten hatte,[23] war spätestens mit dem live übertragenen Einschlag eines Flugzeugs ins WTC um 9:03 Uhr klar, dass nicht alle »Inserts« nur auf den Schirmen von zivilen Lotsen herumflogen.

Die veröffentlichten Tonbandaufzeichnungen aus der NEADS-Zentrale belegen, dass allerorten Techniker ihre Kollegen aufforderten, ihre »Sim-Schalter« umzulegen, um »den Scheiß« loszuwerden (»You know what, let's get rid of this goddamn sim. Turn your sim switches off. Let's get rid of that crap.«[24]), d.h. allen künstlichen Input zu löschen – was aber offensichtlich nicht zum gewünschten Ergebnis führte, nämlich Klarheit.

Noch um 10:12 Uhr erreichen NEADS Anrufe aus der Kommandozentrale in Cheyenne Mountain, man solle alle »exercise inputs« beenden,[25] und auf den veröffentlichten NEADS-Bändern hört man nach dem Absturz der letzten »Terrormaschine« um 10:08 Uhr einen Radartechniker raunen: »Wenn das ein Übungs-Input ist, ist es aber ein guter.«[26] Welchen der »Inputs« der Soldat meint, ist unklar. Dem Zeitpunkt nach zu urteilen, nicht den ersten (Flug AA 11), sondern den letzten, den gerade »abgestürzten« Flug UA 93.

Zusammenfassung: Schon unmittelbar nach dem Übungstag ließ sich konstatieren:

»Die Verwirrung nahm derartige Formen an, dass die FAA gegenüber Beamten des Weißen Hauses, die Präsident Bush nach Washington zurückbringen wollten, einräumen musste, man könne den Verbleib von sieben Maschinen nicht erklären. Vier dieser Maschinen stellten sich am Ende als die abgestürzten heraus – aber es sollte eine Weile dauern, das zu klären. Noch beunruhigender aber war, dass die FAA weitere anderthalb Stunden brauchte, drei weitere Maschinen auszuweisen.« [27]

Sieben Maschinen? Verbleib ungeklärt? Und vier dieser sieben »Verbleib-unbekannt«-Maschinen im Nachhinein als »abgestürzt erklärt«, teilweise trotz fehlender Black Boxes an den Unfallstellen (respektive trotz des Fehlens eindeutig zuzuordnender Flugzeugteile an den Unfallstellen in New York, Washington und Shanksville) – drei weitere »Verbleib-unbekannt«-Maschinen noch Stunden später »ungeklärt«? Wieso? Und: welche?

Was bleibt?

Flugzeuge waren verschwunden. Flugzeuge waren in Gebäude geflogen. Folglich mussten die verschwundenen Flugzeuge jene gewesen sein, die die Gebäude trafen? Das ist keine Kausalkette.

Festzuhalten bleibt: Auf den Radarschirmen der Bostoner Lotsen war allem Anschein nach ein insertierter Radarpunkt zu sehen – »Flug 11« –, der sich auf den Schirmen des Militärs zu keinem Zeitpunkt zeigte, weder zwischen 8:26 Uhr und 8:46 Uhr noch im späteren Verlauf des Vormittags, um 9:21 Uhr, als »Flug 11« erneut gemeldet wurde, diesmal als »Phantomflug 11« (→ *Kap. 24*). Flug 77 verschwand um kurz vor 9 Uhr in Ohio und ward nie mehr gemeldet oder gesehen. Zwei Minuten vor dem Pentagon-Crash um 9:37 Uhr tauchte nahe Washington eine unidentifizierte Maschine auf.

Nachdem die vorzuladenden Zeugen dies nochmals bestätigt haben, hoffen wir, »Stand-Down«-Vermuter und Militär-Verteidiger einstweilen mit dem Nachweis versöhnt zu haben: Es lügen weder die Lotsen noch die Radartechniker des Militärs noch die Piloten der Abfangjäger, denn sie konnten nicht wissen, dass sie es mit Inserts und Übungsmaschinen zu tun hatten, und sie hatten daher praktisch keine Chance, die Anschläge zu verhindern.

Auf wessen Geheiß Inserts und Übungsmaschinen für diese Verwirrung sorgten, wird mit den Zeugen zu klären sein. Sowie den Übungsleitern (→ *Kap. 22*).

Vorzuladen:

- NEADS/FAA-Verbindungsoffizier Colin Scoggins
- Joe McCain (NEADS), der eine Minute vor dem Einschlag eines Flugzeuges ins WTC 1 einen sich rasch bewegenden Radarpunkt 20 Meilen nördlich von New York entdeckte, der nicht Flug AA 11 darstellte
- Kevin Nasypany (diensthabender NEADS-Abschnittsleiter am 11. September) und seine NORAD-Radartechniker
- Sämtliche zuständigen Lotsen aus Boston, Washington, Cleveland und Indianapolis. Ab wann vermutete man, es mit Übungs-»Inserts« zu tun zu haben? Erst ab 10 Uhr, wie überall im »System«, oder schon um 8:30 Uhr, als die ersten merkwürdigen Punkte auftauchten? Hatte es vorher schon Übungen mit »Inserts« gegeben?

24 Das Gespenst: Phantomflug AA 11

Ein »Phantomflugzeug« verwirrte die gesamte US-Luftabwehr so nachhaltig, dass kein einziger Abfangjäger rechtzeitig in Richtung der tatsächlich gesuchten Maschinen aufsteigen konnte.

Dieses »Phantomflugzeug« ist wesentlich für die bis heute historische Version des 11. September, denn ohne das

Phantom bliebe das vollständige Versagen der US-Luftabwehr komplett unerklärlich.

Daher rekapitulieren wir den Stand der Dinge. Nach einer Meldung aus bis heute unbekannter Quelle[1] benachrichtigte die Flugleitstelle Boston um 9:21 Uhr das Militär (NEADS), Flug American 11 befinde sich noch immer in der Luft und fliege auf Washington zu. Das Militär zeigte sich ob dieser Meldung komplett überrascht, denn man ging bis zu diesem Zeitpunkt davon aus, dass Flug AA 11 um 8:46 Uhr ins New Yorker World Trade Center gestürzt sei. Colin Scoggins, der militärische Verbindungsoffizier in Boston,[2] korrigierte daraufhin, es müsse sich beim in New York abgestürzten Flieger um einen anderen gehandelt haben. American 11 galt um 9:21 Uhr weiterhin als entführt, das abgestürzte New Yorker Flugzeug als »ein drittes«[3] – neben Flug AA 11 (offenbar noch in der Luft) sowie Flug UA 175 (der noch als »möglicherweise entführt« galt, obwohl er bereits in den Südturm gestürzt war). Von Schwierigkeiten mit den Flügen AA 77 und UA 93 wussten Militär und Lotsen zu diesem Zeitpunkt, um 9:21 Uhr, noch nichts.

Das Militär konnte den gemeldeten Radarpunkt zwar nicht auf den eigenen Radarschirmen finden, reagierte aber dennoch auf den vermeintlichen Flug 11, der sich nach Angaben der Bostoner Lotsen weiterhin in der Luft befand und südwärts flog – auf Washington zu.

Um 9:30 Uhr wurden Abfangjäger von der Basis Langley aus gestartet, unweit des Pentagon, die wegen einiger Kommunikationsfehler zunächst über dem Atlantik herumirrten, bis sie sich schließlich auf die Suche nach dem gemeldeten Flug 11 begaben. Weshalb sie weit von Washington entfernt waren, als das Pentagon um 9:38 Uhr getroffen wurde – und sich die Meldung, Flug 11 sei noch in der Luft, als Falschmeldung entpuppte.

Der Urheber dieser Falschmeldung konnte nicht ermittelt werden. Colin Scoggins, der die Meldung weitergab, hatte in einer der zwei gleichzeitig stattfindenden FAA-Telefonkonferenzen von dem mysteriösen Flieger gehört und vermutete später, jemand aus Washington oder aus der FAA-Zentrale müsse sich eben vertan haben.[4]

Wegen dieser alles entscheidenden Ente konnte kein Abfangjäger das auf das Pentagon zufliegende Flugzeug abfangen oder abschießen (→ *Kap. 23*). Denn alle Alarmmeldungen hatten sich laut *Commission Report* immer auf den »Phantomflug 11« bezogen, das Militär hatte vor dem Pentagon-Knall zu keinem Zeitpunkt von Flug 77 gehört.[5]

Mit dieser völlig neuen Darstellung des Sachverhalts erklärten die Autoren des Report alles, was Militär und zivile Flugbehörden in den drei Jahren zwischen 9/11 und dem Abschlussbericht behauptet hatten, zu »Irrtümern«. Darunter alle offiziellen »Response Timelines«, denn die Militärs hatten in den Anhörungen im Mai 2003 eingeräumt, sie seien ab 9:16 Uhr über Probleme mit Flug UA 93 informiert gewesen, der um 10:03 Uhr bei Shanksville abstürzte *(→ Kap. 26)*, und ab 9:24 Uhr über Flug AA 77. Beides war nun, laut Abschlussbericht, nie der Fall gewesen. Das Militär hatte erst *nach* den jeweiligen Abstürzen erfahren, dass diese Flüge überhaupt in Schwierigkeiten gewesen waren. Alle »Möglicherweise-entführt«-Meldungen hatten sich immer auf »Flug 11« bezogen. Immer auf das Phantomflugzeug.

Aber warum hatte von 2001 bis 2004 – offensichtlich – niemand je von diesem Phantom gehört, das alles erklärte und vor allem das Militär vollständig entlastete? Wieso hatte kein Militärvertreter in den Anhörungen gesagt: »Es gab da diese Fehlmeldung«?

Die Erklärung klingt verblüffend einfach: Niemand hatte Colin Scoggins gefragt. Also jenen FAA-NORAD-Verbindungsmann, der die Ente (aus unbekannter Quelle) weitergegeben hatte. Erst als Mitarbeiter der Kommission 2004 auf die Idee kamen, Scoggins endlich zu interviewen, kam die »Phantom-Geschichte« ans Licht. Scoggins' »40 Anrufe« beim Militär, bis dahin ein Gerücht, wurden von ihm selbst bestätigt.

In den Augen von Skeptikern war die ganze Geschichte allerdings zu schön, um wahr zu sein. Man erklärte die ganze Phantom-11-Story daher zu einer Erfindung der Offizielle-Kommission-Verschwörer, Scoggins selbst gleich mit zum »Phantom« und bestand auf der Erklärung, es müsse eine Stand-Down-Order für die Abfangjäger (→ *Kap. 23*) gegeben haben.

Scoggins sieht das anders, vor allem besteht er darauf, keine Erfindung zu sein. 2006 meldete der Verantwortliche für das ganze Chaos sich unter Pseudonym in dem »Skeptiker«-Forum *Break for News* und erklärte, der Anruf »wegen des Phantom-Fluges 11 sei echt, und kein Fake«, und »er habe den Anruf getätigt«.[6]

Wir setzten uns mit dem Mann, der als »Cheapshot« in diesem Forum aufgetaucht war, in Verbindung, baten höflich um journalistische Aufklärung und bekamen sie schließlich in Form von ausführlichen Antworten auf unsere ausführlichen Fragen.[7]

Woher die Falschmeldung ursprünglich gekommen war, konnte Scoggins allerdings auch uns nicht erklären. Irgendwer aus Washington oder aus der FAA-Zentrale hatte sich verhört. Man hatte ihm, Scoggins, die Falschmeldung zugetragen, er hatte sie weitergegeben, an die NEADS-Zentrale. Aber wie schon bei seinen ersten »40 Meldungen« betreffend Flug American 11 zwischen 8:28 und 8:40 Uhr konnte das Militär nun auch diesen ab 9:21 Uhr gemeldeten »Phantomflug« nicht auf den eigenen Radarschirmen finden.

Die unter Eid befragten NORAD-Vertreter Generalmajor Larry Arnold, Colonel Robert Marr und Colonel Alan Scott erklärten ihre fehlerhaften Aussagen vor der Untersuchungskommission damit, sie hätten nichts vom »Phantomflugzeug« und Scoggins' Anrufen gewusst, da man Scoggins ja erst nach ihnen befragt hatte. Die drei hatten also gar nicht wissen können, was wirklich geschehen war. Mit Scoggins' Worten: »Sie konnten auch zwei Jahre später nur vermuten, ... sie hatten keines der Bänder, auf denen aufgezeichnet war, dass ich sie benachrichtigt hatte.«[8]

Colonel Robert Marr, einer der durch Scoggins endlich entlasteten Militärvertreter, zeigte sich öffentlich erkenntlich und lobte den Verbindungsmann in Boston: »Scoggins verdient große Anerkennung, denn er war praktisch der einzige, der uns mit Informationen versorgte. Ich weiß nicht genau, woher er die hatte. Aber er versorgte uns mit Informationen, so gut er konnte.«[9]

In der Tat. Denn Scoggins lieferte nicht nur die falsche Information, »Flug 11« befinde sich noch in der Luft und steuere auf Washington zu. Scoggins war auch der Mann, der den ersten »Flug 11« auf dem Weg Richtung New York gemeldet hatte (und den das Militär ebenfalls nie auf den eigenen Radarschirmen sah (→ *Kap. 23*). Scoggins war aber auch der Mann, der um 9:34 Uhr meldete, ein Flugzeug nähere sich dem Weißen Haus. Worauf die NEADS-Zentrale die Luftraumüberwachung Washington anfunkte und von dort zu hören bekam: »Woher will Boston Center irgendwas von einem Ortungsziel in der Nähe des Weißen Hauses wissen!?« – und der dort zuständige Lotse einfach auflegte.[10]

Scoggins entrüstete sich auch im Nachhinein noch über dieses Verhalten des Lotsen in Washington,[11] nur – so ganz unrecht hatte der Kollege ja nicht mit seiner Frage: Woher »wusste« das weit entfernte Boston denn all das? Woher »wusste« nur Boston vom ersten »Flug 11« und dessen neuem Kurs, woher wusste nur Boston vom »Phantom-Flug 11« und dessen Kurs nach Süden? Woher wusste nur Boston von einem auf das Weiße Haus zufliegenden Objekt? Wieso meldete nur Boston schon nach der ersten »vermuteten« Entführung gegen 8:30 Uhr: »We have several situations going on here«? Wieso meldete nur Boston den zu keinem Zeitpunkt in Schwierigkeiten befindlichen Flug Delta 1989 zuerst als »vermisst« um 9:27 Uhr und dann als »möglicherweise entführt« (um 9:39 Uhr)? Was sich später als Irrtum entpuppte, ebenso wie »das Phantom«.

Wieso konnten die Bostoner Lotsen während des gesamten Anschlags exklusiv vermelden: »Ich sehe was, was ihr nicht seht«? Niemand sah, was Boston sah. Niemand hatte all diese speziellen Radarpunkte auf den Schirmen, schon gar nicht das Militär.

Was auch um 10:20 Uhr noch galt, als die Bostoner Lotsen einen unidentifizierbaren Radarpunkt vom Atlantik aus direkt auf sich selbst zukommen sahen. Scoggins' alarmierte Anfrage bei der für den Luftraum über dem Meer zuständigen Marine-Leitstelle »Giant Killer« brachte nicht das erwünschte Ergebnis, denn wieder einmal sah niemand, was Boston sah[12] – worauf die FAA-Zentrale den gefährdeten Bostoner Tower samt aller Lotsen umgehend evakuierte und die Quelle der Fehlmeldungen endlich, nachdem alle vier »Terrormaschinen« am Boden waren, versiegen ließ. Als die Lotsen ins Freie traten, war das Gebäude bereits von FBI-Einheiten und einem Sondereinsatzkommando umstellt, alle Mitschnitte der Kommunikation zwischen den Lotsen wurden beschlagnahmt.[13]

Wir schließen uns Colonel Robert Marr an: Scoggins war tatsächlich der einzige, der das Militär mit Informationen versorgte. Wieso diese Informationen so überaus speziell waren, ist allerdings weiterhin völlig unklar.

Der Informant selbst macht indes nicht den Eindruck, als wolle er weiteren Ermittlungen im Wege stehen. Er betont zwar, er sei kein Freund von Verschwörungstheorien, aber als ihn die 9/11-Wahrheitssucher des Team8plus im Forum *Break for News* detailliert zu möglichen »Übungs-Inserts« auf zivilen Radarschirmen befragten, räumte er ein, das Militär könne »Geisterziele in seine Simulationen einfügen. Ich denke, sie können die mit echtem Verkehr mischen, wenn wir simulieren.«[14]

Was eine vergleichsweise einfache Erklärung dafür wäre, weshalb Boston – und nur Boston – am Morgen des 11. September eine Menge Dinge sah (und meldete), die niemand sonst sah (und niemand sonst meldete,→ *Kap. 23*).

Halten wir fest: Für die alles entscheidende Meldung um 9:21 Uhr – »American 11 ist noch in der Luft« – kommen derzeit drei Erklärungen in Frage:

1. Der *Commission Report*, alle Militärvertreter und Scoggins lügen wie gedruckt. Es gab weder den Falschflieger noch die Meldung – was uns allerdings zurückbrächte auf »Start« und zur dann wieder berechtigten Frage, weshalb die Kampfjets American 77 und United 93 nicht erreichten. Sowie zur zusätzlichen Frage, weshalb die Kommission allerlei Dinge erfunden hat, um den Stand-Down-Befehl zu verschleiern.
2. Niemand lügt. Die Bostoner Lotsen sahen tatsächlich einen Radarpunkt auf ihren Schirmen. Das Militär sah diesen Punkt nicht, wie schon im Fall 11 sowie auch

im Fall »unbekanntes Ziel nahe des Weißen Hauses« (9:36 Uhr) und »unbekannte Maschine im Anflug auf Boston« (10:20 Uhr). Was hieße, dass es sich um mehrere »Inserts« handelte, auf die Bostoner Radarschirme projiziert im Rahmen der an diesem Tag stattfindenden Übungen (→ *Kap. 22*).

3. Niemand lügt. Es gab den Falschflieger tatsächlich, was dann allerdings hieße, dass »American 11« New York überflog und nicht in den Nordturm des WTC stürzte, sondern um 9:21 noch in der Luft war. Diese Maschine ohne Transponderkennung, die an diesem Tag nur zu »Übungszwecken« in der Luft war, von Nord nach Süd, wäre dann um kurz nach 9:25 Uhr bei Washington gelandet.[15] Oder später auf der Militärbasis Offutt. Auch dafür spricht einiges, aber das dokumentieren wir auf den nächsten Seiten (→ *Kap. 32*).

Vorzuladen:

- Eine ganze Reihe von Lotsen (vor allem aus Boston) und Militärs (vor allem die des NEADS, die an diesem Tag vor Radarschirmen im Einsatz waren und nie sahen, was Boston sah)

25 American 11: Augenzeugen an Bord

Die Anrufe zweier Flugbegleiterinnen beweisen, dass fünf arabische Terroristen Flug American 11 entführten und ins World Trade Center lenkten.

Die anrufenden Stewardessen waren Betty Ong und Madeline Sweeney. Sweeneys Anruf wurde nicht aufgezeichnet, sondern später vom Angerufenen, dem American-Airlines-Manager Michael Woodward, aus der Erinnerung rekapituliert – er hatte sich während des Telefonats Notizen gemacht. Von Betty Ongs insgesamt 25 Minuten dauerndem Anruf bei American Airlines wurden die ersten viereinhalb Minuten aufgezeichnet und im Rahmen der 9/11-Commission Hearings öffentlich gemacht (ebenso vier Minuten des 20-Minuten-Gesprächs zwischen der von Ong kontaktierten Lydia Gonzalez und deren Vorgesetzten Craig Marquis).[1]

Betty Ong rief um 8:19 Uhr von einem Airphone aus die American-Airlines-Zentrale an und meldete, sie befinde sich an Bord des Fluges American 11. Zwei Passagiere (Sitze 2A und 2B) hätten in der First Class CS-Gas (Mace) versprüht, zwei Flugbegleiter niedergestochen, seien ins Cockpit marschiert und hätten die Tür verriegelt. Stewardess Ong und die anderen Flugbegleiter kämen nicht hinein.

Zwei Passagiere. Keine Wache vor der Cockpit-Tür. Keine Araber vor der Tür. Araber im Cockpit?

Ong erwähnte keine Araber. Laut Lydia Gonzalez, die den Anruf entgegennahm, konnte sie die Angreifer nicht beschreiben.[2] Ebenso wenig, wie es die anderen Mitglieder der Crew konnten, die Ong laufend über die Geschehnisse in der First Class informierten. Ong wies zu keinem Zeitpunkt des Gesprächs mit der American-Airlines-Zentrale darauf hin, dass die Hijacker arabisch aussähen – oder sonstwie anders als der typische US-Fluggast. Was verwundert, da dieses »ethnische Merkmal« der Crew sicherlich aufgefallen wäre.

Im weiteren – nicht aufgezeichneten Verlauf – des Telefonats gab Ong angeblich die Nummern zweier weiterer Sitze durch, auf denen Beteiligte an dem Hijack gesessen hatten. Die von ihr durchgegebenen Sitznummern (9A und

9B) korrespondierten nicht mit denen, die Flugbegleiterin Sweeney nannte (9D, 9G, 10B) und auch nicht mit denen, die die Kommission später angab (8D, 8G, 10B).

Die entscheidenden Fragen wurden in den Commission Hearings nicht gestellt, obwohl sie auf der Hand liegen. Da mehrere Crew-Mitglieder laut Zeugin Ong unmittelbar nach Beginn der Entführung ungehindert an die Cockpit-Tür klopften und versuchten, diese zu öffnen, befanden sich offenkundig alle an der Entführung beteiligten Personen, nämlich die von Ong gemeldeten zwei, von Anfang an im Cockpit. Der offiziellen Darstellung zufolge waren dies nicht nur die beiden Hijacker und die zwei Piloten, sondern sieben Personen – zwei Piloten und fünf Hijacker. Man fragt sich, ob die Kommissionsmitglieder die Abmessungen eines 757-Cockpits kannten.

Ongs Anruf belegt bloß: Die Passagiere der First Class sowie die klopfenden Flugbegleiter wurden nicht von vor der Tür postierten Hijackern bewacht oder eingeschüchtert.

Halten wir fest: Aus dem Anruf der Stewardess geht also zunächst einmal nur hervor, dass zwei Passagiere aus der First Class um 8:19 Uhr zwei Flugbegleiter und einen Passagier der First Class niedergestochen und die Cockpit-Tür von innen verriegelt hatten. Niemand hinderte die Crew, an die Tür zu klopfen oder daran zu rütteln, kein weiterer Entführer hielt sich in der First Class auf. Erst später fielen – laut Zweiter-Hand-Ohrenzeugen am Boden – den Flugbegleiterinnen weitere verdächtige Sitznummern ein oder auf. Was die Sitznummern betrifft, widersprechen sich die Ohrenzeugen.

Die merkwürdige Interpretation des eindeutigen Ong-Anrufs durch die Kommission endet aber nicht mit der Annahme von drei zusätzlichen Entführern. Denn Ong erwähnte im weiteren Verlauf des Telefonats offenkundig keinen Kurswechsel der entführten Maschine, sondern nur »unruhiges« Flugverhalten, zunächst um 8:26 Uhr.[3] Was deshalb erstaunlich ist, weil American 11 der offiziellen Darstellung zufolge nicht nur »unruhig« flog, sondern um 8:26 Uhr einen abrupten und scharfen 100-Grad-Kurswechsel absolvierte und, wichtiger, fortan nicht mehr westwärts flog, sondern nach Südosten, quer durch den meistbeflogenen Luftraum der USA, auf Kollisionskurs mit dem gesamten Verkehr von Ost nach West. Ong müsste nicht nur die abrupte Kursänderung aufgefallen sein, weil ihr von diesem Zeitpunkt an die aufgehende Sonne durch die Seitenfenster direkt ins Gesicht strahlte, sondern erst recht, dass sie, die Crew und die Passagiere sich von diesem Moment an in akuter Lebensgefahr befanden. Aber sie erwähnte keinen Kurswechsel.

Da auch ihre Kollegin Sweeney im Gespräch mit Michael Woodward darüber kein Wort verlor, fragt man sich, ob nicht die einfachste Erklärung die beste ist, nämlich dass gar kein Kurswechsel stattfand. Was wiederum erklären würde, weshalb Sweeney, abermals dem Ohrenzeugen Woodward zufolge, in den letzten Sekunden des Funkverkehrs zwar bemerkte, die Maschine fliege viel zu tief, nicht aber, dass sie sich längst im Tiefflug über New York befand.[4] Was sie als erfahrene Flugbegleiterin durchaus hätte erkennen können beziehungsweise müssen.

Beginnt man die Merkwürdigkeiten dieser Anrufe unvoreingenommen zu betrachten und erinnert sich zudem daran, dass auf den Militärradars »Flug 11« zu keinem Zeitpunkt auf dem Weg nach New York zu sehen war (→ *Kap. 23*), ergeben sich einige verblüffende Fragen. Denn auch wenn niemand ernsthaft bestreiten wird, dass ein Flugzeug den WTC-Nordturm traf, ist die Beweislage alles andere als eindeutig, dass es sich bei dieser Maschine um American

11 gehandelt haben könnte. Aber falls es sich tatsächlich um American Airlines 11 handelte, wie die Befragung von Lotsen und Experten möglicherweise ergeben wird, dann müssen wir dem *Commission Report* recht geben, dass unsere zuverlässigsten Informationen über die Geschehnisse an Bord von Betty Ong stammen.

Wir wissen daher, dass American 11 von zwei, bestenfalls von vier »ethnisch unauffälligen« Männern entführt wurde.

Fragt sich also: Wer waren die? Und unter welchen Namen standen sie auf den Passagierlisten (→ *Kap. 9, 10*)?

P. S.: Bei der Gelegenheit gestatten wir uns dann auch gleich noch zwei oder drei Zusatzfragen, die anderen Flüge betreffend. Denn auch von den zahlreich anrufenden Zeugen an Bord der Flüge UA 93 und Flug AA 77 beschrieb nur ein einziger (respektive die Angehörige, die seinen Anruf entgegennahm) die Entführer als »iranian-looking«, alle anderen Zeugen verzichteten auf die Erwähnung ethnischer Merkmale. Zudem wurde Flug 93 nach allen Aussagen von drei Männern entführt (nicht von vier, wie der *Commission Report* wissen will), Flug 77 hingegen von sechs (statt fünf). Kurz und gut: Die offizielle Darstellung der Täterzahl und -herkunft deckt sich mit keiner Augenzeugenaussage. Weshalb?

Vorzuladen:

- Die zuständigen FBI-Ermittler und die für diesen Teilaspekt des Falles 9/11 zuständigen Mitarbeiter der offiziellen Untersuchungskommission: Mit der Bitte um eine Erklärung für die behördliche Schlussfolgerung, »fünf Araber« hätten Flug AA 11 entführt und die Maschine hätte zu irgendeinem Zeitpunkt den Kurs gewechselt.

26 United 93: zu früh, zu spät

Flug United 93 wurde um 9:28 Uhr von Al-Qaida-Terroristen entführt und stürzte um 10:03 Uhr in einem Acker bei Shanksville, Pennsylvania. Das Militär erfuhr erst um 10:15 Uhr, also nach dem Absturz, von einer möglichen Entführung der Maschine.

Flug 93 startete um 8:28 Uhr mit Ziel San Francisco vom bei New York gelegenen Flughafen Newark. Das US-Amt für Verkehrsstatistiken (Bureau of Transportation Statistics, BTS), das minutiös sämtliche relevanten Informationen im Passagierflugverkehr elektronisch ermittelt und festhält, weist aus, dass die Maschine um 8:01 Uhr, also eine Minute nach der geplanten Abflugzeit 8:00 Uhr, vom Gate abdockte, anschließend jedoch wegen des starken Verkehrs weitere 27 Minuten auf dem Rollfeld in einer Warteschlange hinter anderen Maschinen auf die Startfreigabe warten musste (→ *Anhang V*).

James LaRosa, erster Offizier eines zwei Maschinen hinter United 93 wartenden Continental-Passagierjets, der um 8:35 Uhr Richtung Costa Rica abhob, erinnerte sich später nur zu gut an die Unglücksmaschine, denn im Nachhinein begriff er, dass dies auch sein Flug – und damit sein Schicksal hätte sein können.[1]

Eine gute Dreiviertelstunde flog United 93 auf vorgesehenem Kurs westwärts, weg von New York und der Ostküste.

Um 9:16 Uhr benachrichtigte die zivile Luftraumkontrolle FAA das Militär und meldete den Flug als »möglicherweise entführt«. Die Kriterien für eine solche Meldung sind streng, unklar ist allerdings, ob Flug 93 zu diesem Zeitpunkt nur nicht mehr auf Anfragen per Funk reagierte oder den Transponder ausgeschaltet oder den Kurs gewechselt hatte – oder alles zugleich.

Colonel Scott, Sprecher des für den Nordwestsektor des US-Luftraums zuständigen NORAD, unterstrich nach mehrjähriger gründlicher interner Untersuchung der Vorfälle schließlich im Commission Hearing mit einer Aussage unter Eid die Faktenlage mit den Worten: »Um 9:16 meldete uns die FAA eine mögliche Entführung des Fluges 93, der sich in der Gegend von Ohio befand.«[2]

FAA-Lotsen und Bodenpersonal der Airline begannen die Piloten aller in der Luft befindlichen United-Maschinen per Funk zu warnen. Zwei Flugzeuge waren entführt worden und ins World Trade Center gerast, man wies die Crews daher dringend an, Sicherheitsvorkehrungen zu treffen und die Cockpits zu verriegeln. Infolge einer weiteren, diesmal expliziten Warnung der FAA wurde zur gleichen Zeit der Tower des Flughafens Cambria nahe Johnstown, Pennsylvania, evakuiert. Laut Tower-Chief Dennis Fritz hatte die Flugleitstelle Cleveland ihm um 9:20 Uhr mitgeteilt, eine Boeing 757 steuere – offenbar unkontrolliert – auf seinen Airport zu.[3]

Auch der vom vormaligen US-Sicherheitsberater Richard Clarke geleitete Krisenstab im Weißen Haus war bereits früh im Bilde über den »möglicherweise entführten« Flug 93. Als Clarke die anwesende FAA-Chefin Jane Garvey gegen 9:20 Uhr um ein Update bat, nannte sie unter anderem »Delta 1989 über West Virginia« (sic!), »United 93 über Pennsylvania«.[4]

Ob United 93 sich nach einer halben Stunde Flug noch »über Pennsylvania«, wie Garvey meinte, oder bereits »über Ohio« befand, wie FAA und NORAD wussten, ist nicht unwichtig, aber zweitrangig. Entscheidend ist, dass sämtliche Verantwortlichen United 93 ab spätestens

9:16 Uhr für »möglicherweise entführt« hielten, von Garvey bis Clarke, von der FAA bis zum NORAD. So weit die schlüssige, nachvollziehbare und durch mehrere offizielle Aussagen bewiesene Version 1.

Allerdings bohrte sich Flug United 93 erst 45 Minuten später, nämlich um 10:03 Uhr, in den Ackerboden von Shanksville, und dieser Acker liegt lediglich 20 Meilen vom Flughafen Johnstown entfernt. Der Crash ereignete sich also eine geschlagene Dreiviertelstunde nach der »Möglicherweise-entführt«-Meldung der FAA ans Militär und dem Alarm im Tower des Cambria Aiport.

Dies stellte – und stellt – ein echtes Problem dar. Denn was sollte die Maschine während dieser Dreiviertelstunde gemacht haben? Hatte sie den Kurs gewechselt, um später wieder zurückzukehren? Hatte sie über dem Acker Kreise gedreht?

Die fehlende Dreiviertelstunde ergab keinerlei Sinn, und mit allergrößter Spannung erwarteten die weltweit versammelten Skeptiker 2004 die Aufklärung dieses mysteriösen Sachverhalts durch die 9/11-Commission. Die dann auch kam, und zwar mit diesen Worten: »Vertreter des NORAD hatten vor dieser Untersuchungskommission im Mai 2003 ausgesagt, NORAD sei um 9:16 Uhr von der FAA über eine Entführung von United 93 benachrichtigt worden. Diese Aussage war unrichtig. Es gab um 9:16 Uhr keine Meldung über eine Entführung. United 93 bewegte sich zu dieser Zeit normal voran.«[5]

Das war's. Zur Wiederholung: »Diese Aussage war unrichtig.«

Eine Erklärung, weshalb oder wieso die unter Eid von Colonel Scott getätigte Behauptung unrichtig (im Originallaut »incorrect«) war, fehlt. Es fehlt erst recht eine Erklärung für die unrichtige Meldung der FAA. Oder für die unrichtige Evakuierung des Towers in Johnstown. Vor allem aber fehlt eine Erklärung für die fehlende Dreiviertelstunde, denn die von Computerdaten und Augenzeugen belegte Wheels-off-Startzeit des Fluges UA 93 wurde ebenfalls als unrichtig korrigiert.

Stillschweigend. Auch das ohne Angabe von Gründen.

Stattdessen erklärten die Autoren des *Commission Report* schlankweg, Flug 93 sei eben nicht um 8:28 Uhr gestartet. Sondern erst um 8:42 Uhr, also 14 Minuten später. Zudem habe der Flug bis 9:28 Uhr keinerlei Anzeichen eines Problems gezeigt. Ab 9:29 Uhr dann allerdings schon. Über diese Probleme habe die FAA das Militär also nicht, wie ursprünglich von den NORAD-Vertretern vorgetragen, um 9:16 Uhr benachrichtigt, sondern erst 13 Minuten später, um 9:29 Uhr …

Halt. Nein. Auch nicht. Sondern um: 10:15 Uhr. Eine Stunde später als ursprünglich angegeben. Und damit erst nach dem Absturz von United 93 um 10:03 Uhr.

Auch zehn Jahre danach kommt einem diese kommentarlose Geschichtsverdrehung durch die Kommission noch unfassbar vor, aber man versteht die Motive der Autoren, sobald man sich die letztgültige Version aus dem Mai 2004 noch einmal in gebotener Kürze zu Gemüte führt – sofern man dabei »einen im Sinn« behält, nämlich dass Abflugzeit und Absturzzeit des mysteriösen Fluges 93 beim besten Willen nicht zusammenpassen können, man jedoch für eine kohärente 9/11-Legende dieses 45-Minuten-Loch dringend stopfen musste. Andernfalls nämlich, nicht auszudenken …

Die zweite, »neue« United 93 startete nicht um 8:28 Uhr, sondern laut *Commission Report* um 8:42 Uhr. Um 8:46 Uhr (→ *Kap. 28*) kreuzten sich der Weg dieser Maschine und der von United 175, die just in diesem Augenblick ihren

Transpondercode doppelt wechselte. Eine der Maschinen flog weiter nach Westen, direkt neben dem Radarpunkt des Fluges Delta 1989, die andere Maschine änderte unmittelbar nach der Begegnung den Kurs, flog zurück nach New York und knallte um 9:03 Uhr in den Südturm des World Trade Center.

Um 9:24 Uhr hielt man den direkt neben United 93 befindlichen Flug Delta 1989 für entführt, obwohl es dafür keinerlei Anzeichen gab. Ebenfalls um 9:24 Uhr warnte United-Dispatcher Ed Ballinger die Piloten aller United-Flugzeuge, auch die von United 93, sie sollten die Cockpit-Tür sichern.[6]

Um 9:27 Uhr meldete United 93 sich ein letztes Mal, nachdem Lotse John Werth die Piloten informiert hatte, eine weitere Maschine befinde sich nur zwölf Meilen entfernt zu ihrer Rechten in 37 000 Fuß Höhe. Die Piloten verneinten Sichtkontakt.[7]

Um 9:28 Uhr erklang über alle Funkfrequenzen Radau. Ein Pilot rief »get out of here«,[8] was man im Nachhinein als Beleg für die Erstürmung seines Cockpits wertete. Ob es sich dabei um das Cockpit von United 93 handelte, war und blieb unklar. Für entführt hielt man zu diesem Zeitpunkt wiederum Flug Delta 1989, aus Gründen, die bis heute erst recht unklar sind (da Flug 1989 zu keinem Zeitpunkt in Schwierigkeiten, geschweige denn entführt worden war).[9]

Laut *Commission Report* schaltete United 93 um 9:39 Uhr den Transponder aus und wechselte nahe Cleveland den Kurs abrupt um 180 Grad, um fortan quer durch den Luftraum (und gegen den noch immer in der Luft befindlichen Verkehr) zurück Richtung Küste zu fliegen. Woraufhin die FAA ab 9:40 Uhr die Kontrolltürme der nunmehr gefährdeten, weil auf der neuen Flugroute liegenden Flughäfen Johnstown, Pittsburgh und Cleveland umgehend zu evakuieren begann, allerdings ohne das Militär zu benachrichtigen. Dies geschah laut offizieller Darstellung erst 35 Minuten später, nämlich um 10:15 Uhr, zwölf Minuten nach dem Absturz von Flug 93 (sowie, siehe oben, fast eine Stunde später als ursprünglich gemeldet und von diversen Zeugen bestätigt).[10]

Wer nun glaubt, irgendwer auf Seiten der FAA habe für diese komplett unerklärliche und etliche Menschenleben kostende 35-Minuten-Verzögerung einen Rüffel kassiert oder sei gar gefeuert worden, der irrt.

Wie lässt sich dies alles erklären? Folgt man der offiziellen Version, braucht man Nerven und Scheuklappen aus Stahl, denn nicht nur muss man die BTS-Daten sowie alle Zeugenaussagen ignorieren und obendrein die Reaktionen der früh gewarnten FAA-Mitarbeiter in den Leitstellen und im Tower Johnstown. Folgt man dieser Version, bleibt ein 35-minütiges Schweigen des gesamten FAA-Apparates ungeklärt und bleischwer stehen – zu einem Zeitpunkt, als bereits zwei entführte Flugzeuge ins World Trade Center gerast waren und eines ins Pentagon und sogar der Präsident seit mehr als einer Stunde im Bilde war, dass Amerika angegriffen wurde. Folgt man der offiziellen Darstellung, verzichteten die Lotsen dennoch darauf, das Militär über den ohne Funkkontakt auf falschem Kurs durch den Luftraum rasenden Flug United 93 zu informieren.

Wir bieten für die anstehende Neu-Untersuchung folgende Deutung an: Trifft die gründlich belegte Version 1 zu, hob United 93 um 8:28 Uhr ab, flog bereits um 9:16 Uhr als »möglicherweise entführt« geltend über Pennsylvania oder über Ohio und verstummte um 9:27 Uhr. Die United-Maschine, die um 8:42 Uhr aus Newark startete, wäre demnach nicht United 93 gewesen. Die Route dieser um 8:42 Uhr startenden Maschine kreuzte jedoch die einer anderen United-Maschine, nämlich die des Fluges 175, und just im Moment, als die beiden Maschinen sich nebeneinander befanden, wechselte UA 175 den Transpondercode zweimal – sowie unmittelbar darauf den Kurs. Eine Viertelstunde später raste ein Flugzeug ins nahe gelegene World Trade Center.

Die überfällige Untersuchung hätte also zwei Fragen zu klären: Welche Maschine startete um 8:28 Uhr aus Newark und welche um 8:42 Uhr? Und wo landete diese zweite United 93?

Vorzuladen:

- Die zuständigen Fluglotsen. Wieso meldete niemand die »neue« United 93 als entführt, obwohl zunächst ein Kampf zu hören gewesen war und die Maschine dann den Kurs wechselte? Weshalb informierte 45 Minuten lang niemand das Militär? Und wer hätte das tun müssen?
- Der oder die FAA-Mitarbeiter, die UA 93 schon um 9:16 Uhr als entführt meldeten
- Colonel Alan Scott: Wie kam es nach gründlicher Untersuchung und Bewertung der Vorfälle durch NORAD zu der »unrichtigen« Aussage im Hearing, die FAA habe UA 93 um 9:16 Uhr als »möglicherweise entführt« gemeldet? Und das auch noch »über Ohio«? Wer meldete das, wer gab die Nachricht weiter? War United 93 zu diesem Zeitpunkt auf den militärischen Radarschirmen zu sehen? Wo? Und für wie lange? Wann verschwand der Radarpunkt? Und wo?
- Vertreter des BTS: Wieso belegt die Aufzeichnung ihres zuverlässigen Systems die Startzeit von UA 93 »unrichtig« als 8:28 Uhr?
- Vertreter der 9/11-Commission: Weshalb wurden die BTS-Computerdaten ohne Angabe von Gründen still-

schweigend korrigiert? Weshalb wurde die unter Eid getätigte Aussage von Colonel Scott für »unrichtig« befunden und alle Reaktionen der zahlreichen bereits um 9:16 Uhr von der »Entführung« unterrichteten Personen für irrelevant?

- Richard Clarke, Jane Garvey und Johnstown-Airport-Towerchef Dennis Fritz
- Radarexperten, zivile wie militärische
- Sowie endlich wenigstens ein unabhängiger Sachverständiger

27 United 93: kein Abschuss

Nach einer Revolte der Passagiere stürzte Flug United 93 um 10:03 Uhr bei Shanksville, Pennsylvania, in einen Acker. Die Maschine wurde nicht abgeschossen.

Laut *Commission Report* befanden sich zum Zeitpunkt des Absturzes von Unglücksflug 93 in der Nähe lediglich ein privater Falcon-Learjet und ein unbewaffnetes Militärtransportflugzeug vom Typ C-130. Zwar hatten diverse Zeugen widersprüchliche Aussagen gemacht,[1] weil sie angeblich kurz vor oder nach dem Absturz von Flug 93 eine weitere Maschine gesehen hatten, aber alle diesbezüglichen Meldungen wurden als Irrtümer wahlweise zurückgewiesen oder gleich vollständig ignoriert. Spekulationen von Skeptikern, was tatsächlich geschehen sein könnte, gab und gibt es zuhauf, nicht zuletzt wegen Donald Rumsfelds öffentlichem Versprecher, Flug 93 sei abgeschossen worden,[2] und wegen des manchem merkwürdig erscheinenden Trümmerfeldes. Zwar wollen wir uns diesen Spekulationen nicht anschließen, gestatten uns aber dennoch eine Frage.

Das unten reproduzierte Dokument aus den internen Archiven der Kommission, nach einer FOIA-Anfrage publik geworden, zeigt die ermittelten Flugbewegungen der vor Ort befindlichen Maschinen.

Die Dreiecke, das Viereck und der Punkt stellen Positionen von United 93 bis 10:02:32 Uhr dar, die Linie rechts den Kurs des Militärtransporters, die Linie von links unten den Kurs der Privatmaschine, die nach dem Crash über der Absturzstelle kreiste.

Des Weiteren aber weist das »committee sensitive«-Dokument den Flugweg eines »unknown aircraft« aus, das von Süden auf den Absturzort zufliegt. Wo diese »unidentifizierte« Maschine sich nach 9:56 Uhr befand, scheint nicht bekannt zu sein, der weitere Flugweg bis zur gleichzeitigen letzten Positionsangabe von Flug UA 93 um 10:02:32 Uhr ist lediglich »angenommen«. Zuerst gesichtet wurde die unbekannte Maschine, wie wir dem erklärenden Textkasten neben der Linie entnehmen, um 8:58 Uhr südlich von Culpeper in Virginia, südwestlich von Washington – und offenbar wurden auch nur für einige Minuten Radarsignale aufgezeichnet. Jedenfalls haben die Ermittler der Kommission nichts Genaueres über die Identität dieser Maschine herausgefunden – obwohl sie doch offenbar schon eine Stunde vor dem Crash über Culpeper geortet worden war.

Natürlich wissen wir nicht, um was es sich bei dieser »unbekannten« Maschine handelte – ob nun um einen Abfangjäger, eine Propellermaschine oder eine der E4-B (→ *Kap. 32*) der fliegenden Kommandoposten, die an diesem Morgen im Rahmen der stattfindenden Militärübungen (→ *Kap. 22*) unterwegs waren.

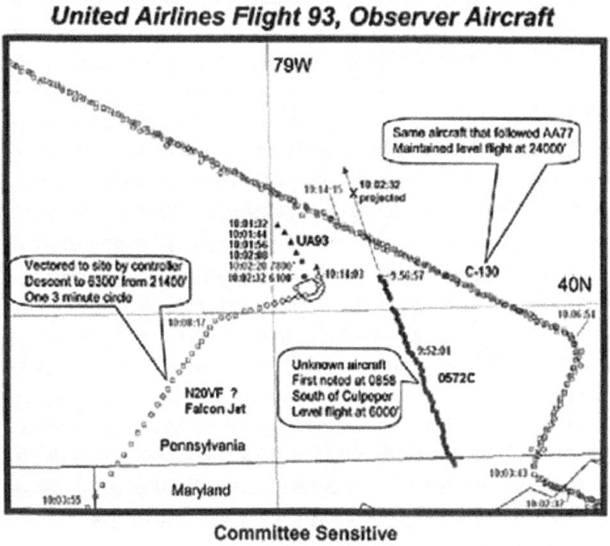

Die ermittelten Flugbewergungen von United 93 und der anderen vor Ort befindlichen Maschinen. (Quelle: www.scribd.com)[3]

Was wir hingegen wissen ist, dass in Shanksville und Umgebung, also in unmittelbarer Nähe des 93-Absturzortes, mindestens 15 Zeugen diese Maschine sahen und hörten – einige unmittelbar vor dem Crash, einige unmittelbar danach. Was die Zeugen am benachbarten Indian Lake außerdem bemerkten und schilderten, waren flackernde Glühbirnen beim Überflug dieses Flugzeuges,[4] das sich der Absturzstelle aus östlicher Richtung näherte. Die Aussagen der zahlreichen Zeugen wurden als Seh-, Hör-, oder Wahrnehmungsstörungen ignoriert, waren aber offenbar keine, sondern sehr präzise Beobachtungen. Wie nun zuletzt auch die Unterlagen der Kommission zeigen.

Wir können also als amtlich belegt ansehen: Unmittelbar vor dem Crash des Fluges 93 befand sich in unmittelbarer Nähe der Maschine sowie der Absturzstelle ein weiteres Flugzeug, in 6000 Fuß Höhe, von Zeugen als so groß wie eine Passagiermaschine beschrieben. Ein Flugzeug, das aus unerfindlichen Gründen die Glühbirnen am Boden zum Flackern brachte – was normale Flugzeuge eben nicht tun, selbst wenn sie einen See in 6000 Fuß Höhe überfliegen – und dessen Identität von offizieller Seite bis heute wahlweise nicht ermittelt oder der Öffentlichkeit vorenthalten wurde.

Vorzuladen:

- Die damals für den »unbekannten Flieger« zuständigen Mitarbeiter der 9/11-Commission, die diesen wesentlichen Punkt intern dokumentierten, dann aber im Abschlussbericht unter den Tisch fallen ließen. Zu fragen ist: Welche weiteren Informationen haben sie über diese Maschine? Was ist über den Kurs der Maschine zwischen 8:58 Uhr und 9:56 Uhr bekannt? Und wer entschied, alle diesbezüglichen Informationen als irrelevant zu betrachten?

28 Täter-Kommunikation: Gedankenübertragung

Die Täter gingen strikt nach Plan vor, kommunizierten jedoch während der Ausführung der Anschläge nicht miteinander.

Das versteht sich von selbst, denn zwischen den Cockpits der entführten Maschinen bestand keine Funkverbindung – und erst recht nicht zwischen den Cockpits der bereits entführten Maschinen und den ersten Klassen der noch nicht entführten Maschinen. Die vier Entführungskommandos hielten sich zwar strikt an den vorher verabredeten Plan, konnten sich aber nach Beginn der Operation zu keinem Zeitpunkt »live« abstimmen.

Das erklärt angeblich auch, weshalb die Attentäter an Bord der Flüge AA 77 und UA 93 nach dem Start jeweils eine halbe Stunde mit dem Entführen warteten, also erst losschlugen, nachdem die Maschinen ihre Reiseflughöhen erreicht hatten, die Anschnallzeichen erloschen waren und die Flugbegleiter ihre Servierwagen an den First-Class-Sitzen der Entführer vorbeigeschoben hatten. Was bis heute die beste, wenn auch keine allzu gute Erklärung darstellt, weshalb die Hijacker so lange mit ihren Kaperungen warteten.

Hierzu vergegenwärtige man sich nochmals die Fakten: Flug American 77 startete um 8:20 Uhr (zehn Minuten verspätet) 22 Meilen vom Pentagon entfernt vom Flughafen Washington-Dulles und musste am Ende 605 Extra-Meilen zurücklegen, um sein Ziel zu erreichen. Flug United 93 startete um 8:28 Uhr oder gar erst um 8:42 Uhr (→ *Kap. 26*), wahlweise 28 oder 42 Minuten verspätet und nur acht Meilen vom World Trade Center entfernt, sollte aber offenbar das 200 Meilen entfernte Weiße Haus treffen. Da die Entführer sich endlos viel Zeit mit der Kaperung der Maschine ließen, hätten sie am Ende 550 zusätzliche Meilen zurücklegen müssen, also insgesamt 750, um ihr Ziel zu erreichen (was ihnen bekanntlich nich gelang).

Die Entführer der zuerst an diesem Morgen gestarteten beiden Maschinen (Flug AA 11 und Flug UA 175) gingen nur geringfügig intelligenter vor: Die Entfernung vom Flughafen Boston-Logan bis zum World Trade Center beträgt 193 Meilen, Flug 11 legte 328 zurück (zusätzlich 135), Flug 175 brachte es auf 368 Meilen (zusätzlich 175).[1]

Die Erklärung, dass die Hijacker mit ihrem Einsatz bis zum Erreichen der Reiseflughöhe beziehungsweise auf den Beginn des Kabinenservice warteten, steht schon deshalb auf tönernen Füßen, weil, wie der *Commission Report* selbst zwischen den Zeilen feststellte, all dies nach dem Start keine halbe Stunde dauert, sondern bestenfalls 15 Minuten. Die Entführer des ersten Fluges (AA 11) handelten entsprechend – die Entführung der um 8:01 Uhr (mit 14 Minuten Verspätung) gestarteten Maschine begann um 8:14 Uhr.[2] Danach allerdings flogen die Entführer zunächst einmal in die falsche Richtung, nämlich nach Nordwesten, statt Kurs auf das südöstlich von ihrer Position gelegene New York zu nehmen. Was sie dann offiziellen Angaben zufolge erst um 8:26 Uhr taten.

Das Verhalten der Entführer von Flug AA 77 lässt sich mit einem Warten auf das Erlöschen der Anschnallzeichen allerdings erst recht nicht erklären, denn als Flug 77 um 8:20 Uhr verspätet startete, mussten die Entführer an Bord wissen, dass Flug AA 11 bereits planmäßig entführt worden war und die US-Flugabwehr »geweckt« hatte. Dennoch warteten sie 37 Minuten, bis 8:57 Uhr, ehe sie Flug 77 übernahmen – 300 Meilen vom Ziel entfernt, von dem sie nur 22 Meilen weit entfernt gestartet waren.

Komplett selbstmörderisch handelten schließlich die Entführer von Flug UA 93. Der nämlich startete sogar noch deutlicher verspätet, dennoch warteten die Hijacker sogar nach den Einschlägen der ersten zwei Maschinen ins World Trade Center noch weitere 45 Minuten (→ *Kap. 26*), bis sie sich endlich loszuschlagen bequemten – diesmal fast 400 Meilen von ihrem Ziel entfernt, obwohl sie sicher sein mussten, dass längst sämtliche verfügbaren US-Abfangjä-

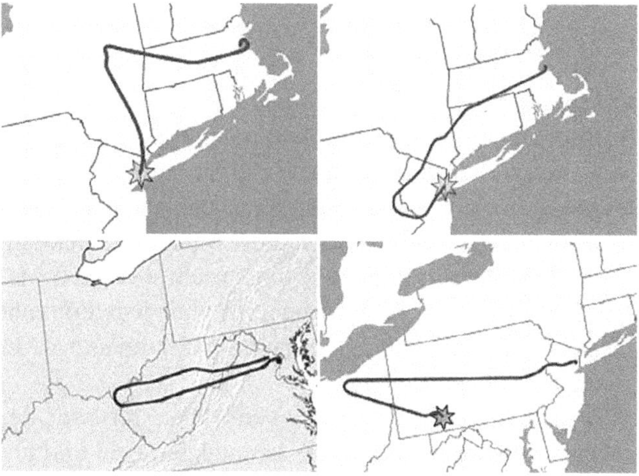

Übersicht über die 135 bis 550 Meilen langen Umwege der am 11. September 2001 angeblich als fliegende Bomben eingesetzten Passagiermaschinen American 11 (Boston–New York), American 77 (Washington–Washington), United 175 (Boston–New York) und United 93 (Newark bei New York–Shanksville, PA, vermutliches Ziel Washington). (Quelle: Flight Explorer)

ger in der Luft und hinter allen verdächtigen Passagierjets her waren und sie ihr Ziel garantiert nie erreichen, sondern vorher abgeschossen werden würden.

Wie lässt sich das erklären?

Offiziell gar nicht. Außer stillschweigend mit der Vermutung, die Entführer hätten sich eben strikt pragmatisch an den vorher gefassten Plan gehalten, selbst wenn der von Anfang an idiotisch gewesen war – schließlich wäre es doch deutlich smarter gewesen, Flüge in der Nähe der designierten Ziele zu entführen und nicht möglichst weit von ihnen entfernt. Erst recht aber nach Lage der neuen –

massiv verspäteten – Dinge mussten die Entführer wissen, dass ihr ganzer Plan zu scheitern drohte.

Was tun? Den Plan ändern? Das wäre vernünftig gewesen, aber die Entführer konnten sich ja während der Ausführung des Anschlags nicht mehr besprechen. Und so hielten sie sich aller Vernunft zum Trotz an den vorher festgelegten Plan. Mangels Kommunikationsmöglichkeiten untereinander. Akzeptiert man diese Erklärung, bleibt indes vollständig rätselhaft, wie die Entführer der vier Maschinen trotz der Verspätungen auch ohne jede Kommunikationsmöglichkeit ihre Aktionen auf Minute und Meter genau abstimmen konnten.

Skeptische Zeitgenossen haben hierzu im Lauf der Jahre ordnerweise Material zusammengetragen und unter anderem aufgezeigt, dass die Entführer aus unerfindlichen Gründen offenkundig über verblüffend präzise Kenntnis der US-Radarabdeckung verfügten. Die Positionen, an denen sie die Transponder der Maschinen nach langem und scheinbar sinnlosem Flug weg von ihren designierten Zielen ausschalteten, befanden sich jeweils in den vom Abflughafen nächstgelegenen »Funklöchern«,[3] also in den wenigen schmalen Korridoren, in denen US-Militär und FAA lediglich Primärradarsignale empfangen können.

Zur Erläuterung: Primärradar liefert auf den Radarschirmen lediglich ein Signal im Sinne von »da ist ein Flugobjekt«, Sekundärradar liefert dazu genauere Transponderdaten (Identität des Flugobjekts, Flughöhe, Fluggeschwindigkeit). Was genau wo fliegt, lässt sich mithin in Regionen mit lediglich primärer Radarabdeckung nicht zweifelsfrei feststellen

Flug AA 11 wartete mit dem Ausschalten des Transponders, bis ein solches Radarloch erreicht war. Flug UA 93 flog fast eine Dreiviertelstunde lang nach Nordwest, ehe die Piloten direkt nach Erreichen eines Radarlochs die Kontrolle über die Maschine übernahmen, Flug AA 77 wartete bis zur Grenze nach Ohio – wo die Radarabdeckung besonders miserabel ist – mit dem Ausschalten des Transponders und verschwand gar vollständig von allen Radarschirmen (→ *Kap. 23*).

Wir gestatten uns hier nur am Rande die Feststellung, dass keines der verschwundenen Flugzeuge zum Zeitpunkt seines jeweiligen Einschlags identifiziert worden war. Die präzise Erörterung dieses Punktes lässt sich problemlos auf die späteren Prozesstage verschieben, nicht vertagen lässt sich hingegen die Frage, woher die Attentäter zu jeder Zeit ganz genau wussten, wo die anderen entführten Maschinen waren und was an Bord dieser anderen Maschinen geschah.

Besondere Beachtung verdienen hierbei die entscheidenden zehn Minuten des Anschlags zwischen 8:40 Uhr und 8:50 Uhr. Um 8:39 Uhr kreuzten sich die Wege von Flug AA 11 und Flug UA 175 nordwestlich von New York. Zur exakt gleichen Zeit wich weit entfernt über Virginia Flug AA 77 vom Kurs ab und flog unplanmäßig nach Norden. Um 8:46 Uhr raste Flug 11 in den WTC-Nordturm. Im exakt gleichen Moment wendete nicht nur Flug 77 kurz vor Ohio erneut, sondern wechselte zudem Flug 175 nahe New York gleich zweimal den Transpondercode. Und das haargenau über dem gerade aus Newark gestarteten Flug UA 93. Um 8:51 Uhr wechselte Flug 175 den Kurs und reagierte fortan nicht mehr auf Anfragen per Funk. Gleichzeitig erschien über Allentown, Pennsylvania, ein unidentifizierbarer »Intruder« (Eindringling) auf den Schirmen der Losten. Im exakt gleichen Augenblick verstummte an der Grenze nach Ohio auch Flug 77 endgültig.

Mit militärischer Präzision war es den drei verbliebenen Piloten auf diese Weise gelungen, auf die Sekunde genau, beginnend mit dem ersten Paukenschlag, unsichtbar zu werden. Bedenkt man, dass sie keinerlei Verbindung zueinander hatten und in unterschiedlich lang abflugverspäteten Maschinen saßen, nötigt einem diese komplett unwahrscheinliche Glanzleistung höchsten Respekt ab. Beziehungsweise ein höchst interessiertes Stirnrunzeln.

Um allen Missverständnissen vorzubeugen: Sofern überhaupt »arabische Terroristen« die Maschinen entführten, kommunizierten diese während der Ausführung der Anschläge mit Sicherheit nicht von Maschine zu Maschine.

Wer also wusste zu jeder Zeit auf Minute und Meter genau, wo sich alle am Anschlag beteiligten Maschinen befanden – und koordinierte das gleichzeitige Um- und Abschalten der Transponder und die ebenfalls gleichzeitigen Kurswechsel?

Vorzuladen:

- Radarexperten, insbesondere Vertreter der 84th Radar Evaluation Squadron, die »im Nachhinein« rekonstruierte, was geschehen war – denn am 11. September selbst war all dies, wie Militärvertreter mehrfach betonten, nicht erkennbar gewesen
- Vertreter des National Reconnaissance Office (→ *Kap. 22*), das die Spionage-Satelliten der USA lenkt. Diese NRO-Vertreter werden dringend ersucht, alle erforderlichen Radar- und Satellitenimages mitbringen und anhand der Bildbelege zu erklären, was am 11. September zwischen 8:39 Uhr und 8:50 Uhr passierte.

29 Irrelevant: Raytheon

An Bord der am 11. September zu fliegenden Bomben umfunktionierten Flugzeuge befanden sich zwar mehrere Mitarbeiter der Rüstungsfirma Raytheon Technologies, die für das Pentagon ein beeindruckend präzises Fernsteuerungssystem (JPALS) für Passagiermaschinen entwickelt hatten. Dies aber ist für den Fall 9/11 ohne Bedeutung.

Vermutlich. Dennoch bitten wir um Aufklärung dieses nebensächlichen Aspekts im Rahmen des neu aufzunehmenden 9/11-Verfahrens, damit die »Verschwörungsidioten« wenigstens diesbezüglich endlich mundtot gemacht werden und in Zukunft wieder James-Bond-Filme gucken können, statt sich selbst welche auszudenken.

Der Sachverhalt: Die Firma Raytheon Technologies, Weltmarktführer in Sachen ziviler und militärischer Anwendungen zur computergesteuerten Landung von zivilen und militärischen Flugzeugen, einer der wichtigsten Vertragspartner des Pentagon und der US Air Force, präsentierte 2001 nach langjähriger Entwicklung das GPS-gestützte »Anflughilfssystem« JPALS (Joint Precision Approach and Landing System). Bis dahin hatte das Unternehmen mittels dieser Fernsteuerung »200 unbemannte Präzisionsanflüge mit militärischen Testflugzeugen« vorgenommen, anfangs überwiegend mit unbemannten Drohnen des Typs Global Hawk, seit einigen Jahren auch mit Boeing-Maschinen.[1] Im Oktober 2001 teilte Raytheon mit, man habe nach monatelangen intensiven Tests im August 2001 auf einer Militärbasis in New Mexico sechs ferngesteuerte Landungen bemannter Maschinen vom Typ Boeing 727 erfolgreich durchgeführt – ohne dass die Piloten an Bord nach dem Einschalten der am Boden befindlichen Abfangeinrichtung noch eine Möglichkeit gehabt hätten, Einfluss auf den Landevorgang zu nehmen.

An Bord der am 11. September nur zu etwa einem Viertel gebuchten Flüge AA 11, UA 175 und AA 77 befanden sich fünf Mitarbeiter der Firma Raytheon,[2] allesamt zuständig für »elektronische Kriegsführung«, nämlich an Bord von Flug 11 Peter Gay, Kenneth Waldie und David Kovalcin,[3] an Bord von Flug 175 Herbert Homer[4] und an Bord von Flug 77 Stanley Hall, von Kollegen geschätzt als »unser Doyen der elektronischen Kriegsführung«.

Wir halten fest: Von den insgesamt nur 195 Passagieren, die sich am Morgen des 11. September in den auffällig schwach gebuchten Flügen 11, 175 und 77 befanden, standen wenigstens fünf in Diensten des Pentagon, als Fachleute für elektronische Kriegsführung und ferngesteuerte Flugzeuge. Das ist zwar garantiert kein durchschnittlicher Wert für alle zivilen US-Flüge, aber hoffentlich auch nicht mehr als ein unwahrscheinlicher Zufall.

Die New Yorker Vertretung von Raytheon Technologies befand sich übrigens, was niemand wundern wird,[5] im World Trade Center, und zwar im 91. Stock des Südturms.[6] Man teilte sich dieses Stockwerk mit den Firmen Washington Group und Gibbs & Hill. Die Maschine, die um 9:03 Uhr ins Gebäude einschlug, tat dies in Höhe des 78. Stockwerks, und von den oberhalb dieses Punktes eingeschlossenen Menschen überlebten nur vier. Die Washington Group beklagte 13 verstorbene Mitarbeiter.

Raytheon-Mitarbeiter waren nicht unter den Opfern.[7]

Vorzuladen:

- Sekretärinnen und Assistent/innen der am 11. September verstorbenen Raytheon-Mitarbeiter. Die Sekretä-

rinnen sind vorher von ihren Vorständen von der Verschwiegenheitspflicht zu befreien und werden ersucht, die Terminkalender ihrer Chefs aus den Jahren 2000 und 2001 mitzubringen.
- Mitarbeiter des Pentagon, ebenfalls von der Schweigepflicht entbunden, die präzise darlegen, an welchem DoD-Projekt die fünf Verstorbenen in den Jahren 2000/2001 arbeiteten

30 Der Pilot: Hani Hanjour

Ein Terrorist namens Hani Hanjour steuerte den entführten Flug AA 77 ins Pentagon.

Hani Hanjour brachte es als »Hijacker« in mehrfacher Hinsicht zu kurioser Berühmtheit, denn er war in den ersten Tagen nach den Anschlägen als solcher noch gar nicht vorhanden, weil das FBI bis dahin nur von 18 Entführern sprach. Als dann der Name Hani Hanjour erstmals auftauchte, meldete die *Washington Post*, dass ein Hanjour gar nicht auf der Passagierliste der American Airlines stehe und »möglicherweise gar kein Ticket hatte«.[1]

Da er vermutlich nicht im Handgepäck eingeschmuggelt wurde, haben wir hier einmal mehr einen Beleg für die nachträgliche Manipulation der Passagier- und Hijacker-Listen – und eine von den Medien später nachgereichte Legende, derzufolge Hanjour und sein Kollege Madjid Moqed am 31. August im A.T.S. Reisebüro in Totowa, N.J., zwei First-Class-One-Way-Tickets für den Flug 77 kauften. Doch nur Moqed schaffte es auf die Passagierliste – was schlechterdings unmöglich ist, denn wer rechtzeitig bucht, steht garantiert auf dieser Liste, oder auf der Warteliste, wenn der Flug ausgebucht ist. Hanjour aber stand weder hier noch da – und brachte dennoch das Kunststück fertig, den Sitz 1B der AA 77 zu ergattern.

Doch das ist noch eine der kleinsten Merkwürdigkeiten um Hanjour, die der *Commission Report* geflissentlich ignoriert. Eine weitere präsentieren wir hier der Einfachheit halber im Bild – das Cockpit einer Cessna 172 und das einer Boeing 757.

Cockpit einer Cessna 172, wie man sie Hani Hanjour wegen mangelnder Flugfähigkeiten nicht ausleihen wollte. (Quelle: www.Flight-World.com)

Cockpit einer Boeing 757, wie Hani Hanjour sie in einer fliegerischen Meisterleistung mit Höchstgeschwindigkeit ins Pentagon gesteuert haben soll. (Quelle: Boeing)

Eine solche einmotorige Cessna 172 wollte Hani Hanjour in der zweiten Augustwoche 2001 am Freeway Airport in der Nähe von Washington ausleihen, doch nach drei Testflügen verweigerte der Chefinstrukteur Marcel Bernhard die Ausleihe, weil Hanjour die Maschine allein weder fliegen noch landen konnte. Auch das Vorzeigen einer FAA-Fluglizenz vom April 1999 mit angeblichen 600 Flugstunden verhalf ihm nicht zu dem begehrten Kleinflugzeug. Einen Monat später indessen kam er nicht nur mit dem Cockpit einer Boeing 757 problemlos klar, sondern führte damit ein Flugmanöver aus, das die Fluglotsin Danielle O'Brien eher an ein Fliegerass aus »Top Gun« erinnerte als an einen absoluten Anfänger: »Die Geschwindigkeit, die Wendigkeit, die Art, wie er drehte – wir alle im Radarraum, alles erfahrene Fluglotsen, dachten, dass das ein Militärflugzeug sein muss. So fliegt man eine 757 nicht …«[2] Mehr zu diesem Kunstflug noch an anderer Stelle (→ *Kap. 31*), hier ist mit dem fehlenden Eintrag auf der Passagierliste und der fehlenden Pilotenfähigkeit Hani Hanjours nur festzuhalten, dass ein Mann als Pilot der AA 77 gilt, der weder auf der Passagierliste stand noch über ausreichende Flugkenntnisse verfügte.

Schon 1991 als 19-Jähriger war Hanjour, dessen Familie in Saudi-Arabien einen Autoexport und ein Landgut betreibt, erstmals für drei Monate in den USA, um Englisch zu lernen. Danach lebte er fünf Jahre in seiner Heimat und kehrte 1996 zurück, um wieder Englischkurse zu nehmen und fliegen zu lernen. An verschiedenen Flugschulen in Kalifornien und in Arizona fiel er dabei nicht nur wegen seiner schlechten Sprachbeherrschung auf. Als er 1998 für 200 Dollar ein Training an einem Flugsimulator buchte – nicht einer Boeing 757, sondern eines Cessna-ähnlichen Kleinflugzeugs –, stellte der Fluglehrer fest, dass Hanjour nur die gröbsten Kenntnisse darüber hatte, welche Instrumente dort welche Rolle spielten. Wie er es dennoch schaffte, im April 1999 eine offizielle FAA-Fluglizenz zu bekommen, ist, so notierte die *Washington Post*, »eine weiterhin offene Frage, die FAA-Offizielle nicht diskutieren möchten«[3] – was insofern nicht wundert, als die Flugschulen, bei denen sich Hanjour 2000 und Anfang 2001 zum Training für Passagierflugzeuge anmeldete, insgesamt fünfmal bei der FAA nachfragten, ob seine Lizenz echt sei. Nicht weil er als potentieller Terrorist und »Hijacker« verdächtigt wurde, sondern weil man ihn wegen seiner kläglichen Flugkünste für eine Gefahr für den Luftraum hielt. »Bis heute«, erinnerte sich ein Angestellter der Pan Am International Flight Academy in Phoenix, »bin ich von den Socken, dass der in das Pentagon geflogen sein soll. Er konnte doch überhaupt nicht fliegen.«[4]

Die Verfasser des *Commission Report* können nicht umhin gekommen sein, die umfangreichen Belege über die aeronautische Niete Hani Hanjour zur Kenntnis zu nehmen, umschifften diese offensichtlichen Zweifel aber ebenso weiträumig, wie sie einen weiteren wichtigen Zeugen ignorierten, der über Hanjours Flugtraining in Phoenix berichtete. Es handelt sich um den aus dem Kaukasus stammenden muslimischen US-Bürger Aukai Collins, der Hanjour bei einigen seiner Flugstunden begleitete – in seiner Eigenschaft als Informant des FBI in der arabischen und muslimischen Szene in Phoenix. Wie seine Kollegen Al-Midhar und Nawaf Al-Hazmi, die in San Diego bei einem FBI-Spitzel wohnten, stand mithin auch Hanjour schon 1998 in Phoenix unter behördlicher Aufsicht – und laut FBI traf er Anfang 2000 in San Diego auch mit Omar Al-Bayoumi, dem seit 9/11 abgetauchten saudischen »Geschäftsmann« zusammen, der dort Al-Midhar und Al-Hazmi betreute. Der *Commission Report* behauptet zwar, Hanjour sei nur einmal und kurz in San Diego gewesen, die Nachbarn von Al-Midhar und Al-Hazmi und weitere Zeugen sahen ihn dort aber häufiger. Laut den Aussagen von Aukai Collins wusste das FBI »alles über diesen Jungen«, einschließlich seiner Adresse und Telefonnummer, denn er habe seine Arbeitgeber 1998 über eine größere Gruppe von Arabern informiert, die in Phoenix Flugunterricht nahmen – was das FBI abstreitet. Verständlich, denn das passt ebenso wenig ins offizielle Bild wie Collins' Erinnerung an Hanjour: »Er war nicht einmal halbwegs religiös, schon gar nicht fanatisch religiös. Und ich weiß sicher, dass er kein Teil von Al-Qaida oder einer islamistischen Organisation war; er konnte ›Dschihad‹ nicht einmal auf Arabisch buchstabieren.«[5]

Halten wir also fest: kein offizieller Passagier, kein fähiger Pilot, kein fanatischer Islamist – was aber war Hani Hanjour dann?

»Patsy« wird als umgangssprachlicher amerikanischer Ausdruck vom Wörterbuch mit »Sündenbock«, »Witzfigur«, »Einfaltspinsel« übersetzt, der *Webster* definiert ihn als »jemand, der hintergangen oder zum Opfer gemacht wird«, und verweist auf die etymologische Abstammung vom italienischen »Trottel«: »pazzo«. In Anbetracht der Leistungen von Hanjour, der trotz jahrelanger Kurse kaum Englisch sprach und von einem halben Dutzend Flugschulen als hoffnungsloser Fall angesehen wurde, ist es gewiss nicht ungerecht, ihm im wirklichen Leben eine gewisse Trottelhaftigkeit zuzusprechen. Als Kind soll er als Berufswunsch stets »Flugbegleiter« genannt haben – und zu viel mehr als Saftschubsen reichten seine fliegerischen Qualifikationen auch 2001 noch nicht. Doch immerhin hatte er sich mit Ausdauer und auf krummen Wegen eine Pilotenlizenz verschafft und war als Mitglied einer Gruppe arabischer Flugschüler schon 1998 auf das Radar des FBI gekommen. Als er im September 2000 erneut ein Visum für die USA beantragte, wurde dies zunächst abgelehnt, zwei Wochen später erhielt er es dann doch – auf demselben US-Konsulat in Dschiddah, Saudi-Arabien, dem 15 der 19 »Hijacker« ihre Visa verdanken. Wir erinnern uns: Diese Nachricht brachte nach den 9/11-Anschlägen den ehemaligen Leiter dieser Visa-Abteilung in Dschiddah auf den Plan, Michael Springmann, der dort in den 80er Jahren zahlreiche Visa-Anträge dubioser Gestalten abgelehnt hatte, aber auf Druck der CIA gezwungen worden war, sie dennoch auszustellen (→ *Kap. 17*).

Auch Al-Midhar und Nawaf Al-Hazmi erhielten, obwohl als militante Islamisten registriert, hier ihre Multiple-entry-Visa, und Hanjour bekam nach einem Gespräch am 25.9.2000 auf dem Konsulat sein Visum als »Student«. Allerdings nur für drei Monate – doch dass er dann ab Ende Dezember 2000 ohne Visum in den USA unterwegs war, bereitete Hanjour keine Sorgen. Er fühlte sich offenbar gut behütet, denn schon kurz nach seiner Ankunft in den USA im Dezember wurde er von seinem Betreuer, dem saudischen Geheimdienstmann Omar Al-Bayoumi, in Empfang genommen und für seinen letzten großen Flug in die Spur gebracht. Dass er diesen aber selbst pilotierte – dafür spricht allenfalls noch eine Wahrscheinlichkeit von 1:1000.

Der Verdacht, dass es sich bei den »Hijackern« um »Patsies« handelte, die von ihren Agentenführern hintergangen wurden und nicht wussten, an welcher Mission sie eigentlich teilnahmen (und dass sie davon nicht zurückkehren würden), wird auch von einem für fanatische Islamisten auf Suizidmission untypischen Respekt vor dem ewigen Verkehrssünderregister bestätigt, genauer: von einer der letzten Geldüberweisungen Hani Hanjours, die er zwei Wochen vor seinem Ableben tätigte. Er überwies 100 Dollar an die Verkehrsbehörde in Maryland, wo er am 1. August 2001 wegen Tempoüberschreitung geblitzt worden war. Auf der FBI-Inventarliste sämtlicher Gegenstände, die in Al-Hazmis blauem Toyota Corolla sichergestellt wurden – dem Wagen, in dem er mit Hanjour und Al-Midhar am 11.9.2001 am Dulles-Airport vorgefahren war –, fand sich folgerichtig unter Nr. 1: »An hourly parking ticket dated and stamped 09/11/01 7:25 AM«.[6]

Aber wen interessiert es, dass Selbstmordattentäter noch brav für eine Stunde Parken bezahlen, bevor sie sich in die Luft jagen, wenn im selben Auto Fotos eines Boeing-Cockpits gefunden werden und ein Stück Papier, auf dem nichts steht außer der Telefonnummer des Leibhaftigen persönlich: »Osama 5895316«. Bingo (→ *Kap. 13*)!

Vorzuladen:

- Die Fluglehrer von Al-Midhar, Al-Hazmi und Hani Hanjour
- Ihr Vermieter Dr. Abdussattar Shaikh
- Ihr »Geschäftspartner« Omar Al-Bayoumi
- Aukai Collins

31 Der Pentagon-Crash

Flug American 77 stürzte um 9:37:46 Uhr ins Pentagon. Der Einschlag wurde von einer Überwachungskamera in der Nähe des Gebäudes gefilmt.

Die seit ihrer Veröffentlichung 2006 viel diskutierten Bilder[1] einer Parkplatzkamera am Pentagon zeigen ein auf das Gebäude zufliegendes Objekt, das eine Rauchfahne hinter sich her zieht. Mancher sieht hier ein Flugzeug, andere sehen eine Rakete (auch weil Flugzeuge keine Rauchfahne hinter sich herziehen),[2] unzählige Webseiten und Bücher sind diesen paar grobkörnigen Frames gewidmet. Die Diskussion ist insofern überflüssig, als Justizministerium und FBI nicht bestreiten, dass weitere 84 Videotapes existieren, die das Pentagon zur Anschlagszeit zeigen.[3] (Es hätte wohl auch jeden gelegentlichen Bahnhofs- oder Kaufhausbesucher gewundert, wenn das Pentagon nicht rund um die Uhr von diversen elektronischen Augen gefilmt und überwacht würde.)

Diese aus den verschiedensten Quellen beschlagnahmten 84 Bänder befinden sich jedoch »unter Verschluss« und werden von den Behörden nicht freigegeben respektive veröffentlicht, da sie sowohl »Gegenstand der Ermittlungen« des FBI in dieser Angelegenheit[4] als auch eines nicht näher erklärten »Rechtsstreits«[5] sind.

Welcher Rechtsstreit damit gemeint ist, wüsste so mancher Skeptiker gern genauer. Aber auch ohne eine Antwort auf diese Frage bleibt der Bescheid der Behörden interessant, fragt man sich doch, weshalb in aller Welt das FBI die Skeptiker nicht endlich zum Schweigen bringt. Denn was wäre leichter? Sofern die zahllosen Aufnahmen tatsächlich den Anflug von American 77 zeigen, wären sie doch bestens geeignet, alle Verschwörungstheorien in Sachen »Pentagon-Crash« endgültig zu widerlegen – davon abgesehen, dass sie schon der Untersuchungskommission in diesem Kriminalfall zur Auswertung hätten vorgelegt werden sollen.

Die unschöne, aber sehr naheliegende Vermutung, die Tapes würden gerade deshalb nicht veröffentlicht, weil sie nicht den Anflug von 77 zeigen, wäre damit auch endlich vom Tisch. Und das wäre doch ein echter Segen.

Aber war Flug 77 überhaupt: eine Passagiermaschine? Oder eine unbemannte Drohne? Eine Rakete? Die Diskussion über das, was das Pentagon traf, füllt seit Thierry Meyssans[6] früher Vermutung, es müsse sich um eine Cruise Missile gehandelt haben, haufenweise Webseiten und Bücher, alle randvoll mit Berechnungen, Vermutungen und Widersprüchen. Skeptiker wiesen zu Recht darauf hin, die Videobilder der Pentagon-Parkplatzkamera[7] zeigten zwar keine Passagiermaschine, dafür aber eindeutig eine Rauchfahne – mithin etwas, was eine Kerosin verbrennende Verkehrsmaschine in Bodennähe niemals hinter sich herzieht. »Mythenentlarver« konterten, eine der Tragflächen habe offenbar beim Abknicken der am Highwayrand stehenden Laternenmasten auf dem Weg Richtung Pentagon Feuer gefangen. Skeptiker erwiderten, so ein Laternenmastkontakt hätte die Maschine abstürzen lassen. Debunker antworten darauf, die Masten hätten logischerweise eine Sollbruchstelle in Bodennähe, knickten also bei Kontakt um wie Streichhölzer und leisteten keinen Widerstand …

Die Positionen sind und bleiben bis ins Detail unvereinbar, etliche offene Fragen werden bis heute in Foren ausgiebig diskutiert, deutlich unterhalb des massenmedialen Radars. Unter den Fragen sind auch solche nach der Aussagekraft der Anrufe jener lediglich zwei Zeuginnen, die sich den Behörden zufolge aus 40 000 Fuß Höhe per Handy (nicht per Bordtelefon) aus der Maschine meldeten und widersprüchliche Angaben betreffend die Zahl der (nicht als »arabisch« beschriebenen) Entführer machten. Aber da diesbezüglich die offiziellen Angaben ebenso widersprüchlich sind wie etwa die sensationellen Schlussfolgerungen des anerkannten Skeptikers David Ray Griffin zumindest verwegen (Griffin geht unter dem Strich davon aus, dass es gar keine Anrufe von Bord aus gab, sondern dass »Hörspiele« aufgeführt wurden[8]), sehen wir uns bis heute außerstande, zu diesem Randaspekt des Falles 9/11 eine Vorladungs- und Fragenliste vorzulegen.

Wir verweisen stattdessen auf die wichtigeren Fragen von echten Fachleuten im Zusammenhang mit den Flugdaten selbst, insbesondere auf die Fragen der professionellen *Pilots for 9/11 Truth*, weshalb die Auswertung der vom National Transportation Safety Board (NTSB) vorgelegten Daten aus dem am 14. September geborgenen Flugschreiber zu ergeben scheint, dass American 77 das Pentagon überflog, statt hineinzurasen. Eine Antwort blieb das NTSB schuldig – wer des Englischen mächtig ist, hat aber vermutlich Freude am Mitschnitt der Telefonate mit der Behörde.[9]

Loch in der Beweiskette: Fahrwerk oder Raketenkopf? (Quelle: www.911review.com)

Der Rasen vor der Einschlagstelle – unversehrt und ziemlich trümmerfrei. (Quelle: www.nfpa.org)

Und dann gibt es da dieses kreisrunde Loch im sogenannten C-Ring des Pentagon, dem dritten Gebäudering, der diverse Mauern hinter der Außenwand liegt, an der Flug 77 angeblich zerschellte wie eine Coladose. Skeptiker sind sicher, dass dieses Loch nur von einem harten Raketenkopf stammen kann, aber nicht von der weichen Flugzeugnase. Was allerdings auch nie jemand behauptet hat. Sondern, dass es sich um das Fahrwerk gehandelt hatte.

Auch die Crash-Spuren an der teilweise zerstörten Außenwand des Pentagon machen es schwer, den Einschlag einer riesigen Boeing zu erkennen, zumal Skeptiker darauf verweisen, dass vor der vermeintlichen Einschlagstelle ein paar unbeschädigte, drei Meter hohe Kabeltrommeln auf dem Rasen standen, die die Maschine quasi durchflogen haben müsste.[10] Und außerdem müsste sie bei ihrem Einschlag natürlich massenweise Trümmer hinterlassen haben, deren Nichtvorhandensein ein weiteres großes

Rätsel darstellt. Statt eines halben Flugzeugs konnte der über dem Tatort kreisende F-16-Pilot Dan Eckman nur Fetzen und Blechschnippsel erkennen, die er als »Überreste eines großen Tanklastzugs« beschrieb.[11] Auch in den ersten CNN-Berichten über die Explosion am Pentagon war ja von einem Tanklastzug die Rede. Doch selbst ein solcher hätte auf dem gepflegten Rasen vor dem Pentagon ein paar Brandspuren hinterlassen müssen, was erst recht von einem 100 Tonnen schweren Jumbojet zu erwarten wäre, der mit über 800 km/h gegen die Wand rast und explodiert. Doch der sensationelle Pentalawn war noch nicht mal angesengt.

Wer viel Zeit hat, kann vermutlich sein ganzes restliches Leben auf »Pentagon-Mystery«-Websites verbringen. (Wir empfehlen für den komplizierten Anfang die Website der *Pilots for 9/11 Truth* sowie die der *9-11 Review*-»Entkräfter«.) Wer weniger Zeit hat, besteht auf dem Grundsatz: »24 Bilder pro Sekunde sagen mehr als tausend Worte« und schließt sich unserer Forderung an, die zirka 85 Videos sehen zu dürfen, die den Pentagon-Crash zeigen. Notfalls reichen ja auch erstmal drei oder vier.

Sofern diese Bilder ein Flugzeug zeigen, wenden wir uns der Frage zu: welches?

Sofern die Bilder kein Flugzeug zeigen, betrachten wir die Neuaufnahme des Verfahrens schon an diesem Punkt als sensationell gelungen.

Vorzuladen:

- Die zuständigen Ermittler des FBI. Beizubringen: die Tapes. Alles Weitere klären wir im Anschluss, allen voran die Fragen der zahlreichen professionellen Piloten.[12]

32 E4-B: Überwachung von oben

Als das Pentagon um 9:38 Uhr von einem Flugzeug getroffen wurde, kreiste eine weiße Boeing 747 direkt über dem Tatort. Die US Air Force hat nach eigenen Angaben keine Informationen zu diesem Flugzeug. Im Abschlussbericht der offiziellen Untersuchungskommission wird die Maschine nicht erwähnt.

Um 9:41 Uhr, direkt nach der Pentagon-Explosion um 9:38 Uhr, berichtete Peter Jennings für den Fernsehsender ABC als erster von einem mysteriösen weißen Flugzeug, das über dem US-Verteidigungsministerium kreiste. Mehrere Film- und Fernsehkameras fingen die Maschine ein,[1] die in »Area 56«, dem rigoros gesperrten Luftraum über dem Regierungsviertel, langsame Kreise drehte. Das wohl bekannteste Foto lieferte Linda Brookhart. Sie betonte später, es zeige die kreisende Maschine bereits vor dem Pentagon-Crash.[2]

Die 9/11-Commission interessierte sich nicht für dieses Flugzeug, anders als neugierige Beobachter, die nach gründlicher Überprüfung der weiteren Bildbelege aus den Archiven von CNN und Discovery Channel 2006 als zweifelsfrei erwiesen vermeldeten,[3] es habe sich um eine E4-B gehandelt – eine umgebaute Boeing 747-200, ein »fliegendes Pentagon« des US-Militärs, Kosename »Doomsday Plane«, für den nuklearen Ernstfall gesteckt voll mit Hi-End-Elektronik (inklusive Zugriffsmöglichkeiten auf taktische und strategische Satellitensysteme, was die Besatzung prädestinierte beziehungsweise prädestiniert hätte, die am 11. September zwei Stunden lang permanent überforderte Flugabwehr am Boden maßgeblich zu unterstützen).[4]

Das US-Militär verfügt über insgesamt vier dieser fliegenden Kommandostände, die allesamt auf der Offutt Air Base in Omaha, Nebraska, stationiert sind und dem dort ansässigen US-STRATCOM unterstehen, dem strategischen Oberkommando des US-Militärs. Drei der vier E4-B nahmen am 11. September 2001 an einer groß angelegten Übung teil – Global Guardian (→ *Kap. 22*).[5] Diese Übung, die im *Commission Report* ebenso wenig erwähnt wird wie das über dem Pentagon kreisende Flugzeug, findet alljährlich zur gleichen Zeit statt, im Oktober.[6] 2001 wurde sie (im April oder Mai) vom angekündigten Oktobertermin auf den 11. September vorverlegt, aus unbekanntem Grund.

Zur Tatzeit: ein »fliegendes Pentagon« über dem Pentagon (Quelle: Linda Brookhart)

Die zivile Luftraumüberwachung FAA lehnte eine das mysteriöse Flugzeug betreffende Anfrage nach dem Freedom of Information Act (FOIA) zunächst ab: Alle entsprechenden Radaraufzeichnungen seien – widersprüchlichen Angaben zufolge – entweder gelöscht oder dem FBI übergeben worden. Diese verweigerte Auskunft veranlasste den kalifornischen Abgeordneten Adam Schiff, die US Air Force selbst um Aufklärung zu bitten, was die Militärmaschine im Luftraum über dem Pentagon zu suchen gehabt habe. Worauf man ihm höchst offiziell mitteilte, man »wisse nichts von dem fraglichen Flugzeug«.[7]

Die Maschine, die laut US Air Force nicht über dem Pentagon kreiste, beim Kreisen über dem Pentagon. (Quelle: Discovery Channel)

Im Oktober 2007 musste dann allerdings wegen einer neuerlichen FOIA-Anfrage von John Farmer die 84th Radar Evaluation Squad aus Utah (RADES) ihre Daten offenlegen. Diese Daten belegen unter anderem, dass die am 11. September vom Luftwaffenstützpunkt Langley in Virginia gestarteten Abfangjäger gleich dreimal in die falsche Richtung flogen, zunächst über den Atlantik, dann in Richtung Baltimore und zuletzt – ohnehin schon viel zu spät – noch einmal nach Südwesten, kurz vor Erreichen des Pentagon. Zudem aber belegen die RADES-Radaraufzeichnungen, dass wenigstens zwei, vermutlich sogar drei der »fliegenden Pentagons« am Morgen des 11. September in und um Washington herum in der Luft waren – und sich unmittelbar nach Abschluss der Terroroperation auf den Rückweg nach Offutt machten, von wo aus man die Global-Guardian-Übung an diesem Morgen koordinierte.[8]

Air Force One, die Maschine des US-Präsidenten, folgte den fliegenden Pentagons. George W. Bush flog am 11. September von Sarasota, Florida (→ *Kap. 18*), zunächst nicht zurück nach Washington, sondern nacheinander die wichtigsten STRATCOM-Stützpunkte an: erst Barksdale, Louisiana, danach Offutt, Nebraska, wo er um 14:50 Uhr landete und um 15:06 Uhr im unterirdischen Bunker verschwand, zur Lagebesprechung und anschließenden Videokonferenz.

Das von der Untersuchungskommission vollständig und vom medialen Mainstream einigermaßen gründlich ignorierte Mysterium der »White Planes« über dem Pentagon füllt einige Bücher und Dutzende Webseiten, die Diskussion über die RADES-Daten und weitere fehlende sowie bis heute unter Verschluss gehaltene Daten hält an.

Fest steht: Um 9:25 Uhr und 9:43 Uhr am Morgen des 11. September starteten zwei E4-B der US-Army »Nightcap«-Flotte von Andrews aus Richtung Offutt – trotz des inzwischen bestehenden Start- und Landeverbotes. Beide Maschinen flogen nicht über das Weiße Haus.[9] Die dritte, die es offensichtlich tat, tauchte nicht auf allen Radarschirmen auf.

Die Air Force weiß angeblich nichts von dem gesichteten Flugzeug. Das US-Militär bestreitet, dass die Maschine da war. Die Radaraufzeichnungen des US-Militärs beweisen, dass sie da war.

Vorzuladen:

- Vertreter von Air Force und US-STRATCOM, allen voran 9/11-Übungsleiter Admiral Richard Mies: Warum kreiste die »most sophisticated« Maschine der elektronischen Kriegsführung zum Zeitpunkt des Anschlages über dem Weißen Haus? Wo kreisten die beiden anderen E4-B? Wo die vierte? Wieso sind die Maschinen aus manchen Radaraufzeichnungen verschwunden? Welche Rolle spielte die E4-B-Flotte in der 9/11-Übung? Und was wurde am 11. September tatsächlich und wie lange »geübt«?

Aufgeräumt, eingestürzt

33 WTC 1 und 2

Die WTC-Türme waren zwar so konstruiert, dass sie dem Einschlag eines großen Passagierjets standhalten konnten, doch durch die Kerosinbrände nach dem Crash wurde die Feuerisolation der Stahlträger so schwer beschädigt, dass die Gebäude in sich zusammenstürzten.

Peter Jennings kommentierte am 11.9.2001 um 10 Uhr in den ABC News live, was er und die ganze Welt gerade mit ansehen mussten:

»Der Südturm …, 10 Uhr Ostküstenzeit heute morgen, stürzt in sich selbst zusammen. Dort arbeiten Tausende von Menschen. Wir haben keine Ahnung, was die Ursache ist … Jeder, der einmal gesehen hat, wie ein Gebäude gezielt gesprengt wird, weiß, dass man dazu nach unten kommen muss, an die untere Infrastruktur eines Gebäudes, und sie zerstören.«

Er und die ganze Welt sahen ein Hochhaus, das wie bei einer kontrollierten Sprengung zusammenstürzte.

Zu diesem Zeitpunkt war William Rodriguez, einer der Hausmeister des Nordturms, noch dabei, sich den

Orden als »9/11-Hero« zu verdienen, der ihm später von Präsident Bush verliehen wurde, weil er mehrfach in das brennende Gebäude zurücklief, um Eingeschlossene aus Treppenhäusern und Fahrstühlen zu befreien. Rodriguez, seit Jahren im WTC beschäftigt, war der letzte Mensch, der den Nordturm verließ, bevor dieser um 10:28 Uhr ebenfalls zusammenstürzte – obwohl 17 Minuten früher getroffen als der Südturm, kollabierte er erst 29 Minuten später.

Zwei Tage nach dem Unglück besuchte ihn ein CBS-Fernsehteam zu Hause und zeichnete auf, was der heldenhafte Hausmeister zu berichten hatte, doch diese Sendung wurde nie ausgestrahlt. Der Grund mag darin liegen, dass Rodriguez' Bericht – immerhin der eines der wichtigsten Augenzeugen – nicht zu der sich entfaltenden »Pfannkuchen-Theorie« des WTC-Einsturzes passte, derzufolge sich durch den Crash der Jets die oberen Stockwerke der Türme aufgelöst und den ganzen Rest der Gebäude etagenweise unter sich begraben hätten. Rodriguez allerdings, der sich zum Zeitpunkt des Einschlags des Flugzeugs im Erdgeschoss befand, nahm mit einem Dutzend Kollegen Explosionen aus dem Untergeschoss wahr: »Wir hörten ein schweres Rumpeln und kurz darauf ein weiteres Rumpeln, als ob jemand schwere Möbel bewegt.«[1]

Dass er diese Erschütterungen mit dem Einschlag 80 Stockwerke über sich verwechselte, ist ausgeschlossen, denn im selben Augenblick öffnete sich die Tür des von unten kommenden Fahrstuhls und ein brennender Mann rannte heraus: »Kurz nach der ersten Explosion erschütterte eine zweite das Gebäude und ließ die Deckenverkleidung des Büros herunterfallen. Nach diesen Explosionen rannte Felipe David, der schwer verbrannt war, ins Büro. Rodriguez sagte, dass es noch eine dritte Explosion gab, und er glaubte, dass sie von einem Erdbeben ausgelöst waren.«

So heißt es lakonisch und ohne weiteren Kommentar im Protokoll der 9/11-Commission, vor der Rodriguez am 8. Juni 2004 aussagte. Doch der Abschlussbericht der Kommission war zu diesem Zeitpunkt schon längst geschrieben, nur pro forma wurden die Aussagen eines der wichtigsten Augenzeugen des gesamten Falles gegen Ende der »Untersuchung« noch kurz protokolliert (→ *Kap. 3*). Gerade einmal zweieinhalb Seiten lang sind die Aufzeichnungen, was ebenso wie seine späte Einvernahme deutlich macht, welche Bedeutung diesem Zeugen eingeräumt wurde.[2]

Bis dahin war William Rodriguez – geboren in Puerto Rico, seit zwanzig Jahren bei der New York Port Authority angestellt und seit über neun Jahren für eines der Treppenhäuser des Nordturms zuständig – als guter Staatsbürger davon ausgegangen, dass der Horror, den er am 11.9.2001 erlebt hatte, von der 9/11-Commission ermittelt und aufgeklärt werden würde. Dass seine Aussagen über die Explosionen im Untergeschoss, für die er 14 weitere Zeugen benennen konnte, aber dann nur zur Kenntnis genommen und einfach ad acta gelegt wurden, wollte er nicht akzeptieren und erhob Klage vor Gericht – gegen George W. Bush und 50 weitere Regierungsmitglieder und Personen, wegen Verschwörung und Vertuschung der Verbrechen des 11.9., unter anderem der kontrollierten Sprengung des World Trade Center. Die Klage wurde im Juni 2006 abgewiesen.[3]

Der Reporter Peter Jennings sprach also angesichts des Einsturzes des Südturms von einer augenscheinlich kontrollierten Sprengung – und der Hausmeister des Nordturms berichtete von drei Explosionen im Untergeschoss des Hauses, von eben dort, wohin man laut Jennings gelangen müsste, um einen Wolkenkratzer auf diese Weise zu zerstören. Nun können sich laienhafte Augenzeugen natürlich irren und kann der Anschein einer kontrollierten Zerstörung der Zwillingstürme nicht mehr sein als eben das – ein Anschein. Handelt es sich bei den optischen Wahrnehmungen von Jennings und den akustischen von Rodriguez möglicherweise also nur um erste Fehleinschätzungen, die durch die gewissenhaften Untersuchungen des Crashs durch die Katastrophenschutzbehörde FEMA und das National Institute of Standards and Technology (NIST) längst überholt sind? Nein. Im Gegenteil wurden diese ersten Eindrücke von mittlerweile mehr als 1000 Architekten und Ingenieuren, die sich mit dem Einsturz der Türme beschäftigt haben, bestätigt und belegt – und die anfangs behauptete »Pfannkuchen-Theorie« ebenso widerlegt wie die vom NIST nachgebesserte Hypothese vom »progressiven Kollaps« der Türme. Auf ihrer Website AE911.org haben diese Architects & Engineers for 9/11 Truth einige der deutlichsten Anomalien des WTC-Crahs aufgelistet:

1. Der Zusammenbruch erfolgte mit fast der gleichen Beschleunigung wie bei freiem Fall. Die Stahl- und Betonmassen, die den Einsturz von oben hätten bremsen müssen, leisteten keinerlei Widerstand.[4]
2. Die Symmetrie der Schuttverteilung – die Türme stürzen exakt vertikal in ihrem eigenen Fundament zusammen – wäre bei einem bloßen Zusammensturz extrem unwahrscheinlich.
3. Mehr als 100 Rettungskräfte berichteten von Explosionen und Blitzen.[5]
4. Viele Tonnen schwere Stahlteile wurden seitlich herausgeschleudert, was auf den Videos deutlich zu er-

kennen ist. Noch in mehr als hundert Meter entfernte Gebäuden schlugen solche Teile des WTC ein.[6]

5. Das gesamte Stahlgerüst wurde beim Zusammenbruch zerstückelt[7] sowie 90 000 Tonnen Beton und Metall schon in der Luft pulverisiert, bevor sie auf dem Boden aufschlagen konnten.[8]
6. 20 bis 40 Stockwerke unter der Einsturzfront wurden vereinzelte explosive Auswürfe beobachtet.
7. Unter allen drei Hochhäusern (also auch unter dem erst Stunden später kollabierten WTC 7) wurden mehrere Tonnen geschmolzenes Metall gefunden, noch Wochen nach dem Crash schwelten diese »Stahlpfützen« vor sich hin. Eine solche Hitze kann nur von Thermit-Reaktionen erzeugt werden, ein Brand von Kerosin und Büromöbeln reicht für eine solche Metallschmelze niemals aus.[9]
8. In den Stahl- und Staubproben, die von der FEMA gesichert wurden, ließen sich Thermit-Brandsätze[10] und auch Nanothermit-Sprengstoffe[11] nachweisen.

Dass wir uns in unseren bisherigen Büchern zu diesem Fall nicht sehr ausführlich mit den Merkwürdigkeiten des Einsturzes der Türme und des WTC 7 beschäftigt haben, hat einen nachvollziehbaren Grund: Bis 2005 gab es zwar den deutlichen Anschein einer kontrollierten Sprengung der Gebäude, aber keinen materiellen Beweis dafür. Dieser wurde erst von Professor Steven Jones von der Brigham Young University erbracht, der verschiedene Staubproben des WTC-Crashs untersuchte. Eine dieser Proben war von einem Bürger in Manhattan zehn Minuten nach dem Einsturz des Südturms eingesammelt worden, zwei weitere am Tag danach und eine vierte zwei Wochen später. Alle vier Proben wiesen in der mikroskopischen Analyse Spuren des hochexplosiven Sprengstoffs Nanothermit auf. Die von Jones entdeckten winzigen rot-grauen Chips im WTC-Staub wurden auch von anderen Wissenschaftlern bei Tests weiterer Staubproben bestätigt – und lassen keine andere Erklärung zu als die, dass es sich bei den nachgewiesenen Partikeln um die zu militärischen Zwecken entwickelte nanotechnische Variante des klassischen Thermit handelt, das normalerweise als Brandmittel beim Schweißen verwendet wird. Durch die Verkleinerung der Bestandteile auf Nanopartikel stellt Nanothermit ein hochreaktives und hochenergetisches Gemisch dar, das seit Mitte der 90er Jahre als Ausgangsstoff neuer, explosiverer Bombentypen erforscht wird. Charakteristisch für das Nanothermit sind neben der hochenergetischen Sprengkraft vor allem die extremen Temperaturen, die bei der Reaktion entstehen und auf über 2700 Grad Celsius steigen können.

Schon 2006 äußerte sich Steven Jones erstmals vor Studenten über die Indizien für eine kontrollierte Sprengung der Türme, was ihn prompt seinen Job kostete: Die Universitätsleitung versetzte ihn im Oktober desselben Jahres in den vorzeitigen Ruhestand. Aber auch als Emeritus ließ er nicht locker. Im Februar 2009 veröffentlichte er zusammen mit Prof. Niels Harrit, einem Nanochemiker der Universität Kopenhagen,[12] und sechs weiteren Forschern im *Open Chemical Physics Journa*l die Peer-Review-abgesicherte Studie »Active Thermitic Material Discovered in Dust from the 9/11 World Trade Center Catastrophe«, in der sie die Ergebnisse ihrer Analysen präsentierten.[13]

Was als erstes explosives Ergebnis zur Folge hatte, dass die Chefredakteurin des Journals entlassen wurde. Der Grund lag, wie schon bei Jones' Zwangsemeritierung, allerdings nicht darin, dass den Wissenschaftlern Fehler oder gar Betrug vorgeworfen werden konnte – vereinzelt laut gewordene Zweifel an ihren Messmethoden und Schlussfolgerungen konnten sie überzeugend zurückweisen[14] –, sondern in der grundsätzlichen Unerwünschtheit ihre wissenschaftlichen Befunds.

Dass die offiziellen Gutachter des Einsturzes – FEMA und NIST – die WTC-Staubproben nicht selbst nachträglich untersuchten, wie es Niels Harrit et al. angeboten und gefordert haben, ist zwar verständlich, denn der simple Nachweis der rot-grauen Nanochips würde bedeuten, dass ihre 10 000-seitigen, 20 Millionen Dollar teuren Gutachten über den »pfannkuchenartigen« oder »progressiven« Kollaps keinen Cent wert sind. Die Staatsanwaltschaft wird unterdessen nicht umhinkönnen, bei einem unabhängigen Institut eine wissenschaftliche Untersuchung in Auftrag zu geben, um die Existenz dieser Sprengstoffspuren nunmehr »amtlich« zu verifizieren – oder eine andere »natürliche« Erklärung für die Anwesenheit dieser synthetischen Chips im WTC-Staub zu finden.

Vorzuladen:

- William Rodriguez und sämtliche seiner Hausmeisterkollegen, die Explosionen im WTC wahrnahmen
- Prof. Steven Jones, Prof. Niels Harrit et al.
- Patrick Gallagher, seit 2008 amtierender NIST-Direktor, sowie seine für die Gutachten verantwortlichen Vorgänger

Das National Institute of Standards and Technology (NIST) stellte 2008 in seinem abschließenden Untersuchungsbericht fest, dass die herabfallenden Trümmerteile der Twin Towers auf zahlreichen Stockwerken des World Trade Center 7 Brände auslösten, die dann ihrerseits den Einsturz des Gebäudes verursachten.

Für die Weltbühne waren die Anschläge des 11. September in mehrfacher Hinsicht eine Premiere. Nicht nur erreichte der Terrorismus mit dem Schrecken dieses Massenmords und den spektakulären Bildern der zu Staub zerfallenden Twin Towers eine neue Dimension, die globale Live-Übertragung sorgte zudem dafür, dass daraus von der ersten Minute an ein Weltereignis wurde: Kein Event der bisherigen Geschichte wurde den Massen rund um den Erdball schneller eingeprägt als die Chiffrenfolge »9/11« – »WTC« – »Terror« – »Osama«. Dieser unerhörte, kaum fassbare und zutiefst symbolische Neuigkeitscharakter der Ereignisse, die Weltpremiere des Terrorismus in globaler Dimension, mag dazu beigetragen haben, dass im Zusammenhang damit ein weiteres einmaliges, nie dagewesenes Ereignis anfangs kaum Beachtung fand: Zum ersten Mal in der Baugeschichte wurde ein aus Stahl errichtetes Hochhaus durch ein Feuer vollständig zerstört.

Am 9. Februar 2009 geriet der fast fertiggestellte Neubau des Hotels Mandarin Oriental in Peking in Brand. Der staatliche Fernsehsender CCTV hatte zum Ende des chinesischen Neujahrsfestes, das im ganzen Land mit Feuerwerken gefeiert wird, ein Highlight setzen wollen und auf der Baustelle gegenüber seinem Hauptquartier besonders starke Böller und Raketen gezündet, die gar nicht frei verkäuflich waren. Dadurch brach in dem 47-stöckigen, wie das WTC in Stahlskelett-Bauweise errichteten Wolkenkratzer gegen 21 Uhr ein Feuer aus. Es breitete sich schnell aus und sorgte dafür, dass der gesamte 160 Meter hohe Bau vom Erdgeschoss bis zum Dach lichterloh brannte. Erst am nächsten Morgen konnte das Feuer gelöscht werden. Die beiden Fotos oben zeigen das Gebäude während des Brands und danach.

Der Brand des Mandarin Oriental Hotels in Peking – und der Zustand des Gebäudes am Morgen danach. (Quellen: Twitpic, China Media)

Am 11. September 2001 gegen 10:28 Uhr wurde gemeldet, im Gebäude 7 des World Trade Center sei ein Feuer ausgebrochen. Die in zwei unteren Stockwerken des WTC 7 ausgebrochenen Brände griffen im Lauf des Nachmittags auch noch auf einige weitere Stockwerke über. Gegen 14:30 Uhr stellte die Feuerwehr die Löscharbeiten ein. Um 17:20 Uhr stürzte das Gebäude in einem »progressiven Kollaps« innerhalb von 9,2 Sekunden in sich zusammen.[1] Die beiden Fotos auf der nächsten Seite zeigen das WTC 7 während des Brandes und danach.

Im WTC 7 registrierte die Feuerwehr insgesamt neun Brände, von denen nur drei unter Kontrolle gebracht werden konnten, weshalb die Löschmannschaften aus Sicherheitsgründen gegen 15:15 Uhr aus dem Gebäude abgezogen wurden. Die noch schwelenden Feuer führten in der Folge zwar noch zu stärkerer Rauchentwicklung, als auf dem Foto zu sehen, doch breitete sich der Brand weder über die höheren Stockwerke aus, noch stand das WTC 7 gar derart in Flammen wie die »Fackel« des Mandarin-Oriental-Skyscrapers in Peking. Dennoch stürzte das Gebäude keine zwei Stunden später völlig in sich zusammen.

Das WTC 7 wurde von 1984 bis 1987 im Nachbarblock des bereits 1973 fertiggestellten World Trade Centers errichtet. Mit seinen 174 Metern Höhe wäre es an den meisten Orten der Welt das höchste Gebäude der Stadt oder des Landes gewesen, auch in Deutschland hätte es die damals höchsten Wolkenkratzer – das 1978 eröffnete Dresdner-Bank-Hochhaus (Silver Tower, 166 Meter) und den 1985 bezogenen Doppelturm der Deutschen Bank (»Soll und Haben«, 155 Meter), beide in Frankfurt – überragt. Doch neben riesigen Nachbarn wie den 417 Meter hohen WTC-Türmen wirkt selbst ein solcher Koloss wie ein Zwerg, und dieser Relationsverschiebung mag es geschuldet sein, dass in der öffentlichen Wahrnehmung des 11.9.2001 nur zwei Wolkenkratzer zerstört wurden.

Es soll also allein das Feuer im WTC 7 gewesen sein, das das von keinem Flugzeug getroffene, 100 Meter von den Türmen entfernt stehende Gebäude zerstört hat. Ein No-

Der Brand des World Trade Center 7 – Feuerstellen markiert – und der Zustand des Gebäudes danach. (Quellen: 911research.wtc7.net / NOAA)

vum in der Weltgeschichte, denn nie zuvor wurde ein in einer Stahlkonstruktion errichtetes Hochhaus durch einen Brand zum Einsturz gebracht, noch gar, wie das WTC 7, nahezu pulverisiert. Daher entschloss sich die 9/11-Commission – angetreten, »eine möglichst umfassende Darstellung der Ereignisse des 11. September« zu geben – zu einer ganz besonderen Behandlung des WTC 7: Die Gründe für den Einsturz dieses Wolkenkratzers werden im *Commission Report* mit keiner Zeile erwähnt.

Diese Sonderbehandlung durch Nichterwähnung wird verständlich, vergegenwärtigt man sich die bis dahin geäußerten Expertenmeinungen zu diesem Thema. Schon zweieinhalb Monate nach dem Einsturz hatten von der

New York Times befragte Fachleute keine Antwort auf die Rätselfrage parat, da »noch nie ein modernes, stahlverstärktes Hochhaus durch ein unkontrolliertes Feuer kollabiert ist«.[2] Und der erste Bericht der Katastrophenschutzbehörde FEMA, der ein Szenario durchspielte, wie ein Feuer zum Zusammenbruch des Gebäudes geführt haben könnte, konstatierte 2003, dass es dafür »nur eine geringe Wahrscheinlichkeit« gäbe.[3]

War das Schweigen der Kommission zu dieser Premiere in der Geschichte des Hochhausbaus möglicherweise taktischen Gründen geschuldet? Musste da vorgebeugt werden gegen neue Bauverordnungen, Sicherheits- und Brandschutzbestimmungen sowie Versicherungskonditionen, die nunmehr überall auf der Welt bei Hunderten von Wolkenkratzern fällig werden würden, weil man den bis dahin als feuerfest geltenden Stahlkonstruktionen dieses Prädikat hätte entziehen müssen? Weil alle Lehrbücher der Statik und Architektur hätten umgeschrieben werden müssen und auf die Vereinigung der Hochhausbesitzer Milliarden für die Nachbesserung ihrer Investitionsobjekte zugekommen wären?

Da von einem Lobbying der Hausbesitzerinnung innerhalb der 9/11-Commission nichts bekannt geworden ist, können derlei taktische Erwägungen ausgeschlossen werden. Stattdessen haben wir es hier, einmal mehr, eher mit dem orchestrierten Beschweigen eines 47-stöckigen Problems zu tun, sowohl durch die Kommission als auch durch die Medien, die den Einsturz von WTC 1 und 2 in der Folge hundertfach, den von WTC 7 aber nur sehr selten zeigten. So selten, dass im Mai 2006, fast fünf Jahre danach, eine Umfrage erbrachte, dass nur 52 Prozent der New Yorker vom Einsturz des WTC 7 überhaupt wussten. Dass der spektakuläre Einsturz eines riesigen Wolkenkratzers kaum wahrgenommen wurde, hatte natürlich mit dem noch spektakuläreren Crash der benachbarten Türme zu tun, der Grund seiner systematischen Ausblendung durch die 9/11-Commission dagegen eher mit dem Kommentar der Reporterlegende Dan Rather, der am Abend des 11. September auf CBS zu den Bildern des einstürzenden WTC 7 sagte, sie »erinnern an die Bilder, die wir schon oft im Fernsehen gesehen haben, wenn Gebäude gezielt zerstört werden, durch gut platzierte Dynamitladungen, die es zu Fall bringen«.

Dieser unmittelbare Eindruck einer kontrollierten Sprengung des Gebäudes wird nicht nur von zahlreichen Zeugen vor Ort geteilt, die im Vorfeld des Crashs auch Explosionen im Gebäude wahrnahmen, sondern auch von der bereits erwähnten Vereinigung Architects & Engineers for 9/11 Truth, die eine unabhängige Neu-Untersuchung fordern. Nicht nur des WTC 7-Crashs, sondern auch der Twin Towers, wobei der rasante Einsturz des WTC 7, der mit 170 Metern in 6,5 Sekunden nahezu der Geschwindigkeit des freien Falls entsprach, die Bauphysik- und Statikexperten ganz besonders konsterniert.[4]

Dies vor allem, seit NIST fast sieben Jahre nach dem Einsturz im August 2008 seinen Untersuchungsbericht veröffentlichte[5] und CNN daraufhin verkünden konnte: »Das Mysterium WTC 7 ist gelöst.« Ursache war, so Shyam Sunder, der Leiter der NIST-Studie, »in erster Linie das Feuer«. Man habe mit »komplexen Computersimulationen« und zum ersten Mal in der Geschichte herausgefunden, dass Feuer zu einem »fortschreitenden Zusammenbruch (›progressive collapse‹) eines Hochhauses« führen könne.[6] Hinweise auf Explosionen habe man nicht gefunden, sie wären schließlich, so Sunder, »so laut gewesen, dass man sie auf eine halbe Meile hätte hören müssen«. Da von Augen- und

Ohrenzeugen unter den Rettungskräften zwar einige laute Explosionen vor dem Crash überliefert sind – nicht aber solche Donnerschläge –, kann also laut NIST eine kontrollierte Sprengung ausgeschlossen werden.

Dass eine Regierungsbehörde – das NIST untersteht dem Handelsministerium – nach sieben langen Jahren einen derartigen Knaller als Lösung des rätselhaften WTC 7-Einsturzes präsentiert und damit sämtliche Spuren einer »controlled demolition« vom Tisch wischt, mutet ziemlich lächerlich an. Doch es ist noch nicht der Höhepunkt der Peinlichkeiten, die sich das NIST mit dieser Untersuchung geleistet hat. Als »Schlüsselfaktor« für den historisch einmaligen simultanen Zusammenbruch der 68 Meter dicken, 170 Meter hohen Stahlsäulen im WTC 7 erfindet das NIST nämlich ein Phänomen neu, das jeder Viertklässler eigentlich kennen sollte: »thermal expansion«[7]. Notwendig wurde diese »Innovation«, weil Feuer durch brennendes Büromaterial und des Diesels für den Notfallgenerator niemals auch nur halbwegs genügend Hitze hätte produzieren können, um die gesamte Stahlkonstruktion zum Einsturz zu bringen. »Thermal expansion« aber, also »thermale Ausdehnung« oder »Erweiterung durch Wärme«, macht's möglich – und sorgte als brandheiße, neue Erklärung vermutlich auch dafür, dass BBC den Einsturz des WTC 7 schon 20 Minuten vor dem Ereignis melden konnte.[8]

Verständlich, dass die Gemeinde der laienhaften Skeptiker ebenso wie die der kritischen Experten Genaueres zu dem faszinierenden Phänomen wissen wollten, dass sich Stoffe bei Wärme ausdehnen, und da nach dem FOIA die Ergebnisse behördlicher Untersuchungen der Allgemeinheit zustehen, wurden zahlreiche Anfragen an das NIST gestellt. Auch und vor allem zu den angeblich detaillierten Computersimulationen, die das baugeschichtlich erstmalige Auftreten des Phänomens demonstrierten. Doch mit Beschluss vom 9. Juli 2009 verweigerte der neue Direktor des NIST, Patrick Gallagher, die Herausgabe aller Daten, weil dies, so wörtlich, »die öffentliche Sicherheit gefährden könnte« (»might jeopardize public safety«).[9] Was an einer Überprüfung, wie die genialen NIST-Wissenschaftler zu ihren Schlussfolgerungen und der Entdeckung der »thermal expansion« kamen, gemeingefährlich sein soll – und warum ein Blick auf die Parameter und Stellschrauben einer dieses neue Phänomen beweisenden Simulation die öffentliche Sicherheit gefährdet –, ist mit gesundem Menschenverstand nicht nachvollziehbar. Wir ersuchen daher die Staatsanwaltschaft um Nachhilfe.

Vorzuladen:

- Patrick Gallagher, NIST-Direktor
- Shyam Sunder, Leiter der WTC-7-Untersuchung

35 Silverstein: unvorbereitet

Larry Silverstein konnte nicht ahnen, dass die von ihm frisch angemieteten Twin Towers und das WTC 7 am 11. September zum Versicherungsfall werden würden.

Sieben Wochen vor dem 11. September 2001 ging das bis dahin größte Immobiliengeschäft der US-Geschichte über die Bühne. Das World Trade Center, seit seiner Fertigstellung 1973 durchgehend in den Händen der New Yorker Hafenbehörde, der Port Authority, wechselte am 24. Juli 2001 den Pächter. Der neue – ausgestattet mit einem Leasingvertrag für 99 Jahre – hieß Silverstein Properties. Silverstein besaß bereits seit Mitte der 80er Jahre das Gebäude WTC 7 und brachte für den neuen Pachtvertrag 14 Millionen Eigenkapital mit, die verbleibenden 674 Millionen für die Nutzung der 10 Millionen Quadratmeter Bürofläche waren Bankkredite.[1]

In den Verträgen zwischen Hafenbehörde und Silverstein Properties wurde festgehalten, dass der Pächter im unwahrscheinlichen Fall der Zerstörung der Mietsache zum Wiederaufbau berechtigt sei. Überdies ließ Silverstein die geleasten Gebäude deutlich höher versichern als bislang. Statt mit 1,5 Milliarden Dollar waren die Twin Towers ab Juli 2001 im Zerstörungsfall mit 3,55 Milliarden versichert.

Nach dem Unglück vom 11. September stellte Firmeneigner Larry Silverstein sich auf den Standpunkt, es habe sich nicht um *einen* Schadensfall gehandelt, sondern um *zwei* – da zwei Flugzeuge die Schäden verursacht hätten, unabhängig voneinander –, und verlangte von den Versicherungen folgerichtig sieben Milliarden Dollar.[2] Nach mehrjährigen Gerichtsverhandlungen erstritt der Pächter 2006 eine Zahlung von 4,6 Milliarden Dollar.[3]

Der Neubau des 541 Meter (beziehungsweise exakt 1776 patriotische Fuß) hohen »Freedom Tower«, der inzwischen »One World Trade Center« heißt, verzögerte sich wegen der Rechtsstreitigkeiten, soll jedoch 2013 mit drei Jahren Verspätung endlich fertiggestellt werden. Statt der ursprünglich veranschlagten einen Milliarde Dollar wird der Bau 3,1 Milliarden kosten. Über das neue Gebäude wird nach Fertigstellung erneut die Hafenbehörde verfügen, wie über den gesamten World-Trade-Center-Komplex vor 2001. Allerdings ließ Silverstein sich das Recht einräumen, auf dem Ground-Zero-Gelände für zirka fünf Milliarden Dollar drei weitere neue Türme bauen zu dürfen – WTC 2, 3 und 4 –, die dann Silverstein Properties gehören werden.

WTC 7, das am 11. September völlig überraschend ebenfalls eingestürzte Gebäude, befand sich bereits seit Mitte der 80er Jahre in Silversteins Besitz. Dessen 2001 noch zu Buche stehenden Bankverbindlichkeiten von 383 Millionen Dollar stand eine Schadensfallversicherungssumme von 861 Millionen Dollar gegenüber, die Silverstein 2002 ausgezahlt wurde. Das neue WTC 7 wurde bereits Ende 2006 fertiggestellt und ist inzwischen gut vermietet – bis auf die obersten Etagen, aber dort sind auch die Mieten besonders hoch.

Skeptiker wunderten sich indes nicht nur über die in ihren Augen fast hellseherische Vertragsgestaltung des Leasingnehmers im Juli 2001 sowie seine eigenwillig hohen Forderungen nach dem Unglück, sondern erst recht über den merkwürdigen Zusammenbruch von WTC 7 (→ *Kap. 34*). Und Silverstein, am Anschlagsmorgen glücklicherweise nicht im Büro, sondern beim Arzt,[4] befeuerte die »Controlled-Demolition«-Theorien selbst, als er in einem PBS-Interview sagte: »You know, we've had such terrible loss of life, maybe the smartest thing to do is pull it. And they made that decision to pull and then we watched the building collapse.«[5]

Silversteins »pull it« korrekt zu übersetzen, verbietet sich, denn schon die originale Formulierung erhitzt seit Jahren die Gemüter. Skeptiker betrachten Silversteins Bemerkung als unfreiwilliges Geständnis, denn »pull it« bedeute in der Sprache der Abrissunternehmer, »dem Gebäude die tragenden Strukturen wegzuziehen«, während die Verteidiger Silversteins behaupten, mit »pull it« sei der Abzug der Rettungskräfte gemeint gewesen. Dies ließ Silverstein später auch bestätigen, allerdings geht aus allen offiziellen Berichten hervor, dass alle Rettungskräfte schon um 14:30 Uhr aus dem WTC 7 abgezogen worden waren – also knapp drei Stunden vor dem Kollaps.

Bis Mitte 2010 blieb der ganze Vorgang rätselhaft. Die Einsturzerklärungen des amtlich untersuchenden NIST genügte Skeptikern und kritischen Architekten nicht, aber erst als Jesse Ventura (Ex-Vietnamkämpfer, Ex-Wrestler, Ex-Gouverneur von Minnesota und seit Ende 2009 Moderator des TV-Formats *Conspiracy Theory With Jesse Ventura*) die alte Kamelle WTC 7 massenmedial aufwärmte, sah sich Rupert Murdochs Nachrichtenschlachtschiff Fox News genötigt, den verantwortungslos Sendebewussten in die Schranken zu weisen.

Den vernichtenden Schlag ins Gesicht aller Konspirologen führte Jeffrey Scott Shapiro, Ex-Staatsanwalt und investigativer Fox-Reporter. Shapiro beschrieb in seinem Artikel »Shame on Jesse Ventura!«, was sich tatsächlich am 11. September in New York abgespielt hatte – denn er war vor Ort gewesen, direkt vor dem WTC 7. Und dort habe es definitiv keine Sprengung gegeben, keine Explosion.

Shapiro beschreibt dies eindrucksvoll:

»Kurz bevor das Gebäude einstürzte, sagten mir etliche NYPD-Beamte und Arbeiter [des New Yorker Stromversorgers] Con Edison, Larry Silverstein … telefoniere gerade mit seinem Versicherungsträger, um zu klären, ob dieser den kontrollierten Abriss des Gebäudes genehmige – da dessen Fundament bereits instabil und einsturzgefährdet sei.

Ein kontrollierter Abriss hätte den durch den bevorstehenden Einsturz des Gebäudes verursachten Schaden minimiert und vermutlich Leben gerettet. Etliche Gesetzeshüter, Feuerwehrleute und andere Journalisten waren sich dieser möglichen Option bewusst. Es war kein Geheimnis. Es gab keine Verschwörung.«[6]

Der Zusammenbruch des WTC 7 ereignete sich dann aber laut Shapiro, ehe irgendwer irgendwas entscheiden konnte, und zwar »verblüffend geräuschlos«.

Nicht zu Unrecht gilt Shapiros Bericht – abseits der Massenmedien, die ihn gründlich ignorierten – als bemerkenswert, nämlich als eindeutiger Hinweis, dass WTC 7 die »smoking gun« im Fall 9/11 ist. Denn entscheidend ist nicht, wie Shapiro meint, dass Silverstein nicht abreißen ließ, sondern dass er, was offenbar kein Geheimnis war, seine Versicherung um die Genehmigung bat, »kontrolliert abreißen« zu dürfen, also die Anweisung zum »pull it« zu geben.

Gerade die Verfechter der offiziellen Theorie und das NIST haben oft darauf hingewiesen, ein Gebäude müsse präpariert werden, um es kontrolliert abreißen zu können. Dies dauert Tage oder gar Wochen und lässt sich nicht binnen weniger Stunden bewerkstelligen, schon gar nicht mitten in Manhattan, im Staub eingestürzter Hochhäuser. Silversteins Bitte um Genehmigung des Abrisses bedeutet daher lediglich, dass das Gebäude bereits präpariert worden war. Und zwar eben nicht am 11. September, sondern lange vorher. Was insofern auffällig ist, als Silverstein vor dem 11. September ja nicht wusste, dass Flugzeuge in seine Twin Towers fliegen und den Sicherheitsabriss überhaupt erfordern könnten.

Und so wirft nicht zuletzt der Bericht des entrüsteten Fox-Journalisten Shapiro – gerade im Licht der bekannten und doch etwas merkwürdigen World-Trade-Center-Vorgeschichte – einige Fragen auf, die Larry Silverstein beantworten sollte.

Und zwar nach Möglichkeit unter Eid.

Vorzuladen:

- Larry Silverstein
- Sowie Augen- und Ohrenzeuge Scott Shapiro und dessen zahlreiche Zeugen, also die »etlichen« NYPD-Polizisten, Con-Edison-Arbeiter und Journalisten, die vor Ort waren und allesamt von der Möglichkeit wussten, WTC 7 am 11. September »kontrolliert abzureißen«
- Dazu die Feuerwehrleute, die nach 17 Uhr per »pull it« abgezogen werden sollten, obwohl seit 14:30 Uhr keine Feuerwehrleute mehr im Gebäude waren[7]

Stillschweigend, der Rest

36 United 23

Am 11. September gab es vier Selbstmordkommandos, bestehend aus jeweils fünf beziehungsweise vier Attentätern. Jedes dieser Kommandos entführte eine Passagiermaschine, ließ sie abstürzen und starb in den Trümmern.

Medienberichten zufolge wurden nach Verlautbarungen von Behörden und Airlines an Bord diverser Maschinen, die am 11. September starten sollten, Teppichmesser unter den Sitzen gefunden. *Time* und *Independent* wussten von »zwei Delta-Flügen«, *Time* von einem weiteren Flug einer »vierten Airline«, der *Guardian* von einem Continental-Airlines-Flug aus Newark, wo man Messer des »gleichen Typs« gefunden hatte, die angeblich auch an Bord der vier Terrormaschinen benutzt worden waren. An Bord von Flug American 43 waren »ähnliche Messer in den Sitzen verstaut«, ebenso an Bord einer Maschine, die aus Atlanta starten sollte, und auch Flug American 160 war, der *Chicago Tribune* zufolge, präpariert. CNN ergänzte zwei Messer an Bord eines Air-Canada-Fluges.[1]

Keiner der Funde wurde amtlich kommentiert, geschweige denn untersucht, und natürlich lässt sich die

Messersammlung als journalistische Entenhysterie vom Tisch wischen, andererseits ... waren da ja auch noch diese besonderen Araber, die verhinderten Attentäter.

Genauer: Flug United Airlines 23 sollte am 11. September 2001 vom New Yorker Flughafen JFK nach Los Angeles fliegen, planmäßige Startzeit war 8:30 Uhr. Der Abflug verzögerte sich allerdings beträchtlich, weil die Maschine, eine Boeing 767, zu spät vom Gate weg kam, und so wurden die Piloten nach dem zweiten Crash in New York von United-Dispatcher Ed Ballinger gewarnt (ebenso wie alle anderen United-Piloten), sie sollten unter keinen Umständen jemanden ins Cockpit lassen.

Nachdem nun auch noch die United-23-Flugbegleiter ihre Piloten alarmierten, in der ersten Klasse säßen vier junge Araber, die über die Verspätung offensichtlich sehr wütend seien und so erregt mit der Crew diskutierten, dass diese die Airport-Security benachrichtigen musste, erwogen die Piloten, die Reise ausfallen zu lassen. Der Ground Stop, der in diesen Minuten in Kraft trat, ersparte ihnen die Entscheidung. Die Maschine konnte nicht starten, sondern musste zum Gate zurückkehren, die Passagiere wurden wieder ausgeladen und nach Hause geschickt.

Die Crew von United 23 wurde nach dem 11. September ein »halbes Dutzend Mal«[2] vom FBI befragt. Medienberichten zufolge fanden die Agenten im Gepäck der jungen Araber, das diese beim Verlassen des Flughafens zurückließen, Teppichmesser, Kopien des Koran und »Al-Qaida-Anweisungen«. NORAD-General Ken Pennie sagte später, am Attentatsplan des 11. September »seien vermutlich mehr als vier Maschinen beteiligt gewesen«.

Zum Beispiel United 23?

Gibt es eine heißere Spur zu den Drahtziehern und Hintermännern des 11. September als dieses nicht zum Zug gekommene Vierer-Entführerkommando?

Das FBI beschloss nach Studium der Passagierlisten, weder die Namen der Verdächtigen zu veröffentlichen noch den Vorfall zu untersuchen. Nichts davon tauchte nach 2004 in der Presse auf, und der *Commission Report* hielt es für nicht der Erwähnung wert.

Vorzuladen:

- Die drei, vier oder sechs jungen, dem FBI namentlich bekannten Koran-und-Teppichmesser-Araber aus der First Class von United 23, die sich so fürchterlich aufregten, an diesem Tag nicht wie verabredet fliegen zu dürfen
- Sowie die FBI-Beamten, die diesen Vorfall für völlig nebensächlich halten

37 Intermezzo: Anthrax

Die Hintergründe der kurz nach dem 11. September in den USA beginnenden Bioterror-Anschlagserie mittels tödlicher Milzbrandbriefe sind aufgeklärt. Der Täter war ein geistesgestörter Mitarbeiter des US-Militärs – der Selbstmord beging, ehe er verhaftet werden konnte.

Die guten Nachrichten zuerst. Erstens: Entgegen allen ursprünglich felsenfesten Überzeugungen der Regierung Bush gingen die kurz nach den 9/11-Flugzeug-Anschlägen postalisch erfolgten Anthrax-Anschläge weder auf Al-Qaida zurück noch auf den Irak. Zweitens: Der mutmaßliche Täter ist tot, Dr. Bruce Ivins, allein verantwortlich für den brieflichen Angriff auf die USA. Der Molekularbiologe und Spezialist für biologische Kriegswaffen, tätig seit 1980 im militärischen Geheimlabor USAMRIID in Fort Detrick, Maryland, war einer der wenigen, die Zugang zu den potentiell massenmordenden Ames-Sporen (Typ RMR 1029) gehabt hatten, die bei den Anthrax-Anschlägen verwandt worden waren. Nach langjährigen Ermittlungen ist laut FBI seine Schuld als erwiesen anzusehen.

Über Ivins' Motive werden wir nichts mehr erfahren, denn bedauerlicherweise legte er kein Geständnis ab, sondern brachte sich am 29. Juli 2008 mit einer Überdosis des frei erhältlichen Schmerzmittels Tylenol um, kurz nachdem er von den FBI-Ermittlungen gegen sich erfahren hatte. Den Agenten, die ihn rund um die Uhr beobachtet hatten, war offenbar entgangen, dass er sich am Vortag mit einer Überdosis ausgestattet hatte. Weshalb sie den behandelnden Ärzten auch keinen Hinweis geben konnten, woran der am 26. Juli ins Frederick Memorial Hospital eingelieferte Notfall möglicherweise litt. Hätten sie, wäre er nicht gestorben, denn Todesfälle durch Tylenol-Überdosierung (Wirkstoff: Paracetamol) sind, da es ein hocheffektives Gegenmittel gibt (ACC), »extrem selten« – sofern man rechtzeitig medizinisch interveniert.[1]

Ivins hinterließ Frau und Kinder, aber keinen Abschiedsbrief. Das FBI machte sich nicht mehr die Mühe, die genaue Todesursache des Verbrechers per Autopsie feststellen zu lassen.[2]

Mit dem Abschluss des Falles als irrelevant verworfen wurden allerdings praktisch alle entscheidenden Details. Denn nicht genug damit, dass Ivins selbst die Behörden bei den Ermittlungen unterstützt hatte, erst recht verfügte er nachweislich über keine Möglichkeit, das verwendete Anthrax überhaupt herzustellen,[3] wie Glenn Greenwald und Jay Epstein[4] maßgeblich dokumentierten und zuletzt im April 2011 der ebenso wie Ivins für die US Army tätigte Mikrobiologe Henry S. Heine stellvertretend für Dutzende Kollegen ausführte: Zur Produktion der tödlichen Menge hätte Ivins nämlich sagenhafte 26 Gallonen Anthrax-Kulturen benötigt sowie etwa 8000 zusätzliche Stunden Arbeitszeit im Speziallabor B3 in Fort Detrick.[5] Die er aber nie dort verbracht hatte, wie aus den vom FBI vorgelegten Arbeitsstunden-Aufzeichnungen für das Labor hervorgeht. Wie das FBI zu seiner Schlussfolgerung kam, Ivins hätte das 2001 auf den Postweg gebrachte Anthrax auch nur herstellen *können*, bleibt bis heute vollständig schleierhaft.

Dass der posthum Verurteilte – ebenfalls nachweislich – auch den Briefkasten unmöglich hatte erreichen können, in den die tödlichen Briefe Mitte September 2001 eingeworfen worden waren,[6] spielte für die Justiz am Ende erst recht keine Rolle mehr, denn fraglos musste die für das FBI überaus peinliche Ermittlung nach sechs Jahren, 9000 Befragungen und der Untersuchung von zigtausend Fotokopierern und Briefkästen irgendwann erfolgreich abgeschlossen werden. Erst recht, nachdem dem 2002 von Justizminister Ashcroft öffentlich zum Terror-Hauptverdächtigen ernannten Mikrobiologen Dr. Stephen Hatfill im Juni 2008 eine Schadenersatzsumme in Höhe von 5,62 Millionen Dollar zugesprochen worden war.[7]

Weshalb FBI und Justiz den »Fall Anthrax« im Juli 2008 für erledigt erklärten. Ivins war's gewesen, der Selbstmörder. Der Einzeltäter. Der irre Soziopath. Der laut FBI seit 1997 in Behandlung gewesen war und als so schwer gestört galt, dass am Ende nicht einmal mehr seine Therapeutin mit ihm zu tun haben wollte. Allerdings war seine Vollmeise offenbar keinem seiner Vorgesetzten aufgefallen, weshalb er den Schlüssel zum Labor mit den Massenvernichtungswaffen hatte behalten dürfen. Auch nach dem 11. September.

Da angesichts dieser erdrückenden Beweislast gegen die ermittelnden Behörden zu befürchten steht, dass auch die dringenden Forderungen von Senator Charles Grassley und des Abgeordneten Rush Holt nach Untersuchung der Untersuchung nicht erfüllt werden werden – die US-Regierung wies dieses Ansinnen zuletzt im August 2010 als »redundant« zurück[8] –, machen wir uns schuldig. Nämlich der Redundanz. Und rekapitulieren noch einmal im historischen Schnelldurchlauf.

Die Ermittlungen des FBI in Sachen 11. September 2001 wurden am 12. September 2001 vorläufig beendet. An diesem Tag nämlich teilte der damalige Präsident George W. Bush seinem Justizminister John Ashcroft und dem seit dem 10. September neuen FBI-Chef Robert Mueller mit: »Wir müssen uns darauf konzentrieren, den nächsten Angriff zu verhindern, statt uns damit zu beschäftigen, wer diesen verursacht hat.«[9]

Mueller und John Ashcroft taten, wie ihnen geheißen – und der nächste Angriff begann umgehend, nämlich am 18. September, auf dem Postweg. Das FBI konzentrierte sich fortan auf die Anthrax-Gefahr, statt sich um die noch frischen 9/11-Tatspuren zu kümmern.

Ashcroft hatte schon vorher begonnen, juristische Nägel mit Köpfen zu machen. Der US Patriot Act wurde dem Kongress quasi über Nacht vorgelegt, nämlich zunächst als »erste Fassung« am 19. September: ein 342 Seiten umfassendes Gesetz, das die Freiheiten der US-Bürger weitgehend ad acta legen sollte. Gebetsmühlenartig versicherte der stramme »Pfingstler« Ashcroft, auf Amerikas Straßen transportierten Dutzende islamo-faschistischer Schläfer lastwagenweise biologische Massenvernichtungswaffen –

und drängte so die Mitglieder des Kongresses zur Eile. Das Patriotengesetz sollte verabschiedet werden, auch wenn niemand Zeit gehabt hatte, die 342 Seiten wenigstens zu lesen. Eben dies behagte dem demokratischen Mehrheitsführer im Senat, Tom Daschle, ganz und gar nicht, weshalb er, wie sein demokratischer Mit-Senator Patrick Leahy, die Abnahme des Gesetzes verweigerte. Oder jedenfalls am 3. Oktober drohte, das zu tun. Tags darauf berichteten die Medien vom ersten Anthrax-Opfer, dem Journalisten Robert Stevens. Daschle und Leahy wurden von Präsident Bush und dessen Vize Cheney persönlich angerufen und gewarnt, sich dem Gesetz nicht in den Weg zu stellen. Beide blieben stur und bekamen umgehend, am 15. Oktober (mit Stempel vom 7.), selber Post – vermeintlich vom Demokratenwähler Ivins, garniert mit ein paar Zeilen: »You die now. Are you afraid? Death to America. Death to Israel. Allah is great.«

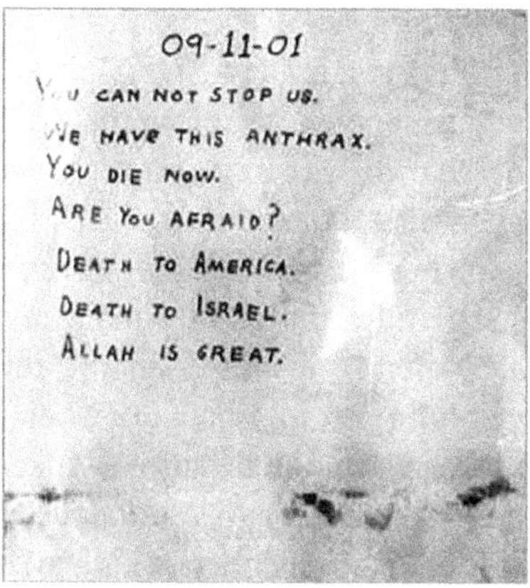

Sie haben die Pest: Entscheidungshilfe für die widerspenstigen Demokraten Daschle und Leahy, garniert mit Anthrax-Sporen (Quelle:FBI)

Daschle und Leahy leisteten keinen Widerstand mehr und verabschiedeten im Verein mit allen anderen Abgeordneten am 24. Oktober 2001 wie gewünscht den Patriot Act.

Seinen ersten – und tödlichen – Brief hatte der irre Täter allerdings an Bob Stevens geschickt, obwohl der gar nicht gedroht hatte, das Patriotengesetz zu verhindern. Dieser Bob Stevens war nämlich kein Politiker, sondern Redakteur des südfloridianischen Revolverblattes *Sun*. Sein Chef, Michael Irish, war nach Angaben der *St. Petersburg Times* im Besitz einer Pilotenlizenz und früheres Mitglied der Civil Air Patrol in Lantana, wo Mohammed Atta im August 2001 auch ein paar Flugstunden genommen hatte. Stevens lebte in Lantana. Michael Irishs Frau, Gloria, vermietete ein Apartment in Delray Beach an die 9/11-Attentäter Marwan Al-Shehi und Said Al-Ghamdi. Die Frage von Chaim Kupferberg, einem der gründlichsten Skeptiker des offiziellen 9/11-Narrativs, ob die Irishs »Babysitter im Rahmen einer Geheimdienstoperation« waren,[10] ist vom FBI amtlich mit »Zufall« beantwortet worden.[11]

Daher wollen wir an dieser Stelle lediglich festhalten: Zufälle gibt's.

Stevens' zufälliger Tod spielte indes nicht nur dem Panik verbreitenden Justizminister Ashcroft und den Freunden des Patriot Act in die Hände, sondern auch der schwer angeschlagenen kleinen Firma BioPort aus Michigan, die nach der kurzen Anschlagserie wie Phönix aus der Asche stieg und Anfang 2004 mit einem 245 Millionen Dollar schweren Drei-Jahres-Vertrag zur Belieferung des Pentagon mit Anthrax-Impfstoffen belohnt wurde.

Was das mit dem geisteskranken USAMRIID-Selbstmörder Ivins zu tun hat? Allerhand. Aber der Reihe nach.

BioPort versuchte seit Ende der 90er Jahre, einen Impfstoff gegen Anthrax herzustellen, brachte jedoch lediglich ein untaugliches Mittel namens AVA zustande. 2000 wurden Militärangehörige genötigt, sich mit dem Stoff impfen zu lassen, nur wurden die Soldaten bedauerlicherweise krank. Als dieses Exempel für »Menschenversuche« durchsickerte, war die Empörung groß.[12] Drei Jahre lang hatte die Food and Drug Administration (FDA) BioPort die Zulassung für ein neues Labor standhaft verweigert, wegen ernsthafter Sicherheitsbedenken in Bezug auf die alte Anlage in Michigan. Und so klang das, was Robert Myers, der Chefchemiker des Hauses, im Januar 2001 zur Lage seiner Firma von sich gab, in den Ohren der meisten Zuhörer bloß wie Pfeifen im Walde respektive wie die letzten heroischen Lügen aus der Vorstandsetage eines todgeweihten Unternehmens, das jahrelang auf Panik gesetzt – und verloren hatte. Dennoch bekräftigte Myers:

»Auch wenn vieles über unsere Beziehung zur FDA gesagt worden ist, ziehen wir ein Scheitern unserer Bemühungen, die Zulassung durch die FDA zu bekommen, nicht in Betracht. Wir werden sehr bald wieder einen sicheren, reinen und effektiven Anthrax-Impfstoff herstellen – und zwar rechtzeitig und zu einem angemessenen Preis. Wir haben uns ganz und gar der Vollkommenheit verschrieben, und wir werden nicht ruhen, solange wir dieses Ziel nicht erreicht haben.«[13]

Und nochmals: Was hat das mit dem irren Dr. Ivins zu tun? Beziehungsweise Ivins mit BioPort? Doch wohl hoffentlich nichts.

Na ja. Fast nichts. Außer, dass ausgerechnet Ivins der Pentagon-Troubleshooter war, der das existenzielle BioPort-Problem lösen sollte. Gemeinsam mit sechs anderen USAMRIID-Molekularbiologen war der posthum als verrückt und zugenäht Deklarierte nämlich im Jahr 2000 von Donald Rumsfelds Ministerium angewiesen worden, die Firma und deren Impfstoffproduktion zu retten. Allerdings klang Ivins in seinen E-Mails aus diesem ersten

Jahr in neuer Position weit weniger zuversichtlich als die BioPort-Geschäftsführung: »Leider sind die BioPort-Leute keine Wissenschaftler, deshalb ist uns die Aufgabe zugefallen, ihr Problem für sie zu lösen«, sowie – im Juli 2000, betreffend das Impfprogramm: »Die K***e fliegt uns demnächst um die Ohren, im großen Stil ... Das alles ist einfach ein schöner Mist.«[14]

Ab August 2001 machte der Pentagon-Beauftragte dann nachweislich nächtliche Überstunden im Labor. Heimlich? Auf der Suche nach einem besseren Impfstoff? Was das FBI als Hinweis auf seinen geplanten Anschlag betrachtet, erscheint Ivins' Kollegen jedenfalls bis heute als weit hergeholt,[15] aber wir wollen zugunsten des FBI annehmen, dass der Doktor tatsächlich an gewinnbringenden Briefsendungen arbeitete. Auf eigene Faust, natürlich. Einsam und allein im gut gesicherten Top-Secret-Anthrax-Labor.

Tatsache ist: BioPort stand auch am 11. September noch am geschäftlichen Abgrund – ohne Aussicht auf Zulassung der FDA für seinen umstrittenen Anthrax-Impfstoff.

Aber dann kamen die Briefe. Und mit ihnen die Panik. Sowie die politischen Ansagen von sehr weit oben: Wir brauchen den Patriot Act. Und wir brauchen den Impfstoff. Im Dezember 2001 vergaß die FDA all ihre ernsten Bedenken gegen BioPort – und Chefchemiker Myers konnte stolz verkünden, seine Anthrax-Firma sei gerettet und saniert.[16]

Wohlgemerkt: Am Ende 2001 sprunghaft steigenden Absatz des Gegenmittels für Anthrax-infizierte Patienten (das Antibiotikum Cipro) verdiente versehentlich nur ein deutscher Konzern, nämlich Bayer. Deutlich mehr jedoch sollte sich langfristig mit einem Impfstoff einfahren lassen – und dieses lukrative Marktsegment eroberte unmittelbar nach den ersten Todesfällen die Firma BioPort, die heute der weltweit einzige Hersteller ist, dessen Anthrax-

Impfstoff BioThrax™ von der amerikanischen FDA zugelassen ist.

Verwunderlich ist daran auf den ersten Blick allerdings, dass die US-Regierung sich keinen größeren Partner gesucht hat – schließlich hatte Donald Rumsfeld qua Karriere allerbeste Kontakte zur Pharmaindustrie. Und auf den zweiten Blick wird alles noch ein bisschen verwunderlicher. Denn BioPort gehört, auf einigermaßen simpel nachzuvollziehenden Beteiligungswegen, den Firmen Intervac LLC und Intervac Management LLC sowie Michigan Biologic Products. Intervac LLC, der Mehrheitseigner, befindet sich im Besitz von William J. Crowe, Fuad El-Hibri, dessen Frau Nancy sowie der auf den Antillen ansässigen Investmentfirma von Vater Ibrahim El-Hibri, I & F Holdings.[17] Letztere war zuvor maßgeblich beteiligt an der englischen Biotech-Firma Porton Products Ltd., die im ersten Golfkrieg die US-Truppen mit Impfstoffen gegen biologische Waffen versorgt hatte. Interessant ist aber nicht nur die Vita von BioPort-Mitbesitzer Fuad El-Hibri, einem Libanesen, der mit deutschem und US-Pass reist und in den 90er Jahren in England geschäftig gegen Milzbrand forschte, sondern erst recht die seines Partners Admiral William J. Crowe, der 22,5 Prozent an Intervac LLC hält. Crowe nämlich war von 1994 bis 1997 US-Botschafter in Großbritannien, aber das allein hätte ihn sicherlich nicht als Biotech-Experten und Partner der El-Hibris qualifiziert. Dafür sorgte dann möglicherweise schon eher die Karriere, die er vorher hingelegt hatte, denn der Mann, der maßgeblich von der 2001 in den USA ausgebrochenen Anthrax-Panik profitierte, war von 1985 bis 1989, unter US-Präsident Ronald Reagan, Oberbefehlshaber der US-Streitkräfte.

Bob Kramer, der Geschäftsführer von Admiral Crowes seit Dezember 2001 wieder wie geschmiert laufender

Firma BioPort, verkündete im Januar 2004 voller Stolz den erfolgreichen Abschluss einer maßgeblichen Geschäftsoperation: »Regierungsvertreter haben unlängst ihre Befürchtungen hinsichtlich der Anfälligkeit im Falle eines massiven, aus der Luft geführten Anthrax-Angriffes nochmals unterstrichen. Dieser Vertrag erlaubt anderen Behörden wie der für die Homeland Security zuständigen, den Health And Human Services sowie dem State Department, BioThrax über das Verteidigungsministerium anzufordern.«[18]

Der Vertrag, von dem Kramer sprach, war Ende Dezember 2003 zwischen Militärchef Rumsfelds Behörde und der Firma des Ex-US-Militärchefs Crowe geschlossen worden. Er garantiert der kleinen Firma aus Michigan 245 Millionen Dollar – für (allerdings nur bei Bedarf) zu liefernde Anthrax-Impfstoffe.

BioPort-Troubleshooter Dr. Bruce Ivins setzte im Juli 2008 seinem Leben ein Ende, ehe die Behörden ihn befragen konnten, ob er von all diesen gewinnbringenden Verbindungen gewusst hatte. Auch wir können ihn daher nicht mehr fragen, weshalb ausgerechnet er so interessiert daran gewesen war, den Patriot Act über Nacht durchzupeitschen, einen Fotografen aus dem Atta-Umfeld schleunigst umzubringen – und erst recht können wir ihn nicht mehr fragen, weshalb er das Weiße Haus im Vorfeld über seine bevorstehenden Anschläge informierte.

Denn Richard Cheneys Angestellte wurden schon am Abend des 11. September angewiesen, das Anthrax-Antidot Cipro einzunehmen.[19] Eine Woche vor den ersten Briefen.

Vorzuladen:

- Dr. Ivins' USAMRIID-Vorgesetzte aus dem Militärlabor in Fort Detrick. Zu fragen ist: Ivins war laut FBI seit 1997 in Behandlung – wieso wurde ihm die Keycard zum Schrank mit den Massenvernichtungswaffen nicht abgenommen?

- Dr. Henry S. Heine, Mikrobiologe und Experte für Anthrax-Kulturen in Fort Detrick
- Jay Coupe, Partner und Sprecher des bedauerlicherweise 2007 verstorbenen Admiral Crowe. War Dr. Ivins nur für BioPort tätig oder wurde er von BioPort honoriert? Oder wer verschickte die Briefe?
- Dick Cheneys Büroleiter. Wer gab die Anweisung, das Personal des Weißen Hauses am Abend des 11. September Cipro schlucken zu lassen? Und mit welcher Begründung?
- Witwe Diane Ivins nebst Kindern und Vertrauten: Wusste Dr. Bruce, was er tat? War er dafür bezahlt worden und hielt am Ende dem psychischen Druck nicht mehr stand? Oder wusste er bis 2008 gar nichts von seiner Täterschaft?

38 Whistleblower

Wäre 9/11 ein »inside job« gewesen, hätte es so viele Mitwisser gegeben, dass einer von ihnen schon längst ausgepackt hätte.

Das von Verteidigern der offiziellen Verschwörungstheorie gern vorgebrachte Argument ist sowohl historisch als auch sachlich leicht widerlegbar. Denn es gibt zahlreiche Belege für geheime staatliche Operationen mit sehr vielen Beteiligten, die Jahre und Jahrzehnte geheim geblieben sind. Ein prominentes Beispiel ist die Entwicklung der Hiroshima-Bombe, an der unter dem Decknamen Manhattan

Project von 1942 bis 1945 Hunderte von Mitarbeitern beteiligt waren, ohne dass irgendetwas darüber bekannt wurde. Noch deutlich mehr Beteiligte hatte die Operation Gladio, eine paramilitärische Geheimorganisation der NATO, der CIA und des britischen MI6, die als Stay-Behind-Armee in allen NATO-Ländern 1950 installiert wurde. Ihre Existenz wurde erst 1990 bekannt. Seitdem konnten Forscher für zahlreiche verdeckte Operationen und Terroranschläge in den 60er und 70er Jahren Zusammenhänge mit Gladio herstellen. Auch das EU-Parlament hat sich mit den unglaublich anmutenden Vorgängen um Gladio und deren Terroranschlägen unter falscher Flagge befasst.[1]

Dass also eine große Menge Beteiligter an einer Verschwörung automatisch für eine schnelle Aufdeckung spricht, lässt sich am Beispiel dieser über Jahrzehnte im Verborgenen operierenden Kommandotruppe leicht widerlegen. Dasselbe gilt für die Behauptung des ehemaligen Terror-»Zaren« Richard Clarke, eine Beteiligung des Weißen Hauses an 9/11 sei schon deshalb ausgeschlossen, weil »die Regierung keine Geheimnisse für sich behalten kann«.[2] Denn auch wenn Gladio der Bevölkerung, den Parlamenten und den meisten Regierungsmitgliedern völlig unbekannt war, war es doch eine auf höchster Militär- und Regierungsebene abgesegnete Operation, die über Jahrzehnte völlig geheim gehalten werden konnte.

Der Grund, warum Regierungen sehr wohl zu geheimen Operationen in der Lage sind und warum dabei durchaus eine größere Zahl von Beteiligten involviert sein kann, ohne die Geheimhaltung zu gefährden, liegt darin, dass sie wie jede Verschwörung strukturell nach dem »Need to Know«-Prinzip aufgebaut sind. Das heißt, dass nur die Spitze der Pyramide den gesamten Plan kennt und alle anderen nur so viel, wie sie wissen müssen, um ihre Rolle zu spielen. Wenn beispielsweise hundert neue Feuerlöscher für den Südturm des World Trade Center geliefert werden, müssen die Monteure nicht wissen, dass diese mit je zehn Kilo Nanothermit gefüllt sind; auch ihre Firma, die den Auftrag ausführt, braucht nicht eingeweiht zu sein. Eine einzige Person im Sicherheits- und Verwaltungsbereich des WTC, die den Auftrag erteilt – »Dieses Mal aber nicht eure üblichen Löscher, sondern eine Spezialanfertigung, die unsere bekloppten Feuerschützer hier bestellt haben. Die werden nächste Woche angeliefert, und ihr hängt sie dann auf« –, würde als Mitwisser schon ausreichen, um die Türme für eine kontrollierte Sprengung zu präparieren.

Wir haben die Feuerlöscherlieferungen des WTC nicht recherchiert und führen sie hier nur als Beispiel zur Widerlegung der These an, dass es bei der Vorbereitung der Anschläge Hunderte von Eingeweihten und Mittätern gegeben haben muss – die ja schon aus einem anderen, sehr viel triftigeren Grund kaum haltbar ist. Denn laut offizieller Version sollen die Anschläge ja allein aus einer Höhle in Afghanistan koordiniert und mit gerade mal 20 Studenten durchgeführt worden sein – ganz ohne Hunderte von Mitwissern und völlig unauffällig. Wenn aber 20 junge Araber, die schlecht Englisch und noch schlechter fliegen können, zu einer derart komplexen Operation fähig sind, warum sollte dann ein gleich großes Special-Operation-Team von Elitesoldaten dazu nicht in der Lage sein? Und warum sollte sie nicht ebenfalls – wie die »Kollegen« der Gladio-Armee, die jahrzehntelang Terroranschläge ausübten, ohne entdeckt zu werden oder darüber zu reden – in der Lage sein, ihre Operation geheim zu halten? Dass also ein »inside job« bei den 9/11-Anschlägen ausgeschlossen werden kann, weil ja schon längst einer der Beteiligten ausgepackt hätte, ist ein Mythos, der als Beruhigungsmittel für all jene dienen soll, denen die Bauchschmerzen mit dem offiziellen Räubermärchen sonst den Schlaf rauben würden. Dass der brave Papa Staat so etwas machen könnte, soll erst gar niemand denken; dazu sind nur bärtige Fanatiker in der Lage, die in afghanischen Höhlen hocken …

Neben aktiven Mitwissern und Tätern müssen in die Vorbereitung, Ausführung und Nachbereitung der 9/11-Anschläge zahlreiche Operatoren einbezogen worden sein, die nichts mit den Terroristen zu tun hatten, sondern ganz einfach ihren ganz normalen Job machten. Und denen im Vorfeld, am Tag der Anschläge oder danach Dinge auffielen, die nicht mit der offiziellen Geschichte des Geschehens in Einklang zu bringen waren. Wie viele andere Zeugen wurden auch sie und ihre Aussagen von der 9/11-Commission ignoriert oder wurden sie ausführlich vernommen, um dann im Abschlussbericht nicht aufzutauchen, oder es wurde ihnen gerichtlich und unter Berufung auf die »nationale Sicherheit« verboten, ihre Aussagen öffentlich zu machen. Es handelt sich um Angehörige des FBI, der Armee, um offizielle und inoffizielle Mitarbeiter der CIA und anderer Geheimdienste, um Hausmeister oder Angestellte des World Trade Center usw. – alles per se vertrauenswürdige und, weil in die Anschläge direkt oder indirekt mit einbezogen, eben auch wichtige Zeugen, die in jeder ergebnisoffenen forensischen Untersuchung unverzichtbar sind.

Im Folgenden erinnern wir an einige der wichtigsten Whistleblower, deren Vorladung und Anhörung wir der Staatsanwaltschaft dringend anheimstellen.

Sibel Edmonds

Die nach dem 11.9.2001 vom FBI als Arabischübersetzerin angestellte Sibel Edmonds stieß bei ihren Übersetzungen von Abhörbändern aus der Zeit vor den Anschlägen auf eine große Korruptions- und Spionageaffäre, in die Mitglieder der US-Regierung und des Kongresses sowie die Geheimdienste der Türkei, Israels, Pakistans und der USA verwickelt waren. Als Edmonds diese Erkenntnisse ihrem Vorgesetzten meldete und nichts geschah, beschwerte sie sich – und wurde entlassen. Nach ihrer nicht-öffentlichen Anhörung vor der 9/11-Commission wurde sie mit einem Schweigegebot belegt. Im Abschlussbericht wird die Anhörung zwar in einer Fußnote erwähnt, der Inhalt ihrer Aussage aber nicht mitgeteilt. Das mittlerweile veröffentlichte Dokument ihrer Aussage ist vollkommen geschwärzt. Das wundert nicht, denn bei einer gerichtlichen Anhörung unter Eid im Sommer 2009[3] konnte sie den ihr verpassten Maulkorb zumindest teilweise ablegen – und berichtete von Waffen-, Drogen- und Geldwäschegeschäften, die wie ein Déjà-vu der bereits erwähnten Iran-Contra-Affäre anmuten. Zwischen 1997 und 2001 waren ihren Aussagen zufolge daran hohe Regierungsmitglieder beteiligt, und diese arbeiteten bis September 2001 auch mit Osama Bin Laden zusammen.[4]

Da ihr staatlicherseits untersagt worden ist, darüber zu sprechen, um wen es sich bei diesen US-offiziellen Terrorunterstützern handelt, stellte sie 2008 unter der Überschrift »Sibel Edmonds' State Secrets Privilege Gallery« 21 Bilder ins Netz.[5] Unter das Privileg des Staatsgeheimnisses über das Waffen-, Drogen- und Terrorgeschäft fallen danach neben einem halben Dutzend Kongressmitgliedern vor allem Richard Perle (Sicherheitsberater der

Bush-Regierung), Marc Grossman (State Department, davor Botschafter in der Türkei), Eric Edelman (Staatssekretär von Dick Cheney), Douglas Feith (Staatssekretär im Verteidigungsministerium, Leiter des Office of Special Plans, wegen gefälschter Berichte über Iraks Al-Qaida-Verbindungen 2005 entlassen), Lawrence Franklin (Office of Special Plans, wegen Spionage für Israel 2007 verurteilt) – also just jene Figuren der Bush-Regierung, die mit allen Mitteln die Irakinvasion vorantrieben und dabei bis zum September 2001 auch mit Osama Bin Laden zusammenarbeiteten.

Neben dieser Bildergalerie von »Schurken« hat Sibel Edmonds in verschiedenen Interviews ziemlich eindeutige Andeutungen gemacht. In den von ihr transkribierten Abhörbändern ging es um verdeckte US-Operationen in Zentralasien, bei denen türkische, pakistanische und saudische Intermediäre genutzt wurden, um die Fußspuren (und Ölinteressen) der USA bei den im Namen des Islam inszenierten terroristischen Destabilisierungen zu verbergen:

»Diese Gespräche zwischen 1997 und 2001 hatten mit einer Zentralasien-Operation zu tun unter Beteiligung von Bin Laden. Niemals benutzte jemand das Wort ›Al-Qaida‹. Es hieß immer ›Mudschaheddin‹, immer ›Bin Laden‹ – genauer: nicht ›Bin Laden‹, sondern ›Bin Ladens‹ im Plural. Es gab verschiedene Bin Ladens, die mit privaten Jets nach Aserbaidschan und Tadschikistan flogen. Der türkische Botschafter in Aserbaidschan arbeitete mit ihnen. Diese Bin Ladens standen, mit Hilfe von Pakistanis und Saudis, unter unserer Regie. Marc Grossman hatte dabei die Leitung, zu 100 Prozent. Er musste die Leute nach Kirgisistan, nach Aserbaidschan, einige nach Tschetschenien, einige nach Bosnien schleusen. Von der Türkei aus packten sie diese ganzen Bin Ladens in NATO-Flugzeuge. Leute und Waffen gingen in die eine Richtung, Drogen kamen auf dem Rückweg ... Eine Menge der Drogen ging in NATO-Flugzeugen nach Belgien. Von da nach England und mit Militärflugzeugen in die USA in die Verteilungszentren in Chicago und Paterson, New Jersey. Türkische Diplomaten, die nie durchsucht wurden, kamen mit Koffern voller Heroin.«[6]

Eine der abgehörten Schlüsselfiguren rief Grossman an, nachdem die israelischen Spione festgenommen worden waren, die angesichts der brennenden Türme gefeiert hatten: »Sie müssen freigelassen werden, sonst könnten sie alles erzählen.« (→ *Kap. 14*).

Hier handelt es sich wohlgemerkt um die Aussage einer FBI-Mitarbeiterin, die über Erkenntnisse spricht, die aus polizeilichen Abhörbändern gewonnen wurden – kein spekulatives Verschwörungsgeschwalle, sondern harte, beweisbare Tatsachen, die freilich sowohl von der Bush- als auch noch von der Obama-Regierung unterdrückt werden. Dass das State Department auf höchster Ebene nicht nur illegale Außenpolitik mit Terror- und Drogengeschäften betrieben hat, sondern dabei auch noch 2001 mit den Terroristen Bin Ladens zusammenarbeitete, würde denn auch die Legende vom Todfeind Amerikas erschüttern.

Doch dies ist nicht der einzige Sprengsatz, den die Aussage Sibel Edmonds für die offizielle 9/11-Legende enthält. Gegenüber der Londoner *Times* enthüllte sie, dass es nicht nur um die terroristische Destabilisierung der kaspischen Ölregionen ging, sondern auch um Waffengeschäfte der ganz besonderen Art: die Weitergabe von Know-how für Atomwaffen. Hier spielten der NATO-Partner Türkei und auch Israel die Makler, der wahre Empfänger aber war der Chef des pakistanischen Geheimdiensts ISI, General Mahmud – jener Mann, der am Morgen des 11.9.

in Washington mit dem späteren CIA-Chef Porter Goss frühstückte und in dessen Auftrag einige Monate zuvor 100 000 Dollar an Mohammed Atta angewiesen worden sein sollen (→ *Kap. 5, 6*).

Gemeinsam mit ihrem Übersetzerkollegen Behrooz Sarshar behauptet Sibel Edmonds außerdem, dass aus den von ihnen gefertigten Transkripten hervorging, es habe bereits im Mai 2001 sehr konkrete Vorwarnungen für Anschläge mit gekaperten Flugzeugen gegeben. Die Informationen darüber seien von einem sehr verlässlichen FBI-Informanten gekommen. Auf ein konkretes Vorauswissen des FBI lässt zudem ein Dokument schließen, das laut Sibel Edmonds im Juli 2001 entdeckt wurde – und das sowohl Baupläne von Hochhäusern als auch Hinweise auf illegale Visa-Angelegenheiten enthält. Edmonds stellte fest, dass das Dokument falsch übersetzt worden war und der bearbeitende Agent deshalb die brisanten Informationen übersehen hatte, was der Leiter des FBI-Übersetzerbüros, Mike Feghali, bis heute bestreitet. 2005 wurde bekannt, dass sich diese falsch übersetzten Informationen auf einen der Attentäter der US-Botschaft in Kenia, Mohammed Al-Owhali, bezogen. Dieser war nach seiner Verhaftung am 12. August 1998 vom FBI verhört und der Mitschnitt anschließend von Mike Feghali übersetzt worden.[7] Durch die Aussagen Al-Owhalis wurde dem FBI der Telefonkontakt zu dem Al-Qaida-Schlupfloch in Sanaa, Jemen, bekannt, das die NSA schon länger abhörte und in dem u. a. der spätere »Hijacker« Khalid Al-Midhar ein- und ausging. Vieles spricht dafür, dass der FBI-Agent Mike Feghali an der Vertuschung dieses sehr konkreten Vorauswissens des FBI beteiligt war.

Susan Lindauer

Susan Lindauer kommt aus einer bekannten republikanischen Familie, ihr Großcousin ist Andrew Card, der Stabschef im Weißen Haus George W. Bushs. Sie versteht sich als Friedensaktivistin und war in dieser Funktion inoffizielle Mitarbeiterin der CIA, ihre Motivation war die Aufhebung der Sanktionen gegen den Irak, sie hatte seit 1996 Kontakt zu irakischen Botschaftsmitarbeitern und berichtete ihrem CIA-Kontaktmann, dem Unternehmer Richard Fuisz, regelmäßig über diese Treffen.

Im April 2001 erhielt sie den Auftrag, ihre Kontakte zu irakischen Diplomaten in Washington zu nutzen, um alles über mögliche Pläne eines Terroranschlags mit Flugzeugen in Erfahrung zu bringen und den Irakern klarzumachen, dass die USA einen Krieg beginnen würden, wenn sie ihre Informationen nicht preisgäben. Im Sommer 2001 berichtete Lindauer einigen ihrer privaten Bekannten, dass ein großer Anschlag in Manhattan, eine Neuauflage der WTC-Bombe von 1993 mit entführten Flugzeugen, befürchtet werde. Im August 2001 warnte sie ihr CIA-Kontaktmann davor, in nächster Zeit nach New York zu reisen, weil ein solcher Anschlag unmittelbar bevorstehe. Als sie am 11. September mit ihm telefonierte, wusste er schon, dass es sich bei den gesuchten Umzugshelfern um Mossad-Agenten handelte (→ *Kap. 14*). Nach den Anschlägen intensivierte sie ihre Kontakte zur irakischen Botschaft, die angesichts der Invasionsgefahr zu allen Zugeständnissen bereit war. Sie reiste zu Gesprächen nach Bagdad und schrieb insgesamt elf Briefe an ihren Cousin im Weißen Haus, in denen sie Andrew Card über ihre Gespräche und die Kooperationsangebote des Iraks berichtete. Anfang 2004 meldete sie sich beim Blue-Ribbon-Kommitee der

Regierung, einem überparteilichen und unabhängigen Ermittlungsgremium, das die fehlerhaften Geheimdiensterkenntnisse vor dem Irakkrieg untersuchen sollte, um dort auszusagen.

Doch bevor es dazu kam, wurde Susan Lindauer im März 2004 verhaftet und wegen Spionagetätigkeit angeklagt. Das Justizministerium bezeichnete ihre Behauptungen, als inoffizielle Mitarbeiterin der CIA gearbeitet zu haben, als »wahnhaft«, obwohl bei der einzigen öffentlichen Anhörung dazu glaubhafte Zeugen für ihre Kontakte zu Geheimdienstkreisen auftraten. Einer ihrer Bekannten – ein Professor für Computerwissenschaft in Toronto – bestätigte dem Gericht, von ihr im Sommer 2001 über drohende terroristische Anschläge informiert worden zu sein, bei denen gekaperte Flugzeuge in das WTC fliegen würden. Zwei weitere schriftliche Zeugenaussagen vor Gericht bestätigten Susan Lindauers frühe und konkrete Warnungen. Der Richter ordnete eine Fortsetzung der Untersuchungshaft und eine psychiatrische Behandlung an, um Lindauer von ihrer »Einbildung« zu befreien, für die CIA gearbeitet zu haben. Ihrer Weigerung, sich mit dem starken Antipsychotikum Haldol oder vergleichbaren Medikamenten behandeln zu lassen, schlossen sich längere gerichtliche Auseinandersetzungen an, bis sie im Juni 2006 entlassen wurde – mit der Begründung, sie sei »verhandlungsunfähig«.

Doch das war Susan Lindauer keineswegs, sie war bereit für die Verhandlung und bereitete sich intensiv darauf vor. Sie bot dem Gericht, außer ihrer umfangreichen Aussage zu ihren langjährigen Beziehungen zu irakischen Diplomaten, auch eine Stellungnahme zu ihren Kontakten zur libyschen Botschaft und den Erkenntnissen über die Täter des Lockerbie-Bombenanschlags auf eine Pan-Am-Boeing 1988 an[8] – und benannte zahlreiche Zeugen, um ihren Status und ihre Tätigkeit als »CIA-Asset« (inoffizielle CIA-Mitarbeiterin) zu belegen. Mitte 2008 nahm sie sich mit Brian W. Shaughessny einen erfahrenen ehemaligen Staatsanwalt als Verteidiger, um gegen den Beschluss ihrer »Verhandlungsunfähigkeit« vorzugehen. In seiner Klage führte er aus, dass dies der erste Fall in der amerikanischen Rechtsgeschichte sei, bei dem die Staatsanwaltschaft auf einer Verhandlungsunfähigkeit eines Angeklagten beharrte, obwohl dieser und sein Verteidiger dem widersprächen und einer ordnungsgemäßen Verhandlung nichts im Wege stünde.

Schon in einer anderen Hinsicht war der Fall Lindauer eine Premiere. Sie war die erste US-Bürgerin, die nach dem Patriot Act aufgrund »geheimer Anklagen« und »geheimer Beweise« in Untersuchungshaft gehalten wurde. Außer dem allgemeinen Vorwurf, als »unregistrierte Agentin« für den Irak unterwegs gewesen zu sein, erfuhren weder sie noch ihre Verteidiger weitere Details.[9]

Nachdem der Versuch, diese Zeugin für das Vorauswissen der 9/11-Attacken und der Fabrikation von Kriegsgründen für die Irakinvasion zu psychiatrisieren, gescheitert war – ein Gutachter hatte nach 35 Sitzungen während ihrer Untersuchungshaft 2005 bescheinigt, keine Hinweise auf eine Psychose gefunden zu haben – und der juristische Trick, sie dennoch für »verhandlungsunfähig« zu erklären, durch ihre Gegenklage nun ebenfalls zu scheitern drohte, schien Ende 2008 alles auf eine bevorstehende Verhandlung und eine vollständige Rehabilitation Susan Lindauers hinauszulaufen. Doch dazu kam es nicht. Am 15. Januar 2009 zog die Bundesregierung die Anklage gegen sie einfach zurück. Begründung: »Eine weitere Verfolgung des Falls liegt nicht im Interesse der Justiz.«[10]

Auch wenn (oder gerade weil) die einst ehrenwerte *New York Times* bei dieser Vertuschungsposse mitspielt und Lindauer in einem denunzierenden Artikel über das Gerichtsverfahren als Verrückte porträtiert[11] – im Interesse der 9/11-Aufklärung scheint uns diese Zeugin unverzichtbar zu sein.

Indira Singh

Indira Singh arbeitete als Beraterin im Risikomanagement des Finanzkonzerns JP Morgan und wurde 2001 damit beauftragt, eine neue Generation von Risikomanagement-Software zu implementieren. Von einem der weltgrößten Finanzkonzerne müssen bei der Auswahl des Softwarelieferanten hohe Sicherheitsmaßstäbe angelegt werden. Deshalb lud Singh die Firma Ptech Inc. zu einer Präsentation ein, die solche Software auch schon für das FBI, das Verteidigungsministerium, die Steuerbehörde IRS und das Weiße Haus geliefert hatte. Nach einem sehr merkwürdigen Auftritt des Ptech-Chefingenieurs Dr. Hussein Ibrahim stellte Singh bei ihrer weiteren Überprüfung dann zu ihrem Erstaunen fest, dass einer der Hauptinvestoren bei Ptech der als Terrorfinanzier verdächtigte saudische Multimillionär Yassin Al-Kadi war. Als sie diese Nachricht ihren Chefs überbrachte, wurde ihr eine lange und lohnende Karriere bei JP Morgan in Aussicht gestellt – sofern sie darüber schweigen würde.[12] Kurz darauf verließ sie die Firma.

Ptech tauchte 1994 erstmals auf dem Softwaremarkt auf, damals noch eine kleine Firma, aber finanziell sehr gut ausgestattet und mit großen Ständen auf den entsprechenden Messen. Ein Viertel des Startkapitals von Ptech kam von Scheich Al-Kadi, der nach eigenen Angaben »herzliche Beziehungen« zu Dick Cheney unterhält und mit der saudischen Königssippe verbunden ist.[13] Innerhalb kurzer Zeit gewann Ptech für ihre Software einen prestigeträchtigen Kunden nach dem anderen; länger etablierte US-Softwarefirmen, die gern zum Zuge gekommen wären, wurden von den Saudis ausgestochen. Das Mysterium, warum das Weiße Haus, das FBI, verschiedene US-Ministerien und auch die CIA von einer arabischen Firma Software für ihr Risikomanagement kauften, lässt eigentlich nur die Antwort zu, dass es sich dabei um eine »arabische« Tarnfirma der CIA selbst handelte. Darauf lässt auch die Antwort schließen, die Indira Singh erhielt, als sie mit ihrem Verdacht zum FBI ging und eine Ermittlung in Sachen Ptech forderte. Der betreffende FBI-Beamte sagte nur: »Indira, Sie sind in einer besseren Position, das zu untersuchen, als wir es sind.«[14]

Dass Ptech 2003 dann nach einer Razzia des FBI geschlossen wurde und sich 2004 in GoAgile umbenannte, dass zudem zwei seiner leitenden Mitarbeiter wegen Finanzierung islamistischer Terroristen und Geldwäsche für Yassin Al-Kadi angeklagt wurden, bestätigte zwar Indira Singhs Vermutungen über die Kooperation zwischen Saudis, CIA und wahhabitischem Terror, führte aber nicht dazu, einer weiteren Aussage dieser Whistleblowerin nachzugehen: Ptech sei zusammen mit der Denkfabrik Mitre Corporation vor 9/11 zwei Jahre lang in den Kellern der FAA tätig gewesen und habe die Aufgabe gehabt, die Interoperabilität der FAA-Daten mit denen der NORAD und der Air Force beim Eintreten eines Notfalls sicherzustellen – wie er dann am 11. September 2001 auch eintrat.

Damit untermauert Indira Singh eine Vermutung des ehemaligen Drogenpolizisten und 9/11-Forschers Michael C. Ruppert, der in seinem Buch *Crossing the Rubicon* 2005 die These aufstellte, dass die Koordination der Attacken und der verschiedenen Air-Force-Manöver an diesem Morgen über eine Software zentral gesteuert und dabei die Kommunikation zwischen FAA und NORAD korrumpiert worden sein muss. Ebenso malte es auch der CBS-Journalist Joe Bergantino in seinem ersten Bericht über Ptech als »worst case scenario« aus: eine lange geplante Operation, bei der eine Firma im Land etabliert wird, die Zugriff auf Regierungsdaten erlangt »und Terroristen hilft, Anschläge auszuführen«.[15]

Die Enthüllungen Indira Singhs über Ptech werden von der 9/11-Commission mit keinem Wort erwähnt, sind aber für die Aufklärung der Anschläge vom 11. September in mehrfacher Hinsicht zentral, da sie Licht in eines der größten Rätsel überhaupt – das Ausbleiben jeglicher Luftabwehr – bringen können und einen Erklärungsansatz für die völlig differierenden (und von der 9/11-Commission kommentarlos nochmals auf den Kopf gestellten) Timelines von FAA und NORAD liefern (→ *Kap. 23*). Darüber hinaus bestätigen sie erneut die streng riechende »Saudi-Connection« der Anschläge – und die tiefen politischen Allianzen von Terrorismus, Geheimdiensten, Drogenhandel, Geldwäsche, Bankbetrug und Informationstechnologie, aus deren Schoß die 9/11-Terroristen krochen.

Robert Wright

Mitte der 90er Jahre leitete Special Agent Robert Wright vom FBI-Büro in Chicago eine Ermittlung zur Terrorismusfinanzierung unter dem Codenamen Vulgar Betrayal (»gemeiner Verrat«).[16] Nach den Anschlägen auf die US-Botschaften in Daressalam und Nairobi 1998 wurden durch diese Ermittlungen die Finanzverbindungen der Terroristen aufgedeckt und 1,4 Millionen Dollar beschlagnahmt. Bei einem der Terrorfinanziers, die das FBI identifizierte, handelt es sich um Yassin Al-Kadi, jenen saudischen »Geschäftsmann«, der Indira Singh als Investor der Ptech-Software ins Grübeln gebracht hatte. Doch trotz der Erfolge, die Robert Wright mit seinen Ermittlungen zur Finanzierung der afrikanischen Anschläge sowie der terroristischen Hamas zu verzeichnen hatte, wurden ihm weitere Untersuchungen wiederholt untersagt. Im August 1999 wurde er von seinem Job ganz abgezogen und auf eine Verwaltungsstelle versetzt. Begründung: eine angebliche Belästigung einer FBI-Mitarbeiterin. Wright nahm sich einen bekannten Anwalt, um dagegen vorzugehen, doch ohne Erfolg. Ein Jahr später wurde die gesamte Vulgar-Betrayal-Ermittlung eingestellt.[17]

Nachdem sich die Vorwürfe gegen ihn als haltlos erwiesen hatten, konnte er zwar ab 2002 wieder als FBI-Ermittler arbeiten, doch Zugang zu seinen alten Akten von Yassin Al-Kadi erhielt er nicht – obwohl (beziehungsweise weil?) der Scheich nach dem 11.9.2001 auf einer Liste des Finanzministeriums als globaler Terrorfinanzier genannt wird. Und obwohl (beziehungsweise weil?) Wrights Ermittlungen die Al-Kadi gehörende Firma BMI Inc. bereits 1999 als Geldwaschanlage radikaler Islamisten ausgemacht hatten. Nach seinen Protesten wurde Wright gefeuert, musste dann aber wieder eingestellt werden. Seine Ermittlungen über die Unternehmen, Stiftungen und »Wohltätigkeitseinrichtungen« von Al-Kadi aber konnte er nicht weiterführen. Die Publikation eines Buchs über seine Erfahrungen wurde ihm vom FBI untersagt. Im Sommer 2002 erreichte er eine Anhörung vor der 9/11-Kongressuntersuchung –

doch weder in deren Bericht noch im *Commission Report* tauchen Yassin Al-Kadi und Robert Wrights Aussagen auf. Sein Buch konnte bis heute nicht erscheinen.

Zusammen mit seinem Kollegen bei diesem Fall, John Vincent, einem Veteranen mit 27 FBI-Dienstjahren, ist Robert Wright ein wichtiger Zeuge, um weiteres Licht in die Saudi-Connection der Anschläge zu bringen. Denn die Investorenliste in Al-Kadis Unternehmen BMI Inc. und dessen Nachfolger Kadi International liest sich nicht nur wie ein Who is Who der islamistischen Terrorfinanzierung,[18] hier finden sich auch jene Geldgeber, die den »Geschäftsmann« Omar Al-Bayoumi finanzierten, den Gastgeber der späteren »Hijacker« in San Diego.

Niaz Khan

Niaz Khan, ein aus Pakistan stammender Brite, der als Kellner in London arbeitete, hatte mal wieder Spielschulden. Ein Bekannter bot ihm vor dem Spielsalon an, diese Schulden zu übernehmen, wenn er bereit sei, in ein Trainingslager für den heiligen Krieg mitzukommen. Niaz Khan stimmte zu und kam Anfang 2000 in ein Al-Qaida-Camp in der Nähe von Lahore in Pakistan. Dort trainierte er in einem nachgestellten Boeing-Cockpit und wurde im April 2000 nach New York entsandt, wo er die weiteren Mitglieder einer Gruppe treffen sollte, die Anschläge auf Zivilgebäude in den USA vorbereiteten. Auf dem Flug nach New York jedoch bekam er kalte Füße und ging seinem Kontaktmann auf dem Flughafen aus dem Weg. Stattdessen von der alten Spielleidenschaft gepackt, verzockte er das ganze Geld, das ihm die Terroristenfreunde mitgegeben hatten –

und meldete sich am nächsten Tag beim FBI. Er berichtete von seinem Training und den Plänen, wurde mehrere Wochen lang ausführlich verhört. Die zwei Lügendetektortests, denen man ihn dabei unterzog, bestand er. Ein FBI-Mitarbeiter sagte, dass er und seine Kollegen Khan glaubten. Sie hätten versucht, jeder Spur in diesem Fall hartnäckig nachzugehen, aber von der FBI-Zentrale sei die Durchsage gekommen: »Schickt ihn zurück nach London und vergesst die Sache.«[19]

Auch in London wurde er verhört, jedoch ebenfalls nach zwei Stunden für glaubwürdig befunden und nach Hause geschickt. Seine Reaktion auf die Ereignisse des 11.9.2001 zitierte der *Observer*:

> »Ich konnte meinen eigenen Augen nicht glauben. Alles war so, wie ich es gesagt hatte, so wie Al-Qaida es mir gesagt hatte. Ich hatte keine Zweifel. Das war der Plan. Wahrscheinlich war jemand aus dem Trainingscamp mit an Bord dieser Flugzeuge. Wahrscheinlich wäre ich an Bord gewesen, wenn ich nicht weggelaufen wäre.«[20]

Niaz Khan ist ein wichtiger Zeuge. Nicht nur, weil er glaubhaft das konkrete Vorauswissen dokumentiert, das den US-Behörden über die Planung der Anschläge vorlag – das FBI behauptet, alle Informationen Khans an die Geheimdienste weitergeleitet zu haben[21] –, sondern auch, weil er Einblick in die Rekrutierungsmethoden der »Hijacker« verschaffen kann. Und eine Antwort geben kann auf die Frage, ob es sich bei dieser Truppe um die professionellen Terroristen handelte oder ob spielsüchtige Kellner nach einem bisschen »Training« in einem Pappmaché-Cockpit wohl doch eher zu Terroristen-Darstellern taugen als zu echten Flugkünstlern.

Doch Niaz Khan wurde auch nach den Anschlägen bis heute nicht von offizieller Seite über sein Wissen befragt.

Coleen Rowley

Das FBI in Minneapolis war von einer Flugschule auf einen merkwürdigen Kandidaten namens Zacarias Moussaoui aufmerksam gemacht worden, der keine einmotorige Maschine allein fliegen konnte, kaum Englisch sprach, aber einen Kurs für eine Boeing 747 gebucht und dafür 8300 Dollar in bar bezahlt hatte. Nachdem der verdächtige »Flugschüler« am 16. August 2001 in Minneapolis verhaftet worden war und die FBI-Agenten nach einer ersten Vernehmung zu dem Schluss gekommen waren, das Moussaoui in einen Entführungsplan verwickelt sein könnte, beantragten sie einen Durchsuchungsbeschluss für seine Wohnräume und seinen Computer. Doch der dafür zuständige Leiter der »Radical Fundamentalist Unit« (RFU)[22] des FBI, David Frasca, verweigerte seine Zustimmung. Auch über das der RFU vorliegende »Phoenix-Memo«, in dem FBI-Kollegen aus Arizona im Juli 2001 ausführlich vor islamistischen Flugschülern gewarnt hatten, wurden die Beamten in Minneapolis nicht informiert.

Nachdem die Vernehmung Moussaouis in Minneapolis den Verdacht bestärkt hatte, dass er in einen größeren Plan verwickelt sein könnte, verschickte der FBI-Agent Harry Samit über 70 Warnungen über den potentiellen Flugzeugentführer an Einheiten des FBI, der CIA und andere Sicherheitsbehörden. Die Vernehmer Moussaouis drängten nochmals vergeblich darum, dessen Laptop und weitere Unterlagen durchsuchen zu dürfen, um an weitere Informationen zu kommen, und schlagen dann dem RFU vor, einen arabischstämmigen Undercover-Agenten in Moussaouis Zelle zu platzieren – was von RFU-Chef David Frasca als »lächerlich« zurückgewiesen wurde. Noch am Morgen des 11. September beantragten die Beamten des Minneapolis Field Office erneut einen Durchsuchungsbeschluss und ein abermaliges Verhör von Moussaoui. Letzteres wurde abgelehnt, aber die Durchsuchung des Laptops, die am Nachmittag desselben Tages erlaubt wurde, ergab Kontakte Moussaouis zu elf weiteren »Hijackern«.

Im Mai 2002 veröffentlichte die Leiterin des FBI-Field-Office in Minneapolis, Coleen Rowley, im *Time Magazine* ein umfangreiches Memo über die massiven Behinderungen, denen sie und ihre Mitarbeiter bei dieser Fahndung ausgesetzt waren – und über die offiziellen Lügen, die vom FBI über den Fall verbreitet wurden. Das Memo hatte sie zwei Wochen vor dem 11.9. geschrieben, und es enthielt massive Anklagen über die Untätigkeit »unserer höchsten Strafverfolgungsbehörden«. »Warum sabotiert ein FBI-Agent bewusst einen Fall?«, so Coleen Rowley. »Die Vorgesetzten verhielten sich derart seltsam …, dass einige Agenten in Minneapolis offen scherzten, dass diese Höhergestellten Spione oder Maulwürfe wären …, die für Osama Bin Laden arbeiten.«[23]

Dieser Vorwurf ist bestens zu verstehen, wenn man das Verhalten des Supervising Special Agent der RFU Michael Maltbie betrachtet, der die Angaben in dem Durchsuchungsantrag der FBI-Agenten aus Minneapolis über Moussaoui in mehreren Punkten änderte: Aus der Beobachtung, dass Moussaoui »sich auf einen Kampf vorbereitet«, wurde die Formulierung »sich auf eine Verteidigung vorbereitet«, aus der Feststellung, er sei »unfähig« gewesen, seine Bezahlung für einen 747-Flugsimulator zu erklären, machte Maltbie ein »fähig«, und die Hinweise auf Moussaouis Kontakte zu dem tschetschenischen Terroristen Ibn Khattab strich er ganz.[24]

Das *Time Magazine* wählte die wackere FBI-Fahnderin Coleeen Rowley zwar noch im selben Jahr zur »Person des Jahres«. Aber ungleich besser erging es den von ihr angeklagten FBI-Oberen, die für die Verhinderung der Moussaoui-Verfolgung verantwortlich waren: Sie wurden 2003 allesamt befördert. Der höchste in den Fall verwickelte Beamte, Marion »Spike« Bowman, Chef der National Security Law Unit, der nach Coleen Rowleys Beschwerden am Ende entschieden hatte, dass keine ausreichenden Beweise für einen Durchsuchungsbeschluss vorliegen, erhielt am 1. Januar 2003 eine besondere »Belobigung des Präsidenten« (»presidential citation«), verbunden mit einer Barzahlung von etwa 25 Prozent des Jahresgehalts. Auch Mike Maltbie wurde befördert.[25]

April Gallop

»Sie befinden sich hier in einem der sichersten Gebäude der gesamten Vereinigten Staaten«, lautete ein Standardsatz bei Führungen durch das eindrucksvolle Gebäude, und auch April Gallop bekam ihn zu hören, als sie 2000 an ihrem neuen Arbeitsplatz im Pentagon eingeführt wurde. Doch seit dem Morgen des 11. September 2001 weiß die mit höchstem Sicherheitsstatus eingestufte Analystin des Verteidigungsministeriums, dass diese Aussage nichts wert ist, zumindest an diesem Tag nichts wert war.

Ihr Vorgesetzter hatte sie früher als geplant in ihr Büro zitiert, weshalb sie ihren zweimonatigen Sohn Elisha noch nicht in der Kinderkrippe abgeliefert, sondern mitgebracht hatte. Es war ihr erster Tag nach der Mutterzeit. Als sie um 9:30 Uhr gerade ihren Computer eingeschaltet hatte, wurde sie von einer starken Explosion aus ihrem Stuhl geworfen. Nach einem kurzen Moment der Ohnmacht rappelte sie sich auf, riss ihren Sohn an sich, der kaum noch atmete, und suchte nach einem Weg nach draußen. Sie fand ihn in einem Loch in der Wand, nur etwa zwölf Meter von ihrem Schreibtisch entfernt, und entkam mit ihrem Baby ins Freie. Ihre Uhr und auch die Uhr in ihrem Büro waren durch die Erschütterungen der Explosion stehen geblieben, zwischen 9:30 und 9:31 Uhr – sieben Minuten, *bevor* das Pentagon laut *Commission Report* um 9:38 Uhr von einer Boeing 757 getroffen wurde.

Erst im Krankenhaus erfuhr April Gallop, dass der offiziellen Lesart zufolge ein Flugzeug für die Explosion verantwortlich war – und für das Loch in der Wand, durch das sie entkommen war. Doch irgendwelche Flugzeugteile, Gepäck oder Sitze hatte sie nicht gesehen. Auch hatte kein Kerosin gebrannt, wie es für einen solchen Crash typisch gewesen wäre. Bei einem Feuer wäre es ihr unmöglich gewesen, sich, wenn auch schwer verletzt, aus dem Gebäude zu retten.[26]

Wie es sich für eine aufstrebende Pentagon-Mitarbeiterin gehört, war April Gallop zunächst keineswegs argwöhnisch, was die offizielle Version der Ereignisse im Pentagon betrifft, selbst wenn die mit dem, was sie selbst erlebt hat, nicht in Einklang zu bringen ist. Ihren Dienst hat sie nach dem Krankenhausaufenthalt nicht mehr angetreten. Sie erhält seitdem eine kleine Rente – wie ihr Sohn hat sie dauerhafte Kopfverletzungen davongetragen. Erst 2008, nach dem Studium zahlreicher Bücher und Webseiten über 9/11 als »inside job«, entschloss sie sich zu einer Klage gegen

Dick Cheney, Donald Rumsfeld und den Generalstabschef Richard Myers, die 2009 vom Gericht in New York abgelehnt wurde. »Nicht plausibel«, urteilte Richter Denny Chin über die Argumente der Klägerin und folgte dem Antrag der Angeklagten, die Klage niederzuschlagen.[27]

In den Großmedien war dieser Rechtsstreit eines absolut glaubwürdigen 9/11-Opfers kein Thema. Auch als der Fall Anfang 2011 vor dem Berufungsgericht landete, dem 2nd Circuit of the United States Court of Appeals, machte April Gallop keine Schlagzeilen. Dass in der Kammer, die über die Zulassung der Berufung entschied, mit dem Richter John M. Walker ein Cousin von George W. Bush saß, wurde freilich schnell über das Internet bekannt.[28] Einem Befangenheitsantrag, den Gallops Anwälte daraufhin stellten, wurde nicht stattgegeben. Am 27. April 2011 lehnte die Kammer die Berufung ab. Die Klage »behauptet eine phantastische alternative Geschichte zu der allgemein akzeptierten Darstellung«, heißt es in der Begründung. Wegen Einreichung einer »frivolen« Klage (»frivolous suit«) wurde die Klägerin ihrerseits zu einer Zahlung von 15 000 Dollar verurteilt.[29]

Vorzuladen:

- Sibel Edmonds
- Behrooz Sarshar
- Sämtliche in Edmonds 3,5-stündiger Aussage vor der 9/11-Commission benannten Personen
- FBI Agent Mike Feghali
- Susan Lindauer
- Ihr CIA-Kontaktmann Richard Fuisz
- Die an der »geheimen Anklage« und Verhaftung Lindauers sowie an der Verwerfung der Anklage beteiligten Richter und Staatsanwälte

- Indira Singh
- April Gallop
- Robert Wright und sein Kollege John Vincent, FBI
- Niaz Khan
- Die FBI- und MI6-Leute, die ihn nach Hause geschickt haben
- Colleen Rowley, Harry Samit und Greg Jones vom FBI Minneapolis
- David Frasca, Chef der RFU im FBI Headquarter, und Michael Maltbie, Supervisory Special Agent der RFU
- Marion (Spike) Bowman, Chef der National Security Law Unit des FBI

Nachwort:
Ein Denkmal für Dick und Don

»Man kann keinen wecken, der sich schlafend stellt.«

Navajo, N. N.

Die verwegenste aller 9/11-Verschwörungstheorien wird uns noch lange erhalten bleiben, denn die schlichten Gemüter sterben garantiert nicht aus. Auch im Jahr 2030 wird noch der eine oder andere am Stammtisch oder am globalen Tresen von sich reden machen, indem er steif und fest behauptet, die Sonne kreise um die Erde, die Stasi habe Marilyn Monroe ermorden lassen oder 19 afghanische Teppichmesserterroristen hätten am 11. September 2001 US-Geheimdienste und -Militär ausgetrickst und ohne Hilfe von außen Flugzeuge ins World Trade Center gelenkt.

Gelernte Faktenverweigerer und gusseiserne Einfaltspinsel werden sich auch 2030 nicht von Fakten und Beweisen erschüttern lassen, sondern wie die hervorragenden Verschwörungstheoretiker aller Epochen an ihrer extrem schlichten Weltsicht festhalten, die im Kern nichts weiter ist als die jederzeit zuverlässige Folge ihrer sofortigen Kapitulation vor allem Komplizierten. Hartgesottene Konspirologen benötigen keine Beweise. Ihnen genügen Behauptungen von offizieller Stelle, ob vom Amt, vom Arzt, vom Präsidenten oder von Mama, die ihre schlichte Sicht der Dinge stützen. Was nicht sofort und mühelos in ihr Weltbild passt, wird ausradiert, übertüncht und mühelos ignoriert. Dieser Pragmatismus, ohne Wissen der Patienten geboren aus kognitiver Dissonanz, verbindet die, die wissen, dass Eidechsen die Welt regieren, Aliens in Nevada gefangen gehalten werden, dass Osama Bin Laden 9/11 ohne geheimdienstliche Unterstützung durchführen ließ und die Illuminaten-Bilderberger schon seit dem Meteoritenanschlag auf Atlantis hinter allem stecken.

Nur sehr wenige unserer Nachfahren werden sich noch die Mühe machen zu hinterfragen, weshalb so viele 9/11-Konspirologen in den ersten Jahren des neuen Jahrtausends in die Nachrichtenredaktionen des damals noch bestehenden Mainstream aufsteigen konnten. Ebenfalls nur noch in Fachkreisen wird diskutiert werden, wieso es so lange dauerte, bis eine so haarsträubende Verschwörungstheorie wie die »offizielle« als historischer Unsinn entlarvt wurde. Man wird sich an die Gegenverschwörungstheorien erinnern, dass der Mainstream von wenigen Medienmoguln gesteuert, die Wahrheit über finstere Schattenherrscher wegzensiert worden und deshalb zunächst nicht ans Licht gekommen sei, aber diese Erklärung wird man 2030 längst verworfen haben.

Dass es so lange dauerte, bis 9/11 richtig betrachtet wurde, nämlich als Anfang vom Ende des amerikanischen Jahrhunderts, wird erst in der Rückschau vollständig klar werden – ebenso aber wird klar werden, weshalb so viele Meinungsmacher vor den Tatsachen die Augen fest geschlossen hielten und jeden kritisch die Fakten hinterfragenden Zeitgenossen als Verschwörungstheoretiker diffamierten.

Je größer der zeitliche Abstand, desto absurder wird einem indes die vorübergehende Definitionsverwirrung in Sachen »Verschwörungstheorie« vorkommen. Schließlich hatten historisch gesehen immer jene als Mutmaßer finsterer Konspirationen gegolten, die eine möglichst laut- und waghalsige Theorie aufstellten, ohne diese auch nur ansatzweise beweisen zu können, und nicht jene, die akribisch recherchierten, wissenschaftlich arbeiteten und Zusammenhänge bis ins allerletzte Detail untersuchten.

Der Fall 9/11 stellte auch in dieser Hinsicht alles auf den Kopf. Denn zum ersten Mal in der Geschichte gelang es Verschwörungstheoretikern, eine haltlose und rasch widerlegte Theorie felsenfest in den Geschichtsbüchern zu installieren.

Jedenfalls vorübergehend – immerhin ein gutes Jahrzehnt lang.

Die beste Erklärung, wie es dazu kommen konnte, wird 2030 in der psychologischen Fachliteratur ihren Platz gefunden haben, als Paradebeispiel für kollektive Realitätsverweigerung infolge kognitiver Dissonanz – und mancher Fachmann wird die temporäre 9/11-Wahrheit mit der einst gesicherten Wahrheit vergleichen, die Sonne kreise um die Erde. Auch der Verschwörungstheoretiker Kopernikus, der Anno Domini 1543 Machthaber und Meinungsmacher höflich darauf hinwies, die von ihnen propagierte Darstellung halte einer wissenschaftlichen Untersuchung nicht stand, rannte gegen fest verriegelte Türen – nämlich die eines Gedankengebäudes, um dessen Fortbestand man fürchten musste, ließe man nur auch nur einen von Kopernikus' explosiven Gedanken hinein. Sogar die Teilnahme am Gedankenspiel war strikt zu unterbinden, denn schon das »Was wäre, wenn?« malte ein knallbuntes Armageddon an den Horizont: Wenn, ja wenn Kopernikus' Theorie sich als valid erwiese – dann wäre das geozentrische Weltbild tot. Und mit ihm Gott. Und mit ihm der nun nicht mehr im Mittelpunkt des Universums und der Schöpfung stehende Mensch.

Undenkbar. Ende der Diskussion. Bevor sie überhaupt begonnen hatte.

Kopernikus' Werk befand sich bis 1835 auf dem Index Romanus, Nachfolger Galileo Galilei stand während der letzten zehn Jahre seines Lebens bis zu seinem Tod im

Jahr 1642 unter Hausarrest. Erst nachdem sich die längst beim Volk angekommene Wahrheit über Gott und die Welt selbst von den klerikalen Meinungsmachern partout nicht mehr leugnen ließ, wurde der Verschwörungsspinner formal auch von der katholischen Kirche rehabilitiert, und das quasi umgehend, nämlich 1992.

Weit hergeholt, der Vergleich zwischen geozentrischem Weltbild und jenem, in dem die freiheitsliebenden Christen die Gutmenschen sind, an deren Vorbild und System die Welt sich orientieren soll? Beileibe nicht, denn auch im Fall 9/11 hatte es der Konjunktiv von Anfang an in sich: Der 11. September sollte billigend in Kauf genommen oder gar unterstützt worden sein von Vertretern der gewählten US-Regierung selbst, um die Bürger des eigenen Landes schockiert und verängstigt in den Krieg zu schicken?

Undenkbar.

Insbesondere die medialen Meinungsmacher des beginnenden 21. Jahrhunderts, geprägt von den Jahren seit 1945, dem Ende des Zweiten Weltkrieges, mit dem das »amerikanische Jahrhundert« begonnen hatte, wussten, dass ihnen wahrhaft Welterschütterndes drohte – Welt*bild*erschütterndes, präziser gesagt. Denn jedermann und -frau wusste oder spürte: Erwiese sich, dass demokratisch gewählte Anführer dieses vorbildlich freien Systems, dass Cheney, Rumsfeld oder Bush im Vorfeld Kenntnis davon gehabt hätten, was am 11. September geschehen würde, käme gar heraus, dass Regierende via CIA, Department of Defense und Secret Service ein Verbrechen »bewerkstelligen« ließen, und zwar diesmal eines von atemberaubender Skrupellosigkeit, läge unsere ganze Welt in Trümmern. Nicht nur die Symbole des freien Welthandels in New York, weit schlimmer, die Welt in unseren Herzen und Köpfen. Denn allen Vorbehalten zum Trotz galt zu Beginn des

3. Jahrtausends nach Christi Geburt das Paradigma: Die USA führen uns, den Westen, und am American Way of Life soll die Welt sich orientieren in Richtung Freiheit, Wohlstand und Frieden.

Wären unsere Anführer zu einem Hochverrat an all unseren Idealen fähig, wäre das keine hässliche Systemstörung, wie wir sie oft erleben und wahlweise tolerieren oder ignorieren: keine kapitalistische Blüte wie die geschmierte Zulassung todbringender Medikamente, keine platzenden Bohrinseln oder Atomreaktoren, keine platzende Fünf-Billionen-Dollar-Immobilienblase. Terrorismus gegen die eigene Bevölkerung, von ganz oben toleriert, das ist – das wäre – das Ende unserer Weltsicht, das Ende unseres Glaubens an die Demokratie, die Freiheit, das Christentum, das Ende unseres Weges. Gäbe es das, Terror unter falscher Flagge, ausgehend vom Boden der USA und die eigene Zivilbevölkerung als »Kollateralschaden« in Kauf nehmend, hätten wir nichts mehr, woran wir uns halten könnten. Hätten wir alles verloren und trieben endgültig ohne Glauben und Orientierung durch Raum und Zeit – denn wohin könnten wir uns noch wenden, nach einem solchen Vorgang, auf der Suche nach Leitsternen? An das totalitäre China? An den Islam? Um Himmels willen!

Geraten wir in diese von den Psychologen als kognitive Dissonanz bezeichnete Gemütslage, reagieren wir reflexartig immer auf dieselbe Weise: indem wir alle Fakten ausblenden, die unsere fundamentalen Überzeugungen ins Wanken zu bringen drohen. Und je größer die Dissonanz, je größer die Gefährdung unserer Überzeugungen, desto geringer unsere Bereitschaft, die unser Weltbild stützenden »Fakten« auch nur in Frage zu stellen. Und 9/11 sorgte für eine gewaltige kollektive kognitive Dissonanz, stumm in der Tiefe der westlichen Gedankengebäude widerhallend, im Schlepp einen unwiderstehlichen inneren Befehl: Don't go there! Don't even *think* about it!

So war denn auf den gesellschaftlich anerkannten Bühnen selbst die versuchsweise Formulierung einer alternativen Erklärung für die Vorfälle des 11. September von Anfang an unzulässig – nicht nur auf dem politischen Parkett, wo jeder Skeptiker von Beginn an als Vaterlandsverräter und Terroristenfreund galt, sondern erst recht in den Massenmedien. Hierzu bedurfte es indes keiner von gegenseitigen Verschwörungstheoretikern herbeiphantasierten Ansagen von oben, aus den Chefetagen von Rupert Murdochs News Corp oder von Bertelsmann, denn eines verbindet die Meinungsmacher von Fox News bis zum *Spiegel*: Der Erfolg aller massenmedialen Marktteilnehmer basiert auf demselben Geschäftsmodell, alle hängen auf Gedeih und Verderb davon ab, dass Freiheit, Demokratie und freies Spiel der Marktkräfte ihnen ausreichend Anzeigenkunden bringen – und deren Werbemilliarden. Ohne diese wären »rechter« Sender wie »kritisches« Hochglanz-Anzeigenblatt binnen Tagen zahlungsunfähig – beziehungsweise nur noch zum Einzelausgabenverkaufspreis von zirka 30 Euro am Kiosk erhältlich.

So erklären sich die Grenzen, die konservative Nachrichtenmacher ebenso wenig überschreiten wie liberale: Dissens ist zwar zulässig, ja, in Maßen sogar erwünscht, um dem Publikum die Illusion nicht zu nehmen, es habe es mit einem freien System der Berichterstattung zu tun, aber wo immer die Grundlage des Geschäftsmodells bedroht wird, versteht Fox News ebenso wenig Spaß wie der *Spiegel*. Verständlicherweise.

Und so nehmen die hier wie dort überwiegend fest angestellten und vom bestehenden System persönlich profitierenden Mitarbeiter (lies nicht: Journalisten) alle Informationen dankbar auf, die ihr Geschäftsmodell nicht bedrohen – im Fall 9/11 alles, was die einzig für dieses Geschäftsmodell ungefährliche Theorie unterstrich: die Theorie von Osama und den 19 Räubern. Deshalb das energische Zurückweisen alternativer Erklärungsversuche als »Verschwörungstheorien« durch die vereinten Pre$$titutes, deshalb das undifferenzierte Diffamieren, die Nebelkerzen, die wohlfeile Rhetorik. Deshalb die dankbare Begeisterung über den *Commission Report*. Deshalb der blinde An- und Weiterverkauf einer absurden Verschwörungstheorie.

Denn etwas anderes ist die offizielle 9/11-Theorie nicht. Und war es nie, wie der vom Fox- und *Spiegel*-Propagandafeuerwerk verschonte Rest der Welt vom 11. September an ahnte und spätestens seit dem Einmarsch der US-Truppen in Afghanistan und im Irak wusste. Die Verschwörungstheorie der westlichen Politik und ihrer Medien war von Anfang an, wie jede Verschwörungstheorie, grob vereinfachend, unwissenschaftlich, haltlos, mit Emotionen vermischt und mit dem lauten Vorwurf munitioniert: »Ihre Fragen sind pietätlos! Denken Sie doch mal an die Hinterbliebenen!« Womit auch die dringenden Fragen eben jener Hinterbliebenen zurückgewiesen wurden.

Dass 19 Al-Qaida-Hijacker im Auftrag von Osama Bin Laden vier Flugzeuge in die Twin Towers und ins Pentagon steuerten, dass es keine Kollaborateure in US-Kreisen gab – das hält einer Überprüfung nicht einmal im Ansatz stand, wie wir auf den zurückliegenden Seiten noch einmal in aller Deutlichkeit aufgezeigt haben. Al-Qaida, vor und nach dem 11. September bestenfalls zur Zündung einer Rakete oder Kofferbombe in der Lage, orchestrierte das präzise koordinierte Jahrhundertverbrechen nicht – jedenfalls nicht ohne Hilfe westlicher Geheimdienste –; der Anführer der »Liste«, nierenkrank und von Anfang an jede Beteiligung bestreitend, wusste nichts von dem Plan, ebenso wenig wie sein nach 183-facher Folter komplett geständiger Chefplaner Khalid Scheich Mohammed. Die »Hijacker«, Sündenböcke, als Schläfer-Kamikaze mit saudischen Pässen unter dem Schutzschirm der US-Geheimdienste und belastet durch fragwürdige Beweisstücke, wurden allem Anschein nach gebrieft und geführt von Mittelsmännern auf der Payroll des CIA-nahen pakistanischen Geheimdienstes ISI, deren Offiziere und Verbindungsagenten die US-Regierung bis heute nicht befragen will.

Was bleibt? Ein umfassender Übungstag des gesamten US-Militärs und diverser Regierungsbehörden, koordiniert verlegt auf den 11. September, geänderte Dienstvorschriften und abwesende Verantwortliche an allen entscheidenden Stellen der Befehlskette. Eine stundenlang lahmgelegte Flugabwehr, erklärbar nur – wahlweise – durch eine Stand-Down-Order oder heillos verwirrende Übungs-Inserts auf den Schirmen ziviler Lotsen. Im freien Fall zusammenbrechende Hochhäuser, darunter sogar eines, das nicht von einer fliegenden Bombe getroffen wurde, dafür aber schon vor dem 11. September präpariert worden war; abgesägte Eisenträger in tragender Funktion, blitzschnell entsorgt, und Nanothermit-Spuren im Staub der Gebäude. Die sofortige Einstellung aller behördlichen Ermittlungen wegen biologischer Massenvernichtungswaffen in Jane und John Does Tagespost, angeblich verschickt von einem irren Einzeltäter, der den Patriot Act mit Macht durchgepeitscht wissen wollte; Whistleblower, umgehend per Maulkorberlass zum Schweigen gebracht. Zuletzt: Die versuchte Verhinderung einer unabhängigen Untersuchungskommission durch die US-Regierung selbst, endend schließlich mit dem Einsatz einer Alibi-Kommission unter der Leitung eines engen Vertrauten eben jener Machthaber, die ihr Desinteresse an jeder Aufklärung von Anfang an überdeutlich unterstrichen hatten; die Verweigerung der Herausgabe aller relevanten Informationen, kein Zugang zum gefolterten Kronzeugen; Lügen, Weglassungen und Fälschungen im Dutzend billiger und das Fazit selbst der offiziellen Vorsitzenden der 9/11-Commission: »We were set up to fail.«

Aufklärung? Anklagen? Anzeigen? Fehlanzeige.

Aber 2011 ist nicht 2001. Die Zeiten haben sich geändert, mit einem veränderten Bewusstsein für die existenzielle Krisensituation, in der sich unser Planet und seine Bewohner befinden. Und so sind die Verehrer der strengen Wissenschaftler Kopernikus und Galilei nicht verstummt, sondern ebenso zahlreich wie hartnäckig standhaft geblieben: Die Prüfung der alternativen Verschwörungstheorien ist überfällig – und die medialen Gralshüter kämpfen, wenngleich mit schwerem Geschütz, auf verlorenem Posten. Zu viel ist inzwischen geschehen, Wikileaks und Assange, Dauerohrfeigen für den »Journalismus«, sind nicht totzukriegen (hoffentlich), zu viel konnte nicht unter dem Teppich bleiben, zu offensichtlich ist, auf welche Staatsform die USA seit der Jahrtausendwende zusteuern. 2001 noch der angegriffene Bewahrer der Freiheit und Europa-Verbündete mit der historischen Christenchance, nun alle Kriege zu beenden, 2011 ein entlarvtes Imperium, das untergehend die Politik mit letzten Mitteln fortsetzt: dem fortwährenden Krieg.

Der 9/11-Lüge folgte die irakische Massenvernichtungswaffen-Lüge, der Invasion Afghanistans die Invasion des unbewaffneten Irak – unter Inkaufnahme von nicht 3 000 Toten wie in New York und Washington, sondern von bis zu einer Million Opfern im Zweistromland, davon 90 Prozent Zivilpersonen.

Der per Handycam-Mitschnitt öffentlich gemachten Hinrichtung Saddam Husseins folgte die Aufdeckung der Wahrheit über Abu Ghraib, Guantánamo blieb, die Sub-Prime-Krise und der anschließende Bail Out legten Zeugnis ab vom Ende der Souveränität und Freiheit von Volksvertretern wie Vertretenen, und eingestehen mussten wir uns am Ende: Die Täter, »too big to fail«, sitzen über sich selbst Gericht – und gleichzeitig an den Notenpressen. Sowie direkt neben dem Präsidentendaumen am Tisch, neben dem roten Knopf für den Ernstfall.

Erinnern wir uns, auch wenn es schmerzt, an die Friedensnobelpreisrede unseres letzten Hoffnungsträgers nach der scheinbar überstandenen Finsternis unter den Öl-Lords Bush und Cheney. In Oslo präsentierte sich Barack Obama als ein unangenehm berührter Führer, nur noch bedingt beherrscht angesichts des durchsichtigen Manövers der preisverleihenden Europäer, ein Mann, der durch trockene Blumen klarstellte: Vertut euch nicht, ich bin ein Kriegspräsident. Oder genauer, mit seinen eigenen Worten:

»Ich weiß, dass nichts Schwaches, nichts Passives, nichts Naives ist in den Überzeugungen und Leben von Gandhi und King. Aber als ein Staatschef, der geschworen hat, seine Nation zu beschützen und zu verteidigen, kann ich mich nicht allein von ihrem Beispiel leiten lassen. Ich muss der Welt gegenübertreten, wie sie nun mal ist, und kann nicht untätig bleiben gegenüber den Gefahren, denen sich das amerikanische Volk gegenübersieht. Denn täuschen Sie sich nicht: Es gibt das Böse in dieser Welt. … Verhandlungen können die Al-Qaida-Führer nicht dazu bringen, ihre Waffen niederzulegen. Zu sagen, dass Gewalt manchmal notwendig ist, ist keine Aufforderung zum Zynismus – es ist eine Erkenntnis der Geschichte.«

Cynthia McKinney, seit jeher Kritikerin der 9/11-Legenden, frühere Kongressfrau und inzwischen Kandidatin der amerikanischen Grünen für das PräsidentInnenamt, konstatierte, mit der Amtseinführung Obamas hätten zuletzt nun auch noch sie und ihre schwarzen Mitbürger, die keinen dieser Kriege wollen oder je gewollt hatten, ihre Unschuld verloren, und in der Tat hat der »Change«, die Unique Selling Proposition der Marke Obama, stattgefunden – allerdings anders als gedacht: Das schon unter George W. Bush obszöne Pentagon-Budget befindet sich auf historischem Rekordniveau, die diesbezügliche Transparenz in historisch finsterstem Tal, potentielle Whistleblower werden massiv bedroht und verfolgt, »Landesverräter« wie Bradley Manning und ausländische Staatsfeinde wie Julian Assange sind zu Folter oder Abschuss freigegeben. Und die Aussichten bleiben unverändert: Das Empire rechnet wegen der »asymmetrischen Bedrohungen« – insbesondere durch Terrorismus und Cyberwarfare – fest mit Krieg als Dauerzustand. Was schon der heimliche Vorgänger des selbsternannten Kriegspräsidenten Barack Obama offen aussprach, allerdings ohne dass dieser, Dick Cheney, dafür einen Friedensnobelpreis benötigt hätte: »Dies hier ist etwas anderes als der Golfkrieg, und zwar insofern, als es nie beendet sein wird – jedenfalls nicht, solange wir leben.«

Die Frage, die sich uns, seinen europäischen Zuhörern, stellt, ist allerdings, ob auch wir lebenslänglich Krieg für unvermeidlich halten. Und unsere Antwort auf diese Frage hängt entscheidend von unserer Position ab, unserem Weltbild. Um jedoch wenigstens die Gültigkeit unseres derzeitigen Weltbildes angemessen beurteilen zu können, müssen wir uns zunächst vom Irrglauben befreien, es würde durch eine angemessene Betrachtung des 11. September zerstört.

Deshalb gestatten wir uns an dieser Stelle den abschließenden Versuch einer Versöhnung von Glauben, Hoffnung und Fakten. Eine Formulierung im Konjunktiv, beginnend notwendigerweise mit der alles entscheidenden Feststellung: Erwiese sich, dass Elemente der US-Regierung und -Geheimdienste 9/11 »orchestriert« hätten, dann wäre unser Glaubenssystem eben nicht im Kern beschädigt. Das Eingeständnis, dass nicht die Sonne um die Erde kreist, sondern vice versa, würde uns nicht vernichten.

Es wäre alles schlimm. Aber nur halb so schlimm.

Die Demokratie weiterhin lebendig, wenn auch nicht die amerikanische, der Glaube an die freie Marktwirtschaft weiterhin berechtigt, wenn auch nicht der Glaube an den amerikanischen Raubtierkapitalismus. Die Freiheit immer noch unser höchstes Gut. Wenn auch nicht die amerikanische Freiheit, die eben nicht dort endet, wo die des anderen beginnt.

Wer sich den unter den Kürzeln »Lihop« und »Mihop« versammelten Theorien, wahlweise also dem »Let it / Make it happen on purpose«, unter stillschweigender oder aktiver Beteiligung amerikanischer Regierungs- und Geheimdienstkreise, zumindest stellen will, dem hilft nur Aufrichtigkeit. Denn die nüchterne Bereitschaft, sich selbst nichts vorzumachen, ist die Voraussetzung für jede Aufklärung. »Ihr werdet die Wahrheit erkennen, und die Wahrheit wird euch frei machen«, diese Überzeugung verbindet Jesus und die CIA, aus deren Empfangsmarmorfußboden im Hauptquartier in Langley, Virginia, jeden Besucher diese gravierten Worte aus dem Johannes-Evangelium begrüßen. Wir sind uns also einig.

Versichern aber sicherheitshalber nochmals, ehe wir im Schweinsgalopp ans Eingemachte gehen: Wäre es so, wären Cheney, Rumsfeld, die CIA und die Bush-Familie involviert – dann schiene es zwar im ersten Moment, als verdienten sie für dieses ihr Verhalten einen Ehrenplatz auf dem elektrischen Stuhl, bei genauerer und gerechterer Betrachtung der zugrunde liegenden Motive jedoch wären sie nicht mehr ohne weiteres zu verdammen oder gar zur bestrafen, sondern – zu begnadigen.

Wie das?

So: Machen wir uns für einen Augenblick nichts vor, im Großen und Ganzen. Die Weltbevölkerung wächst und wächst weiter, und nur etwa zehn Prozent – nämlich wir Amerikaner und Europäer – verzehren frei nach dem heiteren Motto »Fleisch ist mein Gemüse« täglich zerhackte Lebewesen, die nicht nur zeitlebens erderwärmendes Methan furzen, sondern deren Aufzucht und Hege bis zu ihrer Exekution das Abholzen von Wäldern und die Produktion von Futter erfordert, das wir besser anderen Menschen überlassen hätten, statt diese verhungern zu lassen. Wir zehn Prozent wohnen beheizt und beleuchtet, duschen warm, reisen gern, hoch und fern und verfügen über zwei bis drei Autos pro Familie.

Das möchten die anderen 90 Prozent der Weltbevölkerung verständlicherweise auch. Es wird aber nicht gehen, denn auch das dümmste Milchmädchen begreift schon beim groben Peilen über den groben Daumen: Es ist nicht genug für alle da. Zumal uns die Ressourcen und Rohstoffe allmählich ausgehen. Wir zehn Prozent verbrauchen 140 kw/h am Tag, pro Kopf, das ist die Energieleistung von 140 Menschen. Unsere Sklaven sind weiß, wir nennen sie Steckdosen, aber irgendwo muss die Energie eben herkommen.

Viel mehr, als alles Mögliche zu verbrennen (erst Holz, dann Kohle, dann Öl und Gas), ist uns bis zum Beginn der industriellen Revolution nicht eingefallen, und erst seit relativ kurzer Zeit ist uns sonnenklar, dass wir demnächst alternative Energienquellen benötigen. In großem Umfang. Die Ressourcen, die wir dazu benötigen, liegen aber vorwiegend nicht unter unseren zehn Prozent westlichen Füßen, sondern unter denen von Arabern und Irakern, Russen und Usbeken, Venezolanern und Chinesen. Also zu Füßen derer, die nach unserem nicht offen erklärten Willen eben nicht allesamt teilhaben können an Autofahrten zum gut beheizten täglichen Fleischfestmahl in klimatisierten Räumen mit angeschlossener Wasserhahn- und Porzellanausstellung.

Entscheidend ist: Ob wir vor dem unausweichlichen »Ende des Öls« unsere Zukunftstechnologien – Windräder, Wasser- und vor allem Solarkraftwerke sowie fahrende Batterien in Form von Milliarden Kleinwagen – im großen und ausreichenden Stil werden aufbauen und in unsere Energieversorgungsnetze implementieren können, hängt vor allem ab von den Energiequellen, die uns derzeit zur Verfügung stehen, also Kohle, Gas und vor allem Öl.

Ohne unseren freien Zugang zu den Ölquellen der Welt keine Windkraftanlagen, keine Solarfelder, kein E-Auto-Grid.

Ohne Öl keine nachhaltige, grüne Zukunft.

Genauer: keine Zukunft.

Selbst wenn Otto Normalstromverbraucher sich hierüber auch zu Beginn des 21. Jahrhunderts keine ausreichend ernsthaften Gedanken macht (und sein verschwenderischer Vetter drüben im Römischen Reich des 20. Jahrhunderts noch viel weniger), kennen die Vertreter von »Big Oil« diese schlichten Zusammenhänge sehr genau. Deshalb geht es auf dem großen politischen Schachbrett auch, aber beileibe nicht nur, um Profite und die Ausbeutung des Planeten und seiner Bewohner, es geht erst recht um Machterhalt und um Sicherheit, Frieden und Freiheit über die Jetztzeit hinaus. Drehte heute jemand dem ebenso hoffnungslos verschwenderischen wie hoffnungslos überschuldeten Imperium USA mit sofortiger Wirkung den Ölhahn ab, stürzte das Land, bar jeder nennenswerten ölunabhängigen Infrastruktur, über Nacht ins Chaos – und ein solches Chaos hätte katastrophale, weitreichende Folgen.

Denn was bedeutete das? Leere SUVs? Das Ende jeder Mobilität? Das Ende der Wasserversorgung und der Air Condition? Das Ende jeder Produktion und fast jeder Beschäftigung? Die Atommacht im Bürgerkrieg? Unter einem Präsidenten Glenn Beck, berauscht vom gefährlichen Gebräu der rechtsreligiösen Tea Party, mit dem Finger am roten Knopf und Sarah Palins Finger auf dem seinen? Oder erlebten wir gleich mehrere Regionalfürsten? Die Ostküste versus Texas? Alaska und Verbündete gegen den US-Westen? Yankees gegen Konföderierte, und jede Hausfrau bis an die Zähne bewaffnet? Der Mittlere Westen nur mehr im Panzerkonvoi durchquerbar?

Ein Alptraum.

Für jeden verantwortungsvollen Landesführer.

Für Männer wie Dick, Don, George W. und Barack.

Und so handeln sie rechtzeitig, im Sinn ihrer nur sehr bedingt aufnahmefähigen Schutzbefohlenen, ihres Volkes. Wie es sich für gute Führer und Väter gehört. Man korrigiert sanft, wenn die Schar der Unmündigen sich versehentlich verwählt wie bei den Präsidentschaftswahlen 2000, man versammelt kaum zwei Wochen nach dem Machtwechsel im März 2001 alle neuen Minister und alle maßgeblichen Vertreter der Energieindustrie hinter verschlossenen Türen zur Krisensitzung, über Irak- und Afghanistankarten gebeugt, und verabschiedet die erforderlichen politischen Schritte, um die andernfalls unvermeidliche Energieversorgungskrise abzuwenden, eine Bedrohung für – mit den Worten des damaligen Energieministers Spencer Abraham – »den nationalen Wohlstand, die nationale Sicherheit und buchstäblich unsere gesamte Lebensweise«. Der Inhalt der ernsten Erwachsenengespräche bleibt indes vertraulich. Was die hier beschriebene Energy Task Force unter Leitung von Vizepräsident Cheney im März 2001 an Maßnahmen verabschiedete, ist aller FOIA-Anfragen, Erkundigungen des US-Bundesrechnungshofs GAO und aller gerichtlichen Klagen von Spielverderbern wie Judical Watch und Sierra Club zum Trotz bis heute Staatsgeheimnis.

Dick sei Dank: Man behelligt uns nicht mit der Wahrheit, denn die ertragen wir nicht. Man sagt nicht: »Wir kämpfen dort für unsere nationale Sicherheit. Ein Land unserer Größe mit dieser Außenhandelsabhängigkeit muss wissen, dass auch militärischer Einsatz notwendig ist, um unsere Interessen zu wahren, zum Beispiel freie Handelswege, um ganze regionale Instabilitäten zu verhindern, die mit Sicherheit dann auch auf unsere Chancen zurückschlagen – negativ durch Handel, Arbeitsplätze und Einkommen.« Das heißt, man sagt es vielleicht doch, wenn auch mit geringfügig anderen Worten, und wird dann für diese Wahrheit aus dem Schloss Bellevue gemobbt (denn die Worte oben waren – nur marginal angepasst – jene, die Horst Köhler umgehend Ruf und Job kosteten). Aber schon gar nicht sagt man so etwas, öffentlich, als Amerikaner. Oder gar den Amerikanern.

Man sagt nicht: Wir müssen vor Ort präsent sein. Wir müssen unsere Ölversorgung sichern. Und da mancher Ölbesitzer es nicht so gern sieht, dass wir sein Öl kontrollieren und verbrauchen, bedeutet dies Truppen, bedeutet dies: Krieg.

Denn Krieg, das ist der Gipfel der politischen Unkorrektheit. Krieg mag die klimatisierte SUV-Fahrerin nicht. Sie mag nicht einmal das Wort. Erst recht nicht das, was es beschreibt. Sie will nicht, dass man in ihrem Namen tötet, erst recht will sie ihre Kinder nicht fallen sehen. Und so lässt sich Krieg nicht problemlos anzetteln, jedenfalls nicht in Zeiten des Wohlstandes, mit hochgejazzten Internetbörsen und Präsidenten, die nichts Gravierenderes in Unordnung bringen als die Frisuren ihrer Praktikantinnen. Aber dass Kriege unvermeidbar waren, das wussten die verantwortungsvollen Landesväter schon, bevor sie durch die fragwürdige Präsidentenwahl des Jahres 2000 auf alle entscheidenden Posten zurückkehren konnten.

Was fehlte, um die dringend erforderlichen Kriege beginnen zu können, mit dem Rückhalt der eigenen Bevölkerung, war ein »neues Pearl Harbor«, wie das der neokonservative Thinktank Project for a New American Century eindrucksvoll detailliert herausarbeitete (die Schrift *Rebuilding America's Defenses* aus dem Jahr 2000 finden Interessierte weiterhin im gut sortierten Netz) und Zbigniew Brzezinski, Jimmy Carters Sicherheitsberater zu Zeiten der russischen Invasion in Afghanistan, bereits 1997 in seinem Buch *The Grand Chessboard* explizit formuliert hatte. Die verantwortungsvollen neuen Führer und Bewahrer des westlichen Lebensstils waren sich mithin im Allerklarsten darüber, dass sie aus psychologischen Gründen einen verheerenden feigen Anschlag auf die eigenen Leute dringend benötigten. Denn ohne ein neues Pearl Harbor wäre es unmöglich gewesen, den notwendigen Krieg zu führen.

9/11 musste passieren.

Nun kann man natürlich von einer tragischen, gleichwohl glücklichen Fügung sprechen, wenn einer sich ein welterschütterndes Ereignis wünscht, das seinen Zielen dient, und wenn dies dann tatsächlich eintritt und ihm die Gelegenheit bietet, zu tun, was ohnehin notwendig ist. Andererseits enthebt einen der vermutete Hinweis auf »göttliche Fügung« eben nicht der Pflicht, sich den einen oder anderen Gedanken über die wahrscheinlicheren Gründe zu machen. Sprich – und mehr ist in Sachen Dreh- und Angelpunkt der veränderten Weltlage zunächst nicht erforderlich: Fragen zu stellen und nach erfolgter Widerlegung der offiziellen 9/11-Verschwörungstheorie mit der ergebnisoffenen Überprüfung zunächst der besseren, weil wahrscheinlicheren alternativen Theorien zu beginnen.

Im Wissen, dass uns das Ergebnis so oder so nicht vernichten wird. Im Wissen aber auch um die unangenehm mitschwingende Frage, ob nicht vielleicht doch wir selbst indirekt die Profiteure (*cui bono*) dieses verheerenden Anschlags waren und sind.

Wir? Wer, wir?

Wir sind keine Amerikaner.

Richtig, einerseits. Andererseits: bequem.

Denn wir haben geschwiegen. Wir haben nicht gefragt. Haben die 9/11-Verschwörungstheorie hingenommen, unkritisch. Und führen Krieg gegen Afghanistan, seit zehn Jahren, weil Osama Bin Laden sich dort angeblich versteckt hatte. Hätten wir die Erklärung des Anschlags – und die Folgen für die Welt – auch dann akzeptiert, wenn Europa, wenn Deutschland schon 2001 unabhängig gewesen wäre vom Öl des Irak, von der Pipeline durch Afghanistan?

Auch wir sind Profiteure von Dick Cheneys Energy Task Force. Und Profiteure der 9/11-Lüge.

Beziehungsweise: waren.

Aber das ist nicht das Ende der Welt, sondern ein Anfang. Das Eingeständnis eigener Fehler führt nicht ins Fegefeuer, sondern näher zur Wahrheit. Die uns frei macht, wie Jesus und die CIA wissen, frei vor allem, in Zukunft besser zu handeln.

Käme also bei der überfälligen Aufklärung des Jahrhundertverbrechens 9/11 heraus, dass Dick, Don und Familie Bush die Fäden zogen – die Anführer der Bande, handelnd aus Sorge um unser aller Sicherheit und Handelswege, verdienten den Dank nicht nur aller SUV-fahrenden Rednecks, sondern auch den unseren, den ihrer noch etwas selbstgerechter SUV-fahrenden grünen Freunde in Europa sowie den Dank derer, die kraft Zugang zu den verbleibenden Ölreserven des Planeten die zukünftige Energieversorgung des Westens mittels regenerativer Energiequellen sicherstellen wollen.

Deshalb schulden wir alle Dick und Don ein Denkmal.

Temporär.

Denn nach diesem traurigen Eingeständnis unserer eigenen Schuld sowie der eimerweise Asche über unsere eigenen Häupter wird es Zeit für ein paar tausend Tauben. Und eine Abrissbirne, geworfen zu besinnlicher Musik; der Musik einer Rückbesinnung auf unsere Geschichte. Nicht die kurze der Amerikaner, sondern die Europas – reicher, länger, tiefer, aber auch aus der Erfahrung mit mehreren von unserem Kontinent aus weltweit fatal operierenden Empires und den opferreichen Folgen klug geworden und seit dem Ende des letzten großen Krieges – nachweislich fähig zum Frieden.

Erst das Denkmal, dann der Neubau. Aus den Trümmern des American Way of Life and Death.

Damit wir 2030, bei Lektüre unserer Geschichtsbücher, gesichert wissen: 9/11 war nicht nur der Anfang vom Ende des amerikanischen Jahrhunderts. 9/11 war auch der Anfang eines besseren.

Abkürzungen

AFB: Air Force Base; Luftwaffenstützpunkt

AFIP: Armed Forces Institute of Pathology; Pathologie-Institut der US-Streitkräfte in Washington, D. C.

BTS: Bureau of Transportation Statistics; Amt für Verkehrsstatistik

CBP: Customs and Border Protection; Zoll- und Grenzschutzbehörde der USA, nachgeordnete Behörde des Heimatschutzministeriums

CBOE: Chicago Board Options Exchange; eine der weltgrößten Optionsbörsen

CIA: Central Intelligence Agency; Zentraler bzw. Auslandsnachrichtendienst der USA

CTC: Counter Terrorism Center der CIA

DDO: Deputy Director of Operations; Leiter des NMCC

DEA: Drug Enforcement Agency; Drogenkontrollbehörde der USA

DIA: Defense Intelligence Agency; militärischer Nachrichtendienst der USA, Dachorganisation der Geheimdienste der vier Teilstreitkräfte

DoD: Department of Defense; US-Verteidigungsministerium

DoT: Department of Transport; US-Verkehrsministerium

ESC: Executive Support Center (des Pentagon); Telefon- und Videokonferenzzentrale

FAA: Federal Aviation Administration; Luftfahrtbehörde, zuständig für die Überwachung und Koordination des zivilen Flugverkehrs

FEMA: Federal Emergency Management Agency; nationale Koordinationsstelle für Katastrophenhilfe, eine Behörde des Heimatschutzministeriums, entspricht etwa dem Technischen Hilfswerk

FBI: Federal Bureau of Investigation; bundespolizeiliche Ermittlungsbehörde des US-Justizministeriums

FDA: Food and Drug Administration; Lebensmittelüberwachungs- und Arzneimittelzulassungsbehörde in Rockville, Maryland, dem Gesundheitsministerium nachgeordnet

FEMA: Federal Emergency Management Agency; als Teil des Heimatschutzministeriums die nationale Koordinationsstelle für Katastrophenhilfe

FFB: Fakten, Fälschungen und die unterdrückten Beweise des 11.9.; Buchtitel von Bröckers/Hauß

FOIA: Freedom of Information Act; ein Gesetz, das jedem Amerikaner den freien Zugang zu Informationen einräumt (sofern diese Informationen nicht aus Gründen der Staatssicherheit unter Verschluss sind)

GAO: General Accounting (seit 2004: Accountability) Office; US-Rechnungsprüfungsbehörde

GID: General Intelligence Directorate; saudischer Geheimdienst

INS: Immigration and Naturalization Service; bis zum März 2003 die US-Zuwanderungs- und Einreisebehörde

IRS: Internal Revenue Service; US-Bundessteuerbehörde

ISI: Inter-Service Intelligence, Geheimdienst des pakistanischen Militärs

JPALS: Joint Precision Approach and Landing System; ein militärisches Allwetterlandesystem für Präzisionsanflüge

JSOC: Joint Special Operations Command; Kommandoeinrichtung der US-Streitkräfte, koordiniert Verbundoperationen von Spezialeinheiten.

KSM: Khalid Scheich Mohammed

MI6: Military Intelligence, Section 6 – oder auch Secret Intelligence Service; britischer Auslandsgeheimdienst

NEADS: North Eastern Defense Sector des NORAD

NIST: National Institute of Standards and Technology; ein dem Handelsministerium nachgeordnetes Institut für Standardisierungsprozesse

NMCC: National Military Command Center; das operative Kontrollzentrum im Pentagon

NORAD: North American Aerospace Defense (Command); US-Luftraumverteidigung

NRO: National Reconnaissance Office; US-Militärnachrichtendienst, verantwortlich für das militärische Satellitenprogramm

NSA: National Security Agency; US-Militärnachrichtendienst, zuständig für die weltweite Überwachung und Entschlüsselung elektronischer Kommunikation

NTSB: National Transport and Statistic Bureau; Verkehrsbehörde zur Aufklärung von Unglücksfällen in der Luft- und Schifffahrt, bei Eisenbahnen und Pipelines sowie auf Autobahnen

PFIAB:	President's Foreign Intelligence Advisory Board; ein eher im Geheimen wirkendes Beratergremium des Präsidialamtes
PNAC:	Project for A New American Century; zwischen 1997 und 2006 ein neokonservativer Thinktank
RFU:	Radical Fundamentalist Unit; eine von mehreren Einheiten, aus denen sich die Counterterrorism Division des FBI zusammensetzt
SEC:	Security and Exchange Commission; US-Börsenaufsicht
SOCOM:	United States Special Operations Command; übergreifende Kommandoeinrichtung aller Spezialeinheiten der US Army, zuständig für die Geheimdienstoperation »Able Danger«
STRATCOM:	Strategic Command; Strategisches Oberkommando der US-Streitkräfte mit Sitz in Offutt, Nebraska
USAMRIID:	United States Army Medical Research Institute of Infectious Diseases; Militärinstitut zur Erforschung biologischer Waffen und entsprechender Gegenmittel in Fort Detrick, Maryland
WTC:	World Trade Center

Anmerkungen

Alle Anmerkungen und Links finden Sie auch online auf der Website www.westendverlag.de/911.

2) Die Kommission

1 Shenon, *The Commission*, S. 29
2 Ebd., S. 39
3 Vgl. *History Commons*, »December 16, 2002: Members of 9/11 Commission Have Potential Conflicts of Interest«; www.historycommons.org/context.jsp?item=a121602otherconflicts#a121602otherconflicts
4 *History Commons*, »March 26, 2003: President Bush Turns Down Increased Budget for 9/11 Commission«; www.historycommons.org/context.jsp?item=a032603commissionfunding#a032603commissionfunding
5 Shenon, *The Commission*, S. 30 f.
6 Ebd., S. 388
7 Kean u. a., *Without Precedent*, S. 82 ff.
8 Ebd., S. 120 ff.
9 Ebd., S. 14
10 Ebd., S. 321
11 Nur 16 Prozent aller Amerikaner stimmten 2006 der Frage zu, ob die Bush-Regierung in Sachen 9/11 die Wahrheit sage; im Mai 2002, vor der Veröffentlichung des *Commission Report*, waren es noch 21 Prozent gewesen.

3) Der Autor: Philip Zelikow

1 Miller Center Report, »Thinking about Political History«, Winter 1999, S. 5 ff.; http://replay.web.archive.org/20090301022031; http://webstorage1.mcpa.virginia.edu/library/mc/mcreport/vol14_num3.pdf
2 Carter u. a., *Catastrophic Terrorism*; www.hks.harvard.edu/visions/publication/terrorism.htm
3 Vgl. Stinnett, *Pearl Harbor*
4 Shenon, *The Commission*, S. 104
5 Zit. n. Emad Mekay, »War Launched to Protect Israel – Bush Adviser», Inter Press Service, 29.3.2004; http://ipsnews.net/news.asp?idnews=23083
6 Thomas Donelly u. a., *Rebuilding America's Defenses. Strategy, Forces and Resources For a New Century*, A Report of The Project for the New American Century, September 2000; www.newamericancentury.org/RebuildingAmericasDefenses.pdf

4) Der Kopf: Osama Bin Laden

1 Die dutzendfach belegten Osama-Bin-Laden-Zitate sind hier exemplarisch zit. n. Laurent, *9/11/01*, S. 250 ff. Eine ausführliche Zusammenstellung der weiteren Dementi Bin Ladens hier: http://www.911-archiv.net/debunking-of-debunkers/allgemein/obl-dementiert-jede-beteiligung-an-911.html
2 Ebd., S. 252
3 Vgl. AP, 14.12.2001: »Bin Laden misrepresents islamic teachings«; www.usatoday.com/news/sept11/2001/12/13/tape-scholars.htm
4 Laurent, *9/11/01*, S. 257, mit Verweis auf den ARD-Monitor vom 22.12.2001 sowie www.uni-kassel.de/fb5/frieden/regionen/Afghanistan/laden-video.html
5 Ein Video sagt mehr als tausend Bilder – z. B. hier: www.metacafe.com/watch/364528/is_he_bin_laden
6 In der Sahih Al-Bukhari heißt es dazu (unter Nr. 6222), Hervorhebung von uns: »Der Prophet, Allahs Segen und Friede auf ihm, befahl uns sieben Dinge und verbot uns andere sieben Dinge: Er befahl uns, den Kranken zu besuchen, an dem Beerdigungszug teilzunehmen, dem Niesenden Barmherzigkeit zu wünschen, dem Einladenden Folge zu leis-

ten, den Friedensgruß zu erwidern, dem Unterdrückten zu helfen und den Eidleistenden bei Erfüllung seines Eids zu unterstützen. *Dagegen verbot er uns sieben Dinge: Goldringe – oder Goldschmuck – zu tragen*, Seide, feine Seide, Seidenbrokat und mit Seide gemischte Stoffe anzuziehen.«; http://islamische-datenbank.de/option,com_buchariaction, viewhadith/chapterno,71/min,80/show,10/

7 www.fbi.gov/wanted/topten/fugitives/laden.htm

8 Rex Tomb, Leiter der FBI-Presseabteilung, zit. n. Ed Haas, Muckracker Report, 6.6.2006: »The Reason why 9/11 is not mentioned on Usama Bin Laden's Most Wanted Page is because the FBI has no hard evidence connecting Bin Laden to 9/11.«; http://replay.waybackmachine.org/20090421105709/http://muckrakerreport.com/id267.html

9 Florian Rötzer, »Bin Laden gibt sich staatsmännisch«, in: *Telepolis*, 30.10.2004; www.heise.de/tp/artikel/18/18692/1.html; ders., »Das Al-Qaida-Videoband zum Jahrestag«, in: *Telepolis*, 8.9.2006; www.heise.de/tp/artikel/23/23511/1.html

10 George W. Bush in einer White-House-Pressekonferenz, März 2002; http://replay.waybackmachine.org/20030405074947; http://www.whitehouse.gov/news/releases/2002/03/text/20020313-8.html

11 General Richard Myers im CNN-Interview, 6.4.2002; http://replay.waybackmachine.org/20020410092932; http://www.defenselink.mil/news/Apr2002/t04082002_t407genm.html

5) Die Finanzierung

1 *Commission Report*, S. 172: »The 9/11 plotters spent somewhere between $400,000 and $500,000 to plan and conduct their attack.«; www.9-11commission.gov/report/911Report.pdf

2 Ebd., S. 172: »To date, the US government has not been able to determine the origin of the money used for the 9/11 attacks. Ultimately the question is of little practical significance.«

3 Ebd., S. 169: »The origin of the funds remains unknown, although we have a general idea of how al Qaeda financed itself during the period leading up to 9/11.«

4 Ebd., S. 172: »Our investigation has uncovered no credible evidence that any person in the United States gave the hijackers

substantial financial assistance. Similarly, we have seen no evidence that any foreign government – or foreign government official – supplied any funding.«

5 Ebd., S. 172 (Hervorhebungen von uns): »The available evidence *indicates* that the 19 operatives were funded by al Qaeda ... Our knowledge of the funding during this period, before the operatives entered the United States, remains *murky*.«

6) Die Verbindung: Omar Said Sheikh

1 Exakte Wissenschaftler werden einwenden, das sei nicht ganz richtig, denn ISI-Chef Mahmud Omar werde sehr wohl erwähnt, und zwar gleich zweimal, im Zusammenhang mit diplomatischen Fragen in der Ära *nach* 9/11, der Geheimdienst selbst sogar ein einziges Mal wegen einer früheren Unterstützung Al-Qaidas. Den entscheidenden Omar Said Sheikh hingegen sucht man tatsächlich ganz und gar vergeblich.

2 Siehe u. a. »Gen Mahmud's Exit Due to Links with Umar Sheikh«, in: *Dawn*, 8.10.2001; http://web.archive.org/web/20011011083446; http://www.dawn.com/2001/10/09/top13.htm

3 Siehe u. a. »UK Move To Allow Entry To Ultra Alarms Abducted Britons«, in: *Press Trust Of India*, 3.1.2000; www.indianexpress.com/ie/daily/20000104/ian04025.html

4 Die ausführlichste Darstellung des Falls findet sich in Lévy, *Wer hat Daniel Pearl ermordet?*, S. 96 ff.

5 Tariq Ali, »Who Really Killed Daniel Pearl? The US is Ignoring Evidence of Links With Pakistan's Secret Service«, in: *Guardian*, 5.4.2002; www.guardian.co.uk/media/2002/apr/05/pressandpublishing.pakistan

6 *Newsweek* berichtet am 12.2.2002 nicht nur von Omar Said Sheikhs eigenartigem Verhalten vor Gericht, sondern auch, der Verdächtige sei bereits eine Woche vorher vom ISI festgenommen worden; www.newsweek.com/2002/02/24/a-struggle-in-the-shadows.html

7 Chaim Kupferberg, »There's Something About Omar: Truth, Lies, and The Legend of 9/11«, auf *Global Research*, 21.10.2003; http://globalresearch.ca/articles/KUP310A.html

8 Paul Thompson, »Sept. 11's Smoking Gun. The Many Faces of

Saeed Sheikh«, auf *History Commons*, 25.2.2003; www.history-commons.org/essay.jsp?article=essaysaeed

9 Walther, *Der zensierte Tag*, S. 159 ff.

10 Siehe Fielding u. a., *Masterminds of Terror*

11 Z. B. auf *Spiegel-online*; www.spiegel.de/panorama/zeitgeschichte/0,1518,435706,00.html

12 Exemplarisch dafür »Operation heiliger Dienstag«, in: *Der Spiegel* 44/03, 27.10.2003, S. 120–135; www.spiegel.de/spiegel/print/d-28990723.html

13 UPI Exclusive, 30.9.2002: »Pearl Tracked Al-Qaida«; www.upi.com/Top_News/2002/09/30/UPI-Exclusive-Pearl-tracked-al-Qaida/UPI-94071033424088/

14 2007 schwebte das Verfahren noch immer, jüngere Berichte fehlen unseres Wissens, außer dass Omar Said Sheikh laut einem Bericht der pakistanischen *Dawn* Ende 2008 beinahe per Telefonscherz aus dem Knast einen Atomkrieg zwischen Pakistan und Indien ausgelöst hätte. Siehe »Jailed militant's hoax calls drove India, Pakistan to brink of war«; in: *Dawn*, 26.11.2009; www.defence.pk/forums/strategic-geopolitical-issues/39973-jailed-militant-s-hoax-calls-drove-india-pakistan-brink-war.html. Der Mann hat offenbar einen interessanten Nummernspeicher in seinem Handy, aber wir gestehen, dass uns das nicht wundert.

15 Michael Meacher, »The Pakistan Connection«, in: *Guardian*, 22.7.2004: »Significantly, [Saeed] Sheikh is … the man who, on the instructions of General Mahmood Ahmed, the then head of Pakistan's Inter-Services Intelligence (ISI), wired $100,000 before the 9/11 attacks to Mohamed Atta, the lead hijacker. It is extraordinary that neither Ahmed nor Sheikh have been charged and brought to trial on this count. Why not?«; www.guardian.co.uk/world/2004/jul/22/usa.september11

16 Canadian Broadcasting Corporation, 21.8.2006, Interview von Evan Solomon. Das Video »9/11: truth, lies and conspiracy« ist auf der CBC-Seite nicht mehr zu finden, aber ein (kommentiertes) Transkript findet sich unter http://911blogger.com/news/2006-10-21/911-truth-lies-and-conspiracy-interview-lee-hamilton.

17 Arnaud de Borchgrave, »Commentary: The Real Culprit of 9/11?«, UPI 22.6.2004; auch: www.historycommons.org/time-

line.jsp?timeline=complete_911_timeline&startpos=5600#a072204fullyinvolved

18 Al-Dschasira 2.11.2007: »Frost all over the World«; Video hier: http://w-o-e.blogspot.com/2008/01/bbc-censors-bhuttos-bin-laden-murder.html

7) Der Kronzeuge: Khalid Scheich Mohammed

1 Siehe Fouda u. a. *Masterminds of Terror*. Fouda und sein Bericht sind umstritten. Ursprünglich hieß es, der Journalist habe KSM und dessen Komplizen Ramsi Binalshibh im Juni oder August 2002 an einem geheimen Ort in Karatschi interviewt. Details und einen Tonmitschnitt präsentierte Fouda aber erst Anfang September 2002, die versprochenen Videoaufzeichnungen blieb er bis heute schuldig. Die Interviews, das erste »umfassende Eingeständnis hochrangiger Mitarbeiter aus Bin Ladens Netzwerk, dass man 9/11 ausführte« (Londoner *Times*), waren den meisten Beobachtern von Anfang an suspekt, Experten bezweifelten die Echtheit der Bänder ebenso wie das zufällige Timing der Veröffentlichungen.
James Drummond, »Doubts Over Latest Terrror Videos«, in: *Financial Times*, 11.9.2002: »Analysts cited the crude editing of [Fouda's interview] tapes and the timing of the broadcasts as reasons to be suspicious about their authenticity. Dia Rashwan, an expert on Islamist movements at the Al-Ahram Centre for Strategic Studies in Cairo, said: ›I have very serious doubts [about the authenticity of this tape]. It could have been a script written by the FBI.‹«; http://s3.amazonaws.com/911timeline/2002/financialtimes091102.html

2 *History Commons*, »June 16, 2002: 9/11 Mastermind KSM Reported Captured«: »In September 2002, articles appear in the Pakistani and Indian press suggesting that 9/11 mastermind Khalid Shaikh Mohammed (KSM) is actually captured on this day in an apartment in Karachi. Supposedly he has been sent to the US, though the US and Pakistan deny the story and say Mohammed has not been captured at all.«; www.historycommons.org/context.jsp?item=a061602ksmmaybecaptured#a06160=4600#a061602ksmmaybecaptured

3 *History Commons*, »June 14, 2002 and Shortly After: Al Jazeera

Leak Leads US Intelligence to KSM and Bin Al-Shibh«: »US intelligence begins an intense surveillance of Karachi in an attempt to find KSM and bin al-Shibh. Mostly because of this lead, bin al-Shibh will be arrested in Karachi in September 2002. ... Interestingly, in early September 2002, it will be reported that KSM was arrested in an apartment in Karachi on June 16, 2002, which would be right about when the CIA was given this information.«; www.historycommons.org/searchResults.jsp?searchtext=khalid+sheikh+mohammed&events=on&entities=on&articles=on&topics=on&timelines=on&projects=on&titles=on&descriptions=on&dosearch=on&search=Go

History Commons, »April, June, or August 2002: Al Jazeera Reporter Claims to Conduct Interview with 9/11 Masterminds«: »KSM is later variously reported to be arrested in June 2002, killed or arrested in September 2002, and then arrested in March 2003.«; www.historycommons.org/context.jsp?item=a0402foudainterview#a0402foudainterview

4 *Observer*, 15.9.2002:»Would-be hijacker Ramzi bin al-Shibh is arrested after a huge gunfight in Karachi, Pakistan, involving thousands of police.«; www.guardian.co.uk/world/2002/sep/15/pakistan.terrorism Was KSM betrifft, gehen die Meinungen und Berichte auseinander. Laut *Asia Times* vom 30.10.2002 wurde er bei der Razzia erschossen – www.atimes.com/atimes/South_Asia/DJ30Df01.html –, laut Australian Broadcasting Corp. vom 2.3.2002 auf der Flucht erschossen – http://s3.amazonaws.com/911timeline/2003/australianbc030203.html –, laut *Time Magazine* vom 20.1.2003 wurde jemand erschossen, der ihm ähnlich sah – www.time.com/time/asia/covers/1030127/ksm.html –, laut *Los Angeles Times* vom 22.12.2002 entkam KSM um Haaresbreite, während seine Frau und seine Kinder festgenommen wurden – http://replay.waybackmachine.org/20030204024615/http://www.latimes.com/services/site/registration/view.reg?temp=rc-restricted.

5 Vgl. Syed Saleem Shahzad: »A chilling inheritance of terror«, in: *Asia Times*, 30.10.2002: »But now it emerges that an Arab woman and a child were taken to an ISI safe house, where they identified the Shaikh Mohammed's body as their husband and father. The body was kept in a private NGO mortuary for 20

days before being buried, under the surveillance of the FBI, in a graveyard in the central district of Karachi.«; www.atimes.com/atimes/South_Asia/DJ30Df01.html

6 Zu den diversen Widersprüchen der diversen angeblichen Festnahmen vgl. *History Commons*: »Early 2003: KSM Possibly Arrested in Karachi«; www.historycommons.org/context.jsp?item=aearly03ksmarrestkarachi#aearly03ksmarrestkarachi; sowie: »KSM Reportedly Arrested in Pakistan, But Doubts Persist«; www.historycommons.org/timeline.jsp?timeline=torture,_rendition,_and_other_abuses_against_captives_in_iraq,_afghanistan,_and_elsewhere&startpos=500#a030103mohammedarrest

7 Kean u. a., *Without Precedent*, S. 115. Die Vorsitzenden der Kommission verlegen den Festnahmeort ohne Angabe von Gründen wieder zurück in den Juli 2002. Kean und Hamilton scheinen sich sich aber nicht im Mindesten bewusst zu sein, dass sie drei Festnahmedaten, zwei Festnahmeorte sowie die widersprüchlichen Beteiligungen diverser Geheimdienste einfach unter »Karatschi, März 2003, Mastermind inhaftiert« subsumieren.

8 Pete Williams, »Terror Arrests Came Amid Active Plots«, MSNBC, 3.3.2003: »Some analysts questioned whether Mohammed was actually arrested Saturday, speculating that he may have been held for some time and that the news was made public when it was in the interests of the United States and Pakistan.«

9 Olga Craig, »CIA Holds Young Sons of Captured al-Qa'eda Chief«, in: The *Telegraph*, 9.3.2003; www.telegraph.co.uk/news/worldnews/asia/afghanistan/1424123/CIA-holds-young-sons-of-captured-al-Qaeda-chief.html

10 Kean u. a., *Without Precedent*, S. 122: »We were told that even the President of the United States didn't know were these top al qaeda detainees were.«

11 Eine Geschichte des Waterboarding unter besonderer Berücksichtigung der Praktiken in US-amerikanischen Gefängnissen nach 9/11 findet sich in den *History Commons* unter www.historycommons.org/timeline.jsp?timeline=torture,_rendition,_and_other_abuses_against_captives_in_iraq,_afghanistan,_and_elsewhere&startpos=1400#a041809emptywheel266. Besondere Beachtung verdient hier der Eintrag »April 18, 2009: Blogger, Not Reporters, Discover Information regar-

ding Number of Times Suspected Terrorists Waterboarded«; www.historycommons.org/context.jsp?item=a041809empty wheel266#a041809emptywheel266. Ein Fachmann und Agent erklärt hier – nicht kleinlich –, man habe dem Inhaftierten zwar 183-mal Wasser in den Hals gegossen, ihn aber eigentlich ja nur fünfmal »watergeboardet«, denn die 183 Erstickungsportionen seien ja im Rahmen von nur fünf Folterungen verabreicht worden. Das ist natürlich was ganz anderes! Folter, ja, gut, aber nicht so dolle Folter.

12 NBC, 31.1.08: »The NBC News analysis shows that more than one quarter of all footnotes in the 9/11 Report refer to CIA interrogations of al-Qaida operatives who were subjected to the now-controversial interrogation techniques. In fact, information derived from the interrogations is central to the Report's most critical chapters, those on the planning and execution of the attacks.«; http://web.archive.org/web/20080407223205; http://deepbackground.msnbc.msn.com/archive/2008/01/30/624314.aspx

13 Kean u. a., *Without Precedent*, S. 14

14 Ebd., S. 119–123. Hier findet sich eine vollständige und erschütternde Schilderung des »Stonewalling« und der Behinderung von Ermittlungen durch CIA (Tenet persönlich) und DoD (Rumsfeld persönlich) – was unter allen anderen Umständen strafbar wäre. Den Ermittlern der Kommission wurde keinerlei Zugang zu den Gefangenen gewährt, nicht mal ein Blick durch »one-way glass« oder Kontakt »over the telephone« (S. 122). Es gab nicht einmal Abschriften der Verhöre (S. 121) und keinen Zugang selbst für Mitarbeiter, die Kean und Hamilton »blind-folded« bis zum »interrogation point« bringen lassen wollten. Wir empfehlen die vollständige Lektüre dieser Seiten bei Kerzenlicht und einem guten Fass Strohrum.

15 Ebd., S. 123. Zur Begründung heißt es: »We simply did not think we could win the argument – in public or in private – in the time available for us.« Schon zur Frage, weshalb man NORAD und FAA nicht per Klage zur Herausgabe zurückgehaltener Dokumente gezwungen habe, machen Kean und Hamilton für ihre nicht besonders gründliche Untersuchung »Zeitgründe« geltend. Sie verweisen aber auch auf das »Versagen« der sonst so zuver-

lässig auf ihren Nerven herumtrampelnden Angehörigen sowie kritischer Journalisten. Die nämlich hätten sich allesamt nicht die Bohne dafür interessiert, ob die Kommission nun Zugang zu den Gefangenen bekam oder nicht. Also: Nicht Kean und Hamilton waren schuld, sondern die Angehörigen. Das musste mal gesagt werden.

16 Vgl. *History Commons*, »April, June, or August 2002: Al Jazeera Reporter Claims to Conduct Interview with 9/11 Masterminds«: »Interviewer Fouda is struck that KSM and bin al-Shibh remember only the hijackers' code names, and have trouble remembering their real names.«; www.historycommons.org/context.jsp?item=a0402foudainterview#a0402foudainterview

17 Vgl. *History Commons*, »March 10, 2007: KSM Admits to Long List of Plots, Defends Actions at Military Hearing«; www.historycommons.org/context.jsp?item=a031007ksmcsrt#a031007ksmcsrt

18 Vgl. *Washington Post*, 23.11.2009, »Lawyer: 9/11 Suspects to Plead Not Guilty«; sowie CBS; www.cbsnews.com/stories/2009/11/23/national/main5745958.shtml

19 Vgl. Peter Finn u. a., »Opposition to US trial likely to keep mastermind of 9/11 attacks in detention«, in: *Washington Post*, 13.11.2010; www.washingtonpost.com/wp-dyn/content/article/2010/11/12/AR2010111207508.html

20 *NBC*, 4.4.2011, »9/11 suspects to Face Military Tribunal, Not NYC Trial«; www.nbcnewyork.com/news/local/911-Suspects-to-be-Tried-at-Guantanamo-119184929.html

21 Das Zitat »total fucking bullshit« stammt aus *Vanity Fair* vom 16.12.2008 – www.vanityfair.com/magazine/2008/12/torture200812?printable=true&currentPage=all –, aber wir empfehlen den gesamten diesen wichtigen Punkt betreffenden *History-Commons*-Eintrag zur Lektüre: »August 6, 2007: KSM's Interrogations Could Be 90 Percent Unreliable«; www.historycommons.org/context.jsp?item=a080607ksmunreliable&scale=0#a080607ksmunreliable

8) Der Ringleader: Mohammed Atta

1 Dazu ausführlich www.medienanalyse-international.de/schlapphuete.html

2 Bröckers u. a., *Fakten, Fälschungen und die unterdrückten Beweise des 11.9.*, S. 23 ff.
3 Hopsicker, *Welcome to Terrorland*, sowie Hopsickers aktuelle Berichterstattung auf www.madcowprod.com
4 Weldon, *Countdown to Terror*, S. 18; außerdem seine Zeugenaussage »Able Danger and Intelligence Information Sharing« vom 21.9.2005; www.fas.org/irp/congress/2005_hr/092105weldon.html
5 Goodwin, Jacob, »Inside Able Danger – The Secret Birth, Extraordinary Life and Untimely Death of a U. S. Military Intelligence Program«, GSN: Government Security News, 2005
6 »Weldon: Atta Papers Destroyed on Orders«, Associated Press, 16.9.2005; http://web.archive.org/web/20050922032625; http://abcnews.go.com/Politics/print?id=1131137
7 Shaffer, *Operation Dark Heart*, S. 270
8 Siehe die Shaffer-Interviews auf *911 Blogger.com*; http://911blogger.com/news/2010-10-10/911-coverup-judge-napolitano-interviews-col-anthony-shafer-and-michael-scheuer; http://911blogger.com/news/2010-10-05/exclusive-witnesses-defense-dept-report-suggest-cover-911-findings
9 Shaffer, *Operation Dark Heart*, S. 249
10 So auf der Website des Justizministeriums; www.justice.gov/oig/special/0205/chapter3.htm
11 »Mohamed Atta in Close Call in Incident at Miami Airport«, *New York Times* 17.10.2001; http://www.nytimes.com/2001/10/17/national/17ATTA.html
12 Hopsicker, *Welcome to Terrorland*
13 Daniel Hopsicker, »The Mystery of Fanning Island«; http://www.madcowprod.com/120112006.html
14 »911 Shuck & Jive at Shuckums«; http://www.madcowprod.com/05192005.html
15 *Commission Report*, S. 253: »Atta traveled from Ft Lauderdale, FL, to Baltimore on US Air Flight 2719. According to the BTS database this flight took off at 3.15 p.m«; siehe auch »Wire transfer from Al Shehhi's and Atta's SunTrust account in Ft Lauderdale, Sep. 7th, 3.58 PM«; http://www.vaed.uscourts.gov/notablecases/moussaoui/exhibits/prosecution/OG00020-02.pdf; Mitte Mai 2011 fand eine Reporterin den Barmann Toni Amos,

der kurz nach 9/11 Venice verlassen hatte. Er hat bis heute ein schlechtes Gewissen, dass er den randalierenden Wodkatrinker Atta damals nicht der Polizei meldete: www.madcowprod.com/05182011.htm

16 *Commission Report*, S. 451: »No physical, documentary, or analytical evidence provides a convincing explanation of why Atta and Omari drove to Portland, Maine, from Boston on the morning of September 10, only to return to Logan on Flight 5930 on the morning of September 11.«

17 CNN, 12.9.2001: »Law enforcement officials confirmed that a car was seized at Boston's Logan International Airport and that suspicious materials were found. The Boston Herald said there were Arabic language flight training manuals in the car, but an FBI spokeswoman refused to confirm or deny that report. Meanwhile, in Portland, Maine, police said that two individuals who traveled by plane from that city to Boston were under investigation. ›I can tell you those two individuals did get on a plane and fly to Boston early yesterday morning,‹ said Portland Police Chief Mike Chitwood. ›I cannot tell you who they are, I cannot tell you where they came from. I can tell you that they are the focus of a federal investigation.‹ He said that the two were recorded on videotape as they went through the Portland Jetport's security cameras. It was not immediately clear whether the two individuals were on any of the hijacked planes. Maine authorities said a car – a rented silver Nissan Altima with Massachusetts plates – was seized from the Portland airport Tuesday evening. Authorities believe the two men – possible hijackers – used that car to travel to the airport, where they boarded an early morning commercial flight to Boston.«; Kopie unter www.afghanistannewscenter.com/news/2001/september/sep12aa2001.html

18 Attas Koffer war der einzige, der bei diesem Flug nicht befördert wurde. Paul Sperry, WorldNetDaily.com, 11.9.2002: »Atta was the only passenger among the 81 aboard American Flight 11 whose luggage didn't make the flight.«; www.wnd.com/news/article.asp?ARTICLE_ID=28904

19 www.abc.net.au/4corners/atta/resources/documents/fbiaffidavit13.htm

20 Vgl. *History Commons*, »(February-April 2001): Hijacker Atta Possibly Has American Girlfriend; Several Witnesses Confirm Story, Though Supposed Girlfriend Later Denies the Connection«; www.historycommons.org/context.jsp?item=a0201amandakeller#a0201amandakeller

9) Die Hijacker: eindeutig identifiziert

1 »Statement of Robert C. Bonner to the National Commission on Terrorist Attacks upon the United States,« 26.1.2004; www.9-11commission.gov/hearings/hearing7/witness_bonner.htm

2 BBC, 23.9.2001; http://news.bbc.co.uk/2/hi/middle_east/1559151.stm

3 CBS, 2.11.2001; www.cbsnews.com/stories/2001/11/02/attack/main316806.shtml

4 *Der Spiegel*, 37/2003, »Panoptikum des Absurden«, S. 58 ff.

5 In den Monaten und Jahren nach den Anschlägen wurde vielfach berichtet, die geborgenen Überreste der »Hijacker« seien eindeutig identfiziert worden – so etwa in »Remains Of Nine Sept. 11 Hijackers Held«, *CBS*, 17.8.2002; www.cbsnews.com/stories/2002/08/17/attack/main519033.shtml; Tom Gibb, »FBI ends site work, says no bomb used«, in: *Post-Gazette News*, 25.9.2001; www.post-gazette.com/headlines/20010925scene0925p2.asp; Tom Gibb, »Flight 93 remains yield no evidence«, in: *Post-Gazette News*, 20.12.2001; www.post-gazette.com/headlines/20011220shanksville1220p2.asp
Das allerdings haben wir schon 2003 (in *FFB*, S. 65 ff.) als grobe Übertreibung entlarvt. Denn was da »identifiziert« wurde, waren übrig gebliebene Leichenteile, die man keiner der von Opferangehörigen zur Verfügung gestellten DNA-Muster zuordnen konnte: »The remains that didn't match any sample we ruled to be the terrorists«, verkündete Chris Kelly, der Sprecher des Armed Forces Institute of Pathology (AFIP). Dieses über den Daumen gepeilte Ausschlussverfahren hat mit einer ordentlichen, gerichtlich halbwegs »wasserdichten« Identifizierung natürlich nichts zu tun – und an dieser misslichen Lage hat sich bis heute nichts geändert. Im September 2008 berichtete die *New York Times*, dass von zehn der verdächtigen Hijacker DNA-Proben

beim FBI vorlägen, aber konnte immer noch nicht sagen, wer denn nun definitiv identifiziert wurde: »But, since the DNA profiles were unnamed by the bureau, the office could not say which hijackers have been identified, just that 4 of the 10 have been so far.«; www.nytimes.com/2008/09/21/us/21hijackers.html
Warum hat das FBI sieben Jahre später immer noch namenlose DNA-Proben? Die offizielle Ausrede, dass die Angehörigen keine Muster zur Verfügung gestellt hätten – vgl. www.scribd.com/doc/13950025/FBI-Description-of-How-It-Identified-19-Alleged-911-Hijackers –, können wir nicht gelten lassen, denn es gab ja Elefantenspuren ohne Ende: Hotelzimmer, Mietwagen, hängen gebliebene Koffer, usw. Und die vom BKA zur Verfügung DNA-Probe von Ziad Jarrah, die angeblich zu einem der gefundenen Leichenteile passt, scheint in etwa so aussagekräftig zu sein wie sein »Abschiedsbrief« (→ *Kap. 13*) – also nicht wirklich ...

6 Auf http://replay.web.archive.org/20011007135008; http://www.saudiembassy.net/press_release/01-spa/09-20-Saud2.htm hieß es am 20.9.2001: »Regarding the inclusion of Saudi names in the published list of the suspects, Prince Saud commented that haste in publishing the names of suspects has been acknowledged, and that it has been proven that five of the people listed had nothing to do with what happened, adding: ›We very much hope that before being published, information, names and pictures will be verified.‹«

7 Dokument unter www.broeckers.com/archiv/sb.html

8 *History Commons*, »September 16, 2001: Couple Reported as Killed on 9/11 Flight Turn up Alive«; www.historycommons.org/context.jsp?item=a091601judelarson#a091601judelarson

9 »Statement of Robert C. Bonner to the National Commission on Terrorist Attacks upon the United States«, 26.1.2004; www.9-11commission.gov/hearings/hearing7/witness_bonner.htm

10 »FBI: Early probe results show 18 hijackers took part«, CNN, 13.9.2001; http://archives.cnn.com/2001/US/09/13/investigation.terrorism/

10) Verwechselt: die Al-Omaris

1 www.abc.net.au/4corners/atta/resources/documents/fbiaffidavit11.htm

11) Der Anschlag: perfekt vorbereitet

1 Shenon, *The Commission*, S. 52

2 *Los Angeles Times*, 10.6.2005; www.mail-archive.com/libertarian@yahoogroups.com/msg00395.html

3 Daniel Hopsicker, »The Secret World of 9.11. Terrorists, Arms Dealers, & Ghosts in Malawi«, 11.4.2005, auf *Mad Cow Morning News*; www.madcowprod.com/04112005.html

4 National Commission, *9/11 and Terrorist Travel*, S. 32

5 Wright, *The Looming Tower*, S. 313

6 *History Commons*, »August 6, 2003: Two Investigative Journalists Say Almihdhar and Alhazmi Worked for Saudi Intelligence and Were Protected by CIA«: »After 9/11, an unnamed former CIA officer who worked in Saudi Arabia will tell investigative journalist Joe Trento that hijackers Nawaf Alhazmi and Khalid Almihdhar were allowed to operate in the US unchecked because they were agents of Saudi Arabia's intelligence agency. ›We had been unable to penetrate al-Qaeda. The Saudis claimed that they had done it successfully. Both Alhazmi and Almihdhar were Saudi agents. We thought they had been screened. It turned out the man responsible for recruiting them had been loyal to Osama Bin Laden. The truth is Bin Laden himself was a Saudi agent at one time. He successfully penetrated Saudi intelligence and created his own operation inside. The CIA relied on the Saudis vetting their own agents. It was a huge mistake. The reason the FBI was not given any information about either man is because they were Saudi assets operating with CIA knowledge in the United States.‹«; www.historycommons.org/context.jsp?item=a97aandasaudiintelligence#a97aandasaudiintelligence

12) Die Geheimdienste: ohne Vorkenntnisse

1 Eleanor Hill (Staff Director), »The Intelligence Community's Knowledge of the September 11 Hijackers Prior to September 11, 2001«; 20.9.2002; http://replay.web.archive.org/20020925030010; http://intelligence.senategov/0209hrg/020920/hill.pdf (S. 4)

2 http://web.archive.org/web/20041020144854; http://www.decloah.com/mirrors/9-11/911_Report.txt

3 National Commission, *9/11 and Terrorist Travel*, S. 27

4 *History Commons'* »September 12, 2001 and Shortly After: 9/11 Hijackers' IDs Are Found in Pentagon Rubble«; www.historycommons.org/context.jsp?item=a091301moqedid#a091301moqedid

13) Intermezzo: getürkt

1 www.vaed.uscourts.gov/notablecases/moussaoui/exhibits/prosecution/thumbs/WT00001A.jpg

2 Hearing der 9/11-Commission, 26.1.2004; www.9-11commission.gov/archive/hearing7/9-11Commission_Hearing_2004-01-26.htm

3 *Guardian*, 19.3.2003: »The idea that Mohamed Atta's (sic!) passport had escaped from that inferno unsinged [tests] the credulity of the staunchest supporter of the FBI's crackdown on terrorism.«; www.guardian.co.uk/world/2002/mar/19/september11.iraq

4 *Commission Report*, S. 525: »Only the passports of Satam al Suqami and Abdul Aziz al Omari were recovered after 9/11. Both had been doctored.«

5 Ebd., S. 528: »Suqami was the only hijacker not to obtain a U. S. identification document.«

6 Ebd.: »for reasons that remain unknown«

7 CNN, 28.9.2001: »Attorney General Ashcroft and FBI Director Mueller Give an Investigation Update«; http://transcripts.cnn.com/TRANSCRIPTS/0109/28/se.20.html

8 Ashcroft, zit. n. ebd.: »These three documents – this letter is clear evidence linking the hijackers on the three separate flights on September 11.«

9 Laut FBI-Affidavit waren beide Koffer auf Atta zugelassen; www.abc.net.au/4corners/atta/resources/documents/fbiaffidavit10.htm. In einem Memo der Behörde von 2004 heißt es aber, beide Männer hätten je einen Koffer dabei gehabt: http://media.nara.gov/9-11/MFR/t-0148-911MFR-00038.pdf. Auch bezüglich des Inhalts der Koffer sind die Beamten sich nicht einig. Das Affidavit vom Morgen des 12. September erwähnt keinen in den Koffern enthaltenen Pass von Al-Omari, per Nachtrag von 2004 sollte er sich dann aber doch von Anfang an in Al-Omaris Koffer befunden haben.

10 Faksimile von Attas Testament: www.abc.net.au/4corners/atta/resources/documents/will1.htm

11 Doch – ein Grund könnte einem einfallen: dass er davon ausging, mit AA 11 zu *landen*, irgendetwas zu fordern und ggf. bei der Erstürmung der entführten Maschine erschossen zu werden. In diesem Fall wäre ein Testament im Gepäckraum nicht die verkehrteste Idee gewesen, aber dann hätte Atta auch tatsächlich nur geplant, ein Flugzeug zu entführen und garantiert nicht ins World Trade Center zu rasen. Was wiederum Fragen aufwirft, die wir uns gern für die späteren Verhandlungstage aufheben. Weshalb diese Anmerkung auch hier steht, nämlich am Rande resp. in den Anmerkungen.

12 Seymour Hersh, »What went wrong«, in: *New Yorker*, 20.10.2001: »A former high-level intelligence official told me, ›Whatever trail was left was left deliberately – for the F. B.I. to chase.‹«; http://www.scribd.com/doc/16313245/T4-B8-Hersh-What-Went-Wrong-Fdr-10101-Seymour-M-Hersh-Article-1st-Pg-Scanned-for-Reference-Fair-Use-511

13 Zugegeben, Ziad Jarrah war nicht der einzige, der sich am 11. September auch Verwandten gegenüber überdeutlich auswies. Wir erinnern uns an die legendären Worte des United-93-Passagiers Mark Bingham, der seine Mutter anrief und sich mit den Worten meldete: »Mom, hier ist Mark Bingham.«

14 »In mörderischer Mission«, *Focus*, 19.11.2001: »Nach *Focus*-Informationen schickte Jarrah seiner Freundin in Bochum am Tag vor dem Anschlag ein Päckchen mit mehreren Unterlagen über seine Flugausbildung zu.«; www.focus.de/politik/deutschland/ermittlung-in-moerderischer-mission_aid_192596.html

15 »Alle werden sich freuen«, *Spiegel Online*, 17.11.2001: »Das Paket schickte der Libanese, der von 1996 an in Greifswald und Hamburg studierte, aus den USA nach Deutschland. Wegen einer offenbar fehlerhaften Adresse konnte es hier allerdings nicht zugestellt werden und ging zurück in die USA, wo es den Fahndern in die Hände fiel. Neben Unterlagen über Jarrahs Flugstunden fanden sie auch solche über eine bisher nicht bekannte Tauchausbildung. Die Ermittler rätseln jetzt, ob ursprünglich andere Anschlagsziele geplant waren.«; www.spiegel.de/panorama/0,1518,168260,00.html

14) Vorauswissen: Umzugshelfer

1 »The White Van. Were Israelis Detained on Sept. 11 Spies?«, ABC-News, 21.6.2002; http://web.archive.org/web/20021003225412; http:/abcnews.go.com/sections/2020/DailyNews/2020_whitevan_020621.html

2 Zit. n. Christopher Ketcham, »Cheering Movers and Art Student Spies. What Did Israel Know in Advance of the 9/11Attacks?«, in: *Counter Punch* Nr. 3/4, 2007, S. 2; http://www.christopher-ketcham.com/wp-content/uploads/2007/03/Final%20PDF%20of%20CounterPunch%20article%20re%20Israelis%2001-29-07.pdf

3 »The White Van. Were Israelis Detained on Sept. 11 Spies?«, ABC-News, 21.6.2002; http://web.archive.org/web/20021003225412; http:/abcnews.go.com/sections/2020/Daily-News/2020_whitevan_020621.html

4 Zit. n. Christopher Ketcham, »Cheering Movers and Art Student Spies. What Did Israel Know in Advance of the 9/11 Attacks?«, in: *Counter Punch* Nr. 3/4, 2007, S. 10; http://www.christopher-ketcham.com/wp-content/uploads/2007/03/Final%20PDF%20of%20CounterPunch%20article%20re%20Israelis%2001-29-07.pdf

15) Vorauswissen: Kunststudenten

1 Das komplette DEA-Memo hier: http://cryptome.org/dea-il-spy.htm

2 Christopher Ketcham, »The Israeli ›art student‹ mystery«, auf *Salon.com*, 7.5.2002; http://dir.salon.com/story/news/feature/2002/05/07/students/index.html

3 Vgl. u. a. Glenny, *McMafia*

4 Text des Shea-Memorandums hier: http://ariwatch.com/Links/SheaMemorandumIsrael/SheaMemorandumIsrael.htm

16) Vorauswissen: Insider-Händler

1 Philip Sherwell, »Bin Laden rigged oil and gold prices – bank chief«, in: *The Telegraph*, 23.9.2001; http://replay.web.archive.org/20011019143820; http://news.telegraph.co.uk/news/main.jhtml?xml=/news/2001/09/23/woil23.xml

2 http://911research.wtc7.net/sept11/stockputs.html

3 Wie Bush senior war im Übrigen auch die Familie Bin Laden bei Carlyle investiert, zog ihr Investment nach 9/11 aber schicklicherweise ab. Dazu ausführlich: Bröckers, *Verschwörungen, Verschwörungstheorien und die Geheimnisse des 11.9.*, S. 143 ff.; Walther, *Der zensierte Tag*, S. 141 ff.

4 Michael Ruppert, »Suppressed Details of Criminal Insider Trading Lead Directly into the CIA's Highest Ranks«, auf *From the Wilderness*, 9.10.2001; www.fromthewilderness.com/free/ww3/10_09_01_krongard.html

5 David Plotz, »What You Think You Know About Sept. 11 ... But Don't«, in: *Slate*, 10.9.2003; www.slate.com/id/2088092/

6 Commission memorandum »FBI Briefing on Trading«, 18.8.2003; http://media.nara.gov/9-11/MFR/t-0148-911MFR-00269.pdf

7 Ebd.

8 Die Fußnote 130 im 5. Kapitel des *Commission Report*, mit der der gesamte Verdacht auf Insidergeschäfte erledigt wurde, hier in Gänze: »Highly publicized allegations of insider trading in advance of 9/11 generally rest on reports of unusual pre-9/11 trading activity in companies whose stock plummeted after the attacks. Some unusual trading did in fact occur, but each such trade proved to have an innocuous explanation. For example, the volume of put options- investments that pay off only when a stock drops in price-surged in the parent companies of United Airlines on September 6 and American Airlines on September 10-highly suspicious trading on its face. Yet, further investigation has revealed that the trading had no connection with 9/11. A single U. S.-based institutional investor with no conceivable ties to al Qaeda purchased 95 percent of the UAL puts on September 6 as part of a trading strategy that also included buying 115,000 shares of American on September 10. Similarly, much of the seemingly suspicious trading in American on September 10 was traced to a specific U. S.-based options trading newsletter, faxed to its subscribers on Sunday, September 9, which recommended these trades. These examples typify the evidence examined by the investigation. The SEC and the FBI, aided by other agencies and the securities industry, devoted enormous resources to investigating this issue, including securing the cooperation of many foreign governments. These investigators have found

that the apparently suspicious consistently proved innocuous. Joseph Cella interview (Sept. 16, 2003; May 7, 2004; May 10-11, 2004); FBI briefing (Aug. 15, 2003); SEC memo, Division of Enforcement to SEC Chair and Commissioners, ›Pre-September 11, 2001 Trading Review,‹ May 15, 2002; Ken Breen interview (Apr. 23, 2004); Ed G. interview (Feb. 3, 2004).«

9 Allen M. Poteshman, »Unusual Option Market Activity and the Terrorist Attacks of September 11, 2001«, in: *The Journal of Business*, 2006, Bd. 79, Nr. 4; www.journals.uchicago.edu/doi/abs/10.1086/503645; Marc Chesney u. a., »Detecting Informed Trading Activities in the Options Markets«, in: *Social Sciences Research Network*, 13.1.2010; http://papers.ssrn.com/sol3/papers.cfm?abstract_id=1522157; Wing-Keung Wong u. a., »Was there Abnormal Trading in the S&P 500 Index Options Prior to the September 11 Attacks?«, in: *Social Sciences Research Network*, 13.4.2010; http://papers.ssrn.com/sol3/papers.cfm?abstract_id=1588523

10 Faksimile unter: http://maxkeiser.com/wp-content/uploads/2010/06/FOIAresponseGIF1.gif

11 Robert Wenzel, »Confirmed: Destruction of 9-11 Options Trading Documents«, in: *Economic Policy Journal*, 15.6.2010; http://www.economicpolicyjournal.com/2010/06/destruction-of-9-11-options-trading.html

17) Die schützende Hand

1 »15 von 19 Hijackern waren vor dem ›offiziellen‹ Einreisedatum in den USA«; http://www.broeckers.com/archiv/15-von-19-hijackern-waren-vor-dem-offiziellen-einreise datum-in-usa/

2 Hopsicker, *Welcome to Terrorland*, S. 170 ff.

3 Peter Dale Scott, »The JFK Assassination and 9/11: the Designated Suspects in Both Cases«, auf *Global Research*, 5.7.2008; www.globalresearch.ca/index.php?context=va&aid=9511; *Commission Report*, S. 267

4 Michael Isikoff u. a., »The Saudi Money Trail«, in: *Newsweek*, 2.12.2002; www.newsweek.com/2002/12/01/the-saudi-money-trail.html

5 Hopsicker, *Welcome to Terrorland*; ders.: »Von Mena über Venus

nach Venice. Mikroanalyse des staatlich sanktionierten Drogen- und Waffenhandels«, in: Bröckers, *Die Drogenlüge*; sowie Hopsickers aktuelle Berichterstattung auf www.madcowprod.com

18) Bush in Sarasota

1 *Commission Report*, S. 38, Hervorhebung von uns: »The President was seated in a classroom when, at 9:05, Andrew Card whispered to him: ›A second plane hit the second tower. America is under attack.‹ The President told us his instinct was to project calm, not to have the country see an excited reaction at a moment of crisis. The press was standing behind the children; he saw their phones and pagers start to ring. *The President felt he should project strength and calm until he could better understand what was happening.*«

2 »When we walked into the classroom, I had seen this plane fly into the first building.«
Der gesamte Wortwechsel mit einem Frager aus dem Publikum – inklusive der charmanten Scherze des Präsidenten – wird vom Weißen Haus wie folgt wiedergegeben (daher auch das oft zitierte Bush-Zitat »Anyway, it was an interesting day«):
»›What was the first thing that went through your head when you heard that a plane crashed into the first building?‹ – ›Yes. Well, I was sitting in a schoolhouse in Florida. I had gone down to tell my little brother what to do, and – just kidding, Jeb. (Laughter.) And – it's the mother in me. (Laughter.) Anyway, I was in the midst of learning about a reading program that works. I'm a big believer in basic education, and it starts with making sure every child learns to read. And therefore, we need to focus on the science of reading, not what may feel good or sound good when it comes to teaching children to read. (Applause.) I'm just getting a plug in for my reading initiative. – Anyway, I was sitting there, and my Chief of Staff – well, first of all, when we walked into the classroom, I had seen this plane fly into the first building. There was a TV set on. And you know, I thought it was pilot error and I was amazed that anybody could make such a terrible mistake. And something was wrong with the plane, or – anyway, I'm sitting there, listening to the briefing, and Andy Card came and said, ›America is under attack.‹ – And in the meantime, this

teacher was going on about the curriculum, and I was thinking about what it meant for America to be under attack. It was an amazing thought. But I made up my mind that if America was under attack, we'd get them. (Applause.) I wasn't interested in lawyers, I wasn't interested in a bunch of debate. I was interested in finding out who did it and bringing them to justice. I also knew that they would try to hide, and anybody who provided haven, help, food, would be held accountable by the United States of America. (Applause.) – Anyway, it was an interesting day.«; http://replay.web.archive.org/20020202122249; www.whitehouse.gov/news/releases/2002/01/20020105-3.html

3 Bill Sammon, »Suddenly, A Time To Lead«, in: *Washington Times*, 7.10.2002: »The president noticed someone moving at the back of the room. It was White House Press Secretary Ari Fleischer, maneuvering to catch his attention without alerting the press. Mr. Fleischer was holding up a legal pad. Big block letters were scrawled on the cardboard backing: DON'T SAY ANYTHING YET.«; http://911research.wtc7.net/cache/disinfo/alibis/washingtontimes_timetolead.htm

4 Richard Cheney in *Meet The Press* (NBC), 16.9.2001; http://replay.web.archive.org/20011102013616; http://www.whitehouse.gov/vicepresident/news-speeches/speeches/vp20010916.html

5 *Commission Report*, S. 39: »The Secret Service told us they were anxious to move the President to a safer location, but did not think it imperative for him to run out the door.«

19) Dienst nach Vorschrift

1 In der geänderten Vorschrift findet sich unter Punkt »c. Military Escort Aircraft« die Ausführung (Hervorhebung von uns): »When notified that military escort aircraft are needed in conjunction with an aircraft piracy (hijacking) emergency, the DDO, NMCC, will notify the appropriate unified command or USELEMNORAD to determine if suitable aircraft are available and *forward the request to the Secretary of Defense for approval in accordance with DODD 3025.15, paragraph D.7* (reference d).« Im Klartext: Kurz vor dem 11. September stellte der US-Verteidigungsminister die Regeln auf den Kopf. Erstens musste nun er persönlich angefragt

werden, ob Jets überhaupt aufsteigen und die Maschine abfangen sollten, zweitens war hierzu nun seine Zustimmung erforderlich. Bis 2001 (seit 1997) war die Dienstvorschrift ebenfalls eindeutig gewesen, allerdings erheblich sinnvoller, und hatte folgendermaßen gelautet: »4.7.1. Immediate Response. Requests for an immediate response (i. e., any form of immediate action taken by a DoD Component or military commander to save lives, prevent human suffering, or mitigate great property damage under imminently serious conditions) may be made to any Component or Command. The DoD Components that receive verbal requests from civil authorities for support in an exigent emergency may initiate informal planning and, if required, immediately respond as authorized in DoD Directive 3025.1 (reference (g)).« Wir gestatten uns zu bemerken, dass nach dem Ende der 9/11-Mission die neue Vorschrift wieder durch die alte ersetzt wurde.

2 Die Durchsage wird Mohammed Atta zugeschrieben. Der geniale Kopf der Hijacker-Bande wusste zwar, wie man ein Flugzeug entführt und aus 40 000 Fuß Höhe über Albany genau ins WTC steuert, aber er wusste nicht, wie man mit seinen Passagieren spricht, ohne dass die ganze Welt zuhört. Ohne seinen sonderbaren Fehler hätte er rascher von Kampfjets abgefangen werden können – weil American 11 ohne Durchsage als Maschine mit technischem Problem gegolten hätte, nicht als entführt. So blieben die Jets zunächst einmal am Boden und warteten auf eine Erlaubnis des Verteidigungsministers. Die nicht kam. Weil der Verteidigungsminister nicht zu sprechen war.

3 *History Commons*, »8:30 a. m. September 11, 2001: FAA Hijack Coordinator Responsible for Contacting Military is Out of Contact«; www.historycommons.org/context.jsp?item=a830faahijackcoordinator; sowie das Commission Hearing vom 23.5.2003; www.9-11commission.gov/archive/hearing2/9-11Commission_Hearing_2003-05-23.htm

4 Vgl. Kevin Ryan, »Why The Planes were not intercepted on 9/11: The Wall Street Lawyer and The Special Ops Hijack Coordinator«, auf *9/11 Blogger.com*, 26.4.2011; http://911blogger.com/news/2011-04-26/why-planes-were-not-intercepted-911-wall-street-lawyer-and-special-ops-hijack-coordinator

5 *History Commons*, »8:30 a. m. September 11, 2001: Pentagon Command Center Director Leaves Post to Attend Meeting; Does Not Resume Duties until Attacks Have Ended«; www.historycommons.org/searchResults.jsp?searchtext=Montague+winfield&events=on&entities=on&articles=on&topics=on&timelines=on&projects=on&titles=on&descriptions=on&dosearch=on&search=Go. Vgl. auch »The delayed responses of the Pentagon Command Center on 9/11« auf *Shoestring 9/11*; http://shoestring911.blogspot.com/2010/11/repeatedly-delayed-responses-of.html

20) Auf verlassenem Posten

1 Laut Congressman Christopher Cox, dessen Web-Eintrag zum Thema nicht mehr auffindbar ist. 2003 war unter *cox.house.gov* noch zu lesen: »›And let me tell you, I've been around the block a few times. There will be another even …‹ Within minutes of that utterance, Rumsfeld's words proved tragically prophetic.« Dokumentiert ist aber alles unverändert unter *History Commons*, »(Before 9:37 a. m.) September 11, 2001: Rumsfeld Said to Make Eerie Predictions, but Witness Who Gives Account Is Long Gone«; www.historycommons.org/entity.jsp?entity=christopher_cox

2 Clarkes Interview mit dem Nachrichtensender WBZ Boston; www.defense.gov/transcripts/transcript.aspx?transcriptid=1884

3 Andrew Cockburn, »Rumsfeld (First Chapter)«, in: *New York Times*, 25.3.2007; www.nytimes.com/2007/03/25/books/chapters/0325-1st-cockb.html?_r=1&pagewanted=print

4 Ebd.

5 Eine ausführliche Zusammenfassung und Quellensammlung liefert u. v.a. Matthew Everett, »Donald Rumsfeld on 9/11: An enemy within«, auf *Online Journal Contributing Writer*; http://albasheer.wordpress.com/2008/06/07/donald-rumsfeld-on-911-an-enemy-within/

6 Vgl. Clarke, *Against all Enemies*, S. 3

7 Ebd., S. 5

8 Griffin, *The New Pearl Harbor Revisited*, S. 91

9 Vgl. die exzellente Zusammenfassung auf *Shoestring 9/11*, 18.6.2010: »The Actions and Inactions of the Commander in

Charge of the U. S. Air Defense Failure on 9/11«; http://shoestring911.blogspot.com/2010_06_01_archive.html
10 »Memorandum for the Record: Interview With CINC NORAD (Commander in Chief NORAD), General Edward ›Ed‹ Eberhart; http://media.nara.gov/9-11/MFR/t-0148-911MFR-00788.pdf
11 Ebd.
12 Vgl. *9/11 Commission Report*, S. 42, sowie Spencer, *Touching History*, S. 240
13 Bruce Finley, »Military to put Cheyenne Mountain on standby«, in: *Denver Post*, 27.7.2006; www.denverpost.com/nationworld/ci_4103478
14 »for 109 minutes ... this country and its citizens were completely undefended«: Sen. Mark Dayton vor dem Senate Committee on Governmental Affairs, 30.7.2004; www.wethepeoplewethemedia.com/dayton.htm
15 Vgl. dazu u. a. auf *Woody Box*: »The Four Lies of Norman Mineta«; http://911woodybox.blogspot.com/2007/04/four-lies-of-norman-mineta.html
16 www.911truth.org/article.php?story=20050724164122860
17 Clarke, *Against all Enemies*, S. 8 f.
18 Aidan Monaghan, »Secret Service: No Records of Cheney's Arrival in the Bunker on 9/11«, 7.5.2005 (Dokumentation der entsprechenden FOIA-Anfrage); www.9/11truth.org/article.php?story=2008050770616110
19 *Commission Report*, S. 41
20 Ebd. Dick Cheney im Interview mit Tim Russert, *Meet the Press*, MSNBC, 16.9.2001; http://replay.web.archive.org/20011102013616; http://www.whitehouse.gov/vicepresident/news-speeches/speeches/vp20010916.html

21) Intermezzo: Schwundgeld

1 »DOD Acquisition and Logistics Excellence Week Kickoff – Bureaucracy to Battlefield. Remarks as Delivered by Secretary of Defense Donald H. Rumsfeld«, Pentagon-Pressemitteilung vom 10.9.2001: »The topic today is an adversary that poses a threat, a serious threat, to the security of the United States of America. This adversary is one of the world's last bastions of central planning. It governs by dictating five-year plans. From

a single capital, it attempts to impose its demands across time zones, continents, oceans and beyond. With brutal consistency, it stifles free thought and crushes new ideas. It disrupts the defense of the United States and places the lives of men and women in uniform at risk.«; www.defense.gov/speeches/speech.aspx?speechid=430

2 Ebd.: »The adversary's closer to home. It's the Pentagon bureaucracy.«

3 Ebd.: »According to some estimates, we cannot track $ 2.3 trillion in transactions.«

4 »Opportunities for Oversight and Improved Use of Taxpayer Funds: Examples from Selected GAO Work«, GAO-Report GAO-03-1006, 1.8.2003: »Over the past thirty years, analyses by the nonpartisan congressional General Accounting Office show that about one third of the US military budget is simply unaccounted for. This astounding fact amounts to a senseless loss of trillions of dollars to American taxpayers, mainly benefitting corrupt defense contractors and their cronies in the rest of the military-industrial complex.«; www.gao.gov/atext/d031006.txt

5 Julian Borger u. a.: »So Much For the Peace Dividend: Pentagon is Winning the Battle For a $ 400 Billion Budget«, in: *Guardian*, 22.5.2003: »The Pentagon's own inspector general recently admitted that the department could not account for more than a trillion dollars of past spending. A congressional investigation reported that inventory management in the army was so weak it had lost track of 56 airplanes, 32 tanks, and 36 missile launchers.«; www.guardian.co.uk/world/2003/may/22/usa.davidteather. Vgl. auch »Pentagon Fights For (Its) Freedom«, *CBSNews*, 19.5.2003; www.cbsnews.com/stories/2003/05/19/national/main554514.shtml; sowie Tom Abate, »Military Waste Under Fire – $ 1 Trillion Missing«, in: *San Francisco Chronicle*, 18.5.2003; http://articles.sfgate.com/2003-05-18/news/17491492_1_pentagon-gao-financial-accounting

6 Fitzgerald, *The Pentagonists*

7 Matt Kelley: »Pentagon paid $ 409 each for $ 39 sinks, investigators find«, Associated Press, 23.3.2001; vgl. »Audit: Pentagon paid $ 76 for 57-cent screw; Military official calls overpayments

›rare‹«, CNN, 18.3.1998; http://edition.cnn.com/US/9803/18/pentagon.76.screw/

8 Zit. n. Vince Gonzales, »The War on Waste«, CBS News, 29.1.2002: »With good financial oversight we could find $ 48 billion in loose change in that building, without having to hit the taxpayers.«; www.cbsnews.com/stories/2002/01/29/evening-news/main325985.shtml

9 Zit. n. ebd.: »We need to save it (the Pentagon) from itself.«

10 Julian Borger u. a.: »So Much For the Peace Dividend: Pentagon is Winning the Battle For a $ 400 Billion Budget«, in: *Guardian*, 22.5.2003: »For instance, in June 2002 the GAO reviewed the history of a proposed Corporate Information Management system, or CIM. The initiative began in 1989 as an attempt to unify more than 2000 overlapping systems then being used for billing, inventory, personnel and similar functions. But after ›spending about $20 billion, the CIM initiative was eventually abandoned‹, the GAO said.«; www.guardian.co.uk/world/2003/may/22/usa.davidteather

11 Youtube liefert die entsprechenden zehn Minuten mit Cynthia McKinney, demokratische Abgeordnete aus Georgia, aus einer Budget-Anhörung 2006, die von C-Span ebenso pflichtschuldig wie folgenlos übertragen wurde: www.youtube.com/watch?v=Px1t1-a9uxk&NR=1

12 »US ›fails to account‹ for Iraq reconstruction billions«, BBC, 27.7.2010: »Billions have gone to rebuild Iraq but much of the money is impossible to trace, says a US audit. A US federal watchdog has criticised the US military for failing to account properly for billions of dollars it received to help rebuild Iraq. The Special Inspector General for Iraq Reconstruction says the US Department of Defence is unable to account properly for 96% of the money. Out of just over $9bn (£5.8bn), $8.7bn is unaccounted for, the inspector says.«; www.bbc.co.uk/news/world-south-asia-10774002

13 Vgl. Penn Bullock u. a., »Audit: Pentagon overpaid billionaire oilman by up to $200 billion«, in: *Washington Post*, 17.3.2011; www.washingtonpost.com/politics/pentagon-overpaid-oilman-millions-audit-finds/2011/03/17/ABQ6VFn_story.html

14 Vgl. Stockholm Institute for Peace Research, Background paper

on SIPRI military expenditure data 2010, 11.4.2011; www.sipri.org/research/armaments/milex/factsheet2010

15 Chris Hellmann, »The Real U.S. National Security Budget. The Figure No One Wants You to See«, auf *Tomdispatch*, 1.3.2011; www.tomdispatch.com/post/175361/tomgram%3A_chris_hellman,_$1.2_trillion_for_national_security/

22) Manöver jenseits der Vorstellungskraft

1 Im *Commission Report*, S. 346, heißt es hierzu: »We believe the 9/11 attacks revealed four kinds of failures: in imagination, policy, capabilities, and management«, womit man die Einschätzung des damaligen stellvertretenden Verteidigungsministers Paul Wolfowitz fast wörtlich teilte: He »wondered why so little thought had been devoted to the danger of suicide pilots, seeing a ›failure of imagination‹ and a mind-set that dismissed possibilities« (S. 338). Sollte überhaupt jemand mit einem Terroranschlag mittels entführter Flugzeuge gerechnet haben, dann immer mit einem Anschlag aus »Übersee«: »the military planners assumed that since such aircraft would be coming from overseas; they would have time to identify the target and scramble interceptors.«

2 Walther, *Der zensierte Tag*, S. 91 ff.

3 Clarke, *Against all Enemies*, S. 106 ff. Der »Counter-Terrorism-Zar« zitiert sich hier im Hinblick auf die US-Vorbereitungen auf die Olympischen Spiele 1996 in Los Angeles selbst: »Was, wenn jemand eine 747 über dem Olympiastadion hochjagt, oder sogar eine ins Stadion hineinfliegt?«

4 *Commission Report*, S. 458: »On 9/11, NORAD was scheduled to conduct a military exercise, Vigilant Guardian, which postulated a bomber attack from the former Soviet Union. We investigated whether military preparations for the large-scale exercise compromised the military's response to the real-world terrorist attack on 9/11. According to General Eberhart, ›it took about 30 seconds‹ to make the adjustment to the real-world situation. (Ralph Eberhart testimony, June 17, 2004.) We found that the response was, if anything, expedited by the increased number of staff at the sectors and at NORAD because of the scheduled exercise. See Robert Marr interview (Jan. 23, 2004).«

5 *History Commons*, »July 2001 – NORAD Plans a Mock Simultaneous Hijacking Threat From Inside the US«, nach den Quellen CNN, AFPS, AP, *Commission Report* und *USA Today*: »NORAD is already planning for the Amalgam Virgo 02 exercise. This exercise, scheduled for June 2002, will involve the simulation of two simultaneous commercial aircraft hijackings. One plane, a Delta 757, flown by Delta pilots, will fly from Salt Lake City, Utah to Elmendorf Air Force Base in Anchorage, Alaska. It will be ›hijacked‹ by FBI agents posing as terrorists. The other plane will be a Navy C-9 bound from Oak Harbor, Washington to Vancouver, British Columbia, and will be ›hijacked‹ by Royal Canadian Mounted Police. On both planes, military personnel will act as civilian passengers. US and Canadian fighters are to respond, and either force the planes to land or simulate shooting them down. Describing Amalgam Virgo 02 to the 9/11 Commission, NORAD's Major General Craig McKinley later says, ›Threats of killing hostages or crashing were left to the script writers to invoke creativity and broaden the required response for players.‹ About 1,500 people will participate in the exercise. USA Today will note that this is an exception to NORAD's claim that, prior to 9/11, it focused only on external threats to the US and did not consider the possibility of threats arising from within the US. 9/11 Commissioner Richard Ben-Veniste will similarly comment that this planned exercise shows that, despite frequent comments to the contrary, the military considered simultaneous hijackings before 9/11.«; www.historycommons.org/context.jsp?item=abefore091101virgo2#abefore091101virgo2

6 Commission Hearing vom 23.5.2003; www.9-11commission.gov/archive/hearing2/9-11Commission_Hearing_2003-05-23.htm

7 Vgl. *History Commons*, »October 24-26, 2000: Military Holds Exercise Rehearsing Response to a Plane Crash at the Pentagon«, in Zusammenfassung mehrerer Quellen: »Pentagon and Arlington County emergency responders assemble in the Office of the Secretary of Defense conference room in the Pentagon for a mass casualty exercise (›MASCAL‹). The exercise involves several mock-scenarios. One is of a commercial airliner crashing into the Pentagon and killing 341 people, while two others are a

terrorist attack at the Pentagon's subway stop and a construction accident. The plane crash exercise is conducted using a large-scale model of the Pentagon with a model airplane literally on fire in the central courtyard of the building. An Army medic who participates calls it ›a real good scenario and one that could happen easily,‹ while a fire chief notes: ›You have to plan for this. Look at all the air traffic around here.‹«; www.historycommons.org/context.jsp?item=complete_911_timeline_102400mascal#complete_911_timeline_102400mascal

8 MTI Report S-01-02, National Transportation Security Summit, 30.10.2001; http://transweb.sjsu.edu/mtiportal/research/publications/documents/terrorism/Terrorism%20Symposium%202001.htm

9 Eine umfangreichere Übersicht auch über die kleineren Übungen findet sich z. B. unter http://911research.wtc7.net/planes/defense/wargames.html. Betreffend die mit Global Guardian verschränkten Übungen Crown Vigilance und Apollo Guardian helfen die Links der *History Commons* weiter; www.historycommons.org/context.jsp?item=a830globalguardian#a830globalguardian

10 Vgl. u. a. Filson, *Air War Over America*, S. 122, sowie Michael Bronner, »9/11 Live: The NORAD Tapes«, in: *Vanity Fair*, August 2006; www.vanityfair.com/politics/features/2006/08/norad200608?printable=true&currentPage=all

11 NORAD-Sprecher Colonel Scott sagte im Commission Hearing vom 23.5.2003 aus: »Und es gab Meldungen über weitere Maschinen, während wir anfingen, andere Flugzeuge umzuleiten, die an diesem Tag nur zu Übungszwecken draußen waren.« (»And there are notations here about other airplanes as we begin to divert other airplanes that are just out were intended for training that day.«); www.9-11commission.gov/archive/hearing2/9-11Commission_Hearing_2003-05-23.htm

12 Die FAA (Boston Center) setzte sich mehr oder weniger rechtzeitig am Morgen des 11.9.2001 mit dem Militär in Verbindung, genauer: mit dem North Eastern Defense Sector (NEADS). Der übermittelte Dialog lautete: »We need someone to scramble some F-16s or something up there, help us out.« – »Is this real world or an exercise?« – »No, this is not an exercise. Not a test.«

13 Im Rahmen der NRO-Übung sollte um 9:37 Uhr der erste Löschzug des Fairfax Fire Department anrücken. Sollte dies »real« geplant gewesen sein (und nicht nur »auf Papier«), wären die Feuerwehrleute jedenfalls zum tatsächlichen Pentagon-Crash-Zeitpunkt bereits »in Hut und Mantel« gewesen. Details sind leider weiterhin nicht bekannt, denn das NRO gilt zu Recht als äußerst zurückhaltende Behörde; http://hcgroups.wordpress.com/2009/09/07/911-training-exercise-planned-for-simulated-plane-crash-five-minutes-before-pentagon-attack-took-place/

14 Pamela Hess, »U. S. Agency's Strange 9/11 Coincidence«, UPI, 22.8.2002; www.upi.com/Business_News/Security-Industry/2002/08/22/US-agencys-strange-9ll-coincidence/UPI-70461030045607/

15 Die Hinterbliebenen der 9/11-Opfer, angeführt von vier tapferen Witwen, den »Jersey Girls«, verlangten selbstredend die Herausgabe der Überwachungsbilder, denn diese sollten zeigen, was in Washington geschah. Das NRO kam der Bitte nicht nach – angeblich, weil zum fraglichen Zeitpunkt (wegen der Übung) kein Satellit das Pentagon im elektronischen Auge gehabt hatte.

16 Staff Sgt. Mark Williams of the Military District of Washington Engineer Company at Fort Belvoir, *Connection Newspapers*, 5.9.2002: »›Ironically, we were conducting classes about rescue techniques when we were told of the planes hitting the World Trade Center.‹ Williams' team is one of the first response groups to arrive at the site of the Pentagon crash and one of the first to enter the building following the attack.«; www.historycommons.org/context.jsp?item=a830fortbelvoir#a830fortbelvoir

17 Vgl. *History Commons*, »8:48 a. m. September 11, 2001: Office of Emergency Management Preparing for Bioterrorism Exercise; Opens Its Command Center«; www.historycommons.org/context.jsp?item=a848commandcenter#a848commandcenter

23) Das Militär: zu spät informiert

1 *Commission Report*, S. 20: »Military Notification and Response. Boston Center did not follow the protocol in seeking military assistance through the prescribed chain of command. In addition to notifications within the FAA, Boston Center took the initiative,

at 8:34, to contact the military through the FAA's Cape Cod facility. The center also tried to contact a former alert site in Atlantic City, unaware it had been phased out. At 8:37:52, Boston Center reached NEADS. This was the first notification received by the military—at any level—that American 11 had been hijacked. … NEADS ordered to battle stations the two F-15 alert aircraft at Otis Air Force Base in Falmouth, Massachusetts, 153 miles away from New York City. The air defense of America began with this call. … F-15 fighters were scrambled at 8:46 from Otis Air Force Base, but NEADS did not know where to send the alert fighter aircraft, and the officer directing the fighters pressed for more information: ›I don't know where I'm scrambling these guys to. I need a direction, a destination.‹ Because the hijackers had turned off the plane's transponder, NEADS personnel spent the next minutes searching their radar scopes for the primary radar return. American 11 struck the North Tower at 8:46. Shortly after 8:50, while NEADS personnel were still trying to locate the flight, word reached them that a plane had hit the World Trade Center. … Radar data show the Otis fighters were airborne at 8:53. Lacking a target, they were vectored toward military-controlled airspace off the Long Island coast. … From 9:09 to 9:13, the Otis fighters stayed in this holding pattern.«
S. 21: »That nine minutes' notice before impact was the most the military would receive of any of the four hijackings.«
S. 23: »Military Notification and Response. The first indication that the NORAD air defenders had of the second hijacked aircraft, United 175, came in a phone call from New York Center to NEADS at 9:03. The notice came at about the time the plane was hitting the South Tower.«
S. 24: »Radar data show that at 9:13, when the Otis fighters were about 115 miles away from the city, the fighters exited their holding pattern and set a course direct for Manhattan. They arrived at 9:25 and established a combat air patrol (CAP) over the city. … The Langley fighters were placed on battle stations at 9:09. NORAD had no indication that any other plane had been hijacked.»
S. 26: »Military Notification and Response. NORAD heard nothing about the search for American 77. Instead, the NEADS

air defenders heard renewed reports about a plane that no longer existed: American 11.«

S. 27: »Radar data show the Langley fighters airborne at 9:30. NEADS decided to keep the Otis fighters over New York. The heading of the Langley fighters was adjusted to send them to the Baltimore area. The mission crew commander explained to us that the purpose was to position the Langley fighters between the reported southbound American 11 and the nation's capital. ... The time was 9:34. This was the first notice to the military that American 77 was missing ... No one at FAA headquarters ever asked for military assistance with American 77. ... 9:36: He [Kevin Nasypany] then discovered, to his surprise, that the Langley fighters were not headed north toward the Baltimore area as instructed, but east over the ocean. ... After the 9:36 call to NEADS about the unidentified aircraft a few miles from the White House, the Langley fighters were ordered to Washington, D. C.« S. 28: »NEADS never lost track of Delta 1989.«

S. 30: »Military Notification and Response. NEADS first received a call about United 93 from the military liaison at Cleveland Center at 10:07. Unaware that the aircraft had already crashed, Cleveland passed to NEADS the aircraft's last known latitude and longitude. NEADS was never able to locate United 93 on radar because it was already in the ground.«

S. 31: »The time of notification of the crash of United 93 was 10:15. The NEADS air defenders never located the flight or followed it on their radar scopes. The flight had already crashed by the time they learned it was hijacked.«

S. 45: »NORAD officials have maintained that they would have intercepted and shot down United 93. We are not so sure.«

Zusammenfassend (inklusive aller überraschenden und nicht näher erklärten Korrekturen der früheren »Response Timelines« des Militärs): S. 34: »In public testimony before this Commission in May 2003, NORAD officials stated that at 9:16, NEADS received hijack notification of United 93 from the FAA. This statement was incorrect. There was no hijack to report at 9:16. United 93 was proceeding normally at that time. In this same public testimony, NORAD officials stated that at 9:24, NEADS received notification of the hijacking of American 77. This statement was also incorrect. The notice NEADS received at 9:24 was that American 11 had not hit the World Trade Center and was heading for Washington, D. C. In their testimony and in other public accounts, NORAD officials also stated that the Langley fighters were scrambled to respond to the notifications about American 77, United 93, or both. These statements were incorrect as well. The fighters were scrambled because of the report that American 11 was heading south, as is clear not just from taped conversations at NEADS but also from taped conversations at FAA centers; contemporaneous logs compiled at NEADS, Continental Region headquarters, and NORAD; and other records. Yet this response to a phantom aircraft was not recounted in a single public timeline or statement issued by the FAA or Department of Defense. The inaccurate accounts created the impression that the Langley scramble was a logical response to an actual hijacked aircraft. In fact, not only was the scramble prompted by the mistaken information about American 11, but NEADS never received notice that American 77 was hijacked. It was notified at 9:34 that American 77 was lost. Then, minutes later, NEADS was told that an unknown plane was 6 miles southwest of the White House. Only then did the already scrambled airplanes start moving directly toward Washington, D. C. Thus the military did not have 14 minutes to respond to American 77, as testimony to the Commission in May 2003 suggested. It had at most one or two minutes to react to the unidentified plane approaching Washington, and the fighters were in the wrong place to be able to help. They had been responding to a report about an aircraft that did not exist. Nor did the military have 47 minutes to respond to United 93, as would be implied by the account that it received notice of the flight's hijacking at 9:16. By the time the military learned about the flight, it had crashed.«

2 Ebd., S. 4, sowie Fußnote 24, S. 452

3 Vgl. *History Commons*, »9:39 a. m. September 11, 2001: Boston Center Informs NEADS of Possible Hijacking of Delta 1989«: www.historycommons.org/searchResults.jsp?searchtext=1989+intercept&events=on&entities=on&articles=on&topics=on&timelines=on&projects=on&titles=on&descriptions=on&dosearch=on&search=Go

4 E-Mail von Colin Scoggins an uns, September 2006: »(about 8:36) I called NEADs just to verify that they had the target of AAL 11. I was surprised that they hadn't got that yet. The aircraft was about 20 NM south of ALB at the time. ... I called Otis a minute or two later and asked of the fighters status, they told me they were ready to go but were waiting for orders. I called NEADs back and gave them a new position 50 NM south of ALB, this time I gave them a L/L and they still couldn't find the target. ... and there is no way you couldn't see an untracked target traveling at 600 knots ... I still don't know how they never saw the aircraft. Frustrating would be an understatement.«

5 Spencer, *Touching History*, S. 40 f.

6 Am 25. Oktober 1999 antwortete der Privatjet des Golfers Payne Stewart um 9:33 Uhr nicht auf eine Funkanfrage der Luftraumüberwachung. Nachdem der zuständige Lotse viereinhalb Minuten lang vergeblich versucht hatte, den Kontakt zu der ohne Funk auf falschem Kurs fliegenden Maschine wiederherzustellen, alarmierten seine Vorgesetzten weisungsgemäß NORAD, respektive die Air Force. Dem in 46 000 Fuß Höhe fliegenden Jet, in dem die Crew durch einen plötzlichen Druckverlust kollabiert war, stand 16 Minuten später, um 9:52 Uhr, ein F-16-Jäger abschussbereit Tragfläche an Tragfläche zur Seite. Der Learjet stürzte schließlich führerlos ab.

Ergo, so die Skeptiker der offiziellen Version, hätten die US-Abfangjäger auch zwei Jahre später sehr wohl in der Lage sein müssen, binnen 16 Minuten unter den Tragflächen jedes verdächtigen Fliegers zu kleben. Sofern man ihnen den Start nicht untersagte. Ungern erwähnen sie indes, dass a) der Transponder des Privatjets eingeschaltet war, also die Maschine erheblich leichter zu lokalisieren war als die 9/11-Ziele, b) die F-16, die den toten Golfer abfing, bereits in der Luft gewesen war (wegen einer Übung) und c) das Ziel von Ost nach West flog, von Orlando nach Dallas, und zwischen dem Ende der Verbindung um 9:33 Uhr und dem Abfangen um 9:52 eine Zeitgrenze überflog, also aus der Zeitzone »Eastern-Daylight-Time« in die Zeitzone »Central-Daylight-Time« (– 1 h). Demnach erschien der Abfangjäger nicht 16 Minuten nach dem Ende der Funkverbindung an der Seite des Jets, sondern erst nach einer Stunde und 16 Minuten. Was die

Argumentation der Skeptiker zwar nicht vom Tisch wischt, aber doch, zumindest in diesem Punkt, geringfügig relativiert.

7 CBS News, 23.2.2002, »Speed Likely Factor In WTC Collapse«; www.cbsnews.com/stories/2002/02/25/attack/main501989.shtml

8 Hanns Rosin u. a., »At Logan Airport, Nobody Saw Plane's Sharp Turn South«, in: *Washington Post*, 12.9.2001: »Boston airport officials said they did not spot the plane's course change until it had crashed, and said the control tower had no unusual communication with the pilots or any crew members.«; www.washingtonpost.com/wp-dyn/content/article/2001/09/12/AR2005033108361.html

9 Aussage von NORAD-Sprecher Colonel Alan Scott vor der 9/11-Commission, Hearing vom 23.5.2003, S. 19: »Um 8.46 Uhr, das ist der nächste aufgezeichnete Vorfall, kriegen wir die letzten Radardaten; wobei übrigens viele der Radardaten für diese Primärziele [die Flugzeuge] waren an jenem Tag nicht zu sehen. Sie wurden Tage später vom 84. Radarauswertungsgeschwader und anderen, vergleichbaren Dienststellen ausgewertet, Fachleuten in Sachen retrospektiver Auswertung von Radaraufzeichnungen, die aus dem vorhandenen Material im Wissen um die tatsächlichen Vorfälle im Nachhinein Dinge herausfiltern konnten, die während des Vorfalls selbst vielleicht gar nicht zu erkennen waren.«; www.9-11commission.gov/archive/hearing2/9-11Commission_Hearing_2003-05-23.htm

10 Scott, ebd.: »United 175, the second airplane, which by the way never turned off its transponder before impact, crashes into the North Tower (sic!) at 9:02.« Dass er sich hier mit Nord- und Südturm vertan hat – geschenkt.

11 Charles Lane, »A Sky Filled With Chaos, Uncertainty and True Heroism«, in: *Washington Post*, 17.9.2001: »As several controllers gathered to help search for the American plane, a controller glanced at another radar screen and shouted, ›Look. There's an intruder over Allentown‹. In air traffic jargon, an ›intruder‹ is a plane with an operating transponder that has entered restricted airspace without permission.« (Artikel nicht mehr online!)

12 Zit. n. der Umschrift der Fluglotsenkommunikation, veröffentlicht von der *New York Times*, 16.10.2001 (»R42« und »R10« sind

die kommunizierenden Lotsen): »8:53:23 (R42): 10 – do you see that UAL175 anywhere and do me a favor, you see that target there on 3321 code at 335 climbing, don't know who he is but you got that USA 583 if you need to descent him down you can nobody we may have a hijack we have some problem over here right now 8:53:35 (R10): Oh, you do 8:53:37 (R42): Yes, that may be real traffic, nobody knows I can't get a hold of UAL175 at all right now, and I don't know where he went to.«; www.nytimes.com/2001/10/16/national/16FLIGHT175-TEXT.html?ex=1064376000&en=d1512361dcf74875&ei=5070

13 Zit. n. Spencer, *Touching History*, S. 84

14 NORAD-General Arnold, 9/11-Comission, Hearing vom 23.5.2003, S. 34: »We had no warning of that whatsoever. In fact, that airplane was called possibly hijacked later on, which as General McKinley referred to, as the fog and friction of war, actually caused further confusion, because we were not aware which aircraft actually crashed into the towers. We just knew that by now we had two airplanes that have crashed into the owers. We have two airplanes that are called hijacked.«; www.9-11commission.gov/archive/hearing2/9-11Commission_Hearing_2003-05-23.htm

15 Vgl. die Website *Pilots for 9/11 Truth Forum*: »NASA Flight Director Confirms 9/11 Aircraft Speed As The ›Elephant In The Room‹«; http://pilotsfor911truth.org/forum/index.php?showtopic=20178; ferner *History Commons*, »October 2002–October 2005: NIST Tries to Estimate Speed of Aircraft Impacting WTC»; www.historycommons.org/context.jsp?item=a1002speedindispute#a1002speedindispute

16 Siehe: www.scribd.com/doc/40513256/Radar-Maps-AA-77-C-130-UA-93-and-Air-Force-One

17 NORAD-General Arnold, 9/11-Comission, Hearing vom 23.5.2003, S. 35: »And I can tell you that I did not know, and I don't believe anybody in the NORAD system, knew where that airplane was.«; www.9-11commission.gov/archive/hearing2/9-11Commission_Hearing_2003-05-23.htm

18 NORAD-Sprecher Colonel Scott, 9/11-Commission, Hearing 2/2, 23.5.2003, S. 21: »9.27, Boston FAA reports fifth aircraft missing, Delta Flight 89 – and many people have ne-

ver heard of Delta Flight 89. We call that the first red herring of the day, because there were a number of reported possible hijackings that unfolded over the hours immediately following the actual attacks.«; www.9-11commission.gov/archive/hearing2/9-11Commission_Hearing_2003-05-23.htm

19 Ebd.: »And 9.40, immediately following that, is when 93 up north turns its transponders off out in the West toward Ohio, and begins a left turn back toward the East. At 9.49, FAA reports that Delta 89, which had been reported as missing, is now reported as a possible hijacking. So again he is – MR. ???: That's 9.41, sir. – MR. SCOTT: I'm sorry, 9:41. Again, he is in the system. He is kind of a red herring for us.«

20 Vgl. »The Many False Hijackings of 9/11« auf *Shoestring*, 10.4.2011; http://shoestring911.blogspot.com/2011/04/many-false-hijackings-of-911.html

21 Marilyn Adams, Alan Levon und Blake Morrison, »No One Was Sure Hijackers were on Board«, in: *USA Today*, 12.8.2002: »At the Federal Aviation Administration's command center in Herndon, Va., Delta Flight 1989 joins a growing list of suspicious jets. Some of their flight numbers will be scrawled on a white dry-erase board throughout the morning. Eventually, the list will grow to 11. – One, a TWA flight, refuses to land in Pittsburgh and wants to fly on toward Washington. Another, a Midwest Express flight, disappears from radar over West Virginia.«; www.usatoday.com/news/sept11/2002-08-12-hijacker-daytwo_x.htm

22 Colonel Scott, 9/11-Commission, Hearing vom 23.5.2003, S. 22: »At 10.07 FAA reports there may be a bomb on board 93 – that's four minutes after the impact. At 10.15 they report that it's crashed. And you can see now that fog and friction lag time has increased from seven minutes to nine minutes to 15 minutes, because of the level of activities that are going on. *And there are notations here about other airplanes as we begin to divert other airplanes that are just out were intended for training that day.*«; www.9-11commission.gov/archive/hearing2/9-11Commission_Hearing_2003-05-23.htm

23 Vgl. William B. Scott, »Exercise Jump-Starts Response to Attacks«, in: *Aviation Week & Space Technology*, 3.6.2002: »Sgt. Jeremy W. Powell of North American Aerospace Defense

Command's Northeast Air Defense Sector (NEADS) in Rome, N.Y., took the first call from Boston Center. He notified NEADS commander Col. Robert K. Marr, Jr., of a possible hijacked airliner, American Airlines Flight 11. – ›Part of the exercise?‹ the colonel wondered. No; this is a real-world event, he was told.«; http://s3.amazonaws.com/911timeline/2002/aviationweek-spacetechnology060302.html

24 NEADS Audio File, Mission Crew Commander Position, Channel 2. North American Aerospace Defense Command, September 11, 2001; www.scribd.com/doc/14142047/NYC-Box-3-Neads-conrnorad-Fdr-Transcript-Neads-Channel-2-Mcc-Upside-006; Transcripts From Voice Recorder, Northeast Air Defense Sector, Rome, NY. North American Aerospace Defense Command, September 11, 2001; www.scribd.com/doc/14142009/NYC-Box-2-NEADS-Transcript-Rome-NY-Fdr-Transcript-Pgs-182-12371417

25 NEADS Audio File, Senior Director Position, Channel 20. North American Aerospace Defense Command, September 11, 2001; www.scribd.com/doc/14142101/NYC-Box-3-Neadsconrnorad-Fdr-Transcript-Neads-Channel-20-502-Tk-009

26 »If this is an exercise input, it is a good one.«: Eine wie üblich enorm umfangreiche Übersicht über die zahlreichen »Insert«-Quellen bietet *History Commons*, z.B. unter »9:34 a.m. September 11, 2001: NEADS Surveillance Technicians Instructed to Remove Simulated Information from Radar Screens«; www.historycommons.org/context.jsp?item=a934simswitches

27 Sally Donnelly, »The Day the FAA Stopped the World«, in: *Time Magazine,* 14.9.2001: »Confusion reached such a high level that the FAA admitted to the White House officials who wanted to bring the President back to Washington that the agency could not account for seven planes. In fact, four of those planes turned out to be the downed ones – but that would take a while to sort out. Even more worrying was that it took the FAA another hour and a half to account for three other aircraft.«; www.time.com/time/nation/article/0,8599,174912,00.html

24) Das Gespenst: Phantomflug AA 11

1 *Commission Report*, S. 26: »We have not been able to identify the source of this information.«

2 Eine gründliche Dokumentation von Scoggins' Meldungen am 11.9. findet sich in den *History Commons* unter www.historycommons.org/searchResults.jsp?searchtext=scoggins&events=on&entities=on&articles=on&topics=on&timelines=on&projects=on&titles=on&descriptions=on&dosearch=on&search=Go

3 *Commission Report*, S.26: »At 9:21, NEADS received a report from the FAA:
FAA: Military, Boston Center. I just had a report that American 11 is still in the air, and it's on its way towards – heading towards Washington
NEADS: Okay. American 11 is still in the air?
FAA: Yes
NEADS: On its way towards Washington?
FAA: That was another – it was evidently another aircraft that hit the tower. That's the latest report we have
NEADS: Okay
FAA: I'm going to try to confirm an ID for you, but I would assume he's somewhere over, uh, either New Jersey or somewhere further south
NEADS: Okay. So American 11 isn't the hijack at all then, right
FAA: No, he is a hijack
NEADS: He – American 11 is a hijack?
FAA: Yes
NEADS: And he's heading into Washington?
FAA: Yes. This could be a the third aircraft«
Ergänzend hier die Aussage von Lt. Colonel Dawne Deskins, zit. n. »9/11. Interviews by Peter Jennings«, ABC News 11.9.2002: »They told us that they showed the American Airlines Flight 11 was still airborne. So now, we're looking at this, well if, if an aircraft hit the World Trade Center, who was that?« Die vollständige Transkription des TV-Beitrages findet sich unter http://911myths.com/index.php/ABC_News_9-11-2002

4 E-Mail von Colin Scoggins an uns, August 2006: »Someone on the telcon said that AAL 11 was still in the air. Not exactly who or why, and I don't even know who was on that telcon, the following I am sure of, The Command Center someone from Washington National Tower, possibly Dulles Tower, I don't think other agencies were on that early.«

5 Die »Irrtümer« wegen dieses Phantomflugs sind umfassend. Vgl. *Commission Report*, S. 27 f., Hervorhebungen von uns:

»In public testimony before this Commission in May 2003, *NORAD officials stated that at 9:16, NEADS received hijack notification of United 93 from the FAA. This statement was incorrect. There was no hijack to report at 9:16.* United 93 was proceeding normally at that time. In this same public testimony, *NORAD officials stated that at 9:24, NEADS received notification of the hijacking of American 77. This statement was also incorrect. The notice NEADS received at 9:24 was that American 11 had not hit the World Trade Center and was heading for Washington,* D. C.

In their testimony and in other public accounts, *NORAD officials also stated that the Langley fighters were scrambled to respond to the notifications about American 77, United 93, or both. These statements were incorrect as well. The fighters were scrambled because of the report that American 11 was heading south. … Yet this response to a phantom aircraft was not recounted in a single public timeline or statement* issued by the FAA or Department of Defense. *The inaccurate accounts created the impression that the Langley scramble was a logical response to an actual hijacked aircraft. In fact, not only was the scramble prompted by the mistaken information about American 11, but NEADS never received notice that American 77 was hijacked. …* the fighters were in the wrong place to be able to help. *They had been responding to a report about an aircraft that did not exist.*«

6 Die Wortmeldung von Colin Scoggins (alias Cheapshot) auf *Break for News*, 25.8.2006 (Hervorhebungen von uns): »First the fact that there was a *call about phantom flight 11 is for real, and not fake, and it does exist. I made that call.* … I had made probably 40 phone calls to NEADS over the course of that morning. The calls I made that morning the majority of them were made on the DSN phone system. Boston Center does not record the DSN phone system but NEADS does. The justice department was under the impression that my interview would take about 5 minutes, due to the fact that only three of my calls were on the hotline to NEADS from Boston Center … these (NORAD) tapes had *my calls that AAL 11 was still airborne, and my calls about AAL 77, 6 miles southwest of the whitehouse.* So again I reiterate *that*

the tapes are real, the person who made those calls is for real, for it is I who made them.«; www.breakfornews.com/forum/viewtopic.php?t=493

7 Aus denen wir im Folgenden zitieren, soweit Colin Scoggins seine Aussagen auch anderswo öffentlich unterstrichen hat. Die genaueren Zusammenhänge, Vermutungen und Namen müssen wir uns allerdings für die Hauptverhandlung aufheben, denn Scoggins hat uns nicht gestattet, ihn diesbezüglich öffentlich zu zitieren.

8 E-Mail von Colin Scoggins an uns, September 2006: »... two years later, General Arnold and Colonel Marr are left guessing why they launched the fighters from Langley, they are left with it must have been AAL 77, because it was the only thing that made sense, they didn't have any tapes stating that I had called them.«

9 *History Commons*, »September 11, 2001: Boston Center Military Liaison Makes His First Call to NEADS, Though 9/11 Commission Does Not Mention It«: »(Scoggins) deserves a lot of credit because he was about the only one that was feeding us information. I don't know exactly where he got it. But he was feeding us information as much as he could.«, www.historycommons.org/context.jsp?item=a835scogginscalls#a835scogginscalls

10 E-Mail von Colin Scoggins an uns, September 2006: »All's I did was report that there was a target near the Whitehouse from a conversation on one of the Telcons we were listening to ... This was basically the response from Washington Center: ›How does Boston Center know of any target near the White House‹ and they hung up on NEADS.«

11 Wir geben Scoggins' E-Mail-Wortlaut nicht wieder, aber es kam »erwürgen« drin vor und auch das Wort »Arschlöcher«.

12 Vgl. *History-Commons*, »(10:20 a. m.) September 11, 2001: Boston Center Controller Notices Unidentified Aircraft Approaching from East« (Hervorhebungen von uns): »Scoggins says: ›We have a large, slow-moving target approaching Cape Cod and heading for Boston. Do you have it? What is it?‹ The person at Giant Killer only replies, ›We're looking,‹ and then mentions, ›We've got a fleet of ships heading toward the northeast and an Aegis cruiser [a high-tech warship] on the way.‹ *Scoggins is worried that Giant Killer is unable to specifically identify the target he is seeing on*

his radar screen. It appears to be flying straight toward the Boston Center. He thinks to himself, ›If I wanted to use airliners to attack a country, I would take out their air traffic control facilities!‹ Scoggins continues watching the suspicious aircraft on his radar screen. Shortly afterward, the Boston Center will be evacuated after the FAA's New England regional office calls it and reports an unidentified aircraft heading toward the facility.«; www.historycommons.org/context.jsp?item=a1020slowtarget#a1020slowtarget

13 Vgl. Spencer, *Touching History*, S. 242 f.

14 *Break for News*, 25.8.2006: »They can add ghost targets to their simulations. I believe they can mix with live traffic, when we do simulations at the center for our FAA tranining …«; www.breakfornews.com/forum/viewtopic.php?t=493
In den Vorschriften der Übung Vigilant Guardian für den 11. September wurden die militärischen Teilnehmer allerdings darauf hingewiesen, sie sollten auf ihren eigenen Schirmen den »Q-93«-Schalter auf »mixed« stellen, um echte und simulierte Radarsignale auseinanderhalten zu können. Wörtlich heißt es in den Memo SPECIAL INSTRUCTIONS (SPINS) VIGILANT GUARDIAN 01-2, Department of the Air Force vom 23.8.2001: »Q 93 CONFIGURATION: The exercise will be conducted Sim over Live on the Air Sovereignty string. The Q-93 must be placed in the Mixed Mode to allow the Telling of Sim tracks.«
Ob diese Q-93-Mischung auch auf den Bostoner Schirmen wie gewünscht ankam – darüber können wir nur mutmaßen.

15 Der Roman zu diesem Verschwörungsszenario ist Cooper, *Das fünfte Flugzeug*.

25) American 11: Augenzeugen an Bord

1 Betty Ong, aufgezeichnetes Telefonat mit Lydia Gonzalez, 9/11-Commission, Hearing vom 27.4.2004, S. 110, Hervorhebung von uns: »Our number 1 is stabbed right now. And who else is … And our number 5 – our first class passenger are – galley flight attendant and our purser has been stabbed. *And we can't get into the cockpit, the door won't open.* Hello?«; www.9-11commission.gov/archive/hearing7/9-11Commission_Hearing_2004-01-27.htm

Ong fragte ihre Kollegen im Verlauf des aufgezeichneten Gesprächs in diesen ersten Minuten der Entführung ein weiteres Mal: »Can anybody get up to the cockpit?« Aus der First Class erhielt sie offenkundig die Rückmeldung: »Nein« – was sie erneut an Gonzalez weitergab.

2 Zeugin Lydia Gonzales, Ongs telefonische Gesprächspartnerin; 9/11-Commission, Commission Hearing vom 27.4.2004, S. 108: »Although she wasn't able to give us the description of the attackers, she told us the seat locations of these individuals.« Wobei Gonzalez' »these individuals« sich ausdrücklich auf *zwei* Männer bezieht, nicht auf fünf.

3 *Commission Report*, S. 6: »At 8:26, Ong reported that the plane was ›flying erratically‹.«

4 *Commission Report*, S. 6f.: »At 8:44, Gonzalez reported losing phone contact with Ong. About this same time Sweeney reported to Woodward, ›Something is wrong. We are in a rapid descent ... we are all over the place.‹ Woodward asked Sweeney to look out the window to see if she could determine where they were. Sweeney responded: ›We are flying low. We are flying very, very low. We are flying way too low.‹ Seconds later she said, ›Oh my God we are way too low.‹ The phone call ended.«

26) United 93: zu früh, zu spät

1 Robert C. Pollack, »Riding shotgun in the sky«, in: *The Record-Journal*, Connecticut, 25.2.2004: »›Continental Airlines First Officer James‹ LaRosa described how he waited on a Newark Airport runway aboard a 737 preparing for a flight to Costa Rica and was just two planes behind United Airlines Flight 93, the last plane to be hijacked on that gut-wrenching day. ... ›It could just as easily have been me and my flight,‹ said LaRosa, who has logged about 7,500 hours as a commercial pilot. His own flight took off at 7:35* a. m. [* Read: 8:35. The article was published in Connecticut, so you have to add an hour to be back at Eastern Daylight Time] but was soon diverted to the nearest airport qualified for international flights — customs had to be available — which turned out to be in Raleigh-Durham in North Carolina. But he and the passengers knew nothing about what had happened until after they landed.«; http://replay.web.archive.

org/20040225133304/http://www.record-journal.com/articles/2004/02/16/news/news01.txt

2 NORAD-Sprecher Colonel Scott, 9/11-Commission, Hearing vom 23.5.2003, S. 21: »9.16, now FAA reports a possible hijack of United Flight 93, which is out in the Ohio area.«; www.9-11commission.gov/archive/hearing2/9-11Commission_Hearing_2003-05-23.htm

3 Jeff Pillets, »In Rural Hamlet, The Mystery Mounts; 5 Report Second Plane at PA. Crash Site«, in: *The Bergen Record* (NJ), 14.9.2001: »(He) said he began searching the horizon for any signs of the 757 around 9:20 a.m, when the Cleveland Control Center radioed that Flight 93 was headed in their direction and was apparently out of control.«; www.flight93crash.com/second-plane-at-flight93-crash-site.htm

4 Clarke, *Against All Enemies*, S. 7

5 *Commission Report*, S. 34: »In public testimony before this Commission in May 2003, NORAD officials stated that at 9:16, NEADS received hijack notification of United 93 from the FAA.175 This statement was incorrect. There was no hijack to report at 9:16. United 93 was proceeding normally at that time.«

6 *Commission Report*, S. 11

7 *History Commons*, »9:27 a. m. September 11, 2001: Flight 93 Makes Last Contact with Air Traffic Control«: » At 9:27, the Cleveland controller, John Werth, alerts it to another aircraft 12 miles away and to its right, at 37,000 feet: ›United 93, that traffic for you is one o'clock, 12 miles east, bound three-seven-zero.‹ Seconds later, Flight 93 responds, ›Negative contact, we're looking, United 93.‹ Less than a minute after this, the hijackers appear to enter Flight 93's cockpit.«; www.historycommons.org/entity.jsp?entity=john_werth_1

8 *Commission Report*, S. 11: »The hijackers attacked at 9:28. While traveling 35,000 feet above eastern *Ohio* (sic!), United 93 suddenly dropped 700 feet. Eleven seconds into the descent, the FAA's air traffic control center in Cleveland received the first of two radio transmissions from the aircraft. During the first broadcast, the captain or first officer could be heard declaring ›Mayday‹ amid the sounds of a physical struggle in the cockpit. The second radio transmission, 35 seconds later, indicated that the

fight was continuing. The captain or first officer could be heard shouting: ›Hey get out of here – get out of here – get out of here.‹« Hervorhebung von uns. Sowie die Anmerkung, dass hier etwas aus der wahren Original-Timeline erhalten geblieben ist, nämlich »United 93 über Ohio«, nicht über Pennsylvania.

9 Wir wollen nicht verschweigen, aber aus Gründen der Restverständlichkeit auf Prozesstag 26 vertagen, dass selbst hinsichtlich der Identität von Delta 1989 etliche Fragen bleiben. Wer vorgreifen und nachvollziehen möchte, weshalb es nach Ansicht von akribischen Skeptikern auch diesen Flug doppelt gab, findet unter »Delta 89, Code 7112: The Faker Hijack Exercise«, beigesteuert von *WoodyBox*, gute Anhaltspunkte; http://911woodybox.blogspot.com/2009/06/delta-89-code-7112-faker-hijack.html

10 *Commission Report*, S. 31: »The time of notification of the crash of United 93 was 10:15. The NEADS air defenders never located the flight or followed it on their radar scopes. The flight had already crashed by the time they learned it was hijacked.«
Und ebd., S. 34: »By the time the military learned about the flight, it had crashed.«

27) United 93: kein Abschuss

1 Eine ausführliche Zusammenstellung der Zeugenaussagen bietet John Doe II, »... and kiss the official UA 93 Story good-bye!«, auf *Democratic Underground*; www.democraticunderground.com/discuss/duboard.php?az=view_all&address=125x28985

2 www.youtube.com/watch?v=x6Xoxaf1Al0

3 Siehe: www.scribd.com/doc/40513256/Radar-Maps-AA-77-C-130-UA-93-and-Air-Force-One

4 John Doe II, »... and kiss the official UA 93 Story good-bye!«, auf *Democratic Underground*; www.democraticunderground.com/discuss/duboard.php?az=view_all&address=125x28985
Siehe auch Debra Erdley, »Crash debris found 8 miles away«, in: *Tribune Review* (Pittsburgh), 14.9.2001: »John Fleegle, marina owner Jim Brant and two of Brant's employees were among the dozens who witnessed the crash from Indian Lake. ... ›All of a sudden the lights flickered and we joked that maybe they were

coming for us. Then we heard engines screaming close overhead. The building shook. We ran out, heard the explosion and saw a fireball mushroom,‹ said Fleegle, pointing to a clearing on a ridge at the far end of the lake. Delasko, who ran outside moments later, said she thought someone had blown up a boat on the lake. ›It just looked like confetti raining down all over the air above the lake,‹ she said.«; www.pittsburghlive.com/x/pittsburghtrib/s_12967.html

28) Täter-Kommunikation: Gedankenübertragung

1 Ausführungen, Zusammenfassung und Animationen unter »Animation showing military precision of flight paths« auf *Looking Glass News*, 7.12.2005; www.lookingglassnews.org/viewstory.php?storyid=3907
Obwohl die Website von *team8plus* bedauerlicherweise komplett aus dem Netz verschwunden ist, lässt sich die Animation weiterhin studieren, und zwar unter www.lookingglassnews.org/articles/dec/team83.jpeg

2 *Commission Report*, S. 4: »The plane took off at 7:59. Just before 8:14, it had climbed to 26,000 feet, not quite its initial assigned cruising altitude of 29,000 feet. All communications and flight profile data were normal. About this time the ›Fasten Seatbelt‹ sign would usually have been turned off and the flight attendants would have begun preparing for cabin service. ... From this and other evidence, we believe the hijacking [of AA 11] began at 8:14 or shortly thereafter.«

3 Vgl. u. a. Frank Levi / *team8plus,* »Holes in the Radar – How the Plane Swaps Were Done«; http://letsrollforums.com/holes-radar-plane-swaps-t4261.html; sowie ders., »9-11: Holes in the Radar«; http://letsrollforums.com/911-commission-timelines-4-t20458.html?s=f5be6f61bff9e844b65392743ee84709&amp

29) Irrelevant: Raytheon

1 Informationen und Zitate nach Pressemitteilungen von Raytheon Technologies: »Raytheon designed and developed the differential GPS landing system under an Air Force contract for the Joint Precision Approach and Landing System (JPALS) program. More than 200 precision approaches with a military test

aircraft have been accomplished to date.«; www.raytheon.com/products/jpals/)

2 Sowie zwei Mitarbeiter von »Subunternehmern«, die ebenfalls mit dem Global-Hawk-Projekt betraut waren, die wir hier aber der Einfachheit halber hier nicht weiter beachten wollen: Carl Max Hammond (Flug 175) arbeitete für den Global-Hawk-Entwickler Mitre Corp.; www.mitre.org/news/events/tech03/sensors.html; Charles S. Falkenberg (Flug 77) entwickelte EOS Webster, ein Radar-Landkartensystem, integriert in die Global-Hawk-Steuerung; http://web.archive.org/web/20020302091225; http://ivanova.gsfc.nasa.gov/hdfeos/notes.html

3 Nach Meldungen von CNN und *USA today*, 12.9.2001, befanden sich an Bord von AA 77: Stanley Hall, 68, Director of Program Management for Raytheon Electronics Warfare, verantwortlich für die Entwicklung von Anti-Radar-Techniken. An Bord von AA 11: Kenneth Waldie, 46, Senior Quality Control Engineer for Electronic Systems, seit 17 Jahren bei Raytheon; David Kovalcin, 42, Senior Mechanical Engineer for Electronic Systems, seit 15 Jahren bei Raytheon; Peter Gay, 54, Vice President of Operations for Electronic Systems, seit über 28 Jahren bei Raytheon; www.usatoday.com/news/nation/2001/09/12/victim-capsule-flight11.htm; http://replay.web.archive.org/20010918054209; http://edition.cnn.com/SPECIALS/2001/trade.center/victims/AA11.victims.html

4 Seinen Dienst bei Raytheon als Vice-Director of Raytheon's Corporate Management hatte Homer erst kurz vor dem September 2001 angetreten, bis dahin hatte er (27 Jahre lang) für das Verteidigungsministerium gearbeitet: in der Vertragsabteilung; http://replay.web.archive.org/20020302174545; http://www.voice.neu.edu/011211/homer.html. Aus unerfindlichen Gründen wurde er nach dem Anschlag einige Tage lang nicht als Passagier geführt, sondern als im Pentagon umgekommen; www.pownetwork.org/bios/mia_usa2.htm

5 Vgl. in Sachen »Zufälle«, besonders zu diesem Punkt, John Doe II maßgebliches Theaterstück *The Crime of The Millenium*; http://johndoeii.blog.com/files/2011/01/TEXT.pdf

6 Siehe die Auflistung bei CNN; www.cnn.com/SPECIALS/2001/trade.center/tenants2.html

7 Jim Dwyer u. a., »Fighting to Live as the Towers Died«, in: *New York Times*, 26.5.2002; www.nytimes.com/2002/05/26/nyregion/26WTC.html?ex=1154750400&en=a3b54ec14e1861bc&ei=507 0

30) Der Pilot: Hani Hanjour

1 »Four Planes, Four Coordinated Teams«, *Washington Post*, 20.9.2001; www.washingtonpost.com/wp-srv/nation/graphics/attack/hijackers.html

2 »Air Traffic Controllers Recall 9/11«, ABCNews, 24.10.2001; http://abcnews.go.com/2020/story?id=123822&page=1

3 Zit. n. *History Commons*, »April 15, 1999: Hanjour Gets Pilot's License despite Dubious Skills«; www.historycommons.org/context.jsp?item=a041599hanjourlicense#a041599hanjourlicense

4 Zit. n. Jim Yardley, »A Trainee Noted for Incompetence«, in: *New York Times*, 4.5.2002; www.nytimes.com/2002/05/04/us/a-trainee-noted-for-incompetence.html?pagewanted=1

5 Collins, *My Jihad*, S. 248

6 www.911myths.com/images/5/53/13120604--FBI-Summary-about-Alleged-Flight-77-Hijacker-Nawaf-Alhazmi.pdf

31) Der Pentagon-Crash

1 Z. B. www.youtube.com/watch?v=NgyPbUoe2iA

2 Die »Rauchfahne« ist ein scheinbar starkes Argument gegen die offizielle Theorie, auf den veröffentlichten Bildern sei ein heranrasendes Passagierflugzeug zu sehen, denn Flugzeugturbinen verbrennen Kerosin, und Kerosin hinterlässt keine Rauchspur, sondern verbrennt farblos. Eine Rakete hingegen, erst recht eine gerade erst abgefeuerte, zieht sehr wohl eine Rauchfahne hinter sich her. Wir geben aber zu bedenken, dass das sich dem Pentagon nähernde Flugobjekt mehrere am Rand des Highway stehende Lichtmasten umknickte, und zwar mittels seiner kerosingefüllten Tragflächen, so dass es durchaus als denkbar erscheint, dass die Maschine auf ihren letzten Metern aus verschiedenen Wunden brannte. Was dann eben auch eine große Rauchfahne erklären würde.

3 Vgl. z. B. Griffin, *Debunking 9/11 Debunking*, S. 279

4 Einen Überblick über die verschiedenen (abgelehnten) FOIA-Anfragen bietet http://911research.wtc7.net/pentagon/evidence/footage.html

5 Laut Ablehnungsbescheid der zuständigen Behörden auf die FOIA-Anfrage von Aidan Monaghan am 30.8.2010: »Due to the investigation and litigation on this matter, the Federal Bureau of Investigation (FBI) still has cognizance over these records.«; http://911blogger.com/news/2010-09-25/department-defense-images-pentagon-crash-scene-and-during-911-unavailable-controlled-fbi

6 Meyssan, *Pentagate*

7 Z. B. www.youtube.com/watch?v=w3iQuoyGIPo

8 Vgl. Griffin, *The New Pearl Harbor Revisited*, S. 61 ff. Sowie den kritischen Kommentar zu Griffins »Funden« auf *911myths.com* unter http://911myths.com/index.php/Barbara_Olson_calls. Sowie Eric Larsons außerordentlich ausführliche »Critique of Griffin's 911 Fake Calls Theory« auf *911blogger.com*; http://911blogger.com/news/2011-02-10/critique-david-ray-griffin-s-911-fake-calls-theory.

Dazu lohnt sich dann allerdings die zusätzliche Lektüre der ungefähr 50-seitigen Reposte des kritisierten Griffin selbst, ebenso wie die Beistandslektüre aus Skeptikerkreisen.

Unter dem Info- und Desinfo-Strich bleibt indes bis heute offen, ob es an Bord von AA 77 überhaupt »Airphones« gab, von denen aus Hauptzeugin Barbara Olson ihren Mann Theodore im Justizministerium hätte erreichen können (nachdem das FBI offenbar die Verwendung eines Handy ausschloss, dank der im Moussaoui-Prozess vorgelegten Auswertungen). Unbeantwortet bleiben ebenfalls skeptische Fragen an die Skeptiker, kulminierend ungefähr in dieser: Falls 9/11 auf jeder Ebene ein gigantischer Verschwörer-Hoax war – wieso machten die genialen Planer ohne Not Fehler wie den, fragwürdige Anrufe von Bord der Maschinen aus schlampig zu inszenieren? Hätten wir nicht *ohne* diese Anrufe viel weniger Zweifel an der offiziellen Darstellung?

Aufgrund der insgesamt gewichtigen Unsicherheiten verzichten wir daher nach gründlicher Prüfung der unsicheren Fakten- und

Beweislage im Rahmen dieses Buches auf eine weitere Vertiefung des Aspekts »Anrufe von Bord der Flüge 77 und 93«.

9 *Pilots for 9/11 Truth*, »Phone call to NTSB regarding the above conflicts«. Das ist, wie auf der Seite angekündigt, tatsächlich ein »must see« resp. »must hear«; http://pilotsfor911truth.org/pentagon.html

10 Vgl. Griffin, *The New Pearl Harbor Revisited*, S. 63 ff.

11 Zit. n. Filson, *Air War over America*, S. 66

12 »Konspirologen« zeichnen sich üblicherweise durch unwissenschaftliches Vorgehen und einen Mangel an Sachkenntnis aus – ihnen genügt eine möglichst knackige Theorie wie »Osama war's« oder »Die Sonne kreist um die Erde«, Details werden ungern behandelt. Die *Pilots for 9/11 Truth* machen das seit Jahren anders, deshalb gestatten wir uns hier ein Beispiel aus ihrem Fragenkatalog »Questions For NTSB/FBI Regarding Flight Data Recorder Information« abzudrucken (das lediglich die rätselhaften Daten aus der Flugschreiberauswertung betrifft). Die ursprünglich eingesetzte 9/11-Commission musste sich mit solchen Fragen nicht beschäftigen, die kommende wird es tun:
»1. The current FDR shows 480' MSL True Altitude, too high to hit the light poles. What are your findings of True Altitude at end of data recording 09:37:44. Why did you provide a Flight Data Recorder that shows the aircraft too high without a side letter of explanation? How did you come to your conclusion.
2. What is the vertical speed at end of data recording :44. How did you come to your conclusion.
3. What is the Absolute Altitude and end of data recording? How did you come to your conclusion.
4. Why does the csv file show the altimeter being set in the baro cor column on the descent through FL180, but the animation altimeter does not show it being set? (This is a blatant cover-up to confuse the average layman in hopes no one would adjust for local pressure to get True Altitude. Too bad for them we caught it).
5. Why do the current G Forces for the last minute of data correspond to the changes in vertical speed, yet at end of data :44-:45 it shows an increase in vertical speed never accounting for any type of level off to be level with the lawn as shown in the DoD video?
6. Do you have any video showing a clear impact and/or of the

plane on its approach to impact?«; http://pilotsfor911truth.org/pentagon.html

32) E4-B: Überwachung von oben

1 Hier ein Film: www.youtube.com/watch?v=2crnOsx4Eks&feature=related. Die beste Quellensammlung findet sich wie üblich in den *History Commons*, »(9:41 a.m.-9:42 a.m.) September 11, 2001: Mysterious White Jet Seen Circling above White House«; www.historycommons.org/context.jsp?item=a942whitejet#a942whitejet.

2 Mark H. Gaffney, »Why Did the World's Most Advanced Electronics Warfare Plane Circle Over The White House on 9/11?«, S. 15: »Linda Brookhart says she snapped the picture *before* the towering plume of smoke became visible at the Pentagon.«; www.journalof911studies.com/volume/200704/911MysteryPlane.pdf

3 Gaffney, *The 9/11 Mystery Plane and the Vanishing of America*, S. 46ff.

4 U.S. Air Force, E4-B Factsheet: »The E-4B has electromagnetic pulse protection, an electrical system designed to support advanced electronics and a wide variety of new communications equipment. Other improvements include nuclear and thermal effects shielding, acoustic control, an improved technical control facility and an upgraded air-conditioning system for cooling electrical components. An advanced satellite communications system improves worldwide communications among strategic and tactical satellite systems and the airborne operations center.«; www.af.mil/information/factsheets/factsheet.asp?fsID=99

5 Joe Dejka, »Inside Stratcom on September 11 – Offutt Excercise took real life twist«, in: *Omaha World-Herald*, 27.2.2002; http://classic-web.archive.org/web/20050206084541; http:/close.batcave.net/GlobalGuardian.html

6 Jedenfalls gingen die Teilnehmer noch im März 2001 davon aus. Beispielhaft das Fachblatt *Space Observer* der Peterson Air Force Base in Colorado, das auf Seite 2 seiner Ausgabe vom 23.3.2001 die »Global Guardian«-Übung noch für den Oktober 2001 ankündigt; http://classic-web.archive.org/web/20030320100542; http://www.peterson.af.mil/21sw/observer/23mar01.pdf

7 Gaffney, *The 9/11 Mystery Plane and the Vanishing of America*, S. 52

8 Zu Ablauf und (strittigem) Ende der Übung Global Guardian vgl. *History Commons*, »(10:44 a. m.) September 11, 2001: Global Guardian Exercise Formally Canceled«; www.historycommons.org/context.jsp?item=a1044guardianends#a1044guardianends

An Zufällen interessierten Lesern legen wir gern ans Herz, »Offutt« in einen beliebigen Browser oder gleich bei *History Commons* einzugeben. Dass Admiral Mies zu Beginn der Übung mit wohlhabenden Charity-Gästen des zweitreichsten Mannes der Welt, Warren Buffett, auf der Militärbasis frühstückte, gehört ebenso zu den Merk- und Zufälligkeiten des 11. September wie die oft kolportierte Tatsache, dass Anne Tatlock, CEO des 44-Milliarden-Privatvermögensverwalters Fiduciary Trust, an diesem Morgen ebenfalls in Offutt Kaffee trank – und nicht wie sonst an jedem Tag an ihrem Schreibtisch im 90. Stock des WTC-Südturms, der gerade von einem Flugzeug getroffen wurde. Dass der Vorsitzende der 9/11-Commission, Thomas Kean, dem Aufsichtsrat von Fiduciary angehörte, verbuchen wir allerdings erst recht unter Zufall.

9 Gaffney, *The 9/11 Mystery Plane and the Vanishing of America*, S. 103

33) WTC 1 und 2

1 CNN, 12.9.2001; http://archives.cnn.com/2001/US/09/11/new.york.terror/

2 http://dalje.com/slike/dokumenti_3/g2009/m02/x36196221065491975.pdf

3 »911 Lawsuit – Rodriguez Vs Bush« auf *Angels for Truth*; http://angelsfortruth.com/Rodriguez.vs.Bush.html

4 www.youtube.com/watch?v=eXSHm3CdHf4

5 www.journalof911studies.com/articles/Article_5_118Witnesses_WorldTradeCenter.pdf

6 www.youtube.com/watch?v=djwBCEmHrSE

7 http://911research.wtc7.net/wtc/analysis/collapses/steel.html

8 http://911research.wtc7.net/wtc/analysis/collapses/concrete.html

9 http://nasathermalimages.com/
10 http://911research.wtc7.net/wtc/evidence/metallurgy/index.html
11 www.bentham.org/open/tocpj/articles/V002/7TOCPJ.htm?TOCPJ/2009/00000002/00000001/7TOCPJ.SGM
12 Dazu ein Interview mit Harrit auf *911 Archiv.net*; www.911-archiv.net/world-trade-center/wtc/sprengstoff-im-wtc-interview-mit-dr-harrit-ueber-911.html
13 Abstract und dann per Download auch die gesamte Studie unter www.bentham.org/open/tocpj/articles/V002/7TOCPJ.htm?TOCPJ/2009/00000002/00000001/7TOCPJ.SGM; vgl. auch »Explosivstoffe im WTC-Staub gefunden!« auf *911 Archiv.net*; www.911-archiv.net/world-trade-center/wtc/911-aktives-energetisches-material-im-staub-der-world-trade-center-katastrophe-entdeckt.html
14 Vgl. diverse Einträge auf *911 Archiv.net*: www.911-archiv.net/world-trade-center/wtc/sprengstoff-im-wtc-interview-mit-dr-harrit-ueber-911.html; www.911-archiv.net/world-trade-center/wtc/steven-e-jones-14-punkte-uebereinstimmung-mit-nist.html; www.911-archiv.net/debunking-of-debunkers/allgemein/wtc-staubanalyse-dr-harrit-vs-dr-rancour.html; www.911-archiv.net/debunking-of-debunkers/allgemein/wtc-staubanalyse-harrit-ries.html

34) WTC 7

1 http://911research.wtc7.net/wtc/analysis/wtc7/speed.html
2 »Engineers Have a Culprit in the Strange Collapse of 7 World Trade Center: Diesel Fuel«, *New York Times*, 29.11.2001; www.nytimes.com/2001/11/29/nyregion/nation-challenged-site-engineers-have-culprit-strange-collapse-7-world-trade.html?scp=3&sq=%22uncontrolled%20fire%22&st=cse
3 www.fema.gov/rebuild/mat/wtcstudy.shtm
4 www.ae911truth.org/de/news/57-news-releases-by-others/426-freefall-and-building-7-on-911.html
5 http://www.nist.gov/public_affairs/techbeat/tbx2008_1120_wtc7.htm
6 CNN, 21.8.2008; www.youtube.com/watch?v=7oG2iwBi9F0
7 http://en.wikipedia.org/wiki/Thermal_expansion

8 www.youtube.com/watch?v=C7SwOT29gbc&feature=pla yer_embedded

9 »Pursuant to Section 7(d) of the National Construction Safety Team Act, I hereby find that the disclosure of the information described below, received by the National Institute of Standards and Technology (›NIST‹), in connection with its investigation of the technical causes of the collapse of the World Trade Center Towers and World Trade Center Building 7 on September 11,2001, might jeopardize public safety. Therefore, NIST shall not release the following information:
1. All input and results files of the ANSYS 16-story collapse initiation model with detailed connection models that were used to analyze the structural response to thermal loads, break element source code, ANSYS script files for the break elements, custom executable ANSYS file, and all Excel spreadsheets and other supporting calculations used to develop floor connection failure modes and capacities
2. All input files with connection material properties and all results files of the LS-DYNA 47-story global collapse model that were used to simulate sequential structural failures leading to collapse, and all Excel spreadsheets and other supporting calculations used to develop floor connection failure modes and capacities.
– Patrick Gallagher, Director National Institute of Standards and Technology, 9.7.2009.«; http://cryptome.org/nist070709.pdf

35) Silverstein: unvorbereitet

1 Brill, *After*, S. 18 f.

2 Walther, *Der zensierte Tag*, S. 57 ff.

3 *Handelsblatt* 19.10.2006; www.handelsblatt.com/unternehmen/banken-versicherungen/der-schadensfall-world-trade-center-ist-abgeschlossen;1152152

4 Brill, *After*, S. 18

5 Silversteins »pull it« findet sich z. B. unter www.youtube.com/watch?v=7WYdAJQV100

6 Jeffrey Scott Shapiro, »Shame on Jesse Ventura!«, Fox News.com 22.4.2010:
»I was working as a journalist for Gannett News at Ground Zero

that day, and I remember very clearly what I saw and heard. Although I arrived at Ground Zero shortly after the Twin Towers fell, I was in the danger zone created by Building 7 from the moment it collapsed in the afternoon, an event that is one of the key cornerstones of the 9/11 conspiracy theory Governor Ventura and many 9/11 ›Truthers‹ allege that government explosives caused the afternoon collapse of Building 7. This is false. I know this because I remember watching all 47 stories of Building 7 suddenly and silently crumble before my eyes. Shortly before the building collapsed, several NYPD officers and Con-Edison workers told me that Larry Silverstein, the property developer of One World Financial Center was on the phone with his insurance carrier to see if they would authorize the controlled demolition of the building – since its foundation was already unstable and expected to fall. A controlled demolition would have minimized the damage caused by the building's imminent collapse and potentially save lives. Many law enforcement personnel, firefighters and other journalists were aware of this possible option. There was no secret. There was no conspiracy. While I was talking with a fellow reporter and several NYPD officers, Building 7 suddenly collapsed, and before it hit the ground, not a single sound emanated from the tower area. There were no explosives; I would have heard them. In fact, I remember that in those few seconds, as the building sank to the ground that I was stunned by how quiet it was.«; www.foxnews.com/opinion/2010/04/22/jeffrey-scott-shapiro-jesse-venture-book-lies-truthers-ground-zero-sept-shame/

7 Vgl. *History Commons*, »(2:00 p.m.-2:30 p.m.) September 11, 2001: Decision Made to Abandon WTC 7«; www.historycommons.org/context.jsp?item=a200abandonwtc7#a200abandonwtc7

36) United 23

1 Die einzelnen Messer-in-den-Sitzen-Artikel finden sich hier: *Time*, www.time.com/time/nation/article/0,8599,175953,00.html; *Guardian,* www.guardian.co.uk/september11/story/0,11209,601830,00.html; *Chicago Tribune*, http://replay.waybackmachine.org/20021124045337

und www.chicagotribune.com/news/showcase/chi-0109230432sep23.story?coll=chi-newsspecials-hed; *Independent*, http://replay.waybackmachine.org/20010924205148; http://news.independent.co.uk/world/americas/story.jsp?story=95895; CNN, http://archives.cnn.com/2001/US/10/15/inv.air.canada/index.html

2 Vgl. Spencer, *Touching History*, S. 103 f.; sowie Zusammenfassung und Quellensammlung bei *History Commons*, »(After 9:19 a. m.) September 11, 2001: United Flight 23 Cancels Takeoff, Possibly Avoids Being Hijacked«; http://www.historycommons.org/context.jsp?item=a900hijackingaverted#a900hijackingaverted

37) Intermezzo: Anthrax

1 Vgl. vor allem die zuständige Lokalpresse, nämlich z. B. »Bruce Ivins's lawyer, colleague share details FBI left out«, *Frederick News Post* vom 5.12.2010,: »Meryl Nass, a physician who has written extensively about anthrax vaccines and the Amerithrax investigation, gave the seminar attendees some insight into Ivins' final days. Ivins overdosed on Tylenol PM on July 26, 2008, and died on July 29. But Nass said, medically speaking, the outcome of his overdose should have been different. Ivins was brought to Frederick Memorial Hospital by an ambulance early on the morning of July 27. He was under constant surveillance, and Nass said the FBI agents watching him could have, but didn't, inform the doctors that he had purchased two bottles of Tylenol PM a few days earlier. Nass said there is no evidence that the FBI agents helped get Ivins medical attention quicker or let anyone know about the Tylenol purchase. ›It takes from two to several days for liver failure to occur after ingesting a large dose of Tylenol,‹ according to a document Nass handed out at the seminar. She said there is an effective antidote, called N-acetyl cysteine, that helps the body detoxify the substance created as the liver metabolizes the Tylenol. Nass said death rates from a Tylenol overdose is »extremely rare when this safe, easily available treatment is given in a timely manner.«; http://www.wtop.com/?nid=858&sid=2188906

2 Robert Schmidt u. a., »Scientist in Anthrax Case Said to Have Killed Himself (Update4)«, auf *Bloomberg.com*, 1.8.2008; http://

www.bloomberg.com/apps/news?pid=newsarchive&sid=aKQxd_8Ywgpg&refer=home

3 Vgl. John Byrne, »Anthrax spores don't match dead researcher's samples«, auf: *The Raw Story*, 26.2.2009 http://rawstory.com/news/2008/Anthrax_spores_dont_match_dead_researchers_0226.html

4 Vgl. Glenn Greenwald, »Doubts over the anthrax case intensify – except among much of the media«, auf *Salon.com*, 18. August 2008; www.salon.com/news/opinion/glenn_greenwald/2008/08/18/anthrax/print.html; sowie Jay Epstein, »The Anthrax Attacks Remain Unsolved«, in: *Wall Street Journal*, 24.1.2010; http://online.wsj.com/article/SB10001424052748704541004575011421223515284.html

5 Gary Matsumato, »Key Expert Calls FBIs Theory About Accused Anthrax Terrorist ›Impossible‹«, auf *ProPublica*, 25.4.2011; www.alternet.org/story/146614/key_expert_calls_fbi%27s_theory_about_accused_anthrax_terrorist_%27impossible%27

6 Vgl. abermals Greenwald und Epstein, wie soeben angeführt

7 Vgl. *History Commons*, »June 27, 2008: Former Anthrax Attacks Suspect Hatfill Exonerated; Paid Nearly $6 Million to Settle Suit against US Government«; www.historycommons.org/context.jsp?item=a062708hatfillpayment#a062708hatfillpayment

8 Matt Fair, »Holt: FBI anthrax investigation is itself subject of probe«, in: *The Times* 16.9.2010; www.nj.com/mercer/index.ssf/2010/09/holt_fbi_anthrax_investigation.html

9 Brill, *After*, S. 37

10 Chaim Kupferberg, »There's Something About Omar. Truth, Lies, and The Legend of 9/11«, auf *Global Research*, 21.10.2003: »To anyone familiar with covert operations, the above item would perhaps set off alarm bells. In theory, if Atta and his comrades were intelligence assets, they would be handled by resident, intelligence-connected, ›babysitters‹ whose job it would be to set up accommodations and provide support where needed. Were the Irishes ›babysitters‹ in an intelligence operation?«; www.globalresearch.ca/articles/KUP310A.html

11 Vgl. »FBI: Hijacker-anthrax link coincidental«, CNN, 15.10.2001; http://edition.cnn.com/2001/HEALTH/conditions/10/15/anthrax.hijackers/

12 Eric Lipton, »Doubts persist among Anthrax Suspect's Colleagues«, in: *New York Times*, 8.8.2008: »In 2000, US military personnel are being required under the threat of court-martial to be inoculated with an anthrax vaccine. But the vaccine, known as Anthrax Vaccine Absorbed (AVA), is not working very well and some soldiers are getting sick. This results in a loud public outcry lasting into 2001.«; www.nytimes.com/2008/08/09/washington/09vaccine.html?pagewanted=2&_r=1

13 Robert B. Myers, Lansing Economic Club Presentation, 18.1.2001 (auf der BioPort-Website (s. u., Archiv) unter News Room → News Releases; http://replay.web.archive.org/20041126203137; http://www.bioport.com/default.asp?page=PressReleases/BioPort/PR11.htm&menulevel=3

14 Vgl. *History Commons*, »2000-2001: USAMRIID Scientists Have Trouble with Anthrax Vaccine; FBI Will Later Call This the Motive for Anthrax Attacks, Suspect Ivins«: »Ivins is working at USAMRIID, the US Army's top bioweapons laboratory, and he and about six other USAMRIID scientists were assigned by the Defense Department to fix the problems with the vaccine so production could resume. In a June 2000 E-Mail message, Ivins writes, ›Unfortunately, since the BioPort people aren't scientists, the task of solving their problem has fallen on us.‹«; www.historycommons.org/context.jsp?item=a2000bioportivins#a2000bioportivins
»Doubts Persist Among Anthrax Suspect's Colleagues«, *New York Times*, 8.8.2008: »The criticism, which reached its peak in 2000 and early 2001, was clearly starting to get on Dr. Ivins's nerves. ›I think the **** is about to hit the fan ... big time,‹ he wrote in a July 2000 e-mail message about the inoculation program, according to a government affidavit. ›It's just a fine mess.‹«; www.nytimes.com/2008/08/09/washington/09vaccine.html?pagewanted=2&_r=1

15 Vgl. *New York Times*, ebd.: »Dr. Ivins and other researchers, however, had been working on a more advanced alternative vaccine — considered safer and more effective — so there was no reason for such a rash act, his former colleagues say. ›There was a lot of consternation, a lot of pressure to rescue this thing,‹ said Jeffrey Adamovicz, one of Dr. Ivins's fellow researchers at the time. ›But if AVA failed, he had his next vaccine candidate. It

was well on its way to what looked to be a very bright future.«

16 »In December 2001, BioPort obtained FDA approval for its newly-renovated anthrax vaccine manufacturing facilities. With approval of a contractor to fill the vaccine in vials, BioPort received final approval to distribute vaccine from its newly renovated facilities in January 2002.«; http://replay.web.archive.org/20060311232419/http://www.bioport.com/NewsRoom/NewsReleases/BioPort/2002-Jan31.pdf

17 Am 30.6.1999 führte El-Hibri vor dem »Subcommittee on National Security, Veterans Affairs, and International Relations of the House Committee on Government Reforms« aus: »Three Companies currently hold voting equity in BioPort: Intervac LLC and Intervac Management LLC, which are both Maryland limited liability companies, and Michigan Biologic Products, Inc., a Michigan Corporation. Intervac LLC is the controlling shareholder. Intervac LLC is owned by Admiral William J. Crowe, Jr., my wife Nancy and me, and I & F Holdings N. V., a Netherlands Antilles investment company owned by my father Ibrahim El-Hibri. As mentioned earlier, I & F Holdings is an investment company in biotech operations, which previously had invested in the management buy-out of Proton Products Ltd … Admiral Crowe and I and the controlling members of Intervac LLC.«; http://replay.web.archive.org/20041126203137; http://www.bioport.com/default.asp?page=PressReleases/BioPort/PR11.htm&menulevel=3 unter › News Room ‹ News Releases → Press Releases – June 30, 1999

18 »Federal officials recently re-stated their concerns about the level of vulnerability in the event of a massive airborne anthrax attack. This contract allwos other agencies such as Homeland Security, Health and Human Services and the State Department to obtain BioThrax through the Defence Department‹, (BioPort-President Bob) Kramer said«; http://replay.web.archive.org/20040212073144; http://www.bioport.com/newsroom/newsreleases/bioport/2004-Jan09.PDF

19 *History Commons*, »Evening, September 11, 2001: White House Staff, Including Cheney's, Start Taking Anthrax Antibiotic Cipro«; www.historycommons.org/context.jsp?item=a091101ciprocheney#a091101ciprocheney

38) Whistleblower

1 Vgl. Ganser, *NATO-Geheimarmeen in Europa*; www.php.isn.ethz.ch/collections/colltopic.cfm?lng=en&id=15301; »Das blutige Schwert der CIA«, *Spiegel*, 19.11.1990; www.spiegel.de/spiegel/print/d-13501822.html; EU-Parlament, 22.11.1990; www.cloeser.org/ext/Gladio-Entschlie%DFung_des_EP_von_1990.pdf

2 Clarke, *Against All Enemies*, S. 126: »Conspiracy Theorists simultaneoulsy hold two contrary beliefs: a) that the U. S. government is so incompetent that it can miss explanations that the theorists can uncover, and b) that the U. S. government can keep a big and juicy secret. The first belief has some validity. The second idea is pure fantasy.«

3 *History Commons*, »Context of ›August 8, 2009: Sibel Edmonds Testifies Under Oath‹«; www.historycommons.org/context.jsp?item=complete_911_timeline_6263EdmondsUnderOath

4 »Ryland: A Sibel Edmonds ›Bombshell‹ – Bin Laden Worked for U. S. Until 9/11«, auf *Brad Blog*, 31.7.2009; www.bradblog.com/?p=7332

5 www.justacitizen.com/images/Gallery%20Draft2%20for%20Web.htm

6 Interview mit Sibel Edmonds, September 2009; http://911blogger.com/node/21416

7 *History Commons*, »August 4-25, 1998: Embassy Bomber's Arrest Points to Vital Al-Qaeda Communications Hub«; www.historycommons.org/entity.jsp?entity=mike_feghali

8 Für die Explosion eines Pan-Am-Jets über dem schottischen Lockerbie wurden libysche Terroristen verantwortlich gemacht. Nachdem Susan Lindauer von ihrem CIA-Kontaktmann Richard Fuisz – einem Pharmaforscher und Unternehmer, der in den 80er Jahren für die CIA in Syrien tätig war – über die ihm zufolge eigentlich aus Syrien stammenden Täter informiert worden war, brachte sie diese Informationen Anfang 2000 an die Öffentlichkeit. UN-Diplomaten forderten daraufhin eine Aussagegenehmigung für Fuisz, die jedoch vom State Department aus Gründen der »nationalen Sicherheit« verweigert wurde. Vgl. dazu Neil Mackay u. a., » Lockerbie: CIA witness gagged by US government; Lockerbie trial«, in: *The*

Sunday Herald, 28.5.2000; http://findarticles.com/p/articles/mi_qn4156/is_20000528/ai_n13949725/

9 »Susan Lindauer: Secret Charges and the Patriot Act«, auf *Top Scoops*, 10.3.2009; www.scoop.co.nz/stories/HL0903/S00130.htm

10 Zit. n. »Around the Nation – Case Dropped Against Md. Woman«, *Washington Post*, 17.1.2009; www.washingtonpost.com/wp-dyn/content/article/2009/01/16/AR2009011604599.html

11 Alan Feuer, »Antiwar Activist Returns to Court for Iraq Spy Case«, in: *New York Times*, 18.6.2008; www.nytimes.com/2008/06/18/nyregion/18spy.html?_r=1&scp=7&sq=Susan%20P.%20Lindauer&st=cse; Michael Collins, »The American Cassandra Series«, auf *Extreme Prejudice*; http://extremeprejudiceusa.wordpress.com/american-cassandra-series-by-michael-collins-3/

12 »The Journey of a Wall Street Whistleblower«, auf *911 Truth.org*, 1.3.2005; www.911truth.org/article.php?story=20050301231231793

13 *History Commons*, »Mid-1990s: Al-Kadi Claims Good Relationship with Cheney«; www.historycommons.org/context.jsp?item=a1990sqadicheney#a1990sqadicheney

14 »The Journey of a Wall Street Whistleblower«, auf *911 Truth.org*, 1.3.2005; www.911truth.org/article.php?story=20050301231231793

15 Bergantino im National Public Radio, 8.12.2002: »The worst-case scenario is that this is a situation where this was planned for a very long time to establish a company in this country and in the computer software business that would target federal agencies and gain access to key government data to essentially help terrorists launch another attack.«; www.globalsecurity.org/org/news/2002/021208-secure01.htm

16 *History Commons*, »October 1998: Vulgar Betrayal Investigation Nearly Shut Down«; www.historycommons.org/context.jsp?item=a1098alqadi#a1098alqadi

17 *History Commons*, »August 3, 1999: Wright removed from Vulgar Betrayal Investigation«; www.historycommons.org/context.jsp?item=a080399betrayalshutdown#a080399betrayalshutdown

18 *History Commons*, »1986-October 1999: New Jersey Firm Investors List Is ›Who's Who of Designated Terrorists‹«; www.historycommons.org/context.jsp?item=a86bmiinvestors#a86bmiinvestors

19 Lisa Myers, »Did al-Qaida trainee warn FBI before 9/11?«, MSNBC, 26.7.2004; www.msnbc.msn.com/id/5131524/

20 Antony Barnett u. a., »UK spymasters shrugged off al-Qaeda recruit's warning«, in: *Observer*, 6.6.2004; www.guardian.co.uk/world/2004/jun/06/september11.terrorism

21 *History Commons*, »April 2000: Would-Be Hijacker Tells FBI About Plot to Fly Plane into US Building«; www.historycommons.org/entity.jsp?entity=niaz_khan

22 *History Commons*, »Profile: Radical Fundamentalist Unit (RFU)«; http://www.historycommons.org/entity.jsp?entity=radical_fundamentalist_unit

23 »Coleen Rowley's Memo to FBI Director Robert Mueller. An edited version of the agent's 13-page letter«, *Time Magazine*, 21.5.2002; www.time.com/time/covers/1101020603/memo.html

24 Eine Zusammenfassung zur Sabotage der Moussaoui-Fahndung durch die FBI-Zentrale findet sich im *9/11 Archiv.net*: www.911-archiv.net/vorauswissen/warnungen/sabotage-im-fall-qzacharias-moussaouiq.html

25 »Senate report: FBI still unprepared«, auf *Salon.com*, 3.3.2003; www.salon.com/news/feature/2003/03/03/fbi/index.html

26 »Interview with April Gallop«, auf *George Washington's Blog*, 13.7.2006; http://georgewashington.blogspot.com/2006/07/interview-with-april-gallop.html

27 Mary Maxwell, »April Gallop vs Cheney, Rumsfeld, Myers – 9/11 Court Case«, auf *OpEdNews.com*, 25.4.2011; www.opednews.com/articles/April-Gallop-vs-Cheney-Ru-by-Mary-Maxwell-110425-185.html; Urteilsbegründung hier: www.centerfor911justice.org/news/chin=20decision-1.pdf

28 »The fix is in: Bush Cousin presides over 9/11 suit against Cheney, Rumsfeld, Myers«, auf *Truth and Shadows*, 10.4.2011; http://truthandshadows.wordpress.com/2011/04/10/the-fix-is-in-bush-cousin-presides-over-911-suit-against-cheney-rumsfeld/#more-551

29 www.leagle.com/xmlResult.aspx?page=4&xmldoc=In+FCO+20110427118.xml&docbase=CSLWAR3-2007-CURR&SizeDisp=7

Literatur

Gedrucktes

Ahmed, Nafeez M., *Geheimsache 9/11*, München: Riemann 2003

—, *The War on Truth. 9/11, Disinformation, and the Anatomy of Terrorism*, Northampton: Olive Branch 2005

Arkin, William M., *Code Names. Deciphering U. S. Military Plans, Programs and Operations in the Post 9/11 World*, Hanover, NH: Steerforth 2005

Aust, Stefan; Schnibben, Cordt (Hrsg.), *11. September. Geschichte eines Terrorangriffs*, München: dtv 2002

Baudrillard, Jean, *Der Geist des Terrorismus*, Wien: Passagen 2002

Bracken, Ken, *The Shadow Government. 9/11 and State Terror*, Kempton: Adventures Unlimited Press 2003

Brill, Stephen, *After. The Rebuilding and Defending of America in the September 12 Era*, New York: Simon & Schuster 2003

Brisard, Jean-Charles; Dasquié, Guillaume, *Die verbotene Wahrheit. Die Verstrickungen der USA mit Osama Bin Laden*, Zürich: Pendo 2002

Bröckers, Mathias; *Verschwörungen, Verschwörungstheorien und die Geheimnisse des 11.9.*, Frankfurt: Zweitausendeins 2002

—; Hauß, Andreas, *Fakten, Fälschungen und die unterdrückten Beweise des 11.9.*, Frankfurt: Zweitausendeins 2003

—, *Die Drogenlüge. Warum Drogenverbote den Terrorismus fördern und Ihrer Gesundheit schaden*, Frankfurt: Westend 2010

Bülow, Andreas von, *Die CIA und der 11. September. Internationaler Terror und die Rolle der Geheimdienste*, München: Piper 2003

Carter, Ashton B.; Deutch, John M.; Zelikow, Philip D., *Catastrophic Terrorism: Elements of a National Policy*, Cambridge, MA.: Harvard University Press 1998

Chomsky, Noam, *The Attack*, Hamburg: EVA 2003

Clarke, Richard A., *Against All Enemies. Inside America's War on Terror*, New York: Free Press 2004

Collins, Aukai, *My Jihad. One American's Journey Through the World of Usama Bin Laden – as a Covert Operative for the American Government*, Guilford: Globe Pequot Press 2002

Commission Report – s. unter Zelikow 2004

Cooper, John S., *Das fünfte Flugzeug*, Köln: Kiepenheuer & Witsch 2007

Dunbar, David; Reagan, Brad (Hg.), *Debunking 9/11 Myths*, New York: Hearst Books 2006

Farmer, John, *Ground Truth. The Untold Story of America Under Attack on 9/11*, New York: Penguin 2009

Fielding, Nick; Fouda, Yosri, *Masterminds of Terror*, Hamburg: Europa 2003

Filson, Leslie, *Air War Over America. September 11 Alters Face of Air Defense Mission*, Darby, PA: Diane Publishing Co. 2004

Fitzgerald, A. Ernest, *The Pentagonists. An Insider's View of Waste, Mismanagement and Fraud in Defense*, New York: Houghton-Mifflin 1988

Gaffney, Mark H., *The 9/11 Mystery Plane and the Vanishing of America*, Walterville: Trine Day LLC 2008

Ganser, Daniele, *NATO-Geheimarmeen in Europa. Inszenierter Terror und verdeckte Kriegsführung*, Zürich: Orell Füssli 2008

Glenny, Misha, *McMafia. Die grenzenlose Welt des organisierten Verbrechens*, München: DVA 2008

Griffin, David Ray, *The New Pearl Harbor. Disturbing Questions*

about the Bush Administration and 9/11, Northampton: Olive Branch Press 2004
—, *The 9/11 Commission Report. Omissions and Distortions*, Northampton: Olive Branch Press 2005
—, *Debunking 9/11 Debunking. An Answer to »Popular Mechanics« And Other Defenders of the Official Conspiracy Theory*, Northampton: Olive Branch Press 2007
—, *9/11 Contradictions. An Open Letter to Congress and the Press*, Northampton: Olive Branch Press 2008
—, *The New Pearl Harbor Revisited*, Moreton-in-Marsh: Arris Books 2008
—, *The Mysterious Collapse of World Trade Center 7*, Moreton-in-Marsh: Arris Books 2010
—, *Osama Bin Laden: Tot oder lebendig?*, Berlin: Peace Press 2010
—, *Cognitive Infiltration. An Obama Appointees's Plan to Undermine the 9/11 Conspiracy Theory Theory*, Northampton: Olive Branch Press 2011
Guthart, Christian, *11. September. Ein Untersuchungsbericht*, München: SKD Bavaria 2002
Haug, Wolfgang (Hg.), *Angriff auf die Freiheit? Die Anschläge in der USA und die »Neue Weltordnung«*, Grafenau: Trotzdem 2001
Henshall, Ian, *9-11. The New Evidence*, London: Constable & Robinson 2007
Hersh, Seymour, *Die Befehlskette. Vom 11. September bis Abu Ghraib*, Reinbek: Rowohlt 2004
Hicks, Sander, *The Big Wedding. 9/11, the Whistle Blowers & the Cover-up*, New York: Vox Pop 2005
Hopsicker, Daniel, *Welcome to Terrorland. Mohammed Atta und seine amerikanischen Helfer*, Frankfurt: Zweitausendeins 2004
Hufschmid, Paul, *Painful Questions. An Analysis of the September 11th Attack*, Greensboro: Endpoint Software 2003

Kean, Thomas H.; Hamilton, Lee H., *Without Precedent. The Inside Story of the 9/11 Commission*, New York: Knopf 2006

Laurent, Eric, *9/11/01. Die Wahrheit*, München: Piper 2005

Lévy, Bernard-Henri, *Wer hat Daniel Pearl ermordet? Der Tod eines Journalisten und die Verstrickungen des pakistanischen Geheimdienstes mit Al-Qaida*, München: Econ 2003

Leyendecker, Hans, *Die Lügen des Weißen Hauses. Warum Amerika einen Neuanfang braucht*, Reinbek: Rowohlt 2004

Lindauer, Susan, *Extreme Prejudice: The Terrifying Story of the Patriot Act and the Cover-Ups of 9/11 and Iraq*, Scotts Valley, CA: Createspace 2010

Longman, Jere, *Todesflug UA 93*, München: Goldmann 2002

Marshall, Philipp, *False Flag 9/11. How Bush, Cheney and the Saudis created the Post-9/11 World*, pilotsof911@aol.com

McDermott, Terry, *Perfect Soldiers: The Hijackers – Who They Were, Why They Did It*, New York: HarperCollins 2005

Meyssan, Thierry, *Der inszenierte Terrorismus. Auftakt zum Weltenbrand*, Kassel: Editio de Facto 2002

—, *Pentagate. Angriff auf das Pentagon*, Kassel: Editio de Facto 2003

Napoleoni, Loretta, *Die Ökonomie des Terrors. Auf den Spuren der Dollars hinter dem Terrorismus*, München: Kunstmann 2004

National Commission on Terrorist Attacks Upon the United States (Hg.), *9/11 and Terrorist Travel: Staff Report*, Washington, D. C.: August 2004; http://www.9-11commission.gov/staff_statements/911_TerrTrav_Monograph.pdf

Pitt, William Rivers; Ritter, Scott, *Krieg gegen den Irak. Was die Bush-Regierung verschweigt*, Köln: Kiepenheuer & Witsch 2002

Rétyi, Andreas von, *Die Terrorflüge. Der 11. September 2001 und die besten Beweise, dass wirklich alles anders war*, Rottenburg: Kopp 2007

Ruppert, Michael, *Crossing The Rubicon. The Decline of the Ameri-*

can Empire and the End of the Age of Oil, Gabriola Island: New Society 2004

Shaffer, Anthony, *Operation Dark Heart: Spycraft and Special Ops on the Frontlines of Afghanistan – and the Path to Victory*, New York: St. Martin's Press 2010

Shenon, Philipp, *The Commission. The Uncensored Story of the 9/11 Investigation*, New York: Hachette/Twelve 2008

Spencer, Lynn, *Touching History. The Untold Story of the Drama that Unfolded in the Skies Over America on 9/11*, New York: Free Press 2008

Stinnett, Robert B., *Pearl Harbor. Wie die amerikanische Regierung den Angriff provozierte und 2476 ihrer Bürger sterben ließ*, Frankfurt: Zweitausendeins 2003

Strasser, Steven (Hg.), *The 9/11 Investigations, Staff Reports of the 9/11 Commission*, New York: Public Affairs/Perseus 2004

Tarpley, Webster Griffin, *9/11 Synthetic Terror Made in USA*, Joshua Tree: Progressive Press 2005

Thomas, William, *All Fall Down. The Politics of Terror and Mass Persuasion*, Hornby Island, British Columbia: Essence Publications 2002

Thompson, Paul and the Center for Cooperative Research, *The Terror Timeline. Year by Year, Day by Day, Minute by Minute*, New York: Regan Books 2004

Thorn, Victor, *9-11 on Trial. The World Trade Center Collapse*, Joshua Tree: Sisyphus Press 2006

Vidal, Gore, *Bocksgesang. Antworten und Fragen vor und nach dem 11. September*, Hamburg: EVA 2003

Walther, Christian C., *119 Fragen zum 11.9.*, München: Heyne 2003

— *Der zensierte Tag. Wie man Menschen, Meinungen und Maschinen steuert*, München: Heyne 2004

Weldon, Curt, *Countdown to Terror: The Top-Secret Information That Could Prevent the Next Terrorist Attack on America … and*

How the CIA Has Ignored It, Washington, DC: Regnery Publishing 2005

Wisnewski, Gerhard, *Operation 9/11. Angriff auf den Globus*, München: Knaur 2003

—, *Mythos 9/11. Der Wahrheit auf der Spur*, München: Knaur 2004

Wright, Lawrence, *The Looming Tower: Al Queda and the Road to 9/11*, New York: Alfred A. Knopf

Zelikow, Philip et al., *The 9/11 Commission Report*, New York: W. W. Norton & Company 2004; http://www.9-11commission.gov/report/911Report.pdf

Zwicker, Barry, *Towers of Deception. The Media Cover-up of 9/11*, Gabriola Island, British Columbia: New Society 2006

Web-Auswahl

9-11 Archiv (dt.), www.911-archiv.net

9-11 Blogger, www.911blogger.com

9-11 Review, http://911review.com/

9-11 Revisited, www.oredigger61.org

911Myths, www.911myths.com

Architects & Engineers for 9/11 Truth, www.ae911truth.org (1416 Architekten und Ingenieure, 11 000 Unterstützer)

Congressional Reports, http://www.gpoaccess.gov/serialset/creports/911.html

Debunking 9/11 Conspiracy theories and Controlled Demolition Myths, http://debunking911.com/

Family Steering Committee for the 9/11 Independent Commission, www.911independentcommission.org/

FBI Records: The Vault, http://vault.fbi.gov/9-11%20Commission%20Report

Fire Fighters for 9-11 Truth, http://firefightersfor911truth.org

History Commons, www.historycommons.org

Lawyers for 9/11 Truth, http://l911t.com/

Loose Change 9/11, http://s1.zetaboards.com/LooseChangeForums/index
Mathias Bröckers. Question Authority – Think for Yourself, www.broeckers.com/
Mosaik 9/11, http://mosaik911.de/index.html
National Commission on Terrorist Attacks Upon the United States, http://www.9-11commission.gov/
NYCCan – Vote for Answers, http://nyccan.org/ (»It's not too late for the Truth«)
Physics 911 – Scientific Panel Investigating Nine-Eleven, http://physics911.net
Pilots for 9/11 Truth, http://pilotsfor911truth.org
Political Leaders for 9/11 Truth Statement, www.pl911truth.com
Religious Leaders for 9/11 Truth, http://rl911truth.org
Scholars for 9/11 Truth & Justice, http://stj911.org
Senior Military, Intelligence, Law Enforcement and Government Officials Question the 9/11 Commission Report, www.patriotsquestion911.com (mehr als 3000 Universitätsprofessoren, Militärs, Piloten, Polizisten, Architekten, Ingenieure, Physiker, Geheimdienstexperten, Richter, Prominente, Wissenschaftler und Politiker, außerdem mehr als 300 Überlebende und Angehörige der Opfer des 11. September)
Shoestring 9/11. Investigating 9/11 and Other Acts of the Secret State, http://shoestring911.blogspot.com/2007/02/welcome-to-shoestring-911.html
The 9/11 Truth Movement, www.911truth.org
Veterans for 9/11 Truth, http://v911t.org/
Woody Box, http://911woodybox.blogspot.com/

Anhang

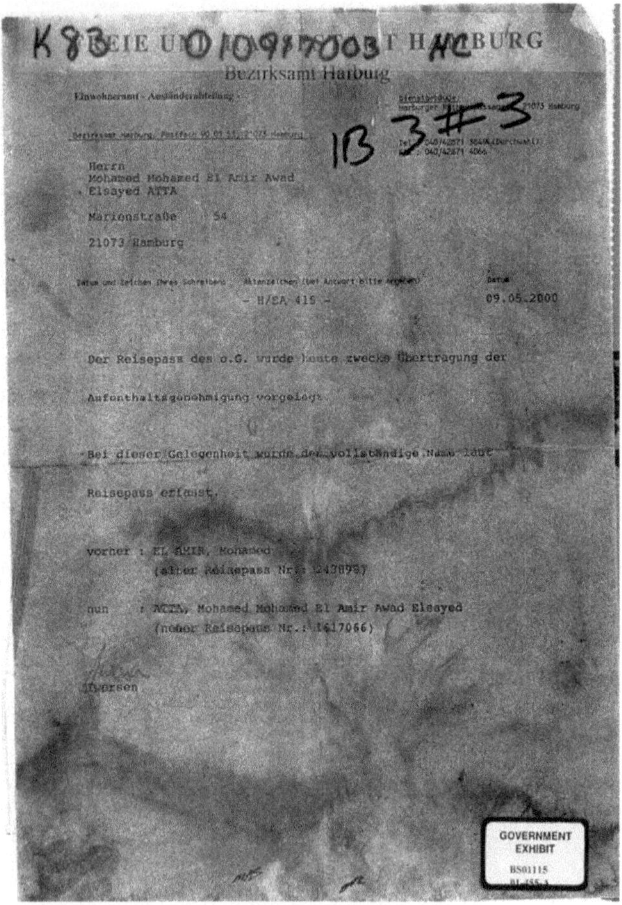

FREIE UND HANSESTADT HAMBURG
Bezirksamt Harburg

Einwohneramt · Ausländerabteilung ·

Bezirksamt Harburg, Postfach 90 01 55, 21073 Hamburg

Dienstgebäude: Harburger [illegible] 21073 Hamburg
Tel.: 040/42871 3649 (Durchwahl)
[illegible]: 040/42871 4066

Herrn
Mohamed Mohamed El Amir Awad
Elsayed ATTA

Marienstraße 54

21073 Hamburg

Datum und Zeichen Ihres Schreibens · Aktenzeichen (bei Antwort bitte angeben) · Datum

– H/SA 415 – 09.05.2000

Der Reisepass des o.G. wurde heute zwecks Übertragung der Aufenthaltsgenehmigung vorgelegt.

Bei dieser Gelegenheit wurde der vollständige Name laut Reisepass erfasst.

vorher : EL AMIR, Mohamed
(alter Reisepass Nr.: 2438978)

nun : ATTA, Mohamed Mohamed El Amir Awad Elsayed
(neuer Reisepass Nr.: 1617066)

[illegible]rsen

Anhang 1

Exhibit A und B. Was ein gründlicher Terroristenanführer so alles in seinen letzten Koffer packt, von dem er doch ganz genau weiß, dass er mit ihm explodieren wird: eine Meldebestätigung …

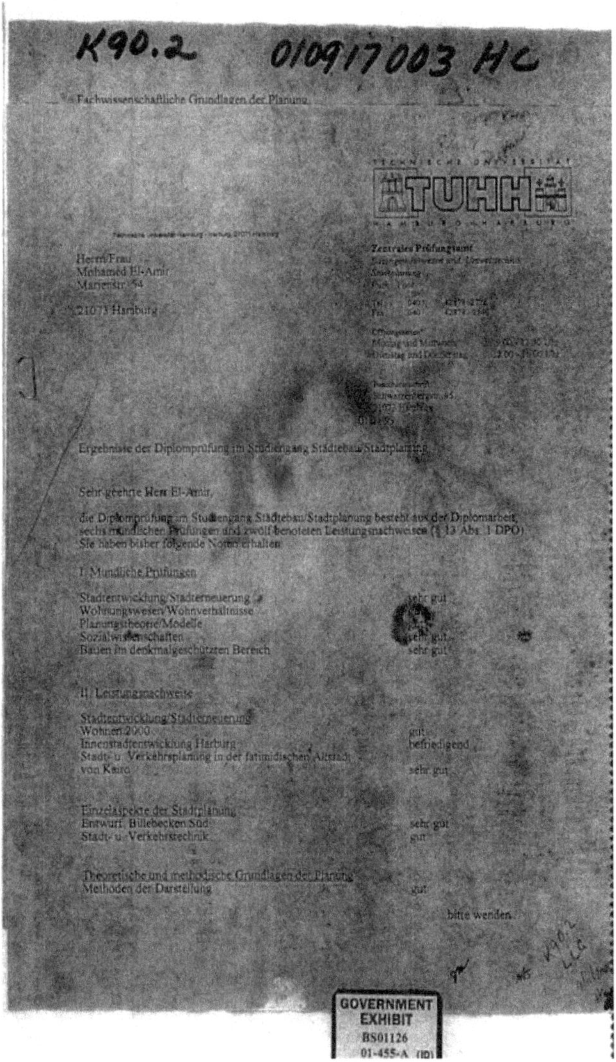

K90.2 010917003 HC

Fachwissenschaftliche Grundlagen der Planung

TECHNISCHE UNIVERSITÄT
TUHH
HAMBURG-HARBURG

Zentrales Prüfungsamt

Herrn/Frau
Mohamed El-Amir
Marienstr. 54

21073 Hamburg

Ergebnisse der Diplomprüfung im Studiengang Städtebau/Stadtplanung

Sehr geehrte Herr El-Amir,

die Diplomprüfung im Studiengang Städtebau/Stadtplanung besteht aus der Diplomarbeit, sechs mündlichen Prüfungen und zwölf benoteten Leistungsnachweisen (§ 13 Abs. 1 DPO). Sie haben bisher folgende Noten erhalten:

I. Mündliche Prüfungen

Stadtentwicklung/Stadterneuerung	sehr gut
Wohnungswesen/Wohnverhältnisse	[illegible]
Planungstheorie/Modelle	
Sozialwissenschaften	sehr gut
Bauen im denkmalgeschützten Bereich	sehr gut

II. Leistungsnachweise

Stadtentwicklung/Stadterneuerung	
Wohnen 2000	gut
Innenstadtentwicklung Harburg	befriedigend
Stadt- u. Verkehrsplanung in der fatimidischen Altstadt von Kairo	sehr gut
Einzelaspekte der Stadtplanung	
Entwurf: Billebecken Süd	sehr gut
Stadt- u. Verkehrstechnik	gut
Theoretische und methodische Grundlagen der Planung	
Methoden der Darstellung	gut

bitte wenden

GOVERNMENT EXHIBIT
BS01126
01-455-A

Anhang 2

… und ein Schreiben der Technischen Universität Hamburg-Harburg mit Prüfungsergebnissen.

NORAD EXERCISES

Hijack Summary

Date	Exercise	Subject	Type	Element	From	To	Aircraft	Remarks	Response
								FY99	
10/25/1998	Vigilant Guardian 99	Deviation HIJACK	Outside-Inside	SEADS	Slomonia	Boston	IIL62	Demand for political asylum	FAA will comply with request and a/c will land safely in Boston
10/25/1998	Vigilant Guardian 99	HIJACK A/C	Outside-Inside	NEADS	Gander	Miami	B747	A/C will start turning for Boston and squawk Mode 3 7500. No contact with a/c	FAA requests military assistance. A/C will land Boston without approval
10/26/1998	Vigilant Guardian 99	HIJACK HK to LAX	Outside-Inside	WADS	Hongkong	LAX	B747	Terrorists plan on using plane to commit suicide run into metropolitan area of SF	"Shoot or not shoot" that is the question that needs to be answered. Either way, the a/c will be shot down or explode over water. A/C will never reach land. Need NORAD intel to support event. Objective: Hijack procedures/shootdown
10/27/1998	Vigilant Guardian 99	HIJACK Europe to East Coast	Outside-Inside	CANR	Firkennon	Montreal	B747	Campaign against US imperialists and minions	Picked up on radar by USS Princeton in North Atlantic. DDO at NMCC conferences FAA and NORAD CD and taks NORAD to covertly shadow
10/27/1998	Vigilant Guardian 99	HIJACK JUNTA JUBBA	Outside-Inside	CMOC, ANR, CANR	Narita	Chicago	US B747	Divert to unknown destination	Picked up on radar by USS Shiloh in North Pacific. DDO at NMCC conferences FAA and NORAD CD and taks NORAD to covertly shadow
1/21/1999	Coronet White 99	Live AST Hijack from JFK to Miami	Inside-Outside	NEADS, CONR	JFK	Gander	B747	A divert hijack. "Hijacked" aircraft is to **change mode 3 at a specific point** [not to an emergency code]	Live fly Hijack, slated to scramble Langley AFB; Objectives to exercise battle staff and SAOC operations checklist. Will involve Vacapes (Washington) and NY ARTCC. FAA will call HUNTRESS for military assistance to force the aircraft to land at nearest possible airport.
1/22/1999	Coronet White 99	Hijack Miami to Oklahome City	Inside-Inside	SEADS	Miami	OK City	B737	Federal prisoners being transported take over an aircraft, led by a Colombian cartel leader. Hijackers were disguised as corrections officers.	Simulated Miami Center will call SEADS to trail a/c as far south as possible as it heads for South America
1/23/1999	Coronet White 99	Hijack San Diego to Anchorage	Inside-Inside	WADS	San Diego	Anchorage	B747	Hijackers have hostages and want to divert to Vancouver	WADS is to hand off to Canadian fighters. A/C will land and hijackers to be apprehended by RCMP
4/11/1999	Amazon Condor 00-1	Hijack diverted to unknown US location	Outside-Inside	SEADS	JSB SA	Miami	US 747	Terrorist group unknown has claimed responsibility and may have WMD on board. There are US and Canadian citizens on board. No comms with plane since hijack.	A Significant Events Conference should result. State Department decision to contact SECDEF/CJCS and NMCC and request NORAD assistance and surveillance. FBI JOC and FAA EAC/ATCSCC are contacted. CJCS is informed by ATCSCC about approximate route information. NORAD tasking is covert shadow. **Track monitor is to fly down the airway as though it might be going to Washington DC.** Air crew will regain control.
9/30/1999	VFFI 99-1	Hijacked Aircraft with demands	Outside-Inside	CANR	HK	Vancouver	B747	Terrorists on board with sarin and weapons, threatened to blow up plane	A/C will be allowed to land and demands met upon release of passengers

NORAD EXERCISES
Hijack Summary

FY00									
10/21/1999	Amazon Condor 00-1	Hijack with WMD on board	Outside-Inside	NORAD crisis planning	France	Montreal	B747	Terrorist group that has will and means to strike North America with WMD. There are American and Canadian citizens on board. No comms with plane since hijack.	NORAD should convene Significant Event or Air Event Conference with law enforcement and civil authorities on line. **Will not allow aircraft to be shot down until last moment.** Crew will overpower terrorists at last second. **CJCS CAT will be passed info from ATCSCC** based on last known position, flight plan and enroute speed and altitude. DDO will conference FAA and NORAD CD and task NORAD to covertly shadow. **TRACK MONITOR: FLY TRACK AS THOUGH IT MIGHT BE GOING TO NY OR WASHINGTON DC.**
2/16/2000	Fencing Indian 00-2	Hijacked Aircraft with WMD (Sarin) on Board	Outside-Inside	NORAD	Tokyo	Anchorage	B747	Terrorists will blow up this aircraft in a populated area of Alaska if there are military actions taken	Effective Battle Staff coordination with outside agencies is the objective. FAA notifies ANR and NORAD directs covert shadow
4/12/2000	VO 00	HIJACK DAL	Inside-Outside	SEADS	Atlanta	St Pierre	L1011	Hijacks wish to seek asylum from the French	FAA will request military assistance from SEADS and will have forwarded same request thru NORAD HQ. NEADS expected to perform all aspects of prosecution, queued by SEADS. Covert shadow monitor.
4/14/2000	Amalgam Warrior 00-2	HIJACK by an armed crew member	Inside-Inside	WADS Seattle, Oakland and LA ARTCC	McChord	Ft Irwin	L1011	Crew member hijacks an air transport loaded with Stingers to sell to a Central American Contra faction. Crew members will convince hijacker to give up	F-15s from Portland and F-16s from McChord will shadow
Amalgam Warrior 01 Final Plan Briefing: "Cold Start" CMD Counterterrorism. AW 00-2 Lesson Learned "'The Grey Area' Who is Responsible for what and who is in charge?"									
4/16/2000	VO 00	HIJACK siezed by terrorists	Outside-Inside	ARN CANR CONR	Beijing	Detroit	B747	Terrorists demand to land at Anchorage, plane does. Then takes off as primary only south along coast line through CANR to WADS with intent to go to South America. Land at LAX because shots fired caused decompression	NMCC simulated will ask NORAD to shadow and excort. Hijack learned of from ARINC transmission
4/19/2000	VO 00	Crop duster chemical incident	Inside-Inside	WADS	Holloman	Holloman	Crop Duster	Crop Duster flies over Holloman and release an areosol. Six mechanics cisplay symptions of pesticide poisoning.	WADS to execute NORAD NBC Warning and Reporting procedures

NORAD EXERCISES
Hijack Summary
FY01

10/20/2000	Vigilant Guardian I	HIJACK London to Cairo	Outside-Inside	NORAD	London	Cairo	B747	Exercise NORAD procedures at all levels. 100 religious fanatics will take over the aircraft	FAA to contact NMCC and request hijack conference. NMCC, DDO will convene and request FAA update. DDO will task NORAD to provide covert surveillance. Aircraft will land at JFK without incident and FBI will escort hijackers. **Simulated FBI/LEA " We have alerted civilian emergency services close to JFK as well as local hospitals of possibility of an accident."**
10/21/2000	Vigilant Guardian I	HIJACK WADS/CANR/ANR	Inside-Inside	WADS/CANR/ANR	SEATAC	Juneau	B737	Lands safely	**FAA will have convened their own hijack conference** shortly after a/c is assessed to be valid hijack and will quickly request military assistance, aircraft shadow and escort. FAA will contact NMCC, NMCC will initiate the conference, a requested Civil Aircraft Hijack Conference.
6/2/2001	Amalgam Virgo 01-02	Suicide Mission	Inside-Inside	SEADS	Clearwater	Tybndall	Private aircraft	Hatian AIDS victim makes deal with Colombian cartel to destroy a C2 node for Southeastern US (SEADS)	SEADS to launch with intent to intercept and turn target away. Target remains on course and situation will become an ROE drill that will challenge the battle staff as they work to keep aircraft from impacting SEADS. NORAD leadership is cued by simulated FBI notification of individual with intent to be a martyr. Target aircraft will not answer any calls. Scenario fruition is "up to Blue Forces."
9/6/2001	Vigilant Guardian I	ANR ROE HIJACK 1/6	Outside-Inside	NORAD	Toyko	Anchorage	B747	Threat of harm to passengers and possibly large population within US or Canada. "MUM HYKRO" will rain terror from the skies onto a major US city unless the US declares withdrawal from Asian conflict	CJCS/HQ FAA directed military assistance in form of covert shadowing. NORAD will liaison with appropriate ARTCC
	Vigilant Guardian I	ANR ROE HIJACK 2/6		ANR	Toyko	Anchorage	B747	Some passengers have been killed	
	Vigilant Guardian I	ANR ROE HIJACK 3/6		CANR	Tokyo	Anchorage	B747	Changed course for Vancouver then SF	
9/6/2001	Vigilant Guardian I	HIJACK of KAL 357 1/6	Outside-Inside	NORAD	Seoul	Anchorage	B747	10 members of terrorist org "LIN PO" seize airliner and issue demands, threaten to blow up plane if demands not met	**CINCNORAD will direct fighters to position to shoot down aircraft**
	Vigilant Guardian I	HIJACK of KAL 357 2/6		NORAD	Seoul	Anchorage	B747	Two passengers killed, threat to use gas in some manner	CINCNORAD orders ANR to intercept and shadow
	Vigilant Guardian I	HIJACK of KAL 357 3/6		NORAD	Seoul	Anchorage	B747	CIA and NSA cautioned that LIN PO has means/motivation to carry out CB attack	Aircraft lands in Seattle
	Vigilant Guardian I	HIJACK of KAL 357 4/6		NORAD	Seoul	Anchorage	B747	Gas containers smuggled aboard by baggage handlers during pre-flight, arming devices attached to containers are remotely detonated. Hijacker weapons smuggled in small tote-bags by ground crew prior to take off	Aircraft on ground Seattle

Commission Sensitive

NORAD EXERCISES
Hijack Summary

9/9/2001	Vigilant Guardian I	Hijack	Outside-Inside	NEADS	London	JFK	DC-10	Terrorists with explosives who plan to detonate them over NYC	Blue Force diverts the aircraft, when terrorists realize they are not near NYC they detonate explosives over land near the divert location. No survivors.
9/10/2001	Vigilant Guardian I	Special-23 Hijack (Cuba)	Outside-Inside	SEADS	Havanna	Shannon	IL-62	Cubans demanding political asylum demand to be taken to NYC	FAA requests NORAD support. FAA directs plane to Jacksonville based on input from DoS and DoT. Hijackers then demand Atlanta. Plane will land safely at Dobbins AFB.

Anhang 3

Unvollständige Aufstellung der NORAD-Übungen von 1998 bis 2001, die den von der Untersuchungskommission attestierten »Mangel an Vorstellungskraft« des US-Militärs nicht unbedingt belegen. (Quelle: NORAD)«

Anhang 4 (folgende Seite)

Was der unbestechliche Computer versehentlich festhielt: Flug United Airlines 93, Tail Number (»Fahrgestellnummer«) N591UA, dockte am 11. September um 8:01 vom Gate ab und war um 8:28 in der Luft (»Wheels-of-Time«). Die offizielle Darstellung basiert zentral auf der behaupteten Startzeit 8:42 Uhr, eine Erklärung für den Widerspruch fehlt bis heute!(Quelle: www.bts.gov)

About RITA | Press Room | Offices | Jobs | Photos & Video | Contact Us

RITA Research and Innovative Technology Administration
Bureau of Transportation Statistics

Search

About BTS | BTS Press Room | Data and Statistics | Publications | Subject Areas | External Links

RITA > BTS

Print

Detailed Statistics
Departures

Airport: New York-New Jersey-Long Island, NY-NJ-PA – Newark Liberty International (EWR)
Airline: United Airlines (UA)
Month(s): September
Day(s): 11
Year(s): 2001

NOTE: A complete listing of airline and airport abbreviations is available. Times are reported in local time using a 24 hour clock.
Airlines began reporting tarmac times for cancelled and diverted flights in October 2008. Tarmac times for cancelled or diverted flights operated prior to Oct. 1, 2008 are not available. … available on this database beginning with flights operated in October 2008. For cause of delay data from June 2003, when cause of delay data was first reported, see BTS Causes of … Performance database For an explanation of the Cause of Delay reporting, see Understanding the Reporting of Causes of Flight Delays and Cancellations.
All Cause of Delay (in minutes) are referring to the Arrival Delay.

Excel | CSV

Carrier Code	Date (MM/DD/YYYY)	Flight Number	Tail Number	Destination Airport	Scheduled Departure Time	Actual Departure Time	Scheduled Elapsed Time (Minutes)	Actual Elapsed Time (Minutes)	Departure Delay (Minutes)	Wheels-off Time	Taxi-out Time (Minutes)	Delay Carrier (Minutes)	Delay Weather (Minutes)	Del Nati Avia Syst (Min
UA	09/11/2001	0031	UNKNOW	DEN	11:30	00:00	0240	0000	0	00:00	0000	N/A	N/A	
UA	09/11/2001	0075	UNKNOW	SFO	14:30	00:00	0359	0000	0	00:00	0000	N/A	N/A	
UA	09/11/2001	0077	UNKNOW	SFO	16:20	00:00	0371	0000	0	00:00	0000	N/A	N/A	
UA	09/11/2001	0079	UNKNOW	SFO	17:30	00:00	0371	0000	0	00:00	0000	N/A	N/A	
UA	09/11/2001	0081	N520UA	SFO	07:00	06:56	0370	0000	-4	07:13	0017	N/A	N/A	
UA	09/11/2001	0083	N402UA	LAX	07:00	06:54	0365	0000	-6	07:20	0026	N/A	N/A	
UA	09/11/2001	0085	UNKNOW	LAX	12:20	00:00	0340	0000	0	00:00	0000	N/A	N/A	
UA	09/11/2001	0087	UNKNOW	LAX	18:00	00:00	0366	0000	0	00:00	0000	N/A	N/A	
UA	09/11/2001	0089	UNKNOW	LAX	16:20	00:00	0343	0000	0	00:00	0000	N/A	N/A	
UA	09/11/2001	0091	UNKNOW	SFO	09:20	00:00	0374	0000	0	00:00	0000	N/A	N/A	
UA	09/11/2001	0093	N591UA	SFO	08:00	08:01	0374	0000	1	08:28	0027	N/A	N/A	
UA	09/11/2001	0419	UNKNOW	DEN	17:05	00:00	0255	0000	0	00:00	0000	N/A	N/A	
UA	09/11/2001	0425	UNKNOW	DEN	08:20	00:00	0254	0000	0	00:00	0000	N/A	N/A	
UA	09/11/2001	0521	N523UA	DEN	08:15	08:40	0246	0231	25	08:57	0017	N/A	N/A	
UA	09/11/2001	0545	UNKNOW	DEN	18:51	00:00	0257	0000	0	00:00	0000	N/A	N/A	
UA	09/11/2001	0635	UNKNOW	ORD	20:50	00:00	0151	0000	0	00:00	0000	N/A	N/A	
UA	09/11/2001	0637	N815UA	ORD	06:00	05:57	0134	0129	-3	06:12	0015	N/A	N/A	
UA	09/11/2001	0639	N450UA	ORD	07:15	07:12	0150	0137	-3	07:33	0021	N/A	N/A	
UA	09/11/2001	0641	N952UA	ORD	08:15	08:10	0154	0000	-5	08:45	0035	N/A	N/A	
UA	09/11/2001	0643	N7297U	ORD	09:15	00:00	0159	0000	0	00:00	0000	N/A	N/A	
UA	09/11/2001	0645	UNKNOW	ORD	10:15	00:00	0139	0000	0	00:00	0000	N/A	N/A	
UA	09/11/2001	0647	UNKNOW	ORD	11:15	00:00	0141	0000	0	00:00	0000	N/A	N/A	
UA	09/11/2001	0649	UNKNOW	ORD	12:15	00:00	0143	0000	0	00:00	0000	N/A	N/A	
UA	09/11/2001	0651	UNKNOW	ORD	13:15	00:00	0137	0000	0	00:00	0000	N/A	N/A	
UA	09/11/2001	0653	UNKNOW	ORD	14:15	00:00	0143	0000	0	00:00	0000	N/A	N/A	
UA	09/11/2001	0657	UNKNOW	ORD	16:15	00:00	0147	0000	0	00:00	0000	N/A	N/A	
UA	09/11/2001	0659	UNKNOW	ORD	17:10	00:00	0155	0000	0	00:00	0000	N/A	N/A	
UA	09/11/2001	0661	UNKNOW	ORD	18:30	00:00	0165	0000	0	00:00	0000	N/A	N/A	
UA	09/11/2001	0663	UNKNOW	ORD	19:30	00:00	0153	0000	0	00:00	0000	N/A	N/A	
UA	09/11/2001	0665	N942UA	ORD	06:30	06:26	0152	0132	-4	06:40	0014	N/A	N/A	
UA	09/11/2001	0907	UNKNOW	DEN	15:10	00:00	0259	0000	0	00:00	0000	N/A	N/A	
UA	09/11/2001	1037	UNKNOW	ORD	15:15	00:00	0147	0000	0	00:00	0000	N/A	N/A	

SOURCE: Bureau of Transportation Statistics

Register

American Airlines (Flüge)
- AA 11 446, 449, 463, 471, 490, 508 f., 517, 528, 532, 534, 556, 561 f., 564 f., 583–587, 594, 644, 656, 808, 854, 856, 864, 884, 902, 925, 945 ff., 950, 952, 960, 962 f., 973., 985 f., 988 f., 992
- AA 77 442, 478, 498, 500, 505, 525, 533 f., 548, 551, 553, 555, 560, 565, 585, 589- 592, 609 f., 649, 693, 808, 864, 878, 928, 946, 948, 950, 956 ff., 963 f., 973, 985 f., 989, 992–995

Able Danger 820, 846–850, 858 f., 1086
Abraham, Spencer 1078
Adorna, Rene 736, 738 ff.
Adorna, Tom 739 f.
Ahmad, Mahmud 830 ff., 836, 838
Ahmed, Fajis 444
Al-Amoudi-Clan 667
Al-Bayoumi, Omar 871 ff., 876 f., 879, 996, 998 f., 1056
Al Dschasira 432, 447, 715, 824, 835, 837
Alex Brown (Bank) 164, 166 f., 237 ff., 256, 383, 899 f.
Al-Faisal, Prinz Saud 439, 863
Al-Ghamdi, Ahmed 444, 459, 567
Al-Ghamdi, Ambarak 567
Al-Ghamdi, Hamza 460
Al-Ghamdi, Hamsa 444, 868
Al Ghamdi, Said 446, 448, 453, 457, 467, 630, 712, 868, 907, 1036
Al-Hada, Ahmed 454, 871
Al-Hada, Mohammed 454
Al-Hamsi, Nawaf 445
Al-Hasnawi, Ahmed 446, 868, 885,
Al-Hawsawi, Mustafa 840
Al-Hazmi, Nawaf 846, 849, 871 f., 874–877, 883, 885, 908 f., 913, 996–999
Al-Hazmi, Salem 442, 445, 816, 820, 849, 876 f.
Ali, Tariq 834
Allagany, Gaafar 449
Allen-Emrich, Elaine 466

Al-Kadi, Yassin 657, 1052 f., 1055 f.
Al-Midhar, Khalid 13, 445, 452–459, 463, 816, 820, 846, 849, 870–878, 885, 905, 908 f., 913, 996–999, 1048
Al-Motassadeq, Mounir 633, 639, 641
Al-Nami, Achmed 442, 446
Al-Omari, Abdulaziz 443, 446 ff., 453, 457, 459, 580, 582 f., 630, 854, 856 ff., 866–870, 881 ff., 907
Al-Omari, Abdulrahman 446, 857, 866, 870
Al Qaida 118 f., 158 f., 212–215, 267 ff., 331 f., 340 f., 375 f., 432 f., 454 f., 616 f., 636 f., 657 f., 667–670, 681–684, 833 f., 636 f., 874 ff., 878 f., 894 f., 1030 f., 1046, 1048, 1056 f.
Al Rababah, Eyad 459
Al-Shehi, Marwan 444, 846, 851 f., 885, 1036
Al-Sheri, Mohald 441, 444
Al-Sheri, Wail 443, 449, 453, 857, 866 f., 868
Al-Sheri, Walid 443, 449, 800, 857, 860 ff., 866 f.
Al-Sukami (Al-Suqami), Satam 443, 644, 857, 880 f., 889
AMEC 610, 651
Amos, Tony 469, 478 f., 851 f.
Andrews Air Force Base 240, 519 ff., 526, 553, 559, 591 f., 650, 924,
Architects & Engineers for 9/11 Truth 1012, 1021
Armed Forces Institut of Pathology 483
Arnold, Larry 955, 959, 966
Arnold, Truman 620
Ashcroft, John 216 f., 225 ff., 357, 605, 697, 883, 908, 1033 f., 1036
Ashgar, Mohammed 496
Atta, Mohammed 157 f., 169–172, 195 f., 460–471, 572 ff., 579–584, 619–623, 627–634, 639–643, 645–648, 735–749, 751–756, 799 f., 831 ff., 845–859, 868 ff., 881–885, 888 f.
Avnery, Uri 698
Avon Air Charter 764
Aysel 472, 886 f.

Ballinger, Ed 978, 1030
Bandar, Prinz 872, 874,
Barksdale Air Force Base 595, 614, 1008
Batty, Jann 466
Bayer AG 633, 635, 1038
Beamer, Todd 107, 487, 494, 507
Ben-Veniste, Richard 814, 937, 1115
Bergantino, Joe 1054
Bernhard, Marcel 995
BGS (Bundesgrenzschutz) 641 f.
Biermann, Wolf 701
Bin Laden, Osama (OBL) 8 f., 94 f., 99–103, 109–112,

117–121, 145 f., 149 f., 174–177, 190 ff., 194–198, 200–207, 210–215, 223 ff., 234 f., 252 ff., 256–261, 263 f., 300 ff., 312 f., 347 f., 372 f., 375–380, 422–435, 616 f., 657 f., 669 f., 674 f., 798–816, 824–829, 837 f., 1045 f.
Bin Laden, Shafiq 574
Bin Mahfouz, Khalid 100 f., 259 f., 667 f., 681
Binalshibh, Ramsi (Ramzi) 633, 640–643, 715 f., 737, 835 f., 839
Bingham, Mark 496
BioPort, Michiganv 1036–1041
Bismarck, Otto von 119
BKA (Bundeskriminalamt) 461, 635, 638–643, 845
Black, Cofer 913
Blackburn 62, 316
Blair, Tony 153, 794, 827, 836
BND (Bundesnachrichtendienst) 377, 389, 395, 475, 635, 640, 642
Bochum 897
Boehlke, Richard 766 f., 773 f.
Boehringer, Wolfgang 851
Boghosian, Heidi 697
Bohr, Nils 172
Bolten, Joshua 266
Bonner, Robert 253, 859, 864, 866
Boone, Boone & Boone 774
Bowman, Marion (»Spike«) 654, 1060, 1063
Boyal, Frank 469
Boyle, Francis A. 216
BP (British Petroleum) 261, 374
Bramford, James 336
Breitwieser, Kirsten 661, 668, 794
Brisard, Jean-Charles 207–210, 252, 257 f., 260 f., 262 f.
Brocardus 142
Broder, Henryk 112 f., 286, 676, 701
Brodsky, William 904
Bröckers, Mathias 430, 676 f., 705, 708, 718
Bröckers, Walter 46
Brookhart, Linda 1005 f.
Brooks Air Force Base, Texas 754, 868
Brown & Roots 175
Brown, Willie 604 f.
Brzezinski, Zbigniew 160, 218 ff., 223, 288, 319, 362, 387, 389 f., 393, 680, 1080
Bukhari, Adnan, und Ameer 476, 491 f., 655 f., 827, 855–858, 865–868, 869 f.
Bülow, Andreas von 84 f., 156, 220, 385, 435, 471, 534, 537, 676, 707 f., 710, 779
Buffet, Warren 613–616, 1139
Bundeskanzleramt 642, 792
Bundesregierung 388, 638, 1051
BFU (Bundesstelle für Flugunfalluntersuchung) 516
Burlingame, Charles 585
Burnett, Tom 496
Burroughs, William 35, 55, 132

Bush-Clan 95, 111, 128, 146 f., 175 f., 184, 187, 191, 194, 198, 200, 225, 228, 259, 262, 282, 287, 302, 328, 356, 610
Bush, George 71, 94 f., 111 f., 117 f., 120, 127 f., 130 f., 174 f., 184 f., 194, 200, 202, 204 ff., 227 f., 231, 254, 259, 287, 352 f., 357, 359, 375, 392, 574, 689, 777, 814
Bush, George W. 10 f., 97 ff., 103 f., 128 f., 170 f., 176–179, 184 f., 194 f., 197 f., 224 f., 227 ff., 245 ff., 255 f., 265–268, 270 f., 274–277, 281 ff., 310 f., 321 f., 327 f., 333 f., 350 ff., 356 f., 361 f., 365 f., 368 f., 379 f., 431 ff., 504 f., 522 ff573 ff., 576–579, 582 ff., 586–600, 614–617, 662 f., 666–671, 677 f., 692 ff., 700 ff., 794 f., 811 f., 826 ff., 914–917, 1010 f., 1034 f., 1072 f.
Bush, Jeb 573, 621, 624 ff., 651,753
Bush, Prescott 95, 125, 127, 177
Bush-Regierung 178, 187, 191, 201, 208, 212, 218, 293, 322, 325, 327, 332, 334 f., 347 f., 354, 372 f., 376, 421, 454, 498, 557, 568 f., 571, 589, 601, 612, 616, 618, 650, 666, 672, 674, 684, 689, 697, 706, 789, 796, 810, 813, 1031, 1046 f.
Butler, Richard 252 f., 256

Caesar, Julius 174
Callahan, David 903
Calvi, Roberto 83, 138
Cameron, Carl 279 f., 894 f.
Canavan, Mike 919 ff.
Capital Consultants 768
Card, Andrew 97, 368, 431, 575 ff., 579, 589, 914 ff., 1049
Caribe Air 776
Carlos 135
Carlucci, Frank 184, 206
Carlyle Group 117, 174 f., 184 f., 187, 191, 200, 205 f., 225, 231, 247, 287, 322, 375, 392, 574, 899
Casablanca 449, 743, 800, 860
Casey, William 148
Castro, Fidel 248, 317, 908
CDG (Carl-Duisberg-Gesellschaft) 633
CDU/CSU-Bundestagsfraktion 638
Chaitkin, Anton 111
Chamberlain, Arthur 281
Chamberlain, Wendy 383
Chaplin, Charlie 269
Charlotte County 630, 775 f.
Cheney, Richard (Dick) 240 ff., 265 ff., 276 f521–525, 591 f., 595 f., 689 f., 693 f., 810 f., 813 f., 915 ff., 921, 926 f., 928 f., 1040 f., 1046, 1074 f.
Chiles, Lawton 774 f.
Chin, Denny 1062
Chittwood, Michael 855

Chomsky, Noam 227, 272, 336, 356, 359, 675, 703
Chossudovsky, Michel 42, 191 f., 248, 676, 779
Church, Tom 317
CIA 84 f., 111 f., 137 ff., 146 ff., 154 ff., 159 f., 163 f., 171 f., 180 ff., 187 f., 190 ff., 194–202, 222 ff., 232 ff., 248 f., 317 f., 328 f., 313 f., 337 f., 364 ff., 372 f., 375 ff., 386–390, 392–396, 454 ff., 620 ff., 635–639, 696 f., 772 f., 774 ff., 830–836, 838–842, 844 f., 870 f., 874–879, 891 f., 899 f., 905 f., 908 ff., 922 f., 1048–1051
Cicero 248 f.
Cisalpine-Bank 138
Citibank 167, 295
Clancy, Tom 819
Clarke, Torie 586, 922, 929
Clarke, Richard 922 ff., 927, 929, 936, 975 f., 981, 1042
Cleland, Max 592, 599, 717, 792, 817, 924, 929
Cleveland Center 548 ff., 1119
Clinton, Bill 180, 205, 256, 280, 361 f., 584, 620, 668, 690,774, 814, 843, 923
Controlled Demolition 160 f., 237, 611, 651, 1022, 1025, 1142
Cogan, Charles 154
Collins, Aukai 996 f., 999
Comverse Infosys 278, 280
Connally, John 909
Convar, Pirmasens 235 ff., 901, 904
Corn, David 328
Cornwall, Susan 277
Coupe, Jay 1041
Cover, Brenda 742 f., 757
Cox, Christopher 589, 611, 929
Cramer, Glenn 505 f.
Crassus, Marcus Licinius 173 f., 176
Craxi, Bettino 84
Crisis Management Center 597
Crowe, William J. 1039 ff.
Culpeper, Virginia 982
Cyon, Elie de 66

Daniels, Sandra Kay 589
Daressalam, Tansania 634, 827, 1055
Darkanzanli, Mamoun 461, 633–638, 643
Darwin, Charles 50 f.
Daschle, Tom 276 f., 554, 662, 810 f., 1035
Dasquié, Guillaume 207–210, 252, 257 f., 260–263
David, Felipe 1010
Dayton, Mark 926
DCANG (District of Columbia Air National Guard) 519 f., 525 f.
de Carlo, Scott 890
de Maizière, Thomas 828
DEA (Drug Entforcement Agency) 85, 154, 624, 893–896
Dean, John 227, 229
Dekkers, Rudi 467, 470 f.,

619 f., 623, 626 f., 736, 749–760, 762–767, 769–773, 775 f., 910, 913
Delta 1989 (Flug) 946, 953, 958 f., 967, 975, 978
Delta-Oil 667
Deutch, John M. 819
Deutsche Bank 164, 237 f., 256, 383, 899 f., 1018
DIA (Defense Intelligence Agency) 655, 847, 849 f.
Di Rita, Larry 922, 929
Discover Air 624 f.
Dodd, William E. 125
Dostum, Rachid 270
Droste, Wiglaf 676
Dschalalabad 825
Dschiddah, Saudi-Arabien 867, 878, 905 f., 913, 998
Dschihad 680, 686, 997
Duffy, Mark 904
Duffy, Timothy (»Duff«) 532
Dulles, Alan 222
Dulles, John Foster 222
DuPont, Irénée 109
Dylan, Bob 108, 358
Dyson, Freeman 49

Eberhart, Ralph 456, 560, 921, 925 f., 929
Ebert, Martin 465
Echnaton 144
Eck, Johannes 77
Eckman, Dan 1004
ECOlogic Corp. 565
Edelman, Eric 1046
Edmonds, Sibel 657, 1045–1048, 1062
Edwards Air Force Base 540
Ehrenreich, Barbara 129
Eibl-Eibesfeldt, Irenäus 578
Eichmann, Adolf 137
Einstein, Albert 33, 313
Elf-Fina 123
El-Amiral, Atta 464
El-Hibri, Fuad 1039
El-Atriss, Mohammed 459
Ellner, Oded 893
Elsässer, Jürgen 385
Enron 118, 166, 229, 248 ff., 252, 255 f., 294 f., 315, 323 f., 357, 361, 363, 380, 667, 674, 702
Enzensberger, Hans Magnus 116, 701
Epstein, Jay 1032
Erwa, Elfatih 204
Etzel 151
Express 770, 959
Exxon Mobil 374
Ezra, Gidon 121 f.

FAA (Federal Eviation Administration) 436 ff., 525 f., 547 f., 559 f., 584 f., 590 f., 655 f., 661 f., 758 f., 919 f., 945–950, 959–962, 964 f., 995 f., 1053 f.
Falk, Richard 221, 789
Falkenberg, Charles 565
Fanning Island 851
Farmer, John 792, 1007
Faßbender, Heribert 286
FBI (Federal Bureau of Investigation) 114 f., 158 f., 201 ff., 206 f., 210–213,

293 f., 339 f., 348 f., 365 f., 378 ff., 434 ff., 438 ff., 442 f., 446–456, 465 f., 469 f., 472 f., 477 f., 483 f., 490 ff., 500 f., 547 f., 583 f., 616 f., 625 ff., 629 f., 633 ff., 653–660, 713 ff., 740–745, 747 f., 752 f.
FED (Federal Reserve Bank) 78
FEMA Federal Emergency Management Agency 381, 941 f., 1012 f., 1015, 1020
Feghali, Mike 1048, 1062
Feingold, Russ 698
Feith, Douglas 1046
Felt, Edward 593
Fichtner, Ullrich 676
Fiduciary Trust 614
Fielding, Fred 813
First Nation Bank 249
Fischer, Joschka 150, 153
Fisher, Irving 81
Fisk, Robert 157 ff. 172, 221, 320, 325 f., 472, 646 ff.
Fleischer, Ari 278 f., 589, 593, 600, 915
Flocco, Tom 238, 255, 779
Florida Air 759, 765, 767, 769, 770
Florida Flight Training Center 474, 620, 626, 761 ff.
Flynt, Larry 352, 354
Foerster, Heinz von 37, 312, 702
Fonda, Peter 358
Fongern, Georg 538
Ford, Gerald 317
Ford, Henry 66
Fort Detrick, Maryland 1032 f., 1040 f.
Fouda, Yosri 715, 835, 838
Foyle, Alex 46
Franklin, Lawrence 1046
Franks, Tommy 572
Franz von Assisi 75
Frasca, David 1058 f., 1063
Frederickson, Stephanie 627 f., 859
Friedman, Michel 286,
Fritz, Dennis 975, 981
Frost, David 837
Fuisz, Richard 1049, 1062

Gaddhafi, Moamar 158, 221, 223, 260 f., 284, 475
Gallagher, Patrick 1015, 1023
Gallop, April 1060–1063
Galle, Uwe 231
Galtung, Johan 119
Garanty Trust Company 127
Garvey, Jane 917, 923, 975 f., 981
Gates, Bill 613
Gates, Robert 933
Gay, Peter 565, 992
Gehlen, Arnold 337
Geithner, Timothy 935
Gelli, Licio 137 ff.
Generalbundesanwaltschaft 498, 638 f.
General Motors 109
Geronimo 125
Gesell, Silvio 81
GID (saudischer Geheimdienst) 872, 876, 879
Ginsburg, Susan 869

Giuliani, Rudolph 129
Glaspie, April 103
Glick, Jeremy 497
Goday, Julio 208
Goebbels, Joseph 217, 269
Goethe, Johann Wolfgang von 69, 151, 686
Goff, Jacques le 75
Goldstein, Paul 131
Gonzalez, Lydia 509
Gordon, Greg 654
Gore, Al 194
Gore, Bill 455
Gorelick, Jamie 813
Gorton, Slade 813
Goss, Porter 373, 830 f., 856, 1048
Gottlieb, Sydney 181
Graham, Bob 663 ff., 668 f.
Grandcolas, Lauren 495
Grapentine, Charles 859
Grassley, Charles 1034
Greenwald, Glenn 1032
Greenspan, Alan 78, 166
Griffin, David Ray 1001
Grossman, Marc 1046 f.
Grove, Lemon 872
Guantánamo 248, 1073
Gul, Hamid 193–196, 198 f., 837 f.

Haas, Ed 827
Hagena, Hermann 512, 521
Haifa, Prinzessin 872
Haig, Alexander 388
Halliburton 175, 180, 197, 219, 347, 356
Hall, Ed 477
Hall, Stanley 565, 992
Hamburg 149, 158, 451, 461, 463, 467 f., 473, 475, 513, 516, 622, 627, 629, 633–639, 642 f., 662, 715 f., 738, 763, 771, 845, 853, 883, 1159
Hamburg-Amerika-Linie 125
Hamilton, Lee H. 793, 796, 799, 813–817, 837, 842
Hamilton, Thomas 837
Hammersley, Tom 737, 751 f., 760 f., 763 f., 777
Hanjour (Hanjoor), Hani 14, 445, 457, 459, 476–481, 493, 535, 542, 693, 993–999
Hanning, August 366, 640
Hargess, Ralph 757
Hari, Mata 208
Harken Energy 255
Harriman, William A. 125, 899
Harris, Katherine 624, 770, 775
Harrison, David 442, 713, 862
Harrit, Niels 1014 f.
Hassan-i-Sabbah 141 f., 144
Haupt, Nico 364, 779
Hauß, Andreas 8, 43, 425, 429, 705, 716
Hatfill, Stephen 1033
Hayden, Michael V. 876
Heine, Henry S. 1033, 1041
Heinsohn, Gunnar 116
Helms, Laila 208 f.
Helms, Richard 208, 765
Hendrix, Himi 357
Henschel, Peter 236
Herder, Johann Gottfried von 69

Herer, Jack 46
Herold, Marc 243
Hersh, Seymour 196, 375, 682 ff.
Hesekiel 77
Hill, Jamie 776
Hill & Knowlton 496
Hilliard, Wallace J. (»Wally«) 620, 624 ff., 630, 767, 773, 910–913
Hitler, Adolf 34, 59, 63–68, 85, 90, 93, 95, 104, 109, 111, 116, 126, 132, 135, 139, 146, 161, 176, 215, 217, 226, 281, 285, 299, 310, 337, 351, 357, 575, 692, 698, 700
Hl. Anselmus 75
Hl. Bonaventura 75
Holland, Wau 303
Hollinger Inc. 502
Holt, Rush 1034
Homeland Security Act 697
Homer, Herbert 564
Hopper, Dennis 358
Hopkins, James P. 655, 656,
Hopsicker, Daniel 466, 619–624, 626–629, 632, 735, 739 f., 745, 752, 761, 764, 772, 776, 779, 846, 850, 859, 873, 907 f., 911 ff.
Huffman Aviation 465, 467, 470, 573, 619, 624–627, 630, 751, 755, 758, 762, 774, 851, 910 f., 913
Huffman, Stan 759
Huntington, Samuel 160, 220, 223, 288, 362, 393
Hussein, Saddam 71, 103, 105, 123, 127, 329, 333, 338, 390, 395, 421, 433, 595, 671, 675, 684, 690, 700, 822, 1073

Ibrahim, Hussein 1052
Idrissi, Patricia 469, 748 f., 852
IG Farben 109, 161
Inderfurth, Karl 377
Ingram, Kevin 238
INS (Immigration and Naturalization Services) 461 f., 626, 753, 756 f., 874 ff.
Iran-Contra-Affäre 61, 86, 217, 228, 276, 279, 357, 365, 776 f., 814, 911 f., 1045
Irving, David 81, 112, 676
Isaacson, Walter 353
ISI (Inter Service Intelligence) 146, 148 ff., 153, 156 f., 171 f., 184, 191, 193199, 231 f., 270, 290, 309, 331, 338, 356, 364, 368, 377 f., 382, 632, 665, 681, 683, 688, 693, 700, 830–834, 836 ff., 853, 1047, 1071
Israel, Jahred 42, 239, 522, 779
Ivins, Bruce 1031 ff., 1035–1038, 1040 f.
Ivins, Diane 1041
IWF 157, 270, 293–297, 343

Jacob, Coy 758–761, 764, 771 f., 776 f.
Jacobson, Mike 817
Jarrah, Assem 475
Jarrah, Ihassan 473

Jarrah, Ziad 446, 472 f., 4754 f., 483 f., 487, 737, 762, 885 ff., 889
Jefferson, Lisa D. 507
Jennings, Peter 1005, 1009, 1011 f.
Jensen, Holger 284
Jesus 144, 162, 1075, 1082
Joffe, Josef 701
Johnstown Pennsylvania 975–979, 981
Jones, Greg
Jolly, Maurice
Jones, Greg 1063
Jones, Steven 1013 ff.
Joyce, Edward 904

Kamfar, Amer 857
Kandahar 868, 150, 271, 372, 833
Karatschi 833, 838 f., 1092
Karzai, Hamid 224, 254, 328
Kassem, Abdul Karim 181
Kean, Thomas 667 f., 717, 796, 799, 813, 815 ff., 821, 842
Keller, Amanda 463, 465, 627 ff., 632, 642, 850 f., 853, 859
Kelly, Chris 483
Kennedy, John F. 299, 336, 691, 815
Kennedy-Mord 187, 323, 359, 558
Kenney, Tom 381
Kepplinger, Mathias 307
Kerouac, Jack 358
Kerry, John 61 f.
Ketcham, Christopher 895, 896
Khalid Scheich Mohammed (KSM) 715, 797 f., 808, 816, 829–832, 835 f., 838 f., 840–844, 1071
Khalilzad, Zalmay 667, 254
Khan, Niaz 1056 ff., 1063
Khattab, Ibn 1060
Khomeini, Ruhollah 95
Kimmel, Admiral 102
King, Larry 501
Kissinger, Henry 108, 119, 316, 390, 502, 624, 666, 668, 812 f.
Kleinberg, Mindy 668, 791, 793
Knigge, Adolph Freiherr von 69 f.
Koch, Robert 50
Köhler, Horst 1079
Kona, Steve 741
Kovalcin, David 565, 992
Kramer, Bob 1039 f.
Kraus, Karl 91, 343
Krongard, A. B. »Buzzy« 164, 166, 238, 383
Kropotkin, Pjotr 50 f.
Kruithof, Arne 26, 761, 763
Krysmanski, H. J. 32
Kuala Lumpur 455, 871, 874
Kupferberg, Chaim 716, 1036
Kurzberg, Paul, und Sivan 890, 893
Kuwait Finance House 255

LaConca, Rony 465 f.
LaConca, Vonnie 465 f., 471
Lacan, Jacques 87
Ladner, Marilyn 480

Langley, Virginia 171, 183, 191, 326, 437, 456, 560, 591, 608, 650, 924, 945 f., 948, 963, 1007, 1075
LaRosa, James 974
La Rouche, Lyndon 100
Larson, Curtis 490 f.
Larson, Jude 490 f., 864
Larson, Natalie 490 f., 864
Laurel, Maryland 852, 885
Lay, Kenneth 118
Layell, David 685
Leahy, Patrick 1035
Leary, Timothy 47, 358 f.
Le Carré, John 169, 674 f., 773
Lechner, James K. 856, 859
Lehman, John 813
Leidig, Charles 920 f.
Leibowitz, Jeschijaha 284
Lerner, Michael 356
Lernoux, Penny 138
Lesemann, Dana 817
Levedag, Stefan 535
LfV (Landesamt für Verfassungsschutz, Hamburg 635, 845
Lewinksy, Monica 280
Libby, Lewis »Scooter« 266
Lieberman, Joseph 373, 669
Lincoln, Abraham 80
Lindauer, Susan 1049 ff., 1062
Lindh, John Walker 373
Lin Tse-Hu 152
Little Richard 358
Lopez-Florez 459
Lumumba 317
Luther King III, Martin 356
Luther King, Martin 357 f.
Machiavelli, Niccolò 65
Mackey, Albert G. 70
Mafia 84, 86,94, 118, 139, 188, 249, 274, 317, 736, 739, 769, 774, 896
Malek, Fred 184
Malnik, Alvin 768 f.
Maltbie, Michael 1059 f., 1063
Marlene 477 f.
Manning, Bradley 1074
Marcinkus, Paul 138, 249 f.
Maresca, John J. 375
Margulis, Lynn 52
Maria (Zeugin) 889
Marmari, Omer 893
Marquis, Craig 971
Marr, Robert 532, 959, 966, 968
Martinez, Bob 573
Martinez-Flores, Luis 457, 459
Marx, Karl 75
Mason, Eric 766 ff., 773, 777
Massud, Ahmed Schah 197
Maxwell Air Force Base, Montgomery 371, 464, 630, 754, 868, 907
Maxwell, James C. 327
McCain, Joe 947, 962
McCain, John 373
McCarron, Mike 604
McCarthy, Joseph R. 674
McClellan, Ken 371
McConnell 501
McCoy, Alfred 154
McDermott, Terry 864
McKinley, Craig 937
McKinney, Cynthia 322 f., 325, 663, 933, 1074

McLaughlin, Jim 755
McNamara, Robert 336
McVeigh, Timothy 160, 162
Meacher, Michael 793, 836,
Mena, Arkansas 744, 777, 912
Merrill, Lynch 381, 392
Metts, Garett 628
Meyssan, Thierry 292, 676, 1001
MI6 833, 1042, 1063
Mies, Richard W. 939, 942, 1008
Miller, Wallace 484
Mineta, Norman 558, 591 f., 597, 927, 929
Minter, Vanessa 509, 585
Mir, Hamid 824
Mitchell, George 624
Mitchell, Larry 379
Mohammed 141, 144, 158, 162
Molcho, Sami 578
Möllemann, Jürgen 286
Moqed, Madjid 445, 457, 476 f., 878, 993
Morgan, Stanley 381, 392, 898
Morris, Desmond 578
Moses 72 f., 144, 162
Moss, Frank 777
Mossad 14, 121, 129 f., 194 ff., 280, 314, 318, 338, 366 f., 372, 385 f., 845, 891, 896, 1049
Mossadegh, Mohammed 316
Moussaoui, Zacarias 379, 616, 621, 640, 654, 716, 856 f., 864, 880, 883, 888, 1058 ff.
Mubarak, Hosni 291, 379, 534 f.
Mudge, Bob 758 f., 762, 771
Mudschaheddin 680, 1046
Mueller, Robert 339 f., 453, 498, 671, 714, 860 f., 951, 1034
Mullah Omar 156, 209, 232, 243, 286, 297, 314, 670
Münchner Rück 381
Murdoch, Rupert 1026, 1068
Musharraf, Pervez 233, 328, 333, 377, 683
Mussolini, Benito 139
Myers, Richard 239, 265, 578, 592, 599, 693, 828, 921, 924 f., 929, 1062
Myers, Robert 1037 f.

Nader, Ralph 109
Naik, Niaz 209, 222
Nairobi, Kenia 454, 634, 827, 871, 1055
Napoleon III. 65
Nash, Daniel (»Nasty«) 532
Nassauer, Otfried 347
Nasypany, Kevin 962, 1119
Naval Air Station, Pensacola 630
NEADS (Northeast Air Defense Sector) 531, 943 f., 946 f., 954, 960, 962 f., 965 f., 969
Nehm, Kay 639
Nelson, Bob 908, 630
Nelson, Scott 226
NetJet 650, 545, 548, 553, 616
Nietzsche, Friedrich 40
Nikolaus II. 66
NIST (National Institute of Standards and Technology) 1012, 1015 f., 1021 ff., 1026 f.

Nixon, Richard 138, 194, 226 f., 266, 573, 666
NMCC (National Military Command Center) 587, 593, 595, 922, 937
NORAD (Luftverteidigungszentrale)–369, 436 ff., 518, 525–528, 530 -533, 546, 554, 559 f., 562, 584–587, 590, 592, 594, 692, 718, 792, 919, 925 f., 937 f., 943, 947 f., 950, 953, 955, 958, 962, 966, 975 ff., 980, 1030, 1053 f.
Noriega, Manuel Antonio 85, 161, 259, 392
North, Oliver 217, 279, 814, 911
Nostradamus 133
NPD 331, 679, 707
NSA (National Security Agency) 16, 105, 335, 340, 376, 794, 871, 876, 1048
NTSB (Natiuonal Transportation Safety Board 485, 517, 1002

O'Brien, Danielle 536, 995
O'Brien, Steve 553, 555, 558
Odigo Inc. 382, 601 ff.
Offutt Air Force Base 548, 595, 596, 614 ff., 939 f., 969, 1006 ff.
Ogonowski, John 584 f.
O'Keefe, John 551 f.
Olson, Barbara und Theordor (»Ted«) 104–108, 114, 247, 434, 499–504, 648
O'Meilia, Tim 476, 479
O'Neill, John 207 f., 210 ff., 223, 252 f., 256 f., 260, 262, 293, 348, 367, 454, 617, 641, 643, 658, 678, 874, 874
Oklahoma 105, 160, 162, 623, 656, 897
Ong, Betty 509 f., 585, 969, 970–973
Operation Northwood 336, 691
OSC (Office of Special Counsel) 655
Oswald, Lee Harvey 162, 762, 815, 908 f.
Otis Air Force Base 526–533, 561, 586, 588, 650, 925, 944 f.
Otis, Massachusetts 436 f., 944
Owasi, Mustafa Khan 497
Oz, Amos 283 f.

Pahlewi, Mohammed Resa
Palast, Greg 293 ff., 297, 454
Pasteur, Louis 50
Paul, Ron 373
Pawlow, Iwan Petrowitsch 425
Payens, Hugo von 76
Pazienza, Frencesco 139
Pearl Harbour 36, 96 f. 102 ff., 112, 117, 126, 161, 299, 337, 349, 424, 596, 615, 685, 689, 690 ff., 694, 819 f., 822, 833, 1080
Pearl, Daniel 170, 290, 835 f., 843
Pennie, Ken 1030
Pentagon 95 f., 240 ff., 264 ff.,

290 ff., 349 f., 370 f., 390 f., 477–480, 482 f., 520 ff., 524 f., 551 f., 585 ff., 591–596, 605–613, 813 f., 922 ff., 931–935, 937 f., 940 f., 945 f., 956 ff., 963 f., 991–994, 999–1008, 1036 ff., 1060 f.
Peres, Shimon 280, 320
Perle, Richard 222, 502, 690, 1045
Perlmann, Marc 891
Petersen, Barry 312
Philip IV. 76
Phillpott, Scott 858
Phoenix 349, 365, 279, 380, 477–481, 616, 653, 770, 996 f., 1058
Pilger, John 162, 221, 275
Pinochet, Augusto 161
Pirmasens 237, 901 f.
Piper, Michael 620, 623
Pitt, Harvey 899
Pittsburgh 475, 594, 959, 978
PNAC (Project for the New America Century) 12, 684, 690 f.
Poindexter, John M. 276, 279
Polo, Marco 141
Porter, Adam 270
Portland, Maine 468, 580 f., 583, 598, 631, 646, 766, 854–858, 868, 870, 882
Powell, Colin 222, 265, 267, 376, 572, 596, 834
Powell, Jeremy W. 531
Preisser, Eileen 858
Presley, Elvis 58
Propaganda Due (P2) 83, 137
Ptech Inc. 1052–1055
Puigh, Emerson 54
Push, Stephen 661 f., 666, 668
Putin, Wladimir 177 ff., 329, 332, 366, 380, 617
Pynchon, Thomas 56, 134

Quenneville, Donald 527
Quirion, Roger 583

Raab, Axel 516
Radical Fundamentalist Unit (RFU) 1058 f., 1063
Rashid, Ahmed 147–150, 325
Rather, Dan 307 f., 353, 381, 1021
Rawalpindi 312, 837, 839,
Raytheon Technologies 991 f., 1133
Reagan, Ronald 100, 139, 227, 228, 276, 357, 359, 372, 375, 395, 814, 1039
Reich, Wilhelm 233
Reid, Richard 843
Rhinehardt, Dietrich 776
Rice, Condoleezza 266 f., 546, 589, 591, 600 f., 613, 669, 814, 817, 821, 923, 927, 929, 936, 942
Richard I. (Löwenherz) 142
Richardson, Admiral 102
Rigell, Gwen 589
Ringling Brothers Barnum & Bailey 774
Rivero, Michael 42
Rocca, Christine 210, 367
Roche, James 370

Rockefeller-Clan 98
Rodriguez, William 1009–1012, 1015
Roemer, Tim 793, 813
Roosevelt, Franklin D. 82, 102, 104, 126, 195, 245, 337, 359
Roth, Claudia 286
Rothschild-Clan 94, 101
Rötzer, Florian 45
Rove, Karl 588, 590
Rowley, Coleen 654, 660, 1058–1063
Roy, Arundhati 183 ff., 231, 287
Rudel, Hans-Ulrich 137
Rumsfeld, Donald 12, 123, 184, 222, 267 f., 315, 353, 370, 441, 578, 586–590, 593 ff., 599, 606, 610 ff., 684, 690, 693, 699 f., 791, 794, 813 f., 821, 833, 841 f., 918 f., 921–924, 929 ff., 942, 1039 f., 1062, 1067, 1075, 1095, 1110 f., 1049
Ruppert, Michael C. 42, 175, 199, 233, 255, 329, 374, 779, 899, 1053, 1105
Rushdie, Salman 367
Russel, Dan 272
Russert, Tim 523, 1111
Rust, Matthias 240

Safire, William 390
Said, Edward 357
Salim, Mamdouh Mahmud 633, 635
Samad, Abdul 824
Samit, Harry 1058, 1063
Samman, Mohammed 712, 862
San Diego 455, 458, 478, 871–874, 877 f., 885, 908, 996 f., 1056
Sanaa, Jemen 454, 871, 1048
Saracini, Victor 534, 560 ff., 586 f.
Sarasota, Florida 369, 469, 498, 573- 577, 582, 587, 591 ff., 614, 619, 625 f., 748, 751, 753, 772, 775, 914 ff., 1007
Sarshar, Behrooz 1048, 1062
Saudi Investment Company 259
Scharon, Ariel 129 f., 214, 275, 280–286, 333, 338, 367
Scharping, Rudolf 574
Schell, Jonathan 356
Scheuten, Frauke 886
Schily, Otto 142, 168, 215
Schirrmacher, Frank 701
Schmidt, Helmut 388, 397
Schmitt, Carl 144, 288, 308, 362
Schreier, Pascal 763
Schrödinger, Erwin 33, 313
Scoggins, Colin 947, 962–968, 1121, 1126–1129
Scopetta, Nicholas 369
Scott, Alan 554, 948, 958 f., 966, 975 f., 980 f., 1116, 1122 ff., 1131
Scott, Peter Dale 228 f., 909, 1106
Scrivener, Anthony 124
Seal, Barry 620, 777, 814, 911

Seldes, George 109
Sens, Eberhard 45
Seyfried, Gerhard 45, 779
Shaffer, Anthony 846–849, 858, 1097
Shaikh, Abdussattar 872 ff., 876 f., 879, 999
Shanahan, Jack 933
Shanksville, Pennsylvania 438, 653, 808, 883, 921, 951, 961, 964, 974, 981, 983, 987
Shapiro, Jeffrey Scott 1026 f., 1141
Shattuck, Mayo 373, 383
Shaughessny, Brian W. 1051
Shea, Gerald 897
Shea, Robert 60, 94, 299
Sheikh, Omar Said 170 ff., 290, 378, 830–838, 1090 f.
Shelby, Richard 373, 663 f.
Shell 374
Shenon, Philip 813, 821
Shmuel, Yaron 893
Silverstein, Larry 98, 1023–1027, 1141 f.
Simons, Tom 209, 377
Sinan, Scheich 94, 142
Sindona, Michele 138
Singh, Indira 1052–1055, 1063
Skolnick, Sherman 249
Sliney, Ben 598
Soafer, Abraham 821
Sontag, Susan 110
Solomon, Evan 837, 1091
Soros, George 184
Spartacus 173
Spehr, Christoph 56
Spertzel, Richard 372
Spiegel, Paul 286
Sponeck, Hans von 335
Springmann, Michael 905 f., 998
Staats, Alan 539
Stafford, Brian 917
Stalin 34, 37, 63- 67, 86, 90, 132
Standard Oil 94 ff., 109
Stasi 218, 475, 697, 1063
Steinbach, Udo 186
Steinberg, Jeffrey 131
Steinem, Gloria 356
Stephen, Jackson 774 f.
Stevens, Robert (Bob) 1035 f.
Stewart, Payne 949, 1121
Stiglitz, Joe 295
Stimson, Henry 102, 126 f., 161, 337
Stone, Oliver 211, 252
Strassmeier, Andreas 623
STRATCOM-Basis Offutt, Nebraska 939 f.
Strategic Air Command 615
Stroehlein, Andrew 353
Strong, Maurice 31 f.
Sukarno, Achmed 316
Sullivan, Michael 609
Sunder, Shyam 1021, 1023
Sunrise Airlines 770
Sun Tze 95
Suter, Dominik 891, 893
Sutton, Antony 124, 127, 130, 148
Sweeney, Madeline 463, 508 ff., 585, 969, 971 f., 1131
Swinton, John 342

Taliban 37, 120, 122, 130, 133, 145 ff., 149 ff., 153, 155 f., 171, 180, 191, 196 f., 201, 208 ff., 221, 231, 247, 253 f., 258, 262, 271, 297, 302, 314, 333, 356, 364 f., 367, 373, 375–378, 382, 388, 393, 433, 572, 667, 683 f., 688
Tarpley, Webster 111
Tatlock, Anne 614
Temyer, Laura 547
Tenet, George 267 f., 376 f., 432, 595, 671, 831, 842, 913, 923, 929,
Texaco 374
Thome, Lois 755
Thompson, Bill 531
Thompson, James 813
Thompson, Paul 473, 779, 834
Thurman, Jeff 455
Thyssen, Fritz 111, 126, 176
Todenhöfer, Jürgen 369
Toledo, Alejandro 265
Tomb, Rex 827
Tophoven, Rolf 634
Trento, Joe 201 f.
Trotzki, Leo 65
Trujillo, Rafael Léonides 317
Tuohey, Mike 858
Turki, Prinz 149 f., 768
Twain, Mark 359

Union Banking Corp. 125, 127
United Airlines 134 f., 164, 167, 245, 367, 381, 383, 491, 505, 791, 813 f., 898 f., 900, 903, 956
United Airlines (Flüge)
- UA 175 437, 444, 509, 526, 528, 534, 560 ff., 564, 567, 583 f., 586 f., 588 f., 593, 662, 791, 808 f., 953, 956
- UA 23 1029 ff.
- UA 93 108, 246, 370, 438, 442, 446, 448, 483–486, 505 ff., 534, 545 ff., 548 ff., 553, 560, 567, 584, 590, 592 ff., 616, 649 f., 653, 791, 808, 864, 886, 888, 928, 934, 946, 950 f., 958 ff., 963 f., 968, 973–989, 1163
Unocal (United Oil of California) 180, 197, 221, 224, 246, 254, 297, 314, 347, 356, 374 f., 383, 666 f.
Urban Moving Systems 890 f., 893
US Airways 5930 855

Valentine, Tom 620–623
van Auken, Lorie 812
Vatikanbank 138, 249
Vendrell, Francesc 209
Venice, Florida 465, 469, 573, 619–631, 651, 735–778, 850 f., 859, 910–913
Ventura, Jesse 1026
Verfassungsschutz 260, 331, 461, 635, 637 f., 641, 643, 679, 845
Vero Beach, Florida 492, 855, 867, 870, 883
Vialls, Joe 106 f., 247
Vidal, Gore 675
Villalobos, Herbert 457, 459
Vincent, John 657, 1056, 1063

Virtual Protype 776
Vreeland, Delmart E. 188 ff., 251 f., 328–332, 365, 380, 382, 687 f.

Waldie, Kenneth 564, 992
WAMY 201 ff., 206, 682
Walker Alice 356
Walker, John M. 373, 1062
Wallerstein, Immanuel 356
Walser, Martin 286
Warner Bruce 552
Warrick, Bradley 744–747
Washington Group 992
Watergate 89, 158, 211, 227, 263, 265, 268, 573, 624, 765
Weber, Max 73
Weishaupt, Adam 47, 69
Weldon, Curt 846
Wellinghausen, Walter 635
Wellstone, Paul 663
Welteke, Ernst 898
Weltbank 293–297, 343
Wenzel, Robert 904
Werth, John 978,
WFC (World Finance Corporation) 138
Whitewater 256, 620, 668
Wibel, William 529 f.
Wickert, Ulrich 184
Wilder, Billy 108
Wildes, Micheal 203
Wilhelm II. 151, 357
Wilson, Robert A. 9, 60, 80, 94, 179, 215, 299 f.
Winfield, Montague 595, 920 f.
Wolfensohn, James D. 294
Wolfowitz, Paul 12, 222, 334 f., 362, 589, 599, 611, 684 f., 689 f., 821
Woodward, Bob 158, 263, 265–269, 573
Woodward, Michael 508 f., 585, 970, 972
Woosley, James 900
Wright, Lawrence 875
Wright, Robert 657 f., 1054 ff., 1063

Yassin, Sheik 121
Yardley, Jim 480

Zaeef, Salam 367
Zahn, Paula 750–754
Zammar, Haydar 461, 633 f., 640
Zappa, Frank 108
Zelikow, Philip D. 812, 814–823, 832, 848, 858, 909 f.
Zia ul-Haq, Mohammed 147
Zucker, David 217

Weitere Bücher von Mathias Bröckers im Westend Verlag

- Mythos 9/11 – Die Bilanz des Jahrhundertverbrechens – 20 Jahre danach 2021
- Das fünfte Flugzeug (mit Sven Böttcher), 2021
- Klimalügner – Vom Ende des Kaputtalismus und der Zuvielisation, 2020
- Don't Kill The Messenger – Freiheit für Julian Assange, 2019
- Newtons Gespenst und Goethes Polaraoid – Über die Natur, 2019
- Wir sind IMMER die Guten – Ansichten eines Putinverstehers oder wie der kalte Krieg neu entfacht wird (mit Paul Schreyer), 2014/2019
- König Donald, die unsichtbaren Meister und der Kampf um den Thron, 2017
- JFK-Staatsstreich in Amerika, 2013/2017
- Der Fall Ken Jebsen oder Wie Journalismus im Netz seine Unabhängigkeit zurückgewinnen kann, 2016
- Die ganze Wahrheit über alles – Wie wir unsere Zukunft doch noch retten können (mit Sven Boettcher), 2016
- Keine Angst vor Hanf, 2014
- Die Drogenlüge – Warum Drogenverbote den Terrorismus fördern und Ihrer Gesundheit schaden, 2010
- Cogito Ergo Bum und 49 weitere Beweise für die Unausweichlichkeit des Scheiterns, 2007